U0916137

中国水利水电建设集团公司志

中国水利水电第十二工程局卷(1956～2006)

中国水利水电建设集团公司史志编辑委员会

中国电力出版社
CHINA ELECTRIC POWER PRESS

1959年4月9日，中共中央副主席、国务院总理周恩来视察新安江水电站工地

1961年1月31日，中共中央副主席、全国人大常委会委员长朱德视察工程局承建的新安江水电站

1964年3月25日，中共中央政治局委员、中华人民共和国副主席董必武到新安江水电站视察

1958年4月4日，共青团中央第一书记胡耀邦来新安江水电站工地视察，与工程局青年工作者合影

1960年1月21日，国务院副总理谭震林到新安江水电站工地视察

1963年11月4日，全国人大常委会副委员长郭沫若到新安江水电站视察

2002年5月20日，中共中央总书记、国家主席、中央军委主席江泽民视察工程局在建的四川省紫坪铺水利枢纽工程

2003年6月3日，全国人大常委会委员长吴邦国视察四川紫坪铺水利枢纽工程

2004年11月24日，中共浙江省委书记习近平视察浙江滩坑水电站

1997年1月5日，福建省代省长贺国强视察福建芹山水电站工地

2004年10月4日，中共中央政治局委员、国务院副总理曾培炎考察浙江桐柏抽水蓄能电站工地

2000年7月15日，中共浙江省委书记张德江视察浙江温州珊溪水利工程

2005年5月8日，中共中央政治局委员、全国人大常委会副委员长田纪云视察山东泰安抽水蓄能电站

2005年10月1日，全国人大常委会副委员长、全国妇联主席顾秀莲视察山东泰安抽水蓄能电站

2005年8月31日，全国人大常委会副委员长何鲁丽视察山东泰安抽水蓄能电站

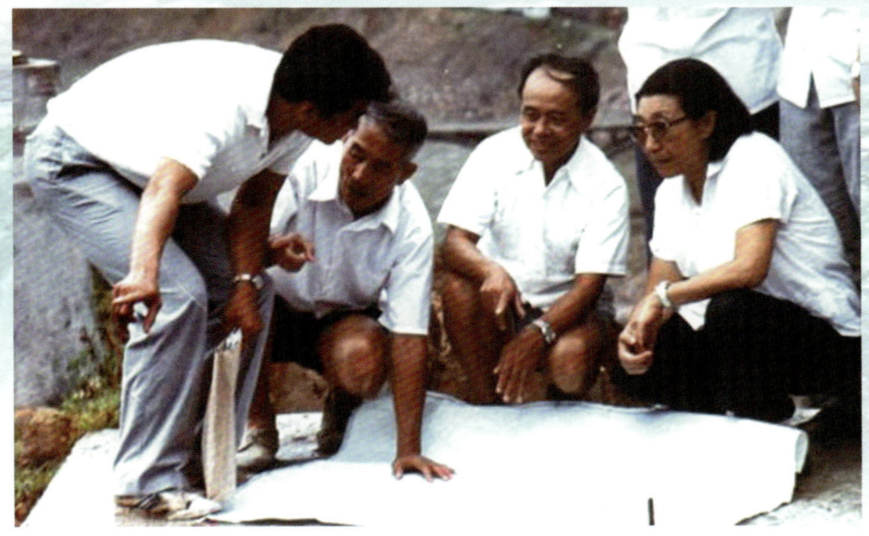

1984年8月7日，全国政协副主席、时任水利电力部部长钱正英视察浙江紧水滩水电站工地

2005年10月，全国政协副主席周铁农视察山东泰安抽水蓄能电站

2003年2月4日，中纪委副书记刘锡荣视察浙江桐柏抽水蓄能电站工地

1980年4月11日，中共浙江省委书记铁瑛来浙江湖南镇水电站工地视察

1998年5月27日，中共浙江省委书记李泽民视察浙江珊溪水利工程

2007年11月20日，原浙江省省长葛洪升（前左2），政协副主席、省总工会主席张慰文（前左3）在浙江滩坑水电站工地视察

2000年6月27日，浙江省省长柴松岳视察浙江温州珊溪水利工程

2008年4月29日，浙江省省长吕祖善与公司总经理孙阳亲切交谈

2006年6月28日，中国水利水电建设集团公司总经理范集湘、党委书记刘起涛到工程局检查指导工作

浙江新安江水电站

浙江富春江水电站

浙江湖南镇水电站

浙江黄坛口水电站

浙江紧水滩水电站

浙江石塘水电站

福建水口水电站

浙江江厦潮汐电站

浙江华光潭水电站

福建洪口水电站

浙江外雄
水电站

安徽港口
湾水库

贵州三板
溪水电站

贵州董箐水电站

贵州引子渡水电站

甘肃九甸峡水利枢纽

四川紫坪铺水利枢纽主体工程

浙江白溪水库

浙江珊溪水库

浙江滩坑水电站

重庆巴山水电站

浙江桐柏抽水蓄能电站地下厂房

浙江桐柏抽水蓄能电站地下厂房顶拱开挖

江苏宜兴抽水蓄能电站上水库

浙江桐柏抽水蓄能电站地下厂房开挖第六层原貌

山东泰安抽水蓄能电站上水库

湖南黑麋峰抽水蓄能电站1号斜井滑模完成面貌

浙江桐柏抽水蓄能电站引水高压高强钢管加温焊接

浙江滩坑水电站弧门闸门，承载总水压力89000kN，为当时国内之最，创“中国企业新纪录”

浙江桐柏抽水蓄能电站机组定子吊装

浙江滩坑水电站转子吊装

浙江温州火电厂一期工程

浙江金华热电厂

江苏吴县热电厂

浙江金华燃机电厂

浙江超亚热电厂

浙江秦山核电前池旋转滤网

浙江秦山核电海水泵房

浙江兰溪电厂
60万千瓦机组化水
系统安装

浙江岱山风电
48台风机基础、变
速基础施工及安装

上海浦东国际
机场围海大堤3标段

浙江宁波北仑港20万吨级矿石码头堆场工程（获得詹天佑奖）

天津曹妃甸综合服务区围海造地五期吹填工程

浙江漩门三期围垦工程干江堤

天津曹妃甸综合服务区围海造地五期吹填工程

浙江玉环坎门渔港防波堤

浙江温岭钓浜渔港防波堤

浙江义乌篁园桥

江苏苏州相门大桥

浙江杭州绕城高速公路

浙江亚太小水电中心大楼

浙江永康市工行大厦

上海沪东造船厂船体加工装焊车间，建筑面积4万米^2

浙江宁波琴桥

工程局施工科学研究所全貌

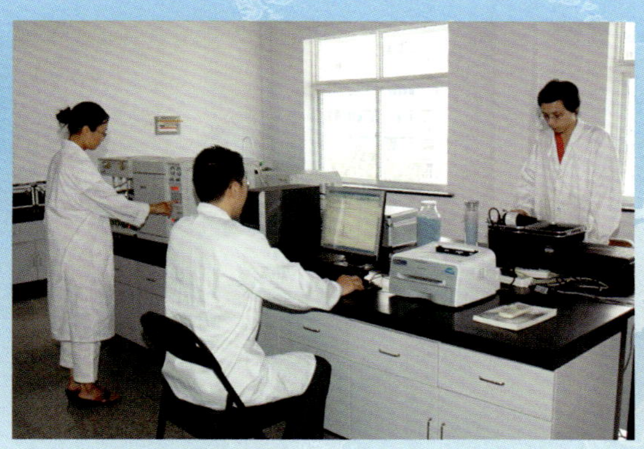

空气环境质量检测

质量检测远程监控系统

工程局施工科学研究所外加剂厂生产的主要产品

50周年局庆

50周年局庆

国家质量奖金奖

全国科学大会奖

2006～2007～2008年国家质量奖银奖

四川紫坪铺大坝获“国际堆石坝里程碑特别工程奖”

2006～2007年度中国建筑业500强

公司环境管理体系认证证书

公司职业健康安全管理体系认证证书

公司质量管理体系认证证书

鲁班奖

鲁班奖

2006年和谐劳动关系优秀企业

全国优秀施工企业

鲁班奖杯

国家科学技术进步奖

证　书

为表彰国家科学技术进步奖获得者，特颁发此证书。

项目名称：福建水口水电站2×500吨级垂直升船机建设及运行

奖励等级：二等

获 奖 者：中国水利水电第十二工程局

证书号：2007-J-223-2-08-007

水口升船机国家科学技术进步奖证书

詹天佑奖杯

建筑业企业

资质证书

企业名称：中国水利水电第十二工程局

资质等级：水利水电工程施工总承包壹级
港口与航道工程施工总承包壹级
市政公用工程施工总承包壹级
房屋建筑工程施工总承包贰级
公路工程施工总承包贰级
钢结构工程专业承包壹级
桥梁工程专业承包壹级
隧道工程专业承包壹级
机电设备安装工程专业承包壹级
爆破与拆除工程专业承包贰级

证书编号：A1051133010201

发证机关

中华人民共和国建设部制

建筑资质证书

中国水利水电第十二工程局：

你单位参建的桐柏抽水蓄能电站工程（4×300MW）经国家工程建设质量奖审定委员会审定，荣获二〇〇八年度国家优质工程银质奖。特发此证，以资鼓励。

国家工程建设质量奖审定委员会

二〇〇八年十一月二十七日

桐柏·2008国家优质工程银质奖

国家级工法

工法名称：HDPE膜防渗施工工法

工法编号：YJGF303－2006（二级）

完成单位：中国水利水电第十二工程局

中华人民共和国住房和城乡建设部

二〇〇八年三月

HDPE膜防渗施工工法

国家级工法

工法名称：面板堆石坝坝身溢洪道施工工法

工法编号：YJGF268－2006（二级）

完成单位：中国水利水电第十二工程局

中华人民共和国住房和城乡建设部

二〇〇八年三月

面板堆石坝坝身溢洪道施工工法

国家级工法

工法名称：混凝土面板堆石坝坝体填筑工法

工法编号：YJGF278－2006（二级）

完成单位：中国水利水电第十二工程局

中华人民共和国住房和城乡建设部

二〇〇八年三月

混凝土面板堆石坝坝体填筑工法

国家级工法

工法名称：岩壁吊车梁混凝土施工工法

工法编号：YJGF077－2006（一级）

完成单位：中国水利水电第十二工程局

中华人民共和国住房和城乡建设部

二〇〇八年三月

岩壁吊车梁混凝土施工工法

国家级工法

工法名称：混凝土面板堆石坝面板施工工法

工法编号：YJGF089－2006（一级）

完成单位：中国水利水电第十二工程局

中华人民共和国住房和城乡建设部

二〇〇八年三月

混凝土面板堆石坝面板施工工法

国家级工法

工法名称：岩壁吊车梁岩台（双向控爆法）开挖施工工法

工法编号：YJGF076－2006（一级）

完成单位：中国水利水电第十二工程局

中华人民共和国住房和城乡建设部

二〇〇八年三月

岩壁吊车梁岩台（双向控爆法）开挖施工工法

为我国第一座自己设计和自制设备的大型水力发电站的胜利建设而欢呼！

周恩来

一九五九．一．九

周恩来题词

珊溪水利枢纽工程

为振兴温州经济做

出贡献

李鹏

二零零二年

八月十六日

李鹏题词

西子三千個羣山已失高峯
巒島嶼平地捲波濤電
量奪天日降敵化旱澇更
生遵自力技術到巔峰！

一九六三年秋题新安江水電站 郭沫若

郭沫若题词

生著巧步難誤驕樹
更顯生進困錯不已
力績饒益服正餒兵
自成熟業克改不標

新安江水力发电工程局
董必武 一九六四年三月

董必武题词

建设环境水利
[illegible][illegible]工程为子
孙后代造福
刘锡荣
二〇〇〇年元月八日

刘锡荣题词

树雄心立壮志重振新安英风
迎挑战克困难勇创桐柏奇迹

为水利水电十二工程局题
潘家铮
二〇〇四年二月

潘家铮题词

中国水电
SINOHYDRO

中国水利水电建设集团公司公司史志

编 辑 委 员 会

（2004 年 5 月～2008 年 4 月）

主任委员　郭建堂

副主任委员　刘起涛　刘经迪　付元初　袁柏松　唐苏军

委　　员　（按姓氏笔画为序）

丁永泉　王志平　王岩峰　王宗敏　王维斌　王振南
车治中　邓孟元　文端超　冯觉林　孙　越　孙玉民
孙宝田　孙洪水　安兰廷　刘伟民　刘均宏　许贺龙
吕瑞翔　张长源　张治源　张源智　陈正平　陈庆和
陈纯鹏　杨则珂　杨南安　李良顺　李跃平　佘其年
周　宇　周六义　林玉杰　林修建　苟达平　季晓勇
宗敦峰　范集湘　姜戌年　段尚毅　郭　志　郭志强
高　翔　谈玉富　唐定乾　徐洪兴　徐鹿元　黄保东
童劲松　楚跃先　解登发　樊建平　潘承东

编 委 会 编 辑 部

主　　编　解登发

编　　辑　杜永昌　冯有维　李霞林　李翔凌

中国水利水电建设集团公司史志

编 辑 委 员 会

（2008 年 4 月～　　　　）

名誉主任委员　郭建堂

主 任 委 员　范集湘　刘起涛

副主任委员　袁柏松　孙洪水　王彤宙　李跃平　黄保东　唐苏军
孙　璀　王宗敏

顾　　　问　刘经迪　付元初

委　　　员　（按姓氏笔画为序）

丁永泉　丁拯国　于　晓　万小伦　王　亘　王　禹
王书宝　王争鸣　王志平　王岩峰　王宗敏　王维斌
王增发　邓孟元　厉建平　申茂夏　白英贵　孙　阳
孙玉民　孙宝田　李良顺　李启友　李维科　李燕明
刘万海　刘伟民　刘明江　刘国栋　许贺龙　汤　明
朱素华　杜学泽　杨　忠　杨永祥　吕瑞翔　吴　洵
吴新琪　何占颂　张　付　张长源　张建文　张维荣
张源智　陈庆和　陈纯鹏　陈学云　林玉杰　林修建
苟达平　宗敦峰　周　宇　郑久存　段尚毅　赵存厚
赵景涛　荣其富　茹彩江　洪　坤　郭　志　徐中秋
高　翔　夏　进　唐定乾　章运礼　曾兴亮　随守信
童劲松　雷建容　戴占强

编 委 会 编 辑 部

主　　编　郭　志

副 主 编　张延乐

编　　辑　杜永昌　冯有维　李霞林　边建利

总　序

中国的水利水电建设事业已经走过了五十多年的光辉历程，取得了举世瞩目的伟大成就，走在了世界的前列。中国水利水电建设集团公司作为中国治理江河和水电资源开发的主力军，为中国的水利水电建设走在世界前列、为中国水电走向世界作出了卓越的贡献。1950 年 8 月，燃料工业部正式成立水力发电工程局，揭开了中国水利水电建设集团公司发展历史的第一页。在五十多年的历史中，伴随着共和国的成长和水电事业的发展，从初创的水电工程局，到以后的水电建设局、水电建设总局、水电工程总公司，发展成为今天的中国水利水电建设集团公司，在中国特色社会主义大道上一路攀升，在雄居国内水利水电及相关产业市场制高点的同时，已全方位融入国际市场，成为由中央管理的、具有国际竞争力的大型跨国企业集团。

五十多年来，特别是改革开放以来，中国水利水电建设集团公司始终站在中国水利水电建设的最前沿，站在中国水利水电建设技术创新的最前沿，站在中国水利水电建设体制改革的最前沿，站在中国建筑业市场的最前沿，站在中国水利水电建设与国际接轨的最前沿。一代代水电人持续发扬特别能吃苦，特别能战斗，特别能忍耐，特别能奉献的精神，承担了国内 70%以上的大中型水电站和水利枢纽工程建设任务，集团公司整体建设实力和水平已经处于世界同行业先进水平，为中国水电开发建设规模跃居世界第一作出了突出贡献。与此同时，成功地走出国门，昂首进入国际市场，在世界数十个国家和地区进行工程承包建设、经济技术合作和投资经营活动，在国际上树立起了“中国水电建设第一品牌”的良好形象，“中国水电”在国际上已经成为中国水电建设行业的第一品牌和行业代表。

集团公司在全面从事国内外水电建设的同时，全面开拓非水电建筑市场，积极稳健地开展投融资业务，房地产开发经营业务，进出口贸易业务等，集团公司四大主业协同发展，建筑工程承包、资产经营两条主线稳健延伸，国际国内两大市场双向拓展，各项事业健康、持续、蓬勃发展。公司已由当初单一的水利水电施工企业发展成为今天集工程总承包、投资开发、国际经营等多元发展为一体的综合性大型企业集团。成为中国企业 100 强和全球最大国际承包企业中的重要成员。

中国水利水电建设集团的发展历程，就像长江黄河，从源头奔流向前，一路吸纳了支流河川的水量，也接受了这些河川带来的许多成分，汇聚成滚滚向前的时代洪流，培育了与时俱进的企业精神，形成了独具特色的水电企业文化。江河行地，海纳百川，水电企业文化之引以为荣，在于有容纳之量、消化之功和融合之美。每每看到共和国的大地上一座座大型水电站傲然屹立、一个个重点基础项目落成典礼；每每回顾水电建设的先辈们纵横江河、奋斗不息的往昔；每每在激情燃烧的工地上相聚风雨同舟、共成事业的战友；每每在异国他乡，紧紧握住征战国际工程的勇士们一双双长满老茧的手；置身于患难与共、朝夕相处的数十万水电职工之中；就会被水电人所创造的历史所震撼，为他们所铸就的辉煌而呐喊。喜看近年集团公司欣欣向荣的发展新面貌；展望任重道远、灿烂辉煌的未来；内心激情久久不能平静，历史负重感时时催人奋进。亲历峥嵘岁月，见证发展历程，一代代水电人数十年所承担的诸多历史重任、经历的诸多艰难曲折、经受的诸多历史磨炼和可歌可泣的奋斗生涯就在眼前，一代代水电人所具有的特别闪光的精神和深厚的水电文化内涵，正在世人面前展现着独特的魅力。

一代代水电人无愧于祖国和民族的重托，用智慧、心血和双手已经和正在创造出经得起时代和历史检验的物质财富，已经和正在创造出经得起时代和历史检验的精神财富。为铭记这波澜壮阔的创业史和发展史，为不忘曾经为发展中国水电事业奋斗终身的一代代建设者的历史功绩，传承和光大这宝贵的历史经验和精神财富，集团公司站在时代和历史的高度，以神圣的使命感决定开展集团公司的史志编研工作。通过各方不懈的努力，将集团公司的光辉历程编辑成鉴、编修成志、编著成史，形成集团公司史志鉴系列编著，载入史册，以便前有所稽，后有所鉴，承前启后，继往开来，服务当代，有益后世。做到对前人负责，对今人负责，对后人负责，对历史负责。

集团公司的史志编著，是企业文化的组成部分，具有突出的水电企业特色。史志编著要实事求是、与时俱进，坚持辩证唯物主义和历史唯物主义的观点和方法，坚持科学严谨的工作态度，求真务实，以生产力发展为主线，以经济建设为中心，注重突出集团公司企业特点，充分反映时代特征，体现与时俱进的精神，深刻总结发展经验，完整、准确地记载集团公司艰苦卓绝的创业史和发展史。编著中抓住重点，充分反映集团公司形成、发展的过程，体现企业创业发展的历史和坚持创新的成就；充分反映工程建设发展的轨迹、成就、经验和特点；充分把握企业改革的现状，体现企业改革的成果；充分把握对外开放的步伐，展现企业实施国际化发展战略的业绩；充分体现企业科技进步和管理创新的成果；充分把握精神文明建设的作用，体现集团公司的先进文化特色，传记贡献突出的水电建设者。

集团公司史志编著工作，是一项编纂浩繁的文化工程，也是一个系统工程。由于时间跨度太长，资料收集难度较大，编纂工作遇到了许多困难。几年来，经过集团及所属企业各级领导和广大史志工作者的不懈努力，史志编著工作已经取得阶段性成果，在《年鉴》公开出版发行的同时，按照史志编著工作《实施方案》的要求，周密规划了编著卷目，明确各卷编著的篇目框架，明确编著的具体质量要求、进度安排和工作责任。集团公司史志编著工作，由集团公司《年鉴》，集团公司《组织机构志》、《大事记》、《光辉历程》历史画册、《人物志》和成员企业18个工程局(厂)《分志》等22卷一整套系列编著组成。《年鉴》从集团公司组建开始，一年一卷，逐年编纂，连续出版。集团公司《志》的编修时段为1950年至2006年。22卷史志系列编著是一个有机的整体，总体上卷目架构系统合理，篇目框架设置科学，体现时代要求，突出企业特色，展现企业文化融合，体现全集团共有价值观。目前《年鉴》已出版三卷，受到有关方面的认可和好评；《志》书的编修工作正在全面开展，有的《分志》已成书付印，有的《志》书正在编修成稿，各卷志书将先后如期付梓问世。

质量是《年鉴》和《志》书的生命，是《年鉴》和《志》书的价值所在。集团公司从事史志鉴工作的同志们，在史志编著工作中坚持正确的指导思想，反映时代的特点，树立精品意识，编著精品工程，把好编著的政治质量标准、体例质量标准、资料质量标准、著述质量标准、入选照片质量标准、编排设计与印刷出版质量标准，学习贯彻《地方志工作条例》精神，按照质量要求，做到存真求实，确保质量，全面、客观地记述企业的历史和现状，使史志编著具有长效服务的生命力，起着“资治、教化、存史、致用”和启迪未来的重要作用。我愿在此向参与集团公司史志系列编著的所有同志们表示衷心感谢，向22卷史志系列编著将先后如期付梓出版表示热烈祝贺，向开创集团公司历史的先辈们和正在铸就集团公司灿烂辉煌的战友们表示崇高敬意！我相信，集团公司22卷史志系列编著，将以自己的鲜明特色，成为佳作良志，在众多的企业志鉴中占有一席之地。

历史是不能忘记的，而铭记历史是为了更好地面向现在和未来。当前，中国水电集团正以科学发展观为统领，努力建设具有较强国际竞争力的质量效益型跨国企业集团。这一目标催人奋进，必将鼓舞水电人开创更加美好的未来，谱写更加光辉的篇章！

中国水利水电建设集团公司
原党组书记、总经理 郭建堂

2008年6月30日

《中国水利水电建设集团公司志》系列编著总目录

一、中国水利水电建设集团公司组织机构志(1950～2006)
二、中国水利水电建设集团公司大事记(1950～2006)
三、中国水利水电建设集团公司光辉历程(1950～2006)
四、中国水利水电建设集团公司人物志(1950～2006)
五、中国水利水电建设集团公司志《中国水利水电第一工程局卷》(1958～2006)
六、中国水利水电建设集团公司志《中国水利水电第二工程局卷》(1958～2006)
七、中国水利水电建设集团公司志《中国水利水电第三工程局卷》(1955～2006)
八、中国水利水电建设集团公司志《中国水利水电第四工程局卷》(1958～2006)
九、中国水利水电建设集团公司志《中国水利水电第五工程局卷》(1954～2006)
十、中国水利水电建设集团公司志《中国水利水电第六工程局卷》(1958～2006)
十一、中国水利水电建设集团公司志《中国水利水电第七工程局卷》(1965～2006)
十二、中国水利水电建设集团公司志《中国水利水电第八工程局卷》(1952～2006)
十三、中国水利水电建设集团公司志《中国水利水电第九工程局卷》(1958～2006)
十四、中国水利水电建设集团公司志《中国水利水电第十工程局卷》(1981～2006)
十五、中国水利水电建设集团公司志《中国水利水电第十一工程局卷》(1955～2006)
十六、中国水利水电建设集团公司志《中国水利水电第十二工程局卷》(1956～2006)
十七、中国水利水电建设集团公司志《中国水利水电第十三工程局卷》(1962～2006)
十八、中国水利水电建设集团公司志《中国水利水电第十四工程局卷》(1954～2006)
十九、中国水利水电建设集团公司志《中国水电建设集团十五工程局有限公司卷》(1952～2006)
二十、中国水利水电建设集团公司志《中国水利水电闽江工程局卷》(1955～2006)
二十一、中国水利水电建设集团公司志《中国水电基础局有限公司卷》(1959～2006)
二十二、中国水利水电建设集团公司志《夹江水工机械厂卷》(1966～2006)

中国水利水电建设集团公司志
中国水利水电第十二工程局卷

编纂委员会

主任委员　孙　阳　杨永祥

副主任委员　赵龙海　陈泽鑫　郦　平　潘承东　沈益源　江章贵　章银先　李秋生　王竹如

顾　　问　赵铭身　张介中　徐鹿元　佘其年

委　　员　马如骐　洪竹良　曾士敏　盛定国　董润生　倪克明　王智才　韦庆智　朱友禄　汤荣金　周暨南　许肇勋　李华斌　吴　琨　寿康德　何平如　方旭光　叶利祥　吕秀姣　李东新　吴海平　佘汝炎　楼滨伟　虞　晃　薛再育　应懂平　汪祖武　陈品祥　竺国祥　周岳凌　姜土标　洪启白　徐家骥　黄锡朋　施宝清　张　利　曹君平　陈国平　章钦铄　方高均　张　波　夏守龙　应宁坚　熊俊伟　李吉顺　郑建华　赵春玉　许贺龙　周　渊　梅桂友　童英豪

主　　编　赵春玉

编纂委员会办公室　办公室设在党委工作部，赵春玉兼办公室主任

办公室成员　吴菊明　沈候新　陈品祥　许贺龙　陈崇斌　施宝清　张　利　吕槐阳　郭顺新　叶小川　乔建平　冯建伟　方　华　聂跃松　戴　军　姜志娟　何平如　王　剑　陈国林　肖俊琴　陈新荣

序 一

沧桑励洗，春华秋实。中国水电十二局历经50年征程，站在今天这个时点上回眸这段历程，会有许许多多的人和事令人难以忘怀。半个世纪来，水电十二局几度辉煌，历经坎坷。那上万个日日夜夜，那一个个精彩瞬间，铸就了十二局的历史。回顾这段历史，其中既饱蘸着创业的艰辛、奉献的激越，也体味着成功的愉悦、梦圆的欣慰。

载录着水电十二局发展历程的史志分卷出版了，它以翔实的历史资料、严谨的科学态度、纯朴的语言风格，真实记述企业发展的历史变迁及水电十二局职工为水电建设创造的不朽业绩和做出的不懈努力。这本重要的局志资料，不仅是水电十二局50年创业历程的结晶，更是水电十二局精神文明建设所取得的又一项丰硕成果，同时也饱含了各级领导、各界同仁对水电十二局的悉心关怀和大力支持。

建局之初，我局即以磁石吸铁般的强大凝聚力，在短短的一年多时间里，就把来自祖国四面八方的万余名水电建设精英聚集到一起，形成一个团结战斗的集体，并经受住了数十年的风雨洗礼。我们以超越常规的高速，迅速建成我国第一座自己设计和自制设备的大型水力发电站——新安江水电站，奠定了我局在全国水利水电建设行业中的应有地位。工程局坚持“自强不息、勇于超越”的企业精神，在巩固混凝土重力坝传统施工品牌的基础上，又创出了混凝土面板堆石坝、抽水蓄能电站工程等施工品牌。在混凝土面板堆石坝方面，已承建32座大坝，100米以上的有14座，形成了管理、技术、规模、设备、质量五大优势，是目前国内承建混凝土面板堆石坝工程最多、施工经验最丰富的企业。公司承建的紫坪铺大坝在2008年汶川地震中经受住了8级强地震的考验，获得国际堆石坝特别工程奖。在抽水蓄能电站方面，已承建、参建7座抽水蓄能电站。浙江桐柏抽水蓄能电站地下厂房被列为国家电力公司“科技示范项目”，开挖施工实现了“一次成形、免装修”的目标；山东泰安抽水蓄能电站库盆采用的土工膜防渗技术为国内首创，被列入国家重点科研项目；湖南黑麋峰抽水蓄能电站地下厂房洞室群刷新国内同类工程快速施工纪录。公司迅速成长为国内为数不多的全面掌握大型抽水蓄能电站关键施工技术的企业之一。同时，充分认识经营结构战略调整的必要性，积极地探索和开发非水电市场，在港航、围垦、围涂、围堤以及火电、核电外围机电安装工程中均取得了较大突破。

50年来，企业文化建设成效显著，工地文明施工、后方祥和稳定，职工团结和谐，企业核心竞争力不断增强，形成了三个文明建设协调发展的良好局面。50年的艰苦奋斗，我们谱写了企业日渐壮大、走向辉煌的光荣史。

回顾过去，我们备感骄傲；展望未来，我们充满信心。走过了半个世纪，经历了无数艰难困苦，跨越了祖国大江南北。50年的丰厚积淀成了我们的宝贵财富，50年的顽强战斗造就了钢铁意志。我们惟有继续发扬光大“特别能战斗”的优良传统和作风，大胆改革，开拓进取，勤奋努力，才能使我局这艘航船劈波斩浪、稳步前行，才能闯出新天地、铸就新辉煌。水电十二局已于2008年4月改制更名为中国水利水电第十二工程局有限公司。今天的中国水电十二局，正在前进的道路上乘风破浪、扬帆远航。

中国水利水电第十二工程局有限公司执行董事、总经理

二〇一〇年六月二十五日

序　二

半世纪艰苦创业，50年业绩辉煌。记载着水电十二局发展历程的史志分卷出版了，借此序言，我谨代表局党委对本志书的顺利出版表示热烈的祝贺。向全体编撰人员的辛勤工作表示衷心的感谢，并向全局职工致以良好祝愿和亲切问候。

本志书由概述、大事记和体制、水利水电工程、火电工程、建筑安装工程等十二篇内容组成，以翔实的史料真实地介绍了企业自1956年3月21日在新安江水电站成立至2006年12月31日的创业历程。掩卷追思，往事历历，感慨万千，心绪难平。从建设新安江电站开始，我们在水电建设史上留下了一座座丰碑，创下了一项项纪录，在中国的水电史册上写下了浓重的一笔。承建的水利水电工程中，远有新安江、黄坛口、富春江、紧水滩、水口水电站，近有浙江的珊溪、白溪、桐柏、滩坑电站项目和安徽港口湾电站、湖南黑麋峰抽水蓄能电站，以及西部地区的四川紫坪铺水利枢纽工程、贵州引子渡电站、三板溪水电站等项目。

半个世纪的奋进历程，十二局人战严寒、斗酷暑，以山为家，与水为邻，身居工棚，含辛茹苦。十二局人饱尝开拓者的艰辛，承受了工期、安全和质量的巨大压力，承受了远离亲人的孤独，也培育了顽强拼搏、不畏艰难的优良品质。我们攻克一个个技术难关，拼抢施工进度，确保工程质量，创下了丰功伟绩，展示了一支富有活力、充满战斗力的水电建设专业队伍的风采。50年来，十二局人风雨同舟、生死与共，情同手足、迎难而上，历经千锤百炼，造就出了一代又一代特别能吃苦、特别能战斗、特别能忍耐、特别能团结的钢铁队伍，培养了一批又一批优秀的管理、技术干部。今天的十二局，正投付十倍的努力，胸怀百倍的信心，迈着坚实的步伐，迎难而上，大步走向未来。

存史以教化，温故而知新。为确保历史的延续性和真实性，工作人员不辞辛苦，查阅大量文档资料，并在局外调访佐证，将我局数万名职工及家属半个世纪以来创造的辉煌业绩一一记录，内容涵盖了全局各方面的工作，使水电十二局50年的历史得以重现。

工程局在激烈的摩擦、碰撞中积极探索。我们经历了走向市场初期的阵痛，经受了新旧体制转换的艰难，承受了改革带来的强烈冲击。但我们仍不失信心，不懈努力，不断探索，不停追求。虽背负着沉重的历史包袱，但不等、不靠，在外积极营销，拓展市场；对内精心管理，提高效益。今天的水电十二局，已在社会上树立了良好的形象，水电十二局的美誉度和诚信度也正逐步得到提升。让我们同舟共济，携手并进，去开拓更加壮丽美好的新事业，共创水电十二局美好明天。

中共水电十二局党委书记

二〇一〇年六月二十五日

凡　例

一、《中国水利水电建设集团公司志　中国水利水电第十二工程局卷》以邓小平理论、“三个代表”重要思想及科学发展观为指导，运用辩证唯物主义和历史唯物主义的观点，实事求是地记述中国水利水电第十二工程局的创建和发展的史实。

二、本志按照中华人民共和国《地方志工作条例》和中国水利水电建设集团公司史志办公室编发的《中国水利水电建设集团公司志××工程局卷编写纲目》的要求编写。

三、上限：上起事物发端，下迄2006年，个别史实延记。

四、体例：采用横排门类、纵按时序记述；大事记以编年体为主、结合纪事本末体记述。

五、结构：全志由四个部分组成：第一部分为卷首，包括本志编纂机构及人员名单、照片、序、凡例、目录；第二部分为综合部分，含概述、大事记，为志之纲；第三部分为专志，按篇、章、节三个层次记述，分设体制，水利水电工程，火电工程，建筑、安装工程，多元化经营，企业改革，企业管理，科技、教育，后勤工作，党群工作，精神文明与企业文化建设，人物等十二篇，为志之主体；第四部分附录和编后记，为志之尾。

六、文体：采用语体文、记述体，记、志、述、传、图、表、录诸体并用，以志为主。

七、纪年：采用公元纪年；中华人民共和国成立之年（1949）以前采用旧纪年，并在每章首次出现时括注公元纪年。

八、称谓：人名除引文外，一律直书其名，必要时加职务；地名均用当时地名，括注现地名；机关、团体等均用当时名称；“中国水利水电第十二工程局”及其此前其他名称，除引文外，在不致产生异义时，简称为“工程局”或“十二工程局”，其不同时期的简称在每章首次出现时括注。

九、人物：人物入志含传略、简介、名录和以事系人四种类型，其中：传略，按“生不列传”的原则，记载为工程局作出重大贡献的已故人物；简介，记载工程局行政、党委历任正、副职和三总师、纪委书记及享受副局级待遇的工会主席，全国劳动模范、全国先进生产（工作）者和正式命名的省部级劳动模范、省部级先进生产（工作）者，以及在工程局内外影响大、成绩卓著的知名人士；名录，收录工程局历届行政、党委、纪委、工会、团委领导人，省部级及其以上劳动模范、先进生产（工作）者（含享受此待遇者），省部级及其以上劳动模范集体、先进集体，以及具有高级专业技术职务任职资格者名单。以事系人，对在某方面作出主要贡献者和与工程局历史上某一事件直接有关的人士，在有关篇章中记述。

十、计量单位和数字：执行国务院 1984 年颁布的《中华人民共和国法定计量单位》和国家语言文字工作委员会等 7 个单位公布的《关于出版物上数字用法的试行规定》。

十一、文字和标点符号：以国家语言文字工作委员会 1995 年重颁的《简化字总表》和国家新闻出版署 1990 年修订发布的《标点符号用法》为准。

目 录

第三篇　火　电　工　程

第四篇　建筑、安装工程

第五篇　多元化经营

第六篇　企业改革

第七篇　企　业　管　理

第八篇　科技、教育

第九篇　后 勤 工 作

第十篇　党 群 工 作

第十一篇　精神文明与企业文化建设

第十二篇　人　　物

概　述

中国水利水电建设集团公司第十二工程局（简称工程局），前身是1956年3月，为建设我国第一座自己设计、自制设备的大型水力发电工程——新安江水电站，电力工业部批准建立的新安江水力发电工程局。工程局的骨干队伍来自当时全国各水电建设工地和上海水力发电勘测设计院，以及浙江黄坛口水力发电工程处。后来工程局名称几经变更，1992年8月定名为中国水利水电第十二工程局。

经过50年的发展，工程局从单一电站施工型企业，成为“主业做强，多翼齐飞”的经营管理型施工企业。期间，取得了水电开发的成就，也经历了走向市场的阵痛和新旧体制转换的艰难。工程局致力改革，喜上台阶，水电建设在混凝土重力坝、双曲拱坝施工的基础上又形成混凝土面板堆石坝、抽水蓄能电站两大施工优势，在国内处于领先地位。

一

工程局因新安江水电站而组建、成长，建设过程中形成了“艰苦创业、团结拼搏、求实创新”的“新安江精神”，50年来，这种精神鼓舞、激励着一代又一代工程局建设者。20世纪50年代，国民经济迅速恢复，华东地区工农业生产快速发展，城乡严重缺电。全局职工以山为家，与水为邻，栉风沐雨，踏浪筑坝，向亘古长流新安江要电。

新安江水电站原定1961年底发电。工程局职工急国家之所急，与洪水搏斗，向大自然开战，施工进度不断加快，工期一再提前。工程量达10万米^{3}的第一期木笼围堰，于1957年8月开工，115天以后合龙闭气。1959年，在周恩来总理亲临工地视察的鼓舞下，提出“与时间赛跑，和洪水作斗争”的口号，开展“班班不欠账，日日争超额”的劳动竞赛，施工再现高潮。1959年9月21日顺利封堵最后一个导流底孔，水库开始蓄水。在厂房起重设备未到货的情况下，成功自制桥式起重设备，并创造性地进行大型发电机轮幅烧嵌和定子套转子作业，于1959年底安装好第一台水轮发电机组（4号机），并于1960年4月开始发电，比原计划提前20个月，同时还形成了闻名世界的千岛湖。职工们自豪地把自己称为“新安江人”，把自己的努力称之为“新安江精神”，并把“新安江精神”作为企业精神加以发扬光大。

1966～1976年，富春江水电站施工虽然经受“文革”的冲击，然而职工们继续发扬着新安江人艰苦创业、团结拼搏、求实创新的精神，排除干扰，坚守岗位，创造出洪水期在急流中构筑围堰的奇迹，并以25天完成一个坝段基础开挖的速度，实现同月下基坑同月开始坝基混凝土浇筑的壮举。1968年12月17日，电站首台机组（1号机）并网发电，比原计划提前2年。1972年9月，又自制成功6万千瓦低水头水轮发电机组（3号机），1973年1月交付电厂投产运行。

1977年，经过充实、调整的工程局领导班子拨乱反正，落实各项政策，着手全面整顿劳动纪律，组织职工开展“保蓄水”、“保发电”立功竞赛，电站建设进度加快，全年浇筑大坝混凝土16万米^3。1978年达到31万米^3。是年3月创月浇3.21万米^{3}纪录，接近“文革”期间1975年全年浇筑工程量。1979年9月25日，电站首台机组（4号机）启动成功，30日并网发电。

紧水滩水电站是工程局最后一个指令性施工项目。1978年8月施工队伍进点准备，1982年6月主体工程开工。在上游拱围堰施工中，采用嵌块方式，成功地进行了低热微膨胀水泥混凝土快速施工的试验（获水电部优秀科技成果一等奖）。1984年5月，大坝混凝土浇筑初期，浙南地区多次暴雨，山洪袭击施工现场，职工们连续与洪水搏斗，迅速恢复浇筑，并掀起大坝混凝土浇筑一条龙竞赛，保蓄水，保发电，工作量一再刷新纪录，月浇筑量节节上升，机组和金属结构安装工程也顺利展开。1987年4月，1、2号机组投产发电，工程局职工又为浙南山区镶上一颗璀璨的明珠。

在承担国家下达的工程建设期间，工程局在浙江境内建成大、中型水电站5座，跨出浙江省界，与兄弟单位携手建成安徽陈村水电站，并建成具有特色的浙江江厦潮汐试验电站和一批中、小型水利水电工程。这些水电站在社会主义建设的宏伟事业中，为国家经济建设提供了大量动力能源。同时在防洪、灌溉、航运、旅游、城市用水等方面，起着十分重要的作用。此外，还走出国门，支援阿尔巴尼亚建成伐乌—代耶水电站和菲尔泽水电站，装机总容量75万千瓦，为国家赢得了荣誉。

二

20世纪80年代初，国家基本建设管理体制从指令性计划逐步转向招标投标。1984年9月，为适应企业转轨变型立足市场的需要，工程局根据水利电力部和水利水电建设总局关于水电施工企业改革试点的要求，确定“一业为主、多种经营”的方针，率先进行经营方向、管理体制以及领导、分配、用工三项制度的改革。由单一的水电施工型转向生产经营型企业，并涉足大型工业厂房、高层建筑、市政工程、港口码头、道路桥梁等方面的施工建设。

1984年9月～1986年为改革第一阶段。期间，中标承建国内第一座通过公开招投标选择施工队伍的浙江石塘水电站、上海沪东造船厂船体装焊车间和联合国亚太地区小水电研究培训中心大楼，承建宁波白纸板厂3万多米^{2}厂房，开始推行经济责任制和百元产值工资含量包干制度，对干部管理和用工制度作了初步改革。改革实施后4个月，完成的工程量超过前8个月之和。到1986年末，自揽工程施工产值已占建筑业总产值的39.34%。工程局二级施工单位经过整顿，形成有专业特长和综合施工能力的队伍。工业企业和第三产业具有一定规模，成为新的经济支柱。工程局开始由单一电站施工型走向生产经营型企业。

1987～1991年为改革的第二阶段。工程局被建设部、国家体改委等五部委列为全国施工企业首批（18家）推广鲁布革水电工程管理经验试点企业之一。初期，市场开拓取得一定成效。以工程局为责任方的联营体相继中标承建福建水口水电站（140万千瓦）、福建万安溪水电站、浙江金华热电厂。以工程局为主，与浙江省火电建设公司联合组建浙江电力建设联合公司，承建温州发电厂一期工程（25万千瓦）。工程局作出“水火并举，兼搞工业企业和第三产业”的决策，同时制定“努力实现成为智力密集型、具有总承包能力的工程总承包公司”改革方案。

改革之路，步履维艰。从计划经济时期的水电施工型企业，转换为自主经营、自负盈亏、找米下锅、参与市场竞争的生产经营型企业，工程局的组织机构、管理体制以及人员素质等，经历着艰苦的调整和适应过程。由于没有把握时机干好在建工程和革新管理方式，加上建筑市场僧多粥少低价竞标，致使资金短缺，设备无力更新，企业连年亏损。

1992年2月～1994年为改革第三阶段。工程局召开第七届职工代表大会第二次会议，会议确定的奋斗目标是：1年打基础，即1992年基本完善经营机制和管理体制，实现当年成本不亏；2年见成效，实现收支平衡，企业不亏，走上健康发展道路；3年变面貌，企业综合经济效益有盈余，工程局摆脱困境，走出低谷。嗣后，工程局从转换经营机制、强化内部管理、发展科技进步三个方面下工夫。1992年完成总产值1.44亿元，比上年增长27%，经济效益剔除营业外支出，达到成本不亏。1993年盈余50余万元，1994年盈余204万元，甩掉了1989年以来的亏损帽子，实现扭亏转盈目标。

1995～2006年为改革第四阶段。工程局经受了新旧体制转换的艰难，迈出了走向市场的坚实步伐。对外，立足华东，面向中西部，积极营销，拓展市场；对内，革新管理体制，建立治理结构，精心管理，提高效益。经过前10年阶段性探索、改革，1995年始，工程局逐步进入全新的发展阶段。

施工项目上，推进管理创新、技术创新，确保工期、质量和效益。混凝土面板堆石坝的施工优势得到巩固和扩大。1985～2006年，共承建混凝土面板堆石坝28座，其中坝高100米以上的13座，150米以上的4座。混凝土面板堆石坝的面板防裂技术、混凝土滑模施工，受到国内外坝工界的好评。工程局努力打造第二拳头产品——抽水蓄能电站施工工程。2001～2006年，承建抽水蓄能电站5座，装机总容量500万千瓦以上。承建的浙江桐柏抽水蓄能电站，被原国家电力公司确定为样板工程。此外，积极拓展市政公用、港口航道等非水电市场，改善产业结构，提高抗风险能力。

工程管理上，通过完善和落实经济责任制，强化成本、资金集约化管理，规范外包管理，加强合同管理，提高经营管理水平。承建的各项工程均按合同工期保质保量完成，工程一次验收合格率99%以上，工程优良率93%以上。宁波北仑港20万吨矿石中转码头工程，获中国建筑工程“鲁班奖”和中国土木工程“詹天佑奖”；安徽港口湾水库工程，获中国建筑工程“鲁班奖”；浙江白溪水库、珊溪水利枢纽工程，被评为“全国用户满意工程”和“中国电力优质工程”、“中国水利优质工程”。

工程局在改革中成长、发展，在社会上树立起良好形象。工程局具备水利水电工程、市政公用工程施工总承包一级，港口与航道工程、房屋建筑工程施工总承包二级等多项资质，成为一支富有活力、具有多领域施工能力的水电建设专业队伍。

三

工程局开展多种经营始于1979年。固定单位有仪表厂、第二建筑公司和新安江特种水泥厂。1984年工程局确定“一业为主、多种经营”方针，整编施工队伍，剥离的人员（多数为女职工）转岗到工业企业、第三产业，多种经营逐步发展，到1987年，累计投入资金1891万元，从业人员1700多人，有经营单位41个，年产值2500多万元，形成以机械厂（后更名机械制造总厂）、水泥厂和仪表厂为骨干的机械加工制造、仪表电器、建材化工、汽车及重机修理、金属结构制作等工业企业和食品加工、服装加工、食宿旅游等第三产业，并涉足种植、养殖等第一产业。

工程局1989年提出3年内多种经营年产值达到4000万元的奋斗目标。到1992年，多种经营年产值实现4980万元，超额完成目标。1994年，多种经营达到顶峰，从业单位增至57个，从业人员1804人，全年产值6555万元，占全局总产值的35.89%。同时取得一定社会效益：机械厂制造的5台拉丝机通过验收，出口巴基斯坦；机械厂与浙江大学能源研究所联合开发，由机械厂制造并通过省级鉴定的2XSZ蒸汽两效溴化锂吸收式制冷机系列产品，获1990年浙江优秀产品“骏马奖”，一度成为拳头产品批量生产。

进入2002年以来，工程局进一步认识到从根本上改变经济机制的重要性，按照国家关于主辅分离改制分流的方针政策和集团公司的要求，推动主辅分离、辅业改制进程，着手对几个骨干企业开展改制工作。到2006年末，华电防护设备厂、机械制造总厂相继改制成功，国泰墙纸有限公司股权转让完成，其他多种经营单位的改制、改革也在稳步进行。工程局在内部结构调整上同样迈出坚实的步伐。

四

工程局重视人才的培养和使用。历年接收一批大、中专院校毕业生，充实施工第一线技术力量。鼓励和支持职工在施工和科研实践中开展“三结合”攻关活动，技术革新对企业的发展发挥了重要作用。创办职工大学、职工中等经济管理学校和技工学校，培养专业干部和技术工人。输送各类科技干部和管理人员外出进修，更新知识，提高技术业务水平。对技术工人实施以中级为主的技术培训。1978～1994年，接受培训的有8337人次。此后，加大职工教育培训和人才绩效考核力度，每年举办各类培训班50多个，培训人员2000人以上。为促进专业技术人才队伍整体水平提高，2004年制定《专业技术带头人管理办法》，每年评选专业技术带头人，激发专业技术人员学习和工作积极性。专业技术人员具有高级职称的256人（其中教授级15人，享受政府特殊津贴的2人），具有中级职称的600人，具有初级职称的929人。45名高级技工被评聘为技师，12人被确认为具有技师聘任资格。因而，工程局拥有较强的科研、开发、设计、试验和施工力量。持有一级施工企业证书、国家水利水电工程和建筑工程乙级设计证书、测绘甲级证书；具有多种建材、机械、仪表、各类钢结构、混凝土构件的制造加工能力，能独立承担大、中型水电站，火电厂和大型工业厂房，高层建筑，高等级公路，大跨度桥梁，深埋地下建筑等施工任务，并能承担大型金属结构的制作、安装和大型设备的安装。2006年末，全局职工人数3443人，其中各类专业技术和经营管理人员1372人，占39.8%。

工程局施工的大型工程，有多项获得奖励。新安江水电站工程1978年获全国科学大会颁发的“全国科学大会奖”，湖南镇水电站帷幕灌浆工程获“全国科学大会二等奖”，江都抽水站工程获“国家优质工程金质奖”。钢筋铝热锁锭连接技术、混凝土外加剂的试验与应用等7项重大科研成果，获得科技进步奖。1985年进入混凝土面板堆石坝施工以来，在面板堆石坝领域作了大量的专题研究，取得成果。承建的贵州三板溪水电站主坝高面积坝块快速施工技术、过流面板坝坝身溢洪道施工技术，经中国水利水电建设集团公司（简称集团公司）组织的专家组鉴定，达到国际先进水平。浙江珊溪水利枢纽工程面板一次性大面积连续浇筑无裂缝，浙江桐柏抽水蓄能电站下水库坝身溢洪道滑模工艺施工，地下厂房岩锚梁开挖一次成型技术，贵州三板溪水电站面板堆石坝“一枯拦洪”施工技术，山东泰安抽水蓄能电站上水库大面积库盆防渗技术5项技术，荣登“中国企业新纪录”榜。此外，有地下厂房开挖、压力钢管弧形闸门焊接与承载、变电工程、电厂循环水锅炉补给水处理、航道改造、垃圾填埋场工程、水库工程等30多个项目，以及滑框倒模技术在垂直升船机塔楼施工应用等6项研究成果，获得国家、省部级奖励。

工程局致力科技投入与创新。2006年召开第二届科学技术大会，明确从制订发展规划、完善体系创新、提高自主创新能力、健全工作责任体系、加大投入、加强人才队伍建设6个方面，作进一步努力，建设成为有特色的科技领先型企业。

五

20世纪80年代以前，职工一般随工地而居，数年搬迁一次。住房是竹笆墙或干打垒的平房。80年代初，金华基地初具规模，以后陆续兴建新安江、富春江、衢州、丽水等基地，职工家属定居于有现代卫生设施的楼房。1994年有职工家属3885户，迁入基地永久住房的3214户。至2000年，住房问题基本解决。

职工子弟基础教育始于1957年，20世纪60年代逐步完善九年制义务教育，并开办普通高中班和职业班。高峰时有中、小学7所，学生约3900人。职工教育坚持为生产服务的方针，建立起比较完善的教育体系。1958年始，开办业余学校，逐步形成从小学到大学的业余教育工作系统。70年代以来，办有职工大学、职工中专各1所，电大教学班3个，并开办技工学校和技术培训中心。学习方式有全脱产、半脱产和业余（含函授），为工程局培养出大、中专毕业生1302名，输送技术工人959名。业余学校在1960年被浙江省人民委员会命名为先进集体，并荣获国务院授予的“全国教育系统先进单位”称号。1989年以来，子弟中学学生在全国、省（市）举办的中学生学科知识竞赛中多次获奖，其中2人获全国竞赛二等奖。子弟小学于2003年成为中国教育学会数学教育研究发展中心“尝试教学理论研究实验基地”。

医疗机构从无到有逐步完善。20世纪80年代以前，各水电站工地均设置职工医院或门诊部，医疗科室比较齐全，外科手术有一定水平。医务人员热心为职工服务，经常身背药箱巡回在施工现场。1984年末，金华基地基本形成后，职工医院迁入，从此改变医院随工地流动的状况，医疗设施得以完备，医护工作全面展开，成为金华市三A级医院。同时在各基地、主要项目工地开设医务所或医务室。工程局开展职业病的防治和精心研究，1965年开始职业病监测工作，1970年设矽肺疗养所（后更名为新安江疗养院，1987年划归部属），在临床应用上收到显著成效。临床验证的磷酸羟基哌喹治疗矽肺课题获

1986年国家科技进步二等奖，磷酸哌嗪、汉甲素分获1984年、1989年国家科技进步三等奖。

六

勤劳、智慧的工程局建设者，在各级党组织带领下，苦干实干，开拓进取，团结拼搏、求实创新，“新安江精神”代代相传。20世纪50年代在新安江，姚新根下水探索大江地形地貌，提出修改木笼沉放方案，提前1年建成一期围堰；史荣福大胆革新，成功用简易工具沉放整体浇造的321吨重的钢筋混凝土闸门，为电站下闸蓄水提供了时间和质量的保证。60年代在富春江，潜水员不顾个人安危，洪水期下水探险、作业，开辟一条在激流中沉放木笼的新途径，为电站提前建成发电创造了条件。1983年4至7月，超过1000米^3/秒流量的洪水多达11次，6次翻过围堰冲进正在紧张施工的导流洞。那些日子，职工们夜以继日枕戈以待，使紧水滩水电站按期在1987年发电。在经营管理、后勤服务岗位上的职工，同样为电站建设作出了贡献。1960年5月，工程局获全国社会主义建设先进集体和先进生产者代表大会授予的“先进基层集体”奖旗。共青团中央和水利电力部在1985年授予工程局“为重点建设献青春竞赛优胜单位”的荣誉。在企业管理方面，工程局先后获国家有关部委授予的“施工管理优秀企业”、“全国企业整顿先进单位”、“科技开发推广应用先进企业”等荣誉称号。在后勤服务方面，工程局业余学校获国务院授予的“全国教育系统先进单位”荣誉。浙江省人民政府授予工程局“浙江省计划生育先进集体”荣誉称号。

工程局第一分局在承建浙江桐柏抽水蓄能电站时，青年开挖突击队成功实施多起急难险重的爆破，并在水库工程开挖、抽水蓄能电站大坝趾板和地下厂房工程开挖中，以优质高效赢得赞誉，2003～2005年连续获得“浙江省青年文明号”称号，2005年还同时获得“首届浙江省杰出青年文明号”荣誉。第三分局的T320推土机驾驶员吴建明，在四川紫坪铺水利枢纽工程建设中，以出色成绩荣获“四川省‘五一’劳动奖章”。

企业管理水平进一步提高。工程局通过ISO 9001：2000质量管理体系标准认证，1989年起每年保持中国建设银行浙江分行AAA级资信等级，成为浙江省工商企业信用AAA级“守合同、重信用”单位，获得“全国优秀施工企业”、“全国用户满意施工企业”、“全国和谐劳动关系优秀企业”、“全国电力行业优秀企业”等项荣誉和称号，并列入“中国建筑业500强企业”。

工程局秉持“以品牌赢得市场，用真诚回报顾客”的经营理念，“以人为本，科学管理，开拓创新，争创一流”的企业精神，在建设全面可持续发展的现代化企业的大道上奋进。

大 事 记

1956 年

3 月 21 日 电力工业部水力发电建设总局发“水（56）干计李字第 112 号”文，经电力工业部 3 月 12 日批复同意，成立电力工业部新安江水力发电工程局。

5 月 4 日 电力工业部新安江水力发电工程局成立于上海市四川中路迦陵大楼 7 楼会议室。

6 月 20 日 国务院批准新安江水电站工程被列入国家第一个 5 年计划和 1956 年计划。

6 月 26 日 中华人民共和国电力工业部水力发电总局“水（56）干管牛字第 193 号”文，王醒任新安江水力发电工程局局长。

7 月上旬 工程局机关迁至浙江省杭州市西浣纱路 53 号及长生路 38 号办公。

8 月 4 日 新安江水电站第一期围堰工程被国家基本建设委员会选定为 1957 年国家示范工程。

9 月 3 日 工程局上海办事处成立。

10 月中旬 工程局机关迁到建德县东、西铜官村办公，先后成立杭州办事处、北京办事处。

10 月 中华人民共和国电力工业部水利发电总局“水（56）干管王字第 542 号”文，徐洽时任新安江水利发电工程局总工程师。

11 月 11 日 《新安江水电报》试刊，翌年 5 月 1 日改称《新安江报》，1961 年 8 月 31 日停刊。

12 月上旬 中共浙江省委第一书记江华视察新安江水电站工地，并向处级以上干部作报告。

12 月 中共新安江水力发电工程委员会成立。

1957 年

1 月 5 日 电力工业部水力发电总局“水（57）干管字第 28 号”文，刘震南任新安江水力发电工程局副总工程师。

1 月 10 日 中国新民主主义青年团新安江水力发电工程工作委员会成立。5 月更名为中国共产主义青年团新安江水力发电工程委员会。

2 月 14 日 中华人民共和国电力工业部水力发电总局“水（57）干管字第 44 号”文，刘桂任新安江发电工程局副局长。

3 月 15 日 工程局首次开展安全无事故运动月活动。

4 月 1 日 新安江水电站右岸坝头放炮开挖，表明电站建设进入主体工程施工。

5月11日 中国共产党浙江省委“总号（188）”文，王醒任中共新安江水力发电工程局委员会书记，刘显辉、陈赞任副书记。

5月18日 中华人民共和国电力工业部水力发电总局“水（57）干技字第142号”文，梁东初任新安江水力发电工程局副局长。

5月22日 电力工业部“（57）电干行字116号”文，潘圭绥任新安江水力发电工程局总工程师。

6月4～12日 职工家属于秀琴在京参加全国职工家属代表大会，受到党和国家领导人接见。

7月16日 中国电业工会新安江水力发电工程局工会筹备委员会成立。

8月17日 上海医疗队到达新安江水电站工地。随后，工程局在沧滩设立职工医院。

8月 工程局成立黄坛口水力发电厂筹建处，并派出工作组驻黄坛口水电站工地。

10月 整风运动开始。至翌年3月，1419名干部和其他非生产人员被下放。

1958年

2月4日 中共浙江省委下发“省委发文63号”文，刘显辉任监委书记。

2月18日 春节，14时，新安江水电站拦河大坝混凝土开始浇筑，浙江省副省长陈伟达和工程局局长王醒共同浇下第一车混凝土。

4月4日 共青团中央第一书记胡耀邦视察工程局承建的新安江水电站工地。

4月5日 工程局二工区青年木工突击班班长陈阿兴出席全国青工代表大会。

4月23日 姚新根、陈斌获浙江省第一个五年计划劳动模范称号。

5月1日 工程局承建的黄坛口水电站首台7500千瓦水轮发电机组发电，7月送电至新安江水电站工地。

5月4日 工程局一工区修钎厂塘坞车间青年突击班和机械化站青年促进号柴油挖土机组获共青团中央授予的“全国工矿企业青年先进集体”称号。

5月 根据中共浙江省委和水利电力部暨水利水电建设总局指示，工程局从该月开始，将黄坛口工程处的人员和设备向湖南镇水电站工地转移，成建制调给水利电力部乌溪江水力发电工程局。7月始，陆续抽调职工1139人、807台施工机械设备给负责富春江水电站施工的浙江省水力发电工程局，抽调职工3539人、403台施工机械设备给水利电力部瓯江水力发电工程局，时称“一江分四江”。

同月 开始反右派斗争，一些知识分子和干部被错误批斗、戴帽，1978年底开始逐个改正。

8月22日 中国共产党浙江省委员会“总669号”文，张先辰任新安江水力发电工程局副局长。

同日 中国共产党浙江省委员会“总697号”文，徐百铮任新安江水力发电工程局副局长。

9月1日 中国共产党浙江省委员会“总692号”文，郭宗彦任新安江水力发电工程局工会筹委会主席。

9 月 19 日 工程局召开首次职工代表大会和工会会员代表大会，选举产生工会执行委员会，正式成立工程局工会。

10 月 5 日 苏联电站部代表团一行 5 人参观工程局承建的新安江水电站工程。

10 月 23 日 上海天马电影制片厂在新安江水电站工地开拍以反映该电站工程建设为内容的纪录影片——《新安江上》。

11 月 工程局一工区修钎工陶建安、风钻工王永来出席第二届全国青年社会主义建设积极分子大会。

12 月 7 日 新安江水电站大坝和厂房混凝土日浇筑量达到 9425.36 米^3；据年度统计，是年浇筑混凝土 87.1 万米^3。分别创全国单个水电站工程日浇筑量和年浇筑量的最高纪录。

12 月 12 日 全国人大常委会副委员长李维汉视察工程局承建的新安江水电站工地。

12 月 16 日 苏联、蒙古、朝鲜水利代表团一行 12 人参观工程局承建的新安江水电站工程。

12 月 中国共产党浙江省委员会“总 996 号”文，陈赞任监委书记。

1959 年

2 月 19 日 新安江水力发电工程局黄坛口水力发电厂改称浙江省黄坛口水力发电厂，由浙江省电力工业厅领导管理。

3 月 12 日 以风水电队和浙江省安装公司施工队伍为主成立工程局机电安装队，6 月 29 日升格为机电安装大队，10 月整建制划给浙江省电力安装公司。

4 月 9 日 中共中央副主席、国务院总理周恩来视察工程局承建的新安江水电站工地，听取工程局领导汇报，视察了施工现场、朱家埠工人俱乐部和江村埠砂石料场，并挥毫写下“为我国第一座自己设计和自制设备的大型水力发电站的胜利建设而欢呼！”的题词。

5 月 29 日 中国共产党浙江省委员会“总 697 号”文，李志刚任富春江水力发电工程局副局长。

6 月 10 日 工程局自制起重能力 130 吨天车成功，于 11 月 5 日投入运行。

9 月 14 日 水利电力部水利水电建设总局下发“水（59）人字第 246 号”文，工程局更名为水利电力部新安江水力发电工程局。

9 月 21 日 工程局承建的新安江水电站下闸蓄水，比计划提前 15 个月。中共浙江省委第一书记江华到电站庆贺。

11 月 11～13 日 中共新安江水力发电工程委员会首次代表大会召开，选举产生新的中共新安江水力发电工程委员会和监察委员会。23 日，中共浙江省委批复：王醒任第一书记，陈赞任第二书记兼监委书记。

11 月 23 日 中国共产党浙江省委员会“总 995 号”文，张先辰任新安江水力发电工程局第一副局长。

11 月 高世怀、孙炳麟被选为出席全国社会主义建设先进集体和先进工作者大会

（群英大会）代表。工程局机械化站代管的列车电站为出席这次大会的先进集体。

12月16～19日 共青团新安江水力发电工程代表大会召开首次会议。

12月 新安江水力发电厂成立，归属工程局领导。

同月 工程局修钎厂青年红旗突击班获共青团中央授予的“提前跨进1960年”奖状。

1960年

1月21日 中共中央政治局委员、国务院副总理谭震林视察工程局承建的新安江水电站工地。

2月 风动工具修理工罗兰秀获“全国‘三八’红旗手”称号。

3月27日 中共浙江省委决定建立包括新安江水力发电厂在内的新安江电业管理局。

4月22日0时20分 新安江水电站第一台7.25万千瓦水轮发电机组（4号机）投产发电，比国家计划提前20个月。9月26日正式向新安江—杭州—上海220千伏系统送电。

5月12日 一工区撤销，其大部分职工和机械设备调给浙江省钱塘江治理工程局，先后调去职工约4500人，工程局两名副局长调到该局任正、副局长。

5月 工程局获全国群英大会授予的“先进基层单位”奖旗。

同月 工程局业余学校获国务院授予的“全国教育系统先进单位”的称号。陶建安获共青团中央授予的“全国青年社会主义建设积极分子”称号。

12月30日 中共浙江省委“省委发文（60）915号”文，顾绪明任省水电工程局工会主席。

1961年

1月31日 中共中央副主席、全国人大常委会委员长朱德偕夫人康克清视察工程局承建的新安江水电站。

8月22日 工程局所属新安江水力发电厂划归浙江省水利电力厅电业管理局领导。

1962年

7月26日 潘圭绥任工程局总工程师。

8月 水利电力部新安江水力发电工程局、瓯江水力发电工程局和浙江省水力发电工程局（富春江水电站前期工程施工单位）及乌溪江水力发电工程处（湖南镇水电站前期工程施工单位）合并为水利电力部新安江水力发电工程局，时称“四江”合并。

9月8日 中共浙江省委批准成立“四江”合并后的中共新安江水力发电工程委员会，陈赞主持工程局党委工作。

1963年

1月19～20日 中共新安江水力发电工程局委员会第二次代表大会召开，选举出席中共浙江省第四次代表大会正式代表、候补代表各1人。

2月20日 王英清任代理局长，刘志高、刘震南任副局长。

3月18日 周恩来总理批准新安江水电站对外开放。

4月13日 中共浙江省委“省委发文（63）176号”文，陈赞任新安江水力发电工程局党委书记。

6月11日 阿尔巴尼亚水电建设代表团一行7人参观富春江水电站工程。

9月4日 王英清任局长。

9月22日 中央人民广播电台播出新华社发布的新安江水电站1960年建成发电的消息。

12月 中共浙江省委“省委发文（63）186号”文，李同彬任监委书记。

1964年

3月25日 中共中央政治局委员、国家副主席董必武视察工程局承建的新安江水电站，并为工程局题写了“自力更生　成绩显著　熟能生巧　业益进步　克服困难　改正错误　不馁不骄　标兵已树”的题词。

5月13日 刘震南任工程局总工程师。

8月 水利电力部“四清”（清政治、清思想、清组织、清经济）工作队到达工程局，组织开展“四清”运动，翌年4月撤离。

10月21日 中共新安江水力发电工程局政治部成立。

12月 潘圭绥当选为第三届全国人民代表大会代表。

1965年

4月19～21日 中共新安江水力发电工程局委员会第三次代表大会召开，选出新一届中共新安江水力发电工程委员会，陈赞任书记。

9月9日 接水利电力部电话通知：经国家经济委员会、建设委员会批准，富春江水电站工程提前复工续建。

10月20日 工程局在富春江水电站工地召开复工大会。

12月14日 水利电力部“（65）水电干行字第230号”文，肖杰任新安江水力发电工程局副局长。

1966年

1月1日 工程局机关迁到桐庐县七里泷富春江水电站工地办公。

1月31日 刘绍文任工程局局长。

5月19日 水利电力部“（66）水电干字第57号”文，姚新根任新安江水力发电工程局副局长。

7月12～17日 工程局承建的新安江水电站首次试泄洪，历时114小时，最大泄洪量1284米^3/秒，总泄水量5.37亿米^3，大坝安然无恙。

1968 年

9 月 2 日　浙江省革命委员会补批工程局革命委员会，刘绍文任主任。

10 月　水利电力部指定以新安江水力发电工程局为主，联合陈村水力发电工程局，共同承担安徽陈村水电站工程复工续建任务。

12 月 25 日　工程局承建的富春江水电站首台水轮发电机组正式投产发电。

1969 年

3 月 24 日　浙江省革命委员会审批组电话通知：同意工程局革命委员会试行党的核心小组，刘绍文任组长。

3 月　工程局电话总机工人刘有祥赴京参加中国共产党第九次全国代表大会。

12 月 2 日　水利电力部机电安装局第三安装工程处成建制划给新安江水力发电工程局。

12 月 18 日　水利电力部军事管制委员会发“(69) 水电军生办字第 154 号”文，水利电力部新安江水力发电工程局改称水利电力部第十二工程局。

1970 年

6 月 27 日　水利电力部上海勘测设计院撤销，750 人分配到工程局（实到 693 人）。

6 月　工程局接受了制造 6 万千瓦水轮发电机组的任务。

7 月 29 日　以工程局为主承建的陈村水电站下闸蓄水。10 月 1 日第一台机组发电。

8 月 1 日　工程局浇铸成功 6 万千瓦水轮机的第一个大部件——座环。

8 月 27 日　湖南镇水电站工程指挥部成立，该电站工程正式开始复工续建。

10 月　工程局招收临时工 1400 多人，投入湖南镇水电站工程施工。

12 月 22 日　工程局建立水工设备制造厂。

1971 年

3 月　工程局组织勘测设计队进入乐清湾查勘潮汐发电资源。

9 月　提出选择江厦为潮汐发电试点工程的报告。

11 月　工程局援建的阿尔巴尼亚菲尔泽水电站工程开工，1978 年 5 月 29 日首台 12.5 万千瓦机组投产。

1972 年

1 月 1 日　工程局机关迁到衢县湖南公社项家办公。

3 月 10 日　国家计划委员会批准建设江厦潮汐试验电站，并将其列入国家重点科研项目。

5 月 15 日　接水利电力部通知，工程局实行以省为主的双重领导。

9 月 9 日　工程局湖南镇水电站工地施工单位的团、营、连建制改为大队。

10月21日 中共浙江省委“省委批〔1972〕149号”文，陈赞任水电部第十二工程局革命委员会主任、党的核心小组组长。

12月28日 由工程局水工设备制造厂设计、制造并安装的第一台6万千瓦低水头水轮发电机组在富春江水电站一次投产成功。

1973年

3月17日 中共浙江省委第一书记谭启龙等到工程局承建的湖南镇水电站工地视察。

3月 工程局勘测设计院成立。

5月 水利电力部批准扩建工程局水工设备制造厂，厂名改为富春江水工机械厂。

7月 工程局成立技工学校，并开始向杭州、宁波、温州、绍兴、台州、金华、衢州等地区招生。

1974年

3月 工程局开始抽调干部支援国家重点建设项目——宁波港镇海码头建设。至1976年一季度共调出干部109人。

1975年

12月 工程局富春江水工机械厂制造的第二台6万千瓦水轮发电机组在广西西津水电站投产发电。

1976年

5月 工程局创办工人大学，1979年5月更名为工程局职工大学。

10月 江青反革命集团被粉碎后，工程局开展“揭、批、查”运动，全局生产形势逐渐好转。

1977年

8月12日 工程局撤销办事组、生产指挥组、人民保卫组和后勤组，恢复“文化大革命”前的全部职能处室。

是年 全局提前93天完成年度基建投资计划。工程局机电安装工程处承建的江苏江都抽水站机电安装工程竣工，在1982年获国家质量管理委员会颁发的国家质量奖金质奖。

1978年

2月 周恒寿被举荐为第五届全国政协委员。

3月 “新安江水电站”、“化学灌浆材料及其工艺”、“湖南镇水电站引水工程月牙形内加强肋岔管”等项成果获全国科学大会奖。

4月18日 中共浙江省委“省委干〔1978〕45号”文，周恒寿任工程局总工程师，郭文敏、张本乾任副总工程师。

7月19日 浙江省紧水滩水电站工程指挥部成立，次月定名为水利电力部第十二工程局紧水滩水电站工程指挥部。

10月1日 启用“水利电力部第十二工程局”新印章，工程局各级“革命委员会”名称随之消失。

10月20日 工程局政治部主办的《工程战报》出版，1980年10月16日更名为《水电工人报》。

10月26日 中共浙江省委批准成立中共水利电力部第十二工程局委员会，陈赞任书记结束工程局持续12年无党委的状况。

11月11日 工程局副局长姚新根出席中国工会第九次代表大会，为大会主席团成员，并当选为全国总工会候补执行委员。

1979年

1月3日 工程局召开工程师任命大会，授予并恢复一批工程技术人员的专业技术职称。

5月4日 工程局党委纪律检查委员会筹备小组成立。

5月18日 工程局党委设立办公室、组织部、宣传部，撤销政治部。

5月 工程局风水电大队团总支部青年突击队获共青团中央授予的“全国新长征突击队”称号。

6月23日 中共浙江省委“省委干〔1979〕168号”文，王兆泰任工程局党委副书记，黄惠源任工程局副局长。

9月30日 湖南镇水电站第一台4.25万千瓦水轮发电机组并网发电。

11月29日 浙江省劳动局批准工程局成立劳动服务公司。

1980年

2月26日 电力工业部“（80）电办字第19号”文，水利电力部第十二工程局改称电力工业部第五水电工程局。

3月下旬 工程局职工大学由电力工业部6个水电施工单位联办，主办单位仍为第五水电工程局，6月开始招生。

4月11日 中共浙江省委第一书记铁瑛到湖南镇水电站工地视察。

5月4日 江厦潮汐试验电站1号500千瓦机组并网发电。

5月20日 工程局征用金华县白龙桥地区26.67万米^{2}山地建后方基地，同年8月破土动工。1982年第三季度初具规模，10月第一批职工及其家属迁入基地。

8月4日 中共浙江省委“省委干〔1980〕261号”文，王度滋任电力工业部第五水电工程局副局长、党委委员、副书记。

10月17日 经谷牧副总理签批、万里副总理圈阅同意，工程局由双重领导以省为主改变为双重领导以部为主的管理体制。

1981 年

1 月 1 日 工程局所属施工单位改为 8 个工程处和 1 个修配厂。

3 月 工程局创办职工大学附属财经学校，1983 年改名为“职工中等经济管理学校”。1987 年 12 月划出工程局，改由浙江省电力工业局主管，校名改为“杭州电力经济管理学校”。

6 月 14 日 工程局创办仪表厂，1992 年 11 月 27 日扩大为仪表电器总厂。

10 月 1 日 工程局机关迁往紧水滩电站工地办公。

11 月 7 日 中共中央组织部“（81）干任字 672 号”文，王度滋任第五水电工程局局长。

12 月 2 日 电力工业部水力发电建设总局决定：富春江水工机械厂与工程局分离，改由总局领导管理；富春江工程指挥部同时撤销。

1982 年

4 月 30 日 水利电力部“（82）水电劳字第 12 号”文，电力工业部第五水电工程局改称水利电力部第十二工程局。

8 月 18 日 水利电力部同意工程局以“华东水利水电工程公司”名义参加国际投标。

10 月 王重德、王建青获“浙江省劳动模范”称号。

11 月 29 日 中共水利电力部水利水电建设总公司“（82）水建党字第 88 号”文，王度滋任工程局党委代理书记，黄惠源任工程局代理局长。

12 月 15～19 日 水利水电建设总公司在工程局金华基地召开基地工作会议，推广十二工程局等单位营建基地经验。

1983 年

2 月 17 日 中共中央组织部“（83）干任字 90 号”文，王度滋任工程局党委书记，黄惠源任工程局局长。

6 月 8～12 日 工程局第四次党代会召开，选举产生新一届党委会和纪律检查委员会。王度滋当选为局党委书记，宋其仲当选为纪律检查委员会书记。

6 月 21 日 9 时 15 分 湖南镇水电站首次泄洪，5 扇闸门全部开启，历时 2 小时 40 分钟，泄水量 859 万米^3，最大流量 2000 米^3/秒。泄洪时，水流平顺，闸门开启系统运作正常，关闭无渗漏。经各种仪器测试，大坝水工建筑物全部完好。

6 月 周恒寿续任第六届全国政协委员。

7 月 水利电力部批准紧水滩水电站工程实行投资包干试点。

10 月 31 日 紧水滩水电站实现导截流。

11 月 2 日 经国家劳动人事部批准，水利电力部发出《关于十二工程局工资调改结合试点的通知》，工程局首次实施企业自费调整职工工资（从当年 9 月起执行）。

11 月 蔡启敖、袁章永获全国总工会授予的“优秀工会积极分子”称号。

1984 年

1 月 紧水滩水电站工程列为国家重点建设项目。

3 月 15 日 中共浙江省委书记王芳视察紧水滩水电站工地。

4 月 工程局被中共水利电力部党组确定为部直属施工企业改革试点单位。

8 月 7 日 水利电力部部长钱正英到紧水滩水电站工地视察。

9 月 8 日 水利水电建设总公司正式批复工程局改革试点方案，工程局开始实行局长负责制，党委起监督保证作用。

10 月 26 日 工程局中标承建联合国亚太地区小水电研究培训中心大楼工程，标志着工程局承接非国家指令性施工任务和跨行业施工的开始。

11 月 应用低热微膨胀水泥拌和混凝土，在紧水滩水电站上游拱围堰作通仓、高块、连续浇筑工艺试验成功，获水利水电科技进步一等奖，翌年 5 月获水利电力优秀科技成果二等奖。

12 月 5 日 中共水利电力部水利水电建设总公司“（84）水建党字第 238 号”文，郭文敏任第十二工程局总工程师。

12 月 10 日 全国水利电力系统劳动模范吴舒敏、王招才和劳动模范集体第三工程处风水电队的代表以及特邀代表陈赞赴京参加授奖大会。

1985 年

1 月 5 日 工程局中标石塘水电站土建工程。这是水利电力部通过国内公开招投标选择施工、制造单位的第一个水电站工程。2 月 12 日签订承发包合同。4 月 8 日成立项目经理室。

3 月 22 日 周渊、杨海、魏富定获共青团中央授予的“新长征突击手”称号。

3 月 28 日 中共水利电力部水利水电建设总公司“（85）水建党字第 53 号”文，赵铭身任第十二工程局副局长。

3 月 黄惠源获“水电部系统优秀企业管理者”称号。

同月 工程局团委获全国水利电力系统“重点建设献青春竞赛活动优胜单位”称号。

4 月 工程局被国家计划委员会施工管理局选定为全国大型施工企业改革工作联系点之一。

同月 孙长清、陈顺来获中共浙江省委授予的“1984 年度优秀共产党员”称号。

7 月 15 日 工程局机械厂成立，1993 年 1 月更名为机械制造总厂。

8 月 15 日 中共水利电力部水利水电建设总公司“（85）水建党字第 114 号”文，张介中任第十二工程局党委副书记。

9 月 1 日 工程局机关迁至金华县白龙桥华电新村（金华基地）办公。

9 月 10 日 工程局以华东水利水电工程公司名义与闽江工程公司、水利电力部第四工程局联合组建“华联工程公司”，翌年 10 月 31 日签订联营合同。

12 月 10 日 工程局承建上海沪东造船厂船体加工装焊车间。

12 月 夏春达获“浙江省劳动模范”称号。

1986 年

1 月 20 日 工程局获全国企业整顿领导小组和国家经济委员会授予的“全国企业整顿先进单位”称号。

3 月 20 日 工程局获国家计划委员会和中国施工企业管理协会授予的 1985 年度“施工管理优秀奖”。

6 月 26 日 工程局承建的紧水滩水电站下闸蓄水。

7 月 1 日 杨家湖获中共浙江省委授予的“1985 年度优秀共产党员”称号。

7 月 23 日 华联工程公司与日本前田建设工业株式会社签订成立“华田联营工程公司”协议，翌年 1 月 13 日签订联营合同。

7 月 29 日 中共水利电力部水利水电建设总公司“（86）水建党字第 105 号”文，黄振轩改任第十二工程局副局长。

9 月 11 日 工程局研发的“自升式悬臂桁架钢模板”技术获国家专利局颁发的专利证。

9 月 韩国平获全国卫星杯散打赛 75 公斤级冠军。

10 月 7 日 工程局承建遂昌县成屏一级水电站钢筋混凝土面板堆石坝工程。

11 月 22 日 华田联营工程公司中标承建福建省水口水电站土建工程。翌年 1 月 13 日签订工程承发包合同，工程局为该工程施工的责任方。

12 月 24 日 工程局机械厂制造的 5 台拉丝机通过验收出口巴基斯坦。

1987 年

1 月 王度滋调离工程局，局党委工作由副书记张介中主持。

3 月 9 日 工程局参加施工的水口水电站工程开工。

4 月 3 日 紧水滩水电站 5 万千瓦的 1 号机组投产发电。

4 月 8 日 工程局由部直接管理改为委托浙江省电力工业局领导管理，仍为部属地师级施工企业。工程局职工大学、矽肺疗养院分别改称水利电力部富春江职工大学、水利电力部新安江疗养院，由部委托工程局领导管理。

5 月 4 日 工程局与金华热电厂筹建处正式签订承建金华热电厂协议。

5 月 14 日 出席国际大坝委员会第 55 届执行会议的 19 个国家的 28 名专家参观工程局承建的紧水滩水电站大坝和厂房发电机组。

7 月 10 日 工程局与浙江省火电建设公司联营的浙江省电力建设联合公司承建温州火力发电厂一期工程。

8 月 工程局被国家计划委员会确定为国营大型施工企业深化改革的试点企业。

9 月 22 日 中共浙江省顾问委员会主任铁瑛视察工程局承建的紧水滩水电站工地。

10 月 28 日 工程局被国家计划委员会、国家体制改革委员会、劳动人事部、中国人民建设银行、国家工商行政管理局共同确定为全国第一批推广鲁布革工程管理经验的 18

家试点企业之一。

11月6日 工程局组织开展“企业精神”大讨论。翌年4月归纳为：艰苦创业，团结拼搏，求实创新。

11月28日 中共浙江省委“浙干任〔1987〕85号”文，赵铭身任水利电力部第十二工程局党委副书记。

11月29日 工程局承建的石塘水电站截流，翌年12月31日下闸蓄水。

12月 熊水林获“1986年度浙江省劳动模范”称号。

是年 工程局获浙江省人民政府授予的“计划生育先进集体”称号。

1988年

4月 机电安装公司女焊工汪小娟参加水利电力部第三届焊工（女）技术比赛，总分名列第一，获“优秀女焊工”称号。

8月20日 工程局机械厂制造的蒸汽两效溴化锂吸收式制冷机通过省级技术鉴定为浙江省填补了空白。

12月 张逸平获“1987年度浙江省劳动模范”称号。

1989年

2月27日 浙江省人民政府“浙政干〔1989〕10号”文，张介中任水利电力部第十二工程局局长，凌鼎钫任水利电力部第十二工程局副局长。

2月28日 工程局承建的宁波北仑港码头二期工程开工。

3月20日 工程局所属新安江特种水泥厂第一条年产5万吨水泥新生产线点火生产。

3月31日 向全局职工征集局歌歌词，翌年4月8日，确定《电力建设者的心声》为局歌。

5月14日 工程局承建的成屏一级水电站1、2号机组启动发电。

6月 孟广生获“1988年度浙江省劳动模范”称号。

7月2日 石塘水电站1号机组投产发电。

9月25日 工程局参与承建的水口水电站截流，国务院来电祝贺。

9月 王招才获“全国劳动模范”称号。

1990年

2月28日 工程局被建设部核定为水利水电工程施工一级企业。

4月23日 工程局承建杭州笕桥机场基础加固和排水工程。该工程5月1日开工，基础加固5月25日完工，被评为优良工程；排水工程7月9日竣工。工程局受到浙江省人民政府通报表彰。

5月14日 九三学社水电十二局支社成立。

5月 水利电力部富春江职工大学划归浙江省电力工业局领导管理，并更名为“富春江水电职工大学”。

10月29日 工程局中标承建福建省万安溪水电站土建工程。

10月30日 工程局承建的金华热电厂第一台机组并网发电。

10月 刘艳芳获“能源部电力系统劳动模范”称号，机械厂水电二队管路班获“全国水电系统先进集体”称号。

12月30日 以工程局为主承建的温州火力发电厂一期工程1号机组投产发电，该电厂一期工程总装机容量25万千瓦。

1991年

6月 工程局富春江管理处离休干部党支部获“全国老干部先进集体”称号。

7月1日 工程局颁布《职工劳保医疗管理办法》（试行），对传统的职工劳保医疗制度进行改革。

1992年

5月1日 周世荣获全国“五一”劳动奖章。

7月1～3日 工程局第五次党代会召开，赵铭身当选局党委书记，洪竹良当选局纪委书记。

7月20日 工程局承建的上海沪东造船厂1号万吨船台改造工程开工。

8月3日 中国水利水电工程总公司发“中水电劳〔1992〕60号”文，水利电力部第十二工程局改称中国水利水电第十二工程局。

8月 工程局与台湾普盈管理顾问有限公司合资创办上海普华应用软件有限公司。

10月16日 工程局机电安装公司青年焊工钱放华在全国焊接技术比赛中，获“全国手工电弧焊焊接技术能手”称号。

10月25日 工程局承建的上海市浦东川沙商品房工程开工，翌年11月9日竣工。

12月21日 工程局职工子弟中学被评为“全国电力系统先进中学”。

12月23日 工程局建立勘测设计研究院。

12月 工程局承建江苏省苏州市相门桥工程。该大桥工程翌年1月8日开工，1994年4月20日建成通车，被评为江苏省优质市政工程，获全国市政工程金杯奖。

1993年

5月18日 工程局承建江苏省吴县经济技术开发区热电厂一期土建工程。

6月 周恒寿、郭文敏被国家确定为有突出贡献的专家，享受政府特殊津贴。

7月1日 工程局勘测设计研究院获国家建设部颁发的工程设计证书。

7月 工程局承建中外合资宁波金利房地产有限公司环球经贸大厦工程。

8月8日 工程局参加施工的水口水电站第一台机组投产发电，中共中央政治局委员、国务院副总理邹家华莅临剪彩。

11月15日 工程局勘测设计研究院获能源部、水利部水利水电规划设计总院颁发的工程总承包资格证书。

1994 年

2 月 周永芳获“全国优秀工会积极分子”称号。

5 月 6 日 工程局中标承建杭州市绕城高速公路祥符桥至留下段第二标段工程。

5 月 7 日 董润生任工程局总工程师。

5 月 13 日 浙江省人民政府“浙政干〔1994〕26 号”文，徐鹿元任中国水利水电第十二工程局副局长。

6 月 方胜亮、黄步善获电力工业部劳动模范称号，施工科学研究所混凝土外加剂实验车间获电力工业部先进集体称号。

8 月 18 日 工程局承建的万安溪水电站下闸蓄水。10 月 17 日 1 号机组投产发电，其面板堆石坝防裂技术获水利部科学技术进步二等奖。

11 月 25 日 工程局承建湖南镇水电站扩容工程。1996 年 11 月 1 日扩容 10 万千瓦机组并网投产。

同日 黄坛口水电站扩机工程第一台 2.6 万千瓦机组投产发电，第二台机组翌年 3 月 30 日投产发电。两台机组于翌年 8 月 10 日移交乌溪江水力发电厂。1996 年 3 月，两台机组安装施工获浙江省优秀安装质量奖。

1995 年

4 月 刘作贤获“浙江省劳动模范”称号。

11 月 17 日 钱放华在 1995 年全国焊工技能赛手工电弧焊比赛中再次获“全国电弧焊技术能手”称号，工程局获“伯乐奖”。

12 月 8 日 工程局中标江苏胥口水利工程。

12 月 22 日 工程局中标承建京杭古运河疏浚工程 9 标段。

1996 年

1 月 1 日 工程局经营决策中心迁移至杭州市环城北路 6—6 号办公。

4 月 15 日 工程局第三工程公司与东阳市天宇建筑工程公司联合承建甘肃省兰州市比科新商厦工程。

5 月 6～9 日 电力工业部水利水电规划设计院技术鉴定委员会等单位的 10 余名水电专家对万安溪水电站面板堆石坝进行实地考察、鉴定，确认该坝技术达到国际先进水平。

7 月 夏春达获中共浙江省委授予的“优秀共产党员”称号。

10 月 工程局勘测设计研究院获国家测绘局颁发的甲级测绘资格证。

同月 工程局实验室获国家技术监督局颁发的计量认证资格证。

11 月 22 日 工程局召开庆祝建局 40 周年大会。

12 月 23 日 工程局中标宁波白溪水库工程。

1997 年

2 月 工程局升华工程公司承建的福建水口水电站升船机塔楼工程和该公司青年突击队获共青团中央、国家计委、建设部、电力部“青年文明号”荣誉。

3 月 14 日 工程局中标承建玉环县坎门渔港防波堤工程。

8 月 工程局取得国家建设部颁发的工程施工总承包一级企业资质证书。

9 月 3 日 机电安装公司与上海外经（集团）有限公司签订缅甸照济水电站工程机电设备安装合同。

11 月 1 日 工程局承建的珊溪水利枢纽工程截流成功。浙江省省长柴松岳出席截流仪式。

11 月 7 日 中共浙江省委“浙干任〔1997〕149 号”文，徐鹿元任中国水利水电第十二工程局党委书记，江章贵任党委副书记、纪律检查委员会书记。

11 月 18 日 浙江省人民政府“浙政干〔1997〕83 号”文，杨永祥任中国水电第十二工程局副局长。

11 月 24 日 浙江省电力工业局“浙电任〔1997〕0030 号”文，马如骐兼任中国水电第十二工程局总工程师。

11 月 工程局职工子弟魏洪涛、魏洪波两兄弟分别获第八届全国运动会 54 公斤级拳击冠军、季军。

1998 年

5 月 16～18 日 水口水电站升船机塔楼通过部级鉴定，应用滑框倒模技术成果达到国际水平。

5 月 27 日 浙江省委书记李泽民一行视察工程局承建的珊溪水利枢纽工程。

8 月 29～31 日 经中国水利学会混凝土面板专业委员会专家评议，认定岑港水库混凝土面板堆石坝是具有推广价值的先进坝型。

10 月 15 日 中国水利水电工程总公司经理孙玉才到工程局承建的珊溪水库工地检查指导工作。

12 月 1～3 日 工程局召开第六次党代会，徐鹿元当选党委书记，江章贵当选党委副书记兼纪委书记。

12 月 工程局承建的宁波北仑港 20 万吨级矿石中转码头工程获中国建筑工程鲁班奖。翌年 10 月获中国土木工程詹天佑奖。

1999 年

4 月 15 日 中国工程院副院长、两院院士潘家铮视察工程局承建的白溪水库工程。

4 月 工程局滑框倒模技术获中国水利水电工程总公司 1998 年度科学进步二等奖。

5 月 19 日 浙江省人民政府“浙政干〔1999〕26 号”文，孙阳任中国水利水电第十二工程局副局长。

10月 工程局设备修理厂被国家人防办评为“全国人防工程防护设备定点生产厂家先进单位”。

11月26日 工程局通过ISO 9002质量体系认证。

12月6日 人民日报报道，工程局承建混凝土面板堆石坝的关键施工技术达国际先进水平。

2000年

1月4日 福建省委副书记、代省长习近平视察工程局承建的三明竹洲水电站。

1月 工程局获得航务工程施工二级资质证书。

2月 工程局工会被评为1999年度全国水利电力系统工会工作优秀单位。

同月 工程局芹山电站项目部、竹洲电站项目部被评为福建省1999年度重点项目建设立功竞赛先进集体。

3月1日 国家电力公司副总经理周大兵等来工程局视察工作。

4月 工程局第一分局获得1999年度浙江省“重点建设先进集体”称号，第二分局获得1999年度浙江省“重点工程质量管理年质量优胜奖”。

5月18日 全国人大常委、原水利部部长杨振怀到工程局承建的温州珊溪水库工地视察。

5月 章亦耘获浙江省“优秀青年岗位能手”称号。

同月 工业设备安装公司获浙江省“优秀安装质量奖”。

6月27日 工程局承建的珊溪水利枢纽工程首台机组并网发电。浙江省省长柴松岳等领导前往现场祝贺。

6月 工程局第二分局青年突击总队获“省青年文明号”称号。

7月11日 浙江省委书记张德江视察工程局承建的珊溪水利枢纽工程。

7月 工程局职工医院被评为“全国电力行业职业卫生先进单位”。

8月 江舸在2000年浙江省焊接技术比赛中获二氧化碳气体保护焊第3名。

9月 工程局金属结构厂“平椭圆形钢管结构桥梁拱肋制作工艺”被国家知识产权局授予专利权。

同月 李鹏委员长为珊溪水利枢纽工程题词：“珊溪水利枢纽工程为振兴温州经济作出贡献。”

同月 由中央电视台和工程局合拍的科技片《土石坝的变迁》在中央一套《科技博览》栏目播出。

11月 经浙江省科学技术委员会专家鉴定，工程局科研所研制的VF防裂剂达到国际先进水平。

同月 舟山岑港水库混凝土面板堆石坝技术获1999年度浙江省水利科技进步一等奖。

12月 工程局中标承建桐柏抽水蓄能电站主体工程。

2001 年

1 月 工程局承装的大型火力发电厂循环水系统荣获“中国安装之星”称号。

4 月 工程局聚丙烯纤维混凝土技术通过水利部科研成果鉴定。

7 月 27 日 浙江省省长柴松岳到工程局承建的桐柏抽水蓄能电站工地视察工作。

9 月 2 日 工程局承建的国内最长的单载面下承式系杆拱桥——宁波琴桥建成通车。

9 月 30 日 浙江省人民政府“浙政干〔2001〕58 号”文，任命徐鹿元为中国水利水电第十二工程局局长。

10 月 岑港水库工程荣获 2001 年浙江省建设工程钱江杯。

11 月 3 日 经鉴定委员会鉴定，工程局承建的珊溪水库钢筋混凝土面板堆石坝坝体填筑与钢筋混凝土面板浇筑质量优良，施工速度快，达到国际先进水平。

12 月 工程局承建的珊溪水库大坝钢筋混凝土面板经检查未发现任何裂缝，被中国企业联合会、中国企业家协会审定为“中国企业新纪录”。

2002 年

4 月 工程局承建的宁波琴桥工程获浙江省宁波市“甬江杯”优质工程奖。

8 月 工程局承建的赵山渡水电站弧形闸门焊接工程被中国工程建设焊接协会评为全国优秀焊接工程。

8 月 沈益源被评为浙江省“优秀青年岗位能手”。

9 月 9 日 浙江省人民政府“浙政干〔2002〕33 号”文，陈泽鑫、吴海平任中国水利水电第十二工程局副局长。

9 月 25 日 工程局取得 2000 版质量认证证书。

9 月 工程局局志完成编印工作。

10 月 港口湾水库工程获安徽省水电施工奖。

11 月 12 日 国家电力公司决定将工程局成建制划归中国水利水电工程总公司管理。

11 月 工程局中标承建四川紫坪铺水利枢纽大坝工程。

12 月 29 日 中国水利水电建设集团公司成立，工程局成为其成员企业之一。

2003 年

1 月 10 日 港口湾水库工程被评为省优质工程，并获得安徽省建筑质量最高奖——黄山杯。

2 月 4 日 中央纪律检查委员会副书记刘锡荣视察工程局承建的桐柏抽水蓄能电站工程。

3 月 10～16 日 国务院国有企业监事会范有年主席到工程局检查工作。

3 月 工程局第一分局、第六分局、施工科学研究所被评为中国水电建设集团公司文明单位。

4 月 11～12 日 工程局荣获中国水利水电建设集团公司 2002 年度安全生产合格企业

称号，桐柏工程项目部、华光潭工程项目部被评为中国水利水电建设集团公司先进项目部，孙阳、陈泽鑫被评为中国水电建设集团公司优秀项目经理。

4月 工程局和水电五局联合中标浙江桐柏抽水蓄能电站30万千瓦发电机组安装工程。

同月 工程局承建的珊溪水利枢纽工程被评为2002年度浙江省水利优秀工程。

5月 工程局承建的河北黄壁庄水库除险加固工程、浙江珊溪水利枢纽工程、浙江大岩坑水电站工程被评为2002年度水利系统文明建设工地。

6月3日 中共中央政治局常委、全国人大常委会委员长吴邦国，中共中央政治局委员、全国人大常委会副委员长王兆国，全国人大常委会副委员长兼秘书长盛华仁视察工程局承建的四川紫坪铺水利枢纽工程。

6月23日 工程局与水电九局组成的129联营体中标承建贵州三板溪水电站主体工程。

7月21日 周宁水电站C5标引水隧洞开挖全线贯通，创工程局隧洞施工最长纪录。

8月 “珊溪水库工程混凝土面板堆石坝施工技术研究”项目和“VF防裂剂研制及面板混凝土防裂技术研究”项目获中国水电建设集团公司科技进步奖二等奖。

2004年

1月16日 工程局承建的港口湾水库工程获2003年度中国建筑工程鲁班奖。该工程先后荣获安徽省水利水电工程优秀设计一等奖、2002年度安徽省水利水电工程优秀施工奖和2002年度安徽省黄山杯。

2月3日 工程局承建的杭申线浙江段航道改造工程获交通部2003年度水运工程质量奖。

2月24日 佘其年任工程局党委书记。

2月23日 以中国科学院、中国工程院院士潘家铮为团长的世界银行特别咨询团考察工程局承建的桐柏抽水蓄能电站工地。

3月23日 集团公司党组书记、总经理郭建堂考察三板溪水电站工程。

3月29日 中国工程院院士谭靖夷、国家级设计大师曹克明、水电专家蒋国澄等考察三板溪水电站工程。

3月30日 工程局承建的白溪水库工程被评为2003年度浙江省水利优质工程。

6月15日 工程局中标承建浙江省滩坑水电站大坝工程。

6月30日 国家电网公司副总经理郑宝森参观工程局承建的桐柏抽水蓄能电站工地。

10月4日 中共中央政治局委员、国务院副总理曾培炎考察工程局承建的桐柏抽水蓄能电站工程。浙江省委书记、省人大常委会主任习近平及省长吕祖善等陪同考察。

11月24日 浙江省委书记、省人大常委会主任习近平考察工程局承建的滩坑水电站建设工地。

12月20日 工程局首次在全局范围内采取竞争上岗的方式，选拔局机关部门岗位负责人。

2005 年

2 月 9 日前 局机关基本完成办公楼搬迁工作，19 日正式在环城北路 141 号永通信息广场办公。

3 月 17 日 工程局被评为 2004 年度全国用户满意施工企业。

3 月 31 日 注册成立金华华电房地产开发有限公司，注册资本 500 万元。公司经营范围为房地产开发销售，市场经营管理。

5 月 1 日 富春江水电设备总厂所有资产、负债、权益移交工程局管理。

5 月 18 日 全国人大常委会原副委员长田纪云考察工程局承建的山东泰安抽水蓄能电站工程。

同日 中国水利水电建设集团公司“中水电人〔2005〕79 号”文，潘承东任工程局副局长。

5 月 25 日 福建省委书记卢展工考察福建街面水电站工程。

7 月 4 日 中国电力投资集团公司总经理王炳华考察我局施工的湖南黑麋峰抽水蓄能电站工程。

8 月 3 日 职业健康安全管理体系、环境管理体系、质量管理体系整合为一体化管理工作，即“三合一”工作全面启动。

8 月 31 日 全国人大副委员长民革中央主席何鲁丽考察工程局承建的泰安抽水蓄能电站。

11 月 21 日 第十批中国企业新纪录公布。桐柏抽水蓄能电站地下厂房岩壁吊车梁施工、三板溪水电站混凝土面板坝石坝主坝工程“一枯拦洪”坝体填筑施工均创中国企业新纪录。

12 月 11 日 中国电力企业联合会授予工程局“全国电力行业优秀企业”荣誉称号。

12 月 15 日 前身为华电防护设备厂的金华华远人防设备有限公司成立，成为工程局首个主辅分离、辅业改制成功的单位。

2006 年

5 月 30 日 由工程局施工的宁波市白溪水库、温州珊溪水库工程被评为 2006 年度中国电力优质工程。

7 月 21 日 工程局“三板溪水电站高面板坝快速施工技术研究”获集团公司 2006 年度科技进步一等奖。

9 月 8 日 工程局中小学校、公安派出所移交浙江金华市婺城区人民政府管理。

9 月 29 日 工程局山东泰安抽水蓄能电站上水库库盆土工膜防渗技术、桐柏抽水蓄能电站下水库面板堆石坝坝身溢洪道工程技术被评为第十一批中国企业新纪录。

10 月 18 日 工程局在浙江金华基地举办工程局成立 50 周年庆祝大会，并在全局开展系列庆祝活动。

10 月 24 日 工程局机械制造总厂整体资产出售给浙江广天日月集团股份有限公司。

同日 中国企业联合会授予工程局全国和谐劳动关系优秀企业称号。

11月2日 工程局承建的温州市珊溪水库工程评为2006年度国家优质工程银质奖。

12月19日 集团公司以中水电人〔2006〕188号文决定，聘任孙阳为工程局局长。同日，集团公司临时党委以中水电临党〔2006〕84号文决定，任命杨永祥为工程局党委书记。

12月21日 工程局通过质量、环境、职业健康安全一体化管理体系。

第一篇 体　　制

第一篇 体 制

1956年，工程局因建设新安江水电站而诞生，到2006年已有50年历史。在此期间，工程局的名称、隶属关系、管理体制、领导体制、局址、领导人员、组织机构和职工队伍等组织要素，多次发生变动，最终形成现体制。

第一章 组 织 沿 革

第一节 工 程 局 组 建

为解决华东地区电力供应，1954年11月，国家计划委员会审查通过燃料工业部水力发电建设总局的《新安江开发技术经济调查报告》。据此，上海水力发电勘测设计局于1955年初着手编制新安江水电站工程初步设计，并于同年10月选定坝址。1956年初，电力工业部水力发电建设总局开始筹建新安江水电站工程建设的施工单位。3月12日，电力工业部批复水力发电建设总局，同意成立新安江水力发电工程局和归其领导的黄坛口水力发电工程处。3月21日，水力发电建设总局向上海水力发电勘测设计局和黄坛口工程办事处发出急件，决定成立电力工业部新安江水力发电工程局（简称“工程局”）和工程局黄坛口工程处。次月，电力工业部暨水力发电建设总局从上海水力发电勘测设计局抽调人员到工程局，该局局长王醒、总工程师徐洽时奉命调到工程局主持工作。5月4日，工程局在上海市四川中路迦陵大楼7楼，上海水力发电勘测设计局会议室召开成立大会。5月7日，工程局召开首次办公会议，设置7个职能业务组。其后，上海市委、浙江省委和电力工业部及水力发电建设总局，调配给工程局一批政工、管理、技术干部。7月下旬起，经中共浙江省委批准，工程局在建德、金华、宁波等地区招收工人。8月20日，首批700余名土建工人抵达新安江水电站工地。随后，水力发电建设总局又从总局、上海水力发电勘测设计院和北京官厅、模式口，河南省三门峡，重庆狮子滩等水电建设工地调来一批干部和技术工人，一批水电学校应届毕业生、部队转业军人以及从上海市、浙江省各地招收的一批职工也先后来到工程局。到1956年底，工程局已有职工7555人，其中干部1246人（局长1人、副局长2人，正、副总工程师各1人，处级干部20人，科队级干部73人，主任工程师3人，工程师8人，技术员237人）、工人6309人。设置15个职能部门，6个直属施工、生产单位，1所学校和驻京、沪、杭3个办事处。中共新安江水力发电工程委员会（简称“工程局党委”）经中共浙江省委批准成立。至此，工程局初具规模，基本具备进行大型水电站工程建设的条件。

1956年底工程局组织机构图如图1-1-1所示。

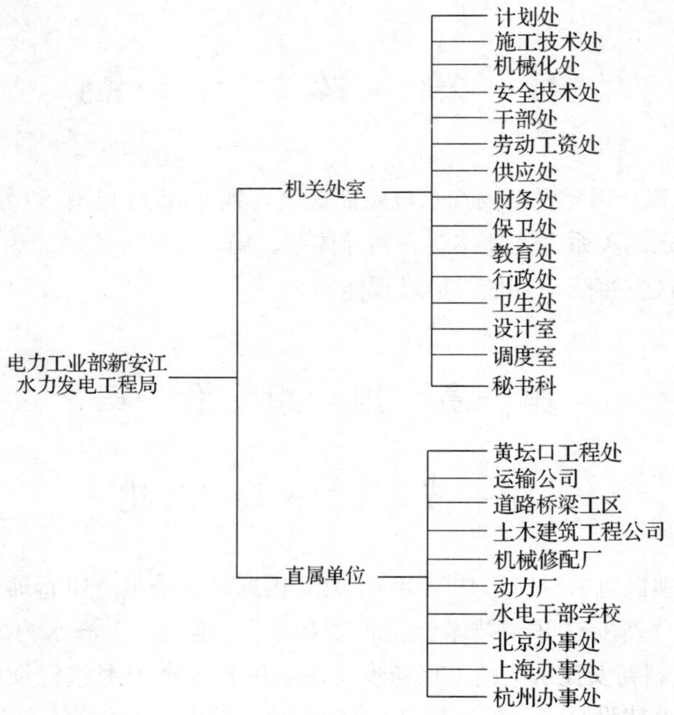

图1-1-1 1956年底工程局组织机构图

第二节 易 名 迁 址

一、局名

建局以来，因国家机构和管理体制变动等原因，工程局5次易名。建局之初为电力工业部新安江水力发电工程局，1959年9月改名为水利电力部新安江水力发电工程局，1969年12月改名为水利电力部第十二工程局，1980年2月改名为电力工业部第五水电工程局，1982年4月恢复为水利电力部第十二工程局，1992年8月始定名中国水利水电第十二工程局。

工程局名称变更情况见表1-1-1。

表1-1-1 工程局名称变更一览表

工程局名称	定名时间	定名依据
电力工业部新安江水力发电工程局	1956-03-21	电力工业部水力发电建设总局水（56）干计李字第112号文
水利电力部新安江水力发电工程局	1959-09-14	水利电力部水利水电建设总局水（59）人字第246号文
水利电力部第十二工程局	1969-12-18	水利电力部军事管制委员会（69）水电军生办字第154号文
电力工业部第五水电工程局	1980-02-26	电力工业部（80）电办字第19号文

续表

工程局名称	定名时间	定名依据
水利电力部第十二工程局	1982-04-30	水利电力部（82）水电劳字第12号文
中国水利水电第十二工程局	1992-08-03	中国水利水电工程总公司中水电劳〔1992〕60号文

二、办公地址

工程局本部住址随工程建设任务的变化和企业经营战略的需要数度搬迁。从建局至2006年底，工程局本部住址先后为：

上海市四川中路迦陵大楼7楼　1956年5月4日工程局召开成立大会时定址于此。

上海市四川中路330号　1956年6月中旬，工程局与上海水力发电勘测设计局分开办公，移址于此。

杭州市西浣纱路53号、长生路38号　1956年7月上旬，工程局机关从上海市迁到浙江省杭州市，在此两处办公。

建德县白沙乡（现名新安江镇）新安江水电站工地　1956年10月10日，工程局机关迁驻新安江水电站工地，初在该工地东、西铜官，是年底移至朱家埠，1958年春迁入紫金滩，1962年秋再搬到朱家埠口。

桐庐县七里泷（现名富春江镇）富春江水电站工地　根据复工续建富春江水电站的需要，1966年1月1日，工程局机关迁至该电站工地。

衢县湖南镇水电站工地　湖南镇水电站工程由工程局于1970年5月复工续建，工程局机关于1972年1月1日起在该电站工地办公。

云和县局村乡（现名紧水滩镇）紧水滩水电站工地　工程局机关于1981年9月迁至紧水滩水电站工地，10月1日始在该工地办公。

金华县白龙桥镇华电新村（金华基地）　为适应多元施工和多种经营的需要，工程局机关于1985年9月1日迁入具有综合依托条件的金华基地。

杭州市长生路1号　经中国水利水电工程总公司和浙江省电力工业局批准，1992年11月，工程局注册地址改为杭州市长生路1号。1996年1月，为推进营销，拓展市场，工程局经营中心迁入杭州市区办公。1998年1月，工程局机关迁至杭州市环城北路6号。

杭州市环城北路141号　2005年1月办公地址改为环城北路141号。

第三节　管　理　体　制

工程局自成立始即为部属地师级国营（1992年10月后改称“国有”）大型水电施工企业，其后工程局的管理体制几经变更。

部直属　建局之初，工程局直属电力工业部水力发电建设总局领导，局级干部由部任免，处、科级干部由总局批准公布。

部、省双重领导　1956年12月建立工程局党委后，工程局逐步改为电力工业部和中共浙江省委双重领导体制，局各级党政领导干部的任免先报省委同意，再报总局、部批准公布。1958年始，局、处级干部任免均由省委发文公布，工程局的重要工作、干部任免、机构设置、职工外调和施工中的重大问题均主报省委，抄报部、总局，执行省委指示。1962年9月开始，工程局党委组成人员由省委审批，工程局的重要工作、工程建设、干部任免由水利电力部或水利水电建设总局作出安排和决定。

双重领导以省为主 1970年10月1日陈村水电站第一台机组投产发电后，水利电力部即欲将工程局下放给浙江省管理。1972年5月15日，水利电力部正式发函给浙江省革命委员会，同意对工程局实行以省为主的双重领导制，由省革命委员会生产指挥组（“文化大革命”结束后改由省基本建设委员会）领导和管理。

双重领导以部为主 为加强施工力量，搞好华东地区大型水电站的建设，并解决队伍下放后产生的矛盾，电力工业部于1980年与浙江省商妥，拟将工程局收回以部为主管理。国家基本建设委员会依据电力工业部的报告，于是年9月22日请示国务院。9月26日，谷牧副总理签批：“拟同意，请万里同志批。”随后，万里副总理圈阅同意。10月17日，电力工业部下达通知：工程局改为以部为主的双重领导管理体制，归水力发电建设总局领导。

部委托省电力工业局领导管理 1987年4月8日，中共水利电力部党组下文通知：工程局由部直接管理改变为委托浙江省电力工业局领导管理。实行此管理体制后，工程局仍为部属地师级施工企业，名称不变，在浙江省的党的领导关系仍维持原状；局级领导干部的任免由省电力工业局考核并提出意见，报中共水利电力部党组和浙江省委，由部与省委协商后办理手续；水利电力部各有关司局对工程局实行行业管理。1991年2月22日，能源部发出通知，明确水电第十二工程局由部委托浙江省电力工业局管理的体制不变，并作为中国水利水电工程总公司的成员企业冠以名称，与其他工程局一致；中国水利水电工程总公司在工程管理、基地建设、队伍建设和行业管理方面对水电第十二工程局给予指导、帮助和服务，并视同直属成员企业，参加有关专业、业务会议。

中国水利水电建设集团公司领导管理 国家电力公司按照电力体制改革的精神，根据浙江省电力公司（原浙江省电力工业局）和工程局的请示，为利于公平参与市场竞争，有利于工程局今后的生存和发展，2002年11月12日下文通知：决定将工程局成建制划归中国水利水电工程总公司管理，并统一纳入中国水利水电工程总公司的重组范围。同年12月29日，中国水利水电工程总公司组建成为中国水利水电建设集团公司，工程局成为集团公司全资成员企业。

第四节 领导体制变革

党委绝对领导 工程局党委建立之前，工程局内部领导体制未正式形成，行政工作由局长负责，重大事项通过召开局务会议作出决定。1956年12月工程局党委成立后，内部领导体制逐步形成，开始由党委讨论决定主要事项。反右派运动之后，工程局开始实行党委绝对领导的体制，从工程局到工程队，层层实行“书记挂帅”制。

党委领导下的局长负责制　分为两个时期：第一个时期为1963～1966年。1963年初，贯彻中共中央颁布的《国营工业企业工作条例》（草案），工程局开始实行党委集体领导下的局长负责制，建立以局长为首的生产、行政指挥系统和在局长领导下的总工程师负责制的技术系统。第二个时期为1978年10月底至1984年9月上旬期间。1978年10月26日，中共浙江省委批准成立工程局党委会，取消“文化大革命”时期建立的党的核心小组，工程局实行党委领导下的局长负责制。

革命委员会及其党的核心小组领导　1967年春，“文化大革命”进入“夺权”阶段，由一些群众组织建立的“工程局革命造反委员会”声称掌管工程局党政财文大权，迫使工程局党政组织无法行使职能。1968年9月2日，浙江省革命委员会批准成立工程局革命委员会（简称“革委会”）。翌年3月24日，省革委会同意工程局革委会建立党的核心小组。此后，工程局内的重大事项，均由革委会及其党的核心小组作出决定，直至1978年10月，各级革委会逐步撤销，党的核心小组被党委会所取代。

局长负责制　1984年9月8日，水利电力部水利水电建设总公司在对工程局改革试点方案的批复中，同意工程局实行局长负责制，工程局的生产经营和行政管理工作由局长全面负责，局党委起保证监督作用。在工程局实行局长负责制的同时，局属二级单位相应实行处（厂）长、经理负责制。

党组织政治核心作用、局长负责制、依靠工人阶级三者相结合　从1990年起，工程局执行中共中央提出的“充分发挥党组织的政治核心作用，坚持和完善厂长（经理）负责制，全心全意依靠工人阶级”的企业领导体制。

第五节　工程局行政、党委、纪委、工会、团委领导人员

一、行政系统

（一）电力工业部新安江水力发电工程局（1956年3月～1959年9月）

局　　长：王　醒（1956年6月～1959年9月）
第一副局长：梁东初（1957年5月～1958年6月）
副　局　长：李　旭（1956年下半年～1959年9月）
　　　　　　刘　桂（1957年2月～1958年6月）
　　　　　　刘绍文（1957年～1958年6月）
　　　　　　张先辰（1958年8月～1959年9月）
　　　　　　徐百铮（1958年8月～1959年9月）
　　　　　　李志刚（1959年5月～1959年9月）
总 工 程 师：徐洽时（1956年11月～1959年9月）

（二）水利电力部新安江水力发电工程局（1959年9月～1968年9月）

局　　长：王　醒（1959年9月～1963年5月）
　　　　　　王英清（1963年2月～1963年9月，代理局长；1963年9月～1966年

1月）

刘绍文（1966年1月～1968年9月）

第一副局长：张先辰（1959年9月～1959年11月，副局长：1959年11月～1960年3月）

副　局　长：李　旭（1959年9月～1960年7月）

徐百铮（1959年9月～1960年3月）

李志刚（1959年9月～1960年7月）

刘志高（1963年2月～1968年9月）

刘震南（1963年2月～1968年9月）

肖　杰（1965年12月～1968年9月）

姚新根（1966年5月～1968年9月）

总工程师：徐洽时（1959年9月～1962年7月）

潘圭绥（1962年7月～1964年5月）

刘震南（1964年5月～1968年9月）

（三）水利电力部新安江水力发电工程局革命委员会（1968年9月～1969年12月）

主　　任：刘绍文（1968年9月～1969年12月）

副 主 任：刘玉珍（1968年9月～1969年12月）

朱　保（军代表，1968年9月～1969年12月）

李洪兴（1968年9月～1969年12月）

徐定焕（1968年9月～1969年12月）

（四）水利电力部第十二工程局革命委员会（1969年12月～1978年10月）

主　　任：刘绍文（1969年12月～1972年10月）

陈　赞（1972年10月～1978年10月）

副 主 任：刘玉珍（1969年12月～1977年）

李洪兴（1969年12月～1977年8月）

徐定焕（1969年12月～1977年）

王耐诚（1972年10月～1978年）

姚新根（1972年10月～1978年10月）

刘震南（1972年10月～1975年7月）

宋其仲（1977年7月～1978年10月）

总工程师：周恒寿（1978年4月～1978年10月）

（五）水利电力部第十二工程局（1978年10月～1980年2月）

负 责 人：陈　赞（1978年10月～1980年2月）

副 局 长：姚新根（1978年10月～1980年2月）

宋其仲（1978年10月～1980年2月）

张希贡（1978年10月～1980年2月）

黄惠源（1979年6月～1980年2月）

总 工 程 师：周恒寿（1978年10月～1980年2月）

（六）电力工业部第五水电工程局（1980年2月～1982年4月）

主要负责人：陈　赟（1980年2月～1981年11月）
局　　　长：王度滋（1981年11月～1982年4月）
副　局　长：黄惠源（1980年2月～1982年4月）
　　　　　　姚新根（1980年2月～1982年4月）
　　　　　　宋其仲（1980年2月～1982年4月）
　　　　　　张希贡（1980年2月～1982年4月）
总 工 程 师：周恒寿（1980年2月～1982年4月）

（七）水利电力部第十二工程局（1982年4月～1992年8月）

局　　　长：王度滋（1982年4月～1982年11月）
　　　　　　黄惠源（1982年4月～1982年11月，副局长；1982年11月～1983年2月，代理局长；1983年2月～1989年2月）
　　　　　　张介中（1989年2月～1992年8月）
副　局　长：姚新根（1982年4月～1982年5月）
　　　　　　宋其仲（1982年4月～1982年11月）
　　　　　　张希贡（1982年4月～1984年12月）
　　　　　　郭文敏（1982年11月～1984年12月）
　　　　　　傅万英（1982年11月～1991年12月）
　　　　　　刘　瑞（1983年2月～1984年12月）
　　　　　　曾士敏（1984年12月～1992年8月）
　　　　　　赵铭身（1985年3月～1987年11月）
　　　　　　黄振轩（1986年7月～1992年8月）
　　　　　　凌鼎钫（1987年2月～1991年10月）
　　　　　　洪启白（1991年10月～1992年8月）
　　　　　　孔繁森（1991年10月～1992年8月）
　　　　　　盛定国（1991年10月～1992年8月）
总 工 程 师：周恒寿（1982年4月～1984年12月）
　　　　　　郭文敏（1984年12月～1992年8月）
总 经 济 师：金洪生（1985年8月～1991年4月）
　　　　　　凌鼎钫（1991年10月～1992年8月）

（八）中国水利水电第十二工程局（1992年8月～　　）

局　　　长：张介中（1992年8月～2001年9月）
　　　　　　徐鹿元（1994年8月～2001年9月，副局长；2001年9月～2006年12月）
　　　　　　孙　阳（1999年5月～2006年12月，副局长；2006年12月～　　）
副　局　长：曾士敏（1992年8月～1994年5月）

黄振轩（1992年8月～1994年5月）
洪启白（1992年8月～2004年12月）
孔繁森（1992年8月～1994年5月）
盛定国（1992年8月～1997年11月）
马如骐（1992年8月～2004年12月）
杨永祥（1997年12月～2006年12月）
陈泽鑫（2002年9月～　）
吴海平（2002年9月～2005年11月）
赵龙海（2004年12月～　）
郦　平（2004年12月～　）
潘承东（2005年5月～　）
沈益源（2006年12月～　）

总工程师：郭文敏（1992年8月～1994年5月）
董润生（1994年5月～1997年11月）
马如骐（1997年11月～2004年12月）
沈益源（2004年12月～2006年12月）
李秋生（2006年12月～　）

总经济师：凌鼎钫（1992年8月～1994年6月）
马如骐（1994年6月～1997年11月）
郦　平（2000年1月～2004年12月，副总经济师；2004年12月～　）

总会计师：章银先（1994年4月～2004年12月，副总会计师；2004年12月～　）

二、党委系统

（一）中共电力工业部新安江水力发电工程委员会（1956年12月～1959年11月）

党委书记：王　醒（1956年12月～1957年5月，主持工作；1957年5月～1959年11月）

党委副书记：刘显辉（1957年5月～1959年11月）
陈　赞（1957年5月～1959年11月）

监委书记：刘显辉（1958年2月～1958年12月）
陈　赞（1958年12月～1959年11月）

（二）中共水利电力部新安江水力发电工程委员会（1959年11月～1967年2月）

党委第一书记：王　醒（1959年11月～1963年4月）

党委书记：陈　赞（1959年11月～1963年4月，党委第二书记；1963年5月～1967年2月）

党委副书记：黄全祯（1959年11月～1960年2月）
李同彬（1963年5月～1967年1月）

监 委 书 记：陈　赞（1959年11月～1963年12月）

李同彬（1963年12月～1967年1月）

（三）水利电力部第十二工程局革命委员会党的核心领导小组（1969年12月～1978年10月）

组　　　长：刘绍文（1969年3月～1972年10月）

陈　赞（1972年10月～1978年10月）

副　组　长：刘玉珍（1969年3月～1972年10月）

朱　保（军代表，1969年3月～1971年）

肖　杰（1977年5月～1978年10月）

（四）中共水利电力部第十二工程局委员会（1978年10月～1980年2月）

党 委 书 记：陈　赞（1978年10月～1980年2月）

党委副书记：黄振轩（1978年10月～1980年2月）

王兆泰（1979年6月～1980年2月）

纪委筹备小组组长：王兆泰（1979年5月～1980年2月）

（五）中共电力工业部第五水电工程局委员会（1980年2月～1982年4月）

党 委 书 记：陈　赞（1980年2月～1982年4月）

党委副书记：黄振轩（1980年2月～1982年4月）

王兆泰（1980年2月～1982年4月）

王度滋（1980年3月～1982年4月）

纪委筹备小组组长：王兆泰（1980年2月～1982年4月）

（六）中共水利电力部第十二工程局委员会（1982年4月～1992年8月）

党 委 书 记：陈　赞（1982年4月～1982年11月）

王度滋（1982年4月～1982年11月，副书记；1982年11月～1983年6月，代理书记；1983年6月～1987年11月）

赵铭身（1987年11月～1992年7月，副书记；1992年7月～1992年8月）

党委副书记：黄振轩（1982年4月～1986年7月）

王兆泰（1982年4月～1982年11月）

宋其仲（1982年11月～1987年11月）

张介中（1985年8月～1992年7月）

徐鹿元（1992年7月～1992年8月）

纪委筹备小组组长：王兆泰（1982年4月～1983年6月）

纪 委 书 记：宋其仲（1983年6月～1987年11月）

洪竹良（1992年7月～1992年8月）

（七）中共中国水利水电第十二工程局委员会（1992年8月～　　　）

党 委 书 记：赵铭身（1992年8月～1997年11月）

徐鹿元（1992年8月～1997年11月，副书记；1997年11月～2004

年 2 月)

余其年（2004 年 2 月～2006 年 12 月）

杨永祥（2006 年 12 月～　　）

党委副书记：张介中（1992 年 8 月～2001 年 9 月）

江章贵（1997 年 11 月～　　）

纪 委 书 记：洪竹良（1992 年 8 月～1996 年 10 月）

江章贵（1997 年 11 月～　　）

三、工会系统

工 会 主 席：张先辰（1957 年 7 月～1958 年 8 月）

郭宗彦（1958 年 9 月～1959 年 8 月）

王占一（1959 年 12 月～1962 年 8 月）

顾绪明（1962 年 9 月～1969 年 6 月）

杨荣贵（筹备组组长，1977 年 4 月～1979 年 7 月）

黄振轩（1979 年 7 月～1990 年 7 月）

赵龙海（1990 年 7 月～2004 年 12 月）

王竹如（2004 年 12 月～　　）

四、团委系统

团 委 书 记：龚寿铭（1957 年 7 月～1958 年 12 月）

李文彪（1959 年 3 月～1963 年 9 月）

巴洪浩（1963 年 9 月～1968 年 8 月）

张绳武（临时负责人，1974 年 10 月～1976 年 12 月）

梅桂友（负责人，1977 年 1 月～1978 年 4 月）

张介中（1978 年 4 月～1982 年 8 月）

周　渊（1982 年 8 月～1988 年 9 月）

周岳凌（1988 年 9 月～1989 年 4 月，代理书记；1989 年 4 月～1992 年 7 月）

董建平（1992 年 7 月～1994 年 9 月，副书记，主持工作）

童英豪（1994 年 9 月～1999 年 1 月）

张　利（1999 年 1 月～1999 年 8 月，副书记，主持工作；1999 年 8 月～2004 年 10 月）

卢　军（2004 年 10 月～　　）

第二章 机 构 设 置

建局之初，工程局行政组织机构较为精简，主要有施工（生产）单位、机关职能部门和驻外办事处。随着电站工程建设的展开和“企业办社会”体系的形成，机构逐渐扩大。

工程局行政组织机构的设立、撤并或易名，1984 年 7 月以前须报请上级主管部门批准。此后由工程局自行决定，报上级主管部门备案。

第一节 行政职能机构

工程局机关行政职能部门根据企业生产经营的需要，按分工管理原则设置，建制形式及部门的设、撤、拆、并较频繁。

一、专业组（科）结构

1956 年 5 月设干部、技术、供应、计划、财务、劳动工资、秘书 7 个专业组。同年 7 月，除干部、供应组保留名称外，其他 5 个组改称为科，并增设调度室。

二、处室结构

1956 年底，除秘书科外，其他科（组）改称处（室），并增设机械化、安全技术、保卫、教育、行政、卫生等处和设计室，局机关的处室结构成为工程局历史上占主导地位的建制形式。此后经撤并，相继设立质量检查处、机电处、总工程师室、局办公室。至 1959 年底，工程局机关行政职能部门有 15 个处室，如图 1-2-1 所示。

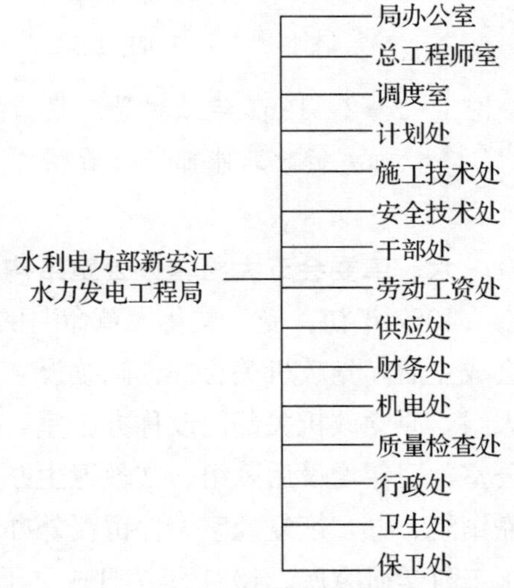

图 1-2-1 1959 年底工程局机关行政职能部门设置图

1960 年，新安江水电站土建工程进入尾工阶段，工程量和施工人员锐减，工程局机关行政职能部门作较大调整：计划处、施工技术处合并为施工计划技术处，安全技术处、质量检查处合并为安全质量检查处，建立新安江地区电业管理局，机电处并入施工计划技术处，撤销行政处，撤销干部处、劳动工资处成立人事处，安全质量检查处并入施工计划技术处，供应处、财务处合并为供财处，撤销调度室。是年底，工程局机关行政职能部门为局办公室、施工计划技术处、人事处、供财处、卫生处（职工医院）、保卫处。

三、三大办公室

1961 年 5 月，工程局机关行政职能处室缩编为电业、基建和行政 3 个大办公室。

四、工程指挥部辖科室制

1961 年 12 月，3 个大办公室撤销，工程局设立工程指挥部，由其对外行使工程局职权；指挥部机关设 12 个科室（院）如图 1-2-2 所示。此建制至翌年 9 月“四江”合并后被工程局直管处室建制所取代。

五、两大部辖处室结构

1966 年 4 月，工程局仿效部队建制，设立生产部和后勤部，分辖局机关行政职能处室。干部处划到 1964 年 10 月成立的政治部，1966 年底增设教育处。1966 年底工程局机关行政职能部门设置如图 1-2-3 所示。

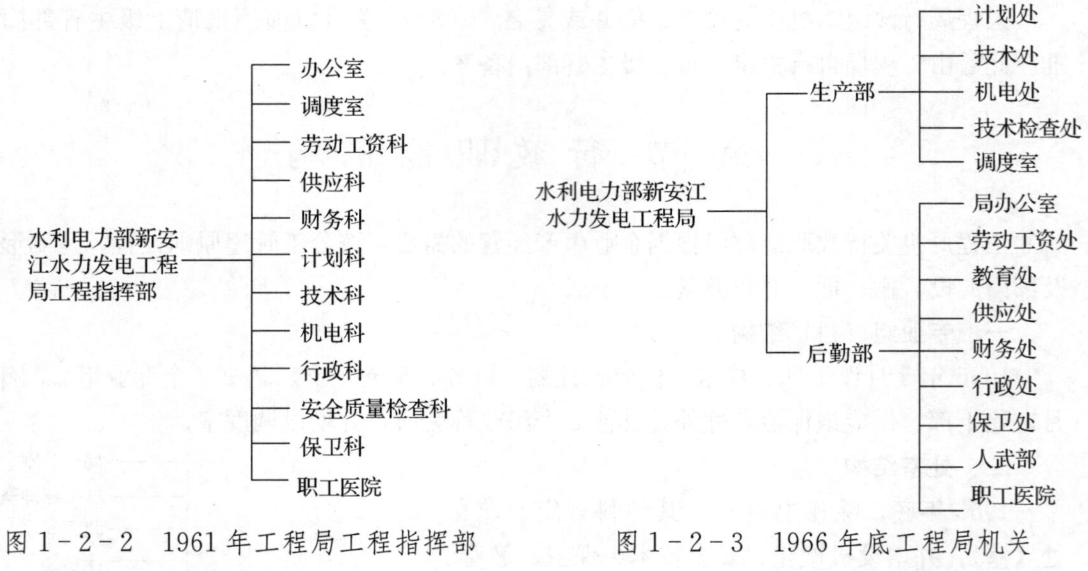

图 1-2-2　1961 年工程局工程指挥部机关行政职能部门设置图

图 1-2-3　1966 年底工程局机关行政职能部门设置图

六、革委会五大组辖办公室结构

1967 年初，受“文化大革命”的冲击，工程局机关陷于瘫痪。翌年 9 月工程局革委会成立后，党政机关合一，陆续设立办事组、生产指挥组、人民保卫组、政治工作组 4 个大组，原党政机关部门改称办公室，按业务性质分别归口各大组。1971 年，增设援外办公室。翌年增设后勤组、文教卫生办公室。“文化大革命”结束后，工程局于 1977 年 8 月撤销组、办，恢复处室。保留援外办公室、知识青年上山下乡办公室。1978 年 6 月设立施工科学研究所。1981 年 7 日成立干部处、集体企业管理处。1982 年 7 月建立离退休职工管理处，翌年分设工程局退休职工管理处和局党委老干部处（合署办公）。

七、处室（委员会）加公司的混合结构

1984 年 9 月，大幅度调整局机关行政职能部门：保留局办公室、保卫处、退休职工管理处，组建施工管理处、计划财务处（经营管理处）、技术设计处、劳动人事处、教育委员会。行政处另称生活服务公司、集体企业管理处另称劳动服务公司、供应处另称物资运输公司，兼具管理和生产经营双重职能。处室（委员会）加公司制形成。

八、五部一处一室结构

1988 年 2 月，工程局机关行政机构改设五部一处一室，即事务部、工程部、经营部、技术开发部、劳务部、干部处、参事室。局党委宣传部改称宣传处与《水电工人报》社划入行政职能序列。各部管理所属处、室，实际运作仍以处、室为主。

1988 年工程局机关行政职能部门设置如图 1-2-4 所示。

1989 年 7 月恢复企业管理处，8 月增设监察处，12 月撤计划财务处分设经营处、财务处、计划处。翌年初设总工程师、总经济师、总会计师办公室（简称“三总师办公室”），职工教育处与技工学校合署，宣传处（改回原名）和《水电工人报》社划回党委管理，生活服务公司分离出行政处，新设基地管理处与行政处合署，撤销施工管理处设立总调度室，撤销设备租赁公司设立设备管理处。1992 年 1 月撤普通教育处、职工教育处设立教育处，7 月设企业管理办公室。

九、处室加三大部结构

1992 年 12 月，工程局机关行政职能部门再次调整：撤销工程部、企业管理处，以原工程部和局机关其他有关职能部门为基础，充实施工管理力量，组建工程建设部，代局管理工程建设系统；以原企业管理处为基础，充实管理力量，组建企业部，代局管理多种经营系统。撤销企业管理办公室（职能划归局办公室）、计划处（职能并入经营处）、安全监察处、质量管理处、设备管理处（部分管理职能划归技术开发部）、技术设计处（设计室归属技术开发部），干部处与局党委组织部合署办公，审计处和监察处与局纪委合署办公，设技术开发部、局办公室（外事办公室）、劳动工资处、经营处、财务处、质量安全处、教育处、行政处、保卫处（公安处）、卫生处、退休职工管理处（与党委老干部处合署办公）。由此形成由工程建设部、企业部、技术开发部 3 个大部和职能处室构成的局机关行政管理部门。

1994 年工程局机关行政职能部门设置如图 1-2-5 所示。

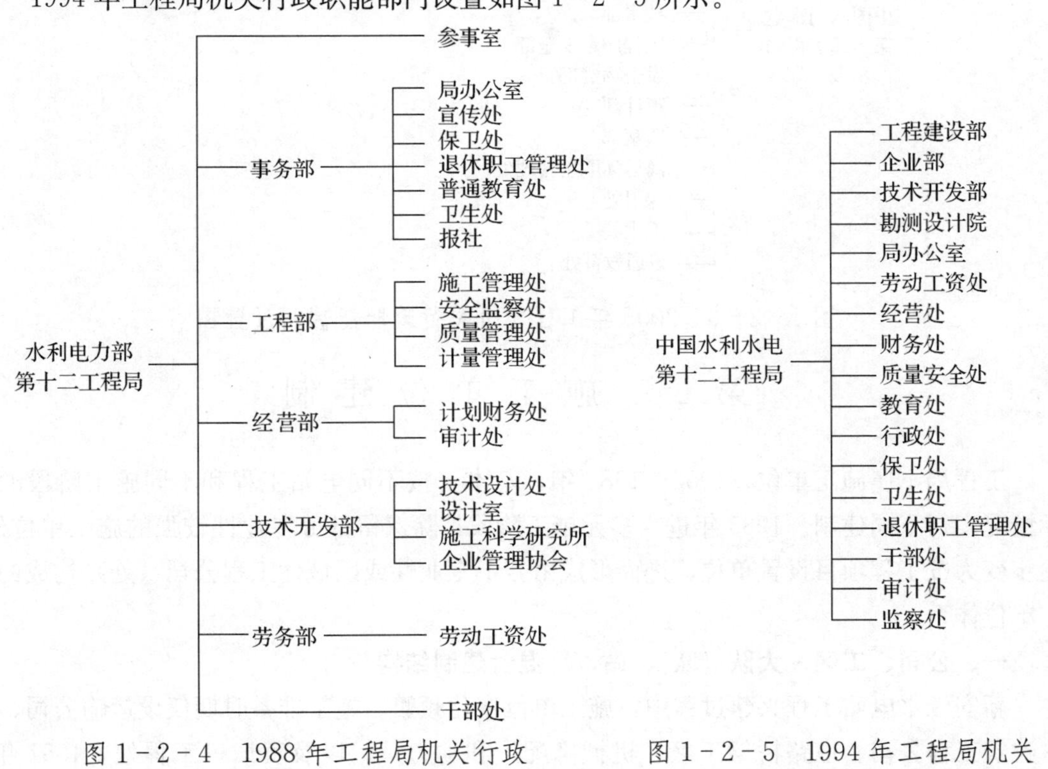

图 1-2-4 1988 年工程局机关行政职能部门设置图

图 1-2-5 1994 年工程局机关行政职能部门设置图

十、九部四处一室一中心结构

经过多年调整，2005 年 1 月，工程局机关行政职能部门形成决策、管理、协调、监督、服务五位一体的管理体系。设立局办公室、市场开发部、人力资源部、财务部、资金结算中心、企划部、工程质量安全部、设备物资部、技术部、审计部、党委工作部、局纪委、监察部、局工会、离退休职工管理处、保卫处、卫生处、普通教育处。外事办公室、信访办公室、房地产办公室归属局办公室，并将保卫处的局本部治安管理、局内车辆管理、火工材料管理职能划归局办公室。经营处改名为市场开发部。以原劳动工资处为主设立的人事劳动部、社会保险中心，改名为人力资源部。企业管理部改名为企划部，信息中心、多种经营办公室、法律顾问室归属企划部。财务处改名为财务部，另设立资金结算中心。技术开发部改名为技术部。工程建设部与质量安全处合并成为工程质量安全部。设备物资处改名为设备物资部。审计处改名为审计部。监察处改名为监察部，与局纪委合署办公。

2005年工程局机关行政职能部门设置如图1-2-6所示。

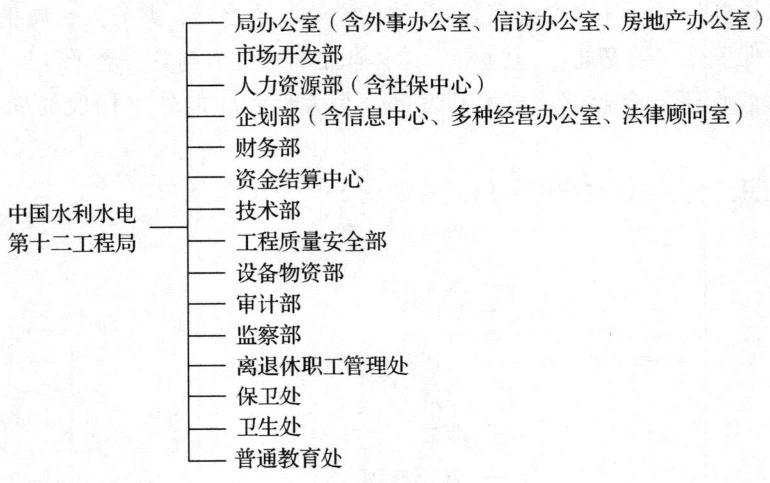

图1-2-6　2005年工程局机关行政职能部门设置图

第二节　施 工 单 位 建 制

工程局下属施工单位，1956～1984年，基本上按不同电站工程和不同施工阶段的实际情况实行不同建制。1985年进入多元施工阶段，除保留部分专业性较强的施工单位外，逐步变为按工程项目设置单位，进而形成由若干专业性或区域性工程公司（处）构成的施工单位体系。

一、公司、工区、大队（队）、站、厂混合建制结构

新安江水电站工程兴建过程中，施工单位变化频繁。施工准备时期仅设运输公司、土木建筑工程公司、道路桥梁工区、机械修配厂和动力厂，以及黄坛口工程处。1957年4月新安江水电站主体工程开工，施工单位逐步扩大增多。4月将道路桥梁工区分成负责土石方工程的一工区和负责围堰工程的二工区，局机关的机械化处与动力厂合并成机械化站。10月，土木建筑工程公司撤销，成立混凝土厂、修建队（翌年4月划归混凝土厂）。8月撤销运输公司成立汽车大队，撤销一工区成立开挖大队。9月撤销机械化站，成立风水电队、起重队、重型机械队。11月撤销二工区，成立第一、第二、第三浇捣大队和浇捣服务大队。1959年1月撤销起重队、重型机械队，成立重型机械大队，另成立厂房浇

捣大队。2月撤销第三浇捣大队，成立灌浆大队。3月以风水电队和浙江省安装公司在新安江水电站工地的队伍为主成立机电安装队（6月升格为机电安装大队）。至此，新安江水电站工地施工单位形成九个大队两个厂的建制，如图1-2-7所示。

1959年9月起，相继撤销第一、第二厂房浇捣大队、浇捣服务大队、灌浆大队和重型机械大队，先后恢复一工区、二工区、机械化站和房建队，机电安装大队划出工程局。至1959年底形成工区、大队（队）、站、厂建制。

随着新安江水电站土建工程的基本结束和第一台机组的投产发电，以及援建浙江省内瓯江、富春江水电站和钱塘江治理工程的需要，从1960年5月起，工程局施工队伍逐步缩编：撤销一工区、混凝土厂，将开挖大队、机械化站、汽车大队合并为一工区，12月撤销二工区。至此，全局直属施工单位仅存一工区和机械修配厂。

二、指挥部辖工程队（厂、场）的建制结构

随着新安江水电站工程量日趋减少和职工大量外调，工程局于1961年12月撤销一工区，组建工程指挥部直辖工程队（厂），组织电站尾工施工。1961年工程局指挥部所属施工单位设置如图1-2-8所示。

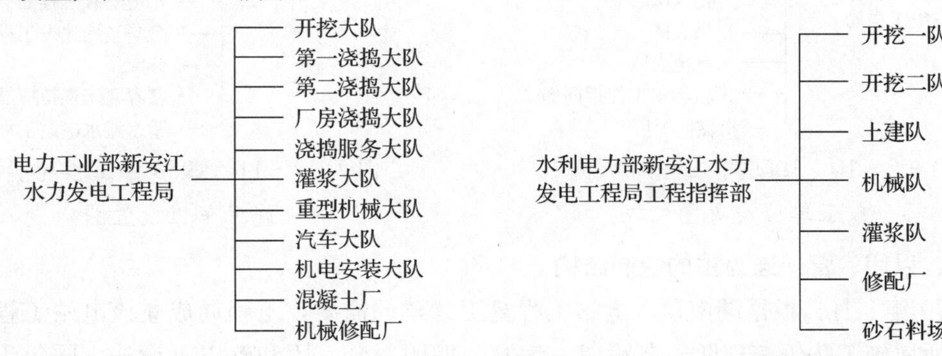

图1-2-7 1959年6月工程局所属施工单位设置图

图1-2-8 1961年工程局工程指挥部所属施工单位设置图

三、以工程队为主的建制结构

“四江”合并后，工程指挥部撤销，工程局直接管理工程队（厂、场）。1963年1月，水利电力部正式明确水利电力部青田、七里泷、湖南镇水力发电工程处三个单位均由工程局领导管理。同年10月，因承建黄坛口水电站补强加固工程的需要，组建黄坛口水力发电工程处（1965年底该工程完工后撤销）。

1963年工程局所属施工单位设置如图1-2-9所示。

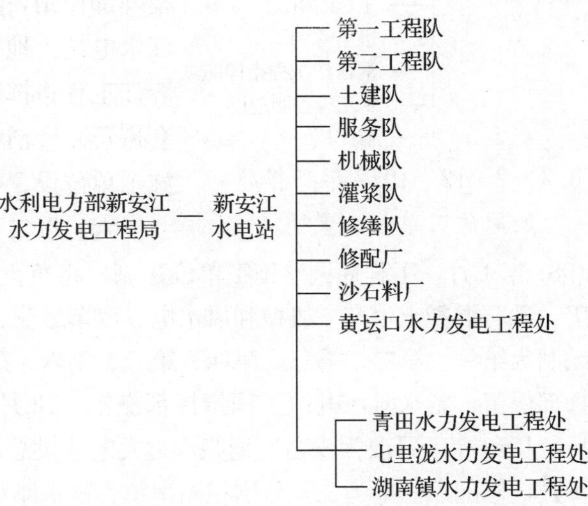

图1-2-9 1963年工程局所属施工单位设置图

四、以大队为主的建制结构

富春江水电站工程复工续建后，工程局于1966年4月，将所属施工单位改为大队为主(指挥部、厂)建制，并延续到1970年7月。1966年工程局所属施工单位设置如图1－2－10所示。

经过1970年8月～1972年8月的部队式编制后，1972年9月，工程局恢复大队(队、厂、指挥部）建制，设筑坝大队、厂房大队、混凝土大队、风水电大队、机械大队、修配厂和富春江工程指挥部，后又成立汽车大队。1973年11月，成立机电安装大队(1974年9月改称机电安装工程处)。1979年7月，成立紧水滩水电站工程指挥部，负责该电站施工准备。1980年3月，成立金华基地建设工程处。至此，全局施工单位为六个大队、两个处、一个厂、两个指挥部，如图1－2－11所示。

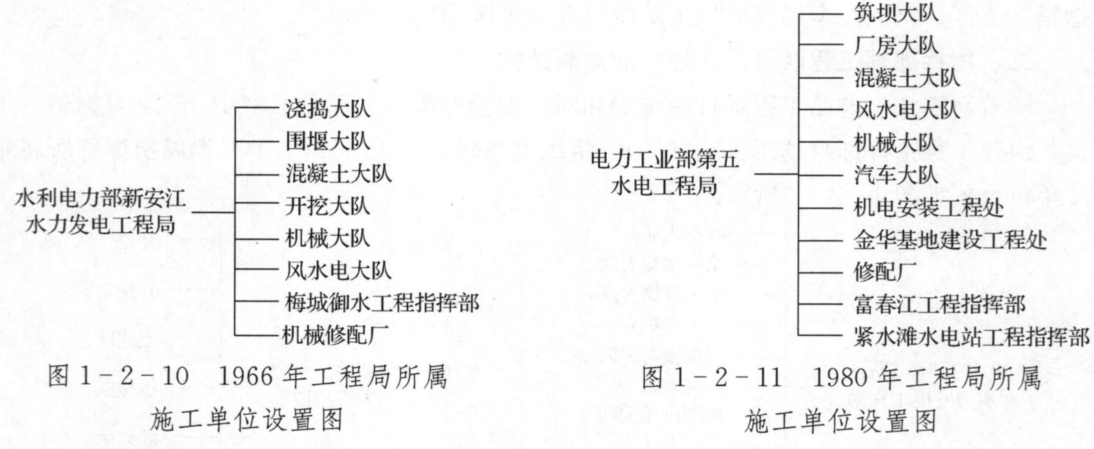

图1－2－10　1966年工程局所属施工单位设置图

图1－2－11　1980年工程局所属施工单位设置图

五、以团、营、连为主的建制结构

1970年8月，根据湖南镇水电站工程复工续建的需要，工程局成立该电站工程指挥部，其所属施工队伍按部队建制设置，编制为四团一营，团和营以下设连。同年12月，在富春江水电站工地成立水工设备制造厂。翌年初，重建修配厂。1972年1月，湖南镇水电站工程指挥部撤销，其所属施工队伍直属于工程局，富春江水电站工地的局属大队（厂）建制撤销，设立富春江工程指挥部（同水工设备制造厂为两块牌子一套班子），统管该工地各单位。1972年工程局所属施工单位设置如图1－2－12所示。

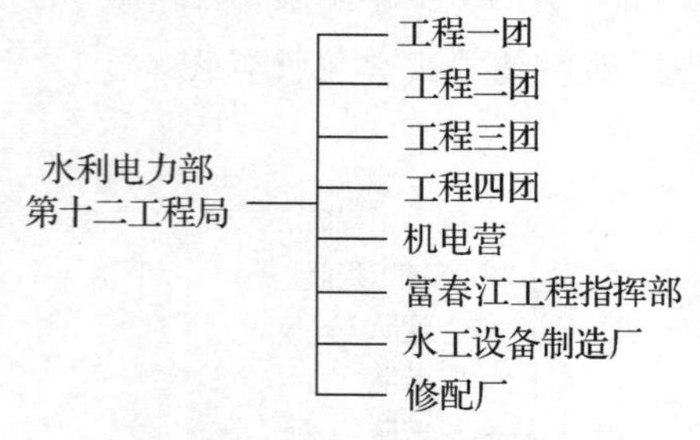

图1－2－12　1972年工程局所属施工单位设置图

六、以工程处为主的建制结构

1981年1月，工程局调整施工单位建制，将负责基础施工、混凝土浇筑、湖南镇水电站尾工、砂石混凝土生产、机械和风水电、汽车运输、金华基地建设、机电安装的施工队伍依次编制为第一、第二、第三、第四、第五、第六、第七、第八工程处，修配厂和富春江工程指挥部保留，紧水滩水电站工程指挥部撤销。12月，富春江水工机械厂（原名水工设备制造厂，1973年5月改为现名）划归水力发电建设总局领导管理，富春江工程指挥部撤销。翌年1月，修配厂一分为二，分别在湖南镇、紧水滩水电站工地设第一、第二修配厂。全局施工单位形成八处二厂建制，如图1－2－13所示。

七、工程处、工程公司的合体结构

1984年9月始，部分施工单位同从局机关分离出来的部门合并，变纯施工单位为兼具施工生产和管理双重职能的机构：第一、第二修配厂及第五工程处的大部分与机电处的一部分合并成机电设备公司，第六工程处与物资处合并为物资运输公司，第七工程处改称建筑公司，第八工程处改称机电安装公司。所有施工单位的冠称均加“华东水利水电工程公司”之名，工程处相应另称“工程公司”。

1984年工程局（华东公司）所属施工单位设置如图1－2－14所示。

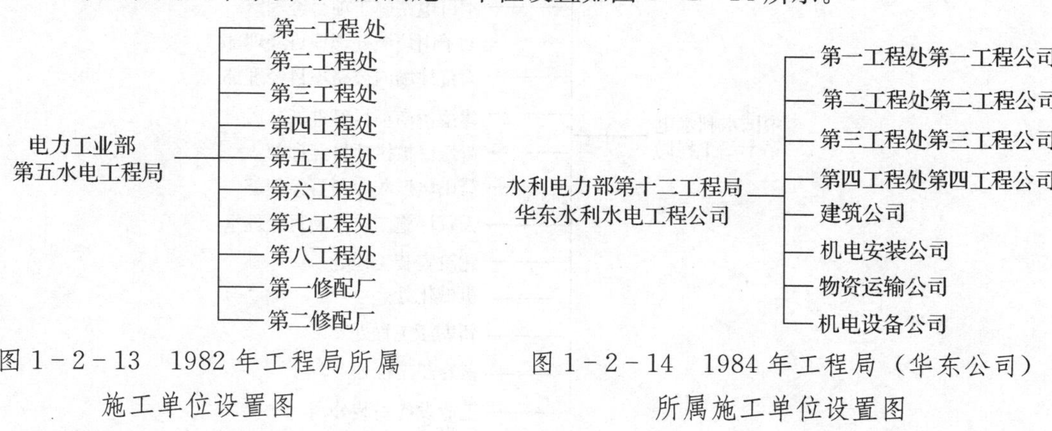

图1－2－13　1982年工程局所属施工单位设置图

图1－2－14　1984年工程局（华东公司）所属施工单位设置图

八、工程处（公司）、项目经理室的建制结构

1985年进入多元施工阶段后，局属施工单位的设置变化频繁。1986年10月，与水利电力部闽江、第四工程局联合成立华联工程公司，翌年1月华联工程公司与日本前田建设工业株式会社联合成立华田联营工程公司，承建福建水口水电站土建工程。1987年6月，工程局与浙江省火电建设公司联合组建浙江省电力建设联合公司，对温州发电厂一期工程实行施工总承包。1988年1月，上海工程处成立，负责工程局在上海市承建工程的施工。至1990年底，全局工程建设系统形成单纯工程施工与兼营工程施工单位并存、固定建制的工程处（公司）与临时性的项目经理室并存、直属于工程局的项目经理室与工程处所属的项目经理室并存、直接施工型项目经理室与管理型项目经理室并存、工程局独立施工与联营施工并存的格局。

1990年工程局所属施工单位设置如图1－2－15所示。

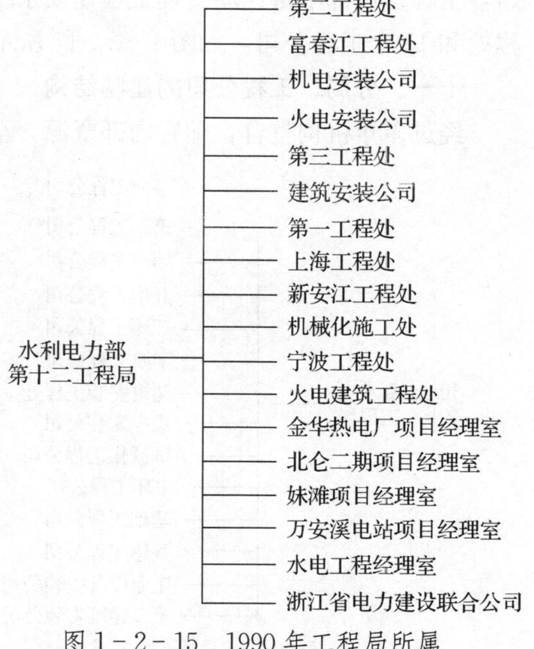

图1－2－15　1990年工程局所属施工单位设置图

九、项目经理部（室）、工程处（公司）的建制结构

1991年，工程局全面推行项目法施工，

对所属施工单位进行重大的结构调整，以临时性的项目经理部（室）取代大部分固定建制的工程处。工程完工后，该工程项目经理部（室）自行撤销，设立机械化处、劳务处，接收、管理项目完工或单位撤销后的待岗人员。

1992年工程局所属施工单位设置如图1-2-16所示。

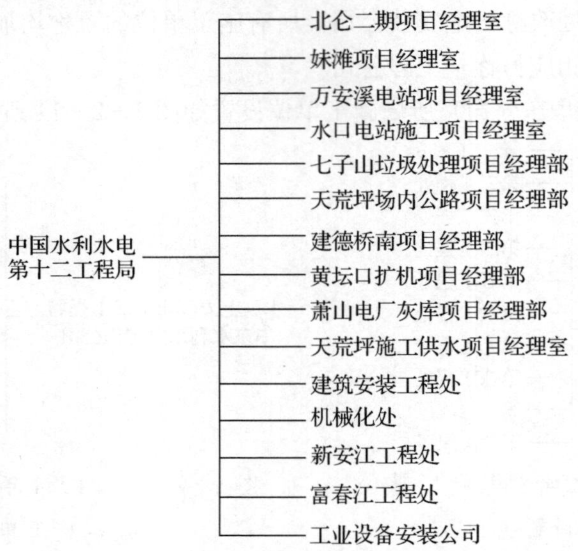

图1-2-16　1992年工程局所属施工单位设置图

十、专业化、区域性工程公司（处、指挥部）的建制结构

1992年12月始，由工程建设部代局管理工程建设系统。翌年开始，部分项目经理部（室）逐步变临时性为相对固定的建制，继而发展成专业性或区域性的工程公司。1995年始，工程建设部不再代局管理工程建设系统。至1996年底工程局直属施工单位有1个工程处和13个工程公司，如图1-2-17所示。

十一、分局、工程公司的建制结构

经过多年机构整合，配置内部资源，至2006年，形成分局和工程公司2个序列队伍

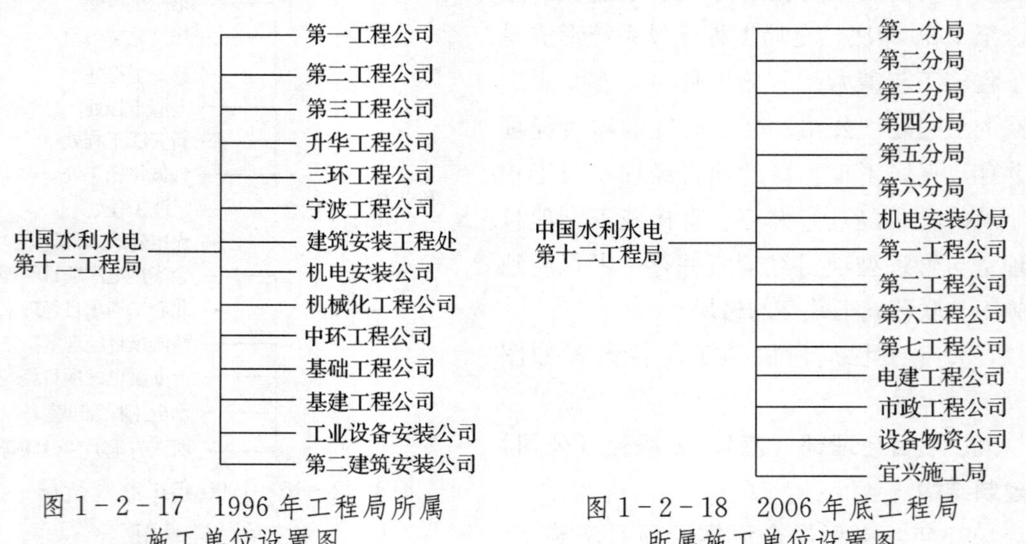

图1-2-17　1996年工程局所属施工单位设置图

图1-2-18　2006年底工程局所属施工单位设置图

结构。工程局直属施工单位有7个分局、7个工程公司、1个施工局，如图1-2-18所示。

十二、主要施工单位

第一分局　系承建大型水利水电工程的骨干施工单位，具有混凝土面板堆石坝和抽水蓄能电站工程两大施工实力，在堆石坝面板防裂技术、汛期截流及全断面填筑、软基处理、高边坡处理、坝身溢洪道施工、大型地下洞室群开挖、地下厂房岩壁吊车梁施工、长斜井施工等方面处于国内领先地位。

现有职工345人，各类专业技术人员260人，其中教授级高级工程师1人、高级技术管理人员18人、中级技术管理人员27人、初级技术管理人员71人；有高级技师1人、技师16人，高级工71人、中级工55人。分局机关设有办公室、财务科、经营科、设备物资科、安全科、质量管理科、劳动工资科、保卫科8个科室。分局下属单位为工程项目建制，现有3个施工局、5个项目部。拥有自管施工设备508台（套），局管设备41台（套）。

分局成立于1990年，原为万安溪项目经理部，后随工程转移，先后更名为水电一公司、第一工程公司、白溪施工局。1990年以来，承建的主要水利水电工程有福建万安溪水电站、浙江梅溪水库、白溪水库、溪下水库。万安溪水电站混凝土面板防裂技术，获水利部“科学技术二等奖”；面板堆石坝新技术全面推广应用与开发研究，获水利水电规划设计总院“科技进步一等奖”。梅溪水库大坝软基处理，获宁波市“科技奖”。白溪水库工程创国内汛期挡水坝体全段面填筑最高纪录，并获浙江省“水利优质工程奖”，被评为“中国水利优质工程”、“全国用户满意工程”。溪下水库工地被水利部评为“文明工地”。

分局是工程局率先进行抽水蓄能电站工程施工的队伍。已建或在建的有浙江桐柏、江苏溧阳、湖南黑麋峰、安徽响水涧抽水蓄能电站。施工中，一分局团结拼搏，求实创新，取得喜人成绩。桐柏抽水蓄能电站地下厂房岩壁吊车梁施工，创国内同类工程工艺水平最高纪录；下水库面板堆石坝坝身溢洪道泄槽采用CF35钢钎维钢筋混凝土结构、泄槽底板采用滑模工艺施工，均为国内首创，并获“中国电力工程优质奖”，被评为“中国企业新纪录”。黑麋峰抽水蓄能电站地下厂房开挖，创国内同等规模开挖速度新纪录。

经过16年的发展，分局已经成为具有先进技术水平和施工能力的工程局施工主力之一。2006年实现施工产值1.6亿元。工程合格率100%、优良率92.06%。施工中形成的工法，有5项荣获国家级工法，其中混凝土堆石坝面板施工工法、岩壁吊车梁岩台（双向控爆法）开挖施工工法、岩壁吊车梁混凝土施工工法列为“国家一级工法”，混凝土面板堆石坝坝体填筑施工工法、坝身溢洪道施工工法列为“国家二级工法”。桐柏抽水蓄能电站地下厂房工程被列为国家电力公司科技示范项目，并受到以潘家铮院士为团长的世界银行特别咨询团的高度评价。

分局注重与工程协调配套的生活营区配置和管理，体现人文关怀。将施工区、生产辅助区、办公区、生活区形成梯级安排。生活营区内设有就餐厅，活动室，阅览室，篮球、排球、羽毛球场及小卖部。职工宿舍规划整齐，每个房间装有闭路电视和程控电话。组织生活管理委员会定时对营区进行安全、卫生检查评比，将其中文明宿舍评比与文明科室、文明施工队、文明班组评比一起，纳入年度文明单位评比活动。

1997年以来，分局相继获得18项省部级以上集体荣誉。2004年9月，被人事部、国务院国有资产监督管理委员会授予“中央企业先进集体”称号。

现任分局局长方飞来，党委书记、纪委书记、工会主席陈卫建，副局长练新军、项建明、陈烈明、祝霁光，总工程师劳俭翁，总经济师陈烈明，总会计师唐一明。

第二分局 具有承担大中型水利水电、市政公用、工业民用建筑、道路等工程施工能力及金属结构制作安装能力，擅长控制爆破、软硬基处理、大型土石方开挖，混凝土面板堆石坝施工具有国际先进水平。现有职工198人，各类专业技术人员154人，其中具有中、高级职称职工65人。拥有施工机械设备近350台（套）。分局机关设办公室、工程管理科、安全保卫科、设备物资科、技术质量科、经营科、劳动人事科、财务科8个科室，下设工程项目部。

分局成立于2000年1月，其前身为第一工程处，后随工程转移，先后更名为黄坛口扩机项目经理部、水电二公司、第二工程公司、珊溪施工局。1986年自原第一工程处走向社会议标承建浙江成屏一级水电站工程以来，已建、在建主要工程有黄坛口水电站扩容（5.2万千瓦）工程、湖南镇水电站扩容（10万千瓦）工程、国家重点建设工程珊溪水利枢纽工程（最大坝高132.5米）、滩坑水电站工程（最大坝高162米）、浙江省重点建设项目珊溪供水配套工程、白水坑水库大坝（坝高101.3米）工程、华光潭一级水电站大坝（坝高103.85米）工程、广西壮族自治区重点建设项目思安江水利枢纽工程（最大坝高103.4米）。成屏一级水电站拦河坝（最大坝高74.6米）坝型，系全国首批混凝土面板堆石坝，也是工程局涉足的第一座混凝土面板堆石坝。施工中创造2年6个月实现蓄水发电的当时高速施工纪录，并为我国该坝型的施工技术、工艺积累了成功经验。20世纪90年代初期和中期，成功完成黄坛口、湖南镇2座水电站扩容工程，其建设经验引起电力建设界的瞩目与好评。

经过20年的发展，形成具有国际先进水平的混凝土面板堆石坝“拳头产品”，并巩固和增强混凝土拱坝施工能力、大型土石方开挖运输能力，成为工程局施工主力之一。已建的珊溪水利枢纽工程、白水坑水库、思安江水利枢纽工程3座百米以上高坝，混凝土面板均无裂缝，荣获“中国企业新纪录”。2002年11月国际大坝专家洛得文森特实地考察珊溪水利枢纽工程后称赞：“7万米^{2}的大坝面板未发现一条裂缝，这是我们在世界上至今看到最好的混凝土面板。”

分局将加快发展作为工作第一要务，将精干机构、适应市场经济作为第一举措，将制度创新、强化管理作为第一着力点。在管理模式上实现由集中管理到分散管理，又从分散管理到集中管理的探索和转变，获得了经济效益和社会信誉。年最高施工产值2.02亿元，单元工程合格率100%，优良率93%。

1998年以来，分局获得12项省部级以上集体荣誉：重点工程建设先进集体、工程质量管理优胜奖、青年文明号、先进基层党组织、文明单位、安全生产先进单位等。珊溪水利枢纽工程荣获“2006年度国家优质工程银质奖”、“全国用户满意工程”。

现任分局局长黄献新，党委书记王铁模，党委副书记钱建新，纪委书记、工会主席陈新华，副局长刘青忠、周爱民、应宁坚、王新国、杨海，总工程师李中方，总会计师郑小军。

第三分局 具有承建大中型水利水电工程、高等级公路工程、航道改造工程、工业与民用建筑工程等的施工经验与能力。成立于2000年4月，前身为三环工程公司。现有正式职工158人，各类专业技术人员92人，其中教授级高工2人、高级职称8人、中级职称16人、技师8人，技术工人中有高级工29人、中级工3人。拥有各类大中型机械设备163台（套）。分局机关设总工室、技术科、人事劳动科、经营科、工程质量安全科、工程管理科、设备物资科、综合办公室、测量队、机电队10个科室（队），下设工程项目部。

分局前身三环工程公司，是工程局走向市场后设在杭嘉湖地区的区域性施工单位，承担土石方开挖、隧道、路桥、基础处理、工民建、设备和管道安装、航道疏浚等工程施工任务。1992年以来，承建的主要工程有浙江建德开发区场地平整工程、舟山东港海域回填工程、嘉兴运河航道治理工程、杭州绕城高速公路工程、山东维莱高速公路工程、江西长江干流江岸堤防加固工程、安徽港口湾水库工程等。嘉兴运河航道治理工程，被交通部评为“优良工程”；港口湾水库工程，获安徽省优质工程“黄山杯奖”，并荣获“中国建筑工程鲁班奖”。

2002年分局进军西部水电市场，中标承建四川紫坪铺水利枢纽大坝工程（混凝土面板堆石坝，坝高156米），创下单月最高填筑80万米^{3}的新纪录，大坝填筑质量得到坝工界专家的肯定（后在“5·12”汶川大地震中，距震中仅17千米的坝体经受住了超设计地震烈度约10.5度的考验）。2005年中标承建甘肃九甸峡水利枢纽工程（混凝土面板堆石坝，最大坝高136.5米），施工中开展课题研究，总结出一套适合于高寒地区、深覆盖层修建混凝土面板堆石坝的施工技术。2006年中标承建重庆巴山水电站拦河坝工程（最大坝高155米），成为工程局承担的第一座折线形钢筋混凝土面板堆石坝。

分局按照项目法实行管理层与作业层分离。以市场开发为龙头，项目管理为核心，深化管理为手段，增加效益为目的，将集中型管理过渡到分散型管理。高度重视施工质量、进度与安全，开展安全质量标准化工作，使安全质量工作从事后查处向事先控制和过程保障转变，增强安全质量事故的预防和控制能力。注重对专业技术人员的培养和教育，每年选派一批业务骨干参加各种类型的学习、培训，并组织特种作业人员进行培训、取证。加强党风廉政建设，开展效能监察，强化权力制约和监督机制。工团组织积极开展劳动竞赛和各类文娱活动，增强职工的凝聚力和团队精神。

分局干部职工团结拼搏，求实创新，取得佳绩。2003年以来，先后获“四川省水利基本建设工程质量管理先进集体”、水利部“水利系统文明建设工地”、中国水利水电建设集团公司“安全生产先进单位”、四川省总工会“争做当代李冰、造就千秋工程劳动竞赛先进单位”等项荣誉。2006年被国务院国有资产监督管理委员会评为“中央企业学习型红旗班组（科室）”。

现任分局局长叶建洪，党委书记、纪委书记余江，副局长金水林、吴裕庆、刘建平、吕茂华、邓建平，总工程师吴成根，工会主席徐建荣，总经济师金水林。

第四分局 具有独立承建大中型水利水电、市政公用、工业厂房、桥梁及环保、基础处理、海堤、围涂等工程的施工能力。2006年5月，由第四工程公司升格而成立。现有职工156人，工程技术及管理人员76人，其中高级职称7人、中级职称22人。分局机关设办公室、经营办公室、设备物资办公室、财务办公室、质量安全办公室、技术科、党工办7个职能科室，下设工程项目部。承建的11个工程项目分布浙江、福建、云南等省市。2006年，完成总承包施工产值9677万元，承揽工程2.31亿元。

原第四工程公司及其前身项目经理部，自20世纪90年代初组建以来，建成浙江三插溪一级、二级水电站以及热电厂、高速公路、垃圾填埋场、污水处理、火电厂循环泵房、防洪堤、路桥等工程18个。2003年进入福建，中标承建福建永泰界竹口水电站，合同标价9398.58万元。2003年6月进点，8月正式开工。到2006年12月，共完成施工产值8500万元，取得安全生产1100天的好成绩。土建单元工程一次验收合格率100%，优良率90%。

2006年，分局贯彻工程局“立足华东，拓展西部”的经营方针，坚持“抓大放小，有所为有所不为”经营策略，有重点、有选择地联系工程建设单位和合作施工单位，进驻云南水电市场，相继中标承建3座水电站的厂房、引水隧洞等工程，合同总额2.3亿元。承建的云南弄另水电站厂房工程，2006年3月进点开工，克服洪水冲毁便桥交通中断、施工区边坡大规模塌方的困难，12月1日按期实现厂房基坑混凝土开浇目标。至年底完成土石方明挖40多万米^3，引水隧洞洞挖700米、3.7万米^3。

分局强化科学管理，致力于规章制度的建立和健全，抓好各项基础管理工作。一是强化内部科学管理，使机关职能部门对项目的管理、监控、指导、服务循章有序，工作更趋到位。二是坚持以人为本，强化安全生产管理，坚持每月一次安全大检查，并开办民工学校，对分包队伍进行安全培训、教育，使安全生产文明施工始终处在受控状态。三是加强财务管理，强化项目成本核算，严格控制非生产性费用的支出。四是完善工程分承包管理，严格按照公开、竞争、择优的原则选择分包承包队伍。五是规范物资竞价采购管理，严格按程序办理。分局党委认真抓好思想教育和队伍建设，加强思想政治工作、组织建设、作风建设和党风廉政建设，为分局完成各项工作任务提供坚强的组织保证。加大人才引进和培养力度，实行大中专毕业生住房补贴、“红娘奖”、名师带徒奖等措施和奖励办法，加强职业队伍和人才队伍建设。

2006年度，分局获工程局文明单位称号，分局党委获工程局先进基层党组织称号。界竹口项目经理部被评为工程局模范集体、质量管理先进单位、劳动竞赛优胜单位。

现任分局局长、党委书记赵余红，副局长沈仲涛、赵富全，党委副书记、纪委书记、工会主席徐岳成，总工程师毛建平。

第五分局 具有承建面板堆石坝工程、隧洞工程、发电厂房工程、碾压混凝土坝工程、抽水蓄能电站工程及工民建、道路、围垦等工程的管理和施工能力。2006年3月由第三工程公司升格而成立。现有职工202人，各类专业技术人员67人，其中高级职称6人、中级职称17人、初级职称42人，有专业技师7人、高级技工26人，有56人持有中级岗位证书。

分局前身第三工程公司为综合性施工单位，擅长大型土石方开挖爆破。在承建浙江义乌八都水库枢纽工程中成绩显著，被评为“1995 年度浙江省重点建设先进集体”。2000 年进入福建水电市场，组建周宁项目部，承建周宁水电站引水隧洞工程。随着水电施工项目增多，2004 年 10 月由项目部转升为第三工程公司，成为规章制度完善、部门设置齐全、人员结构合理、施工技术先进、职工队伍过硬的工程局骨干单位之一，并形成面板堆石坝、隧洞两大施工优势。施工地域涉及浙、闽、滇 3 省。在建的主要工程有福建洪口水电站大坝、厂房、引水系统工程和云南金汉拉扎水电站厂房、引水系统工程，合同总额 5.04 亿元。中标承建主要工程 4 个，合同总额 4.73 亿元。其中福宁湾围垦工程，是福建最大的海涂围垦项目，围垦总面积 3.41 万亩。

分局高度重视技术研究、技术创新和新技术、新工艺的推广与应用。碾压混凝土筑坝技术和工艺在高坝上的运用（被工程局列为 2006 年度研究课题），大坝为平台的纯天然沙砾料的碾压混凝土配合比研究，DW200S 型连续式拌和楼在碾压混凝土拌和中的应用与改进，碾压混凝土坝坝体防渗与补强灌浆工艺参数试验与研究，混凝土温控与防裂技术研究，HF 高强粉煤灰混凝土在溢流坝中的研究与应用等 6 项研究成果取得良好效益。在施工中成功地运用 4 项新工艺、新技术：在福建洪口水电站上游围堰（高 40 米）运用新工艺 CSG（胶凝沙砾料）筑坝技术，进行量水堰施工（是目前国内运用此工艺施工的最高围堰）；碾压混凝土（RCC）应用于重力坝（坝高 130 米），使分局步入碾压混凝土施工领域；运用 GIN 灌浆法进行趾板基础处理；堆石料场爆破开采运用计算机仿真技术。其中洪口水电站上游主围堰采用碾压分胶沙砾料筑坝工艺技术属国内首创项目，2006 年被集团公司评为“科技进步一等奖”。

分局高度重视规范管理、安全生产、工程质量和文明施工管理，对职工进行优质工程、文明工程的理念教育。在福建街面水电站工程中，采用电视视频系统监控全过程施工，实现零伤亡、零事故。

分局以“干一个工程，树一块牌子，创一方信誉”的管理理念，以“立足福建，进军西部，面向全国”的经营战略，谋求发展，形成较强的竞争力，树立起良好的社会信誉。2003 年度、2004 年度被集团公司授予“文明单位”、“安全生产先进单位”称号。2005 年度、2006 年度被工程局评为“文明单位”、“模范集体”。

现任分局局长徐昌芳，副局长周国余、赖建华、贾邦，党委副书记、工会主席周国余，总工程师陆春江。

第六分局 系承建大中型水电站工程的骨干施工单位。现有正式职工 262 人，其中高级职称 15 人，中级职称 23 人，高、中级技工 41 人。拥有 1 亿多元设备、资产。历年最高年施工产值 4.3 亿元。

分局成立于 2000 年 8 月，在水轮泵站项目部的基础上组建成立，随后中环工程公司、上海工程公司相继并入。中环工程公司、上海工程公司原是区域性专业队伍，分别以承担市政及水务工程、工业厂房工程为主。中环工程公司在江苏承建的 3 个市政、水务工程，均被评为优良工程。上海工程公司及其前身上海工程处，其所承担的 1988 年竣工的沪东造船厂船体装焊车间（4 万米^2）工程，被评为优良工程。该车间为当时国内造船业中最大的车间。

2000 年第四季度，分局贯彻工程局“立足华东，拓展西部，走出国门”的经营战略，在承建浙江半月湾水轮泵站、义乌和东阳 2 座水库工程的同时，向“西电东送”工程全面启动的贵州进军，开始西部创业。翌年 1 月，中标承建引子渡水电站大坝、溢洪道工程，合同标价 2.15 亿元，成为工程局首支“拓展西部”水电市场的先遣团队。在工程建设中，从大江截流到首台机组投产，仅用 18 个月，创造了以“火电”速度建设“水电”工程的奇迹，并创造 17 个月快速施工完成坝体填筑、182.5 米长的混凝土面板最长块一次浇筑完成 2 项国内新纪录。期间，共完成土石方开挖 350 万米^3，大坝填筑 290 万米^3，混凝土浇筑 10 万米^3。

2002 年始，分局相继中标承建索风营水电站堆积体开挖工程、三板溪水电站（最大坝高 185.5 米，国内第二高坝）土建工程、黔西火电厂水库工程、鱼塘水电站大坝工程、光照水电站引水发电系统土建工程、董箐水电站导流洞工程，合同总额 15 亿元以上。三板溪水电站为国家重点工程，分局在导流洞开挖衬砌、大坝填筑中又刷新多项国内施工纪录，并开展填筑碾压试验。其中“一枯拦洪”（即利用一个枯水期快速施工，在汛期到来之前大坝填筑到可抵挡百年一遇洪水的高程）施工技术，荣获“中国企业新纪录”。

分局凭借实力，艰苦创业，团结拼搏，求实创新，立足贵州水电市场，赢得声誉。

经过 6 年的发展，分局做大做强，成为工程局骨干施工单位。一是把握机遇，拓展施工地域，发挥和扩大面板堆石坝“拳头产品”的优势，参与混凝土碾压坝、抽水蓄能电站等工程，打造新的“拳头产品”。二是管理创新，创新管理模式和管理机制，并特别注重使用高素质的分包队伍。三是放眼长远。对内，领导者身体力行，抓好班子，带好队伍，提高素质；对外，真诚回报业主和社会的信任，言出必行，干好工程，创出信誉。

现任分局局长胡永富，党委书记、纪委书记吴国敏，常务副局长刘国群，副局长陈国平、李桦、叶利飞、高年强、李长洪、李宝勇、马宪军，总工程师费伟国，工会主席王新群。

机电安装分局　从事大中型水电站、火电厂、变电所、泵站机电安装和工业设备安装，以及大型金属结构、压力容器、电气盘柜制作与安装的专业化施工。原为机电安装公司，2003 年 2 月改称现名。分局下设金属结构厂、电气厂、焊工培训中心、电气试验室、金属试验室及各工程项目部。分局机关设有办公室、经营管理、工程技术、人事管理、财务审计、质量安全、保卫、党群工作 8 个办公室。现有正式职工 328 人，专业技术人员 114 人，其中高级及以上职称 15 人、中级职称 34 人，高级技师 3 人，技师 5 人。拥有各类设备 700 台（套）。

分局持有国家质检总局颁发的大型特大型金属结构平面滑动闸门、平面定轮闸门、弧形闸门、拦污栅、压力钢管 5 种“全国工业产品生产许可证”，A 级桥式、门式起重机安装与维修以及 GB 类 GB1、GB2 级，GC 类 GC2 级“中华人民共和国特种设备安装改造维修许可证”，交流低压配电柜、动力配电箱、低压抽出式开关柜 3 种“中国国家强制性产品认证证书”，并持有浙江省主管部门颁发的计量标准考核证书、放射性同位素工作许可证、大中型起重机械安装制造许可证、电气盘柜生产许可证、火（热）电厂锅炉安装许可证等资质许可证。金属试验室可进行金属X、Y射线，超声波，磁粉渗透等无损检测和金相光谱等材料分析。电气试验室可对安装配套的电气设备及系统进行调试。计量室可对施工所用的各类仪表、计量器具等进行校验。经省、部审查批准的焊工考试委员会和焊工培训中心，具有对锅炉、压力容器合格焊工以及水工金属结构类合格焊工进行培训、授证的资格。金属结构厂主要从事水工金属结构和桥梁钢结构制作安装。电气厂主要从事变电站及其电气系统安装和电气盘柜制作。

分局前身为机电安装队，成立于1959年3月，承担新安江水电站机电安装任务。1962年11月，全国水电系统机电安装力量回收，队伍并入水利电力部机电安装局。1969年12月，水利电力部将机电安装局第三安装工程处机关和下属第一、第二安装队划给工程局（其中第一安装队在安徽陈村水电站机组投产后划归水电十四局）。1970年12月，安装队与修配厂合并，成立水工设备制造厂，承担富春江水电站3号机组制造、安装任务。1973年8月重组安装队，同年11月建立机电安装大队，承担湖南镇水电站机电安装任务。1974年9月，成立机电安装工程处。1981年1月改称第八工程处，1984年9月改称机电安装公司，1989年12月建立两块牌子一套班子的火电安装公司，后改设下属火电公司（2005年5月，火电公司成建制从分局划出，更名为电建工程公司）。

分局及其前身在大中型水利水电工程的机电安装中完成多座火（热）电厂全机、主机和外围机电安装，以及援建阿尔巴尼亚、几内亚、尼泊尔、突尼斯、伊朗、缅甸的水电安装工程。承建的江都抽水站机电安装获“国家优质工程金质奖”，湖南镇水电站机电安装获部级“机电安装质量优良奖”，湖南镇水电站引水压力钢管中的大型月牙形内加强肋岔管获“全国科学大会一等奖”，黄坛口水电站扩容机组及配套的机电设备安装、桐柏抽水蓄能电站机电安装获“浙江省优秀安装质量奖”，港口湾水库金属结构工程获“安徽省建设工程黄山杯奖”，珊溪水库机电安装工程获“国家优质工程银质奖”，白溪水库金属结构工程被评为“浙江省水利优质工程”、“中国电力优质工程”，嘉兴火电厂二期化学水处理工程、循环水泵安装工程双获“中国安装之星”荣誉，桐柏抽水蓄能电站压力钢管工程获“全国优秀焊接工程”，水口水电站升船机安装工程获“福建省科学技术一等奖”、“国家科学技术进步二等奖”，滩坑水电站泄洪洞弧形工作闸门获“中国企业新纪录”荣誉、“全国优秀焊接工程一等奖”。

分局历来注重结合工程特点、技术难点开展技术项目课题研究。同时广泛开展群众性技术创新及合理化建议活动，每年进行评选、表彰，推动技术创新和技术进步。2002年以来，开展的科技项目研究与创新有：桐柏抽水蓄能电站压力钢管制造安装、30万千瓦可逆式抽水蓄能电站机组安装、金属结构与机电安装作业指导书汇编，开潭水电站1.6万千瓦灯泡贯流式水轮发电机组安装技术，滩坑水电站大水压力高水头弧形闸门的制作、筒形阀水轮发电机组安装工艺，光照水电站洞内式大坡度大管径压力钢管安装技术，黑麋峰等电站国产非调质WDB620E高强钢焊接工艺试验与评定，以及与工程局施工科学研究所、第二分局共同承担的铜止水片氩弧焊接试验与应用等。其中滩坑水电站超大型充水式止水深孔弧形闸门制造技术，作为集团公司科技进步项目，获科技进步二等奖。滩坑水电站泄洪洞弧形闸门制造，被列为浙江省科技进步项目，完成课题研究。

分局在建主要大中型机电设备安装工程7个，2006年实现产值1.16亿元。

现任分局局长谢友根，党委书记、纪委书记邵勇荣，副局长章亦耘、王乔，总工程师方旭光，总经济师王乔，工会主席周孟放。

第三节 其他机构

一、多种经营单位

在单纯水电站工程建设时期，工程局先后创办钢铁厂、水泥制品厂、水泥车间和水工设备制造厂等，并一度形成相当的生产规模。后根据主管机关的要求，这些单位均先后脱离工程局。从20世纪70年代末80年代初开始，后勤服务单位和辅助生产单位逐步演变，到1994年底，全局多种经营单位共有57个，行业类别有工业、商业、服务业和农业，所有制形式有全民、集体、全民与集体联营、国内联营、合资经营等。此后，多种经营单位逐步减少。2000年开始改制分流试点工作，2005年取得实质性进展，主辅分离、辅业改制工作在稳步推进。

二、科教卫机构

工程局在建局初期的1957年4月创办施工科学试验所（1978年7月更名为施工科学研究所），施工科研长年不辍，不断取得科研成果。1973年2月～1978年6月间设立的勘测设计院，使工程局一度集电站工程勘测设计和施工于一体。1984年9月建立设计室，同施工科学研究所一起开始面向社会。1992年12月建立勘测设计研究院，翌年7月获建设部颁发的工程设计证书，成为国家乙级设计单位。1996年10月获国家测绘局颁发的甲级测绘资格证书。

工程局于1956年建局之初创办水电干部学校（翌年秋停办），1957年2月始先后创办职工子弟学校、新安江水力发电学校、业余学校、水电建设职业学校、技工学校、职工大学和职工中等经济管理学校。到20世纪80年代初期，工程局集高等教育、中等专业教育、中等技术教育、职业教育和中小学普通教育于一体，教育事业处于鼎盛时期。职工中等经济管理学校和富春江职工大学分别于1987年10月和1990年5月划出工程局后，工程局教育单位有技工学校、职工子弟中学和职工子弟小学。2000年按照“部属企业所办学校移交地方、分离办社会工作”的通知精神，同年9月技工学校缩编为以职工培训、职业技能鉴定为主要职能的教育培训中心。2006年9月，职工子弟中学和小学移交地方政府。工程局50年办校历史至此结束。

工程局职工医疗主体机构在建局之初设数个卫生所，1957年第三季度并成职工医院。自此至2006年底，职工医院虽经几次搬迁、更名、分合，但一直延续。1965年12月和1970年4月，工程局先后创办朱家埠疗养所（1978年改称矽肺结核病医院）和矽肺疗养所，1984年11月合并为矽肺疗养院。该院1987年4月改称水利电力部新安江疗养院，改归部属（由工程局代管），1997 年后归部管理。

三、后方管理机构

在单一水电站工程建设时期，工程局在一个工地完成施工任务以后，主力转移，留下少量施工队伍承担尾工施工，并留下部分职工家属，工程局在该工地设立管理机构进行管理。金华基地基本形成后，工程局设立相应的管理机构管理该基地。

新安江管理处　1966 年 1 月建立，始称新安江留守处，翌年更名为管理组。1974 年改称工程处，1978 年 8 月改名为管理处。

富春江管理处　工程局迁至湖南镇水电站工地后，于 1972 年 1 月设立富春江工程指挥部管理富春江水电站工地。1981 年 12 月，该指挥部撤销，富春江水工机械厂划出工程局，遂于翌年 1 月设富春江管理处。

黄坛口管理所　前身为湖南镇管理处，于工程局机关迁至紧水滩水电站工地办公前夕的 1981 年 9 月设立，初为非正式编制、不配专职管理人员的机构，与第三工程处合署办公。1985 年初，第三工程处主力移至石塘水电站工地后成为独立编制的机构。1990 年 7 月，湖南镇管理处撤销，改设黄坛口管理所，负责管理黄坛口生活基地。

基地管理局　工程局的专门后方管理机构。1990 年 2 月，成立金华基地管理处，与行政处合署办公。1993 年 1 月，脱离行政处，同工业设备安装公司为两块牌子一套班子。翌年 3 月与该公司分离，重新与行政处合为一体。1998 年 1 月，工程局机关迁至杭州办公后，撤销金华基地管理处，设立基地管理局，代局行使后方社会服务一体化管理职能，并处理地方关系。

四、驻外办事处

工程局在建局之年即先后设立北京、上海、杭州办事处，黄坛口水力发电工程处设立衢州办事处（原名衢县办事处，1985 年 5 月改为现名）。1961 年北京办事处撤销，改设工作组，参与水利电力部直属单位驻京联合办事处。“文化大革命”中，上海办事处受冲击；驻京工作组撤销，改为驻京代表；衢县办事处改归局直属。“文化大革命”结束后，上海办事处恢复建制，增设金华办事处。改革开放后至 1994 年底，先后增设宁波、温州、台州办事处。

驻外办事处的主要职能为物资采购和代局办事，企业改革后演变成以经营为主。1985 年下半年，上海、宁波、杭州、温州办事处相继增挂华东水利水电工程公司上海、宁波、杭州、温州经营部的牌子，开展经营活动。1988 年 1 月，利用衢州办事处部分货场新建的华电饭店开业，衢州办事处与华电饭店实行两块牌子一套班子，办事职能与多种经营并举。1993 年 2 月，以杭州办事处为基础成立杭州中达实业总公司，杭州办事处职能转向经营为主。

2000 年始，各办事处就近与施工、经营单位合为一体，开展工作。2003 年以来，随着工程局“立足华东，拓展西部”的战略推进，各办事处的职能不断减弱，温州、台州、宁波、金华、上海、杭州办事处陆续撤销。至 2006 年，仅留有衢州办事处。

2006 年底工程局组织机构设置如图 1－2－19 所示。

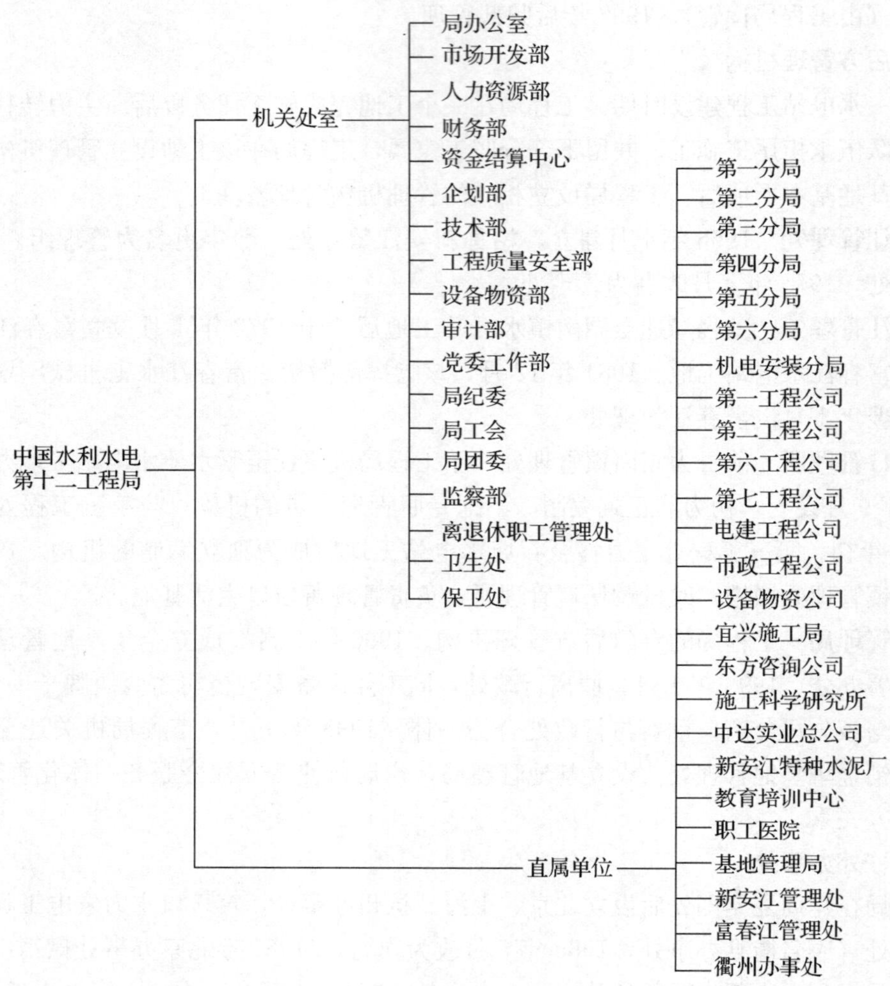

图 1-2-19　2006 年底工程局组织机构设置图

第三章　职　　工

第一节　创　建　时　期

1956 年 3 月，成立工程局并承建新安江水电站时，电力工业部水力发电建设总局以上海市、浙江省调配的一批政工、管理、技术干部和上海水力发电勘测设计院、官厅水库工地领导人员、技术员工 2300 多人以及从模式口、三门峡、狮子滩水电站工地调入的一批干部和技术工人为基础，组建了新安江水力发电工程局。从上海、浙江城乡招收工人，接收分配的水电学校应届毕业生、部队转业军人，人员成批增加，到年末职工人数增至 7555 人，其中干部 1246 人。

1957 年上半年，从丰满水电站工地调入土建工人 938 人。尔后，从江西上犹水电站工地陆续调入技术员工1326人。同时继续调入干部，接收部队转业干部和大中专毕业生，1957年底全局共有干部2442人，其中行政管理1080人、工程技术488人、党群226人、医疗卫生198人、教学16人、其他434人。所需的临时工主要就近从浙江农村招用，人数随施工阶段的不同而增减，1958年施工高峰时为1万多人。为培养水电建设初级管理和技术人员，1958年9月开办新安江水力发电学校，全日制中等专业，列入浙江省统一招生计划，面向社会招生，1958年、1959年共招初中毕业生240人。

1958年，一方面继续从全国水电系统调入职工和向农村招收工人；另一方面集批向外调动。是年，浙江省内的湖南镇、富春江、瓯江3个水电站同时兴建。根据浙江省委、水利电力部暨水利水电建设总局的通知，工程局抽调施工人员和设备支援上述3个电站的建设。5月，工程局所属的黄坛口水力发电工程处职工，陆续向湖南镇水电站（乌溪江流域一级电站）工地转移。8月，又调集设备和人员到瓯江、富春江2个水电站工地。此后2年内，共调给瓯江水电工程局3539人、浙江省水电工程局（承担富春江水电站施工的单位）1139人。其时称之为“一江分四江”。

1958年末，职工人数达到高峰，为20050人，是工程局迄今为止人数最高数。1959年职工人数虽有减少，仍达到16831人。

创建时期，工人队伍以农民工和从全国水电系统调入的技术工人为主构成，局和二级单位党政人员以建国前参加革命的干部为主构成，工程技术及各类业务人员是建国前后参加工作的干部，形成了一支建设大中型水力发电站的水电专业队伍。

第二节 调整时期

1960～1962年，随着新安江水电站土建工程所需用工锐减，职工成建制向外调动，以及贯彻国家精减政策，职工队伍处于大幅度分流和减员的状态。

在此期间，按照精减政策，批准6531人回乡务农。

4500多人整建制调给浙江省钱塘江治理工程局临安县青山水库工地及富阳县狮子岭水库工地。

6个二级单位（机构）因隶属关系改变，其职工集批随之调离：1957年8月组建的黄坛口水电厂职工随厂划归浙江省电力工业厅；1958年8月开办的新安江钢铁厂职工随厂划归浙江省冶金工业厅；1958年9月创办的新安江水力发电学校教职员工随校划归浙江省水利电力厅；混凝土预应力加工厂职工315人、1959年7月组建的新安江水电厂职工470多人、1960年3月组建的新安江地区电业管理局（后改名浙西供电局）职工700多人，先后随厂、随局划归浙江省水利电力厅电业管理局。

1961年末，职工人数2598人，是工程局人数最低年。其中干部人数减至500余人。

1962年9月，“四江”合并，富春江、湖南镇、瓯江3个水电站停工或缓建，分别有职工1157人、378人、763人并入工程局，职工人数回升到4775人，其中干部增至1243人。此后，职工人数在四五千人上下浮动，1965年为5171人，其中固定职工4419人，绝大多数是有水电建设经验的技术、管理员工。

20世纪60年代上半期，经过精减、调整、分流、合并，保持了队伍整体骨干力量。

第三节 恢复时期

1966年初，富春江水电站复工续建，由省管建设项目划归部管建设项目，由工程局承建。1968年10月，工程局又为主承担与陈村水力发电工程局（1969年12月改称水利电力部第十四工程局，1978年整编为中国人民解放军00639部队）共同对安徽省陈村水电站的复工续建。1970年4月，接受援外任务，承担阿尔巴尼亚菲尔泽水电站工程。同年5月，湖南镇水电站复工续建，由工程局承建。1971年3月，接受浙江省江厦潮汐试验电站的勘测、设计、施工管理、机组安装任务。

因富春江水电站复工需要，1966年初从浙江省桐庐县等农村招收临时工1171人，年末职工人数增至5949人。1968年2月，富春江水电站大坝、厂房浇筑完成，临时工辞退，职工人数回落。是年12月，水利电力部机电安装局第三安装工程处机关及所属第一、第二安装队，共720人划入工程局（其中第一安装队298人于1971年底划给水电十四局）。

1969年春，接收清华大学、浙江大学、华东水利学院毕业生31人。1970年2月，接收扬州水利学校毕业生322人。是年6月至1971年，根据水利电力部的决定，上海勘测设计院、北京勘测设计院和水利水电科学院共有992人并入工程局。由于新成员的成批加入，职工队伍增加了新成分，工程局增添了新功能。1970年12月，创办水工设备制造厂（后改名富春江水工机械厂），设计、制造水轮发电机组。1972年12月，设计、制造并安装的第一台6万千瓦低水头水轮发电机组，在富春江水电站一次投产成功。

1970年10月，因湖南镇水电站复工需要，从浙江省金华地区招收临时工1400多人。1977年按政策辞退全部来自农村的临时工。是年8月，在浙江省杭州市、金华县、兰溪县、衢县招收固定工1268人。1981年，招收以职工子女为主的固定工728人。两次招工对象均为城镇知识青年，有高中文化水平的占90%以上。

1974年初，浙江省人事局决定抽调工程局一批干部支援宁波港建设，至1976年，调给宁波港务局计109名干部，其中总工程师1人、处级干部13人。

1978年6月，以原上海、北京勘测设计院下放人员为主组建的工程局勘测设计院及援外组员工，共908人调给水利电力部华东勘测设计院。

1979年紧水滩水电站动工兴建，需要增加的劳动力，按浙江省规定，停止招用临时工，试行计划外用工制度。是年底，职工人数10560人，其中计划外用工1365人。

1981年12月，富春江水工机械厂划归电力工业部水力发电建设总局领导，全厂职工2334人随之划出，其中干部121人。

1984年末职工人数8126人，其中干部1699人，职工年龄、结构和文化层次发生了明显变化。

第四节　经济体制改革时期

20世纪80年代，工程局承担的国家计划下达的水电站工程相继完成。1985年进入多元施工、多种经营后，工程局的土建施工、机械作业、机电安装、勘测设计、施工科研、修造、服务等各业走向市场。1985～1994年10年间，中标承包水电站、火电厂、工民建等大小工程项目50多个，工地分布浙江各地区和福建、上海、江苏、江西。

1984年9月，工程局进行用工制度改革，改固定工制为多种形式用工制，不再招收固定工，对新招工人实行劳动合同制（劳动合同期一般定3年）。1988年形成固定职工、合同制工、计划外用工、临时工4种用工制度并存。是年末，有固定职工7379人（含干部1996人）、合同制工473人、计划外用外工68人、临时工2975人。

1990年末，全局职工人数9814人，其中干部2024人。2000年末，职工人数降至4820人，其中干部1624人。2006年末，职工人数再降至3218人，其中干部1582人。与此同时，年老、体弱职工陆续离休、退休、退职。至2006年底，累计离退休职工6550人，其中离休干部144人、退休干部955人、退职干部47人、退休工人5111人、退职工人293人。

1956～2006年工程局历年职工人数见表1-3-1。

表1-3-1　　1956～2006年工程局历年职工人数

年份	人数	年份	人数	年份	人数
1956	7555	1973	8962	1990	9814
1957	15295	1974	8858	1991	9126
1958	20050	1975	9216	1992	8451
1959	16831	1976	9617	1993	8416
1960	4419	1977	9704	1994	8034
1961	2598	1978	9074	1995	7795
1962	4523	1979	10560	1996	7566
1963	4842	1980	11959	1997	7207
1964	4672	1981	12206	1998	5398
1965	5171	1982	8480	1999	5387
1966	5949	1983	8304	2000	4820
1967	5817	1984	8126	2001	3638
1968	4728	1985	8861	2002	3557
1969	4128	1986	10237	2003	3549
1970	6520	1987	10425	2004	3481
1971	8749	1988	10895	2005	3443
1972	9183	1989	10580	2006	3218

第二篇　水利水电工程

第二篇　水利水电工程

第一章　概　　况

1956～2006年，工程局立足华东，拓展西部，走出国门，建成新安江、黄坛口、富春江、湖南镇、紧水滩等大中型水电站和白溪水库、珊溪水利枢纽工程等一批水利工程。与兄弟工程局联合，建成安徽陈村、福建水口水电站等水利水电工程。这些水利水电工程，为国家经济建设提供了大量能源，同时在防洪、灌溉、航运、旅游、养殖、城市用水等方面发挥着重要作用。还走出国门，支援阿尔巴尼亚建成伐乌—代耶、菲尔泽水电站，赴缅甸照济水电站安装机组，援建突尼斯迈杰尔达—邦角水渠工程，为伊朗莫拉萨得拉水坝安装水工钢结构等，取得援外成绩。

50年来，工程局的施工手段从“土洋结合、两条腿走路”起步，发展到高度机械化，具有水利水电工程总承包一级资质。首创木笼围堰并在洪水期建造围堰成功，建成宽缝重力坝、实体重力坝、梯形坝、三心变厚双曲拱坝、面板堆石坝等多种类的拦河大坝，并自制6万千瓦低水头水轮发电机组成功。除建设河川水力发电站以外，还涉足潮汐发电领域，建成浙江江厦潮汐试验电站，装机规模在1997年占世界第三、居全国第一位。在混凝土面板堆石坝、抽水蓄能电站施工以及液压滑模浇筑大体积混凝土等方面，以优质高效载誉坝工界。新安江水电站荣获“全国科学大会奖”。安徽港口湾水库工程荣获“中国建筑工程鲁班奖”。江苏江都抽水站安装工程荣获“国家质量奖金质奖”。浙江珊溪水利枢纽工程、桐柏抽水蓄能电站工程、贵州引子渡水电站工程荣获“国家优质工程银质奖”。福建水口水电站升船机工程荣获“国家科学技术进步二等奖”。浙江白溪水库工程评为“全国用户满意工程”和“中国水利优质工程”、“中国电力优质工程”。浙江桐柏抽水蓄能电站地下厂房吊车梁技术和坝身过流溢洪道施工技术、珊溪水库混凝土面板堆石坝施工技术、山东泰安抽水蓄能电站上水库土工膜防渗技术、贵州三板溪水电站“一枯拦洪”快速施工技术，获“中国企业新纪录”荣誉。施工中形成的混凝土面板堆石坝施工工法、岩壁吊车梁岩台（双向控爆法）开挖工法，获“国家一级工法”；混凝土面板堆石坝填筑工法、混凝土面板堆石坝坝身溢洪道施工工法，获“国家二级工法”。

从国家指令性计划安排水电工程项目，到走向市场通过招投标方式承揽施工项目，50年间，工程局做强主业，主要工程有：已建、在建大中型水电站36座（见表2-1-1），其中百米以上高坝14座；承建水利枢纽、水库主体工程23座，水利工程14项（见表2-1-2），其中百米以上高坝6座；承建抽水蓄能电站主体工程5座（见表2-1-3），其中百米以上高坝1座；水电装机100余台（见表2-1-4），装机总容量近1000多万千瓦。并且，工程局有已建、在建小水电若干座（见表2-1-5）。

表2-1-1 1956～2006年已建、在建大中型水电站一览表

序号	工程名称	坝型	最大坝高(米)	总库容(亿米^3)	装机总容量(万千瓦)	单机容量(万千瓦)	装机台数	合同工期/竣工时间	主要施工项目	备注
1	浙江新安江水电站	混凝土宽缝重力坝	105	178.4	66.25	7.25 7.5	5 4	1956-08～1960-12/1977-10	计划安排	
2	浙江黄坛口水电站	混凝土重力坝	44	24.67	3	0.75	4	1951-10～1959-10/1959-10	计划安排	1952～1955年停建
3	浙江富春江水电站	混凝土重力坝	47.7	4.4	29.72	5.72 6	1 4	1958-08～1981-12/1981-12	计划安排	1962～1965年停建
4	浙江湖南镇水电站	混凝土支墩坝	129	20.6	17	4.25	4	1958-08～1983/1983	计划安排	1961～1969年停建
5	安徽陈村水电站	混凝土重力拱坝	76	24.76	15	5	3	1958-07～1975-07/1975-07	计划安排	1962～1968年停建
6	阿尔巴尼亚伐乌—代耶水电站	土石坝			25	5	5	1969～1973/1973	与阿方联合设计、联合施工	
7	阿尔巴尼亚菲尔泽水电站	土石坝		26.2	50	12.5	4	1971-11～1978-07/1978-07	与阿方联合设计、联合施工	
8	浙江紧水滩水电站	混凝土双曲拱坝	102	13.93	30	5	6	1981～1988-12/1989-12	计划安排	
9	浙江石塘水电站	混凝土重力坝	38.9	0.83	7.8	2.6	3	1985-07～1992-06/1992-06	施工总承包	
10	福建万安溪水电站	混凝土面板堆石坝	93.2	2.28	4.5	1.5	3	1991-03～1994-12/1995-09	施工总承包	
11	福建水口水电站	混凝土重力坝	101	26	140	20	7	1987-03～1996-12/1996-12	联营体施工总承包	
12	福建竹洲水电站	混凝土重力坝			5.4	1.8	3	1998-11～2002-03/2002-04	大坝、厂房、船闸、开关站	

续表

序号	工程名称	坝型	最大坝高（米）	总库容（亿米³）	装机总容量（万千瓦）	单机容量（万千瓦）	装机台数	合同工期/竣工时间	主要施工项目	备 注
13	福建芹山水电站	混凝土面板堆石坝	122	2.65	7	3.5	2	1999-05～2000-06/2000-07	大坝、溢洪道	
14	浙江大岩坑水电站	混凝土面板堆石坝	76		3.6	1.8	2	2000-07～2001-11/2002-07	大坝、厂房、开关站	
15	贵州引子渡水电站	混凝土面板堆石坝	129.5	5.31	36	12	3	2001-01～2004-07/2004-04	大坝、溢洪道	
16	贵州索风营水电站	碾压混凝土重力坝	115.8	2.012	60	20	3	2001-11～2002-04/2002-08	堆积体开挖	
17	福建周宁水电站	碾压混凝土重力坝	72.4	0.47	25	12.5	2	2001-12～2004-09/2004-03	引水隧洞	
18	浙江华光潭水电站	混凝土双曲拱坝	103.85	0.8257	6	3	2	2002-02～2005-03/2005-08	大坝、引水隧洞	
19	贵州三板溪水电站	混凝土面板堆石坝	185.5	40.94	100	25	4	2002-07～2003-11/2003-10	导流洞	
								2003-07～2006-05/2006-05	大坝、溢洪道、泄洪洞	
20	福建牛头山水电站	混凝土双曲拱坝	108	0.9899	9	4.5	2	2003-03～2005-12/2006-03	引水系统	
21	福建界竹口水电站	混凝土重力坝	44.5	0.679	6	3	2	2003-08～2006-08/在建	拦河坝、发电输水系统、厂房	
22	贵州鱼塘水电站	混凝土面板堆石坝	75	1.2	7.5	3.75	2	2003-08～2003-11/2003-11	施工主干道	
								2003-12～2005-06/2005-06	大坝、溢洪道	

续表

序号	工程名称	坝型	最大坝高（米）	总库容（亿米³）	装机总容量（万千瓦）	单机容量（万千瓦）	装机台数	合同工期/竣工时间	主要施工项目	备注
23	贵州光照水电站	碾压混凝土重力坝	200.5	32.45	104	26	4	2003-08～2003-12/2003-12	道路	
								2005-02～2007-01/在建	引水发电系统	
24	福建台江水电站	混凝土重力坝	38	0.4345	3	1.5	2	2003-08～2006-04/在建	大坝、船闸	
25	浙江白云源水电站	混凝土重力坝	47.7	4.4	30	6	5	2003-08～2005-04/2005-06	厂房、导流工程、金属结构制造安装	
26	福建洪口水电站	碾压混凝土坝	130	4.5	20	10	2	2003-10～2004-08/2004-10	导流洞	
								2005-01～2008-05/在建	大坝、溢洪道、引水系统发电厂房	
27	福建街面水电站	混凝土面板堆石坝	126	17.08	30	15	2	2004-04～2007-02/在建	大坝、溢洪道	
28	浙江滩坑水电站	混凝土面板堆石坝	162	41.9	60	20	3	2004-06～2009-06/在建	大坝、溢洪道、机电安装	
								2004-07～2005-07/2005-07	导流洞	
29	云南白水江三级水电站	混凝土重力坝	30.4		4.8	2.4	2	2004-08～2006-06/2006-06	拦河坝、发电输水系统、厂房	
30	福建金造桥水电站	混凝土面板堆石坝	111.3	9.45	6	3.3	2	2004-08～2006-10/在建	大坝、溢洪道	

续表

序号	工程名称	坝型	最大坝高(米)	总库容(亿米³)	装机总容量(万千瓦)	单机容量(万千瓦)	装机台数	合同工期/竣工时间	主要施工项目	备　注
31	贵州董箐水电站	混凝土面板堆石坝	150	9.55	88	22	4	2005-03～2009-01/在建	大坝、导流洞、交通洞、溢洪道、导流与水流控制	
32	浙江外雄水电站	混凝土重力坝	35	0.43	4.8	2.4	2	2005-09～2008-04/在建	施工总承包	
33	云南金汉拉扎水电站	混凝土重力坝	22	0.19	5.8	2.9	2	2006-04～2008-10/在建	厂房、机电设备安装	
34	重庆巴山水电站	折线型混凝土面板堆石坝	155	3.15	14	7	2	2006-04～2008-12/在建	大坝、溢洪道、引水隧洞	
35	云南弄另水电站	碾压混凝土重力坝	90.5	2.33	18	9	2	2006-04～2009-10/在建	厂房、引水隧洞	
36	云南小篷祖水电站	单心圆单曲等厚拱坝	80	0.17	4.4	2.2	2	2006-12～2009-01/在建	大坝、厂房、升压站、引水隧洞	

表2-1-2　1956～2006年已建、在建水利枢纽、水库主体工程、水利工程一览表

序号	工程名称	坝型	最大坝高(米)	总库容(亿米³)	装机总容量(万千瓦)	单机容量(万千瓦)	装机台数	合同工期/竣工时间	主要施工项目	备　注
1	安徽姝滩水利枢纽工程	混凝土重力坝	15.5		0.6	0.15	4	1990-09～1993-07/1995-09	土建工程	
2	浙江里畈水库	混凝土砌石坝	72	0.2094	0.25	0.25	1	1993-01～1997-01/1995-12	大坝	
3	浙江梅溪水库	混凝土面板堆石坝	39.6	0.27				1994-11～1997-11/1997-12	大坝、泄洪洞	

续表

序号	工程名称	坝型	最大坝高（米）	总库容（亿米^3）	装机总容量（万千瓦）	单机容量（万千瓦）	装机台数	合同工期/竣工时间	主要施工项目	备注
4	浙江八都水库	混凝土面板堆石坝	56.5	0.27				1995-02～1998-03/1998-03	大坝、泄洪洞	
5	浙江青山殿水利枢纽工程	浆砌块石重力坝	47	0.56	4	2	2	1995-07～1998-01/1998-10	隧洞、厂房	
6	浙江岑港水库	混凝土面板堆石坝	27.6					1995-12～1998-08/1998-06	大坝、溢洪道	
7	江苏胥口水利枢纽工程	混凝土重力坝						1996-01～1997-05/1997-05	船闸、闸门、两侧接堤	
8	浙江白溪水库	混凝土面板堆石坝	124.4	1.68	1.8	0.9	2	1996-12～2001-03/2001-06	大坝、厂房、溢洪道、开关站	
9	浙江珊溪水利枢纽工程	混凝土面板堆石坝	131.8	18.24	20.0	5	4	1997-08～2001-08/2002-01	大坝、厂房、溢洪道、开关站	
10	江西长江干流江岸（永安段）	江堤						1999-01～2000-07/2000-05	堤防加固	
11	安徽港口湾水库	混凝土面板堆石坝	68	9.41	6	3	2	1999-01～2002-12/2001-12	大坝、溢洪道、厂房、发电引水隧洞	
12	福建白眉水库	混凝土面板堆石坝	51.4					1999-02～2000-12/2002-01	大坝、溢洪道、取水塔	
13	河北黄壁庄水库	土石坝		12.1				1999-04～2000-02/2000-02	除险加固工程	
14	福建晋江下游防洪堤工程	防洪堤						1999-07～2000-01/2000-01	防渗墙、管桩、钻孔桩	

续表

序号	工程名称	坝型	最大坝高（米）	总库容（亿米³）	装机总容量（万千瓦）	单机容量（万千瓦）	装机台数	合同工期/竣工时间	主要施工项目	备注
15	浙江半月湾水轮泵站	泵站		0.05	0.18	0.05 0.04	2 2	1999-12～2001-10/2002-12	泵站	
16	安徽长江同马大堤加固工程	江堤						2000-01～2001-05/2001-09	堤防加固	
17	安徽无为大堤加固工程	江堤						2001-02～2001-04/2001-07	堤防加固	
18	浙江钱塘江三级干堤桐庐段一期加固工程	防洪堤						2001-02～2001-08/2002-01	防洪堤	
19	浙江义乌卫星水库	混凝土面板堆石坝	52.25	0.05				2000-08～2002-06/2002-06	大坝、溢洪道、引水隧洞	
20	浙江钱塘江干堤江山段加固工程	防洪堤						2000-09～2001-04/2001-10	防洪堤	
21	浙江富春江水电站	防洪堤						2000-12～2001-07/2001-07	坝下航道整治疏浚	
22	浙江白水坑水库	混凝土面板堆石坝	101.3	2.48	4	2	2	2001-01～2003-06/2003-10	大坝、泄洪洞、导流洞	
23	广西思安江水利枢纽工程	混凝土面板堆石坝	103.4	0.8	1.2	0.6	2	2001-06～2003-11/2004-06	大坝、溢洪道、引水洞、厂房	
24	浙江夏城水库	混凝土面板堆石坝	43.5	0.06				2001-12～2003-01/2003-01	大坝	
25	河北黄壁庄水库	土坝	19.2					2002-02～2002-07/2003-05	除险加固	

续表

序号	工程名称	坝型	最大坝高（米）	总库容（亿米^3）	装机总容量（万千瓦）	单机容量（万千瓦）	装机台数	合同工期/竣工时间	主要施工项目	备注
26	浙江钱塘江干堤建德三级干堤叶家段加固工程	防洪堤						2002-03～2002-11/2002-11	防洪堤	
27	山东垦利分干延伸工程							2002-04～2002-10/2002-10	泵站、渠道	
28	浙江钱塘江干堤江山三级干堤三期加固工程	防洪堤						2002-09～2003-07/2003-09	防洪堤	
29	四川紫坪铺水利枢纽工程	混凝土面板堆石坝	156	11.12	76	19	4	2002-10～2006-09/2005-12	大坝、泄洪洞	
30	浙江芙蓉水库	双曲拱坝	66	0.9580				2003-04～2005-02/2005-04	引水隧洞	
31	浙江宁波溪下水库	混凝土重力坝	60	0.28	2.4	1.2	2	2003-07～2005-07/2005-07	大坝、引水洞、厂房	
32	贵州沙坝河水库	混凝土面板堆石坝	54.5	0.44				2003-07～2003-10/2003-10	导流洞	为火电厂供水
								2003-10～2005-04/2005-10	大坝、帷幕灌浆	
33	浙江八仙湖拱坝	混凝土双曲拱坝	35					2003-08～2005-05/2005-02	大坝	
34	浙江沐尘水库	混凝土面板堆石坝	56	1.26	1.26	0.63	2	2003-12～2004-04/2004-12	导流洞	
35	甘肃九甸峡水利枢纽工程	混凝土面板堆石坝	136.5	9.43	30	10	3	2005-03～2007-08/在建	大坝	

续表

序号	工程名称	坝型	最大坝高（米）	总库容（亿米^3）	装机总容量（万千瓦）	单机容量（万千瓦）	装机台数	合同工期/竣工时间	主要施工项目	备　注
36	浙江鄞州金峨溪治理工程	堰坝						2006-06～2007-09/在建	溪坑挡墙、堰坝	
37	南水北调中线京石段应急供水工程							2006-09～2008-04/在建	渠道、排水建筑物、分水口门、公路桥	

表2-1-3　　1956～2006年已建、在建抽水蓄能电站一览表

序号	工程名称	坝型	最大坝高（米）	总库容（亿米^3）	装机总容量（万千瓦）	单机容量（万千瓦）	装机台数	合同工期/竣工时间	主要施工项目	备注
1	浙江桐柏抽水蓄能电站	混凝土面板堆石坝	71.4	0.11	120	30	4	2001-01～2006-01/2006-07	下库大坝、输水发电系统	
								2001-11～2006-12/在建	上库引水斜井、岔管、支管	
								2002-12～2004-09/2004-09	金属结构制造	
								2003-06～2006-06/2006-06	水泵水轮发电电动机组等机电设备安装	
								2003-06～2007-06/在建	机电安装、土建工程、给排水工程	
2	山东泰安抽水蓄能电站	混凝土面板堆石坝	99.8	0.12	100	25	4	2001-07～2006-11/2005-04	上库面板、防渗系统、进出水口、公路	
3	江苏宜兴抽水蓄能电站	混凝土面板堆石坝	145.9	0.05	100	25	4	2002-09～2003-04/2003-04	泵房、蓄水池、管道	

续表

序号	工程名称	坝型	最大坝高(米)	总库容(亿米³)	装机总容量(万千瓦)	单机容量(万千瓦)	装机台数	合同工期/竣工时间	主要施工项目	备注
3	江苏宜兴抽水蓄能电站	混凝土面板堆石坝	145.9	0.05	100	25	4	2002-04～2002-11/2003-04	对外交通公路	
								2002-09～2006-09/在建	上库库盆、进出水口	
								2003-05～2010-06/在建	砂石系统	
								2004-08～2006-03/2006-03	金属结构制造	
4	安徽佛子岭抽水蓄能电站	碾压砂砾石坝	45	0.18				2004-03～2004-05/2004-05	拦河坝、泄洪闸	
5	湖南黑麋峰抽水蓄能电站	混凝土面板堆石坝	79.5	0.1	120	30	4	2005-04～2008-12/在建	输水发电系统、进厂交通洞、下库环库公路	

表2-1-4　1956～2006年水电装机一览表

序号	工程名称	装机总容量(万千瓦)	单机容量(万千瓦)	装机台数	自行安装机组(万千瓦)	备注
1	浙江新安江水电站	66.25	7.5	4	66.25	
			7.25	5		
			9	1	9	机组扩容
2	浙江黄坛口水电站	3	0.75	4	3	
		5.2	2.6	2	5.2	电站扩容
3	浙江富春江水电站	29.72	5.72	1	29.72	
			6	4		
4	阿尔巴尼亚伐乌—代耶水电站	25	5	5	25	
5	阿尔巴尼亚菲尔泽水电站	50	12.5	4	12.5	人员提前撤回

续表

序号	工程名称	装机总容量（万千瓦）	单机容量（万千瓦）	装机台数	自行安装机组（万千瓦）	备　注
6	浙江湖南镇水电站	17	4.25	4	17	
			10	1	10	电站扩容
7	浙江江厦潮汐电站	0.32	0.064	5	0.128	
		1	1	1	1	主机技改
8	浙江紧水滩水电站	30	5	6	30	
9	江苏江都抽水站	4.98	1.245	4	4.98	
10	安徽陈村水电站	15	5	3	10	
11	浙江石塘水电站	7.8	2.6	3	7.8	
12	浙江大白岸水电站	0.25	0.125	2	0.25	
13	浙江成屏一级水电站	0.8	0.2	4	0.8	
		0.5	0.5	1	0.5	电站扩容
14	福建万安溪水电站	4.5	1.5	3	4.5	
15	福建九仙溪水电站	2.5	1.25	2	2.5	
16	缅甸照济水电站	1.28	0.64	2	1.28	
17	浙江上标尾水电站	0.126	0.063	2	0.126	
18	浙江珊溪水利枢纽工程	20	5	4	20	
19	浙江北溪水电站	5	2.25	2	5	
20	浙江高湖水电站	0.02	0.02	1	0.02	
21	浙江岩樟溪一级水电站	2	1	2	2	
22	浙江黄山溪一级水电站	1.6	0.8	2	1.6	
23	浙江杭州青少年水电站	0.0035	0.0035	1	0.0035	
24	浙江高岩下水电站	0.4	0.1	4	0.4	
25	浙江三插溪二级水电站	1	0.5	2	1	
26	浙江龙川水电站	1	0.5	2	1	
27	福建丰海水电站	2.4	1.2	2	2.4	
28	广西思安江水电站	1.2	0.6	2	1.2	
29	浙江左溪梯级水电站	4.46	1.6	2	4.46	
			0.63	2		
30	浙江开潭水电站	4.8	1.6	3	4.8	
31	云南葫芦口水电站	2	1	2	2	
32	浙江桐柏抽水蓄能电站	120	30	4	30	

表 2-1-5　　1956～2006 年已建、在建小水电工程一览表

序号	工程名称	坝型	最大坝高（米）	总库容（亿米^3）	装机总容量（万千瓦）	单机容量（万千瓦）	装机台数	合同工期/竣工时间	主要施工项目	备注
1	浙江江厦潮汐电站	混凝土面板堆石坝	15.5	0.0493	0.32	0.064	5	1976～1985-12/1985-12	大坝、厂房	
2	浙江杭州青少年水电站				0.0035	0.0035	1	1985-03～1986-06/1986-06	厂房、中控展览楼、引泄水建筑	
3	浙江成屏一级水电站	混凝土面板堆石坝	74.6	0.523	0.8	0.2	4	1986-11～1991-10/1991-10	施工总承包	
4	江西双河口水电站	双曲拱坝	62.1		0.3			1991-04～1994-04/1994-10	大坝	
5	浙江三插溪水电站	混凝土堆石坝	88.8	0.4661	4.4	2.2	2	1996-12～1998-12/1998-06	引水洞	
6	浙江高岩下水电站	混凝土双曲拱坝	45		0.4	0.1	4	1998-10～2000-03/2000-03	大坝、厂房	
7	浙江白鹤水电站	双曲拱坝	827	0.0188	1200	75	16	1998-10～2000-12/2000-05	引水洞、厂房、调压井、升压站、闸门和压力钢管	
8	浙江三插溪二级水电站	混凝土重力坝			1	0.5	2	2000-03～2001-02/2001-07	厂房	
9	浙江龙川水电站			0.0185	1	0.5	2	2002-07～2003-05/2004-05	压力管道、厂房、升压站、厂区	
10	福建丰海水电站	混凝土重力坝	24.6		2.4	1.2	2	2002-08～2005-06/2005-10	大坝、引水洞、厂房	
11	云南苏家河口水电站	混凝土面板堆石坝		0.2	24	8	3	2006-05～2008-08/在建	引水发电建筑物	

第二章 工 程 选 介

第一节 新 安 江 水 电 站

一、概况

新安江水电站是我国自己设计、自制设备、自己施工的第一座大型水电站，位于浙江省建德市铜官峡谷，装机容量66.25万千瓦。

新安江是钱塘江正源，《水经》称为浙水，亦曰歙港、徽港。主源名枧溪，流经黄山市（屯溪）与率水会合后为新安江干流。由歙县进入浙江淳安，再经建德，于梅城与兰江相汇，注入富春江。全长373千米，流域面积11850千米^2。

新安江流域属亚热带季风气候区北缘，年平均温度17.3摄氏度，多年平均降水量1756毫米。自安徽屯溪至浙江建德铜官峡谷170千米间，天然落差112.6米。铜官峡谷多年平均流量357米^3/秒，多年平均径流量110亿米^3。国民政府资源委员会曾于1923年（民国12年）和1929年（民国18年），对钱塘江上游的水力资源组织过查勘。资源委员会钱塘江水力发电勘测处于1948年（民国37年）提出街口、邵村、罗桐埠三级开发的规划报告。中华人民共和国成立后，燃料工业部水力发电建设总局于1952年初组织力量，对新安江流域水力资源开发的可能性进行实地查勘与研究。1955年10月，燃料工业部会同国家基本建设委员会、地质部、浙江和安徽两省人民委员会、上海水电勘测设计局以及有关的地、县人民委员会，组成新安江水电站选坝委员会，选定建德县铜官峡谷为水电站坝址。1956年7月底，上海水力发电勘测设计院编制《新安江水电站初步设计》。水电站的拦河坝布置在铜官峡谷的上口，经设计修改，建成后电站为混凝土宽缝重力坝。最大坝高105米，坝顶高程115米，坝顶总长度466.5米。中间部分为溢流段，长183米。溢流堰顶高程99米。发电厂房在溢流坝段的下游，与坝体紧连在一起，为坝后厂房顶溢流式。库水自溢流顶泄下后，经厂房顶挑流射至下游。厂房总长216.1米，净宽17米，净高42.75米，内装容量为7.25万、7.5万千瓦的立轴式水轮发电机组9台，装机总容量66.25万千瓦。送电采用扩大接线方式（2台发电机连接一组主变压器和1台联络变压器），将发电机出口电压13.8千伏分别升至110千伏和220千伏，以8路出线投入华东电网。

国务院于1956年6月20日同意将新安江水电站正式列入第一个五年计划和1956年计划。1956年8月，电站开始施工准备。1957年4月，主体工程开工，共开挖土方181.4万米^3、石方404.4万米^3，浇筑混凝土175.5米^3。1960年4月，第一台（4号）机组发电。同年11月，土建工程基本完工。1977年10月，最后一台机组（8号）投产，机组安装完毕。1978年3月，新安江水电站获全国科学大会奖。

水电站建设期间，周恩来、朱德、董必武、胡耀邦、李维汉、郭沫若、谭震林等党和国家领导人莅临工地视察，给工程局建设者以莫大的鼓舞。

二、准备工程

1956年8月20日，土建工人700多人先行进入工地，21日开始道路、桥梁、住房和辅助工厂的建设。

(一) 对外交通

根据工程设计，施工外来材料、设备的运输总量约56万吨。平均日运输量810吨，最高日运输量1520吨，重型器材最重件99吨。工地原有对外公路杭（州）淳（安）线和兰（溪）白（沙）线，均为泥结碎石结构，路面欠宽，不能满足需要。浙江省交通厅于1956年8月起对杭淳公路进行全线整修，并对桐庐至白沙段4座桥梁进行了改造加固。修建兰（溪）铜（官）铁路1条，从金（华）兰（溪）支线的终点兰溪，延伸到水电站发电厂房装配间，然后沿新安江右岸向下游延伸到江村埠对岸，全线总长55.44千米。兰铜铁路由铁道兵8501部队设计、施工。铁路工程于1956年10月动工，1957年10月1日全线通车。1959年后，电站下游一段划为电厂专用线，其余线路无偿移交铁道部门管理。

(二) 场内交通

工地内部渣石和器材运输总量800余万吨，平均日运输量1.1万吨。据此，两岸共建场内公路21条（段），窄轨斗车出渣线2条，共计26.59千米。该工程从1956年10月动工，到1957年12月陆续完工。工程量计：土石方开挖70.32万米^3，填方5.24万米^3，砌石5411米^3，浇混凝土3303米^3。

为沟通工地两岸交通，1956年12月动工架浮桥1座，长90余米，用载重10吨木船18艘组成，通5吨载重汽车，并于罗桐埠渡口、白沙渡口架设行人、载重浮桥各1座。1957年12月动工，在坝址下游建轻便钢索桥1座，主跨跨度181米。两岸共设引桥5跨，均为钢筋混凝土结构。大桥总长294.1米，桥面宽4.5米，1958年5月通行。1960年3月始，此桥改建为4孔预制钢筋混凝土公路肋拱拱桥，设计承载能力8吨。另在江村埠建钢索桥1座，全长463米，桥上安装两台1000毫米皮带运输设备，运输沙石料。

(三) 辅助工厂

为电站主体工程施工服务的风水电系统、修造系统、沙石料系统、混凝土系统等10多个辅助工厂及其配套设施，分布在以右岸为主的坝址上下游沿江两岸10余千米区域，见表2-2-1。

表2-2-1　　　主要辅助工厂生产能力一览表

工厂名称	生产规模	设备容量（千瓦）	占地面积（米^2）	建筑面积（米^2）	主要设备	
					名称	台数
混凝土预制厂	440米^3/日	88	10500	1824	混凝土拌和机、起重机、振动台、锅炉、振动器	12
钢筋加工厂	520吨/日	129	8400	1961	钢筋切断机、弯曲机、对焊点焊机、弧焊机	12

续表

工厂名称	生产规模	设备容量（千瓦）	占地面积（米²）	建筑面积（米²）	主要设备	
					名称	台数
木工厂	原木 46 米³/日 锯材 32 米³/日	300	14070	1424	圆锯机、带锯机、三面/四面刨床、压刨床、开榫机、打眼机	14
木笼工场	原木 400 米³/日 锯木 92 米³/日	127	29000	1208	普通车床、立式车床、钻床、牛头刨床、龙门刨床、万能铣床、外圆磨床	14
机械修配厂	4960～5760 吨/年	580	35000	5173	车床、充电设备、气泵等	58
汽车保养场	150 辆/日	66	4800	1870		7
机车修配厂	维护机车 9 辆，平车 480 辆	77	2520	2520	修钎机等	
第一修钎厂	1100 根/班次	18		512	修钎机等	17
第二修钎厂	600 根/班次	5	1982	245	修钎机等	7
钢管加工厂	32 节/月	574	13000	5030	卷钣机、电焊机、风铲、切割设备等	30
压风厂	408.8 米³/分	1660	1360	1304	固定式压风机 361 米³/分、移动式压风机 36 米³/分	17
制冰厂	冰 130 吨/日，冰水 29 吨/日	583	3000	1020	氨压缩机每台 20 万大卡	5
列车电站	120000 千瓦·时/日	5000	1000		3 号、7 号列车电站每台 2500 千瓦	2
自备发电厂	56700 千瓦·时/日	2380	3000	700	2380 千瓦柴油发电机、分设二处	7

风水电系统　准备工程开工后的 100 余天，工地无电，夜间施工和生活用煤油灯照明。1956 年 12 月，用安装在江边船上的 1 台小型柴油发电机发电，才有照明用电。1957 年 2 月，建成第一发电厂，6 月建成第二发电厂。2 座自备电厂装机总容量 2380 千瓦，日供电 5.67 万千瓦·时。1957 年第四季度，向电力工业部列车电业局租借的装机容量各 2500 千瓦的第三、第七列车电站调到工地，日供电 18 万千瓦时，满足了右岸基坑开挖与大坝混凝土浇筑同时进行的用电需要。1958 年 7 月，黄坛口水电站电流送到新安江工地，满足了主体工程施工高峰期用电。

施工用风由设置于坝区两岸的 2 个压风厂供应。第一压风厂生产规模为 178 米³/分，1957 年第一季度投产。第二压风厂生产规模为 173 米³/分，1957 年 10 月投产。左岸坍方处理时，在坍方区附近建第三压风厂，设备由第一压风厂迁来，生产规模为 120 米³/分。

另有移动式压风机多台，可机动使用。工地共铺设风管 14.4 千米，供风总能力为 408.8 米^3/分。

在右岸建水泵站 1 座，抽水能力 500 米^3/分以上，将江水抽至右岸 150 米高程水池，通过总长度 61.2 千米的水管分送左右岸各工作面。各生活区用水，由在山沟中筑小型水库汇集溪水供给，也有的抽江水使用，共铺设给水管路 20.8 千米。

修造系统 在朱家埠建机械修配厂（年生产规模 4000 多吨）、钢筋加工厂、混凝土预制厂。分别在两岸建修钎厂，有修钎机 24 台，每班次能修钢钎 1400 根、合金钎 300 根。并建有木笼工场和木材加工厂（日加工原木 400 米^3，锯木 92 米^3），汽车保养厂、维修厂（日维修 150 台车辆），钢管加工厂（月制作直径 5.2 米的水轮机输水钢管 32 节）。

砂石料系统 混凝土工程需开采砂石料 350 万米^3，采用河床天然沉积砂卵石。主料场为下游距坝区约 8 千米的江村埠料场。选用链斗式挖砂船（7 艘）采挖，最大挖掘深度为水面以下 3.5 米。筛分厂和堆料场设在左岸，砂石料经筛分冲洗，分成 5 种级配净料运送到坝区。

江村埠砂石料场全部实行机械化生产，于 1958 年 7 月建成投产，最高日产砂石料 8800 米^3，被誉为“砂石之城”。1959 年 4 月 9 日，周恩来总理来工地视察时，看到该场全部机械化流水作业，设备均为国产，不胜欣慰。

混凝土拌和系统 大坝浇筑初期，在西铜官建临时混凝土拌和系统，有 0.75 米^3 拌和机 8 台。之后，在坝址右岸下游 200 米处 70 米高程平台建大型拌和楼群。1958 年 8 月，由法国进口的第一座 C-240 型（日产混凝土 1500 米^3）混凝土拌和楼投产。接着另 1 座 C-240 型和 1 座 C-900 型（日产混凝土 5000 米^3）拌和楼相继投产。为满足大坝、厂房全面浇筑的需要，在东铜官、左岸基坑、左岸 70 米高程等处建临时拌和系统，安装国产 0.75、0.4 米^3 的拌和机 32 台。从 1958 年 2 月～1960 年 5 月，共生产混凝土 141 万米^3。

三、导流工程

大坝施工导流，选定分期围堰、底孔导流方案。新安江系山溪性河流，最高水位 43.93 米，最低水位 21.7 米。最大洪水流量 2.52 万米^3/秒，最小流量 7.5 米^3/秒，枯水期也曾有流量 4650 米^3/秒的情况。一期围堰采用过水木笼沉箱搭建，二期围堰采用木笼沉箱和混凝土混合结构。一期先围右岸基坑，约围住全河床宽度的 60%；二期围左岸基坑，同时拆除一期围堰，使河水改由右岸坝体预留的 3 个底孔导流。

（一）一期围堰

一期围堰长 695.41 米，分上游横向、顺游纵向、下游横向 3 段，由 82 只挡水木笼组成，上下游各设充水闸门。在上下游转角处由 14 只透水木笼组成翼堰，主堰和翼堰共有 96 只木笼。除转角部位以外，每只木笼标准长度为 6 米，高度与宽度随沉放地点基岩高程而有差异。一般高度 13 米，少数为 16 米。一般宽度 14.87 米，最宽为 16.37 米，最窄为 13.57 米。木笼沉放后顶部高程为 25 米，合龙后第一次加高至 28 米高程，第二次加高至堰顶。笼内装填块石，水下浇封脚混凝土，堰顶浇盖面混凝土。堰顶高程上游段为 33.1 米，下游段为 30 米。该一期围堰是 20 世纪 50 年代国内最大的围堰，1956 年 8 月被国家基本建设委员会定为 1957 年国家示范工程。

一期围堰于1957年8月1日开工，施工时间107天。施工期因有洪水影响和其他干扰因素，按60%有效工时计算，可利用工期为64天。而木笼沉放计需5451个定额工时，开2个工作面、上下游同时施工也需113天，必须寻找新的施工方法。第二工区围堰队队长、潜水员姚新根率潜水员下水，对8600米^{2}堰区的覆盖层、软弱带、深潭和重点部位进行调查，提出3条建议：①多开木笼沉放工作面；②在流速最快、航道干扰最大、定位沉放最难的主航道40号木笼位置沉放第一只木笼；③浅水地段的木笼预制3/5宽度沉放，围堰闭气排水以后，在基坑内加宽到设计宽度。

此项建议得到设计部门和工程局负责人批准。是年8月22日沉放第一只木笼。木笼经拖运、翻身、定位，至次日上午，4层楼高、60多吨重的40号木笼，按设计要求沉放就位，开创在主航道无依托地段沉放木笼的先例。

接着定点沉放成功5只木笼，并以此为依托，各向其两侧延伸，开辟10个工作面。各工种紧密配合，先后攻下3号木笼水下清基难关，清除深潭区大孤石，完成转角大木笼的整体沉放，平均日沉放木笼2.2只。10月14日，创造日沉放6只木笼的全国纪录。10月15日，最后一只木笼在下游横向段合龙口就位，围堰基本建成。同月下旬，国家建设委员会组织有关部、局、科研、设计等28个单位的工程技术人员到现场观摩。11月15日下午，一期围堰闭气排水，15小时排完围堰基坑内存水，比计划用时减少一半，围堰质量优良。

一期围堰主要项目及工程量见表2-2-2。

表2-2-2　　一期围堰主要项目及工程量

项目	单位	完成工程量	项目	单位	完成工程量
陆上清基	米^3	5749	盖面混凝土	米^3	12197
水下清基	米^3	155290	木笼戗石	米^3	2324
阻水灌浆	米	210	充水闸门	米^3	5715
木笼制作	米^3	84040	排水	米^3	110000
木笼沉放	只	93	沉放柴排	米^3	393
木笼填石	米^3	65364	子围堰	米	500
水下混凝土	米^3	2895			

（二）二期围堰

二期围堰建在坝区左侧河床，全长434.5米。其中上游横向长147米，使用一个枯水期，按挡水流量4600米^3/秒设计，堰顶高程36.5米，采用混凝土木笼戗石混合结构，堆石量3.27万米^3。下游围堰按挡水流量4600米^3/秒设计、1.6万米^3/秒校核，堰顶高程30.5米。下游纵向段长67米，横向段长96.5米。

二期围堰在1958年8月1日开工，计划同年12月15日闭气。为力争提前发电，要求同年9月底闭气。负责施工的第二工区就近在西铜官建临时木笼工场，进行木笼制作。同时改进水下测量方法，由一次测1只转变到一次测3～10只木笼基础，使木笼主体制作和接脚工作一次完成，加快木笼制作速度，保证沉放需求。

按照施工技术设计，二期围堰合龙前应拆除一期围堰，使河水从右岸坝体内的导流底孔下泄，然后二期围堰合龙闭气。此时，一期围堰堰顶已是上下游陆上运输的主要通道，上游工农业生产资料和电站施工物资运输都经过堰顶，一昼夜过往车辆约 3650 车次。接替堰顶交通线的 34（高程）线公路，要到次年 3～4 月始能通车。一期围堰一时不能拆除，制约着右岸底孔导流和二期围堰合龙闭气。姚新根提出“不拆除围堰，在木笼底部 1.2 米以上部位掏洞导流，堰顶照常作为运输通道”的建议，经工程局批准实施。是年 9 月 15 日，河水改从右岸一期围堰木笼底洞和大坝底孔下泄，二期围堰在 9 月 26 日合龙，10 月 1 日形成左岸基坑开挖工作面。

四、基础工程

拦河大坝和发电厂房基础地质构造较为复杂，泥盆纪千里岗砂岩占据坝基 3/4 面积，分布于左岸坡、整个河床及右岸坡下游面。在右岸坝头还有 2 条厚达 2 米多的页岩，含云母量高，遇水急剧崩解。此外，大坝基础错综复杂的小型断层甚多，有 F 凸逆断层、FN 型正断层和 Y5 型平移断层。

开关站基础岩层为千里岗砂岩，岩层走向北东 30 度，节理发育。

(一) 基础开挖

基础开挖分以下 5 个区域（厂房随坝段）：

右岸坡部分（0～6 坝段） 采用手风钻钻孔，电引爆破，人工推翻斗车出渣，开挖深度 9～20 米。浅槽处理开挖深度 18～20 米。

右河床部分（7～11 坝段） 采用手风钻打天门孔与水平孔分组爆破方法，出渣以挖土机、汽车为主，人工装汽车为辅。开挖深度 9 米。

左河床部分（12～17 坝段） 该区域基础岩石较好，一次推进宽 20 米、长 50 米。开挖深度一般为 1.5～4.5 米。

左岸坡部分（18～25 坝段） 由于岩层风化破碎强烈，不少部位手风钻不易钻进，施行洞室爆破。开挖深度 65 米高程以下和以上分别为 5～15 米和 20～28 米。

开关站平台 位于大坝下游右岸山坡，分 70 米高程、88 米高程两级平台。220 千伏开关站长 123 米，面积约 5600 米^2。110 千伏开关站长约 60 米，面积约 3240 米^2。开挖分两期进行，前期于 1957 年 4 月动工，至 1958 年 6 月两级平台开挖结束。

拦河坝、发电厂房和开关站基础开挖完成量见表 2-2-3。

表 2-2-3　拦河坝、发电厂房和开关站基础开挖完成量　单位：米^3

开挖区域	开挖起讫时间	工程量	最高月强度	平均月强度
右岸坡	1956-04～1958-10	223400	26418	13141
右河床	1957-11～1958-05	137204	42350	19600
左岸坡	1958-01～1958-10	177807	37340	22200
左河床	1958-09～1959-01	75459	45659	12600
开关站	1957-04～1960	85376		

(二) 左岸坍方处理

左岸坝体下游岸坡岩石风化强烈，节理发育，缝隙间大多为黏土物质充填，并有走向北东、倾向北西的断层通过。开挖左岸上坝公路时，破坏山坡自然坡脚，使原来处于极限稳定状态的山坡形成坍方趋势，以致1958年6月至1959年2月间，发生多次坍方，共滑落石渣约2万$米^3$，堆积于厂房8号、9号机组部位，并盖住16、17、18三个坝段丙块工作面。

坍方区采取台阶式推进与局部危坡处理相结合的方法削坡。削坡工作自1959年3月开始，次年11月底结束，出渣43.93万$米^3$（包括基坑原有施工积渣、洪水冲积物及左岸山沟原堆积石渣），同时浇筑混凝土挡墙、砌石护坡。山坡表面采用混凝土堵缝等防护措施。

(三) 基础灌浆及断层、软弱带处理

拦河大坝及发电厂房的基础灌浆有固结灌浆、中压灌浆、帷幕灌浆。

固结灌浆分布于全坝段与发电厂房的基础，坝基孔深8～12米，厂房孔深5～8米，孔距均为2～3米，成梅花形排列。共钻孔4215个，总长3.66万米。传统的方法用架钻或回旋钻打孔，速度慢。1958年2月，风钻工高世怀和他所在风钻组成员试验用手提风钻打固结灌浆孔，孔深8米，达到设计要求。随操作日益熟练，台班进尺不断提高，梁福新、王长有、高信3人创日进尺32米全国纪录。

中压灌浆孔分布于坝踵部位，孔深一般为基岩面以下20米，孔深8～80米不等。实行自下而上分段灌浆，每段长度一般为8～10米，灌浆压力392.2～1176.8千帕。

大坝基础廊道内的帷幕灌浆分3排，基本孔距均为2米，孔深8～80米不等。除第三排部分浅孔外，其余灌浆孔均用钻机用钢砂钻进，孔径一般为91毫米。浅孔用手风钻一次钻进，一次灌浆，深孔用钻机分段钻进，分段灌浆。

帷幕建成后，在水库水位95米时进行几次测量，总渗漏量每昼夜均不足50$米^3$，远低于设计的1000$米^3$以上的估计。

基础灌浆完成工程量见表2-2-4。

表2-2-4　基础灌浆完成工程量

工程名称		施工起讫时间	钻孔数（个）	钻孔深度（米）
固结灌浆		1958-02～1959-11	4215	36599.60
中压灌浆		1958-07～1959-12	226	6292.20
帷幕灌浆	第一排	1958-10～1960-04	280	14396.00
	第二排	1959-10～1962-12	398	24388.20
	第三排	1959-11～1960-02	182	3778.90

坝基的软弱破碎带和断层，采用挖槽回填混凝土、设防沉、防渗井和灌浆处理。至1960年初结束，完成石方开挖2000$米^3$，回填混凝土1920$米^3$，钻孔灌浆2788米。

五、主体工程

电站拦河大坝由26个坝段组成。坝段宽度一般20米，最宽为21.6米，最窄为7.9

米。相邻坝段之间一般设宽缝，降低坝基扬压力，节约混凝土浇筑量。宽缝重力坝系国内首次采用。各宽缝宽度不等，一般为5～8米，最宽为8.5米。7～16坝段为溢流坝段，溢流孔宽13米，共9孔。坝体内设灌浆、排水、检查廊道。整个坝体共浇混凝土138万米^3。坝后溢流式厂房顶盖与溢流坝面相连。主厂房为由上下游两侧墙和顶板组成的门形框架结构，分9个机组段，装配间设在主厂房右端与1号机组相连，副厂房为5层钢筋混凝土结构，在主厂房与坝体之间。厂房共浇钢筋混凝土13.4万米^3。

（一）拦河大坝

大坝混凝土浇筑比计划提前半年，于1958年2月18日开始。是日下午，右岸基坑彩旗飘扬，工程局举行大坝浇捣开工典礼。浙江省及杭州市党政军领导，国家计划委员会和上海市、安徽省代表等50多人参与盛会。浙江省副省长陈伟达和工程局局长王醒率先推着手推车，将灰浆倒入11坝段丙块基础，浇下第一车混凝土。

大坝浇筑初期，大型拌和楼和机械化运输系统未投入运转，用临时系统拌和、自卸卡车与双轮手推车运输混凝土、架设仓面浇捣。至11月底，右岸坝体浇出水面，混凝土分层高度一般在5米以下。

同年11月30日，左岸坝体开始浇筑，大坝工程进入在全河床及左、右岸全面施工阶段。右岸为机械化施工线，混凝土由自动化大拌和楼拌和，70米高程机车线运输，门机转运入仓。12～16坝段和17～25坝段为半机械化施工线，混凝土由临时拌和系统拌和、皮带机或机车运输、手推车仓面入仓。土洋结合，大小并举，3条线进料，“两条腿走路”。拌和、运输、浇筑开展班班夺高产的“一条龙”劳动竞赛；各级领导日夜轮流在现场值班，与工人同劳动、同商量；机关干部跟班劳动，抬运毛石。干群齐心，上下一致，浇筑量与日俱增，12月7日创浇混凝土9425.36米^{3}的高产纪录。

1959年春，大坝施工屡遇困难。出现水泥质量事故，洪水多次淹没二期围堰，左岸坝头下游岸坡发生数次大坍方。3月14日上午，国务院总理周恩来在京听取水利电力部副部长李锐、工程局副总工程师潘圭绥关于电站工程建设情况汇报，指示有关部门：新安江水电站是国家重点工程，一定要有安全系数，今后供应水泥要保证质量。4月9日，周恩来总理亲临新安江水电站工地视察，挥毫题词“为我国第一座自己设计和自制设备的大型水力发电站的胜利建设而欢呼!”，全工地2万余名建设者深受鼓舞，热烈响应工程党委“突右岸、抢左岸，继续与洪水搏斗”、“战浇捣、突安装，大坝超‘七零’（70米高程）”的号召，开展“班班夺高产、日日争超额”的劳动竞赛，干部参加劳动，各级领导干部在生产第一线同工人、技术人员三结合解决施工中的难题，工程建设再次掀起高潮。

1959年4月下旬，大坝各坝段接近或超过70米高程。根据分期封闭导流底孔的截流蓄水方案，4月29日16时42分，开始沉放第一扇钢筋混凝土闸门（第10坝段导流底孔右侧闸门）。

设计方案将每扇闸门分成16块浇制，分块沉放。重型机械大队起重队队长史荣福认为分块沉放工期长，闸门漏水问题不好解决，建议整块浇制一次沉放（每扇闸门高17.2米、宽5.9米、厚1.42米、重321吨）。修配厂制造出能起吊160吨的大滑轮。经过24小时操作，第一扇闸门于30日16时50分沉放到位，国内首次采用钢筋混凝土闸门封堵导流底孔成功。在沉放其余闸门时，采纳工人史福生的建议，改进放钢索方法，每扇闸门沉放操作时间平均为3时45分，工效提高5倍。同年9月中旬，多数坝段升至85米高程以上，水库清理和移民进度符合蓄水要求，中共浙江省委同意9月21日封孔。省委第一书记江华亲临施工现场察看。是日15时40分，放下最后1扇导流底孔闸门，提前1年实现截流蓄水。

自水库开始蓄水至1960年3月，为坝体全面升高阶段。大坝混凝土浇筑从砂石料采挖、混凝土拌和、运输、浇筑实现机械化施工，创造月浇筑12.3万米^{3}的纪录。到1960年3月，除21坝段（原设计有举船道项目）以外，各坝段均浇到115米高程坝顶，大规模混凝土浇筑基本完成。

施工过程中，主要大型施工机械见表2-2-5。

表2-2-5　　主要大型施工机械一览表

名　称	单　位	数　量
缆式起重机（20吨）	台	2
门式起重机（10吨）	台	9
拌和楼C-900（5000米^3/日）	座	1
拌和楼C-240（1500米^3/日）	座	2
混凝土拌和机（0.275、0.4、0.75米^3）	米^3/台	18.7/41
单斗挖土机（0.5米^3）	台	6
单斗挖土机（1～3米^3）	台	11
推土机	千瓦/台	526/10
采沙船（120米^3/时）	艘	7
拖轮（88千瓦）	艘	6
泥驳船（110吨）	艘	22
载重汽车	吨/辆	237.5/49
自卸汽车	吨/辆	427.5/81
机关车（58.8千瓦）	辆	25
1435内燃机车	辆	9
皮带输送机	米/台	7062/115
筛分机	台	18
钻探机	米/台	8300/28
灌浆机	台	40

1960年3月以后，大坝混凝土浇筑进入结尾配套填平补齐阶段。主要项目有坝顶桥安装、路面栏杆制作、厂坝连接拉板及溢流面处理等，历经2～3年结束，共浇混凝土1万多米^3。

大坝浇筑中采用多项新技术，主要有高块浇筑和块石埋设。块石选自基础开挖的石渣、河滩卵石，水库内建筑物拆除后的基石，直径为0.2～0.8米。共埋块石13万多米^3，约占混凝土总量的10%，节约水泥2万余吨。

（二）发电厂房

厂房混凝土浇筑依部位分为尾水管、主厂房内外墙、主厂房顶板、尾水平台、副厂房楼层、副厂房顶板以及厂坝拉板7部分。1～4号机组尾水管按设计要求从基础至20.5米高程分5层浇筑。以后，为加快施工进度，征得设计单位同意，采取了加固模板等措施，5～7号机组尾水管分3层浇筑，8～9号机组分2层浇筑。主厂房上下游两侧墙各厚2米，顶板厚3.2米，跨度18.6米。厂房顶下游侧出口设矩形差动挑流消能齿坎。1～6号机组顶板按设计要求分2层浇筑，7～9号机组顶板并作1层浇完。厂坝连接拉板为钢筋混凝土结构。

厂房混凝土工程共计267个浇筑层块，质量良好。

（三）坝体接缝及接触缝灌浆

拦河坝因坝体结构和施工需要，坝内留有纵缝、横缝、导流孔回填混凝土周边接缝以及岸坡坝体与基岩接触缝，均需进行灌浆，保证大坝在设计的受力状态下正常运行。

纵缝灌浆33条，分100个灌浆区，1.65万米^2（其中垂直纵缝62个区9376.7米^2，斜直缝38个区7096.1米^2），1959年3月动工、翌年7月竣工；横缝灌浆25个区，3482.14米^2，1959年11月动工，1961年11月完工；导流孔周边接触缝灌浆24个区，1960年5月动工，次月结束；岸坡接触缝灌浆23个区，穿插于几类灌浆施工间隙进行，1960年3月动工，7月完工。

六、安装工程

（一）金属结构制作安装

金属结构安装总工程量4960吨，主要有机组引水钢管9条，各类闸门门叶25扇、门槽54套，起重设备12台。安装工作从1959年3月开始，到1960年9月基本结束。

9条引水钢管有523节（包括9节伸缩节），钢材总量2525吨。钢管内径5.2米，1号、4号机组长度均为92米，其余7条均为95米，1958年10月至1959年8月由工程局制作完成。钢管材料除4号输水钢管第4～7节采用日产34毫米沸腾钢制作以外，其余均采用镇静钢制作。安装工人采用悬空安装新工艺，使9号机组的水平管与斜直管同步安装，解决了安装与混凝土浇筑平行作业的干扰问题。参加主缝焊接的焊工，都经严格考核，及格者上岗。

门叶采取分节沉放。门叶、门槽及拦污栅钢材总量1875吨。

安装起重设备12台，钢材总量560吨。有进水口工作闸门油压启闭机9台，坝顶80/30吨门式起重机2台，15吨尾水门式起重机1台。尾水门机的机械部分由工程局制作，于1960年7～9月安装完毕。运行情况正常，符合设计要求。

（二）水轮发电机组安装

水轮发电机组9台。发电机功率为1、2、7、8号机组为7.5万千瓦，3、4、5、6、9号机组为7.25万千瓦。

第一台水轮发电机组（4号机）于1959年10月6日开始安装，11月13日完成水轮机蜗壳和座环。同月15日，进行发电机转子大轴、轮辐烧嵌。机组吊装最主要的设备200/30吨桥式起重机未到货，助理技术员虞晃设想利用10吨门式起重机的传动机械改制130吨简易桥式起重机（亦称“土天车”），设计改装图纸，由工程局机械修造厂改制2台，解决吊装起重问题。发电机转子约重320吨，2台自制桥机起重量仅260吨，安装工人革新施工方法，12月11日，用“土天车”装上平衡梁将不挂磁极的发电机转子（重210吨）从装配间吊入机坑后再装磁极，次日将发电机定子连同上部机架（总重236吨）一体吊入机坑套进转子，创造了定子套转子的施工方法。12月31日，机组安装完毕，净安装时间52天。1960年4月22日4号机组正式投产向110千伏系统送电。

第3号机组于1959年11月中旬开始水轮机埋设部分的安装工作，1960年2月机组安装结束，同年5月24日发电并网。

第5号机组于1960年4月上旬开始安装，同年10月底安装基本结束，进行空载试运转。因等待变压器低压套管到货，至1961年3月30日投产。

1962～1968年，新安江水电站安装4台机组。第9号机组为双水内冷水轮发电机组，是国家发展巨型水轮发电机组的重大科学实验项目。最后2台机组于20世纪70年代中期安装，1977年10月22日8号机投入运转，新安江水电站9台水轮发电机组安装完毕。各机组参数及投产时间见表2-2-6。

表2-2-6　　机组技术参数及投产时间

编号	规格型号		发电机功率（千瓦）	投产时间
	水轮机	发电机		
1	HL009-LJ-410	TS854/156-40	75000	1966-12
2	HL662A-LJ-410	TS854/156-40	75000	1965-10
3	HL662-LJ-410	TS854/156-40	72500	1960-05
4	HL622-LJ-410	TS854/156-40	72500	1960-04
5	HL622-LJ-410	TS854/156-40	72500	1961-03
6	HL622-LJ-410	TS854/156-40	72500	1964-04
7	HL009-LJ-410	TS854/156-40	75000	1975-12
8	HL741-LJ-410	TS854/156-40	75000	1977-10
9	HL622-LJ-410	TSS854/90-40	72500	1968-10

（三）开关站构架安装

1960年5月开始开关站输变电构架安装，8月底基本完成。220千伏开关站为8榀横向排架与纵梁组成7跨多层空间构架，支承隔离开关、进出线及母线。共安装立柱、纵梁375根，主柱最高42.12米。110千伏开关站进线构架位于平台外侧，横向跨度为4.5米4层、3层构架10榀与纵梁组成9跨3层空间结构，跨距均为8米。出线架，由A型架与预制梁组成双层及单层构架。共安装A型构件、横梁、门架等30根，电气设备支架291件。

(四) 电气设备安装

9台机组构成1个单元和4个扩大单元接线，通过主变压器、联络变压器，分别将电能送入220、110、35千伏电力系统。

第一阶段主要为配合2台机组发电进行配套电气设备安装。自1959年4季度开始厂内主要电气设备安装和2号主变压器、2号联络变压器组成的第二扩大单元升压站安装，至次年3月基本结束，4月投入运行。110、220千伏开关站设备自1960年1月开始安装，8月份结束。220千伏设备于1960年9月投入运行。

第二阶段主要为配合第三台机组发电和围绕安全发送电进行填平补齐的电气设备安装，包括第一、第三扩大单元升压站发电电压设备的安装，220千伏双母线及110千伏双桥型母线的配套，厂用电及照明系统的改进工作，到1962年底结束。

七、配套工程

(一) 举船道

电站初步设计没有过坝设施。流域沿岸是浙、皖两省竹木产区，农副产品甚丰，人口百余万，素以新安江为主要运输通道。地方交通和林业部门要求增设船舶和竹木材过坝设施。1958年，设计、施工单位共同研究，制定在左坝头非溢流坝段设置垂直提升的移动承载水箱式升船机方案。举船道全长644.3米，上游引航道浮排结构长100米。闸室为直运式钢筋混凝土建筑，可容长35米、宽8.5米、吃水1.7米的载重驳轮1艘。

船道工程于1959年3月动工。施工中，地方林业部门又要求在电站下游修建过坝铁路支线，回旋爬坡上升至水库岸边码头，货运和竹木材在码头装车外运。这一要求经主管部门同意，举船道工程于1962年3月停建。期间共完成土石方9.76万米^3，浇筑混凝土4.93万米^3。

(二) 过坝铁路、码头、公路

过坝铁路位于新安江右岸，全长7.79千米。有隧洞7座，总长2758米；桥涵16座。线路盘山穿洞绕行，机车牵引定位450吨，设计年运输量45万吨。1959年12月动工，1962年3月停建，1964年5月复建，1975年全线建成通车，移交铁路部门运营，总投资1861万元。

过坝铁路码头高程为107.5米，占地面积2万余米^2，建筑面积1万多米^2，包括煤炭、木材、矿石、粮食、百货、食品、土特产等10个货运码头和1个客运码头，并配有运输装卸设备，年吞吐能力60万吨。1970年5月动工，1975年建成，总投资190万元。

过坝公路起于白沙大桥右岸桥墩，至水库码头止。线路等级4级，全长16千米，1972年建成，移交地方交通部门管理。全线投资228.78万元。

八、水库与移民

(一) 水库

新安江水库具多年调节性能，正常高水位108米，最大库容216.26亿米^3，年调节库容为34.6亿米^3。水库面积580千米^2，涉及浙江省建德、淳安县及安徽省歙县，占3县总面积的15.6%。水库为山谷形，呈分支状态，长150余千米，最宽处约10千米，回水抵歙县深渡。库内有大小岛屿1078个，纵横港汊百余条。

水库土地征用界线以坝前水位108米时的2年一遇洪水回水线为标准。淹没山地、林地371米^2，成材林木6万米^3。淹没区损失粮食年产量1956年计算为6.19万吨。淹没乡（镇）60个、自然村1510余个，其中县城2座（贺城、狮城）、建制镇4个（茶园、港口、威坪、深渡）。淹没春秋战国时代文化遗址7处，古墓葬5处共768座（商辂、方逢辰、方储名人墓葬3座），石牌坊265座，古塔1座。

水库的清理工作在蓄水前由地方党委统一领导，采用专业队伍与群众突击相结合的办法进行。1959年8月底，全库区80米高程以下清理基本完成。水库蓄水后水位上升较快，80米高程以上，淹没线以下仅拆除较好房屋。全库区共拆运旧木料6900米^3，废旧物资1.5万吨，深埋垃圾污物3万多吨。

（二）移民

水库移民线标准，采用坝前水位108.4米时的10年一遇洪水位。

1957年8月，浙江省人民委员会成立新安江移民安置工作委员会，省长沙文汉任主任。同年10月，浙江省人民委员会提出“分散插队，继续从事农业生产为主，转入工业、手工业、交通运输业为辅，并照顾其原有职业、生产习惯，适当安置”的移民安置方针。

移民工作始于1955年11月。淳安、遂安两县先后试办农林牧高级生产合作社，组织1322人上山垦荒。到1958年3月底，淳安、建德两县库区51.2米高程以下的移民3875户1.65万人全部迁移结束，基本上达到“迁移顺利，安置满意”。

1958年4月始，移民工作出现“大呼隆”突击迁移的过急倾向。外迁移民一律简装，一把锄头一个铺盖，男女老少按团、营、连、排、班编制徒步大行军。据统计，徒步搬迁的移民达4.2万余人。至1960年底，库区70米高程以下移民全部迁移完毕，累计外迁3.99万户16.33万人。此后，出现部分移民倒流。至1962年底，共有倒流移民7000余人。

此后数年，水库水位较低，待迁及倒流移民误认水位不再上升，迁移工作进展缓慢。1966年4月，新安江流域连降暴雨，坝前水位一度升到103.08米，为蓄水以来最高水位。待迁移民4100户1.93万人被迫逃洪。7月，新安江库区再次普降暴雨，坝前水位持续上升到103.88米，浙江省人民委员会报经水利电力部同意，首次开闸泄洪，历时114小时，下泄流量1580米^3/秒，总泄洪量53705万米^3，库区待迁移民转危为安。国家拨出经费50万元、木材400米^3，对受淹群众的生产、生活做了安排。至1971年春，共计外迁移民1.67万户8.64万人。其中新迁移民1.76万人，重迁移民6.87万人。1973年底，水库103米高程以下的移民动迁工作基本结束。

1981年秋，根据电力工业部指示，华东电业管理局、华东勘测设计院会同浙、皖两省有关部门组成联合调查组，对水库历年移民情况进行调查、核实。截至1981年移民情况见表2-2-7。

表 2-2-7 联合调查组核实移民情况 单位：人

省 县	应 迁	已 迁	待 迁
浙 江	251144	245914	5230
安 徽	31985	28323	3662
总 计	283129	274237	8892

又据新编《建德县志》、《淳安县志》、《歙县新安江水库移民安置发展史（初稿）》记载，已迁移民数为：建德县 3968 人，淳安县 289951，歙县 30569 人。

国家对新安江水库移民财产实行经济补偿政策。据《新安江水电站竣工决算报告》，水库移民迁移费用总数为 17180.03 万元（浙江 15969.4 万元，安徽 1210.63 万元）。自 1974 年 1 月至 1984 年 3 月，为解决库区移民遗留问题，国家计划委员会和电力部门又先后 4 次拨款 5094.8 万元。1984 年 12 月，国务院批复，从 1985 年起，分 5 年拨给淳安县移民经费 5000 万元、歙县 2010 万元，用于解决库区移民安置、库区交通建设和发展生产。

九、投资与效益

新安江水电站是一个规模宏大的工程。电站初期概算投资 4.688 亿元，单位造价（按装机 58 万千瓦计算）808.3 元/千瓦，实际投资完成 4.57 亿元，单位造价（按实际装机 66.25 万千瓦计算）689.8 元/千瓦，分别比初设节约 2.5%和 14.6%。

新安江水电站以发电为主，兼有防洪、灌溉、航运、水产、供水、旅游等综合利用经济效益和社会效益。

发电 1960～1994 年 35 年间，电站发电 521.09 亿千瓦·时（累计产值 34.41 亿元），年平均发电 15.26 亿千瓦·时（不含 1960 年），有力地促进了华东供电地区工农业生产的发展。替代火电，可节约燃煤 2500 万吨。尤其是电站具有较大装机容量，担负华东电网主要的调峰、调频和事故备用任务，对保证华东电网的稳定、提高供电质量、降低系统运行费用，起到显著作用。

防洪 新安江水库容积达 216.26 亿米^3，具有多年调节能力，可以把万年一遇的洪水流量由 2.7 万米^3/秒削减到 1.03 万米^3/秒，有效地减轻或免除下游建德、桐庐、富阳等城镇和 30 万亩农田的洪水灾害。

航运 新安江建坝前一般只能航行 15 吨以下木帆船。水库形成后，从电站至安徽深渡 110 千米间，变成浩渺平湖，航道得到彻底改善。水库区以淳安县城千岛湖镇为中心，航道四通八达，辟有 54 条航线，航运事业蓬勃发展。

供水和灌溉 电站建成后，电力排灌迅猛发展，下游受益耕地达 110 多万亩。在电站建成前，杭州市年平均饮用咸水 49 天，经济损失 3000 万元以上。电站建成后，由于蓄水发电调节，以及加大泄流量，顶潮冲淡，基本保证了杭州市生产和生活用水水质。

水产 水库面积大，库湾多，林木繁茂，大量野果、草籽随径流带入水库，成为鱼类的丰富饲料，宜于鱼类繁殖生长。养鱼水面达 60.6 万亩，成为浙江省四大淡水鱼基地之一，1988 年捕鱼 3900 吨，产品远销 10 多个国家和地区。

旅游　水库方圆580千米^2，面积相当于108个杭州西湖，库容量相当于3000余个杭州西湖。在正常高水位108米时有大小岛屿1078个，故又名千岛湖。湖水碧澄晶莹，透明度达7米，污染物质少，属国家一级水质。湖中有山，山中有湖，湖光山色，融为一体，人文景观和自然景观相映生辉，成为闻名遐迩的风景区，被国家列为全国44个重点风景区之一。并成为国家皮划艇运动项目训练基地。建德、淳安、歙县的观光旅游事业得到蓬勃发展。

十、电站扩容

新安江电站扩容改造工程由工程局承担，1999年4月20日开工，7月安装队伍进点作业，9月16日定子吊装就位，2000年4月5日机组充水启动一次成功。2005年1月8日竣工，扩容后为83.5万千瓦，比改造前增加17.5万千瓦。

《1949～1983中国水力发电年鉴》称："新安江水电站在我国已建水电工程中是投资少、速度快、质量好、效益大的一项工程。1978年获全国科学大会的科技成果奖。它的建成，反映了50年代水电建设事业发展的水平，并在科研、设计、施工等方面为我国水电事业的发展积累了经验"。

第二节　黄坛口水电站

一、概况

黄坛口水电站位于衢县黄坛口镇上游峡谷，系乌溪江流域的二级电站。乌溪江发源于浙闽交界的仙霞岭山脉大福罗峰东北麓，自南而北，流经浙江省龙泉、遂昌，至衢县注入衢江。全长159.02千米，流域面积2578.37千米^2（黄坛口坝址以上河长142千米，流域面积2484千米^2）。气候属亚热带季风区，年平均降水量1770毫米，径流量24.67亿米^3。地形南高北低，山陡流急，落差约200米，地质以流纹岩和花岗岩为主。

乌溪江富蕴水力资源。1930年（民国19年）与抗日战争胜利后，全国资源委员会所属水力发电勘测总队和钱塘江水力发电勘测处分别对乌溪江做了初步查勘，1949年4月完成黄坛口电站水库和坝址测量工作。1951年5月，华东地方工业会议决定在乌溪江上建设黄坛口水电站。10月，电站工程正式动工，1958年5月建成发电。近7年期间，因故停工2次，实际施工时间4年多。共开挖土石方117万米^3，浇筑混凝土18.4万米^3，西山土坝黏土填筑15.2万米^3，块石护坡和石方填筑26.7万米^3，高压灌浆4386米，固结灌浆6856米。总造价4228万元，单位造价1409元/千瓦。

黄坛口水电站为坝后引水式，最大坝高44米，坝顶长153米。地面式厂房位于大坝下游右岸，安装额定容量7500千瓦的水轮发电机4台，总装机容量3万千瓦。设计年发电量1.45亿千瓦·时。到1994年底，累计发电42.83亿千瓦·时，为新安江水电站和衢州地区的工农业生产的发展作出贡献。1995年3月由工程局承担的扩大装机工程完成，为电站增加装机容量5.2万千瓦。

黄坛口水电站是我国20世纪50年代建设的第一座自建装机容量最大的中型水电站，电站建设者后来分赴新安江、富春江、闽江以及全国一些大、中型水电站工地，参加勘测设计和施工建设，其中不少人成为技术骨干或领导者，故黄坛口水电工程有“水电建设之摇篮”的美称。由于经验不足，设计和建设过程中先后出现一些失误，这些失误成为以后水电建设的重要经验。

二、前期工程

1951年7月，钱塘江水力发电勘测处改建为浙江水力发电工程处，筹备黄坛口施工建设。同月，公私合营国华工程公司人员和设备进入工地。2个月后，工地内外交通、各类用房以及水、电和通信设施先后建成。经华东军政委员会工业部批准，同年10月1日主体工程正式动工。

电站采用分期导流方式施工。1951年10月开始在深水河道沉放木笼，在右岸搭建第一期国内尚无先例的木笼围堰。12月合龙闭气，进行坝基开挖。大坝基岩较完整，风化层不厚，开挖工作比较顺利，1952年2月开始浇筑坝体混凝土。至5月底，浇筑混凝土1.5万米^3，右坝体浇出水面。1952年9月，左岸二期围堰开工。清基时遇百吨大孤石，潜水员创水下钻孔爆破法清除障碍。12月，二期围堰合龙。1953年2月，左岸坝体开始浇筑。6月20日暴雨成灾，洪峰流量达3680米^3/秒，冲决二期围堰下游面，坝体浇筑被迫停工。

在浇筑坝体的同时，进行左、右坝坡开挖。左岸西山开挖从1952年5月开始，至7月尚未见完整岩石。到1953年2月，已挖除山石16万米^3，岩石仍呈严重破碎状。此时，判定西山系一滑坡区，开挖难以为继。此情逐级上报，引起省、部、中央的关注。根据政务院周恩来总理的批示，国家监察委员会和燃料工业部组成20余人的检查组并邀请几位苏联专家，于3月份到工地检查工程情况。检查后认定西山坝头地质复杂，决定暂停施工，补做地质勘探和水文调查工作。政务院就黄坛口工程未按基建程序盲目兴建造成损失一事发出通报。

1953年4月开始，历经7个月完成地质15项、水文10项、地形7项的勘测补课工作。查明西山老滑坡区的边界和滑床指向，并推算出坝址的设计洪峰流量为7770米^3/秒，校核洪峰流量为1.19万米^3/秒，超过原来设计采用的数据1倍多。1954年1月，燃料工业部水力发电建设总局审查通过专家提出的西山处理方案（增建1道黏土堆石坝以稳定西坝头和滑坡区，对滑坡区上部进行削坡开挖减轻荷载，弱化滑坡的滑动力），批准复工建设。

工程先行修复二期围堰，继续坝体浇筑。1954年6月，左坝体浇出水面；8月，建三期围堰。翌年2月，因用电对象不明，燃料工业部再次下令停工，施工队伍及设备转移抢建国家重点项目江西上犹水电站，6月转移完毕。

1951年10月～1955年2月施工期间，累计完成土石方开挖25万米^3，混凝土浇筑7.3万米^3（拦河坝主体及西导墙浇出水面），完成投资1264万元。

三、复工续建

1956年初，因兴建新安江水电站需要用电，电力工业部批准黄坛口水电站复工。3月21日，成立新安江水力发电工程局黄坛口工程处，电站再次续建。

工程处根据1957年底电站发电的计划部署施工。1956年4月，四期围堰开工，8月完成，随即进行西山削坡开挖和引水系统开挖。11月，恢复大坝混凝土浇筑。1957年初形成施工高峰，各项工程齐头并进，有"乌溪江畔万人忙"之誉。3月，引水系统打通，大坝浇筑、西导墙和引水工程、厂房混凝土浇筑及西山处理全面展开。

拦河坝　前期坝体浇筑混凝土7.3万米^3，复工后两年浇筑混凝土10万余米^3。按照改变后的设计施工，坝高44米，全长153米。东部28米为东导墙，有2孔非常溢洪道与东山相连接；中部105米为8孔溢洪道，堰顶高程105.5米，安设弧形闸门10扇；西部20米为西导墙，与西山相连接。溢洪道下游为护坝、消力槛，长35.5米。大坝顶有预制混凝土装配式公路桥，桥上设有10台启闭机。

西山土坝　为防止山坡滑动，将高程120米以上的山坡削成比较稳定的坡度。在堆石与山坡之间填筑黏土心墙1道，以阻止库水经破碎岩石渗漏下游，并在心墙上游顶端挖一隧洞伸入较完整的岩层，洞内黏土回填与洞外黏土心墙连接成一整体。共开挖土石方45万余米^3，填筑黏土14万余米^3，堆石22万余米^3。

进水口　在东山坝轴上游10米处，修筑钢筋混凝土构架及直井。进水口总长31米，底板高程97米，直井中设堵水定轮闸门，门前设拦污栅1道，渐变段接引水隧洞。闸门平台高程117米，与坝顶高程120米相接。

引水系统　引水隧洞长223米，内径6米，最大流量4.23米^3/秒，钢板衬砌后回填钢筋混凝土。差动式调压井井管内径6米，大井内径17米，压力管道自调压井下游壁引出，主管长10米，分4支支管通至厂房水轮机组。

厂房与变电站　厂房位于坝轴下游200米处，长59.5米、宽28米，钢筋混凝土结构。变电站在厂房下游，面积392米^2，平台高程94米，左侧为开关站，面积1945.5米^2，高程121米。厂房外尾水道宽40.68米，高程77.4米，以1∶10坡度与河床连通。正常尾水位85米，最低水位84.2米，50年一遇洪水位93.68米。

引水系统和厂房混凝土浇筑于1957年底基本结束。1958年4月20日封堵导流孔。5月1日第一台机组发电。同年6月16日，2号机组投产发电。7月8日，向新安江水电站工地送电。

3、4号机组安装始于1958年12月，分别于1959年9月、10月并网发电。至此，黄坛口水电站建成。

四、水库与移民

黄坛口水库面积6.3千米^2，库容0.86亿米^3，设计正常高水位115米。

水库区移民按百年一遇洪水回水线115.6米高程以下动迁，淹没范围涉及衢县3个乡。淹没耕地1181亩，迁移居民2752人。

移民动迁补偿费用：耕地按每亩产稻谷135～195千克计算，每百千克折价6.3元；楼房拆迁每米^{2}按5～10元补偿，平房及草房每米^{2}补偿13～15元。总计支付移民费33.9万元。

1961年，电站弧形闸门加高1米，正常水位提高至116米，增加库容620万米^3，征地75.95亩。以赔偿2年产量计，折谷40.39吨，每百千克以15元计。

五、补强加固

黄坛口水电站库容量小，每逢汛期频频开闸溢洪。上游湖南镇水电站大坝截流之前，黄坛口水电站年平均泄洪约40次。1962年7月最大一次泄洪3380米^3/秒，接近设计极限。为此，需作补强加固。

补强工程项目有东二孔非常溢洪道阻水坎、护坝加强、西山黏土斜墙加高等16项。以护坝为主，其工程量占补强工程总概算的84%。工程局于1963年11月调集湖南镇、青田两工程处大部分人员组成黄坛口水电工程处进点施工，高峰时职工有1.3万人左右。1965年5月补强工程结束，完成土石方开挖2.54万米^3，凿除坝体混凝土4400米^3，浇筑混凝土2.13万米^3，喷浆300米^2。

补强加固工程施工期间，电站照常运行。

六、扩机工程

上游湖南镇水电站发电后，常年流量约250米^3/秒，过机流量仅约160米^3/秒，丰水季节还被迫开闸泄水。水电专家建议装机扩容，以充分利用水能资源。

1992年6月，浙江省电力局、浙江省水电建设公司决定扩容5.2万千瓦，工程交由工程局承建。7月，工程局成立黄坛口扩机项目经理部进点施工。水电站扩建机组由进水口大坝东1、2号泄水闸门拆除改建而成，直径5.8米、长约140米的引水压力钢管与水轮机蜗壳相接。新厂房位于老厂房与大坝之间，长58.5米、宽19.4米、高39.8米，内装2台2.6万千瓦水轮发电机组。新建的中央控制楼集中自动联网控制新老厂房机组。开关站在原址重建。1995年3月，第二台机组交付发电，扩容工程完成。

(一) 土建工程

基坑围堰，用黄土草心墙、上下游戗渣、表层铅丝笼填石护面。堰顶高程86.05米(比电站尾水位高0.5米)，底层沙砾层进行帷幕灌浆。1992年10月围堰筑成。

开挖作业地段距离厂房仅10米，附近为调压井和开关站，顶上为110千伏高压线路，爆破难度大。经过多种方案比较，采取预裂爆破和梯段爆破法，精心设计出接力式孔间微差控制爆破网络，控制飞石。并从参加过新安江、富春江、紧水滩电站施工的老炮工中挑选富有经验者，在专业技术人员指导下进行爆破作业。8次爆破都没有跳炮瞎炮，周围建筑物安然无恙。6个月时间挖除石方6万米^3，开挖高差51米。《水力发电》杂志称之“是目前控制爆破网络设计的典范”。

厂房基础第一块混凝土浇筑开始于1993年4月底。在洪水到来之前浇好厂房底板一层。1994年6月完成5号机组发电机层浇筑。扩建工程共浇筑混凝土4.05万米^3。

2号进水口和1、2号压力钢管外包混凝土浇筑，采用罗泰克（ROTEC）布料机施工，浇筑混凝土6215.4米^3。进水口底板及门槽的二期混凝土，采用高强、防裂、耐冲刷的钢纤维混凝土新材料，共用钢纤维混凝土143.2米^3。

在拆除大坝东1、2号两扇弧形闸门改建进水口的施工中，施工人员把电厂为检修弧形闸门而设置的浮动闸门用来挡水，调节浮动闸门内活水仓水位，使其在水库水位变幅升降1米时仍能稳定不移。1994年4月，工作闸门下闸，浮动闸门撤离，进水口施工结束。

(二) 机电安装工程

机电安装和金属结构制作安装由工程局机电安装公司承担。

金属结构中的拦污栅及门槽、快速事故闸门、尾水闸门等均在工程局金属结构厂内制作，压力钢管在工地现场制作。1992 年 11 月进场筹划，1995 年 2 月底全部制作、安装完毕。

2 台水轮发电机组由富春江水工设备制造总厂制造。水轮机型号为 HL（820）- LJ - 360，总重 247 吨；发电机型号 SF26 - 52/76，额定容量 2.6 万千瓦、30588 千伏安，额定电压 10.5 千伏，总重 365 吨。5 号机安装工作从 1993 年 5 月配合土建工程开始进行，1994 年 1 月座环安装结束，11 月总装结束。此外，辅助系统的油系统、高压气系统、低压气系统、供排水系统亦安装结束，正式进行分部试运转。

1994 年 3 月开始安装 6 号机座环，至 1995 年 3 月总装结束，比 5 号机安装缩短 6 个多月。

电气部分采用二机一变的扩大单元接线方式。2 台机同时配有双微机电流调速器和油压装置，并配有过速限制器。主厂房装有 1 台桥机，跨距 16 米。

5 号机于 1994 年 12 月 19 日开始 72 小时试运行，连续满负荷 96 小时至 12 月 25 日结束，移交电厂。6 号机于 1995 年 3 月 23 日第一次充水，至 3 月 30 日试运行结束。

（三）质量和效益

黄坛口水电站扩容工程启动委员会在《会议纪要》中称：“会议一致认为黄坛口水电站扩容工程达到设计要求，在保证工程质量的前提下，5、6 号机组分别按合理工期提前 6 个月零 9 天和 6 个月零 2 天完成建设任务。1995 年经历了相当于 20 年一遇洪水的考验，较好地发挥了工程的经济效益和社会效益。”

1991 年批准黄坛口水电站扩容概算总价为 6850 万元，1994 年调整为 1.2 亿元。扩容的单位造价为每千瓦 2361 元，造价低于兴建同类电站一半，且无征地、移民之累。

黄坛口水电站扩容工程的成功及其经验，引起电力建设界的注目。《水力发电》1995 年第 4 期，详细介绍了扩容工程的管理、施工和新技术新工艺的采用等方面的经验。1995 年 2 月 24 日，电力工业部副部长汪恕诚祝贺黄坛口水电站扩机增容取得成功并题词：随着我国水电设计科技制造水平的提高，以及电力负荷市场的变化，对老电站有计划地进行技术更新、扩机增容十分必要，应作为发展我国水电建设的一项重要工作来抓。

第三节　富春江水电站

一、概况

富春江水电站位于钱塘江中游富春江七里泷峡谷段的出口处，距上游新安江水电站约 60 千米，下游距杭州市约 110 千米。控制流域面积 31645 千米^2，占钱塘江流域总面积的 64.75%。流域内年平均降水量 1659 毫米，坝址多年平均流量 1000 米^3/秒，多年平均径流量 316 亿米^3，多年平均固体径流总量 871 万余吨。一年四季多为碧水清流。

富春江水力资源的开发始于 1946 年（民国 35 年）。是年，国民政府资源委员会全国水力发电工程总处设立钱塘江水力发电勘测处，对富春江坝址及库区进行地形测量、地质勘探。1947 年（民国 36 年），浙江省银行经济研究室发表《钱塘江流域水力发电计划述要》，其中富春江水电站计划装机容量 6 万千瓦。中华人民共和国成立后，电力工业部上海水力发电勘测设计院于1956～1958年3月进行流域勘测和调查，编制出七里泷水电工程技术经济调查各项专题报告，1958年7月编制出《七里泷水电站初步设计要点报告》。同月，浙江省人民委员会批准七里泷水电工程作为省的大型基本建设项目列入当年计划，成立浙江省富春江水力发电工程局，于8月动工兴建。1961年6月，即将完工的二期围堰被洪水冲毁。1962年春，中共浙江省委决定电站停工缓建。同年8月，工程由省建项目划归部管建设项目。1965年9月，国家计划委员会、国家基本建设委员会、水利电力部批准七里泷水电站提前复工。工程局受命于同年10月恢复施工。电站复工建设计划1970年第1台机组发电。工程党委于1966年春召开党委扩大会议，组织大讨论，作出力争提前2年在1968年发电的决策。工程局职工经过3年奋战，于1968年9月完成溢流坝混凝土浇筑，12月上旬安装结束第1台水轮发电机组，12月13日下闸蓄水，12月25日第1台机组（1号机）发电。1976年12月，第5台（4号机）机组投产。至此，电站5台机组全部装齐投入运行。

电站自左至右枢组建筑物布置有发电厂房、鱼梯、溢流坝、船闸以及左右两岸的灌溉渠渠首。设计水轮发电机组单机容量5万千瓦，共6台机组，合计30万千瓦。后因机组变化，完建时共装机5台，计29.72万千瓦。船闸为100吨级，通航标准为2年一遇洪水流量1.05万米^3/秒。

二、初期工程

1958年富春江水电站开工至1961年6月，一期围堰基坑完成基础处理，浇筑了厂房部分建筑物；溢流坝1、2号坝段浇到负2米高程，1坝段护坦浇筑完毕；左岸坝头接头部分已完成，右岸坝头开挖及左、右岸上坝公路开挖基本结束；鱼道浇筑大部分完成。厂房装配间及1、2号机组钢筋混凝土蜗壳基本结束，3号机组蜗壳右边墙浇到1.35米高程；4、5号机组及右装配间浇到1.95米高程；进水口闸墩、进水口平台及尾水管、尾水闸墩施工完毕，并完成1、2号机组的预埋件埋设。共完成土石方开挖152万米^3，占工程全部开挖量的61%；浇筑混凝土35.3万米^3，占工程全部浇筑量的50%。

电站复工后，工程局和上海勘测设计院对初期工程的质量进行检查复核，发现厂房有8处混凝土强度达不到设计要求。为保证工程质量，对混凝土强度不足部位进行钻孔灌浆补强。初期工程补强加固工作于1966年8月底前陆续完工。

三、导流工程

电站导流工程初步设计做两期围堰。一期围护左河床厂房、鱼道基坑，于1960年建成厂房及鱼道后拆除。二期围护右河床大坝、船闸基坑。设计利用二期围堰挡水发电，挡水标准6000米^3/秒，上游段选用竹笼围堰，挡水高程17.5米，下游为木笼心墙戗石围堰，挡水高程10.6米。二期围堰于1961年6月被洪水冲毁。

复工后，吸取初期工程教训，决定在右河床原二期围堰范围内分期导流，建二期、三期围堰。

（一）二期围堰

二期围堰围护1～8坝段，占河床总宽25%。围堰按5%频率流量1.02万米^3/秒设计。左侧利用已建的鱼道，右侧顺游主堰及上、下游横向段总长543米。上游围堰与鱼道连接的圆弧段，堰体为混凝土面板竹笼结构及砌石体加高。上游横向段建在堆石渣体及砂卵石层上，堰顶高程 15.7 米。顺游围堰建在基岩上，堰体下部为木笼填石，上部为预制钢筋混凝土梁迭组框格填石。下游横向段为土石混合结构，堰顶高程 13.7 米。

按照提前 2 年在 1968 年发电的要求，二期围堰必须改变枯水期施工的常规，从原计划 1966 年 8 月 1 日（洪水期过后）动工，提前到在春季洪水期内作业。工程局领导于 1966 年初多次主持围堰施工方案论证会议，寻求洪水期修筑围堰的施工方法。潜水员出身的调度室主任姚新根，观察到江面两次洪峰之间有一段流量较小流速较慢的间隙期，设想利用间隙期搞围堰。经多次探索，提出首先在江心沉放转角木笼的建议：沉放转角木笼以后，木笼下游将有约 100 米^2 的回流区，潜水员可在回流区内正常作业，木笼也给水面施工人员提供正确方位。凭借转角木笼，顺游围堰可在洪水期内连续施工。工程党委书记陈赞把沉放转角木笼定名为“攻占江心桥头堡”。

同年 3 月，起重队解决了木笼在滑道上下放、江心翻身、急流浮运等技术问题，是月 31 日把长宽各 12 米、高 10.5 米，自重 98 吨的 1 号转角木笼沉放就位，跨出国内首例在洪水期进行围堰施工的第一步。

二期围堰工程全面展开以后，木材供应短缺，制约施工进度。工程师史国煌、季为人等技术干部设计出比一般木笼节约木材 30%～35%的鸟笼式木笼，技术处提出水面以上用钢筋混凝土预制件代替木料搭建木笼。围堰工程进展顺利。

混凝土截水墙建筑是二期围堰工程的关键项目，1966 年 5 月开工，投入 9 台钻机。到 9 月中旬，完成 6 个槽孔 1443 米造孔任务，建成 1 道长 84 米、宽 90 厘米、深 14 米的防渗墙。

1966 年 9 月 30 日，二期围堰闭气，同日开始排水，使 3～8 坝段基础处理比计划提前 75 天。

（二）三期围堰

三期围堰围护右岸 9～16 坝段和船闸。堰体结构：上游横向段采用填石木笼形式，混凝土盖面保护；下游横向段采用土石形式，混凝土盖面保护，并采用水泥、水玻璃限量灌浆的覆盖层防渗措施；纵向利用已浇出水面的 8 号坝体。围堰总体积 20 多万米^3。

三期围堰 1967 年初动工。上游横向段先沉放两端木笼，枯水期时在中间合龙。下游横向段基础有大量砂石覆盖层，水下清基工作量大。现场指挥采纳技术人员建议，拆除采砂船链斗装上虹吸管，10 昼夜完成水下清基作业，然后筑砂石料黄土心墙围堰。同年 9 月底，三期围堰合龙闭气，10 月 1 日排干积水交出基坑开挖工作面，比计划提前 440 天。

四、基础工程

坝址地质构造为下岩乌龙山北东向的倒转背斜，属于构造运动强烈的扬子——钱塘褶皱带，断层和裂隙发育。大坝基础为单一流纹斑岩，岩石风化情况复杂，在水流长期冲刷等影响下，大部分基岩沿裂隙浅度风化、半风化，局部强烈风化。

溢流坝基础处理，设计审定为挖除强烈风化岩和半风化岩，利用沿裂隙风化石作大坝基础。施工时，一般地段（6～16 坝段）按坝体稳定、帷幕厚度及下游冲刷影响防护要求，采取坝踵坝趾挖齿槽方式。特殊地段（3～5 坝段）挖除全风化岩石，结合结构处理辅以固结灌浆，利用强烈风化岩石及半风化岩石作坝基。断层破碎地区设防沉板。使3～8坝段石方开挖量从原设计的2.28万米^{3}减到7490米^3，减少67.15%。9～16段和船闸基础岩石比较完整，风化较浅，石方开挖量从原设计的20万米^{3}减到10.7万米^3，减少46.5%。

(一) 基础开挖

1966年10月1日，3～8坝段坝基开挖正式动工。现场设机械维修站和汽车维修站。挖土机司机吴德范，创1米^{3}挖土机台班挖渣1001斗高产纪录，带动修理工、风钻工、推土机司机、炮工开展"一条龙竞赛"，进度加快。同月25日完成8坝段基础开挖，创造同月下基坑同月开始大坝混凝土浇筑的高速纪录。此后，相继完成7、6、3坝段基础处理，12月9日交出4、5坝段工作面，二期围堰内基础开挖结束。

9至16坝段基础开挖自1967年9月～1968年1月结束，因基础岩石比较好，从河床面算，9～15坝段仅挖深4～7.4米，16坝段挖深11.5米。

船闸(包括下游左侧导航墙上端31米一段基础及船闸段灌溉渠)基础开挖，从1966年1月开始，次年12月基本结束。基础岩性为单一流纹斑岩，绝大部分岩石裸露，风化较浅，断裂情况较少，最低开挖高程为负4米。

3～16坝段、船闸开挖工程量见表2-2-8。

表2-2-8　　3～16坝段、船闸开挖工程量　　单位：万米^3

部　位	开挖工程量	其　中			
		土　方	石　方	覆盖层	混凝土爆破
3～8坝段	7.06	—	1.40	5.53	0.13
9～16坝段	6.09	1.51	4.58	—	—
船　闸	13.12	—	11.54	1.58	—
合　计	26.27	1.51	17.52	7.11	0.13

(二) 钻孔灌浆

固结灌浆　溢流坝基础固结灌浆于1959年11月开始，1969年2月结束。共钻孔2165个，总孔深1.88万米，灌浆总长度1.15米，灌入水泥533.95吨。厂房5号机组，右装配间及溢流坝1～5坝段基础全面进行固结灌浆，其余坝段在坝踵和坝趾以及地质有问题的部位布置灌浆孔，孔深一般为5米。施工按"放样—钻孔—孔壁冲洗—裂隙冲洗—压力试验—灌浆—封孔"顺序进行。

船闸基础固结灌浆部位为上闸首、左右闸墙及左右下闸首。风钻钻孔，孔深5米，按梅花形排列。共钻孔2776.4米，灌浆1720米，灌入水泥76.52吨。

帷幕灌浆　大坝、厂房防渗帷幕设计变更较多，最后施工的帷幕是：厂房3～5号机组，右装配间和3、4坝段基础，由两排孔组成约2米左右的帷幕；其他区段均为单排孔，形成约1.5米左右帷幕。钻孔519个，总孔深1.27万米，灌浆长度8339.21米，灌入水泥247.24吨。灌浆分三序渐次加密，钻孔控制标准每10米偏斜不超过1度。帷幕灌浆始于1959年11月，电站蓄水前基本完成。

船闸帷幕灌浆单排布置，孔距2米，孔深钻入基岩15米，形成1.5～2米帷幕。共钻孔902.13米，灌浆773.54米，耗水泥5.31吨。

排水幕钻孔　电站基础设两道排水幕，以降低坝基扬压力。第一道排水幕紧靠防渗帷幕下游1米，钻孔178个。第二道排水幕在坝体排水廊道内，钻孔89个。两道排水幕孔深4837.17米，其中基岩层3347.68米。1967年10月开始施工，1969年7月结束。

船闸基础排水孔设于上闸首排水廊道和灌浆廊道，钻孔15个，孔距3米，孔深钻入基岩10.5米。

（三）断层处理

大坝4坝段右上角至6坝段左下角有F24断层穿过。断层宽1～2米，充填有1～3厘米黏土，倾向左岸偏下游。断层右侧岩石较完整，左侧较破碎。在4、5坝段下游还有1条与F24相交的F6断层。两条断层影响带横跨4、5坝段。施工时，开挖30米左右深槽，槽内设钢筋混凝土防沉板（即基础梁），梁高6米，下部3米嵌入断层槽内，上部3米突入坝体，断层槽下增设加强固结灌浆。基础梁在上游块底层配置钢筋，上游块上层和下游上下层不设钢筋。据观测资料分析，基础梁受力以温度应力为主，温升受压力，温降受拉力，钢筋应力折合混凝土拉应力为5千克/厘米^{2}左右，与设计基本一致。

五、主体工程

（一）溢流坝浇筑

溢流坝为混凝土实体重力坝，最大坝高47.7米，一般坝高38.2米，坝顶桥高程32.2米，坝长287.3米（包括右边墩为290米）。共有17个溢流孔，溢流段长238米，弧形闸门挡水，坝顶设宽7.5米的公路桥。坝体内部有帷幕灌浆廊道、排水廊道各1道，并在部分坝段设纵向交通廊道、安全通道，并有水泵房、集水井等设施。共浇混凝土16.6万米^3。

1966年10月，8坝段开始浇筑。计划使用缆索起重机吊运混凝土，经1年多努力，缆机未能落实。采取掏空两只木笼各一个隔弄中的块石，在隔弄中从基岩浇混凝土至堰顶，形成两道混凝土墙，然后在墙上铺设钢轨，安装门式起重机。混凝土由机船拖运至围堰，门机吊运入仓浇筑。

9～16坝段混凝土浇筑自1967年11月开始。因1～8坝段已浇到溢流堰顶，机关车混凝土运输线被截断，混凝土罐要由几台门式起重机中转吊运，中间环节多，限制施工进度。技术员陈彭施设计在1～8坝段闸墩后侧安装钢“牛腿”，上架工字钢，铺设钢轨，开辟一条悬空机关车混凝土运输线。1968年3月，9～16坝段浇到溢流面顶，比计划进度提前2年。

大坝施工中的技术实验：

溢流面人工抹面　根据溢流面坡度较缓的特点，组织混凝土人工抹面试验，在取得抹面混凝土物理力学性能基本满足设计要求的数据以后，工程局决定溢流面采用人工抹面的施工方法。16个坝段溢流面人工抹面后检测，表面凹凸度0.3厘米，曲线与设计线偏差正负2.0厘米，表面平整度各方向不大于2%。形体误差实测资料及强度试验资料成果表明，溢流面采用人工抹面是简易的施工工艺，质量是好的。电站建成后多年运行实践也证明溢流面符合设计和运行要求。

廊道取消配筋 坝内有两条廊道，横穿17个坝段。上游侧为灌浆廊道，下游侧为排水廊道，断面呈马蹄形，高3.1米，宽2.2米，结构计算在顶拱及底板部位有4千克力/厘米^2（1千克力=9.8牛）左右拉应力，设计配有钢筋。浇捣大队工人、技术人员、领导三结合小组认为廊道宽度不大，两侧垂直，没有必要配置钢筋，建议取消。工程局召开有设计人员参加的研讨会，逐步修改设计。为验证建议的合理性，在两条廊道中作对比性试验，有全断面配筋、拱顶及底板部位配筋及不配筋3种类型。在14坝段中心线两侧的配筋段、不配筋段和拱顶对称位置，埋设8组共16只应变仪，观测应力变化及配筋的作用。根据观测资料分析，大坝廊道应力以温度应力为控制。比较廊道配筋段和不配筋段发现，配筋段混凝土入仓温度高，不配筋段混凝土入仓温度低，配筋段裂缝多于不配筋段。

（二）船闸浇筑

船闸布置在枢纽右岸，上闸首位于坝轴线上，与溢流坝相接。船闸为单线单级，其组成有上闸首、下闸首、闸室、闸墙、输水排水廊道、上下游引航道及相应的闸门和操作系统。

船闸按100吨标准船队设计，主要结构尺寸则按满足通过300吨单船要求确定。闸室有效长度102米，口门宽度12.4米，闸室宽度向右侧单向拓宽2米，总宽14.4米，与坝顶桥齐平。

上游引航道左侧导航墙长35米。右侧导航墙为码头，长257.7米，混凝土重力结构。下游左导航墙长144米，接左下闸首。船闸共浇混凝土8.06万米^3。从1968年5月开始浇筑，1969年11月基本完成。1970年5月1日船闸临时通航。

（三）护坡浇筑

电站采用面流消能，前期工程在坝下左岸浇筑51.4米长的直立式尾水渠挡墙，在坝下圆弧段，浇筑混凝土护坡。1961年护坡基础被严重淘刷冲毁。1967年修复，并延长至坝下385米。

右岸船闸下游75米一段，为冲积沟地段，岸坡岩石破碎，且灌渠暗管与右上坝公路在此交叉。为保护岸坡稳定，浇筑混凝土护坡。右侧导航墙下游35米处，岸坡岩石有1条裂缝，浇混凝土短墙予以加固。

六、升压站和开关站混凝土工程

升压站各主变压器室、联络变压器室均为就地浇筑的框架式结构。各变压器间浇制0.5米厚的钢筋混凝土隔墙。升压站屋面采用预制构件板梁结构。板与梁、板与板、梁与隔墙进行焊接，然后浇筑二期混凝土。升压站混凝土工程于1965年10月复工后动工，1968年发电时基本完成。

220千伏开关站分6个区段（1979年后扩大为9个区段），每个区段进、出线的构件及设备支架均为混凝土预制结构。110千伏开关站分为6个区段。1～3区段为3跨简支H形排架，4～6区段为2跨简支H形排架，均由预制A形柱与横梁组成。

开关站建筑工程于1966年6月动工，1968年12月发电时基本完成，浇筑混凝土

(不含预制构架) 1.58 万米^3。

七、安装工程

(一) 水轮发电机组

1号机组系苏联制造，水轮机本体设备1960年到货，1961年对转轮进行组合，安装时发现转轮各瓣形状不一，局部错位7毫米，中段和下段错位达10毫米以上。水轮机顶盖中段法兰组合面，缝隙达8～12毫米。发电机1968年到货，开箱检查发现下部机架中心体与支腿的组合面焊接变形，接触面只占全面积的20%～30%，最大间隙达2毫米，12个组合面的间隙均不符合技术要求。总计大的缺陷10多处，小缺陷100多项。承担1号机安装的职工，用砂轮打磨、平台研磨方法处理。1号机组安装结束后测量，定子中心与转轮室中心仍偏移2毫米。

1968年12月17日，1号机安装、调试结束。同日19时45分正式启动，机组运行时各部位摆度符合技术要求。12月25日正式发电。

2号机为上海电机厂、汽轮机厂等单位的试制产品。厂方限于加工条件，嵌线、大轴连接螺孔的铰孔、水涡轮静平衡试验等工作均在安装场地由安装工人协助完成。磁轭迭片结构设计不当，支臂悬距太大，安装队在挂磁极时作了调整。水轮机4只叶片，重量差距234千克，安装时在叶片正面补焊钢板。转轮叶片直径过大，根据厂家意见将叶片圆周割去一部分，焊上不锈钢，砂轮打磨光滑。

3号机由工程局富春江水工机械厂制造和安装。

1970年6月，工程局负责人在京参加全国电力工作会议，听取会议传达周恩来总理的指示："你们能不能自己制造水轮发电机组"。会上，工程局负责人接受制造富春江水电站3号机（6万千瓦低水头水轮发电机组）任务。

3号机组由水轮机、发电机、可控硅励磁装置3部分近10万个零部件组成，总重1550吨。修配厂0.5吨电炉难以浇铸水轮发电机组大部件，工程局决定自力更生建造5吨电炉及其配套项目铸造厂房、30吨行车。1970年7月初，设计人员、测量人员、土建工人齐集现场开始边设计、边施工。至27日，1座高度20米、跨度22米、行车行程80米的简易厂房竣工交付使用。技术员虞晃，用4个昼夜交出30吨行车的设计图。修配厂、安装处工人在10天内分别完成行车部件制作和电气配套项目。

5吨电炉制作与铸造车间建筑同步进行，修配厂工人日夜加工电炉部件。7月29日，5吨电炉安装完毕。8月1日，5吨炉开炉浇铸机组第一个大部件座环成功。

修配厂机械设备不能加工水轮发电机组的大部件，技术人员、工人自制卧式车床、立式车床、横臂钻、动力头等59台（套）土设备进行加工。电渣焊成功焊接转轮体和发电机大轴。发电机大轴长5米多，重63吨，其推力头直径3米多，技术要求大轴端面与中心线的垂直度误差在20微米以内，"三结合"攻关小组经过6天6夜调整，按技术要求完成大轴加工。1972年9月机组制造结束，历时2年3个月，闯出一条水电职工也能制造机组的成功之路。

1972年12月28日，自制的3号机组安装结束并开始运行，次年1月4日正式投产。《浙江日报》发表题为《本省自制第一台低水头6万千瓦水轮发电机组胜利发电》的消息。

2月18日，中央人民广播电台报道这一喜讯。20日，《人民日报》发布水电职工自制机组发电消息。

4、5号机组均从法国进口，按法方代表要求由工程局机电安装大队安装。因负序电流未达到17%规定值，致使发电机转子和上层盖板在机组运转时产生较大振动。

1～5号机组型号及并网发电、投产日期见表2-2-9。

表2-2-9　　1～5号机组型号及并网发电、投产日期

设备名称	型号规格	数量（台）	试运转成功日期	电厂投产日期
1号水轮发电机组	ⅡⅡ-548-Bb-800 CBH $\frac{1340}{150}$96 全伞式 57200千瓦	1	1968-12	1968-12-25
2号水轮发电机组	ZZ-005-LH-800 TS $\frac{1350}{135}$96 全伞式 60000千瓦	1	1971-12	1972-02-24
3号水轮发电机组	ZZF-721-LH-800 TS $\frac{1350}{135}$96 全伞式 60000千瓦	1	1972-12	1973-01-04
4号水轮发电机组	5M-77 RYV1171-130 特伞式60000千瓦	1	1976-12	1977-04-15
5号水轮发电机组	5M-77 RYV1171-130 特伞式60000千瓦	1	1975-12	1976-01-07

（二）升压站、开关站

1号升压站安装1、2号两台主变压器及1台1号联络变压器。2号升压站安装3、4、5号3台主变压器及1台2号联络变压器。

220千伏开关站为双母线低型布置出线开关带旁路隔离开关的接线方式，2路进线3路出线加母联开关共装设6台220千伏开关。110千伏开关站为单母线低型布置，2路进线、3路出线，共安置5台开关。

（三）泄洪闸门

拦河坝设7孔溢洪道，采用弧形钢闸门，由固定式卷扬机启闭。每扇弧形闸门高13.13米、宽14米、弧形半径16米，质量约78吨，为20世纪60年代国内最大的弧形闸门。计划委托外单位加工，多方联系未能落实。

修配厂职工请缨自行制作，建成简易厂房约1200米^2。在新安江旧料库找出安装发电机组时自制的“土天车”，改装成落地行车，吊运10吨重的钢材、钢板。为掌握弧形闸门材料16锰钢板焊接技术，5名电焊工到郑州水工机械厂学习，回厂办学习班，使多数电

焊工能焊16锰钢板，焊件检验合格。金加工班工人自制能卷宽2.6米钢板的卷板机，又把3米龙门刨床的平台加高3米，进行弧形闸门斜支腿支铰平面刨削。加工轴承座没有设备，委托外单位加工未成，车工带着材料租借上海汽轮机厂的车床加工完成。浇铸闸门轴瓦需10多吨铜材，工地缺铜，“三结合”攻关小组试验用球墨铸铁代铜浇铸轴瓦成功。试用资料记载，弧形闸门每次启闭，臂轴在数分钟内仅转动0.7转，球墨铸铁轴瓦优于铜轴瓦。

弧形闸门制作从1967年5月开始，翌年10月全部制成，制作工程量约1400吨。

弧形闸门1968年8月开始安装。当时正集中力量安装水轮发电机组和开关站、升压站的电气设备，第一扇闸门历时1个月才安装结束，进度不能满足放闸蓄水要求。铆焊工人、钻灌工人、风水电工人、起重工人组成3个安装组，增援闸门安装工程。11月15日，17扇弧形闸门及与其配套的同步启闭机全部安装完成。

（四）船闸

1968年12月水库蓄水时，船闸设备尚未到货，上游进水口系用临时措施挡水。工程局根据设计图纸自己制作各种闸门，采用卷扬机起吊，船闸于1970年5月1日临时通航。1970～1973年完成闸门的安装任务。经多年运行，各闸门操作灵活，没有漏水。

八、水库与移民

（一）淹没

富春江水库是一座日调节水库，面积56千米^2，库容4.4亿米^3。库区淹没地区多为新安江、兰江下游的丘陵平坡和冲积阶地。据统计，共计淹没耕地5.7万亩，迁移人口4.7万人。淹没工矿企业房屋10.54万米^2，公路2.8千米，电信线路457.4线对千米，文物古迹1处(严子陵祠、碑)。

1965年初，上海水电勘测设计院根据库区实际情况，对移民、征地界限和标准等作进一步分析论证，建议调整库区移民、征用土地的界限标准。此后，水利电力部和浙江省对人口迁移界限、土地征用界限，以几年一遇洪水回水位为标准，未能形成统一意见。1982年，浙江省基本建设委员会在《关于富春江水电站竣工验收中的遗留问题的情况》中称，库区移民54708人，淹没耕地35458亩、山林22万亩。

（二）堤防

建德农防　1966年底工程动工，1972年基本结束。共建堤坝19条，防护土地6478亩。在此期间，后靠移民自行筑堤围保19片，防护农田4800亩。总工程量为：筑堤91.4千米，建排涝机房18处，装机51台797千瓦，建排水主干渠道17条、长21.4千米，支渠道9.5千米。

兰溪农防　兰溪库区沿江两岸耕地连片，土质肥沃，水利条件优越。1975年10月，农防工程有计划展开。到1980年，围堤工程基本完成。共计修建堤坝长度54.7千米，建涵洞18座、桥47座，完成土石方工程量305万米^3，围护耕地4万余亩，减少移民2万余人。

梅城防护　梅城镇具有1700多年历史，为旧严州府治和原建德专署、建德县治所在地。距电站大坝26.5千米。地面标高23.5～30米，居民2.3万余人。1966年2月，工程局组建梅城御水工程指挥部负责施工。1970年4月竣工，共计完成土石方95.2万米³，征用土地189亩，拆迁房屋1.1万米²，投资1100万元。

防护工程由外堤、内渠、水泵房3部分组成。外堤大坝长2270米，一般坝高8～12米，最大坝高19.5米，坝顶宽5～6米。内堤全长618米，顶宽2.5～3米，设有减压井减低城区地下水位。内渠长1530米。在东、西湖两处，设排涝泵站，各装机7台，最大排水能力2米³/秒。此外，新建1个农田灌溉系统，渠长1040米，最大输水能力0.4米³/秒，使梅城地区农田水利条件得到适当改善。1973年，将梅城防护工程移交建德县接收管理。

（三）移民

库区移民动迁工作始于1958年，终于1970年。随着电站建设的起落，时迁时停，持续10余年。1969年1月以后，动迁工作进入高潮。浙江省成立移民转运服务站，组织驻浙三军及地方车辆百余辆、船只120多艘，日夜兼程运输库区移民。至1970年底，移民动迁安置工作基本结束。移民动迁安置情况见表2-2-10。

表2-2-10　富春江水库区移民动迁安置一览表

安置＼动迁		建德县		桐庐县		兰溪县		合计	
		户	人	户	人	户	人	户	人
浙江省	长兴县	1562	8103	—	—	—	—	1562	8103
	吴兴县	1127	5665	—	—	—	—	1127	5665
江西省	永修县	797	4233	—	—	—	—	797	4233
	武宁县	2153	11212	—	—	—	—	2153	11212
	资溪县	31	123	—	—	—	—	31	123
本县就地后靠		1558	11857	267	1220	204	1112	2029	14189
总计		7228	41193	267	1220	204	1112	7699	43525

1983年前，国家共支付富春江水库库区堤防经费和移民经费4713.6万元。1983年，水利电力部再次拨出400万元，用于解决水库移民遗留问题。

九、投资与效益

国家批准电站设计概算总投资28790万元，总造价25997万元。1982年工程局编制电站竣工决算报告，电站实际总造价24294.44万元，比概算总造价减少1702.56万元，降低6.55%。批准设计总装机容量28.6万千瓦，每千瓦造价909元，实际总装机29.72万千瓦，每千瓦造价817.44元，比概算减少91.56元，降低10.07%。

富春江水电站是一座以发电为主的工程，兼有防洪、灌溉、供水等综合利用效益。

发电　从1968年底第一台机组发电到1994年底，累计发电198.67千瓦·时，代替火电可节省标准煤953.6万吨。电站担负华东电网调峰、调频和事故备用任务，对电网系统的稳定，提高电网系统经济效益发挥了重要作用。

防洪　电站下游到杭州市的沿江两岸，约有农田20万亩，有桐庐、富阳两座县城。

电站采取洪峰到来以前发电预泄或开闸预泄的方法，使水库水位从正常高水位 23 米高程降低到 21.5 米高程，预腾库容约 1 亿米^3，用以拦蓄洪水，削减下泄洪峰流量，减少下游约 2 万亩农田的淹没损失。

灌溉　电站左右两岸均设灌溉渠道。右岸称富春南渠，引水流量 5 米^3/秒，可灌农田 5 万亩，全长 31 千米。实渠道旁边约 48 千米^2 高坡地的流水可汇入渠道，引至排涝渠注入富春江，兼有排涝作用。左岸渠道称为富春北渠，由总渠和 2 条支渠组成，可灌溉农田 5270 亩。

供水　枯水季节，钱塘江潮水经常上涌，曾直涌到七里泷钓台，沿江居民经常饮用咸水。新安江水电站建成后，情况得到改善。富春江水电站建成后，枯水期钱塘江流量由富春江水电站控制，遇潮涌加大泄流量，保证了下游临江地区和杭州市的用水质量。

此外，水产养殖、航运和旅游业也得到发展。

第四节　湖南镇水电站

一、概况

湖南镇水电站位于浙江省衢县境内，系乌溪江上的一级电站，与下游黄坛口水电站相距 25 千米。

电站施工始于 1958 年。是年 5 月水利电力部乌溪江水力发电工程局成立，从黄坛口水电工程处调集施工人员，6 月开始修建全长 31 千米通入工地的公路(翌年 5 月 1 日通车)。8 月，左岸一期围堰动工搭建，10 月合龙闭气。坝基、坝头、引水隧洞、调压井等开挖工程齐头并进。1959 年 2 月，乌溪江水力发电工程局改属浙江省电力工业厅领导，改名浙江省乌溪江水力发电工程局。4 月，工程进度放慢，施工主力调往富春江水电站工地。其时，建材紧缺，食品匮乏，留下的职工艰苦奋斗，继续进行引水隧洞和厂房基础开挖。1960～1961 年底，进行大坝浇筑。1962 年 1 月，电站停建。8 月，电站工程划为部管项目，队伍并入工程局。

1970 年 5 月，水利电力部批准水电站工程续建，工程局调集施工人员，于 8 月成立湖南镇水电工程指挥部。1972 年 1 月，工惩局进驻工地，施工人员逐渐增加，施工高峰时人数 6743 人。

因开展“文化大革命”，电站建设实际上处于瘫痪、半瘫痪状态。1977 年经过充实调整的工程局领导班子，全面整顿劳动纪律并落实中央拨乱反正的各项政策，组织开展“保蓄水”、“保发电”立功竞赛，全年浇筑大坝混凝土 16 万米^3。1978 年达到 31 万米^3。对“文化大革命”期间施工留下的缺陷作了处理。引水工程、厂房工程和机电安装工程的进度均超过年度计划。

1979 年 1 月 12 日封堵大坝导流底孔，开始蓄水。9 月 25 日，4 号水轮发电机组启动成功，9 月 30 日发电并网。1979 年 9 月 28 日、1980 年 9 月 8 日和 11 月 29 日，3、2、1 号机组相继投产发电。

水电站坝顶高程 241 米，最大坝高 129 米，是华东电网水电站最高坝。水库总容量

20.6亿米^3，有5孔坝顶溢洪道，4孔泄水底孔。厂房位于拦河坝下游5千米处，江流弯曲呈U形。地面厂房内安装4台4.25万千瓦机组，总装机容量17万千瓦。

二、勘测设计

1957年10月，上海水力发电勘测设计院接受浙江省工业厅委托，进行湖南镇水电站设计，并踏勘全流域。

水电站坝址以上河长115千米，集水面积2197千米^2。流域雨量充沛，多年平均降水天数161天，平均年降水量1725毫米，多年平均流量83.4米^3/秒。坝址处，两岸地形对称，河床宽110米左右，覆盖层薄，流纹斑岩风化普遍不深，构造断层少见。厂房基础为新鲜流纹斑岩，边坡稳定。引水隧洞沿线均为流纹斑岩，岩石坚硬闭合，岩柱间互相嵌合，充填物不多，地下水活动不烈，水量不大，系不可多得的建造水电站拦河大坝的地质条件。

1958年3月，选定坝址。6月，选定坝轴线。7月，上海水电勘测设计院编制《乌溪江湖南镇水电站工程初步设计要点》。8月，工程局接受浙江省人民委员会委托，邀集有关单位审查通过《设计要点》，采取引水式布置、双垛大头坝坝型，按一级建筑物设计，水库正常高水位237.5米高程，总库容18.1亿米^3，装机容量19.5万千瓦。8月底，水利电力部水利水电建设总局批准按此设计施工。随着电站施工、停工、复工续建，设计多次变动。1970年复工续建后的电站设计工作由工程局勘测设计院负责。

电站设计变动情况见表2-2-11。

表2-2-11　电站设计变动情况

项目 日期	坝型	坝高或正常水位	坝体结构	厂房	引水道	装机容量	上报单位和审批单位及变动原因
1958年8月	双垛大头坝	坝高104米，正常高水位237.5米高程		引水式地面厂房	进水口中心高程185米	6.5万千瓦×3，共19.5万千瓦	上海水电勘测设计院上报，工程局受省人民委员会委托组织审查通过，水电建设总局批准
1959年11月	宽缝重力坝						水泥供应时断，不利大头坝一次浇筑完成，改型后，可分期施工
1960年10月	填石混凝土腹孔坝						为节约水泥
1961年6月	宽缝重力坝	坝高132米，正常高水位235米高程	23个坝段		进水口中心高程117米	4.5万千瓦×3，共13.5万千瓦	水电部认为腹孔坝不安全，已浇3个坝段用混凝土回填

续表

项目 日期	坝型	坝高或正常水位	坝体结构	厂房	引水道	装机容量	上报单位和审批单位及变动原因
1966年7月		坝高120米，正常高水位210米高程		地下厂房		4万千瓦×3，共12万千瓦	浙江省计划经济委员会根据备战方针提出报告，水电建设总局审定坝高和装机量
1971年9月	混凝土梯形坝	坝高132米，正常高水位235米高程		地下厂房，在11、12坝段宽缝内增设小厂房		地下厂房装机4.4万千瓦×3，坝内小厂房装机1.2万千瓦×2，共15.6万千瓦	浙江省革委会认为电站隐蔽条件好，淹没少，上报高坝开发方案，并责成工程局据此上报《复工报告》
1972年2月	混凝土梯形坝	正常高水位230米高程		恢复地面厂房，不建坝后小厂房		4.25万千瓦×3，共12.75万千瓦	水电部同意高坝方案，建议大坝降低5米(实降4米)
1974年				机组高程从118米降至113.7米高程	进水口增建闸门竖井，增加可在动水下降工作闸门，增加支管1条	4.25万千瓦×4，共17万千瓦	工程局鉴于华东调峰所需，报告要求恢复初设19.5万千瓦。因原定机型已下料，批准增加4.25万千瓦机组1台
1975年			5坝段预埋一条直径5.4米钢管				工程局上报建议增建蓄能电站后，水电部通知预埋抽水蓄能电站钢管
1977年		坝高增高1米，即129米	泄洪道增加1孔，共5孔				浙江省水电局、水电部规划设计院来函要求对工程保坝加固复核，工程局上报方案，经规划设计院批准
1994年1月						扩容10万千瓦	华东勘测设计研究院对利用预埋钢管建设常规电站扩容提出报告，经批准后，由工程局施工

三、开挖工程

(一) 大坝基础

大坝基础岩石为单一上侏罗系流纹斑岩，岩性坚硬，组织致密，透水性微弱，原生节理较发育，岩体切割线呈六面柱状体。左岸坝头开挖深度25米左右，局部深度30米，右岸坝头开挖深度为6～9米，河床坝段开挖深度为6～11米。

开挖按分期导流方法进行。1958年冬，乌溪江水电工程局在一期围堰合龙排水后下基坑开挖5～8坝段的基础，到1960年3月结束，开挖石方36.89万米^3。同时完成左坝头、边坡等石方开挖23.88万米^3。总共完成61.77万米^3，占大坝基础开挖总量的87.4%。复工后的1970年底，工程局在二期围堰合龙排水后开始右岸河床9～12坝段开挖，同时交叉进行左右坝头开挖。1971年底，右岸河床开挖基本结束，共开挖4.31万米^3。左右坝头开挖至1977年结束，共开挖石方4.08万米^3。此外，边坡等开挖3705米^3。

(二) 引水道

引水道全长1330余米。1958年冬开始开挖，1960年4月，基本完成进水口明挖、隧洞和大小调压井开挖及高压管道基础开挖。计开挖石方16.95万米^3，占引水道开挖总量的74.54%。其时，施工设备简陋，一般用手风钻打眼，人工放炮，斗车装渣，人工推运。洞内粉尘弥漫，以致一批开挖工以后得了矽肺病。

电站复工后，因进水口闸门井设计形式改变和机组台数增加以及3条支管基础需要扩挖或降低高程，开挖量增加约1.99万米^3。此外，隧洞、大小调压井、进水口拦污栅排架基础修规等项目需开挖约6000米^3，清理拦污栅底坎前和隧洞施工道渣约3.3万米^3。以挖土机挖装，自卸卡车运渣出洞，或以斗车装渣、电瓶车牵引。引水道复工前后总计完成土石方开挖22.84万米^3。

(三) 厂房区建筑物基础

复工前完成主副厂房石方开挖5.27万米^3，开挖至117.5米高程，全部采用人工出渣。1976年底，厂房围堰形成后，厂房基础开挖恢复施工。分4层开挖，各层深度自上而下分别为4、3、3、1米。最后一层开挖采用浅孔松动爆破。至1978年一季度开挖全部结束，共开挖石方2.86万米^3。

升压站及110千伏开关站基础开挖始于1970年，结束于1978年，计开挖土石方1.01万米^3。基础处理按设计要求进行。

220千伏开关站基础开挖于1979年四季度开始，共完成土方开挖约1000米^3，石方开挖约5500米^3。沿江护坡挡墙基础清至岩面。

进厂公路在电站复工后施工，工程量有路面局部拓宽开挖石方1600米^3，挡墙清基4.4万米^3。

四、基础工程

(一) 断层处理

坝址区 坝址区断层破碎带共有13条，其中坝基开挖后出露的有6条，按设计要求进行开挖和处理，回填混凝土，并加强帷幕灌浆。

引水道　引水道沿线有大小14条挤压破碎带及一些较大的裂缝，宽度均不大，破碎不严重。混凝土衬砌中，在断层挖槽，槽两侧钻孔插筋，并挂设骑缝钢筋网回填混凝土。

（二）灌浆

大坝帷幕灌浆　河床坝段设帷幕3排，两坡坝段帷幕为2排或1排。钻灌施工始于1971年2月，结束于1981年，共钻基本孔727个，补充孔、检查孔137个，钻孔总深度3.04万米，灌浆深度2.34万米，耗水泥152.99吨，平均耗水泥6.54千克/米。

大坝接缝灌浆　坝体纵缝、横缝、接触缝、临时工作缝等均采取并缝措施，保证结构的整体性。从1978年到1982年，完成各种接缝灌浆3.39万米^2。

大坝固结灌浆　采用梅花形布置，在地质条件较差的破碎带，加密布孔。共布孔4555个，孔总长4.6万米。河床5～8坝段的固结灌浆于1960年前完成。河床其余坝段及两岸坡坝段的固结灌浆，从1971年2月开始，1981年基本完成。

引水道隧洞固结灌浆　采用循环式灌浆法。从1978年4月开始至1979年9月全部结束，计钻灌370环、4472个孔，总孔深2.01万米，耗水泥307.04吨。

闸门井固结灌浆　在185米高程以下钻灌44孔，总灌浆段长242.27米，耗水泥2.71吨。在185米高程至232米高程的闸门井井身共预埋灌浆管17环，钻灌110孔，灌浆段总长548.09米，耗水泥4.59吨。

大调压井固结灌浆　分底板和井身两部分进行。底板布孔3环，灌浆段长172.4米，耗水泥0.26吨。井身布孔25环，共钻灌538孔，总灌浆段长2813.29米，耗用水泥70.11吨。

小调压井固结灌浆　布孔19环，均预埋塑料管定位，灌浆段总长972.9米，耗用水泥17.09吨。

主副厂房、装配场基础和厂房后山坡固结灌浆　计钻孔350孔，灌浆段总长1898.89米，耗用水泥80.26吨。此外，厂房外集水井帷幕灌浆，总长217.35米，耗水泥3.56吨。4台机组座环与蜗壳接触部接触灌浆，共钻孔241孔，耗用水泥3.04吨。

高压管道顶拱固结灌浆　共布孔90环，计731孔，总灌浆段长1782.27米，耗用水泥100.19吨。在钢管与混凝土接触处接触灌浆，共钻孔672孔，钻灌面积241.95米^2，耗水泥6.61吨。

五、主体工程

（一）大坝浇筑

电站大坝系混凝土重力型梯形支墩坝，Ⅰ级水工建筑物。坝顶全长440米，分23个坝段，最大坝高129米，除头部外，坝体水平断面呈梯形。上游头部最大厚度19米，自头至尾逐渐缩小，尾部宽度分9、6米两种。为增强坝体侧向稳定，在坝垛设厚5米的混凝土加劲墙。

在7～12坝段设有5孔坝顶溢洪道，每孔净宽14.5米，闸墩宽5米，溢洪道总宽72.5米，溢流顶高程223米，溢洪道末端为连续式挑流鼻坎，坎顶高程181米，挑射角25度。

4个深式泄水孔设在8、9、10、11坝段，底孔底板高程160米。进口段为高压短管，长19.6米，全部用钢板衬护。闸门下游明流段为城门洞形，长58.5米，末端以25度挑射角将水流挑至下游。

5坝段180米高程预留抽水蓄能电站进水口，并预埋管径5.4米引水钢管一条，上坝电梯设置在5、6坝段宽缝内。

坝体混凝土设计浇筑量125万米^3，实际浇筑136万米^3。

1960年11月，开始浇筑5～8坝段，至1961年9月，两个导流底孔浇筑到顶，共浇混凝土8.7万米^3。电站复工后，工程局在1970年枯水期进行右岸二期围堰施工。1972年，右岸基坑9～12坝段边开挖、边浇筑，同时浇筑左岸4～8坝段。至年底，4～13坝段甲块全部浇出水面。此后因“文化大革命”对生产的干扰、破坏越演越烈，浇捣进度缓慢。直到1977年初，施工秩序恢复正常。1978年底，所有坝段浇到蓄水高程。4个泄水孔的弧形闸门也安装完成。1979年1月12日下闸封孔蓄水。

蓄水后，利用208米高程栈桥，架设226米下游门机栈桥，各坝段浇筑到顶。大坝溢流面、闸墩、导流墙也先后浇筑完成。大坝混凝土浇筑于1983年1月底全部结束。

坝体浇筑分层分缝，采取柱形块状浇筑法。混凝土的温度控制从1977年开始控制水化热温升，主要采用掺加木质素磺酸钙、糖蜜等减水剂和粉煤灰(双掺)的新技术。1978年4月至1982年8月共浇“双掺”混凝土48.9万米^3。

大坝浇筑竣工后检验，坝体混凝土强度保证率在87.7%～98.89%，平均强度均超设计标号，抗渗合格率在88%～89.98%之间，混凝土芯实际容量为2.45吨/米^3。1983年6月开始大坝泄洪试验，至7月中旬经5次泄洪，历时965小时，总泄水量2.09亿米^3，最大下泄量1160米^3/秒。7月13日，库水位上升到231.28米，超过正常高水位。设置在坝体的各项观测仪表未出现突变和异常值。1994年8月，乌溪江水力发电厂安排潜水员潜入离坝基10米的深水处作微型摄像，水下坝体图像显示，大坝坝基完好无损。

（二）*引水道衬砌*

引水道由进水口、闸门井、隧洞、大小调压井、高压管道及观测室、交通廊道和排水道等组成，全长1330米，最大引水流量222.8米^3/秒。在前期施工中，完成喇叭口及隧洞衬砌13块，浇筑混凝土2859米^3，耗用钢筋72.37吨。复工后，1970年9月开始浇筑隧洞第一块底拱混凝土，至1980年初全部完成，浇筑混凝土5.55万米^3，耗用钢筋1407.42吨。

（三）*厂房*

主厂房由4个机组段和1个装配场段组成，长75.2米、宽17米、高33.02米。其中装配场段长17米，1号机组段长14.7米，2、3号机组段各长14米，4号机组段长15.5米。

副厂房分设在主厂房与尾水闸墩防水墙之间及4号机下游端部。主厂房边的副厂房分四层：第一层有主变压器事故油池1座，透平油、事故油池1座；第二层布置厂用变压器、电压互感器、少油断路器等电气设备；第三层为电缆层；第四层设中央控制室、中控值班室、继电保护室等。端部副厂房亦分四层，各层分设高压试验室、电工试验室、油化验室、办公室、会议室和图书技术档案室等。

1978年5月，浇筑4号机组段集水井底板第一块混凝土。年底，全部机组尾水管顶板浇筑完成。1979年3月底，3、4号水轮机发电机层楼板竣工，交出机组安装工作面。

主副厂房共浇混凝土1788米^3，分244块施工。

(四) 升压站和110千伏开关站

升压站在厂房上游进厂公路内侧，主变压器室为钢筋混凝土结构，其长、宽、高分别为27.2、7.75、11.6米。下游设地下母线道，钢筋混凝土箱形结构。主变压器室后靠山坡一侧设地面母线道，建预留母线道。

110千伏开关站布置在主变压器室上游的沿江混凝土挡墙内侧，其上部布置支承电气设备的柱、墩及构架。

升压站和110千伏开关站混凝土浇筑始于1978年，1979年6月底完成，浇筑混凝土及混凝土预制件共计8683.6米^3，耗用钢筋100.58吨。

(五) 220千伏开关站

220千伏开关站建在厂房下游约200米处，地面高程126.4米，长102.44米，宽34米，分6个区段。构架下段为钢筋混凝土，上段接钢柱。开关站设继电保护室、设备检修室各1间，并布置电缆沟、排水沟、电气设备基础、搬运道及上下构架和交通走梯等。1979年4季度开始混凝土浇筑和构架安装，1980年9月结束，浇筑混凝土7009.54米^3，耗用钢筋14.75吨。

六、安装工程

(一) 金属结构制作安装

金属结构制作和安装总量为3588吨，主要由机电安装大队(后改为处)施工，一部分由机械修配厂制作。弧形闸门的大型支铰由富春江水工设备制造厂制作。引水钢管外加电流阴极保护，由南京水利科学研究所参加施工。1974年9月，开始制作泄水底孔钢板衬，1983年9月，金属结构安装完毕。安装制作中参加一、二类焊缝焊接的焊工，都经考试，合格者上岗操作。

钢管　包括引水压力钢管、泄水底孔钢板衬和预留的蓄能电站钢管。引水压力钢管全长330米，总质量1197吨。由主管经3只岔管分成4条支管通往4台机组。1977年9月底开始制作，1979年9月安装完毕。

引水压力钢管中首次采用的月牙形内加强肋形岔管，因其结构合理，外形平整，减工省料，有利于钢管与岩石的联合受力，获1978年全国科学大会设计奖。

布置在8、9、10、11坝段的4个泄水底孔其前部为压力短管，全部用钢板衬砌，采用加劲环和锚筋的钢衬结构。钢板衬长度19.6米，4条总质量230吨，共分10个管节。1974年9月开始制作，1975年1月安装结束。

闸门　共有各种闸门17扇，7种规格，总质量1124吨；门槽26套，总质量368.4吨。分别布置在引水道、大坝和蓄能电站进水口3个部位。

溢洪道弧形工作闸门5套，每套质量174吨(包括支铰)。1980年4月开始制造，1982年1月安装完毕。闸门锥形支铰10套，每套质量25吨。支铰轴承选用SF－ZC

新材料，在国内属首次。溢洪道弧形闸门及启闭机安装质量被部评为“单项优质标兵”。

泄水孔弧形闸门4套，每套32.55吨。1978年9月开始安装，1979年2月安装结束。

引水发电系统隧洞进口事故闸门(质量为66.6吨)、进水口检修闸门1套(质量为34.42吨)、泄水底孔检修闸门1扇(质量为5075吨)、尾水检修闸门2套4扇(总质量为14.80吨)，均在车间整体制造，顺利安装就位。

另为预留的蓄能电站钢管安装1套质量为23.3吨的检修闸门和1套工作闸门。

启闭机 用于各类闸门的启闭设备有14台，6种规格，总质量525吨。

引水发电系统设3道闸门。隧洞进口事故闸门启闭机，容量1×160吨，扬程10米；进口检修闸门启闭机，容量1×63吨，扬程10米，兼作进口拦污栅起吊设备；尾水闸门2台电动葫芦作启闭设备，容量每台5吨，扬程18米。分别在1979年8月、9月安装结束。

大坝泄洪系统表孔溢洪道弧形闸门启闭机，容量2×80吨，扬程20米，每套闸门配置1台。1982年1月安装结束。泄水底孔弧形闸门摆动式油压启闭设备，启门力135000千克力/(1千克力=9.8牛)，下压力85000千克力，最大行程5.38米，每套闸门配置1台。1978年10～12月安装、调试。泄水底孔事故检修闸门启闭设备为坝顶200吨门机，扬程12米，1981年9月开始铺轨，1983年12月试车。

引水隧洞进口拦污栅 为阻挡水库污物进入水轮机，在引水隧洞进水口设拦污栅1套，共12扇，分左右两排叠置，总质量63.5吨。

(二) 机组安装

电站机组安装1978年9月开始，1980年12月结束。工程局加强安装前的设备检验和安装过程中的质量控制检查，认真处理设备缺陷，安装工程达到部颁技术要求。湖南镇水电站启动委员会评定：1、2、3号3台机组“优良”，4号机组“合格”，机组安装获水利电力部1982年基建单位单项标兵奖。

3、4号机组由天津发电设备厂制造，1、2号机组由杭州发电设备厂制造。

3、4号机组同时安装。这2台机组在“文化大革命”后期1975～1976年制造，又遇邻近地区唐山大地震，机组制作粗糙，缺陷之多为国内制造业罕见。定子铁芯迭片严重错位，座环过流面高低不平，蝶形边有多处疏松、气孔、砂眼，转轮的配重方向与数量均不对，叶片上多处裂纹，叶片泄水边厚薄不均，通风槽冲片锈蚀严重。还存在推力轴承、制动器、转子等多处缺陷。

1、2号机组缺陷亦不少。定子有严重缺陷，蝴蝶阀、导水叶、调速器恢复机构等亦存在缺陷。

机电安装大队职工对所有缺陷均作认真处理，并开展“立功竞赛”，使4号机组于1979年9月30日并网投产。1、2号机组的安装进度和安装质量也达到工程局的要求。2号机组仅用8天时间完成试运行，机组甩负荷试验从开始到结束仅用29分钟，创造了甩负荷试验的最快纪录。在4台机组安装中共处理缺陷150多处。

4台水轮发电机组安装进度见表2-2-12。

表 2-2-12　　水轮发电机组安装进度

机组名称	规格	安装日期
1号机	HL009-LJ-250 TS520/182-24	1980-04～1980-12
2号机	HL009-LJ-250 TS520/182-24	1980-01～1980-09
3号机	HL200-LJ-250 TS520/182-24	1978-09～1979-09
4号机	HL200-LJ-250 TS520/182-24	1978-09～1979-09

（三）电气安装

电站4台4.25万千瓦机组和2台10万千伏·安三相三绕组变压器组成2个扩大单元接线。220千伏开关站采用双母线接线。110千伏开关站采用单母线带旁路母线接线。

一次设备　厂房和110千伏开关站安装由机电安装大队承担，隔江两基220千伏铁塔及二回路跨江线由风水电大队施工。1978年下半年进行基础埋设件的接地预埋，1980年安装完毕，电站按正式主接线方案运行。

110千伏开关站，首先安装的2号主变压器进线开关，质量较差，经多次调试达到部规要求，历时45天，于1979年9月结束。后期到货的2台油断路器和电流互感器于1980年初安装完成。母线开关和13组隔离开关质量较差，经多次调试加工处理达到技术要求。湖南镇水电站启动委员会评定：开关站整体布置美观，安装质量优良。

二次设备　电气二次安装包括发电机组、变压器、油断路器的操作保护、信号系统、发电机励磁系统、400伏厂用电系统和全厂公用电设备系统。1979年初开始设备安装，1981年底主厂房和开关站二次部分全部安装结束。1982年1月通过试运行。机组试运行日程见表2-2-13。

表 2-2-13　　机组试运行日程

机组编号	4号	3号	2号	1号
首次手动开机	1979-09-25	1979-09-28	1980-09-08	1980-11-29
首次并网	1979-09-30	1979-10-04	1980-09-12	1980-12-01
72小时试运行	1979-09-19～22	1979-10-13～16	1980-09-13～16	1980-12-03～06
交付运行	1979-10-25	1979-10-25	1980-09-17	1980-12-06

七、水库与移民

（一）淹没

湖南镇水电站库区地形陡峻，多高岭峡谷。干流和左支流（周公源支流）两岸植被良好，右支流(湖山源支流)两岸较平坦，有2000亩左右成片耕地。此外，多为山垅梯田。在干支流交会处，居民较多。其余乡民散居于山坡，人口密度318人/千米^2。

1957年冬，上海水电勘测设计院按正常高水位237.5米高程，以10年一遇洪水回水位的标准移民，以2年一遇洪水回水位的标准征地，进行全面勘测调查。以后，随着设计坝高的变动作了4次调查。1972年2月，水电部批复工程局，水库正常高水位为270米，库区移民人口按10年一遇洪水回水线(坝前水位232.6米)计算，淹没土地按2年一遇洪水回水线(坝前水位230.5米)征用。

(二) 移民

第一批动员迁移工作于1974年4月开始，动员居于库区150米高程以下的居民4206人迁离，是年底结束。第二批居于库区150米高程至190米高程之间的约1.2万人，从1976年冬开始至1977年底实际迁移5000人左右。第三批动迁工作于1978年春开始，1979年底基本结束。水库淹没和移民情况见表2-2-14。

表2-2-14 水库淹没和移民情况

县别	淹没范围(乡)	淹没耕地(亩)	移民(人)	
			外迁	后靠
遂昌	琴圩、湖山、金竹、焦滩	5213	9035	3446
衢县	岭头、举村、洋口	5697	8361	2816

两县淹没耕地合计10910亩，移民23658人，其中后靠的6262人。

库区的移民及安置工作历时7年，基本上做到进度快、国家花钱少、遗留问题少，国家、集体、个人三满意。库区移民工作，随电站工程验收一并于1983年底由国家正式验收。

(三) 库区地震

1974年11月，南京地震大队对坝区作出地震烈度为6度的鉴定。水库蓄水后，自1979年6月17日水位上升至175米时起，库区居民反映有地震。6月23日水库水位上升3米，地震次数增多。10月7日，库水位195.3米，在库水深30米的地区发生2.8级地震，震中距离坝址20多千米，烈度5度。

工程局于1980年起在库区及坝址附近设立临时地震台网进行监测。为加强地震监测，根据水电总局的指示，工程局修建半永久地震台，并在大坝安装工程强震仪2套(带控制台)，配置检震仪20台，安装调试后交付乌溪江水力发电厂。

八、投资与效益

湖南镇水电站工程建设历时22年，中间停工9年。其工程量有：开挖石方109万米^3，浇筑混凝土145.6万米^3，制作和安装金属结构3588.64吨，耗用钢材2.54万吨，动员水库移民2.37万人，淹没田地1.09万亩。电站总造价2.19万元，单位造价1291元/千瓦。

电站装机容量17万千瓦，年平均发电5.4亿千瓦·时。与下游黄坛口水电站进行梯级补偿调节后，可提高黄坛口水电站保证出力1.21万千瓦，年增加发电量0.4亿千瓦・时。

电站以发电为主，兼有防洪、灌溉、航运、供水等综合效益。水库设置防洪库容 5.5 亿米^3，可保下游城乡及浙赣铁路(衢州段)无水淹之患。1994 年 6 月 17 日，经受住实测最大洪峰 6440 米^3/秒的考验，使下游 5 万亩农田免成泽国。电站蓄水发电之后，衢州市利用乌溪江的恒流，建成东、西引水干渠，浇灌金衢盆地 30 万亩农田，并开发黄土丘陵，改善土质。

水库形成前，乌溪江暴涨暴落，通航或阻或险。水库形成后，船只可终年通航，船程 70 千米。水库区开发成风景区，吸引四方游客。

工程局建成湖南镇水电站的业绩和新安江、富春江等水电站建设成就一起，载入 1982 年出版的《中华人民共和国大事记》一书。

九、扩机工程

按原有增建蓄能电站的规划，利用 5 坝段预埋的直径 5.4 米压力钢管引水，进行扩容工程，扩机 1 台水轮发电机组、单机容量 10 万千瓦。工程于 1994 年底经浙江省计划经济委员会批准立项，由浙江省电力局投资、浙江省水电建设公司总承包并负责工程的建设管理，电力工业部华东勘测设计院设计，工程局第二工程公司施工。

扩容工程由引水系统、坝区厂房、升压开关站等组成，主要延长 1 条约 150 米、直径 5.4 米的引水压力钢管，在左岸坝下新建 1 座厂房，新增 1 座升压站，扩建原 220 千伏开关站。

(一) 施工

主体工程于 1994 年 12 月开工，1995 年 4 月石方开挖结束，开始浇筑混凝土，1996 年 4 月浇筑完毕交出机电安装工作面，11 月投产发电，历时 23 个月。

围堰　为了节省投资，顺河纵向围堰利用原大坝施工时的二期混凝土围堰，适当向下游延伸。围堰总长 89 米，高度为 125 米高程。采用现浇混凝土重力式围堰，上部采用黏土草包围堰。围堰从 1994 年 9 月开始施工，10 月完成。厂房尾水闸门下闸后，部分围堰采用控制爆破拆除。

开挖　项目有厂房后山坡撬挖、引水开挖、厂房开挖、基坑开挖、挡墙基础开挖、门机墩基开挖、围堰浇基等。由于新建厂房距大坝仅 10 多米，在进行厂房基础开挖爆破时，采用毫秒微差控制爆破，确保大坝帷幕完好无损。开挖工作始于 1994 年 12 月，1995 年 4 月结束。

厂房浇筑　厂房由主、副厂房，安装间，主变压器室组成，为坝后地面全封闭厂房。厂房内设备按无人值班自动控制方式，与已建厂房集中控制。共浇筑混凝土 1.34 万米^3。厂房工程结构复杂，工期紧，施工场地狭窄，工序相互干扰多，用门机和罗泰克传输机运输混凝土入仓。1996 年 3 月，厂房浇筑完工。

机电安装　机电安装公司于 1995 年三季度进点，10 月 16 日水轮机座环就位，12 月 19 日蜗壳及辅机安装就位。1996 年 4 月 15 日形成机组安装工作面后，机电安装公司组成 8 个专业组，责任到人，进行定期定时检查考核。7 月 5 日，63 吨重的水轮机转轮就位。此后，升压站、开关站各电气设备、管道、线路敷设相继完成，机组缺陷处理基本结束。

9月25日10万千瓦水轮发电机组开机启动，运行状态良好。接着进行远距离自动控制等设备的安装、调试、监测控制。11月1日1时33分机组完成72小时试运行，正式并网发电。

扩建工程分5个控制期：1995年4月开浇集水井，10月交出水轮发电机的座环安装工作面，12月装配间结顶，1996年4月厂房全封闭形成，10月10万千瓦发电机组72小时试运行结束。由于1995年汛期早到，5月4日至7月6日开闸泄洪17次，泄洪时间累计64天，给施工带来较大困难。第二工程公司及时抓住泄洪间隙恢复施工，并开展"为局创信誉"的劳动竞赛，把泄洪损失的时间夺回来，受到建设、设计、监理等单位的好评和奖励。土建工程、机电安装工程分别于1996年6月、1997年1月通过竣工验收，工程质量均评为"优良"。共开挖土方14.2万米^3、石方6.85万米^3，浇筑混凝土4.2万米^3，金属结构制作安装1419.64吨，固结灌浆1010米，浆砌块石440米^2，房屋建筑面积1200米^2。实际造价5721.06万元(土建)、2298.89万元(机电)。1998年1月，经鉴定考核，被评为"优良工程"。

(二) 综合效益

扩容工程利用原水库，不需修建拦河坝，不涉及征地移民，仅用21个月，增加10万千瓦的装机容量。据专家计算，建设同等规模的常规水电站工期需4年左右。造价为常规水电站的1/5，为抽水蓄能电站的1/3，为火电厂的1/2。

湖南镇水电站扩容的完成，为浙江电网增加调峰及事故备用容量。项目经济内部收益率为31.4％，高于电力工业规定内部收益率10％的标准。水量利用率从扩容前的92.2％提高到扩容后的97％。

第五节　陈村水电站

一、概况

陈村水电站位于青弋江上游安徽省泾县陈村镇，总装机容量15万千瓦，保证出力2.8万千瓦，年平均发电量3.16亿千瓦·时，年利用2110小时，是华东电网调峰骨干电站之一。1970年10月至1987年累计发电44.53亿千瓦·时，创产值2.83亿元。电站控制流域面积2800千米^2，形成总库容24.76亿米^3、相应水面面积110.3千米^{2}的多年调节水库——太平湖水库，汛期拦洪，使青弋江中下游66万亩耕地防洪标准提高到20年一遇；干旱时可利用发电尾水或放水灌溉下游农田，规划灌溉146万亩。广阔的库区为发展航运、淡水养殖和旅游事业创造条件。

电站按百年一遇洪水(洪峰流量1.06万米^3/秒)设计、千年一遇洪水(洪峰流量1.44万米^3/秒)校核。枢纽工程包括大坝、溢洪道、泄洪中孔、放水底孔、发电厂房、筏道、开关站等。其中：大坝为混凝土重力拱坝，最大坝高76.3米，坝顶宽8米、底宽53.25米，坝顶长419米。溢洪道为坝顶滑雪道式，布置于左岸8～11坝块和右岸23～25坝块，各有2孔，堰顶高程113米，采用挑流消能。泄洪中孔1座，为坝内有压钢管，设在23坝块，管道直径7米、长度36米。放水底孔1座，位于12坝块，由导流涵洞加衬而成，孔径3.5米，全长87.88米，泄量227米^3/秒。进口底坎采用部分挑流方式消能，最大工作水头63米。发电厂房为坝后式布置，位于大坝中心12～21坝块，内装3台单机容量为5万千瓦的水轮发电机组。升压站装3台主变压器，分开布置于溢洪道下方和厂房右侧。开关站设在坝后左侧，其中110千伏开关站出线5回，220千伏开关站出线1回。筏道布置在右岸28号坝块顶部，为四连杆斜面升船机械，设上、下游斜面卷扬机道、电动卷扬机、坝顶斜面转盘等，过坝能力为30吨船只或20米^{3}竹、木排，设计年输送能力27万吨。

陈村水电站由安徽省水利勘测设计院设计，1958年7月开工兴建，施工单位为安徽省建设厅陈村水库工程局。因仓促上马，施工技术力量薄弱，机械化程度低，时值国民经济3年困难时期，资金、材料、设备均不足，工程数度停缓建，1962年上半年正式列为停缓建项目。时已开挖土石方130万米^3，浇筑混凝土28万米^3，河床部分大坝上游一期断面和厂房安装间及水电管进口已完成，工程初具拦洪效能，完成投资5000万元。1968年3月，国家计划委员会批准复工续建。10月，水利电力部指定由新安江水力发电工程局(1969年12月改称“水利电力部第十二工程局”)和陈村水力发电工程局(1969年12月改称“水利电力部第十四工程局”，1978年整编为“中国人民解放军00639部队”)共同承担施工任务，以新安江水力发电工程局为主。1969年2月，新安江工程局施工队伍进场，与陈村工程局职工并肩施工。4月，水利电力部青弋江水力发电工程指挥部革命领导小组成立，统一领导陈村水电站建设。10月1日开浇主体工程混凝土。1970年7月29日电站下闸蓄水，10月1日第一台机组并网发电。1971年10月1日第二台机组投产，11月初青弋江工程指挥部革命领导小组撤销，十二局施工队伍全部撤离，未完工程由十四局施工。1972年11月，大坝浇筑到顶。1975年7月1日，第三台机组投产。1978年底大坝加高1.3米，坝顶高程达到126.3米。电站工程共开挖土石方153.48万米^3、浇筑混凝土80.11万米^3、灌浆4.12万米^3，耗用钢材1.67万吨、水泥17.9万吨、木材6.73万米^3，完成发电工程总投资1.49亿元，单位千瓦投资992元。1982年2月，电站竣工验收。

陈村水电站库区移民1958年开始迁移，1975年全部安置完毕，共迁移3.47万人，拆迁移民住房3.93万间，淹没土地4.37万亩，支出移民经费2435.71万元。1976、1977年水利电力部增拨移民经费590万元。

二、复工组织

1968年10月，水利电力部转发国家计划委员会(68)计燃字第143号文同意陈村水电站复工，指定由新安江工程局为主与陈村工程局共同承担施工任务。其时“文化大革命”正处高潮，职工队伍思想混乱，富春江水电站工程尚有大量施工任务有待完成，给抽调施工队伍进陈村带来困难。新安江工程局顾全大局，在人力物力上优先服从陈村水电站建设需要。1969年2月始，人员和设备陆续调赴陈村，高峰时达1621人。其中采砂船、机船、泥趸船从富春江经钱塘江、东海、长江、安徽芜湖进青弋江到陈村工地，随船携运推土机、卷扬机，途遇无数急浪湍流和百余处浅滩。急流处，卷扬机、推土机上岸拖船而行；遇浅滩，推土机下水推深水道，助船续行。新安江工程局大批先进的施工设备的投入，陈村水电站工地告别主要靠人工、土办法施工的历史，进入机械化施工阶段。

1969年8月，安徽省革命委员会批复同意成立“水利电力部青弋江水力发电工程指挥部革命领导小组”，领导在陈村工地的各方施工力量。革命领导小组由中国人民解放军代表2人、芜湖专区1人、新安江工程局5人(缺2人)、陈村工程局5人、安徽省水利纵队设计院1人(缺)、水利电力部上海勘测设计院1人(缺)共15人组成，徽州军分区副司令员庞克昌任组长。革命领导小组下设办事、政工、人保、生产指挥4个组，各组负责人及工作人员由两局共同配备，其中各组负责人由新安江工程局方任正职、陈村工程局方任副职。两局在陈村工地各自所属厂、队班组建制不动而实行工种归口，混凝土队、机械队、开挖队、围堰队以新安江工程局为主，木工队、修配厂以陈村工程局为主，归口工种班组的正常生产任务由所到厂队安排，原厂队派1名干部参与领导。成立两个风水电队，陈村工程局方为一队、新安江工程局方为二队。成立两个浇捣队，新安江工程局方为一队，陈村工程局方为二队。高峰期施工人数5000余人。

三、施工布置

电站枢纽地处峡谷，坝址下游3千米以内仅左岸有宽约40～100米的坡地，布置为交通道路、施工仓库、机械基地。在繁昌县城设铁路转运站，有铁路专线，配备机车头、起重机，建水泥库、建材库。繁昌至陈村工地途中2座临时便桥改建为永久性桥梁，保证公路运输畅通。

砂石料采自坝址下游河床，采用2条每小时各能采挖120米^{3}砂石的采砂船在坝址下游3～4千米河床中开采，由机船拖运泥趸船至坝址下游1千米处上岸，再用皮带机输送以及筛分堆放，配料后由自卸汽车运至混凝土拌和楼。混凝土系统，使用2座各有3台1米^{3}拌和机的拌和楼，日拌制混凝土1200～1500米^3。混凝土由翻斗车运输，龙门吊机吊运。

坝址下游3千米以下平地面积宽广，布置21个辅助企业，包括发电厂、变电所、配电站、压风机站、混凝土拌和楼、钢筋加工厂、修配厂、木材加工厂、水泵站、重型机械和工程机械修理厂、汽车运输队和修理队、起重及起重机械队、科学试验室、职工医院、职工居住区，以及各类仓库。

四、断层、裂缝处理

复工后发现坝轴线部位勘探钻孔间距较大，地质情况未完全摸清。经补孔钻探、查阅地质勘探资料，发现两岸拱脚部位岩石风化破碎，并有碎裂夹泥，层间错动面和节理发育裂隙较多，规模较大的断层有F11、F32、F31、F25等，尤其是F11和F32断层横穿9～14号坝块，并且F32断层贯穿上下游，深度达50米，对大坝稳定构成严重威胁。安徽省革命委员会召集水利电力部南京水利电力科学研究院、上海勘测设计院、十二局、十四局、青弋江水力发电工程指挥部和安徽省水利厅、电力局、电力设计院等单位会商论证处理方案，选定采用十二局所提方案进行处理：上下游钻直径1米、深50米的大口径深孔，并按三角布置，用钢筋沥青混凝土封堵，以防渗水进断层；在断层分段布置钢筋混凝土柱塞，以达传递压力至后面岩层，使断层夹层不受压缩的目的；在完成上述措施后对断层夹层作灌浆处理。

1969年以前浇筑的大坝混凝土块大部分产生“田”字形裂缝，裂缝从顶部直开到底，开度一般1～3厘米、局部7～8厘米，裂缝中泥沙、尘土充填并长满杂草；在坝中间部位坝块的底层混凝土，砂浆被大量冲刷，仅留骨料，呈“夹心饼干”状。施工中先用环氧、高强度水泥灌浆按各种配方作若干组试验，再钻孔取样进行试验、论证，最后选定高压水和风冲洗裂缝、裂缝表面以及两旁贴膏封堵、灌注高强度水泥砂浆的办法进行处理。

经以上处理，电站工程基本上符合设计要求，具备蓄水运行的条件。

五、土建施工

土建施工组织三大战役。第一战役目标在1969年10月1日开浇主工程混凝土，第二战役目标1970年8月下闸蓄水，第三战役目标1970年10月1日第一台机组并网发电。

第一战役从1969年7月开始，与开浇大坝混凝土有关的各项施工准备工作全面展开，相继完成砂石料筛分楼、混凝土拌和楼的基础浇筑、钢结构和设备安装，2千米长双轨机车道铺设，门式起重机的架设，安装砂石上料皮带机和1.5千米长输送皮带，布置净料场、毛料场。为完成大量的设备、材料运输任务，十二局分批派遣小分队赴陈村工地作短期支援，繁昌转运站昼夜不停地将大型设备、门式起重机钢梁等运至工地。仅用17天时间完成混凝土拌和楼的安装，5天时间组装成功1台自身质量为130吨的10吨门式起重机。到9月30日，砂石料系统、混凝土浇筑系统调试完毕，具备运行条件。10月1日上午，砂石料、混凝土系统全部启动，10时整开浇大坝混凝土，第一战役目标如期实现。

发电厂房部位要做围堰、开挖、浇筑混凝土，土建工程量大。全体职工开展每星期1天的人工出渣义务劳动，采用大型拼装模板立模，施工进度加快。

1970年1月，发电厂房基坑开挖基本结束，开浇1号机组基础混凝土，大坝普遍升高至100米高程。3月开浇2、3号机组基础混凝土，月底发电厂房混凝土抢浇出水面高程，达到度汛面貌要求。6月上旬和7月中旬，经历2次较大洪水考验，大坝安然度汛，主体工程混凝土浇筑正常进行。

6月上旬，工地与繁昌县城之间的横村大桥被洪水冲毁，公路交通中断。蓄水战役的大批闸门、启闭机、钢管等急需运到工地安装，职工们在水浅处推出1条临时便道，汽车涉水抢运物资。并用10天时间，完成通常需40天才能完成的大桥3跨梁架设，恢复大桥畅通。重达140余吨的底孔闸门，采取在底孔门槽内拼装闸门的办法，整体焊接后沉放。1970年7月29日，工程形象面貌达到蓄水要求，由卷扬机沉放12坝块底孔闸门获得成功，蓄水目标提前实现。

蓄水后第3天，省革命委员会下令开闸放水抗旱。其时底孔闸门未安装开启设备，并考虑到保证是年10月1日首台机组发电需足够的库水，未立即启闸放水。省革命委员会连夜下达第二道命令，工程指挥部遂在8月3日开启底孔闸门，放水支援抗旱，8月5日重新下闸蓄水。

六、机组安装

原定选用新安江水电站型机组，1969年3月改选援助阿尔巴尼亚电站试验型机组，水轮机为HL263－LT－390型，发电机为TS920/115－44型，单机容量5万千瓦。第一台3号机组由水利电力部机电安装局第三安装工程处安装(处机关及第一、二安装队划归十二局)，第二台2号机组由十二局安装队安装，第三台1号机组由十四局安装。1970年初，十二局安装队所属298人从江苏江都抽水站工地转移至陈村工地，负责该电站的机电安装。

争取第一台机组(3号机组)1970年10月1日发电的第三战役，紧接着第二战役在全工地展开。质量达350吨的发电机转子，通常需2台桥机经平衡吊梁并抬吊装，而太原起重机厂只能在1970年一季度提供1台175吨桥式起重机，转子吊装成为难题。安装人员提出将这台桥机改装成双小车进行吊装，并自行设计，由工地修配厂制作改装，3个月内改装完成。1970年6月，我国水电系统第一台双小车桥式起重机诞生，经350吨静载1.25倍试吊和1.1倍动载试验一次成功，为机组安装创造了条件。此时，第一台机组安装工期只剩90天，安装工作昼夜不停。9月12日，繁昌至泾县的一段公路因遭台风、暴雨袭击泡在0.5米深的水中，机组水涡轮运输受阻。工程指挥部派出指挥车探明被淹路段位置，指挥载运水涡轮的汽车淌水行驶，9月13日1时抵达工地。9月25日，机组开始充水调试；9月30日19时，机组启动试运行，主变压器3次冲击成功，23时55分手动并网成功；10月1日10时许，3号机组正式投产发电，水利电力部、安徽省革命委员会致电祝贺。

第六节　菲尔泽水电站

菲尔泽水电站(Fierze Hydro - Power Station)位于阿尔巴尼亚德林河上，为高土石坝、隧洞引水式水电站，总库容26.2亿米^3，安装12.5万千瓦水轮发电机组4台，装机总容量50万千瓦，总造价约3亿元人民币，其中由我国以无息贷款方式向阿尔巴尼亚提供约1.5亿元人民币，用于从我国购买成套设备和施工用的机械器材。是当时我国援助、我国修建的最大的水电站。电站建成后，阿尔巴尼亚全国电网容量由50万千瓦增至100万千瓦，电能自用有余，大量余电向南斯拉夫出口，成为阿尔巴尼亚外汇收入的来源之一。

菲尔泽水电站由工程局与阿尔巴尼亚联合设计、联合施工。1970年4月25日，水利电力部军事管制委员会发文将菲尔泽水电站的施工和建筑安装工作交由工程局承担，设计工作由北京(为主)、上海勘测设计院承担。同年10月，水电系统勘测设计单位解体下放，北京、上海勘测设计院负责菲尔泽水电站设计工作的设计人员划给工程局，该电站的设计工作自此由工程局承担。1971年11月，水电站工程开工，工程局派遣工程设计、施工技术人员和技术工人到现场指导施工。1977年7月中阿两国关系处于不和谐状态，工程局援建菲尔泽水电站部分人员被迫陆续撤退。1978年5月29日，该电站第一台机组投产；7月21日，最后一批援建人员回国。

第七节　江厦潮汐试验电站

一、概况

江厦潮汐试验电站位于浙江省温岭县江厦港，距县城19千米。电站堤坝横跨江厦港南北两岸。江厦港系我国东海乐清湾北端一个狭长封闭式浅海半日潮港，最大涨潮潮差 8.39 米，最大落潮潮差 7.8 米，平均潮差 5.08 米，是我国高潮差区之一，蕴藏着丰富的潮汐能资源。港长 9 千米，坝址处宽 686 米，当低潮位时湾内海涂出露，过水宽度仅 350 米左右，堤坝两端为高约 20～30 米的屿山和低丘，是筑堤围海的理想位置。水库面积和容量随潮汐涨落而变化：当潮水位在＋4 米时，湾内海涂全被淹没，库面积为 5.12 千米^2，库容为 1950 万米^3；潮水位在－4 米时，右岸海涂出露，库面积为 0.29 千米^2，库容为 57 万米^3。电站设计库容 493 万米^3，发电有效库容 278 万米^3。

电站枢纽由堤坝、泄水闸、发电厂房和升压开关站等组成，设计可装 6 台贯流灯泡式机组，实际安装 5 台，总容量为 3200 千瓦，装机规模居世界第三位、全国第一位。电站以机组双向发电、双向泄水 4 种工况运行，设计年发电量 1058 万千瓦·时。除发电外，兼有海涂围垦、海水养殖、连接两岸交通等综合利用效益。

电站工程由浙江省水利电力局(1979 年 9 月改称电力工业局)主管，工程局勘测设计队(1973 年 2 月并入工程局勘测设计院)设计，工程局和温岭县共同施工。

电站建设始于乐清湾潮汐资源查勘。1971 年 9 月，工程局提出选择江厦为潮汐发电试点工程的报告。1972 年 3 月，国家计划委员会批准建设江厦潮汐试验电站并将其列为国家重点科研项目，下半年开始电站筑堤建设。1974 年 3 月，工程局勘测设计院完成电站扩大初步设计，同年 9 月由浙江省水利电力局组织审查通过。1976 年开始大规模工程建设，1980 年 5 月 4 日，1 号机组并网发电，一期工程基本结束。1983 年 5 月，国家科学技术委员会、水利电力部和浙江省科学技术委员会共同确定电站二期工程列为“六五”期间国家科技攻关项目。至 1985 年 12 月，5 台机组全部投产，电站建设如期完成。电站总投资 1180 万元，扣除一期工程所受“文化大革命”影响的损失后为 948 万元，单位千瓦投资 3000 元左右，与一般低水头河川电站的单位千瓦投资额相近。电站工程于 1986 年获国家“六五”科技攻关先进项目奖，“江厦潮汐试验电站设计与研究”课题于 1987 年获第二届国家科技进步二等奖。

二、主体工程

堤坝为黏土心墙堆石坝，建筑在 46.16 米厚的饱和海涂淤泥质黏土层上，全长 670 米，坝面高程 5.62 米，最大坝高 15.5 米，坝面宽 5.5 米。坝底最大宽度为 172 米，在海中抛土石而成。堤坝部分利用温岭县温西区民办公助围垦海涂开发耕地的筑堤工程，该工程于 1966 年 7 月 1 日开工，故有“七一”塘之称。1972 年 10 月底工程移交时已投入劳力 142.95 万工，完成土石方工程量 28.35 万米^3。在后续施工中，结合基坑开挖投放土石方混合料 25.19 万米^3，堤坝总体积达到 50 余万米^3。

1973 年 10 月堤坝合龙。1974 年 8 月 18 日，出现当年最大的天文潮，同时遭遇强台风袭击，堤坝处出现历史最高潮位 4.97 米，堤坝决口 100 米，5 万余米^3 土石被冲走。工程指挥部组织力量抢修，耗资 26 万元，于 1975 年 4 月修复。堤坝总造价 71 万元。

泄水闸原为“七一”塘围垦挡潮排涝的水闸，共 5 孔，孔口高 4 米、净宽 3 米，有混凝土胸墙与浆砌块石闸墩相连。由温岭县农林水利局设计，该局工程队施工，1968 年竣工。水闸供挡潮、泄洪之用，较为简易。根据发电要求，工程局勘测设计院在对泄水闸改建作出加固方案。1975年8～9月，工程指挥部对泄水闸进行加固改建，在原有水闸闸墩的海侧加长，其中中墩加长到15米，边墩加长到19米，并在库、海侧各设1米高的防浪墙。工作闸门及启闭机仍采用原有的钢筋混凝土平板滑动闸门和起重量20吨的螺杆式启闭机(1986年改成液压启闭机)，泄水闸的最大泄水能力约290米^3/秒。

厂基开挖高程22～13.64米，开挖深度34米左右，内外渠道开挖至－2.3米高程，共开挖土石方21.71万米^3。厂基为山坡，岩石居多，因缺乏开挖机械，工程指挥部组织民工于1973年10月动工开挖，1976年底完工，总造价223.19万元。

发电厂房位于泄水闸左侧，为河床挡水式海工建筑物，建于凝灰岩上，长57.3米、宽25米、高18.26米，机组间距7.5米，装配间长10米，主机层高程－3.37米，流道沿水流方向总长25米、顶板顶部高程－3.37米、底板顶部高程－8.97米，机坑底板顶部高程－11.39米、底部高程－12.64米。主厂房直接布置在流道－3.37米高程上，内设起重15/3吨、净跨9米的电动桥式起重机1台。在厂房左端设置装配场，装配场下部为通风机室、水泵室。主厂房混凝土于1977年1月开浇，1979年底结束。

三、安装工程

电站设有6个机坑，至1985年底安装5台双向贯流式水轮发电机组，有1个机坑未装机。1、2号机组容量分别为500、600千瓦，水轮机为GZN005－WP－250型，发电机为CX143/32－12型，总质量各为82吨。3、4、5号机组容量各为700千瓦，水轮机为GZN(F03)－WP－250型，发电机为SFG700－28/2150型，总质量各为89吨。BDST－100型调速器与1、2号机组配套，JCST－100型调速器与3、4、5号机组配套。库海侧进(出)口工作(检修)闸门为预应力混凝土平板滑动门。

1号机组由工程局机电安装工程处安装。1980年4月18日，1号机组首次充水。22日7时零5分机组开始启动。23日14时40分反向手动开机。27日10时33分正向手动开机，30日15时30分正向自动启动，作甩负荷试验。5月4日，1号机组正式并网发电，是国内投产的第一台双向贯流灯泡体潮汐发电机组，单机容量居其时世界第二位。截至5月5日，共启动和试发电15次，累计运行75小时，发电量为4000千瓦·时。在设计水头时，正向出力达到额定的500千瓦，反向出力为460千瓦。机组启动委员会认为电站建设基本成功，第一台机组试运行情况正常。5月6日，1号机组正式交付电厂使用。1号机组造价88万元，安装及辅助设备费用37.4万元。

2号机组于1985年9月22日交付使用，总值110.55万元。3、4、5号机组分别于1984年4月4日、1985年12月6日、1985年12月20日交付使用，总值分别为103.18万元、113.97万元、114.25万元。至此，总容量为3200千瓦的5台机组全部投入运行，江厦潮汐试验电站建成。

第八节　紧水滩水电站

一、概况

水电站位于浙江省云和县金水峡口，在瓯江大溪上游龙泉溪上，距丽水市66千米、云和县城 12 千米。龙泉溪发源于浙闽交界的仙霞岭洞宫山，流经龙泉市、云和县、丽水市，全长约 153 千米。

紧水滩水电站是瓯江梯级开发的第一级水电站，控制流域面积 2761 千米^2，占瓯江流域总面积的 15.4%、龙泉溪流域总面积的 77.8%。流域内多年平均降水量 1833.8 毫米，多年平均流量 100 米^3/秒，多年平均径流量 31.5 亿米^3。调查历史最大流量 9870 米^3/秒。库区森林茂盛，山土植被良好，多年平均输砂量 33.1 万吨。

电站属Ⅰ级水工建筑物，按千年一遇洪水(洪峰流量 11700 米^3/秒)设计，万年一遇洪水(洪峰流量 14900 米^3/秒)校核。其枢纽由拱坝、溢洪道、发电厂房、升压站、开关站和过船、过木(竹)设施等建筑物构成。

电站 1956 年开始规划，1960 年由水利电力部上海勘测设计院编制完成初步设计，按堆石坝、地下厂房设计。1974～1978 年 1 月由工程局勘测设计院重做初步设计，推荐混凝土双曲拱坝、坝后溢流式厂房方案，装机总容量 15 万千瓦。1978 年 7 月列入 1979 年国家建设计划，8 月底工程局施工队伍进点。1980 年 6 月，电力工业部华东勘测设计院提出初步设计补充报告，装机总容量增至 20 万千瓦。1982 年 6 月主体工程正式开工。1983 年 7 月，水利电力部批准紧水滩水电站实行投资包干试点，同年 10 月实现导截流。1984 年 1 月被列为国家重点建设项目，4 月初开始大坝混凝土浇筑；5 月，水利电力部华东勘测设计院提出扩大装机初步设计，电站装机总容量扩大至 30 万千瓦。1986 年 6 月下闸蓄水。1987 年 4 月 1、2 号机组投产发电，翌年 11 月最后 1 台机组投产。1989 年 1 月船道正式投产，同年底在国家建设计划中销号。1992 年 6 月底验收交接。

二、准备工程

紧水滩水电站工程被 1978 年全国计划会议列入 1979 年国家建设计划。1978 年 8 月开始风、水、电、通信管线的敷设，准备工程拉开序幕。

(一) 施工布置

电站坝址处于峡谷地带，两岸山坡陡峻，场地狭小，施工布置受到限制。根据浙南水力资源开发规划和工程局后方基地建设规划，部分辅助企业、仓库和生活福利房屋建在金华市白龙桥后方基地，金属结构厂建在丽水市后方基地。在坝址下游右岸山沟布置混凝土系统、制冷厂、水泥库、砂石料调节料场、机修车间、压风厂和水池；在右岸台地上布置职工生活区，仓库区、商业区；在右岸下游布置修配厂、汽车停放场和汽车修理车间；左岸下村为局机关行政办公区，沿江布置职工住宅。

临时建筑　电站施工高峰期(1985 年 2 月)总人数 5184 人，工地施工生产、生活用房总建筑面积 9 万余米^2，其中职工住宅、集体宿舍和行政办公用房为砖混结构建筑，施工现场办公用房和仓库等为砖瓦结构、竹席结构建筑或活动房。1978 年 8 月开工，1984 年底基本结束。

施工辅助企业　电站工地设重机修理维护车间、汽车修理维护车间、修配厂、钢管厂、木材加工厂、钢筋厂、混凝土预制厂、压风厂、修钎厂等施工辅助企业，总建筑面积约 2 万米^2。

施工用电由浙西 110 千伏电网接入，工地 110 千伏变电所(主变压器容量 6300 千伏·安)于1981年7月开始运行。工地设装机容量2300千瓦的备用电厂，1981年4月完成试运转检验。

施工用风 在右岸194米高程、导流隧洞进口、左岸交通洞口(116米高程)定点建3个固定压风厂，供风能力分别为153、50、70米^3/分，接风管延伸至各工作面。

生产及生活用水取自龙泉溪及金水坑小水库。生产用水分别建蓄水池、加压站、水泵站及水池。全工地供水能力约1700吨/小时。

工地通信 对外长途通信采用载波设备，工地内部采用自动交换机，并设置专用的调度交换机，用超短波无线电通信联系。

砂石系统 电站混凝土浇筑所用砂石料均取自河床，在坝址上、下游近30千米范围内储量约365万米^3。水下采挖以UH30反铲为主、索铲和采砂船辅助，水上由推土机集料、3米^{3}装载机或挖土机装车，运输用T-20自卸汽车。

砂石料筛分厂设在主料场附近，毛料场容积5万米^3，活容积1.8万米^3，净料堆存总容量1.75万米^3。厂内装生产能力120米^3/时筛分机两组，皮带机30台(皮带总长1803.4米)。砂石料系统于1981年3月动工建设，1983年8月建成投产。

混凝土系统 混凝土系统布置在坝址下游200米左右的右岸山沟中，由净料场、二次筛分小系统、水泥罐、散装水泥库、粉煤灰储罐、修理间、冷冻楼、制冷厂和混凝土拌和系统组成。

混凝土拌和系统安装每小时生产125米^{3}和105米^{3}混凝土的拌和楼各1座。拌和楼设备改造、安装和调试于1983年11月完成。

(二) 内外交通

电站工地离金华市185千米，仅有金华—丽水—浦城1条3～4级公路经过局村(距坝址约9千米)，不能满足大型设备运输的需要。据此，对公路桥涵进行加固、改建，拓宽丽水—局村段公路，并新建局村—紧水滩公路，架设下村大桥，修筑上坝公路、进厂公路。

对外交通 电站对外公路全长8.86千米，为3级公路，路基宽9米，路面宽7米。1978年9月动工。翌年7月全线开通并开始临时通车，共投放劳动力178404工，开挖土石方45.3万米^3(含上坝公路)，建造涵洞56个、桥梁3座，完成投资131.69万元。

场内交通 包括永久公路和临时运输线两部分。永久公路有上坝公路、进厂公路和厂房公路。上坝公路全长1.66千米。坝址净料场以下路面为适应20吨载重汽车运输的混凝土路面，净料场以上采用一般混凝土路面。

为解决上坝公路与升船机道立交问题，在大坝右坝端下游约100米处修建圆弧形旱桥1座，1983年5月开始施工，1987年9月结束，耗用钢筋86.99吨，混凝土2486.8米^3。

起自下村大桥左岸桥头的进厂公路、厂房公路各长600米(包括交通洞260米及1座石拱桥)，均为3级公路、混凝土路面，于1983年6月基本建成。

下村大桥 为钢筋混凝土双曲拱桥，全长205.42米，最大高度23米，宽11米(其中车道8米，两侧人行道各1.5米)，桥面中心高程119.5米。全桥共6孔，其中主桥有4孔净跨为32米的双曲拱；两端各一立交孔，其中左岸端立交孔为20米跨双曲拱，右岸端立交孔净跨8.5米。桥左端与进厂公路和下村行政办公区公路相接，右端同上坝公路和对外公路相连。核荷载为通过载重150吨平板车。

大桥于1979年9月开工，1981年8月正式通车，共浇筑混凝土9247.9米^3，耗用水泥2283吨、钢筋约95吨(包括钢板)。

大桥实验指挥组对大桥进行动、静荷载实验，应力成果符合设计要求，未发现裂缝。当总质量189吨的大型变压器(包括拖运平板车)过桥时，实测主跨跨中的沉陷量仅为1毫米，工程质量优良。

三、导流工程

采用围堰一次断流、隧洞导流方式，以枯水期(10月1日～次年3月31日)20年一遇洪水(洪峰流量为2040米^3/秒)为围堰挡水标准，围堰结构按全年20年一遇洪水(洪峰流量6260米^3/秒)校核。

(一) 导流隧洞

布置在坝区右岸，全长476米，纵坡0.236%，衬砌后净断面高15.7米、宽10米，过水面积136米^2，最大泄流量2700米^3/秒，为临时性4级建筑物。施工安排先打通上导洞，扩挖上层顶拱，衬砌顶拱混凝土，然后扩挖下部，衬砌底板、浇边墙混凝土，最后挖通进、出口明渠。

1979年5月，导流隧洞进出口明渠开始开挖。翌年10月，进口上导洞开始掘进，1981年12月21日，上导洞打通。

开挖　导流隧洞开挖包括明挖和洞挖两部分，共开挖土石方17.35万米^3。其中洞挖全长424.7米，开挖土石方9.42万米^3。洞挖分上导洞开挖和隧洞扩挖两部分，上导洞采用手风钻钻孔，常规爆破，人工出渣。扩挖选用T285型4臂风动凿岩台车，最大钻孔高度8.7米，又分上、下两层扩挖。扩挖中，顶拱采用光爆，边墙和底板采用预裂爆破。下层扩挖因进口段有F1、F2、F3、F4、F5断层与F7断层相交错，岩石破碎，几乎全风化，设计要求大量削坡，施工中改用套拱锚杆支撑，加斜向趋前长锚杆喷混凝土支护，使大断面得以安全稳定。为使隧洞进、出口段早日进行下层扩挖，在上游拱围堰接头上游15米处开挖1条断面宽6.5米、高7米、全长70多米的施工支洞。1982年9月，上层扩挖结束，历时近8个月。实际月最高进尺78.2米，循环最高进尺3.6米，平均进尺3.3米。

下层扩挖始于1982年12月。施工中实行全额无限计件工资制。1983年3月组织开展“文明生产”一条龙竞赛，进度一再加快，创造月最高进尺176.4米的好成绩。1983年3月，导流隧洞扩挖全线贯通。

衬砌　衬砌断面分锚杆薄衬段(衬砌厚度0.3米)、钢筋混凝土段(衬砌厚度分别为1米和2米)和进出口段明渠及导流墙(混凝土护面)3类。1982年8月开始顶拱衬砌，继之进行边墙和底板衬砌。

顶拱衬砌总长421.6米，分41个浇筑块，分块长度为6～12米，分8段、16个工作面施工，有7个嵌块。顶拱衬砌用钢模板立模，钢模每单元长3米、质量为6.5吨，由3个单元块铰接而成。模板的拆、装、运采用由第八工程处专门设计、制作的2台轨道式液压钢模台车。钢模台车总起重量400吨，跨度6米，跨内净空高度5米，台车在洞内作业时，跨内可通过4臂钻机、装载机、T－20自卸汽车等大型施工机械。钢筋绑扎和运输采用自制的钢筋台车。1982年12月顶拱衬砌结束，历时129天，共浇筑混凝土10675米^3，钢筋制作安装304.3吨，平均月成拱98.05米，最高月成拱167米。

边墙衬砌总长476米(含进、出口段54.4米)，共有40个浇筑分块，8个工作面施工，有8个嵌块。边墙高11.6米，一次浇灌成型。1983年8月开始施工，10月全部结束，净工期50天，平均月进尺285.6米，最高月进尺388.5米，浇筑混凝土2.26万米^3，钢筋制作安装504吨。

底板衬砌在边墙衬砌之前穿插进行。1983年4月1日～7月15日，紧水滩工地有73天下雨。期间，有11次洪峰流量超过1000米^3/秒，6次洪水冲进隧洞，耽误工期2个多月。工地职工高度警戒，抗洪抢险，生产工人、机关干部轮番清淤。局党政主要领导坚持在现场指挥。水利水电建设总局多次来电嘉勉。7月1日，隧洞恢复施工。8月22日，隧洞底板衬砌全部完成。累计占用工期53天，浇筑混凝土3295米^3，钢筋制作安装304吨。

(二) 围堰

上游围堰 上游围堰采用定圆心等半径单曲混凝土拱围堰，由溢流段和挡水段共9个堰段构成。溢流段位于中部，弧长175米，平顶式堰顶高程123米，顶宽3.6米；挡水段分左右岸两侧设置，段长分别为35、32.7米，堰顶高程128米，顶宽3米，最大堰高26.5米。堰顶弧长229.1米，堰顶外半径116米。

上游围堰被水利水电建设总局确定为应用低热微膨胀水泥混凝土试验项目，1、3、7、9号堰段用普通水泥混凝土浇筑；4、5、6号堰段合并成1块长81米的堰段作为试验段，连同10米长的2号堰段、15米长的8号堰段，用425号低热微膨胀水泥混凝土浇筑。试验段分3层浇筑：第一层基础层块用普通浇筑方法从基岩浇筑至103米高程，1983年12月开始至年底结束。第二、三层103～123米高程，采用液压滑升模板、81米长整体滑模平台进行薄层、均匀、连续、快速的整体滑模浇筑，1984年1月19日开始浇第二层，31日结束，滑升至113米高程。第三层于3月5日滑升至堰顶123米高程。共浇筑混凝土9551.9米^3，耗用水泥2086.8吨。

挡水段采用嵌块方式按常规方法施工，浇筑混凝土1.55万米^3。

拱围堰施工应用低热微膨胀水泥混凝土和采用81米通仓高块连续浇筑新工艺，被水利电力部授予优秀科技成果一等奖，拱围堰被评为二级优质工程。

下游围堰 下游围堰为混凝土重力式围堰。堰顶高程107.2米，堰顶长123米，堰顶宽2米，最大堰高14.2米，底宽9.52米(最大底宽12.1米)。从1982年12月开始浇筑，翌年2月完成，共浇筑混凝土3600米^3。

上下游围堰建成后，经历流量5900米^3/秒的堰顶溢流和按设计水位挡水的考验，安然无恙。

(三) 导截流

1983年10月18日，导流隧洞进口区1条约宽6米、长27米、高11米的浆砌块石围堰炸开。21日，导流隧洞出口围堰炸开。30日隧洞开始导流，江水穿过隧洞流向下游。

31日10时，土石围堰合龙，电站实现导截流。

电站库区位于浙江省木材主要产区，每年约有13万米^{3}木材、近100万支毛竹和2.5万吨货物经过紧水滩水电站坝址，施工期的通航过木任务繁重。设计采用水运方案，利用导流隧洞通航过木(竹)，允许流量为10～150米^3/秒。为改善通航条件，确保安全运行和提高通航过木(竹)能力，采取适当压低导流隧洞洞底高程、隧洞进口不设中墩、进口明渠内另设导筏槽并适当减少明渠底坡、进口设导筏翼墙等技术措施。运行中，实际通航流量为12～230米^3/秒，过坝址的船、排流放顺利。

四、基础工程

电站坝址为一长约300米的峡谷，河流近南北向，河谷平直，谷宽约100米，枯水期水面宽50米，水深1～3米，河床高程约100米，山脊高程约250米。两岸地形对称，呈"U"形，岸坡40～60度。两岸和河床覆盖层薄。坝址区基岩为花岗斑岩，岩性均一、新鲜、完整，抗压强度高，风化深度浅，水文地质条件简单。基础施工由第一工程处承担。

(一) 基础开挖

大坝、厂房、溢洪道、过坝设施、开关站及临时建筑工程基础累计开挖土石方330.32万米^3，其中主体工程163.32万米^3；建基面预裂面积3.19万米^2，不同断面洞室开挖28个计2035米，洞挖石方15.94万米^3，锚筋钻孔总进尺13.16万米，草包挡水围堰1.93万米^3。

坝基开挖　设计要求电站坝基最大主压应力为6兆帕，声波纵坡速度大于4500米/秒，静弹模为15000～18000兆帕。坝基开挖采用预裂爆破技术，从92米高程至194米高程，底宽6～30米，挖深10～15米，总开挖量为16.61万米^3，预裂面积1.46万米^2。

左、右两岸岸坡采用全径向、三向预裂梯段爆破法施工。1982年12月开始在右岸岸坡第一梯段作预裂爆破试验。1983年4月同时开始开挖左、右岸坝头。10月，右岸坝坡开挖结束。11月，左岸坝坡最后梯段钻孔完成。岸坡开挖后，实测5个梯段1116个点，表明预裂梯段爆破开挖质量优良。

大坝基坑采用水平三向预裂、分块爆破法施工，分10块开挖。1983年10月，清理覆盖层石渣。12月完成斜坡道开挖，基坑开挖施工全面铺开。1984年3月，大坝基坑开挖结束，建基面基本平整，几何轮廓清晰、整齐美观，边坡稳定。

厂房、溢洪道、船筏道和开关站等基础开挖　在坝体混凝土浇筑之前，开始厂房、溢洪道基础开挖。因厂房基础低于坝基，为使厂房基础开挖爆破不影响坝基和浇筑大坝混凝土，在厂房上游厂坝之间增设减振预裂缝。厂房基础开挖累计5.07万米^3，溢洪道基础累计开挖7.3万米^3。

船筏道基础开挖，项目繁杂，主要有过船洞，船、筏道进出口引航道及斜坡面和斜坡道墩子基础等。采用光面爆破、预裂爆破等方法和系统锚杆临时支护等措施进行开挖，共计开挖19.05万米^3。开关站基础开挖6.51万米^3。

(二) 基础处理

基础处理包括坝基固结、中压、帷幕灌浆，左、右岸坝坡接触灌浆，大坝帷幕下游设排水孔，混凝土坝接缝设横缝灌浆，厂房基础、引水系统、航运过坝系统、两岸传力洞均不同程度地进行帷幕、固结、接触灌浆，并作左右坝肩稳定处理。基础处理始于1984年

4月，1990年6月全部结束。

帷幕灌浆 共设26个灌区，包括坝区20个灌区，左、右岸平洞6个灌区。帷幕灌浆从1984年10月开始，至1989年3月结束。计钻孔669只、1.85万米，其中优质孔640只、1.73万米，质量总评合格率100%，优良率93.07%，达到优质工程。灌浆15203米，共灌入水泥111.14吨，质量良好。水库蓄水以后，排水孔、扬压力孔等观测值均在正常范围，帷幕运行正常。

中压灌浆 在坝后布置2～3排中压灌浆孔，分作20个灌区。中压灌浆孔深15米，排距分别为2.5～2.6米，灌浆压力0.3～0.9兆帕。1985年3月开钻，1987年9月灌浆结束。共钻孔402只，总钻进7983米(其中钻入基岩5802米)，优良率92.5%。中压灌浆累计5734米，共灌水泥33.44吨。

固结灌浆 分坝段基础、厂房系统、平洞及斜井、F17(12)断层处理及高压固结、溢洪道、航运过坝等单项工程，总计钻孔2922只，灌浆2.03万米，优良率98.28%。1984年4月开工，1987年11月完工。

厂房、溢洪道基础固结灌浆共钻孔740只，进尺4282.78米。平均单耗12.2千克/米，优良率100%。

坝横缝灌浆 自1985年2月始至1989年3月止，对19条横缝，分7层设96个灌区进行灌浆。灌浆范围1.63万米^2，灌入水泥119.97吨，优良率93.75%。

大坝岸坡基础接触灌浆 在相应坝段两边坝缝的基础层横缝灌浆结束后进行，自1984年12月开始至1988年1月2结束，计17个灌区、4958米^2。

回填灌浆 总工程量1.21万米^2。各洞回填灌浆优良率为100%。回填灌浆检查孔升船机洞16只、交通洞6只，质量均达到规范和设计合格标准。

坝基及两岸排水 坝基排水幕设在坝体上部灌浆廊道内防渗帷幕的下游侧，向两岸延伸至194米高程灌浆排水平洞(左、右平洞长分别为50、90米)。两坝肩排水分3个高程设置，左坝肩在194、154、130米高程，右坝肩在194、165、135米高程，各有1个灌浆排水平洞。累计钻排水孔8900米。

左右坝肩稳定处理 大坝左岸有F28、F32和F31三条断层，均倾向左岸和上游，其规模不大，对坝肩稳定有一定影响。而且因中孔基础及154米高程平洞开挖量大，致使坝后岩体单薄。为稳定左坝肩，将浅孔左边墙基础混凝土提高1～2米，在下游开挖深槽内回填混凝土时与岸坡岩石相接并提高混凝土回填高度。坝后岩石较破碎区增作混凝土护坡。在130、154米高程灌浆排水平洞内沿F31、F32走向的断层破碎带用混凝土置换。

大坝右岸有F17、F11和F12-1共3个断层交会，为确保拱坝安全，对断层分别采取格状混凝土置换洞塞、回填灌浆、接触灌浆、固结灌浆、混凝土护坡、穿断层处插锚筋等项处理。共计洞井开挖4645米^3，固结灌浆孔775只、进尺5553.38米，洞井回填灌浆5202.79米^2，接触灌浆3875米^2，补强灌浆32孔。灌入水泥13.09吨，锚筋2038根、9223.5米，回填混凝土及护坡混凝土约3万米^3。

五、主体工程

电站混凝土浇筑总量86.9万米^3，其中主体工程74万米^3。主体工程混凝土浇筑的吊运设备：20 吨平移式缆机 1 台，10/30 吨门机 2 台，25 吨塔机 2 台。混凝土运输以右岸 135 米高程运输线、坝后 135 米高程钢栈桥机车线为主，搅拌车为辅。

混凝土浇筑用的水泥，国家指定由浙江省江山水泥厂供应 525 号普通硅酸盐水泥。该厂从 1986 年 6 月起改产 525 号纯硅酸盐水泥。工程局科学研究所反复进行在使用 525 号纯硅酸盐水泥拌制混凝土时，作掺用 20%的粉煤灰(占胶凝材料的 20%)和 0.2%的糖蜜减水剂(即“双掺”混凝土)的试验并获成功。粉煤灰采自杭州半山发电厂，糖蜜减水剂由施工科学研究所实验厂生产供应。

因扩大装机设计变更，延期至 1984 年 4 月开浇大坝混凝土。开浇一个月后，连遭洪水袭击。5 月 16 日洪峰过堰，坝区一片汪洋。21 日开始突击排水、清渣和设备检修等恢复生产工作。27 日恢复施工。31 日晚，大雨不停，第二工程处在下游围堰上加筑黄土草袋、砂石草袋挡住洪水。6 月 2 日恢复大坝混凝土浇筑。

1984 年 6 月开展大坝混凝土浇筑一条龙竞赛，9 月中旬掀起高潮，班产量一再刷新纪录。10 月 30 日中班浇筑 639.5 米^3，首先打破工程局在新安江水电站建设中创造的缆机单机浇捣纪录。11 月 25 日浇筑混凝土 2176 米^3，首次突破紧水滩水电站工程日浇筑混凝土 2000 米^3 大关。12 月 26 日零点班浇筑混凝土 922.5 米^3，创造缆机单机的班产浇筑最高纪录。混凝土月浇筑量也逐月上升，12 月浇筑 4.51 万米^3。

主体工程混凝土浇筑第二个高潮于 1985 年 10 月掀起。班浇筑最高达到 991 米^3。

1986 年 6 月，主体工程基本达到蓄水要求。是年四季度，大坝 7、8、9、20 号坝段浇筑到坝顶 194 米高程，土建工程面貌基本达到发电要求。

1988 年 3 月，大坝全部浇筑至坝顶 194 米高程，主体工程大规模混凝土浇筑基本结束。

(一) 大坝

电站拦河大坝坝型，为混凝土三心变厚双曲拱坝，坝高 102 米，是其时国内拱坝的第二高度。坝顶高程 194 米，顶厚 5 米，拱冠断面底厚 24.6 米；拱冠断面上、下游坝面曲线均采用 3 次方程曲线。平面拱圈由左、中、右 3 个圆弧段组成，坝顶弧长 378.262 米，弦长 325.85 米，中间段为等厚圆拱，故实际上有 5 个圆心。拱圈最大中心角 83.1 度，最大外半径中圆拱 170 米、侧圆拱 350 米，拱圈最大变厚 4.6 米。这种变曲率、变厚度、扁平拱的新坝型，在国内高拱坝中属首次采用。

大坝混凝土浇筑历时近 4 年，共浇筑混凝土 36.31 万米^3。坝体不设纵缝，分 20 个坝段，设 19 条横缝。施工采用统仓、薄层、短间歇均匀连续浇筑。混凝土浇筑用的模板采用大块组合定型钢模板，后期试用悬臂式及自升式模板取得成功。月平均浇筑强度 1.5 万米^3，月最高强度 3.45 万米^3。

为满足混凝土温控要求，施工中采用综合措施：降低水泥用量，实行“双掺”降低浇筑温度；夏季加冰拌和，中班、零点班浇筑；薄层、短间歇连续浇筑；上游坝面贴聚丙乙烯泡沫塑料板保温，下游坝面及仓面盖塑料布及草袋保温；坝体埋间距 1 米×1.5 米或 1.5 米×1.5 米(高×水平距离)冷却水管，通冷水冷却降低混凝土温升。混凝土最高温升一般在 8.1～15.6 摄氏度之间。

施工中，设坝区平面三角控制网对拱坝各部位进行控制。拱坝浇筑完工后进行体形检查：坝面位移总偏差绝对平均值38.6毫米，为极限偏差60毫米的64.3%；1137条边线仅8条有较大超限，占0.7%；拱坝形体成型合格率82.1%，坝段成型合格率94.7%。符合设计要求。

大坝20个坝段，555个浇筑层，质量评定626个单元，全部合格；456个单元评为优良，优良率73%。1987年4月，当库水位稍高于160米时，实测100米高程拱圈的拱冠径向变位1.59毫米，小于设计允许的4.76毫米。

（二）厂房

电站为坝后式厂房，按Ⅱ级水工建筑物标准设计，采用单机单管引水，引水钢管进水口底坎高程147.55米，机组安装高程99.6米。主厂房长108.4米、宽18米、高35.8米，布置在坝后左、右岸中孔边墙之间。主厂房共6个机组段和1个安装间段，各机组段间距13.5米，之间设伸缩缝，尾水管以下分3层5块；安装间位于主厂房左端，净长18.1米；中控室位于主厂房左下侧。主厂房上、下游分别设副厂房。主、副厂房上部结构为双跨高低排架，高低排架分开刚接处以暗牛腿处理，作成既非完全的刚接，也非完全的铰接。

厂房混凝土浇筑总量4.61万米^3。主厂房分6层、副厂房及尾水闸墩分4层、蜗壳二期混凝土分4层浇筑，主厂房机组段分12层38块次，最大浇筑仓面510米^2，最大块混凝土量1300米^3。

厂房尾水管、蜗壳、机墩、梁、柱、板及构架等采用木制异型模板或木制模板，尾水管顶盖及梁板的支撑采用钢管脚手架。厂房墙板、尾水墩、尾水挡墙等部位采用组合钢模板。屋顶大梁采用现浇混凝土，厂房屋面板及行车梁采用预制混凝土。

（三）溢洪道

电站泄洪建筑物采用左右岸基本对称布置的中、浅孔滑雪式溢洪道。浅孔用于泄放常年洪水，中孔兼作放空水库和后期导流。两个中孔和两个浅孔设计(校核)下泄量分别为3122(3189)、2683(2988)米^3/秒，全部泄洪建筑物最大泄洪能力为6177米^3/秒。

溢洪道为H形排架结构，采用鼻坎挑流方式消能。泄槽最大流速34米/秒。共浇筑混凝土8.03万米^3。

（四）船道、筏道

船道、筏道均布置在右岸，分别由进口、斜坡道、出口3部分组成：进口在水库内；斜坡道有上、下斜坡道，船道斜坡1∶6，筏道斜坡1∶4；出口有闸门及引航道。

船道靠山坡，上游为钢筋混凝土地基轨道梁，轨距4.5米，下游大部分为钢筋混凝土墩梁结构，轨距3.2米。船道水平距全长845.4米。操作室与卷扬机房之间有廊道相通。

筏道在船道左侧，上下游轴线呈折线布置(夹角6.6度)。筏道结构形式与船道相似，水平距全长646米。转盘机房布置在筏道左侧岸坡，控制室位于转盘顶层处。

船道、筏道因位于右岸山坡，施工困难，墩子及梁采用现浇混凝土，混凝土梁由钢桁架支承。共浇筑混凝土7.22万米^3。质量符合设计要求。

六、安装工程

电站机电安装包括金属结构制作安装、水轮发电机组安装和电气安装3部分。

(一)金属结构制作安装

金属结构制作安装包括引水压力钢管、闸门及其启闭机和船筏道、提升机3部分,制作和安装的总工程量为4525.79吨。主要分项工程708个,优良率86.4%;分部工程77个,优良率94.8%;单位工程13个,优良率100%。

压力钢管 压力钢管包括引水压力钢管和泄洪中孔钢板衬两部分,计1484吨。引水系统压力钢管直径4.5米,长72~79米,采用单机单管布置,共6条,布置于8~13号坝段,分别通向1~6号水轮发电机组。单机最大引用流量84.7米^3/秒,相应流速5.3米/秒。管壁采用16锰钢板,厚度为14~22毫米,管外壁设加强环,高200毫米、厚20毫米。

安装工作从1984年四季度开始。1988年9月,最后的6号引水压力钢管安装完毕。

泄洪中孔钢板衬分布于6、14号坝段坝体内,断面为渐变矩形、顶唇为椭圆曲线,每孔长14.8米,总质量257吨。钢板衬进口段设7.5米×11.68米事故检修闸门,出口段设7.5米×7米弧形工作闸门。钢板衬采用外设加强环加锚筋的结构形式。1985年2~4月安装,工期70天。

闸门及启闭机 电站共有闸门门槽34孔,闸门20扇,分8种规格,总质量1697.6吨;启闭设备17台,8种规格,总质量464.5吨;拦污栅6套,总质量171.55吨。分别布置在引水发电系统、泄洪系统和航运过坝系统。引水发电系统闸门及门槽安装从1985年四季度开始,到1986年6月底达到蓄水要求,后期安装随土建施工安排进度,1988年底,各闸门埋件安装完毕。泄洪浅孔弧形闸门、泄洪浅孔检修闸门、泄洪中孔检修闸门和拦污栅分别于1989、1990年安装结束并投入运行。闸门安装工程量见表2-2-15。

表2-2-15 闸门安装工程量

名称	规格(米)	数量		单件质量(吨)		总质量(吨)
		孔口数	闸门数	埋件	闸门	
引水进口工作门	4.82×5.99	6	6	12.02	29.06	246.45
引水进口检修门	7.0×9.3	2/6	1	3.22/16.54	40.72	143.16
引水进口拦污栅	7.04×9.3	6	6		27.59	171.55
尾水检修门	4.1×5	12	4	2.89	6.24	47.16
中孔弧门	7.5×7	2	2	52.30	128.47	361.54
中孔检修门	7.5×11.68	2	2	101.54	117.41	437.89
浅孔弧门	8.6×8	2	2	19.85	102.38	244.45
浅孔检修门	8.6×13.91	2	2	22.48	83.12	211.19
船道清淤门	6.5×3.9	2	2	2.47	4.40	11.52
导流隧洞截流门	10×15.75	1	1	15.62	173.00	199.26

进水口油压启闭机共6套,单套质量8.14吨,总质量48.84吨,分别安装在8~13号坝段坝顶194米高程。6台启闭机共用1个泵站,设在10~11号坝段间的190米高程

油控制室。1986 年 10 月至 1988 年 11 月安装。2 台中孔弧门油压启闭机分别布置在 6、14 号坝段的 150 米高程，1986 年 5～6 月安装。2 台浅孔门油压启闭机分别布置于 5、15 号坝段的 177 米高程平台上，1 号泄洪浅孔油压启闭机于 1987 年 6～7 月安装，每台启闭机均设置泵站。2 号泄洪浅孔油压启门机和尾水门机、坝顶门机至 1988 年底全部投产。

过坝系统 船道设摇摆轮升船机，主要由承船车、摇摆轮、提升机和轨道等组成。斜架式高代轮承船车由“工”字钢梁焊接组成，车台宽 6.5 米、长 16 米，装载设计船型尺寸为 30 吨水泥货驳。摇摆式导向轮装置系列用油压装置操作，在国内为首次采用。筏道设转盘—斜面过木(竹)机，主要由双层承排车、转盘车、提升机及轨道等组成。承船(排)车、托辊及其轨道安装于 1987 年四季度完工，工程量为 126.83 吨。摆轮坑设备安装，1988 年 4 月竣工，工程量 17.47 吨。提升机房设备总工程量 65.8 吨，1988 年 9 月安装完毕，投入运行。

启闭机安装工程量见表 2-2-16。

表 2-2-16　　启闭机安装工程量

名　称	规格或型号	数量(套)	总质量(吨)
进口工作门油压启闭机	63/125 吨-8 米	6	48.84
中孔弧门油压启闭机	21×00/2×10 吨-8 米	2	36.86
浅孔弧门油压启闭机	2×100/2×20 吨-8 米	2	38.79
中孔检修门卷扬启闭机	2×250 吨-18 米	2	115.70
浅孔检修门卷扬启闭机	2×125 吨-16 米	2	31.05
坝顶启门机	2×50/5 吨移动式	1	
尾水启门机	2×10 吨移动式	1	
船道卷扬机	JG25-18/13	1	
筏道卷扬机	JG3-20	1	

(二) 水轮发电机组安装

水轮发电机组包括 5 万千瓦水轮发电机组 6 台，调速系统(调整器和油压装置)、油系统(汽轮机平油和绝缘油两系统)、厂内压缩空气系统(高压和低压两系统)、供排水系统(供水和机组检修、厂房渗漏排水系统)、通风系统(进风和排风系统)和水力监测系统 6 个系统的机组辅助设备，以及厂房 125/25/5 吨桥式起重机 2 台。

水轮机 HL220-LJ-300 型，水导轴承为水润滑的橡胶轴承，调速器为 JDT-100 型；发电机为 SF-K-50-30/6400 型，励磁装置采用晶闸管励磁。配套的主要辅助设备调速器和晶闸管励磁装置，分别由杭州发电设备厂和工程局机电安装公司制造。1984 年 3 月，华东勘测设计院提出扩大装机 2 台，水轮机、发电机、调速器、励磁装置、油压装置等型号、单机容量不变，台(套)数增加到 6 台(套)，3～6 号机组的蜗壳进水方向分别逆时针旋转一个角度。主厂房内桥式起重机，改选 2 台 125/25/5 吨、跨距 15 米桥式起重机。

机组安装 1985 年 11 月开始。在此前后，制定《紧水滩电站机组安装质量标准》，比部颁标准高 1 档作为“优良”标准。同时制订主机、辅机各类设备的安装工艺措施。安装中，把创优质工程作为目标，实行施工质量分级核发奖金办法。机组的一些部件本属合格产品，因未达到优质，施工中重作处理。分项工程优良率 86.4%；分部工程 36 个、单位工程 6 个，优良率均为 100%。电站 6 台水轮发电机组安装质量总评为优良。

1 号机组 1985 年 11 月底开始预装座环，1986 年 7 月 24 日开始定子组装，9 月 4 日进入机组总装，10 月底基本具备发电条件。1986 年底，因库水位仅为 150.81 米，1 号机组未能发电。1987 年 3 月 23 日 23 时 7 分，1 号机组顺利启动，同月 31 日 9 时 32 分并入华东电网，经 72 小时试运行，于 4 月 3 日正式投产发电。安装历时 495 天。

2 号机组 1986 年 3 月 22 日开始座环安装，12 月 7 日进入总装阶段，年底具备发电条件。1987 年 3 月 27 日启动，4 月 3 日 6 时 32 分并网运行，4 月 6 日正式投产。安装历时 380 天。

3 号机组 1986 年 12 月 22 日开始座环安装，1987 年 8 月 6 日进入总装阶段。9 月 28 日 3 时 39 分一次启动成功，10 月 27 日 15 时 53 分正式投产。安装历时 309 天。

4 号机组 1987 年 7 月 9 日座环安装开始，11 月 18 日，转子顺利吊入机坑。12 月 22 日 2 时 19 分，一次启动成功。12 月 30 日 22 时 20 分，72 小时试运行结束，正式投产。安装历时 175 天。这是 1987 年投产的第四台机组，创造工程局历史上 1 年内投产 4 台大型水轮发电机组的纪录。

5 号机组 1987 年 11 月 8 日开始安装，1988 年 5 月 9 日完成定子下线并通过 24000 伏交流耐压试验，7 月 13 日 1 时 50 分一次启动成功，8 月 31 日并网发电，9 月 3 日正式投产。安装历时 299 天。

6 号机组 1988 年 5 月 31 日开始安装，11 月 3 日总装结束，同月 25 日 16 时 26 分并网发电，28 日正式投产，安装历时 182 天。至此，电站 6 台机组全部投产发电。

（三）电气安装

电气安装包括发电厂房、升压站、开关站电气设备和接地系统、照明系统及其他电气项目。1986 年 2 月开始安装，1990 年 12 月完成投产前的检查试验。共有分项工程 303 个(其中主要分项工程 34 个)，优良率 85.8%；分部工程 39 个(其中主要分部工程 15 个)、单位工程 15 个(其中主要单位工程 3 个)，优良率 100%。

升压站布置在尾水平台，采用“两机一变”的扩大单元接线。扩大装机后改作 3 台 12 万千伏·安主变压器，为 3 个扩大单元接线，其中 1、2 号主变压器为三相三绕组变压器。升压站至 220 千伏开关站的 3 路进线，通过 4 座铁塔架空敷设。升压站至 110 千伏开关站的两路进线，经交通洞底部高压电缆道敷设。

开关站位于左岸下游金水坑口，交通洞左侧为 220 千伏开关站，右侧为 110 千伏开关站。220 千伏开关站为敞开式，进线 3 回，出线 2 回(1 回送丽水，1 回与系统连接)。电气主接线，扩大装机后改为单母线带旁路母线接线，设 8 个区段。

主要水力机械、电气设备安装工程量见表2-2-17。

表2-2-17　　主要水力机械、电气设备安装工程量

名　称	规格或型号	单 位	数 量
水轮机	HL220-LJ-300	台	6
发电机	SF-K-50-30/6400	台	6
励磁装置	KLF-1静止式自动并激晶闸管	套	6
调整器	JDT-100	套	6
压油装置	YS-2.5	套	6
厂内桥机	120/25/5吨-15米	台	2
主变压器	SSPS3-120000/220	台	3
厂用变压器	SCL-630/10.5	台	3
整流变压器	2SCL-630/10	台	6
10千伏少油断路器	SN4-10G	组	9
10千伏隔离开关		组	39
220千伏少油断路器	SW2-220	组	6
220千伏隔离开关	GW7-220	组	5
220千伏隔离开关	GW6-220	组	10
110千伏少油断路器	SW2-110	组	6
110千伏隔离开关	GW5-110	组	16
220千伏避雷器	FCZ-220J	只	12
110千伏避雷器	FCZ-110J	只	12

七、水库与移民

(一) 水库

紧水滩水库长66千米，跨云和、龙泉两县(市)，总库容13.93亿米^3，最大库面积43.6千米^2，为浙江省第三大人工湖，云和县冠名为“仙宫湖”。水库为年调节水库，设计正常高水位184米，相应库容10.4亿米^3，水库面积34.3千米^2；死水位164米高程，相应库容4.87亿米^3；特枯年最低消落水位160米高程，相应库容4.13亿米^3；调节库容6.63亿～6.27亿米^3。库中无低矮分水岭，大部分岸坡基岩出露，岩性以晶屑流纹岩、熔凝灰岩为主。虽有部分断层伸向库外，但断层胶结良好，山体雄厚，地下水位分布较高，不存在永久渗漏问题。库区居民一般散居沿溪两岸的小台阶地上，稍大的居民点分布在干、支流的会合处，多为区、乡政府机关和企事业单位所在地。耕地多为梯田，分布于沿溪两岸狭谷地带。居民房屋多为泥木结构。

淹没处理　1974年5～6月间，工程局勘测设计院对云和、龙泉两县库区淹没影响地域作测量调查。1978年1月，工程局勘测设计院按照水电部审定的库区正常蓄水位184

米、征地高程186.45米(5年一遇洪水回水位)、移民高程188.05米(20年一遇洪水回水位)为标准，全面复测核查淹没实物数据：库区淹没涉及云和、龙泉两县的12个乡(镇)52个行政村260个自然村；淹没耕地1.61万亩(包括回水区4590亩)，需迁居民1.85万人(包括回水区5970人，年自然增长人口按10‰计算到1980年)。

1979年5月，华东勘测设计院组织人员到库区复测，尔后会同浙江省、丽水地区和有关县主管移民工作部门共同核对审定：库区移民21444人(按1978年的年报资料，加10‰的年自然增长率推算至1985年)；征用耕地16804亩(其中水田15969亩)，山林34297亩；淹没公路29.3千米、龙泉县大白岸一、二级水电站(装机2210千瓦)、宋代五大名窑之一的龙泉窑址77处等。次年8月，水力发电建设总局审核并经国务院有关部委和浙江省人民政府代表共同审定，库区移民人数定为21700人(含跨库人口1248人)，移民住房面积按典型调查(人均26米^2)推算约为56.42万米^2。

1985年7月，华东勘测设计院派员会同浙江省、地、县移民工作主管部门对库区漏报淹没数据再次作了实地核查。

水库淹没处理工作1979年开始，1988年结束，历时10年。

下闸蓄水　1986年3月，工程局向水利水电建设总局提出蓄水报告，提议是年6月20日至7月5日为下闸蓄水时段。水电部指定由水利水电建设总局主持蓄水验收工作。

1986年5月，丽水地区行政公署急电浙江省人民政府，反映水库移民不少问题未解决，请求电站推迟下闸蓄水。是月底，省人民政府致电水电部，建议电站延缓蓄水发电。就此，水电部副部长姚振炎与浙江省副省长吴敏达、国务委员兼国家计划委员会主任宋平与浙江省副省长沈祖伦分别于6月初和在全国农村工作会议期间进行商谈。6月16日，水电部请示中央财经领导小组并提出建议。次日，国务院副总理姚依林批示："拟同意水电部报告。①准时蓄水。②移民经费如尚有困难，以后可再提出。③每度电两分钱提价事，不能作为例外批准，否则各地都要按例，对财政冲击过大。不能因为有争议而推迟蓄水。"国务院总理赵紫阳、副总理万里、田纪云，国务委员宋平、王丙乾圈阅同意。

与此同时，库区清理和蓄水验收工作加紧进行。下闸蓄水之前，有关各方联合对清库工作进行检查验收，对应迁未迁的移民通过动员，给予经济补偿，很快得到解决。

1986年6月26日13时40分，导流隧洞进水口闸门开始沉放。14时25分，下闸蓄水成功。

(二) 移民

库区移民　库区移民1982年开始迁移，1988年结束。据统计，库区移民外迁丽水市安置3340人，云和、龙泉本县范围内迁移安置4810人，库边就地后靠10793人，投亲靠友451人，跨库移民1842人，在外人口464人，合计2.17万人。

库区移民补偿经费，1960年编制的初步设计按人均226元编列。此后经历多次调整，1986年5月，国家计划委员会最后审定为10837万元，库区移民经费在电站总投资中占19.4%。其中农村移民安置经费6171.31万元，占经费总额的56.9%，平均每人投资2844元。从1978年开始到1986年底，工程局实际支付水库淹没处理经费10839万元。

水库淹没处理所需主要建筑材料，由国家计划委员会和水电部审核以指令性指标下达，工程局依此拨付。1982～1987 年，工程局总计拨付钢材 3100 吨、水泥 2.43 万吨、木材 1.81 万米^3，由浙江省民政厅统一分配有关各县移民办公室。

工地移民 电站区域建设用地面积 1316.8 亩，其中耕地 546 亩，非耕地 770.8 亩。共迁移的村民 800 人。1979 年开始迁移安置，1980 年基本结束。工地移民补偿经费共计 201.2 万元。

八、投资与效益

电站共完成土石方开挖 330.32 万米^3，混凝土浇筑 86.9 万米^3，帷幕灌浆 1.85 万米，固结灌浆 2.03 万米，永久金属结构(含永久设备)制作安装 5756.45 吨。完成总投资 5.59 亿元，每千瓦投资 1863.4 元；总造价 6.02 亿元，每千瓦造价 2208.16 元。剔除在建贷款利息支出 1.03 亿元，实际总造价为 4.99 亿元，每千瓦造价为 1663.35 元。电站建成后移交给紧水滩 水力发电厂固定资产 6.02 亿元、流动资产 73.97 万元，移交给交通公路管理部门经费 643.82 万元。

电站以发电为主，兼顾防洪、航运过木(竹)等综合效益。发电：总装机容量 30 万千瓦，作为纯调峰保证出力 3.03 万千瓦，多年平均发电量 4.9 亿千瓦·时，年利用 1633 小时，至 1994 年底，累计发电 38.9 亿千瓦·时，累计产值 2.64 亿元(按不变价计)。防洪：电站建成后，下游 43 千米处碧湖平原的防洪能力由低于 2 年一遇洪水标准提高到 20 年一遇洪水标准，削减洪峰约 2300 米^3/秒；丽水城遇 20 年一遇洪水(洪峰流量 6260 米^3/秒)时，通过电站控制泄量可削减洪峰流量 3500 米^3/秒。航运：水库形成前，龙泉溪仅可通航 2.5～4 吨机帆船，木(竹)排不能常年流放；电站建成后，自坝址上溯至龙泉城郊可通航机动船，下至丽水城郊水深增加 0.6 米左右，航运条件大为改善。大坝过船、过木(竹)设施，可以满足 30 吨位(后期 50 吨位)的船舶过坝，年航运量由原 2.5 万吨增至 18 万余吨，年木(竹)流放量由原 14 万米^3 增至近 30 万米^3。库区辽阔的水域，为发展水产养殖业创造良好条件，为库区周围及下游地区提供充足的水源。

第九节 石塘水电站

石塘水电站坐落在浙江省云和县石塘镇附近，系中型低水头河床式水电站，是瓯江干流大溪的支流龙泉溪的第二级电站，与上游第一级电站——紧水滩水电站相距 20 千米。其枢纽由挡水坝段、溢流坝段、挡水厂房、通航过木(竹)建筑物和开关站组成，主要建筑物为三级建筑物，按百年一遇洪水设计、千年一遇洪水校核。

1975 年，工程局勘测设计院对石塘水电站 3 个坝址进行勘测。1980 年 3 月，浙江省人民政府会同水利电力部在杭州召开瓯江流域规划审查会议，决定在建设紧水滩水电站的同时带建石塘水电站。1983 年 9 月，由华东勘测设计院完成的初步设计，经由水利电力部水利水电规划设计院组织召开的审查会议审查通过。1984 年 3 月，水利电力部根据中共中央总书记胡耀邦的批示精神，确定石塘水电站由传统的自营施工改为在全国范围内公开招标，并于 4 月成立石塘水电站招标领导小组。同年 10 月，国家计划委员会批复水利电力部的报告，同意在石塘水电站建设中采用公开招标方式择优选定施工、制造单位。石塘水电站成为中国大陆第一个通过公开招投标选择施工、制造单位的水电站工程。11月，水利电力部明确石塘水电站的业主为浙江省电力工业局，并由华东勘测设计院组建华东水电工程咨询公司对石塘水电站主体工程实行总承包试点。11月20日，十二局等7家施工企业竞投土建工程标。1985年1月5日，浙江省电力工业局发出十二局中标通知书，石塘水电站成为工程局投标承揽的第一个水电站工程。同年2月12日，工程局与华东水电工程咨询公司签订土建工程施工承包合同。3月，工程局第三工程处施工队伍100余人开进石塘工地，开始进行施工准备。6月25日，华东水电工程咨询公司发布进点指令。7月1日，土建工程正式开工。11月25日，华东水电工程咨询公司通知十二局中标承建石塘水电站机电设备安装工程。1986年12月主体工程混凝土开始浇筑。1987年3月，开始机电设备安装。同年11月底，截流成功。1988年底，导流底孔封堵，水库开始蓄水。1989年7月2日、12月31日和1990年6月3日，1、3、2号发电机组相继投产。1990年底，工程销号。1991年5月，通航过木(竹)设施投入运行。1992年6月，电站工程验收交接。

开始，工程局将石塘水电站土建工程作为紧水滩水电站的一个分部工程实行总管，第一、三、四工程处和机电安装公司按各自专业分包施工各项目。1985年4月，成立石塘工程项目经理室，代表工程局管理施工。电站施工期间，当地部分村民以征地、移民、生活等问题为由，屡次聚众闹事，致使工程被迫多次全线停工，累计停工达数月之久，工期被严重延误，国家财产蒙受重大损失。

水电站工程总投资，1983年初步概算列为1.775亿元，1989年调整为1.85亿元。实际完成总投资1.89亿元，单位投资2429元/千瓦；总造价1.98亿元，单位造价2544.4元/千瓦。工程局承担施工的土建工程中标价为5343.75万元，最终结算价8376万元；机电设备安装工程中标价711.1809万元，最终结算价913万元。电站工程完成主要工程量：土石方开挖39.63万米^3，混凝土及钢筋混凝土浇筑31.24万米^3，永久金属结构安装1793吨。

电站以发电为主，兼顾防洪、航运过坝等综合利用效益。电站安装3台2.6万千瓦水轮发电机组，总装机容量7.8万千瓦，年保证出力1.12万千瓦，多年平均年发电量1.89亿千瓦·时，年利用2423小时，其与紧水滩水电站联合运行可获得较大的调峰容量，有利于华东电网供电效益的提高。至1994年底，电站已发电7.8亿千瓦·时，创产值6000万元(按不变价计)。电站建有设计年过坝货运量15万吨(远景30万吨)、过坝船舶吨位30吨(远景50吨)的升船机道和设计年过竹木量20万～25万米^3(远景30万米^3)的过木机道，航运过坝畅通无阻。石塘水库形成后，紧水滩至石塘间水浅多滩的河道变为深水航道，水运条件得到改善。

电站坝址以上流域面积3234千米^2，占瓯江流域总面积的18.07%、龙泉溪流域总面积的91.13%。水库库水主要为紧水滩水电站发电下泄水量，系日调节水库，库尾与紧水滩水电站尾水相衔接。据1996年版《云和县志》记载：石塘水库淹没涉及云和县1镇5乡14个行政村的32个自然村，县内新建移民村12个，淹没耕地3117.7亩、山林1674亩、经济果木6.28万株、房屋19.4万米^2；库区移民安置1988年始，1990年底结束，共安置移民1461户5573人。为了恢复公共设施，帮助移民重建家园，国家拨给移民补偿经费

2003.97万元和计划内钢材1217.92吨、水泥4360吨、柴油143吨、汽油58吨、化肥49.8吨。

第十节 水口水电站

一、概况

水口水电站位于福建省闽清县境内的闽江干流上，上游距南平市94千米，下游距闽清县城14千米、离福州市84千米。铁路从坝址左岸、古田—闽清公路从坝址右岸通过，对外交通方便。

电站坝址为中生代燕山期黑云母花岗岩，岩性坚硬完整，平均湿抗压强度在100兆帕以上。坝址区未发现大的构造断裂。坝址覆盖层一般厚5～10米，河床存在基岩深槽，冲积层最厚达29米，深槽下基岩新鲜完整，未发现有构造断裂现象。根据福建省地震局鉴定，坝区地震基本烈度为7度。

电站坝址以上流域面积5.24万千米^2，占闽江全流域面积的86%。流域内雨量丰沛，年平均降水量1758毫米，坝址多年平均流量1728米^3/秒，年径流量545亿米^3，实测最大流量3.02万米^3/秒、最小流量196米^{3}每秒。水库正常蓄水位65米，相应库容23.4亿米^3(总库容量26亿米^3)、水库面积93.5千米^2，具有一定的水量调节能力。库区淹没涉15个乡镇的89个村落，按20年一遇洪水标准移民、征地，迁移人口6.73万人，征地3.14万亩。

电站为坝后式水电站，属Ⅰ级工程，枢纽建筑物由拦河大坝、发电厂房、溢洪道、过坝建筑物和开关站等组成。拦河大坝为混凝土重力坝，最大坝高101米，坝顶全长783米，共分42个坝段，最大坝底宽72米，坝顶宽20米，混凝土浇筑总量180万米^3。发电厂房为坝后户内式，布置在左岸，内装7台单机容量为20万千瓦的轴流式水轮发电机组。埋入坝体的7条直径为10.5米的压力钢管引水至水轮机。溢洪道布置在发电厂房右侧，为河床式布置，由12个泄水底孔组成。过坝建筑物布置在右岸，包括船闸和升船机：船闸为三级，每级闸室长135米、宽12米、吃水深3米，可通航500吨级驳船；2×500吨垂直升船机布置在船闸右边，船厢有效尺寸为长124米、宽12米，水深2.5米，可与船闸交替使用。220千伏开关站布置于发电厂房左侧下游山坡。

水口水电站是一座以发电为主、兼有航运效益的工程。电站装机容量140万千瓦，保证出力26万千瓦，多年平均发电量49.5亿千瓦·时，是华东地区最大的水电站，也是工程局历史上参建的最大的水电站。电站建成后向华东电网和福建电网供电，其发电效益相当于1座100万千瓦的火力发电厂和与其配套的年产原煤240万吨的大型煤矿。水口—南平段河道长94千米，电站建成后，可使500吨级货船从马尾直抵南平。电站布置的船闸、升船机年通行能力为货物400万吨、木竹200万～250万米^3。

电站业主为福建省电力工业局。电站工程设计由水利电力部华东勘测设计院承担。

电站土建工程经国务院批准部分利用世界银行贷款，也是中国大陆第一个实行国际招标的大型水电站工程，1985年列入国家基本建设项目，成为国家“七五”、“八五”计划期间的重点建设项目之一。1986 年 11 月 22 日，中国技术国际招标公司和福建投资企业公司给华田联营工程公司发出授标意向书；同年 12 月 12 日福建省电力工业局将土建工程中标书授予华田联营工程公司；1987 年 1 月 13 日在北京人民大会堂签订工程承发包合同。这是工程局参与的联营体承建的第一项大型水电站工程。

电站土建工程实行业主负责制和工程监理制。主要工程量为土石方开挖 879 万米^3，石方洞挖 2.8 万米^3，混凝土浇筑 348 万米^3，金属结构安装 1.82 万吨。电站于 1987 年 3 月 9 日开工，1989 年 9 月 25 日截流，1991 年 10 月 25 日转入三期导流施工，1993 年 3 月 31 日下闸蓄水，1993 年 8 月 8 日第一台机组投产。至 1996 年 12 月 7 台机组全部投产。

水口水电站的建设得到中共中央、国务院及其有关部委和福建省领导的关心和重视。土建承发包合同签字前，国务委员宋平以及国家计划委员会、经济贸易部、水利电力部和福建省人民政府负责人接见签字代表。大江截流时，国务院发来贺电，中共福建省委书记陈光毅、省长王兆国和水利电力部副部长陆佑楣到场祝贺。第一台机组发电时，中共中央政治局委员、国务院副总理邹家华亲临现场剪彩。能源部和福建省有关领导多次到工地召开现场办公会议，研究解决施工中遇到的困难和问题。

二、施工组织

水口水电站土建工程的施工由中日两国 4 家施工企业组成的华田联营工程公司承担。华田联营工程公司所需的管理人员主要从中方 3 家企业中选配，少量来自日方企业。劳务则由中方 3 家母公司提供，华田联营工程公司根据工作量的变化确定劳动力人数，向华联工程公司提出劳务指标，华联工程公司原则上按股份比例将指标分配给各母公司，由各母公司选派。工程局先后抽调 4 名局级领导，16 名处级领导，以及 70 余名中、高级专业技术骨干，其中高级职称者 26 名，还有 800 余名职工(不包括分包工程施工人员)参加土建工程的施工和管理，其中有 6 人担任华田联营工程公司董事会和经理部的领导职务，7 人担任中共华田联营工程公司委员会和公司工会及机关部门的领导职务，16 人担任课长、主任职务，21 人担任指挥、工长职务。施工机械设备除按出资比例从各母公司调配一部分外，主要从国外购进(净值 2 亿元人民币)。工程局将局内技术最先进、能力最强、性能最佳的挖土机、推土机、装载机、吊机等施工机械从各施工工地抽调到水口水电站工地，其中包括从正在紧张施工中的石塘水电站工地抽调的日本产 501 型挖土机，在施工初期导流明渠的开挖中发挥重要作用。施工项目一部分由华田联营工程公司组织劳务人员施工和管理，一部分以内部分包的方式，在中方联营体内部 3 家母公司中择优选定施工队伍承担。

(一) 华田联营工程公司

华田联营工程公司系中外合作企业，由日本前田建设工业株式会社和中国华联工程公司组成。1986 年 7 月，日本前田建设工业株式会社与中国华联工程公司签订联营协议；次年 1 月签订联营合同。公司注册资本为人民币 2000 万元，其中华联工程公司出资 60%，前田建设工业株式会社出资 40%。

华田联营工程公司以董事会为最高权力机构，董事长为公司法定代表人。1986 年 7 月至 1988 年 3 月(第一至第六次董事会会议期间)由组成中方华联工程公司 3 家母公司之一的十二局为责任方，十二局局长任董事长。期间，十二局联合华田联营工程公司成员企业，建立健全公司组织体系和管理制度，建立和完善工地生活设施，抓紧施工队伍的投入，组织各方施工机械的到位以及进口设备的到货，协调两国四方关系，凝聚各方力量，抓施工管理，整顿劳动纪律，解决施工中的薄弱环节，逐步扭转施工初期的被动局面，为此后的快速施工打下基础。1988 年 3 月第六次董事会会议后，闽江局局长接任董事长，责任方转为闽江工程局，十二局先后有 2 名副局长出任副董事长。

华田联营工程公司实行董事会领导下的总经理负责制。1987 年 1 月～1988 年 8 月，由日方任总经理，全面负责公司的经营管理和工程施工；设 4 名副总经理，联营各家母公司各 1 名。为解决责权分离问题，1988 年 8 月召开的公司董事会第八次会议决定修改公司章程、合同，改由中方承担全面责任，闽江局为责任方，总经理由董事长兼任，副总经理由日方和责任方选派。

华田联营工程公司实行一级管理、一级核算。经理部为决策层；机关设部、课室，为管理层；施工现场设厂、指挥所、工程、班组，为执行层。

（二）华联工程公司

华联工程公司于 1985 年 9 月 10 日经水利电力部水利水电建设总局批准成立，由华东水利水电工程公司(十二局)、闽江工程公司(闽江局)和四局组成，1986 年 10 月在杭州签订联营合同。公司注册资本为人民币 1200 万元。联营三方的股份比例，闽江局和十二局在 1988 年 8 月以前各为 40％，1988 年 8 月调整为 60％和 20％，1994 年 5 月又调整为 55％和 25％，四局一直保持 20％。

华联工程公司的主要职责，承担工地职工的后勤生活服务和为华田联营工程公司提供劳务。

华联工程公司责任方，1988 年 4 月以前由十二局担任，以后由闽江局担任。责任方局长出任公司董事长、法定代表人。1988 年 3 月以后，十二局 3 位副局长先后出任副董事长。

华联工程公司实行董事会领导下的总经理负责制，1987 年 7 月前闽江局派员任总经理，1987 年 7 月～1988 年 3 月由十二局 1 名副局长任总经理，此后又改由闽江局派员出任总经理，十二局 1 名副局长任副总经理。

（三）水口水电站工地项目经理室

1988 年 2 月，工程局设立水口水电站工地项目经理室，作为工程局在水口水电站工地的派出机构，代表工程局办理和联系土建工程联合施工中的日常工作。

三、施工概况

1985 年水口水电站工程列入国家基本建设项目并开始施工前期准备工作。华田联营工程公司中标承建土建工程后，组成联营体的各家母公司陆续选派施工队伍进场。1987 年 3 月 9 日举行开工典礼，146 个单位的 360 多名代表和包括工程局 80 多名职工在内的中日双方建设者出席。当日 12 时 35 分，导流明渠开挖放响第一炮，土建主体工程正式开工。

土建工程施工大量采用新技术、新材料、新工艺和新装备，工程建设高速优质，华田联营工程公司获“中国水电科技开发推广应用先进企业”称号。在能源部组织的同期在建 5

个大型水电站工程质量检查评比中，水口水电站名列前茅，截流工程、塑性混凝土和土工模防渗墙、二期混凝土厂以及压力钢管制作安装等4项工程获能源部优质工程称号。能源部副部长陆佑楣说："水口工地两三千人干出了以往要两三万人干的活。"

（一）土石方开挖

土石方开挖总量879万米^3。首先开挖位于右岸航运过坝建筑物和永久泄水底孔坝段位置的导流明渠。由于合同工期紧迫、施工准备不充分、进口施工机械到货推迟、各方应投入的施工机械未及时到位、两国四方人员一时难以协调，导流明渠开挖进展缓慢。工程局第一工程处应华田联营工程公司之请，于1987年7月中旬派出一支百余人、10辆T-20自卸汽车及配套开挖设备的开挖突击队，临时支援导流明渠开挖，但未能彻底扭转被动局面。至1988年3月，开挖进度比合同要求滞后半年，在余下的合同工期里每月开挖量需达到30万米^3。为此业主亮出"黄牌"警告，并面临世界银行可能亮"红牌"的严峻局面。1988年4月，华田联营工程公司理顺内部管理体制，推行工程承包责任制，大型挖掘、装载和运输施工设备配套成龙，土石方开挖实现机械化作业，并采用梯段爆破、预裂爆破、预应力锚杆等新技术，创造了最高日开挖量1.88万米^3、最高月开挖量34.57万米^3、年开挖量307.4万米^{3}的成绩。

（二）混凝土浇筑

混凝土浇筑总量348万米^3。拌和系统采用功能齐全的大型拌和楼和高效能的混凝土预冷技术；模板工程采用大型悬臂钢模板、液压滑升模板、可变曲率桁架模板和预制混凝土构件模板等多种形式的模板；仓面准备工作普遍采用压力水冲毛和真空排水作业；钢筋焊接采用气压压接焊新技术；混凝土技术大规模采用碾压混凝土、外掺氧化镁微膨胀混凝土、塑性混凝土和硅粉混凝土等新工艺、新材料；浇筑采用缆索起重机、仓面平仓机、5棒振捣机以及B-Riec皮带输送机等大型机械配套作业。

1988年12月，大坝第一块混凝土在3号坝段开始浇筑。翌年9月25日，电站截流。1990年8月进入二期混凝土浇筑。12月浇筑混凝土14万米^3，创下中国水电建设史上单个电站工程混凝土月浇筑量的新纪录。1991年一季度，主体工程浇筑混凝土30万米^3，3月9日创造日浇筑12464米^{3}的全国高产纪录，是年提前16天完成年计划110万米^{3}混凝土浇筑任务，并创造连续8个月每月浇筑混凝土超过10万米^3、年浇筑混凝土115万米^{3}的纪录。

1991年10月，围堰炸除，电站进入三期导流施工阶段。

1992年7月7日，水口水电站工地遭遇洪峰流量2.9万米^3/秒的洪水袭击，这是中华人民共和国成立以来福建省遭遇的最大洪水。全体职工奋起抗洪：修理工厂出动全部车辆和起重设备，把左岸沿线几百吨材料转移到高处；水上指挥所职工冒着生命危险，用大功率自航驳船把4条价值700万元的采砂船抢救到安全地带，避免采砂船被冲走，并避免与下游闽清大桥相撞的恶性事故；厂房指挥所职工将麻包堆筑在尾水墙上，并组成人墙守立墙头，直到洪水退去；后勤系统的女职工冒雨步行给战斗在抗洪第一线的人们送水送饭送姜汤，支援抗洪。建设者们保住了施工现场和绝大部分财物。7月11日恢复生产。

1993年3月9日，第一扇导流底孔封堵闸门沉放到位。同月31日，重460余吨的第

10扇导流底孔封堵闸门沉放到底，电站截流成功。

四、分包项目

自1991年2月始，工程局分包并完成建设的项目有厂房尾水闸墩，下游副厂房横隔墙，大坝进水口拦污栅和船闸三闸首、三闸室。1995年始承建升船机工程。

（一）*厂房尾水闸墩*

厂房尾水闸墩共7只，长236.2米、高28.8米。其中1～6号机组段墩均为长33米、宽7.5米，7号机组段墩长38.2米、宽8.5米。根据工程总体施工进度要求，1991年须实现二期转三期导流施工，厂房关键工程尾水闸墩应浇筑至相应的高度，尾水闸墩门封堵，满足二期主围堰拆除、基坑充水的进度要求。华田联营工程公司决定采用液压滑升模板浇筑厂房尾水闸墩。1991年2月，工程局与华田联营工程公司签订分包该项目的施工合同，合同造价1000.94万元，合同工期5个半月。

工程局指定由局属浙江省电力建设联合公司烟囱滑模队承担施工任务。1991年3月5日，以该队为基础的水口电站滑模工程项目经理室成立。179名职工从温州发电厂一期工程工地出发，于3月16日深夜到达水口工地，天明立即进行施工准备。4月13日正式起滑。

厂房尾水闸墩结构形体复杂，浇筑仓面大，其中1～6号机组段墩最大仓面121.2米^2，7号机组段墩最大浇筑仓面191.5米^2，钢筋稠密，滑模施工浇筑难度大，质量要求高。施工中，1～6号机组段采用跳块式浇筑：先选用甲型滑模平台依次浇筑2、4、6号机组段，后用乙型滑模平台依次浇筑1、3、5号机组段。滑模平台分别由工程局机械厂和闽江局修造厂各加工1套。平台直接在浇筑仓面组装，转块浇筑时将平台分成两半分别起吊。现场劳动力共配备162人。

滑模施工起自0.18米高程，终至28.67米高程，滑升总高度28.49米。正常滑升时每0.4米为1层，从起点高程到终点高程一气呵成。7号机组段的三面体滑模采用已成型的6号机组段浇筑块，对平台施加向左岸的外力，克服平台的水平移力，保证浇筑块的垂直滑升。

1991年8月，厂房尾水闸墩全部滑升到顶，比合同工期提前15天，净滑升时间104天，平均日滑升高度1.918米。共绑扎钢筋1340吨，浇筑混凝土2.31万米^3，安装各种预埋件、管路40吨。实际造价为816.82万元，节约投资184.12万元。工程质量优良。

（二）*下游副厂房横隔墙*

下游副厂房横向墙体上下游最大长度15.28米，左右岸方向长度210米，由分别为2.5米和3.5米的中隔墙和边隔墙组成。其中横向隔墙平面形体简单，但穿墙交通电缆道、送风道和排风道等孔洞逾200个，预埋电器、给排水管路多。电站施工总体进度要求下游副厂房横向墙体在1992年汛前浇筑至相应高程，与尾水闸墩组成联合体，共同承担汛期下游高水位水平推力，确保厂房结构安全。1991年10月，华田联营工程公司鉴于尾水闸墩滑模施工的成功经验，决定下游副厂房横向墙体采用滑模施工，指定由工程局水口滑模工程项目经理室承担施工，合同造价872.47万元。

由于厂房施工机械配备不足，该项目混凝土采用泵送，在我国水电施工中尚属首次。

初期将固定式混凝土泵布置在厂房装配间13.7米高程，混凝土由两台6米^{3}搅拌输送车喂料至电动泵。由于混凝土运输与装配间施工干扰大，泵送混凝土供应不上，改用尾水平台上10/30吨高架门式起重机浇筑混凝土。

滑模操作平台用尾水闸墩滑模平台改制而成，直接在浇筑块仓面上拼装。边墙滑模平台中间设置的拉缝板未能起到检缝作用，改作木屑板隔缝。孔洞采用边滑边现立模支承的方法成型，预埋件边滑升边埋设。

滑模施工高程自10.97米至33.35米，总高度22.38米，计11个滑模施工单元。1号机组段左边墙和7号机组段右边墙、中部横向墙体采用常规立模方法施工。1991年10月20日起滑，翌年4月25日完工。共计浇筑混凝土1.88万米^3，绑扎钢筋1136吨，预埋电缆管3834米、埋件3.06吨、接线盒285只、系统管路591米、锚板2吨。工程结算造价882.98万元。

（三）大坝进水口拦污栅

拦污栅位于大坝7～21号坝段7台机组进水口前沿，其支承结构由栅墩、栅墩间联系梁、联系胸墙和栅墩与大坝间的联系梁共同组成。栅墩分3.3米高、0.9米宽的中墩和3.3米高、0.7米宽边墩两种，其上设上下游向工作栅槽、备用栅槽。栅墩与大坝间的联系梁共布置6层。由于栅墩结构单薄，栅槽与墩体一次成型，设计采用一次性浇筑，未留二期混凝土。设计对栅槽金属结构安装精度要求为：孔口中心线允许误差+8毫米、−6毫米，栅槽中心线误差±5毫米。

1～4号机组进水口前沿拦污栅，由工程局水口电站滑模项目经理室承包施工。此段拦污栅左右岸向长140.5米、上下游向宽9米，施工高程21.5～74米，高度52.5米。1992年3月签订施工合同，合同造价446万元。

拦污栅混凝土浇筑，由大坝上游左岸35米高程的混凝土搅拌站拌和混凝土，混凝土集于2米^{3}集料箱，卸至3米^{3}混凝土搅拌输送车送至浇筑仓面。在拦污栅支承结构上游面20米高程上布置2台TQ60/80行走式高架塔式起重机，在工程局尚属首次应用。

主体结构中，除7、12号坝段51.5米高程以下部分为现浇混凝土外，其余均采用墩体胸墙滑模浇筑、联系梁现浇的方法。由于联系梁施工和栅槽分节安装，总高52.5米的滑模浇筑体上共设置12道水平施工缝，滑模浇筑混凝土的快速作用受到限制。

施工队伍于1992年3月进场，5月开始浇筑混凝土。7月7日特大洪水将工作面和上游面35米高程的临建设施全部淹没，大量施工用材未及撤离而被洪水冲走，影响工期半月。至7月底仅浇筑混凝土560米^3，占总工程量的7%，工期紧迫。8月份开始，施工趋于正常，进度加快，9月份后月浇筑混凝土均在1000米^{3}以上。至1993年3月7日全部完成合同工程量，计浇筑混凝土7955米^3，绑扎钢筋564吨，安装栅槽841吨，预埋测压管1250米、坝顶电缆管150米、接地扁铁260米。

栅槽安装由工程局机电安装公司小分队承担，水库蓄水前，高30米、宽3.5米的所有34孔栅叶一次下放成功。

（四）船闸三闸首、三闸室及闸墙加高

船闸从上游至下游依次为进水段、第一闸首段、上闸室段、第二闸首段、中间室段、第三闸首段、下闸室(三闸室)段、第四闸首段和泄水段，各闸首段输水廊道设反弧工作闸门和上下游检修闸门，各闸工作闸门第一、二、三闸为下沉式平板闸门、第四闸为“人”字形闸门。船室宽12米，闸首两边墙厚10米，闸室两边墙厚由10米渐变至3.75米；船室内设浮式系船槽，闸首顶部设左右两座启闭机房及电缆沟和位移、沉陷观察墩等。其中第三闸首段长48.3米、顶部高程41米，三闸室长91米、底板高程3.79米、顶部高程31米。整个船闸工程由4家施工企业分段施工，其中的第三闸首段和三闸室由工程局承包施工，1992年9月签订施工承包合同。

工程于1992年10月开工。浇筑用混凝土由华田联营工程公司3号和1号拌和楼提供，由4台15吨自卸汽车水平运输。前期基础块混凝土浇筑时，左侧布置1台老式履带式吊机、右侧布置1台10/30吨门式起重机。15米高程以上部分浇筑时，先采用10/30吨高架门式起重机，后改用100吨和150吨履带式吊机。底板部分，闸首段分1号和2号两块，闸室段分1～4号4块浇筑。底板内主要设左右2条输水廊道，廊道四周用厚0.4～0.5米的硅粉混凝土衬砌。闸室2号块设叉分水墩、板。闸首块设7个、闸室块设17个出水孔口，顶板部分倒“T”梁和出水孔口一次预制成型，吊装就位后回填混凝土连同墙体浇筑成整体。

上部结构内外两侧边墙均采用2米×3米悬臂钢模板施工，外侧墙每隔2米设一装饰条，船闸室内边墙设浮式系船槽和上下爬人槽，外边墙靠右侧设固定系船槽。闸首输水廊道上下左右4只检修门槽井为预制，先行安装就位而后浇筑，弧门井工作平台则2次浇筑。闸室段左边墙在27～30米高程设8个高1米、宽6米的溢流孔。此项工程1994年1月竣工，共绑扎钢筋约1500吨，浇筑混凝土约10万米^3，创该电站船闸工程混凝土浇筑台班产量409米^{3}的最高纪录。工程竣工决算造价为2290.2万元。工程质量一次验收合格率100%，在船闸工程4家施工单位中处于领先地位。

1997年9月签订施工承包合同，承建船闸闸墙加高工程，合同工期7个月，合同标价2070万元。工程采用滑模施工，左右闸墙加高30.5米，航道顶部采用钢拉杆连接。9月9日开工，翌年3月23日竣工，共浇筑混凝土1.77万米^3，绑扎钢筋1200吨，金属结构安装394.96吨。工程竣工决算造价2418.08万元。工程质量评为优良。

(五) 升船机工程

2台500吨级垂直升船机，是国内当时最大的垂直湿运全平衡升船机。位于右岸，并列于三级船闸右侧，与船闸共用上下游引航道。升船机工程主要建筑物由上下提升段、上下平衡段、交通段、下游闸首等组成，共有10座塔楼，每座高73.5米，平面尺寸8米×22米，为薄壁钢筋混凝土箱形结构。其提升吨位、建设规模均属国内第一，将为长江三峡水利枢纽同类设施提供设计、施工的依据和经验。升船机土建工程由工程局升华工程公司承建，1995年8月开工，合同工期24个月，合同标价4154万元。升船机机电安装工程由工程局机电安装公司承建，1996年6月开工，合同工期24个月，合同标价586.19万元。

土建工程 升华工程公司精心组织施工准备。期间，安装完成拌和楼，制作安装4套滑模平台，浇筑架设2台10/30吨圆筒式高架门机，并成功地在落差50多米的岩石边坡架起高架门机(在全国水电系统尚属首次)。1995年8月25日，首座塔楼—上平衡重段正式起滑。设计要求塔楼单个垂直度与纵向垂直度偏差均需控制在12毫米以内(国际允许偏差15毫米以内)。公司严抓施工质量与安全，严格控制混凝土形体垂直精度和表面光洁度，运用“滑框倒模”新工艺，每滑升40厘米检测一次，并优选模板材料，用胶木板、竹胶板代替钢模板，使垂直控制优良率达到98.2%。1995年12月底，6座塔楼升滑到顶，其中上平衡重段垂直度偏差控制在8毫米以内。1996年6月，开展“大干100天，完成升船机主体工程”的劳动竞赛。同年10月，10座截楼全部保质、安全滑模到顶。每座塔楼棱角挺直明晰，混凝土表面平整光洁，被称为“精品工程”。共浇筑混凝土8.22万米^3，金属结构安装19.9吨，完成房屋施工面积5071.21米^2。运用“滑框倒模”工艺，比常规立模节约人工、材料各21%，节省工期50%。1998年5月，经全国电力系统专家组鉴定：应用滑框倒模技术成果达到国际先进水平。

机电安装工程　机电安装公司经前期施工准备，精心安排布置，于1997年8月开始安装，将重达5000吨的升船机设备，一项项拼装、吊装、固定、就位。到1998年5月底，总质量4000吨、12孔平衡配重块沉放到位，上下游挡水闸门、4套安全锁定钢梯安装完成，16件提升设备全部进入机房。同年6月底，安装工程结束，质量优良，获福建省科学技术进步一等奖。工程竣工结算造价1.03亿元(含土建工程)。

升船机工程获共青团中央、国家计委、建设部、电力工业部颁发的“青年文明号”荣誉，并荣获国务院颁发的“国家科学技术进步二等奖”。

第十一节　成屏一级水电站

一、工程概况

坝型系我国首批、工程局首座承建的混凝土面板堆石坝。其成功建设，成为我国南方地区的样板坝。

水电站位于浙江省遂昌县境内、瓯江支流松阴溪上游，距遂昌县城12千米。电站坝址以上集水面积185千米^2，主流长27千米，水库总库容5230万米^3。电站枢纽由拦河坝、发电引水隧洞、明式厂房及泄洪设施正常溢洪道和非常溢泄道等组成，为混合式布置。电站装4台2000千瓦混流式水轮发电机组，总装机容量8000千瓦，多年平均发电量2460万千瓦·时。

工程局承包拦河坝续建和溢洪道施工及引水压力钢管制作安装、水轮发电机组安装任务。电站1985年10月正式开工，1988年底下闸蓄水，1989年5月1、2号机组投产发电，同年8月3、4号机组投产发电，1991年10月竣工验收。1999年5月由工程局承装的扩容机组投产发电，为电站增加装机容量5000千瓦。

二、拦河坝

拦河坝坝型几经变更，1986年正式确定为混凝土面板堆石坝，最大坝高74.6米，坝顶长238米，坝顶宽两端为5米、中间为5.5米；上游坝坡1∶1.3，混凝土面板总面积1.58万米^2；下游坝坡同为1∶1.3，干砌块石护面，并设两条马道、3座观测房；坝内设灌浆、观测、交通廊道；坝址下游设1道观测渗流量的量水堰。大坝主要工程量：主堆石约82.6万米^3，混凝土浇筑315万米^3。1985年10月～1991年10月施工。

大坝原由温州水电工程处承建，至1986年10月前，大坝主堆石区约填筑堆石9万米^3，大部分集中在河床右侧，两岸山皮未剥除，两岸头墙基础从相邻块开始均未开挖。

1986年10月建设单位与十二局签订施工协议书，11月正式签订拦河坝工程总承包合同，工程局承建第一座混凝土面板堆石坝。

混凝土面板堆石坝是国际坝工界最为流行的3种坝型之一，具有就地取材、钢筋和水泥用量少、机械化施工程度高、外界干扰因素少、可全天候施工等特点，当时我国刚引进起步，尚无施工实例，其施工技术被列为国家"七五"攻关项目，国内坝工界流传着"北方看关门山，南方看成屏"的说法。拦河坝施工由工程局第一工程处承担，该处组建成屏工地负责施工。1986年10月先遗队进点，次月中旬施工主力队伍和施工机械陆续进场。先后投入的主要施工机械有2.7米^{3}挖土机1台，3米^{3}轮式装载机1台，D80、120A推土机各1台，12吨振动碾、9吨斜坡振动碾各1台，100型潜孔钻9台以及20吨自卸汽车12辆。1988年12月31日坝体填筑至323米高程，电站下闸蓄水。1989年5月坝体填筑至348.1米高程顶部，开始挡水发电，创造施工2年6个月蓄水发电的高速施工纪录。同年6月坝体堆石完毕，年底主体工程基本完工。1991年10月大坝工程全部竣工。拦河坝由工程局完成的部分总造价1738.5万元，主要工程量：土石方开挖3.63万米^3、坝体堆石73.62万米^3、浆砌块石263米^3、干砌块石8079米^3、砂浆护面1.58万米^2、混凝土浇筑2.8万米^3、土石方填筑940米^3。1992年3月，经质量鉴定会专家组鉴定认为：大坝施工质量良好，符合设计要求，达到国内先进水平。

电站混凝土面板堆石坝施工在边了解、边探索、边总结中进行，为我国该坝型的施工技术及工艺积累了成功的经验。其垫层砂浆保护、垫层掺河沙、坝体临时断面挡水等被编入我国混凝土面板堆石坝的设计与施工规范中。山西太原工业大学水利系受水利电力部委托，派专人到成屏工地，与工程局录像中心摄制、翻录该电站施工实况电视资料，作为大学教材出版。浙江省水利学会于1987年和1988年，全国混凝土面板堆石坝施工专业委员会于1989年，相继在成屏工地召开施工经验现场研讨会，与会专家对该电站大坝的施工经验、管理水平给予较高评价。

拦河坝工程主要包括坝体堆石、混凝土浇筑和伸缩缝处理等，其中堆石体共分7区：G、A区为垫层，B区为过渡层，C区为主堆石区，D区为下游堆石区，E区为下游块石护坡，F区为坝顶L墙和坝顶公路下堆石区。坝体填筑石料通过布置在左岸不同高程6条运输线，由20吨自卸汽车运送上坝，按设计层厚分区铺料，分别用12吨振动碾、9吨斜坡振动碾和10吨平碾碾压。

原施工单位留下的大坝面貌为左低右高，给后续施工带来很大困难，只能进行小规模的施工。为保1987年安全度汛而抢高主堆石区，坝体呈前低后高状，施工顺序颠倒，1988年费时近半年理顺施工顺序，大坝填筑方得正常进行。

拦河坝混凝土浇筑工程量较少、分布高差大，主要有头墙、面板、交通廊道等混凝土浇筑和灌浆工程，混凝土拌和系统按小型、简易原则布置，并随浇筑工作面的升高而移动。

头墙混凝土设计28块，其中河床段6块，最长12.42米，其余12、11.3、10.8米不等；右岸段12块，11.47米长8块、4块趾板块长7.625米；左岸段10块，长11.005米6块、4块趾板块长9.5米。混凝土浇筑总量1.66万米^3。

面板混凝土设计分作23条块，其中12米宽12块、6米宽11块。面板条块斜长最大为85.91米，厚度由底部的50厘米渐变至325米高程以上的30厘米。面板浇筑采用工程局自行设计、制作的翻模和滑模，其中滑模分为12米型和6米型2种规格。面板混凝土分2期浇筑：一期面板为320米高程以下部分，河床中间4条块面板用滑模浇筑，其余面板采用翻模浇筑；二期面板为320米高程以上部分，除周边几块采用翻模浇筑外，其余均滑模浇筑。面板混凝土浇筑总量7222米^3。

交通廊道混凝土889米^3、L墙混凝土1654米^{3}和坝顶路面混凝土359米^3，均采用常规方法浇筑。

大坝设1排帷幕，分3序施工：帷幕灌浆122孔，总进尺2591米，合格率100%，优良率93.2%；固结灌浆168孔，总孔深1329.15米，合格率、优良率均100%；回填灌浆414.7米^2，合格率100%。

大坝上游面挡水防渗结构由混凝土头墙(趾板)和混凝土面板组成，头墙与面板间伸缩缝及头墙分块间伸缩缝均各设3道止水："W"形止水铜片、桥式止水橡皮、工程局施工科学研究所和水利电力部华东勘测设计院科学研究所生产的仿IGAS填料；面板条块间设垂直缝，起始块与后续块间设永久水平缝，均用1道"W"形铜片止水。处理后的伸缩缝经电站蓄水后的数年考验，情况良好，达到预期止水效果。

三、溢洪道

溢洪道工程是拦河坝配套工程之一，位于大坝右侧400米处的垭口中，由正常溢洪道和非常溢洪道2部分组成。正常溢洪道为实体混凝土滚水堰，堰顶高程343.1米；非常溢洪道位于正常溢洪道右侧342.5米高程上，是利用土木膜作防渗体的堆石坝。其坝型系国内尚处于探索阶段的新坝型，坝高6.7米，坝顶长47.5米、宽2米，上、下游坡比1∶1.3，坝顶348.8米高程上设置1条2米宽引冲槽，如遇洪水超越警戒水位，即利用水流冲毁非常溢洪道，以保证大坝和正常溢洪道的安全。1989年12月开工，1992年1月完工。工程合同造价332.28万元，实际竣工结算造价387.41万元。

正常溢洪道工程在工程局承接施工前进行过多次开挖，工程局承接施工后的主要工程量：石方开挖2.5万米^3，钢筋混凝土浇筑1.19万米^3，钢筋绑扎115.3吨，帷幕灌浆598米、固结灌浆628米。石方开挖采用潜孔钻自上而下梯段开挖、手风钻修规，陡坡段开挖采用预裂爆破技术。1990年3月底，开挖全部结束。

混凝土浇筑1990年3月开始，1991年6月基本完成。施工中，先将溢流头段浇筑至336米高程，再浇筑陡坡段和反弧段混凝土。陡坡段混凝土浇筑用面板滑模，在岩石上打孔插筋，铺20号槽钢作滑模轨道，2台3吨单筒卷扬机牵引滑模，滑模提升速度受气温和混凝土入仓坍落度影响，平均为0.7～0.85米/时，陡坡段15个滑模块、3125米^{3}混凝土35天浇筑完成。混凝土面平整光滑，质量优良。反弧段和溢流头段混凝土浇筑采用特制模架，20厘米×150厘米钢模板翻模施工，圆弧和曲线面均光滑。闸墩浇筑时恰逢雨季，职工们冒雨用人力车运送混凝土抢浇。同年7月，全部闸墩浇筑至顶部。人行桥和启闭机工作桥为混凝土预制梁结构。

四、机电安装

电站装4台单机容量2000千瓦的卧式水轮发电机组，总装机容量8000千瓦。主要水力机械包括HL220-WJ-71型水轮机4台、SFW2000-8/1730型发电机4台，由杭州发电设备厂制造。机组安装由工程局机电安装公司承担，1989年1月正式开始，分2个阶段进行：第一阶段安装1、2号机组和4只蝶阀及公用设施，于1989年5月结束，5月14日启动试运行。5月23日山洪暴发，厂房进水，1、2号机组和配电层以上部位的设备被淹。第二阶段安装3、4号机组，在洪水消退后于同年6月18日开始，8月8日3、4号机组启动试运行成功。

电站发电机电压为6.3千伏，经升压至35千伏后并入遂昌电网；另配置35、6.3千伏厂用变压器各1台。电气设备中部分电气盘柜由机电安装公司电气厂生产。电气设备安装与机组安装同步进行，同时投入机组试运行。电气设备安装质量符合规范要求，试验合格，经试运行检验性能稳定。

五、电站扩容

利用发电洞的放空支洞引水扩容，在老厂房右侧新建扩容厂房，安装1台单机容量5000千瓦立式涡流式水轮发电机组。由机电安装公司金属结构厂承装，合同标价51万元。

1998年4月，安装小分队进点准备。7月开始厂房布置，桥机轨道铺设，对机组部件进行拼接及消缺处理。12月，厂房桥机安装结束，经检测，各项技术指标均达优良。此后机组各部件安装相继进行，1999年5月31日机组载负荷运行72小时，一次成功，并网发电。

第十二节　万安溪水电站

一、工程概况

万安溪水电站是九龙江北溪支流万安溪4级开发的第一级水电站，坐落在福建省龙岩市万安乡境内，距乡人民政府所在地4.9千米，离龙岩市81千米。

电站坝址以上流域面积667千米^2，多年平均降水量1886毫米，多年平均流量23.6米^3/秒，20年一遇洪水洪峰流量1610米^3/秒。

电站枢纽建筑物包括混凝土面板堆石坝、引水隧洞、发电厂房、升压开关站和溢洪道。

电站按混合式开发，以发电为主，兼有改善通航和放木条件等效益。该电站为高水头中型水力发电站，装机容量3×1.5万千瓦，保证出力1.13万千瓦，多年平均发电量1.36亿千瓦·时，其中枯水年份发电量6800万千瓦·时，年利用3015小时，担负电力调峰和事故备用任务。电站水库库容2.28亿米^3，属大Ⅱ型水库，具有多年调节性能，并担负下游梯级电站径流调节和向漳平火力发电厂供水的任务。

这是工程局在福建省单独承建的首项工程，于1990年11月成立龙岩万安溪水电站项目经理室，后改称项目经理部。1991年1月，工程局与业主正式签订电站土建工程施工承包合同，合同造价4775万余元。同年3月施工人员、设备进点。同年底电站截流。1992年5月，工程局与业主签订电站机电安装工程施工承包合同，安装队伍于同年9月7日进点。1994年8月中旬电站下闸蓄水，同年四季度3台机组相继投产发电。1995年9月底，土建和机电安装工程全部竣工。完成投资额：土建工程5506.86万元，机电安装工程390万元。完成土石方开挖22.86万米^3，混凝土浇筑5.18万米^3，土石堆筑107.36万米^3，金属结构制作600余吨、安装721.5吨，帷幕灌浆7630.52米、回填灌浆4882.63米^2、接触灌浆3550米^2。

二、导流隧洞

万安溪水电站采取隧洞导流、围堰一次断流的施工导流方案。导流隧洞布置在坝址右岸山体，进口离坝址约150米，全长415米，由洞身和进口闸室两部分组成。其中洞身长403米，开挖断面为高11.6米、宽9.4米，洞体形如城门；进口闸室长12米，由进水喇叭口、起吊闸门框架和蓄水闸门3部分构成。导流隧洞于1991年3月中旬起开挖，当年贯通并在年底投入运行，1994年12月封堵。主要工程量计进出口明挖土石方约2.4万米^3，洞挖石方2.2万米^3，衬砌混凝土6552米^3，封堵段浇筑混凝土2500米^3，封堵段及洞脸回填灌浆250米^2、固结灌浆1011.5米、接触灌浆660米^2，共灌入水泥59.92吨。

开挖队伍于1991年3月开始出口明挖，同年5月上旬结束。1991年4月20日开始洞挖。

洞挖分两层进行，上层高度6.6米，两端掘进，出口用H470三臂台车钻孔，非电毫秒雷管微差起爆，川崎装载机出渣，斯太尔汽车运渣；进口用手风钻钻孔，火花起爆，人工装手扶拖拉机出渣。上层洞身于1991年8月贯通。下层洞仍为两端掘进，同年11月，导流隧洞全洞贯通。

导流隧洞底板和部分边墙设计采用衬砌混凝土、喷锚支护等措施支护。

1991年12月初导流隧洞具备通水条件，12月6日电站截流一次成功，在工程局水电建设史上创造了当年签合同，当年进点开工、截流的纪录。电站截流后导流隧洞运行正常，经数个汛期考验，安然无恙。

导流隧洞在电站下闸蓄水后于1994年10～12月予以封堵，总长22米。封堵段混凝土浇筑在达到一定强度后，即进行回填灌浆、接缝灌浆和固结灌浆。

三、拦河大坝

电站拦河大坝系钢筋混凝土面板堆石坝，坝基最低部位高程274.2米，坝顶高程368米，最大坝高93.8米，是国内同期在建的该类坝型中的第二高坝。大坝上游坝坡1∶1.4、下游坝坡1∶1.3，最大底宽251.2米，坝顶长210米、宽8米。下游坝坡分别在300、320、340米高程设2.5米宽马道。坝体由防渗体结构(趾板、面板和防浪墙)、堆石体结构(垫层、过渡层和主、次堆石)、下游护砌区等组成，共浇筑混凝土1.36万米^3，填筑堆石105.52万米^3，下游坝面护砌1.26万米^3，在坝前295米高程以下填黄土铺盖4万米^3，在坝后设量水堰。大坝于1991年3月开始施工，至1995年9月竣工。大坝的5个分部工程中4个质量优良，优良率80%。整个大坝工程质量被评定为优良，经电力工业部水利水电规划设计院技术鉴定委员会等单位鉴定，确认达到国际先进水平。

（一）坝基开挖

设计要求趾板基础开挖至弱风化基岩，堆石体基础开挖到强风化基岩。坝基开挖始于1991年3月，先期剥除右岸岸坡覆盖层，清除左岸岸坡裸露基岩的少量残留土。覆盖层剥除后的两岸岩石裸露情况较好，将部分凸出岩石及倒坡处理平顺，符合设计要求。

趾板基础总长331.79米，开挖总量3.8万米^3。左、右岸趾板基础分别于1991年8月下旬和9月上旬开始开挖。1992年2月上旬，两岸坡325米高程以下趾板和河床段趾板基础开挖结束验收合格。二期趾板基础开挖1992年4月开始，同年12月基本结束。

（二）趾板浇筑

趾板混凝土浇筑分32块施工，除右第16块和左第15、16块以外，其余长度均为12米，宽度一般为6米，厚度60厘米。混凝土浇筑于1992年2月中旬在河床段开始。现场绑扎、焊接钢筋，侧面用木模板，岸坡部分压顶面加翻转模板。全部趾板浇筑至1994年10月结束。施工中，设计单位将左第13～15共3块趾板的分缝取消，全长30米的块子混凝土渗入UEA膨胀剂连续浇筑，作为科研项目。经过精心施工和养护，浇筑后1个月检查未产生裂缝。趾板混凝土浇筑量因趾板基础开挖时超挖较多，共浇筑1958.4米^3。经检查和验收，趾板未见裂缝，质量较好。

（三）坝体填筑

坝体自面板向下游依次为垫层区、过渡层区、主堆石区、次堆石区、护砌区，与周边岩石接触部分设小区，先填主、次堆石料，后填过渡料，再填垫层料，小区料穿插铺填，下游坝面护砌在坝体填筑的同时施工。投入坝体填筑的主要机械设备有挖掘机4台、装载机3台、运输汽车24辆、推土机4台、1米^{3}履带式吊机1台、振动碾3台。坝体填筑1992年3月开始，1994年10月结束，共计填筑堆石105.52万米^3，其中垫层料4.2万米^3、过渡料5.1万米^3、堆石料96.22万米^3；下游面护砌1.26万米^3。

主、次堆石区填筑始于1992年3月5日，先自坝轴线开始向上游填筑，同年5月25日坝基全部验收合格后进行全断面填筑。主要采用进占法，层厚80厘米，最大粒径不大于60厘米。最高月填筑达到6万米^3。

过渡层区层厚40厘米，宽仅3米，设计要求石料最大粒径小于30厘米。采用后退法，从岸坡的一端向另一端或从中间向两端推进倒渣，铺好后用推土机推平，过渡层与垫层料一并碾压。

垫层料区层厚40厘米，最大粒径小于10厘米，紧随着过渡层料之后用后退法填筑，并与过渡层一同碾压。经过28个坑的干容重试验，填筑合格率100%。

小区设于周边缝下部，填筑料最大粒径4厘米，铺层厚度20厘米，粒径0.5厘米以下细粒掺量比例35%，薄层填筑，人工摊铺、夯实。

电站未设水库放空洞，设计要求在电站蓄水前对坝前312米高程以下的面板以顶厚3米的黏土作铺盖保护，外侧用顶厚3米的石渣护面，坡度1∶2，填筑量4万米^3。

坝体填筑试坑成果见表2-2-18。

表2-2-18　坝体填筑试坑成果

部　位	设计干容重（吨/米^3）	试验组数	平均干容重（吨/米^3）	最小干容重（吨/米^3）	合格率（%）
垫层区	2.20	28	2.24	2.200	100
过渡层区	2.15	10	2.19	2.168	100
主堆石区	2.10	20	2.13	2.100	100
次堆石区	2.05	10	2.08	2.060	100

（四）面板浇筑

大坝面板总面积1.93万米^2，浇筑混凝土8973.4米^3。分23个条块，其中12米宽10块、6米宽13块，均为变厚条块，由底部276.811米高程的60厘米厚渐变至顶部363.7米高程的30厘米厚。中央块的最大长度149.48米。面板采用双向配筋，配筋率0.3%～0.5%。

面板分两期浇筑。一期顶部高程335米，面积9100米^2，共分15条块，其中12米宽10块、6米宽5块，厚度由底部的60厘米渐变至335米高程的40厘米，在坝体填筑到337米高程后于1994年2月1日从左第六块试验块开始浇筑，至3月31日结束，共浇筑混凝土4973.4米^3。一期面板浇筑采用滑模工艺，滑模浇筑总长900米，最长的中央条块长100.1米。面板混凝土浇筑后1个月进行检查，未发现裂缝，各项质量指标均符合设计要求。

二期面板共23个条块，其中12米宽10块、6米宽11块、7米宽梯形块1块和三角形块1块，总面积1.02万米^2，面板厚度由335米高程的40厘米渐变至顶部363.7米高程的30厘米，左坝体填筑至363.7米高程（“L”墙底部）后于1994年11月20日开始浇筑，至12月29日结束。共浇筑混凝土4000米^3，主要采用滑模浇筑。滑模浇筑总长965米（其中102米用人工立模），最长条块49.38米。滑模速度：12米宽块子每小时平均1.81米、最高3米，6米宽块子每小时平均3米、最高5米。面板混凝土共取33组试样作试验，质量指标均达到设计要求，并创造整个混凝土面板无一裂缝的优质纪录。

1995年8月，该电站混凝土面板防裂技术获水利部科学技术进步二等奖。

（五）灌浆、接缝

大坝灌浆主要为帷幕灌浆和趾板固结灌浆。帷幕孔和固结孔布置在大坝上游趾板上，帷幕孔延伸至左岸公路和右岸平洞。帷幕灌浆1992年7月～1995年8月施工，计297孔、7630.52米，灌入水泥53.54吨，水泥总耗量67.75吨，质量合格率100%，优良率98%；固结灌浆自1992年7月开始，至1995年7月结束，计271孔、2056米，灌入水泥9.19吨，水泥总耗量14.08吨，质量合格率和优良率均为100%。

量水堰浅帷幕灌浆于1994年5～7月间进行，计37孔、195米，灌入水泥2.02吨，水泥总耗量2.39吨。

面板接缝包括面板与趾板之间的周边缝、面板板块之间的垂直缝、面板与“L”墙之间的接缝，全长1135.18米，均用SR材料止水。一期面板接缝1994年4月施工，二期面板接缝1995年1～6月施工。

四、引水工程

引水工程包括引水隧洞进水口、引水隧洞和3个引水支管。1991年5月开始施工，至1995年9月完成，累计开挖土石方6.07万米^3，浇筑、回填混凝土1.87万米^3，钢筋结构制作安装775.04吨。工程质量优良率100%，被评为优良工程。

隧洞进口明挖和引水隧洞、3个支管洞及2个施工支洞的开挖。引水隧洞断面为圆形，全长521.858米，洞径7.4米，坡降5‰；以下为渐变段，洞径由7.4米渐变至3.2米。3个支管洞洞径3.2米，总长170米。引水隧洞和支管洞累计土石方明挖3.3万米^3、洞挖2.78万米^3。1992年3月进洞开挖。1993年8月完成渐变段开挖，引水隧洞洞挖全部结束。3个引水支管洞从发电厂房侧掘进，在引水隧洞主洞开挖结束之前挖通。

引水隧洞主洞洞壁全部衬砌混凝土，其中平洞衬砌厚度70厘米，衬砌后洞径6米；渐变段衬砌厚度由70厘米渐变至60厘米，衬砌后洞径渐变至2米。衬砌总量9471.35米^3。引水隧洞压力钢管段和1、2号施工支洞用混凝土回填。引水系统混凝土浇筑于1993年6月开始，次年7月结束，取样149组作试验，全部满足设计要求。

灌浆施工于1993年3月开始，1995年8月结束。其中回填灌浆353孔计4632.63米^2，灌入水泥929.11吨，水泥总耗量944.26吨，优良率100%。固结灌浆1267孔、5909.5米，灌入水泥17.1吨，水泥总耗量19.8吨。接触灌浆112孔计2890米^2，灌入水泥11.83吨，水泥总耗量13.03吨。

五、厂区工程

厂区工程包括发电厂房和升压站、开关站等。地面式发电厂房位于大坝下游顺河道约4.9千米的大拐弯峡谷出口左岸河边。主厂房长49.22米、宽15.9米、高32.72米，装机高程264.2米，内装3台单机容量为1.5万千瓦的水轮发电机组(发电机高程272米)，装配场高程276.5米，尾水底板高程260.112米，3台机组满发时尾水位266.55米。副厂房与绝缘油库布置在主厂房上游侧，其中副厂房长52.22米、宽9.5米、高19.2米，分4层布置。

升压站和110千伏开关站布置在发电厂房上游侧。开关站地坪高程276.4米，平面68.03米、宽31.2米，沿河床为浆砌石挡墙，与发电厂房尾水墩相接。

厂区工程于1991年1月开工，1995年9月竣工。发电厂房分部工程、开关站单元工程质量优良率分别为100%和80%，均评定为优良工程。

(一) 基础开挖

厂区工程基础开挖总量8.39万米^3，其中土方3.36万米^3、石方5.03万米^3。分上、下两层进行，上层开挖始于1991年5月，1992年9月结束，下层开挖于1993年1月结束。全部验收合格。发电厂房尾水渠基础用潜孔钻钻孔，梯段爆破开挖。开关站平台与发电厂房上层基础一并开挖。

(二) 混凝土浇筑

主、副厂房混凝土1992年11月开浇，浇筑量1.04万米^3(不含预制混凝土件)，其中水下部分含机组二期混凝土共8445米^3、水上部分1982米^3，分为主厂房机组段、安装场和副厂房3部分(中间设伸缩缝和止水片)。1994年1月主厂房封顶交付1、2号机组安装工作面，同年10月3号机二期混凝土浇毕。

尾水渠由上、下游导墙和底板组成，混凝土工程量1553.3米^3，1994年1～3月间施工。

110千伏开关站由母线道、35千伏开关室、1号和2号主变压器及线架等组成，以独立分散的小型基础为主，浇筑混凝土706米^3，始于1994年4月，同年8月结束。

发电厂房灌浆分蜗壳回填、接触灌浆和固结灌浆，蜗壳回填、接触灌浆6孔，灌入水泥16.16吨，水泥总耗量17.47吨，质量优良率100%；固结灌浆150孔、652米，灌入水泥4.4吨，水泥总耗量5.4吨，1992年11～12月施工，质量优良率100%。

六、金属结构制作安装

金属结构制作、安装除溢洪道弧形闸门及其门槽外，其余均由工程局机电安装公司承担，从1993年2月开始施工，至1995年8月完成，金属结构制作600余吨，安装721.5吨。制作优良率94%，安装优良率75%。

(一) 压力钢管

压力钢管装于引水隧洞内，由1条主管和3条支管组成，全长240米，总质量500余吨。

主管直径5500毫米、支管直径2000毫米(锥形岔管主管直径从4530毫米渐变到3508毫米、支管直径从4241毫米渐变至3030毫米)，分作138节管节、67节排水槽。1993年3月，1号支管首节开始制作。次年3月，最后1节锥形岔管制作结束。压力钢管全部焊缝均作超声波探伤检测，质量合格。

压力钢管安装从1993年4月开始，次年7月底完成。

(二) 闸门及门槽

进水口事故检修闸门门体尺寸为5900毫米×6250毫米×1000毫米，质量约32吨，制作于1994年5月中旬开始。门槽安装于6月4日结束，门叶于7月22日正式组装，一次性沉放到底。

尾水检修闸门外形尺寸为4110毫米×1965毫米×843毫米，总质量约2.6吨。1993年7月制作完成，次年3月安装，检查合格。

(三) 拦污栅及栅槽

进水口拦污栅共2扇，每扇4小节，每小节外形尺寸4276毫米×2700毫米×380毫米，质量约2.3吨；栅槽分底槛、主轨、副轨等，槽长11米。栅体和栅槽均在工地制作。安装从1994年7月4日开始，同月28日完成。

七、机电安装

机电安装工程包括3台水轮发电机组及其辅助设备以及发电厂房、升压站、开关站、接地系统、照明系统等电气安装，1994年1月开始，是年底完成。机电安装优良率83.75%，分部工程和单位工程优良率均为100%，总评为优良。

(一) 水轮发电机组

电站装单机容量1.5万千瓦的混流式水轮发电机组3台，机组设备由杭州发电设备厂制造，水轮机为 HLD87－LJ－150 型，发电机为 SF－J15－14/3400 型。发电厂房内装 50/10 吨桥式起重机 1 台。

1 号机组座环于 1993 年 6 月 2 日吊装就位，翌年 6 月总装结束，具备调试条件。9 月 25 日第一次充水启动成功，30 日并网。10 月 1 日 7 时开始试运行。至 10 时 40 分，厂内励磁变压器因质量问题烧坏而紧急停机。13 日，机组启动委员会同意工程局副总工程师寿康德的提议，用 1 台经过改装的油浸式变压器暂替干式励磁变压器进行试运行。14 日，重新开始 72 小时试运行。17 日 3 时 15 分试运行结束，1 号机正式投产发电。试运行期间，1 号机组发电约 80 万千瓦·时。

2 号机组于 1994 年 10 月 12 日首次充水启动，因导轴瓦座制造质量问题引起机组摆度较大而停机处理，检修后于 20 日启动，25 日并网、甩负荷试验，29 日零时 15 分完成 72 小时试运行，投产发电。2 号机组试运行发电约 120 万千瓦·时。

3 号机组定子和转子于 1994 年 11 月开始安装，12 月 29 日 18 时 29 分投产发电。至此，万安溪水电站 3 台机组全部投产，创造工程局水电建设史上 1 个中型水电站 3 台机组在 1 个季度内全部投产发电的纪录。

（二）电气设备

发电机励磁装置经 3 台机组试运行考验，运行正常。发电机出线，1 号机采用单元接线方式，2、3 号机采用扩大单元接线方式。厂坝区供电采用 2 台隔离变压器供电，通过架空线分引至溢洪道和坝区。

升压站装 2 万千伏·安(1 号)和 4 万千伏·安(2 号)主变压器各 1 台。1 号主变压器吊罩安装于 1994 年 9 月 3～4 日完成；2 号主变压器于 1994 年 9 月 7 日吊罩，次日完成吊罩检查和总装。

电站布置 110 千伏户外开关站和 35 千伏开关室各 1 个。开关站电气设备安装质量符合规范要求，一次送电成功。

第十三节　珊溪水利枢纽工程

一、工程概况

珊溪水利枢纽工程系国家重点建设项目，浙江省投资最大的水利工程。位于浙江省文成县境内飞云江干流中游河段，距文成县城 28 千米，距温州市 117 千米。坝址以上集雨面积 1529 千米^2，水库总库容 18.24 亿米^3，灌溉面积 99.97 万亩。水利枢纽由珊溪水库、赵山渡引水工程组成，以灌溉、供水为主，兼顾发电、防洪等效益。珊溪水库包括大坝、溢洪道、泄洪洞、引水发电隧洞、发电厂房、升压站、开关站等建筑物。发电厂房内装机 4 台，装机总容量 20 万千瓦，多年平均发电量 3.55 亿千瓦·时。大坝坝型为钢筋混凝土面板堆石坝，最大坝高 132.5 米，属当时国内在建同类坝型第二高坝。

工程早在 20 世纪 50 年代开始前期普查规划工作。70 年代工程局勘测设计人员进行坝址勘测和地质钻探，完成大坝可行性研究报告和电站初设方案。80 年代又编制大坝坝型专题报告，并完成《珊溪电站综合效益和“八五”期间上马的可行性研究》的软科学研究项目。1996 年 9 月珊溪水利枢纽工程前期工程动工，工程局第二工程公司(第二分局前身)承担左岸上坝公路工程，12 月又承担导流洞工程。1997 年 5 月中标承建主体工程，工程局进入全面施工阶段。此后又相继中标水库机电安装、莲花山引水隧洞等 6 项工程。工程概算价 9.05 亿元，工程局施工承包合同总价为 4.4 亿元，合同工期自 1997 年 8 月至 2003 年 3 月。

第二工程公司于 1997 年 6 月进点，同年 11 月初大江截流，2000 年 4 月中旬下闸蓄水，同年 6 月下旬首台机组投产发电，2001 年 7 月下旬最后一台机组投产发电，2002 年 5 月工程提前竣工。施工期间，取得当年进点、当年开工、当年截流的好成绩；刷新导流洞全断面开挖、衬砌 10 个月完成的国内纪录；创出连续 7 个月大坝月填筑方量超过 30 万米^3、月最高填筑强度 56 万米^3、日最高填筑强度 2.1 万米^3 的当时国内先进水平；创造混凝土面板施工无裂缝的国际先进水平，并获“中国企业新纪录”。2006 年评为“全国用户满意工程”，并荣获“国家优质工程银质奖”。

2000 年 8 月，中共中央政治局常委、全国人大常委会委员长李鹏为珊溪工程题词：珊溪水利枢纽工程为振兴温州经济作出贡献。

二、导流洞

导流洞位于左岸，是主体工程开工前的控制性工程。全长 573 米，城门洞形，衬砌后断面尺寸为 9 米×11 米，最大开挖断面 12.6 米×14.6 米，衬砌厚度 0.3～1.8 米。衬砌后进出口底板高程分别为 45、44 米。合同要求在 1997 年 10 月 15 日建成，合同工期 10 个月。这是无先例可循的短工期，原设计要求为 18 个月，如果按以往惯例尚需 2 年左右时间。

1996 年 12 月 11 日，第二工程公司从进口、出口、支洞 3 个工作面同时开工，形成从钻孔、装药爆破到排烟、安全处理、出渣、测量放样、清炮底的工序循环。1997 年 2 月 15 日明挖结束，进入洞挖。洞挖按中导洞、上层洞身、下层洞身进行。由于岩石结构面裂隙发育、断层贯穿，开挖中采用打锚筋孔、防振孔、锚筋、注浆等系列修整措施，并改进钻孔、爆破方法，使一循环从 10 个小时缩短到 6 小时 15 分钟，一天最高进尺达到 19.4 米。1997 年 3 月创下月洞挖进尺 402 米的国内先进水平。4 月 14 日上层扩挖贯通。经检测，贯通轴心线误差 2.8 厘米，低于设计允许误差 5 厘米的标准。

同年 5 月 28 日开浇底板混凝土。7 月 3 日下层扩挖全线贯通。为加快衬砌立模进度，木工班设计制作大型喇叭口木模，竹架班班长张成华改搭满堂架为在台车钢模上一次定型，节省人工 400 个、毛竹 1000 根、铅丝 1 吨。9 月，混凝土日浇筑量最高达到 292.5 米^3，月浇筑 1.1 万米^3，全断面衬砌进尺 268.5 米，又一次创下国内先进水平。10 月 15 日导流洞衬砌完成。导流洞工程历时 300 天，共开挖土石 27 万米^3、浇筑混凝土 2.8 万米^3。经验收委员会检查验收，工程合格率 100%、优良率 89.4%，工程质量评为优良。验收结论：在水工导流隧洞施工中达到国内先进水平。

1997 年 11 月 1 日 10 时，经 23 个小时持续填筑，上游围堰 20 余米宽的龙口合龙，飞云江水改经导流洞下泄，成功截流。浙江省省长柴松岳、副省长刘锡荣等省、市、县有关领导出席截流仪式。柴松岳省长勉励二公司职工“发扬新安江精神，再创辉煌业绩”。

三、水库大坝

水库大坝位于峡谷河段上，坝顶高程156.8米，顶宽10米，最大坝高132.5米，为钢筋混凝土面板堆石坝。下游坝坡布置“之”字形上坝道路，路宽10米，最大纵坡10%。坝体由堆石体、过渡层、垫层、防渗面板组成。在坝体中部填筑部分原状砂石料代替堆石。总填筑量571万米^3，其中堆石体444万米^3。

(一) 坝体填筑

1998年3月初，开始坝轴线以下部位反滤料、堆石料填筑。3月8日，一场50年一遇的洪水汹涌而来，冲开围堰缺口，淹没基坑。二公司奋力抗洪，刚清理完受淹区域，5月14日、6月20日、6月21日三场特大洪水又接踵而至，给施工造成极大困难，至9月底大坝工程实际完成形象进度比总工期计划滞后2个月。公司立足于抢，坚持“三个确保”(保1998、1999年安全度汛，保2000年第一台机组发电，保2001年大坝竣工)，重新调整施工计划，加强施工组织管理，并添置7台特雷克斯31.5吨全液压自卸车，使大坝填筑从11月份始连续7个月的月填筑量超30万米^3，最高日强度2.1万米^3，最高月强度56万米^3，比原计划提前53天达到度汛高程。1999年6月12日，大坝全断面填筑至102.5米高程，提前18天实现度汛目标。

堆石体填筑，包括主堆石区、次堆石区、砂砾石料区。主堆石区块石料主要来自溢洪道开挖的新鲜石料，最大粒径不超过80厘米，层厚80厘米，每个单元约4000～5000米^2。砂砾石料区来源于下游河床天然砂砾石料场，最大料径80厘米，共填筑砂砾料121万米^3。次堆石区最大粒径不大于120厘米，来源于溢洪道开挖和采石场的块石料。为保证高强度填筑的质量控制，公司制定一整套填筑质量管理办法，分为装料、倒料、铺平、洒水、碾压5个工序，层层把关，各负其责，奖优罚劣，使大坝施工参数得到有效控制，单元工程合格率100%、优良率81.77%，给面板浇筑创造了良好的条件。

2000年11月18日，大坝全断面填筑到顶，总填筑量为576.2万米^3。

(二) 面板浇筑

面板面积7万米^2，分两期浇筑。1999年11月11日，一期面板开浇。一期面板全长354米，面板坡比1∶1∶4，最大块长143米，共分34块，每块宽12米，采用滑模工艺。公司制定作业指导书和施工细则，严格施工规范，优选混凝土配合比，进行外加剂掺合试验。2000年1月17日，一期面板浇筑完毕，面积3.7万米^2，共浇筑混凝土2.5万米^3、绑扎钢筋1724吨、安装止水片4266米。其工作量占整个面板的60%，为4月30日水库蓄水、7月1日首台机组发电奠定基础。

二期面板于2000年12月2日开浇。二期面板全长414.26米，面板坡比1∶1∶4，最大厚度43厘米，最小厚度30厘米，共分38个块子，采用无轨斜拉滑模、超长止水铜片一次成型、伸缩缝作补偿收缩等工艺。2001年1月15日二期面板提前10天浇筑结束，共浇筑混凝土1.2万米^3、绑扎钢筋1100吨、伸缩缝2170米，确保大坝在汛期安全挡水。

坝顶防浪墙于2001年2月14日开始浇筑。防浪墙长460.45米、高4.8米、顶宽0.7米，采取分缝、分2层35个块子作业，全部使用新标准模板立模，墙体部分一次成型。混凝土表面设SR填料止水。7月15日浇筑完成，共浇筑混凝土2365米^3、绑扎钢筋123

吨。经质量检查，外观表面平顺光滑，走线挺直，达到精品工程要求。

2001年11月3日，由中国工程院院士谭靖夷等水利水电专家组成的鉴定委员会，对大坝工程作出鉴定，认为：目前大坝最大沉降量仅为坝高的0.66%，面板后的坝内水位基本上与下游水位齐平，说明施工总体规划、施工技术及质量管理均有所突破。对混凝土面板施工采用优选混凝土配合比、一系列外加剂以及补偿收缩等先进技术与工艺，使大坝迄今未发现任何可见裂缝，这在国内外100米以上大坝施工领域都是罕见的。结论为：珊溪水库钢筋混凝土面板堆石坝采用系统先进的施工技术，坝体填筑与混凝土面板浇筑质量优良，施工速度快，达到国际先进水平。

四、泄洪洞

泄洪洞位于左岸、溢洪道右侧山体内，由主洞、交通洞、通风洞、事故检修门井和工作操作室组成。主洞长308米，最大宽度13米，高13.4米，呈马蹄形、城门洞形断面。检修门井高72米，直径12米，呈圆形断面。工作操作室高32.3米，最大宽度22.69米，呈梯形断面。整个工程开挖土石24万米^3、浇筑混凝土4万米^3、绑扎钢筋1700吨、钢结构制作安装174吨。

泄洪洞工程于1997年11月6日动工。1998年3月专家组在考察时提出岩体边坡防振强度，将原设计的6度提高到7度。这一改变，工作量增加数十倍，处理面积达2200米^2，需钻直径110毫米、孔深18～20米的孔计300多只，然后插钢筋锚杆、喷浆锚固。此项处理，正常工期需85天。为不影响水库度汛，公司调剂力量，打孔、插筋、喷浆昼夜不停，打好1只孔请监理人员验收1只孔，仅用15天将洞口边坡防振强度提高1度，成功完成边坡处理。在场专家称赞：这样的速度和工艺，在国内同类项目中是不多见的。1998年10月31日完成上层开挖，接着连续40天完成下层护挖，最高日进尺15米，比原计划提前6天全线贯通。12月28日开始安装钢衬，1999年1月26日安装完毕，通过验收，比原计划提前20天。钢衬总重300吨，分3段15节，最大节外形尺寸10米×7米，壁厚25毫米，由机电安装公司水电分公司制作并安装。1999年5月3日泄洪洞混凝土浇筑结束，具备过水条件。

五、发电厂房

发电厂房位于右岸，由主厂房、装配间端副厂房、母线廊道等建筑物组成。主厂房全长89.9米、宽19.9米、高45.2米。机组段全长66米，安装间长23.8米，屋顶为网架结构。厂房内共安装4台5万千瓦水轮发电机组。主要工程量为主厂房下部结构混凝土2.8万米^3，上部结构混凝土、副厂房混凝土3800米^3，尾水挡墙混凝土1.2万米^3，钢筋制作安装1500吨。

1998年1月，长100米、宽35米的厂房基础断面开始开挖。12月16日1～4号机组底板、尾水渠挡墙开浇混凝土。2000年3月，发电厂房形成，4号机组安装全面铺开。3月4日高2.27米、质量为77吨的发电机定子顺利吊入机坑。4月25日质量为175吨的发电机转子就位，并与水轮机大轴连接。6月17日机组开始充水。6月19日机组空载4小时20分，各部温度正常，振动摆度正常。6月21日机组进行过速试验。6月24日计算机监控系统整套动态调试。6月25日16时18分机组一次并网成功，开始发电。6月26日机组开始甩负荷试验。6 月 27 日 15 时 19 分正式并网发电。6 月 28 日，南京军区政治部前线话剧团、歌舞团，中国人民解放军长江艺术团，温州市文化局专程到工地，向全体建设者进行慰问演出。

3、2 号机组分别于 2000 年 10 月 1 日、12 月 30 日正式并网发电，1 号机组于 2001 年 7 月 25 日正式并网发电。4 台机组的单元优良率均为 100%。与机组相配套的总质量为 700 吨、直径 4 米、厚度 16～22 毫米等 4 种规格的引水、尾水压力钢管的制作与安装，均按期圆满完成。

六、赵山渡引水工程金属结构制造安装

赵山渡引水工程包括发电厂部分的拦污栅、进水口闸门、尾水事故检修门，浅滩区 9 套弧形闸门，主槽区 7 套弧形闸门，坝顶门式启闭机，泄洪洞检修闸门等制造安装，总质量 3389 吨。1999 年 3 月进点开始门槽制作，7 月门槽分节焊接、安装就位，质量优良。施工中，机电安装公司项目部严格按质保体系中焊接规范和焊接工艺操作，16 套弧形闸门焊接获“全国优秀焊接工程”称号。2001 年 8 月，承建的金属结构制造安装全部提前结束。经验收，单元工程优良率 100%。

七、莲花山引水隧洞

莲花山引水隧洞系珊溪水利枢纽的供水配套工程，位于温州市郊潘桥镇境内，由 1、2 号洞及洞之间连接钢管组成。1 号洞长 360 米，2 号洞长 5000 米，开挖断面均为直径 4 米，一次成圆洞形，钢筋混凝土衬砌厚度 0.4 米。第二分局(原名第二工程公司)承建 1、2 号洞进口纵深 2473 米。主要工程量为，开挖土石 22 万$米^3$，锚筋造孔 1.3 万米，洞身混凝土衬砌 1.6 万$米^3$，回填灌浆 1.2 万$米^2$，围岩固结灌浆 0.29 万米。

分局于 2000 年 5 月下旬进点，6 月下旬形成 1∶1.3 坡面的 2 号洞洞口面，并开始明挖，发现山体为破碎的滑坡体，加上两侧各有 1 条山涧，水流对山体渗透极深。为此，设计单位将隧洞进口南移 20 米，开挖后地质情况依旧，设计单位又将洞口南移 30 米。经两次设计修改，开挖量增加 7 万多$米^3$，洞挖时间从原计划的 8 月 15 日延迟 2 个月。为拚抢工期，分局将 PC400－6 型挖掘机调至工地，并配备立爪式装载机、全液压凿岩机、激光指向控制仪等设备，特殊、关键过程实行技术、安全交底，严格执行施工规范和质量标准。10 月 20 日开始洞挖作业。当洞挖进尺至 983 米时遇到断层，岩体不断呈片状坍塌，水从四壁喷涌，洞内顿成溪流。职工们一面支护格栅钢架，一面堵排水，一面打爆破孔，坚持在掌子面施工作业。2002 年 7 月 16 日，隧洞贯通，对接准确无误。7 月 18 日经建设、监理单位验收后即清理底板石渣，开始人工绑扎钢筋、立模、衬砌，8 月投入全断面衬砌针梁式隧洞钢模台车。台车由工程局机械制造总厂设计、制造并安装，一次衬砌断面 10.5 米，加快隧洞衬砌进度，10 月进尺达 263.5 米。衬砌振捣严实，洞身平滑光洁。2002 年 11 月 30 日，工程比合同工期提前 2 个月完工。2 号洞 2473 米长段成为工程局隧洞开挖、衬砌史上最长的隧洞，并达到快速、安全、优良。

2002 年 5 月工程竣工，比计划工期提前 10 个月。同年 10 月通过工程竣工初步验收，工程质量评为优良。11 个单位工程有 10 个达到优良标准，其中珊溪水库大坝达到国际先进水平。工程进度和质量、安全，受到先后前来视察或考察的全国人大常委、原水利部部长杨振环，浙江省委书记李泽民、张德江，省长柴松岳等领导和专家的高度评价。亚洲开发银行咨询团团长、国际大坝专家洛得文森特在珊溪工程建设表彰大会上说："7万米^{2}的珊溪水库大坝面板未发现一条裂缝，这是我们在世界上至今看到最好的混凝土面板。"中共温州市委、市政府对工程定义为：自1997年开工以来，建设者团结奋斗、艰苦创业，提前10个月圆满完成施工任务，工程优良率达到82.6%。珊溪水库大坝经专家评定达到国际先进水平，受到了国际大坝专家及亚洲开发银行专家的高度评价。工程自开工到完工为工程节省投资4.65亿元，3.6万移民得到妥善安置，谱写了温州重大工程项目建设的新篇章。

珊溪水库混凝土面板堆石坝施工技术，获"中国水利水电建设集团科技进步二等奖"、"中国企业新纪录"，并在中央电视台《科技博览》栏目以科技片《土坝的变迁》、专题片《坝壮山河》内容作为工程建设成就播放。2006年珊溪水库工程评为"全国用户满意工程"，荣获"2006年度国家优质工程银质奖"。

第十四节　白　溪　水　库

一、工程概况

白溪水库位于浙江省宁海县境内，坝址距宁海县城29千米，距宁波市78千米，是一座以供水、防洪为主，兼顾发电、灌溉等效益的大Ⅱ型水利工程。水库总库容1.68亿米^3，供水调节库容1.35亿米^3。坝型为钢筋混凝土面板堆石坝，坝顶长398米、宽10米，最大坝高124.4米。发电厂房内安装2台0.9万千瓦水轮发电机组，装机总容量1.8万千瓦，年发电量4380万千瓦·时。

坝区基岩以玻屑晶屑熔结凝灰岩和含角砾熔结凝灰岩为主，完整性较好，无区域性大断层，中小断层较多。河床覆盖层最大厚度23米。坝区属亚热带季风气候，台风多发地区，极端最高气温39.7摄氏度，极端最低气温零下9.6摄氏度，多年平均降水量1838.9毫米，年实测瞬时最大风速大于40米/秒。

工程局于1996年12月中标承建土建及金属结构安装工程。主体工程包括大坝、溢洪道、引水发电放空洞、发电厂房、开关站、补充供水管及消能室、反调节池、下游挡水堤、取水系统、原型观测设施等建筑物。后又增加管道、电器安装和配电房、电缆桥电缆道、岸坡防护、码头、公路、水位井、消防水池等施工项目。合同造价共计3.1亿元，合同工期51个月。

1996年12月，工程局第一工程公司(第一分局前身)进场施工，2001年12月竣工，历时5年，施工满足工程进度要求。工程质量鉴定为优良。施工中刷新截流后第一个汛期坝体挡水高度、全断面填筑2项国内纪录，并将聚丙烯纤维混凝土成功应用于二期混凝土面板，填补了国内空白，达到国际领先水平。水库工程获浙江省水利优质工程奖，评为中国水利优质工程、中国电力优质工程和全国用户满意工程。

二、施工导截流

采用隧洞导流方式，枯水围堰一次拦断，汛期由坝体临时度汛断面挡水，隧洞导流。

导流洞位于右岸山体中，由进口明渠、洞身、出口明渠组成。导流洞全长 573 米，进口明渠长 55 米，出口明渠长 275 米。

第一工程公司进点后，边作前期施工准备，边开始导流洞施工作业。1997 年 5 月，导流洞出口明渠上层开挖结束，开始洞体开挖，共清运土石 24 万米^3。经放样、钻孔，上层洞挖爆破一次成功。洞身尺寸 11.6 米×7 米，分为开挖和刷顶(光爆)作业，至 6 月出口端上层洞挖进尺 80 米。7 月 18 日，当年第 11 号台风正面袭击浙江，工地风力达 11 级，洪水流量 2300 米^3/秒，冲毁过江桥、泵站，生活用房、仓库、炸药库被掀掉屋顶，内外道路多处塌方，工地停水停电，对外交通全部中断。公司干部职工顶着狂风暴雨抢运机械设备，清渣清障，拉线铺管，经过 30 小时奋力抗击，恢复施工。为加快施工进度，将固定式脚手架作业平台改成轮胎移动式平台，9 月中旬开始投入多臂台车进洞作业，并试用计算机管理工程项目。上层导流洞于 11 月提前 34 天全线贯通，共开挖土石方 13.5 万米^3，洞挖 4.1 万米^3。

导流洞下层开挖于 1998 年 3 月开始，4 月进行洞身扩挖，每天进尺 7 米。5 月导流洞全断面提前 6 天贯通。导流洞混凝土衬砌从 1998 年 1 月开始，8 月全部结束，历时 210 天，共浇筑混凝土 2.15 万米^3，绑扎钢筋 659 吨、插筋 9844 根、混凝土喷护 1.34 万米^3。9 月 28 日，上游围堰合龙，成功截流，溪流从导流洞过水下泄。

截流前，上下游围堰河床以下部位提前闭气，使围堰在枯水期内发挥挡水作用，为大坝度汛断面填筑赢得时间。

三、大坝工程

(一) 基础开挖

1998 年 10 月开始大坝基坑开挖。对坝轴线及趾板间倒悬岩、陡壁进行削坡处理，清除距趾板 15 米以内不利于建基面的突岩。对第一次趾板基础剥离至基岩面，绘制二次开挖图，基础小面积超挖深度不大于 20 厘米。11 月大坝基础开挖结束，共开挖出渣 35 万米^3。

(二) 大坝填筑

填筑分 120.5 米高程、130 米高程、141.7 米高程三期控制，按主、次堆石区，过渡区，垫层区顺序进行。采用自卸汽车运输上坝方式，堆石体用振动平碾，斜坡用牵引式振动碾。垫层区填筑对开挖料和超径卵石进行轧制加工，严格控制料径。特殊垫层料最大粒径控制在 2～4 厘米，逐层铺筑，压实后层厚 20 厘米。1998 年 10 月进行坝轴线以下部位的全线填筑。1999 年 2 月开始斜坡碾压。施工中为解决堆石坝填筑洒水难题，工程队利用自然流水，采取车床大拖板行走的反原理，用齿条推动齿盘，自制成功 1 台快速加水装置，达到自动、快速加水，提高工效约 20 倍。5 月填筑 46.5 万米^3，日平均填筑 1.5 万米^3，最高日填筑 1.92 万米^3。至 5 月底，坝体度汛断面按计划要求填筑到 120.5 米高程，达到抵挡 50 年一遇洪水的标准，从而创下面板堆石坝第一个汛期坝面不过水和第一年截流、第二年坝体全断面达到抵挡 50 年一遇洪水的两项全国纪录。8 月坝体全断面填筑至 130 米高程，比计划提前 70 天达到百年一遇洪水的标准。10 月初大坝填筑到 135 米高程，共填筑土石 272 万米^3，占坝体总量的 2/3，形成一期面板混凝土浇筑的条件。

（三）面板浇筑

面板混凝土分两期浇筑，每期面板在同期坝体完成填筑并充分沉陷后进行，采取滑模连续浇筑和分段流水施工作业。一期面板混凝土于1999年11月初开浇，分22个块子，2000年1月结束，共浇筑混凝土1.34万米^3、钢筋制作安装970吨、止水铜片制作安装2700多米。施工中，水电队自制1台液压止水铜片压模机，代替历来使用的千斤顶作业，加快铜片制作安装速度，工效提高4倍，并减少铜片接头，节省费用30万元。

2000年3月开始填筑坝前保护屏障。在坝体上游挡水混凝土面铺上一层粉煤灰、黄土和石渣，形成屏障，防止水流渗透，保护大坝安全稳固。底层用粉煤灰沿面板周边缝填筑，宽度6米，厚度0.6米。5月保护屏障完成，共填筑石渣8.8万米^3、黄土4.7万米^3、粉煤灰2300吨。

2000年10月初开始二期面板混凝土施工。二期面板处于水位变化区，经常受到大风、寒流侵袭。为提高面板质量，解决面板裂缝和混凝土变形等技术难题，经与建设、设计等单位商量，在中国工程院副院长潘家铮等专家支持下，采用聚丙烯纤维混凝土新技术。经过大量室内试验，取得第一手数据，将聚丙烯纤维混凝土成功应用于二期面板1、3、9号块和溢洪道进口。专家认为试验成果填补了国内空白，在严寒地区及高面板堆石坝中有广泛的推广应用价值。该课题列入水利部2000年度科技创新项目。聚丙烯纤维混凝土在二期面板上的成功应用，使混凝土干缩减少70%，混凝土开裂指数减少约60%，从而攻克了水利工程施工中使用高标号水泥的防裂难题。二期面板共分33个块子，12月初全部浇筑完成，共计浇筑混凝土2.63万米^3、绑扎钢筋712吨。

（四）下闸蓄水

导流洞整个沉放排架于2000年5月全部到位，8月具备下闸封堵条件。10月12日2号钢筋混凝土闸门沉放到位，10月18日10时，1号质量为360吨的钢筋混凝土闸门顺利下闸，水库成功蓄水。

四、溢洪道工程

溢洪道位于河床左岸山坡，紧贴左坝头，由进水渠、控制段(溢流堰)、陡槽段、挑流鼻坎、出水渠组成，全长880米，边坡最大开挖高度128米。弧形闸门宽15米、高8.5米，采用卷扬机式启闭机。主要工程量为，土石方开挖279.89万米^3，混凝土浇筑4.48万米^3，固结灌浆1350米，帷幕灌浆280米，钢筋绑扎1256吨，锚杆4500根。

1997年上半年进行溢洪道边坡开挖，按照设计开挖线布置预裂孔，进行预裂爆破，预裂面不平整度小于15厘米。由于工作面经常吹刮5～6级阵风，增加作业难度，9月始实行责任到人，将1台钻机1个班次进尺从20米左右，提高到40米，最高达到48米，全月完成开挖5万米^3。1999年4月12日，溢洪道190米高程右侧宽15米、长110米、计6000多米^{3}的滑坡体，经雨水冲刷突然坍下500多米^{3}岩块，散落到大坝左岸坡混凝土趾板、上游斜坡面上，严重影响各作业面施工。经过11天奋力清理，将坍落石渣连同滑坡体清除完毕，恢复施工。

2000年4月开块浇筑溢洪道混凝土，投入1台高架门机、2套拌和系统和2只120吨散装水泥罐，浇筑长度403.5米。施工中，工程队将钢模板拼成3米×2.3米规格的大模板，进行悬臂大模板立模，使混凝土表面光洁平整，增强外观质量。

五、引水发电放空洞工程

引水发电放空洞位于右岸，由进水明渠、进水口、闸门井、隧洞、压力钢管段、出口明渠组成。进水口长89米，闸门井孔口尺寸3米×3.5米，圆形隧洞段长360米、洞径3.5米，压力钢管段长82米、洞径2.5米、钢管壁厚10厘米。主要工程量为土石方开挖5.01万米^3，石方洞挖1.03万米^3，闸门井开挖0.19万米^3，浇筑及衬砌混凝土0.91万米^3，钢筋绑扎319吨，各类锚筋锚杆1710根，压力钢管388吨，固结灌浆1600米，回填灌浆1930米^2，接触灌浆340米^2。

洞室开挖先进行现场试验，确定合理的爆破参数，然后精确定位、定向，减少对围岩的破坏和防止其他建筑物受到振动破坏。对穿过隧洞、竖井的开张节理、裂隙、断层等不连续地质构造，进行封堵处理。隧洞衬砌，采取移动式混凝土泵连续浇筑，一次浇筑段长9米。整个工程于2000年8月完成，具备过水条件。

六、发电厂房工程

发电厂房顺右岸下游山坡布置，厂房长40.5米、宽16米、高25米，安装2台容量为0.9万千瓦的轴流式水轮发电机组。2条尾水管，孔口尺寸4.11米×2.13米。安装1扇检修平板闸门，用卷扬机电动葫芦启闭。完成主要工程量为，土石方开挖6.2万米^3，混凝土浇筑1.8万米^3，固结灌浆1013米，钢筋制作安装303吨。

厂房开挖于1997年3月开始，1999年6月结束。7月开始主厂房固结灌浆。为保证浇筑质量和混凝土外观质量，严格执行“三检制”，分局试验室派专人现场值班，对尾水闸墩和发电机以下外露面，采用新的标准钢模板立模，对模板拼装板间的较大缝隙用海绵嵌缝，并做好现场混凝土抗压强度检验。由于厂房Ⅱ、Ⅲ期开挖图提交时间滞后，端副厂房设计变更等原因，主厂房混凝土浇筑比合同期推迟10个月。2000年1月安装厂房吊车梁，4月浇筑端副厂房，6月完成全部工程，7月初比合同期滞后5个月移交机电安装工作面。

七、下游挡水堤工程

下游挡水堤是下游取水系统的永久性配套工程。位于大坝坝轴线下游270米处，右侧与发电厂房尾水挡墙相连，左侧连接泄水涵洞岸坡，为塑性混凝土心墙堆石坝。挡水堤轴线呈折线形，沿堤轴线设置垂直防渗墙，78.5米高程以下为厚度0.8米的塑性混凝土防渗墙，78.5米高程以上为厚度0.9米的现浇混凝土防渗墙。防渗墙全长170.7米。

1997年8月进点作三通一平等施工准备，9月开始基础开挖。为保证工程质量，在现场事先进行塑性混凝土试验，对塑性混凝土配合比进行合理调整。同年10月浇筑第一个槽段混凝土。1998年7月帷幕灌浆开始，10月地下部位塑性混凝土防渗墙浇筑完成。共浇筑混凝土4287.27米^3，帷幕灌浆795米，截水面积3528.01米^2。78.5米高程以上混凝土防渗墙于1999年11月开浇，2000年10月结束。共浇筑混凝土1684.29米^3，布设防裂钢筋2.3吨。

挡水堤填筑于1999年1月开始，2000年12月结束。堰体各区填筑料在填筑前均作级配试验及碾压试验，填筑按砂砾石心墙料—过渡层料—堆石料顺序进行。挡水堤砌石护坡从1999年2月开始，2001年6月结束。堤顶碎石层填筑从2001年4月开始，6月结束。2001年8月工程项目全部完成，10月通过竣工验收。共填筑砂砾石心墙料7665米^3、过渡层料7516米^3、堆石区料3.68万米^3、碎层垫层料395.4米^3，干砌块石护坡2833.4米^3，石渣回填3970米^3，土石方开挖8203米^3。

八、横塘吊桥工程

横塘吊桥位于坝址上游4千米处的白溪主流上，为吊索单跨柔性结构桥梁，桥长180米，净宽2米。2根主索采用隧洞式锚碇系统，吊杆73对，左右塔高分别为21.5、20米。2000年12月议标承建。当月进点施工，2001年9月完工，共完成土石方开挖3100米^3，混凝土浇筑900米^3，金属结构制作安装162吨。实际造价251.6万元。工程质量评为优良。

吊桥架设于溪流两岸山冈之间，集实用和观赏于一体，并使区域内“白溪瀑布”、“龙舌垂涎”、“天灯盏”、“杨公幽洞”等自然和人文景观便于开发和游览。

白溪水库工程于2001年12月竣工。由于设计变更、图纸提交滞后等原因，实际工期比合同工期滞后9个月。完成主要工程量：土方开挖84.66万米^3、填筑4.05万米^3，石方开挖383.19万米^3、填筑410.55万米^3，混凝土浇筑17.37万米^3，帷幕钻孔灌浆1.18万米，固结钻孔灌浆1.59万米，金属结构制作安装498.83吨。实际造价2.86亿元(其中土建工程2.77亿元)。

2002年1月，水利部水利规划设计总院等单位27名专家，对水库堆石坝进行性状分析评审。结论为：水库经过1年运行考验，与国内外同类型大坝相比，该坝体沉降量与坝高比值(0.66%)较小，坝体及坝基渗流量仅为3～4升/秒，与同类工程相比达到较高水平，在百米以上高坝中属于渗漏量微小的坝。施工中优化施工导流方案，采用枯水期围堰挡水，创造截流后第一个汛期坝体挡水高度、全断面填筑2项国内纪录，为利用开挖料和超径卵石轧制加工垫层提供实践经验。二期混凝土面板成功应用聚丙烯纤维混凝土，使二期面板裂缝在数量和规模上均明显减少，同时这种混凝土的抗冻、防渗、抗冲耐磨性能和韧性均有较大提高，从而提高了面板的耐久性和工作寿命。该项应用技术属国内外水利水电工程中的技术创新，填补了国内空白，达到国际领先水平。

2002年6月通过竣工验收。经验收质量评定，单元工程合格率100%、优良率80.9%，分部工程优良率85%，单位工程优良率90%，其中主要单位工程大坝、溢洪道、引水厂房系统质量等级优良。水库工程质量等级鉴定为优良。2004年获宁波市优质工程“甬江杯”、浙江省水利优质工程奖，2005年评为“中国水利优质工程”和“全国用户满意工程”，2006年评为“中国电力优质工程”。

第十五节　芹山水电站

一、工程概况

芹山水电站位于闽东北部，距周宁县城32千米，是穆阳溪梯级开发的第一级水电站，福建省重点建设项目。工程总投资7.3亿元，由拦河坝、溢洪道、引水系统、地面发电厂房、开关站等建筑物组成。发电厂房装机2台，单机容量3.5万千瓦，装机总容量7万千瓦，年平均发电量1.45亿千瓦·时。水库总库容2.65亿米^3，截域面积453千米^2，为多年调节性的“龙头”水库。

拦河坝坝型为钢筋混凝土面板堆石坝，最大坝高122米，是福建省首座百米以上面板堆石坝，全国当时在建的第5座面板堆石高坝。拦河坝施工集多个科研项目，采用坝面过水、硐室爆破、改进止水，具有很高的科技含量。所取得的施工成果和数据，为我国此后在湖北清江建造世界第一高混凝土面板堆石坝——233米高的水布垭混凝土面板堆石坝，提供科学依据。

1997年5月，工程局穆阳溪施工局(第五分局前身)中标承建拦河坝、溢洪道工程，合同造价1.09亿元，合同工期34个月。施工局于中标当月进点，12月12日截流，1999年10月11日下闸蓄水，同年12月12日首台机组投产发电，2000年7月30日工程完工，评为优良工程。

二、施工导截流

坝址处于V形峡谷，溪床最大宽度15米，两岸覆盖层厚7米多。施工局1997年5月进点后，围绕工程首项目标——截流，加紧施工道路、生活场地平整等作业，6月开始大坝左右岸山皮剥除、围堰填筑，7月开始大坝趾板开挖，10月形成截流条件。工程截流原定于10月底完成，由于其他单位承建的用于截流的导流洞无法过流使用，需作加固处理，建设单位将截流时间推迟到12月中旬，并将加固处理交施工局承担。施工局立即调配人力物力，进洞重新打孔、灌浆、浇筑，赶抢工期，持续作业42天，将导流洞加固坚实。12月12日9时，经施工局15辆20吨自卸车依次向上游围堰龙口倾倒石料，两侧同时抛填，围堰合龙，溪水改从导流洞下泄，成功截流。施工局取得当年进点、当年截流的佳绩。

三、硐室爆破

穆阳溪溪床岩石紧硬、裸露，无砂石覆盖层，1、2号料场开采石料和溢洪道开挖石料无法满足大坝填筑需要，经建设、设计、监理、施工4家单位商议，决定新开料场进行硐室爆破取料。此项爆破得到国家电力公司批准并列为“采用硐室爆破方法开采符合粒径要求的面板堆石坝坝料现场试验和推广应用”科技项目的一个支项目和生产实验工程，要求通过试验、研究、总结，掌握高强度开采面板坝坝料的技术，制定和推广其设计方法和施工工艺。

施工局与中国水利水电科学研究院合作，分2次在新开辟的3、4号料场进行。第1次爆破于1998年8月1日，在3号料场所打的主洞和支洞，装填铵油炸药65吨，爆破方量12万米^3。经现场检测，岩石破碎直径均在80厘米以内，可利用率达到97%，取得成功。中国水力发电工程学会面板坝专业委员会等单位给施工局发来贺电，贺电称：“爆破成功为进一步试验打下良好基础，标志着穆阳溪施工局面板坝施工技术水平有了新的发展。”第2次爆破于同年10月14日在4号料场进行，装填炸药68吨，爆破方量15万米^3，岩石破碎率达100%。2次硐室爆破试验成功，为大坝填筑提供充足料源，并为我国混凝土面板堆石坝就地取材积累经验。

四、溢洪道工程

溢洪道位于左岸，为岸边式，与坝轴线近垂直布置，采用斜切双扩散坎新型消能工，设2孔12米×13米弧形钢闸门，闸式长31米，堰顶高程742米。1998年2月开挖，12月开挖结束，进行修规作业。共开挖土石44万米^3。1999年1月开始浇筑，5月引渠段浇筑完成。由机电安装公司金属结构厂制作安装的2扇总质量为137吨的泄洪弧形闸门，一次调试成功并通过验收。6月20日暴雨袭来，水库内水位猛涨至744.88米高程，泄洪闸门3米以下部位淹没，闸门滴水不漏。2000年7月溢洪道浇筑结束，混凝土内实外光，共浇筑混凝土5万多米^3。

五、拦河坝工程

拦河坝底宽355米，顶宽10米，坝顶长286.5米，最大坝高122米，坝体总填筑量249万米^3。1998年1月12日，从640米高程开始填筑。由于大坝设计取消泄洪洞，仅靠导流洞泄洪满足不了度汛要求，洪水来时只能从坝面过流。这在国内虽有先例，但过流后的重建工作量很大。为使坝面安全过流，施工局反复与建设、设计、监理单位商讨坝面过流技术措施，进行模拟试验，准备补救措施，严控填筑质量。当填筑至659.78米高程，5月14日一场洪水以450米^3/秒流量，涌过坝面，从坝面中心部位奔流而下，过流整整6小时。洪水过后，各方仔细检查，挡水面、干砌石面无损，坝面基本完好。6月22日又一场洪水以720米^3/秒流量，从坝体661.95米高程全断面倾泻而下，形成一道湍急瀑布，持续倾泻19小时，坝体无恙。经在场面板堆石坝专家考察，结论为：坝基稳固，填筑体密实度强，第1次洪水过坝后填筑的粘接处无渗水，大坝施工质量可靠，为我国在建混凝土堆石坝坝面过流提供理论和实践科学依据。

坝体填筑仅有右岸一条公路，设计月最高填筑强度10万米^3。为抢回损失的时间，施工局合理安排，均衡施工，从1998年10月始，连续5个月月填筑超过20万米^3，最高月填筑达到24万米^3。1999年2月大坝填筑至720米高程，比合同工期提前1个月达到度汛高程。9月大坝全断面填筑至740米高程，达到蓄水目标。10月11日，总质量120吨的导流洞进口闸门沉放就位，经测量仪器复测和潜水员下水检查，闸门与底板吻合，下闸截流圆满完成。12月1日，大坝全断面填筑至765米高程，填筑全部结束，总填筑方量为249.23万米^3。

面板浇筑分两期进行。一期面板于1999年3月开浇，从640米高程浇至715米高程，分16个块子，宽度156米，厚度为70厘米渐变至45厘米。面板止水由中部止水改为表层止水，分2级，第1级为百米以下，第2级在百米以上。止水铜片采用GB复合铜止水片，连续压模一次成型工艺，长达百余米，中间没有接缝，有效减少渗漏水。2000年3月，二期面板浇筑结束。大坝面板共浇筑混凝土4万米^3。

坝顶防浪墙于2000年4月1日开浇，5月25日成型。防浪墙全长260米，高5.2米，浇筑混凝土1300米^3。

2000年7月，大坝经10个月蓄水运行观测，坝体水平位移、沉降、渗流量均在设计允许范围以内，大坝单元工程合格率100%、优良率86%。

2000年7月承建工程竣工，工程结算造价1.53亿元。2002年10月通过竣工验收，工程质量评为优良。施工进度、质量和安全，科研项目成功实施，受到建设、设计、监理单位的高度评价，并受到前来考察或视察的省、部领导和专家的称许。福建省副省长朱亚衍说："十二局是一支能打硬仗、有丰富施工经验的水电专业队伍。"穆阳溪施工局获福建省重点工程建设先进集体、先进单位、功臣单位等项荣誉。

2002 年 7 月，由中国水力发电工程学会混凝土面板堆石坝专业委员会副主任蒋国澄等 13 名专家组成的专家组，实地对大坝工程进行质量评议，认定穆阳溪施工局承建的大坝工程质量优良，施工水平达到国内领先水平。专家组认为，工程在截流后 2 年发电，2 年 10 个月建成，建设速度快，节约成本，体现了参建单位的施工技术和组织管理水平。在 773 个单元工程质量等级评定中，合格率 100%，优良率 86%，评定结果可信。3 年来大坝原型观测表明，大坝最大垂直变形为 776 毫米，约为坝高的 0.65%，以及周边缝三向变形均在合理范围之内。面板与垫层之间没有脱空现象。坝后量水堰实测流量小于 1.8 升/秒，在国内外同类工程中属最小的。工程首次采用 GB 复合铜止水片及新型表面止水、汛期堆石体 2 次过水度汛等新材料、新工艺，均取得成功并保证了质量，尤其是硐室爆破开采堆石料的试验成果，更具有实用价值。面板和趾板混凝土配比满足设计指标和易性要求。

第十六节 港口湾水库

一、工程概况

安徽省规模最大的水库工程，总库容 9.41 亿米^3，流域控制面积 1120 千米^2。位于宁国市境内水阳江上游支流西津河上，距宁国市 18 千米，是一座以防洪为主，结合发电、灌溉、城市供水、水产养殖和旅游开发等综合利用的大Ⅱ型水利水电枢纽工程。发电厂房装机 2 台，单机容量 3 万千瓦，装机总容量 6 万千瓦。工程防洪保护面积 55 万亩，发展和改善灌溉面积 46.5 万亩，多年平均发电量 1.13 亿千瓦·时。

1998 年 12 月，工程局中标土建工程。工程包括主坝、副坝、发电引水隧洞、溢洪道、泄洪洞、地面发电厂房、升压变电站等建筑物及金属结构制作安装。主坝为钢筋混凝土面板堆石坝，是安徽省第一座钢筋混凝土面板堆石坝，最大坝高 68 米，坝顶长 252 米、宽 7 米，填筑量 92.98 万米^3，合同造价 5988 万元，合同工期 33 个月。副坝为均质土坝，最大坝高 31 米，坝顶长 74.5 米、宽 6 米，填筑量 11 万米^3，合同造价 403 万元，合同工期 6 个月。

工程局三环工程公司(第三分局前身)于 1999 年 1 月进点开工，2001 年 12 月完工，总工期比计划提前 1 年，2002 年 5 月通过竣工验收，先后荣获安徽省优质工程"黄山杯"奖和"中国建筑工程鲁班奖"。

二、发电引水隧洞

发电引水隧洞简称引水洞，位于右岸山体内，采用 1 洞 2 机供水方式，由进水口和隧洞组成，接压力钢管进入发电厂房。进水口为岸塔式，由拦污栅、明渠、闸门井、交通桥等组成。拦污栅分 2 孔，检修门为平板钢闸门。隧洞全长 264.38 米，包括闸后渐变段、上平洞、斜井、下平洞、岔管和2条支洞。开挖洞长295.91米，主洞断面直径分为9米和9.3米两种，支洞断面直径6米。进口明渠开挖量1.15万米^3。

1999年3月开始引水洞进口明挖，主体开挖采用常规爆破，边坡及建基面采用预裂爆破。因地层岩性为轻度变质碎石屑岩，围岩为石英细砂岩，上平洞围岩属镶嵌碎裂体，地质条件较为复杂，初期采用手风钻钻孔，自上而下开挖，形成钻机平台后改用潜孔钻钻孔。5月出口明挖结束，6月进水口及闸门井明挖结束，具备进洞条件，共开挖土石1.24万米^3。洞挖自1999年6月开始，严格施工测量控制，合理布孔，适量装药，使光面爆破达到设计要求，9月全断面贯通，整个洞身始终保持光洁状态，轮廓面成型规则，岩石面平整。10月洞挖全部结束，比规定工期提前15天，平均日掘进2.69米，共开挖石方1.9万米^3。

引水洞混凝土浇筑自1999年11月开工，2000年11月完成，共浇筑混凝土6563.26米^3。洞身段衬砌采用拉模浇筑底拱，边顶拱采用钢模台车浇筑，分块长度为3米和6米，施工缝加设一道橡胶止水带。围岩局部渗水部位，布置集中排水管。斜井段底拱浇筑采用在上平洞布置卷扬机，由下弯段拉模往上弯段浇筑，分块长度为12米，人工振捣抹面。2000年2月完成42.16吨重的钢闸门安装和临时沉放，满足度汛要求。总质量211.15吨的压力钢管制作安装、启闭机和拦污栅安装，均于2001年2月前完成。此外，完成钢筋制作安装357.22吨、固结灌浆3200米、回填灌浆2930米^2。引水洞工程质量满足规范和设计要求。

三、大坝工程

坝体为混凝土面板堆石坝，坝顶高程146米，L形防浪墙顶高程147.2米。大坝上游坡比1∶1.4，下游坝坡1∶1.3，干砌石护面，设置宽2米的马道，在高程91.5米处设5米宽的交通道，上、下坝顶设3道台阶。

（一）基础开挖

1999年1月进点后即开始围堰施工、大坝两岸坡覆盖层剥离，5月中旬剥离完成，随后开始岸坡趾板石方开挖。先进行主爆区开挖，从河床水面线向山顶推进，然后自上而下进行建基面保护层开挖。主爆区开挖采用常规爆破，建基面及上游保护层岩体采用光面爆破，建基面成型较好，残孔率达95%以上。7月，岸坡趾板开挖结束。

坝基开挖在截流后进行，配备4台反铲挖掘机和15辆自卸车，进行坝前趾板区砂卵石开挖、河床段趾板开挖，分4个工作面同时钻进，11月初开挖结束。对地基缺陷分别采取掏挖、冲洗、回填、灌浆等方法，按设计要求做了加固和封堵处理。

共开挖土方及砂砾石10.34万米^3、石方3.79万米^3。

（二）截流

1999年10月上下游围堰形成，10月8日9时投入18辆自卸车向围堰龙口倾倒石料，19分钟后围堰合龙，成功截流。随即进行坝基清理，经过10多天清理，在宽186米、长250米范围基坑内，共清除淤泥、渣石2500多米^3，为坝体提前填筑创造条件。

（三）坝体填筑

从1999年11月初开始，坝体从79米高程起填。为保证填筑进度和质量，三环工程公司实行每道工序责任到人，专业人员24小时跟班作业，严控填筑料厚度、碾压遍数和石料级配。填筑顺序为：主、次堆石区→过渡区→垫层区。2000 年 2 月底，坝体填筑到 105.6 米高程，实现一期度汛目标，达到抵御百年一遇洪水标准。6 月初，坝体全断面填筑到 132 米高程，实现二期度汛目标，达到抵御 200 年一遇洪水标准。7 月下旬填筑至 141.7 米高程，坝体填筑完成，满足面板混凝土浇筑要求。大坝共填筑石料 92.82 万米^3。后经南京水利科学研究院专家多次测试，坝体最大沉降值为 23.5 厘米，为坝高的 0.34%，在设计允许范围之内。

（四）面板浇筑

面板混凝土浇筑从 2000 年 9 月开始，12 月结束，共分 29 块，浇筑面积 1.7 万米^2，采用无轨滑模施工，每个块子一次浇筑到顶。共浇筑混凝土 7883.8 米^3，钢筋制作安装 534 吨。为提高面板混凝土防裂性能，面板混凝土使用由工程局施工科学研究所研制的补偿收缩混凝土，设计强度等级 C25，抗渗等级 W10，抗冻等级 F100，取得显著效果。

大坝下游砌石护坡与坝体的上升同步进行，采用人工干砌，砌石水平宽度 1 米。随着大坝接缝止水、上游黏土铺盖、坝顶防浪墙浇筑、坝后顶部干砌及下游挡墙浇筑、坝顶装饰层先后完工，2001 年 6 月大坝工程全部完成。大坝工程共浇筑趾板混凝土 1366.35 米^3、面板混凝土 7883.8 米^3、防浪墙和挡墙混凝土 2225.58 米^3，接缝止水 2746.14 米，钢筋制作安装 695.12 吨。

四、副坝工程

位于宁国市桥头埠 2000 米处，西津河与中津河分水岭垭口附近。坝体由均质土防渗挡水体和菱形堆石排水体构成，最大坝高 31 米，最大坝底宽 116.5 米，坝顶宽 6 米、长 77.5 米。坝下埋设一条总长 131.51 米的钢筋混凝土引水箱涵，供灌溉和取水之用。在箱涵上下游分别设置 590 米长的引水明渠和 155 米长的供水涵管。

工程自 2000 年 6 月开始，2001 年 3 月 1 日蓄水前完成。坝基开挖采用反铲挖掘机、推土机联合作业，人工清理。坝体填筑按基础处理、黏土浆液涂涮、土料铺填、碾压密实、压实度测量、表面刨毛为顺序的工艺流程进行。坝下引水箱涵涵身段按伸缩缝分段，每段一次性浇筑成型。固结灌浆采用孔口封闭器纯压式灌浆，全孔一次性灌浆完成，帷幕灌浆采用循环式分段灌浆。上下游护坡均认真控制坡面平整度和高程，坡比、高程、平整度满足设计和规范要求。整个工程共开挖土石方 11.35 万米^3、填筑 9.54 万米^3，混凝土浇筑 2511 米^3，砌石 919 米^3，涵管埋设 205 米，帷幕灌浆 2890 米，固结灌浆 411 米。

五、溢洪道工程

溢洪道布置于右岸，由进水渠、闸室控制段、泄槽段、挑流鼻坎段和尾水渠等组成。溢流堰分 2 孔，每孔净宽 10 米，设 2 扇弧形闸门控制。进水渠长 76 米，控制段长 22 米，泄槽段长 180.08 米，挑流鼻坎段长 17.37 米，边坡最大开挖高度 75 米。土石方开挖从 1999 年 2 月开始，2001 年 1 月结束。主体采用梯段爆破。开挖中遇到性状极差的断层，且贯穿溢洪道右边坡，进行全部清除，并在破碎岩石上打出 65 米高的整齐的边坡断面。按设计要求，对边坡进行喷锚支护处理。混凝土浇筑于 2000 年 6 月开工，2001 年 11 月全部完成。为保证浇筑质量，编制施工作业指导书，严格执行“三检制”，使施工质量始终处于受控状态。溢洪道 2 扇弧形工作门，单扇宽 9.97 米、高 8 米、质量为 26.45 吨，于

2000 年 12 月开始安装，2001 年 2 月安装调试完毕，具备运用条件。

溢洪道工程完成主要工程量：土方开挖 21.55 万米^3，石方开挖 37.76 万米^3，混凝土浇筑 2.12 万米^3，钢筋制作安装 288 吨。

六、泄洪洞改建工程

泄洪洞位于大坝左岸山体内，分进口明渠段、隧洞段、出口明渠段 3 个部分，由导流洞改建而成。隧洞段全长 347.69 米，洞身标准断面为 8 米×8 米城门洞形。改建工程主要项目为：进口明渠顶部消涡梁，进口段 120 米高程以上事故检修闸门井井筒、启闭机房、交通桥，洞身段混凝土浇筑，出口段洞身混凝土衬砌、工作闸室段启闭机安装，交通洞开挖和浇筑，洞内灌浆工程，进口事故检修门和出口工作弧形门安装等。从 2000 年 1 月进口消涡梁浇筑开始，至 2001 年 11 月出口弧形工作门安装调试完成，改建工程全部结束。完成主要工程量为土石方开挖 2280 米^3，混凝土浇筑 4434 米^3，固结灌浆 940 米，帷幕灌浆 160 米，回填灌浆 759.4 米^2，预埋灌浆管 286.9 米，钢筋制作安装 437.64 吨，锚筋 236 根。

七、发电厂房工程

发电厂房工程位于右岸大坝下游，在主坝与溢洪道之间，为岸坡式地面厂房，由主厂房、上游副厂房、端部副厂房、尾水渠等组成，安装 2 台单机为 3 万千瓦混流式水轮发电机组。工程施工从 1999 年 4 月开始，至 2001 年 5 月结束。

（一）基础开挖

基础开挖分两期进行。一期开挖自 1999 年 4 月开始，开挖至 78.5 米引水洞出口高程，用反铲挖掘机自上而下逐层挖除覆盖层土石，然后对主体岩石、边坡、建基面进行弱松动爆破。二期开挖在引水洞开挖完成后，于 1999 年 11 月进行，开挖至厂房底部 71 米高程，2000 年 2 月开挖结束。共开挖土石 15.7 万米^3。

（二）混凝土浇筑

主厂房、上游副厂房及端部副厂房混凝土浇筑，从 2000 年 3 月开始，2001 年 1 月结束。2001 年 5 月完成尾水渠底板及侧墙混凝土浇筑。共浇筑混凝土 1.4 万米^3。

（三）吊车梁预制与吊装

预制采用一级配混凝土浇筑，插入式振捣器振捣，底模、侧模、端模均用竹胶模板。吊装采用 50 吨汽车吊，上游侧吊车梁在电缆夹层 88 米高程平台上吊装，下游侧安装间部位吊车梁在 91.5 米高程发电机层吊装，主机段吊车梁在 84.5 米高程水轮机层吊装。吊车梁全部吊装工作于 2000 年 10 月间完成。

（四）地面升压变电站

位于厂房和大坝之间，场地宽 40 米、长 68 米，布置 2 台 SF7－40000/115 型主变压器，2 回 110 千伏电压等级出线。工程由变电站和开关站组成，基础为堆石碾压体。土建施工主要包括基础石渣回填、构架基础、电缆沟、挡土墙、场地平整、地面混凝土浇筑及围墙等。基础填筑和混凝土浇筑经检查试验，符合设计要求。

八、金属结构及启闭设备安装

由工程局机电安装公司金属结构厂承担，2000 年 1 月开始现场施工，2001 年 11 月全部结束。安装中，严格按照 ISO 9002 质量标准进行质量管理，从人、机、料等方面投入精干专业人员、施工设备，明确技术要求，做好材料管理，开展文明施工与安全生产，使各单元工程质量达到优良。

（一）压力钢管制作安装

总质量 211.55 吨，2000 年 6 月开始制作，9 月安装完毕。所用主要钢材直接从制造厂家采购，按《水利水电工程钢闸门制造安装及验收规范》进行验收，并妥善保管。制造过程中做好材料的追溯记录工作，严格“三检制”。由于钢管直径为 4.8、4.3 米，整体运输超过公路运输界限，在浙江丽水市金属结构厂内将每节钢管制成 2 张瓦片，运至工地后组装成形、焊接、就位，用超探检测焊接质量。

（二）引水洞设备安装

进口检修门为潜孔式平面滑动钢闸门，总质量为 42.16 吨，设计水头 35 米，门叶分 2 节制作，采用卷扬式启闭机，静水启闭。安装时在 127 米高程平台与闸门井之间搭设简易平台，用 50 吨龙门吊分 2 节将闸门拖运入槽、拼缝焊接，按照定位标记安装水封、滑块。启闭机安装，先将机架吊装到位，然后进行滚筒吊装，将机架与滚筒连接。

2 套进口拦污栅，总质量 39.69 吨，用 50 吨汽车吊分节吊装入槽，拼装焊接成整体。

（三）溢洪道设备安装

弧形工作门于 2000 年 12 月开始安装，2001 年 2 月安装调试完成，具备运用条件。工作门共 2 扇，为露顶式斜支臂圆柱铰弧形钢闸门，每扇闸门高 8 米、宽 9.97 米，每扇门体质量为 26.45 吨。弧门部件先行吊装，然后门叶垂直入槽、拼装。安装完成后启动液压启闭机进行调试。

（四）泄洪洞设备安装

进口事故闸门于 2000 年 11 月开始安装，12 月结束。事故闸门门体质量为 62.4 吨，附件和拉杆质量为 47.2 吨。因现场条件无法按投标时的 120 米高程进行门体就位，经现场会协调改在 131 米高程就位。在井口下游挖地沟，浇地梁，然后架设钢梁，在井口布置人字扒杆，用上托架走滚杆的方法将闸门拖至井口上方，吊入门槽。2 台闸门液压启闭机，采用 50 吨汽车吊进行吊装，2001 年 2 月安装结束。

出口弧形闸门 1 扇，质量为 77.74 吨，为潜孔式弧形闸门。启闭机 1 台，为单缸摇摆式，质量为 7.2 吨。2001 年 10 月开始，用小台车、卷扬机将闸门和启闭机各部件拖运入洞安装，调整固定，11 月全部调试完毕。

金属结构安装主要工程量见表 2-2-19。

表 2-2-19 金属结构安装主要工程量

序号	项　目	总质量（吨）	数量（套）	工　期
1	引水洞进口检修闸门埋件	13.32	1	2000-01-25～02-23
2	引水洞进口拦污栅埋件	4.91	2	2000-02-25～03-10

续表

<table>
<tr><th>序号</th><th>项　目</th><th>总质量
（吨）</th><th>数量
（套）</th><th>工　期</th></tr>
<tr><td>3</td><td>引水洞进口拦污栅栅体</td><td>39.69</td><td>2</td><td>2001-02-24～02-27</td></tr>
<tr><td>4</td><td>引水洞进口检修闸门门体</td><td>42.16</td><td>1</td><td>2000-03-15～03-25</td></tr>
<tr><td>5</td><td>引水洞压力钢管</td><td>211.55</td><td></td><td>2000-06-01～09-05</td></tr>
<tr><td>6</td><td>溢洪道弧形闸门埋件</td><td>6.14</td><td>2</td><td>2000-12-13～12-30</td></tr>
<tr><td>7</td><td>溢洪道弧形闸门门体</td><td>52.9</td><td>2</td><td>2000-12-29～2001-02-17</td></tr>
<tr><td>8</td><td>泄洪洞进口事故闸门门体</td><td>106.47</td><td>1</td><td>2000-11-15～12-08</td></tr>
<tr><td>9</td><td>泄洪洞出口弧形闸门埋件</td><td>7.61</td><td>1</td><td>2001-10-09～10-20</td></tr>
<tr><td>10</td><td>泄洪洞出口弧形闸门门体</td><td>70.13</td><td>1</td><td>2001-10-21～11-26</td></tr>
<tr><td>11</td><td>厂房尾水闸门埋件</td><td>6.88</td><td>2</td><td>2001-04-18～05-11</td></tr>
<tr><td>12</td><td>厂房尾水闸门门体</td><td>8.66</td><td>4</td><td>2001-05-26～06-20</td></tr>
<tr><td>13</td><td>副坝检修闸门埋件</td><td>0.79</td><td>1</td><td rowspan="4">2001-01～02</td></tr>
<tr><td>14</td><td>副坝检修闸门门体</td><td>1.06</td><td>1</td></tr>
<tr><td>15</td><td>副坝拦污栅</td><td>1.4</td><td>1</td></tr>
<tr><td>16</td><td>副坝坝下涵管出口阀室阀门</td><td></td><td>1</td></tr>
</table>

港口湾水库工程于2001年12月比计划要求提前1年竣工，实际造价1.04亿元。完成主要工程量，土石明挖127万米^3、洞挖4.5万米^3，主坝填筑93万米^3，副坝填筑9.2万米^3，混凝土浇筑7.2万米^3，金属结构制作安装665.13吨，固结灌浆1402孔、进尺8330.38米，帷幕灌浆454孔、进尺9639.35米。坝体经水库蓄水位130.9米和机组满发电的考验，各项指标均达标。坝体总渗流量6.31升/秒，为同类坝型较小值，优于设计要求。

2002年5月工程通过竣工验收，并获“安徽省水利水电优秀施工奖”。同年10月通过国家竣工移交验收，工程质量等级评为优良。2003年1月获安徽省建设工程质量最高奖——“黄山杯”奖。2004年1月评为国家优质工程，荣获“中国建筑工程鲁班奖”。

第十七节　桐柏抽水蓄能电站

一、工程概况

桐柏抽水蓄能电站系国家重点建设工程，位于浙江省天台县境内的始丰溪支流百丈溪上，距天台县城7千米，距杭州178千米，为日调节纯抽水蓄能电站。电站枢纽由上水库、下水库、输水系统、地下厂房洞室群、开关站和中控楼等建筑物组成。上水库利用运行多年的桐柏水电站水库改建而成，下水库大坝为拦蓄溪水的新建拦河坝，地下厂房安装4台立轴单级混流可逆式水泵水轮机组，单机容量30万千瓦，装机总容量120万千瓦。

设计年发电量21.18亿千瓦·时。电站供电进入华东电网，与秦山核电站配套运行，具有调峰、填谷、调频、调相和紧急事故备用等功能与效益。

工程局于2000年3月中标承担电站前期工程的1号施工支洞和北干渠改建项目，第一分局按时进点施工，提前36天完成洞挖作业，施工质量、安全生产、文明施工等方面得到各方好评。2001年1月，工程局中标承建下水库及地下厂房工程、金属结构制造、双塘调节水库工程，与水电一局、安能公司联营中标上水库及输水系统工程，与水电五局联营中标机电设备安装工程。工程局承建工作量占整个土建工程的75%，合同造价合计5亿元，合同工期自2001年2月至2007年12月。

桐柏抽水蓄能电站是工程局承建的第一座抽水蓄能电站。承担土建工程的第一分局和承担机电设备安装工程的机电安装分局，以“保证工程内在质量，讲究外形美观，干出精品工程，提升施工资质”为主导思想，展开施工，取得可喜成果：超大型地下洞室群开挖处于国内领先水平；地下厂房岩壁吊车梁施工创国内同类工程最高工艺水平，评为“中国企业新纪录”，获“国家一级工法”；坝身过流溢洪道施工为国内首创，评为“中国企业新纪录”，获“国家二级工法”；机电安装工程获“浙江省优秀安装质量奖”；压力钢管制造安装工程获“全国优秀焊接工程”。先后评为“中国水利水电建设集团优质工程”、“中国电力优质工程”，荣获“国家优质工程银质奖”。

二、导流泄放洞工程

导流泄放洞位于右岸，全长522米，进口段直径5.8米，出口段断面5.8米×6.3米，沿线分4个渐变段和2个圆弧段，大坝施工时起导流作用，下闸蓄水后改建为泄放洞。

第一分局精心组织施工。2001年5月1日导流泄放洞明挖结束，开始洞挖作业准备。洞挖分2层作业，分别从进、出口段掘进，采用手风钻造孔、毫秒微差控制爆破。洞挖从8月18日开始，12月21日导流泄放洞全线贯通，共开挖石方1.2万米^3。经核对，贯通面没有错台，洞轴线无偏移，超欠挖控制在允许范围内。进出口洞脸混凝土喷锚、进口上游墙挂网喷锚支护，分别于9、11月完成。分局购置1台洞室喷锚设备，与1台混凝土搅拌车对接，洞室添加钢纤维湿喷，为工程局首次使用，既减轻劳动强度，又提高了喷锚质量。2002年1月20日，导流泄放洞开始混凝土衬砌，衬砌分进水口明渠段、进水口洞身段、事故检修闸门井、中部洞身段、出水口洞身段和消力池底板，总长780米，共浇筑混凝土2万米^3。4月12日事故闸门槽制作并拼装到位。9月10日10时，工作闸门沉放到位，下水库成功截流。

三、下水库大坝工程

下水库大坝为新建拦河坝，坝型为钢筋混凝土面板堆石坝，坝高71.4米，坝顶长424米、宽8米，坝顶防浪墙顶高程149.45米，没有2道3米宽马道。坝体填筑料主要来自地下厂房及下水库其他枢纽开挖的石渣，总填筑量160万米^3。

大坝填筑分三期进行。2001年枯水期为预填筑期，填筑量16万米^3，翌年汛期来临前形成坝面过水保护。一期填筑量62万米^3，完成填体挡水断面填筑。二期填筑量81.6万米^3，坝体填筑到144.95米高程。分局于2001年7月19日开始大坝基础开挖，10月5

日开始大坝左右岸趾板开挖。其间3个月内完成10余万米^{3}基础清理和山皮剥除。10月16日开始坝体预填筑。10月18日开始坝体分层碾压试验，至11月11日全部完成预填料区的主堆石区、过渡料区、垫层料区共18个块子的试验，取得预期效果。11月20日完成反滤层填筑。2002年10月5日，大坝基坑填筑完成，通过验收。2003年3月25日，坝体填筑至107米高程，提前15天达到百年一遇洪水的度汛目标。坝前迎水面砂浆固坡到达100米高程。11月20日坝体砂浆碾压完成，面积1.6万米^2，到达125米高程。2004年3月28日，大坝填筑完成，坝后砌石完成80%，坝体处于沉降稳定期。经检查，单元工程合格率100%、优良率87%，坝体成型平直、美观。

面板浇筑于2004年10月18日开始。面板厚度从49.5厘米渐变至30厘米，面积3.89万米^2，属大面积薄壁型结构，分46块，最长块110.8米。12月15日浇筑完成，共浇筑混凝土1.6万米^3。面板光洁无裂缝。

四、坝身过流溢洪道工程

溢洪道原布置在大坝右岸，为岸坡式溢洪道。由于右岸山坡岩体为砾岩夹含砾粉砂岩，坡脚处有1条泥岩带穿过，为避开不良地质，经世界银行特别咨询团的建议，2002年3月24日通过设计变更，改为坝身溢洪道。这在国内外抽水蓄能电站中为首创，技术复杂，科技含量高，列入国家电力公司2002年度电力科技研究课题。

变更后的坝身溢洪道位于主河道部位的坝体上，宽29米，分2孔，单孔净宽13米，由堰首、泄槽、挑流鼻坎、护坦、出水渠和预挖冲坑组成。堰体形式为驼峰堰，堰顶高程141.9米，堰首底板厚0.6米，泄槽底板厚0.6米，泄槽底坡1∶1.5。堰首和泄槽的基础为坝体，由垫层料、过渡层料和主堆石组成，其间布设锚固筋和锚固板。泄槽下部堆石体最大高度60.57米，设计下泄流量496米^3/秒，库内水位日变幅31.17米。高程109.39米以下泄槽及挑流鼻坎表层0.5米，为CF35钢纤维混凝土结构。

第一分局从2002年3月底开始施工准备，进行技术交底，制定施工措施。施工中严把从开挖到立模、绑扎钢筋、拌制和浇筑混凝土等每道工序的质量与进度，对泄槽底板钢纤维钢筋混凝土采用滑模工艺施工。10月完成挑流鼻坎混凝土浇筑，施工质量得到建设单位好评。2003年11月，斜坡砂浆碾压全部结束，面积1400米^2。对泄槽底板基础的坝体填筑碾压，质检人员全程跟踪监控施工质量，分层分块清晰，碾压振捣密实，砂浆护坡严实。2004年10月，堰首底板锚杆安插结束，首段底板开浇砂浆混凝土。2005年4月，坝身过流溢洪道浇筑结束，工程圆满完工。共开挖土石8.78万米^3，浇筑混凝土9420米^3，锚固筋204根，插筋711根，浆砌石2000米^3，固结灌浆212米。5月12日下水库下闸蓄水。经验收委员会检查验收，溢洪道单元工程合格率100%、优良率92%，分部工程合格率100%、优良率97.6%。

坝身过流溢洪道的成功建筑，为国内同类工程首创，荣获“中国企业新纪录”、“国家二级工法”，并使工程局的坝工技术得到发展。

五、地下厂房系统洞室群

地下厂房系统洞室群主要有主副厂房洞、主变压器洞、母线洞、500千伏出线洞、交通及进风系统洞室群、排风竖井及交通电缆系统洞室群、排烟系统洞室群、排水系统洞室群。其附属洞室主要有母线洞、交通进风系统洞室群、500 千伏出线洞、排风交通电缆系统洞室群、排风排烟系统洞室群、排水系统洞室群。洞室之间纵横交错，相互贯通，互为关联。洞室形体复杂多样，断面大小不一。其中主副厂房及安装场全长 182.7 米、宽 24.5～25.9 米，最大开挖高度 60.25 米。主变压器洞全长 162.3 米、宽 8 米，最大开挖高度 24.8 米。500 千伏出线洞全长 345 米，斜坡段长 275 米，坡角 17 度。排水系统洞室群包括上下 2 层排水廊道，全长 1522 米。这是项超大型的地下工程，被国家电力公司列为科技示范项目，要求采取先进的施工技术和工艺，达到一次成型、简化或免装修的目的。

第一分局制定严格周密的施工技术措施，经过一系列准备，2001 年 3 月 9 日开钻，进行地下厂房中导洞开挖。5 月开始交通洞洞挖。交通洞长 566.53 米、宽 8.8 米、高 8.65 米，最大开挖断面 70.8 米^2。7 月 30 日中导洞开挖结束，共开挖石方 9000 米^3。随即进行地下厂房第 1 层 3 万米^3 工程量的扩挖。厂房扩挖从上而下分 7 层，形成厂房顶部后，逐层进行余下 6 层的扩挖。顶拱扩挖难度极大，要求顶拱的岩石爆破面平整，不能超挖或欠挖。工程技术人员和工人们从钻孔、装药到爆破，每道环节都精心计算，取得最精确数据，使顶拱开挖如同雕刻般齐整，棱角分明。9 月改造 1 辆 20 吨汽车式吊机，进行交通洞顶拱和两侧喷锚、插筋、注浆作业。10 月副厂房与主变压器洞排烟排尘通道贯通，交通洞洞脸混凝土喷护结束，69 米高的排风排烟竖井完成洞挖。12 月，周期性拌制塑性或低流态混凝土的成套设备混凝土搅拌站安装就位。混凝土搅拌站采用微机全自动控制，连续生产，日产量 1500 米^3。

2002 年 2 月 7～9 日，成功进行地下厂房边线(墙)预裂爆破试验。试验处于地下厂房第 2～3 层的 4 号机组上游边墙，孔深 15 米，孔距 0.9 米，通过爆破前后水下电视探测、压水试验、超声波检测、振动测试等对比测试，判断预裂爆破效果、装药密度合理性，并测定爆破松动圈的范围。试验达到预期效果。各洞室在开挖中均保持岩面的完整性，简化支护，残孔率高，岩体开挖面如同人工凿出般平整。2 月 16 日厂房顶拱固结灌浆完成，历时 3 个月，共钻孔 351 只、灌浆 1062.5 米。基础处理队用液压潜孔钻代替地质钻机钻孔，加快进度，每天钻进 80 多米。在排水系统廊道钻成 1 只上倾 30 度角的 45 米深孔，打破潜孔钻只能钻 30 米以内孔的纪录。3 月 22 日厂房第 1 层开挖面混凝土支护及浇筑结束，共支护锚杆 3500 根、喷锚支护 1200 米^3、绑扎钢筋 80 吨、浇筑混凝土 310 米^3。完工后的长 182.7 米、宽 25.9 米、高 10.7 米的第 1 层地下厂房，人们喻之为“一座光洁宽敞的室内体育馆”。并受到前来考察、指导的潘家铮、罗绍基院士的称赞，尤为称许项拱“具有世界一流开挖水平”。

2003 年分局先后添置 1 台直控式全液压锚杆台车、1 台 STH－5EE 升降掘进机，进行锚杆和斜井、竖井开挖作业，并成功使用 ALIMARK 爬罐开挖。锚杆台车为瑞典产，我国首台引进，使造孔、注浆、插筋 3 道工序一次完成。升降掘进机亦系瑞典产的先进施工设备，专用于斜井、竖井开挖。由于是二手货，且缺少部分零配件，分局技术人员与开挖队青年工人一起，经过半个月的精心放样、加工制作、装配连接，按英文图纸准确承装就位，投入 3 号尾水斜井洞开挖。这些设备的投入，确保了施工质量、安全和进度。使用爬罐开挖，还标志着工程局掌握了深竖井、长斜井的开挖技术。6月15日，地下厂房开挖完成，历时20.5个月，比合同工期和全国同类工程施工平均工期提前46天，交出发电机组安装工作面。共开挖石方21.2万米^3、浇筑混凝土5372米^3、钢筋制作安装6180吨、锚杆支护9479根，开挖爆破半孔率96%，超挖平均控制在10厘米以内，不平整小于10厘米，单元工程合格率100%、优良率92.6%，创出全国一流施工水平。

地下厂房工程的成功施工，填补了工程局大型地下洞室群施工空白，增加了新的施工资质。

六、地下厂房岩壁吊车梁

岩壁吊车梁位于地下厂房第2层，为每条高2.9米、宽1.9米、长162.7米的2条混凝土梁，是厂房2台300吨桥机的轨道基础梁，通过3排直径36毫米、长10米、间距0.75米呈梅花形布置的锚杆锚固在岩壁上。岩台宽0.7米，壁座角60度。施工分岩台开挖、锚杆固定、钢筋混凝土梁浇筑3道工序进行。从2002年5月11日开始岩台开挖，到8月4日混凝土浇筑结束，历时85天。

岩台开挖要求一次开挖成型，超挖不能大于20厘米，下拐点成型不坍塌，岩石平整度小于10厘米，残孔率大于90%。开挖分上下层，先开挖上层3米，用手风钻打水平孔，沿垂直面造垂直孔，沿岩台斜面造斜孔，光面爆破，同时起爆。下层开挖垂直壁面和底部斜面台座，同时爆破成型。最后采取每间隔2.5米布设1个测量断面，进行拉线检查。开挖中，技术施工人员严把测量点放样、钻孔样架固定、钻孔直至装药、爆破每道关口，及时调整炸药量、装药方法和爆破程序，保证岩台面达到设计要求。6月9日，岩台开挖一次成型，2条开挖面笔直平整，平均超挖值控制在7.2厘米，下拐点完整成型，残孔率达到98%。

锚杆固定从6月9日开始，分为钻孔、注浆、插杆、试验等项作业，计有锚杆1300根、立模拉条636根。操作人员每开钻1只孔都用样尺校核孔向、角度，结束时实测孔深，对不达标的孔当即重钻。固定时所有锚杆外端处在一条直线上，采用先注浆后插杆工艺，多次作砂浆比试验，锚杆对孔号入孔。锚杆孔末端依次灌注环氧树脂、混凝土砂浆。6月30日锚杆固定全部到位。经抗拔试验，每根锚杆抗拔力为17吨，优于设计10吨的抗拔力。

混凝土浇筑是岩壁吊车梁一次成型的关键工序，于7月2日开浇。为使吊车梁内实外光，分局用轧石取代卵石，冰水拌制混凝土并控制出机温度，选择夜间低温时段浇筑，监测原材料温度。混凝土按次序下料，层厚控制在30厘米。拆模后喷涂养护剂，包裹棉絮并覆盖3层塑料薄膜封闭，进行恒温养护。吊车梁底部模板由钢模板改为竹胶板，侧模采用悬壁大模板，在底模板与侧向模板交接拐角处增设止浆装饰条。8月4日浇筑结束。拆模后的吊车梁形体尺寸完全符合设计要求，外观远看似大理石切磨面，表面不露一点钢筋拉条头，找不到麻面。

同年10月24～29日，用2台300吨桥机进行岩壁吊车梁荷载试验。试验分225、300、375吨级静载和300、330吨级动载。通过对岩锚梁内埋设的8套锚杆应力计、9支测缝计、4支钢筋应力计、8支混凝土应力计的监测，以及对C梁的挠度监测，取得在各级最不利的荷载组合条件下的一系列数值。试验结果表明，各组监测仪器的读数值均处在理想值范围内。

地下厂房岩壁吊车梁施工，创国内同类工程工艺最高水平，2005 年评为“中国企业新纪录”。其岩台(双向控爆法)开挖施工工法、混凝土施工工法，双获“国家一级工法”。

七、机组安装

电站地下厂房共安装 4 台立轴单级混流可逆式水泵水轮机组，单机容量 30 万千瓦。工程局承担安装 1 台机组(3 号机组)的水泵水轮机及附属设备、发电电动机及附属设备、电工一次回路设备及装置、电站计算机监控系统、电工二次回路设备及装置。这是工程局单独安装的容量最大的水电站机组，由机电安装分局承装。1、2、4 号机组与水电五局联合安装。

2005 年 8 月，4 台机组混凝土全部浇筑到位，3 号发电机组定子机架全部倒运至厂房装配间，拉开安装作业序幕。11 月 29 日，机组球阀成功吊装就位。球阀是发电机组中主要大型部件，由主体、连接管、伸缩节、补偿环及密封等组成，质量 150 吨，内径 3.1 米。2006 年 5 月 24 日，质量 480 吨、外径 6.5 米的转子与水轮机大轴连接。6 月 5 日，质量 310 吨、外径 9.6 米的发电机定子一次吊装就位。本应定子先于转子安装，因设备缺陷处理，图纸提供滞后，定子推后安装。9 月 20 日 9 时 50 分，3 号机组启动成功。9 月 30 日 3 时 45 分，3 号机组完成多项试验后并网发电。

3 号机组从 2006 年 9 月 17 日至 11 月 26 日，先后通过机组动平衡、空转热运行、单机甩负荷、双机甩负荷、BTB 启动等试验项目。从 10 月 30 日至 12 月 2 日，累计完成发电、抽水运行 30 天，发电启动 60 次，抽水启动 30 次，启动成功率 100%。12 月 3 日凌晨，3 号机组正式投入商业运行。

3 号机组成功安装，正式投产，提升了工程局水电机组安装资质。3 号机组安装获“浙江省优秀安装质量奖”。

八、金属结构制造安装

(一) 闸门、拦污栅制造安装

金属结构制造为上水库进出水口拦污栅、槽 8 套，事故闸门、槽 2 套；下水库进出水口拦污栅、槽 12 套，事故闸门、槽 4 套；下水库导流泄放洞工作闸门、槽 1 套；上水库溢洪道工作闸门、槽 2 套，总质量 1110 吨。2002 年 12 月至 2004 年 9 月制造完成，陆续交货。

金属结构安装为导流泄放洞事故闸门(槽)1 扇、工作闸门(槽)1 扇、拦污栅(槽)12 扇，下水库进出水口事故闸门(槽)4 扇，质量共 701 吨。此外，安装各类启闭机、手动葫芦共 18 套。2004 年 4 月至 2005 年 9 月安装完毕。

2004 年 8 月 12 日 13 时许，台风“云娜”正面袭击电站工地，为保地下洞室安全，职工们冒风雨沉放下水库进出水口 1 号闸门。次日 13 时，狂风暴雨来临，溪水猛涨，职工们加紧沉放最后 1 扇闸门(3 号闸门)，17 时在洪水到来之前沉放到位，消除了地下厂房被淹没的隐患。23 时，暴雨如注，分局干部职工抢建 500 千伏出线洞、开关站挡水围堰，经过 10 多个小时拼抢，挡住洪水，各洞室作业面正常施工。

（二）压力钢管制造安装

压力钢管包括4条引水支洞钢管和4条尾水洞钢管。引水支洞钢管内径由5.5米渐变至3.1米，管壁厚为2.6厘米至4.6厘米多种规格，其中壁厚4.4～4.6厘米钢管材质为日本产的NK-HITEN610U2低合金610兆帕强度调质钢，其余为16MnR钢，总质量2221吨。尾水洞钢管直径7米，厚度2.4厘米，材质为16MnR，总质量1611.8吨。

机电安装分局在工地建起制造厂，专门购置1台能卷厚7厘米、宽3米的卷板机，并投入桥机、起重机、多种焊接设备，进行钢管制造。压力钢管采用进口低碳高强调质钢制造和安装，在工程局尚属首次，尤其应用国产焊接材料替代进口焊接材料焊接610兆帕级的高强钢，在国内也是第一次。分局技术人员查阅大量资料，分析、了解高强度钢的冶炼过程、化学成分、物理性能和焊接性能，并到多家焊接材料生产厂家寻找最佳手弧焊焊条和埋弧自动焊的焊丝焊剂。通过对不同牌号焊材机械性能、工艺性能和焊接工艺比较论证，得出只要工艺控制得当，同样能焊接出优质接头的结论。技术和操作人员用最佳国产焊接材料，制作纵缝用平面型、环缝用弧型加热装置，坚持工艺要求，投入高强钢管焊接。纵缝1条长2.2米，持续焊接10小时；环缝1条长9.88米，持续焊接数天。2003年3月17日，首条焊缝通过验收，焊接接头优质，强度和冲击韧性均符合要求。分局成功实现国产材料焊接610兆帕高强调质钢，且节约成本50%，取得焊接技术新突破。由于压力钢管的部分板厚大于4厘米，分局现有的X射线装置无法穿透作探伤检测，需要使用放射性同位素γ射线检测焊缝质量。这项技术防护要求高，分局制定详细作业指导书，进行人员培训，采取严密的防护措施，并经省卫生、公安、环保等部门的审查，取得作业许可证。γ射线装置成功应用于高厚度高强度压力钢管焊缝检测，既保证了检测质量，又使分局检测手段上一台阶。

8条压力钢管自2003年3月开始制造，2004年12月安装结束，质量优良。2006年，压力钢管工程评为“全国优秀焊接工程”。

至2006年12月，桐柏抽水蓄能电站工程大体完工，工程局承建的工程除双塘调节水库工程刚进点动工外，已基本完工。已完成的主要工程量：土方开挖74.41万米^3，石方明挖186.69万米^3、洞挖51.27万米^3，坝体填筑165.69万米^3，混凝土浇筑23.23万米^3，钢筋制作安装7445.6吨，金属结构制作安装3634.9吨，压力钢管制作安装3832.8吨，固结灌浆3.77万米，帷幕灌浆2.14万米，回填灌浆1.97万米^2。工程质量受到前来视察或考察的中共中央政治局委员、国务院副总理曾培炎，中央纪律检查委员会副书记刘锡荣，浙江省委书记习近平、省长吕祖善等领导和专家的好评。国家电网公司水电建设管理经验交流会百余名领导和专家评价：十二局在地下厂房、主变压器洞、下水库大坝、进出水口、溢洪道等区域的施工中创出了品牌。由中国工程院和国际水工专家组成的世界银行特别咨询团评论：十二局不仅面板堆石坝施工技术领先，抽水蓄能电站施工技术同样独树一帜。

施工期间，第一分局抓精品工程，抓队伍建设，先后获得浙江省2002年度安康杯安全生产竞赛优胜奖、中国水利水电集团公司文明单位和安全生产先进单位、国家电力公司系统先进集体、浙江省重点建设先进集体、全国安康杯竞赛优胜企业、中央企业先进集体等项荣誉。

第十八节 引子渡水电站

一、工程概况

引子渡水电站系乌江流域11个梯级水电站之一，“西电东送”首批7个骨干项目之一。位于贵州省三岔河下游平坝县与织金县交界处，是以发电为主、兼顾其他效益的综合水利水电枢纽，属二等大Ⅱ型工程。坝址上游距普定水电站51千米，下游35千米处三岔河与六冲河汇合注入乌江。水电站枢纽工程由大坝、左岸溢洪道、右岸引水系统、发电厂房、GIS开关站等建(构)筑物组成。装机总容量36万千瓦。水库正常蓄水位1086米高程，总库容5.31亿米^3，调节库容3.22亿米^3。

2001年1月，由中国水电十二局、九局、十一局组成的129水电工程联营体，中标承建大坝、溢洪道工程及拌和系统工程，合同造价2.15亿元，合同工期1413天。大坝、溢洪道按二级建筑物设计，设计洪水标准为100年一遇、按5000年一遇校核。大坝为钢筋混凝土面板堆石坝，最大坝高129.5米，顶宽9.6米，坝轴线长276.77米，坝底长377.54米。溢洪道堰顶高程1068米，总长590米。

129水电工程联营体施工队伍，以十二局第六分局为主组建，由十二局第六分局局长吴海平担任联营体总经理。十二局第六分局作为联营体第一项目部，承担大坝左岸坝肩、趾板、溢洪道开挖和大坝填筑、一期面板浇筑。第六分局在施工期间，从大江截流到首台机组发电仅用18个月，取得以火电工程速度建设水电工程的佳绩，并创造17个月快速施工完成坝体填筑、斜长182.35米的混凝土面板最长块一次性浇筑完成2项全国新纪录。工程荣获国家优质工程银质奖。

二、左岸坝肩、趾板开挖

第六分局于2001年1月16日进点开工，边建生活营地、进行设施布置，边开始左岸坝肩及趾板开挖。3月6日，工程所在地政府、建设、监理、施工单位联合召开大干100天保度汛的万人誓师大会。会上，第六分局承诺确保工程安全度汛，10月16日实现大江截流。

坝址为喀斯特地貌，坝肩边坡陡峭，呈80多度的角度，开挖难度极大。分局因地制宜，采取防护措施，从陡壁上方往下开挖，加快施工进度，历时115天，完成115米高的坝肩开挖及180米长的趾板开挖，比计划工期提前25天，满足度汛要求。爆破先行试验，严格控制欠挖、超挖，开挖预裂面如刀削般齐整。左岸趾板基础长226米，采用光爆和预裂爆破，光爆面积3894米^2，预裂面积9700米^2，历时137天。2002年4月，完成左岸趾板1040米高程以下全部边坡喷锚支护，河床基础固结灌浆完工，实现度汛节点目标。

三、溢洪道开挖

溢洪道位于左岸山岩，总长500米，宽46.5米，分为引渠段、闸室段、泄槽段、消能工段和护坡段。引渠底板高程1054米，闸室段顶高程1092.5米，溢流堰顶高程1068米，设弧形闸门挡水。开挖分16层，开挖台阶高度10米，开挖料全用于大坝填筑。

溢洪道于2001年2月开始开挖，原定从岩石中开道。由于靠坝体一端的岩石为顺向坡，稳固性极差，一经开挖震动会随时滑坡，对此计划准备列项全部挖除，筑人工锚墙。分局考虑到这一挖一筑，既延长工期，影响截流和坝体前期填筑，又增加投资1000多万元，遂采用先锚后挖、边锚边挖等技术，节省工时和费用，形成坚固的岩锚墙，使开挖顺利进行。4月，开挖土石9.9万米^3，超过计划1倍多。至10月截流前，溢洪道开挖轮廓基本形成，共开挖土石85万米^3，达到截流工程目标。开挖中按设计要求，严格控制开挖料的尺寸、级配，使开挖料全部用于坝体填筑，满足大坝前期填筑需要。2002年4月，溢洪道泄槽段开挖到1020米高程，满足度汛要求。12月，溢洪道开挖结束，共开挖土石280万米^3。

四、施工导、截流

采用土石围堰及左右岸导流洞全断面导、截流。上游围堰长116米，堰顶宽12米，堰顶高程987米，最大堰高18米。下游围堰为堆石坝的一部分，长67米，堰顶宽10米，堰顶高程982米，最大堰高15米。上下游围堰基础均置于河床覆盖层上，976米高程以下用高压摆喷防渗墙防渗，防渗墙底部伸入基岩0.5米，976米高程以上用土工膜防渗。2001年9月，上下游围堰基本形成。10月上旬上游围堰预进占完成，10月16日12时上游围堰“龙口”合龙，顺利截流，江水改经导流洞下泄。大江截流目标按期实现。

五、大坝填筑

大坝坝体由防渗面板、反滤区(过渡层和垫层)、堆石区等组成，坝基为963米高程，坝顶为1092.5米高程。坝体填筑采用正铲挖掘机挖装主次堆石区料，小斗容挖掘机和装载机挖装垫层和过渡层料，自卸汽车运送坝料，垫层料和特殊垫层料、过渡层料为后退法卸料，主次堆石区料为进占法填筑。

2001年12月30日，比原计划提前2天开始坝体填筑，从而达到开工第一年实现当年开工、当年截流、当年进行大坝填筑的快速施工目标。为保证施工进度和填筑质量，分局科学管理，合理安排，均衡生产，并对碾压试验和混凝土配合比试验提交结论性成果。填筑中，认真进行质检和取样试验，严格控制层厚、洒水量、碾压遍数等项指标。填筑料运输仅一条高差百余米的盘山路，运距3千米，数十辆车平均每4分钟交会一次，做到快速、安全运输，保证坝体高强度填筑所需的填筑料。2002年4月，坝体断面填筑到1020米高程，并完成1015米高程以下砂浆固坡，达到抵御3600米^3/秒洪水的标准。至5月23日，坝体填筑到1033米高程，实现度汛目标。共填筑土石175万米^3，平均每月填筑35万米^3。对垫层区上游边坡和两岸周边不易压实部位，用平板碾压实。10月底，坝体全断面填筑至1063米高程，最高月填筑强度达到42万米^3。2004年5月30日，大坝填筑全部完成，共填筑土石326万米^3，创造17个月快速施工完成坝体填筑的全国新纪录。坝体填筑单元工程合格率100%、优良率86%。大坝经多次沉降观测，内部沉降指数在0.3%以内。经坝后量水堰实测，最大渗流量为4升/秒。

2003年4月10日电站下闸蓄水，从开工至蓄水仅用17个月。同年11月首台机组并网发电，从截流到首台机组投产仅用18个月。第六分局取得以火电工程速度建设水电工程的可喜成绩。

六、一期面板浇筑

面板混凝土浇筑高程为964～1088米，设置垂直缝，面板厚度由74厘米渐变至30厘米。一期面板从964米高程浇至1070米高程，面积2.95万米^2，分16个块子。其中斜长182.38米的块子，是当时国内堆石坝最长的面板。分局在浇筑前先进行适应贵州山区面板防裂的试验，优化混凝土配比。

2002年12月开始一期面板浇筑，2003年2月全部浇筑到位，共浇筑混凝土1.76万米^3、绑扎钢筋1500吨。最长块斜长182.38米面板一次浇就，分局又刷新1项国内纪录。当月建设单位对980米高程以下面板进行浇筑质量检查，未发现一条裂缝，面板平整度、光洁度均达到设计要求。

二期面板、趾板、防浪墙、挡墙、坝顶公路等大坝混凝土工程，均于2004年6月前完工，符合设计要求。

七、帷幕灌浆工程

电站由面板、趾板、防渗帷幕组成防渗体系。防渗帷幕线总长1075米，防渗面积9.71万米^2，其中左岸帷幕线317米、河床帷幕线480米、右岸帷幕线272米。2003年1月动工，在左右岸、河床及岸坡趾板进行分区钻灌，采用孔口管镶铸，2004年4月完工，实际工期487天。工程质量评为优良。共完成帷幕钻孔灌浆4.5万米，孔口管2175米。

2004年6月承建工程竣工，实际工期1199天，比合同工期提前214天。完成主要工程量：土方开挖21万米^3、回填5.04万米^3，石方明挖320万米^3，坝体填筑326万米^3，混凝土浇筑14.75万米^3，钢筋制作安装6000吨，固结灌浆5200米，帷幕灌浆4.5万米。经参加全国面板坝快速施工经验交流会的专家实地考察，认为工程具有施工期短、填筑强度高、充分利用建筑物开挖料筑坝等特点，是峡谷区修建最快的面板堆石坝。综合大坝各断面沉降情况分析得出，大坝总体填筑质量和压实状况良好，防渗施工质量优良。

2004年12月，大坝、溢洪道工程通过竣工验收，评为优良工程。先后获得贵州省“黄果树杯”优质施工质量奖、中国电力优质工程、国家优质工程银质奖。

第十九节　泰安抽水蓄能电站

一、工程概况

泰安抽水蓄能电站位于山东省泰安市西郊的泰山西南麓，距泰安市5千米，由上水库、下水库、输水系统、地下厂房洞室群、地面开关站等建筑物组成。电站安装4台单机容量25万千瓦的可逆式机组，装机总容量100万千瓦，为山东省网的大型调峰电源。

2001年6月，工程局与江南水利水电工程公司联营中标承建上水库工程，十二局为责任方，合同总额4亿元。上水库位于泰山风景区的二级保护区樱桃园景区内，由大坝、进出水口、放空洞、库盆及防渗设施、公路等组成。坝型为钢筋混凝土面板堆石坝，最大坝高99.8米。水库接纳天然来水和发电后从下水库抽回的水，总库容1147万米^3。

泰安项目部承建上水库面板、进出水口、库盆及防渗系统等主体工程项目，合同造价1.43亿元，合同工期1947天。在库底水平防渗系统中，成功应用1.5毫米厚HDPE(高密度聚乙烯)膜作为库盆水平防渗，膜上承压水头35.8米，面积16万米^2。其结构形式新颖、规模巨大，为国内同类工程首创，处于国内领先水平，获“中国企业新纪录”。

泰安项目部按合同要求，于2001年7月1日进点，精心组织，科学运作，倒排工期，昼夜施工，并注重环保、绿化，在施工现场设吸烟室，作业点设流动厕所，生产、生活区空地种植樱桃等树种，使环境整洁美观，各个工程项目快速推进。至2003年底提前完成左右岸趾板浇筑、库底廊道浇筑、库底廊道齿槽混凝土回填、进出水口混凝土浇筑的年度计划，为电站提前半年实现首台机组发电、建成生态型精品工程奠定基础。

二、灌浆工程

上水库工程防渗结构为，大坝面板及库岸采用混凝土面板防渗，库盆采用土工膜防渗，地下防渗工程采用帷幕灌浆防渗。库区内地层主要为太古界泰山群泰山杂岩及后期侵入岩脉，地层由老至新依次为交代式花岗岩、斑纹状混合岩、混合花岗岩，后期侵入岩脉为闪长岩脉、石英脉。有2条较大断层沿樱桃园沟分布于库盆及坝址区。地质条件较为复杂。帷幕灌浆自库尾顶部沿左岸趾板、库底观测廊道至环库公路，总幕长1542.25米，幕深18～63米。

项目部为保证灌浆质量，事先进行适合工程地质条件的技术参数和工艺的试验。施工中投入灌浆自动记录仪，用计算机自动化控制灌浆，通过自动绘制$P—V$曲线和显示可灌浆、压力、注浆率、灌注起始时间等技术参数，清晰准确地反映灌浆效果。2004年5月，在库底廊道开始钻孔灌浆。帷幕廊道全长814米，宽2米，高2.5～4米，处于水下。这道防渗体系主要为阻挡左岸山水往库底渗透。施工高峰时投入30台钻探机、灌浆机，24小时作业，进尺达1.04万米，创下工程局钻灌新纪录。此后F1断层处理、大坝混凝土止水设施、环库公路的帷幕、固结、回填灌浆陆续展开。帷幕孔孔距分2、2.5、3米三种，最浅孔孔深18.54米，最深孔63.3米，同时进行1台机8个孔位的灌浆施工。帷幕灌浆总进尺4.03万米，月强度钻孔灌浆进尺5000米。固结灌浆总进尺5465米，回填灌浆177米^2。2005年4月，上水库地下防渗工程圆满完成。

三、面板浇筑

上水库面板分大坝面板和右岸库岸面板两种，为上水库工程防渗结构之一。大坝面板共44块，面积3.1万米^2。右岸库岸面板共59块，面积4.2万米^2。面板结构，下部为开挖岸坡基岩，上部依次为垫层、碾压砂浆、钢筋混凝土面板。止水垂直缝结构，下部为砂浆垫层、中间为氯丁橡胶片、上部为铜止水片。

上水库面板于2004年5月开浇。标准面板宽12米，异形块最大面板宽14.84米、最小面板宽2.99米，面板最大斜长70.77米。由于盛夏、隆冬不宜大规模施工，有效工时短，项目部抓紧有限工时，环环紧扣。至2005年4月，因山东电网需要，将原定2006年6月首台机组投产的时间，提前到2005年12月，要求面板浇筑相应提前必须在4月底完工。此时，尚有右岸库岸面板15个块子计宽148米、体积3000米^{3}混凝土未浇筑。为不影响电站提前发电，项目部急事急办，从3个工程队抽调力量，组成近200人会战队伍，奋力浇筑1个星期(期间大雨停工1天)，提前3天达到建设单位的工期面貌要求，面板平整光洁。为此，建设单位党委给工程局党委发来喜报，称赞“十二局项目部干部职工特别能吃苦，特别能战斗，特别能奉献”。

2005年4月23日，面板全部浇筑到位。经5月31日电站蓄水前的质量检查，单元工程合格率100%、优良率95%。

四、土工膜防渗系统

上水库库盆总面积43.8万米^2，库底面积15.8万米^2，处于库区核心位置。土工膜防渗系统，包括15.8万米^2 HDPE(高密度聚乙烯)膜防渗铺盖、1820米周边连接结构2个部分。使用如此大规模土工膜防渗，不仅是工程局首次接触，而且在国内大型水电工程中也属第一次，列入工程局技术研究课题。土工膜防渗技术，国外自20世纪50年代开始用于水库渠道防渗，80年代用于土石坝上游坡及中央防渗墙。我国自80年代中期，根据土工膜触介质面的材料发展为复合土工膜，其防渗结构具有强度高、弹性好、质量轻、防渗效果佳的显著优点。

项目部为保证土工膜防系统工程质量和进度，与建设、设计、监理单位及生产厂家共同攻关，开展系列试验，并采取有效措施：一是加强技术培训生产试验。请专家上门讲课，组织人员外出参观学习，对焊接、检测人员进行专项培训，对工程技术人员进行相关知识、技术工艺等内容的考核，并在施工前作详细的技术交底及生产试验，仅焊接一项做了138组试验，取得在不同温度、风速和压力方面第一手科学数据。二是做好源头控制。采用的原材料均由业主根据项目部的试验成果，选定国内质量最好的厂家供货。对所供的每批材料，项目部取样检测，摊铺时作全部检查。三是引进新技术新设备。引进并掌握土工膜焊接和修补技术、钢筋混凝土中成孔技术、焊缝检测技术、金属探测技术、周边结构水平渗透检测技术等，从德国、瑞士引进热楔式焊机、手持挤出式焊机、半自动爬行热合熔焊接机、真空检测仪、充气检测仪和钻石钻机，并联合研制了水平渗透检测仪。四是加强质量检查力度。五是加强成果保护工作。

2004年11月，上水库土工膜铺设全面展开。土工膜周边连接结构采用防渗盖片、找平层、封边剂等止水，用螺栓及角钢锚固。中央土工膜自下而上分层结构为，60～65厘米厚土工膜下支持垫层、6毫米厚土工席垫、每平方米500克土工布，1.5毫米厚HDPE土工膜、每平方米500克土工布、每只30千克1.4米×1.4米矩阵分布的土工砂袋压重。项目部把施工安全作为管理的核心，对施工实行全员、全过程、全面管理。由于土工膜遇上火星即燃，项目部除设立现场禁烟区外，还制作精美名片分发给进入景区和施工区域的游人，友好劝告请勿吸烟，收到明显效果。2005年1月，国家电网公司专家组对电站工程文明施工进行检查验收，确认电站工程达到国内文明施工标准，并对项目部承担的上水库面板、进出水口、土工膜和防浪墙施工质量给予高度评价，说：“十二局项目部安全生产、文明施工和保证质量方面，为各参建单位树立了榜样。”

2005年4月，上水库土工膜防渗系统全部完成。共完成土工膜铺设16.1万米^2，土工布铺设32万米^2，土工膜周边连接结构1884米，焊缝总长2.96万米，压重砂袋9万只、质量270吨。经专家组对土工膜及周边连接结构的55个单元验收，一次验收合格率、优良率均为100%。

来现场考察的各方专家认为，上水库土工膜防渗系统，无论在面积还是工艺等方面，不仅排在全国同类工程第一，而且为今后同类工程积累并提供科学数据，具有填补抽水蓄能电站水库土工膜防渗空白的意义。项目部的成功实施，为工程局取得了一项新资质，项目部职工也因此成为我国水利水电工程第一批掌握土工膜防渗技术的人员。

五、其他工程

项目部承担的上水库趾板浇筑、库底廊道齿槽回填、进出水口浇筑、防浪墙浇筑及环库、坝顶、坝后公路等项工程，均按期或提前圆满完成。

上水库进出水口浇筑于2004年12月全部结束，历时163天。进出水口为2洞8孔，每个洞口外宽35米、高18米、长60米。顶板浇筑到位后，填筑3.2万米^{3}石渣，然后滑模浇筑到库岸。由于工作场地限制，无法安装塔机，立模、搭架、建材全由人工搬运。共绑扎钢筋1532吨，浇筑混凝土2.68万米^3，最大仓面混凝土896米^3。

大坝防浪墙浇筑于2005年1月结束。防浪墙长540米，共绑扎钢筋170吨，浇筑混凝土1891米^3。入冬以来泰安地区普降大雪，气温下降，每天作业时间定为9～16时。项目部为保质量、工期，施工车辆用保温材料包裹，温水拌和混凝土，浇筑面全部用薄膜、草帘覆盖。

库岸防浪墙与环库公路，总长2313米。环库公路路宽6～8米，路基为15～20厘米厚混凝土垫层，路面为20厘米厚混凝土，靠岸坡侧设有绿化带。坝后公路总长1095米，路宽8～10米，路基为25厘米厚水泥碎石稳定层，路面为25厘米厚混凝土，路两侧设绿化带。均于2005年4月前完成。共完成碎石找平层填筑2061.65米^3，水泥碎石稳定层填筑2120米^3，混凝土垫层填筑2111.3米^3，路面混凝土浇筑4935.06米^3，绿化带浆砌块石1281.32米^3。

2005年4月30日，泰安项目部承建工程竣工，实际工期1517天，比合同工期提前430天，实际造价1.73亿元。完成的主要工程量，混凝土浇筑13.6万米^3，石方填筑16万米^3，面板表面止水1.2万米，钢筋绑扎6800吨，金属结构安装328吨，锚杆2.09万根，锚束977束，拦污栅安装304.76吨，土工布铺设32万米^2，土工膜铺设16.1万米^2，土工膜周边连接结构1884米，帷幕灌浆4.29万米。单元工程验收1693个，一次验收通过率100%，其中优良1608个，优良率95%。工程质量评定为优良。5月22日上水库工程经检查验收，通过蓄水安全鉴定。5月31日上水库开始蓄水。

上水库HDPE(高密度聚乙烯)膜施工水平，2006年3月经中国水利水电建设集团公司科技成果鉴定会鉴定，达到国内领先水平。土工膜防渗技术研究，获集团公司2006年度科研项目奖、科学技术进步二等奖，2006年度中国电力科学技术二等奖。2006年11月，上水库高强度高密度土工膜防渗，获“中国企业新纪录”。

第二十节　三板溪水电站

一、工程概况

三板溪水电站系国家重点工程，“西电东送”骨干工程，位于湘黔交界沅水干流清水江中下游。坝址在贵州省黔东南自治州锦屏县境内，上距剑河县城80千米，下距锦屏县城

25千米，距湖南省怀化市直线距离140千米。电站枢纽由主坝、副坝、溢洪道、泄洪洞、发电引水洞、地下厂房、开关站等建筑物组成，为Ⅰ等大(1)型工程，主要建筑物按Ⅰ级建筑物设计。电站装机4台，装机总容量100万千瓦。工程具有发电、防洪等效益，并改善上游航运条件。

主坝为混凝土面板堆石坝，最大坝高185.5米，坝顶长423.34米、宽10米，是当前国内第二、国际第三高坝。

2001年12月，工程局第六分局中标填坝料现场爆破、填筑碾压试验工程，合同造价118万元，合同工期135天。2002年6月，又承建土建工程Ⅰ标左岸工程，主要项目为导流洞开挖衬砌、溢洪道一期开挖、主坝左岸坝基开挖、左岸上坝公路，合同造价1.41亿元，合同工期503天。2003年6月，又与水电九局组成"129水电工程联营体"，中标承建土建工程Ⅱ标工程，项目包括混凝土面板堆石坝、左岸溢洪道和泄洪洞、右岸发电引水系统等建筑物，合同造价6.15亿元，合同工期1034天。第六分局承担标中的混凝土面板堆石坝、溢洪道0+200以下开挖及0+297以下混凝土浇筑、泄洪洞0+130以下开挖衬砌。

施工期间，第六分局创出12个月完成导流洞开挖衬砌施工全过程、4个月坝体填筑达到抵御百年一遇洪水标准两项国内同类型同规模工程的新纪录，"一枯拦洪"快速施工技术，获"中国企业新纪录"。

二、填坝料爆破、碾压试验

主坝填筑采用溢洪道、八洋河料场、卧象料场的开采料，料场岩性较多，既有强度极高的特坚硬岩，又有强度极低质软的强风化岩。对开采料进行现场爆破、填筑碾压试验，挖取符合筑坝要求的填筑石料，是有效控制坝体沉降变形的关键之一。

第六分局于2002年1月1日进点八洋河料场，与国家电力公司中南勘测设计研究院合作，开展超硬岩坝体材料的爆破、碾压试验。2月，完成料场覆盖层剥离，形成爆破、碾压试验场，并开始试验。爆破试验采用深孔梯段爆破法，根据岩石力学性质和岩层节理裂隙的分布特性，进行爆破参数的设计与优化。碾压试验面积2700米^2，填筑9层，每层填筑厚度85厘米，每层试验料填筑均经过爆破、填筑、碾压和试验等项程序，对不同岩性填筑材料的开采爆破技术、填筑碾压技术和变形模量值进行研究，优选出合理的爆破、碾压技术参数。3月30日，八洋河料场试验结束，转入卧象料场试验。

同年5月10日，整个爆破、碾压试验完成，共挖填石料1.5万米^3。试验取得成果，为坝体沉降变形的控制，提高面板坝的功能性、安全性、可实施性，提供了科学依据。

三、导流洞开挖衬砌

导流洞位于左岸，由长171米的进口明渠段和进口明管段、长734米的洞身段、长109米的出口明管段和出口明渠段组成，断面型式为城门洞形，最大开挖断面23米×25米，洞身用钢筋混凝土衬砌，衬砌后的过水断面16米×18米，属特大型导流隧洞。围岩坚硬，断层贯穿，曾选择一家施工单位承建，在规定工期未打通支洞。该导流洞工程是电站控制性工程，一旦工程推迟，截流相应推迟，错过10月枯水期，发电将推迟1年，直接经济损失10亿元。电站监理单位贵阳勘测设计院，推荐主力队伍在600千米外引子渡水电站工地施工的工程局第六分局，承担导流洞工程。

第六分局于2002年7月1日进点作施工准备。为抢回损失的工期，在两岸未通车的情况下，租用木船将小型设备、炸药、柴油等物资运到左岸，然后人抬肩扛爬坎运到作业现场。承担施工的分局开挖一队200多名职工，吃、睡在洞边，加紧进行修坡、剥离、筑路等准备工作。7月15日开始开挖。50多台手风钻在进出口段、支洞段上下游作业面同时开钻，修理工跟在操作手后面及时维护、处理故障。此后，两岸临时钢栈桥架通，但限载为20吨，分局采取防护措施，想方设法将36吨重的三臂台车、38.7吨重的履带式挖掘机等设备通行过江。先后投入三臂台车4台、装载机2台、自卸车15辆。开挖中，三臂台车钻上部顶拱，下部用人工手风钻钻孔，上下部位作业拉开距离，互不干扰。洞身开挖从钻孔、爆破、出渣到仓面清理，形成1个循环。施工作业从1天1循环加快到2天3循环，最快达到1天2循环。洞内风水电管线整齐划一，标识明确，方便开挖作业。至8月15日，上导洞进尺240.4米，最高日进尺22.5米。8月16日洪水来临，流量2030米^3/秒，次日水位上升3.6米，流量增至3800米^3/秒，洪水距支洞口仅1米，将洞边临时用房冲走，职工们抢搭围堰，严防死守，困了靠洞壁休息一会儿。随后又一场5500米^3/秒流量的特大洪水袭来，经奋力抢险，洪水退却不到2个小时，恢复正常作业。9月23日18时，导流洞全线贯通，用时68天，比计划工期提前22天，开挖符合设计要求，共开挖石方25.5万米^3。分局仅用68天完成特大型导流洞开挖工程，施工速度处于全国领先水平。11月3日，中国工程院院士谭靖夷、王思敬，设计大师曹克明在考察导流洞施工后评价说："十二局是干工程的行家里手，导流洞掘进创造了国内同类型洞挖施工快速度，现场管理、施工组织严谨规范有序。"

导流洞洞身混凝土衬砌于2003年1月19日开始，投入2台钢模台车、3台钢筋台车、5台泵车、7台混凝土搅拌车，配备2套135米^3/时混凝土拌和系统。衬砌分66块，每块长12米。由于洞身大多是弧形，进出口呈喇叭形，出口明管段顶穹比洞内高出2米，给全断面衬砌立模带来困难。而导流洞常年设计导流量为500米^3/秒，汛期则提高10倍，下闸蓄水后进口闸室将承受3万余吨的水压力，对混凝土衬砌的质量要求高。加上为保大坝安全度汛，截流时间需提前1个月。为此，分局反复与建设、设计、监理单位讨论方案，开专题会研究，采用减少施工缝、大仓面浇筑方式，增强混凝土整体性，提高混凝土抗压强度。66个块子，其中进口最大仓面1050米^2、浇筑混凝土2700米^3。分局以每3天衬砌2块的进度，确保提前截流，管理、技术人员跟踪作业程序，严把质量、安全，拆模后的底板、边墙、顶拱混凝土均光洁平滑。洞内整洁，各种建材堆放整齐有序。7月15日衬砌结束，共浇筑混凝土6.2万米^3、绑扎钢筋3935吨。从2002年7月15日开钻到2003年7月15日衬砌完成，导流洞开挖衬砌施工全过程仅用12个月，刷新了国内同类工程快速施工的纪录。中国工程院院士谭靖夷评论说："全国同等规模的导流洞工程中，二滩电站导流洞干得最好，是由外国人来管理施工的。三板溪电站导流洞施工速度、工程安全、质量等方面都是最好的，这是由我们自己管理施工的。"

导流洞固结、回填灌浆及金属结构安装，于2003年8月20日结束，共完成固结灌浆9772米、回填灌浆1.38万米^2、金属结构安装111.1吨。8月25日导流洞具备通水条件。9月上旬专家组进行验收，核定单元工程335个，一次验收合格率100%、优良率

94.33%，评定为优良工程。2004年7月5日，导流洞经受了最大流量4500米^3/秒洪水的考验，安然无恙。

四、大江截流

工程导流采用"断流围堰，隧洞导流"方式，围堰为土石结构。坝址处于高山峡谷，水深流急，江中多有暗礁深潭。分局总工程师费伟国带领技术人员多次现场勘察，制定出方便施工、节省投资的上下游围堰设计施工方案和截流施工组织措施。2003年9月上旬下游围堰形成，上游围堰形成20多米宽的龙口。上游围堰最大堰高28米、顶宽7米、堰长177米，下游围堰最大堰高18米、顶宽7米、堰长104米。9月17日，电站举行隆重截流仪式，湖南省副省长徐宽平、贵州省副省长包克辛以及有关州、县领导出席。9时许，随着中国电力投资集团公司副总经理石成梁一声令下，分局68辆重型自卸车依次向龙口倾倒石料，推土机、振动碾有序推填、碾压。龙口最大流量107米^3/秒，水位最大落差2.86米。经过2时40分奋力填筑，上游围堰与右岸合龙，江水从导流洞过水分流，大江顺利提前1个月截流。

五、大坝填筑

大坝最大坝高185.5米，从截流到首台机组发电直线工期2年7个月，需填筑土石870万米^3，坝体填筑持续18个月，月平均40万米^3，最高月填筑60万米^3。为保证高强度填筑，分局按照建筑规范和设计要求严密安排，并添置20辆32吨特雷克斯自卸车增强运输能力。

2003年10月31日完成坝基开挖及清理。12月7日开浇大坝趾板混凝土。趾板总长765米，宽5~12米，浇筑厚度0.6~1米，总方量7236米^3，采用连续浇筑、留施工缝的方式，分44块，浇筑块长15~20米。12月10日河床趾板浇筑到位。12月17日坝体开始填筑。

进入2004年，沅江流域雨水偏多，度汛情势紧迫。电站工程2004年度汛遂采用"一枯拦洪"施工方案，即利用一个枯水期快速施工，在汛期到来之前填筑到可抵挡百年一遇洪水的高程(390米高程)。为此，施工强度大幅提高：需在4个月内填筑240万米^3，坝体升高93米。这相当于建造一座中型面板堆石坝的工程量，不少专家认为这是不可能达到的事。安全度汛事关重大，工期目标必须确保。分局精心组织施工设备，投入90多辆自卸车、13台挖掘机、5台推土机、4台振动碾，展开连续24小时不间断作业。分局干部职工积极行动，"团结拼搏，求实创新"、"战胜困难，挑战自我"成为行动口号。2月创下月填筑71.67万米^{3}的高产纪录。3月填筑66.04万米^3、日最高填筑2.83万米^3，分局又创下日填筑的高产纪录。同时左右岸趾板浇筑、溢洪道开挖、泄洪洞钻进均按期进行，并完成乳化沥青固坡及仪器埋设。4月13日，大坝填筑到390米高程，实现"一枯拦洪"，提前17天达到安全度汛目标，从而又刷新了工程局自己创造的高面板坝快速施工的国内纪录。"一枯拦洪"成功实施，将堆石坝快速施工提高到新的水平，为电站按期投产发电奠定基础，并为节省工程投资、加快施工速度、确保大坝安全积累经验。来工地考察的各方专家评论：几乎与造一座装机百万千瓦火力发电厂工期相同，水电工程，火电速度，水电十二局创出了奇迹。高面板坝快速施工技术，获中国水利水电建设集团公司科学技术进步一等奖、中国电力科学技术二等奖。“一枯拦洪”施工技术获“中国企业新纪录”。

2004年6月，分局按设计要求，在填筑坝体上加设3米高的子堤，使大坝度汛标准从百年一遇洪水，提高到200年一遇。共填筑土石2.25万米^3。

2005年9月6日，大坝比计划工期提前24天填筑到顶，成为完成填筑的国内第一高坝。共填筑土石888.62万米^3。填筑期间，经中国电力投资公司专家组质量巡查，认为大坝工程质量处于受控状态，评定单元工程合格率100%、优良率93.85%。

六、面板浇筑

堆石坝面板总面积8.4万米^2，分三期浇筑到位，共浇筑混凝土4.5万米^3，绑扎钢筋4000吨。采用双层钢筋，使用聚丙烯纤维混凝土。

2004年11月20日开浇一期面板。一期面板由91.3厘米渐变至61.6厘米，分20个块子，其中16米宽14块、8米宽5块，高度87.23米，斜长150.49米。2005年1月29日浇筑完毕，共浇筑混凝土1.96万米^3。4月13～18日，经专家组质量巡查，评定单元工程1489个，优良率96.17%，未发现一条裂缝。

二期面板于2005年12月19日完工，历时54天。二期面板厚度由61.6厘米渐变至42.9厘米，斜长94.6米，分35个块子。共浇筑混凝土1.6万米^3。三期面板于2006年3月完工。

七、泄洪洞开挖衬砌

泄洪洞由塔式进水口、洞身、出口明渠挑流段等组成，全长806米，为无压隧洞，最大埋深26～85米，最大洞高20.32米、宽11米，最大开挖断面15米×16.5米。洞身围岩多为中等风化至微风化岩体。全洞采用系统锚杆喷混凝土支护，边墙和底板用抗冲耐磨硅粉混凝土衬砌，顶拱用常规混凝土衬砌，并进行固结、帷幕灌浆。

分局承担0+130以下开挖与衬砌。人员、设备于2003年7月进点，2004年6月上层洞全线贯通，共开挖石方17.3万米^3。8月，长50米的塔式进水口及洞身承建部位开挖结束，开始底板锚杆孔施工。经专家组质量巡查，泄洪洞开挖面平整，残孔率达90%以上。10月15日开始洞身混凝土衬砌，投入2台全液压钢模台车，用混凝土泵输送混凝土入仓。2006年3月3日，泄洪洞承建部位衬砌提前2个月完成，符合设计要求。

分局承担的溢洪道相应部位的开挖衬砌、左岸坝基开挖、4767米长左岸上坝公路、左岸上游至码头公路、上游驳运码头工程，均按期或提前完成。2006年1月7日9时许，导流洞2扇钢闸门相继沉放到位，电站下闸蓄水。4月30日首台机组发电。

2006年5月1日，第六分局承建工程竣工，实际工期1020天，比合同工期提前14天，实际造价5.1亿元。完成的主要工程量：土方开挖201.69万米^3、回填10.99万米^3，石方明挖403.22万米^3、洞挖42.57万米^3、回填29.73万米^3，坝体填筑888.62万米^3，混凝土浇筑76.35万米^3，绑扎钢筋2.29吨，金属结构安装111.1吨，固结灌浆4.72万米，帷幕灌浆3.51万米，回填灌浆2.91万米^2。施工期间，分局被评为“湖南省重点建设项目先进单位”，并得到前来考察的贵州省委书记钱运录、省长石秀诗、原能源部部长黄毅诚、中国水利水电建设集团公司总经理郭建堂的肯定和好评。

第二十一节 紫坪铺水利枢纽工程

一、工程概况

紫坪铺水利枢纽是国家重点建设工程，是西部大开发十大标志性工程之一。

位于四川省都江堰市境内的岷江上游，距成都60多千米，距都江堰市9千米。是一座以灌溉和供水为主，兼有发电、防洪、环境保护、旅游等综合效益的大型水利工程。大坝坝型为钢筋混凝土面板堆石坝，坝高156米，坝顶长634.77米，坝体填筑量1176.6万米^3，加上大坝左岸上游的压重体，总填筑量1400万米^3。水库容量11.12亿米^3。地面厂房装机4台，单机容量19万千瓦，装机总容量76万千瓦。

紫坪铺曾作为岷江上游7个阶梯工程之一，于1958年6月动工兴建。工程因导流洞洞挖中瓦斯爆炸，改为明渠导流，而导流明渠在汛期即被冲垮，工程被迫下马。

2002年紫坪铺工程重新兴建，工程局与闽江局联营中标承建大坝工程。主要项目为大坝、溢洪道、引水发电系统、冲砂放空洞、泄洪排砂洞、导流洞、左岸上游压重体。大坝坝体由防渗面板、垫层区、过渡层区、主堆石区、次堆石区、下游堆石区、上游盖重保护区、辅助防渗体组成。垫层区水平宽度3米，过渡层水平宽度5米，坝体下游为1米厚干砌石护坡。合同造价6.31亿元，合同工期为2002年10月～2006年12月。由工程局为责任方，承担标中70%工程量。

这是工程局“拓展西部”进入四川的第一个工程项目，选派成功建设安徽港口湾水库工程的第三分局，承担大坝和溢洪道等工程的施工任务。

二、地质条件

坝区地质极为复杂：坝基由两大层含煤含砾的泥质粉砂岩、煤质页岩等韵律互层构成。岩体裂隙、风化严重，且含夹泥，失水易分解，遇水则软化。由煤质页岩形成的3条层间剪切破碎带、多处挤压破碎带，横贯坝基。左右坝肩为绵延向下的条形山脊，含有大量砂岩、粉砂岩和煤质页岩，断层带、破碎带分布其间。煤质页岩稳定性极差，遇水即成束带状。300多年来当地采煤形成的煤洞有130多个，其中47个富含瓦斯，地下瓦斯含量高，探洞、煤槽比比皆是。国内水电建设史上罕见的五大地质难题，岩石结构松散，岩性软弱，瓦斯煤洞采空区分布广，地下含水量高，地质破碎带跨度大，均在此处呈现。

三、大江截流

第三分局先遣人员于2002年9月中旬进点，边建生产生活营地，边组织围堰施工，展开边坡清理和左岸坝坡开挖。经过2个月的艰苦努力，11月中旬上游围堰形成11米宽的龙口，具备截流条件。11月23日15时40分，中共中央政治局委员、四川省委书记周永康亲临现场下达截流命令，分局65辆重型自卸车旋即从两岸依次朝龙口倾倒混凝土四面体、石料，6台推土机及振动碾不停地推填、碾压，16时38分围堰合龙，江水改从导流洞下泄，两岸群众欢欣鼓舞。分局按期实现年度节点目标——大江截流。

四、坝体填筑

2002年12月，处于大坝左岸上游的压重体开始填筑。翌年3月，大坝开始填筑。分局按照年度节点目标——大坝临时断面填筑到810米高程、完成400万米^{3}填筑量，精心组织施工。首先开辟新料场。建设单位选定唯一的主料场高程1320米，到大坝起填点718米高程，落差602米，运距约12千米，路陡弯急，制约车辆运输速度。而且该料场终年多大雾，覆盖层厚，一时难以大面积铺开开采工作面，无法解决每天至少上坝2万米^{3}的填筑石料。分局经多方勘查，找到运距3～4千米的1个辅助料场和1个沙砾料场，并提出在次堆石区掺用部分沙砾料的合理化建议。经建设单位同意，分局在这两个料场共开采275万米^{3}石料、100万米^{3}沙砾料，既减轻了主料场的开采、运输压力，保证坝体高强度填筑，又节省投资5000万元。6月，完成河床段趾板及混凝土回填。7月，大坝垫层区、过渡区开始填筑，两岸坡段混凝土开始浇筑。9月，大坝下游堆石区、反滤区开始填筑。各区严格按照料源级配、质量要求、铺料厚度、压实度填筑，碾压施工严格按碾压参数进行。垫层区水平分层铺筑时，用自制的大三角尺进行检查控制，层料每两层进行一次测量检查，每升高5米进行一次边坡修整，垫层每升高10～15厘米进行一次坡面碾压和砂浆护面。12月28日，大坝上游临时度汛断面填筑至810米高程，提前实现节点目标。

2004年，分局为实现大坝临时断面填筑至850米高程的合同节点目标，加强对主料场的规范开挖和管理，拓展开采区域。同时加大力度开采2个辅助料场，为坝体填筑提供充足料源。并积极响应四川省总工会发出的在重点工程中开展劳动竞赛的倡议，开展“争做当代李冰，造就千秋工程”的劳动竞赛，创下单月填筑80.14万米^{3}的最高纪录。8月10日，大坝临时断面填筑到850米高程，提前达到二期混凝土面板浇筑的面貌要求。

2005年6月16日，全断面填筑到880米高程，大坝填筑提前完成。总填筑量1177.97万米^3，历时27个月15天，月平均填筑强度42.8万米^3。高峰时投入车辆400辆。分局在快速施工的同时，严格按照施工规范控制填筑质量。一是技术保证，严格控制石料级配、辅料层厚、碾压遍数。二是设备保证，投入20台挖土机、5台振动碾、8台大型推土机。三是管理保证，强化现场管理，严格“三检制”，领导、技术人员跟班作业形成制度，并坚持质检员24小时现场旁站制，使填筑质量始终处在受控状态。每次专家咨询会对坝体填筑质量都作充分肯定。蓄水后，观测资料显示，大坝总沉降量仅为88.1厘米，为坝高的0.56‰，在国内同类坝型中处于领先水平。

五、基础处理

国内罕见的地质复杂程度，工程局高度重视坝区基础工程，对坝坡、坝肩采取锚索、锚筋、挂网喷混凝土、抗滑桩等措施进行处理。这是工程局历年来遇到的难度最大、强度最高的基础处理，2002年10月，队伍进点之初即着手准备，大坝填筑完成之前全部处理结束，共喷混凝土1761.95米^3，锚杆5312根，预应力锚索1592.61万千牛·米。

大坝趾板、溢洪道、条形山脊和防渗帷幕的延伸等基础处理，设计灌浆22万米，总工作量1亿多元。成为工程局历年来工作量最大、强度最高的钻灌项目。2003年6月开钻，2006年3月结束，历时32个月，月平均完成7000米，高峰时投入钻机、灌浆机近百台。共完成固结灌浆6.31万米，帷幕灌浆17.78万米，回填灌浆1.33万米^2。灌浆中经常出现冒、漏、抬升等情况，有时1只孔吸浆量达到上百吨，38号煤洞竟灌浆1000多吨。分局随地随时调整工艺参数，使固结灌浆一次合格率达到96.6%，帷幕灌浆一次合格率达到99.4%。

六、面板浇筑

大坝混凝土面板11.66万米^2，总浇筑量6万多米^3。为保证浇筑质量和进度，分局制定面板混凝土防裂等一整套技术保证措施，全部使用新模板，同时投入4套滑模系统和4套拌和系统。面板分三期浇筑：一期面积为3.7万米^2，浇筑混凝土2.4万米^3，采用无轨滑模施工，严格控制混凝土坍落度和混凝土拌和时间。2004年3月开始，5月结束，历时64天。二期面积为4.5万米^2，浇筑2.3万米^3，10月开浇，12月结束，历时52天。三期于2005年10月开始浇筑，面板高程为845～879.4米，斜长59.2米，厚度由44.3厘米渐变至33厘米，绑扎钢筋3800吨，浇筑混凝土1.5万米^3，工期75天，实际浇筑64天。

三期面板浇筑之前，2005年相继完成面板接缝止水、防浪墙、坝顶和路面分部工程，9月通过大坝蓄水鉴定验收，9月30日顺利下闸蓄水，12月12日三期面板浇筑结束。至此，大坝工程告成。经建设、质检、设计、监理、施工单位组成的质量检验组评定，面板堆石坝质量单元工程合格率100%、优良率85.72%，单位工程合格率100%、优良率90.91%，主要分部工程优良率100%。

混凝土面板堆石坝质量评定见表2-2-20。

表2-2-20　　混凝土面板堆石坝质量评定

分部工程名称	单元工程数量	其中单元工程优良个数	单元工程优良率(%)	分部工程质量等级
左坝坡EL820m以上开挖与处理	7	7	100	优良
右坝坡EL760m以上坝坡开挖与处理	24	20	83.3	优良
右坝坡EL760m以下至左坝坡EL820m以下开挖与处理	60	52	86.7	优良
趾板开挖与处理	122	110	90.2	优良
左岸灌浆廊道	23	6	26.1	合格
EL796m以下面板和接缝止水	83	70	84.3	优良
EL796m～EL845m面板和接缝止水	125	100	80.0	优良
EL845m～EL879.4m面板和接缝止水	150	133	88.67	优良
趾板混凝土	49	36	73.5	优良
河床段固结和帷幕灌浆	8	6	75.0	优良
左岸固结和帷幕灌浆	14	13	92.8	优良
右岸固结和帷幕灌浆	10	8	80.0	优良
探洞及废旧煤洞处理	182	107	58.8	合格
垫层(特殊垫层)区及过渡区填筑	1016	932	91.7	优良
反滤料填筑	57	48	84.2	优良

续表

分部工程名称	单元工程数量	其中单元工程优良个数	单元工程优良率(%)	分部工程质量等级
主堆石区 EL810m 以下填筑	343	293	85.4	优良
主堆石区 EL810m～EL850m 填筑	121	106	87.6	优良
主堆石区 EL850m～EL873.5m 填筑	52	50	96.1	优良
次堆石区 EL770m 以下填筑	60	54	90.0	优良
次堆石区 EL770m～EL840m 填筑	133	118	88.7	优良
次堆石区 EL840m 以上填筑	17	17	100.0	优良
下游堆石区 EL770m 以下填筑	59	51	86.4	优良
下游堆石区 EL770m～EL840m 填筑	124	103	83.1	优良
下游堆石区 EL840m～EL879.4m 填筑	80	78	97.5	优良
坝前盖重保护料	67	53	79.1	合格
量水堰工程	25	19	76	优良
下游坝面护坡	47	35	74.5	优良
大坝内部观测	88	80	90.9	优良
大坝防浪墙	130	113	86.92	优良
坝顶路面	37	29	78.4	优良
左岸新增帷幕	13	8	61.5	优良
大坝外部观测	68	60	91.2	优良
护岸及其他	193	160	82.9	优良

七、溢洪道、泄洪排砂洞工程

溢洪道位于大坝右坝肩，采用闸门控制，单孔，孔口宽度 12 米，堰顶高程 860 米，全长 523.5 米，泄槽段宽 12 米。工程包括引水墙(扩散段)、渠首、泄槽、挑流鼻坎、框格贴坡混凝土等项目。施工按进口闸首段、泄槽段、挑流鼻坎先后顺序进行。闸室段最大仓面为 616 米^2，混凝土加掺适量缓凝剂，并将混凝土层厚减到 40 厘米，防止混凝土初凝，保持浇筑连续进行。

泄洪排砂洞位于右岸，利用 2 条导流洞经龙抬头进口和改造出口消能设施改建而成。泄洪排砂洞长度分别为 720.98、602.47 米，钢筋混凝土衬砌，进口设事故检修闸门和工作闸门及启闭设备。进口开挖采用分层分块，自上而下，梯段微差爆破施工。开挖前做好排、截水，对构造破碎带区域以及煤窑煤洞、探洞，采取排水或堵水等措施，对煤层和废煤洞采空区加强检测，采取通风措施，预防瓦斯爆炸事故的发生。

溢洪道、泄洪排砂洞及全长 749.94 米、直径 4.4 米的冲洗放空洞工程，均于 2005 年 12 月前完工。

随着各分项工程的提前完工，2005 年 12 月底承建工程竣工，比合同工期提前 1 年。工程结算造价 4.31 亿元。完成的主要工程量有，土方开挖 293.5 万米^3，石方挖填 1489.93 万米^3，坝体填筑 1177.97 万米^3(最高月强度 80.14 万米^3)，混凝土浇筑 33.53 万米^3(最高月强度 1.46 万米^3)，钢筋制作安装 6800.82 吨，金属结构制作安装 387.39 吨，帷幕灌浆 17.78 万米，固结灌浆 6.31 万米，回填灌浆 1.33 万米^2。工程进度、质量受到前来视察或考察的党和国家领导人、省部领导及专家的好评。施工期间，第三分局被评为“四川省水利基本建设工程质量管理先进单位”、水利部“水利单位文明建设工地”、“争做当代李冰，造就千秋工程”劳动竞赛先进单位。

附记：“5・12”汶川大地震中，距离汶川 17 千米的紫坪铺水利枢纽工程混凝土面板堆石坝，抗震设计 8 度，由于工程质量比较好，结果经受住了 10.5 度的考验。震后检查表明，大坝除坝顶沉陷 20～30 厘米、面板有局部损伤外，大坝整体上稳定、安全，作为大坝质量主要标志的渗流量并无明显变化。水库还为实施救援提供了水上通道，成为当时进入震中汶川县映秀镇的唯一救援生命线。

地震发生后，工程局局长孙阳当即派出工程技术人员冒着持续不断的余震赶到现场，察看大坝受损情况，测量受损面积，收集第一手抢修资料。5 月 16 日，调集 40 多人及 6 台压风机、5 台灌浆机、1 套混凝土拌和设备，由分局局长叶建洪带领，主动赶赴现场，冒余震，顶烈日，迅速抢修受损面板。国家有关部委、四川省予以高度评价，并受到前来视察的吴邦国、温家宝、贾庆林、习近平、李克强等党和国家领导人的亲切接见和勉励。分局抢修队被全国总工会授予“抗震救灾重建家园‘工人先锋号’”，还被国资委、中国水电集团公司、中共浙江省直属机关授予抗震救灾先进集体荣誉称号。

第三分局凭借成熟的施工工艺，精心的施工组织，严格的质量控制，高度的工作责任，为混凝土面板堆石坝良好的抗震性能提供了一个范例。

第三篇　火电工程

第三篇　火　电　工　程

第一章　概　况

工程局为适应转轨变型、立足市场的需要，1986年始，根据水电工程及其他建筑工程僧多粥少、市场竞争激烈，而浙江及周边地区火(热)电项目相对较多的情况，调整经营方针，作出“水火并举”决策，组织各类人员学习、培训、取证，涉足火电领域。组建火电建筑工程处，承揽火(热)电厂土建工程。在机电安装公司增设火电安装公司，承揽火(热)电厂机组、锅炉、电气、管道安装工程。并与浙江省火电建设公司联营，以工程局力量为主，成立浙江省电力建设联合公司，承建温州发电厂一期工程。

1987年，工程局首次以签订承包合同的方式，相继承建浙江金华热电厂(1.2万千瓦)和温州发电厂一期工程(25万千瓦)。1990年10月，金华热电厂1号机组并网发电，成为工程局安装投产的首台火力发电机组。温州发电厂210米高度的烟囱，是工程局自行设计滑模装置、自行完成滑模施工的首座高烟囱。为此组建的烟囱滑模队，成为浙江省第三支能够独立承建高烟囱的建筑队伍。

20世纪90年代后期以来，随着承揽工程量增多，大型水利水电项目增加，施工地域扩大，工程局对火电施工力量进行调整组合，形成以电建工程公司(前身为机电安装分局火电公司)为主、各施工和安装单位参与的格局，承建火热电工程项目以及送变电项目。施工中，掌握并运用新技术、新工艺，确保工期、质量和效益。承建的浙江兰溪发电厂循环水泵房、锅炉补给水处理系统，获得“浙江省优秀安装质量奖”；浙江宁波北仑发电厂二期除盐水系统、金华燃机电厂燃油系统，同时获得“浙江省火电建设精品工程”荣誉；浙江嘉兴发电厂二期工程循环水处理系统、锅炉补给水处理系统，被评为“中国安装之星”、“全国用户满意安装工程”。

至2006年，共承建火(热)电厂9座，火(热)电合同分项工程50多项，实现产值10亿元。

1956～2006年已建、在建火(热)电厂一览见表3-1-1。

表3-1-1　　1956～2006年已建、在建火(热)电厂一览表

序号	工程名称	建筑面积(万 m^2)	装机总容量(万kW)	单机容量(万kW)	装机台数	开工日期/竣工日期	施工项目	合同标价(万元)/实际造价(万元)
1	浙江金华热电厂	0.7	1.2	0.6	2	1987-12/1991-12	土建、机电安装工程	1380.33/1763.25

续表

序号	工程名称	建筑面积(万 m²)	装机总容量(万 kW)	单机容量(万 kW)	装机台数	开工日期/竣工日期	施工项目	合同标价(万元)/实际造价(万元)
2	浙江温州发电厂一期工程	2.05	25	12.5	2	1988-12/1991-11	土建、机电安装工程	14100/16691.2
3	江苏吴县热电厂	0.75	3	1.5	2	1993-05/1994-11	土建工程	1000/1864
4	浙江宁波舜龙热电厂	0.75	1.2	0.6	2	1994-10/1996-12	土建工程	1200/1388.35
5	浙江杭州热电厂二期工程	1.07	2.5	2.5	1	1995-05/1997-05	土建工程	3348.27/4214
6	浙江临安超亚热电厂		4.8	2.4	2	1996-03/1996-12	土建工程	3000/3513
7	浙江丰山发电厂	0.81				1996-08/1997-10	土建工程	1700/2000
8	浙江宁波光耀热电厂	1.21	6	2	3	2003-07/2004-07	土建工程	3000/5000
9	浙江新都垃圾电厂	1.4	3.15	1.2 0.75	2 1	2004-11/2006-10	垃圾焚烧及热电连产工程	2000/2525.82

1956～2006年已建、在建火(热)电分项工程一览见表3-1-2。

表3-1-2　1956～2006年已建、在建火(热)电分项工程一览表

序号	工程名称	施工项目	开工日期	竣工日期	工程造价(万元)
1	浙江宁波北仑发电厂	灰坝工程	1988-10	1990-10	1459.1
		二期灰坝、交通坝工程	1996-10	1998-03	1660
		二期工程外围系统机电安装工程	1997-04	2000-06	2546
2	浙江长兴发电厂	灰库工程	1991-08	1992-06	1044.4
		舟山冈灰库扩建工程	1998-12	1999-10	320
		二期工程化水、供电系统机务电气安装、电气热控系统工程	2003-12	2005-12	1326

续表

序号	工程名称	施　工　项　目	开工日期	竣工日期	工程造价（万元）
3	浙江萧山发电厂	一期工程用电、化水、机务、热工、电气安装、出灰除灰系统、净化水系统、2号辅机安装	1992-11	1993-12	1498.16
		灰库工程	1992-09	1993-12	721
		整改工程	1995-03	1998-12	1054.89
		周家湖灰库工程	1997-09	1998-01	163
4	浙江嘉兴发电厂	一期外围工程、分项工程	1993-07	1996-04	1621.8
		斗轮机安装、循环水泵房、净化水系统、燃油系统、制氢系统设备安装	1994-04	1994-12	457
		二期工程化水、循环水泵房设备、电气、管道等安装	2003-02	2004-11	1500
5	浙江绍兴热电厂	1.2万千瓦机组外围安装	1994-10	1995-04	219
		75吨/小时流化床式锅炉等安装工程	1995-01	1995-12	262.55
6	广东南海发电厂	1号辅机及化水、净水、循环水、燃油系统安装	1994-10	1996-11	920
		外围系统管道、机电制作安装	1995-01	1997-02	871.56
		燃机及厂区油管路安装、外围工程	1995-03	1996-12	1169.1
7	浙江台州发电厂	四期分项工程、补给水工程	1995-05	1997-12	905.57
		外围工程	1995-10	1997-12	1215.9
		1号灰库外坝加固工程	1998-11	1999-12	541
		五期循环水泵房、引水渠、隧洞等工程	2006-04	2006-10	704.08
8	浙江镇海发电厂	外围热控安装、调试及循环泵房等安装	1995-05	1997-10	173
9	浙江湖州新城热电厂	安装工程	1997-03	1998-04	1000
10	福建漳州后石发电厂	机组安装外围工程	1998-08	2001-10	562.64
11	浙江金华燃机电厂	5万千瓦机组安装外围工程及除盐系统等制作安装	1998-08	2000-08	1090.4
		扩建工程辅助设备安装	2004-07	2004-09	800

续表

序号	工程名称	施　工　项　目	开工日期	竣工日期	工程造价（万元）
12	浙江绍兴钱清热电厂	1.25万千瓦机组安装外围工程	1998-08	1999-12	487.5
		四期循环泵房、补给水泵房等机电安装	1998-09	1999-10	406.69
13	浙江杭州热电厂	供热水网工程	1999-01	1999-09	648
		热力管道安装及配套土建工程	2000-08	2001-05	459.1
14	浙江温州发电厂	二期西岙山谷灰库工程	1999-12	2001-03	3535
15	浙江秦山核电站	二期外围工程	1999-12	2001-12	1664.5
		三期部分BOR安装工程	2000-01	2002-01	2000
16	河南登封新锦综合利用电厂	全机及管道等安装工程	2001-07	2002-07	656
17	浙江长兴发电厂	四期工程水处理系统、综合给水泵房工程	2001-08	2002-10	980
		二期工程化水、供水系统机电安装	2004-11	2005-05	1500
18	浙江杭州乔司垃圾电厂	3号炉尾部烟气净化工程	2003-05	2003-08	91.5
19	广西北海发电厂	锅炉部件制作安装	2003-05	2003-09	42
20	浙江宁海沿海发电厂	管道工程	2003-06	2003-12	1040.69
21	贵州纳雍发电厂	建筑安装工程	2003-06	2004-10	750
22	浙江金华金圆热电厂	技改土建工程	2004-03	2005-01	700
23	浙江杭州半山发电厂	燃机工程水处理系统、净化站及循环水泵房等安装	2004-08	2005-09	780
24	浙江宁海发电厂	新建工程补给水泵房区域建筑安装	2004-09	2005-03	533.83
		水处理区域机电、管道安装	2004-12	2006-04	1218.12
		排水管道建筑安装工程	2006-09	在建	320（合同价格）
25	浙江兰溪发电厂	水系统安装工程	2005-03	2006-04	4960

续表

序号	工程名称	施　工　项　目	开工日期	竣工日期	工程造价（万元）
26	安徽淮南凤台发电厂	一期工程补给水管道工程	2005-12	在建	3600（合同价格）
		补给水泵房及引水管道工程	2006-06	在建	2930（合同价格）
27	浙江华能玉环发电厂	机组吸收塔、烟道等钢结构制作安装工程	2006-05	在建	1582（合同价格）

第二章　工　程　选　介

第一节　温州发电厂一期工程

一、工程概况

温州发电厂位于浙江省乐清市磐石镇，距温州市15千米、乐清市18千米。厂址总占地面积30.07万米^2，其中厂区占地面积23.49万米^2。规划分期建设，其中一期工程厂区面积22.5万米^2，装机容量25万千瓦，总投资4.26亿元，是温州市有史以来规模最大的建设项目，被列为浙江省和温州市“七五”计划期间能源建设重点工程。

1987年7月，浙江省电力工业局决定由浙江省电力建设联合公司总承包温州发电厂一期土建和安装工程，建设、施工总承包单位签订施工协议书。1988年3月，签订一期工程建筑安装承包合同，造价按修正总概算的95%承包，承包总金额为2.09亿元。1991年12月承包总额调整为1.41亿元。一期工程于1988年12月开工，1991年11月竣工。

工期：核定1号机组合理工期27个月，2号机组合理工期9个月。实际施工，1号机组24个月，提前3个月，是国家1990年火电5台机组投产计划中完成计划的3台机组之一。2号机组施工工期提前157天。

质量：土建单位工程75个，其中评为合格30个、优良45个，优良率70.67%，总评为合格。1号机组安装单位工程54个，其中评为合格9个、优良45个，优良率83.3%，总评为合格。2号机组安装单位工程24个，其中评为合格1个、优良23个，优良率95.8%，总评为优良。

一期工程耗用钢材2.03万吨，水泥4.5万吨，木材1191.09米^3，毛竹2.54万支，钢门窗7771.61米^2，砂石料14.27万米^3，红砖1057.44万块，汽油709.5吨，柴油542.5吨，装置性材料1000吨。工程实际成本共计1.67亿元。

二、施工组织

1987年6月，经省电力工业局批准同意，工程局与浙江省火电建设公司组建“浙江省电力建设联合公司”（以下简称“联合公司”），工程局为责任方。7月，工程局成立火电建筑工程处（以下简称“火电处”）进点施工。

工程局把温州发电厂一期工程视作全局“命运工程”、“重中之重”，1988年4月，成立由局党政、技术领导组成的温州工程领导小组。8月，火电处开展工期目标劳动竞赛。10月，工程局和局工会联合成立温州发电厂工程劳动竞赛领导小组，组织开展劳动竞赛。

1989年3月，火电处和工程局第一工程处温州工地施工队伍并入联合公司。联合公司成为实体型机构和土建工程施工的主要力量。7月，工程局抽调500余人的精干队伍分包部分工程项目，施工力量迅速增强。联合公司从该月下旬起实行每天24小时三班制连续作业，土建工程施工进入高潮，全工地形成大干局面。

1990年3月，联合公司提出为实现7月份锅炉水压试验、汽轮机扣缸和倒送电三大目标大干150天，全工地各项目实行挂牌施工。6～9月间，工地连续遭受5、6、12、15、17、18号台风袭击，联合公司组织抗台抢险并迅速恢复生产。7月中旬，开展“战高温，夺高产，抢工期，大干100天”活动。9月中旬，工程局召开专门会议和动员会，全体职工紧急行动，拼搏1个月，土建保安装，安装保发电，外围保整体，为确保1号机组并网发电而冲刺。

一期工程施工高峰期人数为3178人。

三、施工准备

施工准备工作包括厂区试桩：厂区汽机房、锅炉房、烟囱处共布置24根试验桩，由工程局承担施工。“五通一平”含场地平整、厂区临时施工道路和厂区外施工道路、施工用电、施工和生产用水以及工地内外通信等，由联合公司承担。临时建筑分为生产和生活两个部分，生产建筑总面积1.66万米^2；生活建筑占地4.1万米^2，内建办公、生活用建筑物及一系列配套设施，总建筑面积2.05万米^2，耗资392.39万元。投入施工的大型施工机械有：TQ1000/60吨塔式起重机1台，40吨/42米龙门式吊机2台，20吨/22米龙门式吊机2台，32吨/32米龙门式吊机1台，TQ60/80塔式起重机1台，60吨桅杆式吊机1台，W2001履带式吊机3台，50、35吨汽车式吊机作短期临时支援。混凝土浇筑系统共计配置0.4米^{3}拌和机22台。

1987年6月，工程局第二工程处小分队进点，开始浇筑厂区试桩，施工准备工作正式展开。9月，试桩打完，施工临时桥架通，厂区场地平整、厂区临时施工道路填筑和施工用水、电管线铺设及临时建筑施工等全面展开。由于厂区场地平整用料的料源距离厂址21千米，采用15吨自卸汽车运料，公路路基及厂区施工道路因连续不断遭受雨水侵袭和严重超负荷运载而出现严重塌陷，运料受阻，施工进展缓慢。

1988年6月，临时生活区基本形成，职工陆续迁入。8月开始，工程局建筑公司施工队，将公路路基平均垫高80厘米，对厂区内施工道路作整修加固。9月完工，共回填石料4万余米^3，施工条件得到改善。

四、桩基工程

一期工程厂区范围均属软土地基，上部淤泥质软，厚度一般在40米以上，相对硬层埋深在40～45米以下，且土层厚度变化大，分布不稳定，地基处理复杂。施工中采用打钢筋混凝土预制方桩、混凝土灌注桩和水泥搅拌桩的方法作基础处理。

钢筋混凝土预制方桩共1932根，桩长40～50米，分2～3节预制。桩在混凝土地坪上分层密排叠浇，由火电处负责预制。桩的起吊，采用履带式吊机或起重量20吨以上的汽车式吊机。桩的水平运输工具为运桩汽车、大平板汽车、轻轨架子车等。打桩设备除输煤系统桩采用活塞质量为4.5吨的国产轨道式打桩机外，其余均采用日本产履带式全液压传动直接式柴油打桩机。

烟囱桩由铁道部十四局基础公司承担，1988年7月4日开始打桩，9月1日打完补桩7根，共打桩179根，合格率96.09%。

主厂房桩设计为731根。数易打桩队伍，1988年9月开始施工，1989年10月结束，共打桩813根，其中插桩173根，断桩42根，斜桩18根。插桩超出地面部分作凿除处理，断桩和斜桩作补桩处理。

厂区混凝土灌注桩共布置2163根，桩长10～40米，直径除进厂桥24根为900毫米、排水箱涵出水口八字墙为1000毫米外，其余均为377毫米，采用振拔法施工。这是工程局首次大规模从事混凝土灌注桩施工。灌注桩工程量见表3-2-1。

表3-2-1　　灌注桩工程量

部　位	桩长（米）	数量（根）	部　位	桩长（米）	数量（根）
主厂房	23	132	无阀滤池	25	18
110千伏开关站	20	28	化水楼	23	280
220千伏开关站	20	15	厂区生产办公楼	20	197
220千伏开关站	17～25	415	金工车间、材料库等	23	611
避雷针塔基础	20	6	锻、铆、焊车间	18～22	64
网控楼至开关站天桥	20	6	夜值休息室	22	72
输煤集控室	20	52	除灰空压机房	18	40
水力冲洗设施	20	16	进厂桥	40	24
点火油库	23	72	合　计		2163
排水箱涵出水口	10～25	115			

五、土石方挖填

一期工程土石方挖填包括煤场预压堆载卸载和常规的土石方开挖和回填。其中常规土石方开挖43.04万米^3，回填24.45万米^3。

煤场位于厂区南面瓯江边，对其基础采取打袋装砂井、铺填砂垫层、堆载预压后卸载的办法进行处理，堆载范围设计面积2.43万米^2，其中混合石渣堆载面积2.25万米^2，堆载石料由工程局第一工程处开挖队负责在离工地4千米的采石场开采。1988年2月，工程局第一工程处组建打桩专业队，承担煤场基础袋装砂井施工。4月开工，6月完工，共打袋装砂井1.92万根，计32.57万米。这是工程局首次成功进行大规模袋装砂井施工。7月12日～10月10日，铺填砂垫层2.4万米^2，计2.02万米^3。10月18日开始铺填细石渣，至12月上旬结束。12月11日，工程局第一工程处汽车队的10辆15吨自卸汽车开始运送石料进行堆载。堆载分3级进行，至1989年11月20日结束，共堆载石渣12.28

万米³。同年12月31日开始，采用挖土机挖渣、自卸汽车运渣的施工方案进行卸载，至翌年4月中旬完成，共挖除石渣10.2万米³。经观测，卸载后煤场地面未出现回弹。

常规土方开挖分3个阶段。第一阶段从1988年9月16日开始，至10月10日结束，主要是烟囱0米以下基础的开挖，由工程局第一工程处负责完成。第二阶段是1989年春夏进行的主厂房基础开挖。因主厂房大量插桩，大量的土方开挖又在雨季进行，基坑积水严重，边坡塌方频频，部分工程桩在开挖后出现倾斜、移位、转向等现象，桩基处理工程量增加。后在施工中采取放大边坡坡度、基坑上方四周开沟排水、基坑装水泵排水、禁止重载车辆在基坑边缘行驶和边开挖边抢浇基础混凝土等措施控制塌方。第三阶段为1989年下半年至1990年上半年间进行的主厂房外围和附属建筑的基础土方开挖。

厂区石方开挖仅有西南角循环水泵房所在的炮台山。炮台山高程14.05米，为基岩岸段剥蚀残丘，表层为碎石混淤泥覆盖层，自岸边向江中逐渐加厚，达1.6～6米，其下为全风化至微风化晶玻璃屑凝灰岩，构造简单，岩性较为均一。表层处理由工程局第一工程处开挖队于1988年8月开始，翌年11月结束。按初步设计，循环水泵房进水口为明渠，底部高程为－9.5～11米。此处位于凸岸，低潮位水深9米左右、高潮位水深14米左右，水流湍急，围堰施工困难，联合公司建议并经设计单位同意，在进水口增加15米长隧洞实施水下岩塞爆破。水下岩塞爆破由工程局自行设计、施工，1990年9月25日起爆，爆破石方342米³，附近建筑物未受损，现场亦未见飞石和井喷。工程局首次自行设计、施工的水下岩塞爆破取得成功。经潜水员水下探测，洞内约110米³的松渣，直径大部分为30厘米以下，个别1.5米左右，21天清完。洞外石渣用1米³抓扒机清除。

厂区土石方回填在各建（构）筑物基础完工后进行。回填土石取自基础开挖弃土、石料场和厂区附近的天然土石。

土石方开挖、回填工程量见表3-2-2。

表3-2-2　　土石方开挖、回填工程量　　单位：米³

部　　位	开挖	回填	部　　位	开挖	回填
主厂房及炉后区	46000	30000	厂区油管沟	1600	600
烟囱	5100	2200	厂区生产排水管沟	500	200
A列外构架	4400	1900	厂区下水道	62000	60000
220千伏开关站	6100	3600	厂区补给水管	8400	8000
110千伏开关站	1300	500	厂区生活、消防管	11400	11000
输煤栈桥	2700	1900	厂区公路	20000	—
转运站、碎煤机室	6500	2400	干灰库	5200	3900
斗轮机、挡煤墙	2300	2600	沉渣池	5000	2400
循环水管	54000	47000	渣管沟	2600	500
排水箱涵	58600	33000	输灰配电室等	500	100
循环水泵房	40000	500	灰管支架、支墩	500	100
500、5000吨水池	6600	3600	厂区附属建筑物	27000	13000
厂区电缆沟	5300	1900	新开河	45500	10000
厂区暖气管沟	1100	500			
厂除盐水管沟	20	100	合　　计	430400	244500

六、混凝土浇筑

一期工程厂区建（构）筑物占地总面积5.7万米^2，混凝土浇筑总量11.19万米^3，钢筋制作绑扎8477吨。包括预制和现浇两个部分，1988年底至1990年8月间施工。

混凝土预制构件总数3.11万件（不包括循环水管、排水混凝土管、电杆柱和电厂生活区构件），混凝土浇筑量3.52万米^3，钢筋量4693吨。采取分区预制：主厂房及炉后区主要构件，在主厂房扩建端东侧中型预制场预制，其中BC框架和炉架特重件分布在60吨塔吊两侧主钩起重范围内，由联合公司第二工程队预制；小型构件在烟囱南侧小型预制场由联合公司预制厂预制。输煤栈桥、开关站、厂区附属建筑物等的预制构件，均在建筑物近旁分别由联合公司第三工程队及各分包单位就地预制。现浇混凝土包括建（构）筑物基础和基础承台、设备基础和机座、部分建（构）筑物框架、地坪、厂区道路路面、地下管沟、箱涵、部分桩基等，计7.66万米^3，制作绑扎钢筋3784吨。其中，主厂房、烟囱、炉后区、干出灰系统、厂区道路路面等由联合公司第一、二工程队为主浇筑，排水箱涵（828单米）等由临海民用建筑工程公司为主浇筑。500、5000吨水池和220千伏开关站、网控楼等由工程局第二工程处施工，循环水泵房、综合泵房等由工程局第三工程处施工。

烟囱净高210米，为全厂最高构筑物，下口0米层外径21.5米、内径20.1米，上口外径7.2米、内径6.44米，由钢筋混凝土浇筑而成。烟囱基础深4.1米、直径30米，基础混凝土于1988年12月浇筑，计2400米^3。筒壁混凝土3158米^3，21米以下为常规浇筑，21米以上由工程局自行设计、制作的滑模平台，运用滑模工艺浇筑。1989年1～4月，0～21米筒身浇筑完成，共浇筑混凝土802米^3。4月，联合公司以第一工程队为基础成立由180人组成的烟囱滑模队。5月1日开始组装滑模平台，至6月5日完成。6月10日至8月20日，滑模平台静、动载试验完成并达到设计要求，卷扬系统安装调试完毕。8月21日开始滑模，至11月26日浇筑至顶端210米，共浇混凝土2356米^3。这是工程局自行设计滑模装置、自行完成滑模施工的首座高烟囱，烟囱滑模队成为浙江省内第三支能够独立承担高烟囱滑模施工的建筑队伍。整个滑模施工历时98天，实际浇筑时间68天，日均滑升2.78米，达到国内外先进水平。经测定，烟囱的各项技术指标均优于设计要求控制值，烟囱浇筑质量被评为优良。

钢筋混凝土工程量见表3-2-3。

表3-2-3　　钢筋混凝土工程量

名　　称	现　浇		预　制		
	混凝土（米^3）	钢筋（吨）	混凝土（米^3）	钢筋（吨）	数量（件）
汽机房	5000	317	960	120	1569
除氧煤仓间	2900	82	4580	575	1735
锅炉房	2980	160	3860	540	2676
炉后区	1600	87	1270	158	1547

续表

名称	现浇		预制		
	混凝土（米³）	钢筋（吨）	混凝土（米³）	钢筋（吨）	数量（件）
烟囱	7360	691			
输煤系统	4470	285	1160	185	5113
供水系统	7190	355	160	15	218
除灰系统	6920	639	250	28	1192
220 千伏开关站	1970	24	1340	185	2204
110 千伏开关站	530	1	20	3	308
A 列外构筑物	760	25	170	23	95
循环水排水箱涵	3850	310	30	11	
微波塔	180	8			
厂区附属建筑物	8850	534	1270	167	4047
厂区地下管沟	3100	1	400	28	10372
厂区道路	7300	1	500		
厂区桩基	10090	240	17970	2585	
厂区预应力圆孔板			1200	60	
进厂桥	1580	24	85	10	
合计	76630	3784	35225	4693	31076

七、构件吊装

一期工程建（构）筑物构件主要包括由汽机房、除氧煤仓间和锅炉房组成的主厂房构件，由除氧煤仓间至碎煤机室 5 号栈桥、碎煤机室至 3 号输煤转运站的 4 号栈桥框架和桁架梁构成的输煤栈桥构件，220 千伏开关站构件，以及循环水泵房、综合泵房和进厂桥桥拱等构件。单件质量最大为 60 吨，分别采用 W2201 履带式吊机和 60 吨塔式起重机吊装。

1989 年 10 月 1 日，由省火电公司吊装队为主，联合公司配合，吊装成功除氧煤仓间 C 排 9 轴框架柱，拉开构件吊装序幕。是年底，主厂房除氧煤仓间 9 米层以下框架和 1 号锅炉架吊装完。1990 年 3 月 15 日，主厂房与 1 号机发电有关的剩余框架吊装完成，主厂房交付安装。4 月 20 日开始吊装循环水泵房和综合泵房构件，循环水泵房构架于 5 月 2 日、综合泵房构件于 6 月 30 日吊装完。7 月炉后区、输煤栈桥和 220 千伏开关站构件吊装完毕。10 月 11 日，吊装完成进厂桥桥拱。2 号机主厂房框架构件、屋面板和行车梁等最后一批构件，10 月 29 日完成，构件吊装工作结束。

八、机电安装

一期工程安装施工包括 2 台 12.5 万千瓦火力发电机组及其相关的电气、输煤、供水、水处理、除灰系统和厂区配套设施的安装，以及钢结构制作安装等。

1989 年 8 月，1 号机组安装先遣人员进点。10 月初，安装准备工作铺开，1 号锅炉地面组装开始。12 月，1 号锅炉 K3—K4 轴大板梁安装就位。安装施工正式开始。

1990 年3 月，在与安徽马鞍山发电厂展开的机组供应竞争中获胜，华东电力设备平衡会议决定将上海汽轮机厂制造的 73 号汽轮机优先供给温州发电厂工程。3 月 26 日，开始安装厂区生活、消防和排水等管道，至10月9日全部接通。4月1日开始1号锅炉大件吊装，至5月22日全部吊装就位。4月10日，开始安装110千伏配电装置；次日，1号机组定子、1号锅炉汽包及厂用变压器、点火油罐等大型永久设备运抵工地。5月初开始安装网控楼电气设备，至7月中旬基本结束。7月30日，化学水处理系统首次将净化水送往主厂房。8月3日制出除盐水。8月9日，1号锅炉水压试验成功；15日，实现倒送电目标；26日，开始安装220千伏配电装置。9月19日，1号汽轮机扣缸。10月10日1号主变压器投入运行，20日循环水管安装完毕。11月25日开始吊装2号锅炉炉架，至12月10日吊装到顶。12月6日和7日，厂用变压器和220千伏配电装置先后投入运行；8日，2号锅炉大件地面组装开始；11日18时，1号汽轮机、锅炉首次点火启动。17日3时第二次点火启动，20时汽轮机首次冲转，联合试运转开始。18日输煤系统投产，是日13时42分1号机组并网发电。30日11时10分，1号机组96小时试运转完成，移交给温州发电厂试生产。次日，2号锅炉K3轴大板梁和2号汽轮机台板就位。

1991年1月5日，2号主变压器就位。4月10日，2号机组倒送电成功；21日，2号锅炉水压试验一次成功；25日，2号汽轮机扣缸结束。7月6日，2号主变压器零起升压试验完成；12日2号汽轮机和2号锅炉首次点火成功；次日整套启动，14日并网发电，23日16时30分完成72小时试运转。8月4日17时2号机组完成24小时试运转并正式移交试生产。

钢结构制作安装总量3213吨，其中属土建工程的713吨、属安装工程的2500吨。钢结构制作安装工程量见表3－2－4。

表3－2－4　　钢结构制作安装工程量　　单位：吨

名　称	数量	名　称	数量
汽机房钢屋架、天窗架及支撑	130	循环水管转弯段、厂内段	220
汽机房抗风桁架及抗风柱	46	循环水泵房钢闸门(3扇)	13
汽机房A列短柱加高	58	循环水泵房拦污栅	20
锅炉房喷燃器支吊架	37	循环水泵房钢管	27
锅炉房炉顶结构	70	110千伏开关站线架、避雷塔、围栅	12
锅炉房电梯井井道平台、步道桁架	50	220千伏开关站线架、避雷塔	5
锅炉房露天设施	9	围栅燃油储罐(8只)	65
主厂房各值班室屋顶等	21	化水除盐水箱(400米^{3}2只)	40
主厂房钢扶梯、平台	150	主厂房上水箱、屋顶水箱(4只)	18
主厂房主要设备检修、起吊设施	15	启动锅炉房水箱(10米^{3}1只)	2
汽机房附属设备及辅机安装	10	厂区浴室水箱(2只)	2
烟、风、煤、气管道	800	排涝泵房	3
烟、风、煤、气管道支吊架、走道	200	微波塔平台、扶梯	5
启动锅炉房屋架、柱	20	安装用施工钢架	1000
烟囱钢煤斗、爬梯、平台	20	棚库钢屋架	15
输煤系统落煤管、料斗等	30		
全厂电缆支架	100	合　计	3213

第二节 金 华 热 电 厂

一、工程概况

金华热电厂地处浙江省金华市环城西路西侧、婺江北岸堤坝北侧。工程占地 6.99 万米^2，总建筑面积约 7000 米^2，安装两台 6000 千瓦汽轮发电机组和两台 75 吨/小时锅炉，总装机容量 1.2 万千瓦，年发电量 6400 万千瓦·时，供热量 1691.47 亿焦耳（节约标准煤 39726 吨），概算总投资 4100 余万元，列入国家节能建设计划，是浙江省、金华市“七五”计划期间重点建设项目。

1987 年 5 月，工程局与金华热电厂筹建处签订承包协议书，这是工程局承接的第一个火电工程项目。同年 11 月，承包合同正式签订，由工程局对热电厂工程施工概算承包，合同总造价 1380.33 万元，其中土建工程 802.83 万元、机电安装工程 577.5 万元。

工程于 1987 年 12 月正式开工，1990 年 10 月首台机组并网发电，1991 年 9 月第 2 台机组并网发电。完成的主要工程量：土石方回填 4.5 万米^3，混凝土和钢筋混凝土浇筑 2 万米^3，砌砖 9800 米^3，钢结构制作安装 1640 吨。工程结算总造价 1763.25 万元，其中土建工程 1135.64 万元、机电安装工程 627.61 万元。

二、土建工程

土建工程主要有主厂房、联合办公楼、主控制楼、化学水处理系统建筑物、35 千伏屋内配电装置、电除尘控制室、干煤棚、输煤栈桥、输煤系统综合室、沉渣池及冲渣泵房、储灰罐、烟囱、烟道、空气压缩机室、机电炉检修间及修配厂、材料库、材料棚、浴室、危险品库、汽车库、主要入口传达室及辅助传达室等，建筑面积 7000 余米^2。建（构）筑物基础有钢筋混凝土条形、杯形、独立、箱式、桥式基础和毛石混凝土条形基础、浆砌毛石条形基础等，基础埋深 2～4 米不等。上部结构有钢筋混凝土现浇框架、桁架、排架结构和砖混结构等，多采用钢门钢窗、水泥地面装修，外装饰均采用弹涂工艺。

工程局指定第四工程处承担该项目土建工程。1987 年 10 月，工程局金华热电厂项目经理室成立。项目经理室直属施工队伍设负责主厂房工程施工的工程一队，负责化水、燃料及外围系统工程施工的工程二队，负责燃煤及烟囱、烟道系统工程施工的工程三队，负责钢屋架及土建部位金属结构制作的金属结构加工厂，负责工程测量的测量队。土建工程初期投入劳动力 80～100 人，高峰期施工人员 450 人。投入的主要施工机械设备有 1 米^3 反铲 1 台、D－85 推土机 1 台、0.6 米^3 挖土机 1 台、美式装载机 1 台、8 吨自卸汽车 6～8 辆、1 米^3 吊机 1 台、12 吨汽车吊机 1 台，施工后期为干煤棚吊装增加 2 米^3 履带式吊机 1 台，金属结构制作用 5 吨龙门行车 1 台，土建钢屋架及混凝土预制输煤栈桥架吊装时配以 25 吨塔式起重机辅助。

按工程承包协议书，施工队伍于 1987 年 6 月 1 日进点，8 月 1 日开工。因土地征用问题的影响，迟至当年 9 月 26 日进点作施工前期准备，12 月 16 日开工，合同工期被迫推迟 4 个半月。为加快工程进度，1988 年 11 月，工程局成立由分管副局长挂帅的施工领导小组，协调和领导该工程的施工。至 1990 年底，土建主体工程基本结束。1991 年 6

月，土建工程全部完工，质量合格。其中关键项目80米高钢筋混凝土烟囱，于1989年4月27日开始滑模浇筑，第一阶段滑升至6米高程，第二阶段滑模以每小时浇筑10厘米、每30厘米1层的速度滑升。8月7日，烟囱滑升到顶。经测定，中心垂直度误差小于3.5厘米（设计要求小于7.5厘米），其他各项技术指标均符合设计要求。

三、安装工程

机电安装项目包括锅炉、机组、电气设备、管道和附属设备安装，由工程局机电安装公司负责施工。其中：锅炉为B2WB/75/3.82－M型单汽包自然循环煤粉炉，计2台。机组有C6－35/10型抽气式汽轮机、B6－35/10型背压式汽轮机各1台，QF－6－Z 26兆瓦、6.3千伏型汽轮发电机2台。电气设备主要包括2台ZLQ－45－3000型直流励磁机，2台KFD－3型相复励自动调压器，发电机保护体系，开关柜，2台SFL7－8000/35型三相双绕组无励磁调压主变压器。主设备为1套JYN－35型手车高压开关柜的35千伏配电装置，以及蓄电池、厂用电系统、照明系统和接地系统电气设备。管道，包括2台主蒸汽系统管道、主给水系统管道和厂内外供热系统管道。

安装工程以1号锅炉进行大件组合为标志于1988年11月开始施工。翌年3月，1号锅炉大件组合完毕。4月开始大件吊装，7月吊装结束。8月，1号机组开始安装，因设备未能按时到货，安装作业时断时续。9月25日，1号锅炉水压试验一次成功。10月1日开始2号锅炉大件组合，至12月15日完成，次日即进行大件吊装。1990年2月，2号机组安装工作展开。3月，2号锅炉大件吊装就位。5月，2号机组安装结束。10月30日11时30分，1号机组并网发电，成为工程局历史上安装发电的首台火力发电机组。金华市委书记、市长为1号机组并网发电剪彩。12月30日，2号锅炉完成水压试验。1991年9月27日，2号机组并网发电。

电气设备、管道和附属设备安装与锅炉、机组安装同步进行，同时投产。

第三节　吴 县 热 电 厂

一、工程概况

吴县热电厂系江苏省吴县经济技术开发区的主要配套设施之一，位于苏州市东南7.5千米处，占地7.27万米^2。厂址东靠京杭大运河，场地开阔，地势平坦，自然地面标高2.44～3.14米，地质条件较好。工程建设规划装机总容量3万千瓦，安装2台75吨流化床锅炉和2台1.5万千瓦汽轮发电机组。

工程局总承包土建工程施工。1993年5月，工程局妹滩项目经理室代表工程局与建设单位吴县热电厂筹建处，签订土建工程承包合同，概算合同总造价890万元，后调整为1000万元。合同工期16个月。

二、土建工程

工程局妹滩项目经理室组成热电厂项目经理部承担施工任务。首批施工人员于合同签署当月进场，边做临时设施边开展基础施工。时逢雨季，加上施工图纸提供滞后，前期工程进展缓慢。

1993年9月开始，工程施工逐渐进入正常轨道。经理室采取单项块子考核措施，狠抓质量、安全，抢工期进度，施工进展顺利。至9月底，锅炉房7米高程运转层准备工作完成，烟囱滑模平台组装进入调试阶段，1、2号汽机房基础、加热平台基础、化学水处理系统基础、输煤综合楼基础开挖结束。施工进度和工程质量受到建设单位和江苏省电力设计院的好评。10月初，锅炉房构架浇筑到顶，共浇筑混凝土1500米^3。锅炉房占地面积540米^2，高7米，共44根大小柱子。由于精确立模，振捣密实，柱、梁、板浇筑光滑，支柱上下浑然一体。11月，高100米钢筋混凝土烟囱开始滑模浇筑。滑模队34名职工冒严寒，分班次24小时连续作业，平均每天升滑2.2米。12月，烟囱滑模浇筑到顶，共浇筑混凝土350米^3。烟囱底部直径14米，顶部直径3.48米，规范允许中心偏差5厘米以内、筒体扭转允许偏差50厘米以内。经检测，烟囱中心最大偏差仅3.2厘米，筒体扭转偏差仅25厘米，优于设计规范要求。

1994年1月，主厂房构筑到顶。主厂房由汽机房、除氧间、锅炉房组成，建筑面积4390米^2。汽机房纵长54米、宽18米、高21米，为预制屋面板，钢屋架结构。除氧煤仓间纵长60米、宽9米、高27.6米，为现浇梁板结构。2月，热水系统、化学水系统、燃料系统、除灰系统4项整体工程全面铺开。为保国庆发电，经理室强化内部管理，对每个职工实行工作考核，并开展保发电劳动竞赛，工效大为提高。从1天浇筑混凝土40米^{3}左右，提高到100米^{3}以上。7月，工程进入关键阶段，45天完成沉灰渣池3500多米^{3}混凝土浇筑，在工程主管部门和建设单位中赢得良好声誉。8月底，土建各项工程基本完成，施工进度满足发电要求。由于设备问题，第一台机组推迟到10月16日并网发电。11月，土建工程竣工。共完成土方开挖3.2万米^3，混凝土浇筑1.35万米^3，金属结构安装120吨，房屋施工面积7480米^2。

项目经理室投入施工人员，初期为150人左右，施工高峰期350人。投入的施工机械主要有，1台2米^{3}履带式吊机，1台TQ－60/80型塔式起重机，3台0.4米^{3}混凝土搅拌车，以及工程车等。

1995年9月通过竣工验收，结算造价1864万元。

第四节　宁波舜龙热电厂

一、工程概况

宁波舜龙热电厂位于浙江省余姚市西郊工业开发区西北方，占地面积6.85万米^2，总建筑面积1.3万米^2，建设规模为安装3台35吨/时中温中压链条炉排锅炉、2台6000千瓦抽气冷凝汽轮发电机组，装机容量1.2万千瓦。

工程局于1994年8月中标承建土建工程，合同标价872.5万元，合同工期330天，合同工程量：土石方开挖8000米^3，混凝土浇筑1万米^3。开工日期为同年8月25日。

二、土建工程

中标承建该工程时，正值工程局内部项目管理体制变更，中标单位杭州工程指挥部将工程转由吴县热电厂项目经理部组织施工。随后，吴县热电厂项目经理部划归宁波工程公司，遂由宁波工程公司组建舜龙热电厂项目经理部承建。

1994年10月下旬，舜龙热电厂项目经理部进点，从抓队伍建设、制度管理、施工技术着手，制订阶段性工作计划。第一阶段目标：主厂房框架在1995年1月25日封顶，春节前抢回工期1个月。第二阶段目标：全面形成6大系统，确保第1台机组按期投产发电。

经理部组织人员、设备，进行地基处理、构件预制。由于地基土质全系泥沙沉积型海涂塘泥，土软泥烂，施工机械经常陷入泥潭无法操作，职工们用手挖肩抬出渣清淤。4米深的综合池仅用3天时间清淤干净。预制工段12个人，1个月预制构件量达20多万元，保证预制件吊装需要。1994年11月初至1995年1月下旬，期间有40多天为雨雪天，为抢工期，职工们浑身泥浆，未停歇一天，受到地方政府和建设单位的好评。1号锅炉基础预制件吊装在雨雪中完成，经检测，预制件最大偏差仅为1毫米（允许偏差5毫米），地方劳动部门当场认可。1995年1月中旬，27米高的主厂房除氧层框架架设到顶。

1995年1月24日，主厂房框架封顶，抢回工期1个月，第一阶段目标实现。

春节不停工，施工进入第二阶段，各分项工程全面铺开。至1995年3月底，工程面貌基本达到合同要求。4月20日，80米高的烟囱滑模到顶。此后，主控楼、化学水处理站、循环水泵层、输煤栈桥相继建成，煤系统、水系统形成。6月底，主体工程基本结束。建设单位又将厂区道路、排水与通风系统等项工程，交付项目经理部施工。

1995年8～10月，项目经理部开展“奋战100天，确保第1台机组发电”目标的劳动竞赛，形成具备机组安装的条件和形象面貌。同年10月25日，第1台机组并网发电。1996年12月工程竣工。共完成土石方开挖1.5万米^3，混凝土浇筑2.5万米^3，金属结构安装50吨，房屋施工面积7500米^2。

整个施工期为14个月，施工高峰时投入人员450人。由于工程量增加等原因，合同工期调整为14个月，合同标价调整为1200万元，工程结算造价1388.35万元。

第五节 登封新锦综合利用电厂

一、工程概况

新锦综合利用电厂位于河南省登封市阳城工业区，紧靠许（昌）洛（阳）公路，地势平坦，交通方便，为登封市重点建设项目，由国家经贸委批准立项。发电厂以劣质煤为燃料，安装2台汽轮发电机组，装机总容量2.4万千瓦。

2001年7月21日，工程局机电安装公司中标发电厂全套设备安装工程，主要工程量为安装2台75吨/时循环流化床锅炉，2台1.2万千瓦汽轮发电机组。合同价格599万元，合同工期220天（2001年7月29日至2002年3月6日）。这是工程局继金华热电厂后承接的整套火电厂机组工程，由机电安装公司火电分公司承担全部安装项目。

二、工程施工

按照合同规定，安装单位必须在2001年7月29日上午达到锅炉第一根钢立柱吊装就位的目标。从中标到实现这一首项目标仅为9天，时间极其紧迫，远在浙江丽水基地的火电分公司迅速调集人员、设备，首批人员、机具于7月26日下午赶到电厂工地。他们放下行装，即勘察现场，研究第一根钢立柱拼接吊装方案至深夜。次日清晨，登封地区10年一遇的大雨突然降临，气温骤降，场地泥泞。据此情况，建设单位主动提出延期吊装，并承担延期的责任。分公司人员经内部商议，认为整个工程安装工期已经安排很紧，首个目标一旦延期，后续项目则无法展开，大家紧急赶来，就是下定决心确保首项目标实现。于是全体行动，冒雨搭设焊接遮雨棚，砌起钢立柱拉接的组合支墩，至29日凌晨拼接完成1号锅炉第一根钢立柱，形成吊装条件。7月29日上午，雨势渐小，22米长的钢立柱经起吊、调整、就位、固定，稳稳地耸立在厂区上空，从而拉开了电厂机电安装的序幕。

分公司在实现进点开工的第一个目标后，进行施工和生活安排，按照合同工期对2台机炉发电投产时间要求，部署后续工作。首先围绕1号锅炉完成水压试验的节点目标，倒排施工进度网络表，逐日检查安装进度和质量、安全，并高度重视工作量繁重的水冷壁、过热器等承压部件的拼接、施焊和吊装。为保证质量，操作人员将管排焊口打磨干净，透出金属光泽。2600多个管口的焊接，工艺技术要求高，难度大，如果一组管排中有一个焊口不合格，返工量将超过原工作量的数倍。焊工们爬蹲躺跪，耐心施焊，不仅保证焊接质量，还提高了焊缝的外观。全部管口焊接完成后，按规范标准经25%抽样拍片检查，焊口一次合格率达到99%。与此同时，各项安装有序开展，大板梁、上下级省煤器、两级空预器、低温过热器、水冷壁、锅炉汽包等吊装就位。10月7日1号锅炉整装以待，水压试验前的各项工作就绪。10月9日上午，1号锅炉水压经升至超压检验点、又降至额定压力的多次全面检查，试验取得成功，郑州市锅炉压力容器检验所鉴证“无压降，无泄漏，无变形，合格”。

2001年第四季度，2号锅炉汽包吊装就位，2台主变压器、汽机房行车等设备吊装就位，2台机组部件开始安装。2002年，锅炉烘炉、煮炉等安装完毕，输煤系统开始向上仓输煤。3月1日，1号机组安装结束空载试验成功。接着，2号机组空载试验完成，2台机组相继具备发电条件。机炉质量全部合格。由于原燃煤品种无法使用，需进行较大技改，1号机组延期至7月16日并网发电，随后2号机组并网发电，2台机组运行正常。2005年1月安装工程通过竣工结算，工程结算造价656万元。

第六节 兰溪发电厂

一、工程概况

兰溪发电厂位于浙江省兰溪市灵洞乡，距兰溪城区4.5千米，距金华城区21千米。厂区面积41.4万米^2，西南面临金华江，北侧紧靠金华至千岛湖铁路线，水陆交通便利。发电厂安装4台燃煤发电机组，单机容量60万千瓦，装机总容量240万千瓦，是浙江内陆地区最大的火力发电厂，由浙江省能源集团有限公司投资建造。

2005年3月，工程局电建工程公司中标发电厂水系统安装工程，工程内容主要为循环水泵房、补给水泵房、锅炉补给水系统、废水处理系统、净水处理系统机务、管道、电气、仪控安装。合同价格3428.32万元，合同工期满足主机发电要求。

二、工程施工

工程局电建工程公司组建兰溪电厂项目部，于中标当月进点，按照建设单位提出的确保10月15日化学水系统制水成功的要求，进行施工准备。由于土建工期滞后，安装工作面未能形成，加上设计图纸未到位，设备未按时进场，致使安装工期一再延误，迟至6月12日才进入部分工作面，7月中旬开始设备安装，距确保制水成功的目标仅有3个月。按惯例，从设备安装到制水需要5个月工期。项目部从科学配置人力和设备资源着手，加强施工管理，调动职工积极性，同时加强与建设、设计单位沟通、交流，做好与土建单位的协调，尽量早开安装工作面，使设备安装渐次赶上施工总进度。9月10日化学水车间安装结束，9月12日完成系统水压及系统冲洗，具备制水条件。10月13日完成系统调试，制水一次成功，提前2天制出合格的除盐水。项目部仅用3个月实现制水目标。

循环水泵房安装　循环水泵房共安装4台立式循环水泵。循环水采用闭式循环，江水经补给水泵房进入冷却塔，由循环水泵打至主厂房，成为凝汽器冷却水，带走汽轮机所排放的热量，最后排入冷却塔重新冷却使用。

安装工作从闸门槽安装开始，2005年8月28日闸门槽安装就位。施工人员严格执行事前编制的安装施工方案，设备、管道安装有条不紊。项目部认真执行质量三级验收制度（班组自检，项目专职质检员复检，电厂组织有关单位验收签证），保证泵房安装质量。12月30日循环水泵房安装结束，通过静态验收交付调试。

锅炉补给水处理系统安装　主要有水处理除盐系统、酸碱系统、压缩空气系统的设备管道和厂区除盐水管道的安装。化学水处理除盐容量为每小时400米^3，通过滤料过滤设备、反渗透设备、除二氧化碳器、除盐设备、凝结水箱，将来自净化站的净水，处理成合格的除盐水。

安装人员于2005年6月中旬进点准备，土建单位交出部分工作面后开始安装，7月中旬全面展开。安装中认真把好质量控制，严格按照规范和工艺要求，保证内在质量，讲求外形美观。9月中旬，系统安装结束，通过水压试验，提前7天进入调试。10月中旬制出合格的除盐水，保证锅炉水压试验按期进行。

补给水泵房安装　电厂补给水取自金华江，水泵房布置在江上游，距净化站直线距离2.5千米，采用岸边式泵房，4台补给水泵。由于水泵房转运层至底层的高度为17.6米，补给水泵采用立式长轴泵。

2005年9月18日补给水泵房钢闸门槽安装就位，12月12日设备、管道安装结束，通过静态验收交付调试。

废水处理系统安装　包括经常性废水处理系统、非经常性废水处理系统、废水酸碱系统的安装。通过系统运行，将化学水处理车间废水、机组排水槽废水、厂区回收废水存入废水池，然后处理成清水使用。

项目部为保证安装质量和安全，事前编写详细的作业指导书，对班组进行安全、技术交底。安装过程中，对罐体、泵类设备、滚塑管、孔网钢带塑料复合管、填料等进行重点控制，使所有罐体、泵类设备就位后的中心线及标高偏差在正负5毫米以内，滚塑管不漏电。项目部还在孔网钢带塑料复合管安装中采用先进的电熔连接工艺，一次性将管道与配件紧密连接，达到永不渗漏。在废水池管道安装时，项目部发现废水泵及出水管道位置设计不当，纵横交错的管道有碍巡检，遂与设计单位联系，将再生离子排放管道、经常性排水管道，移到废水池侧面，并抬高废水泵的出口母管，使巡检通道顺畅。

净水处理系统安装 包括配水井、机械搅拌澄清池、生活水池、工业水池、工业及回用水池、综合水泵房、加药间及污泥沉淀池、脱水机房、达标废水排放坑的设备管路安装。其控制系统采用PLC加上位机的方式，对工艺流程进行数据采集。

安装过程中由于土建工期严重滞后，为保证机组正常调试，满足各系统补水的需要，与土建交叉作业，赶抢进度。项目部天天与土建单位协调，并倒排计划，见缝插针进行安装。为保证质量，严格控制设备和管道的标高、水平偏差以及距离、斜角、翘曲度允差，做好碳钢管的杂质清除和焊接管口的打磨。2006年初系统安装结束，通过调试，制出合格的工业水、生活水。

2006年1月15日至2月8日，项目部承装的发电厂水系统工程基本结束，各个单位工程均通过试生产考验，并满足全系统冲管要求。4月，4台机组全部安装调试完成，投入商业运行。12月，水系统工程结算、审计完毕，结算造价4960万元。循环水泵房安装工程、锅炉补给水处理系统安装工程，获得“浙江省优秀安装质量奖”。

第七节 新都垃圾焚烧及热电联产工程

一、工程概况

浙江新都垃圾焚烧及热电联产工程位于浙江省桐乡市崇福镇的工业园区内，占地约17.37公顷。距市区16千米，距上海145千米，距省会杭州40千米。工程投建规模为2×400吨/天流化床垃圾焚烧炉＋3×75吨/时CFB炉＋2×C12兆瓦＋1×B7.5兆瓦。

我局中标承建土建主体工程，主要包括主厂房、120米高烟囱、输煤系统（栈桥1、转运站、栈桥2、空气压缩站）、室外工程（点火油库、高架桥、天桥、电缆沟、厂区生活给水、厂区消防）等单位工程。

合同价：贰千万元（人民币），最终结算造价2700万元。

项目于2004年12月3日进场，2004年12月19日开工，2005年7月3号第一台机组发电，2005年10月23日退场。2006年6月29日进行了竣工验收。

二、主要施工项目施工情况

主厂房 主厂房主要包括汽机间、除氧间、锅炉间、垃圾坑，配套设施有电除尘系统、引风机等系统。主厂房主体为钢筋混凝土框架结构，总长114米，宽51米，最大高度36米。汽机间采用24米跨度钢屋架，垃圾坑采用预应力大雁板屋面板。厂房内有汽轮机、锅炉等大型设备的基础。

烟囱 烟囱为钢筋混凝土圆筒结构，高120米，基础和筒壁采用C30混凝土。烟囱±0.000高程筒壁外半径为4560毫米，筒顶外半径为2060毫米，从下到上筒壁混凝土厚度分别为300、250、200、180毫米。筒壁的渐变率为2.5%。壁内砌筑240毫米厚耐酸砖，烟囱下部设有双向烟道口，烟囱外壁从底到顶设有爬梯，在烟囱中部设有休息平台，顶部设有照明平台。烟囱外壁刷航空标志油漆。烟囱直接用白铁皮翻模施工工艺曾获得局科技进步三等奖。

室外工程 室外工程包括点火油库、高架桥、天桥、电缆沟、厂区生活给水、厂区消防等的施工。高架桥桩基为预应力混凝土管桩，上接钢筋混凝土承台，承台与承台间由地梁连接。承台上预留柱插筋，桥面板和梁采用商品混凝土现浇。高架桥引桥由挡土墙、引桥面板和回填土组成。

输煤系统 输煤系统工程包括输煤栈桥 1、转运站、输煤栈桥 2、空气压缩站等项目，主要工程量集中在输煤栈桥 1，该栈桥与主厂房连接部位高程达 26m。

第四篇　建筑、安装工程

第四篇　建筑、安装工程

第一章　工业与民用建筑

第一节　概　　况

1984年随着最后一个国家指令性项目——紧水滩水电站主体工程基本结束，工程局审时度势，作出“一业为主，多种经营”决策，走向社会承揽非水电项目，首先涉足工业与民用建筑工程。同年10月，中标承建设在浙江杭州的联合国亚太地区小水电研究培训中心大楼，主楼14层，成为工程局承建非水电工程的首项高层建筑工程。1985年7月，又签订承包合同，承建浙江宁波造纸总厂涂料白纸板厂土建及部分安装工程，建筑面积3.44万米^2，成为工程局承建的第一项大型工业厂房工程。此后承建的上海沪东造船厂船体装焊车间，长300米，宽102米，建筑面积3.77万米^2，为当时全国造船业中最大的车间。

施工中注重工程质量，提高工效，创出信誉。亚太地区小水电研究培训中心大楼的主楼采用油压千斤顶滑升模板法施工，最快10天浇筑1层。上海第六制药厂废物综合治理车间深度6米的水池，施工缝采用凹型缝，模板拉条中间加焊止水片，使水池无渗漏。上海沪东造船厂1号6万吨级船台，施工进度快，质量优良，节省投资，被列为中国船舶工业系统的样板工程。

经过20年努力，施工技术、工艺及设备不断提升，施工资质从初期的三级晋升为房屋建筑工程施工总承包二级。

至2006年，共承建工业厂房工程23个、民用建筑工程26个，建筑总面积58万多米^2，工程合格率100%、优良率65%。其中14层以上高层建筑7座，最高为28层。工程局在工业与民用建筑领域取得长足发展。

1984～2006年已建、在建工业民用建筑工程见表4-1-1。

表4-1-1　1984～2006年已建、在建工业民用建筑工程一览表

序号	工程名称	工程结构	规模面积（米^2）	楼体层数	备注
1	浙江杭州亚太地区小水电研究培训中心大楼	混凝土框架结构	6537	14	
2	上海沪东造船厂船体加工装焊车间	混凝土装配式	37700	1	
3	浙江宁波造纸总厂涂料白纸板厂	工业厂房	34400	1	
4	浙江龙游巨龙啤酒厂	混凝土框架及砖混结构	9426	1	

续表

序号	工程名称	工程结构	规模面积（米²）	楼体层数	备注
5	上海第六制药厂废物综合治理车间	混凝土框架及砖混结构	1441	1	
6	浙江江山变压器厂总装车间	混凝土框架及砖混结构	8378.39	1	
7	上海红旗水泥厂更新改造Ⅱ期、Ⅲ期扩建工程	混凝土框架结构	8245.18	1	
8	浙江省电力水泥厂	混凝土框架结构	8800	1	
9	浙江石鸽水泥厂	混凝土框架及砖混结构	5698	1	
10	浙江宁波大厦	混凝土框架结构	9625	15	
11	浙江衢州华电饭店	砖混框架结构	6606	6	
12	浙江金华蒋堂电影院	砖混结构，钢屋架	1272	1	
13	浙江金华华电电影院	砖混结构，钢屋架	2327	1	
14	浙江紧水滩水电站电影院	砖混结构，钢屋架	1172.38	1	
15	上海东鼎钢结构厂	钢排架结构	29053	5	
16	上海湖南大厦	框架筒体剪力墙结构	21667	22	
17	上海交通大学惠谷科技楼	钢筋混凝土框架剪力墙结构	11000	6	
18	浙江杭州市清泰南苑 11 号楼及幼儿园	砖混结构	8230.4	7	
19	浙江宁波舜龙锦纶厂	钢筋混凝土结构	8000	1	
20	浙江宁波兴冶铜带厂	混凝土排架结构	3000	1	
21	浙江富阳县高桥开发区标准厂房	混凝土框架式	9704.32	3	
22	上海远东公司钢质集装箱制造车间	混凝土排架结构	11109	1	
23	浙江宁波环球经贸大厦	混凝土框筒结构	40262	18	2 幢，每幢 18 层
24	浙江永康工商银行营业大楼	混凝土框架剪力墙结构	13757	19	
25	浙江衢化滨二区扩建工程	砖混结构	40093	7	
26	浙江华厦实业公司 24 号地块商品房	砖混结构	23444	6	
27	浙江高尔夫球场金桥动迁房	砖混结构	31047	6	
28	浙江杭州濮家南片改造工程 1、6、7 号楼	砖混结构	8463	6	
29	上海浦东竹园中学教学楼	混凝土框架结构	3548	6	

续表

序号	工 程 名 称	工程结构	规模面积（米²）	楼体层数	备 注
30	上海金桥进镇住宅	砖混结构	7342	6	
31	上海金桥三产办公楼	砖混框架结构	6275	6	
32	上海金桥动迁房	砖混结构	15199	6	
33	浙江衢州散装水泥库	钢筋混凝土筒型结构	159	1	
34	浙江天荒坪电站加油站	砖混结构	120	1	
35	浙江江山变压器厂焊接厂房	钢筋混凝土排架结构	6282	1	
36	浙江富阳电力器材厂	混凝土框架结构	1880	1	
37	浙江富阳电力局停车库	混凝土框剪结构	1800	3	
38	浙江永康飞鹰工业园厂房	排架结构	13753.6	3	
39	浙江杭钢2号高炉改造矿槽及供料系统土建工程	钢结构	7348.4	1	
40	浙江杭钢3号高炉矿槽等土建工程	钢结构	7696.55	1	
41	甘肃兰州比科新商厦	空间框架结构 框剪结构	75000	28	
42	浙江新昌南岩寺修建工程	砖混结构	2315	2	
43	浙江余姚电业公司办公楼	钢筋混凝土框架结构	8630	6	
44	上海沪东造船厂1号万吨船台	钢筋混凝土 框架板状结构	13320	1	
45	浙江衢州汽车附件厂	钢筋混凝土排架结构	5071	1	
46	浙江衢县第一加油站	钢筋混凝土 双曲现浇结构	1200	1	
47	浙江衢化机械厂锻压车间	钢筋混凝土排架结构	1561	1	
48	浙江衢州热电厂卸油泵房	混凝土框架结构	901.74	1	
49	浙江宁波港务局物资仓库	砖混框架结构	1646	2	

第二节 工 程 选 介

宁波造纸总厂涂料白纸板厂

一、工程概况

宁波造纸总厂涂料白纸板厂是浙江省与日本国静冈县结成友好省县后的第一个技术合

作项目。国家计划委员会于 1984 年 4 月批准建设年产灰底涂料白纸板 3.4 万吨的白纸板厂，列入国家 1985 年基建大中型新开项目。浙江省计划经济委员会于同年 11 月批准扩大初步设计，批准工程占地面积 12.25 万米^2，定址于宁波市西南郊段塘原宁波市第一砖瓦厂旧址。工程被浙江省和宁波市列为重点建设项目。

引进生产线工艺设计和工程设计由日本天间制纸株式会社、联合制纸株式会社承担，工程总体设计、建筑工程及国内配套公用工程设计由轻工业部长沙设计院负责。1985 年 7 月，工程局与建设单位—宁波造纸总厂涂料白纸板工程筹建处签订承包合同，由工程局承包全部土建及部分安装工程。这是工程局在宁波市承建的第一个大型建筑项目，也是工程局走向社会后承揽的第一项大型工业厂房工程。

二、工程施工

工程建（构）筑物总占地面积 2.17 万米^2，建筑面积 3.44 万米^2。1985 年 8 月，施工队伍进点，月底开工。10 月 15 日，部分土建施工项目及机电安装项目分包给工程局建筑公司、机电安装公司。10 月 21 日，第二工程处设立宁波白纸板厂工程分公司，下设第一、二工程队和预制厂，基础施工和钢筋混凝土构件预制等全面铺开。基础共打桩 3394 根，其中锤击桩 2946 根、静压桩 187 根、灌注桩 261 根。1986 年 1 月，钢筋混凝土现浇开始，在 10 月 13 日至 11 月 12 日宁波市城乡建设委员会进行的质量大检查中，该工程有 6 个项目受到重点检查，受检建筑面积 1.64 万米^2，占工程总建筑面积的 46.8%，其中造纸车间混凝土分项工程得 9.7 分（满分 10 分）评为优良，是全市 54 个受检在建项目中达到优良标准的 2 个项目之一。1987 年 5 月，工程进入后期阶段，设立宁波白纸板厂工地，负责后期施工管理。1988 年 4 月，钢筋混凝土现浇结束，共浇筑混凝土 2.91 万米^3，工程竣工。7 月 11 日通过投料考核，8 月 31 日开始试生产。1989 年 6 月 22 日通过国家级重大新产品鉴定，同年底通过竣工验收，工程验收委员会对工程作出评价：速度快，质量好，费用省。

工程主要建筑材料用量：钢材 2869.55 吨（其中土建 2734.41 吨，水、卫、电 38.61 吨，机电安装 96.53 吨），水泥 1.33 万吨，木材 1359.69 米^3，红砖 517.37 万块。工程合同造价 966 万元（不含下浮的 38.64 万元），结算总造价 1494.74 万元。

沪东造船厂船体加工装焊车间

一、工程概况

沪东造船厂船体加工装焊车间是该厂技术改造工程一期项目，位于上海市浦东大道 8 号桥北，距市中心约 7 千米，占地面积 5.44 万米^2，建筑面积 4.01 万米^2。其中主体车间—船体加工装焊车间为长 300 米、宽 102 米、高 27 米，建筑面积 3.77 万米^2 的大型工业厂房，是当时全国造船业中最大的车间，也是当时上海市规模最大的技术改造项目。

工程由中国船舶工业总公司第九设计研究院设计，经国家计划委员会批准，并列入上海市 1985 年固定资产投资计划。在有 5 家施工企业参加投标的竞争中，工程局以 1750 万元的最低标价中标。1985 年 12 月 10 日，工程局与建设单位——沪东造船厂签订施工协议书，建设单位同意增加标书所列工程量与图纸有所出入所需的投资50万元，即按总造价1800万元闭口包干，并委托工程局粗平施工场地。合同工期922天。12月28日，双方签订工程合同经上海市公证处公证后生效。这是工程局在上海市承揽的第一项工程。

二、工程施工

工程局指定第三工程处承担工程施工任务。第三工程处组建沪东工地项目经理室，组织人员、设备、材料进场。1985年底，首批人员陆续到达工地，着手施工准备。1986年1月17日，工程局在第三工程处沪东工地项目经理室基础上成立上海工程工地。经过近2个月施工准备，3月13日动工，开始预制钢筋混凝土方桩，5月16日开始打桩，11月13日钢筋混凝土方桩预制完成，11月24日开始厂房结构吊装，12月6日打桩结束。

1987年二季度，吊装作业成为工程施工的关键，工程局于4月初在工地召开吊装协调会，调整吊装队伍，施工形势随即好转，从4月底吊装第一榀钢屋架开始，在不到半年的时间里吊装钢结构2500余吨、大型屋面板等构件4400余件。车间钢屋架单跨36米，双层吊车梁，采用预应力大型屋面板，混凝土梁柱系混凝土装配式结构。施工中，采取技术保证措施，使大跨度钢屋架顺利吊装就位。同年9月23日，厂房全面封顶。

1988年9月29日工程竣工，实际工期921天，结算造价2400万元。完成的主要工程量：开挖土石4.73万米^3，浇筑混凝土4.11万米^3，金属结构安装2830吨，建筑面积4.01万米^2。12月8日通过竣工验收，工程质量评为优良。工程分3个单位工程进行质量评定，其中主体车间土建工程和安装工程质量优良，生活办公楼工程质量合格。12月3日，上海市杨浦区建设工程质量监督站签发《建设工程质量证书》，确认该工程为优良工程。同月24日召开创优良工程表彰大会，该工程在10个被表彰的工程中名列榜首。

联合国亚太地区小水电研究培训中心大楼

一、工程概况

联合国亚太地区小水电研究培训中心大楼位于浙江省杭州市文二路，占地面积8720米^2。其中北区4120米^2、东区4600米^2，主楼14层，高49.05米，混凝土框架结构。东、北区之间布置一条公路通道。北区的北偏东侧布置14层教学楼和环绕主楼的会议室、休息厅、餐厅、活动室、锅炉房、厨房等裙房，区内设4米宽车道，主楼主要入口处前设置回车与停车场地和绿化带。东区建筑布置于周边，南端“一”字形布置2幢职工住宅，东、西、北侧分别布置汽车库、冷冻机房、变压器室、煤场，中间空地为体育活动场地和回车场。总建筑面积6537米^2。

大楼建设单位为水利电力部小水电开发设计研究所，设计单位为水利电力部华东勘测设计院，大楼工程以招标方式择优选定施工单位，由工程局中标。1984年10月，工程局与建设单位签订大楼工程施工承包合同，合同标价322.81万元，合同工期24个月。这是工程局承建的首项高层建筑工程，也是工程局在杭州市区承建的首项工程，标志着工程局突破单一水电工程施工，开始承建非水电工程。

二、工程施工

大楼施工任务由工程局第二工程处为主承担，第二工程处设立杭州小水电大楼工地组织施工。1984年11月，施工队伍进行前期准备工作。1985年1月，开始预制钢筋混凝土方桩。3月9日，工程桩开始施打，主楼正式开工。先后有90余人参与大楼施工。投入的主要施工机械设备有QTF－80型附着式塔式起重机1台，IPF85B混凝土泵车1辆，混凝土运输工程车2辆，载重700千克人货两用电梯1台，0.4米^{3}混凝土拌和机3台，砂浆拌和机3台，1.1千瓦、1.5千瓦插入式振捣器各5台，平板振捣器4台，水磨石磨石机4台，200吨万能压力机1台，4～14毫米钢筋调直机1台，电动打夯机2台，钢筋弯曲机、切割机各1台，3～5吨电动卷扬机3台，电焊机5台，潜水泵2台，立式小锅炉1台，J3G－400A－1型材切割机1台，装饰喷浆机2台，直径300毫米立式砂轮机1台，1米^{3}卧罐3只。3月28日，工程桩施打结束，共打桩122根。随即进行基础开挖、基础混凝土浇筑和大楼柱架、楼板施工。主楼结构层采用油压千斤顶滑升模板法施工，楼层用标准胎模或标准钢模支模现浇。浇筑主楼框架混凝土初期40天浇1层，后缩短到20天，最后仅用10天浇筑1层。1986年1月20日，主楼封顶。随后进行风、水、电管路和线路的安装，以及内外墙和楼面装修。4月1日，水利电力部副部长杨振怀视察大楼工地。1987年4月，建设、设计、施工单位和建设银行代表联合组成竣工验收小组对大楼工程进行检查验收，认为大楼工程达到设计要求。1987年6月，大楼工程竣工，实际工期32个月，工程结算造价444万元。

永康工商银行大楼

一、工程概况

永康工商银行大楼位于浙江永康市九岭路南侧与江城路交叉口，主楼19层，面积及楼高均为该市高层建筑之最。大楼由主楼和副楼组成，主楼为框架剪力墙结构，1～3层为非标层，建筑面积长度及宽度略大于标准层，4～15层为标准层，16～19层为建筑及艺术之需要而设，总高度66.7米。副楼4层，为框架结构，填充墙。主楼建筑面积11000米^2，副楼建筑面积2900米^2，总建筑面积1.39万米^2。1994年9月，工程局以包工包料方式承建大楼工程。合同估算价750万元（该工程为费率投标，合同造价为估算，决算价以业主批复的施工图预算为基础计算），合同工期590天。由工程局建筑安装工程处承担大楼施工。

二、工程施工

建筑安装工程处成立永康项目经理部，于1994年10月进场动工，开始主楼基础开挖。地基覆盖层厚3.8米，基岩为弱风化砂岩，含有地下水。项目经理部按防水混凝土及大体积混凝土施工技术规程，进行基础处理。主楼为桩基，副楼采用天然地基，均为箱形钢筋混凝土基础。12月完成主楼地基开挖。主楼基础深5米，按土方开挖、挖孔桩、垫层、箱基为顺序流程进行。1995年1月地下层底板浇筑结束，共浇筑混凝土960米^3。同月下旬开始地下层侧墙钢筋绑扎施工和副楼地基开挖。因施工进度比计划工期滞后80多天，2月，建筑安装工程处更换项目经理，加强现场管理。是年春季，雨日连绵，影响了施工进度，至8月，主楼方升至第9层。为加快施工进度，项目经理部实行班组承包责任制、部门专人负责制，按施工规范精心组织各分部工程施工。从9月开始，主楼构筑保持1个月升3层的进度，最快7天上升1层。11月主楼上升3.5层，副楼上升2层，被当地行业主管部门誉为“永康速度”。12月8日，主楼结顶。随后进入砌体施工阶段。

1996年1月随着副楼结顶，施工进入装饰和安装阶段。但恰逢国家压缩基建规模，整顿楼堂馆所政策出台，永康工商银行决定暂缓施工。至10月重新展开装潢、给排水、电路、暖通、消防、弱电、监控等分项作业。室内装潢工程由项目部承担设计任务。装潢外墙为面砖及部分铝合金玻璃幕墙，地面铺设地砖及花岗岩，吊顶为轻钢龙骨及矿棉板。给排水系统包含消防水及每层设自动灭火喷淋装置、室内设消火栓等设施。暖通设置空调系统。各种管线相互交叉，经理部按小管让大管、管道重叠处理的原则，按风管、消防干线、消防支线、消防检管线、空调水管、排水管线、生活给水管线的程序施工，并对管道材料及其各种连接件进行质量检查。

项目经理部严格按创优目标组织施工。在1200多米^{2}的地下室（金库）浇筑中，混凝土吊罐不慎撞到顶板柱钢筋，致使部分主筋侧偏，为保证质量，经理部耗时1个月，对地下室全部钢筋重新绑扎。后经闭水试验，整座地下室达到滴水不漏。主楼混凝土强度设计要求为C—35强度，由当地提供的砂石拌成混凝土只能达到C—24强度，经理部在工程局施工科学研究所的协助下，经多次调整级配，掺入添加剂，使采用当地砂石拌制的混凝土强度达到C—43强度，优于设计要求。经检测，主楼中心偏差为10毫米，优于设计允许偏差15毫米。

1997年8月1日，大楼工程通过竣工验收，实际工期990天，合同决算价2380万元。完成的主要工程量，开挖土石6900米^3，浇筑混凝土7600米^3，房屋施工面积1.38万米^2。经永康市政府组织的竣工验收，评为优良工程。

第二章 路 桥 工 程

第一节 概 况

工程局自1984年走向社会，投标承揽路桥工程，至2006年共承建公路工程35项、大小桥梁27座，开挖回填土石方总量540多万米^3，取得公路工程施工总承包三级、隧道工程专业承包二级资质。

施工中发挥自身技术和施工优势，使道路施工从城市主干道，二、三级公路进入大型高等级公路，桥梁工程取得数项同类型国内之最的佳绩。1987年3月，工程局首次中标承建非水电工程的浙江杭州教工路、秋涛路主干道，进入道路工程施工。1994年5月中标承建杭州绕城汽车专用公路第二标段工程，成为工程局承建的首项大型高等级公路工程，工程质量优良。1997年3月中标承建山东潍莱高速公路第六合同段，进入高速公路工程施工，工程质量合格。

1984 年 7 月工程局受水利电力部特邀，中标承建全长 176.62 米的石塘大桥，成为工程局首次承建的非指令性水电站工程的单项公路桥工程，评为优良工程。此后在桥梁工程施工中求实创新，屡有建树。中标承建的江苏苏州相门桥工程，相继被评为苏州市、江苏省市政优质工程，获全国市政工程金杯奖。中标承建的浙江义乌篁园桥工程，为华东地区首座无风撑系杆拱桥，其主跨 80 米为国内同类型已建桥梁中最大跨度，获浙江省市政工程金奖。中标承建的浙江宁波琴桥工程，主桥长 123.6 米（其中主跨 120 米），为国内最长的单载面下承式系杆拱桥，获宁波市建设工程优质施工“甬江建设杯”。

工程局在路桥工程施工中注重提高技术，积累经验，提升施工资质。1984～2006 年已建、在建路桥工程见表 4-2-1。

表 4-2-1　　1984～2006 年已建、在建路桥工程一览表

序号	工程名称	主要施工项目	工程总长（米）	隧洞长度（米）	土石方开挖回填总量（$米^3$）	合同工期/竣工时间	工程质量
1	浙江石塘水电站大桥	钢筋混凝土梁式桥	1800	—	19100	1984-10～1986-06/1986-04	优良
2	浙江乌溪江水电厂小湖南桥	公路桥	30	—	—	1985-01～1985-05/1985-05	合格
3	浙江杭州教工路	一级道路	1200	—	—	1987-01～1987-11/1987-12	合格
4	浙江杭州秋涛路	一级道路	600	—	—	1987-03～1987-06/1987-06	合格
5	浙江新安江水电厂大桥	预应力混凝土后张法公路桥	390	—	7600	1987-03～1989-08/1990-08	优良
6	浙江衢州化工厂 5 号桥	装配式桥梁	10	—	220	1990-06～1990-10/1990-10	优良
7	浙江衢州化工厂 9 号桥	混凝土双曲拱桥	20	—	6800	1990-09～1991-03/1991-06	合格
8	浙江丽水丽武大桥	7 孔平桥	130	—	2478	1991-05～1992-05/1992-05	合格
9	浙江天荒坪抽水蓄能电站	场内公路	10290	—	535900	1992-06～1994-01/1994-05	合格
10	江苏苏州相门桥	预应力钢筋混凝土连续梁桥	136.8	—	4333	1993-01～1994-07/1994-04	优良

续表

序号	工　程　名　称	主要施工项目	工程总长（米）	隧洞长度（米）	土石方开挖回填总量（$米^3$）	合同工期/竣工时间	工程质量
11	江苏苏州后庄桥	公路桥	30	—	12987	1993-10～1994-06/1994-06	合格
12	浙江义乌篁园桥	无风撑系杆钢筋混凝土拱桥	220	—	14707	1993-10～1994-12/1994-12	优良
13	浙江嵊泗马前岗隧道及接线公路	隧道、公路	公路1410	790	109600	1993-12～1997-12/1998-05	合格
14	浙江320国道桐庐过境公路	一级公路	5300	—	234000	1994-08～1995-06/1995-06	合格
15	浙江杭州绕城汽车专用公路	一级公路	3400	—	573900	1994-08～1996-06/1996-08	优良
16	浙江宁波宁镇段公路	一级公路	2000	—	50000	1995-01～1995-10/1995-12	合格
17	浙江瑞安南口金潮港大桥	预应力钢筋混凝土桥	186.68	—	—	1995-03～1995-11/1996-01	优良
18	浙江桐庐江南开发区路面工程	混凝土路面	640	—	3800	1996-05～1996-09/1996-07	合格
19	浙江104国道工程	双面拓宽	5100	—	327054	1996-05～1997-07/1997-07	合格
20	浙江温州瓯海大道工程	道路	2129	—	—	1996-12～1997-03/1997-03	优良
21	浙江乐清104国道工程	一级公路	4000	—	133000	1997-02～1997-07/1998-04	合格
22	浙江杭州绕城公路辅道	三级公路	4000	—	59000	1997-03～1998-01/1997-11	合格
23	山东潍莱高速公路第六合同段	高速公路	3000	—	—	1997-03～1998-10/1998-10	合格
24	浙江桐庐迎春南路	公路	600	—	—	1997-05～1997-11/1997-09	合格

续表

序号	工程名称	主要施工项目	工程总长（米）	隧洞长度（米）	土石方开挖回填总量（米³）	合同工期/竣工时间	工程质量
25	浙江320国道建德路段改建工程	一级公路	4000	—	296000	1997-08～1998-12/1999-01	合格
26	浙江320国道建造F标公路	一级公路	3000	—	212200	1997-08～1998-12/1999-01	合格
27	浙江青田太鹤桥	混凝土钢拱桥	620	—	—	1998-09～1999-03/1999-03	优良
28	浙江永康和平桥	中承式钢筋系杆拱桥	51	—	13791	1999-06～2000-01/2000-03	优良
29	浙江余姚新建北路拓宽改造工程	混凝土路面、箱涵、管道	3100	—	76700	1999-09～2000-03/2000-04	合格
30	浙江宁波琴桥	单载面下承式系杆拱桥	295	—	7700	1999-12～2001-07/2001-08	优良
31	浙江宁波大沙泥桥	下承式单层截面系杆拱桥	290	—	7700	1999-12～2001-06/2001-09	优良
32	浙江桐庐横村科技工业区	混凝土路面	1014	—	115400	1999-12～2001-08/2001-03	合格
33	浙江永康三眼井桥	上承式钢筋混凝土拱桥	55	—	6125	2000-04～2000-11/2000-11	优良
34	浙江永康华溪东路	沥青路面、绿地、广场	580	—	46800	2000-05～2000-09/2000-09	优良
35	浙江温州珊溪莲花山隧洞	隧洞开挖衬砌	—	2833	220000	2000-07～2003-01/2002-11	优良
36	浙江义乌雪峰东路	主副车道、人行道、绿化带	660	—	51700	2000-11～2001-08/2001-09	合格

续表

序号	工　程　名　称	主要施工项目	工程总长（米）	隧洞长度（米）	土石方开挖回填总量（米^3）	合同工期/竣工时间	工程质量
37	浙江建德汪家至黄岙公路	二级公路	5600	—	81000	2001-04～2002-02/2002-08	合格
38	浙江永康科技五金二桥	3跨简支梁桥	58	—	10813	2001-05～2001-10/2001-11	优良
39	浙江江山市城中大桥	中承式钢管混凝土拱桥	240	—	6800	2001-09～2002-09/2003-01	优良
40	浙江瑞安市滨江大道	上埠大桥 下埠大桥	163 50	—	6100	2002-03～2003-03/2004-01	优良
41	浙江永康华溪桥及接线工程	3跨简支梁桥、接线公路	桥58 路200	—	22800	2002-04～2002-08/2002-09	优良
42	浙江义乌城中大道	二级路面	854	—	204300	2002-05～2003-09/2004-09	优良
43	浙江义乌新义中路	二级道路	1050	—	109800	2002-05～2002-11/2002-12	合格
44	浙江义乌商博路	一级道路	540	—	57410	2002-11～2003-09/2003-09	合格
45	浙江余姚纬三路	二级主干道	1420	—	38000	2002-12～2003-06/2003-06	合格
46	浙江义乌义北工业园区	主干道	1420	—	378800	2003-02～2003-12/2004-03	合格
47	浙江浦江白林段改建工程	二级公路，钢筋混凝土桥2座	2310	—	71100	2003-03～2004-04/2004-04	合格
48	浙江长兴经济开发区经二路	沥青混凝土路面	1740	—	32000	2003-07～2004-06/2004-10	优良
49	浙江永康南苑路溪中路	一级道路	1260	—	33900	2003-09～2004-04/2004-12	优良

续表

序号	工程名称	主要施工项目	工程总长（米）	隧洞长度（米）	土石方开挖回填总量（米^3）	合同工期/竣工时间	工程质量
50	浙江余姚纬五路	二级道路	1310	—	49400	2004-01～2004-06/2004-06	合格
51	浙江杭州临平兴旺大道	沥青混凝土路面、后张法预应力桥	路 830 桥 5 座	—	153500	2004-08～2005-03/2005-12	优良
52	浙赣铁路义乌新站通站道路	一级道路	1280	—	298600	2005-06～2006-01/2006-08	合格
53	贵州北盘江董箐 1 号交通洞	隧洞开挖衬砌	—	1030	110000	2005-07～2006-10/2006-10	优良
54	浙江宁波鄞州区下应大道	沥青混凝土路面	1730	—	39033	2005-10～2006-06/2006-06	优良
55	云南金沙江龙开口场内公路	三级公路	7880	—	580000（合同量）	2006-07～2007-10/在建	
56	安徽响水涧通风兼安全洞	隧洞	—	910	19200（合同量）	2006-12～2008-01/在建	

第二节　工　程　选　介

杭州绕城高速公路

一、工程概况

杭州绕城高速公路，全长 25.34 千米。其中先期建设的祥符桥至留下段 13.69 千米分为 5 个标段，工程局中标承建第二标段。第二标段位于余杭区五常乡境内。主道用地范围 45～50 米，全长 3.4 千米、路基顶宽 24.5 米，双向 4 车道。辅道全长 3.98 千米、路基宽 10 米、路面宽 7 米。经过 6 个行政村、7 条河浜、76 口鱼塘。设计行车速度为 100 千米/时。

1994 年 5 月，工程局签订第二标段工程施工承包合同。主要工程量：路基（含软基及河、塘处理）填方 47.13 万米^3、挖方（含清淤、改河及桥涵二次开挖）10.26 万米^3，混凝土路面 5.04 万米^2，沥青混凝土路面 2.49 万米^2，大桥 2 座（跨径总长 237 米，浇筑混凝土 7590 米^3，钢筋制造安装 719.72 吨），中桥 5 座（跨径总长 203 米，浇筑混凝土

6775 米^3，钢筋制安 742.41 吨），圆管涵 6 座，汽车通道 2 座，箱形农机通道 1 座，人行通道 3 座，浆砌片石护坡（含锥坡、护坡道）9896 米^3，软基粉喷桩 45 万米，塑料排水板 90 万米。合同造价 6824 万元，合同工期 720 天，采用国际通用的 FIDIC（菲力克）条款进行工程管理。这是工程局承建的首项大型高等级公路工程。工程局设立杭州工程指挥部负责工程施工管理，并按项目法施工模式组织施工。基础工程公司分包软基处理工程，三环工程公司分包土石方挖填工程，建筑安装工程处分包桥涵工程。

工程于 1994 年 8 月 1 日开工。施工中不断克服软基作业难度及外部干扰、洪水袭击，赶抢工期，确保质量，并采用国际最新工艺——用 EPS 塑料泡沫块拼装成轻型路基，解决软基路基滑坡难题。1996 年 12 月 31 日工程竣工，工程质量评为优良。

二、工程施工

工程指挥部组织施工队伍于 1994 年 5 月 12 日进点，开展前期准备工作。至 8 月 1 日开工，相继投入 6 台挖掘机、7 台装载机、4 台推土机、2 台振动碾、2 台 12 吨汽车吊机、9 辆载重车、20 辆自卸车、1 辆 3 米^3 混凝土搅拌车、4 台塑料插板机、2 台 75 千瓦柴油发电机等施工设备，进行路基开挖、填筑。开工并不顺畅，被部分村民阻挠，无法继续进行。在此前后长达 1 年时间，阻挠、干扰施工情况屡屡发生，甚至设备被砸，人员遭殴打，建设单位仅交给 5%的可施工面。加上工程处于低洼处，多数地段淤泥深达 6～7 米，作业条件复杂，软基处理难度大，施工进度缓慢。

进入 1995 年 3 月，杭州市委、市政府采取措施，保证工程顺利施工。建设单位采纳工程指挥部提出的工程款及时到位、形成较好的施工环境、优化设计方案 3 项要求。4 月，施工环境得以较好形成，工程指挥部将整个标段分成 4 段，制定技术和施工措施，强化现场施工管理，并组织 100 多辆自卸车、5 台挖土机、7 台推土机、5 台压路机、9 台装载机，以及从工程局其他单位抽调人员，投入各段施工。职工们以“大雨照样干，小雨大干，无雨拼命干”为行动口号，冒雨在河道上突击施工，赶抢工期。5 月，路基填筑土石 5.89 万米^3，成为开工以来月填筑的最高纪录。5 月 27 日，基础工程公司承担的插板桩、粉喷桩施工全部结束，共完成插板桩 62 万延米、粉喷桩 41 万延米。

同年 6 月以来，杭州地区雨势不减，工程处于杭州湾的最低区段，给施工造成新的困难。6 月 25 日 8 时，百年一遇的洪水冲向罗家河改河施工段南北岸堤，一旦洪水过堤或决堤，整个施工作业面及千余户民宅、7000 多亩农田、鱼塘将被吞没，情势危急。工程指挥部干部职工以建电站时抗洪度汛的劲头，在 330 米长的岸堤抢险加固，堆筑围堰，直至次日 2 时水情稳定，保住岸堤。7 月 6 日 22 时，又一场更大洪水袭来，指挥部干部职工与部队官兵、当地群众一起，筑起一道坚实的宕渣堤，解除险情。事后，建设单位和当地群众一致称赞：十二局到底是国家一级企业，境界高，有实力。

工程有一段处于沅谊村的稻田，此处原是河道，1958 年改成农田。设计单位不了解历史，按农田设计了软基处理方案。指挥部实地考察中提出质疑，未能引起有关方面重视。1995 年 9 月 30 日，正将完成该段路基填筑，下部软基无法承受高路堤的压载，突然滑坡，滑移时速最高达 10 多厘米，路基东侧民宅、稻田一时抬高 10 多厘米。指挥部立即组织机械设备对路基进行卸载，保护民宅、稻田，并提出处理方案。经与建设、设计单位商议，采取国际最新工艺——用EPS塑料泡沫块拼装成路基，减轻对软基的承载。这项工艺在浙江省仅在杭甬高速公路上用过一段。指挥部制订施工组织措施，技术、操作人员按图纸反复核算，认真拼装，仅用1个月将EPS塑料泡沫块按一定的斜角拼装成轻型路基，圆满完成路基处理，化险为夷。

1996年10月，工程进入最后阶段。指挥部倒排工期，将任务分解落实到岗位和人员，对最后1.7千米路基填筑和路面层结构、桥涵等辅助项目加紧施工，确保进度、质量和安全。同年12月31日，工程竣工。完成主要工程量：土石方挖填57.39万米^3，混凝土浇筑1万米^3，金属结构安装1700吨，简支桥梁7座、总长461.37米，软基处理2.9千米。实际工期870天，工程结算造价6372.2万元，工程质量评定为优良。

苏州相门桥

一、工程概况

相门桥位于江苏省苏州市东西向主干道干将路东段的外城河上，为拆除原桥后重建的新桥，是干将路古城段工程中的主要单位工程之一。新桥设计荷载等级为汽—20、挂—100，桥长138.82米，桥面宽26.8米（其中车行道24米，人行道2米×1.4米）。桥的上部结构，主桥为3孔（跨径分别为28、40、28米），预应力混凝土T梁；引桥为东、西侧各1孔16米跨径装配式钢筋混凝土T梁。下部结构，两中墩为预应力混凝土V形墩，两边墩为单排柱式墩。桥墩基础，中墩为直径1.2米钻孔灌注桩，边墩为直径1米钻孔灌注桩；东侧桥台为天然地基重力式桥台，西侧为U形桥台直径1米钻孔灌注桩基础。

相门桥经苏州市市政局批准建设，建设单位为苏州市市政建设管理处，工程局为施工总承包单位，合同工期18个月，合同造价700万元。1992年12月30日，工程局设立相门桥工程项目经理部，隶属工程局道路桥梁工程公司，负责该桥施工。1993年1月8日开工，1994年4月20日工程竣工，工程质量优良，评为省、市市政优质工程，获“全国市政工程金杯奖”。

二、工程施工

项目经理部迅速组织人员、设备进点，制定技术措施和施工组织措施，于1993年1月8日动工兴建。首先进行钻孔灌注桩施工，初期投入1台钻机在河西侧钻进，中、后期增加2～3台钻机，高峰期达到4台钻机，在河西侧同时钻进。1993年5月9日，2号中墩承台开始施工，6月8日完成。套箱沉入水下部分仅0.4米左右，从套箱组装到沉放、抽水、浇筑混凝土均顺利进行，施工质量优良。6月19日3号中墩承台套箱开始组装，6月24日3号V形墩开始施工，工程进入洪水期施工阶段。是年为苏州市特大洪水年，暴雨不断，外城河水位居高不下，致使3号中墩承台套箱安装被迫多次中断，已做好的止水也多次被冲开。为抢进度，职工们冒雨抢浇混凝土，虽然河水仍在上涨，水位已超过设计的套箱顶面高程，但混凝土浇筑和套箱加高加固工作仍继续紧张进行。8月5日，承台混凝土全部浇出水面。8月9日，灌注桩施工结束。9月3日，3号V形墩开始施工。9月10日，2号V形墩施工完毕。10月2日，开始T梁、V形墩和全桥延长预应力张拉。10

月19日，开始吊装预制梁。10月23日，3号V形墩结束施工。12月31日，预应力张拉完成。1994年1月8日，预制梁吊装完成。1月下旬，桥面铺装层铺装完毕，伸缩缝施工结束。2月10日大桥可通行非机动车辆，随后进行桥面栏杆施工和底缝处理等扫尾工作。4月20日，大桥建成通车。

相门桥工程共计完成钻孔灌柱桩直径1.2米36根、直径1米48根，混凝土2795米^3；预应力混凝土T梁预制90根，混凝土1121米^3；普通钢筋混凝土T梁预制36根，混凝土230米^3；V形墩预应力钢丝束140束，全桥张拉预应力钢丝束72束；预制梁吊装126根；现浇混凝土2342.23米^3；沥青混凝土308吨。耗用主要材料：钢材504.32吨，高强钢丝56.79吨，锚具3.46吨，水泥2987.59吨，木材241.72米^3。实际工期20个月，工程结算造价752万元。工程质量评为优良。1995年相门桥工程先后被评为苏州市市政优质工程、江苏省市政优质工程，1996年获全国市政工程金杯奖。

义乌篁园桥

一、工程概况

篁园桥位于浙江省义乌市稠城镇城东的东阳江上，连接义乌市中国小商品城与江东示范小区，使该城的东、西片连成一体，列为义乌市重点工程。大桥为无风撑钢管系杆公路拱桥，是我国桥梁建筑中较新颖的桥型之一，华东地区首座无风撑系杆拱桥。工程质量要求高，施工技术难度大。桥长190.7米（其中主跨80米，同类型建成桥梁中跨度最大）、宽29.5米，桥面净高10米、拱矢高17.33米。设计荷载等级为汽—20、挂—100。

大桥工程于1992年10月列项，1993年10月工程局中标承建，工程概算总造价1545.22万元，合同工期14个月。由工程局建筑安装工程处组建篁园桥项目经理室承担工程施工。1993年12月13日破土动工。施工中解决拱系梁张拉和混凝土浇筑的难题。1995年11月8日工程竣工。工程质量评定为优良，获浙江省市政工程金奖。

二、工程施工

1993年10月28日，项目经理室进点作施工准备。12月13日正式开工，进行西岸0、1、2号桥墩基础开挖。开挖不久发现破碎带，桥墩基础地质情况与建设单位提供的地质资料出入较大，对0号桥墩基础重新钻孔取样，修改设计，扩大基础，工期推后1个月。1、2号桥墩基础加深开挖至约4米。在大桥下部结构施工中，为保证桥墩盖板的表面平整度、光洁度，采用干B复合板做大块模板，使盖板质量达到规范要求。桥台约650米^{3}混凝土需一次性浇筑，结果冷缝较明显，产生缺陷。项目经理室为保证质量，将桥台全部推倒重建。大桥上部结构施工，主要包括20米箱型梁、中横梁、人行道梁、行车道板、人行道板、裙板的预制和80米系梁拱肋混凝土现浇。其中20米箱型梁采用定型钢模预制，外观质量较好。80米系梁是全桥的关键受力结构，其施工难度为全桥之最。施工中用钢立柱20米机关车梁作主要支承体，在河床硬基上作基础，结合40米门机轨道形成临时钢板桥。浇筑时用专用工具检查、疏通每根孔道，保证全部32根钢绞索孔道畅通。钢绞索共张拉999次，直至完全符合设计预计值。80米钢拱肋曲线为二次抛物线，由工程局金属结构厂制作，经多次试制、改进工艺，达到拱肋无折点的设计要求。拱座安装采用测量仪器精密定位，顺利合龙，受到设计单位的赞誉。桥体预制构件单件最大质量为34吨，施工中考虑钢拱肋安装的需要，改缆机吊装为以40吨门式起重机上桥吊装为主，便利施工并节约成本。

1995年9月28日主车道通车，11月8日全桥竣工。实际工期23个月，工程结算造价2000万元。完成主要工程量：土石方开挖回填1.47万米^3，混凝土浇筑8656米^3，预制钢筋混凝土构件700余根（块），耗用钢筋690吨，金属结构安装265吨。

1996年4月19日，工程通过竣工验收，评为优良工程，获浙江省市政工程金奖。桥梁通行7年后，2002年12月经浙江大学土木工程测试中心进行静力和动力荷载现场试验，结论为：在刚度、强度及抗裂性能方面满足原设计要求，桥梁受力及变形性能良好。篁园桥上两拱呈敞开式，穹拱之间无任何风撑，结构新颖，成为义乌市中国小商品城一个新景观。

宁波琴桥

一、工程概况

琴桥位于浙江省宁波市中心，横跨奉化江，是连接海曙、江东两区的交通动脉。全长293.08米，由东引桥、主桥、西引桥、过桥管线等组成。主桥长123.6米，引桥长169.48米，其中主跨120米，为一跨过江的下承式单承载面钢管系杆拱桥，是当时国内同类型中最长的拱桥。跨中梁底标高6.1米（黄海标高），东西引桥为跨径19米的先张空心板梁。主桥桥面宽33米，引桥桥面宽33米、变宽段从29.8米至35.5米过渡。全桥桥面设1.5%的横坡，桥面铺装由8厘米厚的混凝土垫层、5厘米厚的沥青混凝土面层组成。

1999年12月，工程局中标承建琴桥工程。合同价格3519万元，合同工期526天。工程局建筑安装工程处组建琴桥项目部于1999年12月26日进点开工。施工中在大面积河支架及预压、大吨位钢管拱制作吊装、钢管拱混凝土灌注中采取一整套安全高效的作业工艺，在国内无技术和施工经验可借鉴的情况下，建成国内最长的单载面下承式系杆拱桥。2001年8月20日完工。工程质量评为优良，获2001年度宁波市建设工程优质施工“甬江建设杯”。

二、基础灌注桩

灌注桩主桥40根、直径1.5米，引桥63根、直径1.2米，浇筑混凝土7451米^3。原由另一家施工企业承建，因多次出现问题，工期滞后，由项目部于2000年4月全面接管。项目部为保证大桥的施工精度，首先对3个GPS进行复测，并进行加密，建立大桥三角网与桥头引线的控制网。桥桩均为摩擦桩，采用GPS回旋钻机。在整个桩基施工中，对沉渣、孔位、孔深3项主要内容严格控制，其他工序均严格按设计规范要求加紧完成。

灌注桩经浙江大学进行大、小应变检测，冶金工业部宁波勘测研究院进行应变抽查检测，主桥Ⅰ类桩36根、Ⅱ类桩4根，引桥Ⅰ类桩56根、Ⅱ类桩7根。桩基混凝土试块309组，经宁波市高专试验室试压，强度符合设计要求。

三、主跨承台墩身浇筑

主跨 WP6、EP7（承台、墩身）为现浇大体积结构，主要承受主跨上部荷载，设计 1 道水平施工缝，分 2 次浇筑成型。项目部为避免水化热所产生的内外温差裂缝，提出建议并经设计单位同意，增设 2 层冷却管，每层设 2 个进水口和 2 个出水口，在混凝土浇筑成型 7 天内逼水降温，并根据测温孔测温情况适当调整水流速度，确保内外温差不大于 25 摄氏度。同时在施工中调整混凝土配合比，采用低水化热水泥，延长混凝土初凝时间。减小混凝土分层厚度，使内部温度尽可能散发，提高混凝土强度。2000 年 6 月 28 日和 7 月 29 日，建设、监理、施工、质检单位分别对 2 个主墩的外观、形体尺寸、高程、轴线进行检查验收，表面无麻面、裂缝，棱角分明，各项指标符合设计规范要求。

四、江中钢管桩支架

江中支架是大桥施工的基础。支架支撑主桥长 104 米、宽 14.5 米、高 2.5 米的混凝土箱梁及钢管拱全部重量，并承受施工时的6000吨荷载。设计要求支架无沉降，20 米钢梁变形不超过 2 厘米。奉化江早潮晚汐，水深平均达 9 米，江底淤泥深度 10 多米，且要保证五级通航，搭建支架实非易事。支架的施工质量直接关系着主跨箱梁的施工质量，项目部为确保江中支架的可靠性，对支架进行精心设计，并委托同济大学对支架的设计进行安全性验算，取得最大降量等指标，作为支架质控的依据。项目部还对支架采取贯入度测试、钢管桩预压试验、支架平台荷载预压等控制措施，利用工程局现有的机关车梁和门机组合解决施工难题。

支架施工按打钢管桩、架设栈桥、铺设支模平台进行。钢管桩采用直径 530 毫米无缝钢管，钢栈桥采用 47 根、每根 20 米长的门机钢梁，钢梁用水上浮吊吊装。技术、操作人员严格控制钢管入土深度和锤击贯入度，使每根桩的荷载达到 110 吨。施工中为保证通航，项目部还采取设保护桩等措施，地方港监、安全部门通力配合，使施工顺利进行。由于采取系列措施，精心组织施工，江中支架达到设计预想的效果，从全桥主跨箱梁施工全过程的沉降观测及应力、应变测试结果来看，主跨箱梁没有因支架不均匀沉降而产生裂缝。2001 年 8 月中旬，经同济大学工程研究所专家对大桥为期一周的动态、静态荷载测试，结果表明大桥应力、变力满足设计要求，达到国际水准。

五、钢拱肋

主桥钢拱肋共重 356 吨，由工程局机械制造总厂在金华基地制造，分 10 段运输到大桥工地。现场组织分 5 段吊装，最大吊装高度 24 米，单件吊质量 65 吨。原设计方案用 2 台 60 吨行走式龙门吊进行吊装，由于江中不能断航，龙门吊同步行进需要高度协调，稍有疏忽后果不堪设想。项目部技术人员总结以往多座桥梁吊装的经验，提出支架固定吊装方案，采用门架吊装，代替行走式龙门吊。施工中共搭设门式吊装门架 6 榀，其中拱座门架 2 榀用钢管和组合格式桁架柱组建，其余门架用贝雷桁架组装，门架最大高度 30 米。为确保吊装作业安全，项目部还耗资 10 多万元，添置保证门架安全稳定的缆风钢丝绳及其附件。

钢拱肋自拱脚向拱顶逐段吊装，空中临时固定在门架支撑梁上，组拼成安装长度，用组合式门架吊装就位。2001 年 2 月 22 日吊装完成，大桥顺利、安全合龙。经检测，轴线满足要求，焊接接缝成拱，吊装质量优良。

六、主箱梁

主箱梁由2块拱脚段、2块中跨、3块边跨、2块合拢段组成。施工中，对支架进行预压，防止支架可能产生的沉降对箱梁的不利影响。采用浇一块张拉一块的方法，适时进行预应力张拉，使浇筑块处于相对刚度较大的安全状态。主箱梁为双向预应力结构，项目部对预应力束的张拉制定施工作业指导书，进行全过程监控，保证每一束张拉力延伸平均，完全符合设计要求。并采取系列技术措施，严格控制底摸浇筑，解决边箱与中箱接缝开裂的难题。全桥施工完成后，经全面检查，边箱与中箱接缝严实，未发生裂缝。

2000年10月12日浇筑主箱梁拱脚段，12月31日浇完中箱合龙段。2001年4月25日开始边箱施工，6月3日边箱落架，全桥成桥。经预应力张拉及吊杆张拉、主箱2次落架前后深降观测检查，施工质量优良。

七、钢管拱混凝土灌注

主跨钢管拱截面2米×3.3米、高24米、弧长104.33米，分左中右仓室，仓内灌注C40微膨胀混凝土。拱肋混凝土灌注采用顶升法，从拱脚段连续压入，直至拱顶。中间仓压注完成，混凝土强度达到设计要求的75%后，进行左右仓的压注。拱肋是大桥的心脏部位，为保证混凝土灌注质量，项目部对混凝土的初凝时间、每小时压注方量强度控制、接力口的设置、浇筑过程中的线性测量控制，进行专题研究。技术人员还从混凝土坍落度、水灰比、含沙率，以及混凝土泵管布置、排气等方面精心计算。灌注分3次进行。2001年3月6、11、17日进行3次单仓压注顶升，每次灌注混凝土200米^3，单仓压注时间均为6小时左右。4月4日，为确保混凝土密实，又进行二次压浆。4月10、12日，经宁波勘测研究院进行超声波检测，混凝土饱满、密实，符合设计要求。

2001年8月20日，工程竣工。实际工期602天，工程结算造价4537.54万元。完成的主要工程量：混凝土浇筑1.81万米^3，钢筋制作安装1606吨，钢拱肋制造安装356吨，钢板、型钢安装401吨。

2001年9月2日，大桥正式通车。10月26日，工程通过竣工验收。工程质量评定为优良，并获宁波市建设工程优质施工“甬江建设杯”。大桥新颖美观，宛如巨琴张拉着琴弦，与两岸高楼、江中行船形成动静有致的和谐音符，成为宁波市标志性建筑之一。

第三章　市　政　工　程

第一节　概　　况

工程局自1985年4月签署杭州中河综合治理工程施工协议，开始涉足市政工程。大中型工程由工程局所属施工单位或工程局成立项目部承建，小型工程由施工单位组建项目部承担施工作业。至2006年，共承揽市政工程31项，其中已建29项、在建2项，实现施工产值3.5亿多元。

施工中注重进度、质量和形象面貌，取得良好的社会效益。嘉兴运河航道治理工程，被交通部评为优良工程。苏州七子山垃圾填埋场，被建设部评为“全国城市环境治理优秀工程”。杭州天子岭垃圾填埋场，专家评论“像一座花园，为世界和全国大中城市处理生活垃圾及垃圾无害化处理提供经验和样板”。杭州西湖拦污坝工程，由于库区爆破、取土合理，增加库容 20 万米^3。

2002 年 1 月，工程局取得市政公用工程施工总承包一级资质。

1984～2006 年已建、在建市政工程见表 4-3-1。

表 4-3-1　　1984～2006 年已建、在建市政工程一览表

序号	工程名称	主要施工项目	工程结构	工程规模	合同工期/竣工时间	工程质量
1	浙江杭州中东河河道及公路综合治理工程	河道疏浚、护岸、混凝土路面	—	长 1.91 千米，宽 42 米	1985-06～1986-10/1986-10	优良
2	浙江杭州天子岭垃圾填埋场	截污坝、垃圾坝、污水池	截污坝钢筋混凝土悬臂式，垃圾坝梯形透水堆石	截污坝长 93 米、高 19 米，垃圾坝长 117 米、高 15 米，污水池容积 2.4 万米^3	1989-09～1990-10/1991-03	优良
3	江苏苏州七子山垃圾填埋场	垃圾坝、截污坝、截洪沟	钢筋混凝土	库容 470 万米^3	1992-06～1993-07/1993-05	优良
4	浙江嘉兴内河航道网改造工程	航道疏浚、护岸、公路桥	预应力混凝土钢构桥	航道、护岸 17 千米，公路桥长 349 米	1995-12～1998-08 1998-12	优良
5	浙江崇福市河改线航道工程	护岸、土方	浆砌块石挡墙		1998-04～2000-05/2000-05	优良
6	浙江青田鹤城镇亮丽工程	泛光照明	—	县城街道、公园、场馆泛光照明	1999-07～1999-09/1999-11	优
7	浙江杭州西湖拦泥坝	主坝、副坝、截污沟	土石结构	主坝高 19.5 米、长 300 米，副坝高 19.5 米、长 150 米，截污沟长 16 千米	1999-07～1999-12/1999-12	优良

续表

序号	工程名称	主要施工项目	工程结构	工程规模	合同工期/竣工时间	工程质量
8	浙江姚家坝下游河道整治二期工程	防洪堤身填筑、堤顶路面、排水设施	浆砌石挡土墙	填筑2.62万米^3，混凝土浇筑2400米^3	1999-12～2000-04/2000-05	优良
9	浙江杭州天目山路一期给水工程	管道、水沟	—	0.58千米	2000-01～2000-03/2000-03	合格
10	浙江杭州古翠路给水工程	管道、水沟	—	0.81千米	2000-04～2000-07 2000-07	合格
11	浙江杭州杭海路管道煤气工程	煤气干管	—	2.34千米	2000-08～2000-09/2000-09	合格
12	浙江杭州热电厂供热水网工程	供热水网	—	0.9千米	2001-04～2001-05/2001-05	合格
13	浙江杭州天目山路二期给水工程	管道、水沟	—	1.69千米	2001-05～2001-07/2001-07	合格
14	浙江杭州市区管道煤气工程	管道敷设	—	26.8千米	2001-12～2003-04/2003-04	合格
15	浙江义乌新义中路市政配套工程	道路、管道、绿化	—	1.03千米	2002-05～2002-11/2002-12	合格
16	浙江义乌商博路市政配套工程	道路、管道、绿化	—	538.6米	2002-11～2003-09 2003-09	合格
17	浙江余姚纬三路新建工程	道路、管道、绿化	—	1.42千米	2002-12～2003-06/2003-06	合格
18	浙江义乌义北工业园区道路工程	道路、排水	—	1.41千米	2003-02～2003-09/2004-03	合格
19	浙江杭州天子岭废弃物防渗工程	岩土工程、帷幕灌浆	—	13.3万米^{2}防渗钻孔、灌浆	2003-03～2003-09/2003-10	优良
20	浙江蒋义线浦江白林段改建工程	道路、管道	—	2.29千米	2003-03～2004-04/2004-04	合格
21	浙江长兴经济开发区经二路工程	道路、管道	—	1.74千米	2003-07～2004-06 2004-10	合格

续表

序号	工程名称	主要施工项目	工程结构	工程规模	合同工期/竣工时间	工程质量
22	浙江萧山江东工业区一期东苑工程	排涝水闸、桥梁、池岸	—	土方开挖 52.5 万米^3	2003-08～2003-12/2003-12	优良
23	浙江永康南苑路溪中路工程	道路、管道	—	1.26 千米	2003-09～2004-05 2004-05	合格
24	浙江慈溪经济开发区杭州湾新区拓疏工程	疏浚、护岸、道路	—	疏浚土方 26.3 万米^3，混凝土浇筑 3500 米^3	2003-10～2004-07/2004-06	合格
25	浙江余姚纬五路新建工程	道路、桥梁、排水	—	1.31 千米	2004-01～2004-07/2004-07	合格
26	浙江秀州航道护岸完善工程	防洪堤	浆砌石挡土墙	护岸总长 9.27 千米	2004-06～2004-12/2005-05	合格
27	浙江杭州临平兴旺大道	道路	—	1.81 千米	2004-08～2005-03/2005-03	合格
28	浙江杭州文一西路延伸段工程	给水管道安装	—	土方开挖 60000 米^3，回填 3500 米^3，钢筋制安 25 吨	2004-12～2005-02/2005-04	合格
29	浙江萧山风情大道	道路、管道、绿化	—	土方开挖 7000 米^3，回填 5000 米^3，钢筋制安 15 吨	2004-12～2005-04/2005-04	优良
30	浙江瑞安城市防洪堤三期工程	防洪堤	桩基承台，内侧挡土墙，外侧桩基排架	护岸总长 1.95 千米	2005-11～2007-05/在建	
31	安徽涡河六期治理工程	排涝防洪闸、连接建筑物、堤防	空箱岸墙	2～4 孔 3 座水闸，单孔净宽 4～5 米	2006-03～2007-01/在建	

第二节　工　程　选　介

杭州中河综合治理工程

一、工程概况

杭州市中河起自龙山闸终至新横河桥，全长9.6千米，古为护城之用，兼有排水泄洪和提供饮用水之功能。隋朝以后经数代修浚，南面沟通钱塘江，北面连接古运河，成为杭城水运要道之一。随着历史的变迁，中河河水失源、坎岸坍塌、污水横溢、垃圾成堆、河道淤塞、排水不畅，同东河并称为横贯市区的“龙须沟”。1982年，杭州市人民政府决定根治中、东河，设工程总指挥部，工程局是施工单位之一。

二、工程施工

1985年4月，工程局与杭州中东河综合治理工程总指挥部签订施工临时协议书，承担中河北段油局桥至梅登高桥段综合治理的施工。这是工程局首次承建城市环卫工程。该段全长1905米，工程内容主要包括河道疏浚、挡墙驳坎、截流管道、道路、桥梁等，造价900万元，工期16个月，合同主要工程量：土方开挖28.35万米^3、回填15万米^3，片石铺填0.5万米^3，浆砌块石砌筑1.11万米^3，混凝土浇筑1万米^3，条石贴面1055米^3，碎石填筑1.5万米^3，埋设污水管5450米及煤气管、给排水系统、电力电缆、电信电缆各1905米，河道驳坎、挡土墙、人行道、机动车道、非机动车道、绿化带等项目施工各1905米，河道新开600多米、修整700多米。

工程局确定由第七工程处承担施工任务，第七工程处设立中河工地。1985年6月25日正式开工。施工中，克服沿线居民多、干扰大、污水污泥臭气熏天、工作面狭窄大型施工机械难以施展、土方运输距离长及设计修改等诸多困难，赶抢工期，保证施工质量，于1986年10月顺利完成施工任务，实际完成工程价款980万元。12月25日通过初步验收，其中桥梁、驳坎和挡墙、路灯、机动车道初评优良。总验收时评定非机动车道现浇混凝土、路灯、绿化为优良。

嘉兴运河航道治理工程

一、工程概况

嘉兴运河航道治理工程，系浙江省内河网改工程的一个部分，浙江省“九五”计划重点工程。浙江省内河网改工程由京杭大运河及其支线组成，总长180.81千米，分为13个合同段施工。由世界银行贷款。嘉兴运河航道治理工程为第9合同段，处于嘉兴市境内，全长16.88千米，由工程局于1996年3月中标承建，合同价格3700万元，合同工期955天。主要工程内容为陆上土方开挖、水下土方疏浚、护岸工程、桥梁1座。治理改造后的航道为四级航道，面宽61米，底宽40米，最小转弯半径330米，最高通航水位3.8米，最低通航水位2.3米，通航能力500吨级，成为杭嘉湖地区连接长江三角洲以上海为“龙头”的黄金水道。

二、工程施工

工程局三环工程公司承担工程施工。1996 年 3 月，三环工程公司组建航道项目经理部，进点开展施工准备。4 月 25 日提前开工。由于施工期间要保证运河正常通航，航道间又纵横交错着数十条行船的小河浜，繁忙的航运给施工设备、材料运输及现场管理造成困难。项目经理部从抓质量、目标管理着手，将全线划分为 15 个单位工程，每个单位工程按陆上土方开挖、护岸砌筑、水下土方疏浚的顺序，编制施工进度计划及相应的质量标准和安全措施，精心组织施工。为解决设备、材料转运困难，从工程局设备库找来旧的铁浮墩，拼装成承载 30 吨质量的铁趸运输船，投入水面作业。由于铁趸船操作机动方便，提高运输、作业效率，很快在其他合同段推开。全线乡镇、村庄众多，项目经理部注重处理好地方关系，与几十个村庄协商借地堆放、转运弃土，使施工较顺利进行。至 12 月底，完成陆上土方开挖 35.85 万米^3，水下土方疏浚 8.74 万米^3，护岸基础底板混凝土浇筑 10 千米，浆砌块石挡墙 7.64 千米。交通部基建处、省市重点工程办公室在初检中，对项目经理部的施工进度和工程质量予以高度评价。

1997 年，项目经理部实行平行施工法，并抓好队伍管理，严格奖惩制度，各分项工程按节点目标稳实推进。护岸为浆砌块石仰斜直立式挡墙结构，项目经理部严格按照设计要求，分为 A 型、B 型、E 型 3 种形式构建。A 型护岸，顶高 4.5 米，加设防洪堤。B 型护岸在厂矿企业区域内，顶高 5 米，不另设防护堤。E 型护岸为港池结构，顶高 5 米。共完成 A 型护岸 1.27 万延长米，B 型护岸 3057.1 延长米，E 型护岸 1317.65 延长米。同年 10 月 23 日，桥梁钻孔灌注桩开始施工。桥梁为三级公路桥，由主桥和引桥组成。主桥为预应力混凝土 T 型钢构，引桥为普通钢筋混凝土空心板，全长 349 米，净高 7.5 米，设计荷载汽 20 级、挂 100 级。1998 年 8 月 15 日，水下疏浚完工。经省交通厅检查组对 10 千米长的水下疏浚断面严格检查，通过验收。12 月 15 日，桥梁工程完工。

1998 年 12 月 20 日，工程按期竣工。实际工期 955 天，达到浙江省政府年终考核目标。工程质量评为优良。工程结算造价 5686.14 万元。完成的主要工程量：陆上土石挖运 57.17 万米^3，水下土石疏浚 110.41 万米^3，护岸总长 17.01 千米，混凝土浇筑 4.8 万米^3，金属结构安装 292 吨。

1998 年 12 月 25 日，工程通过竣工综合验收，被交通部评为“优良工程”。运河航道的成功改造治理，为工程局积累了航道施工经验。1999 年 7 月，工程局取得航道工程施工一级企业资质。

杭州天子岭垃圾填埋场

一、工程概况

天子岭垃圾填埋场，位于浙江省杭州市拱墅区半山镇与余杭区交界的天子岭青龙坞山谷，距杭州市中心 18 千米。填埋场工程是一个综合性土木工程建筑群，由填埋作业区、污水处理系统、管理监测系统、公路系统组成。工程占地 2.5 千米^2，填埋库容 600 万米^3，日处理垃圾1200吨，可消纳杭州市13年城市垃圾，是全国城市垃圾处理技术第一类推广工程项目，我国环境保护领域的一项科研项目，列为杭州市七五计划重点和办实事工程。

1989年2月，工程局中标承建主体工程及配套设施的土建、水电和设备安装，承包方式包工包料，合同造价516.23万元，合同工期405天。主体工程包括垃圾坝、截污坝、山谷型垃圾库、排洪系统、排渗导气系统、污水处理系统、管理监测系统和库区公路系统。垃圾坝全长117米，最大坝高15米，顶宽4米，底宽46米，梯形透水堆石结构。截污坝全长93米，最大坝高19米，钢筋混凝土悬臂式结构。污水池容积2.4万米^3。工程由工程局建筑安装处承建。建筑安装处设立天子岭项目经理室进点施工。

二、工程施工

1989年3月始，施工队伍、机械设备陆续进点，在5千米山谷施工区域展开三通一平和生产、生活设施前期准备工作。9月30日正式开工。施工中，项目经理室制定施工组织措施，明确工期目标，落实经济责任制，使工程进度、质量处于受控状态。同时发挥自身技术机械优势，进行施工改进。坝基开挖时发现地下有淤泥层，提供的地质资料并未提及，主动进行多点、反复勘探采样试验，做好技术处理，使坝基地质条件满足设计要求。截污坝体地质较为松脆，与建设、设计单位商量改进施工工艺，不惜延长工期，加固坝体钢筋，并精心铺设坝体上游面环氧防腐层，使坝体严实稳固。垃圾坝填筑中使用混凝土面板堆石坝的筑坝技术，严格用料配合比、技术参数、密实度，保证填筑质量。1991年7、8月，先后两场强台风和洪水侵袭工地，洪水冲击施工中的垃圾坝并涌过坝面。洪水退后坝体安然无恙，受到各方一致好评。项目经理室还按照环境保护的总体要求，在保证各建筑物的内在质量的同时，注重外在的观感，并做好场区配套建设和绿化工作，使整个场区形成园林式建筑，得到前来考察的世界卫生组织官员和专家的称赞。

1990年12月，承建的17个单位工程、48个子项工程全部完工，工程竣工。实际工期450天，投入人员170多人，工程结算造价866.41万元。完成的主要工程量：挖填土石27万米^3，浇筑混凝土6294米^3，堆砌石1.9万米^3，浆砌石1.7万米^3，截洪沟浆砌石5500米，房屋建筑面积1421米^2，泥结石结构道路1.92千米。

1991年3月，通过初步竣工验收。经杭州市市政公用工程质量监督站组织的验收组评定，13个单位工程优良，4个单位工程合格，整个工程质量初评为优良。

1994年1月，工程通过竣工验收。经建设部、卫生部、国家科学技术委员会、浙江省和杭州市41个单位的108名领导和专家，对工程质量进行鉴定，11个单位工程评为优良，6个单位工程评为合格，总评为优良。验收鉴定认为，工程总体规划合理，工程施工质量良好，建设速度快，社会效益和环境效益明显。整个填埋场系统像一座花园，构筑物像一座座工艺品，为世界和全国大中城市处理生活垃圾以及垃圾无害化处理，提供了一个好的经验和样板。

建设部于1994年授予“全国城市环境卫生治理优秀工程”称号，并与国家科学技术委员会一道向全国城市推广。

苏州七子山垃圾填埋场

一、工程概况

苏州七子山垃圾填埋场工程，是江苏省苏州市“实事工程”之一。位于苏州市西南郊七子山北坡，东距苏州市区13千米，西距吴县木渎镇5千米。填埋场由垃圾坝、截污坝、污水池、防渗墙、截洪沟等建筑物组成，面积19.94万米^2，总填埋量420万吨，设计使用15年，近日日处理垃圾500吨，远期日处理垃圾1000吨。

垃圾填埋场主体工程通过定向议标方式，发包给工程局承建。1992年3月签订工程承包协议书。工程局成立苏州工程项目经理部承担工程施工。同年4月21日，项目经理部首批施工人员、设备进点，进行场地、道路、供水等平整、修建。此后因地方迁坟纠纷及施工图尚未完成，被迫停工1个多月。同年7月23日，正式签订承包合同，暂定投资640万元，合同工期13个月。

二、工程施工

1992年6月28日，项目经理部同时在截污坝、污水池、截洪沟开始基础施工，工程正式动工。按照苏州市创建全国卫生城市的目标要求及工程范围多林木的环境特点，项目部制订以安全生产组织措施为主导、以森林和工地防火及施工排水畅通为重点的安全管理计划，开展保质量、抢进度、安全生产、文明施工。8月15日，长175米、宽10.2米的截污坝和长100米、宽18米的污水池基础开挖提前10天结束，共开挖土石1.6万米^3，受到建设单位的好评。8月18日，截污坝防渗墙开浇。防渗墙长82米、宽1米、深7米，混凝土浇筑量500米^3。为保证工程质量，赶抢工期，项目经理部开展“大干100天，全面完成年度施工目标”的劳动竞赛，按部颁水电站建设标准进行钢筋绑扎、立模浇筑。职工们顶着烈日，忍受39摄氏度高温，投入各作业面施工。装载机司机光着膀子操作装土，取得日装130车（1车6米^3）的好成绩。20多名共青团员连续5个昼夜，铺设完成3000米^{2}土工布。9月上旬，受台风影响雨水不断，职工们浑身泥浆抗洪排水、清基出渣，各作业面正常施工。9月14、15日，全国城市卫生检查团实地察看库区工程，对工程进度、质量表示满意。11月2日，18米高程以下滤水层通过中间验收，截污坝上游面钻孔灌浆完成总进尺3000米，40米高程的900米长截洪沟形成，块石填筑2万米^3，垃圾坝、截污坝升高3米，提前1个月实现年度工程目标。11月28日，苏州市政府向项目经理部颁发保工期赶工奖。

1993年1月，苏州地区阴雨连绵，截污坝前环山坳近5000米^{2}面积的集雨区被雨水泡胀，向污水池大量泄水，并涌向截污坝防渗墙帷幕钻孔灌浆作业面。灌浆队职工冒着零下6摄氏度严寒，抢接水管排水，排除险情，使钻灌作业安全、正常进行。3月19日，截污坝完成，浇筑相应部位混凝土4900米^3，比计划工期提前3个月。此后，垃圾坝、排导气系统相继完成，5月31日工程提前2个月竣工，垃圾填埋场开始试运行。

1993年11月1日，工程通过竣工验收，评为优良工程。工程共耗用钢材95吨，水泥3196吨，木材95米^3，石料9.76万吨，黄沙1万余吨。工程结算造价980万元。苏州市人民政府授予项目经理部“苏州市‘实事工程’先进集体”称号。

1994年12月，七子山垃圾填埋场工程被建设部评为“全国城市环境治理优秀工程”。

杭州西湖拦泥坝

一、工程概况

西湖拦泥坝工程，是浙江杭州环保项目——“碧水”工程之一，列为浙江省和杭州市重点建设工程。拦泥坝位于杭州市区虎跑路以东、玉皇山南麓的江洋畈，库区用于堆放从西湖湖底抽吸的淤泥。西湖由海湾泻湖脱胎而成，淤泥不断，历史上每隔数十年进行一次大规模疏浚。最近一次疏浚在1952～1958年，挖掘淤泥720万米^3，水深提高到1.8米。现经40年淤积，湖底积淤平均0.5米、计260万米^3，湖水深度降至1.65米，一经风浪及船只搅动，轻质淤泥泛起，湖水浑浊，严重影响水质和观感。疏浚方案经专家多次论证比较，决定西湖清淤分两期进行，一期工程修建1座库容为110万米^{3}的拦泥坝，用绞吸式挖泥船将湖底流动半流动淤泥吸起，通过水上和陆上输泥管道送至拦泥坝库区自然干化。一期疏浚整治工程于1999年启动。

二、工程施工

1999年6月，工程局中标承建拦泥坝工程。拦泥坝由主坝、副坝、截洪沟等组成。主坝底宽75米、长300米、净高19.5米，副坝底宽75米、长150米、净高19.5米，均为土石结构，坝顶高程26米。截洪沟长1.6千米、宽1米、高3米，环绕库区。总工期5.5个月，合同价格1866万元。

工程局抽调富春江工程处、基础工程公司人员和设备，组建杭州西湖拦泥坝项目部承担工程施工。

1999年7月1日，项目部进点动工，开始基础钻探。坝址正面距浙赣铁路不足百米，山腰架有备用高压线，附近是陶瓷品市场和居民区，库区内还有待迁的500多株名贵树木，项目部合理安排工序，精心组织施工。7～8月适逢杭州地区多雨，降雨量为往年同期的3倍，仅雨天就有40多天，库区地势低洼，地面泥泞，加上设计变更、政策性处理等因素，给清淤、基础施工、土方填筑造成困难，进度受阻。8月16日凌晨，一场大雨转为暴雨，瞬间山洪直泻坝区，施工区域一片汪洋，4台重型吊车等设备浸在水中。干部、工人奋力抗洪，经一昼夜排水、清渣、抢运设备、烘烤受潮的电动机，局部恢复施工。由于工程处在市区范围，施工受到一定限制，国庆、城市检查期间停止爆破，运土车停止拉料，工期一直滞后。至10月15日共损失有效工期2个多月，几占总工期40%。为扭转被动局面，项目部抓进度、质量，加强人员力量和加大设备投入，开展劳动竞赛，并设立工程倒计时牌，将延误工期逐步抢回。

工程基础部分采用防渗坡、帷幕、碎石桩。地质处理采用打震冲桩，筑防渗墙，进行帷幕钻孔灌浆。山体、主坝和副坝帷幕灌浆，原设计工程量4550米，为加固基础，提高防渗强度，设计又增加2000米钻灌工程量，大部分布设在主坝区。项目部投入8台钻灌机，24小时作业，10月钻孔、灌浆进尺3800米，在库区周围形成一道密实的地下防渗体。并合理布孔，保证每只孔灌浆质量，日后不使钱塘江水和居民饮用水受到丝毫污染。

1999年11月10日，副坝混凝土趾板浇筑、帷幕灌浆结束，坝前最后一道土工膜铺设完毕；主坝防渗墙浇筑到位，帷幕灌浆基本完成。是月底，上游保护层开始施工，副坝填筑到顶，主坝填筑至24米高程，截洪沟形成。12月10日，主坝填筑到顶。由于库区爆破取土布置得当，经检测，增加库容20万米^3。施工期间，为保证工程进度、质量和安全，每道工序责任到人，技术、质检、经营人员24小时跟踪作业，项目部领导坚守现场处理、协调、解决问题。

1999年12月15日工程按期竣工。工程结算造价1854万元。完成的主要工程量：土石方开挖22.48万米^3、填筑22万米^3，混凝土浇筑2600米^3，帷幕灌浆6550米。经建设、监理、设计单位联合初检验收，工程质量等级为优良。2000年10月经杭州市质检部门总检，评为优良工程。

1999年12月17日，西湖开始清淤，拦泥坝库区投入使用。2000年8月31日，西湖第一期清淤完成，拦泥坝库区共吸纳淤泥130万米^3。

第四章　机电设备、金属结构制造安装

第一节　概　　况

机电设备、金属结构安装，始于新安江水电站建设时期。工程局于1959年3月成立机电安装处，承担新安江水电站9台机组及其配套的机电设备，以及金属结构安装任务。此后从工程建设需要出发，通过上级调配和自身发展，增强力量，并形成一定规模的制造能力，开展机电设备和金属结构的制造安装。1967～1968年制造安装的富春江水电站溢洪道弧形闸门，共17扇，单扇高13.13米、宽4米、弧形半径16米、质量78吨，成为20世纪60年代国内同类产品的最大闸门。1974～1978年设计制造安装的湖南镇水电站引水钢管月牙形内加强肋高压岔管，为国内首创，荣获1978年“全国科学大会奖”。2003～2004年制造安装的桐柏抽水蓄能电站压力钢管，应用国产焊接材料替代进口焊材焊接610兆帕级低碳高强调质钢，为国内首次，获“全国优秀焊接工程”。2005～2006年制造并开始安装的滩坑水电站泄洪洞弧形闸门，设计水头102米，闸门承受总水压力89000千牛，整扇闸门质量388吨、门槽质量118吨，为国内高水头大水压力超大型弧形闸门，获“全国优秀焊接工程一等奖”、“中国企业新纪录”。

水轮发电机组制造开始于1970年。工程局建立水工设备制造厂制造富春江水电站3号机组——低水头6万千瓦水轮发电机组，1972年成功建造并安装。此后又为广西西津水电站、恶滩水电站建造3台机组，均一次启动成功，运行正常。1981年该厂划归水电建设总局领导管理，工程局制造机组的历史圆满结束。2005～2006年安装的桐柏抽水蓄能电站3号机组，单机容量30万千瓦，获“浙江省优秀安装质量奖”。

48年来，工程局共制造单机容量6万千瓦的水轮发电机组4台，制造安装机电设备、金属结构工程120多项，其中水电工程机电设备30项，压力钢管31项、3.2万多吨，闸门、拦污栅36项、2.8万多吨，质量优良。取得“中华人民共和国特种设备安装改造维修许可证”、“全国工业产品生产许可证”等许可证，包括超大型弧形闸门、超大型平面滑动闸门、超大型拦污栅、超大型压力钢管、大型平面定轮闸门制作生产专业资质。

1959～2006年已建、在建机电安装设备制作安装工程见表4-4-1。

表4-4-1　1959～2006年已建、在建机电安装设备制作安装工程一览表

序号	工程名称	机组型号	装机总容量（万千瓦）	单机容量（万千瓦）	自行安装容量（万千瓦）	安装工期（从座环安装到投产）	备注
1	新安江水电站	1号机HL-662-LJ-410 TS-854-156-40	66.25	7.5	7.5	1966-01～1966-12	
		2号机HL-662-LJ-410 TS-854-156-40		7.5	7.5	1965-04～1965-10	
		3号机HL-662-LJ-410 TS-854-156-40		7.25	7.25	1959-12～1960-05	
		4号机HL-662-LJ-410 TS-854-156-40		7.25	7.25	1959-10～1959-12	
		5号机HL-662-LJ-410 TS-854-156-40		7.25	7.25	1960-06～1960-11	
		6号机HL-662-LJ-410 TS-854-156-40		7.25	7.25	1963-07～1964-02	
		7号机HL-009-LJ-410 TS-854-156-40		7.5	7.5	1975-07～1975-12	
		8号机HL-741-LJ-410 TS-854-156-40		7.5	7.5	1977-05～1977-10	
		9号机HL-662-LJ-410 TS-854-90-40		7.25	7.25	1966-01～1968-10	双水内冷试验机组
2	富春江水电站	1号机-54-8800 （苏）CBH-1340-150-96	29.72	5.72	5.72	1968-09～1968-12	预埋件1961年已装好
		2号机ZZ-005-LH-800 TS-1350-150-96		6.0	6.0	1971-08～1971-12	上海电机厂
		3号机ZZ-F721-LH-800 TS-1350-135-96		6.0	6.0	1972-04～1972-12	十二局自制
		4号机62.3MW卡普兰式水轮机 RYV-1171-130		6.0	6.0	1976-04～1976-12	法国产
		5号机62.3MW卡普兰式水轮机 RYV-1171-130		6.0	6.0	1975-04～1975-12	法国产

续表

序号	工程名称	机组型号	装机总容量（万千瓦）	单机容量（万千瓦）	自行安装容量（万千瓦）	安装工期（从座环安装到投产）	备注
3	阿尔巴尼亚伐乌—代耶水电站	1号机HL263-LJ-390 TS920-115-44	25	5.0	5.0	1969～1973	
		2号机HL263-LJ-390 TS920-115-44		5.0	5.0		
		3号机HL263-LJ-390 TS920-115-44		5.0	5.0		
		4号机HL263-LJ-390 TS920-115-44		5.0	5.0		
		5号机HL263-LJ-390 TS920-115-44		5.0	5.0		
4	阿尔巴尼亚菲尔泽水电站	1号机HL638-LJ-410 TS890-210-36	50	12.5	12.5	1977-04～1978-01	
		2号机HL638-LJ-410 TS890-210-36		12.5			
		3号机HL638-LJ-410 TS890-210-36		12.5			
		4号机HL638-LJ-410 TS890-210-36		12.5			
5	湖南镇水电站	1号机HL009-LJ-250 TS520-182-24	17	4.25	4.25	1980-04～1980-12	
		2号机HL009-LJ-250 TS520-182-24		4.25	4.25	1980-01～1980-09	
		3号机HL200-LJ-250 TS520-182-24		4.25	4.25	1978-08～1979-09	
		4号机HL200-LJ-250 TS520-182-24		4.25	4.25	1978-07～1979-09	
6	江厦潮汐试验电站	1号机GZN005-WP-250 CX143-32-12	0.3	0.05	0.05	1978-07～1980-04	贯流式双向发电
		2号机GZN005-WP-250 CX143-32-12		0.05	0.05		
		3～6号机		0.2			

续表

序号	工程名称	机组型号	装机总容量(万千瓦)	单机容量(万千瓦)	自行安装容量(万千瓦)	安装工期(从座环安装到投产)	备注
7	紧水滩水电站	1号机HL200－LJ－300 SF－K50－30/6400	30	5.0	5.0	1985－11～1987－04	装好后无水等到第二年发电
		2号机HL200－LJ－300 SF－K50－30/6400		5.0	5.0	1986－03～1987－04	
		3号机HL200－LJ－300 SF－K50－30/6400		5.0	5.0	1986－12～1987－10	
		4号机HL200－LJ－300 SF－K50－30/6400		5.0	5.0	1987－07～1987－12	
		5号机HL200－LJ－300 SF－K50－30/6400		5.0	5.0	1987－11～1988－09	
		6号机HL200－LJ－300 SF－K50－30/6400		5.0	5.0	1988－05～1988－11	
8	龙泉大白岸水电站	1号机HL230－LJ－100 SF1250－16/2150	0.25	0.125	0.125	1985－10～1986－11	
		2号机HL230－LJ－100 SF1250－16/2150		0.125	0.125		
9	石塘水电站	1号机ZZ－500－LH－420 SF－K26－40/6400	7.8	2.6	2.6	1988－08～1989－12	
		2号机ZZ－500－LH－420 SF－K26－40/6400		2.6	2.6	1989－05～1989－09	
		3号机ZZ－500－LH－420 SF－K26－40/6400		2.6	2.6	1989－07～1989－12	
10	成屏一级水电站	1号机HL702－WJ－71 FW－K2000－8/1730	0.8	0.2	0.2	1988～1989－05	
		2号机HL702－WJ－71 SFW－K2000－8/1730		0.2	0.2		
		3号机HL702－WJ－71 SFW－K2000－8/1730		0.2	0.2		
		4号机HL702－WJ－71 FW－K2000－8/1730		0.2	0.2		

续表

序号	工程名称	机组型号	装机总容量（万千瓦）	单机容量（万千瓦）	自行安装容量（万千瓦）	安装工期（从座环安装到投产）	备注
11	万安溪水电站	1号机HLD87-LJ-150 SF-J15-14/3400	4.5	1.5	1.5	1993-06～1994-10	
		2号机HLD87-LJ-150 SF-J15-14/3400		1.5	1.5	1993-10～1994-10	
		3号机HLD87-LJ-150 SF-J15-14/3400		1.5	1.5	1994-11～1994-12	
12	黄坛口水电站扩容工程	5号机HL826-LJ-380 SF26-52/7600	5.2	2.6	2.6	1994-01～1994-12	
		6号机HL826-LJ-380 SF26-52/7600		2.6	2.6	1994-03～1995-03	
13	湖南镇水电站扩容工程	HLD85-LJ-380 SF100-32/8360	10.0	10.0	10.0	1995-10～1996-10	计算机远程控制运行
14	福建九仙溪水电站	1、2号机CJA237-L-146/4×13.5 SF-126-12/2860	2.5	1.25	2.5	1997-05～1998-11	
15	缅甸照济水电站	1、2号机HLA296-LJ-190 SF6400-24/4250	1.28	0.64	1.28	1997-12～1998-10	
16	景宁上标尾水电站	HL-240-WJ-71 TSW-143/36-10	0.126	0.063	0.126	1997-06～1998-02	
17	新安江水电站技改工程	电站整体扩容	83.5	9.27	83.5	1999-08～2005-04	
18	成屏一级水电站扩容工程	HLA286-LJ-105 SF-J5000-10	0.5	0.5	0.5	1998-08～1999-04	
19	珊溪水利枢纽工程	1～4号机 HL(L2411208)-LJ-297 SF-J50-24/6200	20	5.0	20	1999-04～2001-03	

续表

序号	工程名称	机组型号	装机总容量（万千瓦）	单机容量（万千瓦）	自行安装容量（万千瓦）	安装工期（从座环安装到投产）	备注
20	北溪水电站	1、2号机 HLFN55A-LJ-114 SF18-10/3250	5.0	2.25	5.0	2000-08～2001-07	
21	江厦潮汐试验电站	主机设备技改	1.0	1.0	1.0	2001-06～2001-10	
22	高湖水电站	GD007-WZ-200 SFW-2000-20-2150	0.02	0.02	0.02	2002-03～2002-05	
23	龙泉岩樟溪一级水电站	水轮机型号： HLN146-LJ-110 发电机型号： SF10-8/2600	2	1.0	2	2004-03～2005-08	
24	黄山溪一级水电站	水轮机型号： HLA179-LJ-100 发电机型号： SF-J8000-6/2400	1.6	0.8	1.6	2004-03～2005-03	
25	广西思安江水电站	水轮机型号： JF3003-A-LJ-105 发电机型号： SF6000-10/2600	1.2	0.6	1.2	2004-12～2005-12	
26	桐柏抽水蓄能电站	水轮机型号：立轴、单级混流可逆式水泵水轮机 出力：306/312兆瓦 最大水头：288.33米 发电机型号：三相、立轴、半伞式、空冷可逆式同步发电电动机 容量334/336兆瓦、18千伏 额定转速：300转/分	120	30	30	2005-10～2006-09	

续表

序号	工程名称	机组型号	装机总容量（万千瓦）	单机容量（万千瓦）	自行安装容量（万千瓦）	安装工期（从座环安装到投产）	备注
27	丽水开潭水电站	水轮机型号：灯泡贯流式水轮机 GZ(B14)-WP-495 出力：16.5兆瓦 转轮直径：4.95米 发电机型号：灯泡卧轴发电机 SFWG16-56/5300 容量：17.391兆伏安/16.0兆瓦 额定转速：107.1转/分	4.8	1.6	4.8	2006-11 机组发电	
28	景宁左溪梯级水电站	水轮机型号：HLA351-LJ-57、HLA276-LJ-120 发电机型号：SF16-10/3000、SF6300-12/2600	4.46	2×1.6 2×0.63	4.46	2005-03～2006-12	
29	青田外雄水电站	水轮机型号：灯泡贯流式水轮机GZ-WP-650 出力：26.5兆瓦 转轮直径：6.5米 发电机型号：灯泡卧轴发电机 SFWG24-72/7000 容量：25.26兆伏安/24.0兆瓦 额定转速：83.3转/分	4.8	2.4	4.8	在建	
30	滩坑水电站	水轮机型号：竖轴混流式水轮机 HLD333C-LJ-485 出力：204.1兆瓦 额定流量：209.17米^3/秒 发电机型号：竖轴式水轮发电机SF200-40/10800 容量：222兆伏安/200兆瓦 额定转速：150转/分	60	20	60	在建	

1959～2006年已建、在建金属结构(钢管)工程见表4-4-2。

表4-4-2 1959～2006年已建、在建金属结构(钢管)工程一览表

序号	工程名称	工程总质量(吨)	总长度(米)	直径(米)	设计水头(米)	钢管壁厚(毫米)	施工工期	工程质量
1	新安江水电站	3812	540	ϕ5200	73	18	1959～1977	优良
2	陈村水电站	—	242	ϕ5000	52	16	1972～1975	优良
3	湖南镇水电站	2464	1400	ϕ3200～ϕ7800	95.5	24	1978～1983	获部级质量优良奖
4	紧水滩水电站	2828.19	600	ϕ4000～ϕ5000	69	14～22	1985～1989	优良
5	成屏一级水电站	111.12	178	ϕ1000～ϕ2500	74.27	12～16	1988～1989	优良
6	金华热电厂	—	500	ϕ600～ϕ800	20	10	1988-04～07	优良
7	温州发电厂	3213	3000	ϕ1800	30	12	1989-06～1990-02	优良
8	万安溪水电站	500	240	ϕ5500	80	10～18	1993～1994	优良
9	黄坛口水电站扩机	530.97	288	ϕ5800	28	10～12	1993～1994	获浙江省优秀安装质量奖
10	湖南镇水电站扩机	680	167	ϕ5400	81	18～28	1995～1996	获浙江省优秀安装质量奖
11	浙江沙畈水库	—	50	ϕ2800	—	14	1995-02～1995-07	优良
12	文成坑下山电站	—	400	ϕ800	240	8～12	1998-02～1998-04	优良
13	舟山岑港水库	—	250	ϕ1000	—	10～12	1998-03～1998-05	优良
14	缙云柿坑水电站	—	296	ϕ800	205	8～10	1998-05～1998-08	优良

续表

序号	工程名称	工程总质量（吨）	总长度（米）	直径（米）	设计水头（米）	钢管壁厚（毫米）	施工期	工程质量
15	珊溪水利枢纽工程(泄洪洞)	201.9	30.79	方管渐变	—	25	1998-05～1998-08	优良
16	珊溪水利枢纽工程(引水洞)	715	320	ϕ4000	76	16～22	1998-07～1998-12	优良
17	濂竹水电站		200	ϕ700	450	14	1999-10～1999-12	优良
18	白溪水库	388	450	ϕ1000		12～20	1999-12～2000-02	优良
19	景宁白鹤水电站	225	580	ϕ2700	120	12～14	2000-03～2000-05	优良
20	港口湾水库	211.55	85	ϕ4800	—	18～12	2000-06～2000-09	优良
21	黄村水库	—	300	ϕ1200	—	10～12	2001-05～2001-08	优良
22	松阳二滩坝	—	240	ϕ1200	—	10	2001-07～2001-10	优良
23	仙居下岸水电站	235	120	ϕ3600	90	10～22	2002-09～2002-12	优良
24	龙川水电站	258.2	600	ϕ1200	420	8～22	2003-03～2004-02	优良
25	黄山溪一级水电站	174.664	400	ϕ1500	290	8～22	2003～2004-02	优良
26	桐柏抽水蓄能电站	3947.6	670	ϕ3100～ϕ5500	—	26～46	2003-09～2006-12	优良
27	黄水水电站	—	607	ϕ650～ϕ1000	—	8～18	2004-01～2004-11	优良
28	左溪水电站	563	—	ϕ2500	—	16～30	2005～2006	优良
29	洪口水电站	1445	—	ϕ5252～ϕ9300	—	22～36	2006-11～（在建）	
30	黑麋峰抽水蓄能电站	1457	2500	ϕ3800～ϕ7500	—	22～48	2005～（在建）	
31	光照水电站	6420.01	2300	ϕ4500～ϕ7200	120	22～42	2006-02～（在建）	

1959～2006年已建、在建金属结构(闸门)工程见表4-4-3。

表4-4-3　1959～2006年已建、在建金属结构(闸门)工程一览表

序号	工程名称	工程总质量(吨)	类别	门型	孔口尺寸(宽×高，米×米)	设计水头(米)	单位质量(吨×扇)	竣工时间	工程质量
1	新安江水电站	1148	进水口工作门	平板闸门	3.7×8.2	38.5	30.3×9	1959-06	优良
			进水口检修门	平板闸门	3.7×8.2	38.5	21.5×1	1959-06	优良
			尾水门	平板闸门	6×4.85	—	9.13×4	1959-06	优良
			泄洪门	平板闸门	13×10.85	11.85	75.7×9	1959-05	优良
			检修门	平板闸门	13×10.85	11.85	67.815×2	1959-06	优良
2	富春江水电站	2018	进水口工作门	平板闸门	6×14	—	24×6	1968-11	优良
			尾水门	平板闸门	6×7	—	16×6	1968-11	优良
			溢洪门	弧形闸门	14×13	—	78×17	1968-11	优良
			检修门	浮动闸门	16.4×17.35	—	155×1	1968-11	优良
			船闸上闸首	下沉式	12.4×6.4	—	16.12×2	1969-10	优良
			下闸首	平板闸门	12.4×10.8	—	48.41×1	1969-10	优良
			—	人字闸门	12.4×22.36	—	90.78×2	1970-10	优良
			—	平板闸门	3.5×2.5	—	17.3×2	1970-10	优良
			—	拦污栅	—	—	6×3	1965-01	优良

续表

序号	工程名称	工程总质量（吨）	类别	门型	孔口尺寸（宽×高，米×米）	设计水头（米）	单位质量（吨×扇）	竣工时间	工程质量
3	湖南镇水电站	1210	—	平板闸门	6×7.8	56.9	34.25×1	1979-02	优良
			—	平板闸门	6×7.8	56.4	66.6×1	1979-02	优良
			—	平板闸门	3.5×3.84	11.2	3.7×4	1979-06	优良
			—	弧形闸门	2.5×4.47	72.2	32.55×4	1978-12	优良
			—	弧形闸门	14.5×15.96	16	174×5	1981-10	优良
			—	平板闸门	14.5×15.7	20	20×1	1983-04	优良
			—	平板闸门	2.7×8.12	70.1	50.9×1	1979-06	优良
			—	平板闸门	3.8×6.2	49.7	23.3×1	1981-02	优良
			—	平板闸门	4×11	21	—	1981-02	优良
			—	拦污栅	5.74×4.5	—	—	1970-02	优良
4	陈村水电站	176	工作门	平板闸门	3.8×7.6	—	29×3	1970-08	优良
			检修门	平板闸门	4.2×9.52	—	17.98×1	1970-08	优良
			尾水门	平板闸门	5.7×4.6	—	8.77×2	1970-08	优良
			中孔门	弧形闸门	2.5×4.43	—	8.37×2	1969-08	优良
			底孔门	弧形闸门	2.5×4.47	—	18×2	1969-08	优良

续表

序号	工程名称	工程总质量（吨）	类别	门型	孔口尺寸（宽×高，米×米）	设计水头（米）	单位质量（吨×扇）	竣工时间	工程质量
5	紧水滩水电站	1286	工作门	平板闸门	4.82×5.99	44	29×6	1986-02	优良
			检修门	平板闸门	7.04×9.3	36	40.72×1	1986-02	优良
			尾水门	平板闸门	5×4.1	18	6.24×4	1985-08	优良
			浅孔检修门	平板闸门	8.6×13.9	28	83.12×2	1987-04	优良
			截流门	平板闸门	10×15.76	—	173×1	1984-08	优良
			清淤门	平板闸门	6.5×3.9	—	4.4×2	1984-10	优良
			中孔检修门	平板闸门	7.5×11.68	55	118×2	1986-04	优良
			中孔弧形门	弧形闸门	7.5×7	60	128.47×2	1986-03	优良
			浅孔弧门	弧形闸门	8.6×8	34	102.38×2	1987-04	优良
			—	拦污栅	7.04×9.3	5	—	1984-03	优良
6	贵州东风水电站	965	中孔弧门	弧形闸门	5×6	80	240×2	1994-07	优良
			中中孔弧门	弧形闸门	3.8×4.5	80	145×1	1994-08	优良
			泄洪洞弧门	弧形闸门	12×21	20	340×1	1994-10	优良

续表

序号	工程名称	工程总质量（吨）	类别	门型	孔口尺寸（宽×高，米×米）	设计水头（米）	单位质量（吨×扇）	竣工时间	工程质量
7	石塘水电站	1086	检修门	平板闸门	4.5×7.6	32	16.8×4	1988-10	优良
			工作门	平板闸门	4.5×10.43	28	21.7×2	1988-10	优良
			尾水门	平板闸门	4.8×5.96	8	13.6×4	1988-10	优良
			泄洪门	弧形闸门	16.5×13	13	137.2×5	1989-01	优良
			检修门	浮动闸门	20.1×15.3	15.3	234.8×1	1992-02	优良
			—	平板闸门	4.5×7.6	32	—	2001-04	优良
			—	拦污栅	4.5×18	4	—	1988-01	优良
8	成屏一级水电站	83	泄洪门	弧形闸门	10×5	5	13.8×6	1989-03	优良
		5	尾水门	平板闸门	3.04×1.57	5.5	1×1	1997-03	优良
9	黄坛口水电站扩容	107	工作门	平板闸门	7.5×6.1	11	32.83×2	1994-09	优良
			尾水门	平板闸门	6×5.34	12.8	20.45×2	1994-11	优良
			—	拦污栅	9.68×8.33	3	—	1994-03	优良
10	万安溪水电站	60	检修门	平板闸门	5.9×6.25	53	32×1	1993-08	优良
			尾水门	平板闸门	4.7×2.3	14	—	1993-08	优良

续表

序号	工程名称	工程总质量（吨）	类别	门型	孔口尺寸（宽×高，米×米）	设计水头（米）	单位质量（吨×扇）	竣工时间	工程质量
11	湖南镇水电站扩机	135	检修门	平板闸门	4.7×11	21	26.8×2	1995-02	优良
			工作门	平板闸门	3.8×6.2	49.7	39.9×1	1995-04	优良
			尾水门	平板闸门	4.8×5.07	20.26	20.37×2	1995-06	优良
12	玉溪水利枢纽（一期）	343	检修门	平板闸门	10.6×13.43	26	112×2	1997-03	优良
			尾水门	平板闸门	10.4×7.25	12	59.5×2	1997-03	优良
		102	—	拦污栅	11.9×18.6	3	51×2	1996-10	优良
13	苏州胥口水利枢纽	75	上闸首闸门	平板闸门	16×5.5	4.66	25.3×1	1997-04	优良
			下闸首闸门	平板闸门	16×5.5	4.66	24.2×1	1997-04	优良
			节制闸门	平板闸门	16×5.5	4.66	25.3×1	1997-04	优良
14	宁波梅溪水电站	57	泄洪门	弧形闸门	4×2.5	32	9.9×1	1997-12	优良
			事故门	平板闸门	3×4	38	18.3×1	1997-12	优良
			溢洪门	弧形闸门	8×5.5	5.5	9.6×3	1997-12	优良
15	玉溪水利枢纽（二期）	369	溢洪门	弧形闸门	12×11	11	56.8×6	1998-12	优良
			船闸上闸首	平板闸门	5×12.5	5	7.2×1	1998-08	优良
			叠梁检修门	平板闸门	8×8	8	15.7×1	1998-08	优良
			船闸下闸首	平板闸门	8×7.75	14	5.4×1	1998-08	优良
		1.6	—	拦污栅	2.2×2	3	0.4×4	1998-08	优良

续表

序号	工程名称	工程总质量（吨）	类别	门型	孔口尺寸（宽×高，米×米）	设计水头（米）	单位质量（吨×扇）	竣工时间	工程质量
16	芹山水电站	126	导流洞封堵门	平板闸门	8.3×8.75（6.5×8.5）	100	125.5×1	1999-11（1999-08）	优良
		68.5	溢洪门	弧形闸门	12×4	13	68.5	2000-04	优良
17	温州赵山渡引水工程	2000	泄洪闸工作门	弧形闸门	12×12（13）	12	69.1×9	1999-10	优良
			泄洪闸工作门	弧形闸门	12×14	14	103.1×7	1999-09	优良
			尾水检修门	平板闸门	7.54×5.55	14	31.6×2	1999-09	优良
			进水口检修门	平板闸门	7.74×8.85	23	23.5×2	1999-10	优良
		37	—	拦污栅	7.74×16	3	36.6×1	1999-09	优良
18	黄壁庄水库	481.1	溢洪道工作门	弧形闸门	12×13	12.71	82.8×5	1999-12	优良
			工作门	平板闸门	3.5×3.5	18.84	7.1×1	2000-05	优良
			事故门	平板闸门	3.5×3.5（3.2×3.2）	18.84（13）	7.1×1	2000-05	优良
19	港口湾水库	272	检修门	平板闸门	7.4×8.2	35	42.2×1	2000-05	优良
			检修门	平板闸门	8.1×8.2	56.5	106.5×1	2000-06	优良
			溢洪门	弧形闸门	10×9	8	26.5×2	2000-06	优良
			泄洪门	弧形闸门	4.9×7.25	57.4	70.1×1	2000-06	优良

续表

序号	工程名称	工程总质量（吨）	类别	门型	孔口尺寸（宽×高，米×米）	设计水头（米）	单位质量（吨×扇）	竣工时间	工程质量
20	白溪水库	122	事故门	平板闸门	3×3.5	94	24.7×1	2000-05	优良
			尾水门	平板闸门	4×2.25	15.5	4.4×1	2000-09	优良
			检修门	平板闸门	5×4	15	7.7×1	2000-09	优良
			工作门	平板闸门	2×2.5	16	3.3×1	2000-09	优良
			检修门	平板闸门	2×2.5	16	2.0×1	2000-09	优良
			溢洪门	弧形闸门	15×11.7	12.3	79.4	2001-04	优良
		350	—	弧形闸门	2.2×2.2	101	—	2001-04	优良
21	半月湾水轮泵站	204	翻板门	平板闸门	5×6	5	13.8×22	2000-10	优良
22	八都水库	2	—	拦污栅	ϕ2.7	3	1×2	1997-02	优良
23	白鹤水电站	112	—	拦污栅	5×4.7	3	4.8×1	2000-04	优良
			—	平板闸门	3.2×3.2	36	—	2004-04	优良
24	瓯江口黄华水闸	30	工作门	平板闸门	3×5	—	—	2001-11	优良
25	沙溪口水电站	220	—	拦污栅	3×28.5	7	—	2001-12	优良
26	宁波姚江船闸	127.29	工作门	平板门	14×8.5	—	35.8×2	2002-05	优良
			检修门	平板门	14×8.5	—	38.02×1	2002-08	优良

续表

序号	工程名称	工程总质量（吨）	类别	门型	孔口尺寸（宽×高，米×米）	设计水头（米）	单位质量（吨×扇）	竣工时间	工程质量
27	牛头山水电站	27	事故门	平板闸门	6.2×7.2	—	27×1	2003-03	优良
28	桐柏抽水蓄能电站	1110	上库进/出水口拦污栅(栅槽)8套，上库进/出水口事故闸门(门槽)2套，下库进/出水口事故闸门(门槽)4套，下库进/出水口拦污栅(栅槽)12套，下库导流泄放洞工作闸门(门槽)1套，上库溢洪道工作闸门(门槽)2套						2004-09	优良
		22.5	封堵门	平板门	4×4.5	145.6	22.5×1	2002-08	优良
29	宁波溪下水库	220	弧形闸门、平板闸门等					2005-09	优良
30	左溪梯级水电站	709.4	事故门、工作门、尾水门、拦污栅共16套					2005-11	优良
31	宜兴抽水蓄能电站	1375	事故门、检修门共12套，设计水头41～110米					2006-03	优良
32	塔底水利枢纽	662	工作门、检修门、冲砂闸、船闸等18套					2006-08	优良
33	广西北津水电站	2846.08	泄洪闸检修门	平板闸门	15×10	15	2扇	2006-09	优良
			泄洪闸工作门	平板闸门	13×10	13	20扇		
			排污孔工作门	平板闸门	3×8	3	1扇		
			拦污栅	—	6×5	3	12扇		
			进水口检修门	平板闸门	12.7×14.1	29.6	2扇		
			尾水事故门	平板闸门	8.1×11.15	25.7	2扇		
			船闸检修门	平板闸门	7.2×8	7.2	1扇		
			进口工作门	平板闸门	2×2	23.7	1扇		
			公路旱闸门	平板闸门	4.3×12	3.5	1扇		

续表

序号	工程名称	工程总质量（吨）	类别	门型	孔口尺寸（宽×高，米×米）	设计水头（米）	单位质量（吨×扇）	竣工时间	工程质量
34	开潭水利枢纽工程	2578.2	检修门、事故门、工作门、拦污栅等共45套					2005-07～（在建）	
35	外雄水电站	3276	进口检修门、拦污栅、尾水事故门、泄洪工作门检修门、船闸工作门检修门拦污栅等56套					2006-5～（在建）	
36	滩坑水电站	2751	进口事故门	平板闸门	8×6.6	72	228×3	2006-06～（在建）	
			进口拦污栅		18.5×5.7	4	174×6		
			尾水检修门	平板闸门	6.59×6.57	30	180×6		
			溢洪检修门	平板闸门	13×12	13	84×1		
			溢洪工作门	弧形闸门	14×12	14	660×6		
			泄洪事故门	平板闸门	8.3×7	102	109×1		
			泄洪工作门	弧形闸门	7×7	102	366×1		
			导洞封堵门	平板闸门	17×12	90	173×1		

第二节 工 程 选 介

富春江水电站溢洪闸门、机组

一、溢洪道闸门制造安装

富春江水电站拦河坝17孔溢流道顶的17扇弧形闸门，控制着4.4亿米^{3}库水，削峰拦洪，调节库区水位。闸门每扇高13.13米、宽14米，弧形半径16米，质量78吨，由16锰钢焊接制成，为国内20世纪60年代同类产品的最大闸门。

1967年春，大坝主要坝段已浇至溢流堰顶坎，弧门的制作却未能落实，一些有协作关系的厂家均因制造难度过大而婉言推辞。电站要提前发电，弧门制造无法拖延，工程局修配厂职工迎难而上，在一无厂房、二缺设备和熟练技工的情况下，主动承揽制造任务。职工们用旧铁管做柱子，旧角铁做屋架，芦席盖屋顶，竹片涂泥为墙，建成 120 米^2 简易厂房和加工场地。在旧料库里找出安装机组时自制的“土天车”，改装成可吊装 10 吨钢材的落地桁车。并选派 5 名电焊工到郑州水工机械厂学习 16 锰钢焊接技术，回厂后办培训班，使全厂 40 名电焊工掌握此项焊接技术，焊件检验合格。金加工班还自制成功能卷 2.6 米钢板的卷板机，并将 3 米龙门铯床平台加高 3 米，使之具有 6 米铯床的功能，进行弧形闸门斜支腿支铰平面铯削。浇铸闸门轴瓦需 10 多吨铜材，当时缺铜，修配厂成立“三结合”攻关小组开展试验，用球墨铸铁代铜浇铸轴瓦，取得成功。经严密检测，闸门每次启闭，臂轴均在数分钟内转动 0.7 转，球墨铸铁轴瓦优于铜轴瓦。

弧门制造从 1967 年 5 月开始，1968 年 10 月全部完成，历时 18 个月，总质量 1326 吨。弧门安装从 1968 年 8 月开始，11 月结束，与 17 扇弧门配套的同步启闭机也全部安装完毕。至 2006 年，经 38 年运行，运转情况正常。

二、3 号机组制造安装

富春江水电站共安装 5 台水轮发电机组，其中 1 号机组为苏联制造，4、5 号机组为法国制造，2 号机组为上海电机厂制造，3 号机组由工程局自行设计制造。3 号机组水轮机型号为 ZZ－F721－LH－800，发电机型号为 TS－1350－135－96，单机容量 6 万千瓦，为低水头水轮发电机组。

3 号机组的水轮机转轮直径 8 米，发电机定子铁芯外径 13.5 米，由近 10 万个零部件组成，全机质量 1550 吨。1970 年 7 月 6 日选定铸造车间地址，次日，有关设计人员、土建、测量人员齐集现场开始边设计、边施工。车间选用钢排架和小钢梁的综合结构，上盖石棉瓦，砌砖为墙。至 27 日，1 座高度 20 米、跨度 22 米、桁车行程 80 米的简易厂房竣工交用。与此同时，修配厂技术员虞晃用 4 个昼夜交出 30 吨桁车设计图。修配厂和安装处职工均在 10 天内分别完成桁车部件制作和电气配套项目。历时 14 天 18 个小时，30 吨桁车制成并试运转结束。5 吨电炉制作与铸造车间建筑同步进行。7 月 29 日，5 吨电炉安装完毕。8 月 1 日，5 吨炉开炉浇铸机组第一个大部件座环成功。修配厂的设备不能加工机组的大部件，技术人员、工人自制成功直径 5.6×12 米卧式车床、直径 12.5 米的立式车床、Z35 横模臂钻、13 千瓦动力头和 C650、C620 简易车床等 59 台（套）设备。自制的简易镗床镗出转轮 1 米左右的 8 只大孔，自制硬靠模加工成功转轮体球面外圆，电渣焊成功焊接转轮体和发电机大轴。“三结合”攻关小组利用车头、车身、车尾各成一体的简易卧车床进行加工，在加工场地设立测量标杆，经过 6 天 6 夜调整，找正车头、大轴和车尾的中心线，以蚂蚁啃骨头的办法，按技术要求完成大轴加工任务。

工程局制造的 3 号机组在设计技术上比由前苏联制造的 1 号机组、上海电机厂制造的 2 号机组均有较大改进。水轮机叶片设计定名为 F721 型转轮，比 1 号机组的轮叶气蚀性能、过水面积均有改善。水轮机导轴承采用圆筒式巴氏合金轴瓦转动油盆循环润滑结构，比 1 号机组橡皮轴承水润滑结构减少主轴磨损。采用电气液压式双重调速器，比 1 号机组的机械液压式双重调速器，有结构简单，制造方便，安装、调试、检修容易，运行灵敏、稳定等优点。发电机定子和上、下部机架整体焊接，比分瓣组合结构节省钢材，减少加工工作量。发电机转子推力头采用无轴式结构，转辐成为主轴的一部分，转子支臂由6个岔型支臂组成，比1号机组12个辐射支臂简易、方便、实用。发电机励磁装置采用晶闸管励磁方式，与1号机组复式励磁带校正器的励磁方式相比，取消了笨重的励磁机。

1972年9月机组制造结束，历时2年3个月。1972年4月开始安装座环，12月28日3号机组安装、调试结束。1973年1月4日正式投产并网成功。实现投产34年来，机组运行情况正常。水工设备制造厂（1973年5月改名为富春江水工机械厂）制造的第2台和第3台机组分别于1975年12月、1978年7月安装在广西西津水电站，第4台机组于1980年4月安装在广西恶滩水电站。3台机组均一次启动成功，机组运行正常。

湖南镇水电站机组、引水钢管

一、机组安装及缺陷处理

湖南镇水电站4台机组安装，从1978年9月开始，1980年12月结束。其中3、4号机组由天津发电设备厂制造，1、2号机组由杭州发电设备厂制造。3、4号机组在“文化大革命”后期的1975～1976年制造，又遇邻近地区唐山大地震，制作粗糙，缺陷之多为国内制造业罕见。定子铁芯迭片严重错位，铁损值甚大。经返厂重新迭片，仍存在定子内径缩小3毫米、合缝铁芯错位等缺陷。此外，3、4号机组的座环过流面不平整，蝶形边疏松且有气孔、砂眼，转轮配重方向与数量不对，转轮叶片多处裂缝、线形不好，以及进出头部不光滑、泄水边厚薄不均、流道出口开度相对过大，通风槽冲片锈蚀严重、扁铁过高、管子间隙偏大，推力轴承、制动器、转子等有多处缺陷。

1、2号机组问题也不少，定子、蝴蝶阀、导水叶、调速器恢复机构等，存在较严重缺陷。

承装4台机组的工程局机电安装大队，接部颁技术要求，对机组所有缺陷均作认真处理，并由天津发电设备厂、杭州发电设备厂分别支付现场缺陷处理费用9.6万元、7万元。4台机组安装中共处理缺陷150多处。3、4号机组于1978年9月开始安装，1979年9月结束，并网投产，历时13个月。1、2号机组从安装到投产，历时9个月。其中2号机组仅用8天完成试运行，机组甩负荷试验从开始到结束仅用29分钟，成为甩负荷试验的最快纪录。湖南镇水电站启动委员会认为安装工程达到部颁技术要求，评定1、2、3号机组质量优良，4号机组质量合格。机组安装，获水利电力部1982年基建单位单项标兵奖。

二、引水压力钢管及其月牙形内加强肋高压岔管制造安装

引水压力钢管全长330米，总质量1197吨，由主管经3只岔管分成4条支管通往4台机组。主管89节，支管97节，1977年9月底由工程局机械修配厂开始制作。制作中，机械修配厂严格执行规范标准，使管口、管节周长、椭圆度等均符合要求。1979年4月制作结束，历时19个月。引水压力钢管安装由工程局机电安装大队承担，1978年5月开始，采用涂料和外加电流阴极保护联合防腐方法，1979年9月安装完毕，历时16个月。

引水压力钢管为3只高压分岔管，国内通常采用三梁岔管。工程局鉴于三梁式岔管尺寸大（外形尺寸为9米×8米），质量超过90吨，U梁需分段用万吨水压机锻造，经复杂的焊接后又需专门建造10米×10米退火炉整体退火，加工和运输均繁复、费时，遂在1973年底与华东水利学院、浙江大学、同济大学组成岔管科研协作小组，寻求施工简便、结构合理、水力流态好的新管型。1974年协作小组吸取全国钢岔管设计经验交流会的成果，选用月牙形内加强肋岔管，并发挥科研、设计、施工"三结合"作用，进行系列研究试验。经过为期2年的科学试验和理论研究，证明月牙形肋板和锥管组成的月牙形内加强肋岔管，性能优越，其各部分均为可展曲板，制造工艺简便，水力流态好，受力明确，达到完整壳体的承载能力。制作安装中，肋板采用国产厚钢板切割拼焊成型，锥管用卷板机卷制成型，肋板与各壁的连接焊缝用局部退火措施消除焊接热应力，小型岔管作整体组装，大型岔管作分片现场组装。

月牙形内加强肋高压岔管与引水压力钢管同步制造安装。因其水力流态好，结构合理，受力明确，制作便利，投资节省，并具有整体变形条件较好、外表面平整使钢板与岩石联合受力、开挖空间较小等优点，引起业界重视。1978年，荣获"全国科学大会奖"。

桐柏抽水蓄能电站压力钢管、机组

一、压力钢管制造安装

压力钢管包括4条引水支洞钢管和4条尾水洞钢管。引水支洞钢管内径由5.5米渐变至3.1米，管壁厚2.6厘米至4.6厘米多种规格，其中壁厚4.4厘米至4.6厘米钢管材质为日本产的NK－HITEN610U2低合金16兆帕强度调质钢，其余为16MnR钢，总质量2221吨。尾水洞钢管直径7米，厚度2.4厘米，材质为16MnR钢，总质量1611.8吨。由工程局机电安装分局承担制造和安装。

压力钢管制造在现场进行。建起长91米、宽22米的厂房和作业间，投入桥机、起重机，以及多种焊接设备，并专门购置1台能卷厚7厘米、宽3米的卷板机，进行钢管制造。由于压力钢管采用进口低合金高强度调质钢制造和安装，在工程局尚属首次，尤其是应用国产焊接材料替代进口焊材焊接610兆帕级的高强钢，在国内也无先例。为此分局技术人员查阅资料，了解高强钢的冶炼过程、化学成分、物理性能和焊接性能，然后到多家焊材生产厂家寻找最佳手弧焊焊条和埋弧自动焊的焊丝焊剂。通过多方了解、比较论证、操作试验，得出只要工艺控制得当，同样能焊接出优质接头的结论。技术、操作人员选用国产焊接材料，执行工艺要求进行钢管纵缝和环缝焊接。纵缝1条长2.2米，持续焊接10小时，环缝1条长9.88米，持续焊接数天。2003年3月17日，首条焊缝通过验收，焊接接头优质，强度和冲击韧性均符合要求，机电安装分局取得了焊接技术新突破。由于钢管的部分板厚大于4厘米，分局现有的X射线装置无法穿透作探伤检测，需采用放射性同位素γ射线检测焊缝质量。而这项检测的技术、安全防护要求高，分局制定作业指导书，进行人员培训，采取严密的防护措施，并取得作业许可证，使γ射线装置成功应用于高厚度、高强度钢管焊缝检测，保证了检测质量。钢管安装作业，以最上游端的管节作为定位节，安装完毕并加固牢靠，然后依次安装后续管节。

8条压力钢管自2003年3月开始制造，2004年12月安装结束，质量优良。2006年，压力钢管工程评为“全国优秀焊接工程”。

二、3号机组安装

桐柏抽水蓄能电站共安装4台立轴单级混流可逆式水泵水轮发电电动机组，机组单机容量30万千瓦，为国内同类型最大容量机组之一。其中3号机组由工程局机电安装分局承装，机组主设备由奥地利VATECH公司制造。水泵水轮机为可逆式，水轮机工况额定出力30.6万千瓦，额定净水头244米，额定转速300转/分。发电电动机为三相、立轴、半伞式、空冷可逆式同步发电电机，发电工况额定容量33.4万千伏安，电动机工况额定容量33.6万千瓦，额定电压18千伏，额定转速300转/分。

2005年8月3号机组定子机架全部倒运至厂房装配间，开始机组安装作业。水轮机主轴转轮吊装就位找正、导水和传动机构安装、集油槽漏油箱注水渗漏试验、压油罐作严密性耐压试验等项工作相继展开。11月29日，球阀吊装就位。球阀是发电机组中主要大型部件，由主体、连接管、伸缩节、补偿环及双面密封等组成，质量150吨，内径3.1米。2006年5月24日，质量480吨、外径6.5米的转子与水轮机大轴连接。6月5日，质量310吨、外径9.6米的发电机定子一次吊装就位。由于设备缺陷处理，图纸提供滞后，定子推后安装。9月20日9时50分，3号机组启动成功。9月30日3时45分，3号机组完成多项试验后并网发电。

从2006年9月17日至11月26日，3号机组先后通过机组动平衡、空转热运行、单机甩负荷、双机甩负荷、BTB启动等项目试验。从10月30日至12月2日，累计完成发电、抽水运行30天，发电启动60次，抽水启动30次，启动成功率100%。12月3日凌晨，3号机组正式投入商业运行。

桐柏抽水蓄能电站3号机组安装，获“浙江省优秀安装质量奖”。

滩坑水电站泄洪闸门

泄洪洞闸门制造安装

滩坑水电站泄洪洞工作闸门，是高水头大水压超大型弧形闸门。闸门承受总水压89000千牛，为国内水电站承受总水压最大的闸门。闸门孔口宽7米、高7米，门叶宽8.48米，弧面长10.39米，设计水头102米，面板曲率半径14米。整扇闸门质量388吨，门槽质量118吨，采用单吊点，由液压启闭机在动水条件下开启和关闭。

闸门制造的特点和难点在于：门叶结构复杂，焊接变形不易控制；钢板厚度大，结构空间狭小，需有特定的焊接工艺；面板有较多焊缝，焊接接头硬度高，对门叶需采取整体退火工艺，消除焊接应力并降低焊接接头硬度；弧形门叶与门槽水封座尺寸精度高，侧水封座与顶水封座为空间曲面过渡，需用特殊工艺处理；转绞式顶水封座为细长结构，轴孔同轴度要求不大于0.5毫米，需用整体镗孔工艺；充压式水封需在制作厂内作整体水压试验，没有经验可借鉴。

承担闸门制造安装的工程局机电安装分局，以严谨的科学态度，求实创新，于2006年6月开始投入闸门制造。

工艺余量确定　门叶横向分上、中、下三节，针对每节门叶焊缝密集、弧面面积大的特点，为确保焊接收缩变形后，门叶弧面曲率半径在受控范围内，在门叶下料和拼装时，根据经验和计算，对弧面半径进行了适度放大，门叶面板厚度适当加厚，并制定了相应的焊接工艺，使门叶的焊接变形控制在设计范围内。

焊接工艺　闸门需承受大水压力，使门叶的钢板厚度普遍较大，面板、主梁、支臂的钢板厚度基本在40～56毫米之间。厚钢板在焊接过程中采用远红外加热器进行焊前预热和焊后消氢处理。焊接中采取埋弧自动焊、手工电弧焊、二氧化碳气体保护焊等多种焊接手段，合理安排焊接顺序、正确选定焊接参数，克服闸门结构空间狭小及高温、高烟尘等恶劣条件，圆满完成焊接。焊接质量优良，一、二类焊缝一次合格率达到99.2%。

应用振动时效新工艺消除应力　弧门结构件的消除应力采用两种方式进行：根据焊缝接头硬度高于钢板母材的特点，闸门门叶采取整体退火，使焊缝接头硬度降低，有利于弧面数控加工，以保证加工精度；支臂和支承大梁，采用振动时效新工艺消除应力。经水利部水利机械质量检验测试中心对结构件进行振前和振后的焊接残余应力测试，结果表明，消除应力效果满足规定，残余应力消除效果良好。

应用数控加工技术　三节门叶横向分节，均采用四轴数控联动落地铣镗床加工，加工中严格控制门叶的弧面半径和节间组合面的夹角。三节门叶组装后测得半径偏差为0～1毫米。门叶面板加工后实测厚度为41～49毫米，符合面板厚度不小于40毫米的设计要求。

门槽充压水封座采用数控龙门铣床加工，门槽侧水封座与顶水封座为空间曲面，通过编制特殊数控程序加工转角水封座，实现空间曲面的圆滑过渡。

充压水封整体水压试验　门槽充压水封座和充压水封在厂内进行整体组装和压力试验，分局自行设计一套简单高效的试验工装，水封在背压1.25兆帕情况下保持10分钟，门槽和水封各配合面无泄漏，最终试验项目和试验参数符合设计要求。

转铰式顶水封采用整体镗孔技术　门槽转铰式顶水封座长8.6米，有8组直径70毫米同心轴孔，改变以往用假轴拼装焊接难以保证同轴度的缺点，采取整体镗孔，同轴度达到0.5毫米，并且转铰和铰座装配后转动灵活。

通过科技攻关，应用新技术、新工艺，弧形闸门在厂内整体组装，达到了较好的制造精度。门叶与支臂整体组装后，实测半径偏差仅为－1～2毫米，满足设计要求。门叶和门槽整体组装后，门槽与门叶弧面的间隙偏差控制在±2毫米之内，优于设计要求。整扇闸门的制造，符合DL/T 5018—2004《水电水利工程钢闸门制造安装及验收规范》的要求，2006年10月通过出厂验收。闸门安装工作从2006年11月着手准备，定于2007年完成。

滩坑水电站泄洪洞弧形闸门制造技术，列为浙江省科技进步项目，获“中国水利水电集团公司科技进步二等奖”、“全国优秀焊接工程一等奖”、“中国企业新纪录”。集团公司科技成果鉴定书称：滩坑水电站泄洪洞弧形闸门的制造质量，是超大型深孔弧形闸门制造技术的集成创新，经济和社会效益明显，达到国内领先水平。

第五章 水 务 工 程

第一节 概 况

工程局自1987年10月中标承建杭州污水处理厂涵洞工程开始，进入水务工程领域。1991年6月建成的日供水5万吨的衢州第二自来水厂，成为工程局承建的首个水厂工程项目，评为优良工程。对承建的每项工程，工程局及其二级单位按项目法组织施工。各项目经理部（室）认真制定施工组织措施和技术、质量、安全措施，开展阶段性劳动竞赛，保证工程进度和工程质量。在衢州第二自来水厂工程施工中，采取特殊混凝土级配并掺入添加剂，保证混凝土防渗强度。苏州河西污水处理厂工程施工中，制作临时龙门小车吊装进口设备转刷本体，成功解决安装难题。江阴永丰余水厂工程施工中，采取有效措施解决地层坍塌，按期完成基础处理，并保证建筑物的稳固。台州黄椒温联合供水一期工程施工中，采取一次成型工艺浇筑箱涵，并攻克江南渠倒虹段和九溪大倒虹两大工程难关，为工程提前建成通水奠定基础。

至2006年，通过议标、投标方式，共承建水务工程21项，实现施工产值1.3亿多元。

1984～2006年已建、在建水务工程见表4-5-1。

表4-5-1　　1984～2006年已建、在建水务工程一览表

序号	工程名称	主要施工项目	工程规模	主要工程量	合同工期/竣工时间	质量等级
1	浙江杭州污水处理厂	现浇混凝土涵洞	260米	—	1987-10～1987-12/1987-12	合格
2	浙江衢州第二自来水厂	土建、安装工程	5万吨/日	房屋建筑面积4460米^2	1989-11～1991-08/1991-06	优良
3	浙江安吉天荒坪供水下库	拦砂截污坝	—	土石方1.5万米^3，混凝土4000米^2，金属结构安装120吨	1992-11～1993-02/1993-08	合格
4	浙江安吉天荒坪给水系统供水工程	输水压力管道	5000米	土石方5万米^3，混凝土5000米^3	1993-03～1993-11/1993-11	优良
5	江苏苏州新区河西污水处理厂	首期土建、安装工程	2万吨/日	土方2.6万米^3，混凝土1.6万米^3，钢筋制作安装728吨	1993-06～1995-12/1995-12	优良

续表

序号	工程名称	主要施工项目	工程规模	主要工程量	合同工期/竣工时间	质量等级
6	浙江永康第二水厂	土建工程	3万吨/日	土石方1.5万米^3，混凝土3900米^2，金属结构安装4吨	1993-08～1994-07/1995-08	合格
7	江苏江阴永丰余造纸有限公司水厂	土建、安装工程	2万吨/日	土方9000万米^3，混凝土3000米^3，安装永久设备11台（套）	1994-04～1995-01/1995-01	合格
8	浙江台州黄椒温联合供水工程	混凝输水箱涵	25万吨/日	长度4120米	1994-02～1995-08/1995-10	优良
9	浙江温州永强自来水二期工程	泵房、水池	2万吨/日	土石方1万米^3，混凝土4000米^3	1995-04～1996-03/1996-03	优良
10	浙江萧山第三水厂	泵站取水建筑物	2万吨/日	混凝土1万米^3	1996-05～1996-11/1997-03	优良
11	浙江温州天河水厂	综合楼、厂区道路	761.4米^2	土石方1040米^3、混凝土600米^3	1996-07～1997-01/1997-01	优良
12	浙江龙游自来水厂改扩建工程	开挖、回填、管道埋设	2万吨/日	土石方6.3万米^3，混凝土100米^2，金属结构安装21.5吨	1996-12～1997-05/1997-07	优良
13	江苏苏州新区污水厂二期扩建工程	沟、池及安装、厂区道路	2万吨/日	—	1998-03～1998-11/1998-12	优良
14	浙江杭州天目山路一期给水工程	钢管安装及配套土建	580米	—	2000-01～2000-03/2000-03	合格
15	浙江杭州古翠路给水工程	钢管安装及配套土建	805米	—	2000-04～2000-07/2000-07	合格
16	浙江杭州天目山路二期给水工程	钢管安装及配套土建	1690米	—	2000-05～2000-08/2000-07	合格
17	浙江萧山东片污水处理工程	仪表、电气安装	—	—	2001-07～2001-10/2001-10	优良

续表

序号	工程名称	主要施工项目	工程规模	主要工程量	合同工期/竣工时间	质量等级
18	浙江宁波江东截污工程	18个出水口及顶管、倒虹管、河道疏浚	—	土石方4370米^3	2005-10～2005-12/2006-08	合格
19	浙江余姚污水处理工程	排污管道及附属工程	2002.5米	—	2005-10～2006-02/2006-04	合格
20	浙江兰溪兰江提水工程	框架结构提水建筑物	2.5～3.2万吨/日	土石方4.92万米^3，混凝土3.27万米^3，钢筋制安130.76吨，金属结构制作安装161.38吨	2005-10～2006-03 2006-09	合格
21	浙江杭州文一西路延伸段给水工程	管道及附属设施	—	土石方9500米^3，钢筋制作安装25吨	2004-12～2005-02在建(受道路施工影响)	

第二节 工 程 选 介

衢州第二自来水厂

一、工程概况

衢州第二自来水厂坐落于衢州市石头坪，占地1.68万米^2，是衢州市自新中国成立以来最大的供水工程，列入1989年度浙江省基建计划。工程设计规模为日供水5万吨，由取水口工程、管道引水工程、净水厂工程、变配电及出水管道工程组成。其中净水厂工程主要包括汽水反冲滤池、清水池、加药间、污水泵房、送水泵房和综合楼。机电安装工程量有直径0.1～1米的工艺管道2768米，工艺设备68台套，电力电缆1.85万米，控制电缆8640米，高压电动机220～400千瓦4台，高压配电盘15套，各类电机设备122台套，配电变压器1台。

1989年10月8日，衢州市第二自来水厂筹建处与工程局建筑安装工程处签订工程协议书，将水厂土建和安装工程委托给工程局建筑安装工程处施工。同年11月8日，双方正式签订工程承包合同。这是工程局承揽的首项水厂工程项目。建筑安装工程处组建衢州第二自来水厂项目经理室，于11月21日进点作施工准备。

二、工程施工

1990年2月25日，清水池、综合楼全面施工。清水池为地下式钢筋混凝土全封闭式水箱结构，设计要求水箱无渗漏。施工中采用了特殊的混凝土级配并掺入添加剂，保证混凝土抗渗强度在S6以上。同时在侧墙立模中加置设有止水片的扁铁拉条，将侧墙形体误差控制在规范标准以内，浇筑的侧墙混凝土外光内实。在第一块顶块混凝土浇筑时突遇暴雨袭击而被迫停浇，造成已浇混凝土终凝，项目经理室为保证工程质量，推倒重来，约30米^{3}混凝土全部凿除重浇。同年4～10月间，送水泵房、加药间、汽水反冲滤池、取水口和污水泵房相继开工。1991年初，机电安装工作开始，管道安装和机电设备安装交替进行，进展迅速。1991年3月，浙江省供水学会、杭州自来水公司认为原设计供水工艺流程有较大缺陷，需作较大改动。衢州市人民政府、市城乡建设委员会、水厂筹建处、浙江省城乡规划设计院商定，将已安装的汽水反冲滤池管廊中的直径0.6米排水管道拆除重作布置，改排水泵排水为自流排水，二级泵房的高压电动机二次继电保护重新设计和安装，导致已全部安装完的二次接线全部拆掉重装，使原已紧迫的工期更为紧迫。而中共衢州市委、市人民政府已多次要求并向全市人民保证1991年“七一”前水厂建成供水，并将此作为是年为全市人民办8件实事的最主要的一件。全体施工人员迅速投入“奋战100天，建成二水厂”的立功竞赛之中，夜以继日赶抢进度，向目标冲刺。4月24日，清水池竣工，水箱滴水不漏。5月22日，取水口岩石围堰炸开，实现渠道取水；24日21时石英砂铺设结束，23时泵房电动机空载试验完成；25日凌晨2时清水池、吸水井清洗完毕，15时联动通水试验一次成功。经过1个多月的调整、试验、整改，6月28日，水厂建成通水，衢州市举行隆重的通水剪彩仪式，衢州市委书记、市长在剪彩仪式上，对工程局职工顽强拼搏，精心施工，提前1年实现衢州人民盼望多年的愿望，给予高度评价。

衢州第二自来水厂工程的合同工期为18个月，实际工期16个月，提前2个月。合同造价500万元，实际造价780.82万元。工程质量评定为优良。

苏州河西污水处理厂

一、工程概况

苏州河西污水处理厂位于江苏省苏州市西翼大运河西岸，离市中心5千米，是与苏州新区建设配套的基础设施项目。厂区规划占地4.8万米^2，建成后可日处理污水8万吨，是苏州市迄今规模最大的污水处理厂，列为苏州市人民政府为民办实事的重点工程之一。全厂由4个单项工程组成，首期工程包括东西长85.8米、南北宽68.5米、储水2万吨的三槽式氧化沟，长43.85米的架空式格栅水渠，净空直径14米的半地下式污泥浓缩池、匀质池各1座，地上式沉砂池及进水泵房至浓缩池的配电设备、动力照明线路以及控制设备、水泵、转刷、堰门、刮泥机等设备安装。

工程局中环工程公司受建设单位主动邀请，经定向议标承包施工。首期工程分3个阶段施工。第一阶段氧化沟和配水井土建工程于1993年6月15日签订施工合同，合同工期1993年6月8日至11月30日，合同造价352.43万元，竣工结算造价720.71万元。第二阶段3池1渠土建工程于1994年3月28日签订合同，合同工期1994年4月1日至6月30日，按合同造价83.77万元总价承包。第三阶段设备安装工程于1995年9月22日签订合同，合同工期1995年9月20日至12月30日，合同造价50万元，竣工结算价75万元。1993年6月初，中环工程公司成立工程项目经理室，组织机械、土建两个施工队（设备安装阶段增设1个安装队）进点施工。6月10日第一批人员、设备进入工地。

二、工程施工

第一阶段氧化沟和配水井的土建工程量占整个首期工程土建总工程量的80%以上，国家定额工期420天，合同工期仅185天。1993年6月开工后恰逢雨季，工程地貌为一片1.2米深的污泥地，临时建筑设施搭设、基坑开挖难以正常进行，工期拖延1个多月。7月中旬开始，项目经理室抓住天气好转的时机，实行流水作业，并投入1台1米^{3}挖掘机、1台3米^{3}装载机、1台D85推土机、2台斯泰尔自卸汽车，突击完成1.6万米^{3}土方开挖任务，并于8月25日抢浇主体混凝土，抢回了工期。9月11日，土方开挖提前结束。11月29日，氧化沟工程最后一块混凝土浇筑完成，提前1天完成第一阶段主体工程施工。第二阶段的土建工程如期完成。长80米、宽70米、高3.7米的污水处理池，经4台潜水泵5昼夜注水2万米^3、4台高精度观察仪每隔1小时观测1次数据检测，未发现任何漏、渗合下沉。首期主体土建工程共完成土方开挖2.6万米^3，混凝土浇筑1.6万米^3，钢筋制作安装728吨，金属结构制作安装30吨。三槽式氧化沟和配水井、匀质池工程被苏州市质量监督站评定为优良工程。

1995年9月20日，工程局机械化处小分队开始安装从进水泵房至浓缩池的机械电气设备。其中转刷本体长11米、质量3.5吨，系美国进口设备，安装精度要求高，不能用吊机直接吊装到位。且部分土建设计部位预留尺寸与刷体尺寸不符，安装难度较大。负责安装工作的工程局中环工程公司总工程师黄贵瑞，提出制作临时龙门小车吊装的施工方案，并在施工中实施。施工队伍逐项修正土建预留支承部位，在建设单位多次修改设计的情况下仍提前2天完成吊装任务。同年12月28日，机械、电气设备一次调试成功，并通过竣工验收。中环工程公司获苏州市实事工程竞赛先进单位称号，在建设单位1995年组织的“大干60天，力争试运行成功”的劳动竞赛中被评为先进单位。

江阴永丰余水厂

一、工程概况

江阴永丰余水厂位于江苏江阴市西北郊江锋村，紧靠长江南岸大堤，是由台商永丰余造纸有限公司独资、为4.8千米外造纸厂供水的配套项目。厂区占地面积3575米^2，建筑面积1300多米^2，主要建（构）筑物包括机械加速澄清池、清水池及二泵房、虹吸滤池、加药间及排水泵房、加氯间、休息室，以及钢筋混凝土板梁结构的厂前桥、厂区道路、围墙、给排水、绿化、机械和电气设备安装等。设计生产能力为日产2万吨水。

工程采取邀请议标的方式选定施工单位。1994年4月20日，工程局中环工程公司议标承建水厂工程，合同工期8个月，合同造价800.67万元。这是工程局施工队伍涉足的首个台资项目。中环工程公司组建项目经理室承担工程施工。

二、工程施工

1994年4月25日，项目经理室组织80多名施工人员进点，开展三通一平前期准备工作。5月1日动工，开始清水池基础开挖。由于厂区地层属长江下游漫滩冲积沉积，为淤质、粉质黏土，场内一片泥泞，挖掘机械无法进入作业，全靠人工挖掘，下挖深度5米多，边坡不时坍塌，开挖十分困难，开挖队简直成了“泥人队”。清水池6300多米^{3}的基础开挖历时80多天才告结束，整个工程的基础处理耽误工期近2个月。施工中，项目经理室针对不同情况进行有效处理，对清水池和二泵房基础用打钢管桩护坡，下挖4米深的虹吸滤池用干砌石护坡，排水泵房用沉箱施工，厂前桥桥面板用钢管制作成钢梁吊模进行支撑，加快开挖进度，逐步抢回工期。项目经理室还提出修改设计方案加固地基，经业主和设计单位同意，采取挖土回填级配砂石，保证了建筑物的稳固。

施工中，台商将工程视为商品，精打细算，不愿多花一分钱，不设置临时场地，办事干脆，时间就是金钱的观念十分明确，促使项目经理室从管理上做文章取得效益。一是人员精干。整个项目的管理、技术人员仅6人，每人身兼数职，协调配合。二是弹性用工。人员按生产需要进退场，不留闲人，高峰时使用合同工92人，正式职工17人。三是每月生产计划下达到班组，每道工序有记录，责任到人，实行计件制单项承包，奖金分配重在工作表现、生产技能。四是不设仓库。材料、设备随用随买，不积压。工程完工时，所购进的600吨水泥、2600吨黄沙、3500吨石子一点不剩，280吨钢材仅剩下300多千克钢筋，真正做到工完、料净、场地清。五是没有临设场地。仅租用100米^{2}场地，利用河沟、地边搭设500米^{2}场地，用于周转堆放，节省开支。

1994年11月，清水池、虹吸滤池、机械加速澄清池完成，配电间、加氯间主体工程完工，开始设备、电气安装和给排水管道安装。12月30日，完成全部建筑物施工，形成通水条件。由于其他施工单位承建的5千米给水管道、造纸厂工程尚未完工，延期至1995年2月13日开始试通水。经检测，水厂运行情况良好，水池、管道点滴不漏，各种设备无任何故障，供水水质优于当地其他水厂，受到业主和江阴市建委领导的一致好评。

1995年2月开始，对新增加的机械加速澄清池钢梯、7米×5米简易仓库、6米×3.6米发电机房、仪器间、化验室、天桥等项目进行施工。3月25日，工程全部竣工。从正式开工到形成通水条件实际工期244天，到全部项目完工历时330天。工程结算造价817.67万元。完成的主要工程量：土方开挖9000米^3，混凝土浇筑3000米^3，钢结构制作安装45吨，砌砖353.9米^3，安装各类管道2884米。

1995年4月17日通过竣工验收。9个单位工程全部合格，其中机械加速澄清池、清水池及二泵房、虹吸滤池、厂前桥、厂区给排水工程评定为优良工程。

台州黄椒温联合供水一期工程

一、工程概况

黄（岩）椒（江）温（岭）联合供水一期工程，位于浙江省台州市境内，以库容6.9

亿米^3 的黄岩长潭水库为水源，布设 4 条总长 61 千米的地下输水管线和 2 座增压泵站、4 所供水厂，日引水量 28 万吨，日供水量 25 万吨，是华东地区从水库引水供向城镇的最大供水工程，列为浙江省农业水利重点建设项目。工程分为 10 个标段，工程局中标承建第三标段。第三标段起自枫家岭，经过 3 个镇、10 余个村庄，跨越 3 条河流，终至三官塘，标定全长 4070 米，实际完成长度 4119.96 米，有大倒虹 3 座、小倒虹 2 座、透气井 4 座，输水箱涵 297 节，其中 2/3 的输水箱涵穿过橘林。标段地基土质为高缩性淤泥，地基承载力不足 50 千帕，土壤含水率 30％～50％，施工难度较大。施工内容包括标段内所有土方开挖、回填和输水箱涵浇筑及三通一平、临时建筑设施施工等，其中输水箱涵过水断面为 2 米×1.8 米，按不同的受力条件和作用分为 4 种断面形式，用跨度为 C25、抗渗级别为 S8 的钢筋混凝土浇筑。

1994 年 1 月 31 日，工程局与建设单位签订施工承包合同，合同承包总价 1888.69 万元。2 月 5 日，工程局黄岩工程项目经理部成立。2 月 14 日和 19 日，施工队伍分批进点。

二、工程施工

3 月 18 日，工程破土动工。标段内的混凝土垫层、箱涵、透气井等主体工程由项目经理部直属队伍施工，土方开挖、清理和砂石垫层摊铺等次要、辅助或临时项目分包给地方建筑队施工。施工中，首先以挖土机和推土机配合为主，采用跳振法开挖管线基槽土方。根据工期目标和施工进度，项目经理部组织开展比质量、比安全、比进度、比文明施工的劳动竞赛活动。这一活动得到建设单位和浙江省重点工程领导小组办公室、省劳动竞赛办公室的称赞，推广到整个工程各个标段。

项目经理部为确保箱涵几何尺寸准确无误，消除施工缝和错台等隐患，采用一次成型新工艺浇筑箱涵。1994 年 4 月 22 日，长 107 米、宽 2.84 米的首块底板混凝土浇筑完成。5 月 7 日首段箱涵开浇，9 日浇毕，11 日拆模，箱涵整体垂直度、平整度、光洁度、内外形尺寸均达到设计质量要求，标志着工程局在工程建设中首次采用一次成型新工艺浇筑箱涵获得成功。根据箱涵一次成型工艺的要求，施工中采用箱涵多层面分区滚浇的浇筑工艺，采用混凝土养生液养护混凝土。

1994 年 7 月 29 日开始，项目经理部组织开展“大干 3 个月，确保箱涵 60 段”的劳动竞赛，箱涵浇筑进度加快。11 月 5 日长潭水库停止放水，项目经理部于当日中班调集机械设备和施工队伍投入江南渠倒虹基槽开挖，11 日完成整个基槽开挖及 0.5 米厚混凝土底板浇筑，具备箱涵浇筑条件。此时发现按图施工的渠底实际高程高出设计高程 1.95 米，如继续按图施工，必将造成江南渠流量减少的严重后果。14 日有关各方商定作返工处理，由于时间已耽误 10 天，40 天的工期被压缩到 30 天。15 日开始，项目经理部组织开展“大干 30 天，攻下过水关”的劳动竞赛，并进行返工处理。19 日，倒虹下游 13 米斜坡段基槽挖好，但渗水量大，基槽底部易被掏空造成大面积塌方，而另一处斜坡面无法采用集水井排水，遂采用水泥裹砂法新工艺解决这一难题。12 月 10 日，倒虹段箱涵比原计划提前 5 天通过渠底，从而保证了江南渠下游地区 100 多万亩农田的用水。建设单位称赞：创造了引水工程施工速度的奇迹。

1995 年 3 月 6 日开始，项目经理部掀起“大干 75 天，确保箱涵 50 段”的劳动竞赛，并组织2支青年突击队承担急、难工程的突击施工任务。4月份开始集中施工力量投入九溪倒虹施工。8月15日，被建设单位列为首位的难点工程——九溪大倒虹浇筑完成，箱涵平段与斜段衔接成功。九溪大倒虹，全长70米，为深层倒虹，底部最深点达9.1米，开挖堆土面宽近200米，施工难度极大。项目经理部从4月份开始组织攻坚战，开挖出300多米长的导流渠，筑起350米长的围堰。挖土机陷入泥中无法使用，采取人挖、泥浆泵抽交替作业。施工中发生土体滑坡，项目经理部集中力量抢挖基槽，采取上下游斜段施工，抢浇斜段箱涵。然后挖一段浇一段，以2天开块浇筑的速度逐段推进，提前攻克这一难关，为工程提前实现通水奠定基础。

1995年9月14日第三标段全线贯通，25日通过预验收，初定为优良工程。10月1日，比计划提前4个月通水。10月26日全线建成通水，水利部副部长张春园致电祝贺。第三标段因实际完成管线加长49.961米和设计修改，工程量增加，实际完成工作量2371.38万元。在标段间的竞赛中，第三标段始终以其进度快、质量好和安全、高效名列前茅。工程建设、设计、监理、质量监督单位对第三标段箱涵施工质量倍加赞赏，将其作为样板工程在其他标段推广。根据台州市人民政府的统一部署，项目经理部于1996年7月4日派出小分队检查箱涵质量。经过近1年的运行，箱涵无明显的沉降、渗漏水、裂缝等质量问题。7月30日，工程建设、设计、监督、监理单位组织验收小组对工程进行竣工验收，8月3日评定第三标段为优良工程。项目经理部被评为浙江省重点工程建设先进集体。

第六章　港口、码头、海堤工程

第一节　概　　况

工程局自1989年3月承建浙江宁波北仑港二期工程、1993年4月承建宁波北仑港区20万吨级矿石中转码头工程、1996年11月中标承建浙江瑞安飞云江北岸标准海堤工程开始，先后进入港口、码头、海堤工程施工领域，并取得港口与航道工程总承包二级资质。施工中注重掌握应用新技术新工艺，加快施工进度，保证工程质量。在宁波北仑港区20万吨级矿石中转码头工程施工中，应用“强夯置换石渣法”新工艺，打强夯碎石桩加固地基，比传统处理方法提前1年完工，取得良好的经济与社会效益。浦东国际机场围海大堤工程施工中，掌握充泥管袋吹沙工艺，率先圆满完成大堤龙口合龙，被评为优良工程。

至2006年，共承建港口、码头工程16项，海堤工程19项。在已建的28项工程中，优良工程22项、合格工程6项，优良率达到78.5%。尤为突出的是宁波北仑港区20万吨级砂石中转码头工程，相继获得“中国建筑工程鲁班奖”和“首届中国土木工程詹天佑大奖”两项国家级质量最高奖殊荣，给工程局以莫大的鼓舞和激励。

1984～2006年已建、在建港口、码头、海堤工程见表4-6-1。

表4-6-1　1984～2006年已建、在建港口、码头、海堤工程一览表

序号	工程名称	主要施工项目	工程规模	合同工期/竣工时间	质量等级
1	宁波北仑港二期工程	陆域填筑、地基处理、房层建筑、道路	16.43万米^2	1989-03～1992-09/1992-09	优良
2	宁波北仑港二期二阶段房建及给排水工程	房屋建筑、道路给排水	1.99万米^2	1991-03～1992-06/1992-05	优良
3	宁波北仑港二期仓库	混凝土桩基、预制框架、后张预应力屋架	1.52万米^2	1991-03～1992-08/1992-05	优良
4	宁波北仑港二期散装水泥库	水泥库、3只水泥罐	每只1500吨	1991-04～1991-10/1991-10	优良
5	宁波北仑港二期二阶段堆场	花岗岩块堆场	4.5万米^2	1991-05～1992-05/1992-05	合格
6	宁波北仑港区二阶段东干线	主干道	1550米	1992-02～1992-09/1992-09	优良
7	宁波北仑港1、2号泊位改建工程	房屋和构筑物	3900米^2	1992-08～1993-10/1993-12	优良
8	宁波北仑港区20万吨级矿石中转码头工程	堆场、道路	26.7万米^2	1993-04～1995-12/1995-12	优良
9	宁波港一期二阶段改造工程	矿石中转站	20万吨	1994-05～1995-01/1995-07	优良
10	宁波北仑港20万吨矿石中转码头二阶段陆上项目	土建、安装	1～3号转运站	1994-07～1995-01 1995-01	优良
11	宁波北仑港20万吨矿石中转码头轨道安装	基础强夯、轨道安装	—	1994-09～1995-07/1995-07	优良
12	宁波港集装箱堆场改造工程	混凝土、块石堆场	4500米^2	1995-05～1995-12/1995-12	优良
13	浙江瑞安飞云江北岸标准海堤	海堤	600米	1996-11～1997-08/1999-12	合格
14	浙江龙港江湾段海堤	标准堤塘	420米	1998-07～1998-12/1998-12	优良
15	上海浦东国际机场围海大堤	海堤	2242.62米	1998-10～2000-05/2000-05	优良

续表

序号	工　程　名　称	主要施工项目	工程规模	合同工期/竣工时间	质量等级
16	浙江龙港城南堤塘	标准堤塘	380 米	1998 - 12～1999 - 10/1999 - 12	优良
17	宁波北仑港 25 万吨级原油中转码头大堤工程	大堤	522 米	1999 - 07～2000 - 09/2000 - 09	优良
18	上海南汇东滩促淤围垦工程	海堤	6517 米	1999 - 10～2001 - 05/2001 - 05	优良
19	浙江龙港新美洲防洪堤	混凝土挡水墙	2000 米	1999 - 11～2000 - 07/2000 - 07	优良
20	浙江象山大目涂标准海塘	海塘加固加高	4095 米	2000 - 01～2001 - 04/2001 - 06	优良
21	浙江温岭钓浜渔港防波堤	防波堤	550 米	2000 - 01～2001 - 06/2003 - 07	合格
22	宁波北仑港国际集装箱码头进港公路工程	混凝土路面 碎石垫层	2.2 万米^3 2500 米^3	2000 - 05～2000 - 12/2000 - 12	合格
23	浙江慈溪西直堤顺坝抛石工程	抛石堤坝	2250 米	2000 - 10～2001 - 02/2001 - 06	合格
24	浙江瓯江口乐清段标准海塘	水闸	50 米	2000 - 10～2001 - 03/2001 - 11	优良
25	宁波北仑港二期集装箱堆场扩建工程	堆场填筑	12.3 万米^2	2001 - 12～2002 - 04/2002 - 04	合格
26	浙江慈溪西侧围涂工程	堤坝	3966.69 米	2002 - 10～2004 - 03/2004 - 03	优良
27	浙江三门健跳多用途码头	多用途码头、浮码头	5000 吨级	2004 - 09～2005 - 03/2005 - 04	优良
28	宁波大榭开发区 5 万吨级斗轮机基础工程	堆场、道路、灯塔	—	2004 - 09～2005 - 04/2005 - 04	优良
29	浙江苍南二期渔港工程	围涂堤坝	620 米	2005 - 01～2008 - 12/在建	
30	浙江舟山钓梁促围工程	促淤坝	4317 米	2005 - 03～2008 - 02/在建	

续表

序号	工 程 名 称	主要施工项目	工程规模	合同工期/竣工时间	质量等级
31	浙江瑞安防洪堤三期工程	防洪堤	1945米	2005-11～2007-02/在建	
32	浙江温州浅滩一期围涂工程	东、南、北围堤	1.4万米	2006-02～2008-07/在建	
33	浙江瑞安市阁巷围涂工程	海堤	5663米	2006-02～2008-12/在建	
34	宁波镇海区新泓口围垦工程	海堤	3180.97米	2006-02～2009-06/在建	
35	浙江玉环漩门三期围垦工程	海堤	5352米	2006-05～2010-03/在建	

第二节 工 程 选 介

宁波北仑港二期工程

一、工程概况

宁波北仑港位于浙江省宁波市杭州湾口金塘水道南岸，按规划分期建设。二期工程地处港区北仑山至毛礁山之间，距宁波市区34千米。国家计划委员会于1988年批准二期工程建设规模为年吞吐量350万吨的3万～5万吨级深水泊位6个，分两个阶段建设。第一阶段建集装箱泊位1个、多用途泊位2个，以及相应的装卸设备、工艺设施、生产设施和生活设施，年吞吐能力190万吨。第二阶段建2个木材泊位和1个通用杂货泊位，以及相应的装卸设备、工艺设施、生产设施和生活设施，年吞吐能力160万吨。

工程局承担二期工程第一阶段4～6号泊位港内生产设施、辅助生产工程中的部分项目，第二阶段1～3号泊位陆域填筑、地基处理、生产设施、辅助生产与生活设施、部分公用设施工程。

二、第一阶段工程

工程局承建的北仑港二期第一阶段工程内容：港内生产设施中的54、64、65号仓库及管理房，港内道路的一部分，进港主干道补强和辅助生产工程中的集装箱检查桥安装等，由工程局建筑安装工程处施工。

54号仓库为一般杂货库，建筑面积7586.15米^2，其管理房建筑面积91.35米^2；64号仓库为铁路拆装箱库，建筑面积7274.58米^2，其月台、管理房建筑面积分别为833.52米^2、137.78米^2；65号仓库为公路拆装箱库，建筑面积7586.15米^2，其管理房建筑面积

91.35 米^2。库房为钢筋混凝土预制构件排架结构，基础为 0.45 米×0.45 米混凝土预制桩承台式基础，屋盖为 24 米跨预应力折线屋架、大型屋面板；管理房为 1 层砖混结构，条形基础。1989 年 2 月 28 日签订施工承包合同，合同总造价 900 余万元。同年 3 月 15 日施工队伍进点，4 月 14 日正式开工。64、65 号仓库于 1990 年 6 月 30 日竣工，7 月 18 日交工验收。54 号仓库同年 7 月 30 日竣工，8 月 15 日交工验收。经实地查验，每座仓库的 7 个分部工程中 5 个为优良。

第一阶段港内道路总长 7257.1 米，路面总面积 9.24 万米^2，宽度 4.5、9、12、14 米不等，设计荷载为汽—20 级，面层为 C30 级混凝土，一般道路面层混凝土厚度为 23 厘米，特殊段厚 30 厘米和 35 厘米。港内道路由建筑安装工程处和温岭县第七建筑公司承建，1989 年 7 月 24 日开工，次年 7 月 10 日竣工，7 月 21 日和 25 日验收，质量合格。由温岭县第七建筑公司施工的进港主干道强度仅达 C25 级，质量不合格，遂由建设单位委托建筑安装工程处作表层凿毛、加 C35 级 10 厘米厚细石混凝土补强处理。施工中采取仔细凿除、清理基层、集中搅拌混凝土、加强养护等措施，使补强后的进港主干道达到初始设计的行车标准要求。

集装箱检查桥为钢结构桥，建筑面积 366.97 米^2，其东侧设 60 吨地中衡，钢结构安装由建筑安装工程处承担，1990 年 5 月开工，12 月竣工，质量优良。

三、第二阶段工程

1990 年 6 月 5 日，工程局与建设单位签订北仑港二期第二阶段陆域填筑工程施工合同，合同价格 700 万元，合同工期 12 个月，由第一工程处和建筑安装工程处承担该工程的施工任务。6 月 26 日，工程局设立北仑港二期工程项目经理室统一组织该工程的施工。1993 年 1 月，先后建立宁波工程公司、北仑港工程项目经理部。1990 年 10 月和 1992 年 8 月，工程局又先后承接北仑港二期工程第二阶段的其他项目。投入该工程施工的作业人员初始为 175 人，最高峰为 400 余人。

陆域填筑所需石渣开采于离工地 3.5 千米的林大山，施工中投入 5 台推土机、2 台装载机、2 台挖土机、24 辆自卸汽车、1 台 8 吨汽车吊机、1 台振动式压路机，采用洞室爆破、毫秒微差电力起爆技术开采石料，按自北而南、由东向西的顺序填筑。1990 年 7 月 15 日开工，当年完成 22 万米^3 的填筑任务。1991 年 5 月 10 日完工，比合同工期提前 51 天，总计填筑 75 万米^3，质量、安全指标均满足建设单位要求。

23 号和 33 号仓库及其管理用房、前沿成组工具库和装卸工具库、3 号分变电所和 1 号泊位堆场基础进行强夯处理，最大夯能 2400 千牛·米。21、31、32 号块石堆场和纬一路 2、3 号泊位段混凝土道路基础作普夯加固处理，夯能 1600 千牛·米。配备的主体施工机械，前期由 W200A 挖掘机改装的 1 台起重机，起重量 50 吨，夯锤 16 吨，后期 1 号泊位施工时增加 1 台相同型号施工机械。1991 年 3 月，初始设计范围内的强、普夯竣工收锤，施工质量满足设计要求和验收标准。1 号泊位 3 个堆场设计修改为 1 个整体堆场，强夯面积达 8.5 万米^2，四周布置有混凝土道路及排水明沟等永久建筑物，工期要求紧，项目经理室补充、调整劳动力，增配 1 套强夯施工机械，采用先四周后中部的方法施工，于 1992 年 2 月 9 日竣工，造价 287 万元，3 月份通过初步验收，质量达到设计要求。1 号泊位强夯作业增加石料回填12.5万米^3。

23、33号仓库及其管理房，为一般杂货仓库，总建筑面积1.53万米^2，混凝土工程量9500米^3，造价580万元，由工程局建筑安装工程处施工。3月26日开工，次年5月31日竣工，6月15日竣工验收。23号仓库8个分部工程均达到优良，优良率100%；33号仓库的8个分部工程7个达到优良，优良率87.5%；2幢管理房质量优良，整个工程质量总评为优良。

1、2号月台为C18毛石混凝土挡墙结构，面积4607.59米^2；雨棚为0.4米×0.4米钢筋混凝土预制方桩、承台式基础、钢筋混凝土预制构件排架结构、6米跨和15米跨薄腹梁屋盖及大型屋面板，面积2590.98米^2。1992年7月15日开工，10月25日竣工，质量合格。

堆场总面积16.43万米^2，其中块石面层堆场4.62万米^2、简易面层堆场11.81万米^2。1991年5月10日开工，次年4月20日竣工，6月15日验收，质量合格。

道路包括港内道路、进港主干道、进港东干道和迎宾路，其中港内道路总长5180.71米、总面积4.85万米^2，路宽7、9、12米不等，1991年6月1日开工，次年5月30日竣工，6月15日验收，质量优良。进港主干道总长1346.48米，总宽24米，第二阶段施工的2米宽快车道和慢车道部分总面积为1.56万米^2，1991年5月2日开工，8月22日竣工，经验收，质量优良。进港东干道总长489.5米、总面积3426.5米^2，路宽7米，1992年4月20日开工，6月28日竣工，经验收，质量优良。迎宾路连接进港主干道和东干道，总长1159.55米、总面积8124.76米^2，路宽7米，1992年5月8日开工，9月25日竣工，经验收，质量合格。

成组工具库和装卸工具库建筑面积均为1117.67米^2，地基经强夯处理，钢筋混凝土杯形基础，18米跨排架结构，1991年5月21日开工，次年1月17日竣工，1月29日验收，成组工具库质量优良，装卸工具库质量合格。3号分变电所建筑面积55.98米^2，箱形半地下式基础，1层砖混结构，1991年7月24日开工，10月26日竣工，质量优良。

公用设施中心陆上部分供水系统于1991年4月20日开工，次年5月30日竣工，管线经分段试压、验收，质量优良。排水（包括污水）系统1991年4月20日开工，次年5月27日竣工，共铺设直径150毫米铸铁污水管130米、直径200毫米自应力污水管638米、直径300毫米自应力雨水管137米，砌筑排水沟7098米，建污水管井28只、雨水井12只，施工质量优良。陆上部分供电、照明、铁塔系统于1991年9月20开工，次年5月31日竣工，各分项工程质量均为优良。

北仑港区20万吨级矿石中转码头工程

一、工程概况

北仑港区20万吨级矿石中转码头陆域工程规划4个堆场，由西向东顺序编号，位于宁波市北仑区林大山以北的平原区，地势平坦。场内除北端有2栋化肥库、1条化肥输送带、1幢调度楼外，其余部位均为临时建筑设施。场地表层已填筑0.4～3.9米厚的碎石渣层，其下 30 米均为饱和流塑状淤泥质黏土和亚黏土，土体原始承载力仅 50～60 千帕。天然地基强度远不能满足堆场设计荷载 220 千帕、斗轮机轨道基础设计荷载 160 千帕且对基础变形要求甚高的设计要求，需作人为加固处理。

工程分期施工，首期施工的 1、2 号堆场总施工面积 26.7 万米^2。1993 年 3 月，工程局与宁波港务局签订 2 号堆场工程施工承包合同，合同造价 4850 万元，由工程局宁波工程公司承建，同年 4 月开工，当年完成石渣桩 2038 根、塑料排水板 10013 根、1～4 分区 620 米长一级堆载土石方总量 26.13 万米^3。次年 1 月 8 日，宁波工程公司与建设单位签订 1 号堆场工程施工承包合同。1 号堆场工程于是月底开工，宁波工程公司以主体力量投入该工程施工，高峰期施工人数达 400 人，投入的主要施工设备有强夯机 3 台、挖掘机 4 台、装载机 5 台、推土机 2 台、自卸汽车 20 辆。1995 年 1 月，公司组建“北仑港工程项目经理部”，承担该工程尾工项目的施工。1995 年底，堆场工程竣工，累计完成土石方填筑 6.66 万米^3、石渣桩 5801 根、塑料排水板 32744 根、砂垫层 3.45 万米^3、土工布 26.56 万米^2、细塘渣 3.45 万米^3、土石方堆载 32.58 万米^3、卸载 28.76 万米^3、轨道基础 2671 米、道路 6.3 万米^2（均不包括 1993 年完成工程量），工程结算总造价 5800 万元，工程质量总评为优良。工程相继荣获“中国建筑工程鲁班奖”和“首届中国土木工程詹天佑大奖”。

二、地基处理

工程施工包括地基处理和场内道路两大部分。其中轨道地基处理分 3 级加载，厚度依次为 4、2、2 米。加载稳定期满 9 个半月后卸载，进行砌石护坡、砌石挡墙、锚定基础、顶升基础、车挡基础和皮带机尾架基础、轨枕、轨道及道渣铺设等的施工。堆场基础部分总长 810 米、单侧宽 44 米，淤泥深厚。要在如此软基上建造码头，几经比较，采用“强夯置换石渣法”新工艺，打强夯碎石桩，加固地基。“强夯置换石渣法”工艺在 20 世纪 90 年代初期尚无成熟的理论，在海涂软基上作业可借鉴经验不多。宁波工程公司认真制定技术措施和施工组织措施，并进行强夯试验。在软基上布置梅花形强夯碎石桩，铺上 1 米厚、40 厘米直径内的碎石，用吊机将 15 吨或 20 吨的钢锤吊至 15 米或 20 米空中往下夯，由此产生 200000～400000 千克力冲力，把碎石夯入 10 米深的地基中，然后一层层由下往上夯，形成硬壳层。试验中，技术、操作人员每打一锤，均做好记录，取得下锤速度、机械受振、钢丝绳磨损等技术参数。经过 4 个多月试验，掌握多种情况下的强夯理论依据，并探索出强夯碎石桩的施工技术。1993 年 7 月，施打强夯碎石桩在码头软基全面铺开，投入 4 台强夯机，以 4 个 400000 千克力冲力压出淤泥填入石料。1995 年 6 月，强夯结束。共打入碎石桩 8000 根，填进碎石 40 万米^3。经超声波探测和破坏性检测，碎石强夯深度 8～10 米，软基每平方米承载量从原先的 5～6 吨提高到 22 吨，优于设计要求。建设单位认为，此项处理不仅节省投资 1000 万元，还在于工期比传统处理方法提前 1 年，使北仑港一跃名列国家港口矿石吞吐前茅。20 万吨级矿厂中转码头现经多年运行，其地面沉降、水平位移均在设计范围之内。

2 个堆场于 1994 年 1 月同时施工，工程公司将施工重点放在 1 号堆场，2 号堆场的控制工期因 2 台斗轮机到货时间更改而作部分调整。1 号堆场前期施工以斗轮机轨道范围为重点，关键时期2台插板机、2台强夯机同时集中在1号堆场施工。1994年底斗轮机安装段卸载完成，1995年1月1号轨道安装段土建完工交付安装，4月底2号轨道具备验收条件，年底全面竣工。

三、场内道路

场内道路为混凝土路面环绕堆场四周布置，路宽5、7、9米不等。投于场内道路施工的劳动力30余人，主要施工机械为12吨振动碾1台、12吨压路机1台、0.35米^{3}拌和机2台、0.4米^{3}运输工程车2台、1.5千瓦插入式振捣器3台、2.2千瓦平板振捣器2台、混凝土微振梁2根、纹理制作滚筒1台、锯缝机1台、手推车10辆、钢筋加工设备1套。场内道路于1995年4月开工，由于堆场工程前期陆域填筑已完成，填筑高程已达4.2米，道路路基基本形成，场内道路主要施工内容为水泥稳定碎石基层、混凝土面层及护坡等。同年6月，场内道路竣工，共计完成土石方开挖7500米^3，22厘米厚混凝土面层1.11万米^2，18厘米厚水泥稳定层1.11万米^2，混凝土预制侧石3100米，浆砌块石护坡1550米^3。

1995年12月，工程竣工，被评为优良工程。1998年12月，荣获“中国建筑工程鲁班奖”。1999年11月，又荣获“首届中国土木工程詹天佑大奖”。

浦东国际机场围海大堤

一、工程概况

浦东国际机场围海大堤，位于上海市浦东新区和南汇县交界处的长江口滩地，是浦东国际机场一期工程投入运行时抵御风、暴、潮的主要屏障。大堤工程按200年一遇高潮位、遭遇12级风力标准设计。主堤为一级消浪平台的钢筋混凝土栅栏板坡面土石结构斜坡堤，结构强度按一级堤防工程设计，一期工程全长6.82千米。主堤防浪墙顶高程10.4米，堤顶沥青路面高程9.2米，堤顶宽9.5米。主堤外侧设消浪平台，顶高程5.5米，宽7米，外坡坡比1∶3，内坡坡比1∶2，内坡脚设排水结构。隔堤为土石结构斜坡堤，外侧坡为混凝土预制块及空心楼板防护，内坡为草皮护坡，堤身为回填土。

围海大堤分为3个合同标段。1998年9月工程局中标承建第三标段工程，工程包括2.24千米主堤、1.25千米隔堤。合同价格4200万元，合同工期10个月。工程局成立浦东机场围海大堤项目经理部承担工程施工。

二、工程施工

1998年10月5日，项目经理部进点开工。项目经理部根据就地无沙石采挖、海上供沙难以掌握、海滩施工潮汐变化大等情况，进行施工组织，加强现场调度，制定海堤作业施工、管理办法，将工程分成合龙前后2个施工阶段和龙口以南、龙口以北、隔堤3个施工区域。每个区域分成2个工作段，平行流水作业。为解决工程用沙的采挖和运输难题，项目经理部租用海船，并派专人跟船进行24小时不间断地计量、统计，保证沙源供应。施工中严格技术规范，并应用、掌握充泥管袋吹沙工艺。同年底形成主堤龙口。1999年1月10日8时，机场围海大堤指挥部下达合龙命令，项目经理部从龙口两端同时开始铺袋吹沙。操作人员冒着凛冽寒风将高压水射向沙坑，泥浆泵吸足砂浆通过输浆管道，将砂浆注入摊铺好的土工布充泥管袋形成沙包，一只只沙包支叠成大堤棱体，将主堤龙口逐次封堵严实。经过 9 小时封堵，在 3 个合同标段的 3 个龙口合龙中率先圆满完成，大堤指挥部对龙口形象面貌予以充分肯定。

合龙后工程进入第二阶段，项目经理部设立现场混凝土搅拌站，在生活区附近设格栅板预制场，施工全面铺开。主堤堤身为充泥管袋棱体和吹填土堤基，吹填土源绝大部分为海运外来沙。1999 年 7 月底，完成主堤、隔堤上部土方 34.7 万米^3。此后进行隔堤加固、防浪墙浇筑、堤顶道路填筑和排水口施工。2 个排水口设于龙口段两侧，每个排水口门设 3 条直径 800 毫米、壁厚 10 毫米的排水钢管，总长 600 米。主堤堤身下钢管长 60 米，堤脚钢管长 40 米，均由每节 10 米长的钢管在现场焊接组成。坝脚下钢管采用抛石体固定，抛石体表面用铅丝网笼保护。排水钢管出海口，采取抛石短堤和防冲槽护滩。排水口大堤内侧围区内吹填土施工时，用袋装土和袋装碎石构筑围堰，控制围区内吹泥时的水面高度。同年 12 月底，完成内外棱体及闭气土 20 万米^3，防浪墙混凝土浇筑 2705 米^3，堤顶道路土石填筑 2.52 万米^3，2 个排水口形成。

2000 年工程处于尾工阶段，项目经理部在保证工程质量和施工安全的前提下，拼抢因料源、潮汐、台风等无法掌控的因素而滞后的工期，赶建大堤外侧处阀门、钢管出海处拍门，并完成 6.96 万米^3 的护坡、护脚、平台等砌石，以及隔堤外坡侧的混凝土预制块、空心楼板防护，内坡草皮防护。

2000 年 5 月 2 日，承建工程竣工，实际工期 19 个月，工程结算造价 4243.6 万元。完成的主要工程量：基础清理 4.69 万米^3，充泥管袋注浆 21.94 万米^3，主堤心土吹填 32.55 万米^3，隔堤土方回填 9.49 万米^3，抛石棱体 2.19 万米^3，混凝土浇筑 2.46 万米^3，砌石 6.96 万米^3，砖 535.17 米^3，钢筋制作安装 825.87 吨，金属结构安装 128.6 吨，基垫布、防渗布、反滤布、编织布 138.7 万米^2，土工布 8823 米^2。同年 8 月 2 日，通过竣工终验收，工程所属的 2 个单位工程、10 个分部工程、40 个分项工程合格率 100%、优良率 94%，工程质量核定为优良。

施工期间，项目经理部被上海市建委驻机场重大工程办公室评为文明工地、机场工程立功竞赛优秀集体。

玉环坎门渔港防波堤

一、工程概况

坎门渔港防波堤工程地处浙江玉环县东南方向的坎门镇，距玉环县城 8 千米。防波堤轴线设计东西向布置，轴线总长 1.85 千米，其中东堤堤长 630 米，西堤堤长 930 米，口门宽 216.91 米。防波堤堤身设计为斜坡抛石结构，两侧堤边坡内海侧戗台以下采用现浇混凝土框架结构，其余采用混凝土扭王字或扭工字预制块体护面，基础采用爆破挤淤填石法置换处理。防波堤建成后，形成一个港域面积 5.3 千米^2 的综合性渔港，其中有效水域面积 3.7 千米^2，台汛期能解决 3000 余艘渔船的锚泊避风，满足各类船只的卸港、补给、锚泊等需要，并形成以渔港为依托的渔业产业群。

1997年3月，工程局中标承建防波堤西堤工程。合同造价5688.65万元，合同工期24个月。西堤实际施工长度为963米，主要工程内容有填筑石料开采、堤身爆填、软基爆破挤淤置换处理、混凝土扭王字扭工字及戗台异形块的预制和吊装安放、护面体块石垫层的抛埋和立砌、防浪墙掺石混凝土浇筑等，共需填筑石料138万米^3，浇筑混凝土6万米^3。其中堤身爆填和软基爆破挤淤置换处理，在工程局尚属首次。工程局设立玉环工程指挥部承担工程施工。

二、施工工序

工程指挥部于中标当月组织人员、设备进点，加紧前期准备工作。经过半年时间努力，克服强台风侵袭、潮差大、地质条件差、淡水紧缺等困难，完成“三通一平”，使工程于1997年9月18日按建设单位要求如期开工。主要施工工序如图4-6-1所示。

三、堤基与堤身爆填

指挥部于1997年10月中旬开始爆填堤心石，2000年5月1日完成。爆填中严格按设计抛填参数，进行堤身爆炸前抛填，单次抛填进尺6～7米，尽量将大块石抛在两侧。同时做好水下淤泥质软基处理、水抛外侧基础石、基础石爆夯、爆后埋坡、抛埋垫层石。严格按爆炸设计参数进行堤身装药爆炸，做好侧向爆炸处理、侧爆后补抛填、侧向平台爆夯密实、水抛外侧坡脚块石、坡脚块石爆夯、埋坡与大堤成型补抛。大堤经2次爆填与平台爆夯处理，按设计断面要求，进行机械埋坡和大堤成型抛填。

四、爆破挤淤

海堤所处基础为深厚层软黏土，淤泥平均厚度13～15米，最大厚度17米，设计要求全部置换清除淤泥，使大堤基础坐落于淤泥质亚黏土持力层，确保大堤整体稳定。

指挥部应用“爆炸处理水下淤泥质软基”技术，进行爆破挤淤。在抛填堤头“泥—石”交点前沿2～3米的水下泥面上布置群药包，起爆后因爆炸作用将淤泥向四周挤出形成压缩爆坑，使邻近爆坑的抛石体下滑到爆坑，形成瞬间“泥—石”置换。通过多次作业，使抛石体接近下部硬土层达到稳定，形成抛填堤头。然后重复进行“爆炸—抛填”循环，完成整个海堤填筑。

五、垫层及护面块体

西堤工程的垫层及护面石，分抛埋块石垫层、立砌块石垫层、抛埋块石护面3种。垫层石抛埋、立砌石施工均于1998年4月开始，2000年7月完成。

混凝土护面块体为扭工块、异形块和扭王块，其中扭工块位于零米高程以下坡面，起消浪、护面作用。扭工预制块1.4万块，异形预制块369块，扭王预制块6316块，于1997年8月开浇，2000年6月完成。预制块体混凝土强度为C25，共浇筑混凝土3.93万米^3。护面块体于1998年4月底开始安放，2000年7月完成全部扭工块、异形块及大部分扭王块安放作业。

西堤工程现浇混凝土有防浪墙掺石混凝土、堤内侧戗台混凝土、框架混凝土、护坡掺石混凝土、堤顶路面混凝土。1998年5月始陆续开浇，2001年7月全部完成，共浇筑防浪墙掺石混凝土1.77万米^3、戗台混凝土4333米^3、框架及护面掺石混凝土7581米^3、路

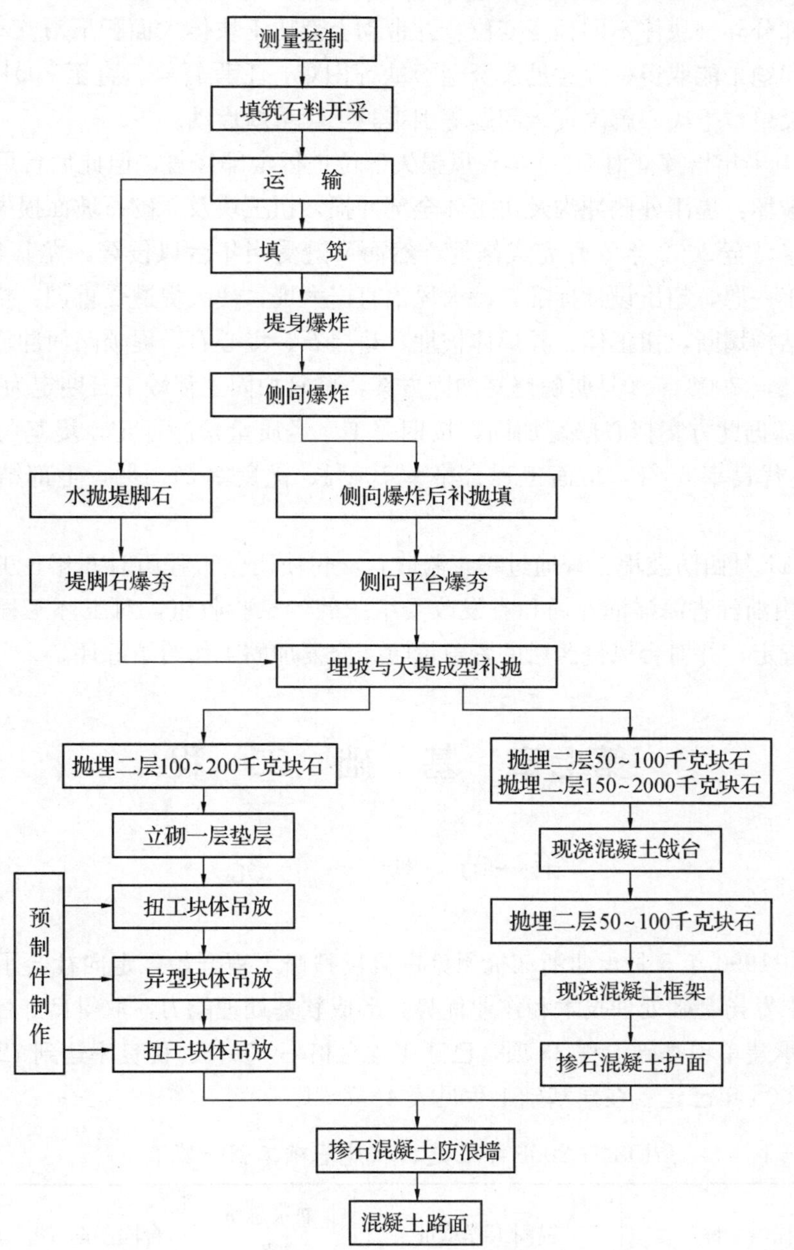

图 4－6－1　玉环坎门渔港主要施工工序

面混凝土 275.2 米^3。

六、工期与修复加固

工程自 1997 年 9 月正式开工后，由于建设单位提供的地勘资料不明，2 条沟槽与原设计图纸出入较大，设计多次修改，加上主要建材堤心石填筑料地层分布及开采率与合同条款不符，导致填筑无法进行，施工处于半停顿状态，工程竣工日期改为 2002 年 8 月 28 日，当年仅完成抛填工程量 12 万米^3。1998 年台风期后，经专家会议论证填筑块石不能小于 5 千克，含泥量不得大于 5％。1999 年 10 月专家会议又论证小于 5 千克块石可以上堤填筑，但其总量及泥、沙含量不得超过 10％。2000 年 7 月经受 2 次台风正面袭击，大风浪使堤头部分异型块体不同程度变位，并带动上部扭王块体大面积下滑。2000 年 10 月始，因前期问题未能取得一致意见及资金短缺等困难，工程暂停。直至 2001 年 1 月玉环县政府和建设单位下决心解决资金问题等困难，工程重新启动。

2001 年上半年指挥部对 2000 年台风损失部位进行全部修复，但此后台风期间又使西堤造成较大破坏：堤跟外侧冲沟及扭工体全部冲损，扭王块及立砌石坡面损失严重。台风期后进行抢修，至 2002 年 6 月完成修复。然而又遭受当年台风侵袭，尤其是“森拉克”台风为 200 年一遇，超出设计标准，特大风浪直击大堤，使大堤遭受重创：扭工体全断面损失，上部结构塌断，扭王体、异形体被埋，垫层石、堤心石、堤顶路面冲损。经专家会议多次论证，至 2003 年 2 月明确修复加固方案，修复加固工程竣工日期定为 2003 年 6 月 30 日。指挥部据此方案精心修复加固，按期完工。经质量检测评定，堤基与堤身工程合格率 100%、优良率 50%，护面工程合格率 100%、优良率 57.1%，上部结构工程优良率 100%。

2005 年 11 月西防波堤工程通过竣工验收，交付使用。工程历时 6 年，工程结算造价 8156 万元。由浙江省海洋渔业局和省发改委组织的专家验收组，对玉环工程指挥部的施工予以充分肯定，并对台风侵袭后的紧急抢险、修复加固工作给予好评。

第七章 基 础 工 程

第一节 概 况

工程局自 1990 年 5 月承建浙江杭州笕桥机场整修工程开始，走向社会承接单项基础工程。施工中发扬基础处理技术和作业优势，形成软基处理能力，取得良好社会信誉。至 2006 年，共承建单项基础工程 33 项，已建工程合格率 100%、优良率达到 72%。

1984～2006 年已建、在建基础工程见表 4-7-1。

表 4-7-1 1984～2006 年已建、在建基础工程一览表

序号	工程名称	锚固工程总量	灌浆总量（米）	合同工期/竣工时间	质量等级
1	浙江杭州笕桥机场整修工程		22065	1990-05～1990-07/1990-07	优良
2	宁波北仑港二期二阶段仓库基础处理工程	强夯 1.5 万米^2		1990-12～1991-04/1991-04	优良
3	宁波北仑港二期二阶段港内堆场工程	普夯 4.71 万米^2		1991-04～1991-06/1991-06	优良
4	宁波北仑港区堆场软基加固试验	9000 米^2		1992-02～1992-09/1992-09	优良

续表

序号	工程名称	锚固工程总量	灌浆总量（米）	合同工期/竣工时间	质量等级
5	浙江建德桥南开发区场地平整一期、二期工程	挖填65.51万米^3		1992-07～1993-08/1993-08	优良
6	浙江舟山东港一期海域回填工程	挖填271.4万米^3		1993-03～1994-11/1994-11	优良
7	浙江建德麒麟坞小区场地平整工程	挖填2.08万米^3		1993-03～1993-04/1993-04	优良
8	宁波开发区京甬液化气站填筑工程	挖填14万米^3		1993-03～1993-07	优良
9	宁波北仑港20万吨级矿石中转码头堆场工程	强夯		1993-04～1996-05/1995-05	优良
10	宁波经济技术开发区玫瑰花园基础工程	锚桩		1993-05～1993-05/1993-05	合格
11	宁波开发区金山大厦基础工程	挖填4700米^3		1993-05～1993-07/1993-07	优良
12	浙江绍兴荷湖江桥基础工程		4500	1993-08～1994-04/1994-04	优良
13	浙江建德寿昌油库场地平整工程	挖填3万米^3		1993-10～1993-12/1993-12	合格
14	浙江经贸培训中心大楼水上跳台基础工程	灌注桩		1993-12～1994-03/1994-03	优良
15	浙江台州电厂主厂房基础工程	灌注桩		1994-03～1994-05/1994-05	合格
16	浙江建德城东工程	挖填15.06万米^3		1994-05～1994-08/1994-08	优良
17	浙江杭州钢铁厂小连轧工程	挖填15.77万米^3		1994-05～1994-11/1994-10	优良
18	江苏无锡桃花山填埋场截污坝帷幕灌浆工程		3672.09	1994-06～1994-10/1994-10	优良
19	浙江杭州建南小区桩基工程	桩基		1995-08～1995-12/1996-07	优良

续表

序号	工程名称	锚固工程总量	灌浆总量（米）	合同工期/竣工时间	质量等级
20	宁波北仑港铃隆货柜工程	强夯 3 万米^2		1996-01～1996-12/1996-12	优良
21	宁波北仑港国际集装箱码头工程	28 万米^2		1996-12～2001-06/2001-05	合格
22	海南海口美兰国际机场工程	10 万米^2		1997-06～1997-09/1997-12	优良
23	宁波北仑港国际集装箱煤码头堆场工程	强夯 2.5 万米^2		1997-09～1998-08/1998-07	优良
24	宁波北仑港新世纪货运站填筑工程	强夯 5.5 万米^2		2001-05～2001-08/2001-09	合格
25	宁波港 25 万吨级原油中转码头二期承台工程	挖填 15 万米^3		2001-05～2001-11/2001-11	优良
26	浙江舟山东港路口岭削坡工程	29 万米^3		2002-01～2002-12/2002-12	合格
27	宁波北仑港区矿石装车系统改扩建工程	挖填 6.66 万米^3		2002-02～2002-09/2002-09	优良
28	浙江杭州文化商城桩基工程	桩基 1188 根，4.9 万米^2		2002-03～2002-04/2002-05	合格
29	宁波北仑港第二港埠货运站地基加固工程	8.17 万米^2		2002-04～2002-08/2002-08	优良
30	宁波北仑港区国际集装箱码头二阶段陆域填筑工程	44 万米^2		2003-07～2004-03/2004-11	合格
31	宁波北仑港 6 号斗轮机堆场加固工程	回填 10.11 万米^3		2004-04～2004-12/2004-12	合格
32	宁波大榭开发区 5 万吨级煤盐码头地基加固工程	4.13 万米^2		2004-05～2005-01/2005-01	优良
33	浙江舟山东港普陀石料矿区开采回填工程	730 万米^3		2006-08～2012-08/在建	

第二节 工 程 选 介

杭州笕桥机场整修工程

一、工程概况

笕桥机场地处浙江省杭州市东北郊，始建于1935年。为迎接在我国举办的第十一届亚洲运动会，1989年9月16日经中国人民解放军总参谋部、国家计划委员会批准，浙江省人民政府、中国人民解放军空军和中国民航总局共同决定突击整修该机场。机场整修工程的建设单位是杭州笕桥机场整修工程指挥部，设计单位是南京军区空军勘测设计所，施工单位通过招标择优选定，工程局中标承建其中的基础加固和排水工程。合同造价238.24万元，实际造价226.21万元。1990年4月17日，建设单位发出中标通知书；19日，工程局成立笕桥机场整修工程经理室组织施工；20日，施工人员及设备进点；23日，施工承包合同签订；5月1日零时，工程正式开工。

二、工程施工

基础加固主要是对原跑道的块石基础和碎石基础进行深孔灌浆加固，对原跑道两层道面板之间脱空层进行浅孔灌浆加固，以及对穿越跑道的两条排水暗管基础进行钻孔灌浆加固处理，是机场整修的“龙头”工程，能否如期完成直接影响后续工程施工进度。施工承包合同要求1990年5月1日开工，6月9日全部完成（不包括灌浆后的检查时间），计40个日历天数。浅层灌浆当时在国内尚属首次，缺乏成熟的施工经验。对跑道基础进行大面积的灌浆加固，在工程局施工史上尚无先例。在承接施工任务后，工程局旋即调集第一、三工程处钻灌队伍298人，手风钻、灌浆机、压风机、载重汽车、吊机等施工机械54台(辆)，7天内完成队伍进场和开工准备，按期开工。施工中开展“顶风冒雨，拼搏40天，坚决完成基础加固工程，为亚运会作贡献”的劳动竞赛，历经25天每天24小时不间断作业，于5月25日23时25分提前15天完成基础加固施工任务，为整修工程施工奠定坚实基础，建设单位授予工程局“杭州笕桥机场基础加固工程提前完成”奖杯。整个基础加固工程共完成钻孔灌浆22431孔，其中块石基础深孔灌浆11638孔，碎石基础深孔灌浆8669孔，道面板脱空层浅孔灌浆1758孔，排水暗管基础灌浆366孔。共耗用水泥1790吨、细砂615吨。深孔灌浆平均每孔用水泥85.4千克，浅孔灌浆平均每孔用水泥1.4千克。工程质量经260孔复灌浆检查，充填密实效果良好，质量合格率99.6%，区段优良率100%，被评为优良工程。

排水工程主要项目包括新建P0＋650－DP1＋091区域内的排水暗管、新建P1＋091－P2＋126区域内的盖板明沟、疏通飞行场区原有的圆管暗沟、清理飞行场区护场沟、切断和堵塞0＋650处穿越跑道的原有排水暗管。承担施工任务的建筑安装工程处组织180人的施工队伍，配备1台0.6米^{3}反铲挖掘机、1台12吨汽车式吊机、2台0.4米^{3}锥式搅拌机、6台工程车等施工机械，于1990年5月1日正式开工。随即摸清机场排水状况，安排施工定位，对排水设计提出切合实际的改进意见并被设计采纳，实施后减少工程量，节约投资10余万元，施工进度有所加快。清理施工按“先外围后场内”顺序连班作业。对已作清理又被人为淤塞的排水沟，多次作重复清理，故实际清理的淤泥工程量超过图纸估计方量甚多，实际投入工日比计划多千余个。新建盖板明沟和圆暗管施工遇到流沙土问题，遂调整施工方案，采取加大开挖断面近3倍，打钢管桩、支挡土板，用机械边开挖、边平仓、边立模、边安装，管沟垫层改15厘米粗砂为30厘米碎石垫层等措施，施工得以顺利进行。因时逢雨季，近80米施工道路穿过草坪，雨后工程运输车辆无法直接进入工作面，大量的混凝土、碎石等材料依靠人力胶轮车或人工挑运进场。7月9日，排水工程完工，比7月20日的合同工期提前11天，共完成新建混凝土盖板明沟910米、钢筋混凝土圆管埋设506.6米、雨水井11座，疏通场区原排水系统中的盖板明沟7350米、圆管沟5090米、盖板暗沟1530米、石砌明沟3290米、护场沟2900米。经建设单位组织设计、监理等单位验收，圆管质量和混凝土强度等保证项目全部符合设计和规范标准要求，检测项目符合设计和规范要求，工程质量评为良好。

1990年8月11日，浙江省人民政府发出通报，对工程局等15个参建单位予以表彰奖励，颁发证书和奖金，并镌石于1990年8月31日所立的《杭州笕桥机场整修工程志铭》。

无锡桃花山截污坝防渗工程

一、工程概况

桃花山垃圾填埋场位于江苏省无锡市西郊梅园桃花山，距无踢市中心16千米，离太湖直线距离1.5千米，是无锡市为美化城市环境而兴建的一项市政工程。垃圾填埋场的截污坝基础设1道地下水泥灌浆帷幕，以防止垃圾污水渗漏而污染下游居民生活用水和太湖水。工程原分包给安徽省某灌浆队施工，合同工期1年。该灌浆队于1993年3月进场施工，因无法解决孔口冒浆的技术问题，影响灌浆压力以及浆液的正常扩散，单孔水泥注入量不到500千克，至6月份尚未完成1只合格孔，遂被建设单位辞退。建设单位获悉苏州市七子山垃圾填埋场截污坝基础处理质量可靠、防渗效果好，即与工程局联系施工事宜。工程局基础工程公司立即派遣技术人员赴无锡，于1994年6月8日签订施工承包合同。合同价格90万元，合同工期5.5个月。

二、工程施工

1994年6月15日，基础工程公司第二分公司组成一支23人施工队伍，携10台套钻灌设备等施工机具进场施工。

截污坝坝基为软土基础且缺工程地质资料，其帷幕灌浆难度较大，而工期已拖后3个多月，施工时又逢高温季节，填埋场已开始试堆垃圾，施工环境条件恶劣。施工人员不分昼夜地不停机作业，赶工期抢进度，终于在同年10月6日结束灌浆，共造孔120只，钻进4266.97米，灌浆3672.09米，完成施工产值108万元。10月20日，12只检查孔施工完毕，整个截污坝基础帷幕灌浆工程比合同工期提前25天竣工。10月22日通过由无锡市市政管理局、公共事业局、市政设计院、质量监督站和江苏省建设委员会组成的联合验收小组的检查验收，截污坝基础帷幕灌浆工程质量合格率100%，被评为单项优质工程，联合验收小组授予工程局基础工程公司“优质工程”奖旗。

第五篇　多元化经营

第五篇　多元化经营

第一章　概　　况

工程局多元化经营工作始于1979年7月，初期规模很小，多为安置型。随着形势发展和主业任务不足，多元化经营工作日益受到重视。从1985年开始，工程局逐年制订全局多种经营年度计划。1989年7月，在工程局第七届职工代表大会和工程局推广鲁布革工程管理经验试点修订方案中提出：1990～1992年多种经营发展目标，从业人员增至3000人、年产值达到4000万元。1990年6月召开的工企业经验交流座谈会提出工企业、第三产业工作的指导方针、以内涵扩大再生产为主，适当扩大规模；加强基础管理，完善经营机制；提高产品质量，创立企业信誉；降低物质消耗，努力争取效益。把工企业、第三产业发展成为强大的第二经济支柱。设想在1990～1992年的3年内增加从业人员600～700人，组建一批新厂。这是工程局首次制订多种经营三年发展规划。

1992年3月，为贯彻能源部"电为核心、多种产业。三大支柱、协调发展"的多种经营方针，工程局又制订了1992～1994年多种经营发展规划，提出多种经营的发展目标，多种经营发展的总思路，调整企业结构和产品结构，逐步理顺关系，巩固现有企业，重点扶持骨干企业，努力提高企业的经济效益和效率，使多种经营不断发展、壮大，真正成为工程局主要经济支柱之一。规划提出在多种经营发展过程中要围绕一个中心（经济效益），抓好两个重点（骨干企业、新产品开发和新项目建设），建立三种形式的联合（企业之间建立紧密型、半紧密型和松散型的经济和业务联合关系），逐步实现产业化、集团化。

工程局的多种经营管理制度从1986年开始建立。是年5月召开的全局工企业工作会议讨论、制定了《工企业管理工作条例（试行）》。1989年，工程局召开座谈会、局务会议征求意见，制定《工企业发展和管理条例》，于是年5月22日颁布实施。工程局企业部设立后，于1993年3～5月间相继制定《企业部多种经营经济责任制管理办法》、《多种经营基本建设项目管理的暂行规定》、《企业部干部管理工作的实施意见》、《企业部工资基金管理办法》、《企业部机电设备管理办法（试行稿）》和《安全管理考核评比试行办法》等规章制度，多种经营开始走上制度化管理轨道。

工程局的多元化经营从1979年7月起步，至1994年达到高峰，大体经历了3个发展阶段。

1979年7月至1984年9月为起步阶段。局、处两级劳动服务公司以后方基地为依托，创办集体所有制企业和服务性经营单位，安置上山下乡返城和中学毕业后待业的职工子女及部分职工家属就业。除仪表厂、新安江特种水泥厂为固定性生产单位并具有一定规模外，其余经营单位大多处于零星分散和不固定状态。

1984年10月至1992年底为全面发展阶段。工程局实施“一业为主，多种经营”战略。局、处两级投资兴办工业企业，或与外单位联合办厂（店）。多种经营单位由少到多，逐步形成与工程建设相配套的工业企业和与职工生活相配套的第三产业和农业。至1992年底，全局多种经营单位38个。其中全民所有制单位29个、集体所有制单位8个、联营单位1个。按行业分类，工业单位21个、农业单位3个、商业单位7个、服务业单位5个、饮食业单位2个。从业人员1495人，其中全民固定职工1262人。基本形成以机械制造总厂、浙江电力水泥厂和仪表厂为骨干的机械加工制造、仪表电器、建材化工、汽车及重机修理、金属结构制作、服装加工、食宿服务、旅游服务、种植养殖等生产经营体系，部分企业具备定型产品。1992年全局多种经营产值（营业额）4979.93万元，占全局总产值的40.06%，成为工程局重要经济支柱之一。

1993年开始为调整阶段。1992年底，局内部管理体制进行了较大幅度的调整，按工程施工、多种经营、社会服务三大系统进行分类管理。新设立的企业部统管全局大部分多种经营单位。是年底翌年初，一些原属生产单位、管理部门的多种经营单位被分离出来改属企业部管理。当时恰逢“全民经商、全民办企业”的热潮，为安置从施工单位分离出来的富余人员，又新办了一批公司、企业。至1994年达到顶峰。当年全局多种经营产值6555万元。占全局总产值的35.89%。是年底多种经营单位57个，其中全民所有制44个、集体所有制8个、全民与集体联营1个、与外单位联营3个、中外合资企业1个。从业人员1804人，其中全民所有制职工1546人。但随着外部经济形势的降温和市场竞争的激烈挑战，多元化经营发展中存在的资金紧张、生产手段落后、人员素质不高、机制不活、管理不严等，尤其是经营管理者未经培训上岗缺乏实践经验，市场观念薄弱，思维方式与经验积累均不适应等问题在1994年的高潮之后开始显现。大多数经营单位效益不佳，有的逐步陷入困境，尤其是在“全民办公司”热潮中兴办的公司、企业，此时纷纷关门停业。2000年企业部撤销。余下的固定资产划归局机关企业管理部的多种经营办公室实行租赁管理。

进入2002年以来，工程局进一步认识到从根本上改变经济机制的重要性，按照国家关于主辅分离改制分流的方针政策和集团公司的要求，推动主辅分离、辅业改制进程。自2003年开始，着手对几个骨干企业如防护设备厂和机械制造总厂等开展改制工作。2005年3月31日，工程局又新成立了房地产开发公司，开始介入房地产业。到2006年末，华电防护设备厂、机械制造总厂相继改制成功，国泰墙纸有限公司股权转让完成，其他多经单位的改制、改革也在稳步进行。余下不多的几个小基地固定资产划归2007年成立的工程局社会职能管理中心管理至今。工程局在内部结构调整上迈出坚实的步伐。

1994年多种经营高潮时期中国水利水电第十二工程局多种经营机构如图5-1-1所示。

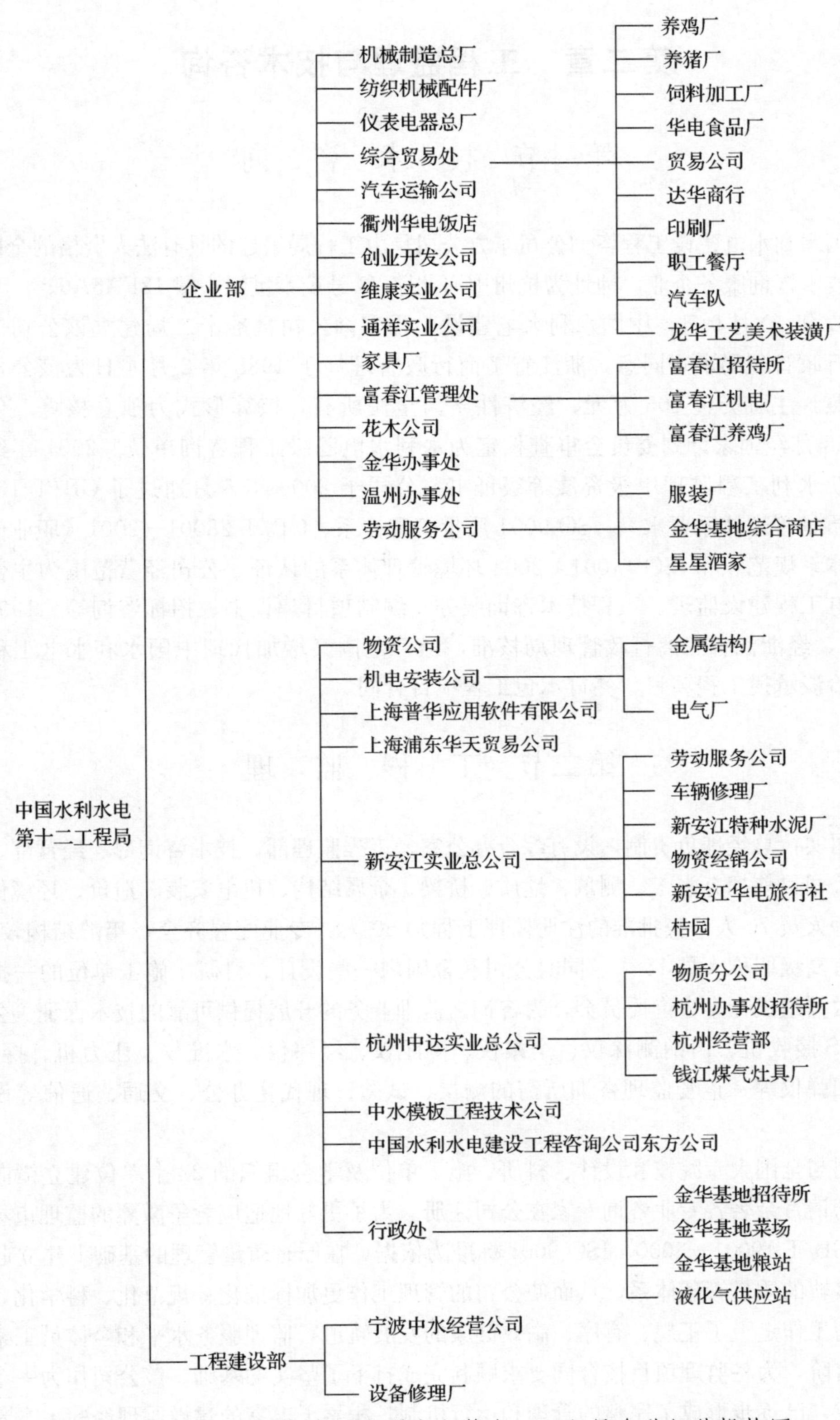

图 5－1－1　1994 年中国水利水电第十二工程局多种经营机构图

第二章　工程监理与技术咨询

第一节　技　术　咨　询

中国水利水电建设工程咨询公司东方公司是由工程局组建的具有法人资格的全民所有制工程技术咨询服务企业，地址为杭州中河北路83号茂泰世纪大楼12FA5A6。

1987年10月9日，中国水利水电建设工程咨询公司批准十二局建立该公司。经国家工商行政管理局审查同意，浙江省工商行政管理局于1988年2月4日为该公司核发营业执照，注册资金105万元，经济性质为全民所有，核算形式为独立核算。公司于1997年8月经国家计划委员会审查核定为水利水电乙级工程咨询单位。2001年经水利部批准获水利工程监理甲级资质等级证书。公司于2006年6月通过了GB/T 19001—2000《质量管理体系要求》、ISO 9001质量管理体系、GB/T 28001—2001《职业健康安全管理体系规范》和ISO 14001：2004环境管理体系的认证。公司经营范围为主营各类水利水电工程建设监理、工程技术咨询服务、编制项目建议书、招标咨询等。1993年2月22日，经浙江省工商行政管理局核准，经营范围又增加代理中国水利水电工程总公司对外洽谈承揽工程项目、签订承包工程项目合同。

第二节　工　程　监　理

公司实行总经理负责制，设有综合办公室、工程监理部、技术咨询部、经营部、财务部等。公司目前拥有水工、测量、地质、桥梁、金属结构、机电安装、造价、环境保护等专业监理人员70人，获批准的注册监理工程师50人。专业配置齐全，年龄结构较合理，其中具有高级职称人员15人。同时公司联合国内一些设计、科研、施工单位的一批著名专家、教授组成专家咨询委员会，为咨询、监理业务的开展提供可靠的技术保证。公司配备有GPS接收机、声纳测深仪、全站仪、测距仪、经纬仪、水准仪、压力机、探伤仪、混凝土回弹仪等一整套监理咨询所需的测量、试验、现代化办公、交通、通信等设备和仪器。

公司与全国大专院校和设计、科研、施工单位及学会组织的22个单位建立横向联合关系，聘请百余名各专业咨询专家在公司注册。为了更好地适应竞争激烈的监理市场，该公司以GB/T 19001—2000、ISO 9001标准为依据，在原有质量管理的基础上建立起一套与国际接轨的质量管理体系，从而使公司的管理工作更加标准化、规范化、科学化，使公司的监理工作走上了正规、有序、高效健康的发展轨道，监理服务水平和全体员工素质上了一个台阶，为各监理项目按合同要求顺利完成打下了坚实的基础。该公司作为一个智力密集单位，已逐步形成了完整的管理和运行机制，积累了丰富的建设监理经验。本着“奉献社会，服务业主，科学公正，信誉第一”的信念，为各工程业主单位提供了“优质、优价”的全方位服务。公司自1988年开展监理咨询业务以来，已先后向20余家业主提供了咨询服务，范围包括项目前期规划、可研报告、投产后咨询及工程招标咨询等；已先后承担了近70多项工程监理任务，范围包括中、小型水电站工程、大型水电站机电安装工程、引水工程、标准堤塘、围垦工程及水库水闸工程、工民建、交通公路桥梁工程等，创出了一批社会满意的优良工程。公司监理的绍兴市城市防洪工程获得2005年钱江杯优质工程奖，绍兴市大环河环境整治南河工程获得2006年钱江杯优质工程奖。1994年11月，该公司在由浙江省计划经济委员会等5个机构联合发布的浙江省第三产业最大服务企业评价结果中，名列信息广告行业第49名，获“信息、咨询服务行业最大企业”称号。

第三章 多 种 经 营

工程局多种经营中的主体行业，包括建材生产、加工业、商业和服务业等四大门类，其中建材生产历史上作过多次尝试。

机械修造是从水电站建设中的辅助性生产单位演变而来。在单纯水电站施工时期，工程局在每个水电站工地或其附近均布置金属结构制作加工、汽车和施工设备机具修理等辅助性生产单位。这些单位在完成加工制作、修理等任务的同时，也制造一些施工所需的机械设备和机具，如水泥拆包机、斯柯达汽车气缸盖、凸轮轴磨床、大口径预应力混凝土管制管机、立式快速搅拌机等。工程局富春江水工设备机械厂1970年8月至1972年9月制造出第一台6万千瓦低水头水轮发电机组。1980年底前又先后制造成功3台同型号水轮发电机组，创造出了工程局机械设备制造前所未有的成就。1981年初，富春江水工设备机械厂已从一个小厂发展成为拥有5万米^{2}永久性厂房和具有制造大、中型水轮发电机组和大型施工机械设备能力的综合性大型水工机械厂。此时，经电力工业部水力发电建设总局批准，该厂与工程局分离。20世纪80年代中期，辅助性生产单位开始向相对独立的生产经营单位方向发展。工程局先后创办机械制总厂、金属结构制造厂、设备修理厂、纺织机械配件厂、钱江煤气灶具厂等机械修造企业。部分二级单位亦办起一些小型机械修造厂。到2005年底，机械修造成为工程局多种经营的一大支柱行业。

第一节 建 材 生 产

新安江特种水泥厂

新安江特种水泥厂（浙江电力水泥厂）创建于1980年。是年7月，根据电力工业部水力发电建设总局关于创办特种水泥生产厂的要求，工程局组成4人建厂联络小组，利用新安江水电站建设时期修建的列车电站厂房，筹建年产1万吨低热微膨胀水泥的特种水泥厂。7月下旬，工程局将建厂任务落实给新安江管理处。该处职工、家属迅速行动，工程局供应处、机电处和施工科学研究所等部门给予大力支持。是年8月1日，该厂开工建设，招收50名上山下乡回城的工程局职工子弟就业。10月1日，具备试生产条件，生产出合格的低热微膨胀水泥。1981年3月正式投产，成为浙江省内首家生产低热微膨胀水泥的水泥厂。时称“新安江特种水泥厂”，为集体所有制企业，注册资本1420万元，构成为水电十二局1400.88万元，浙江省发展资产管理有限公司596万元，水泥厂集体资金287.95万元。

该厂同时生产少量普通硅酸盐水泥，并加工粉煤灰，产品主要销往浙江省金华、杭州、宁波、温州等地市和上海、吉林等地。低热微膨胀水泥通过国家建材研究院、电力工业部水力发电建设总局、长江水利科学研究院和浙江大学等部门、单位的技术鉴定，质量稳步提高，因其性能和用途较普通硅酸盐水泥优越，一直供不应求。初期，该厂没有自产熟料的设备能力，依靠江山水泥厂供应熟料、马鞍山钢铁厂供应矿渣，原料价格高且需耗用水泥指标，生产风险较大。工程局于1984年7月19日向总局作专题汇报，总局于8月9日批准同意扩厂。1987～1990年，工程局和浙江省电力工业局联合投资1420万元扩建该厂，扩建工程征用土地45206.25米^2，厂房建筑面积8800米^2，安装生产设备250台套，全厂生产能力提高到年产6万吨水泥，产品改为以普通硅酸盐水泥为主。1989年1月29日扩建生产线点火烘窑，3月20日点火生产熟料，4月4日生产出合格的425号普通硅酸盐水泥，6月取得三级计量合格证，获得国家技术监督局全国工业产品生产许可证办公室颁发的“低热微膨胀水泥”生产许可证。1990年12月4日，扩建工程通过竣工验收。1989、1990年，产量、产值大幅增长。但由于受扩建施工的干扰和市场价格下降的影响，亏损严重。

1991年3月1日，“新安江特种水泥厂”又名“浙江电力水泥厂”。实行独立核算、自负盈亏。是年，该厂产量、产值和销售量分别比1990年增长1.46倍、1.3倍和1.3倍。电能消耗降低19%，扭亏为盈。1992年6月，该厂生产的普通硅酸盐水泥获国家技术监督局颁发的“XK-23-001-6313号水泥产品生产许可证”。1993年，该厂继续保持产销两旺的发展势头，年产量首次突破5万吨大关，达5.5万余吨，年产值首次超千万元，达1679万余元，年利润63.61万元，均为历史最高水平。1994年全厂产量、产值、利润等主要经济技术指标较上年略有下降，但仍保持较好的经营状况。1994年底，该厂共有职工289人，其中全民固定工110人、全民合同工25人、集体固定工92人，内设原料车间、生料车间、熟料一车间、熟料二车间、成品车间、特种车间、机电车间、化验室、车队等生产单位。

为形成规模生产以适应市场，1995年实施“二线技改工程”扩建规划。4月6日奠基，12月28日初步建成一条年产10万吨水泥的生产线并点火试生产。后又几经调试、完善及故障处理，在1996年4月正式投产。由于二线技改工程仅有“二磨一窑”主机项目，一头的破碎和一尾的包装系统仍利用第一条生产线设备，两台球磨机造型偏小，造成两头大中间小的不规范、不配套、不合理的状况，加上主机设备故障多、运转率低，生产能力未达设计要求，导致能耗高、产量低、生产成本高。1995年产量、利润等主要经济技术指标比上年有所下降，仅有微利。1996年，建材市场开始疲软，管理没跟上，而生产成本居高不下，年产量虽较上年有所上升，却亏损严重。2000年该厂与浙江省金华市科华集团有限公司签订了租赁经营合同，整条生产线出租，租赁期5年，每年提取租赁期间设备、设施折旧费人民币120万元（税务要求纳税，后列入租金收入）。2004年上半年，根据工程局布置进行了清产核资，报国资委资产损失567.94万元。2005年建德市政府发来〔2005〕90号公函，要求该厂执行国家关于水泥行业结构调整，淘汰落后水泥生产方式的政策。同年12月，通过准备、协调和办理相关手续，顺利完成拆窑工作。2006年10月又拆除了废旧水泥生产线设备材料，处置价132.22万元。2007年4月，工程局进行职工整合分流，确定水泥厂由新富衢管理处托管，145人待岗。2008年12月1日，接建德市人民法院民事裁决书，拍卖新安江特种水泥厂所有房地产。

施工科学研究所混凝土外加剂厂

施工科学研究所混凝土外加剂厂的前身为该所糖蜜车间。1978年初，为解决湖南镇水电站大坝大体积混凝土浇筑时延长凝结时间的难题，改善混凝土和易性并节约水泥，工程局施工科学研究所决定成立专门研制生产混凝土外加剂的车间——糖蜜车间。利用糖厂副产品糖蜜为主要原料，经化学处理，制成糖蜜缓凝减水剂（PT缓凝型）和转化糖蜜减水剂（ZT非缓凝型）。该产品首先在湖南镇水电站大坝混凝土浇筑中应用并取得成功。水利、电力两部于1980年联合召开鉴定、推广会，并颁发技术鉴定证书。1981年，糖蜜车间迁至紧水滩水电站工地。该电站及其下游的石塘水电站的混凝土浇筑均使用上述外加剂。2008年12月，有厂房等13178.75米^2，主要设备20余台套，专业管理人员7人，聘用人员10人。

1983年，施工科学研究所投资4000元，以糖蜜车间为基础，在建德县朱家埠建立实验工厂，继续生产混凝土外加剂。翌年即形成规模生产，生产能力达到年产混凝土外加剂1000余吨。PT糖蜜缓凝减水剂和ZT转化糖蜜减水剂被水利电力部评为科技成果四等奖。1986年，该厂加入中国建筑材料工业协会混凝土外加剂协会。1989年底扩展到厂房12间共487米^2、库房169米^2、厂区5000米^2、设备10台（总价值3.20万元）的规模。在此期间，该厂利用施工科学研究所的技术优势，不断研究、开发新产品，先后研制并生产MG、MN早强减水剂、钢筋铝热焊剂、MPT-64P多功能温度巡检仪等产品，在浙江省湖南镇、紧水滩水电站等全国20多个省市的水工、火电、交通、化工、水泥制品、混凝土构件、工业与民用建筑等混凝土工程中推广应用，使用各种外加剂产品2300多吨，节约水泥8.80万多吨，节省投资约1300万元，经济效益和社会效益都很显著。

1990年，厂名变更为混凝土外加剂厂。施工科研所加大对该厂的投入，新建造厂房600余米^2，库房1000多米^2，添置设备10余万元。自此，该厂生产经营较稳定。

在混凝土外加剂产品的研发和生产方面，现已形成科研、开发、生产的联合体。目前生产的混凝土外加剂系列产品多达几十种，年生产能力10000吨以上，并能根据用户不同的需求，及时提供各种特殊用途的复合产品。目前已在全国20多个省、市及重点工程中使用，如湖南镇电站、遵义电厂、嘉兴电厂、钱清电厂、温州珊溪水库、河南盘石头水库。重庆巴山水电站等工程，创造了显著的社会效益和经济效益。其中PT糖蜜缓凝减水剂和BLY引气减水剂两种产品被建设部（建科〔1994〕115号文）列为1994年科技成果推广项目，BLY引气减水剂1994年5月荣获电力工业部首届新技术、新产品及科技攻关成果展示会金奖。经中国混凝土外加剂协会行检行评、抽查评估，VF膨胀剂列为1997年重点推荐新产品。MB防水嵌缝油膏1999年1月通过了由浙江省省科委组织的省级鉴定，确认该产品特性指标已达到或超过国外IGAS产品的指标，达到国内同类产品的先进水平，现已成为集科研、开发、生产于一体的混凝土外加剂生产经营单位。

第二节 机械电器修造

金属结构厂

该厂是归属工程局机电安装分局管理的全民所有制单位，厂址在浙江省丽水市丽阳路。占地5700米^2，其中主辅厂房2500米^2，露天跨3200米^2。2006年底职工总数66人，其中专业工程技术人员17人、其中高级职称1人、中级职称2人、技师2人。

1983年5月，根据瓯江流域水力资源开发的需要，工程局决定在丽水市建造金属结构制造厂。该厂在机电安装公司第二安装队的基础上筹建。1984年11月定名“华东水利水电工程公司丽水金属结构设备制造厂”。1991年4月改称现名。在该厂创办之前，机电安装公司及其前身即已从事金属结构的制作和安装。历年来为浙江、福建、安徽、贵州等省的10多个大中型水电站和其他建筑工程制作和安装大型金属结构件，包括湖南镇水电站输水压力钢管和月牙形内加强肋岔管，贵州东风水电站泄洪洞、坝身中孔、坝身中中孔弧形工作闸门，富春江水电站平板闸门，温州发电厂一期工程40吨、42米跨度龙门吊车等。其中贵州东风水电站中孔弧形闸门为组合面、挡水弧面金加工、整体退火，止水结构为国内仅有的无内胎冲压式止水结构，其制造和安装质量经监理单位专家测评均为优良。该厂还为浙江杭州、义乌、诸暨和安徽合肥等地的新建桥梁制造和安装大型钢结构件。其中包括国内第一座椭圆形拱肋钢结构桥梁——浙江义乌篁园桥椭圆形钢管结构拱肋的制造和安装，得到建设、监理单位好评。拱肋弯制加工工艺获浙江省11届青工“五小”竞赛二等奖。

该厂拥有WC-4000数控切割机、30×3000卷板机、9米刨边机、8米镗铣床、特大型弧形闸门弧面金加工设备、LWK-CO-2207-13型远红外加热器、10米×3.5米×3米特大型退火炉等先进生产设备和金属探伤检测手段，具有电力工业部、水利部审检、颁发的特大型弧形闸门、大型平板闸门、大型压力钢管和大型拦污栅的生产许可证。主要承接大中型水电站水工金属结构件、钢管结构拱形桥梁、贮油罐和各类金属结构件的制作和安装，年生产能力1000～1500吨。2006年完成经营产值4363.57万元。

华电防护设备厂

华电防设备护厂位于金华市婺城区白龙桥华电新村二区，有生产车间3个，占地面积

11735 米^2，主要生产制作与安装各类钢筋混凝土防护设备、钢结构手动防护设备、阀门、电控门、防电磁脉冲门、地铁和隧道正线防护密闭门等人防领域的防护设备。2005 年底全厂共有职工 89 人，专业技术人员 18 人。其中高级技术人员 2 人，中级 9 人，初级 7 人，13 名职工取得高级工证，9 名职工取得中级工证。

该厂前身为汽车大修厂，成立于 1965 年，隶属工程局机械大队，厂址在桐庐县七里泷富春江水电站工地。1971 年下半年，迁至衢县项家湖南镇水电站工地，归属工程局湖南镇工程指挥部机电营，改称汽车大修队。1972 年 9 月改属工程局机械队管理，1976 年底成为工程局汽车大队下属的汽车修理队，1981 年 1 月称工程局第六工程处汽车修理队（后称“汽车大修队”），同年 6 月迁址紧水滩水电站工地。1984 年 11 月，汽车大修队并入工程局机电设备公司。1985 年 7 月改属工程局机械厂，并迁至现址。1991 年 4 月 19 日，汽车大修队从机械厂分出与机械化处重机修理队合并成立设备修理厂，归口工程建设部领导，主要承担工程局汽车、重机的维修和保养任务。1994 年由于任务不足，遂向社会承揽人防设备业务。1995 年 8 月国家人民防空办公室发文同意第十二工程局设备修理厂为国家人民防空工程防护设备定点生产厂，发给生产、安装许可证，并成立了十二局华电防护设备厂。该厂与设备修理厂两块牌子一套班子。2002 年开始，原主营的汽车、重机的修理和保养任务划归局设备处管理。

该厂 1991～1994 年完成大修理设备共 90 台（套），完成产值为 1201.71 万元。拥有桁车 4 台，车床 4 台，铣床 2 台，刨床 2 台，锯床 2 台，摇臂钻床 2 台剪板机 1 台，折弯机 1 台，并拥有专业标准加工平台、振动平台、专业检测设备，满足总参与建设部生产人防设备的要求。从 1996 年开始，该厂顺应市场变化、利用自身优势，先后承揽了浙江省 10 多个人防专业指挥所的电动门、屏蔽门的制造与安装任务。承揽 20 多个军事工程高抗力人防门、大型人防门的制作和安装任务，产品质量和服务受到用户的好评，并得到了国家人民防空办公室的认可，1996 年 4 月，国家人民防空办公室授予华电防护设备厂“人防防护设备生产先进单位”称号，连续多次被国家人民防空办公室授予“人防工程防护设备定点生产厂先进单位”称号。

2002 年 11 月 18 日，国家经济贸易委员会、财政部、劳动和社会保障部、国土资源部、中国人民银行、国家税务总局、国家工商行政管理总局、中华全国总工会等八部委下发了《关于国有大中型企业主辅分离辅业改制分流安置富余人员的实施办法》（国经贸企改〔2002〕859 号）的文件。2003 年 10 月 29 日，根据中国水利水电建设集团公司《关于报送主辅分离改制分流工作方案的通知》（中水电企〔2003〕31 号）要求，工程局成立由局党政领导班子成员和与改制分流工作相关部门主要负责人组成的改制工作领导小组。2003 年 10 月 29 日，工程局正式上报集团公司《关于报送主辅分离改制分流工作方案的报告》（局办〔2003〕190 号）。2004 年 5 月，国务院国有资产监督管理委员会《关于中国水利水电建设集团公司主辅分离辅业改制分流安置富余人员总体方案的批复》（国资分配〔2004〕417 号）。对改制总体方案进行了批复，原则同意了工程局的改制总体规划和方案。2004 年 10 月，工程局下发了《关于印发〈中国水利水电第十二工程局主辅分离辅业改制实施方案〉的通知》（局企管〔2004〕170 号），文件中明确工程局的辅业主要是指与工程施工主业关联度不大的多种经营企业。主要有机械制造总厂、华电防护设备厂等9家单位。2005年，工程局对华电防护设备厂实行辅业改制。通过多次召开全体职工大会、职工代表座谈会、党总支会、领导班子会，充分听取广大职工群众的意见。于2005年11月23日在金华基地召开华电防护设备厂三届二次职工代表大会，审议工程局的改制实施方案，应会代表26人，实际出席26人。到会代表通过认真听取国家主辅分离、辅业改制的方针政策与集团公司的文件精神，最后以全票赞成一致通过了《中国水利水电第十二工程局华电防护设备厂改制实施方案》。

2005年12月21日，经金华工商局注册，成立了金华华远人防设备有限公司，至此工程局第一个改制企业顺利完成。

机械制造总厂

机械制造总厂原是工程局多种经营骨干企业之一，主要从事机械制造、金属冶炼加工、金属结构制作安装和竹制品生产等，全民所有制，厂址在金华市白龙桥华电新村二区，厂区占地41800米^2，其中厂房建筑面积17607.64米^2，厂区建筑均为永久性结构。各大车间均按标准厂房设计建造。拥有焊接、整平切割设备57台套，具有年铸钢件500吨、铸铁件1000吨、热处理80～100吨、金属切削加工1000吨、制作安装钢结构近3000吨的能力。全厂共有职工152人，技术人员及管理人员80余人，9名职工拥有高级工证，12名职工拥有中级工证。

机械制造总厂前身为工程局机械修配厂。1956年底，机械修配厂在建德县朱家埠新安江水电站工地开始筹建，1957年初正式建厂，为工程局直属处级单位，厂设党委。

1958年初具备较完整的生产能力，下设金工、铆焊、热加工、电修、机修等5个车间，拥有基本全新的设备200余台，最大设备为3米龙门刨床，职工人数最多时达1300人。1958年7月15日改名为新安江矿山机械厂。新安江水电站首台机组投产后，部分职工调往钱塘江治理工程局等单位。1960年10月1日划归浙江省水利电力厅，改名水利电力机械厂。1961年11月15日划归新安江水力发电厂。1962年2月1日再次划给浙江省水利电力厅，同年9月1日回归工程局，恢复修配厂名称，仍直属于工程局。经1961、1962年精减下放，1962年底全厂职工人数骤降至180人。1966年3月，部分职工调往桐庐县七里泷富春江水电站工地，组建工程局机械修配厂，留在新安江水电站工地的40人成立新安江修配分厂。1969年10月，新安江修配分厂全部人马和工程局机械修配厂的40人一同支援陈村水电站建设。次年10月全部调至衢县项家湖南镇水电站工地。1970年12月，工程局机械修配厂部分人员与安装队部分职工组建工程局水工设备制造厂。工程局在富春江水电站工地的修配厂建制撤销。1971年初，工程局修配厂在湖南镇水电站工地正式重新组建。1972年底初具规模：厂区占地9000米^2；设大金工、小金工、铆焊、铸冶、热处理、锻工等6个车间和电气、维修、木模、钢铁化验、起重等5个厂属班组；职工人数初始80余人，最多时348人；设备原值140余万元，主要生产设备50余台套，其中自制设备16台套，最大设备为B2016A龙门刨床；所有用房均为砖、篱笆半永久结构。

1980年初至1982年底，工程局修配厂先后抽调30余人到云和县紧水滩水电站工地筹建该工地修配厂。1982年1月3日，工程局修配厂一分为二，分别在湖南镇、紧水滩水电站工地设第一、第二修配厂，均为直属于工程局的科级单位。第二修配厂下设金工、铆焊、热加工等3个车间，职工人数最多时95人。厂区占地约6000米^2，厂房及其他用房均为永久结构。设备原值80余万元，主要生产设备24台套。最大设备为B1012A单臂龙门刨床。1984年11月，第一、二修配厂，汽车大修队，第五工程处重机队、机械起重队、水电一队、水电二队和工程局机电处部分管理人员合并成机电设备公司，为局属处级单位，设党委。公司机关设于紧水滩水电站工地，下属单位分处紧水滩、湖南镇水电站工地，职工人数最多时920人。1985年初，部分队伍开始向金华市白龙桥华电新村转移。同年7月15日，撤销机电设备公司，成立机械厂。厂部初期设在紧水滩水电站工地，是年底迁入现址。紧水滩、湖南镇水电站工地的下属单位1985年底开始向现址转移。1988年底转移完毕，1986～1991年间，机械起重队、水电一队、水电二队、汽车大修队先后划出机械厂。1992年12月机械厂归属工程局企业部管理；1993年1月，机械厂更名为机械制造总厂。

作为工程局的辅助生产单位，该厂先后承担新安江、富春江、陈村、湖南镇、紧水滩、石塘等大中型水电站工程施工设备的修配和部分金属构件的加工制作和安装任务。1979年开始面向社会承揽任务，1986年始全部生产任务均从市场竞争中获得。

该厂的主要产品溴化锂制冷机系该厂与浙江大学能源研究所联合开发、该厂制造的系列产品，分单效、双效两种。单效制冷41.87万～628.01万焦；双效制冷83.74万～1256.02万焦。规格品种80余种，适用于纺织、化工、食品、轻工、电子、医药等行业和宾馆、大楼等场所。1987年8月6日研制成功。首台628.01万焦溴化锂制冷机在金华棉纺厂安装运行。同年10月7日通过受浙江省计划经济委员会和省“三电”办公室委托，由金华市经济委员会、科学技术委员会和浙江丝绸工学院、杭州第一棉纺厂等单位组成的联合小组的复测、验收，各项主要技术指标均达到或超过设计要求，工程局机械厂具备批量生产该机条件。1988年8月20日，经浙江省科学技术委员会批准，浙江省电力工业局科技处主持溴化锂制冷机的省级鉴定，认为该机符合设计要求，节能效果显著，制造质量良好，填补省内空白，同意批量生产。工程局机械厂遂于是年设立“制冷机分厂”，开始批量生产该机。1990年8月21日成立溴化锂制冷机研究所，开展科研攻关，提高产品质量，派出30名销售人员到省内外推销，产品销往河北、山东、湖南、湖北、四川、江西、福建和浙江省各地。到2001年底止，共生产制冷机300余台，创产值8000余万元，纯利润近120万元。

从1999年开始，作为主导性产品的“正天”牌溴化锂制冷机，已经不能满足用户的天然气管道和清洁能源等新要求，产品失去了原有的吸引力和竞争力。该厂调整了发展思路：一是加大金属结构制作和安装工作，二是做好机械制造加工。2000～2005年，总厂水工钢结构制作有较大幅度的增长，水工钢结构制作占全年钢结构制作63%，已从以生产模板为主，转变为以生产水工钢结构为主，在承揽任务方面，“科技含量”有所提升。到2006年10月，形成了以金属结构、钢管拱肋制作安装为主，机械设备制造、五金加工为辅的专业化生产规模。

该厂的主要生产能力和产品有：

1. 大型水电站工程的水工金属结构设备制作、安装

该厂先后承担了浙江新安江、富春江、湖南镇、紧水滩、桐柏、天荒坪、成屏，福建水口、金造桥、街面、界竹口、思安江、三明台江、竹洲、洪口、马尾。浙江桐柏、天荒坪、白水坑、东阳岩下，安徽金寨流波电站，江苏宜兴、贵州五强溪、三峡等50余座国内大中型水电站闸门、拦污栅等大型水工金属结构设备的制作、安装以及施工设备维修等工作。

2. 工业与民用建筑钢结构制作、安装工作

(1) 宁波镇海挪威工业园区钢结构厂房制作、安装等一大批工民建钢结构项目的施工；

(2) 宁波镇海挪威工业园区的行政楼钢屋架制作安装项目；

(3) 杭州华源公司的储冰槽项目；

(4) 宁波科技园区3号南路Ⅰ标段钢管拱；

(5) 玉环至乐清滚装轮渡码头钢厂房；

(6) 金华西站人行天桥钢等钢屋架430吨的任务；

(7) 浙江省兰溪火电厂出线架制作。2005年该厂在2个月时间内（包括物资采购）完成了浙能兰溪电厂400多吨的钢结构出线架制造任务，开了月制作钢结构200吨的先河。

3. 桥梁钢结构制作、安装、航道工程

宁波琴桥（桥长120米、桥面宽33米、拱高25米，桥的规模在国内同类型桥中属第一位）、永康华丰桥、渡济大桥的3050米混凝土梁钢模板、贝雷桁架T型梁模板修复、奉化中山大桥钢拱肋制作安装、安徽蚌埠五河路新浍河大桥钢管拱肋及辅件、嵊州大桥钢管拱肋、金丽温稚溪T型梁、浦江浦阳大桥模板、金华市政浦阳江平安桥Ⅰ型梁钢模，40MT型梁钢模等数十座桥梁钢管拱的制作、安装。此外，总厂还承接了杭金衢及金丽温高速公路钢模板制作等工程。

该厂还独立或参与承接了余杭运河大桥钢拱、宁波大沙泥桥及三门健跳大桥、义乌宾王桥等工程。其中三门健跳跨海大桥全长507.3米，主跨245米海面，系中承式钢管混凝土拱特大桥，是目前华东地区同类型桥梁之最，该大桥施工采取了国内少见的“主扣塔合一”的斜拉挂扣缆索吊装施工。大桥钢管拱吊装主拱每段质量为53～61吨。全桥共有27个安装节段，总质量1220吨。

4. 机械设备制造及金加工

作为原工程局下属的机械制造总厂，拥有其他钢结构企业极少具备的专业机械制造和加工的优势，并以良好的信誉赢得了客户的信赖，相继与浙江金轮公司（金华水轮机厂）、金华巨能管业公司等多家企业建立了长期的、稳定的业务关系。2002年该厂开始了在金属加工新产品上进行探索，以产品带动加工，与金华同方机械制造有限公司合作开发PEX系列颚式破碎机、3YZ系列筛分机、PFY系列反击破碎机、ZSW系列喂料机等四大类型十几种型号的矿山机械设备。

5. 荣誉及资质证书

溴化锂制冷机先后荣获浙江省计划经济委员会颁发的1988年浙江省优秀“四新”产

品二等奖、浙江省电力工业局颁发的1988年科学技术进步三等奖、'90西湖节能技术新产品展览会“优秀产品奖”、浙江省计划经济委员会颁发的1990年度浙江省优秀产品“骏马奖”、1994年4月首届全国电力行业运用新技术新产品交易会综合成果优秀奖、'92西湖节能环保新技术新产品展交会银奖、1996年“浙江名优产品”称号、“'97采购”首选品牌、2001年“中华科技精品”称号。荣获2002年浙江省机械产品百家质量管理优秀单位称号，是国内最早、规模较大的生产溴化锂机组厂家之一，是中国制冷空调工业协会会员企业。

2003年，该厂一次性通过了国家电网公司水工金属结构质量检测中心对生产条件的审查和产品质量检验，取得了中华人民共和国国家质量监督检验检疫总局颁发的中型平面滑动闸门、中型平面定轮闸门、中型弧形闸门、中型拦污栅、中型压力钢管5种全国工业产品生产许可证。2005年又进行了大型平面滑动闸门、大型平面定轮闸门、大型弧形闸门、大型拦污栅等4种水工金属结构产品的升级取证工作。至2006年已取得了由国家质量监督检验检疫总局颁发的大型平面滑动闸门、大型平面定轮闸门、大型弧形闸门、大型拦污栅、中型压力钢管5种水工金属结构产品的全国工业产品生产许可证，并具有浙江省技术监督局二级计量水平确认合格证书。

6. 改制

2000年工程局根据中央关于国有大中型企业必须实行主辅分离辅业改制的要求，实施减人增效政策，制定了《中国水利水电第十二工程局改制方案》，对多种经营单位进行股份制改制试点。2000年4月，总厂作为第一批改制试点单位，工程局“改制”工作组进驻机械厂，机械厂的改制工作就此拉开了帷幕。但因电力系统改制中的资产处置和职工劳动关系的处理政策未明确，按照国家电力系统体制改革的总体部署，该厂的改制工作暂停。

2003年10月29日，根据中国水利水电建设集团公司《关于报送主辅分离改制分流工作方案的通知》（中水电企〔2003〕31号）要求，工程局成立由局党政领导班子成员和与改制分流工作相关部门主要负责人组成的改制工作领导小组，并设立改制办公室。2003年10月29日，工程局正式上报集团公司《关于报送主辅分离改制分流工作方案的报告》（局办〔2003〕190号）。

2004年5月，国务院国有资产监督管理委员会（国资分配〔2004〕417号）《关于中国水利水电建设集团公司主辅分离辅业改制分流安置富余人员总体方案的批复》，对改制总体方案进行了批复，原则同意了工程局的改制总体规划和方案。

2004年10月，工程局下发了《关于印发〈中国水利水电第十二工程局主辅分离辅业改制实施方案〉的通知》（局企管〔2004〕170号），文件中明确工程局的辅业主要是指与工程施工主业关联度不大的多种经营企业。

机械制造总厂的改制工作从2004年起，方案内容通过多次召开全体职工大会、厂职工代表及科队长以上干部座谈会、党委会、领导班子会，向全厂职工进行问卷调查，充分听取了广大职工群众的意见，了解了广大职工群众的意愿，广大干部职工对厂改制工作提出了许多宝贵意见和建议。2006年6月27日，机械制造总厂四届三次职工代表大会在金华基地召开，应到会正式代表31人，实际出席的正式代表30名。与会代表在认真审议的基地上，以30票赞成、零票反对、零票弃权决议通过了《中国水利水电第十二工程局机械制造总厂改制实施方案》。

2006年8月9日，中国水利水电第十二工程局十届一次职工代表大会主席团、代表团长会议在杭州局机关大会议室召开。主席团应到会成员22名，代表团正副团长应到会12名，共33名，实际参加会议共30名。会议听取了局改制工作小组关于机械制造总厂改制工作情况及《中国水利水电第十二工程局机械制造总厂改制实施方案》说明，审议了《中国水利水电第十二工程局机械制造总厂改制实施方案》。会议最后以30票赞成，一致通过了《中国水利水电第十二工程局机械制造总厂改制实施方案》。

按照职代会表决的改制方式，通过挂牌交易引进社会资本，以协议转让、控股方式进行改制，国有资本全部退出，改制为民有民营的有限责任公司。工程局通过实际调查及面谈，在广泛征求意见的基础上，确定由浙江广天日月集团股份有限公司控股机械制造总厂。浙江广天日月集团股份有限公司出资1118万元控股，总厂干部职工出资200万元参股，形成1个法人股、12个自然人股的改制方案。

2006年10月24日，在杭州举行了中国水利水电第十二工程局机械制造总厂整体资产售让交接仪式。机械制造总厂以协议转让方式，进北京产权交易所交易，整体资产以1054.79万元的成交金额售让给浙江广天日月集团股份有限公司，包括债权债务，中国水利水电第十二工程局局长徐鹿元、浙江广天日月集团股份有限公司董事长王宇凌在交接手续上签了字。

改制中，原厂职工152人，以自愿的原则，有129人参与了改制，23人留在了工程局。参与改制的职工，于2006年10月13日与工程局办理了解除劳动手续，其中75人进入了新公司，54人自谋职业。进入新公司员工于11月23日与新公司签订了新的劳动合同。职工的档案、养老保险等五大保险都已从杭州顺利转移到金华，职工也平稳地从国企过渡到新的民企。

新公司于10月19日召开了第一次股东大会，并于11月15日在工商注册完毕。2006年成立“浙江广天日月金属结构有限公司”。

第三节　服　务　业

上海普华应用软件有限公司

1992年9月，经上海市相关部门批准，工程局与台湾普盈管理顾问有限公司合资创办上海普华应用软件有限公司。定址于上海市浦东新区，即墨路97号408室。注册资金20万美元，其中工程局出资8万美元（占40%）、台商出资12万美元（占60%）。1994年底，有正式职员10人，固定资产112万元人民币、流动资产85万元人民币。公司实行董事会领导下的总经理负责制。董事会由5人组成，其中工程局方2人、台商方3人，台商方任董事长，工程局方任副董事长、总经理。公司经营范围为开发、销售计算机工程设计软件和管理软件及其配套设施，并提供有关技术服务；经营方式为生产、销售。公司引进国外最先进的大型项目管理手段并汉化销售，为建设项目的业主、设计、承包、监理提供计算机系统规划、项目管理和现场服务；拳头产品为具有国际先进水平的 P3 系列项目管理软件，销往国内近 60 个单位。年销售额 500 万元人民币，年创利 35 万元人民币。2000 年 7 月 21 日，工程局党政联席会议决定，根据国家电力公司关于规范、剥离电力系统多种经营企业的改革精神以及工程局改制的总体思路：①同意普华公司董事会“以 1999 年 12 月 31 日的公司所有人权益为 100％股权价格”；②同意工程局持有的 40％的股本金计 592476.31 元在 2000 年 8 月 31 日前一次性支付给工程局；③工程局在普华公司的 9 名职工办理工作调动手续。至此，工程局退出了在普华公司的股份。

衢州华电饭店

衢州华电饭店是工程局所属全民所有制服务企业。由工程局衢州办事处直接领导，归属工程局企业部管理。主营旅馆住宿、饮食服务，兼营建筑材料、五金交化、百货、副食、钢木家具、物资处理、汽车配件、代办汽车运输等，经营场所在浙江省衢州市劳动路 38 号，为一幢主楼 6 层、总建筑面积 6656 米^2（其中主楼建筑面积 6529 米^2）的大楼。1985 年 3 月开始筹备，次年 3 月工程局投资开工，1987 年 12 月大楼竣工。内设高、中、低档客房 137 间（套），有床位 340 个和大、中、小会议室 5 个及餐厅、娱乐室、大浴室等配套服务设施，具备大型团体旅游、中小型会议、各种商贸洽谈和一般旅客接待服务的能力，成为当时衢州市最高的四大建筑之一，并被称为衢州市的一流建筑造型、一流内部设施的饭店。饭店于 1988 年 1 月 14 日正式开业，中共衢州市委书记鲁松庭、衢州市市长王余良出席庆祝仪式。但随着城市的建设，酒店日益增多，竞争激烈，而工程局缺乏资金，无法对饭店进行及时装修，缺乏竞争力，致使经营收入逐年下降。工程局 1999 年作出决定：将饭店整体出租经营，保证国有资产的保值增值。

液化气供应站

液化气供应站是工程局行政处所属全民所有制液化气供应单位，位于金华市白龙桥华电新村综合办公楼东侧，用房面积 144 米^2，库房 400 米^2。1994 年底从业人员 8 人，库存钢瓶 1500 只，5 吨平板汽车、双排座汽车各 1 辆，液化气装罐设备 1 套，液化气供应户 2300 多户。该站于 1990 年 4 月建立，建站资金一部分由液化气用户按每户 500 元标准集资，一部分由工程局投入，初期液化气供应户 1700 余户。为解决液化气来源问题，抽调集资款 100 万元挂靠浙江省电力工业局，与其签订液化气长期供用合同，金华基地住户液化气供应得到保障。1997 年局机关迁移杭州，加之部分基地居民搬迁金华市内或其他地域购买商品房，基地人数锐减，液化气站从业人员由 8 人减至 5 人。2002 年液化气市场进一步放开，供应渠道实行多元化后，液化气站供应量逐渐萎缩，运输设备和装罐设备退库。2008 年 7 月，因受专业管理的限制，转让给地方液化气公司经营。

第六篇 企 业 改 革

第六篇　企　业　改　革

第一章　概　　况

党的十一届三中全会以后，为顺应形势和社会发展的需要，工程局立足水电，拓展视野，在其发展的道路上，不断地进行着改革和调整，也只有改革，才使得水电十二局在市场经济的大潮中不断踏浪前行，在水电施工领域逐渐发展壮大。

在领导体制方面，水电十二局经历了党委领导下的厂长（经理）负责制、局长任期目标责任制。按照水利水电建设集团公司的统一部署和安排，进行公司制运作的尝试，以期建成在市场经济体制要求下真正意义上的现代企业制度。

在企业经营方式的发展历程中，水电十二局先后尝试了承包制、经营承包制和经营目标制的发展模式。现在按照目标发展的要求，给局属各二级单位核定产值，确定上缴基数，一方面激发各生产单位的积极性和创造性，另一方面也为企业的扩大再生产积累和奠定了物质基础。在投资理念盛行的当代，如何将资产作为一种经营的手段，水电十二局在这方面不断地做着尝试和努力。通过这一系列经营方式的不断调整和转变，也使水电十二局的经济增长方式不断发生新的变化。

为使企业不断做强做大，水电十二局注重企业形象及内质的发展，通过一次次实力的较量，水电施工品牌得到了逐步提升，通过一系列切实有效的措施，使水电十二局提升了自己的品牌，特别是混凝土面板堆石坝，已施工了32座，其中，坝高100米以上的有14座，尤其是紫坪铺水库大坝，在2008年大地震中，距地震中心中只有17千米距离，但经受了严峻的考验，大坝安然无恙，在国内、国际产生了极大的影响。

在把水电施工产业做强做大的基础上，工程局不断地进行着多种产业格局并行发展的探索和实践，为改变长期以来企业办社会的现状，按照国家的统一部署和安排，积极稳妥地实施分离企业办社会战略，根据集团公司的部署和《分离企业办社会工作办法》，2005年制定了工程局《中小学移交地方管理实施细则》，成立了移交领导小组和工作小组。与金华婺城区接收工作组，进行了多次友好的协商、沟通，经仔细测算，完成补助经费基数对账上报并已通过预审。2006年经与省、市、区有关部门的协调正式完成移交工作。

将自办学校顺利地移交地方，使得分离企业办社会工作取得实质性进展。在工程局发展的历程中，为适应各时期战略发展的需要，工程局内部不断地进行着资源重组工作，2006年起，华电防护设备厂、机械制造总厂顺利地进行了改制等。在不同的历史时期，适时进行管理体制的创新，如何进行机构的设置和职能的转变，一直伴随着工程局的发展历程。

不仅如此，水电十二局还在国际化经营和项目法施工中不断地进行探索和实践。随着工程局年战略布局的调整和转移，如何实施“走出去”战略，在当今社会发展中就显得尤为重要，而如何抓好项目管理和经营工作又成为摆在工程局面前的一张现实答卷。除此以外，水电十二局还在人事劳动分配制度及住房制度方面进行不断地改革和调整。

第二章　经　营　方　式

第一节　内部承包经营责任制

内部经济责任制形式从指标考核发展到五定五保、百元产值工资含量包干，直至承包经营，涵盖内容从经常性奖金扩大到工资总额，直至全部生产经营活动；实施范围从各施工生产单位，扩展到全局各单位、机关各部门。

内部承包经营责任制从1988年开始实施，并逐年深化、完善。1988年，工程局对各类企业实行承包经营，不保任务，按“包死基数、确保上缴、超收多留、歉收自补”的原则，包上缴费用总额、年度计划产值、全员劳动生产率、工程进度面貌和工期、质量、安全生产等指标，由单位负责人同工程局签订承包合同，承包人交履约抵押金，承包期满考核兑现奖罚；对承担紧水滩、石塘水电站施工任务的第二、第三工程处实行承包任务责任制，按企业承包经营的承包原则和承包内容订立合同，明确责任和奖罚办法；对投标承揽的工程项目和指令性计划有独立预算的工程项目实行项目经理承包经营责任制，单列计划，单独核算，自主经营，自负盈亏；对局属各管理处、办事处等后方单位同样实行承包经营责任制，定编定岗定员，按企业承包经营的承包原则实行包干；对医院、学校实行医药费、教育经费包干，向社会开放的组织收入部分，医院以60%、学校以80%与工程局分成；对经营性中小企业分别实行工资总额、产量计件、费用包干、单位核算、项目联挂、全额浮动等形式的承包或集体、个人租赁；对局机关各部门实行工资、奖金、管理费开支全额总包干，并辅以增收提奖、专项资金节约分成、政绩奖励的经济责任制。

1989年的内部承包经营责任制较1988年有较大变化，承包经营方式主要有项目经理承包责任制、产值工资含量包干、工资总额包干、工资总额和费用包干4种。其中新开工的施工项目实行项目经理承包责任制，项目经理公开招聘、竞争选定。总投资1000万元以下项目由各工程处自行招聘，超过1000万元的项目由工程局主持招聘。承包人缴纳承包产值0.5‰～1‰的风险抵押金；项目承包一般以施工图预算为基础，在提取应上交的各项费用和规定利润后实行全额承包，工程竣工后，根据竣工决算、对照承包合同兑现奖罚；项目经理对承包合同规定的工期、质量、安全、利润等各项经济技术指标负全部责任，拥有内部机构设置、副职以下干部任免、在本单位无富余人员情况下选择用工、内部经济分配、物资采购和处理、设备租赁等生产经营自主权。局属各工程处（公司）实行百元产值工资含量包干，标准工资、辅助工资总额与产值（劳动生产率）、工期、质量挂钩，根据当年施工任务和工程面貌、质量要求核定百元产值工资含量系数（不含奖金），按自营完成产值逐季计提工资总额，经各项经济技术指标考核后用于发放标准工资和辅助工资，盈余部分用作奖金开支；上缴利润与奖金挂钩，即按生产要素核定上缴利润指标和提奖比例，根据实际上缴的利润额和核定的提奖比例按季考核结算奖金指标并兑现，当季上缴利润超过年度利润指标 1/4 以上的部分待年终考核结算时兑现。多种经营、生产单位实行工资总额与经济效益挂钩，即标准工资、辅助工资总额根据当年生产任务和各项经济指标在年初一次性核给，自行控制使用；上缴利润与奖金金额挂钩，按季考核兑现。各驻外办事处、后方管理处、局机关各部门实行工资总额和费用包干，医院、学校实行医疗经费、教育经费和工资总额包干，其中办事处的奖金与上缴利润或费用节约挂钩；局机关各部门在定岗定员定职责基础上按定员数包干，增人不增工资、费用，减人仍完成岗位职责的提奖，考核时与本部门有关经济技术指标挂钩，奖超罚欠。

1990～1992 年的内部承包经营责任制，在 1989 年的基础上逐年有所改进。1990 年项目经理承包经营责任制范围扩大到有条件的外营工程在建项目，1991 年起扩大到工程局直管的所有工程项目，工程局直管的项目由项目经理直接与工程局签订承包经营合同，二级单位管理的项目由项目经理与项目主管单位签订承包经营合同，二级单位再与工程局签订综合承包经营责任制合同；局属各工程处（公司）实行工资与产值挂钩、奖金与上缴利润挂钩的双挂钩包干办法；紧水滩、石塘水电站土建工程剩余工作量实行单项工程定额工日包干责任制、多种经营和辅助生产单位实行工资总额与上缴利润挂钩的经济责任制，有条件的单位实行厂长任期目标承包责任制。1991 年起，项目经理承包经营责任制范围扩大到工程局在管的所有工程项目，按照“包死基数、确保上交、超收分成、歉收受罚”的原则，实行一包（以计划成本为承包基数）、二保（项目经理保证完成工程形象进度面貌和合同任务并足额上缴利润和费用，工程局保证项目人、财、物和设备的需要）、三挂（工资总额与完成的自营施工产值、上缴利润及工期、质量、安全、现场文明施工等挂钩）、四核（工程局对项目经理室的工资指标实行月度预支、季度预结算、半年考核、年终补齐、竣工决算兑现的考核办法）责任制，项目经理任职期间的奖金，在完成或超额完成各项经济技术指标的前提下，原则上可达到职工平均奖金数的 1～3 倍；多种经营和辅助生产单位实行承包经营，承包形式以年度目标承包和厂长（经理）任期目标责任承包为主，鼓励风险抵押集体承包；劳务处、机械化处和紧水滩水电站工程剩余尾工实行费用包干。

1993 年内部承包经营责任制调整较大，全方位推行承包制。对工程建设部、企业部、建筑安装工程处、机电安装公司和工程局直管公司在核定产值、利润、技术进步、资产保证增值等指标和工资总额与产值、利润的挂钩比例，以及质量、安全、双文明建设考核指标的基础上，实行经营目标承包：工程建设系统全面实行以目标成本为核心的工程项目承包经营责任制，其中对项目经理部实行以“质量、工期、成本”为主要指标的目标成本承包经营责任制，对各劳务管理单位和专业工程公司实行以产值、利润、资产增值为主要指标的承包经营责任制；多种经营系统按划小核算单位的原则层层落实承包经营责任制，实行以利润指标为主的厂长（经理）任期目标责任承包。学校、医院按工程局规定收费标准实行有偿服务和工资总额包干的承包办法；勘测设计研究院按工程局规定收费标准实行有偿服务和定额内工资总额包干、定额外按承包合同规定比例计提奖金的承包办法；具有法人资格的工程局直管公司实行利润分成或按承包合同上缴利润及其他费用的责任承包；局机关各部门在定编定岗定员定责基础上，实行办公费、差旅费、小车费、工资总额包干，其附属服务性机构实行有偿服务。推行个人抵押承包，其中工作量100万元以下的工程项目允许个人或集体抵押承包，净资产5万元以下的多种经营单位允许实行抵押租赁承包；工作量100万～2000万元的工程项目逐步实行项目领导班子集体抵押承包，净资产5万元以上的多种经营单位推行全员抵押承包或职工入股承包；新办的多种经营单位均实行全员抵押承包或职工入股承包。承包经营责任制由工程局经营处牵头，有关职能部门提出预期考核指标，经工程局分管领导、三总师审核并与承包者商定后，由局长与承包者签订合同，工程局工会鉴证，工程局党委监督。

1994年基本延用1993年内部承包经营责任制办法，仅作少许调整：实行经营目标承包的单位增加局属分公司；项目经理部承包经营责任制主要指标增加“安全”指标，为“质量、工期（准点）、成本（效益）、安全”；取消劳务管理机构、专业工程公司的承包形式；医院、学校改为实行经费包干控制的承包办法；局机关各部门增加管理目标承包；净资产5万元以下的多种经营单位允许拍卖；新开办的多种经营单位改为试行公司制。

为加强内部管理，调动各方面的积极性，提高经济效益，工程局对所属单位实行经济责任制，2003年4月制定了经济责任制办法（局企〔2003〕67号文），局属施工生产单位实行“风险抵押内部承包经济责任制”。局属多种经营企业原则上都应实行公司制改造，建立现代企业制度，成为自主经营、自负盈亏、自我约束、自我发展的企业法人，工程局以出资人的身份通过股东会或董事会、监事会对企业进行管理和监督，其经营管理目标由董事会确定并考核，在公司制改造之前，实行风险抵押内部承包经济责任制。各单位党政负责人为经济责任人，受工程局的委派负责本单位工作，负有完成承建项目“工程施工承包合同”目标及本单位经济责任制指标和精神文明建设的责任和义务。责任人按年薪标准60%交纳风险抵押金，单位党政副职、工会正职（局管中层干部）按正职的80%上交风险抵押金，其年薪或年终考核奖由所在单位按本单位责任人年薪或年终考核的80%～50%以内考核兑现。

2006年2月，根据实际及发展的需要，对局企〔2003〕67号文进行修改补充，明确工程局对所属各单位均实行“领导班子全体成员风险抵押风内部承包经济责任制”，局属多种经营企业原则上都应实行公司制改造，建立现代企业制度，成为自主经营、自负盈亏、自我约束、自我发展的企业法人。

承包经营责任制考核，1988～1991年实行分季考核、累计预结算、年终结算的办法，考核结算由局长主持，各职能部门负责人参与。1992年9月，工程局成立由局长任组长、局机关有关职能部门负责人共9人组成的经济责任制领导小组，按工程施工单位、多种经营和后勤服务单位、局机关各部门3个系统，分别由工程建设部、企业部、企业管理办公室牵头，有关职能部门参加，实施经济责任制考核。1993年6月，工程局制定《内部经营承包责任制责任人考核办法》，恢复以局长为首的经济责任制考核领导小组及其领导下的经济责任制考核小组，负责对局属各单位经济责任制的考核、检查、结算，日常事务由经营处牵头。是年仍按系统分别组织考核，局机关经济责任制考核按工作性质分为党群系统和行政系统两大块，由局党委办公室、局办公室牵头，有关部门主要负责人参加，组成考核小组进行；对工程局领导，由工程局职工代表大会提出考核意见，兑现奖罚。1994年，局机关责任制考核小组改称工作考核小组；对工程局领导的考核，改由工程局经济责任目标监督检查领导小组提出奖罚意见。

局企管〔2003〕67号文明确规定工程局建立经济责任制领导小组，负责经济责任制政策的制定及指标的分解、落实和考核，并解决相关的重大问题，领导小组下设经济责任制工作小组，负责具体工作。经济责任制每年进行年度考核，其中实行项目承包期的则进行年度预考核，项目结束按有关规定进行审计并考核，最后按审计和考核结果给予兑现或扣罚，实行年度责任制的则按当年考核结果给予兑现或扣罚。

从2006年开始，工程局每年对各单位的经济责任制执行情况实行“过程跟踪、年中检查、年终考核兑现”，对在执行中存在的问题及时进行分析，提出处理意见，帮助、指导解决出现的问题。

为了实现工程局发展目标，树立科学发展和正确业绩观，建立有效的激励和约束机制，增强局所属单位负责人的责任意识和经营管理能力，正确评价工程局所属单位负责人的经营业绩，充分发挥经营业绩考核导向作用，2007年2月制定了《中国水利水电第十二工程局所属单位负责人经营业绩考核办法》（局企〔2007〕52号），成立了工程局经营业绩考核领导小组，工程局局长任组长，领导小组下设工作小组，工程局分管领导任组长，企划部、市场开发部、财务产权部、人力资源部、审计部等部门负责人任组员。工作小组的职责是制定工程局所属单位负责人经营目标责任书，专项审计责任书的执行和经营业绩真实性和准确性的评价等。经营业绩考核与责任人年薪挂钩，实行年度预考核与三年任期总考核相结合，年度过程考核与任期结果考核相统一，考核结果与年薪奖惩兑现相挂钩的考核方式。

第二节　经营目标责任制

1980～1982年，工程局对局属各工程处（厂）经常性奖金的分配试行技术经济指标综合考核的经济责任制，奖金总额由工程局掌握，各工程处（厂）按月上报技术经济指标完成情况统计表，经局机关对口职能部门审核打分，由劳动工资处归口，按各单位得分多少确定奖金分配额度。工程局仅考核到工程处（厂），工程处（厂）对工程队（车间）、班组的考核，由各单位根据工程局提出的指导性意见自行办理。1980年列入考核的技术经济指标为8项：工程面貌及主要工程量，工程质量，劳动生产率，工程成本降低率及三材节约率，安全生产，施工机械完好率、利用率，自营建安工作量及产值，产值利润率。1981年简化为计划任务工程面貌、成本利润、质量安全、劳动生产率4项技术经济指标考核。1982年正式推行经济责任制：对第三、第七工程处实行年度计划降低成本提成；对紧水滩水电站工地各工程处（厂）实行内部预算降低成本提成，并实行资金券和工程任务单制；对新安江管理处实行管理费包干使用、节约提奖；对第八工程处、第一修配厂实行亏损额包干，超亏不补，减亏留成给奖；对教育、卫生系统实行经费包干制，分别由教育处、卫生处统一掌握，包干使用。4 项考核指标中突出利润指标，利润考核分占总分的 40%。

1983～1984 年上半年推行“五定五保”内部经济责任制。1982 年 12 月，工程局制定《内部经济责任制实施办法》暨《经常性奖励实施办法》、《关于实行计件工资的规定》、《紧水滩工地内部劳务结算办法》、《三材及油料节约奖励办法》、《代金券内部流通办法》、《降低工程成本增减奖金计算办法》、《专项费用和管理费公用经费包干办法》，从 1983 年开始实施以内部投资分包为中心、以“五定五保”为内容的经济责任制。纵向系列的经济责任制形式为：工程局对工程处（厂）实行投资分包，按工程局下达的年度施工生产计划，以“五定五保”为内容签订内部合同，明确局、处（厂）的包保任务和责、权、利。其中“五定”为：定项目、工作量或产值，定工程形象进度与投资项目工期，定质量、安全指标，定员及全员劳动生产率，定成本节约及利润指标；“五保”为：保设计图纸及技术组织措施名称及交付日期，保施工机械设备名称、规格、数量及进场日期，保材料规格、数量和交付日期，保所缺劳力、工种及进场日期，保工作面交出日期等。工程处（厂）对所属工程队（车间）以季度施工生产计划和月度施工作业计划为依据，签订内部包干合同。工程队（车间）对所属班组（单机、单车）、班组对个人，固定工作按月度作业计划、临时工作按下达的任务单逐级落实任务，层层分解指标。横向之间的经济责任制形式为：工程处（厂）之间的协作配合事项，同一施工项目的实行投资分割，由各单位自行列报投资的，区别承包、分包分别纳入各单位内包经济合同；各工程处（厂）相互联系委托、实行内部结算的，采用联系单、委托单或另签联系协作合同，明确双方经济责任和权益。局属后方管理单位根据全局年度任务和单位定员数，结合各自所承担的任务，采取费用预算包干形式，由工程局核定包干指标，作为考核计奖的依据。局机关各部门实行管理费指标分解、归口管理包干责任制，各部门按包保合同中应承担的保证责任和横向协作中的职责，制定部门经济责任制和个人岗位责任制。

包保合同年初签订，承包、分包（配合）单位和保证部门负责人在合同有关条款下签字盖章认可，工程局总工程师、总会计师和局长逐次审签生效。经济责任制考核逐级分阶段进行：工程局对工程处（厂）每季考核，年终总结、结算；工程处（厂）对工程队（车间）按季或按月考核；工程队（车间）对班组（个人）实行月度考核。工程局成立由分管经营管理的局领导负责，计划、劳动工资、财务、机电、质量安全、保卫、干部处和局办公室、调度室及工程局工会负责人参加的经济责任制考核领导小组，每季集体办公考核评定。教育、卫生系统分别委托教育、卫生处考核。局机关实行逐级考核制：分管局长考核有关处长（分管书记考核有关党群部门负责人），处长考核科（组）长，科（组）长考核科（组）内工作人员。

1984 年，水利电力部水利水电建设总公司批复工程局试行万元（后改为百元）产值工资含量包干。工程局于是年 7 月 1 日起全面实行百元产值工资含量包干的内部经济责任制，直至 1987 年。期间，工程局每年制定或修订包干实施办法，确定包干范围、形式，包干基础，包干基数核定原则，考核、结算办法，工资总额的提取和管理，以及有关具体问题的处理办法；分别核定包干指标或工作目标；定期考核，兑现奖罚。

实行百元产值工资含量包干后，工程局内部采取3种形式的经济责任制：主要施工生产单位实行产值工资含量包干，工资总额随完成产值上下浮动，增人不增加工资，减人不减少工资；任务不饱满的施工生产单位和有经济收入的后方单位实行工资总额包干，根据施工生产任务和组织收入情况，按工程局下达的各项经济技术指标和人员配备情况，分别核定工资总额和基础奖，工资总额不得突破，浮动奖依据超额利润提取；局机关各部门实行经常性考核、奖励制度，按各部门的职责范围和承担的经济责任及人员配备情况核定工资总额，奖金按施工单位奖励平均水平的一定比例核给。工程处（公司、厂）对工程队（车间）及工程队（车间）对班组以至个人亦采取多种形式的经济责任制，主要有工资含量包干、定额工日工资包干、定额工日算奖、按任务包奖、按完成主要经济技术指标考核评奖、直接无限计件工资、有限计件工资、单项承包等。鉴于实行百元产值工资含量包干后一度产生片面追求产值，忽视全面完成工程质量、安全生产、工程成本和工期面貌等项经济技术指标的倾向，工程局采取一系列措施完善百元产值工资含量包干办法，包括建立主要经济技术指标考核制度奖优罚劣、质量不合格的工程量不计算产值、按安全事故的性质和损失金额扣除奖金额、对关键施工部位实行工期奖罚、依据实现利润按比例提奖等；管理干部、服务人员的奖金计提，从1986年起改为一部分奖金同各单位生产工人奖金水平挂钩并由各单位、部门自行考核发放，另一部分奖金按工程局经济责任制考核结果由工程局核定。

经济责任制考核分级、分系统进行。1984～1985年，工程局成立由局机关有关职能部门负责人、工作人员组成的考核工作小组，在工程局经济责任制考核领导小组领导下，负责对局属各单位、机关各部门经济责任制的考核，每季度至少考核3次；局属各单位亦成立考核小组负责本单位内部经济责任制的考核。1986年3月，工程局制定《局属生产单位经营管理经济责任制考核办法》和《局机关经济责任制考核办法》，对全局经济责任制实行分块考核：成立生产单位经营管理经济责任制考核小组，由计划财务处牵头，施工管理处、劳动人事处、局办公室、物资处负责人组成，负责对局属生产单位经济责任制考核；局属各生产单位月度工作自行考核，季度工作自行考核后报工程局审核，年终由考核小组作全年考核，其中季度考核项目包括工程形象进度（最高分25分），工程质量（25分），安全生产（25分），成本降低（利润）率（25分）、设备、材料管理（15分），文明施工、协作关系、服从指挥（15分），精神文明建设和队伍素质（30分），业务管理质量评价（40分）。成立局机关经济责任制考核小组，由局办公室牵头，局机关党委、劳动人事处参加，邀请工程局党委办公室、组织部参加，负责局机关各部门经济责任制考核，其中党群部门由局党委办公室负责考核；局机关各部门月度自行考核，考核小组按季考核、年终进行年度考核。1987年考核分块及办法有所改变：对产值工资含量包干单位和工资总额包干单位，由工程局生产单位经济责任制考核小组季度、半年考核1次；对局机关和费用包干单位，由局机关经济责任制考核小组（增加计划财务处）按季考核、年终作全年考核。

2003年经济责任制办法考核指标包括施工产值（15分）、外包工程管理（40分）、财务指标和货币资金上缴（130分）、工资总额控制（13分）、劳动生产率（6分）、设备管理（6 分）、施工合同履行目标（27 分）、经济责任制自考表（3 分）、工程质量（单独考核）、工期面貌（单独考核）、党风廉政建设（60 分）等。由于经营管理不善造成的经营性亏损，经年度考核，不能完成下达的经济责任制指标的，按规定给予扣罚，并调离本岗位，如本人提出具体扭亏措施，经工程局经济责任领导小组确认且本人同意继续承担责任的，工程局给予宽限 1 年，同时本人应补足风险抵押金，下一年度经考核，仍不能扭亏的，则视责任大小，对责任人扣除全部风险抵押金并给予降职或免职、降薪等处分。对超额完成经济责任制指标和“工程施工承包合同”目标并在经济效益和社会信誉方面作出突出贡献的责任人和领导班子成员，工程局按有关规定给予重奖。

为了更加准确地评价公司所属单位负责人的经营业绩，2008 年 12 月对公司经营业绩考核指标进行调整（局企〔2008〕442 号），经营产值（10 分）、产值利费率（38 分）、上缴货币资金（72 分）、资金集中度（10 分）、应收款项周转率（10 分）、分包管理（30 分）、质量管理（20 分）、职工平均工资增长率（10 分）。

第三节　转变经济增长方式

1982 年 8 月，经水利电力部批准，工程局以“华东水利水电工程公司”名称注册。1983 年 3 月制定对外经营承揽业务规定，确定有关职能部门对外经营管理职责和局、处两级对外经营分工。1984 年 7 月，工程局所属各工程处、公司和局机关职能部门同时编入“华东水利水电工程公司”建制系列，其中经营管理处负责搜集经营信息和工程项目的洽谈、合同签订，并指导局属各工程处、公司对外经营业务、提供咨询服务；局属各工程处、公司设立对外经营管理机构；工程局驻外办事处配备专人负责对外经营。是年，制定《对外经营业务组织收入的经济核算和利润分配暂行办法》，鼓励局属各单位和职工个人为工程局承揽施工任务。

1985 年始，对外经营管理网络基本形成：局长负责全局的对外经营决策，经营管理处和技术设计处负责全局对外经营管理和经济信息的处理；局属各工程处、公司对外经营管理机构负责各自单位的对外经营，并向工程局提供经营信息；工程局各驻外办事处另称经营部，负责搜集所在地区经营信息，协助工程局在当地开展对外经营活动；在上海、北京、杭州、金华等有条件的城市逐步建立信息站，聘请部分离退休职工担任联络员，就地开展活动，收集和分析研究社会经济活动信息。是年，工程局制定《对外经营管理工作条例》(试行)，对对外经营工作原则、经营项目职权、计划管理、劳动力管理和财务管理、材料供应和施工机械装备管理、收益分配和工资福利、项目管理等作出规范，其中规定：工程局负责投资在 100 万元以上工程项目的承包和投资在 30 万元以上联营项目合同的签订，工程处、公司、厂在保证完成工程局下达的计划任务以及施工设备、工器具、原材料、流动资金和施工力量落实的前提下，可自行投标或承接投资在 100 万元以下的工程项目并签订承包合同，在工程局同意项目初步方案并与工程局签订借款合同的前提下，有权与外单位洽谈 30 万元以下的联营项目。

1986 年底，工程局设立由经营管理处 15 人、技术设计处 10 人、施工管理处 5 人联合组成，副局长、总经济师、副总工程师各1人负责协调的承包经营部，专责从事编标投标和中标承包、签订合同后的组织施工等项工作。从1987年开始，局属各工程处、公司自行承揽工程的权限扩大至投资500万元以下，工程局负责投资在500万元以上的工程项目的投标议标，并事先明确局内意向施工单位，邀请其参加投标议标；同时取消工程局内部联合承包工程项目的强制性搭配规定，实行一个工程由一个工程处、公司为主承包的办法，协作、配合单位由承包工程处、公司自主在工程局内外选择，其中工程局内部的联合、协作实行经济合同管理，订立赏罚条款，由工程局监督执行。

从1990年开始，重大工程项目投标与标书编制、施工组织设计，由工程局总工程师牵头，组织经营、技术力量编写，由总经济师牵头审定报价；上海、杭州、宁波、衢州经营部形成地区经营网络，工程局给各经营部确定承揽任务指标，按完成情况考核奖罚；凡承揽大型工程项目、国外项目或技术复杂项目，由工程局经营处负责组织编标，并根据专业性质确定局属有关施工单位参加；中小型工程项目，局属各施工单位可自行承揽，但须使用工程局法人名称，在合同签订前报经营处备案。

工程局经营活动中心从1992年10月开始从金华向杭州转移，1994年完成转移。从1993年6月1日起，一直由工程局统一管理的工程局“营业执照”和“资质证书”副本委托给局属主要单位管理使用：经营处、工程建设部、建筑安装工程处、机电安装公司持“营业执照”、“资质证书”副本各1份，企业部持“营业执照”副本1份；未持此两证的单位和部门按系统借用，即工程建设部系统到工程建设部借用，企业部系统单位到企业部借用，工程局直属单位到经营处借用。“法人代表委托书”仍由工程局统一管理。“合同专用章”收归工程局统一管理。

1994年4月，工程局印发《关于承揽工程项目提取中介费试行办法》，规定中介费提取标准和支付方式，鼓励单位、个人为工程局联系、承揽工程项目。对外经营部分管理权限下放后，对调动工程局和局属二级单位对外经营积极性起到一定的促进作用，同时带来一些管理上的混乱。工程局遂于1995年底收回部分管理权限（工程建设部除外），对外经营管理实行工程局一级对外、内部分工协作的体制。

工程局组建了企业管理部，主要从事社会工作和内部的企业管理工作。为进一步深化改革，2005年改企业管理部为企业策划部（简称企划部）。

企划部的主要工作思路：

（1）负责企业发展战略、发展规划的制定，供领导决策。

（2）组织开展调查研究，提出内部改革方案，供领导决策。

（3）负责编制工程局年度生产经营计划，负责全局统计管理，编制月度、季度、年度生产经营统计报表。

（4）负责工程局经济活动分析；组织制定经营业绩考核目标并对各单位经营业绩进行检查、考核。

（5）组织开展企业的合同管理、工程索赔工作，协调内部经济纠纷。

（6）负责工程分包商的资质管理和工程分包的合同、结算管理。

（7）负责内部核算价格、内部基建项目的管理。

（8）负责工程局经营资质管理，资质年检年审、申报等工作。

（9）负责企业改制的具体策划和日常管理。

（10）负责多经单位的相关管理工作。

（11）负责局法律事务工作，牵头做好企业普法工作。

（12）协助做好已完项目申报评优工作。

（13）完成局领导交办的其他工作。

第三章 产 业 结 构

第一节 基 本 情 况

水电十二局自1956年3月成立以来，主要以承建水利水电工程施工、港口与航道工程施工、市政公用工程施工为主。50年来发展成为具有国家水利水电工程施工总承包一级资质，以及市政公用工程、港口与航道工程三项施工总承包一级和钢结构工程、机电设备安装工程、桥梁工程、隧道工程四项施工专业承包一级资质；房屋建筑工程、公路工程二项施工总承包贰级和爆破与拆除工程专业承包二级；并具有特种设备安装、维修保养、改造资质，是集施工、勘测、设计、质控、安装、制造等业务能力于一体的国有独资大型建筑施工企业。

第二节 主辅分离精干主业

水电十二局主辅分离、改制分流工作从2001年开始酝酿，按照国家电力公司和集团公司的总体安排，根据国家八部委印发的《关于国有大中型企业主辅分离辅业改制分流安置富余人员的实施办法》（国经贸企改〔2002〕859号）和集团公司《关于进一步推进主辅分离改制分流工作的指导意见》（中水电企〔2003〕38号）文件要求。工程局为了更好地贯彻落实国资委2004年5月31日和2005年6月3日《关于中国水利水电建设集团公司主辅分离辅业改制分流安置富余人员总体方案的批复》意见，积极稳步地推进了工程局机电物资公司等第一、第二批企业主辅分离辅业改制分流工作。主要做了以下几方面工作：2004年仪表厂注销，2006年机械制造总厂改制完成，2005年华电防护厂改制剥离完成，2006年12月中小学校、公安移交地方成功，2007年中达实业总公司撤销。

水利电力部新安江水泥厂原由中国水利水电第十二工程局、浙江省发展资产管理公司、原由浙江省电力开发公司水利电力部第十二工程局新安江特种水泥厂共同出资组建的集体所有制，企业注册资本1420万元，1992年8月21日设立，2005年11月因国家政策规定强制淘汰关停而全面停产。

第七篇 企业管理

第七篇　企　业　管　理

第一章　战　略　管　理

第一节　发展环境与战略

根据《中国水利水电建设集团公司发展战略和规划管理暂行办法》的通知（中水电企〔2005〕24号）文件精神，结合我局的实际情况建立了工程局发展战略和规划决策委员会，具体负责工程局发展战略和规划的制定、实施和管理工作。在其领导下，工程局在发展过程中，组建了企划部，研究工程局的发展前景，先后制定了一系列的发展规划。

20世纪80年代初期，工程局根据上级主管部门的要求，着手编制一些中长期发展规划。90年代初，工程局根据企业长远发展的需要，制定滚动式中长期发展规划。

1981年5月13日，工程局根据电力工业部水力发电建设总局的要求，编制上报《紧水滩、湖南镇水电站5年计划和10年设想》，对紧水滩水电站制定了1983年截流、1986年发电和1984年截流、1987年后发电两个备选方案，并编制了湖南镇水电站后期工程施工规划。

“六五”投资规划　1982年9月21日，工程局向水利电力部水利水电建设总局编报《“六五”投资规划》，其中紧水滩水电站按1983年截流、1986年第一台机组发电、1988年竣工的目标，规划“六五”投资24780万元；湖南镇水电站以1983年扫尾销号为目标，规划“六五”投资3180万元；石塘水电站按1984年进点、1988年投产发电的方案，规划“六五”投资3040万元。“六五”规划投资合计3.1亿元。

紧水滩电站长远计划　1983年9月，工程局制定《紧水滩电站长远计划》，计划期1983～1988年共6年，规划紧水滩水电站1983年四季度截流，1986年确保1台争取两台机组发电、110千伏和220千伏开关站送电，升船机1986年底与第一台机组同时投产。

争创六好企业规划　1983年9月，工程局制定《争创六好企业规划（讨论稿）》，规划用两年（1984～1985年）时间，把工程局建成六好企业，设想在抓紧紧水滩水电站建设的同时，1984年进点石塘，进行石塘水电站施工准备。该规划还提出加强领导班子建设、加强职工队伍建设、全面完成国家计划争创全优工程、推行经济责任制提高经济效益和改善职工生活等5方面的设想。

上述规划执行结果：湖南镇水电站如期于1983年底竣工验收并移交；紧水滩水电站按期于1983年10月截流、1986年两台机组具备发电条件；石塘水电站由于改指令性计划施工为国内投标竞争，1985年7月方正式进点，1989年7月首台机组投产发电。

三年规划。1992年2月，工程局提出1992～1994年三年规划：1992年成本不亏，

1993年企业不亏，1994年企业盈利。执行结果，3年规划目标全部实现：1992年实现成本不亏，1993年实现企业不亏并略有盈利，1994年实现利润204.8万元。

1995年2月21日，工程局八届一次职工代表大会在金华基地召开。会议通过了1995～1997年三年发展规划，规划主要经济技术指标见表7-1-1。

表7-1-1　　1995～1997年规划主要经济技术指标

指标名称	单位	1995年	1996年	1997年	年均增长率（%）
企业总产值	亿元	3	4	5	30
建筑业自营总产值	亿元	2.45	3.3	4.1	30
工企业总产值	亿元	0.9	1.15	1.5	33
其中：全民企业	亿元	0.55	0.7	0.9	33
集体企业	亿元	0.35	0.45	0.6	33
全员劳动生产率	万元/（人·年）	4	5	6	27
利润①	万元	28	33	39	18
添置固定资产②	万元	1200	1500	1500	
竣工优良品率	%	30	40	50	
安全生产③					
重大技术进步项目	项	7	7	7	
职工年人均收入	元/（人·年）	6900	8300	10000	20
基地住房建设④	万米	1	1	1	
承揽施工任务	亿元	4	5	7	

①按总公司承包合同指标。

②按国家规定指标实现保值、增值。

③按总公司安全生产责任书规定指标执行。

④到1997年底，基本解决职工住房问题。

2001～2005年的规划目标是：管理技术密集型、建筑施工综合型、市场经营全球型，资本股份化、组织规范化、经营多元化、管理现代化，资源配置、经济效益和社会信誉一流的水利水电施工企业。5年来经过全局上下的共同努力，已全面完成目标，由此工程局企业综合实力和竞争能力显著增强，企业社会信誉和知名度明显提高。

2006～2008年经济规划目标是：新签合同额国内40亿，力争50亿元，2008年为15亿，年均增长为15%；国际合同额500万美元以上。国内营业收入44亿，力争60亿，2008年为16亿，年均增长10%。实现利润总额6630万元，2008年为2472万元，年均增长 20%。营业收入利润率保持在年平均 1.5%以上，全员劳动生产率提高到 30 万元/(人·年)以上。资产保值增值率保持在年平均 101%以上。应收款项周转率保持在年平均 3 次以下，比 2005 年提高 10%。工程局资金集中度保持在 85%以上，集团公司资金集中度保持在 20%以上。人均工资总额保持职工收入稳步增长，职工人均年收入达到同行业中等以上水平。

第二节　战　略　实　施

工程局自 1992 年开始实施 3 年一轮的发展规划，至 2000 年已成功实践了 3 个 3 年发展规划。2001～2005 年制定了 5 年发展规划，2006～2008 年又相继制定了 3 年发展规划。企业由此得到了有计划、有步骤的发展，企业综合实力和市场竞争力跨上了一个新台阶，企业信誉和知名度显著提高，同时也积累了实施中长期滚动式发展规划的丰富经验，使工程局的中长期规划更加规范化、合理化和科学化。

实施步骤

2001～2002 年，按照全国电力系统体制改革的统一部署和现代化企业制度的基本要求进行企业改制，基本完成企业内部产业结构、资本结构和队伍结构的调整，下属二级施工单位的整顿，大多数多种经营单位的改制，以及企业办社会的剥离工作；工程局改制为有限公司，初步建立适应社会主义市场经济要求的现代企业制度。

2003～2005 年，继续推进现代企业制度建设，实现股权多元化改革取得突破性进展，减人增效取得阶段性成果，企业内部产业结构显著改善，形成较强的企业经营功能和资源配置能力；所属二级施工单位真正成为要素结构合理、专业特长突出、施工任务均衡、经济效益显著的施工单位；所有多种经营企业的改制任务全面完成，工程局或出让股本或与其形成控股、参股关系，按资本运营机制运作；按照国家的统一部署，彻底剥离企业办社会职能；企业实力、竞争能力、经济效益和职工收入在同行业中名列前茅，成为一流的水利水电施工企业。

2006～2008 年，加大市场开发力度、调整企业产业结构，扩展非水电工程，特别是市政、航务航道、火电工程等。进一步完善经济责任制的经营业绩考核指标体系，制定相对科学和合理的经济责任制考核指标。加强工程质量安全管理，提升企业信誉；加大科技投入，大力开展技术创新；加快推进主辅分离辅业改制工作；加强人力资源管理，适应新形势下人才的需求；强化工程项目商务管理，提高项目经营管理水平；加强企业文明建设工作，创建和谐企业。

中国水利水电第十二工程局发展战略

从 1992 年开始，水电十二局的战略规划开始日趋走向正规化，每三年制定一次工程局的发展战略。

企业战略定位：工程局始终坚持“立足华东，拓展西部，走出国门”的经营方针，有计划、有目的地拓展市场。在稳固华东市场的同时，大力拓展西部市场；在巩固、壮大混凝土面板堆石坝传统优势的同时，积极打造抽水蓄能电站这个第二拳头产品。同时努力拓展市政公用、港口航道等非水电市场，积极改善产业结构，提高企业抗风险能力。

一、战略分析

（一）宏观环境分析

中国经济发展将继续保持良好的势头，继续推行扩大内需和增加基础设施投资的政策，遵照对外开放的政策，真正融入世界经济体系中，将进一步扩大国内建筑市场的对外开放力度，改善我国建筑业环境，促进我国建筑行业持续稳步发展。国资委建立后，对国有企业改革进一步加大了力度，将促进国有建筑企业加快建立现代企业制度步伐，完善法人治理结构，转变经营机制，增强企业竞争力。

加入世界贸易组织以后，我国建设市场将更加开放。一方面，国外的一批管理水平高、融资能力强、资金雄厚、技术先进、机制合理的建筑企业将加快进入国内市场，从事更广泛的建筑业务，加剧建筑企业的竞争；另一方面，也为国内建筑企业扩大利用外资，进入国际市场提供了更为广泛的空间，对促进建筑业体制改革，加快建筑业发展增加了新的动力。

（二）行业分析

1. 国内建筑业发展状况

建筑业是我国国民经济的支柱产业，在国民收入中占有很重要的位置，改革开放以来，我国建筑业得到了持续健康快速发展，建筑业发展的环境进一步改善，行业整体素质不断提高。

建筑业生产规模增长迅速，2003 年，全国建筑业企业完成总产值 21865 亿元，全社会建筑业增加值 8166 亿元，比上年增长 11.9%，占 GDP 的 7%，创新中国成立以来最高。建筑业从业人员 2353 万人，按总产值计算劳动生产率为 83245 元/（人·年）。

建筑业企业结构逐步优化，通过从 2001 年中开始的新的建筑业企业资质就位，全国建筑业企业的资质级别结构呈金字塔形，开始趋于合理，总分包企业格局基本形成。同时，通过改组、改制、兼并重组、加强管理，也出现了一批具有较强综合承包能力的大型建筑企业。

我国建筑业的技术水平已经达到了相当的高度，在岩土工程、工程结构抗震、综合爆破、大型结构与设备整体吊装、预应力混凝土和大体积混凝土等技术领域，不仅具有中国特色，且普遍达到或接近国际水平。

2. 国际建筑业发展状况

20 世纪 90 年代以来，世界经济增长速度放慢，但全球建筑市场总体上保持了增长势头，基本上呈现出稳定发展的态势。预计 2004 年全球建筑投资将达到 5 万亿美元，市场容量巨大。

国际建筑市场在长期的发展过程中，形成了许多成熟的承发包模式，而且，建筑业的承包商不仅参与项目的具体实施，还积极参与项目的开发和经营过程，较多采用了 BOT、BOO、BOOT 以及 PFI 等模式。

国际知名工程承包商资金实力雄厚、融资能力强、管理水平高、经营范围广，占有极大的市场份额和收益，在国际建筑市场上具有很强的竞争优势。

（三）企业分析

1. 优势

(1) 产品优势。工程局的拳头产品混凝土面板堆石坝已经承建 24 座，其中 100 米以上的高坝 10 座，是承建面板堆石坝最多的企业。地下厂房、洞群的开挖已经获得广泛好评，另一拳头产品正在形成。

(2) 技术优势。工程局掌握有较高水平的水利水电及相关建筑领域的施工技术，尤其在混凝土面板堆石坝施工技术和混凝土面板防裂技术具有国内领先的地位。

(3) 人力资源优势。工程局职工队伍比较精干，专业技术人员占职工总数的 40%以上，有教授级高级工程师 6 名、高级师 180 余名、中级师 500 多名，拥有一批既有理论知识又有实践经验的技术人才和经营管理人才。

(4) 品牌优势。工程局注重工程质量，提高顾客满意度，承建的工程曾获得首届中国土木工程詹天佑奖、鲁班奖、国家优质工程金奖等荣誉，在国内具有较高的知名度和美誉度。

2. 存在问题

(1) 体制还不能完全适应市场竞争的要求。工程局建局时间长，受计划经济体制的影响比较深，虽然经过多年的改革，取得了明显的效果，但还没有完成公司制改造、建立规范的法人治理结构，还不能完全适应现代市场经济条件下的企业竞争的需要。

(2) 经营规模不大。经营领域比较窄，经营业务和产品过于集中，在建筑市场甚至水电建筑市场占有率比较低，与国内大型建筑企业相比，经营规模有较大差距，与国际公司相比相差更大。

(3) 历史负担沉重。由于历史原因，工程局企业办社会的负担沉重，资本金严重不足，负债率过高，严重制约了企业的经营发展和建立现代企业制度的进程。

(4) 管理不够优化。在内部管理上还存在一些薄弱环节和落后区域，与国际大公司相比，管理创新能力、水平还有较大差距，从而影响企业整体效率、效益的提高。

(5) 复合型人才缺乏。工程局还缺乏一批既懂跨专业知识技术，又有谈判、编标、组织能力，懂外语，会管理，能参与国际市场竞争的复合型人才。

二、发展战略

（一）指导思想

制定工程局发展战略的指导思想是：以“三个代表”重要思想为指导，解放思想，实事求是，与时俱进，坚持以人为本，以发展为主题，以改革和创新为动力，加快建立现代企业制度，完善法人治理结构，加强企业管理和技术创新，推进人力资源开发，促进工程局持续稳定协调发展，把工程局建成具有国际竞争力的国内一流工程总承包企业。

（二）战略定位

(1) 制度定位。建立现代企业制度，完善法人治理结构。

(2) 市场定位。形成“主业做强，多翼齐飞”的市场格局。

(3) 管理定位。实现劳动密集型向技术密集型、管理密集型转变。

(4) 实力定位。参与国际竞争，具有国际竞争力的国内一流工程承包企业。

（三）战略目标

到2010年前后，将工程局建设成为具有较强的投融资能力和工程总承包能力，组织规范化，管理现代化，经营多元化的综合性、高效益的大型建设企业。

主要经济技术指标：

（1）2010年实现总承包产值20亿元。

（2）2010年实现企业总产值15亿元。

（3）资产保值增值率确保101%以上。

（4）产值利费率8%以上。

（5）2010年全员劳动生产率50万元/（人·年）。

（6）保持职工收入稳步增长，职工人均年收入达到同行业中等以上水平。

（7）科技成果进一步巩固提高，获集团公司以上科技进步奖3～5项。

（四）战略步骤

根据集团公司的战略部署，结合工程局的实际，拟分步实施工程局的发展战略：

第一步：2004～2007年，改制阶段。按照集团公司的部署和建立现代企业制度的要求进行改制，基本完成工程局内部的组织结构、产业结构、资本结构、队伍结构的调整，实现主辅分离和企业办社会的移交，工程局改制为有限责任公司，建立现代企业制度。

第二步：2008～2010年，快速发展阶段。提升经营层次，提高核心竞争能力，进一步完善工程局的资源配置，增强综合实力，全面实现工程局的战略目标。

（五）战略措施

1. 建立现代企业制度，完善法人治理结构

按照现代企业制度“产权清晰、权责明确、政企分开、管理科学”的要求，把工程局改制成为有多元投资主体的有限责任公司，进一步明晰产权关系，规范出资者、经营者和员工的权利和义务，充分调动经营管理者和员工的积极性，转换经营机制，提高竞争能力。

按照集团公司《关于进一步推进主辅分离改制分流工作的指导意见》和国家有关政策要求，结合工程局实际，分离企业办社会职能，把中小学和水电、物业管理等后勤服务机构向地方政府移交；对华电防护设备厂、机械厂、水泥厂、中达实业总公司、国泰墙纸公司等多种经营单位逐个进行分析，按照自身的条件和市场前景，分别采取改制分流、股份转让、破产、拍卖等形式进行辅业分离。

在实现主辅分离的基础上，进行工程局整体改制，把工程局改制为股权多元化的有限责任公司，建立和完善法人治理结构，形成股东会、董事会、监事会和经理层各负其责、协调运转、有效制衡的机制。对局属二级单位，继续进行整合和规范化改造，形成若干个具有较强施工、技术和管理实力的区域性、专业性分公司。

2. 加强营销管理，积极开拓国内外市场

面对竞争日趋激烈的建筑市场，根据市场的需求以及全球经济形势变化，加强营销管理。树立正确的营销观念，坚持以市场为中心，以顾客为导向，根据工程局的实力和比较优势，继续坚持“立足华东，拓展西部，走出国门”的方针，巩固水利水电特别是混凝土

面板堆石坝市场的地位，扩大国内外其他项目在企业任务结构中的份额。

在国内市场，要紧紧抓住我国实施西部大开发、西电东送、南水北调战略的有利时机，做强做大水利水电主业。根据国家“十五”计划和2015年远景规划，中国水电装机容量将达到1.5亿千瓦，工程局要在站稳已有地区市场的同时，根据区域水利水电资源开发的进展，有针对性地开拓西部新的市场。同时，要大力开拓市政公用、港口与航道、房屋建筑和公路等工程市场，大幅度增加非水利水电特别是市政公用工程在总合同额中的比重，改善工程局产业结构，提高企业抗风险能力。

在开拓国际市场方面，要紧紧依托集团公司，充分利用集团公司的国际品牌优势和工程局混凝土面板堆石坝的拳头产品优势，瞄准时机，选准项目，积极稳妥地迈出承建国际工程的第一步，并在实践中锻炼、培养外经人才和队伍，积累外经工作经验，进而谋求国际市场份额的增加。

3. 发展资本运营，增强投融资能力

要通过产权结构调整、内部资产重组等形式，拓宽资本运营渠道，积聚社会资金，再运用这些资金进行投资，获得资本增值。要利用自己的行业竞争优势，把资本和核心竞争力有机结合起来，融投资和工程承包为一体，通过融资带动工程总承包，积极探索采取BOT、BOO、BOOT等方式，参与国内外的能源、水利、交通及其他基础设施项目，实现资本的增值。

要积极探索新的融资渠道和方式，尝试与国外大承包商加强联合，将其技术、管理、资金优势与我们的施工优势相结合，培养和增强企业的融资能力；加强与银行的合作，实行银企联营，建立新的银企关系，从项目资金信贷式合作走向风险共担式合作的办法。

4. 提高技术创新能力，实施科技兴局战略

要始终坚持科技兴局战略，始终坚持科学技术是第一生产力的指导思想。要紧紧围绕企业中心工作，立足市场开发和工程建设主战场，有组织、有计划、有步骤、有重点地开展科技攻关工作。要健全各级科技进步责任制，真正做到科技进步项目资金、人员、措施三落实，工程局技术管理部门要做好技术指导、协调配合和相应的管理工作，确保相关科研工作的顺利进行。

对工程局处于领先地位的科学技术项目，要发挥先发优势，继续向深度进军，进一步巩固领先地位；对工程局刚刚涉及或以后打算涉及的施工领域的关键施工技术，要通过自行研究开发、引进消化等多种途径尽快掌握并达到相当的水平；要积极推荐工程局优秀科技成果参加集团公司及其他权威机构的科技进步奖等的评选，提高科技成果层次。

5. 加强人力资源开发，培养复合型人才

树立以人为本、人才强企的思想，实施人才战略，建立健全符合市场经济要求的用工、分配、考核、晋升等机制，促进员工综合素质的全面提高；形成有利于人才发展的良好机制和环境，建立有效的绩效考核、薪酬激励机制，从发现人才、培养人才、引进人才、使用人才的软环境和硬环境等各方面创造良好的条件，努力用事业造就人才、用环境凝聚人才、用机制激励人才、用制度保障人才。

加强专业技术人才、经营管理人才、高级技术工人队伍的培养，积极培养出一批拥有

现代科学知识、管理知识和丰富的实践经验，能够把握市场脉搏、具有较强的市场预测能力、调控能力、组织协调能力的复合型人才和各种专业人才，扩大人才规模，提高人才层次，优化人才结构，为实施工程局发展战略提供人力资源支撑。

6. 加强管理创新，提高企业经济效益

按照现代企业制度的要求，进一步建立健全各项管理制度，加强依法治企，加大管理工作的执行力度。不断进行管理创新，学习国内外企业的先进管理经验，结合工程局的实际，勇于探索，大胆实践，不断完善管理体制和各项管理制度，逐步达到能够参与国际竞争的一流的管理水平。

加强诚信建设，强化项目管理，提高企业经济效益。重视全面合同管理，合同管理要贯穿工程建设始终，一方面要信守合同，讲究信誉，严格执行合同；另一方面要加强合同管理，注重合同监督，加强合同的分析、控制和管理。在遵循建设工程项目管理规范和相关法律法规及有关强制性标准的基础上，规范建设工程施工中的管理行为、明确相关职责和工作关系，提高建设项目管理水平，并以此促进建设工程项目管理的科学化、规范化和法制化，完善质量体系的可操作性，保证质量体系持续有效运行。

7. 加强信息化建设，提高信息化水平

当今世界的科学技术革命正在引起社会经济结构与生产方式的重大变化。以计算机为中心的现代信息处理技术，是当今发展最快、影响最大的技术，通过信息技术的推广应用，给社会和企业带来了前所未有的效益。要利用网络技术实现企业经营管理的变革，使企业内部管理进一步电子化、信息化，通过企业内部局域网实现企业信息的共享，加速企业管理信息的集成化，增强企业管理的透明度，提高管理效率，完善企业内部管理机制。

在工程局总部和项目建立局域网，并通过多种网络连接技术，建立工程局内部广域网，为应用系统提供适用的网络基础。要建立经营管理信息系统，广泛收集经营决策方面的信息，建立企业管理资源数据库，逐步实现辅助决策。建立项目管理系统，逐步确立和完善综合项目管理系统的总体框架、项目数据库、项目管理工作流程与系统的信息流程，建立各种定额库，实现项目的信息化管理。

8. 树立企业形象，培育企业文化

企业形象是社会公众对企业、企业行为以及企业产品所给予的整体评价，良好的企业形象是一种无形资产，对外部来说，可以增强用户的信赖，提高招标投标时的中标率，增强企业的竞争力；对内部来说，可以使全体职工产生与企业同呼吸、共命运的价值观念，最大限度地调动职工的积极性。强化品牌意识，创精品、名品工程，加强对外形象宣传力度，进一步提高工程局的知名度和美誉度。

企业文化是企业的灵魂，要培育以人为本的企业文化，在工程局几十年来形成的艰苦创业、求真务实的企业价值观的基础上，不断注入时代特色和时代精神，构建具有工程局特色的管理文化、产品文化、形象文化等企业文化体系，形成一个创新、求实的企业文化氛围，为实施工程局发展战略创造一个良好的文化基础。

第二章 经 营 管 理

第一节 机 构

工程局的经营管理由传统的计划管理发展而来。经营管理机构始建于1956年，初期设计划组，后改为科，10月升格为计划处，此后数度撤并易名，1994年底为经营处。1981年以前，全局生产经营活动全部纳入计划轨道，计划管理在企业管理中处于核心地位。1981年始，工程局开展对外承揽施工生产任务，试行经济责任制，出现传统计划管理以外的经营管理萌芽。特别是1984年下半年实施企业改革后，随着工程局的转轨变型，经营管理体系逐步发展，渐趋完善。

第二节 招 投 标

1983年11月，工程局以“华东水利水电工程公司”名义参加鲁布革水电站引水隧洞、调压井、高压钢管等部分土建工程的投标，这是工程局第一个投标项目，也是第一个国际投标项目，由此揭开工程局参与建筑市场竞争的序幕。在10余年的投标竞争中，工程局有得有失。

招标投标是一种因招标人的要约，引发投标者的承诺，经过招标人的择优选定，最终形成协议和合同关系的平等主体之间的经济活动过程，是“法人”之间诺成有偿的、具有约束力的法律行为。早在20世纪80年代中期，水电工程建设领域就已经对这种新颖的竞争模式开始了尝试。这一时期的工程招投标工作仍属于探索阶段，市场并没有完全按照这一体制在运作，而是选取个别工程作为试点。

为了适应这种模式发展的需要，工程局开始成立专门的机构来负责此项工作。为加强管理，工程局在20世纪90年代初期就制定了《对外投标管理规定》，规定就管理机构的职责、管理工作的要求及投标费用的结算与处理等事项做了规定，以后又经过不断地补充和完善，形成了《投标管理办法》，用于指导工程局的招投标工作。1999年8月30日，第九届全国人民代表大会常务委员会第十一次会议通过的《中华人民共和国招投标法》，成为我国在招投标体制建设中的法律依据。现在，这样一种模式成为工程局获取工程储备的唯一渠道，也成为工程局生存发展的中心工作。

石塘中标 石塘水电站工程建设任务，按传统的基本建设管理模式，当由十二工程局承担。工程局于1983年7月和10月，两次报请水利水电建设总局将石塘水电站列入1984年基建计划。国家计划委员会认为概算投资太高，要求核减投资。1983～1984年间，中共中央总书记胡耀邦前后两次指示水利电力部，要求电站建设缩短工期、降低造价。中共水利电力部党组遂于1984年3月决定电站建设由自营改为投标竞争，并首先在石塘水电站试点。工程局面临可能丢掉石塘水电站工程施工权的严峻形势。1984年5月，石塘水电站土建工程施工招标通告发布，工程局随即组成由局领导挂帅的投标领导小组，组织精兵强将编制标书，志在必得。同年8月7日到紧水滩水电站工地视察的水利电力部部长钱正英，亦鼓励十二工程局要竭尽全力中标。工程局利用石塘水电站离其上游正在施工的紧水滩水电站较近的有利条件，编标时确定以紧水滩水电站施工带石塘水电站施工的总体施工方案，石塘水电站的施工临时设施、施工设备、施工队伍调剂和施工安排等大部分依靠紧水滩水电站工地；在施工安排上，提出提前组织力量进场，在1985年冬进行一期基坑部分项目施工的保证，以及紧水滩水电站蓄水后对石塘水电站施工进行防洪调节的设想；报价上剔除全部设备购置费和劳保支出费用，部分削减施工临时设施费，并下浮总价。同年11月20日，石塘水电站土建工程开标，7家水电施工企业参与竞标，十二工程局报价5343.75万元为最低。经浙江省电力工业局和华东水电工程咨询公司评价，并经水利电力部石塘招标领导小组审查批准，决定由十二工程局中标，1985年1月5日，浙江省电力工业局向十二工程局发送中标通知书。在随后于同年8月进行的设备安装工程投标竞争中，工程局又以711.18万元的报价中标。这是全国水利水电系统建设主体工程的第一个招投标工程。

水口得标 水口水电站土建工程为国际公开招标工程项目，国外投标商参与竞争，国内的大型水电施工企业分组联合，再与国外建筑施工企业组成联营体加入竞标行列。水利电力部第十二工程局为主联合第四工程局、闽江工程局，与日本前田建设工业株式会社组成“华田联营工程公司”参与投标。1986年11月，水口水电站土建工程开标，中国、美国、法国、英国、日本、意大利、联邦德国、西班牙和巴西等国的10家投标商和联营体递送标书，华田联营工程公司以5.5亿元人民币的最低标价居先。经过国内外70多位专家和有关人员组成的评标小组的评审，并经世界银行同意，华田联营工程公司以标价合理、技术可行而得标。

外拓内联 工程局根据“以我为主经营、适当吸收外资、所得利益均分”的原则实施外拓内联战略，拓展市场、扩大经营。外拓方面，先后于1983年同联邦德国霍尔茨曼公司、水利电力部第九工程局合作，参与鲁布革水电站引水工程投标；1985年与中国成套设备进出口公司上海分公司、水利电力部华东勘测设计院合作开展对外承包经援性和商务性水利电力工程项目、提供技术服务和劳务合作等业务；1986年，联合水利电力部第四工程局、闽江工程局和日本前田建设工业株式会社中标承建水口水电站土建工程；1992年与台湾普盈管理顾问有限公司合资创办上海普华应用软件有限公司，开发、销售计算机工程设计软件和管理软件及其配套设施。

在内联方面，凭借技术、管理力量和机械设备的优势及部分自有资金，开展跨地区、跨行业的横向经济联系和经济合作。内联的主要形式有：

(1) 同国内水电施工企业合作，解决专业施工和施工力量的配套问题。1985年与水利电力部第四工程局、闽江工程局联合组建华联工程公司；又与水利电力部第三工程局、闽江工程局组成水利电力部三联公司，参加上海石洞口电厂输煤系统工程项目的投标。

(2) 同水电施工、设计单位联合，尝试工程设计、施工总承包。1985年与水利电力部第三工程局、第十三工程局和华东勘测设计院联合成立中国东方工程公司，试图对南京市京杭大运河整治工程的扬州船闸项目进行投标竞争。

(3) 同水电行业以外施工企业联合承接施工任务。1987年与浙江省火电建设公司联合组建浙江省电力建设联合公司，承建温州发电厂一期工程。

(4) 同地方单位合资办厂。1985年与金华县临江乡人民政府合办罐头厂，生产、销售食品罐头；同年与浙江省精神病研究所合资创办钱江煤气灶具厂，研究开发并生产、销售系列燃气灶具。

(5) 同地方单位联合开展经营业务。1985年与温州市陶瓷建材公司合办华瓯建筑材料联营开发公司，开展黄砂采挖、销售业务；同年与上海市普陀区房建公司联办上海华普勘探工程队，开展地质勘探业务；1989年与上海市南市区达丰公司合办达丰商行（后改称达华商行），批发、零售商品；1993年与江苏省无锡市第五建筑工程公司、无锡县西漳房产开发公司合办无锡市中水混凝土搅拌厂，合作生产、销售商品混凝土。

1994年底继续联合的有华田联营工程公司、华联工程公司、上海普华应用软件有限公司、钱江煤气灶具厂、达华商行、无锡市中水混凝土搅拌厂。

第三节　合　同　管　理

对外经营合同（含协议）的预谈、草拟、谈判、签订和履约服务等工作由经营管理部门负责。工程项目中标后，经营管理部门负责组织同工程建设单位的合同谈判；草拟工程局直管项目的施工承包合同稿，或审定局属二级单位自管项目的承包合同初稿；凭法定代表人授权委托书，主办或协助工程承建单位办理合同签订手续；并向工程承建单位提供合同咨询服务，检查合同执行情况，协助解决合同纠纷。经营处内部机构编制方案中设合同组（1993年定员指标3人）。

2002年6月，工程局制定了《工程施工分包管理办法》及“工程分包合同”范本，2005年10月对该《办法》进行修订，并对《建设工程施工分包合同》范本作了大幅度地修改和完善。同时，起草制定了“建设工程施工劳务作业分包合同”的合同范本。2005年12月，工程局成立了合同管理领导小组及合同管理办公室，局属各单位均按局统一规定成立了合同管理领导小组。2006年7月，工程局又成立了工程分包领导小组及分包合同管理办公室，统一负责全局的分包商资格评审及年检、分包合同草案的审批、结算等管理工作，加强了对隐患较多、风险较大的工程分包合同的全过程的管控，进一步完善了工程局合同管理体系。同年10月工程局制定了《合同管理办法》，建立了较完备的合同管理制度，规定凡对外签订合同必须履行相应的授权和审批程序，明确各职能部门及二级单位的职责，对于重大合同必须经过法律顾问机构审核、备案。2005年6月，被中国工程建设社会信用管理委员会评为“中国工程建设社会信用AAA”称号；2005年8月，工程局被浙江省工商行政管理局评为浙江省工商企业信用AAA级“重合同守信用”单位称号；2006年10月，局法律顾问室举办了一起全局合同管理人员培训班，并对经考试合格的人员颁发了工程局合同管理人员上岗证。

1982～2006年企业总产值、总承包产值见表7-2-1。

表 7-2-1　　1982～2006年企业总产值、总承包产值一览表　　单位：万元

年　份	企业总产值	总承包产值	年　份	企业总产值	总承包产值
1982	2331.94	2331.94	1995	30052.3	25839.50
1983	3299.00	3299.00	1996	36811	48165.00
1984	4341.42	4325.39	1997	36925	45616.00
1985	6250.89	6216.30	1998	37154	49322.00
1986	8751.70	8587.10	1999	45845	66127.00
1987	9438.70	9022.50	2000	51327	69287.00
1988	10658.70	9781.80	2001	52777	70040.00
1989	10098.10	9823.80	2002	55882	76701.00
1990	10284.00	9347.70	2003	66387	89585.00
1991	9533.51	7520.25	2004	81744	128820.00
1992	11437.5	9425.00	2005	93489	145545.00
1993	17650.00	12831.70	2006	98441.7	144630.70
1994	23672.59	19516.60			

第四节　企 业 资 质 管 理

为了适应市场经营管理的需要，遵循市场运行规则，进一步增强企业竞争力，加强企业资质年检、升级、评审等工作，提高资质在企业经营的重要性，提高企业基础管理和精益化管理水平。工程局制定有关企业资质管理办法（局企〔2006〕291号文），保障企业资质管理工作的开展。进一步明确企业资质管理工作，明确企划部负责，企划部指定专人管理。实行企业资质动态管理，做好企业资质的申领、年检、变更、换证、保管、借用等工作。

水电十二局资质等级见表7-2-2。

表 7-2-2　　水电十二局资质等级

证 书 名 称	等级	发 证 单 位
水利水电工程施工总承包	一级	建设部
港口与航道工程施工总承包	一级	
市政公用工程施工总承包	一级	
房屋建筑工程施工总承包	二级	
公路工程施工总承包	二级	
钢结构工程专业承包	一级	
机电设备安装工程专业承包	一级	
桥梁工程专业承包	一级	
隧道工程专业承包	一级	
爆破与拆除工程专业承包	二级	

续表

证书名称	等级	发证单位
承装（修、饰）电力设施许可证		国家电力监管委员会华东监管局杭州监管办公室
中国水利水电第十二工程局水工金属结构证超大型平面滑动闸门		中华人民共和国国家质量监督检验检疫总局
中国水利水电第十二工程局水工金属结构证大型平面定轮闸门		
中国水利水电第十二工程局水工金属结构证超大型弧形闸门		
中国水利水电第十二工程局水工金属结构证超大型拦污栅		
中国水利水电第十二工程局水工金属结构证超大型压力钢管		
中国水利水电第十二工程局大型压力钢管生产许可证		
辐射安全许可证		浙江省环境保护局
中国国家强制性产品认证证书 GGD（交流低压配电柜）		中国质量认证中心
中国国家强制性产品认证证书 GCS（低压抽出式开关柜）		
中国国家强制性产品认证证书 XLL（动力配电箱）		
计量标准考核证书（0.1 级直流双电桥检定装置）		浙江省电力工业局计量办公室
计量标准考核证书（0.5 级交直流指示仪表检定装置）		
计量标准考核证书（0.05 级直流单电桥检定装置）		
测绘资格证书	甲级	国家测绘局
爆破物品使用许可证		浙江省工程爆破协会
浙江省工程爆破设计施工资格证书		
计量认证合格证书		中国国家认证认可监督管理委员会
全国工业产品生产许可证		国家质量监督检验检疫总局
承装（修、试）电力设施许可证	2 级	国家电力监管委员会华东监管局
特种设备安装改造维修许可证（起重机械）	A 级	国家质量监督检验检疫总局
安全生产许可证		浙江省建设厅

第三章　法　制　建　设

第一节　法　律　事　务

1996 年 10 月，工程局成立了法律顾问室；2006 年 12 月，在集团公司的积极推动下，工程局建立了总法律顾问制度，由副局长兼任总法律顾问，局法律顾问室主任担任副总法律顾问，并配有一名助理法律顾问，形成了以总法律顾问为核心的企业法律顾问组织体系，为企业依法决策和依法经营管理提供了有力的组织保障。工程局所属二级单位均建立了法治归口管理部门，明确法治分管领导，设立了兼职法律事务人员，明确二级单位法治工作分管领导，逐步建立由企业主要负责人领导、总法律顾问牵头、法律部门与业务部门共同参与的法律风险防范组织模式和工作机制。

2005 年 8 月，工程局制定了《法律事务暂行管理办法》，局法律事务工作实行分级负责、归口管理的体制，对企业的法律事务机构设置、法律顾问室与二级单位的法律事务机构职责、经济纠纷处理、法律文件审核等作出具体规定，促进企业的依法决策、依法经营和依法管理的能力，不断降低企业的经营风险和法律风险。2005～2006 年间，共审核和修改了《工程施工分包管理办法》、《物资管理办法》、《产权管理暂行办法》等企业重大制度。2006 年 7 月和 11 月，分别印发了《关于报送法律事务工作报表的规定》和《 关于报送法律事务工作报表的补充规定》，规范二级单位法律事务季度报表工作和案件纠纷的报送工作。

局法律顾问室积极参与企业改制、投资组建等重大经营行为，认真履行法律尽职调查职责，确保企业重大经营行为的合法有效性。负责对企业重大经营决策、重大合同（含分包合同）、规章制度以及其他重大经营行为的法律审核，在努力防范企业法律风险的同时，也全力做好纠纷案件的处理工作，依法维护工程局的合法权益。进一步明确了案件的权限和责任，即局属二级单位、部门发生民事、经济、劳动纠纷案件后，案件处理的责任方明确为该案的涉案单位、部门及负责人，除了重大案件标的重大或影响较大的案件外，局法律顾问室主要负责案件的指导、审核把关与跟踪管理，确保工程局的利益不受损害。

在办案或指导二级单位办理诉讼案件中，企业法律顾问积极发挥自己的优势及特长，与外聘代理律师紧密配合，认真分析案件、证据及法律依据，确定诉讼方案，认真履行职责，动态跟踪较大案件的进程，在第一时间了解案件的庭审、主要争议点等相关情况，及时调整相关策略，予以指导，并及时向领导报告。同时认真对待非诉讼纠纷，及时把纠纷处理在萌芽阶段，积极向二级单位了解、调取相关证据，核实事件及其主张的真实性、合法性，在此基础上再对二级单位提出处理方案，及时进行指导。

2005 年 1 月和 2 月，工程局法律顾问分别被浙江省企业法律顾问协会、集团公司评为“2004 年度浙江省优秀企业法律顾问”、“2004 年度优秀企业法律顾问”；2006 年 12 月，被浙江省法学会评为“优秀学会工作者”。

第二节 普 法 教 育

工程局普法工作始于1984年，当时由党委宣传部负责。工程局党委高度重视普法教育工作，从普法教育开始，除建立普法教育领导小组外，还认真抓好计划的制订和落实，抓好师资的培训和宣讲，多次被浙江金华市评为普法教育先进单位。

1999～2004年的“四五”普法工作，为加强对普法教育工作的领导，工程局在“三五”普法教育的基础上，调整和充实了局普法教育领导小组成员，形成以局长任组长、局党委副书记和局工会主席任副组长、局机关有关部门负责人参加的局普法教育领导小组，下设普法教育办公室，具体实施“四五”普法规划。局属各单位根据局普法教育领导小组的要求，也成立了领导小组和办公室，明确分管领导，有专人负责普法教育工作。

工程局先后制定了《关于在全局干部职工中开展法制宣传教育的第四个五年规划》、《关于今明两年普法教育工作的安排》、《关于深入开展“四五”普法教育工作和做好普法验收准备工作的通知》等文件，明确了“四五”普法教育工作的指导思想、总体目标、主要任务、普法对象、普法内容、基本形式、基本要求、方法和步骤等。局属各单位和机关各部门都根据局普法教育工作的要求，结合本单位、本系统的特点，制定普法规划和工作意见，使普法教育工作更有针对性和实效性。在全局干部、特别是领导干部中，以全国普法办指定教材《干部法律知识读本（上、下册）》为主要教材，重点学习邓小平法治理论与依法治国、中国宪法制度、中国行政法律制度、中国民事法律制度、中国商事及经济法律制度。同时，及时组织学习江泽民同志“三个代表”重要思想，学习党的十六大精神和十六届三中、四中全会精神，不断提高干部、特别是领导干部的法治意识。在“四五”普法教育期间，在各种培训班上安排有关法律法规的专题辅导。工程局的教育培训中心，先后在30多个培训班上安排了有关法律法规的辅导。有157人（次）参加了项目经理培训班，442人（次）参加了项目经理继续教育，在培训班上学习了建设方面的法律法规。每年的特种作业培训班，都安排安全生产法规的学习教育，先后有1969名特种作业培训班人员参加了培训。

选派各类人员参加中央党校、国家电网公司党校、省委党校和省有关部门举办的培训班。在“四五”普法教育期间，进一步健全了领导班子中心组理论学习制度，加强了“三本一表”建设。一般干部和职工的学习由各单位组织实施，采取自学为主，并利用干部政治学习时间组织学习和专题辅导。职工的法制教育主要利用政治学习时间、班前活动、岗位培训、职工大会等方式进行。根据要求，局基层单位在中心组理论学习中都增加了学法内容。2004年工程局根据集团公司的要求，在全局开展了“创建学习型组织，争创知识型职工”的活动，进一步促进了各项学习教育制度的落实。

发挥宣传舆论阵地在“四五”普法教育中的作用。局《水电工人报》积极配合“四五”配合教育，做好法律知识的宣传和依法治企工作的报道，并就职工关心的基本医疗保险制度改革、企业改制、公民道德规范、质量体系运行、安全生产工作等进行宣传。局属各单位也利用宣传橱窗、黑板报、墙报、简报等阵地开展普法知识的宣传。

举办“道德建设从我做起”演讲活动。根据中央依法治国与以道治国紧密结合起来的要求，在全局开展学习贯彻中央《公民道德建设实施纲要》和省《公民道德规范》的活动，努力在工程局营造“爱国守法，明理诚信，团结友爱，勤俭自强，敬业奉献”的良好道德氛围，并由宣传部、工会、团委联合举办了“道德建设从我做起”的巡回演讲活动，到后方基地和人数比较集中的工地演讲，历时11天，共演讲9个场次，受到广大干部职工的好评。

配合安全生产法的宣传教育，在青少年中开展写安全家书活动。“四五”普法期间，由局团委、质安处、普教处等部门联合发文，在全局团员青年和中小学学生中开展了以安全为主题的写安全家书活动。活动历时两个月，共收到安全家书900余篇，择优在《水电工人报》上刊登，促进了安全生产教育活动的深入。

“四五”普法期间，局党委每年都要组织两次宣讲活动，比较系统地宣讲党的十六大精神和“三个代表”重要思想、全国人大会议精神和《政府工作报告》、当前的国际国内形势和工程局的形势任务，其中包括党中央依法治国的思想和党的方针政策、十六大通过的新《党章》、十六届三中全会审议通过的《中共中央关于修改宪法部分内容的建议》，以及公共安全、安全生产和树立和落实科学发展观等方面的宣传。局党委组织的宣讲活动主要集中在局后方基地和人数比较集中的工地，其他工地一般由各单位自行组织。据不完全统计，局组织的宣讲多达35场（次），局属各单位组织的演讲约80余场次，这种演讲形式效果较好，深受离、退休老同志和广大干部职工的欢迎。

“四五”普法期间，先后在全局组织了六次规模较大的知识竞赛活动。一是在全局党员干部中开展党的十六大知识竞赛活动；二是在全局职工中开展《工会工作基本知识》竞赛活动；三是在全局干部职工中开展《安全生产法》、《职业病防治法》知识竞赛活动；四是在党员和科队长以上干部中开展以《党内监督条例（试行）》和《纪律处分条例》为重点的党内法规知识竞赛活动；五是在全局职工中开展安全生产知识考试，全局3883人参加，参考率达96.3%；六是在全局干部职工中开展“四五”普法法律知识竞赛活动，试题范围涉及工会法、劳动法、安全生产法、会计法、税法、招投标法、合同法、公司法、专利法、消费者权益保护法、刑法及相关法律法规知识。

将所需学习的法律资料，均及时下发到各单位和中层以上领导干部，包括要求学习的各种法律单行本、《干部法律知识读本（上、下册）》和集团公司编印的《“四五”普法读本》，其中购《“四五”普法读本》520本，确保了普法工作的顺利实施。局属单位根据要求，也购买了大批普法资料，发给干部和职工。工程局有关职能部门，除购买普法资料下发外，还编印了有关的法律法规知识和工程局的管理制度，工程局质量安全管理处，编印了《职工安全生产与管理知识手册》6000册，分发给全局职工；局办公室2002年10月编印了工程局《管理制度汇编（上、下册）》，发至全局各单位和中层以上领导干部。

在集团公司的领导下，工程局认真贯彻落实国资委及集团公司《五五普法规划》及有关依法治企、建立健全法律风险防范体系等文件精神，结合企业实际，全面扎实地开展了“五五”普法活动及各项企业的法制工作，取得了显著成绩。

2006年工程局按照国资委、集团公司五五普法规划的要求，制定并下发了《中国水利水电第十二工程局开展法制宣传教育的第五个五年规划》通知文件，在工程局及所属单位中成立了普法工作机构，并分别制定了“五五”普法规划，从工作目标、主要任务、普法对象、组织领导、实施步骤、保障措施等方面作出总体安排，并明确工程局总部、二级单位每年的普法的具体工作目标机任务。2006年9月，下发《关于成立工程局“五五”普法工作领导小组的通知》，工程局及二级单位均按规定成立了“五五”普法领导小组及普法办公室。同年12月，为确保企业“五五普法规划”的进一步落实，工程局还制定印发了《“五五”普法检查验收考核办法》、《关于建立“五五”普法工作相关配套制度的规定》等普法配套文件，就领导干部学法讲法、经营管理人员学法、职工学法时间保证、普法经费保障及检查验收考核等方面作了全面规定。2006年10月，工程局在金华基地举办了为期3天的局“五五”普法骨干培训班，标志着工程局“五五”普法工作正式启动。通过网络、报纸、法律知识竞赛、印发普法书籍等多种形式和载体开展普法宣传活动，工程局领导积极带头学法、用法，努力增强依法决策、依法管理理念，机关各部门、二级单位在活动中结合职能和业务积极组织相关的法律法规学习，将普法的范围扩大到外包队伍和农民工，同时在局域网上专门开设“普法”宣传网页，普法形式多种多样，务求实效，努力提高企业的法治文化氛围。

第四章　企　业　审　计

第一节　建　章　立　制

工程局的审计工作始于1983年。1983年8月22日，工程局在财务处内设立财务监察小组，局属基层设兼职财务监察员。1985年6月工程局成立了审计处，陆续配备了7名工作人员，但局属基层不设审计机构。1993年工程局机构变动，审计处与监察处、纪律检查委员会合署办公，并配备专职审计人员5名。1998年工程局再次机构变动，设立了企业管理部（含审计处），配备4名审计工作人员，在局长的领导下、部长的指导下开展工作，行使审计职权并担当基审计风险。2001年1月2日，为理顺审计处工作关系，审计处从企业管理部划出，为工程局的职能部门，在局长的直接领导下，开展企业内部的审计工作。

1998年组建了兼职审计员队伍，2001年重新确认了兼职审计员名单。2000年底以来工程局所属单位相继有28个单位组建了审计小组，有116人兼任各单位的企业内部审计员，对本单位实施下审一级的审计工作。

为了使内部审计工作有章可循，工程局制定了一系列相关的内部审计制度。

1985年6月，根据水电建设总局制定《水电系统审计工作试行规定》，制定工程局《内部审计工作试行规定实施细则》，并予以执行。

1998年以来，随着工程建设的发展和国家要求，工程局相继制定《内部审计工作规定》、《审计管理办法》、《经济责任审计办法》、《审计档案管理办法》等内审制度。

2002年在制定《审计工作规范程序》的同时，制定《工程项目竣工（或完工）审计办法》和《内部审计工作考核竞赛办法》。

2004年对《工程局内部审计工作规定》进行重新修订。

2005年修订了《内部审计管理办法》和《工程项目竣工审计实施办法》。

第二节 内部审计

1983年8月，工程局在财务处设立财务监察小组，制定财务监察制度，检查监督财会工作。1985年6月成立审计处，根据水电建设总局制定的《水电系统审计工作试行规定》，制定工程局《内部审计工作试行规定实施细则》，选择对外承包施工的杭州中河北段综合治理工程项目进行经济效益试审，使该项目把多占用工程局的25万元资金上交局财务处。

1986年初，审计处参与全局财务大检查，对20个局属内部核算单位及计财处会计决算编制过程进行审计。上半年，重点对物资处等单位进行经济效益试审，查出物资处急需清理的设备材料预付款及在途材料占用资金近800万元，因计划不周历年积压物资、设备原值上千万元。下半年，物资处清理账务，压缩库存，催讨悬案账款共计300多万元。是年，审计处专案审计工程局与广东郁南县经济技术开发公司联营承包南海开挖土石方工程，对郁南县经济技术开发公司拖欠工程局设备款250.05万元进行催讨。截至年底，全部追回欠款及利息283.08万元。

1987年，对第一、二、三、四工程处，机械制造总厂，建筑公司，机电安装公司等单位进行经济效益核实审计。据统计，是年各单位清理回收应收预付账款359.39万元，查出违纪金额22.77万元。

1988年，对局属22个单位进行财务收支审计，共查出有问题金额203.2万元，其中可冲减成本增加利润134.8万元、错提工资含量33.94万元、须清理的悬账32.6万元、违纪开支2.68万元。

1989年初，对全局23个单位会计年终决算进行复核审计，查出可冲减成本增加利润89.1万元。全年审计7个内部核算单位，查出违纪金额66.11万元。配合工程局纪委、监察处查处贪污、受贿经济案件5起。

1990年初，对全局23个单位财务报表年终会计决算进行审计。受国家能源公司、华联工程公司委托，派员参加铜街子水电站项目和华联工程公司及所属物资供应公司财务收支审计。全年对机械制造总厂、生活服务公司、东方技术咨询公司进行内部承包经营审计、财务收支审计和杭州钱江煤气灶具厂厂长离任审计。全年查出违纪金额29.99万元。

1991年，对宁波北仑二期项目经理室、纺织机械配件厂进行承包经营责任审计，对建筑安装工程处承建衢州第二水厂工程进行经济效益审计，对新安江工程处、新安江特种水泥厂进行厂长离任审计，对撤销的第一工程处经济遗留问题进行专题审计，查出违纪金额51.13万元。并对1990年工程局扭亏增盈进行审计调查，参与对施工科学研究所、职工医院、富春江管理处会计工作达标验收，并受浙江省审计局、浙江省总工会委托，开展全局1990～1991年度拨交工会经费审计。

1992年，工程局以成本不亏为重点，审计处进行承包经营审计、经济效益审计、审计调查等13项审计工作，查出违纪金额17.91万元，帮助受审单位健全内部控制制度，堵塞漏洞，促进经营管理，提高经济效益。5月，对万安溪水电站项目经理室进行扭亏增盈审计调查，提出修改当年经济责任制中产值、利润指标建议，促使该项目自10月后产值逐月上升，亏损逐月降低。

1993年，以经济效益审计为重点，完成审计项目12个，查处违规违纪金额15.75万元，帮助被审单位遏制乱开支、乱吃请、滥发钱物、乱挤成本等不良行为，严肃财经纪律，改善经营管理，提高经济效益。

1994年，重点开展厂长、处长、经理离任审计，帮助企业提高经营管理水平。全年完成审计项目14个，审查12个单位私设小金库、扩大和提高开支标准、乱挤成本、截留收入、超额发奖金等违纪违规金额222.31万元，形成12份审计报告、10份审计决定。

1985年7月～1994年，共审计79个项目，其中经济效益审计13个、财政法纪审计40个、承包经营责任审计9个、任期责任审计5个、专项审计5个、审计调查6个、其他1个，共查出违纪违规金额447万元。

1995年对工程建设部、路桥公司、中学、新安江实业总公司所属建筑公司进行财务收支审计；对职工医院院长、机械制造总厂厂长、模板公司经理进行经济责任离任审计；对劳务经济开发公司、通祥公司、花木公司、创业公司、华电制衣厂、妹滩项目其业务终止（撤销）进行审计；对杭州钱江灶具厂进行委托审计；对新安江实业总公司所属建筑公司、水电公司、工程公司合并进行审计。

1996年对天荒坪供水项目、华天公司、宁波工程公司所属宁镇骆项目承包进行经营责任审计；对中环工程公司原所属路基公司、建达工程公司、施工科学研究所、新安江实业总公司所属物资经销公司、结构厂进行财务收支审计；对综合贸易处所属龙华装潢公司经理、机械化处副处长、华电饭店经理进行离任审计；对设备修理厂进行经济效益审计、对万安溪项目黄椒温供水工程进行竣工审计；对工程局1995年财务决算进行了审签；对局内部职工集资、对外投资及出借资金情况进行了审计调查。

1997年对天荒坪抽水蓄能电站场内公路项目进行竣工审计；对索道公司进行经济效益审计；对设备管理处进行财务收支审计；对局工会、新安江疗养院进行经费收支审计；对基地管理局处长、机械制造总厂副厂长、第二工程公司经理、纺配厂厂长、基础公司经理、华电饭店经理、机电安装公司经理进行离任审计；对局1996年度财务决算进行审签；对福建水口华联公司进行联合审计。查出违纪违规及损失浪费总额共911.75万元，纠正总额为901.6万元，无法追回的损失10.15万元。

1998年对金华办事处主任、富春江管理处副处长、行政处副处长、中环公司经理、新安江管理处、建筑安装工程处处长、东方公司经理进行离任审计；对杭绕公路02标辅道项目、升华公司升船机工程、梅溪水库工程、北仑电厂灰库工程、富阳项目经理部、宁波工程公司岑港水库进行了竣工（完工）审计；对小学进行经费收支审计；结全局进行内控制度调查；对局1997年度财务决算进行审签。查出违纪违规总额共814.39万元，大多数单位能对存在的问题及时纠正，纠正总额为 626.23 万元 。

1999 年对劳务处、退休管理处的费用收支、技工学校经费收支、第三建筑安装公司经营状况进行审计；对局 1998 年度财务决算进行审签；对物资处、工业设备安装公司、三环工程公司、第四工程公司、高岩下项目进行经济效益审计；对机械化处、上海浦东华天贸易公司、上海联络处、基建公司进行了资产负债审计；对杭州中达实业总公司经理、综合贸易处处长、汽车运输公司经理、宁波工程公司经理进行了离任审计；对杭州绕城汽车专用公司祥符桥至留下段第二标项目进行竣工审计。查出违纪违规总额共 1378.92 万元，纠正总额为 352.41 万元（其中促进增收节支 305.01 万元），造成无法追回的损失 83.75 万元。

2000 年基础工程公司经理、索道技术公司经理、仪表厂厂长、第四工程公司经理、机构制造总厂副厂长、上海工程公司经理进行离任审计；对木工厂、金华办事处、萧山建设工程公司、玉环工程指挥部、第二建筑安装公司、劳动服务公司、中环公司进行资产负债审计；对企业部、职工子弟中学经费收支进行审计；对设备修理厂、第三工程公司进行经济效益审计、对施工科学研究所财务收支进行审计；对嘉兴电厂工程、嵊泗马前岗隧道工程、山东高速公路项目进行竣工审计；对社保中心职工企业补充与个人储蓄保险金收缴、医院职工家属医卫费收取及支用、局党委组织部党组织经费、局内部银行代收代缴职工个基本养老金情况进行了审计。查出违纪违规总额共 256.79 万元，纠正总额为 107.26 万元。

2001 年对局 2000 年度财务决算进行了审签；对医院院长、新安江管理处副处长、科研所所长、机电安装公司经理、建筑安装工程处处长、第四分局局长、衢州办事处主任进行了经济责任审计；对工程局内控制度进行审计调查；对青田太鶴大桥进行了完工审计；对杭州中水模板公司进行资产负债审计；对第三分局嘉兴项目进行经济效益审计；对 1998～2000 年审计成果进行审计调查。查出违纪违规及损失浪费总额共 1048.67 万元，大多数单位能对存在的问题及时进行纠正，纠正总额为 962.98 万元，其中促进增收节支 199.3 万元，无法追回的损失 71.89 万元。

2002 年对 2001 年度财务决算及财务预算执行情况进行了审签（计）；对设备物资公司进行财务收支审计；对宁波大沙泥桥、温州电厂灰库工程、白眉水库、第二分局珊溪水利枢纽工程、宁波环球大厦工程、第一分局白溪水库、大岩坑项目、第六分局义乌卫星水库、半月湾泵站、竹洲水电站进行完工（竣工）审计；对 1998～2001 年审计成果运用进行后续审计。当年对已查明的违规金额 208.31 万元及时得到了纠正，促进增收切节支金额 102.64 万元；纠正以前年度的违规金额 105.21 万元，追回流动的资产 2.45 万元。

2003 年对局 2002 年度财务决算进行审签；对富春江工程处处长、劳务处副处长、基地管理局局长、工业设备安装公司经理、机电安装公司经理、宁波工程公司经理、市政工程公司经理进行经济责任审计；对市政工程公司义乌雪峰东路工程、宁波大沙泥桥项目、江山城中城大桥、浦江公路项目、第二分局莲花山隧洞标段 A 项目、江山白水坑水库、珊溪水库、钓浜防浪堤工程、玉环海堤项目进行完工（竣工）审计；对劳务处、劳动服务公司进行资产负债审计。共查出违规金额 840.17 万元，纠正 673.27 万元，其中促进增收节支 178.26 万元。

2004 年对第一工程公司、富春江管理处、宁波港工程、新安江工程处、华电防护设备厂进行经济效益审计；对第二工程公司经理、机械制造总厂厂长、第三工程公司经理、医院院长、设备物资公司经理、宜兴施工局经理进行了任期（离任）经济责任审计；对白眉项目、竹洲项目、工业设备安装公司进行了资产负债审计；对白溪水库、义乌卫星水库、珊溪水库进行竣工审计；对杭州国泰墙纸厂资产负债损益情况进行核实。共查出违规金额 1499.29 万元，纠正违规金额 824.53 万元，其中上交内部财务部部门 38.73 万元，增加利润 282.97 万元。

2005 年对劳务处副处长、劳动服务公司经理、机电安装分局经理进行任期经济责任审计；对中达公司、第二工程公司、市政工程公司进行经济效益审计；对新安江水泥厂、东方公司、中水勘测设计研究院进行了资产负债审计；对企业补充与个人储蓄养老保险进行专项审计；对丰海电站、引子渡电站工程、三板溪Ⅰ标土建工程、周宁牛头山项目、华光潭电站、广西桂林思安江工程、溪下水库进行了竣工（完工）审计。共查出违规金额 1372.53 万元，纠正违规金额 1136.2 万元，其中主交内部财务部门 178.68 万元、调账纠正 371.48 万元、完善支付手续 586.04 万元。

2006 年对第六分局、第三分局、第一工程公司、电建工程公司进行了经济效益审计；对三板溪一二九联合体、紫建工程联合体、街面水电站浙闽联合体、中学、小学进行了财务收支审计。共查出违规金额 314.19 万元，纠正违规金额 313.74 万元，其中主交内部财务部门 142.9 万元，调账纠正 169.74 万元。

第五章　企　业　监　察

第一节　建　章　立　制

工程局党的监察委员会（简称“局监委”）于 1958 年 2 月 4 日经中共浙江省委批准建立，刘显辉任书记，委员 5 人。各基层党委均成立监察委员会，党的支部设监察委员。1958 年 12 月，经调整，陈赞任书记，委员 7 人。翌年 11 月，党的首次代表大会选举 7 名委员组成局监委，陈赞任书记。1962 年“四江”合并，局监委配备专职副书记、干事各 1 名。翌年 12 月，经中共浙江省委批准，李同彬任监委书记，委员 7 人，专职干部增至 3 人，有 4 个基层单位建立监察委员会。1965 年 4 月，党的第三次代表大会选举产生新的监委会，李同彬继续任书记，委员 7 人。

1979 年 5 月，工程局纪律检查委员会（简称局纪委）筹备小组成立，王兆泰任组长。1983 年 6 月，党的第四次代表大会选举产生局纪委，宋其仲任书记，委员 7 人。1984 年 12 月，根据水利电力部纪委（84）153 号文件和纪检工作会议精神，局纪委专职干部由 4 人增至 5 人。党员人数较多的 10 个基层党委，设立基层纪委，配备兼职纪委书记 1 名。为加强反腐败斗争和廉政建设，1989 年 8 月 26 日工程局成立监察处，与局纪委合署办公，配备监察处长、监察员各1名。局属生产经营单位也相应配备兼职（科级）监察员1名。

1992年7月，党的第五次代表大会选举产生局纪委，洪竹良任书记，委员7人。配备专职纪检、监察干部6人。各基层党委、党总支、直属党支部配设兼职纪检监察委员共33人。

1998年12月，党的第六次代表大会选举产生局纪委，江章贵任书记，委员5人，配备专职纪检、监察干部3人。各基层党委、党总支、直属党支部配设兼职纪检监察员21人。

为加强党风廉政建设，促进领导人员廉洁自律，根据中央纪委建立健全惩治与预防腐败体系建设的要求，局纪委更加注重用制度来约束权力的工作思路，先后建立健全了一系列制度、规定和办法：1995年，制定了《关于我局副处级以上领导干部收入申报的实施意见》；1999年，制定了《水电十二局党风廉政建设责任制实施细则》和《水电十二局党风廉政建设责任制考核办法》，并于2001、2003、2005年三次修订；2003年，制定了《水电十二局"三重一大"民主决策程序暂行规定》；2004年，制定了《水电十二局效能监察暂行办法》、《水电十二局〈保廉合同〉管理暂行办法》；2005年，制定了《水电十二局领导人员廉洁谈话制度》、《水电十二局党风廉政建设责任追究实施办法》；2006年，制定了《水电十二局领导人员廉洁从业实施意见（试行）》、《水电十二局〈贯彻落实建立健全教育、制度、监督并重的惩治和预防腐败体系实施纲要〉实施细则》。这些制度的建立和完善，有效地促进了工程局党风廉政建设。

第二节　纪　律　监　督

局监委的主要任务是根据各个时期党的中心任务，监督查处党员违纪违法行为和党员申诉控告案件，保证党的方针政策的贯彻执行和各项任务的完成。1958年，受理案件69起，处理61起。1959年，查处新安江水电站工地70栈桥钢梁倾覆和16坝段混凝土质量等重大事故。是年共查处案件31起，处分党员26人。1959年7月至1960年8月，工程党委错误地开展反右倾整风运动，错误地处分了一些人。1961年10月，对1958～1960年3年内，受批判处理的人进行甄别复查。复查工作于1962年8月结束。1964年1月，工程局开展反贪污盗窃、反投机倒把、反官僚主义、反分散主义、反铺张浪费"五反"运动。监委对17起党员、干部违纪案件立案调查，对7名党员、干部作了组织处理。

1978年4月，工程局成立落实政策领导小组，建立落实政策办公室，对1957年以来历次政治运动中受错误处理的，按照"有错必纠，全错全纠，部分错部分纠"的原则进行复查。工程局共有错划右派45人（含上海勘测设计院调来3人），因"右派"言论被错误处理的21人，经复查于1988年全部改正。

1978年10月20日和12月21日，两次召开平反昭雪大会，宣布为"文化大革命"期间受打击迫害的人平反昭雪，恢复名誉。至1982年，全部平反昭雪，重新安排工作，所有不实材料，集中清理，经工程局党委批准于1988年9月14日送造纸厂销毁。

1979年5月，重建的工程局纪律检查机构，根据中共十一届三中全会精神，对党员历史案件进行复查。重点是受开除党籍处分的，建国前参加革命工作的，知识分子受党纪处分的。复查后为20名党员平反，恢复党籍。

1981年5月《关于党的政治生活若干准则》（简称《准则》）公布后，举办《准则》学习班，培训党总支、支部书记66人。翌年6月6日，制定贯彻《准则》实施6条规定。8月，制订局、处两级党委民主生活会制度，规定基层党委每季召开1次民主生活会，由工程局纪委派员参加。工程局党委半年召开1次民主生活会，邀请上级纪委派人参加。12月，中纪委发表关于《必须坚决刹住制止党员建房分房中的歪风》的公开信，工程局纪委会同工程局分房委员会对金华、新安江、富春江等基地职工住宅分配情况进行检查。

1982年，根据中共中央关于批转《第五次全国“两案”审理工作座谈会议纪要》的通知精神，对“揭批查”运动中已作定性处理的人进行复议。3月，根据国务院《关于打击经济领域中严重犯罪活动的决定》，工程局全面开展打击经济领域犯罪活动。根据群众举报，发现紧水滩水电站工地外包工程内外勾结行贿受贿重大案件，牵涉30余人，其中处、科级干部10人，受贿总额36000元，国家蒙受损失40多万元。1984年1月8日，《浙江日报》报道此案件。局纪委以此为突破口，发动群众提线索、摆疑点，清查外包项目账目。1984年，发现和查清各类经济案件47件，收缴赃款和追回现金214.84万元。

1988年11月，工程局党委制定严禁公费旅游等一系列措施，要求全局共产党员保持清正廉洁，模范执行国家关于社会集团控购的有关规定。1989年查办经济案件25件，其中万元案件5起，退回赃款18100元。

1990年6月，工程局下文推行《监察建议书》制度。对一些够不上纪律处分的违纪问题，通过下达《监察建议书》促其纠正。1992年3月26日，工程局颁布《行政监察工作暂行规定》，对监察机构及人员、监察任务和职权、监察的方式与程序、监察部门与有关部门的关系都作出明确规定。为维护政治稳定，促进经济发展，监察处会同纪委联合制定廉政规定，开展廉政监察、执法监察。为提高纪检、监察干部业务素质，加强自身建设，4月举办纪检、监察干部培训班，33人参加培训。为认真抓好党风和廉政建设，把党纪教育列为党课和民主生活会的一项重要内容。

1993年9月，为加强党风廉政建设，局、处两级领导班子都制定廉洁自律的规定。翌年3月，将工程局党委和局属二级单位所制定的廉政规定汇编成册，发给全局科队以上干部，人手一册。

中共十一届三中全会后，局纪委履行“保护、惩处、监督、教育”职能，维护党的纪律，查处违纪违法案件，加强党风廉政建设。1983～1994年，共查处违纪违法案件53起，受党纪处分28人，受政纪处分7人，移送司法机关处理11人，收缴赃款160.16万元。

1978～1993年，工程局保卫处对建局以来处理的169人的历史案件进行复查，平反、纠正并落实政策133人。

1995～2006年，局纪委共收到群众来信来访147件，立案查处52件，受党纪处分29人，政纪处分22人，司法机关处理13人，收缴违法违纪款项444.06万元。2003年被浙江省纪委、浙江省监察厅授予“全省纪检监察系统查办大案要案先进集体”称号。

第三节 效 能 监 察

效能监察是企业监察部门在本企业主要负责人的领导下，协调行政职能部门，对本企业各职能部门、所属单位及领导和各类管理人员在生产经营和企业管理中执行国家的方针政策、法律法规、企业规章制度、履行职责及工作效绩等情况的活动，是企业监察部门履行监督职能的重要内容。工程局监察部门从2001年开始开展这项工作，主要工作是清理备用金、清理账外资金、督促有关部门加强制度建设等工作，2004年制定了《水电十二局效能监察暂行办法》，明确了效能监察工作的范围、内容、方法、程序、组织领导及奖惩，制定了《水电十二局保廉合同管理暂行办法》，明确了100万元以上的单项工程分包必须签订保廉合同，规定了合同执行中双方的权利和义务，并组织中期和期终验收。2005年成立了局效能监察领导小组，使效能监察工作有了组织保障，并逐步制度化规范化。监察部和所属二级单位每年都针对工作实际选题立项，成立效能监察小组，制定工作方案并组织实施，各个立项取得了应有的成效，效能监察成为加强和促进管理工作的一项重要工作。

2001年，开展了账外资金和在外资金的清理清查工作，成立了清查领导小组，共清理账外资金34.63万元，在外资金35万元；开展了清理备用金工作，清理备用金36.7万元。

2002年围绕加强成本管理、提高整体经济效益为重点开展效能监察，狠抓制度建设。3月，会同有关部门修订了《设备、物资竞价采购管理办法》、《工程分承包管理办法》；6月，对单位工程招标所用经营业务费和日常工作所用业务费分类核算，具体规定了限额指标，规范了业务费管理。局监察处把物资竞价采购作为立项，二级单位立项16项，通过效能监察合计节约资金142.30万元，清理备用金52.61万元。

2003年监察处把全局外包队伍选择、工程款结算和设备物资采购作为立项，3月，参与有关项目外包结算纠纷的处理，对有关人员的失职行为进行调查，避免直接经济损失24万元；5月，会同企业管理部到部分工地检查，提出4条6项整改建议，并以“监察整改通知书”形式跟踪落实整改。局属二级单位立项33项，合计节约资金202.72万元，挽回直接经济损失10.5万元，建章立制22项。监察处对亏损撤并和经营管理不善单位开展监察，发现案件线索3件，转立案2件，追缴赃款1.05万元，清理小金库两个，追缴账外资金31.5万元。围绕安全生产开展执法监察，对出现的安全事故，派人到现场调查了解事故原因，履行监督职责。

2004年监察处把设备物资采购和资金回收作为立项，发出监察建议书2份，配合局设备管理处处理两批废旧设备物资，收回价款350万元；清理备用金70万元。二级单位立项24项，节约资金598.39万元，挽回经济损失200万元，建章立制8项。督促保廉合同管理办法的执行，统一文本和格式，全年签订保廉合同51份，抽查验收了7个单位11份保廉合同。

2005年监察部把资金管理和设备物资采购作为立项，成立由监察部、财务部、审计部、企划部等人员组成的工作小组，对有关单位应收账款和外包款结算进行监察，清理应收账款470万元，复核有疑问分包结算款17笔，计258.56万元，查出重复付款10.13万元。督促设备物资部执行工程局的制度，建章立制4项，市场招标竞价处置废旧机械设备4台套、废旧钢铁60吨，增加效益26.3万元。二级单位立项28项，避免经济损失5.5万元，处理废旧设备物资27.48万元，建章立制8项。签订保廉合同62份，对4个单位6份合同进行了验收。清理备用金181.87万元。

2006年监察部把分包工程款结算与支付，联营体资金、资产管理作为立项。在公司建制的7个单位进行了解、核实分包工程情况，发放《分包工程情况调查表》，重点对应收账款和外包款结算支付进行了监察；分别对紫建联营体和浙闽联营体进行监察，规范操作程序。二级单位立项24项，共节约资金130.15万元，避免经济损失45.02万元，查堵漏洞6个，建章立制15个。参与安全生产大检查，侧重检查单位（项目部）行政主要领导的履职情况，作出评价。签订保廉合同80份，对8个单位41份合同进行了验收。

第六章　安　全　管　理

第一节　机　　构

工程局的劳动安全、设备安全、交通和消防安全、工业卫生与职业病防治、特种作业人员培训，分别由劳动安全、设备管理、公安保卫、卫生管理、教育培训部门负责。

为协调安全管理和统一领导，工程局于1957年4月26日成立安全生产委员会，局长兼任主任。“文化大革命”结束后恢复安全生产委员会，由1名分管副局长兼任主任。此后，因局领导人的更迭和有关部门负责人的变化，安全生产委员会成员屡作调整。1981年和1983年均由局长兼任主任。1989年7月11日，再次调整局安全生产委员会，由有关部门、单位负责人共23人组成，局长兼任主任，明确为工程局安全管理第一责任人。

劳动安全管理经历两个阶段，1984年以前，以工程局安全职能部门直接管理、检查监督为主，局属二级单位管理为辅。因职能部门多次撤并，劳动安全工作受到影响。1984年底后推行局、处（公司）两级管理，充实和加强二级单位劳动安全管理力量，各自负责内部的安全检查与管理，局劳动安全职能部门以监督、指导、服务为主，并实施抽查和考核奖惩。

1989年7月11日，工程局成立了以局长为主任，班子成员为副主任，各机关部门负责人为委员的局安全生产委员会。委员会下设办公室（在安全监察处内）。

1991年12月18日，为加强我局起重机械的安全检测与管理，成立了水利电力部第十二工程局起重机械安全检测站，隶属局安全监察处，与锅炉压力容器安全监察科合署办公。

因机构调整、人员调动，经局研究决定，调整局安全生产委员会组成人员，调整后的安全生产委员会由局长为主任、班子成员为副主任，各机关部门负责人为委员的27位同志组成。

1992年7月10日，建立了“水利电力部第十二工程局劳动卫生检测站”。检测站隶属卫生处，与局卫生防疫站合署司职。

1992年7月28日，为进一步贯彻落实能源部第二号安全生产指令，决定增补5位同志为局安全生产委员会成员。

1993年3月23日，因工程局机构调整，人员有了较大变动。经局研究决定，调整局安全生产委员会组成人员，调整后的安全生产委员会由局长等32位同志组成。委员会下设办公室（委员会设于质量安全处）。委员会为非常设机构。

1995年3月10日，鉴于工程局人员的变动，为有利于统一协调全局的安全生产工作，经研究决定调整局安全生产委员会组成人员。调整后的局安全生产委员会由局长等28位同志组成。委员会下设办公室（办公室设于局质量安全处）。委员会为非常设机构。

1998年3月6日，鉴于局机构设置和人员的变动，现调整局安全生产委员会成员。调整后的局安全生产委员会由30人组成，局长任主任。

2001年2月19日，根据完善质量保证体系的要求，为了进一步理顺局机关工程管理系统各部门的工作关系，经研究决定：局质量安全处同局质量保证办公室合并，新组建局质量安全管理处。

2001年3月23日，鉴于局内部机构调整和人员变动，决定对局安全生产委员会成员予以调整，由局长等22位成员组成。今后，委员中如因工作岗位或职务变动或退休，其委员任职自然终止，由职务接替者继任。

2002年2月23日，因工程局主要负责人、局领导工作分工的变动，以及局内有关机构的变化和人员的变动，经研究决定，决定对部分跨部门机构的组成人员进行适当调整。调整后的局安全生产委员会由局长等27位成员组成。局安全生产委员会办公室设在局质量安全管理处。

2004年3月15日，为使一旦发生重、特大生产安全事故时，及时组织好应急救援工作，防止事故的扩大和二次伤害，尽可能减少事故的损失，保障应急救援工作顺利进行，做到机构落实、职责分明、措施有效，工程局成立重、特大生产安全事故应急救援组织协调指挥中心（简称指挥中心），负责局内生产施工过程中一旦发生重、特大生产安全事故时应急救援工作的组织、协调、指挥。局属各单位、各施工项目部都必须服从指挥中心对应急救援所需的人员、设备、物资的统一调配。工程局明确重、特大生产安全事故局一级应急处理和排险专家成员，接受指挥中心领导，负责重、特大生产安全事故应急处置与排险技术施工方案和安全措施的审查或拟订及提供技术指导和帮助，局内生产施工项目重大危险源的风险评估、风险控制预案的审查或编制与技术指导。

2005年12月5日，根据集团公司《关于设置独立安全生产监督管理机构的通知》（中水电人〔2005〕114号）要求，为了进一步加强安全生产监督管理工作，经研究决定，设立中国水利水电第十二工程安全监督部。

第二节　管　理　目　标

1989年起，工程局设立安全检查管理工作目标。当年目标：消灭重大事故，控制频发性事故，减少一般事故，把负伤事故年频率控制在20‰以内；特种作业人员持证操作率达到40%（为1990年达标打下基础）；文明工地合格率达到在建工地数的40%（争取1990年达到75%以上，并消灭不合格工地）。

1990年安全管理工作目标：消灭重大事故，控制频发性事故和尘毒，减少一般事故，把负伤事故年频率控制在18‰以下；特种作业人员持证操作合格率累计达到85%；建筑施工安全检查评分，消灭不合格工地，力争"优良"工地达到在建工地数的20%。

1991年安全管理工作目标：杜绝重大事故，控制频发性事故和尘毒危害，减少一般事故，年负伤频率控制在18‰以下；二级单位和项目上的专职安全员必须持中级岗位证书上岗，持证率要求达到100%；厂长、经理必须有经劳动部门培训并考核合格取得的"厂长、经理职业安全卫生管理资格证书"；特种作业人员持证操作合格率累计达到85%；继续进行建筑施工安全检查评分，消灭不合格工地，力争"优良"工地数达到在建工地的50%；坚持文明施工，创建文明工地，作为我局对外信誉的"支柱目标"，要求工程管理部门切实加强目标管理，消灭不合格工地，力争"文明工地"数达到在建工地的20%。

1992年安全管理工作目标：杜绝重大事故，控制频发性事故和尘毒危害，减少一般事故，年负伤频率控制在18‰以下。各单位的处长（厂长、经理）、书记、工会主席及有关副职持"职业安全卫生管理资格证书"上岗。行政正职及管生产的副职持证率不低于85%；二级单位和项目工地必须配足专职安全人员，比例不低于职工（含临时工和直接指挥施工的外包工）总数的5‰，专职安全员必须持中级岗位证书或劳动安全检查员证书上岗，持证率100%；特种作业人员持证率累计不低于90%，复审验证率不低于90%。消灭不合格工地（含厂、场），创建一个优良样板工地和一个标准化车间。

1993全局劳动安全的管理目标：防止重大人身伤亡事故的发生，千人死亡率＜0.6‰，一般人身负伤频率控制在＜20‰，班组安全活动和安全建设能做到制度化、正常化。

1994年全局劳动安全管理目标：防止重大恶性人身伤亡事故的发生，千人死亡率＜0.2‰；千人重伤率≤0.6‰；一般人身事故频率≤15‰；制定出局内统一的对外分承包工程施工安全管理办法并认真监督执行。

1995年度全局劳动安全主要目标：杜绝一次性因工伤亡3人及以上事故的发生和一次性直接经济损失10万元及以上生产施工事故的发生。生产施工人员因工伤亡事故控制在局长与中国水利水电工程总公司及当地政府签订的安全生产责任书中明确的指标之内。力争创历史最高水平和实现无人员工伤死亡。

1996年度全局劳动安全主要目标。事故控制目标：杜绝一次性伤亡3人及以上重大人身伤亡事故和一次性直接经济损失10万元及以上生产施工事故的发生。人员因工伤亡事故指标严格控制在局长与中国水利水电工程总公司及当地政府签订的安全生产责任书规定的范围之内。责任书未签订前暂按下列指标控制与内部分解：因工死亡人数≤2人（按劳动部门统计范围，不含交通事故引起的人员工伤，下同）；因工重伤人数≤4人次；工伤事故伤害频率（含死亡、重伤、轻伤）≤15‰。

安全管理工作目标：全局无人员因工死亡、重伤，班组无未遂事故，岗位无隐患，个人无违章，安全操作规程挂牌上墙。

安全工作宣传教育口号：遵章守法学安规，制止违章保安全。

安全生产工作要求：抓重点、攻难点，克服薄弱环节，促进安全生产。

1997年度全局劳动安全目标。事故控制目标：全局全年杜绝一次性伤亡3人及以上重大人身伤亡事故和一次性直接经济损失10万元及以上生产施工事故的发生。因工人身伤亡事故指标，控制在局长与中国水利水电工程总公司及当地政府签订的年度安全生产责任书规定的范围内。责任书签订前暂按下列目标控制及进行内部分解控制：因工死亡人数≤2人（按劳动部门统计范围）；因工重伤人数≤3人次；工伤事故伤害频率（含死亡、重伤、轻伤）≤12‰。

安全管理工作奋斗目标：力争全局年度无人员因工死亡；局直属单位、企业部无人员因工重伤及以上事故；班组无未遂事故；岗位无隐患；个人无违章。

安全工作宣传教育主题：人人懂安规，事事守章程，处处讲安全。

安全生产、事故防范工作重点：完善现场安全防护，有效防止高处坠落和触电事故；尤其是加强高处作业、多层交叉立体作业、脚手架搭设与拆除作业、开挖与爆破作业、高边坡稳定安全处理、洞内作业、起重机械使用及锅炉安全运行等的安全措施保障和安全监控。

1998年劳动安全工作目标：杜绝一次性伤亡3人及以上重大人身伤亡事故和一次性直接经济损失10万元及以上生产施工事故的发生。因工人身伤亡事故指标，控制在局长与中国水利水电工程总公司及当地政府签订的年度安全生产责任书规定的范围内。

1999年安全目标：杜绝一次性伤亡3人及以上重大人身伤亡事故；杜绝一次性直接经济损失10万元及以上生产施工事故；因工人身伤亡事故指标，控制在局长与上级及地方政府签订的年度安全生产责任书规定的范围内。

2000年劳动安全工作目标：杜绝一次性伤亡3人及以上重大人身伤亡事故；杜绝一次性直接经济损失10万元及其以上各类安全事故；因工人身伤亡事故指标控制在上级主管部门规定指标之内；努力提高现场文明生产（施工）管理水平。

2001年劳动安全目标：杜绝一次性伤亡3人及以上重大人身伤亡事故和一次性直接经济损失10万元及其以上各类安全事故；有效地避免人员因工死亡，控制重伤、减少轻伤；各项指标全面控制在局长与上级签订的安全生产责任书规定之内，力争全年无死亡事故；从严治理习惯性违章；进一步提高项目工地安全文明施工水平，多创安全达标工地。

2002年劳动安全目标：杜绝一次性伤亡3人及以上，一次性直接经济损失在50万元及其以上各类重大安全事故；各项安全指标全面控制在工程局与上级和地方政府签订的年度安全生产责任书范围内，努力实现年度“死亡事故零目标”；积极采取措施，提高文明施工水平，防止职工群体职业健康事故和职业病的发生。

2003 年劳动安全工作目标：杜绝一次性伤亡 3 人及以上，一次性直接经济损失在 50 万元及其以上各类重大安全事故；各项安全指标全面控制在工程局与上级和地方政府签订的年度安全生产责任书范围内，努力实现年度“死亡事故零目标”；采取积极措施治理“三废”，提高现场文明施工水平，防止职工职业健康事故和职业病的发生。

2004 年劳动安全目标：杜绝一次性伤亡 3 人及以上，一次性直接经济损失在 50 万元及其以上各类重大安全事故；各项安全指标全面控制在工程局与上级和地方政府签订的年度安全生产责任书范围内，努力实现年度“死亡事故零目标”；采取积极措施，提高现场文明施工水平，防止职工职业健康事故和职业病的发生。

2005 年劳动安全目标：杜绝一次性职工因工死亡 3 人及以上，一次性直接经济损失 30 万元及以上的各类重大事故；各项安全事故指标控制在工程局局长与中国水利水电建设集团公司和浙江省安全生产监督管理局签订的年度安全生产责任书明确的指标内。力争实现年度死亡事故“零”目标；积极采取措施，提高现场文明施工水平，防止职工群体职业健康事故和职业病的发生。

2006 年劳动安全目标：杜绝一次性职工因工死亡 3 人及以上，一次性直接经济损失 30 万元及以上的各类重大事故；各类安全事故指标控制在工程局与中国水利水电建设集团公司和浙江省安全生产委员会办公室明确下达的目标之内，力争实现年度职工因工死亡事故零目标；努力增加安全投入，切实提高生产施工现场安全防护设施的规范化、标准化水平，搞好文明施工，防止职工群体职业健康事故和职业病发生；建立并保持职业健康安全管理体系的有效运行，年内通过第三方认证。

从以上目标的制定可以看出，工程局的安全目标逐年提高，并在贯彻执行中取得了预期的绩效。

第三节　建　章　立　制

1956 年 12 月，工程局首次颁发实施《劳动保护用品及安全工器具发放制度（暂行办法）》。次年，制定实施《新安江工地电气系统事故处理暂行规程（草案）》等安全管理办法，同时编发 110 个工种的安全操作规程。1959 年，先后制定《安全责任制》、《工人职员伤亡事故报告规程》、《预防七大恶性事故安全守则》，汇编印发了局安全制度和重型机械、机电安装、开挖、浇捣、机床操作等 6 册安全规程，并建立经常性安全检查制度。

1963 年，工程局重新编发《防止矽尘危害及风湿性关节炎病的措施》、《立式蒸汽锅炉安全使用规则》、《潜水安全操作规程》、《深水潜水减压措施》等，形成 9 个方面共 31 项安全规章制度和办法。1966 年制定《关于贯彻国务院颁发“工人职员伤亡事故报告规程”的几点规定》，明确工伤事故的统计报告要求和工伤认定界限。1971 年修订劳动防护用品发放标准。

1981 年，工程局重新修订印发《各级行政和技术人员的安全责任制（试行稿）》。

1984～1985 年，两次修订《劳动防护用品发放标准和管理办法》。1985 年，制定《安全生产经济奖罚办法实施细则》，翌年制定《施工管理考核办法》。1988 年，制定并实施

《关于查处职工伤亡事故的规定》、《特种作业人员安全技术考核管理办法》、《施工现场安全生产文明施工管理条例》、《文明施工检查评定验收考核暂行办法》、《锅炉压力容器事故报告办法》、《锅炉房安全管理规则》等。

1989年，工程局转发并实施建设部《建筑施工安全检查评分标准》、浙江省劳动厅《简易载货电梯安全规程（试行）》，并制定《安全管理考核评比试行办法》、《安全系统业务统计报表竞赛评比办法》。次年，为完善新工人入厂安全教育，工程局发出有关安全教育的通知，加强对新工人的安全教育。

1991年，针对推行项目法施工后的新情况，工程局制定并实施《强化项目施工安全管理的几项规定》、《外营施工项目劳动保护用品管理暂行办法》、《关于因工负伤人员就医补充规定》，并转发国家《起重机械安全监察规定》及浙江省制定的实施细则。次年，工程局全面修订了《安全生产责任制》，并制发《起重机械安全监察管理办法（试行）》、《水电施工和工企业生产安全检查评分管理》两个暂行办法。

为严格各级安全管理，加强班组基础安全工作，工程局于1993年制定实施《劳动安全管理考核奖惩暂行办法》、《关于人身伤亡事故调查处理及各类安全报表管理的有关规定》，加强班组安全建设。1994年，工程局制定《安全监察人员年度工作考核办法》、《工程分承包和劳务人员安全管理办法》和《劳动防护用品发放管理办法》。

1995年制定实施《水电十二局加强安全管理工作的若干规定》、《水电十二局劳动安全管理与考核奖惩办法》、《起重机械安全监察管理办法》、《锅炉压力容器、锅炉房安全管理办法》、《关于明确局机关有关人员劳保用品发放问题》等。

1996年制定《职工伤亡事故管理与查处规定》、《多种经营安全管理工作规定》，1997年制订《特种作业人员持证上岗管理办法》。

1998～2000年，分别制定《项目工地安全文明施工考评暂行办法》、《架子工安全管理规定》、《工程项目施工管理规定》、《施工用电安全管理规定》等安全管理规定，以规范现场施工安全管理。

2000年制定《安全监察人员管理与考核办法》、《安全教育培训和活动实施办法》、《劳动安全考核奖励办法》、《工程分承包和临时合同工安全管理办法》、《多种经营安全管理办法》，对涉及外包的管理作了一系列规定。

2001～2006年制定《职业安全卫生管理工作台账与记录管理暂行办法》，重新修改《职工工伤事故管理规定》、《伤亡事故应急处理规定》、《职业健康安全、文明施工费用投入实施管理办法》、《劳动保护用品发放管理规定》、《生产安全事故或自然灾害应急预案》和《职业健康安全不符合、事故/事件住处的统计、报告、分析、应用规定》，对应急处置和职业安全卫生管理工作做了规范。

第四节　实　施　考　核

技术措施计划　1963年12月，工程局首次编报1964年度安全技术措施计划。因受“文化大革命”的冲击，1966～1978年此项工作被迫中断。1979年起，恢复执行安全技术措施计划，并一直延续。1983～2006年安全技术措施计划执行情况见表7-6-1。

表7-6-1　　1983～2006年安全技术措施计划执行情况

年　份	立项数（个）	计划金额（万元）	实际使用金额（万元）
1983	16	12.25	
1984	21	22.97	12.84
1985	16	23.03	9.70
1986	18	19.23	15.73
1987	7	12.00	
1988	9	17.80	13.30
1989	27	18.81	13.10
1990	16	39.45	15.00
1991	48	33.35	15.49
1992	14	22.30	4.59
1993	21	8.05	3.08
1994	18	8.55	4.07
1995	25	17	17
1996	36	16.8	16.8
1997	43	18.4	18.4
1998	34	19.9	19.9
1999	30	17.3	17.3
2000	34	18.5	18.5
2001	38	13	13
2002	41	23.5	23.5
2003	42	15.4	15.4
2004	41	18.30	18.30
2005	38	18.40	18.40
2006	40	130	130

安全技术措施的立项和费用支出，1991年以前由工程局统一管理，1992年起局、处（公司）两级分列计划，分别开支费用。工程局制订的年度安全技术措施计划，主要针对防止尘、毒危害，改善劳动条件和环境以及危险性较大的设备（如锅炉、起重机械）的安全装置整改、全局性的安全活动、女工保护、工业卫生防治、安全检测与仪器装置、安全技术资料、安全教育培训、安全事故处理等。此外，工程局按年度下达一些安全技术措施项目，由二级单位负责实施，费用由其在安全技术措施经费中列支。

劳动防护用品　职工个人劳动防护用品依据国家规定和生产实际需要配给。1956年

12 月，工程局首次制定劳动防护用品发放制度，规定劳动防护用品发放标准及管理办法。后 7 次作局部修改完善或全面调整，其中两次变动较大，主要调整管理、文教卫生和后勤服务人员的劳动防护用品配给标准。1985 年，全局职工较为集中，因机关、文教卫生及后勤人员多围绕生产施工服务，故增发工作服、工作鞋、雨衣等；1994 年，鉴于局、处两级机关人员、文教卫生及后勤服务人员大多数在后方基地，工作环境变化，停止配发劳动防护用品。

1994 年 11 月 30 日，工程局根据国家有关规定、标准和上级文件精神，结合工程局实际情况，在广泛征求工程局各单位、各部门意见的基础上，经过认真研究，对劳动保护用品发放标准和管理办法进行了必要的修订。各单位在新标准和管理办法执行过程中，必须切实保证生产、施工作业人员规定的个人劳动保护用品的供给、发放。采购时要保证劳动防护用品、安全用具符合国家规定的质量标准。不得擅自提高劳动防护用品发放的标准和扩大发放范围，更不能以钱代物，搞个人包干使用或借劳动保护用品之名变相发放其他物品。《劳动保护用品发放管理办法》中对劳动保护用品的发放和管理进行了具体规定。

1995 年 3 月 24 日，工程局就局机关有关人员劳保用品发放问题进行了明确，除小车班、局工会商店、行政处所属有关单位，设备管理处等所属有关单位的有关职工应发放所需的防护用品外，其余人员一律不得发放。

2006 年 9 月 30 日，为进一步加强和规范工程局员工劳动防护用品发放管理工作，保障员工的职业健康安全，根据国家和地方有关个体劳动防护用品的管理规定及发放标准，结合工程局现行实际情况，对工程局现行有关劳动防护用品发放管理办法进行了修订，修订的《劳动保护用品发放管理办法》中对劳动保护用品的发放和管理重新进行了具体规定。

特种作业人员管理　根据国家规定，工程局特种作业主要为爆破作业、机动车辆驾驶、起重机械作业、金属焊接（含气割）作业、电工作业、建筑登高架设作业、锅炉司炉、机动船舶驾驶及轮机操作等。截至 1994 年底，全局涉及特种作业范围的人员约有 1500 人，占当年生产人员总数的 25％。

1959 年，工程局制定《电工作业证颁发条例》，规定电工作业人员须持证上岗，由机械化站统一负责电工考试和电工作业证的印发管理工作。1963 年，工程局对锅炉司炉人员实行持证上岗制度，锅炉司炉人员经考试合格后发给安全操作合格证书。1985 年，国家公布《特种作业人员安全技术考核管理规则》后，工程局对规定范围内的特种作业人员普遍进行了专业岗位培训，考试合格取证上岗。1988～1994 年，全局先后培训特种作业人员 2145 人次（机动车辆驾驶员未计入）。1991 年，经浙江省劳动人事厅批准，工程局成立特种作业人员安全技术培训考核站，承担起重机械、电工、金属焊接、厂内机动车辆驾驶和建筑登高架设人员的培训考核工作。1993 年全局特种作业人员持证上岗率达到 90％。

1993 年，特种作业人员 1098 人，持证 988 人，持证率 90％。共举办起重机司机安全培训班 5 期，培训 183 人；电焊工安全培训班 9 期，共培训 240 人；司炉工送培 2 人；桥门机安全检测人员资格培训 5 人；安全管理干部培训 8 人。

1994年，先后共举办各类安全培训班22期，培训人数约1390人，其中局内培训中心主办了特种作业人员上岗安全培训（换证、复审班）7期，培训人员185人，厂长经理职业安全卫生管理资格培训班3期，培训人员158人。局工会委托省总干校举办1期工会系统劳动保护干部培训班，培训人员50人。各单位组织进行三级安全教育和安全规定学习培训约1100人。

1995年，对400人进行了新进厂人员和转岗人员的三级安全教育，共举办8期特种作业人员培训，培训199人。此外，对外送培训216人。

1996年，工程局共办特种作业人员培训班11期，共培训取证复审260人。

1997年，全年共举办特种作业人员培训班（复审班）共14期，培训取证（复审）480人。此外，按时送5人参加总公司主办的安全管理干部培训班和安全计算机管理培训班进行学习。

1998年，持有效证上岗率达90%以上，安全员培训25人。

1999年，工程局培训中心主持，先后举办了16期特种作业人员安全技术培训班，培训场内机动车辆驾驶98人，电气焊接56人，电工62人，架子工23人，起重机司机26人，起重指挥、司索39人。另复审有效期特种作业人员242人。

2000年，职工培训中心举办了8期特种作业人员安全技术培训班，共培训115人·次。其中电焊工43人，电工35人，起重机司机16人，厂内机动车驾驶18人，架子工3人。另复审有效期到期特种作业人员104人。选送9名安全员参加了浙江省劳动和社会保障厅举办的浙江省承包采掘（剥）工程施工安全员专项培训班，取得相应的证书。

2001年度，全局职工教育培训中心举办了特种作业人员取证培训10期，共289人，其中：电工4期110人，焊工4期129人，起重机械作业两期48人。复审证件有效期到期的特种作业人员233人。19人参加了浙江省建设厅中岗安全员培训取证。2人参加了职业安全卫生管理体系内审员培训班取证。利用11月份工程局党委组织部举办年轻干部培训班的机会，专门对40余位年轻干部进行了一次安全生产法规和知识的培训。

2002年，工程局下达了2002年度的职工教育培训计划。先后自行组织和对外送培：浙江省施工企业负责人安全资格培训取证12人，工程局局长参加培训取证；浙江省企业注册安全工程师培训取证10人（其中高级3人，中级6人，初级1人）；浙江省建设系统安全员培训36人，企业职业安全健康管理体系内审员两人（已累计培训10人）；原中国水利水电工程总公司安全管理人员业务培训6人；浙江省建设厅建筑工程标准强制性条文宣贯培训安全员9人。特种作业人员培训取证：电工作业30人，金属焊接切割作业19人，起重机械作业60人，厂内机动车辆驾驶作业44人，登高架设作业20人，证件到期免试复审120人。培训取证起重机检验员3人。推荐申报国家注册安全工程师执业资格认定2人。

2003年度，8月，工程局举办了一期由43人参加的安全管理资格取证培训班，参加人员为二级单位行政主要负责人，分管生产安全的副职，施工项目部经理、副经理。特种作业人员培训取证387人，其中电工作业48人，金属焊接切割作业76人，起重机械作业77人，企业内机动车辆驾驶作业131人，登高架设作业52人；免试复审取证257人。从而保证特种作业岗位人员持证上岗和证件的有效性。

2004 年度，7 月，专门对新招聘来工程局工作的 131 名大中专生进行安全生产法规和知识的教育；8 月举办了局属单位、施工项目经理 72 人参加的安全生产管理资格培训班，取得浙江省安全生产监督管理局颁发的企业负责人安全资格证书；根据申办企业安全生产许可证的规定，6 位局领导、102 位项目经理、46 位专职安全管理人员参加了相应的安全生产知识考试；12 月，5 人参加集团公司举办的安全管理干部培训班学习；6 月，局长、副局长参加了集团公司举办的工程局领导一级的安全培训。此外，特种作业人员培训取证 363 人，复审 263 人。

2005 年度，通过国家规定的“三类人员”（企业负责人、项目经理、专职安全员）安全生产知识考核考试，强化三类人员的安全生产法规和知识的学习教育。1 月份和 9 月份，先后分别有 154、153 人参加了浙江省建设厅、水利部组织的“三类人员”安全生产知识考核考试取证。12 月，640 人参加了浙江省水利厅组织的工程建设标准强制性条文培训考试。局长 6 月份还参加了浙江省安全生产监督管理局举办的生产经营单位主要负责人安全生产培训考试取证。11 月，7 名安全管理干部参加了中国水利水电建设集团公司举办的安全管理干部培训班学习；特种作业人员培训取证 390 人，复审 380 人；7 月，对 150 名来我局工作的大中专毕业生专题进行安全生产法规和知识的教育，并发给相关的安全学习资料；8 月，组织局属单位主要负责人、总工程师、业务骨干、机关各部门负责人进行职业健康安全管理体系培训，约 80 余人参加；10 月份，局工会、局行政还联合组织对在工程局进行工程分承包的人员进行安全生产教育培训考核考试，约 1000 余人参加；11 月份利用工程局团委举办的团干培训班，进行安全生产法规和知识的宣讲。

2006 年度，3 月组织全局职业健康安全管理体系内审人员培训班，先后共培训内审员 135 人；6 月举办工程采掘作业项目负责人和安全员培训，75 人取证；举办全局全员安全教育培训考试师资骨干培训班，55 人参加；7 月对新招聘入局工作的 140 余名大中专毕业生进行入局工作安全教育；8 月举办工程分承包施工单位安全人员培训班，76 人参加；10 月，举办职业健康安全、环境管理骨干培训班，32 人参加；11 月举办法律法规教育骨干培训班，41 人参加；11 月，15 人参加了集团公司在长沙举办的项目经理安全培训班。此外，年内共 16 人参加了水利部举办的项目经理、安全员安全培训考核取证，1 名局领导、7 名项目经理参加了浙江省建设厅安全考试考核取证。遵照浙江省政府规定和省安监局的安排，组织全局全员安全知识培训考试，4000 余人参加。全年特种作业人员培训、复审取证 302 人，安全员业务培训取证 50 人。

工程局劳动安全部门自 1989 年起建立特种作业人员持证专项卡片档案，以备查询和劳动监察。

安全月　1957 年 3 月 15 日至 4 月 15 日，首次开展全局安全无事故运动月活动。1959 年 1～3 月，开展“查进度、查质量、查安全”的三查运动。1979 年 5 月定为全局的安全月，重点进行安全宣传教育和检查整改。1980～1984 年，每年 5 月份均布置和开展安全月活动，每年有主题。1981 年重点检查紧水滩水电站工地排水、边坡、驳坎等方面的安全问题，并恢复每周二安全活动日制度。1982 年，开展创全局优质、高产、低耗、安全最好水平活动，并于6月召开经验交流和授奖大会。1984年，工程局成立安全月领导小组，1名副局长兼任组长，指导实施全局安全月活动。1988年起，能源部指令安全月活动改在每年4月1～15日进行。1989～1993年，工程局共开展5次安全月活动。其中，1990年举办安全事故案例图片巡回展览，历时29天，主要工地职工参观达3000余人次。是年8月至次年3月，组织全员进行安全规程学习、考试，6000余名职工参加学习、考试，并举办“安规知识”电视公开赛。1993年举办“安全、质量、效益”专题征文比赛。1994年，工程局重点开展“三保两创”（保安全、保质量、保工期，创信誉、创效益）的宣传教育。4月全局性安全月；5月参与全国第四次安全生产周活动暨局行政领导参加部组织的安全工作知识考试；4～7月的工程建设系统“百日安全无事故劳动竞赛”；6～9月的“职业道德质量、安全知识竞赛”；10～12月的冬季防火知识竞赛。

1995年，组织开展局5月份的安全生产宣传教育活动月及参加全国第五次安全生产周活动。局本部金华基地举办了二期安全生产宣传画展（全年共4期），有线电视台播放安全生产教育录像片。给二级单位分发了10盒安全生产有关录像带（全年40盒次）。第二工程公司还专门举办了全员安全规程知识学习考试及安全生产知识竞赛。

1996年，5月份是工程局集中进行的安全生产宣传教育月，又逢全国第七次安全生产，及时作了安排，采用各种形式进行宣传教育。同时组织进行了全局职工的安全生产知识测验。

1997年，组织开展了5月安全月和全局5～8月的“百日安全无事故劳动竞赛”活动，评选出3个优胜单位、两个表扬单位，奖励总金额约3万元。

1999年，在全国第九次“安全生产周”活动期，局属各施工单位积极组织，广泛开展安全宣传教育活动，能利用现有宣传工具（广播、黑板报、宣传橱窗），紧紧围绕“安全、生命、稳定、发展”主题，并结合各自安全生产实际情况，开展了形式多样的活动，以周促月，以月促年，营造与经济建设相适应的安全生产氛围。在活动期间，组织全局锅炉房分管领导、锅炉房管理、司炉人员进行安全管理知识考试，39人参加考试，平均得分81.8分。

2001年，为进一步贯彻落实中央领导关于安全生产工作的重要批示，促进全员安全生产意识的提高，实现安全生产，工程局在5月份开展全局安全宣传教育月活动。同时，配合5月13～19日以“落实安全规章制度，强化安全防范措施”为主题的全国安全生产周开展系列活动。

2002年度，5月份全国开展了以“落实安全规章制度，强化安全防范措施”为主题的安全生产周活动。同时，5月也是工程局每年的安全生产活动月。全局围绕安全生产周主题，开展了广泛的安全活动，如安全知识竞赛、黑板报展评、组织义务消防演练、广泛张贴安全标语、横幅、宣传画。工程局统一购买了40套安全周专题宣传画发给所属单位。为配合学习和教育，1月份，局质安处编印了6000本安全知识小册子，发至全局每个职工。5～6月，在全局范围内，组织进行了全员安全知识考试。参考人数3775人，参考率90.3%，平均分数90.2分，142名局、处两级领导参加了考试。对全员安全知识考试成绩和组织好的单位，工程局给予了表彰和奖励。11月份，局、处两级安委会成员及全局专职安全监察员264人参加了国家电力公司组织的安全知识考试，平均分数91.4分。

2003年度，工程局对6月份的全国安全生产月活动极为重视，及时安排布置，认真抓好落实。在年初工作意见及4月份全局的安全工作会议中进行了安排，并就具体要求专门下文明确。活动月后及时进行总结报告。据不完全统计，活动月期间，全局共悬挂安全宣传横幅90条；张贴安全标语、宣传画1091张；举办安全专题广播33次；出安全专刊黑板报127期；组织安全知识竞赛27场次，参加人数2773人；举办各类安全知识演讲17场次，参加人数1630人；参加安全知识考试2861人；安全专题投稿90篇；参加安全承诺签名2839人；进行“我与安全”专题活动班组213个，参加人数3031人；召开各类安全会议62次；发放各类安全资料6743份；举办各类安全生产教育培训班73班次，参加人数2601个；组织各类安全检查175次，检查场所196个，参与检查人员285人，其中工程局局级领导9人，处级领导55人；查出安全隐患348处，及时整改339处，整改率97%，其余的随后也得到整改或落实监控措施。此外，有的单位还举办了安全事故案例图片展，百日安全无事故劳动竞赛，组织“安全在我心中”演讲组到所属各工地巡回演讲等，整个安全月活动开展得有声有色，形式多样，贴近实际，在全局各单位，各项目部工地形成了较强的安全生产氛围和相应的工地安全文化，有力地促进了员工安全意识的提高。

2004年度，6月，围绕“以人为本，安全第一”的全国安全月活动主题，组织动员全局上下积极响应，主动参与。做到早布置，细安排，广泛开展，多种形式，努力营造浓厚的安全生产氛围。活动月期间，据不完全统计，共悬挂横幅103条，张贴宣传标语宣传画1870张，举办安全专题广播18次，出安全专题黑板报或宣传橱窗88期，向各级报刊投稿42篇，安全活动培训参加人数1916人，参加安全知识竞赛活动1440人，召开安全生产会议99次，开展专项班组安全活动的班组251个，参加人数3239人，举办安全知识演讲5场，组织进行各种安全检查117次，检查场所193个，查出事故隐患372处，当月整改346处，整改完成率93%，其余随后陆续完成整改或落实相应的监控措施，投入安全月活动经费41.41万元，用于安全隐患整改资金123.44万元，参加“安康杯”竞赛活动人数6778人。

2005年度，6月份以“遵章守法，关爱生命”为主题的全国安全生产活动月，并在局内转化为全局4～6月的安全生产集中宣传教育活动季。广泛开展各种安全活动，以形成浓厚的安全生产氛围，增强依法治安搞好安全生产的意识。购买了40余套宣传画；印发了1万张“职工安全生产提示卡”。整个活动季暨全国活动月期间，共悬挂横幅678条；张贴宣传标语、宣传画1912张；举办安全专题广播23次，出安全生产专题黑板报、宣传橱窗74期；向各级报刊投稿42篇；组织安全培训参加人数1392人，参加安全知识竞赛活动1394人，组织安全知识考试人数2828人，召开安全生产会议103次，参加人数1444人；开展专项班组安全活动的班组152个，参加人数2083人，举办安全知识演讲15场；举办安全图片、事故案例展18场，参观人数1611人，发放安全宣传教育资料3913份；参加安全承诺签名活动1483人；参与“安康杯”竞赛活动人数5871人（含部分工程分承包施工单位人员）；组织其他形式的安全活动8次，参加人数1056人。

2006年度，4～6月，是工程局每年集中进行的安全生产宣传教育活动季。6月也是全国安全生产月。工程局围绕“安全发展，国泰民安”主题，广泛组织开展各类安全活动，进行安全生产和工伤保险知识竞赛，约6000余人参加答题；活动期间，共悬挂横幅108条，张贴宣传画、标语1174张，举办专题广播44次，黑板报宣传橱窗出专栏62期，向各级报刊投稿28篇，安全教育培训2453人，组织安全知识考试3180人，召开各级各类安全生产会议125次，参加人数2886人，开展专项班组安全活动的班组168个，参加人数2016人，举办安全知识演讲10场，举办安全图片，事故案例展26场，参观人数达2890人；参加安全承诺活动2239人，发放安全宣传教育资料2251份；参加“安康杯”竞赛活动6030人，并将“安康杯”竞赛活动延伸到分承包施工单位中。同时，充分利用各种会议、班组活动、工地广播、场所安全警示标识、文明整洁形象教育整理等，形成各工地项目工地项目部浓厚的安全生产氛围，树立良好的、正确的安全生产观和团队安全意识。

班组安全活动 1959年工程局作出每逢周一为班组安全活动日的规定并安排实施，1981年起改由每周二为班组安全活动日。班组安全活动由班组安全员主持，召集全体职工开会，总结上周安全生产情况，找出经验教训，针对问题采取改进措施。1993年，工程局重申生产班组的安全活动每周不少于1次，后勤服务班组的安全活动每两周不少于1次。同时，印发统一记录本，记录班组安全活动内容，并列为评选安全生产先进班组的基本条件之一。

评选先进 工程局从1959年开始开展安全生产评优活动，当年涌现出一批安全生产标兵班组。1963年和1977年开展厂（队）级安全流动红旗竞赛活动。1980年以后，每年开展评选安全生产先进单位、先进班组、先进个人活动。1984年评出先进单位5个、先进班组26个、先进个人37名。1985年首次评选先进安全员，评选出局级先进安全员23名、处级先进安全员102名、优秀专职安全人员9名。对排除重大事故隐患的5名有功人员给予特别嘉奖。1991年起改为评选优秀安全技术干部、优秀安全监察员。1988年起首次评选先进锅炉房、先进司炉工（1991年起改为安全司炉工）。1991年开始，每年评选优秀安全第一责任人。

1992年，工程局评出5个安全生产先进单位、5位优秀第一责任者、8名优秀专职安技干部、18个安全生产先进班组、60名安全生产先进个人、4个先进锅炉房、4个表扬锅炉房、12名先进司炉工、30名安全司炉工，同时对安全生产存在问题和发生事故的单位进行处罚，共奖124740元。

1993年度评出安全生产先进集体（单位）5个，先进班组22个，先进个人34人，优秀安全监察员22人；总公司级安全先进个人2人，优秀安全监察员1人，先进锅炉房3个，表扬4个，安全司炉工30人。经年终考核，1993年度工程局对局直属单位安全生产与管理奖励63150元。

1994年度，局内评出4个安全生产先进单位，4位安全生产优秀第一责任者，31个安全先进班组，3个先进锅炉房、117位安全生产先进个人、17位优秀安全监察员，27位安全司炉工。还有集团公司安全生产先进项目部宁波工程公司，浙江省工交安全生产先进集体机械化处，局长被集团公司优秀第一责任者。

1995年，评出局内安全生产管理先进单位3个，先进班组长45人，先进锅炉房4个，表扬锅炉房2个，安全司炉工29人，优秀安全监察员27人。总公司安全生产先进项目部为第二工程公司，安全生产先进项目经理1人。

1996年度，对局属单位及安全第一责任者考核后，共奖59250元。工程局安全生产管理先进单位3个、先进项目部3个、先进班组长42人、优秀安全监察员21人、先进锅炉房3个、表扬锅炉房3个、安全司炉工30人、学校安全工作先进个人4人。

1997年，对全年内部考评后，单位奖励71800元，对单位第一责任者奖励10450元。评选表彰了两个安全生产先进单位，4个安全生产先进项目经理部，安全生产先进班组长43人，优秀安全监察员17人，教育系统安全先进工作者3人，先进锅炉房3个，表扬锅炉房2个，安全司炉工23人，使用局长奖励资金5万余元。电力工业部安全生产先进单位为升华工程公司，集团公司安全生产先进单位为机电安装公司。

1998年局内共评出3个安全生产先进单位，两个安全生产先进项目部，安全生产先进班组长43人，教育系统安全先进工作者4人，优秀安全监察员22人，先进锅炉房3个，安全司炉工15人。总公司安全生产先进单位为白溪施工局。

1999年度，局内评选出安全生产先进单位1个，安全生产先进项目部3个，安全生产先进班组长52人，增长率系统安全先进工作者3人，优秀安全监察员26人，先进锅炉房2个，安全司炉工13人。

2000年度，局内评选出安全生产管理先进单位2个，安全生产先进项目部3个，安全生产先进班组长54人，教育系统安全先进工作者3人，优秀安全监察员27人，先进锅炉房2个，安全司炉工12人。总公司先进项目部为第一分局。对单位奖励53000元，对安全第一责任人奖励14500元。

2001年度，局内评选出安全生产管理先进单位2个，安全生产先进项目部1个，安全生产先进班组长55人，教育系统安全工作先进个人2人。优秀安全监察员27人，先进锅炉房2个，安全司炉工12人。总公司安全生产先进单位为第一分局。对所属单位和安全第一责任人2001年度的考核兑现结果为，奖励单位43720元，对第一责任人奖励24550元。

2002年度，局内评选出安全生产管理先进单位3个，安全生产先进项目部3个，安全生产先进班组53人，学校安全工作先进个人3人，优秀安全监察员30人，先进锅炉房1个，安全司炉工11人。第一分局、第二分局华光潭项目部被评为总公司安全生产先进单位。

2003年度，局内评选出安全生产管理先进单位3个，安全生产先进项目部3个，安全生产先进班组64人，学校安全工作先进个人3人，优秀安全监察员31人，先进锅炉房1个，安全司炉工10人。总公司安全生产先进单位为第一分局、第三工程公司周宁电站项目部。浙江省2003年度建筑安全文明施工标准化工地为第一工程公司220kV乾元变电所施工项目。对单位共奖43000元，对安全第一责任人共奖22050元。

2004年度，局内评选出3个安全生产管理先进单位，3个安全生产先进项目部，安全生产先进班组 61 人，学校安全工作先进个人 2 人，优秀安全监察员 30 人，先进锅炉房 1 个，安全司炉工 8 人。第一分局、第六分局三板溪项目部、街面电站浙闽联合体被评为总公司安全生产先进单位；杭州市青山水库除险加固工程（机电安装分局参建）、紫坪铺水利枢纽工程（第三分局参建）、宁波市鄞州区溪下水库工程（第一分局承建）被评为全国 2004 年度水利系统文明建设工地（水利部办公厅文件办建管〔2004〕190 号）。对单位共奖 73620 元，对单位安全第一责任人共奖 41015 元。

2005 年度，局内评选出 3 个安全生产管理先进单位，3 个安全生产先进项目部，学校安全工作先进个人 3 人，31 人为优秀安全监察员，先进锅炉房 1 个，安全司炉工 8 人。滩坑施工局、黑麋峰施工局、界竹口项目部评为总公司安全生产先进单位。对单位共奖 82500 元，对单位安全第一责任人奖励 47800 元。

2006 年，局内评选出安全生产管理先进单位 2 个，安全生产先进项目部 3 个，优秀安全监察员 33 人，先进锅炉房 1 个，安全司炉工 8 人。对局属单位共奖励 60700 元，处罚 283000 元；对各单位安全生产第一责任人共奖励 23660 元。

开展创文明工地活动始于 1988 年。是年 6 月 21 日，制定并实施《施工现场安全生产文明施工管理条例》、《文明施工检查评定考核暂行办法》。翌年，首次评选文明工地，经检查考评，评出文明工场 1 个（家具厂）、合格工地 9 个、不合格工地 3 个。后因局内机构变动，自 1990 年起，由劳动安全部门按建设部《建筑施工安全检查评分标准》对施工工地进行检查评价，评定等级为优良、合格和不合格。是年评定结果为，优良工地 2 个、合格工地 9 个、不合格工地 1 个。1993 年，工程局职能部门机构再次调整，机关人员精减，此项工作下放给二级单位自行组织，自查情况报局质量安全处备核。

安全大检查　1957 年 11 月 22 日，在新安江水电站工地举行全国水电第二次安全技术会议，有 55 名代表对新安江水电站坝基施工、围堰施工、列车电站、修配厂等进行安全检查与指导，针对问题提出改进意见。

工程局自行组织的安全大检查，规模最大的是 1965 年 1 月 16 日、7 月 13 日、11 月 6 日 3 次，由工程党委书记、局长、总工程师带队，有关专业人员、班组长、老工人等 787 人次参加，对查出的 514 项不安全问题和隐患，由安全管理部门拟定措施，指令有关单位逐项处理、解决。

1982 年 5 月 18～21 日，水利电力部安全月活动检查组对紧水滩、湖南镇、新安江水电站工地的施工安全、劳动保护、工业卫生进行全面检查，肯定工程局安全管理成绩，指出存在问题并提出改正意见。

1988 年 8 月 8～25 日，工程局在全局开展以文明工地竞赛和防暑降温工作为重点的安全大检查，涉及紧水滩、石塘、成屏、新安江、金华、丽水、宁波、温州、上海 9 个片、14 个工地的 23 个工作面，对发现的问题提出 111 个整改项目，分别给 11 个基层单位 13 个工地发出安全整改通知书，指令限期完成。

1991 年 10 月、1992 年 11 月，中国水利水电工程总公司安全检查组两次来工程局检查安全生产和管理情况，检查评价工程局为安全合格单位。

1993 年，局质安处共抽查了 9 个工地和单位。年终，局还专门组织由质安处、保卫处、局工会生产保护部有关人员组成的安全检查组对7个工地和工企业单位实施了检查评分。

1994年5～6月，工程局领导分别带领4个安全生产检查组对局属一些单位安全管理和安全生产状况进行了检查；11～12月，局质量安全处、局工会生产保护部、局工程建设部联合对5个单位进行检查考核。

1995年度，局质量安全处较为集中地组织了2次安全生产检查。先后对局内一公司梅溪水库工地、二公司乌溪江扩容工地等18个单位25个项目工地进行了47批次的安全检查和用电安全检查。

1996年度，工程局内部安全检查已基本制度化，分别在6月下旬至7月中旬、10月下旬至12月下旬进行安全检查。全年先后对局属第一工程公司宁波梅溪水库工地、第二工程公司乌溪江电站扩容工程施工等18个单位27个项目工地和场所进行了37批次的安全检查。

1997年7～8月及12月，局长亲自带领机关有关部门领导，包括质安处，先后到局内9大生产施工单位和施工现场进行考核并检查安全生产。全年先后专门检查了宁波工程公司的舟山岑港水库工程、北仑陆域填筑堆场三期工程等14个单位27个项目工地。

1998年，全年共30次检查了17个单位26个项目的安全文明生产情况。

1999年，工程局于5月和12月组织了2次安全大检查，由局党、政、工领导任检查组长，分别对局属主要施工单位（项目）进行了安全大检查。全年共64次检查了19个单位、30个项目工地。

2000年度，工程局分别于5月和8月两次组织综合安全大检查，均由工程局领导带队，有关部门人员参加。检查范围基本覆盖全局各施工单位和主要施工项目、工企业及后勤文教卫与经营场所。

2001年4月11日，工程局专门召开全局二级单位党政主要负责人、机关各部门负责人会议，传达上级关于安全工作的指示，研究布置安全大检查。局长、党委书记均在会上亲自动员、布置。10月18日，在宣布局长人事变动的全局中层领导干部会议上，新任局长就11月工程局安排检查提出要求。在5～6月和11月，工程局两次组织由局级领导分组带队的全局性安全大检查，检查范围基本覆盖了全局各生产施工单位及工、企业和文、教、卫、后勤服务单位。工程局全年共检查44批次，检查了19个单位29个项目。

2002年度，除日常监督检查外，在5～6月和10～11月较为集中的进行了2次安全生产大检查。此外，1～2月由局企管部与质安处联合对工企业、第三产业单位和场所进行了专项安全检查。4～7月，结合工程局质量管理体系内部审核进行安全生产作业环境、防护设施、设备机具安全管理、火工材料管理的专项检查。先后共检查了全局19个生产施工单位中的18个单位及30个施工项目。上级和地方政府有关部门年内也多次对工程局所属单位或项目工地进行了安全检查、考核。仅桐柏工地，2002年就接受各类外部检查15次，福建周宁项目15次。10～11月，原中国水利水电工程总公司安全检查考核组检查考核工程局一分局天台桐柏工地、周宁项目部福建周宁电站引水洞项目、贵州引子渡“129”联营体后，给予了较高的评价，其中桐柏项目为优秀、其他两个项目为良好。

2003年，4～6月，工程局组织安全生产大检查，由9位局领导分别带队9个检查组对全局各单位、主要施工项目工地进行检查。10～11月，以局质量安全管理处为主对局属单位进行安全工作考核检查。全年共检查全部17个生产施工单位，抽查了30个项目工地及局金华基地、学校、医院等后勤生活服务场所。积极配合，主动接受集团公司的安全考核检查。8～11月，集团公司组织的安全考核检查先后对工程局参与施工的6个项目工地进行检查考核。检查组采取对施工现场安全防护、文明施工、内业见证资料检查、听取汇报、走访业主等方式，按集团公司的“检查考核办法和标准”对照逐项考评打分，综合评价后，工程局第一分局桐柏抽水蓄能电站项目工地、第三工程公司周宁水电站引水洞项目部、泰安抽水蓄能电站项目部、宜兴施工局宜兴抽水蓄能电站项目部4个单位获优秀。

2004年度，工程局一级5～6月，由10位局领导分别带领安全生产检查组对全局的各单位进行了认真的安全生产检查。10～12月，局质量安全管理处、保卫处、设备物资处等也分别组织进行了劳动安全、火工品管理、场内交通、设备安全等专项检查；工程建设部上半年还逐个对有安全度汛、防台汛任务的施工项目进行了检查。较好地防止了重特大安全事故和安全度汛，防台风工作正常开展，未发生重大责任事故。全年共检查21个单位、31个项目部。集团公司年度安全考核检查组8月25～26日对工程局本部安全管理工作开展情况进行了考核检查。同时，抽查了工程局3个项目工地（第三分局四川紫坪铺项目、第六分局贵州三板溪项目、宜兴施工局）及福建街面电站浙闽联合体（工程局与闽江局组成的紧密型联合体，工程局为责任方），均评为优秀。

2005年度，4～6月和10月，全局共组织了两次全局性的安全生产大检查，均由工程局领导分别带队进行，4～6月共检查了21个单位、24个项目部。10月检查了12个单位、11个项目部。集团公司于2005年10月下旬对工程局本部及滩坑施工局进行了年度安全生产考核检查，充分肯定了工程局安全工作所取得的成绩。滩坑施工局经考核为优秀。

2006年度，4～6月，由工程局12位领导分别带队进行全局性的安全生产大检查，对于本次的检查，专门设置了检查评价表，明确检查内容与要求，共检查了17个单位23个项目部。7月21～22日，浙江省安全生产委员会办公室安全生产检查考核组对工程局本部及滩坑项目进行了上半年的考核检查；11月23～30日，集团公司年度安全检查考核组分别对工程局浙江青田外雄水电站施工项目、福建宁德洪口水电站厂房施工项目、湖南省黑麋峰抽水蓄能电站施工项目进行了考核检查，并按检查的结果，对提出的建议和整改要求及时上报了整改情况。

第五节　改　进　提　高

由于工程局领导对安全生产工作的重视，以及全体职工的努力，工程局的安全生产形势相对比较稳定，并有所提高，多次获得上级的表彰。

1995年3月，中国水利水电第十二工程局荣获中国水利水电总公司1994年度安全生产先进企业。

1999 年 3 月，荣获中国水利水电工程总公司 1998 年度安全生产先进企业。

2000 年 3 月，荣获中国水利水电工程总公司 1999 年度安全生产先进企业。

2001 年 3 月，荣获中国水利水电工程总公司 2000 年度安全生产先进企业。

2002 年 3 月，荣获中国水利水电工程总公司 2001 年度安全生产先进企业。

2003 年，第一工程公司 220 千伏乾元变电所施工项目荣获浙江省 2003 年度建筑安全文明施工标准化工地。

2004 年度，杭州市青山水库除险加固工程（机电安装分局参建）、紫坪铺水利枢纽工程（第三分局参建）、宁波市鄞州区溪下水库工程（第一分局承建）荣获全国 2004 年度水利系统文明建设工地。

第七章　质　量　管　理

工程局质量管理经历三个阶段。

一级管理　1956～1984 年由工程局一级直控管理。工程局质量管理部门直接负责土建施工、机电安装的质量检查验收，签发有关终检合格证；局属工区、站、大队为直接施工、质量控制单位，负责管理质量控制“三检制”中的自检互检；施工队、班组负责工序（单元工程、分项工程）施工，并进行质量自检。施工队技术人员校核合格后，填写质量三检记录表，工区、站、大队质检人员复验，符合要求时在三检表上签字，不符合要求时返工处理。最后，由工程局质量检查部门进行审查验收评定。工程竣工资料的整理、移交及竣工验收，均由工程局统一组织人员在工程尾工时实施。

两级管理　1985～1988 年，为适应建筑业试行招、投标制的需要，工程局实行局、处两级分级负责的质量管理体制。期间，施工工地增多，工程局质量管理部门实行精简，部分质量检查人员充实到各工程处、项目经理部（室）。各工程处、项目经理部（室）配备现场测量、试验、放样和观测等质量控制人员，经常性的施工质量检查、隐蔽工程验收等，均由工程处、项目经理部（室）自行负责管理。工程局质量管理部门以综合管理、监督和抽查为主，参与综合项目、单位工程的评定验收和项目工程竣工资料的整理移交。有些重点工程，则由工程局质量管理部门派专人进驻项目工地进行监督。

三级管理　1989 年以来，工程局施工任务全靠参与社会竞争投标而得，全面推行项目法施工，国家对建筑工程实行监理制，工程局质量管理相应调整为项目负责、单位管理、部门监督的三级管理体制。期间，工程施工的质量检查与控制完全由项目经理部（室）负责，内部按“三检制”要求操作，质量检查部门或专职质量检查人员负责终检及竣工资料的日常收集汇总；项目接受建设单位或工程监理的施工质量抽查或复核，最后由当地政府质量监督部门进行单位工程、项目工程（有时含地下隐蔽基础工程、主体结构工程）的终检和验收评定；项目经理部（室）主持交工工程的验交和竣工资料的整理移交、归档。局属二级单位负责本单位内部的质量管理，定期抽查所属工程项目的施工质量，参与工程项目的综合评定、验收和移交。工程局质量管理部门的主要职能是统一制定全局质量方针、目标和规章制度，实施内部的质量监督与考核奖惩，对局属二级单位或工程项目的质量管理与控制情况进行不定期抽查，并逐步向管理监督、指导和服务为主的职能过渡。

第一节　机　构

质量、安全管理机构始建于1956年底，为处级建制。计量管理工作长期由局属科研、安装等二级单位承担，1985年国家颁布《计量法》后建立局计量管理机构。自建局至1994年底，管理体制、管理方式几经变革，从局直控管理到逐级控制、分级负责、全员参与管理。工程局先后制定一系列质量、安全、计量管理制度。50年间，随着企业管理体制的改革和经营机制的转换，质量、安全和计量管理工作逐步趋向正常。

1995年2月19日，为了进一步加强全局质量管理工作，促进工程施工、产品制造及加工修理质量的提高，取得更好的经济效益，设立局质量管理委员会。张介中局长任主任，马如骐副局长、董润生总工程师任副主任。委员会下设办公室（设在局质量安全处）。

1998年3月5日，鉴于局机构设置和人员的变动，调整局质量管理委员会成员。局质量管理委员会由局长张介中等17人组成，张介中任主任。下设局质量管理委员会办公室，设在质量安全处。

2001年2月19日，根据完善质量保证体系的要求，进一步理顺局机关工程管理系统各部门的工作关系，经研究决定，局质量安全处同局质量保证办公室合并，新组建局质量安全管理处。

2001年3月23日，鉴于局内部机构调整和人员变动，决定对局质量管理委员会、计量管理工作领导小组成员予以调整。委员中如因工作岗位或职务变动或退休，其委员任职自然终止，由职务接替者继任。张介中任主任。下设局质量管理委员会办公室，设在局质量安全管理处。

2002年2月23日，因工程局主要负责人、局领导工作分工的变动，以及局内有关机构的变化和人员的变动，经研究决定，决定对部分跨部门机构的组成人员进行适当调整。调整后的局质量管理委员会由徐鹿元局长等21位委员组成，局质量管理委员会办公室设在局质量安全管理处。

2005年3月7日，根据工程局《质量手册》（SD 12/QSN—B）有关规定，任命工程局质量管理体系管理者代表。

第二节　管　理　目　标

工程局从1999年开始，制定三年目标规划，其中包括质量目标的规划，并对每年的质量目标进行分解。

1999年度的质量目标为：土建单元工程优良率80%；金属结构制作安装单元工程优良率85%；机电安装单元工程优良率80%；杜绝重大质量责任事故。

2000 年工程局质量目标为：土建单元工程优良率 82%；金属结构制作安装单元工程优良率 87%；机电安装单元工程优良率 82%；杜绝重大质量责任事故。

2001 年工程局质量目标为：土建单元工程优良率 85%；金属结构制作安装单元工程优良率 90%；机电安装单元工程优良率 90%；杜绝重大质量责任事故。

2002 年工程局质量目标为：竣工单位工程和项目工程符合国家验收规定，满足合同要求；单元（分项）工程一次验收合格率 95%；土建单元（分项）工程优良率 85%；金属结构制作安装单元（分项）工程优良率 85%；机电安装单元（分项）工程优良率 90%；不发生直接经济损失≥30 万元的质量事故。

2003 年工程局质量目标为：竣工单位工程和项目工程符合国家验收规定，满足合同要求；单元（分项）工程一次验收合格率 95%；土建单元（分项）工程优良率 85%；金属结构制作安装单元（分项）工程优良率 85%；机电安装单元（分项）工程优良率 90%；不发生直接经济损失≥30 万元的质量事故。

2004 年工程局质量目标为：竣工单位工程和项目工程符合国家验收规定，满足合同要求；单元（分项）工程一次验收合格率 95%；土建单元（分项）工程优良率 85%；金属结构制作安装单元（分项）工程优良率 85%；机电安装单元（分项）工程优良率 90%；不发生直接经济损失≥30 万元的质量事故。

2005 年工程局质量目标为：竣工单位工程和项目工程符合国家有关验收规定，满足合同要求；单元（分项）工程一次验收合格率 96%；土建单元（分项）工程优良率≥85%；金属结构制作安装单元（分项）工程优良率≥90%；机电安装单元（分项）工程优良率≥90%；不发生直接经济损失≥30 万元的质量事故。

2006 年工程局质量目标为：单元（分项）工程一次验收合格率≥96%；土建单元（分项）工程优良率≥85%；金属结构制作安装单元（分项）工程优良率≥90%；机电安装单元（分项）工程优良率≥90%；不发生顾客重大投诉；不发生一次性直接经济损失 30 万元及以上的各类事故。

第三节　建　章　立　制

1956～1958 年，为加强工程质量管理，陆续编发《技术操作规程》百余个，促进各工种职工技术素质的提高。1957 年 8 月，工程局制定并实施《水工建筑物混凝土与钢筋混凝土施工技术暂行规范》，以保证混凝土工程施工质量。

1959 年，工程局先后制定《关于大坝质量的八项规定》、《隐蔽工程检查验收试行办法》、《水泥检验管理试行办法》、《钢筋、钢材检验试行办法》、《大坝质量检查制度》、《施工生产单位工程质量自检互检制度》、《大坝和厂房工程档案管理试行办法》等，同时推行工程质量责任制，明确局长、总工程师、技术负责人、施工队长，以及试验所、测量队、检查组的分工联系和应承担的质量责任。

1963 年 3 月，制定《混凝土与钢筋混凝土浇捣工程各工序工程质量鉴定试行办法》；4 月，制定《工程质量事故检查报告制度（草案）》、《单位工程竣工验收工作细则》、《水利水电工程施工质量检查监督办法》。

1966年12月，制定《关于七里泷工程水工建筑物施工质量检查的几点规定（试行)》。在“左”的思潮影响下，工程质量事故检查报告制度被删改，三级检查制度被削弱，单位工程竣工验收工作细则被废除。在“文化大革命”中，一度工程局质量管理工作受到干扰和损害。

1981年起，工程局逐步恢复质量管理工作，重新制定一系列质量管理制度。主要有《水泥使用管理办法》、《钢材使用管理办法》、《工程质量评定管理办法》和《隐蔽工程验收制度》等。翌年，建立健全《施工质量责任制》、《工程质量自检互检（含三检）制度》、《隐蔽工程施工质量检查验收制度》、《混凝土预制件质量检查验收制度》、《紧水滩拱坝基础开挖质量检查验收办法》、《水泥运输、储存、使用管理办法》、《钢筋管理暂行办法》、《工程质量评定管理办法》、《永久工程和大型临建工程质量档案管理试行办法》、《质量“信得过”班组评选办法》以及《优质单位工程和优质管理单位评选暂行办法》等规章制度。1986年，为搞好后方基地永久房建筑质量管理工作，工程局发出《关于加强基地永久房建质量管理的通知》，明确规定：严格承包单位的资格审查和施工质量管理；健全质量机构和各级人员的质量责任制；加强施工质量检查与管理；坚持工程竣工验收程序。1986、1987年先后制定《施工质量考核办法》和《水电工程质量考核办法》。

1988年工程局制定并实施《工程施工质量检查暂行办法》、《优质工程评选奖励办法》、《质量考核办法补充规定》、《质量小组活动管理办法实施细则》。

1991年制定《质量管理体系图》、《工程项目经理部（室）各级人员质量责任制（试行)》、《水利水电工程质量评定标准》。次年，制定并实施《工程专职质量管理先进集体和先进个人年度评选奖励试行办法》。1993年制定《质量管理考核奖罚暂行规定》，明确有关单位、部门质量、计量管理职责。

1995年，制定实施了《优良工程、优质产品奖励办法》、《质量责任制》、《质量管理及考核奖惩办法》。

1996年，制定了《质量事故查处暂行规定》，明确了对发生质量事故的单位和有关责任人的处罚规定，促进质量事故发生单位和人员吸取教训，促进全员质量意识的提高。

1999年，取得了质量管理体系认证证书，规范了工程局的质量管理工作。

2000年，对《优良工程、优质产品奖励办法》进行了修订和实施。同年，制定并实施了《质量管理办法》，加强了日常质量管理，做到奖优罚劣。

2001年，制定了《质量管理体系内审员管理暂行办法》，进一步强化了质量体系的管理工作。同年，工程局2000版《质量手册》及各程序文件开始运行。

2002年，制定实施了《质量管理体系运行管理办法（试行)》，明确了质量管理体系运行方面考核的依据，实现了体系运行的监督考核机制，持续提高。

2004年，制定并实施了《精品工程评选办法》，对评选范围、条件、程序及奖励标准等进行详细的规定。

2006年，制定了《质量管理与考核奖惩办法》，明确了年度内部质量管理考核奖惩的依据。

第四节 实 施 考 核

上级检查始于1959年，是年7月24日至8月1日，由水利水电建设总局副局长率领的水利电力部工程质量检查组，对新安江水电站主体工程施工质量进行为期9天的大检查。检查组成员包括24个单位的55名代表，以及苏联专家卡里曼诺夫、奥西包夫、埃里阿瓦。检查组主要检查大坝混凝土浇筑质量，包括大坝补强措施（钻孔灌浆）执行情况，大坝和厂房混凝土施工中的质量事故，有关工程质量检查规程制度执行情况等。检查组听取局长王醒、副总工程师潘圭绥、水利电力部上海勘测设计院总工程师潘家铮有关新安江水电站工程施工质量的情况报告。检查组对工程局在质量管理上所做的工作给予肯定。

1989年9月5～10日，浙江省电力工业局水电处副处长一行6人，对工程局承建的紧水滩、石塘、成屏3个水电站工程进行质量大检查，内容包括组织机构、质量意识、管理制度及执行情况、质量评定、主要经验和存在问题等。检查后认为，3个水电站工程质量基本达到规范和设计要求，并能保证安全运行。

工程局内部质量考核始于1983年。考核指标包括工程质量合格率、优良品率和质量事故性质，列入内部经济责任制进行质量考核。专职质量检查人员实行岗位经济责任制，同经常性奖金挂钩，奖罚考核到人。是年及以后各年，工程局以奖金总额的1%嘉奖施工质量管理工作好的单位，由质量安全检查处控制使用。

1988年，工程局实行施工质量考核制度，达到优良工程给予嘉奖。其中水工建筑工程按单元工程、机电安装工程按分部工程、工业民用建筑和大型临时建筑按单位工程进行考核。嘉奖的总额度，按各工程工资总额的1.5%控制，并作为质量奖励基金由质量管理处掌握使用。竣工后单位工程评为优良的，每平方米（安装工程每百元工作量）奖1元。

1993年，实行单位年度工程质量指标和内部质量管理状况计分考核奖罚办法，考核内容为单位工程优良率、质量事故损失率、所属项目平时质量检查考核情况、质量管理规章制度、技术资料、统计报表等。对单位行政主要领导，在内部经营承包责任制中明确质量指标（含优良率、事故损失率），以全部得分的10%计分，考核奖罚。

1995年，工程局设立了优良工程、优质产品奖，奖励分竣工单位工程优良奖、竣工单项工程优良奖、优质产品奖和特别嘉奖。对获奖条件、奖励类型、评奖程序、奖励方式和奖励分配进行了详细规定。2000年，对该办法进行了修订。

2002年，工程局对质量管理体系运行制定了管理办法，用于局属单位及机关有关部门质量管理体系运行状态的检查、考核、奖惩。考核采用局属单位自己查打分、质量安全管理处对自评结果复核评分、局质量管理委员会审定后，实施奖惩，考核评分按标准分400分得分率计。得分率在80%以上将获得当年考核奖，奖励安全完成的产值、所管辖的项目部数量及体系运行难易，确定基数，实施奖励。机关部门年终给予500～2000元的考核奖。

2004年，工程局制定实施了《精品工程评选办法》，替代了优质工程评选。参加精品工程评选的工程首先比较取得优良工程，经过立项、复查和评审，给予单项1万～5万元和整个项目2万～15万元的表彰奖励。

2006年，制定了《质量管理与考核奖惩办法》，对工程局质量管理、计量管理、质量事故处理、考核与奖惩等作出了详细规定。考核结果纳入工程局当年内部承包经济责任制考核办法中，在个人年薪中增减。

第五节　改　进　提　高

质量月　1978～1984年，工程局根据上级要求和实际情况，每年开展一次“质量月”活动。自1981年始，工程局每年举行一次质量宣传教育活动。1982年，工程局在第五次质量月活动中提出大力宣传“质量第一”的方针，重点检查土建系统质量管理，努力防止质量事故的发生，有条件的单位开展创优工程等4点要求。1983年，工程局成立“质量月”活动领导小组，局长兼任组长。次年，工程局布置开展第七次“质量月”活动。

质量管理小组(QC小组)　在紧水滩水电站左岸护坡施工中，1981年11月7日第二工程处成立质量管理小组，是为工程局第一个QC小组。随后，一些单位相继成立QC小组，至1985年，正式注册登记的达50多个。1987年重新注册后，QC小组为16个。1992年被评为中国水利水电工程总公司QC先进小组。为普及QC小组活动，1985年工程局举办质量管理小组培训班，学习QC小组组成、课题选择、质量攻关、PDCA循环和成果总结等知识和方法。1988年，工程局制定《关于质量管理小组活动管理办法的实施细则》。

全面质量管理　工程局的全面质量管理工作始于1981年。是年6月16日，成立全面质量管理委员会，由局党、政、技术领导和有关部门负责人组成，党委书记兼任主任。7月31日，制定实施《推行全面质量管理的初步规划》（分10个部分），并选定紧水滩水电站左岸护坡开挖为全面质量管理的试点项目，全面质量管理在全局推开。1986年，工程局从基层单位抽调10人，参加丽水地区全面质量管理学习班学习，为局属各单位全面质量管理辅导员和联络员。多次组织各单位有关干部、质量管理小组长参加《全面质量管理基本知识》电视讲座学习，参学职工413人次。1987年8月14日，再次制定实施《推行全面质量管理工作规划》。1985～1990年，有1987人参加全国统一组织的全面质量管理知识考试，1899人取得合格证书。1987年有1人获浙江省优秀学员、1人获金华市优秀学员荣誉。

创优评先进　1979年，工程局首次开展质量先进集体和个人评选，评选类别有优质高产“信得过”班组、质量先进班组、优质高产标兵、质量先进个人等。1982年，工程局要求有条件的单位在全面质量管理试点工作中开展创优工程。1983年，工程局制定《优质单位工程和优质管理工程处（厂）评选暂行办法》，首次开展创优和质量“信得过”班组的评选活动。水利电力部水利水电建设总局推荐紧水滩水电站为创优工程，工程局决定将该电站导流工程中的导流隧洞和上游拱围堰工程列入争优质工程计划。1984年，工程局将所属单位施工质量合格率、优良率纳入局内部经济责任制考核范围，实施奖优罚劣。1988年，工程局建立质量奖励基金，对竣工的优良单位工程由局直接进行嘉奖。

1991年工科学研究所建筑材料室，质量管理处方静康、建筑安装工程处尹自民，分别获得能源部全国水电施工质量管理先进集体、先进工作者称号。1992年，工程局开展专职质量管理先进集体和先进个人年度评选活动，表彰建筑安装工程处质量安全科等3个先进集体和吴寿祥等14名先进个人。1993年，在新的质量管理考核奖惩暂行办法中，首次提出多种经营单位产品的创优奖励标准。

截至2006年底，由国家和省、部表彰并授予质量荣誉称号的工程有：

新安江水电站第一期围堰工程，被国家建设委员会确定为1957年国家示范工程。

江苏省江都抽水站工程，工程局机电安装工程处参加施工，经国家质量奖审定委员会批准，荣获优质工程金质奖章和国家经济委员会1982年9月颁发的荣誉证书。

湖南镇水电站大坝帷幕灌浆工程，1983年被水利电力部水利水电建设总局评为二级优质工程。

紧水滩水电站上游拱围堰混凝土工程，1986年被水利电力部水利水电建设总局评为二级优质工程。

杭州笕桥机场整修工程，1990年5月工程局派出施工队伍参与施工，施工的单项工程被评为优质工程，受到浙江省人民政府的表彰。

杭州天子岭垃圾填埋场工程，工程局承担施工，1994年被建设部授予“全国城市环境治理优秀工程”称号。

湖南镇水电站扩建安装和台州发电厂四期工程循环水处理系统工程锅炉废水处理系统两个工程，1997年被浙江省安装协会评为浙江省优秀安装质量奖。

义乌篁园桥工程，1997年被浙江省建设厅和浙江省市政工程协会授予“浙江省市政工程金奖”荣誉称号。

宁波北仑港二十万吨级矿石中转码头工程，1998年获得建设部和中国建筑业协会颁发的“中国建筑工程鲁班奖（国家优质工程）”荣誉称号。2000年被中国土木工程协会授予“中国土木工程（詹天佑）大奖”称号。

500kV双龙（金华）变电所工程，2000年经国家电力公司考核、批准为“优质输变电工程”。

电厂循环水处理系统安装技术，2000年被中国安装协会认定为“中国安装之星”。

舟山市岑港水库工程，2001年荣获浙江省建设工程钱江杯奖（优质工程）。

浙江温州市水利枢纽工程赵山渡金属结构制造安装工程，2002年被中国工程建设焊接协会评为全国优秀焊接工程。

温州珊溪水利枢纽工程，被浙江省水利厅评为2002年度浙江省水利优质工程。

安徽省宣城市港口湾水库工程，荣获2002年度安徽省建设工程“黄山杯”奖（省优质工程），同时被建设部和中国建筑业协会评为2003年度中国建筑工程鲁班奖（国家优质工程）。

宁波市白溪水库工程，被浙江省水利厅评为2003年度浙江省水利优质工程。

杭申线浙江段航道改造工程，荣获2003年度交通部水运工程质量奖称号。

嘉兴发电厂二期工程锅炉补给水处理安装工程，荣获2003年度《浙江省优秀安装质量奖》；循环水泵房，荣获2004年度《浙江省优秀安装质量奖》。

宁波市白溪水库工程，荣获2005年度中国水利工程协会颁发的中国水利工程优质奖。

嘉兴电厂二期工程锅炉补给水处理系统和循环水泵房工程，获得2005年度“全国用户满意安装工程”荣誉称号。

锅炉补给水处理系统安装技术和电厂循环水处理系统安装技术，荣获2005年度中国安装协会颁发的“中国安装之星”称号。

宁波市白溪水库工程和温州市珊溪水库工程，荣获中国施工企业管理协会2005年度全国用户满意工程。

宁波市白溪水库工程和温州市珊溪水库工程，被中国电力建设企业协会评定为2006年度“中国电力优质工程”。

桐柏抽水蓄能电站引水压力钢管焊接工程，被中国工程建设焊接协会评定为2006年度全国优秀焊接工程。

周宁水电站引水隧洞工程和贵州引子渡水电站（大坝、溢洪道）工程，荣获2006年度中国水利水电建设集团公司优质工程奖。

贵州引子渡水电站工程，被贵州省建设厅评为2006年度“黄果树杯”优质施工工程。

温州市珊溪水利枢纽工程，荣获国家工程建设质量奖审定委员会颁发的2006年度国家优质工程银质奖。

第八章　设备物资管理

建局初期，设备系常规装备。20世纪90年代初，开始配置液压传动、电子控制的高度自动化配套装备。管理体制从直控式管理、分级管理、项目法施工后的分散管理，演变到集中与分散相结合的管理体制。设备管理机构几经撤并，数度易名，1990年工程局的设备管理机构为设备管理处，2005年初成立设备物资部。

1961年前，物资管理范围包括钢材、水泥、木材等各种建筑材料，以及机电设备、油料、配件等。1962年9月起，机电设备划归机电部门管理，配件备品仍归物资部门。1985年7月将机电设备划回物资部门管理。1988年1月，再次将机电设备及配件从物资部门划出，归属机电设备管理部门。从此，物资管理部门只管理“三材”等建筑材料，并开展对外经营销售活动，直至1999年初撤销物资处止。遵照能源部物资局的规定，1990年起工程局开展物资管理达标工作，是年9月制定《物资管理标准（试行）》。1992年，局物资处将达标任务分解到下属部门、岗位，充实、完善规章制度43项、岗位职责40项，对库存物资进行清理与货位调整。12月18～20日，华东物资达标验收检查组对工程局进行达标检查验收合格。翌年2月3日，能源部、水利部物资局批准工程局物资处为部级物资管理达标合格单位。

第一节 机 构

建局始至1984年间，工程局机电设备添置和投入均由水利水电建设总局直控管理，决定调拨或供应。工程局机电处的职责是：施工机械设备的计划供应、调拨和在库设备的保管、维护；永久设备的订购、催货、储运、验收、保管；机电安装定期或专题设计联系，制定机电安装施工组织措施，以及质量、安全检查；制定机电设备管理规章制度，编制机械使用和维修定额；施工机械大、中修和维修零配件计划编制并组织实施；组织红旗设备竞赛，负责设备事故调查、分析与处理；协同有关部门进行专业人员技术培训；编制机电技术统计报表。

1984～1990年，施工机电设备实行统一领导、分级管理的体制，即分成局、处、队三级管理。局级设备管理部门的职责，由原来11项增加到18项，增加设备、配件对外索赔，新型大型施工机械安装、拆除及安技措施审查与监督实施，组织设备报废及闲置设备对外让售处理，负责推荐二级单位设备管理部门负责人，收集、整理、翻译、复制和保管设备技术资料等职责。1990年5月30日，工程局对设备固定资产管理作出新规定：财务账由局财务部门统一管理，实物账分两级管理，原值3000元以上的由局设备管理部门管理，3000元以下的由处级（二级）单位管理。

为适应项目法施工，完善设备管理体制，1991年6月8日，工程局将部分施工机电设备交给机械化处、劳务处管理。机械化处分管土石方、混凝土、起重运输等15种机型的设备及风水电设备，其职责主要是办理分管设备的租赁手续，并对出租设备作技术跟踪和技术服务等。劳务处分管土石方、混凝土、钻灌机械等18种机型的设备及钢筋、木料加工设备，其职责主要是出租所需的设备和机具，并进行技术跟踪和技术服务等。局设备管理处负责两个劳务机构租赁以外的其他设备的租赁管理，并对局管工程项目设备管理工作进行业务指导、监督、考核与评比。同年9月24日，工程局将材料试验设备划归施工科学研究所，测量仪器划归测量队统一管理。1993年1月起，由技术开发部指定专人负责全局机电设备的宏观管理，主要是技术装备和生产能力控制、资产经营决策、各项技术经济指标制定考核、建立全局设备总账及资产评估等。1995年2月，局明确设备管理处为职能部门，负责全局设备管理工作，主要职责有13条，实行统一领导、二级负责制，分为局管设备和自管设备两大类，并制定了划分目录。1999年2月工程局撤销物资处，成立设备物资处，负责全局设备物资的管理，2005年初成立设备物资部，职责与原机构相同。

新安江水电站建设初期，实行“一级供应、两级管理”体制。供应处统一编报物资申请计划，集中订货采购；局属二级单位和二级仓库，负责本单位物资使用和管理，不直接对外。1957年7月，一度试行一级管理，以供应处为主，抽调一、二工区和机械化站干部参加，组成现场材料组，负责施工现场特殊情况下急需材料的供应及回收。1965年工业学大庆，物资管理强调计划、采购、调度、分配、管理“五统一”，又试行一级管理办法。5月在土建队和第一、第二工程队试点，3个队的仓库、库存物资、配备的人员全部划归供应处领导，在紫金滩桥头设立现场仓库，供应3个队施工所需材料和工具。

1966年3月起，全局实行物资供应一级管理体制，由供应处一统到底，二级单位不设物管机构和二级库，材料员直接向供应站领取所需物资，或由供应处将物资运送到施工现场。期间，富春江水电站工地花坪山、开关站、四高炉设立3个供应站，并在新安江水电站工地朱家埠设立供应站，其机构与人员归属供应处。各供应站按分片范围，负责对局属二级单位施工所需物资供应和回收业务。1971年，供应处在湖南镇水电站工地项家、山前峦、迪青设立现场供应站，分片负责筑坝、厂房、混凝土大队等单位的物资供应和回收工作。

在企业逐步实施经济责任制后，工程局于1982年起，采取“一级对外，两极核算，三级管理”的物资供应管理体制，供应处为一级核算、管理单位，下设业务组和一级库；工程处（厂）和管理处为二级核算、管理单位，下设管理机构和二级库；施工队（车间）为三级管理单位，不设仓库只配专职人员。供应处的职责是：拟订物资供应管理规章制度，负责工程所需物资货源组织供应，统一编报物资计划、订货、采购与分配，制定材料消耗定额与奖罚办法，负责搞好清仓利库、材料回收、修旧利废及积压物资处理，指导检查业务系统物资管理工作等。二级单位供应科职责是：负责本单位施工所需物资供应与管理，按局下达季（月）施工计划向供应处报送所需物资计划并办理调拨事宜，做好现场材料使用、回收和周转材料领用管理。施工队专职人员职责是：负责本单位和班组所需材料、工具的领用、退料和管理。

随着自行承揽施工项目增多，工程局物资管理体制发生变化。1985年7月22日，制定实施《物资供应管理暂行条例》，对指令性计划基建项目和自行承揽施工项目的物资供应管理区别对待，工程局所在地各单位所需物资，原则上由物资处归口统一管理；局属所在地以外的单位，除国家统配的主要物资由物资处统一管理外，其他物资由各二级单位自行供应管理。为使局物资管理部门集中精力管好国家统配统管物资，1986年5月以后，施工所需二、三类物资原则上由各二级单位自行负责供应管理。此后，由于建筑业全面推行招投标制，加上物资材料市场全面放开，工程局物资管理部门的管理职能由微观转向宏观，并相应调整管理体制。1990年9月20日，工程局制定实施《物资管理标准（试行）》，物资管理体制与职责权限调整为：全局实行“一级对上，二级管理，三级核算，业务归口、各负其责，单独核算、分级负责、自负盈亏”的供应管理体制。物资处为一级供应管理的经济核算单位，在金华基地设立中心库；局属二级单位或局属项目工地为二级供应管理、核算单位，自行设立物资仓库。物资处主要职责是，负责申请计划订购统配、部管物资，制定物耗定额、计划价格，组织物资招、投标，承、发包谈判与合同签订，负责项目竣工材料核算、核销，对业务系统进行指导、协调和服务，处理全局超储积压和废旧物资，编制汇总全局物资统计报表及物资信息传递等。二级单位和局管项目物资管理部门职责是：负责管理本单位及所属项目工地的物资材料供应业务，按规定向局申报所需统配、部管物资计划，执行局制定的物耗定额、储备定额及下达的各项物资指标，做好自身所需物资计划、订购、提运、验收、保管、发放和回收工作，编制本单位（本项目）各种物资统计报表等。自1991年起，局物资管理部门职能转向宏观调控及经营服务方面。各工程项目所需物资，由局属二级单位或局管项目经理部（室）自行管理。1999 年初设立的设备物资处，制定了物资管理办法和物资仓库管理制度。对二级单位自购物资的计划、审批、采购、验收、储存、发放、盘点、废旧物资的回收、处置等都作出了规定，并要求施工单位为保证 ISO 9002 质量体系的实施，组织相关部门对生产所需的重要物资供方的生产、经营资质、质量体系及相关业绩进行评价，并对顾客提供的物资、施工现场物资的管理均作出了规定。

第二节 管 理 目 标

对工程所需的设备，1984 年前，工程局实行的是调拨制，因此，设备管理的目标就是按工程需要向水电总局调拨设备，且管好用好这些设备，使其有效地为工程服务。1985 年后，工程实行招投标，设备管理的目标就是按工程的实际需求，有效配置施工设备，确保工程局固定资产的保值增值，不断提高工程局的施工生产能力和市场竞争能力，调动一切积极因素，最终形成一个管好、用好设备的良好局面。进入 21 世纪后，设备市场更加灵动、丰富，购置、租赁、融资租赁等形式更加多样化，设备管理的目标就是合理配置设备资源，最有效地满足工程施工要求的同时，使设备发挥最大的经济效能，进一步增强企业的竞争能力。

工程施工所需物资，尤其是国家统配物资，在计划经济时期实行严格的计划管理。1959 年以前，工程局物资计划编报，根据国家以包工包料为基础，“材料随施工走”的基建物资管理体制，每年 8 月编制下年度材料大类品种申请计划，上报水利电力部审定。自 1959 年起，物资管理体制改为“材料随投资走”，工程局所需物资材料，仍按水利电力部规定编报年度物资计划，经审定批准后实施。1982～1983 年，工程局物资供应系统进行整顿，恢复建立各种表、卡、单制度，其中物资计划方面有 30 种，物资统计方面 27 种。1984 年起，执行国家颁发的《改革建筑业和基建管理体制暂行规定》，重点工程建设项目所需材料，逐步由物资部门直接供应给工程承包单位，实行“包工包料”。紧水滩水电站工程所需物资，工程局（甲方）与中国基建物资配套承包联合公司（乙方）签订承包合同，由乙方保证该工程所需物资材料供应，不足部分自行采购议价材料，所增费用列入概算。非重点建设项目所需主要材料，工程局自编计划择优选择供应单位，或直接向生产企业订货，满足施工需要。1987 年起，统配、部管物资由 256 种缩减到 72 种，工程局向主管部门申报物资计划工作量相对减少，但工程施工所需全部物资计划，仍每年按施工进度进行编制，分别向主管部门求供及市场采购。

为加强内部物资计划管理，1990 年 9 月工程局《物资管理标准（试行)》，对物资计划和统计管理，共列出 18 条管理标准。物资计划管理标准为：以国家方针政策为编制物资计划的指导思想，工程项目施工方案有关数据为制订物资计划的重要依据；从生产（施工）实际出发，按照建设单位下达的批准计划文件及承包合同所列计划任务制订物资计划；申请计划分年度、季度、月度及临时补充 4 种，在局内部平衡的基础上核实需要量、资源量和储备量，并有完整的表式；按照上级主管部门的要求，统一表式，按时按质编制各类物资计划；申请计划经部门主管审核、企业负责人批准，并签字盖章后生效；做到分配物资有依据，供应按计划，保证重点，兼顾一般，确保各项生产（施工）任务全面完成；建立计划管理档案，积累原始资料，逐步向微机处理发展。物资统计按上级部门要求，做到上报及时、数据准确、分析有理、反映全面。

物资计划经上级主管部门批准后，工程局集中订货采购。1957 年 5 月 17 日工程局规定，统配、部管物资的订购由供应处办理，非统配、部管物资由二级施工单位自行采购。物资订货按计划实施，每年上半年所需物资在上年 10～11 月份进行预拨订货，下半年所需物资订货在当年 2～4 月份进行。订货时与供方签订供需合同，双方经办人签章，重要合同经上级审查并办理公证。合同签订后建立合同台账，分类登记，定期检查清理，结算后付款。1968 年 10 月 8 日，上海市革命委员会工交组同意工程局在上海采购业务给予照顾，在不恢复办事机构的原则下，对浙江省内无法解决的二、三类物资按季编制计划，列出清册，经浙江省生产指挥组审查签章后，报上海市工交组批给上海市内有关物资单位解决。1971 年 8 月 25 日，工程局规定，凡统配、部管物资（三大材）由局统一汇总、申请、订货；各二级单位采购二、三类物资，按浙江省物资供应制度，在所需地区供应，如不能解决，再由地区介绍到省有关部门解决；为节约采购出差费开支，凡在杭州、上海采购物资或外协加工，由局归口办理，资金统一拨付。

1980 年 9 月 5 日起，供应处按计划统一派人分赴部、省、地区、县物资主管部门，办理物资订货采购事宜。1981 年 11 月 13 日工程局对物资采购作出补充规定：物资货源组织，坚持以申请分配为主、市场采购为辅，先内部利库后申请采购的原则；统配、部管物资由供应处负责统一汇总上报，二、三类物资在当地或布置各驻外办事处采购；各工地布置各办事处采购物资，一律用书面计划并经局财务部门和开户银行同意签章后办理。

1984 年 12 月 18 日，工程局制定《物资采购供应暂行办法》，由局安排的基建项目所需物资，由物资运输公司负责采购供应；各工程处（公司）对外承揽工程项目的主要材料由建设单位提供。一类物资（三大材及部管火工品、煤炭等），由局物资运输公司归口汇总上报并组织订购；二、三类市场物资的采购、供应按工地划分，紧水滩水电站工地由物资运输公司统一管理，其他工地直接将采购计划报与各办事处汇总采购；其他物资各工程处（公司）自行采购。1985 年 7 月《物资供应管理暂行条例》规定，工程局所在地各单位的物资货源组织、订购、运输，原则上由物资处归口统一办理；局所在地以外的单位，除统配、部管主要物资由局统一办理订货外，其他物资由二级单位自行采购和运输；订购物资执行就地就近和比质比价原则。1990 年 9 月《物资管理标准（试行）》确定采购、加工、订货标准为：市场采购订货执行有计划、有用途、有资金原则，做到勤购少储“四不买”（规格型号不清、质量要求不明、质次价高、用途不明的不买）；凡属社会集团购买力控购物资，按规定办理审批手续后采购；采购人员掌握市场价格信息，比质比价择优选购；所购物资一律用支票、票汇方式结算费用，收料后 3 天内办结手续。

新安江水电站施工期间，大批钢材、水泥等物资经兰（溪）—铜（官）铁路由火车装运至工地卸存。浙江省内物资、器材，部分由杭州水运至桐庐转运，木材自水库上游扎排水运至工地起岸。为搞好物资转运工作，1956 年底，工程局成立运输公司，并在兰溪、桐庐两县设立转运站，承担物资转运任务。运输公司配有载重汽车 26 辆，自卸汽车 60 辆，平板大拖车 2 辆，铁路机车、小柴油机车 20 台，准轨底开车、敞车及棚车 44 台，拖轮 5 艘、登陆艇 3 艘及铁趸船 4 艘。由于电站工程地处深山峡谷，大批物资调运距离较远，接运环节较多，新安江水电站前期工程物资运杂费和采管费较大。1956～1960 年 9 月物资运杂采管费见表 7-8-1。

表 7-8-1　　1956～1960 年 9 月物资运杂采管费一览

年份	设备费用（万元）			材料费用（万元）			运杂费占原价（%）		采管费占原价（%）	
	原价	运杂费	采管费	原价	运杂费	采管费	设备	材料	设备	材料
1956	317.80	1.40	0.30	205.00	3.70	0.90	0.40	1.80	0.10	0.40
1957	992.70	45.60	5.50	1694.70	118.80	49.50	4.60	7.00	0.60	2.90
1958	1912.40	61.10	9.10	4301.30	375.00	82.00	3.20	8.70	0.50	1.90
1958	2260.70	82.00	31.80	4580.70	234.50	110.70	3.60	5.10	1.40	2.40
1960	1493.10	44.40	11.40	1099.30	132.40	40.50	3.00	12.00	0.80	3.70
合计	6976.70	234.50	58.10	11881.00	864.40	283.60	3.40	7.30	0.80	2.40

注　1958 年有朝鲜产水泥。水电系统采管费定额 2.5%，后提高至 4%(含储运损耗)。

富春江水电站工程所需物资的运输仍沿袭上述方法，由机械大队下设汽车队承担物资运输任务。湖南镇水电站工程所需大宗物资，经铁路浙赣线至衢县火车站，再由汽车运至工地。时在衢县设立办事处，配备管理人员和工人，负责物资装卸、储存保管和转运工作。物资接运和转运至工地，由局属汽车大队承担。紧水滩水电站工程建设所需物资，经铁路浙赣线运至金华火车站，然后由第六工程处用汽车转运至工地。为搞好物资转运，在金华火车站附近凉帽山地段设立转运站，配备工作人员，初始归属金华办事处管理，后改为供应处（物资处）直接管理，先后承担紧水滩水电站、石塘水电站物资转运任务，直到两电站工程竣工止。1984 年 9 月至 1993 年底，担负物资接运转运任务的汽车队，从第六工程处划出直属供应（物资）处，汽车运输与物资管理连成一体，拥有运输汽车 51～57 辆，运输吨位 606～670 吨，年货运量达 8.68 万～9.68 万吨，货物周转量 1520 万～1880 万吨·千米，运输产值达 337 万～380 万元。物资管理部门自办汽车运输调度灵便，但空载空驰常有发生，内部运价调整不能与运输成本上升幅度同步，对外承揽任务难度大，造成亏损。

工程局物资采购运输量，随着工程施工任务、进度而变化，施工开始、高峰或结尾期，其需求量极不均衡，中间大两头小。以湖南镇水电站工程为例，自 1970 年复工续建至 1985 年全面竣工止，“三材”采购运输量为：钢材 30741 吨，水泥 337305 吨，木材 42471 米^3。其中 1977～1980 年为施工高峰期，“三材”采购运输量为全部的一半以上。紧水滩水电站“三材”采购运输量的情况与湖南镇水电站相似。

1970～1989年“三材”采购运输量见表7-8-2。

表7-8-2　　1970～1989年“三材”采购运输量

年份	钢材（吨）			水泥（吨）			木材（米³）		
	合计	湖南镇水电站	紧水滩水电站	合计	湖南镇水电站	紧水滩水电站	合计	湖南镇水电站	紧水滩水电站
1970	248	248	—	2033	2033	—	3615	3615	—
1971	2406	2406	—	13071	13071	—	1987	1987	—
1972	2276	2276	—	34146	34146	—	3774	3774	—
1973	3154	3154	—	36164	36164	—	5499	5499	—
1974	1769	1769	—	18720	18720	—	4575	4575	—
1975	1641	1641	—	13301	13301	—	2567	2567	—
1976	713	713	—	10884	10884	—	4021	4021	—
1977	2473	2473	—	36229	36229	—	1357	1357	—
1978	5983	5983	—	77989	77989	—	8973	8973	—
1979	4844	4844	—	43843	41620	2223	4542	3178	1364
1980	2514	1873	641	37123	33420	3703	884	475	409
1981	2475	1188	1287	20925	12017	8908	1591	210	1381
1982	3140	1315	1825	16722	4823	11899	3531	141	3390
1983	5638	770	4868	32315	1807	30508	3518	178	3040
1984	8149	73	8076	48785	954	47831	2453	180	2273
1985	11708	15	11693	73309	127	73182	6516	441	6075
1986	11737	—	11737	55000	—	55000	6159	—	6159
1987	5336	—	5336	30000	—	30000	2650	—	2650
1988	3461	—	3461	15000	—	15000	2325	—	2325
1989	2227	—	2227	12400	—	12400	1055	—	1055
累计	81892	30741	51151	627959	336305	290654	72592	42471	30121

新安江水电站施工初期，拟定新安江火车站一侧叶家场地的物资仓库，因建库工作滞后，大批物资运入后造成物资存储混乱。1958年6月止，建仓库用房20459米²，仍不能满足物资仓储需要。1964年供应处辖有13个仓库，分布在朱家埠、叶家、沧滩、江村埠等6个地点，仓库用房减至6942米²，其中永久性仓库962米²，并利用铁路月台存储物资。由于物资品种庞杂（达9000余种），单库品种平均700种，多的达千余种，平均每天

发料100余次，仓储管理紧张烦乱仍未缓解。为保管好精密仪表及贵重材料，仓库职工自己动手，利用废旧材料在库房内搭建干燥室，改善物资保管条件。1982年，全局仓库总面积12000米^2，其中供应处管辖的有2800米^2，分布在紧水滩、湖南镇水电站工地和富春江、新安江、金华基地，分设材料验收、木材、钢材、水泥、重机配件、汽车配件、电器、五金、化工、工具、劳保、杂项、火工品和油料等14个专业库，各单位的二级库一般为综合库。1984年，紧水滩水电站主体工程大规模施工，仓储物资相应大量增加，在该工地新建仓库1800米^2，利用仓库四周边角地搭建坡棚，满足物资存储需要。至1994年物资处直接管理的金华基地物资仓库（不含设备、配件）占地5159米^2，建有半永久性库房8幢计2771米^2。

第三节　建　章　立　制

1958年4月4日，工程局制定《施工机械管理办法》。随后，陆续建立施工机械管理检修制度、各种机械操作规程、机械生产定额和消耗定额，编制机械序号和履历书等。1960年10月15日，制定并实施《机械设备管理暂行办法》，对购、调、租入设备验收，设备的调（租）出和内部领用，设备自制、改造或拆套，闲置、报废设备退库，设备的保管、检修和维护，设备事故报告等作出规定。1961年建立施工机械管理责任制，固定机组人员，建立机械运行日报，恢复机械检修原始资料积累工作。1963年就机械设备检修、维护及配件管理作出规定，实行施工设备大、中修任务书，汽车修理及轮胎使用保管，以及修理质量三级检验制度等。在“文化大革命”期间，设备管理处于有章不循的混乱状态。

1977年后，设备管理制度逐步恢复和建立。1981年5月19日，制定实施《锅炉、压力容器管理办法》，规定使用设备须持有许可证，合格人员上岗操作，确定设备安全运行和建立安全技术档案。1982～1983年9月间，整顿设备管理混乱状况，先后恢复、建立18种规章制度，其中15种得到贯彻实施。1982年5月21日，公布实施《机电设备管理工作有关规定和办法》，印制机电设备安全操作规程7种计2462册，发给有关运行操作人员。

1983年1月，工程局就设备管理提出坚持5项原则，抓好供、管、用、养、修5个环节，开展完好率、利用率、技术装备率、装备生产率、机械效率、红旗设备率等8项指标考核竞赛，推行岗位责任制，实行单机核算，加强技术改造和技术培训，严格执行各项规章制度。1984年1月23日，工程局补充制定设备大修规定、报废设备留用管理办法及机电设备管理分类表。1985.年1月28日制定《机电配件管理办法》，4月21日制定包括14类主要施工机械的《重点设备管理办法》。1987年3月13日重新制定《红旗设备竞赛补充规定》、《机械设备保养与修理的规定》以及主要设备大修理间隔周期和汇总表。为提高设备完好率、利用率和机械效率，完善施工机械设备租赁制度，1988年3月5日制定《机电设备管理办法》、《施工机电设备考核奖罚条例》、《主要施工机械大修理管理办法》；3月22日制定《施工机械设备租赁实施细则》，包括大中型设备租赁费价格表、租赁合同条款及综合折旧率标准。

为完善设备管理，1990 年 5 月 30 日，工程局重新制发《机电设备管理办法》及其 9 个附件，即大中型施工机械设备租赁实施细则，主要施工机械设备大修理管理办法，机电设备事故处理办法，红旗设备竞赛办法，施工设备备品配件管理办法，机电设备统计工作管理办法，机电设备仓库管理办法，机电设备油料管理办法，机电设备账卡、技术档案、资料管理办法。同时，对施工设备管理等级作了划分，主要设备为 6 大类 20 种机型，一般设备为 6 大类 25 种机型。至此，全局机电设备管理制度配套齐全。根据项目施工的要求，1991 年 6 月 8 日制定《局管项目施工机电设备管理暂行办法》，并决定工程项目实行全租赁制管理。按照国家对固定资产的管理办法，1993 年 4 月 12 日工程局就资产评估、明晰产权、保值增值等作出补充规定。1995 年 2 月，工程局发文确认设备管理处为局机关职能部门，负责全局的设备管理工作。1998 年 7 月，工程局制定《机电设备管理办法》，对设备的购置、报废、处理作出了更具体的规定。2002 年 1 月，工程局修订了《机电设备管理办法》，规定了设备物资处职责 10 条和设备物资公司职责 10 条，增加了《测量仪器管理办法》、《计算机管理办法》等内容，对大部分设备的折旧年限作了调整，缩短折旧年限，提高年折旧率。2002 年 1 月，工程局制定《设备物资竞价采购管理办法》，规定凡工程局、局属各单位及各工程项目部为工程施工、生产经营、行政办公和生活福利等使用企业资金所采购的设备物资，均应实行竞价采购。并规定设备物资按照归口管理，分级采购的原则组织竞价实施。

1982～2006 年全局机电设备状况见表 7-8-3。

表 7-8-3　　1982～2006 年全局机电设备状况

年份	设备总值(万元)		完好率(%)	利用率(%)	技术装备率(元/人)	装备生产率(元/人)	动力装备率(千瓦/人)
	原值	净值					
1982	6927	5170	80.90	57.30	6561	0.51	7.40
1983	8183	6448	85.20	45.20	8141	0.51	6.80
1984	8365	6494	85.30	39.70	8286	0.65	6.70
1985	9744	7735	85.50	43.20	8729	0.80	7.20
1986	10404	8199	85.20	47.80	8009	1.20	10.70
1987	10674	8198	82.30	44.30	8336	1.10	6.90
1988	10746	8273	86.90	48.40	7593	1.18	7.70
1989	11103	8242	83.10	43.50	7790	1.19	9.90
1990	8733	7477	82.80	41.60	7618	1.25	6.70
1991	8977	6169	81.80	37.60	6760	1.22	7.30
1992	9573	6473	84.30	42.90	7300	1.86	7.90
1993	9308	6143	82.50	40.70	7299	2.10	7.40
1994	10326	6594	86.80	50.60	8978	2.92	6.93

续表

年份	设备总值(万元)		完好率(%)	利用率(%)	技术装备率(元/人)	装备生产率(元/人)	动力装备率(千瓦/人)
	原值	净值					
1995	12803	8432	96.01	50.00	7863	2.34	7.56
1996	13781	8188	85.86	51.88	8808	3.49	8.62
1997	17006	9576	86.88	53.68	13246	2.68	11.1
1998	18846	10097	91.2	54.6	16019	2.62	13.17
1999	23023	13327	84.45	51.19	19650	1.99	13.86
2000	20963	11915	85.01	54.89	23006	2.45	12.43
2001	22344	9867	85.38	55.07	25687	2.36	17.15
2002	24263	12679	87.65	65.68	32208	2.3	17.6
2003	28897	15388	86.78	57.26	37975	2.3	21.44
2004	25813	13883	87.7	57.8	34483	3.21	19.44
2005	30850	15432	72	59.8	36725	3.03	20.16
2006	32222	14803	72	59.8	42192	3.06	20.19

第四节　实　施　考　核

1957年7月8日，工程局拟定器材清点工作方案，对全局物资自上而下全面清点，使账、卡、物相符。1962年3月初，工程局进行清仓核资工作，清查结果，全局有机械设备1431台（件），价值1394.8万元；库存永久设备155.6万元；各种材料6641种，价值514万元；行政物资5.8万元。同年9月6～16日，水利水电建设总局华东清仓验收工作组对工程局进行清仓验收，重点抽查10个仓库和局直属3个单位的各类物资，共计查看454笔，合格率95.45％，同意待部分补课完成后报总局核发合格证。1965年11月21日起至次年1月10日止，工程局组织供应、机电、财务和行政处等部门，抽调有关工作人员，分别对材料、设备和行政用品进行清查，全局共清查设备4432台（件）、材料12112种，总价值达2441万元。其中，对物资管理部门上报的材料盘盈、盘亏、报废资料作对物审查，将上报的材料盘盈22277元、盘亏1873元、报废37930元鉴定落实为盘盈474元、盘亏177元、报废12447元。“文化大革命”前期，仓储管理受到冲击，库存材料盘盈、盘亏严重，1970年初查对清点1966～1968年材料账，发现盘盈材料1107笔，价值226955元，占库存材料值12.61％；盘亏材料433笔，价值53594元，占库存材料值4.93％；报废材料234种，价值42815元。1971～1972年，开展清仓扫库工作，提出处理积压物资40％～50％、动员内部资金150万元的要求，开始扭转“库存物资多，积压浪费大，三材满地抛，现场全是宝，要用找不到，积压睡大觉”的局面。1976年开始，工程局多次清仓利库，库存物资一般日清月结年盘点。1987年，工程局提出压缩材料库存资金1000万元的目标，并要求做到年末库存周转水泥不超过1个月、木材不超过2个月、钢材不超过3个月。1988年10月28日，工程局成立清仓利库领导小组，1名副局长任组长，下设办公室负责物资平衡处理，下达压缩库存物资资金500万元的指标，同时规定奖罚办法。1989年4月24日，工程局下达年度压缩库存指标及考核奖罚办法，全局年初库存物资资金为3253万元，核定年库存平均占用额2410万元，经各方努力实现全年压缩库存金额843万元。对有压缩库存指标的单位，按每季考核情况实施奖罚，奖罚金额按超、欠金额的1%，由物资处掌握兑现。此办法沿用至1992年。

为保证承建的水电站工程施工进度，工程局多方设法，满足钢材、木材和水泥供应。新安江水电站施工期间，水泥供应紧张，几次停工待料，工程局领导3年间10余次向中共中央、中共中央上海局、中共浙江省委、国务院和水利电力部等部委专题报告，水泥供应问题终于得到解决。紧水滩水电站施工前期所需水泥、钢材缺口较大，在上级主管部门解决不了时，供应处想方设法向有关单位借用。1982年四季度，导流洞混凝土衬砌水泥有缺口，向浙江省和兄弟单位借水泥2000余吨，使工程如期完成。1983年3月底，导流洞二层扩挖需规格为20毫米的螺纹钢80吨，在原定供货厂家无货供应的情况下，向浙江省有关单位求借，使导流洞插筋施工顺利完成。1985年，紧水滩水电站进入施工高峰，为确保安全度汛，4月底大坝须升高至147米高程，由于国家订货会议上订购的钢材一时不能到货，钢材缺口达3000吨，除派专人向上级主管部门求援外，自行采购2000吨钢材，满足大坝安全度汛需要。1988～1990年，工程施工所需水泥、钢材缺口大，工程局先后3次向水利电力部、浙江省重点工程领导小组、浙江省电力工业局报告，获得水泥1万吨、钢材1000吨，满足工程施工进展。

建局以来，钢材和木材均由物资供应部门集中管理、统一加工成材或半成品，供应给二级单位。新安江水电站施工期间，供应处附设材料加工厂（木材加工厂、木笼工场、钢筋加工厂），按施工图纸放样，加工制作钢材、木料成品。富春江、湖南镇、紧水滩、石塘水电站施工期间，均沿袭此项制度。

湖南镇水电站“三材”实际消耗与定额比较见表7-8-4。

表7-8-4　　湖南镇水电站“三材”实际消耗与定额比较

“三材”消耗项目	工程名称	定额指标	实际达到水平	实际比定额降低
钢筋加工损耗率	厂坝工程	2%	1.03%	0.97个百分点
混凝土损耗率	厂坝工程	3%	1.29%	1.71个百分点
木材单耗	大坝工程	0.04米^3/米^3	0.04米^3/米^3	25.00%
	厂坝工程	0.04米^3/米^3	0.04米^3/米^3	68.25%
水泥单耗	大坝工程	195千克/米^3	184千克/米^3	5.64%
	厂坝工程	280千克/米^3	249千克/米^3	11.07

紧水滩、石塘水电站施工期间，继续实行材料消耗定额管理，并采取节约代用、考核奖励等措施，三材消耗率继续降低。1982年初，为加强物资管理基础工作，搞好材料的

核算与核销，物资供应部门抽调人员，耗时近1年，编出一类和二、三类物资和机械配件等材料的计划单价目录，其中一类和二、三类材料单价目录印制成册。1988年3月由局领导和计划处、财务处、物资处有关人员组成三材核销领导小组，下设办公室并配备人员负责紧水滩水电站工程“三材”核销工作。

1958年工程局首次实施《原材料节约奖励暂行办法》，奖励对象为直接参加生产的工人和班组长，以节约原材料价值为依据提取奖金，各项提奖比例为，围堰工程木材加工27%，木笼搭建32%，开挖工程40%，土建工程30%，混凝土工程坝体25%、其他30%，金属加工制作及修理等6%～10%；奖金发放按贡献大小分甲、乙、丙三等，在单项工程结束后5～10天内发给。新安江水电站施工初期注意节约水泥，在大坝混凝土浇筑中采用大骨料级配、埋毛石、加掺合料、添塑化剂、实行分区分标号浇筑混凝土等措施，自开工至1959年，共节约水泥35450吨，计节约投资275万元，受到水利水电建设总局通报表扬。1960年1月，工程局派员参加全国水利水电建设节约水泥施工现场会议，会后继续采取上述措施，单位混凝土水泥耗用量下降。是年施工节约成效显著，仅厂房混凝土1项，全年浇筑混凝土42955米^3，每立方米节约水泥23千克、木材0.028米^3、铁件0.12千克，降低单位造价8.31元/米^3，共计节约35.7万元；钢材由旧料回收和废料更生，共节约钢材3138吨，价值达128万元。1963年，针对木材供应紧张、废旧钢材大量库存的情况，工程局开展废旧钢材代用工作，采取24条措施实施以钢代木，全年节约木材493米^3。

1979年工程局恢复材料节约奖励制度，奖金一般为节约额的10%左右，经工程局批准在实际节约额中提取，提取奖金标准为，节约1吨水泥奖励4元，节约1米^{3}木材奖励8元，其他材料节约分别按节约额的8%～15%计提。自1980年4月水利电力部在乌江渡召开三材节约会议后，工程局领导把节约“三材”放在重要议事日程，想方设法利用废旧料，降低工程三材消耗。据统计，1980年湖南镇水电站节约钢材148吨、木材601米^3、水泥4323吨、油料69吨；富春江工程指挥部在完成220千伏开关站混凝土挡墙、右岸护坡及导航墙施工中，节约水泥487吨、木材235米^3、钢材493吨。1982年8月17日，工程局根据国家有关规定制定《三大材节约奖励试行办法》，提奖率为，钢材3%，木材15%，水泥、油料8%；奖金分配比例，工程局与二级施工单位各一半。是年，全局共节约钢材187吨、水泥2300吨、木材2352米^3，分别占实际用量的5.5%、8.47%、40.45%，受到水利电力部表彰，荣获节约木材和节约水泥奖状。1984年6月27日，工程局颁发《三大材、油料、钻头节约奖励试行办法》，规定原材料节约按定额考核计算，实际消耗低于定额的数量为节约额，节约提奖率钢材、木材和水泥维持1982年水平，油料由8%提高为10%，钻头每超定额1米提奖0.37元。1987年，工程局钢材节约代用726吨、木材2030米^3、水泥4000吨，分别比水利电力部下达指标多完成11.7%、191%和12.4%，是水电系统“三材”节约代用执行较好的单位之一。自1988年5月5日起，工程局建立“三材”节约代用报告制度，规定二级单位按季列表上报三材节约代用情况。

工程施工期间，常有材料散失工地，物资管理部门经常组织回收和处理。1958年，工程局发动职工收集丢弃的钢铁。7月25日，修配厂修理车间70余人，拣回螺丝、铁件、焊条头1.5吨；27～31日，全局共收集到丢弃的钢铁器材149.5吨。1966年工程局开展增产节约运动，全局回收废旧钢材732吨（其中新安江水电站工地500吨）、木料968米^3（其中新安江水库打捞600米^3）。通过修旧利废、加工改制、以旧代新、改变设计等措施，富春江水电站工地1966年利用废旧钢材270.1吨、木材896米^3，其他废旧物资利用价值达20万元。

工程局转移新工地或电站竣工验交时，有大批积压物资或废旧材料需要处理，修旧利废和对外销售任务较重。工程局迁至富春江水电站工地后，供应处内设物资处理组，并在杭州、金华、新安江三地设立物资处理门市部，负责处理库存积压和废旧物资。据1966年10月底统计，处理物资收回资金80万元。此后，湖南镇、紧水滩水电站施工期间，在衢县、杭州、金华、温州等地设立物资处理门市部，处理积压和废旧物资。

1982年初，工程局实施水泥纸袋回收与奖赔制度，全年收回押金5.6万元，纸袋回收率达到100%。1985年2月27日，工程局发出通知，要求各单位于汛前全面回收现场废旧钢材。同年5月16日，工程局制定《废钢材和废有色金属回收管理办法》，对回收范围、职责、上交及奖罚作出规定。是年，全局共回收废旧钢材795吨。1986年5月7日工程局重新制发《废旧物资回收管理办法》，回收废钢材、废旧有色金属、废油料及包装器材等，将国家和地方政府下达的回收指标分解下达到局属各单位，年终检查考核，并按规定进行奖罚，完成指标任务的按残值5%、超额完成按残值10%奖给上交单位。是年全局回收废钢铁334吨，回收水泥纸袋押金及残值费30万元。1987～1988年，全局共回收废钢铁950吨，其中上交300吨。

1989年4月24日，工程局制定《废旧物资回收奖罚办法》，规定由物资处统一管理和组织废旧物资回收上交工作，各单位回收上交指标由局下达。上交废旧物资价格暂定为：废钢铁（统货）每吨250元，旧钢材一般为时价50%～70%，废油料（统货）每吨250元。物资处每季考核各单位完成回收上交情况，并兑现奖罚，各单位每完成上交3吨废旧钢材，奖励1吨新钢材供应指标；欠交1吨废钢铁，按每吨200元罚扣欠交单位奖金。同时，对上交回收指标内废旧物资另发奖金，废旧钢铁每吨奖25元，废油料每吨奖20元，超指标或无指标上交的加倍发给奖金，奖金在材料节约奖中列支。次年6月2日，工程局下达年度废旧钢铁回收指标，要求13个局属单位确保全年完成480吨，争取完成875吨，并明确局属各单位不得对外处理，严禁对个体工商户销售。是年，全局实际回收废钢1073.6吨，纸袋残值回收2.21万元。紧水滩、石塘两个水电站竣工后，1991年组织回收废旧物资，其中回收废旧钢材1500吨，利用废旧钢材627吨，边角料串换新钢材57.5吨。物资处开办1个综合厂，修复各种钢模板100吨，加工蚂蟥钉95吨，钢球15吨，制作防盗门630扇。同时，回收废油料10吨，计回收资金7000元；纸袋残值回收9385元；销售旧油桶1000余只，计回收资金3万元。1993年，历年剩余库存积压物资200万元，其中100万元为钢模板、钢脚手架等废旧周转材料。是年初，物资处（物资公司）组织职工整理、维修、利用库存积压物资，实行内部周转材料租赁，全年修复钢模板8000米^2、脚手架钢管160吨，并出租给有关项目工地使用，全年收取押金24.91万元、租金55.03万元、赔款3.28万元，共创利润40.07万元。

按照上级主管部门的规定，施工设备和永久设备分别组织购置。1981年以前，所需施工设备向水利水电建设总局申报，由总局负责采购或无偿调给。1982年起，则由工程局自行订货购置。列入计划的设备费，由局设备管理部门掌握使用，设备订货合同、付款和验收由机电处归口办理。1985年4月3日工程局决定，设备订货、采购、运输和对内验收、调拨改由局机电设备公司负责。1988年3月5日，工程局规定大中型设备由设备租赁公司采购，小型设备与机具由各工程处按施工需要自行采购。随着项目法施工的推行，1991年6月8日规定，项目经理室（部）所需施工设备的购置，凭工程部审定的设备清单，向设备管理部门申请报批，单价1万元以下的由设备管理处审批，1万元以上由局领导书面批准后购置。同年9月24日规定，项目所需材料试验和测量仪器设备，分别由施工科学研究所或技术设备处负责申请购置。1993年2月规定，单机购价5万元以上设备的购置，须经局领导主持可行性论证后决定。1998年7月规定，对设备的购置，各二级单位需在每年的12月15日前提出下一年度的设备采购计划报设备物资处，以便落实年度资金计划。执行时局管设备单机购价在30万元以下的由设备处审批，30万～100万元的由设备物资处审核，分管局长批准，100万元以上的由设备物资处提出，分管局长审核，设备管理委员会讨论批准。自管设备，单机购价5万元以下的由二级单位主管审批，5万～30万元以内由设备物资处审批，30万元以上的由设备物资处审核，分管局长批准。对超计划购置的审批权限也作了详细的规定，并确定各二级单位原则上不允许自行集资、融资购置局管设备。2002年1月《设备物资竞价采购管理办法》中规定，设备竞价采购按局管和自管设备的划分目录，分别由工程局和二级单位组织进行，物资采购由各二级单位组织竞价。3000万元以上的局管工程项目，凡一次性采购单项金额在5万元以上的大宗物资，3000万元以下的工程项目一次性采购金额在3万元以上的大宗物资均应竞价采购。

工程局施工机电设备拥有量，随着施工任务变化而增减。1957年底，全局共拥有施工设备2822台（套），其中机械设备2420（套）、电气设备319台（套）、修造用的设备83台（套）。根据中共浙江省委1960年2月26日指示，工程局将部分施工机械转移给瓯江、富春江、乌溪江等水电工程局，先后共转移（调出）施工设备600余台（套），其中有挖土机、推土机、起重机、拌和楼、汽车、船舶等458台（套），总价值为3842万元。1962年“四江”合并后，施工机械设备增多，次年水利水电建设总局与浙江省划分归属的设备，一季度内浙江省提走143台（套）、总局调走39台（套）。此后，浙江省和总局又陆续提走或调走部分设备，仅按总局调拨令先后调给“三线”的四川、云南、贵州等地水电施工单位的设备共计378台（套）。遵照水利水电建设总局指示，1966年1～5月组织清查机电设备，全局拥有机电设备（包括小型机具和后勤生活设备）7126台（件），总价值为4220万元，其中局留用4235台（件）、可供调2533台（件）、对外出租66台（件）、报废292台（件）。至1970年底，施工机电设备拥有量为2157台（套），其中在用的1709台，在修的328台、报废处理的120台。1982年，全局拥有主要设备720台（套），其中土石方机械97台、混凝土设备74台、起重设备35台、运输设备353台（包括各类汽车323台）、动力设备39台、金属加工设备122台。1985年后，施工机电设备不断更新，并陆续引进国外先进设备，施工设备技术状况得到改善。至2006年底，全局拥有主要施工设备112台（套）。

1985～2006年机电设备购置情况见表7-8-5，2006年工程局拥有主要施工设备见表7-8-6。

表7-8-5　　1985～2006年机电设备购置情况一览表

年份	台(套)数	购置费(万元)	年份	台(套)数	购置费(万元)
1985	256	506	1996	241	1475
1986	380	444	1997	305	3644
1987	399	826	1998	210	3666
1988	119	611	1999	193	5553
1989	40	310	2000	383	2157
1990	44	335	2001	421	1492
1991	159	307	2002	144	4202
1992	136	991	2003	403	6376
1993	49	826	2004	490	5209
1994	55	1217	2005	318	4197
1995	260	3235	2006	413	3408

表7-8-6　　2006年工程局拥有主要施工设备一览表

序号	设备名称	型号规格	单位(台)	数量	单台能力	产地或厂家
	总台数		112			
一	土石方设备					
1	凿岩台车	BOOM353E	台	1	170千瓦	阿特拉斯
2	混凝土喷浆台车	PM500PC	台	1	135千瓦	瑞士阿里瓦
3	挖掘机	RH30E	台	1	5.3米^3	德国
4	挖掘机	CAT385B	台	1	4.7米^3	卡特
5	挖掘机	ZAX450	台	2	2.8米^3	日立
6	挖掘机	EC460BLC	台	1	2.1米^3	沃尔沃
7	挖掘机	CAT330C	台	2	1.6米^3	卡特彼勒
8	挖掘机	HD1430	台	2	1.4米^3	日本加腾
9	挖掘机	HD820	台	3	1.0米^3	
10	装载机(侧卸)	WA380-3	台	4	2.3米^3	小松常林
11	装载机	ZL50D	台	2	3米^3	柳工
12	推土机	TY220	台	4	162千瓦	山推

续表

序号	设备名称	型号规格	单位(台)	数量	单台能力	产地或厂家
13	推土机	TY230B	台	7	179千瓦	山推
14	推土机	SD23	台	1	179千瓦	山推
15	推土机	SD22	台	2	175千瓦	山推
16	推土机	SH320	台	2	235千瓦	上海彭浦机器厂
17	推土机	TY320B	台	5	235千瓦	山推
18	推土机	CATD8R	台	2	235千瓦	卡特
19	自行式振动压路机	BW225D-3	台	5	25吨	宝马格
20	自行式振动压路机	BW226D-4	台	1	26吨	宝马格
21	自行式振动压路机	YZ26C	台	2	26吨	三一重
22	自行式振动压路机	YZ26E	台	3	26吨	三一重
23	自行式振动压路机	CA702	台	2	26吨	达纳派克
24	斜坡振动碾	YZT10L	台	4	10吨	陕水
25	拖式振动碾	YZT20	台	2	20吨	陕水
26	拖式振动碾	YZT22	台	2	22吨	陕水
二	起重设备					
1	汽车式起重机	QY16	台	1		徐工
2	汽车式起重机	QY25	台	1		浦元集团公司
3	汽车式起重机	QY－35	台	1		浦元集团公司
4	汽车式起重机	TG500E	台	1		多田野
5	汽车式起重机	LT1070	台	1		长江
6	塔式起重机	QTZ63B	台	1		虎霸建机
7	塔式起重机	MC320K12	台	1		张家港波坦
8	塔式起重机	QTZ250	台	1		中联重工
9	门座式起重机	30/10t	台	1		吉林
10	门座式起重机	MQ540/30	台	2		浙江省水电建筑公司
11	高架门机	MQ600/30	台	2	10/30吨	三门峡水工机械厂
12	高架门机	DMQ600	台	1	10/30吨	吉林水工机械厂
13	液压履带起重机	QUY50C	台	1	50吨	抚顺挖掘机有限公司
三	运输设备					
1	自卸汽车	3305F	辆	8	32吨	内蒙北重公司

续表

序号	设备名称	型号规格	单位（台）	数量	单台能力	产地或厂家
四	混凝土机械设备					
1	混凝土搅拌站	HZS-50	台	1		南方路面机械有限公司
2	混凝土搅拌站	HZS-50	台	1		虎霸建机
3	混凝土搅拌站	HZ75	台	1		杭州和达工程有限公司
4	混凝土搅拌站	2HZF90	台	1		泰安岳首工程公司
5	混凝土搅拌站	HZS-150	台	1		四川现代建设机电公司
6	混凝土搅拌站	200BT-10D-H1/D	台	1		石川岛
7	混凝土搅拌站	ZJS1000	台	1		郑州长城机器制造厂
8	混凝土搅拌站	HZS-120	台	1		郑州水工
9	混凝土搅拌车	XZJ5290GJBJ7	台	3		徐州利勃海尔
10	混凝土搅拌车	XZJ5271	台	2		徐州利勃海尔
11	混凝土输送泵	HBT50B	台	1		张家港
12	混凝土输送泵	HBT50C	台	1		三一重
13	混凝土输送泵	HBT60	台	1		中联建设
14	混凝土输送泵	HBT60C	台	2		三一重
15	混凝土输送泵	HBT120A	台	2		三一重
五	其他					
1	空压机	H750-300S	台	1		英国豪迈
2	空压机	VHP600E	台	1		英格索兰
4	空压机	VHP700E	台	1		英格索兰
5	空压机	VHP750E	台	2		英格索兰

调（购）入的设备，经验收、登记才能投入使用。工程局先后在新安江、富春江、湖南镇水电站工地建立施工机电设备仓库，暂时不使用又不外调的设备，验收、清点、登记后入库保管。1982年，在紧水滩水电站工地设置常用设备仓库，在新安江、富春江基地和湖南镇工地设后方储备仓库。同年5月起，全局所有机电设备建立账卡，机电处建立设备总账，并按部门设立分类账：机电处建立施工机械、运输设备、动力及维修设备、测量仪器、通信及印刷设备账卡，科研所建立科研设备账卡，卫生处建立医疗卫生设备账卡，教育处建立教学及实习设备账卡，行政处建立办公用具和行政、生活、福利、炊事设备账卡，保卫处建立消防治安设备账卡，工程局工会建立宣传、广播、放映设备账卡。非固定资产常用机具20种，由各领用单位建立账卡。库存设备的发放，需持机电处签发的凭证办理。符合国家报废标准的设备作报废处理，是年经水利水电建设总局批准报废9台设备，原价为61万元，净值29.6万元。10月31日，工程局重申报废设备的范围和条件，对高油耗、陈旧、技术落后、性能差不安全、无配件、无修复改造价值的设备，经领导、

技术人员、工人“三结合”小组鉴定后作报废处理。年底，撤销富春江基地设备仓库。

1985 年始，机电设备改按施工专业化分工管理，工程局于 4 月 3 日作出规定，施工设备短期停用，由使用单位保管，重要设备派专人看管，其费用由工程局在仓管费中列支；3 个月以上不用的设备，由使用单位申请封存或退库，但设备必须完好，随机附件、工具及技术资料须齐全；闲置或报废设备，由机电设备公司统一组织回收，并对外让售处理，回收资金上缴工程局用于设备更新。1986 年 3 月 15 日，工程局对设备保管、封存、退库和报废作出新规定，使用单位自管的设备，其保管费用不再由工程局开支；设备原则上不办理封存，拆装困难的大型设备可封存，但封存期需 3 个月以上，有条件的搭棚保护；退库设备经派员检查认可后退库，设备技术状况差的由使用单位支付维修费；报废设备一律退库，由设备管理部门统一处理。次年 9 月 10 日，工程局向浙江省电力工业局申请报废 1980 年底前库存机电产品，共计原价 532.4 万元。1988 年 3 月 5 日，工程局规定，各单位自管设备的报废须报局批准后自行处理，也可交工程局统一处理，回收的资金 40％上缴工程局。是年底，湖南镇水电站工地设备仓库撤销。

随着金华基地的形成，1988 年起筹建金华基地设备仓库，此后，紧水滩水电站工地设备仓库逐步撤销。金华基地设备库区占地面积 35631 米^2，共建有库房 5 幢计 3608 米^2，全局不用设备均存放于此。1990 年 5 月 30 日，工程局重新制定《机电设备仓库管理办法》，规定机电设备入库后建立台账半年清点 1 次，年终盘点清楚，做到账物相符；在库设备存放整齐稳妥，机动车辆半月启动 1 次，库房清洁通风；退库设备派员验收，机动车辆办好年检手续后 1 个月内，其他设备保养好退库；报废设备一律退回，由设备管理处统一对外让售处理。该年共报废单台原值 10 万以下的设备 732 台（套），原值为 2321 万元，净值为 1223 万元。1993 年初，经清产核资，一批使用效率低、能耗高、性能差又无配件、无修复价值的设备报废，报废设备共 69 台（其中单台原价在 10～30 万元的 42 台，30 万元以上的 2 台），原值 1199 万元，净值 507 万元。工程局于 1993 年 4 月 12 日决定，库存设备交工程建设部所属的机电设备公司保管，由局核给一定的管理费；机电设备公司执行仓管规定，按局审批件办理调拨、租赁和退库手续，指定专人出据，定期交工程局备查；库存闲置、报废设备对外处理，由工程局技术鉴定、核价小组统一定价、公开让售，变价回收资金统一交局财务处。1998 年局设备管理办法中专门规定了设备报废、处理的有关条款，1999～2006 年有关设备报废、处理的情况见表 7-8-7。

表 7-8-7　1995～2006 年有关设备报废、处理情况表

年份	报废设备		让售处理设备		备注
	台套	原值(万元)	台套	让售额(万元)	
1995	45	77	56	170	
1996	88	71	127	151	
1997	17	75	130	151	
1998	60	198	168	127	
1999	246	322	44	164	

续表

年份	报废设备		让售处理设备		备注
	台套	原值(万元)	台套	让售额(万元)	
2000	739	2293	431	159	
2001	108	189	286	135	
2002	143	424	163	143	
2003	303	812	120	151	
2004	66	342	101	401	
2005	118	506	119	158	
2006	305	1047	55	152	

1958年，工程局成立永久设备小组，专管永久设备的订货、采购、运输和保管。1984年前，永久设备的选型配套均与水利水电建设总局等有关部门共同商讨决定，工程局设备管理部门负责办理订货、运输、验收和保管。1958年在新安江水电站工地建有库房4100米^2，1960年又建库1600米^2，以后在富春江、湖南镇、紧水滩水电站工地均设永久设备库。国家改革基本建设管理体制后，工程项目永久设备均由工程发包方负责，因此，紧水滩水电站竣工后，工程局永久设备管理职能消失。

施工机电设备的使用，先后实行领用制、租赁制和保值领用制。1956～1981年间，机电设备实行领用制，总局无偿调拨给工程局的设备，按施工需要，由局属二级单位领取使用。在用设备一律提取折旧费，1980年以前统一按国家规定的综合折旧率提取，1981年4月起主要施工机械按使用台班计提，其余设备按综合折旧率每月提取。设备折旧费包括基本折旧和大修折旧，其中基本折旧费上交总局，大修折旧费自提自用，不够用时再向总局申请拨款。

1982年，试行施工配套设备内部租赁制，按工程局规定的租赁范围、计费办法和租赁手续办理设备租赁。1985年起，全局设备实行租赁制，租用单位按月向局缴纳设备租赁费，折旧费由工程局统一提取。设备租赁费包括基本折旧费、大修理费、维护保养费和仓储管理费。全租赁制的办法实行几个月后，又改为主要设备租赁制、小型设备领用制，并制定主要施工机械租赁费标准和综合折旧率标准。1988年3月22日，《施工机械设备租赁实施细则》出台，局属二级单位租用设备时，与设备管理部门签订租赁合同，按租机不带人或租机配人不同方式支付租赁费。同时制发租赁合同条款和租赁费价格表，租赁合同计12条款，规定租赁双方的义务和权利，租赁费价格表列出施工设备8大类156种机型租赁费标准，作为局内租赁费结算依据。1990年5月30日规定，局属全民工业企业、第三产业各单位实行领用制（机动车辆、吊机除外），领用后向局交纳折旧费；其余局属全民单位的大中型机电设备实行租赁制，租赁后向局缴纳租赁费。1991年机电设备按专业分管后，各施工项目租、领设备，凭工程部审定的清单，向各设备分管单位租、领。同年7月8日，重新调整设备租赁费标准，其中大中型设备8大类160种机型租赁费标准，供局属各单位（含局管项目）使用；小型设备 9 大类 306 种机型租赁费标准，仅供局管项目使用。

1993 年初，工程局将设备租赁制改为保值领用制，施工设备由工程建设部保值领用，工业企业设备由企业部保值领用。保值领用单位在上缴“能源交通基金”预算外调节金前提下，年末设备总值按比例逐年递增。是年全局设备原值 9308 万元，净值 6143 万元。1994 年设备原值 10326 万元，净值 6594 万元，分别比上年增值 10.9%和 7.34%。1994 年始，设备划分成局管设备和自管设备两大类，局管设备部分实行租赁制，自管设备实行领用制，从此，该管理模式一直延续到现在。

1960 年以前，工程局规定：各单位领导和技术负责人，应教育工人遵守操作规程，确保设备正常运行。1961 年后，建立施工机械使用管理责任制，恢复定机定人制，任命 152 名机长，做好机械维护保养和运行记录，使在用设备技术状况保持良好。1981 年 5 月 19 日工程局规定：制造、使用锅炉、压力容器须持许可证，超温超压不得使用，配备合格专人操作，建立安全技术档案。1982～1983 年 9 月，在企业整顿中恢复管理制度，推行机械设备岗位责任制，机（组）长负有 10 项职责，操作人员负有 7 项职责，在操作水平上达到“五懂”（懂构造、原理、性能、用途、用油常识）“三会”（会正确操作、日常保养、排除故障）。为管好、用好先进设备，1985 年 4 月 21 日制定实施《重点设备管理办法》，实行机（车）长负责制，每台大型机械配有 1 名机（车）长，机械出租时，机（车）长随机调往承租单位，以利机械运行和使用；重点设备使用情况，每季检查评比 1 次，并按规定给予相关人员奖罚。机械设备用油，1982 年以前规定，不明油质须化验，沉淀 72 小时方可使用；1990 年 5 月 30 日规定，使用油料以工程局编《机械用油汇编》或说明书为依据，燃油在使用前必须经 24 小时沉淀。1993 年，机电设备管理和使用制度改变后，工程局再次强调严格执行操作规程，确保机械设备安全运行并保持良好状态。

设备小修及维护保养不设置专业修理队伍，一直由操作运行人员承担。中修和大修的职责分工变化较多：新安江水电站施工期间，先后建有机械修配厂、汽车保养维修场。1965 年组建汽车大修厂，配备修理人员和设备，隶属于机械大队，负责全局汽车配件加工和修理任务。1985 年 4 月 3 日汽车大修厂划归机械厂管理。为加强重型机械的大修理，1988 年 3 月 5 日，设备租赁公司下设重机修理队，负责全局重型机械的大修。1991 年 5 月，汽车大修厂、重机修理队分别从机械厂、设备租赁公司划出，合并组建设备修理厂，下设汽车修理、重机修理分厂和电气修理车间等，配备管理和各类专业修理人员 180 人，配备各种主要检修用的设备 34 台（套），承担全局施工设备大修理任务。

设备大修（含中修）根据设备运行时间及技术鉴定状况安排，工程局每年四季度编制下年度大修计划。1957～1984 年间，每年的设备大修计划、完成情况及费用开支，均报请水利水电建设总局批准后组织实施，设备大修费用统由总局拨款或核销。总局批准 1964 年大修设备 131 台、费用 54 万元，9 月 29 日调整为 170 台、费用 75 万元，该年度实际完成大修设备 152 台、费用 72 万元。1985 年起，设备大修计划不再上报，工程局自行确定实施，所需费用全部自理。1993 年起，设备大修费用改由二级单位自提自用。

为使设备得到及时修理，1960 年 11 月，在全局范围内开展“万件两百台”活动。经多方努力，完成生产配件1万件、死机复活200台。1963年为使设备完好率达到60%以上，工程局采取包车包修制，零配件自行加工，库存设备经常维护，全年经常性维护413台（套），一次性维护完成226台（套），费用11.6万元。此后，设备大修管理制度没有坚持执行。1982年10月31日，工程局对设备大修作出规定，由机电处统一管好用好大修基金，凭任务书安排设备大修，实行自检、互检和专职检验三检制，保证大修质量，并首次出台单位和个人奖励办法。1984年初，设备大修按任务书定点修理，明确送修、承修单位应履行的职责，提前大修设备由使用单位按比例承担大修费用。针对设备使用单位重使用、轻修理的状况，1987年3月13日，工程局重申设备保养和修理的规定，严格实行修理经济责任制：使用单位送修设备缺件，按折价缴纳赔偿费；承修单位实行质保期（两个月）和质保金（大修费10%）制度，对按期或延期完成大修者实行奖罚。次年3月5日，明确送修设备缺件按新件价70%由送修单位赔偿。1990年初，对设备大修基金使用作出调整，租赁设备大修基金由设备管理处统一掌握使用，领用设备大修基金由各使用单位自提自用。同时明确，主要施工设备修理须经工程局技术鉴定，然后安排总成大修。为加强备品配件的管理，工程局在金华基地设立配件供应中心库，逐步取消二级库；为做好必备配件储备，除工程局核给部分流动资金外，各二级单位向局缴纳配件专项基金。1993年4月起，工程局决定设备大修、整修均由各二级单位负责，大修费自提自用，所属设备实行日常保养、定期保养和走合期保养制度。工程局设备管理部门实施监督、检查、指导，对拼设备、违章作业、失保失修严重者，给予经济处罚或超损赔偿。1995年设备管理处被调整为机关职能后，局管设备的大修由设备管理处负责计划、实施、验收等，并在局核销大修费。自管设备大修费由各二级单位自提自用。1998年及2002年《机电设备大修管理办法》中都规定费用结算办法，汽车各级修理工时定额按浙江省《汽车维修行业工时定额和收费标准》、土石方机械及其他设备各级修理工时定额按葛洲坝工程局《施工机械设备保养修理配件加工技术经济定额》执行。

1985～2006年设备大修和技术改造见表7-8-8。

表7-8-8　　1985～2006年设备大修和技术改造一览表

年份	设备大修		技术改造	
	实修台数	大修费用(万元)	完成项数	技改费用(万元)
1985	43	55.5	14	12.50
1986	40	55.4	14	5.30
1987	37	68.4	5	4.10
1988	53	132.5	3	3.90
1989	59	99.5	4	7.80
1990	70	201.80	5	14.50
1991	52	219.10*		
1992	65	171.50	3	30.30

续表

年份	设备大修		技术改造	
	实修台数	大修费用(万元)	完成项数	技改费用(万元)
1993	84	345.70	4	134.80
1994	42	181.50	6	120.00
1995	38	194	6	121.8
1996	93	533*		
1997	87	770*		
1998	102	499.1*		
1999	95	454.85*		
2000	78	411.3*		
2001	64	326.5*		
2002	85	357.99*		
2003	69	304.7*		
2003	137	1060.3*		
2005	55	331.5*		
2006	71	363.7*		

* 大修与技改合在一起计算。

第五节 改进提高

自1964年4月起，工程局由点到面开展完成任务好、技术状况好、维护保养好、运行记录好、附件工具好“五好”设备竞赛活动。先在修配厂和机械队试点，评选出103、213号两台车床作为全局竞赛样板，后在全局4个主要机械单位全面开展。全局有13种216台大型机械设备，参赛的有176台，评选出“五好”设备52台，“五好”设备率为29.55%。1965年，继续开展“五好”设备竞赛，参赛的大型机械130台，达到“五好”设备要求的4台、良好的23台，两项合计占参赛设备的20.77%。后因多种原因，此项竞赛活动中断。

1980年开展红旗设备竞赛，年终评出红旗设备27台，给红旗设备挂标牌，奖励有关人员。次年，在红旗设备竞赛中增选标兵设备。年终评选出红旗设备41台（套），其中被总局命名标兵设备5台（套），168名机组人员受奖。1982年5月21日，制发红旗设备竞赛办法，按标准打分达90分以上为红旗设备，并开展设备管理先进集体和先进个人竞赛。年底，在各单位总结、自评、推荐的基础上，经局检查验收小组评比和局审查批准，评出红旗设备77台，第三、五、六工程处和第一修配厂为先进集体，55人被评为爱机人员。1983年度，评选出红旗设备115台，第五工程处和新安江管理处车管组为先进集体，设备管理先进个人 7 人，爱机积极分子 7 人。1984 年修订《红旗设备竞赛办法》，竞赛分局、处两级进行，主要设备参加局级竞赛，一般设备参加处级竞赛，年终评出局级红旗设备 44 台，占参赛设备的 30.5％。

为加强重点设备管理，1985 年 4 月 21 日，工程局提出重点设备竞赛的 7 项优胜条件，对符合优胜条件设备的操作人员给予重奖，并首次奖励优胜设备维修人员。1986 年共评出局级红旗设备 60 台，处级红旗设备 90 台，分别占参赛设备的 31％和 38％。第七工程处和物资处机务科被评为设备管理先进单位和科室，有 7 人评为设备管理积极分子。1987 年 3 月 13 日，工程局对红旗设备竞赛作出补充规定，竞赛评比分局、处、队三级进行，年底经检查评比，第三工程处获一等奖，第二工程处和机电安装公司获二等奖，5 人评为设备管理先进工作者。1988 年后，随着机电设备管理机构的变化，红旗设备竞赛办法作出新规定，设备使用期不满 6 个月、工作时间不足 500 台时或汽车行程不足 2 万千米的不参加竞赛，局、处两级红旗设备率控制在 30％左右。1990 年度，红旗设备评比结果：局级红旗设备 53 台、处级红旗设备 108 台，共计红旗设备 161 台，红旗设备率为 21％。

第六节　招　标　采　购

2002 年以前的设备物资采购，虽然也实行询价、报价，但没有正式有效的管理办法。2002 年 1 月，工程局下发了《设备物资竞价采购管理办法》，规定了工程局设备物资采购需进行竞价。以公开、公平、公正，质量、价格、服务综合评价等为竞价采购的原则进行。竞价采购以公开竞价、邀请竞价等方式进行。工程局设立竞价采购领导小组，下设管理办公室。文件规定了竞价采购分级管理的范围、程序、管理、监督等，进一步降低了采购成本，确保采购质量，提高采购效率和效益。

第九章　财　务　管　理

第一节　机　　构

1956 年 5 月，工程局从燃料工业部上海水电勘测设计局抽调人员成立财务组。嗣后，不断从官厅水力发电工程处、上犹江水力发电工程局、丰满土建队等单位调入财会人员。年底，新安江水电工程局由财务组、财务科扩编为财务处，1957 年至今，财务机构先后为财务办公室、计划财务处、财务处、财务部。2004 年，工程局成立了资金结算中心，有关资金管理的职能从财务部分离出来。2007 年，工程局将财务部、资金结算中心合二为一，更名为财务产权部。

1956 年 12 月工程局财会人员达 77 人，2008 年末已达到 190 多人。

工程局在新安江水电站工地开办干部学校，开设财会专修班，培训财会干部，充实工程局财会队伍。

工程局采取多方位、多层次、多渠道培训财会人员。1978、1980年，工程局从在职老会计中选聘师资，选编教材，自行举办两期财会专业培训班，壮大财会队伍。并从青年工人中选拔74人送工程局职工大学培训财会专业知识，充实全局各单位财会岗位。1982年，工程局举办经济管理学习班，选送10名财会业务骨干参加学习。同时，财务处举办业余财会学习班，33名财会人员参加学习，提高财会人员业务素质。是年，工程局获得“全国水电先进财会工作单位”称号。1983～1985年，工程局选送9名业务骨干参加成都财经学院进修。从青年工人中择优录取14人参加工程局职工中等经济管理学校两年制财会专业学习，16人参加“电大”经济专业学习。1993年，专为外营施工项目培训20名男性会计。2002～2004年，工程局选送5名中层以上财务人员到国家会计学院（北京）参加国有资产管理委员会举办的大中型国有企业总会计师岗位培训。

据统计，全局自学成才财会人员30余人。2006年末，全局在岗财会人员194人，其中高级会计师13人、会计师45人。1991～2006年，工程局连续被评为特级（AAA）信用企业。1994年全国财税大检查，工程局被评为“执行财政法规信得过单位”。

第二节 资　产　管　理

建局初期，新增固定资产均由国家投资购置或自其他水电站工地无偿调入。1959年9月，工程局制定实施《固定资产管理办法》，集中归口管理。供应处办理一切生产、施工、管理、医疗、消防设备订货、采购、委托制作、运储、验收、入库保管工作；固定资产归口机电处、技术处、行政处、医院等职能处室。财务处组织全局固定资产管理和核算工作，签证有关设备增、减、变形、移动等原始凭证，登记固定资产辅助明细账，掌握增减、变化和折旧计提并统一上缴。固定资产领出使用后，由领用单位负责保管使用。如需退库、调拨、报损、改装等，报请主管职能处室审批并办理手续。新安江水电站建成时，工程局拥有施工设备4537万元。

1982年，工程局固定资产由集中管理改为两级管理和业务归口管理。制定固定资产使用保管责任制，财务处建立固定资产总分类账、明细分类账，负责固定资产核算和账务处理。建立固定资产卡片，一式3联，使用、保管单位两联，财务处1联代明细账。制作专用箱，分单位、分类别存放。按使用单位计提折旧，按分类统计和编制固定资产报表。固定资产领用、退库、移拨，根据各部门的手续凭证将箱内卡片加以变动。1985年后，工程局转换经营机制，各项目工地所需机械设备采取内部租赁办法或自行购置。内部设备租赁，按季结算收取租金，工程竣工或中途退租须保持设备完好，如有损坏、损失，由租赁单位修复或赔偿。至1989年，全局拥有固定资产原值11102.7万元，净值7904.5万元。

1994～2006年，全局固定资产实行分级管理。大型机械设备由工程局（职能部门—设备处）管理，实施租赁；中小型设备由局属单位管理，实施保值增值。局属单位管理的机械设备，按工程局规定自行提取折旧费，其年综合折旧率（按占用的全部固定资产原值总额计算）不得低于8%，用于设备更新。局属单位占用的房地产，按工程局统一规定上缴房租及土地使用费，未经批准不得任意转租；全局固定资产处置权属于工程局，未经批准不得自行处理或报废。各单位购置生产设备单位价值在5万元以上，报工程局主管部门审查，分管局长批准；非生产设备及专控商品无论价值大小，报工程局批准后购置。2006年底，工程局实有固定资产原值40727.65万元，净值20563.53万元。

1987～2006年工程局固定资产变动情况见表7-9-1。1987～2006年工程局机械设备比重变化见表7-9-2。

表7-9-1　　1987～2006年工程局固定资产变动情况　　单位：万元

年份	固定资产原值	年增长率（%）	固定资产净值	年增长率（%）	预提折旧	折旧率（%）	新增设备
1987	10674.10		8119.60		455.30	6.17	919.50
1988	10745.90	0.67	7935.10	—2.20	611.90	7.51	835.70
1989	11102.70	3.20	7904.50	—0.39	468.30	6.99	553.90
1990	8782.70	—20.90	6411.50	—18.89	494.80	7.58	230.60
1991	8977.10	2.21	6917.50	—3.34	478.20	5.30	313.20
1992	9807.00	9.24	6617.00	6.77	479.90	6.70	994.20
1993	14489.40	47.75	10555.10	59.51	699.90	5.30	826.00
1994	15508.20	7.02	10713.50	1.50	952.60	7.60	1216.70
1995	19738.54	27.28	14071.38	31.34	1163	6.6	2730.45
1996	19724.36	—0.07	13599.03	—3.36	1263.73	7.42	2459.69
1997	23496.08	19.12	15448.59	13.60	2125.49	11.24	4177.57
1998	23159.65	—1.43	13907.16	—9.98	2489	11.93	3919.44
1999	27266.94	17.73	17030.93	22.46	2017.84	7.64	1155.23
2000	24656.42	—9.57	15017.3	—11.82	2570.96	13.2	4884.16
2001	26131.66	5.98	14024.6	—6.61	2651.04	10.75	1506.72
2002	29332.88	12.25	14789.85	5.46	2943.83	11	4224.61
2003	40002.95	36.38	21290.93	43.96	4107.46	11.68	6652.17
2004	39559.32	—1.11	22344.31	4.95	3294.21	10.68	6299.58
2005	40020.39	1.17	21695.63	—2.90	3397.55	10.49	5050.99
2006	40727.65	1.77	20563.53	—5.22	3397.55	11.96	3630.77

表7-9-2　　1987～2006年工程局机械设备比重变化表

年份	技术装备（元/人）	动力装备（千瓦/人）	机械设备原值（万元）	机械设备占固定资产比重（%）
1987	8136	6.9	9658.80	90
1988	7593	7.7	9807.90	91

续表

年份	技术装备（元/人）	动力装备（千瓦/人）	机械设备原值（万元）	机械设备占固定资产比重（%）
1989	7791	9.9	9928.90	89
1990	7618	6.7	7673.50	87
1991	6760	7.3	7984.90	89
1992	7300	7.97	8830.20	90
1993	7299	7.4	8164.80	56
1994	5811	6.93	7849.40	51
1995	7785	7.48	12803.25	65
1996	18214	8.62	13781.23	70
1997	23921	11.1	17005.63	72
1998	36375	13.17	18853.38	81
1999	41785	13.86	22146.13	81
2000	51304	12.43	20963.11	85
2001	61421	17.15	22345.00	86
2002	72143	17.6	25661.46	87
2003	94572	21.44	33563.7	84
2004	89393	19.44	31117.91	79
2005	91947	20.16	31657.62	79
2006	102751	20.19	33065.36	81

计划经济时期，工程局材料核算采用双轨运转余额法核算，核算全过程分两个阶段，前阶段为采购、运输、验收、入库、保管；后阶段为领用、消耗，转入工程成本。材料采购根据工程任务、进度提出用料计划，先由供应处挖掘内部潜力，库存余缺调剂平衡，确需采购，将计划交财务处平衡资金，保证采购资金使用。支付款时，作好采购付款记录，货到验收合格，将验收单附入发票交财务处报账，注销采购付款记录。月末，材料稽核员对照仓库当月发放料单签收，将收料验收单与采购报账单核对相符，完成前阶段工作。后阶段材料领发、退库、核算工作，根据工程轻重缓急、工程进度、工程任务单核发材料。工程局先后采用按计划发料、定额发料、限额发料等多种形式。材料核算采用计划价格核算，事先编制材料计划价格目录，验收、入库并领用，统一采用计划价格，材料实际进价和计划价的差额作材料价格差异处理。材料分配、领用进入工程成本时，按计划价加材料价差，以材料实际成本价进入工程成本。财务部门成本管理和核算，一直采用二级核算，稽核员由仓库签发发料单，按单位分列，以材料实际成本总额转给二级核算单位转入成本。

市场经济时期，由于施工项目点多面广，区域跨度大，材料的采购、领用、保管的重点转移到二级核算单位。尤其是推行项目法施工后，大部分物资材料由项目经理部自行采购使用，多余材料自行就地处理。少数采购困难的物资，由物资公司设法调剂解决。目前，在建工程项目所需的主要材料（如钢材、水泥、柴油、炸药等），基本上都是业主（甲方）根据工程进度采购提供。

1966年3～6月，工程党委为查清“四江”合并后工程局物资家底，发动全局职工开展群众性反浪费、查设备、查材料、查资金的“一反三查”运动。查清工程局有设备7126台件，各种材料总值875万元。查清闲置、积压设备、材料价值1300多万元，占全局财产29%。

1979年7月，工程局成立清产核资领导小组。是年11月至翌年3月，根据水电建设总局统一部署，分清产、核资、建制三个阶段开展工作。全局建立大队以上清产核资机构32个，专业队伍320多人。通过清产核资，全局固定资产实有6643台件，原值6362.6万元，净值4515万元；报废576台件，原值271.7万元，净值171.3万元；流动资产材料实有2390万元，报废27万元，可供调剂355万元；清出账外材料125万元；清出行政生活办公用具29624件。债权债务清产后余额28.3万元，比清产前1978年末87.1万元降低67.51%。湖南镇水电站工地职工欠款清产后0.6万元，比1978年末0.9万元降低0.3万元。清点丈量永久房屋66563米^2、施工用地1415678米^2。经清产核资，库存物资堆放整齐清洁，账卡物核对一致；超储积压物资另立账册，建立积压库保管处理；出租设备清理核实回收，租入设备不需用的清退；需进行大中修设备，安排计划落实承修单位；采取各种措施处理积压物资345万元，占超储积压物资35%。清产核资过程中，建立、健全和修订工程局《油料消耗定额》、《材料消耗定额》、《职工生活、办公用具卡》及《班组、个人工具领用卡》等，规章制度得到完善。

1993年，工程局根据水利水电建设总公司布置，组成领导小组，调集财务、设备、物资、行政专业人员，建立办事机构，全面清查、盘点工程局资产。经资产清查、界定、重估，工程局资产为23813.72万元，其中固定资产原值13655.7万元、净值10040.09万元，流动资产11913.04万元；在建工程351.15万元，长期投资1509.44万元；盘盈固定资产净值73.29万元，盘盈率1.07%；盘亏固定资产净值11.97万元，盘亏率0.75%；毁损固定资产净值3.89万元，毁损率0.1%；报废固定资产净值133.51万元；所有权界定资产增值53599元。工程局针对企业经营管理特点，制定国有资产管理办法，落实承包责任制，核定资产保值增值指标，防止国有资产流失。

2004年，根据国务院国有资产监督管理委员会《关于印发中央企业清产核资工作方案的通知》（国资评价〔2003〕58号）、中国水利水电建设集团公司《中国水利水电建设集团公司清产核资工作方案》（中水电财〔2003〕58号）、《中国水利水电建设集团公司清产核资工作方案实施细则》（中水电财〔2003〕59号）的要求，在工程局范围内，全面开展清产核资资产清查工作。

清查前企业资产状况

工程局合并会计报表基准数的资产总额为89484.59万元，负债总额为83240.66万元，少数股东权益为268.52万元，所有者权益为5975.40万元。

纳入本次清产核资范围的所属单位6户，其中二级法人单位6户，包括内部核算单位67户。纳入清产核资单位名称、投资比例、控制关系。2003年12月31日个别会计报表资产总额及所有者权益情况见表7-9-3。

表7-9-3　2003年12月31日个别会计报表资产总额及所有者权益情况

单位：万元

单位名称	投资比例(%)	控制关系	资产总额	所有者权益
中国水利水电第十二工程局		母公司	86974.81	5975.40
中水勘测设计研究院	100	全资子公司	278.60	246.71
中国水利水电建设工程咨询东方公司	100	全资子公司	223.89	147.40
杭州中达实业总公司	100	全资子公司	1018.28	448.50
水利电力部第十二工程局新安江特种水泥厂	61.31	控股子公司	2868.64	673.91
杭州国泰墙纸有限公司	50	控股子公司	284.61	15.66

清产核资过程及实施情况

清产核资工作基准日：2003年12月31日。

工作起止日期：2003年12月25日～2004年6月28日。

(1) 具体实施情况。

培训参加清产核资的工作人员，进行清产核资基础工作。

对各项账务进行清理，对各项资产进行清理、核对和查实，对清理出的资产盘盈、资产损失及资金挂账进行核实、认定。

按照《企业会计制度》及中国水利水电建设集团公司拟执行《企业会计制度》而制定的会计政策、会计估计计算执行新制度的预计损失。

(2) 工程局清产核资过程。

工程局2003年12月接到中国水利水电建设集团公司《关于印发〈中国水利水电建设集团公司清产核资工作方案〉的通知》(中水电财〔2003〕58号)后，立即成立了工程局清产核资领导小组，并通知下属单位成立清产核资工作部门，全面负责清产核资工作，为工程局按时、保质、保量完成清产核资奠定了坚实基础。并按照中国水利水电建设集团公司(中水电财〔2003〕59号)关于印发《中国水利水电建设集团公司清产核资工作方案实施细则》的通知精神，确定了工程局清产核资目标，制定了工程局清产核资工作要求及工作纪律。

2003年底工程局组织纳入清产核资范围的所属各单位进行了账务清理和资产清查。对工程局所属各单位的各类账户、会计凭证、会计账簿以及工程局内部资金往来和借款情况进行全面核对和清理，基本上做到了账账相符、账证相符、账表相符。对各项资产进行全面清理、对实物资产进行逐项清理、盘点核对，并对实物资产的质量和可使用性充分关注，并核对和查实。对各类应收及预付账款、各项对外投资、账外资产以及抵押、担保等事项进行了重点清理。清查出需申报损失的资产再次重新核对、取证。

清产核资专项审计情况

经过审核确认的按原制度清查出的资产损失金额为14528.17万元，其中申报核减少数股东权益的损失219.73万元，核减所有者权益的损失366.48万元，自列损益13941.94万元。

清产核资资产损失处理情况

根据国家税务总局规定，清产核资资产损失13941.94万元，分3年从2005年起至2007年，在企业当年的损益中（税前）列支。

1956～1984年，计划经济时期，工程局财务制度采用自营基本建设工程核算形式，只计算节约额，不计利润，投资由国家注销。为降低工程造价，对内部施工生产单位制定成本降低指标，考核成本开支，按内部施工预算单价进行成本核算，计算成本降低额与降低率。先后按照《基本建设工程成本核算办法》、《国营施工企业成本核算办法》、《水利水电施工企业成本实施细则》等规定进行成本核算。成本管理工作以财务部门为主，有关部门配合，计划处编制施工生产计划与降低成本计划；工程管理部门审查建设概预算，掌握工程进度；施工生产单位编制施工作业计划，签发工程任务单，制定降低成本技术措施；供应处执行领退料制度，供应施工器材；劳动工资处贯彻劳动定额，控制工资基金和人工费；行政部门掌握行政管理费。全局成本核算包括建筑安装工程成本与辅助生产成本核算两部分，建筑安装工程成本核算分为扩大单位工程、单位工程、分部工程、成本项目、工料耗用等5级，建立成本核算台账；辅助生产成本核算与工程成本核算相似，项目以产品和劳务设立，增设动力与燃料、折旧等成本支目。辅助生产成本核算后，定期转入其服务的工程项目成本。工程局进行成本核算时，实行两套单价，对外用概预算单价，对局属单位实行计划单价，用以考核与成本核算。

1984年，工程局实行百元产值工资含量包干办法，经济承包责任制日趋完善，职工奖金直接与降低成本指标挂钩，财务成本核算各项基础工作逐步完善。1984～1985年，工程局每年制定企业内部施工预算定额，结算内部工程价款和计算成本节约额、降低率。1987～1992年，工程局在建筑市场竞争中，人工、材料、机械使用和管理费等因素发生变化，实际成本超出预算成本，企业出现亏损。1989～1992年，连续4年共计亏损3537万元。

1993年以后，工程局实行内部经济责任制承包形式，对二级单位实行利费上交，责任人年薪与利费挂钩。

1994～2006年，公司成立了经营业绩考核领导小组，组长由局长担任，成员由党委书记、副局长、党委副书记、三总师、工会主席。领导小组下设经营业绩考核小组，由分管经营的局长理兼总经济师任组长，总会计师任副组长，各相关经济管理部门负责人或工作人员参加，负责内部经营责任指标的测算、平衡和具体的考核、结算等工作。企划部作为经营业绩责任制的牵头部门，负责经营业绩考核的日常管理工作。对经济责任制制度进行了不断的修订和完善。

第三节 资 金 管 理

1956～1980 年，工程局财务资金按财务计划集中统一管理。上级主管部门按国家批准电站总概算和年度基建计划，下达年度财政预算拨款限额，并由建设银行驻工地办事机构监督使用。工程局对基建财务收支计划实行严格管理，确保建设重点，增加组织收入，压缩资金储备，资金收付归口专业职能处室统一办理。全局流动资金和固定资金，归口供应处、机电处编制施工材料、设备采购、订货用款计划（剔除可动用内部资源)，作为全局计划控制使用资金的依据。局属单位所需施工生产资金一律纳入月度财务收支计划；全局施工生产器材（包括大修理、科学试验、勘测器材）由工程局统一采购或对外委托加工，各单位凭批准计划领用；一切现金支付凭会计凭证入账，库存现金额度不得超过银行规定。器材销售、机械设备租借、对外运输、风水电对外供应、修配加工制作、借调人工费用结算及对外合同协议签订，均分别由有关专业职能处室、单位统一办理。规定收费标准，收入统一交财务处入账。

根据 1963 年 5 月新安江水电站基建财务报告，1956～1962 年，工程局累计完成投资 32393 万元，应核销支出 199 万元，总支出 32592 万元。其中直接向国家领用财政预算拨款 29618 万元，占总支出 90%。缺额均由施工节约、挖掘内部资源、组织收入（包括大型临建回收）充抵预算拨款。工程局在建设新安江、富春江、湖南镇 3 个水电站中，通过竣工决算，为国家节约建设资金 9955 万元。

1959 年 6 月，工程局在新安江水电站施工中，根据国务院《关于改进基本建设财务管理制度的几项规定》和水利电力部颁发的《关于实施基本建设投资包干试行方案》精神，制定《投资包干实施办法》，成立投资包干推行工作组。工程局以新安江水电站工程概算总投资额为投资包干基础，对水利电力部水利水电建设总局实行投资包干。概算总额与实际差异为投资包干的节约额，工程局可按职工工资总额 5%，从节约额中提取奖励和福利费，其余结转为企业基金。工程局内部，逐级“包干负责到底”，实行 3 级层层包干。内部投资包干指标，根据水利电力部水利水电建设总局批准的投资包干方案，分年管理与控制，并依据年度计划，本着上粗下细、主粗点细的原则，层层实行指标、定额交底，一包到底。局属各大队、厂和处室为一级包干单位。承担建筑安装工程的大队，实行包“工程量、进度、质量、投资额、降低造价”5 项指标；承担辅助生产的大队、厂包“产量、质量、时间、降低造价”4 项指标；管理部门实行费用包干。大队、厂和处所属分队、车间为二级包干单位。承担建筑安装工程的分队包“任务（工程量、进度、质量)、人工、材料、机械使用、节约额”；承担辅助生产的分队、车间，由一级包干单位分别不同情况下达包干指标。班组为三级包干单位，由二级包干单位以工程任务单形式下达包干指标，实行定工、定料、定质、定量、定时间。实行投资包干后，一级包干单位在与生产任务相适应原则下，凭月计划领拨原材料，允许保持一定量的储备和劳动力增减；在工程局统一标准与使用限额范围内，可批准日常开支、使用劳保用品、搭建小型临时建筑、处理职工退场、动用生产奖金、凭季度分月计划支配用款，在不突破年度包干指标原则下，允许在月度、季度之间调剂使用资金，并审批班组评奖资料。

1980、1984年，工程局在湖南镇、紧水滩两水电站施工中，先后与电力工业部、水利水电建设总局签订包保合同。根据两水电站工程总概算规定的工程规模、工期、工程质量，工程局实行投资包干。资金来源由原来国家财政拨款变为按两水电站批准的工程建设计划向建设银行贷款。投资包干后，实行局长“一支笔”审批用款计划，扩大二级核算机构管理权限。1982年，工程局推行经济责任制，建立工程局、工程处（厂）、工程队（车间）、班组4级经济责任制管理。1982～1984年，在紧水滩水电站工地对内部各单位实行代金券制度、材料核算管理制度和包装物回收办法。工程局以代金券支付工程价款，结算时扣抵上缴利润、折旧、福利基金、往来款项。工程处之间结算劳务，按规定单价以代金券相互结算。工程用料统一由二级库向工程局调拨改为用代金券购料，简化核算手续。施工单位控制用料，限额发券领料。工程处（厂）、工程队（车间）、班组建立材料账，收、付、存有记录，定期盘点，按需发料，余料退库。工具、低值易耗品建立实物卡，改进大宗材料验收、计量措施。水泥纸袋向内部使用单位收取押金，提高纸袋回收率。1985年，全局各单位实行定额流动资金制度，每年根据计划工作量核定流动资金。

1982年，工程局推行内部经济责任制。工程局与工程处、厂签订内部经济合同，核定利润指标，规定超额利润分成提奖，对外经营利润分成并加奖。非生产单位核定费用总包干和组织收入指标，规定包干费用节余提奖，组织收入分成加奖。二级核算单位经济效益与职工工资挂钩。规定使用固定资产提交折旧基金、大修理基金，个别特种机械须交一定占用费等。工程处、厂对工程队、车间、班组（单机、单车）也采用内包合同形式逐级落实任务，层层分解指标，把经济责任落在基层。1994年，工程局继续与内部各单位每年签订内部承包经营责任书，根据实际情况，规定按计划产值或计划自营产值的2%或3.5%上交管理费；对外承揽工程项目，按自营工作量3%提取技术装备费，60%上交工程局，40%留作本单位技术改造经费；规定按本单位实发工资总额17%提取劳保基金，按7%提取教育基金，并上交工程局；按本单位工资总额14%提取福利基金，统筹安排本单位职工福利，如有不足，可从本单位超额利润留成中弥补；项目支付赶工费（奖），总额的70%由本单位自行分配，30%上交工程局并可充抵利润，统筹用于基地建设；各单位业务招待费按规定控制使用，如发生超出，超出部分的10%从该单位领导班子成员工资中扣除，其中党政一把手承担50%。

建局以来至1986年，工程局资金采取无偿调拨办法。1987年起实行流动资金有偿占用，内部各单位占用工程局资金，必须按规定支付资金占用费。1993年1月实施《流动资金管理办法》，全局流动资金有偿占用，定额管理，归口负责，分级核算，工程局统一调度和监督。工程局有权向所属单位调用资金，上调资金按财务归口入账，作为该单位上交款项和归还往来款。内部各单位流动资金核定：工程部及局直属建筑安装单位，按年计划自营工作量的15%核定，向甲方自行收取预收备料款充抵定额流动资金，但不收资金占用费；企业部及多种经营企业按年资金周转3.5次核定；其他单位根据费用和结算方式核定。流动资金实行有偿使用，各单位占用定额内流动资金，一律按月息7.2‰计收资金占用费，按季结算。各单位因特殊困难申请临时借款，经办理借款合同，按月息15‰利率计收占用费，可加收贷款手续费0.5%。工程局规定，各单位只准在所在地银行开设1个结算账户，在外埠开设采购账户，须经财务处批准，严禁工程局内部相互拆借资金。未经批准不得用流动资金对外投资、合资、联营或出借。

1988年7月，工程局实行内部银行制度，把银行机制引入企业财务管理，使工程局内部各单位经营环节之间由原来无偿结算变为有偿的等价交换。为解决资金困难，工程局内部银行与基地建设银行白龙桥办事处联合举办职工工资转存定期储蓄业务，吸纳职工存款现金。以职工标准工资高低分档吸储，低工资、有困难者，自愿存储，1年为期，支付银行本息并加付利息30%奖励金。各单位闲置资金存入内部银行，按月息12‰支付利息，超银行规定的存息，再由工程局加奖15%作为奖励。对按银行贷款利率引进或吸纳的资金，属融通资金，按引进额度、期限给予一次性奖励：满1年，按引进额2%奖励；不满1年，按实际月份折算；1～3年按3%，3～5年按5%给予奖励。工程局为加强资金管理，强化内部银行职能，建立以内部银行为中心的企业内部资金市场。局属各专业公司建立内部银行分支机构，形成全局上下资金管理网络，及时调度、融通资金，提高资金使用效果。

1995年3月起，工程局先在各专业公司设立内部银行分支机构，相应建立内部银行分行或办事处，实行内部银行业务辐射式直线管理。

2004年5月，在原局内部银行的基础上成立了工程局资金结算中心，与局财务部分设，作为局机关经营管理职能部门，并按照局内部单位不同情况和管理方式，确定了三种管理模式，以达到资金集约化管理目的和满足不同单位资金统一管理的要求。

收支集中管理模式

收支集中管理模式适用于工程局在金华基地范围内所有内部核算单位。

工程局资金结算中心在金华基地设立分支机构，将金华基地范围内的所有单位共18家，原在商业银行开户的银行账户在同一时间全部撤销，纳入局资金结算中心统一管理系统。各单位只能在局资金结算中心——金华分支机构开户，由资金结算中心统一向建行开设总账户。按照商业银行管理机制和运作方式，各单位收支全部通过结算中心办理，由资金结算中心进行审核，按照各单位的资金存量管理，谁的钱由谁支配，不得混用或坐支，统一办理对外收付。

收支两条线模式

收支两条线模式适用于对各单位及1000万元以上的工程项目经理部。

根据集团公司与中国建设银行签订的《资金结算网络协议》的有利条件，局资金结算中心在中国建设银行浙江省分行营业部及中国工商银行杭州分行羊坝头支行分别开设“十二局银行存款总账户”。局属各单位或1000万元以上项目经理部首先在局资金结算中心开设“内部账户”，同时在单位或项目所在地建设银行或工商银行分别开设“资金收入账户”、“资金支出账户”。所有资金全部通过中国建设银行及中国工商银行网络上线结算(简称网银结算)，各单位、项目部资金收入时，必须全额进入“资金收入账户”，由局资金结算中心通过网银结算，将资金全额自动划入局资金结算中心在杭州中国建设银行或中国工商银行总账户。各单位、项目需要资金时，由各单位或项目部提出资金使用计划，经批准后局资金结算中心通过网银结算及时回拨到在当地开设的“支出账户”。收入户、支出户不能混用，不能自行坐支。

资金账户监管模式

资金账户监管模式适用于项目较小（通常在各项目1000万元以下项目）、地理交通不便、“网银”结算无法建立的施工项目工地。同样也适用于二级单位对所属各小项目的资金集中管理。

经批准项目部自行在所在地商业银行开立资金结算户，同时在局资金结算中心开设“内部账户”，纳入局资金结算中心监督系统，要求每月将结算款的50%以上通过银行汇兑结算方式，将资金及时汇入局资金结算中心集中，要返回时，经批准后由结算中心再通过银行汇兑结算方式汇还。一般以月度现金流量收支情况表的形式反映，每月终了及时与资金结算中心核对账户余额。

运行几年来，工程局资金结算中心已经建立起了规范、高效、安全的资金管理体系，并通过对上线账户的监控和自动上存的管理，已完全形成了项目资金全部实现资金集中管理。同时也将全资子公司资金纳入集中管理，工程局资金的受控率达90%以上。对工程分包款、大额材料款实行当月“二次支付制度”、“支出账户月末存款余额限额控制”、“收取分包商履约保证金制度”、“采取内部划转货币资金上交”等作出明确规定。通过资金集中和实时归集大大提高了工程局资金使用效益。

第四节　投　资　管　理

公司的对外投资项目都是遵循公司的发展方向，调整产业结构和产品结构要求，同时遵循低投入、高回报的经营方针，发挥公司的优势，精心立项，从严管理，以获取最大的投资收益和良好的社会效益。每项投资在编制投资可行性研究报告后，报经集团公司研究批准并形成文件批复，并明确对外投资实施方案，明确出资项目、出资时间、出资方式、出资比例等内容后，才进行办理的。

公司对控股公司投资不断加强监管，每月向被投资单位要求上报财务会计报表，及时掌握资产、损益状况，发现异常情况，查明原因。年度终了，要求被投资单位向公司报送利润分配方案，掌握其收益及分配情况；公司据此对投资收益情况进行考核，以保证投资的安全、完整。投资活动需要终止时，公司说明终止的原因并提出投资处置的建议，报经集团公司研究，决定处置方案。

公司自1994年以来的投资方式主要有三种，固定资产投资、金融投资和长期股权投资。1994～2006年对外投资及投资收益明细见表7-9-4。

公司投资的各独立法人的具体情况如下：

(1) 浙江电力建设土建工程质量检测中心有限公司。

浙江电力建设土建工程质量检测中心有限公司系中国水利水电第十二工程局独资于2004年4月9日成立的企业法人单位，注册资本为人民币300万元。其经营范围及主营业务为：建筑材料检测、地基承载力检测、工程缺陷处理、施工科研及技术咨询服务。

表 7-9-4　1994～2006 年对外投资及投资收益明细　单位：万元

年度	投资项目				投资收益			
	固定资产投资	金融投资	长期股权投资	合计	固定资产投资	金融投资	长期股权投资	合计
1994	384.19	55	1031.15	1470.34	—	5.4	45.91	51.31
1995	338.07	45.15	1224.04	1607.26	—	—	104.91	104.91
1996	338.07	10	798.59	1146.66	—	22.7	−24.74	−2.04
1997	—	5	2539.27	2544.27	—	3.5	20.62	24.12
1998	—	5	2446.87	2451.87	—	—	−7.36	−7.36
1999	—	—	3538.32	3538.32	—	—	−264.56	−264.56
2000	—	—	2701.09	2701.09	—	—	11.76	11.76
2001	—	—	2803.05	2803.05	—	—	17	17
2002	—	—	2803.05	2803.05	—	—	—	—
2003	—	—	1710.9	1710.9	—	—	−237.29	−237.29
2004	—	—	1604.45	1604.45	—	—	−34.19	−34.19
2005	—	—	1626.46	1626.46	—	—	−191.02	−191.02
2006	—	—	5956.39	5956.39	—	—	18.45	18.45

（2）浙江中水东方建设工程咨询有限公司。

浙江中水东方建设工程咨询有限公司（以下简称东方公司）是由中国水利水电第十二工程局独资，于 1988 年 2 月 4 日经浙江省工商行政管理局批准成立的法人单位。注册资本为人民币 200 万元。其经营范围，主营水电建设工程科技开发，咨询服务，工程项目管理。兼营水电建设工程设备制造，材料选型配套，订购提供和中介服务，设备修理，检验，机电设备。

（3）浙江中水勘测设计研究院有限公司。

浙江中水勘测设计研究院由中国水利水电第十二工程局独资，于 1999 年 8 月 28 日经浙江省工商行政管理局批准成立的法人单位。

（4）金华华电房地产开发有限公司。

金华华电房地产开发有限公司是由中国水利水电第十二工程局独资，于 2005 年 3 月 31 日经浙江省工商行政管理局批准成立的法人单位。经营范围为房地产开发销售、市场经营管理。

（5）浙江安源工程检测有限公司。

浙江安源工程检测有限公司由中国水利水电第十二工程局独资于 2005 年 8 月经浙江省工商行政管理局批准成立的法人单位，注册资金 50 万元。企业经营范围是：无损检测、力学试验；电站机电设备的电气检测调试、技术服务等。

（6）北京国电新时代电站装备有限公司。

北京国电新时代电站装备有限公司由中国水利电力物资有限公司出资 240 万元（占注册资本的 60%）、富春江水电设备总厂出资 30 万元（占注册资本的 7.5%）、湖南银源投资股份有限公司出资 30 万元（占注册资本的 7.5%）、国家电力公司杭州钻探机械设备制造厂出资20万元（占注册资本的5%）、杭州虎牌实业集团有限公司出资20万元（占注册资本的5%）、水利部杭州机械设计研究院出资10万元（占注册资本的2.5%），总的注册资本400万元于2001年3月14日经北京市工商行政管理局批准成立的法人单位。

富春江水电设备总厂原是中国水利水电建设集团公司独资的子公司，2005年经中水电财〔2005〕130号的批复，将该厂资产、负债及所有者权益采取无偿划转的方式全部划转给水电十二局，其中包括该厂2000年以现金投入“北京国电新时代电站装备有限公司”的股本金50万元，2005年12月水电十二局收回股本金20万元，对北京国电新时代电站装备有限公司的长期股权投资还有30万元余额。

第五节　成　本　核　算

工程局走向市场后，成本核算重点转入工程项目，以承包工程项目为核算对象，工程承包合同结算价为预算成本，建立以目标成本为主要内容的成本核算体系。1992年5月，工程局召开现场会，宁波工程公司介绍北仑二期项目施行目标成本核算法情况。同月，工程局制定《工程项目目标成本管理办法》，推行目标成本核算。

1987、1992、2000、2006年工程局成本变化情况见表7-9-5。

表7-9-5　1987、1992、2000、2006年工程局成本变化情况　单位：万元

年份	成本指标	人工费	材料费	机械费	其他直接费	间接费	合计
1987	预算成本	874.38	4281.03	754.39	1320.07	761.14	7991.01
	实际成本	872.16	3889.45	784.29	1347.49	774.33	7677.72
	降低额	2.22	391.59	−29.89	−27.42	−13.18	323.32
	降低率(%)	0.25	9.15	−3.96	−2.08	−1.73	4.05
1992	预算成本	1472.64	4280.84	1860.62	796.17	1015.1	9425.37
	实际成本	1738.51	4448.92	2135.21	1003.31	1241.94	10567.89
	降低额	−265.87	−168.08	−274.59	−207.14	−226.84	−1142.52
	降低率(%)	−18.05	−3.91	−14.76	−26.02	−22.35	−12.12
2000	预算成本	9772.95	28409.13	12347.71	5283.66	6736.55	62550
	实际成本	10034.42	25678.50	12324.11	5790.96	7168.29	60996.28
	降低额	−261.47	2730.63	23.60	−507.30	−431.74	1553.72
	降低率(%)	−2.68	9.61	0.19	−9.60	−6.41	2.48
2006	预算成本	7884.53	31891.41	84063.06	15145.92	8952.73	147937.65
	实际成本	7441.99	30322.68	74595.81	14371.27	8062.55	134794.30
	降低额	442.54	1568.23	9467.25	774.65	890.18	13143.35
	降低率(%)	5.95	5.17	12.69	5.39	11.04	9.75

1980年7月，工程局根据电力工业部转发的国家建委、计委、财政部、劳动总局、物资总局5部委《关于扩大国营施工企业经营管理自主权有关财权问题补充规定》，开始实行利润核算。

1982年，工程局开始按经济责任制办法，对内实行利润分成：基数利润，局属单位留1%，上交99%；超额利润留成，根据不同处、厂核定1.5%~5%的不同留成比例。1984~1986年，工程局为水利水电建设总公司所属内包企业，40%利润上交总公司，60%利润留归企业，留工程局利润按2∶3∶3比例计提企业福利基金、生产发展基金、奖励基金。1987~1989年，国家进一步放权，企业利润上交20%、留归企业80%。留工程局利润50%为生产发展基金、20%为企业福利基金、30%为职工奖励基金。1990~1993年，企业利润全部留局，并继续按5∶2∶3计提生产发展基金、福利基金和职工奖励基金。

1994年后，工程局列入预算内企业管理，企业利润按新税制规定，按33%所得税率上交国家财政，余下利润作为企业公积金。

1994~2004年，工程局列入预算内企业管理，企业利润按新税制规定，按33%所得税率上交国家财政，余下利润由企业留存，作为发展基金。2004年9月23日，根据国务院国有资产监督管理委员会的部署和中国水利水电建设集团公司的决定，工程局印发执行《企业会计制度》工作方案（局财）〔2004〕166号文，决定从2005年1月1日起工程局全面执行《企业会计制度》，其中包括要求施工企业按规定执行建造合同，因此工程局自2005年1月1日后开工的跨年度的施工项目已经全部按建造合同确认收入、成本。

1992~2006年工程局财务状况见表7-9-6。

表7-9-6　　1992~2006年工程局财务状况　　单位：万元

年份	资产	负债	资产负债率(%)	利润	资本金利润率(%)	产值	产值利润率(%)	税金	离退休人员	离退休占职工总数(%)	企业办社会开支	其中	
												中小学支出	其他支出
1992	21406	13838	64	−1264	−16.7	12430	−10.2	266	1572	51	253	66	187
1993	33047	25658	77.6	51	0.8	17650	0.3	409	2059	56	339	71	268
1994	37644	33831	89.9	205	3.2	23628	0.9	621	2794	64	392	75	317
1995	48839	39872	82	3320	52.39	28135	11.80	1227	3518	51	405	88	317
1996	55011	46042	83.7	3	0.05	37610	0.01	1269	4079	53	491	148	342
1997	54691	45562	83.3	71	1.12	35439	0.20	1336	4407	62	399	155	244
1998	57298	47256	82	33	0.52	44248	0.08	1751	6050	116	419	136	283
1999	65135	54683	83.6	26	0.42	67607	0.04	1985	5935	115	496	186	310
2000	66200	60547	91	12	0.2	69434	0.02	2426	5754	163	505	198	307
2001	70371	64341	91.4	30	0.44	67644	0.04	2345	5752	158	654	192	462
2002	69646	68274	98.0	40	0.6	74908	0.05	2498	5699	160	1296	339	957

续表

年份	资产	负债	资产负债率（%）	利润	资本金利润率（%）	产值	产值利润率（%）	税金	离退休人员	离退休占职工总数（%）	企业办社会开支	其中	
												中小学支出	其他支出
2003	89415	83171	93.0	145	2.16	101576	0.14	3443	5616	147	1460	381	1080
2004	90983	82753	91.0	753	11.25	133598	0.56	4810	5562	146	1377	418	958
2005	97730	86482	88.5	873	11.81	145838	0.60	5549	5497	161	1637	430	1207
2006	94145	78318	83.2	563	4.86	153174	0.37	5924	5328	165	1051	—	1051

第六节　缴　　税

国家从1983年6月起实施第一步利改税。主要内容是，凡有盈利的国营大中型企业，其利润按55%的比例税率缴纳所得税，所得税后利润，一部分上交国家，一部分按国家核定的留利水平留给企业自行支配；上交国家的部分，根据企业的不同情况，分别采取递增包干上交、固定比例上交、用调节税形式上交和定额包干上交等四种形式；有盈利的国营小型企业，其利润则按八级超额累进税率缴纳所得税，最低一挡的税率为7%，最高一挡的税率为55%。所得税后利润一般留给企业运用，国家只对少数所得税后利润较多的企业收取一定的承包费；国营企业归还固定资产投资借款时，经财政部门审查同意后，可用缴纳所得税之前该借款项目新增的利润归还；对微利和亏损企业实行盈亏包干。

1984年10月起实施第二步利改税。包括两部分内容，改革工商税制。主要是取消工商税税种，将原工商税分解为产品税、增值税、营业税、盐税，对工业产品除列出12个税目的产品实行增值税外，其他工业产品和规定的农产品实行产品税，商业经营和服务业实行营业税，并设立了资源税、城市维护建设税、房产税、城镇土地使用税、车船使用税等新税种。改革利润分配办法，主要是对有盈利的国营大中型企业仍按55%的比例税率征收所得税，所得税后利润应上交国家的部分，全部改为调节税形式上缴，调节税率按企业的不同情况分别核定，一户企业一个税率，企业在执行中增长的利润减征70%的调节税，税后利润全部留在企业运用；国营小型企业的所得税，改按新的八级超额累进税率征收，最低一挡税率为10%，最高一挡税率仍为55%，对少数所得税后利润较多的企业仍收取一定的承包费，但不征收调节税；经财政部门批准，企业的固定资产投资借款可在缴纳所得税前，用借款项目投产后的新增利润归还，并根据规定的比例按还款利润提取职工福利基金和职工奖励基金；对微利和亏损企业继续实行盈亏包干办法。

在全面实行利改税同时，对极少数企业仍准许保留利润包干的分配形式，而没有实行征收国营企业所得税和国营企业调节税的办法。

1992～2006年缴纳各项税款情况见表7-9-7。

表 7-9-7　　1992～2006 年缴纳各项税款情况　　单位：万元

年份	营业税	增值税	城市维护建设税	企业所得税	教育附加费	其他各税	合计
1992	211.8	—	14.6	—	4.2	35.4	266
1993	325.72	—	22.37	—	6	54	409
1994	570.5	—	39.2	—	11.3	—	621
1995	682	443	51.96	12.8	16	23	1227
1996	838	363	38.74	0.84	28	—	1269
1997	1113	66	59.15	27.47	71	—	1336
1998	1468	54	57.85	19.26	63	89	1751
1999	1939	—	—	8.81	—	37	1985
2000	2054	126	105.3	4.39	102	34	2426
2001	1985	94	86	—	102	77	2345
2002	2058	139	76	10	86	130	2498
2003	2865	120	120	30	117	191	3443
2004	4034	121	142	68	146	299	4810
2005	4438	308	173	63	187	380	5549
2006	4583	325	143	62	191	621	5924

第十章　人力资源管理

第一节　劳动人事管理

建局以来，劳动人事长期分开管理，设干部处管理人事（归属党委领导），设劳动工资处管理工人调配和工资。期间，虽有两次合并（并期仅 5 年），统一管理劳动人事，但副处级以上干部及各级领导班子配备仍归属党委管理。根据党和国家各时期有关方针政策，工程局先后制定实施一系列劳动人事规章制度。1957 年制定《内部劳动规则（草案）》试行，后经 3 次修改、补充完善。1984 年制定《劳动人事制度改革实施细则》，翌年，又提出 16 条改革措施。1989 年 8 月，经局第七届职工代表大会审议通过《职工劳动规则》，计有总则、职工招收辞退、劳动时间及保护、工资福利、职工假期、基本职责、纪律、奖励、处分和附则共 10 章 38 条，劳动人事部门据此行使管理职责。为推进劳动人事制度改革，1991 年仅劳动工资管理就制定 15 项配套改革办法。1994 年国家颁布《劳动法》，工程局先后举办 5 期学习班，为贯彻执行《劳动法》奠定思想基础。

一、干部管理

建局之初，干部主要由上级调派，少数经上级批准从社会上招收。1956 年 5 月，由电力工业部从上海勘测设计院调给局长 1 名，处、科长各 1 名，技职人员 9 名，为工程局首批干部。随后，中共浙江省委调给党政工团领导骨干，水力发电建设总局调给一批技职人员，干部队伍逐渐壮大，至 1956 年底配有干部 1246 人。次年，上级继续为局调派干部，两年共调入干部 1715 人，其中部属系统 885 人，浙江省 830 人。同时，接收部队转业干部 113 人，大中专毕业生 61 人，从社会招收 749 人。1957 年底，全局共有干部 2442 人，其中行政管理 1080 人、工程技术 488 人、党群 226 人、医疗卫生 198 人、教学 16 人、其他 434 人。

在新安江水电站建设中，工程局先后为浙江省和部系统水电建设项目输送大批人才。根据中共浙江省委和水利电力部指示，1958 年起连续 3 年，工程局实行机构精减、人员压缩，抽调干部支援新建工程。至 1961 年 5 月底止，共调出干部 1450 人，其中局级 7 人、总工程师 4 人、处级 72 人、工程师 21 人、科队级 166 人、技干 175 人、医务人员 81 人、一般干部 824 人。1961 年 8 月，将配给新安江水力发电厂的 162 名干部，整建制划归浙江省水利电力厅。至此，工程局干部人数减至 500 余人。1962 年“四江”合并后，干部增至 1243 人，1964 年 5 月，为支援三线水电建设，将 32 名干部（其中处级 4 人），分别调给贵州省猫跳河和四川省锦屏水电站工地。

1966～1976 年间，接收两批大中专毕业生。1969 年清华、浙江大学和华东水利学院等分来 31 名，1970 年 2 月扬州水利学校分来 322 名。1970～1971 年，根据水利电力部的决定，上海勘测设计院 392 人、北京勘测设计院 116 人并入工程局。1974 年初，浙江省人事局决定抽调工程局一批干部支援宁波港建设，至 1976 年先后调给宁波港务局 109 名干部，其中总工程师 1 人、处级 13 人。

粉碎“四人帮”以后，电站施工恢复正常，各项管理急需加强，工程局顾全大局，仍根据上级指示将部分领导骨干和专业技术人员调给兄弟单位。1978 年华东勘测设计院成立，原上海、北京院并入的干部整建制划归该院，并调去干部 30 人（其中局级 1 人、处级 3 人）。1978～1979 年，调给乌溪江水电厂、水电四局共计 28 人，其中局级 1 人、处级 5 人、工程师 4 人。1981 年，富春江水工机械厂划归水利水电建设总局领导，共划出干部 121 人，其中处级 3 人。此时，干部数量不能满足工程施工和经营管理需要，各基层单位遂从工人中抽调人员参与管理，称之为“以工代干”。后经清理整顿，确认在岗的“以工代干”人员 563 人。1981 年 1 月，工程局向上级申请转干指标，于 1983 年 9 月和 1984 年 6 月，分两批将 524 名“以工代干”人员转为正式干部。

局内各级领导干部配备，1985 年作出职数限定，工程处（公司）一级党政领导一般为 4～6 名；局机关处室领导职务不超过 3 名。职数达不到规定时，组织人事部门给予配备，超过限定职数时，将多余的调出另行安排。1987～1989 年，工程局职工中等经济管理学校、富春江职工大学划归浙江省电力工业局领导管理，共划出干部 140 人。此后，虽未发生成批干部调出，但局内干部配备调遣频繁，每投标承揽一个工程项目，组织人事部门即为其组建领导班子，并调遣配备必要的专业技术和管理人员。

二、干部任免

建局后，干部实行分级管理，处级（含副职）以上由上级主管部门任免，科级以下由工程党委负责管理任免（其中一般干部由干部处管理）。1956～1960 年，全局共选拔科级以上领导干部 468 名，其中处级以上 73 人，科队级 395 人。1961 年 6 月 30 日，调整干部管理范围，正处级以上干部由中共浙江省委管理任免，副处级以下干部由工程党委管理任免。1974 年全局突击提拔干部 142 名，时称“突击提干”。粉碎“四人帮”后，工程局党的核心小组拨乱反正，到 1977 年 4 月末，调整充实局、处级领导干部 27 人，支部书记、科队长领导干部 61 人。

1978 年 7 月 31 日始，正副局级干部归省委管理，正副处级干部由省委的部、委管理。同年 10 月 26 日，中共浙江省委任命工程局党委正副书记、局长，选拔两名中青年干部充实局级领导班子，并任命中青年正副处长 32 名。1980 年，全局推荐后备干部 135 名，并有 54 名被选拔到各级领导岗位。1983 年 2 月 24 日，中共中央组织部任命工程局党委书记、局长，国务院总理签发局长任命书。此后，工程局对干部的选拔任免，贯彻执行干部革命化、年轻化、知识化、专业化的方针和德才兼备标准，各级领导干部通过调整和选拔，1983 年全局处级干部平均年龄由 51 岁降到 48 岁以下，科级干部平均年龄由 44.5 岁降到 40 岁。

1984 年 6 月 13 日，水利电力部下放企业中层领导干部任免权，处级领导干部改由工程局党委任免。是年底，工程局党委任命 36 名处级领导干部。科队级干部任免改由基层党委办理，报局备案。1984 年 9 月经水利水电建设总公司批准，工程局实行局长负责制，改革干部管理制度，行政正副处级领导干部由局长任免，二级单位的科级干部由其行政主管任免，局机关部门的科级干部经分管副局长批准由劳动人事处任免。同年 7 月，局管干部实行任期制和聘用制，处级任期 3 年，科级任期两年，一般干部聘用期 1 年。1986 年，工程局对新提任处、科级领导职务的干部实行 1 年见习期，经考核合格转为正式任命，不合格仍回原工作岗位。

1990 年 2 月，工程局党委作出规定，行政干部按分管权限，分别由局长、处长任免。1992 年 12 月，深入改革干部人事制度，下放干部管理权限，工程建设部、企业部可任免副处长以下干部。局属处级单位在“四定”（定编、定员、定岗、定责）内有科级干部的任免权。1993 年 4 月 16 日，工程局制定《聘用干部工作实施办法》，在“五大”（工大、业大、电大、函大、夜大）毕业生和优秀工人中聘干，坚持干部条件，由处长提名，党政领导集体讨论确定，签订聘用合同，聘期一般为两年，职务任免按管理权限进行。

1998 年为了做好工程局人事档案管理工作，制定了《职工人事档案管理规定》。2008 年又做了全面修订。

为了更好地激发工程局专业技术人员的工作积极性，2004 年底拟文并下发了《中国水利水电第十二工程局专业技术带头人管理办法》。按专业岗位职数要求每两年组织专家进行评审和考核。

三、使用管理

1958 年开始，工程局动员出家门、进校门、入厂门的“三门”干部下放工地和农村劳动锻炼。是年1月16日，局机关首批下放干部162人，接着二级单位动员干部下放劳动锻炼，全局共下放干部1419人，占干部总数59.4%。其中下放农村的有1070人，下放当工人的289人，下放基层做一般工作的60人。1959年7月，党委组织部对下放干部进行考察和整顿。10月，工程局贯彻“双参”（干部参加劳动，工人参加管理）制度。为全面了解和正确使用干部，建立干部考察制度，考察干部的政治品质、业务能力、工作方法、思想作风等，并根据干部特长确定使用，发挥其才能。经考察摸底后，对下放干部拟定处理方案。在劳动锻炼中表现好的调回分配工作，表现差的另作处理。1960年6月，先后两批调回下放干部623人，其中317人（系1956～1957年社会招收）调回后转为正式干部，此后又陆续调回一部分。至1961年6月全局仍有200名干部下放劳动锻炼。“文化大革命”期间，干部考察中止。

1978年，工程局恢复干部考核制度。1985年4月起，在职干部实行工作日记制度（1年多后未坚持）。同年7月7日，工程局制定《健全干部考核办法》，对局、处两级管理的干部，除平时考核其工作实绩外，每年或任期内集中进行一次全面考核记录，作为干部任免和奖惩的主要依据。1986年4月，为贯彻中共中央《关于严格按照党的原则选拔任用干部的通知》，工程局制定《关于加强干部管理的几项规定》，对新选拔的干部，组织人事部门作出考核报告后，由党政领导集体讨论决定。1987年底，工程局对任职期满的处、科级领导干部，进行一次全面实绩考核，本人作出述职报告，组织职工民主评议，按考核结果决定其继任或离任。1990年，组成3个考核组，对120多名处级干部进行全面考察，考察结果有3人不能胜任本职工作，随后被免去职务。同年10月20日，制定《专业技术人员年度考核暂行办法》，每年考核一次，由所在单位职工或考核小组，按工作实绩、业务能力、工作态度三要素进行考核评分，考核结果填表登记归档，作为晋升使用的重要依据。

对专业技术管理人员考核管理工作，从1999年开始到目前实行《专业技术人员年度考核办法》（局人劳〔1999〕25号）在此后进行了适当补充规定。建立了专业技术补贴，按照局人劳〔2002〕37号文件，对于考核连续两年优秀的人员发放专业技术补贴每月130元。

四、职称评聘

专业技术职称评定工作始于1957年。是年1月，工程局发出《关于吸收的技术人员转正及评定的通知》，先由本人提出申报技术职称报告，经所在单位讨论听取群众意见，再由单位技术负责人考察其技术水平，干部部门提出评审意见，工程师由局审批，助理工程师、技术员由干部处审批。1960年2月，工程党委批准任命工程师22名、助理工程师9名、技术员1名，其中从老工人中提升工程师10名、助理工程师2名。1961～1977年间，技术职称评定和晋升工作中断。1978年恢复工程技术总工程师负责制，次年1月3日在湖南镇水电站工地召开工程师任命大会，任命主任工程师14名、工程师44名，恢复主任工程师2名、工程师33名。

1980年5月，工程局进行技术职称套改和复查工作。经半年时间的调查摸底、审查资料，于10月底基本告一段落，全局参加套改和复查的技术干部400余人。经局评定委员会评议，批准套改为工程师的103人、助理工程师163人、技术员75人，工人助理工程师仍维持原职称。1983年，工程局进行经济系列（会、经、统）专业职称评审，报水利水电建设总局审定。

1987年，工程局首次开展专业技术职务评聘。8月10日，成立职称改革工作领导小组，局长任组长，职称改革办公室设在劳动人事处，负责全局专业技术职务评审、聘任日常工作。1987年四季度根据上级安排，先在职工大学、经济管理学校、技工学校试点。1988年初全面铺开，经本人自报申请、审核推荐、评审上报，于同年10月结束。全局分工程技术、经济、统计、会计、政工、教育、卫生、图书、新闻9个系列，经各专业评审委员会评审，确认任职资格的有1305人，其中高级职务111人（工程技术92人、经济7人、会计1人、卫生4人、教育7人），中级职务292人（工程技术91人、经济408人、会计25人、统计7人、卫生56人、教育56人、图书6人、新闻3人），初级职务902人。此后，按照上级部署，每年对相关专业技术人员进行任职资格的评审。干部处配有专职干部1人，办理专业技术职务评审日常工作。从1992年开始，会计、统计、经济系列任职资格，由评审制改为统考制，两种制度并存作为过渡。1994年底，全局拥有各类专业技术职务任职资格人员1639人，其中高级110人（含教授级5人）、中级600人、初级929人。

2000年工程局根据国家电力公司《关于印发深化职称改革、完善专业技术职务聘任制度意见的通知》（电力人资〔1999〕433号）文件精神下发了《工程局关于2000年度专业技术资格评定工作安排的通知》（局人劳〔2000〕145号文）。工程局在2003年后回归集团公司管理，高级职称评审在集团公司。到2006年度，公司有教授级高工20人，高级工程师78人，高级经济师30人，高级政工师22人，高级会计师9人，其他高级职称10人；中级398人，其中工程师196人，经济师52人，会计师33人，政工师39人；助理级461人，员级140人。

五、用工制度

1956～1978年间，工程局采用固定工、临时工两种用工制度。1956年底，全局拥有职工7555人，其中固定职工占总数60.3%。次年底全局职工增至15295人，其中固定职工6056人，只占总数39.1%。自1957年起，表现好的临时工转为固定工。1958年末全部职工已达20050人，其中2050名临时工转为固定工。1960年又有一批临时工转为固定工。由于支援新建工程和3年国民经济调整，1961年底职工人数骤减至2598人。1962年“四江”合并后，职工人数增至4523人，其中临时工仅占总数0.55%。1968年，工程局接收安置一批退伍军人，其中1960年以前参加工作的临时工改为固定工，1961年后参加工作的临时工仍为临时工。自此停止办理临时工转固定工。1970年，为湖南镇水电站复工续建，经批准在金华地区招用临时工。次年4月14日，水利电力部批准新增固定工400名，其中250名经金华地区批准在已招用的临时工中吸收。

1979年紧水滩水电站动工兴建，需增加劳力，按照浙江省规定，开始试行计划外用工制度，并停止招用临时工。是年底，全局职工10560人，其中固定职工9194人，临时工1人，计划外用工1365人。1981年10月17日，工程局制定《计划外用工管理办法》，将计划外用工纳入劳动计划轨道。1982 年 4 月 27 日，浙江省建筑工程局批准使用计划外用工 1861 人，其中土石方承包民工 936 人，农村建筑队 550 人，配属民工 375 人。为控制使用农村劳动力，1983 年底，全局计划外用工减至 384 人。

1984 年，工程局进行用工制度改革，改固定工制为多种形式用工制度，9 月 1 日起不再招收固定工。新招工人首次实行劳动合同制，劳动合同期一般定 3 年。是年底全局职工 8126 人，其中固定职工 7814 人、合同制工 23 人、计划外用工 289 人。从此，开始形成固定工、合同制工和计划外用工 3 种用工制度并存。1985 年 3 月 9 日，工程局对施工所需来自农村的劳动力，实行农民合同工制度，停止使用配属民工。同年 9 月 2 日，工程局对使用粮户关系在城镇的闲散劳动力，实行合同制临时工。

1986 年国务院颁布《国营企业实行劳动合同制暂行规定》，工程局采取相应措施，保证劳动合同制实施。1988 年成立由职工代表、行政代表、工会代表各 3 人组成的劳动争议调解委员会，局工会副主席为主任。同年 7 月 27 日，局劳动争议调解委员会审议通过《劳动争议调解工作实施办法》，并开始受理劳动争议的调解和处理。1989 年 8 月 17 日，工程局规定，凡从社会招用的合同制长期工、临时工，一律签订劳动合同，并经当地政府劳动行政部门办理鉴证手续。1990 年 10 月和 1994 年 6 月，两次进行劳动用工大检查，检查用工是否签订劳动合同，合同制长期工仅 1 人到期未签订，临时（农民）合同工未订或续订劳动合同的有 321 人，占总数 19.1%。

1996 年 4 月开始实行劳动制度改革对全部在册职工实行了全员劳动合同办法，签订了劳动合同 6181 人，其中签订无固定期 4717 人签订 5 年期限的 1464 人；此项工作当年 8 月结束。

六、招工制度

建局始至 1961 年，工程局招收工人经局长审定报上级批准后办理。招收的工人（包括临时工），一律实行试用期，试用期满，视本人表现，转为正式（固定）工或停止使用。1963 年 9 月 16 日，国家劳动部批准补充招收廊道及矽尘作业工人 200 名，分为钻探灌浆和风钻两个工种。1964～1969 年间，工程局除施工所需使用临时工以及接收技校毕业生和安置退伍军人外，停止在社会上招收固定工。

1970～1983 年，工程局招工连年不断，有时一年多次，招收的均为固定工，除工程施工需要外，还带有一定程度的政策性安置。1970 年 10 月 21 日，经杭州市批准自然减员补员 108 人，招收对象为户粮关系在工地的工程局精减下放的固定职工。同年 12 月 4 日，水利电力部批准招工 25 人，招收对象为原精减下放在工地的职工、因工死亡职工的家属（子女）。1971 年 10 月 30 日，水利电力部批准适当补充安装力量，同意增加学徒 100 名。1972 年补充自然减员招工 42 人，经批准在工地招收闲散劳动力，11 月 30 日浙江省发出停止招工通知，此前已办妥招工手续的 16 人进厂，其余招工指标冻结并停止招收。1975 年水利电力部下达新增劳动指标 330 人，实际招工 288 人，其中社会招工 67 人，补员及指名招工 221 人（因工死亡职工的子女或家属 126 人，双精减职工收回一方 64 人，退休职工子女补员 26 人，病亡职工的子女 5 人）。1977 年招工在辞退 1087 名临时工后进行：8 月 12 日，浙江省计划委员会同意新增固定工人 1100 名，加上浙江省内务局同意自然减员补员78名，湖南镇水电厂、华东勘测设计院委托招工90名，3项共计招工1268名，是工程局历史上招收固定工人数最多的一年。此次招工，绝大多数分配在施工单位，有808人为土建工种。1981年，水利水电建设总局先后3次下达减员调剂指标和招工指标621名，至年底，全局实际招工728人，其中：社会招工621人（解决下乡知青和待业青年594人、落实政策4人、矽肺病亡职工子女17人、双精减回收1人、代课教师5人)，职工退休、退职后补员招工107人，是年是招收工程局职工子女最多的一年。

1984年起，工程局除少量补充火电安装施工力量外，基本停止社会招工。为拓展施工领域进入火电安装施工，经浙江省电力工业局批准，1987～1988年，工程局两次招工303名，有95%的人分配给机电安装公司。1991年10月11日，经浙江省电力工业局同意，在已取得中等医学护理专业自学考试合格证的待业青年中，招收录用18人，次年又招5人，共计23人，全部分给职工医院、疗养院做护理工作。此后，除按政策规定指名招工外，不再进行社会招工。

七、劳动组织

劳动组织随工程施工、经营管理的变化进行组合。1956年底，组建土建（房屋建筑）公司、运输公司、道路桥梁工区、动力厂、机械修配厂5个二级单位。1957年5月31日，撤销道路桥梁工区、动力厂，建立一工区（土石方开挖）、二工区（围堰修筑）和机械化站等6个二级单位，下设38个队（车间)。二工区和土建公司的生产队下设35个分队。1958年1月，机械修配厂、机械化站等单位把一部分管理工作交给工人来做，开工程局历史上工人参加管理企业之先河。随后全局推广，850个生产班组普遍建立工人管理员，加强了班组建设，撤销队以下分队建制。

1959～1965年间，劳动组织变化较大，撤并机构频繁。1959年5月1日～6月20日，全局整顿劳动组织，局属8个二级单位建制不变，生产队（车间）合并并减人。第一浇捣大队原有6个队合并为3个队，1818人减为612人。1960年，继续整顿劳动组织，合并生产队和缩减职工，至年底原有42个生产队减少三分之一，职工人数缩减一半。1961年撤销工区一级组织机构，成立新安江工程指挥部（对外代局行使职权)，直接领导施工队，从而减少中间层次。1962年“四江”合并后，工程指挥部撤销，恢复工程局内部机构建制，直辖3个工程处和8个生产队（厂、场)，下设158个生产班组。

工程局迁驻富春江水电站工地后，局属二级单位重新组合，将生产队建制改为大队建制。1966年3月，局属二级单位11个，大队（厂）下设33个施工队（车间)，队以下设310个班组。1970年，工程局接受制造6万千瓦水轮发电机组和湖南镇水电站复工续建两大任务，6月以修配厂为基础，抽调机电安装大队等单位有关技术人员，组建成水工设备制造厂。8月成立湖南镇工程指挥部，下设4个工程团和1个营。1972年1月1日，工程局移至湖南镇工地，富春江工地大队建制撤销，成立富春江工程指挥部，撤销湖南镇工程指挥部及其下属各团（营)，改建为筑坝、厂房、混凝土、机械、风水电、汽车、机电安装大队和修配厂，大队（厂）下设施工队（车间)。1980年组建紧水滩水电站工程指挥部。

1981年工程局机关迁入紧水滩水电站工地，紧水滩水电站工程指挥部撤销。同年6

月按地区、工序或专业分工组建成8个工程处和2个修配厂，处以下设36个施工队。此后至1983年8月，开展劳动组织整顿，局属二级单位无多大变化，主要通过编制定员，充实生产施工一线的劳力，以及加强生产班组建设。全局共有班组428个，其中生产班组351个、后勤服务班组77个。

1984年下半年，工程局改革内部管理体制，大部分单位重新组合，按专业化分工重新配置施工机械，以减少土建与机械配合上的矛盾，由原来的8个工程处和2个修配厂，调整为6个施工单位（即第一、二、三、四工程处、建筑公司、机电安装公司）；同时，将机关一些部门划出，分别组建机电设备公司、物资运输公司、生活服务公司、劳动服务公司等6个独立经营单位。

自1988年始，工程项目所需人员由项目经理组合，组建成项目经理室（部），管理项目施工。1991年实行管理层和劳务层适度分离，除保留机电安装公司和建筑安装工程处建制外，其余的二级施工单位全部撤销，分别组合成两个劳务机构，即劳务处、机械化处。工程项目所需人员实行动态组合，需要时由劳务机构提供，不需要或工程施工结束时，退回原劳务机构。此种劳动组合方式，在实践中双方均感诸多不便，随后逐步淡化，以至劳务机构削弱。1994年开始，又陆续组建一批人事合一、职工固定的专业施工、专业经营公司。全局二级单位局直属15个，工程建设部属10个，企业部属15个。

八、调动管理

1956～1957年间，经电力工业部同意，先后从官厅水库和丰满、上犹水电站及地方政府等单位，调进职工5000余人，其中官厅2300多人、丰满930人、上犹1326人。自1958年起，按照上级指示，先后调出职工5954人，其中调给富春江水电站1139人，瓯江水电站3539人，浙江省以外的万安、桓仁、云峰、刘家峡等水电站1276人。1960年5月至1961年3月，又先后两次调给钱塘江治理工程局4500余名职工，其中一次调给青山水库1352人。由工程局组建的新安江水力发电厂、浙西供电局等，于1964年8月整建制划归浙江省水利电力厅领导管理，共划（调）出职工1174人。1962年9月，“四江”合并并入职工2298人，1965年5月，工程局选拔24名年轻力壮的技术工人，支援西藏地区水电工程建设，原定支援期3年，因故于1971年后才分期分批陆续调回。

1969年6月起，工程局先后抽调1621名职工支援安徽省陈村水电站建设，1970年11月起陆续调回，至次年10月全部撤回。1969年12月2日，水利电力部军管会决定将机电安装局第三安装工程处机关及其所属第一、二安装队划给工程局，共划入职工720人，其中第一安装队298人，于1971年底又划给水电十四局。1970年10月，水利电力部将上海、北京勘测设计院部分职工计992人并入工程局，1978年6月17日又将这部分职工计908人划归华东勘测设计院。1971年3月，工程局抽调120余名职工支援浙江省“七零四”工程建设，工程完工后全部撤回。1981年12月2日，水利水电建设总局决定成立电力工业部富春江水工机械厂，工程局将2334人整建制划出。1987年10月职工中等经济管理学校、1990年5月富春江职工大学划归浙江省电力工业局，两校教职员工共计329人。

1980年7月17日，工程局从有利于生产和施工队伍建设出发，以及解决夫妻长期分居两地的实际困难，制定《工人调配管理试行办法》，办理工人调出或调入。1987年6月20日，工程局就劳动合同制工人转移工作单位作出规定，在合同期内一般不予转移，对符合条件转移的，经转出地县（市）与转入地县（市）劳动部门协商同意后予以办理。1987年，对个别工人调出实行有偿收费制，汽车司机、合格焊工培训费用由调入单位支付。1989年6月9日，工程局修改上述收费办法，收费范围增加无损探伤工和技校毕业生，按本人为本局服务年限递减，减至应收取的50%止。1992年6月13日，工程局实施《工人调配管理办法》，收费范围扩大为15个工种、技校毕业生和“五大”生、中专生及其他进修人员。收费标准为500～6000元不等，计9个收费标准，培训费改由职工本人支付。

工程局内部工人平衡调配，1962年以前，工程局承建一个电站，职工同住一地，平衡调配较易。1963年起，职工分布多个工地，尤其是1983年后，职工常居后方基地，工程项目分散且施工期短，劳力平衡调配难度较大。1983年5月，工程局实施职工定员编制方案，生产一线缺员1083人，而二、三线单位严重超员，其中后勤服务超员704人。工程局决定从新安江、富春江、湖南镇管理处及局机关抽调工人257名，其中工种对口48人直接调给生产单位，其余209人分别举办上岗技术培训班，结业后全部分配给施工生产单位。1984年10月起，各单位、部门之间职工调动（不包括局机关和后方基地），在调入单位定员核定数之内允许单位之间自行商定，由局劳动人事部门办理转移手续。1988年后，各项目工地劳动用工由项目经理组合，造成富余人员较多。1991～1993年，经多方平衡调配和安置，共安置下岗待业职工1142人，占待业总人数的53.5%。

九、劳务管理

20世纪80年代后，工程局内部出现富余职工，由此产生劳务输出。此项工作由劳动人事部门负责管理。1981年起，工程局为了扶持集体企业，鼓励全民所有制职工到集体所有制单位工作，先后有100多名职工输派到劳动服务公司所属仪表厂、服装厂、综合商店、建筑工程队等集体企业。这部分职工在集体所有制单位工作期间，其全民所有制职工身份予以保留，工资、奖金由用人单位发给，工程局不向用人单位收取劳务管理费；当集体所有制企业不需要时，仍退回工程局，形成企业劳务管理的雏形。

1987年春，为了保证福建水口水电站工程施工所需职员和劳务，工程局与闽江工程局和第四工程局联合组建华联工程公司（实为劳务机构），三方以4∶4∶2比例派驻工作人员，统一管理各母公司输派的职员和劳务。劳务费按劳务合同确定的名义工资标准，由华联工程公司向华田联营工程公司结算收取。收取的劳务费，除用于建宿舍、办食堂、支付劳务人员工资外，余下部分作劳务管理费返回各母公司。自此，根据华田联营工程公司所需职员和劳务计划，每年按工种人数、人员素质和时间要求，向水口水电站输派。工程局先后输派职员和劳务1545人次，一般为1年期实行轮换，少数至某一单项工程结束止。至1994年底，除25人做结尾工作外，先后退场撤回。劳务输派由劳动人事部门负责，二级单位按人员素质要求提供输派劳务人员，返回劳务管理费提取一定数额奖给二级单位。

局内劳务管理始于1988年。工程局承揽的工程项目试行项目法施工管理，项目所需人员由项目经理挑选组合，劳务人员由二级单位提供。是年10月，工程局承建金华热电厂工程，由第四工程处组建金华热电厂项目经理室，项目管理室从第四工程处中带走部分所需人员，剩下人员组成第一劳务公司，第四工程处撤销。由于管理体制和经济关系不顺，在实施中产生不少矛盾，工程局决定将该项目经理室与第一劳务公司、建筑公司合并为建筑安装工程处。1991年春，工程局进一步确定管理层与劳务层适度分离，除保留建筑安装工程处和机电安装公司建制外，其余二级施工单位全部撤销，组建两个劳务管理机构，即劳务处、机械化处。被撤销单位的人员，不论是否在项目上，水工建筑专业25个工种计1798人划归劳务处，机电运行专业33个工种计1381人划归机械化处。自此，劳务管理由劳务机构负责，项目需要人时分别由两个劳务机构提供，不需要或工程结束时退回劳务机构。局劳动人事部门负责指导协调、制定制度，必要时配备、补充人员。为加强劳务管理，工程局制定"劳务分工"、"劳务输派、退场"、"劳务培训"、"劳务费用"等一系列办法。劳务管理机构和劳务管理办法，一直延续至1994年。

2001年为了适应市场经济的要求，进一步规范临时工的管理，根据工程局的实际情况，经研究决定，改变临时工原有管理办法（局人劳〔2001〕199号）。

十、技术考核

工人技术考核包括招工进厂、上岗操作、学徒转正定级、工资调改、技师评聘考核等，考核内容和标准执行水利电力部1963年7月颁发的《水利水电建设工人技术等级标准》。全局性的工人技术考核始于20世纪80年代末。1978年初，工程局成立工人技术培训委员会，次年11月12日成立工人技术考核办公室。1982年10月15日，成立工人技术考核委员会，由1名分管副局长任主任，具体考核事务由劳动工资处负责。1983年，对工人又进行一次"应知"、"应会"考试考核。全局列入调资范围的4500多名工人中，应参加考试考核的近4000人，考核合格者给予晋升1级浮动工资，不合格者缓升或补考合格后再升。1985年6月4日，工程局就"双补"考试考核作出规定，属青工"双补"对象，于7月15日前组织一次补考。技术、文化补考合格，工作表现好的，其1983年浮动升级予以固定。

工人技术等级工种分类，一直遵循水利电力部颁发的工种分类规范。从有利于劳动组合的原则出发，1984年12月29日，工程局决定调整工种制度，合并技术相近、分工过细及派生旁支的工种，由原来108个合并、缩减为45个。1988年7月31日，针对工种合并后的实际情况和问题，又将合并后的45个工种调整为85个工种。鉴于工人工种管理混乱，1991年10月至次年一季度，对全局工人工种进行一次清理登记，并制定实施《工人工种确定和改变的管理办法》。

在高级技术工人中设立技师技术职称（职务）始于1960年。是年2月17日，工程局任命技师13人。1980年8月14日，按照国务院《工程技术干部技术职称暂行规定》，将工人工程师套改为技师的5人。根据国务院《关于实行技师聘用制的暂行规定》，1988年初，工程局着手进行工人技师评聘工作，经考试考核、组织评审、设岗聘任，历时1年，首次评聘工人技师按范围内工种人数1.5%左右控制，设定技师岗位45个；在完成理论考试、实际操作考核和工作业绩测评基础上，1989年2月14、15日经局技师评审委员会评审，共评定技师45名，占应聘任工种范围总人数1.57%，其中45岁以下中青年技师5

名、女技师1名。按技师设岗要求，除1人未到岗外，44名技师聘任上岗，发给聘任证书，享受技师津贴。此外，对20世纪50年代参加工作，虽在管理岗位但仍能解决生产中的技术操作难题、知名度较高的高级技术工人，由局、处领导3人以上联名提出考核推荐意见，经局技师评审委员会评审，确认12人具备技师资格，但不享受技师津贴。1992年6月，对1989年评聘的技师作全面考核，对27名履行技师职责的技师重新签订了聘任合同。

工人技术等级的设定。1998年1月20日经工程局考评委员会确认44人具有工人技术职务任职资格，1998年实行工人技师聘任制度重要改革，制定了《工人技师聘用管理办法》工程局设置技师岗位25个，职数40人。并签订技师聘任协议书，明确了任期时间、责任和相关待遇。2001年为了开展职业技能鉴定工作，推行职业资格证书制度，提高职工技能水平，根据《电力行业职业技能鉴定实施办法》和《浙江省电力行业职业技能鉴定实施细则》结合工程局实际制定了工程局的职业技能鉴定办法。2001年开展了电力行业特有工种高级技师鉴定考评工作，并成立了高级考评委员。2002年工程局制定了《实行职业技术等级津贴的规定》（局人劳〔2002〕192号文）明确了享受条件和标准。从此工人技术等级鉴定工作开始走上正轨评审阶段。在此期间，工程局根据不同时期规定参加鉴定人员鼓励政策，以提高职工技能水平，截止到2008年末工程局鉴定人员现有人数为高级技师7人，技师108人，高级工603人，中级工177人，初级工159人。

十一、精减辞退

工程局紧缩机构、精减职工始于1958年初。经3年整编和精减，1960年底职工减至4419人。1961年7月13日，水利电力部下达精减人员3419人指标，允许工程局保留职工1000人。从1958年起至1962年7月止，共精减职工12342人，其中回乡务农的6531人。在回乡职工中，1957年底前参加工作的1353人。1962年7月14日，水利电力部允许工程局下半年增加952人，年底保留职工3550人。至此，工程局精减下放职工工作结束。

1957年工程局明确规定，严禁无故辞退固定工；辞退临时工须说明辞退原因，发给辞退证明书。1965年后，辞退的职工几乎都是临时工，固定工被辞退的极少。1965～1967年，工程局在桐庐县等地招用的1171名临时工，因富春江水电站建成发电，于1968年2月底全部辞退。1970年8月，湖南镇水电站在金华地区（衢县）招用1500名临时工，1973年按计划辞退300名，1974年后因本人要求回农村的86人。1977年6月25日浙江省计委指示，凡是从农村招用的临时工都要动员回乡。工程局于7月12日始至8月底，除36人（伤残10人，城镇闲散劳力26人）经浙江省内务局批准招为固定工外，其余1078名临时工全部辞退。1978年以后，实行小批量或零星清退计划外用工、辞退临时工。

1986年10月起，国家对企业用工实行劳动合同制，合同制长期工、临时工均有合同期，合同期满双方自行解除劳动关系。

十二、定员编制

建局初期，定员编制随工程施工进展而进行。1960年6月初，根据水利电力部指示，水利水电建设总局派员指导，三门峡、刘家峡等单位派人参与，在新安江水电站工地共同研究制定《混凝土重力坝大型水电站施工编制定员示范标准（草案）》。编制定员包括组织机构设置，管理人员、生产工人定员，各类人员比例等5项内容。组织机构采用三级形式两级管理制，拟定两套方案，工程局适用第二套方案，即13个职能处室和8个生产单位。

1962年“四江”合并后，工程局向中共浙江省委、省人民委员会作出《关于工程任务和人员编制的报告》，定员（保留职工）3950人，其中新安江工地2800人、富春江工地600人、乌溪江工地250人、瓯江工地300人。组织机构按照合并机构、减少层次设置，工程局设14个职能处室，直辖开挖、土建、灌浆、机械、风水电、修配等8个生产队（厂），并按部定名分设七里泷（富春江）工程处，湖南镇（乌溪江）、青田（瓯江）留守处。是年11月工程局实有职工4292人，为定员数的99.8%。

为适应富春江水电站复工续建，1965年10月14日工程局提出机构设置和定员编制意见。局机关设立生产、政治、后勤三大部，职能处室按业务划归各部；生产单位设开挖、围堰、浇捣、混凝土、机械、风水电大队和修配厂等12个。全局总定员6500人，其中非生产人员控制在职工总数15%以内，脱产干部控制在600人左右（不包括医务和教学人员）。1966年3月28日，工程局向水利水电建设总局报送机构设置和人员配备情况，全局实有职工4678人，总定员虽未突破，但非生产人员比例超过限数。

1967～1970年，因“文化大革命”干扰，定员编制工作基本中断。1971年12月，工程局向中共浙江省委呈报《关于工程局组织机构调整的报告》，根据次年湖南镇水电站复工后的实际情况，向水利电力部报送《工程局现行组织机构编制序列和人员配备情况》。1972年底全局实有职工9176人，其中生产工人占71.8%，管理人员占13.5%，服务人员占14.7%。此后，定员编制工作处于停顿。

1982年，工程局恢复定员编制工作。3月成立编制定员领导小组，1名分管副局长任组长，并从人事、劳动部门抽调人员，开展调查、研究机构设置和编制工作。按照国家劳动人事部《关于加强企业编制定员和劳动定额工作的试行办法》，采用定额定员、岗位定员、比例定员3种形式确定工程局定员标准。经过调查、编制和汇总，同年11月16日正式形成《全局固定职工定员编制呈审方案》。1983年5月27日，工程局党委批转这个定员方案。全局总定员8049人，其中干部2011人，工人6038人。干部中政工干部255人，管理干部798人，技术干部492人，医务人员212人，教学人员254人；工人中生产工人5177人，服务工人861人。组织机构设置，局党政机关设26个职能部门，二级单位设8个工程处、两个修配厂、新安江和富春江管理处。为有效落实定员编制方案，1983年5月11日，工程局制定《关于推行定员编制管理的实施办法》，就定员工作制度、确定定员标准、定员工作要求、缺员配备和补充、安置多余人员、定员管理机构和加强监督检查等8个方面，分别作出规定，使定员编制工作有章可循。每年根据生产施工任务，年初下达定员指标，下半年调整1次，以适应施工生产需要，直至1987年从未间断。

1988年后，定员编制工作处于停顿状态。1992年四季度，为适应企业转换经营机制需要，工程局组织有关人员，对局机关职能机构设置和定员进行编制。1993年局机关各部门作较大调整，保留12个职能处室，定员208人。成立工程建设部和企业部，不属机关职能部门，代局管理各工程项目和多种经营单位。

1996年以来工程局工程专业技术管理人员来源主要通过社会市场在大中专院校招聘

每年控制在40～60人，2004年开始到2006年按计划招聘100～200人，以满足工程局发展的需要。

1997年为加强专业管理人员的管理，工程局制定《专业技术人员和管理人员流动问题的通知》，1998年根据局机关改革情况又进行重新修订。2002年为了规范干部人事管理，工程局印发了《科队级干部管理和聘用干部管理办法》。

2003年为了做大中专院校毕业生招收、录用和从社会引进人才，工程局制定了《人才管理办法》规范了有关工作程序和管理办法。

十三、定额管理

工程局定额管理工作始于1957年。是年建立定额查定站，对劳动、机械、材料定额进行查核、分析研究、编制和修改补充，定额由工程局批准实行。劳动定额的执行、零星项目劳动定额查核及推行计件工资，归属劳动工资部门职责。为实施劳动定额管理，1958年1月14日，工程局成立以劳动工资处负责人为主，抽调7人组成劳动定额管理小组，负责劳动定额工作。收集上年临时定额执行结果，有围堰、开挖、房建工程定额53项，技术定额测定82项。期间，在新安江水电站工程施工中，推行劳动定额管理和计件工资，促进工程施工进度，职工得到实惠（即拿到超额工资）。1959年10月，工程局取消计件工资，劳动定额工作中断。

1979年，工程局恢复定额管理工作。根据水利电力部1965年编制的《水利水电建筑安装工程工、料、机械施工指标》，1980年湖南镇工地试行计件工资，机电安装大队在坝顶溢洪道安装5套弧形门中试行计件工资办法，调动了工人劳动积极性，工期大幅缩短（第1套工期20天，第5套仅10天），质量全优。1981年，按照水利水电建设总局布置，工程局负责第九册《风水电工程》施工劳动定额的修编工作。是年7月3日，工程局成立水电建安工程施工劳动定额编制领导小组，由劳动工资处、计划处、总工室、工程处负责人共7人组成。根据编制目录，由第五工程处先提供统计定额和经验定额数据，定额站组织定额人员进行调查研究、测时分析计算、核对统计定额，最后汇总整理上报总局。1982年5月，工程局在劳动工资处设立劳动定额站（1984年9月改为科），负责全局劳动定额管理工作。随后，劳动定额与计件工资管理在紧水滩水电站工地全面推行。

1983年，水利电力部颁发《水利水电建筑安装工程统一劳动定额》（以下简称“83”劳动定额）。是年4月份，工程局劳动工资处开办劳动定额培训班，36人参加学习，两个月结业后回原单位。5月份工程局制定《施工定额管理暂行办法》和《计件工资管理暂行办法》，完善定额管理工作。同年9月29日，为贯彻实施部颁“83”劳动定额，工程局又制定11项具体措施，定额工作实行统一领导、分级管理；工程处（厂）所属生产队（车间）的计件工资、联产计酬、组内包工的考核均以“83”定额为准，该定额缺项按局编定额执行。1983～1984年间，湖南镇、紧水滩水电站两工地推行45个计件工资项目，其中无限计件27项，实行计件工资人数达到直接生产工人的8%。1985年后，由于实行百元产值工资含量包干，工资参考人工费预算标准核定，劳动定额管理逐渐淡化。1990年紧水滩水电站扫尾工程实行定额工日包干，随后石塘水电站扫尾项目也仿效此法。1991年，管理部门多次提出加强劳动定额管理，办法虽已拟就，但未付诸实施。此后定额管理机构撤销，专业人员改行。

十四、职工奖惩

为维护正常生产（工作）秩序，工程局规范了职工必须履行的基本职责，以及必须遵守的劳动纪律。早在1957年，工程局《内部劳动规则》规定，全局职工必须履行积极负责本职工作、完成各项任务、爱护国家财物、遵守劳动纪律、保守国家机密、保证质量安全、改进工作方法、学习政治技术文化、加强内部团结等12条基本职责。同年7月3日，工程局根据工地实际情况，发出1号《通告》，作出不准打人、不占住房、不拿公物、遵守公共秩序等5项规定，以制止违法乱纪行为。1959年11月2日，根据国务院有关规定，工程局制定实施《工作人员奖惩的暂行规定》。

1981年5月11日，工程局又制发《关于职工职责和加强纪律的规定（试行）》，要求局属各单位集中一段时间，对职工进行一次加强纪律性教育。同年9月27日，局党委又作出《关于整顿劳动纪律的决定》，成立局整顿劳动纪律小组，党委书记陈赞任组长。1984年5月起，工程局试行《劳动纪律考核办法》，将有关劳动出勤、遵纪守法等内容列入单位、班组和职工个人的生产（工作）经济责任制，常抓不懈。

1989年8月3日，工程局颁布《职工劳动规则》，规定职工必须履行8项基本职责和遵守8项劳动纪律。坚持赏罚分明、以奖为主的原则：对有显著成绩的职工给予一定的荣誉或物质奖励；对违反劳动纪律的职工，经组织批评、教育和帮助，视其错误性质、情节轻重和认错态度，分别给予必要的纪律处分，以挽救违纪职工并教育全体职工。

职工奖励　1958年工程局颁发《工作人员奖惩的暂行规定》，奖励分为记功、记大功、授予奖品或奖金、升级、升职、通令嘉奖6种。此后，1982、1985年，工程局在《内部劳动规则》中对奖励都作了明文规定。1989年实施的《职工劳动规则》，规定受奖对象为6种人：遵守劳动纪律、全面完成施工（生产）工作任务、降低成本、提高工效成绩显著者，注重安全、保证质量、在预防重大质量事故和人身伤亡事故有显著成绩者，为企业搞活改革、提高经济效益有重大发明创造者，维护社会治安、爱护国家财产、保护机电设备、在抗灾抢险中或同不良行为作斗争中有显著功绩者，积极参加文化、技术和业务学习优异者。奖励形式分为记功、记大功、晋级、晋薪、嘉奖、授予先进生产（工作）者称号、推荐劳动模范等。在给予上述奖励时，还发给一次性奖金或奖品。受到荣誉奖或被评为先进生产（工作）者、劳动模范的事迹材料，均存入本人档案。1984～1994年期间，职工被评为劳动模范的，均给予晋升工资，其中省部级劳模晋升1级，国家级劳模晋升2级。以后此项工作交由工会负责。

违纪处理　1957年工程局《内部劳动规则》规定，对违反劳动纪律的职工由局行政按情节轻重，分别给予警告、记过、记大过、调任工资较低的工作或降级降职、开除处分。1957年《工作人员奖惩的暂行规定》，对犯有13项错误行为尚未构成犯罪的，视情节分别给予警告、记过、记大过、降级、降职、撤职、开除留用察看、开除8种纪律处分。1989年的《职工劳动规则》，对职工违反纪律或犯有其他错误的处理作了规范，视其错误情节轻重，分别给予行政处分或经济处罚。行政处分分为警告、记过、记大过、降级降薪、撤职、留用察看、开除7种，同时还可给予一次性的罚款。前6种处分经教育仍不改者，根据《国营企业辞退违纪职工暂行规定》予以辞退，如系合同制工人予以解除劳动合同；职工擅离生产（工作）岗位，按旷工论处；连续旷工15天以上，或1年内累计旷工超过30天，按自动离职处理予以除名。

处理违纪职工权限。1957年规定：领导人员违纪犯错误时，按干部管理权限报请上级任命机关批准处理；一般工作人员纪律处分，统由工程局领导批准执行；固定工、临时工违纪处分，记大过以下由管理单位确定，降级及以上处分由局长批准后执行。1982年对违纪职工处理权限作了调整：工人受警告至记大过处分，由工程处（管理处）自行办理；工人受降级至开除（含自动离职除名）处分，报局劳资部门审核，经局工会同意，由工程局审批处理。干部违纪处分按干部管理权限审批处理。1989年再次调整处理权限，除受开除（含除名处理）处分归属工程局办理外，其余处分均由工程处等二级单位办理，违纪处理材料一律报局备案存档。1991年工程局制定《工人违纪处理办法》，对工人违纪处理权限又作调整：工人受警告、记过、记大过、撤职降级和留用察看处分，由各工程处等二级单位（设党委建制）自行办理，处分材料报局备案归档；受开除（含除名处理）处分，经所在单位职工大会讨论通过，报局劳资部门审核，经局工会同意，局长审批处理。领导干部违纪处理，按干部管理权限报任免机关审批。

十五、历史老案复查

粉碎“四人帮”后，工程局根据中共浙江省委、水利电力部的指示，从1978年起，由信访部门受理并开展复查历史老案和落实政策工作。随后，工程局成立历史老案复查领导小组，负责全局老案复查的审核。党员党纪处理由党委组织部负责；职工行政纪律处理由劳动人事部门负责；职工违法判刑处理由保卫部门负责。1983～1986年底，凡有申诉材料的人基本复查结案。1987年后主要处理一些遗留问题，查清一个处理一个。经多年努力，老案复查、落实政策工作在党的“十三大”召开前夕全部结束，水利水电建设总局检查验收合格。

职工行政纪律处理的历史老案一共有243件，其中干部114件、工人129件。1984年劳动人事处抽调5名工作人员，对有申诉的人进行内查外调。是年，有42件得到纠正，73件维持原处分，还有128件无人申诉或有待进一步查清。在得到纠正的职工中，有的恢复了工作和职务，有的作了退休退职处理，有的恢复了名誉，有的给其亲属办理“农转非”手续，有的给予经济补助。1985～1992年，继续进行历史老案复查工作，又复查处理历史老案46件，其中14人得到平反恢复名誉，3人恢复工作，16人改按退休处理，9人给予经济补助，1人发给其家属一次性抚恤费。

在复查老案、落实政策工作中，接待来访218人次，处理来信381件。1986年在理顺企业内部工资关系时，对纠正冤假错案的知识分子，有14人得到调升工资级别增加工资。1987年，按照上级文件规定，给落实政策的24名职工核增工资。

第二节　工　资　管　理

1983年前，工程局每年根据施工情况、职工人数和工资制度等因素确定年度工资总额，在编制年度劳动计划时编报年度工资计划，经上级主管部门批准后执行。1984年经水利电力部批准，工程局实行百元产值工资含量包干办法，工资总额随完成施工产值上下浮动，根据水利水电建设总局核定的百元产值工资含量系数计提，另加营业外支出的工资总额组合而成。自1992年起，由施工产值改用企业总产值，取消营业外支出（含多种经营）部分的工资总额补贴，工资总额统由综合工资含量系数计提。

为控制工资总额和工资水平，在水利水电建设总局（公司）核定的工资计划之内，实行内部工资基金管理。1985年将按年度改为按季度下达各单位工资基金使用计划，由各单位自行向当地银行按月提取工资基金。1990年5月起，全局统一实行《内部工资基金管理手册》，各单位凭局审核签章的"工资手册"支取工资奖金。1992年实施工资储备基金和人均收入分成办法，局内工资基金有经常储备，达到以丰补歉，逐步增加职工收入。

一、计时工资

1963年以前，固定职工实行月工资，临时工实行日工资。月工资按月规定制度工作日，出满勤发全月工资；日工资按日工作8小时，干满点的按实际出勤天数计发。1964年后，固定职工和合同制职工，仍实行月标准工资制，每月初预发；临时工及其他用工，以其本人所定等级工资，除以月制度工作日为日工资标准，按实际出勤天数发给。1984年10月起，对知识分子（助理师以上）实行浮动工资，在岗时上浮半级或1级。次年10月扩大为全位置合格焊工、大型客车及T20汽车司机享受浮动工资。上述人员浮动工资，离岗或退休后取消。1994年底，部分实施岗位技能工资，次年1月起，按电力工业部颁发的技能工资标准执行。

二、计件工资

1956年12月首先在一工区土堤队实行。次年3月，工程局制定《计件工资制度暂行规程》，推行直接无限计件，逐步过渡到累进计件工资制。1959年10月取消计件工资。1980年又恢复计件工资，次年1月1日，工程局制定实施《计件工资暂行规定》，计件工资形式有全额计件、超额计件、包工计件和一条作业线联产计件等。

三、加班工资

1959年工程局规定：生产工人在公休日工作，加班工资按本人标准工资100%计发；生产工人和炊事员在法定节日工作，按本人标准工资200%发给；干部及其他人员不发加班工资。1964年改为一般干部发给法定节日加班工资。自1984年起，职工在节假日上班的，除处级以上干部每月最多发两个星期日的本人标准工资外，其余职工均按规定计发节假日加班工资。1990年起，除局级领导外，其余职工在节假日上班的，均可享受加班工资。

四、工龄工资

1989年7月1日开始实行。享受工龄工资的对象为固定职工和合同制长期工。工龄工资标准为0.5元/年，40年为限。1991年10月起，工龄工资标准提高到1元/年。1992年1月起，工龄工资改按实际工作年限计发，上不封顶。2000年1月1日工龄工资从1元调整到4元；2008年1月1日调整到8元。

五、津贴

建局以来，先后建立32种津贴和补贴。津贴标准各异，随着物价上涨逐步调整。

1994年仍在执行的有夜餐津贴、施工津贴、班组长津贴、医疗卫生津贴、教龄护龄津贴、技师津贴、回民津贴、班主任津贴、洗理费、书报费、住房补贴等28种。上述津贴、补贴标准，除施工津贴未按上级规定标准执行外，其余均按上级主管部门或地方政府规定执行。2001年工程局制定了《进一步加强工资管理若干事项的通告》（局人劳〔2001〕40号文），重点调整施工津贴，规定在浙江省内工程项目为每人每天1元，浙江省外（除贵州省每人每天3元）每人每天2元。执行时间是2001年4月1日。

六、奖金

工程局实行奖金制度始于1958年。是年1月起试行材料节约奖，次年8月建立综合奖，奖金在材料节约额中和按工资总额5%提取，分甲乙丙3等计发。此奖实施不久即停止。1978年恢复奖金制度，次年2月全局实行全优超产奖。1980年4月改成经常性奖励，奖金按标准工资总额10%提取。同年恢复材料节约奖，并建立提前竣工发电奖和劳动竞赛奖。1984年开始，实行经济责任考核奖，奖金额度按完成各项经济技术指标确定，分级负责考核计发。

七、工资标准

1956年，工程局未建立统一的工资标准。是年水电系统企业工资标准出台，浙江省不同意工程局干部纳入此标准。1959年，工程局首次将繁多的工资标准统一为10种，均执行国家4类地区工资标准。1963年，除卫技、小教人员外，统一纳入水电建筑安装企业工资标准，工资标准计有6种，按水电建筑安装企业6类工资区标准执行。1983年简化原6种工资标准，工程局首先建立统一的新拟企业工人和干部两种工资标准，为局内使用。1985年全国工资改革，又统一纳入水电施工企业工资标准，起级工资由34元提高到38元，最高等级工人为8级114元，干部为4级207元。起级工资1988年提高为45元，1992年提高为60元。1994年，职工工资标准统一纳入电力工业部技能工资标准，起级标准为100元，最高为667元。技能工资标准分工人和干部各设20个级，39个不同工资数，除起点级不设副级外，其余各级均设副级。

八、学徒

1963年前，实行学徒期2～3年。学徒期内按规定发给生活津贴，伙食费12元/月，转正为1级工，再满1年考核合格定2级工。1964年1月起，学徒生活津贴调高为，第一年16元/月，第二年18元/月，第三年21元/月，期满表现优秀者定为3级工；熟练工实行熟练期半年至1年，期满转正定2级工。1976年新招工人熟练期，分配重体力劳动，执行2级工工资；分配做其他工作者，执行1级工工资，再满1年定2级工。1984年9月起，为鼓励风钻工等8个艰苦工种工人，经考试合格给予高定1级。1987年对新招合同制工人，分配为学徒的，学徒期满经考核合格定3级工；分配为熟练工的，期满考核合格定3级工，其中在8个艰苦工种岗位的定4级副。1991年9月规定，新招技术工种工人实行培训期，期满考核合格定4级工。

九、技校毕业生

1959～1963年实习期为6个月，期内发给1级工工资，期满定2级工。1964年起，实习期改为1年，期满后定为两级工，表现特别优秀的定3级工。1966～1968年，不进行转正定级，从1969年起改发临时工资34元。自1987年1月1日起，招收职业高中毕业生为合同制工人的，见习期为1年，期满给予定级。1991年，技校生见习期内执行3级工工资，期满经考核合格定4级工，个别优秀的定5级副。1992年提高标准工资后，取得双证的技校毕业生，不实行见习期，直接定为4级工。

十、大中专毕业

实行1年见习期，期内发给临时工资，期满转正定级。1964年大中专毕业生见习期临时工资及定级工资为，高等院校修业4年以上毕业的见习期43.5元，定14级49元；修业2年以上不满4年毕业的见习期37元，定16级38元；中专学校毕业的，见习期30.5元，定17级33元。1985年起改为，大学本科生见习期内临时工资50元，定级工资69元；大学专科生见习期内45元，定级工资64元；中专生见习期内40元，定级工资54元。1993年12月，工程局对大中专毕业生的临时工资和定级工资又作调整：大学本科生见习期内87元，期满定企干13级副99元；大学专科生见习期81元，期满定企干14级93元；中专生见习期内70元，期满定企干15级81元。

十一、复退军人

自1959年7月起，执行地方政府安置部门规定，志愿兵除超过2级工以上的保持原待遇外，低于2级工的按2级工工资发给；义务兵除超过1级工以上的保持原待遇外，低于1级工的按1级工工资发给。1986年4月起，服兵役不满3年的实行半年熟练期，期内发2级工工资，期满定为3级工。1991年9月起，工程局对复退军人不实行熟练期，按不低于现岗位同期同类职工一般工资水平，确定其标准工资和企业效益工资。

十二、工资变动

1956～1959年间，调入职工的工资，除换算工资区差额外，均按原单位本人标准工资执行。1959年7月后调入的职工，从报到之日起统一纳入本局各类人员工资标准后，由此产生的保留工资暂不取消。1964年后调入的职工，一律执行工程局的工资标准，低于本人原标准工资时，其差额部分保留1年，满1年后取消。

1983年10月1日，工程局制定实施《职工调动工作后的工资处理办法》。1958年以前参加工作的以其工资额就近向上纳入新标准；1959年后参加工作专业不对口的实行6个月考核期，经考核合格后纳入新标准。局内职工调动，由干部调为工人岗位的，以其工资额就近向上纳入工人工资标准；由工人调任干部的，以其工资额就近向下纳入干部工资标准，高出部分予以保留。

1986年8月起，调入职工按调出单位工改后本人工资等级（不含企业自费升级），比照同类人员的工资水平纳入工程局工改后的等级工资标准。职工内部调动，一般不变动其工资等级和工资额，但风钻工等8大工种同其他工种相互变动，干部与工人之间岗位变动，担任领导职务变动等3种情况，按规定变动其工资待遇。1992年1月起局外调入的职工，以调出单位介绍的标准工资等级套入工程局相对应的工资额，作为试用期的工资，期满考核合格再套入提高标准后的企业等级工资。

十三、工资调整改革

1956年水电系统进行工资改革，工程局改革较晚，浙江省不同意采用水电系统规定的企业职务工资制，仅少数职工调高了工资。1958年电力工业部规定给3%的职工晋升工资，工程局经调查摸底，因调资范围过小不能解决问题而未实行。

1959年9月3日，经浙江省电力工业厅批准，工程局进行工资调整，重点建立统一的工资制度和部分老技工升级。建立工资制度，包括各类人员的工资等级标准、加班加点工资、综合奖、病事假工资、有关津贴等。职工升级比例，老技工为30%，技职人员和其他人员为10%，共计调资升级1383人。其中干部升级因浙江省通知停止未执行。

1963年9月21日，水利水电建设总局批准调整工资方案，升级比例为40%。全局升级职工为1439人，月增资总额11452.91元，人均月增资7.96元。

1971年7月，工程局对部分低工资职工进行调资升级，1957年底前参加工作的3级工（其中2级工升两级）、1960年底前参加工作的2级工、1966年底前参加工作的1级工都晋升了工资。这次调资不受比例限制，共计升级2781人，其中调高1级2070人、调高2级711人。

1977年10月，工程局给职工调整工资，有3418人升级增加工资，其中属40%调资比例升级的2545人，1966年底前参加工作的2级工升级的771人，1971年底前参加工作的1级工升级的9人，按规定增加工资的93人。

1978年12月，工程局按2%的比例，给工作成绩优异而工资特别偏低的职工升级。经推荐、评议和最后审定，有175名职工升级，其中局级2人、处（大队、厂）级11人、科（队、车间）级50人、主任工程师2人、工程师2人、工人与一般人员108人。

1979年11月，职工调资升级，全局升级职工有3566人（含升级不占比例数的32人），其中工人2789人、技术人员228人、医护人员106人、教师101人、行政干部310人。

1981年10月，中、小学和医疗卫生单位职工调资升级。教职员工升级263人，其中升1级的248人、升2级的15人，另有补差的32人、靠级的63人。医疗卫生人员升级285人，其中升1级的236人、升2级的49人，另有补差的21人、靠级的64人。

1983年进行工资调整和工资改革相结合试点，重点解决企业和职工吃“大锅饭”问题。职工调资升级实行考核制，考核合格者升，不合格者不升或缓升。并给212名工资偏低的中年知识分子多升1级，生产、技术、业务骨干多靠1档（半级）工资，改善企业内部工资关系。

1984年首次进行给有较大贡献职工浮动升级，升级比例按3%控制。经评议审定有436人浮动升级，大部分升半级，少数人升1级。人均月增资4.84元。

1985年工程局进行工资制度改革，干部（包括医务和教学人员）实行职务等级工资制，工人（包括服务人员）实行岗位（工种）技术等级工资制。计有7369人升级增资，月增资总额110117元，人均增资14.94元。

1986年适当解决职工工资问题，除按国家规定人均增资1.8元外，将1986、1987年两年3%职工升级指标和1985年工资改革结余指标合并使用。全局有7274人晋升工资，其中614人升1级，其余升半级（即1档）。

1988年6月，根据企业经济效益和工资基金结余情况，工程局为职工首次建立企业效益工资，并提高企业内部工资标准。符合条件升1级企业效益工资和提高企业内部工资标准后，两项共计人均增资24.02元。同年11月，工程局又给中年专业技术人员增加工资，升级的有538人。

1989年8月，工程局对职工部分效益工资进行清核固定，列入清核固定范围的有6711人。固定1级标准工资后，月人均标准工资由79.54元升至111.19元；企业效益工资月人均30.76元中转为固定工资的为30.36元。此次实际增资的仅有1352人，人均月增资8.15元。同时，工程局对1989年底前已定级的职工增加1级企业效益工资。

1989年12月，给1988年底前定级已满1年的6983名职工增加半级企业效益工资，人均月增资8.74元。同时，首次为职工建立工龄工资，工龄工资标准每工作1年发0.5元，全局7166人享受工龄工资。

1991年7月，给1990年底已定级的职工增加1级企业效益工资，增加工资的职工有6200人，月增资总额101329元，人均增资16.34元。是年10月起，提高职工工龄工资标准，由0.5元/年增至1.0元/年。

1993年，工程局再次给职工增加企业效益工资和提高企业起点级工资标准。增加效益工资的有6080人，月增资总额98037元，人均增资16.12元；有6264人提高起点级工资，月增资总额94110元，人均增资15.02元。

1994年制定实施《技能工资入轨运行实施办法》，对9月30日前已定级的职工6139人，纳入部颁技能工资范围。技能工资入轨基础为扣除6元粮价差后的标准工资，对应部颁100元起点的技能工资标准。入轨前月工资总额（已扣除6元）1068200元，技能工资入轨后月工资总额为1569354元，人均增资81.63元。

1994年12月工程局开始实行技能工资入轨工作，当时是根据国家电力工业部有关文件精神，并经请示浙江省电力工业局原则同意实施了该方案。1996年为完善岗位技能工资制度，经局八届二次职代会审批通过并报经浙江省电力工业局原则同意工程局实施岗位工资办法。从而标志工程局工资制度改革进入一个新阶段。此后至今一直实行此工资制度。并在期间进行了调整工资额度。1999年12月1日调整岗位起点到100元，技能工资调整118元，2000年1月1日执行。

1999年为了适应建立现代企业制度的需要，建立并逐步完善对局内部经营承包责任人试行年薪制（包括党组织书记在内），2000年之后进行了不断完善。

2002年为了稳定专业技术人员制定了保底工资机制，原则上每年调整标准一次，使专业技术管理考核人员收入水平得到了一定的保障。

1996～2003年水电集团公司对工程局工资总额的控制实行百元总产值工资含量包干，每年由水电建设集团下达并控制使用和考核。工程局对所在单位按经营承包责任制性质实行工资总额包干和百元总产值包干。2004集团公司对工程局实行工效挂钩工资总额考核办法。

十四、工伤疾病

职工因病医疗期间工资待遇按国家劳保条例规定执行。职工因工负伤医疗期间，不分固定工、临时工，工资一律照发。1964年12月起，职工因病停止工作超过6个月时，停发病假工资，从第七个月开始改由局工会按月付给疾病救济费，救济费为本人工资的40%～60%。1965年11月，工程局对老弱残职工进行安置，属因工致残大部分丧失劳动能力的暂列编外，其待遇为：1957年底前参加工作的按本人标准工资的60%发给，最高不超过70%；1958年后参加工作的按50%发给，最高不超过60%。同年12月1日起，对脱产休养1年内的矽肺病职工按本人标准工资100%发给，1年后按90%发给生活补助费。1984年4月起，患精神病3年以上的职工，经批准安置在家休养，按本人标准工资的60%计发生活费。对饮食起居确需他人扶助的工伤人员，经浙江省劳动局批准，于1980年6月起按月发给护理费36元，已办理退休的Ⅲ期矽肺病职工享受此项待遇。1981年11月，护理费标准增至38.5元。1986年3月起，享受护理费的职工（包括离休干部），改按每月50元发给。1993年11月，护理费标准调至100元。

十五、职工待业

1984年后，工程局出现待业（下岗）职工，其待遇是：待业半年内的职工，发给100%基本工资；待业超过半年的按90%发给。1985年待业职工待遇改为：工龄不满25年的按80%发给基本工资，工龄25年以上的按100%发给。1990年3月27日，工程局制定《局内待业人员工资待遇处理办法》，针对待业期长短作分别处理：待业期6月以下按本人标准工资100%发给；待业期6个月以上、工龄满25年的职工发标准工资90%，工龄不满25年的发标准工资80%；待业人员如有工作安置而不服从分配者，每天只发2元生活费。1992年9月20日工程局制定《职工局内待业管理办法》，办法规定职工待业期间如能遵纪守法，不影响正常工调，工龄连续计算，待业期间以其本人标准工资为基数，区别其待业6个月以下或以上，分别按80%、70%、60%、50%发给生活费。

第三节 社会保险

工程局社会保险发展历程与国家经济体制的转变和社会保险发展息息相关，它历经了由企业“统报统付”到逐步社会化的阶段。通过15年左右时间的发展与完善，目前已基本实现了“五大”社会保险的社会统筹，这为国家实行政企分开，弱化国企社会职能，增加国企市场运作能力奠定了基础；在为减轻企业负担、增强社会保障功能、维护社会的稳定、促进社会的和谐发展等方面发挥了重要作用。

一、基本养老保险

伴随着1991年国务院《关于企业职工养老保险制度改革的决定》（国发〔1991〕33号）的颁发，标志着中国养老保险制度全面改革的开始。工程局于1993年1月开始全员建立基本养老保险（劳动合同制职工从1986年已开始缴纳养老保险），个人缴纳比例从1994年的2%逐步提高到2004年8%，2005年至今缴费比例一直为8%。

1997年7月国务院发布《关于建立统一的企业职工基本养老保险制度的决定》（国发〔1997〕26号），1998年6月《国务院关于实行企业职工基本养老保险省级统筹和行业统筹移交地方管理有关问题的通知》正式出台，要求行业单位职工基本养老保险实行省级统筹，据此工程局于2001年7月完成了基本养老保险从参加电力行业统筹到省社会保险管理中心的移交（包括退休审批权），同时受浙江省社保中心的委托，由工程局社保中心和退休职工管理处分工负责对基本养老保险的日常管理。

2006年1月，《浙江省劳动和社会保障厅、浙江省财政厅印发〈关于完善企业职工基本养老保险制度的实施办法〉的通知》（浙劳社劳〔2006〕142号），从2006年1月1日起，参保人员的基本养老保险个人账户规模统一由本人缴费工资的11%调整为8%，全部由个人缴费形成，单位缴费不再划入个人账户。

职工离休、退休和退职，均按照国务院国发〔1978〕104号文和水利电力部有关规定办理。可提前退休的工种，1987年以前有11个，1988年1月起增至29个，退休年龄为男55周岁、女45周岁。1989年7月，对1957年底前参加工作家在农村的老工人，经批准可办理提前退养。1992年9月22日，制定《职工离岗退养实施办法》，提前退养政策扩大为全体职工均可享受，离岗退养职工除享受优惠工资待遇外，还享受退休职工待遇。

1996年1月，工程局下发《关于职工离岗退养有关问题的通知》（局劳〔1996〕19号），符合条件的可办理退养手续。1997年以后停止了办理退养手续。

二、基本医疗保险

1993年1月，工程局制定《医疗费暂行办法（试行）》进行第三次改革。按不同工龄发给药费补贴，职工患病医疗，药费由二级单位负担80%，个人负担20%。重病医疗费超过2万元者，由工程局补贴二级单位。

2002年8月，根据浙劳社医〔2002〕69号和浙劳社医〔2002〕101号的精神，结合工程局的实际情况，下发了关于印发《〈杭州市城镇职工基本医疗保险暂行规定〉实施办法》、《参保职工非统筹医疗费用管理办法》的通知（局人劳〔2002〕138号），规定从2002年8月起，工程局在职职工及退休人员参加杭州市城镇基本医疗保险，住院和规定病种门诊医疗费用由杭州市医保中心统一报销，并按医疗机构的级别设立住院和规定病种门诊起付标准，门诊统筹由单位按杭州市城镇基本医疗保险办法建立个人医疗账户，由单位管理与报销。

《关于印发〈基本医疗保险实施办法〉等医疗保险文件的通知》（局人劳〔2003〕30号文）规定，自2003年1月1日起，在参加杭州市城镇医疗保险的基础上，建立符合工程局实际的补充医疗保险制度和医疗困难补助制度。

根据《杭州市人民政府办公厅关于转发市劳动保障局〈杭州市退休人员门诊医疗费社会统筹暂行办法〉的通知》（杭政办〔2003〕37号）精神，工程局下发《关于贯彻实施〈杭州市退休人员门诊医疗费社会统筹暂行办法〉的通知》（局人劳〔2004〕9号）规定，自2004年1月1日起，在参加基本医疗保险的基础上参加杭州市退休人员门诊医疗费统筹，退休人员的个人基本医疗账户由杭州市医保中心统一建立和管理。

三、失业保险

根据《浙江省职工失业保险条例》精神，工程局下发《关于实施〈浙江省职工失业保险条例〉有关规定的通知》（局劳〔1996〕81号），从1996年1月开始缴纳失业保险，单位按上年度全部职工工资总额的1%缴纳，职工个人按不高于上年度职工平均工资0.5%的标准缴纳，1996年按每人每月2元缴纳。《关于调整职工失业保险金缴费标准的通知》

(局人劳〔1998〕209号)，从1998年7月1日起，将失业保险比例由原来的1.5%提高到3%，其中单位缴纳2%，个人缴纳1%。

根据浙江省第十届人民代表大会常务委员会公告第3号规定，《浙江省失业保险条例》自2004年1月1日起施行，对失业保险待遇的享受和转移做了进一步明确，使得企业的失业保险更加完善，但在统筹层次上仍实行属地管理。根据失业保险条例，工程局下发了《关于贯彻实施〈浙江省失业保险条例〉有关事项的通知》(局人劳〔2004〕219号)。

四、工伤保险

根据《关于印发〈局职工劳保医疗管理办法（试行)〉的通知》(局〔91〕卫字第119号）规定，因工负伤的或因工负伤治疗终结后受伤部位复发的及患职业病的，药费医疗费由企业负担。

2001年10月，根据《关于贯彻执行浙江省企业职工工伤保险实施办法的通知》(局人劳〔2001〕162号)，工程局于2001年10月1日起参加由浙江省社会保险事业管理中心统一组织的工伤保险，局社保中心受省社保中心的委托负责实施，费用实行差额结算。《关于贯彻执行〈工伤保险条例〉有关事项的通知》(局人劳〔2003〕211号)，自2004年1月1日起实行《工伤保险条例》。

五、生育保险

根据《关于印发〈局职工劳保医疗管理办法（试行)〉的通知》(局〔91〕卫字第119号）规定，符合计划生育规定的女职工分娩时的检查、接生、手术、药品和住院费由企业负担。

2006年9月，根据《浙江省人民政府关于印发浙江省生育保险暂行规定的通知》(浙政发〔2005〕17号）和《浙江省社会保险事业管理中心关于生育保险有关问题的通知》(浙社保工伤〔2005〕34号）精神，工程局下发《关于参加浙江省生育保险统筹有关问题的通知》(局人〔2006〕242号)，于2006年10月1日起，参加由浙江省社会保险事业管理中心统一组织的职工生育保险，结束了生育保险一直以来由工程局自行管理的局面，实现了生育保险的社会统筹，符合条件的女职工生育不再直接报销医疗费用，而是按生育类型采用医疗补偿金，标准为：平产1800元，剖宫产3500元；怀孕3个月以内流产300元，3个月以上7个月以下流产或人工引产800元，还享受生育津贴（即产假期间工资）和一次性营养费。

六、企业补充和个人储蓄性养老保险

在深化基本养老保险的同时，为提高养老的保障程度，根据电力工业部《关于印发〈电力行业职工养老保险制度试行改革方案〉和〈实施办法〉的通知》(电人教〔1996〕172号）等文件精神，工程局下发《关于印发〈水电十二局企业补充和个人储蓄性养老保险实施办法〉的通知》(局劳〔1997〕90号)，自1997年1月，建立了“个人储蓄与企业补充养老保险”，按照每一年工龄企业1元/月，个人0.5元/月标准，建立了补充养老保险。

七、劳动鉴定

1965年11月，工程局成立医务劳动鉴定委员会，为做好长病职工管理，制定并实施

《长病职工管理办法（草案）》。1978年5月1日，恢复医务劳动鉴定委员会，由其负责职工因工负伤、职业病、因病及非因工负伤丧失劳动能力及伤残程度的鉴定。1994年8月15日，医务劳动鉴定委员会更名为劳动鉴定委员会，制定《劳动鉴定委员会工作暂行规定》，办公室设在劳动工资处，负责日常工作。

2001年10月，根据《关于贯彻执行浙江省企业职工工伤保险实施办法的通知》（局人劳〔2001〕162号），工程局于2001年10月1日起参加由浙江省社会保险事业管理中心统一组织的工伤保险，劳动能力鉴定不再由工程局鉴定，而由杭州市劳动保障行政部门的劳动鉴定委员会鉴定。

八、护理费

关于印发《职工因工、非因工伤病护理费暂行规定》的通知（局人〔2006〕150号）规定，自2006年7月1日起工伤定期护理费具体标准为：需要完全护理的，按300元/月发给护理费；需要大部分护理的，按200元/月发给护理费；需要部分护理的，按100元/月发给护理费。

第四节　人　才　规　划

2006年根据工程局发展战略和水电集团公司加强和改进人才工作意见结合实际情况，工程局制定了《人力资源2006年～2008年三年发展规划》。规划根据《中国水利水电第十二工程局发展战略》（局办〔2004〕123号）、《中国水利水电第十二工程局2006～2008年发展规划》（局十届一次职工代表大会决议通过）、《中国水利水电建设集团关于加强和改进人才工作的意见》（中水电人〔2005〕109号）等文件精神，结合实际情况制订。

一、人力资源三年发展规划的背景

工程局经济持续快速发展为全面实施人才战略打下了坚实基础。随着我国西部大开发、西电东送和南水北调等战略的实施，一大批特大型、大型水利水电工程陆续开发建设，标志着我国水能利用和水资源开发进入了一个良好的发展阶段。这给工程局的发展振兴提供了前所未有的有利条件，工程局经济持续快速发展，这为全面实施人才战略打下了坚实的基础。

工程局发展战略对人才工作提出了新的要求。2004年6月，工程局根据宏观经济和国内外建筑市场形势，结合自身实际，通过深入调研和科学分析，确立了企业发展战略，提出了以水利水电建筑为核心业务，"主业做强，多翼齐飞"，通过几年的努力，使工程局在各方面都有了长足的进步。

中央和集团公司人才工作会议为工程局人才工作指明了方向。2003年12月，党中央和国务院召开了全国人才工作会议，印发了《中共中央、国务院关于进一步加强人才工作的决定》。2005年6月，集团公司召开了首次人才工作会议，根据集团总体发展战略，集团公司提出了人才强企战略，印发了《中国水利水电建设集团公司人才战略规划》、《中国水利水电建设集团公司关于加强和改进人才工作的意见》，这对工程局的人才工作提出了新的要求，同时也为工程局加强人才工作指明了方向。

二、人力资源现状

人力资源结构 截至2005年12月止，工程局有职工3443人，与2000年末4820人相比，净减少1377人。职工平均年龄39岁。

职工中，本科学历的384人，占总人数的11.2%；大专学历的839人，占总人数的24.4%；中专学历的377人，占总人数的10.9%。中专以上学历的1600人，占总人数的46.5%。

高级职称的190人，占总人数的5.5%；中级职称的482人，占总人数的14%；初级职称的567人，占总人数的16.5%。各类专业技术人员共1685人，占总人数的48.9%。

各类在岗的经营管理、工程技术人员1372人，占总人数的39.8%；技术工人1442人（其中高级技师7人、技师23人、高级工597人），占总人数的41.9%；医院、学校、后勤服务等及不在岗人员629人，占总人数的18.3%。

人才的引进和使用 2003～2005年，全局共引进各类人才（主要是大中专毕业生）共423人。3年来，全局有近200人被提拔到科队级岗位上，50余人被提拔到工程局中层（处级）领导岗位上。

人才的培养 在职工（人才）培训工作方面，2003～2005年，工程局共举办各类培训班173个，培训各类人员6690人次，自学成才奖励236人（本科75人，专科156人，中专5人）。到2006年底，全局培养项目经理261人；持有各类上岗、注册资格、执业资格证书的员工3000人；特种作业人员持证率达100%。

工资福利 在职工工资收入、社会保障方面，职工人均收入年增长10%左右，陆续建立、完善了基本医疗保险、补充医疗保险、工伤保险、基本养老保险、补充养老保险（年金）、失业保险等社会保险制度。

三、人力资源发展规划的指导思想和基本原则

工程局人力资源工作的指导思想是以邓小平理论和“三个代表”重要思想为指导，全面贯彻落实党管人才原则；树立科学的人才观，面向企业、面向市场，积极倡导尊重劳动、尊重知识、尊重人才、尊重创造；以人才能力建设为主题，紧紧抓住培养、吸引、用好人才三个环节，建立和健全各项人才机制；全面实施人才强企战略，为企业实现跨越式发展，提供人才保证和智力支持。

坚持服务于工程局整体发展战略的原则。以为工程局整体发展战略提供人才保证和智力支持为出发点，将人才规划纳入工程局整体发展战略当中，从而保证整体发展战略的顺利实施，促进工程局的可持续发展。

坚持“三有利”原则，即“是否有利于促进人才的成长，是否有利于促进人才的创新活动，是否有利于促进人才工作同企业发展相协调”作为衡量人才工作标准原则。

坚持以人才能力建设为核心，全面提高人才素质的原则。在提高员工思想政治素质、科学文化素质和健康素质的基础上，重点培养人才的学习能力、实践能力，着力提高人才的创新能力，将创新贯穿于工程局人才工作的全过程。

坚持树立人才安全意识的原则。面对日益激烈的人才竞争状况，必须牢固树立人才安全意识，防止人才进一步流失。及时掌握人才供求情况，做到工程局宏观调控、统筹规划，各二级单位具体操作、分步实施。加强和改进对骨干人才的培养、使用、管理、服务和激励，确保重点人才不流失、少流失。

人力资源三年规划的总目标：合理控制人力资源总量，全面提升人力资源质量；科学界定各类人才质量，均衡各类人才配比；重点培养关键岗位核心人才；建立健全人力资源管理办法和工作机制。其主要目标如下：

人力资源总量，到2008年，人力资源总量压缩至3200人左右。

人力资源结构，到2008年，各类在岗的经营管理和专业技术人员占总人数的比例由39.8%达到55%，人力资源结构由劳务密集型向管理密集型、技术密集型转化。

每年平均引进大中专毕业生150人，3年内增加450人（本科的占45%，大专的占50%，中专的占5%）。

各类人才职数，到2008年，重点形成“五支人才队伍”，即经营管理人才队伍150名、专业技术人才队伍1600名（含复合型国际业务人才）、建造师人才队伍150名、高技能人才队伍900名和复合型党务干部人才队伍80名。具体构成如下：

在经营管理人才队伍中，具备企业家素质的高级经营管理人才20人；直接从事市场开发、经营策划、施工生产等的中级经营管理人才130人。

在专业技术人才队伍中，从事工程技术的专业人才830人；从事设备物资、人力资源、财务融资、后勤服务等管理的专业人才670人。在专业人才队伍中，既懂技术又擅长管理，既熟悉国际惯例又有外语交流能力的复合型国际业务人才达20人。

在建造师人才队伍中，一级建造师80人，二级建造师70人。

在高技能人才900人中，高级工800人，技师及高级技师100人。

复合型党务干部80人，是指既懂业务，又精通思想政治工作的复合型党务干部。

关键岗位核心人才，工程局发展需要“五支人才队伍”中的各类人才，但关键核心是经营管理人才，特别是既有较强施工技术和施工组织能力，又具有足够的经营管理意识和能力的人才。要进一步加大引进、培养力度，并充分发挥出其核心关键作用。

人才工作机制，在制度建设方面，基本建立起符合现代企业制度要求的人才引进、培养、使用、选拔、评价和激励、约束机制。在管理模式方面，由传统的人事管理模式向现代人力资源管理模式转变。人力资源战略是企业发展战略的重要组成部分，人力资源部门也必须成为企业的战略支持部门。

四、具体实施措施

根据工程局发展战略目标和集团公司在人力资源方面的战略目标，结合工程局生产经营实际，具体实施措施为：积极探索建立与工程局发展相适应的人才工作机制；致力于营造良好的人才环境，为留住各类人才提供良好条件；立足于用好现有人才，进一步完善人才引进制度；建立、完善人才评价和激励机制，进一步发挥人才的积极性、主动性和创造性；以能力建设为核心，大力加强人才培养力度；进一步加强人力资源管理基础性业务。

适逢全国水电施工市场份额增大的大好外部形势，对外承揽任务相对较好的情况，加大人才引进、储备力度；并且要拓宽人才引进渠道，除了大中专毕业生外，还面向社会公开招聘有识之士、有用之才。

针对“人才专业结构不够合理，缺乏产业结构调整所必须需的人才”这一问题，加大对非水利水电建筑专业人才和国际工程人才的招聘力度，加大懂经营会管理人才的引进力度。

要以能力和业绩为导向，以岗位职责为基础，以绩效目标为核心，建立各类人才绩效考核指标体系，完善考核指标。借鉴360°绩效考核、平衡计分卡、KPI（关键事件指标）等先进的考核方法，结合工程局的实际情况，制订切合实际的考核方法。

引入先进的员工能力评价技术，完善评价指标。评价各类人才，要论能力、重业绩、看经历、听公论，力争在3年内基本形成一套有效的员工能力评价体系。

专业技术职务推行评聘分开，实行低职高聘、高职低聘的用人机制。进一步拓宽专业技术带头人的专业范围，完善专业技术带头人管理办法。

建立和完善专业技术人员继续教育制度。加大培训资金的投入，特别是加大继续教育方面的资金投入，拓宽培训渠道，重点加大高技能、高素质人才的培养。近几年，要从教育基金中拿出专款来培训高技能、高素质人才，选送优秀人才攻读工程硕士、工商行政管理硕士；积极选送素质较高的工人参加工程局需要特殊工种、技能培训；开展岗位练兵、技术比武；鼓励在职职工通过函授、自学考试、夜大等形式取得更高一层次学历，适时修订自学成才奖励办法，提高全局员工的整体文化素质。

适时制订《建造师取证考试规定》，切实做好项目经理资质向建造师资质的转化工作。

第十一章　离退休管理

第一节　机　　构

1975年6月18日工程局成立退休安置领导小组，由工程局领导和有关部门负责人12人组成，组长由工程局革命委员会副主任兼任。局属二级单位相应成立退休安置小组，指定1～2名专业人员负责此项工作。1981年4月4日，工程局党委建立离、退休职工管理委员会，委员11人，1名党委副书记兼主任，下设办公室（设在工程局工会劳保部）。自此，离退休职工形成3家分管的格局，离退休干部由工程局党委组织部管理，退休（退职）工人由工程局工会劳保部管理，退休矽肺职工仍由劳动工资处管理。为统一全局离退休职工管理，1982年7月31日，水利水电建设总局批准工程局建立离退休职工管理处。处下设干部、工人、矽肺职工3个科，配有正副处长各1人，工作人员15人。同时，对离退休职工相对集中的新安江、富春江、湖南镇3个管理处，分别设立离退休职工管理科，业务工作受离退休职工管理处指导。是年底，为适应组织、业务系统管理需要，工程局党委决定撤销离退休职工管理处，改称“老干部处”、“退休职工管理处”，实行一套班子两块牌子，工作各有侧重，内外有别。1986年1月，处内增设财务科。1988年4月，处内设置的科改为组。1988年9月，退休职工管理处（老干部处）单独建立党总支，直属工程局党委，1991年改设党委。1998年1月，局机关重新定编定员。退管处（老干部处）定编定员24人。配有正、副处长各1人，工作人员22名。下辖办公室和工资、财务、管理3个组。2007年1月，局机关减员，退管处定编12人，其中处级干部2人，工作人员10人。

退休职工管理处（老干部处）负有14项职责，主要是贯彻执行有关离退休职工的政策规定并制定具体措施在全局实施，负责编制全局离退休职工年、季度各项费用开支计划，并统一掌握使用，办理发放养老金及有关费用的制表制单及汇款，会同有关部门做好离休干部和退休职工的生活服务工作，按规定组织离退休干部看文件、听报告及参加有关会议，负责审批离退休职工生活特殊困难补助，审批离退休职工医药费报销，对住院生活不能自理者联系安排护理员，在居住集中点开办老年活动室，丰富其文化娱乐生活，管理离退休职工人事档案和填报各项统计报表，审批离退休职工的留用、聘用合同，负责离退休职工病故后的善后处理工作，完成局领导及上级机关交办的有关事项。

1972年起，工程局按照《中华人民共和国劳动保险条例》，对年老职工实行退休制度。其时，办理退休的职工极少，至1974年底不到20人。随着职工年龄增长，1975年开始每年都有职工办理退休手续，1980年和1997年，出现3次职工离退休高峰，1980年有577人，1992年有581人，分别占当时在职职工人数的6.1%和8.3%。其主要原因是，前者受退休补员“顶替”之影响，后者因实行提前“退养”优惠工资待遇之故。最大规模的是1997年，因国有企业深化改革，允许提前退休，当年有2229名职工退休，致使当年全局离退休职工总数创下历史之最6325人。至2006年底，全局离退休职工达5467人，其中离休老干部86人、退休职工4909人、退职职工50人，矽肺退休328人。分别安置在全国17个省（市），仅在浙江省即分布于57个县（市）。

第二节 养 老 统 筹

工程局自建局始，按照国家有关规定，参与社会劳动保险统筹，发生的劳动保护费用按社会统筹办法办理。“文化大革命”期间，由于废除了社会统筹办法，退休职工养老保险费用由企业自行支付。1985年前，离退休职工养老保险支出均由工程局承担，负担甚重。1985年，支付离退休职工养老金242.82万元、医药费22.69万元，合计265.51万元，占当年在职职工工资总额的20.6%。

1986年，根据水利电力部《直属企业离退休费用统筹试行办法》，自1月起离退休费用纳入电力行业统筹，统筹对象为局内符合离退休条件的固定职工。统筹项目包括离退休金、副食品补贴、粮（煤）补贴、冬季取暖补贴、生活补贴5项。养老保险基金的缴纳，工程局按完成自营工程预算成本1.35%上交。工程局招用的劳动合同制长期工，统一列入地方养老保险，其养老保险基金按地方劳动部门规定标准，向所在地县一级保险机构缴纳。

根据浙江省电力工业局有关离退休费用统筹精神，工程局自1991年1月起，养老保险基金的缴纳，改按职工工资总额8%上交。离退休费用统筹增至9项，其中新增项目有丧葬抚恤费、粮油补贴、离退休矽肺患者定期治疗补助费、医药费（按离退休金10%纳入统筹）。次年7月1日起，劳动合同制长期工养老保险改为参加电力行业统筹，以前交给地方的养老基金全部转回。自此，工程局全民固定职工、合同制职工全部统一纳入电力行业养老保险统筹。1993年起养老保险基金改按职工工资总额的12%提取缴纳。职工个人缴纳基本养老保险金始于1994年1月，缴纳金额按其本人上年工资总额2%，逐月在本人所得工资中扣交，记入其养老保险基金手册。

1997年国务院下发了《关于建立统一的企业职工基本养老保险制度的决定》（国发〔1997〕26号），浙江省政府也下发了《关于原行业统筹企业职工基本养老保险移交地方管理的通知》（浙政发〔1999〕217号），从1998年9月起，我局离退休职工养老随之纳入浙江省统筹，当年按全局工资总额的13%费率上交省社保。由省社保按全省国民经济的增长幅度适时给离退休职工增加养老金。在职职工个人按上年工资总额2%，逐月在本人所得工资中扣交，记入其养老保险基金手册。

根据《浙江省劳动和社会保障厅、财政厅、地方税务局、中国人民银行杭州中心支行关于建立行业单位离休干部“两费”保障机制的意见》（浙劳社老〔2005〕80号）文件精神，《关于离休干部纳入省级医疗费保障机制有关事宜的通知》（局人〔2005〕156号），自2005年7月1日起，工程局的离休干部，以及红军时期和抗战时期参加革命工作的离休干部无固定收入的配偶或遗孀（以下简称家属）统一纳入浙江省省级医疗费保障机制。

1983～2006年离退休职工人数见表7-11-1。

表7-11-1　　1983～2006年离退休职工人数　　单位：人

年份	合计	干部			工人		
		离休	退休	退职	退休	矽肺	退职
1983	2043	61	152	25	1312	437	56
1984	2134	100	167	25	1357	428	57
1985	2170	115	172	25	1358	434	66
1986	2325	119	181	26	1492	441	66
1987	2578	124	207	25	1716	445	61
1988	2609	126	210	24	1653	534	62
1989	2788	134	238	20	1500	617	279
1990	3239	142	278	8	1930	601	280
1991	3303	143	311	8	1948	610	283
1992	3547	144	409	8	2107	586	293
1993	3740	143	480	8	2234	584	291
1994	4042	142	540	8	2486	576	290
1995	4005	138	571	47	2480	241	528
1996	4096	133	624	44	2533	245	517
1997	6325	130	910	45	4494	244	502
1998	6244	120	916	42	4476	215	475
1999	6127	118	908	40	4407	210	444
2000	6065	114	925	38	4362	202	424
2001	5982	109	927	37	4307	191	411
2002	5803	104	938	5	4263	43	395
2003	5758	101	948	5	4218	43	380
2004	5706	100	952	6	4167	45	366
2005	5645	93	955	6	4109	45	352
2006	5467	86	874	6	4035	44	328

1986～2006年离退休费用统筹支出见表7-11-2。

表7-11-2　　1986～2006年离退休费用统筹支出一览表　　单位：万元

年份	离退休金支出数	其中		医疗费支出数
		统筹支付	工程局自付	
1986	449.97	298.17	151.06	84.40
1987	490.80	310.30	180.50	115.31
1988	691.53	419.71	271.82	166.27
1989	843.58	520.81	322.77	206.82
1990	1020.86	651.00	369.86	224.93
1991	1156.91	966.20	190.71	244.57
1992	1565.81	1321.09	244.72	253.63
1993	2047.99	1767.61	280.38	330.16
1994	2694.81	2338.29	356.52	466.89
1995	3174.05	3021.28	152.77	672.78
1996	3860.74	3159.89	700.85	797.19
1997	4350.15	3967.75	382.4	739.40
1998	7354.35			971.19
1999	7832.80	6894.04	938.76	1034.81
2000	7592.38	5486.15	2106.23	1059.21
2001	5247.30	3466.01	1781.29	1187.17
2002	2242.58	669.60	1572.98	1260.00
2003	1839.41	623.73	1215.68	920.67
2004	1426.63	431.28	995.35	620.57
2005	1536.97	279.68	1257.30	786.53
2006	4399.27	320.61	3371.73	601.09

注　1998年数据无考。

第三节　管理与服务

就地安置的离退休职工，其安居工程始于1978年，在建德县新安江沧滩建第一批永久楼房。1981年，对桐庐县富春江、衢县黄坛口等地年久失修的临时房进行拆建，新建永久住宅5530米^2，又安置一批离退休职工。1982年后，金华基地永久住宅建设逐步展开，离退休职工分批住进永久楼房。1985年，工程局给1位老红军干部、2位享受厅（局）级待遇的老干部，在富春江基地建造81米^{2}永久平房住宅各1套。离休干部住房面积，均享受在职处级干部住房标准。易地安置的离休干部住房问题，经采取各种办法也得到妥善解决。至1994年底，凡安置在各基地的离退休职工，都住进永久楼房，全部实现安居。

离退休职工经济收入主要来源于离退休金，按规定每月初领取。据1994年的调查，离退休职工每人每月平均收入500余元，最高（个别的）为980元，最低（退休较早的）为340元。按负担人口计算生活费水平，部分退休职工（指家属无收入的）每人每月仅100多元，经济确属拮据，无病无痛尚能度日。2003年全局离退休金月人均提高到995元，离退休职工的生活大为改善。

自1983年起，每年分片召开一、二次老干部座谈会，通报工程局情况，并听取离退休职工的意见和建议。工程局有重大会议或节日纪念活动，均邀请老干部参加。在老干部居住较集中的基地，定期组织他们按规定阅读有关文件。为了解老干部身体健康状况，每年组织1次体检（1989年后为两年1次）。老干部就医看病、挂号、取药优先，并在职工医院设立老干部门诊室、病房，为他们提供就医治疗方便。老干部因事外出交通，每月发给用车定额包干费，确需用车则按规定派车，适当收取车费。

在离退休职工较集中的金华、新安江、富春江、衢州和丽水基地，于1983年前后建立5个老年活动室，内设阅览室、游艺室等活动场所。1990年11月，金华基地单独建成四合院的老年活动室，建筑面积为200多米^2，1992年建造1个400多米^{2}门球场，1993年又扩建1个露天舞场。由于活动场所增多，离退休职工有组织地参加阅文看报、下棋打牌、练拳舞剑、打球跳舞、创作书画、演唱歌曲等有益身心健康的文娱活动。金华基地老年活动室已成为名副其实的老年活动中心，老年人真正实现老有所学、老有所为、老有所乐。1995年又扩建二层楼682米^{2}的老年活动室一个。2003年利用社会力量改造了金华基地老年之家，其中工程局投资9万元，金华市民政局捐助5万元，市文体局捐助16件室外健身器材和两张乒乓球台。

1991年9月工程局老年体协成立。10多年来先后换届3次。到2003年10月，26名理事全部选举产生，有会员412人。每天晨练点和组织活动站就达8个。在省、市和工程局举办的多项运动会及专项比赛中，先后获得奖旗、奖杯、奖状等达150多件。1997年荣获浙江省先进集体，1997年12月，工程局离休干部严常庆同志荣获中国老年人体育协会颁发的“全国老年人体育先进工作者”光荣称号。2002年荣获金华市先进集体。2004年10月，严常庆同志再次荣获中央组织部表彰的“全国老干部先进个人”光荣称号。

1996年10月，在金华市老年大学的帮助下，工程局在金华基地开办了金华市老年大学十二局分校，先后聘请6位老师，分别开设山水画、花鸟画、卫生保健和书法4个班。办班4年来合计办班17个，培养学员502人。2000年1月因经费困难停办。同年7月，成立金华基地老年书画协会。改为每月1次老年书画活动。各基地离退休职工有组织地参加阅文看报、下棋打牌、练拳舞剑、打球跳舞、创作书画、演唱歌曲等有益身心健康的文娱活动。2003年，根据《关于积极推进企业退休人员社会化管理服务工作的意见》（中办发〔2003〕16号）的通知精神，2004年6月30日工程局老年体协撤销。基地老年文体活动移交华电社区居委会组织和管理。

20世纪七八十年代，工程局离退休职工不多，且大多年纪不大，身体尚好，因此医药费问题并不突出。随着离退休职工的增多，医药费问题日趋严重。到1991年，医药费开始实行行业统筹。但每年的离退休职工医药费仍多在1000万元以上。1997年根据工程局的主管单位浙江省电力局的布置，工程局开始建立新医保制度，同时建立退休职工的个人医疗账户。每年按退休职工的年龄划入医药费：70岁以上划入个人上年退休金总额的6.8%，70岁以下的划入5.8%。一年中个人发生疾病治疗的医保医药费总额为8万元。每次治疗按医药费的总额和医院的等级，个人分别负担5%～20%不等。离休干部基本上仍是实报实销。1998年12月，国务院下发了《关于建立城镇职工基本医疗保险制度的决定》（国发〔1998〕44号）。根据2001年12月，劳动和社会保障部、国家电力公司联合下发的《关于国家电力公司所属单位职工参加基本医疗保险有关问题的通知》（文劳社部函〔2001〕208号）和浙江省劳动和社会保障厅《关于在杭省部属企业参加杭州市基本医疗养老保险有关问题的通知》（浙劳社医〔2002〕69号），从2002年9月起，工程局在杭州市退休职工住院实行杭州市医保统筹，凭《西湖医保卡》在杭州市内100多家大医院都可以刷卡记账住院看病。从2004年1月1日起，工程局退休职工门诊也进入杭州市医保统筹。之后工程局离退休职工居住比较集中的各基地所在的地方医院纷纷实行了“模拟刷卡”业务。退休职工的个人医疗账户由杭州市医保中心建立，每年工程局按在职职工本年度工资总额的2%加上本年度职工工资总额的2%划入杭州市医保中心账户，统筹安排退休职工医疗保障使用。

2005年7月1日起局离休干部和抗战家属、遗孀开始进入浙江省“两费”保障统筹：由工程局1万元/人年上交省社保，发放离休干部的各种生活补贴；4万元/人年上交省社保，解决离休干部的医药费；抗战家属、遗孀2万元/人次解决医药费。上交金额一定四年不变。离休干部的两费问题和抗战家属、遗孀的医疗问题得到了保障。

2006年6月，根据《工伤保险条例》（国务院令372号）和有关文件精神，结合工程局实际情况，工程局又制定了《职工因工、非因工伤病护理费暂行规定》（局人〔2006〕150号），对在职职工因工受伤住院治疗期间的护理费、在职职工非因工住院治疗期间的护理费、矽肺病退休职工定期护理费和住院期间护理费、因工负伤的退休职工的定期护理费和住院期间护理费、退休职工因病住院期间的护理费和离休老干部护理费作出新规定。

第十二章 其　他

第一节 信　访

1979年以前基本限于精减退职职工要求处理遗留问题的来信来访。中共十一届三中全会后，随着拨乱反正、改革开放的深入，来信来访内容扩大到要求复查平反冤假错案，解决工伤、矽肺病医疗、退休待遇问题，职工家属户粮关系下放回乡农转非问题，自动离职职工要求复职或补办退职手续、补发退职金问题，等等，信访量剧增。工程局于1979

年制定《关于信访工作实行业务归口处理的办法》和《处理群众来信的基本要求》，按照党和国家信访工作方针、政策和具体规定，热情接待，认真登记，准确交办，及时、妥善处理，基本上做到件件有着落，案案有结果。1983年7月10日，根据第三次全国信访工作会议提出的《党政机关信访工作暂行条例（草案）》精神，工程局制定《信访工作暂行条例》（试行稿），明确信访工作原则、来信来访处理要求和职责分工、信访工作人员职责等，信访工作走上规范化。1985年2月，工程局和局党委联合发出通知，再次明确信访工作原则、责任和具体分工。

机构 1962年9月，工程局成立精减职工遗留问题接待站，专责处理水利电力部新安江、瓯江水力发电工程局和浙江省水力发电工程局暨乌溪江水力发电工程处（以下简称“四江”工程局、处）精减退职职工的遗留问题。1967年2月10日，在富春江水电站工地设立工程局信访办公室，取代精减职工遗留问题接待站；在新安江工程处和湖南镇工程处分设信访办公室，负责处理两地的来信来访。1971年12月24日，工程局革命委员会将信访办公室改名为来信来访办公室，归属局革命委员会办事组管理。1977年8月，恢复信访办公室，归口局办公室管理。中共十一届三中全会后，工程局在局本部所在地——湖南镇水电站工地、新安江留守处和富春江工程指挥部3地设信访机构，接待、处理来信来访。按照浙江省人民政府有关处理精减下放遗留问题的文件精神，1981年4月4日，工程局建立临时办事机构，负责处理精减下放职工及其家属的户粮遗留问题。1983年7月起，工程局信访办公室设在金华基地，归局办公室直接领导；局办公室接待组设于工程局本部所在地——紧水滩水电站工地，负责来局本部的信访接待和处理（工程局机关移至金华基地后，接待组的信访工作职能归并到局信访办公室）；新安江、富春江管理处信访组负责所在地区来信来访的处理。

信访管理 信访管理从1979年起实行分级分工负责、归口处理的办法。来信来访原则上由局信访办公室统一接待、登记、安排住宿和办理照顾费用等手续。一般性的来信来访，直接由信访办公室接待处理。涉及部门和单位的，由信访办公室按业务归口的原则分别介绍有关部门处理：群众揭发、申诉和控告等方面的来信来访，属于干部的由局党委组织（干部）部门负责处理，属于工人的由局劳动工资管理部门和所属单位负责处理；下放职工工伤问题，由局生产安全管理部门负责查核、复验，劳动工资管理部门负责报局医务劳动鉴定小组鉴定；劳改、劳教方面问题的信访，由保卫部门负责处理；要求落实户粮关系，以及精减职工、家属的来信来访由信访办公室和有关单位负责处理；受开除厂籍处分问题的信访，干部归组织（干部）部门、工人归劳动工资管理部门负责处理；牵涉几个部门的来信来访，由信访办公室会同有关部门协调办理；重大问题的来信来访，由有关部门提出处理意见，报工程局审定；精减退职职工遗留问题的来信来访，瓯江、乌溪江水力发电工程局（处）的归属有关部门处理，浙江省水力发电工程局及原梅城御水工程指挥部的由富春江管理处处理，新安江水力发电工程局的由新安江管理处负责处理。

1983年7月起，各种历史遗留问题的复查及落实政策等，属公检法系统的由保卫部门、干部范畴的由组织（干部）部门、工人范围的由劳动工资部门、党纪问题的由局纪委负责处理。

1998年局机关转移至杭州后，局信访办公室负责局本部的信访接待和处理；金华基地信访科划归金华基地管理局管理，主要负责处理精简下放职工的遗留问题。

信访处理　20世纪50年代末60年代初，为克服暂时的经济困难，国家调整国民经济，将国营企事业单位的大批职工精减下放支援农业，浙江省内水电施工企业的部分职工亦在精减之列。至1962年，“四江”工程局、处精减职工达32781人；同时，大量随工家属的户粮随工下放到农村，也有为数众多的职工自动离职回乡。“四江”合并时，上级决定“四江”工程局、处精减职工等遗留问题统归新安江水力发电工程局负责处理。工程局由此背上沉重的历史包袱。

精减退职职工回乡后，普遍遭遇住房、生活出路、工伤患病无钱治疗等困难，纷纷来信来访，要求解决。从此，工程局成为全国水利电力系统和浙江省的信访大户，精减退职职工要求解决遗留问题的来信来访成为工程局信访的主体。根据来信来访所反映的重点问题，工程局组织人员进行查核，并按政策规定进行处理：对精减退职的接尘作业职工登门访问查核，对因患矽肺病或工伤丧失劳动能力、符合办理退休条件的，收回改办退休手续；对不符合办理退休条件但生活困难的，与当地民政部门联系并提供依据资料，由当地民政部门按国务院的有关规定，每月发给原标准工资40%的救济金，并享受部分公费医疗待遇；对因住房、户粮关系和生产劳动不落实发生生活困难的，同当地人民政府协商，请其照顾落实。从1975年起，对夫妻双方都精减退职的，按国家政策规定的条件，吸收1名（本人或符合招工条件的子女）参加工作。

1981年6月，浙江省人民政府下文通知，对1957年前参加工作，1961～1965年6月9日期间精减退职，没有固定收入的精减退职职工由原单位按月发给生活补助费。其他省、直辖市也相继出台类似政策。由于国家和工程局的上级主管机关未出台有关政策，更没有此项资金，“四江”工程局、处精减退职职工得不到定期生活补助费，来信来访量急增并居高不下，成为工程局的一大难题。工程局第二办公室成立后，根据中共浙江省委有关文件精神，对精减退职在浙江省的13000余名老职工进行调查摸底，核实基本情况，征求本人意见，配合当地户粮管理部门，给814人办妥户粮农转非手续。1984年起，参照中共浙江省委组织部等部门的规定，给精减退职干部发生活困难定期补助费。翌年底起，参照浙江省劳动人事厅等部门的规定，对中华人民共和国成立前参加革命工作的精减退职干部、工人，实行生活困难定期补助，由工程局按月寄发补助费。

除上述按有关政策处理其遗留问题和退职后亡故的以外，尚有4250余名（其中浙江省以外的768人）精减老职工符合给予定期生活补助的规定。1985年，水利电力部一次性拨给浙江省民政厅该项补助专款30万元。1988年，浙江省人民政府与水利电力部商定，对在浙江的3486名精减老职工按每人每月30元标准发给生活困难定期补助费，每年所需的156万元补助款两家各承担一半。由水利电力部承担的补助款按年拨给工程局，工程局按此项补助人数分汇给各市、县民政局，由其按当地补助标准发给精减老职工。同年下半年起，对浙江省以外符合生活困难定期补助条件的精减老职工，参照浙江省的规定，发给定期生活困难补助费。该项补助款由水利电力部和工程局各承担50%，由工程局按季发放。水利电力部拨给工程局的精减退职职工补助款，初始为每年80万元，因物价上涨和浙江省相应提高补助标准后，逐步增加补助款额度。

由于物价上涨后各省、直辖市普遍提高精减退职职工生活困难补助标准，而电力工业部的补助标准偏低，"四江"工程局、处精减退职职工为了得到应有的生活待遇和解决一系列实际困难，从1991年起又一批接一批到工程局上访或来信。1991年已无指令性计划任务、完全进入市场的工程局，仍然承担着"四江"工程局、处精减退职职工等遗留问题的处理任务，并为此付出大量的人力、物力和财力。

第二节　接　　待

来工程局视察的党和国家领导人，上级主管机关和国家有关部委及地方各级党政领导人、人大代表、政协委员，各企事业单位有关人员，以及外宾等，由工程局办公室负责或牵头组织接待。局办公室设接待科（组）。工程局在局本部所在地和主要驻外办事处设招待所、会议室或接待室。来宾食宿按上级规定和工程局制定的统一标准安排。

莅临工程局及其承建工程工地视察的省、部以上领导人见表7－12－1。

表7－12－1　　莅临工程局及其承建工程工地视察的省、部以上领导人

姓名	职　务	视察日期	视察地点
江　华	中共浙江省委第一书记	1956－01上旬	新安江水电站工地
陈伟达	浙江省副省长	1958－02－18	新安江水电站工地
胡耀邦	共青团中央第一书记	1958－04－4	新安江水电站工地
吴　宪	浙江省副省长	1958－07－21	新安江水电站工地
李维汉	全国人大常委会副委员长	1958－12－12	新安江水电站工地
林乎加	中共浙江省委书记处书记	1958－12－29	新安江水电站工地
江　华	中共浙江省委第一书记	1959－09－21	新安江水电站工地
周恩来	中共中央副主席、国务院总理	1959－04－09	湖南镇水电站工地
李　锐	水利电力部副部长	1959－04－09	新安江水电站工地
吴　宪	浙江省副省长	1959－05－18	新安江水电站工地
谭震林	中共中央政治局委员、国务院副总理	1960－01－21	新安江水电站工地
李丰平	中共浙江省委副书记	1960－01－21	新安江水电站工地
朱　德	中共中央副主席、全国人大常委会委员长	1961－01－31	新安江水电站工地
董必武	中共中央政治局委员、国家副主席	1964－03－25	新安江水电站工地
南　萍	浙江省革委会主任	1968－12－25	富春江水电站工地
陈励耘	浙江省革委会副主任	1968－12－25	富春江水电站工地
谢九思	驻浙三军代表	1968－12－25	富春江水电站工地
陈伟达	中共浙江省委副书记	1973－03－17	新安江水电站工地

续表

姓 名	职　　务	视察日期	视 察 地 点
谭启龙	中共浙江省委第一书记	1973-03-17	湖南镇水电站工地
铁　瑛	中共浙江省委第一书记	1980-04-11	湖南镇水电站工地
李　锐	电力工业部副部长	1980-06-30	湖南镇水电站工地
崔　健	中共浙江省委副书记	1982-10-22	紧水滩水电站工地
李鹗鼎	水利电力部总工程师	1984-02-21	紧水滩水电站工地
王　芳	中共浙江省委书记	1984-03-15	紧水滩水电站工地
钱正英	水利电力部部长	1984-08-07	紧水滩水电站工地
王　林	国务院上海经济区规划办公室主任	1985-01-02	紧水滩水电站工地
陆佑楣	水利电力部副部长	1985-02-11～12	紧水滩水电站工地
陈法文	中共浙江省委副书记	1985-04-11	紧水滩水电站工地
王家扬	浙江省政协主席	1985-04-30	紧水滩水电站工地
罗　东	中共浙江省委常委、宣传部长	1985-08-16	紧水滩水电站工地
杨振怀	水利电力部副部长	1986-04-01	亚太小水电大楼工地
铁　瑛	中共浙江省顾问委员会主任	1987-09-22	紧水滩水电站工地
王家扬	浙江省政协主席	1987-10-05	紧水滩水电站工地
杨士林	浙江省政协副主席	1987-10-05	紧水滩水电站工地
李学智	国家民族事务委员会副主任	1988-06-02	紧水滩水电站工地
许行贯	浙江省副省长	1988-07-09	金华基地
葛洪升	中共浙江省委副书记	1988-11-28	紧水滩水电站工地
陆廷昌	能源部总工程师	1988-11月底	温州发电厂工地
刘锡荣	中共浙江省委常委、温州市市长	1995-01-05	温州发电厂工地
盛雪钧	浙江省总工会副主席	1995-01-17	金华基地慰问职工
许行贯	浙江省人大常委会副主任	1996-01-08	参加浙江省临安市里畈水库竣工典礼
李泽民	中共浙江省委书记	1996-07-04	浙江省桐庐县工程局抗洪救灾工作
陆延昌	电力工业部副部长	1996-07-07	新安江疗养院
刘锡荣	中共浙江省委常委、副省长	1996-08-23	义乌八都水库
刘锡荣	中共浙江省委常委、副省长	1996-09-29	温州珊溪水库开工典礼
周大兵	中国水利水电工程总公司总经理	1996-11-19	检查指导工作
刘锡荣	中共浙江省委常委、副省长	1996-11-22	舟山市岑港水库
张启楣	浙江省副省长	1997-06-28	杭嘉湖内河改造

续表

姓名	职务	视察日期	视察地点
王建双	福建省副省长	1997-08-20	芹山水电站工地
纽茂生	国家防汛抗旱指挥部副总指挥、水利部部长	1997-08-22	舟山岑港水库
柴松岳	中共浙江省委副书记、代省长		
刘锡荣	中共省委常委、副省长	1997-12-30	义乌八都水库
李泽民	中共浙江省委书记	1998-05-27	珊溪水利枢纽工程
卢文舸	浙江省副省长		
林造苏	中共福建省委副书记	1998-07上旬	芹山水电站工程
孙玉才	中国水利水电工程总公司总经理	1998-10-15	珊溪水库工地
黄兴国	中共浙江省委常委、宁波市委书记	1999-01-12	白溪水库工程
朱亚衍	福建省副省长	1999-01-22	芹山水电站工程
刘锡荣	中共浙江省委副书记	1999年春节前夕	珊溪水库工地
卢文舸	浙江省副省长		
章猛进	浙江省副省长	1999-03-30	珊溪水库工地
潘家铮	中国工程院院士、副院长、国家电力公司顾问、清华大学教授、中国长江三峡开发总公司技术委员会主任	1999-04-15	宁波白溪水库工程
刘锡荣	中共浙江省委副书记、纪委书记	1999-09-12	珊溪水利枢纽工程
朱亚衍	福建省副省长	1999-11-10	芹山水电站工程
周大兵	国家电力公司副总经理	2000-03-01	工程局
柴松岳	中共浙江省委副书记、省长	2000-06-27	珊溪水利枢纽工程
张友余	安徽省人大常委会副主任	2000-06-21	港口湾水库工程
许仲林	原安徽省委副书记、省长		
冯国勤	上海市副市长	2000-07-15	上海南汇东滩一期促淤工程
张德江	中共浙江省委书记	2000-07-15	珊溪水利枢纽工程
蒋巨峰	中共浙江省委常委、温州市委书记		
章猛进	浙江省副省长		
王昭耀	安徽省委副书记	2000-09-03	港口湾水库工程
周国富	中共浙江省委副书记	2000-10-10	珊溪水库工程
顾秀秀	浙江省总工会副主席	2000-11-01	工程局
王怀忠	安徽省副省长	2000-11-06	港口湾水库

续表

姓名	职务	视察日期	视察地点
王太华	中共安徽省委书记	2000-12	港口湾水库
章猛进	浙江省省长	2001-05-19	白水坑水库
柴松岳	中共浙江省委副书记、省长	2001-07-27	桐柏抽水蓄能电站
卢文舸	浙江省副省长		
孙 淦	中共贵州省委副书记	2001-09-16	引子渡工程
王汉民	广西壮族自治区副主席	2001-10-07	思安江水库
张基尧	水利部副部长	2001-12-05	港口湾水库
潘家铮	中国工程院副院长、两院院士	2001-12-11	桐柏抽水蓄能电站
罗绍基	中国工程院院士		
曹克明	中国工程院院士		
张基尧	水利部副部长	2002-04-02	珊溪水库工程
傅元初	中国水利水电工程总公司副总经理	2002-04-15	桐柏抽水蓄能电站
能 铁	长江水利委员会副主任、长江重要堤防隐蔽工程建设管理局局长	2002-05-05	簰洲湾大堤工程
江泽民	中共中央总书记、国家主席、中央军委主席	2002-05-20	紫坪铺水利枢纽工程
周永康	中共中央政治局委员、中央书记处书记、四川省委书记	2002-11-23	紫坪铺水利枢纽工程
张中伟	中共四川省委副书记、省长		
谢世杰	四川省人大主任		
邹广严	四川省副省长、紫坪铺水利枢纽工程建设指挥部总指挥长		
秦玉琴	四川省政协主席		
敬正书	水利部副部长		
刘锡荣	中央纪律检查委员会副书记	2003-02-04	桐柏抽水蓄能电站
包克辛	贵州省副省长	2003-02-14	引子渡工程
范有年	国务院国有企业监视会主席	2003-03-10～16	工程局
王永明	浙江省副省长	2003-04-02	桐柏抽水蓄能电站
吴邦国	中共中央政治局常委、全国人大常委会委员长	2003-06-03	紫坪铺水利枢纽工程
王兆国	中共中央政治局委员、全国人大常委会副委员长		
盛华仁	全国人大常委会副委员长兼秘书长		

续表

姓名	职　　务	视察日期	视察地点
陈　雷	水利部副部长	2003－07－30	紫坪铺水利枢纽工程
高锦屏	湖南省人大常委会副主任	2003－08－25	三板溪水电站
徐宪平	湖南省副省长	2003－09－17	三板溪水电站
包克辛	贵州省副省长		
郭建堂	中国水利水电建设集团公司总经理	2003－09－24	工程局
钱运录	贵州省委副书记、省人大常委会主任	2003－10－01	三板溪水电站工程
郭建堂	中国水利水电建设集团公司总经理	2004－03－23	三板溪水电站工程
谭靖夷	中国工程院院士	2004－03－29	三板溪水电站工程
郑宝森	国家电网公司副总经理	2004－06－30	桐柏抽水蓄能电站
傅元初	中国水利水电建设集团公司副总经理		
敬正书	水利部副部长	2004－08－09	紫坪铺水利枢纽工程
傅元初	中国水利水电建设集团公司副总经理	2004－09－02	泰安抽水蓄能电站
曾培炎	中共中央政治局委员、国务院副总理	2004－10－04	桐柏抽水蓄能电站
王永明	浙江省副省长	2004－10－15	滩坑水电站
袁柏松	中国水利水电建设集团公司副总经理	2004－10－23	滩坑水电站
陈加元	浙江省副省长	2004－10－31	滩坑水电站
陈　雷	水利部副部长	2004－11－20	泰安抽水蓄能电站
陈廷明	山东省副省长		
习近平	浙江省委书记省人大常委会主任	2004－11－24	滩坑水电站
张俊九	全国总工会副主席、书记处第一书记，浙江省委副书记	2005－01－10	工程局
乔传秀	浙江省政协副主席、省总工会主席		
张蔚文	浙江省总工会副主席、党组书记		
顾秀秀			
吕祖善	中共浙江省委副书记、省长	2005－02 春节前夕	滩坑水电站
陈加元	浙江省副省长	2005－02－24	滩坑水电站
郭建堂	中国水利水电建设集团公司总经理、党组书记	2005－02－28	工程局
季晓南	国有企业监事会主席	2005－05－12	三板溪水电站
田纪云	全国人大常委会原副委员长	2005－05－18	泰安抽水蓄能电站
卢展工	中共福建省省委书记	2005－05－25	街面水电站

续表

姓名	职务	视察日期	视察地点
袁柏松	中国水利水电建设集团公司副总经理	2005-05-28	桐柏抽水蓄能电站
张高丽	中共山东省委书记	2005-06-21	泰安抽水蓄能电站
韩寓群	山东省省长		
王炳华	中国电力投资集团总经理	2005-07-04	湖南黑麋峰抽水蓄能电站
何鲁丽	全国人大常委会副委员长、民革中央主席	2005-08-31	泰安抽水蓄能电站
顾秀莲	全国人大常委会副委员长、全国妇联主席	2005-10-01	泰安抽水蓄能电站
周铁农	全国政协副主席	2005-10-04	泰安抽水蓄能电站
石秀诗	贵州省省长	2005-11-07	三板溪水电站
王永明	浙江省副省长	2006-02-15	滩坑水电站
孙洪水	中国水利水电建设集团公司副总经理	2006-03-16	工程局
汪恕诚	水利部部长	2006-05-01	紫坪铺水电站
张学忠	四川省人大主任		
张中伟	四川省委副书记、省长		
石成梁	中国电力投资集团副总经理	2006-06-03	三板溪水电站
范集湘	中国水利水电建设集团公司总经理	2006-08-26	工程局
刘起涛	中国水利水电建设集团公司党委书记、副总经理		
陈加元	浙江省副省长	2006-10-30	滩坑水电站

工程局接待来局参观、洽谈业务的外宾为数不多。在外宾接待工作中，历来执行国家的有关政策、法规。1987年2月16日，工程局制定《外宾接待工作的几项规定》，外宾接待安排由外事办公室统一负责。

来工程局外宾见表7-12-2。

表7-12-2　　来工程局外宾一览表

日期	外宾	事由	陪同人员
1958-10-05	苏联电站部代表团一行5人	参观新安江水电站工程	水电部副部长刘澜波
1958-12-16	苏联、蒙古、朝鲜水利代表团一行12人	参观新安江水电站工程	水电部副部长张含英
1968-11	阿尔巴尼亚水电建设代表团一行7人	参观富春江水电站工程	水电部副部长

续表

日　期	外　宾	事　由	陪同人员
1987-05-14	国际大坝委员会55届执行会议代表28人	参观紧水滩水电站工程	
2000-09-24	第20届国际大坝会议的20余位外国专家，考察了珊溪水库工程。还考察和参观了紧水滩、石塘、新安江水电站		
2001-12-11	以潘家铮为团长的世界银行特别咨询团，包括罗绍基、曹克明、ArturS tuRey、Harald wagner 等	考察桐柏抽水蓄能电站	
2001-11-19～11-21	罗德·文森特博士率领亚洲开发银行项目监理国际咨询团一行8人	对珊溪水库工程总结性考察	

历年来，到工程局及工程局承建工程工地参观、学习、考察、慰问和参加有关会议的内宾络绎不绝，工程局均予以热情接待。来工程局主要内宾见表7-12-3。

表7-12-3　　来工程局主要内宾一览表

日　期	内　宾	事由或缘由
1957-01	浙江越剧团演职员	参观新安江水电站并慰问演出
1958-04-15	出席浙江省先进生产（工作）者代表会议的1300多名代表和江苏省代表团成员	参观新安江水电站工程
1958-11-03～05	出席浙江省二届一次人代会代表、政协浙江省二届一次会议委员300余人（分两批）	参观新安江水电站工程
1958	巴金、贺绿汀、白杨、袁雪芬等作家、作曲家、艺术家	参观新安江水电站工程
1978-11-20	水电部糖蜜等混凝土外加剂专题会议代表	会议在湖南镇水电站工地召开
1979-04-15～21	水电部模板技术革新经验交流会暨水利水电施工技术情报网第二次工作会议代表	会议在湖南镇水电站工地召开
1979-09-25～28	浙江越剧一团演职员	慰问演出并参观湖南镇水电站工程
1979-11-30～12-08	电力部水力发电建设总局施工机械管理工作会议代表	会议在湖南镇水电站工地召开

续表

日　期	内　宾	事由或缘由
1980-05-16	我国驻巴基斯坦大使徐以新	参观湖南镇水电站大坝、水库
1982-12-15～19	水电部水利水电建设总公司基地工作会议代表	会议在金华基地召开
1983-05-19	浙江省云和县人大常委会和县政府相关部门负责人	参观紧水滩水电站工程
1983-12-20～23	全国水电工程爆破会议代表	会议在紧水滩水电站工地召开
1984-03-01	云和县四旁绿化、义务植树现场会代表	会议在紧水滩水电站工地召开
1984-09-07～12	水利水电建设总局“钢筋铝热锁定连接”等4项成果评审会代表	会议在紧水滩水电站工地召开
1984-09-17～20	水利水电建设总局“紧水滩水电站拱围堰低热微膨胀水泥混凝土快速施工试验”和“十二工程局特种水泥厂低热微膨胀水泥生产”评审会代表	会议在工程局金华办事处召开
1985-03-23～28	水利水电建设总局“混凝土防裂经验交流会”代表	会议在工程局杭州办事处召开
1985-07-29	中央民族乐团演职员	到紧水滩水电站工地演出
1985-10-10～17	全国水电系统党委书记座谈会代表	会议在金华基地召开
1986-04-01	浙江省金华市人大常委会视察小组成员	巡视金华基地
1986-04-17	中国水力发电工程学会施工、运行、水工专业委员会“全国混凝土耐久性及大坝病害处理学术交流会”代表	会议在工程局施工科学研究所召开
1986-05-12	中华全国集邮联合会副会长张包子俊、理事居治群等	到金华基地同集邮爱好者座谈
1986-10-26～27	清华大学教授张光斗、国家计划委员会重点建设一局局长王京等	到紧水滩、石塘水电站了解情况
1986-10-27	瓯江流域综合开发考察团成员	参观考察紧水滩水电站工程
1987-05下旬	广西水电工程局党委书记、局长等	考察十二局企业管理、改革情况
1987-07-23	全国青少年夏令营浙江营全体营员	到紧水滩水电站参观、访问
1988-01-19	金华市新闻工作协会1987年年会代表	会议在金华基地召开
1988-05-16～18	全国水利电力职工思想政治工作研究会水电建设学组座谈会代表	会议在局杭州办事处召开

续表

日　期	内　宾	事由或缘由
1989-03-05～09	参加"兰江—电力"杯浙江省首届拳击锦标赛的12支代表队的全体成员	比赛在金华基地举行
1989-03-14	浙江省温州市、乐清县20名人大代表	视察温州电厂一期工程
1990-04-07	雷锋生前所在连连长、东阳市运输公司离休干部虞仁昌	到金华基地宣讲雷锋事迹
1990-10-09～10	浙江省电力工运史工作会议代表	会议在金华基地召开
1991-10下旬	中国人民大学投资经济系教授叶毅	举办项目法施工专题讲座
1992-01-07～09	安徽省黄山市政协委员、人大代表	视察妹滩枢纽工程
1992-03-31～04-01	金华市国家安全会议代表	会议在金华基地召开
1992-09-01～03	全国水电系统教育工作会议代表	会议在新安江华电旅行社召开
1995-01-23	金华市委书记仇保兴、市人大主任朱洪发、代市长毛光烈、市政法委书记陈新时凤等	与局领导交谈，共商发展金华经济
1995-02-24	浙江省电力局副局长韦国忠等	黄坛口、湖南镇二扩机项目工地检查工作
1995-03-15～18	全国水电施工企业1995年安全工作会议代表50余人	杭州办事处，年度安全工作会议
1995-08-16	水利部科技司、浙江省水利厅和宁波水利局专家	视察梅溪水库
1995-09-02	金华市委副书记宋云祥、副市长徐增祥	视察义乌市八都水库
1996-02-13	浙江省衢州市委书记沈雷、副书记来寿根	视察衢州市城西水利防护工程
1996-04-24	浙江省和各地市水利局局长30余人	考察宁波市梅溪工程
1996-05-06～09	电力工业部水利水电规划设计院技术鉴定委员会主任委员董育坚、副主任委员杨世源等10余人	鉴定福建万安溪面板堆石坝运行情况
1996-05-10～11	全国两坝中心技术专家、《混凝土面板堆石坝》主编傅志安	浙江省义乌市八都水库指导工作
1996-06-10	浙江省计经委主任卢文舸、省重点办副主任吴华海等	视察浙江省义乌市八都水库
1996-07-31	华东电管局工委副主任朱兴娣等	新安江疗养院慰问

续表

日　期	内　　宾	事由或缘由
1996-09-10～21	浙江省电力局副局长陈积民、韦国忠	先后到金华500千伏变电所检查工作
1996-12-24	浙江省水利厅质监中心人员	到八都水库进行1996年度工程质量大检查
1996-12-24～25	华东电管局组织上海、江苏、安徽、浙江电力质监中心专家	到500千伏金华变电所工程检查二期土建施工质量
1997-01-17	金华市委副书记沈立江等人	前往现场慰问工程局三环工程公司金华500千伏变电站的施工人员
1997-01-21	宁波市水利局专家组一行8人	前往工程局一公司施工的梅溪水库工地检查质量
1997-01-29	舟山市委常委、副市长、舟山岑港水库总指挥徐显庆	舟山岑港水库看望工程局节日坚持施工的职工
1997-01月底	浙江省水利厅质检中心站、省水科院、省水电设计院、省水利院岑港水管监理部、舟山市计委重点办、舟山市围垦局、岑港水库管委会等单位和专家组	视察岑港水库
1997-04-22	浙江省温州市委书记张友余、副市长兼温州珊溪水利枢纽工程指挥部总指挥狄乃云	视察由第二工程公司承建的珊溪水利枢纽工程导流洞
1997-06-03	水利部农田水利司司长冯光智、浙江省计经委主任卢文舸等人	考察宁波工程公司舟山岑港水库工程
1997-06-28	浙江省副省长张启楣，嘉兴市委书记王国平，以及省计经委、省财政厅、省交通厅、省重点办等部门领导	视察工程局三环公司承建的杭嘉湖内河改造工程
1997-07-23	浙江省电力局副局长韦国忠等人	到500千伏金华变电所慰问工程局三环公司职工
1997-07-25	台州市人大代表，建设、监理单位人员	视察工程局玉环坎门渔港防波西堤工程准备工作

续表

日　期	内　　宾	事由或缘由
1997-08-22	国家防汛抗旱指挥部副总指挥、水利部部长纽茂生，浙江省委副书记、代省长柴松岳，国务院慰问组人员	在舟山市委书记于辉达、市长王辉忠的陪同下，视察工程局宁波工程公司承建的舟山岑港水库
1997-12-30	省委常委、副省长刘锡荣，省长助理李长江，省水利厅长章猛进，金华市市委副书记、代市长郑尚金，义乌市代市长周启水等	参加义乌八都水库封孔蓄水
1998-05-27	浙江省委书记李泽民、副省长卢文舸一行	视察施工中的国家重点建设项目——珊溪水利枢纽工程
1998-07-19	温州市委书记蒋巨峰、副书记陈艾华	在温州市副市长兼珊溪水利枢纽工程总指挥狄乃云、常务副总指挥郑明楠的陪同下视察了珊溪水库工地
1998-08-14～15	浙江省交通厅等单位	对三环工程公司内河航改项目部承建的9标合同段进行验收
1998-08-29～31	中国水力发电工程学会混凝土面板坝专业委员会	邀请多位专家在舟山市召开岑港水库混凝土面板坝（深覆盖层）工程技术研讨会，认定宁波工程公司承建的岑港水库混凝土面板坝是先进坝型，具有广阔的发展前景
1998-10-20～30	福建省水利学会、省水力发电工程学会会员	福建省混凝土面板堆石坝学术研讨会在工程局芹山水电站工地召开
1998-12-22～25	浙江省重点办、省交通厅质检站人员	对工程局施工的嘉兴市内河航改项目杭申线第9合同段进行综合验收
1999-01-12	浙江省委常委、宁波市委书记黄兴国	冒着大雪，视察省重点工程——白溪水库工程

续表

日　期	内　　宾	事由或缘由
1999-01	浙江省委副书记刘锡荣、副省长卢文舸，温州市长钱兴中，安徽省宣城地区行署专用员徐炎，宁波市副市长郭正伟、宁海县委书记陈炳水	到所在地工地进行了慰问
1999-04-16～19	中施企协现有会员近600家共500余人	由中国施工企业管理协会主办、工程局承办的中国施工企业管理协会第14次年会暨协会成立15周年庆祝大会在浙江杭州梅地亚新闻中心召开 浙江杭州梅地亚新闻中心
1999-11-25	杭州市副市长陈继松视察了	富春江工程处施工的西湖拦泥坝工地
1999-12-03	浙江质量体系审核中心主任邓东旺	向局长张介中授予质量管理体系证书
2000-05-30	中国土木工程学会、詹天佑土木工程科技发展基金联合会、国务院有关部门、各地区有关专家	首届中国土木工程大奖（詹天佑大奖）颁奖仪式在杭州西子国宾馆举行，工程局捧回“詹天佑金像”和荣誉证书
2000-06-27	省委副书记、省长柴松岳，省委常委、温州市委书记蒋巨峰，省人大常委会副主任张友余，原副省长许行贯等	温州珊溪水利枢纽工程首台机组并网发电
2000-06-27	南京军区前线话剧团、歌舞团，中国人民解放军长江艺术团，温州市文化局，进行文艺演出。潘长江、毛阿敏、陶慧敏等参加演出	温州珊溪水利枢纽工程首台机组并网发电，进行文艺演出
2000-06-28～29	浙江省12个直属企业主管劳动保护的工会主席和部长	2000年浙江省直属基层工会劳动保护委员会例会，在工程局白溪工地召开 浙江省总工会副主席娄有生主持，并参观白溪水库工地

续表

日 期	内 宾	事由或缘由
2000-07-04～07	36家企业报90名采编人员，浙江省企业报协会会长周祖赓	浙江省企业报协会第9期新闻业务培训班在工程局中达饭店举行
2000-08-16	河北省水利水电工程监理咨询中心等单位人员	对石家庄市黄壁庄水库检修门和工作门分布工程验收，评为优良等级
2000-09-03	安徽省委副书记王昭耀，宣城地委书记张平，行署副专员、港口湾水库工程指挥长毛啸岳	视察港口湾水库工程
2000-10-12～13	浙江省科学技术委员会专家	白溪水库二期面板聚丙烯纤维混凝土试验研究评审会上，专家们认为试验研究目的明确，技术路线正确，方法合理，成果可信。浙江省科学技术委员会专家鉴定，工程局科研所开发的VF防裂剂达到国际先进水平
2000-11-06	安徽省副省长王怀忠，浙江省水利厅厅长蔡其华，宣城行署专员徐炎和副专员、港口湾工程总指挥长毛啸岳	视察港口湾水库
2000-12	安徽省委书记王太华，宣城市委书记张学平和行署副专员、港口湾水库工程总指挥毛啸岳	视察港口湾水库
2000-12-31	浙江电力公司副总经理孙同杰，台州市市长杨仁争，天台县委书记朱贤良等	参加桐柏抽水蓄能电站主体工程开工仪式
2001-01-08	浙江省江山市委书记陈钟	慰问白水坑水库水电建设者
2001-01-23	义乌市副市长吴荣川	到半月湾泵站慰问
2001-02-15	义乌市市长周启水，副市长吴荣川	到半月湾泵站和卫星水库工程考察
2001-08-09	台文州市委常委、副市长陈云金	慰问桐柏抽水蓄能电站职工

续表

日　期	内　宾	事由或缘由
2001-08-16	广西壮族自治区计委副主任梁斌、桂林市计委主任兼工程指挥长张枝明	考察思安江水库工程
2001-09	浙江省衢州市委副书记陈荣、江山市委副书记兼市政协主席陆洪涛、市政协副主席兼白水坑工程总指挥何渊武	到白水坑工程考察
2002-01-12	台州市人大常委会代主任梁毅、政协副主席胡斯球、天台县委书记朱贤良等人	慰问桐柏抽水蓄能电站职工
2002-03-21	广西壮族自治区常委，桂林市委书记李金早及副市长康天、陈露旺等	考察思安江水库
2002-04-17	国家水电工程经济调解中心专家傅洪生等人	考察桐柏抽水蓄能电站
2002-04-23	浙江省电力公司党组书记、总经理陈积民等	检查桐柏抽水蓄能电站
2002-07-16	温州市副市长、珊溪工程建设总指挥狄乃云到莲花山隧道指挥贯通爆破。同行有珊溪供水工程总指挥章华宁等	莲花山隧道指挥爆破
2002-07-28～30	中国水利发电工程学会混凝土面板堆石坝专业委员会副主任委员蒋国澄、李春敏等13名专家	在福建周宁芹山工地召开芹山水电站大坝质量评议会
2002-08-29	江山市委常委、常务副市长郑奇平、市建设局局长徐清等	慰问工程局施工的城中大桥职工
2003-02-04	中央纪律检查委员会副书记刘锡荣和天台县副县长邱康镭、原县长范昌运等人	视察桐柏抽水蓄能电站工程
2003-09-22～24	集团公司总部和各工程局（厂）代表54名	参加集团公司改革与发展研讨会
2003-10-29	浙江省发展计划委员会主任毛光烈	考察桐柏抽水蓄能电站

续表

日 期	内 宾	事由或缘由
2003-11-11～13	中国水力发电学会混凝土面板堆石坝专业委员会的全国建设、设计、施工、院校63个单位代表108人	参加全国混凝土面板防裂技术研讨会
2004-01-10	湖南省文化厅组织文艺工作者	慰问三板溪职工演出
2005-04-12	福建省三明市市长张健、副市长朱俟贤等	考察街面水电站工程
2005-04-13	浙江省委副秘书长省直机关工委书记吕毅强等	在工程局调研党建工作
2004-04-21～23	水电专家蒋国澄、赵增凯	在引子渡和三板溪水电站参加全国面板堆石坝快速施工经验交流会
2005-04-25～26	中国水电建设集团公司党组成员唐苏军及集团所属单位纪委书记会议代表40余名	参加集团公司纪委书记座谈会
2005-05-19	中共中央纪律检查委员会和中共中央组织部组成的保持共产党员先进性教育巡视组	在泰安市委书记耿文清陪同下，考察泰安抽水蓄能电站工程
2005-05-28～29	中国水电建设集团公司各单位的新闻宣传工作者	在工程局参加集团公司新闻宣传工作会议
2005-08-11	浙江省委保持共产党员先进性教育活动第四督导组组长高阿荣等一行4人	滩坑水电站检查指导工作
2005-09-10	中国水利水电建设集团公司保持共产党员先进性教育活动巡回检查组组长郑庆路等人	滩坑水电站检查指导工作
2005-10-23～24	中国水利学会混凝土面板堆石坝专业委员会赵增凯、蒋国澄等	在都江堰市召开2005年学术交流会，并考察紫坪铺工程

续表

日　期	内　宾	事由或缘由
2005-11-23	浙江省委宣传部、省文化厅、省文联、省发改委、省重点办组织，浙江日报、浙江电视台、浙江人民广播电台、浙江电视台经济生活频道、钱江晚报等新闻记者随行，浙江歌舞剧院、浙江京剧院、浙江曲艺杂技总团、浙江省曲艺家协会、浙江越剧团、浙江小百花越剧团的国家一级演员	慰问滩坑水电站职工
2006-07-18	浙江省总工会副主席郐金水等人	考察滩坑水电站
2006-11-09	浙江省水利厅副厅长黄建中等	检查温州浅滩工程
2006-12-01	广西壮族自治区水利厅副厅长张霍德等	考察小溶江工程

第三节　档　　案

工程局建局之初，档案管理工作处于分散状态，技术档案陆续配备3名专职干部负责管理，行政文书档案配有1名专职干部管理，由机要员兼管。建立起一些归档立卷和档案借阅制度，但很不健全，难以贯彻实施。其时，工程局文件分散、紊乱，档案资料未作完全的分类立卷、鉴定和系统化，档案管理相当薄弱。1959年6月，根据中共浙江省委的指示精神，抽调技术、管理干部建立党政合一的机关档案室，制定《档案工作暂行办法》（草案）和《技术资料管理暂行办法》（草案），集中力量收集、整理新安江水电站工程开工以来的稿存文件和零散文件，至同年11月8日形成工程局历史上的首批档案1398卷。从此，技术、文书档案实行分开管理的模式。1964年先后制定《档案工作通则》（草案）、《技术档案管理办法》（草案）。1964年3月和翌年5月连续两年召开档案工作会议，布置档案工作。1965年4月和7月，先后制定"技术档案保管期限表"（8月修订）和"文书档案保管期限表"（11月修订）。1966年6月11日制定《七里泷水电工程技术档案（资料）管理暂行办法》。经过数年努力，档案管理逐步走上正轨。但随后而至的"文化大革命"，使档案工作遭到严重破坏。粉碎江青反革命集团后，档案管理工作逐渐恢复。企业全面整顿期间，先后制定《文书处理部门立卷制度实施办法》、《关于不归档的文书材料的规定》（修改草案）。1984年3月，制定《工程技术档案管理制度》。实行企业改革，走向市场后，增加经营管理类档案。1986年2月21日，发出《关于做好技术档案管理工作的通知》，对各承建工程项目的技术档案工作提出要求。

1990年6月，在工程局文书档案室和基建档案资料室基础上，充实部分人员，建立工程局档案室，对全局科技、文书、会计、声像档案实行集中统一管理；在新安江基地和丽水基地，分设施工科学研究所档案分室和机电安装公司档案分室，业务归口局档案室领导。档案管理升级达标工作随即展开：6 月，解决库房问题，开始添置工具设备，拟定档案发展规划；7 月开始，集中人力整理 1986 年以来特别是 1989 年以来的各类档案；8 月 21 日制发《档案管理制度》（暂行），其中包括《档案管理办法》、《局档案室职责》、《工程处（厂）、项目经理室二级单位档案管理职责》、《档案室主任职责》、《档案室管理人员职责》、《兼职档案员职责》、《会计档案管理制度》、《声像档案管理制度》、《设备开箱制度》、《档案鉴定销毁制度》、《档案资料借阅制度》、《档案安全保密制度》、《档案库房管理制度》、《档案案卷质量要求》、《编制竣工图纸资料的要求》、《履历书填写要求》、《档案归档范围及保管期限表》17 个管理制度，形成较为健全、完善的档案管理规章；翌年起，把档案管理工作纳入有关部门、有关人员的经济责任制，建立局长、“三总师”、职能部门负责人和专业人员档案管理岗位责任制。1991 年 10 月，工程局档案管理晋升省级先进。至 1994 年底止，全局配备专职档案管理人员 10 人、兼职档案人员 112 人。局档案室配备专职档案管理人员 7 人；在金华基地综合办公楼南一楼拥有总计 412.47 米^2 用房面积，其中库房 15 间计 345.78 米^2、办公室两间计 44.46 米^2、阅览室 1 间计 22.23 米^2；配置 286 型电子计算机、佳能 270 复印机、新乐空调机、TB－1 型切纸机各 1 台及自动报警、自动灭火等设施，5 节档案柜 103 套、3 节会计凭证柜 36 套、底图柜 20 只，编有文书、基建、设备、产品、科研、会议、声像、荣誉档案全宗；库藏档案 25127 卷（册、张），另有集体所有制企业文书档案 12 卷、会计档案 100 多卷。

档案的利用在 20 世纪 60 年代上半期和 90 年代后较多。其中，1963 年借阅档案达 6270 人次，来局查阅档案的外单位有 68 个次；1990～1994 年，到局档案室借阅档案 1735 人次，调卷 3719 卷。1992 年制定《利用档案收费有关规定》，档案利用实行有偿服务和无偿服务相结合的办法。档案利用在企业管理、工程施工中取得一些效果。1990 年春，利用工程局自行编制的新安江水电站工程竣工档案资料，从施工角度对该电站大坝的软基处理、帷幕灌浆、纵缝灌浆等大坝安全运行情况提供可靠依据；1991 年 9 月，紧水滩水电站缆索起重机要拆除，局档案室向施工单位提供这台 20 世纪 50 年代制造、经数家单位在数个电站工程使用过的大型施工设备各时期形成的档案，施工单位据此制定安全可靠的施工方案，提前完成拆除任务；1993 年 3 月，工程局温州办事处凭借从局档案室查找到的 1 张购房原始发票，顺利办妥一房产的产权登记手续，领到房产证，避免损失数十万元。为便于检索，局档案室编有《档案总目录》、《全引目录》、《分类目录》、《案卷目录》、《文号、卷号对照表》、《收、发文登记簿》、《底图明细目录》、《会计档案目录》、《声像档案目录》等检索工具；开发出文书档案管理软件和收、发文管理软件，文书、会计档案实行电子计算机管理。档案管理人员共编写各种汇编材料 14 篇；撰写档案管理学术论文 9 篇，其中 3 篇收录于《浙江省电力档案管理论文选》一书中，1 篇发表在 1993 年第五期《上海档案》上并获 1993 年浙江省电力系统档案优秀论文奖。

一、科技档案

工程局档案的主体，由技术档案发展而来。建局之初，技术档案资料散失严重。1959 年 6 月～11 月 8 日，首次整理技术档案，组卷 179 卷。1960 年 3 月，建立归属技术处的资料室，抽调8人历时近4个月整理技术资料，因客观条件所限，未形成技术档案。1962年10月以后，为准备新安江水电站工程申请验收和正式办理移交，集中40余名技术干部整理技术资料，对工程技术档案进行系统鉴定，计翻阅和整理设计图11万张、技术性文件5000册，鉴定废图36900张，绘制竣工图2500张，初步形成工程技术档案和施工技术档案的雏形。1963年开始，陆续向新安江水力发电厂移交有关技术档案。1964年3月，成立专门的技术档案工作机构，集中统一管理全局的工程技术档案和资料。至是年5月，共收集、整理工程档案1671卷（2639袋)、施工档案18卷（160袋)，整出废图40589张。至1966年，除向新安江水力发电厂移交原始记录、试验数据资料、报告、图纸和竣工文件累计16634份（其中正本11982份、副本4652份）外，自留1套较为完整的新安江水电站工程建设技术档案。“文化大革命”期间，富春江、湖南镇水电站工程技术档案资料大量散失，技术档案管理陷于瘫痪，直至1984年逐渐恢复正常。是年在工程局总工程师领导下，建立由技术经济情报室主管的技术档案管理体制，开始将记录和反映工程局基本建设、科研活动并具有保存价值的档案资料组成保管单元（卷册）归档。从1986年起，技术档案管理延伸到自行承揽的工程项目，其竣工资料由承担施工任务的局属单位负责整理、编写，并送交局技术经济情报室（连同竣工图）存档；局属各单位的科研文件及成果材料整理成保管单元，送1套给技术经济情报室保管；大型机电设备档案由工程局设备管理机构集中统一管理。1990年6月，技术档案归由工程局档案室统一管理，并发展成为包括基建（自身基建、电站建设、工业民用建设）档案、设备（主要施工设备、主要金属加工设备、主要仪器设备、工程船舶）档案、科研（施工科研、发明、专利、技术革新）档案和产品（工业企业、第三产业生产产品）档案在内的科技档案全宗。1994年底，工程局档案室库藏科技档案17983卷（张），其中档案3030卷、资料3668卷、底图11285张。

二、文书档案

工程局1956～1994年间整理文书档案总计6778卷，尚存6523卷。其中1956～1971年形成的文书档案3406卷，除去销毁的255卷，余下的3151卷分别移交给新安江、富春江和乌溪江水力发电厂，占尚存卷数的48.31%；工程局档案室仅保存1972年以来形成的文书档案3372卷（其中档案3154卷、资料218卷)，占尚存卷数的51.69%，内容包括党群、行政、经营管理和生产技术管理4大类。

1959年6月～11月8日，工程局机关档案室组编首批文书档案1219卷。其时，工程局党、政文书档案仍分开管理，文书部门立卷仅在少数单位实行。1963年11月起，党、政文书档案实行统一管理。翌年4月起，全面推行文书部门立卷制。1965年5月11日召开“三江”（新安江、乌溪江、富春江）档案工作会议。6月下旬开始，组成7人参加的文书档案清理鉴定工作组，对工程局党政工团1956～1964年的文书档案进行全面清理、鉴定，至10月底基本结束，把原有的2157卷（包括瓯江水力发电工程局移交的440卷）调整为1625卷，其中新安江水力发电工程局1329卷、瓯江水力发电工程局196卷。随后，工程局文书档案清理鉴定工作组先后到湖南镇、七里泷水力发电工程处，协助做好两电站停缓建以前的文书档案清理、鉴定工作。1966年6月，根据水利电力部批复精神，将工程局1956～1965年的文书档案全宗1487卷和瓯江水力发电工程局1958～1965年的文书档案全宗162卷一并移交给新安江水力发电厂。

“文化大革命”中，文书档案资料散失情况严重，文书档案的收集、整理、立卷、归档等处于混乱状态。20世纪70年代初开始恢复文书档案资料的收集、整理工作。1963年2月14日，将浙江省水力发电工程局1958～1962年、七里泷水力发电工程处1962～1965年的文书档案全宗计747卷，以及工程局1966～1971年的文书档案全宗565卷，合计1312卷移交给富春江水力发电厂。粉碎“四人帮”后，因落实政策和清理“文化大革命”中的冤、假、错案的需要，工程局先后两次向富春江水力发电厂借回1966～1971年文书档案。这部分档案由工程局按照中共中央中发〔1979〕81号文件的规定进行清理，将其中没有保存价值的255卷销毁，留下的310卷于1980年1月29日再次移交给富春江水力发电厂。

湖南镇水电站工程1958～1971年建设时期先后由乌溪江水力发电工程局、湖南镇水力发电工程处和工程局形成的文书档案全宗445卷，由工程局于1983年6月20～21日移交给乌溪江水力发电厂。

工程局从1972年开始保存自己的文书档案，实行文书部门立卷和党政文书档案集中统一管理，工程局党政工团和局属各单位的文书档案翌年或隔年送交工程局文书档案室。建成金华基地后，文书档案移交至该基地保存。从1994年起，局属各单位形成的文书档案改作自行保管，在次年4月底前向工程局档案室报送1份文书档案全引目录。

工程局1956～1989年间形成的会计凭证、会计账簿和会计报表等会计核算专业材料，除1983～1989年间在金华基地形成的部分整理立卷由工程局自行保存外，其余或移交，或销毁，或未整理。新安江水电站工程建设期间的会计档案于1973年11月移交给新安江水力发电厂；富春江水电站工程1958～1965年间形成的会计档案于1973年2月移交给富春江水力发电厂，1966～1979年间的会计档案于1980年移交给富春江水工机械厂；湖南镇水电站工程建设期间形成的会计档案，于1983年6月全部移交给乌溪江水力发电厂，其中工程局所属二级单位的会计档案在以后予以销毁；紧水滩水电站工程建设期间形成的会计档案材料，被鼠咬虫蛀破损严重，未作整理立卷，由局财务处存放在金华基地并负责保管。

1990年起，会计档案管理趋于正常，工程局、局属各单位和工程项目经理部（室）财会部门按归档要求将会计核算材料整理立卷、装订成册；当年的会计档案，工程局和局属各单位的由财会部门保管两年后在5个月内移交给工程局档案室保存，工程项目会计档案在项目结束或工程竣工后5个月内移交到工程局档案室；撤销合并单位的会计档案移交给工程局指定的单位或工程局档案室。至1994年底，工程局档案室库藏会计档案3612卷。

工程局在新安江、富春江水电站工程建设期间和湖南镇水电站工程复工续建初期形成的声像档案，绝大部分连同其他档案移交给相应的水力发电厂，自行保存的数量极少。1972年开始将工程局在工程施工、生产经营和管理活动中形成的具有保存价值的照片（含底片）、录像带、录音带、计算机软盘或光盘等专门载体材料收集、整理、立卷、归档。1994年底，工程局档案室库藏声像档案160册。

第四节 计 划 生 育

1971年10月19日，工程局革命委员会成立计划生育领导小组，职工医院负责人担任组长，办公地点设在职工医院。局属二级单位相应成立机构，并确定专人负责计划生育工作。1978年10月10日，工程局计划生育领导小组更名为“计划生育委员会”，由分管的副局长兼任委员会主任，卫生处长、宣传部长兼任副主任。委员会下设办公室（办公地点在卫生处），配有专职工作人员2人，负责处理计划生育日常工作。局属二级单位成立计划生育管理小组，配备兼职计划生育管理员1～2人，管理本单位的计划生育。1979～1994年间，工程局计划生育管理机构的组成人员多次调整、更迭，计划生育专职管理人员始终配备齐全，计划生育工作从未间断。自1992年起，工程局每年与金华市人民政府签订“计划生育责任书”，同时，局属二级单位又与工程局签订“计划生育责任书”，层层明确责任指标，计划生育工作走向规范化、制度化和网络化。

为贯彻毛泽东主席“提倡有计划地生育子女”的指示，1971年工程局提出：人口出生率降低到15‰左右，并采取加强领导、全面规划，宣传教育、发动群众，深入调查、抓好典型，密切配合、把好“三关”——多子女夫妇绝育关（城镇2个，农村3个孩子以上）、新婚夫妇生育计划关（第一个与第二个孩子间隔3～5年）、未婚青年晚婚关（男28岁女25岁以上为宜）5项措施。

1979年8月，根据中共中央和浙江省革命委员会关于“晚、少、稀”的要求，工程局制定《计划生育若干问题的试行规定》，提倡晚婚晚育，男年满26周岁、女年满24周岁后结婚为晚婚，鼓励每对夫妇最好生1个子女，不要超过2个，两胎生育期间隔4年以上，并对独生子女开始实施一系列优惠待遇。

计划生育成为国策以后，工程局于1982年6月，根据《浙江省计划生育条例（试行草案）》，制定《计划生育条例实施细则》（以下简称《实施细则》）。此后，多次修改、调整和补充《实施细则》。1990年修改后的《实施细则》，包括总则、生育节制、节育措施、奖励与处罚、流动人口计划生育管理、机构和人员共6章41条。在以后的近十几年里，大力提倡一对夫妇只生育1个孩子。根据当地政府要求，生育孩子凭“准生证”，因而有效地控制第二胎生育。《实施细则》作为工程局的一项基本规章一直沿用。

1980年9月，中共中央发出《关于控制我国人口增长问题致全体共产党员共青团员的公开信》后，工程局采取多种形式开展宣传活动，教育全体职工计划生育。1982年10月，工程局首次建立计划生育宣传月活动，以后每年10月均为宣传月，宣传教育的内容各有侧重。1982年重点学习贯彻《浙江省计划生育条例》，宣传计划生育的重要意义和有关规定。1983年，重点宣传节育措施，做到“一胎放环、二胎绝育”。1988～1989年是生育高峰期，着重宣传哺乳期的避孕措施，以提高避孕的有效率。1990年，《实施细则》公布后，大力宣传有关条文规定，做到家喻户晓。1992年，以中共中央、国务院关于计划生育的决定为主题，通过广播、电视、报纸、宣传橱窗、资料等形式，进行人口与计划生育系列化教育活动，使基本国策深入人心。为强化人口与目标管理，更好地完成责任目标，1994年6月，工程局举办“人口与计划生育知识竞赛”，全局组成17个代表队参赛，每队均有党政工负责人临阵答题，竞赛结果设备修理厂代表队获第一名。

晚婚晚育 1971年，为鼓励青年职工实行晚婚晚育，工程局首次提出晚婚年龄为男28周岁、女25周岁以上，符合晚婚年龄结婚生育为晚育。根据实践情况和青年职工意愿，自1979年起，按照浙江省要求工程局重新作出规定，将晚婚晚育年龄改成男26周岁、女24周岁。1985年4月10日，工程局公布《计划生育实施细则》，大力提倡和鼓励晚婚晚育，按法定婚龄推迟3年以上结婚的为晚婚（即男职工为25周岁、女职工为23周岁），女职工24周岁以上生育为晚育。自此后，晚婚率逐年提高，1988年达到92.8%，1990年后每年均100%。凡符合晚婚晚育的职工，均按规定分别给予增加婚、产假期，假期内工资福利照发。

少生优生 实行计划生育之初，主要动员多子女夫妇做绝育手术，新婚夫妇订好生育计划（第一个与第二个孩子间隔期为3～5年），并要求1971年人口出生率从1970年的17.2‰下降到15‰左右。因受“文化大革命”影响，计划未能贯彻实施。1979年，工程局鼓励一对夫妇最好生1个孩子，不要超过2个，如生第二胎应间隔4年以上。是年10月，工程局给第一批申请领“独生子女父母光荣证”的8对夫妇戴上大红花，拍照留念，并发给每个独生子女40元的“儿童保健费”。自次年9月起，工程局根据所在地人民政府规定，实行凭“准生证”生育孩子，控制第二胎生育。1981年工程局规定，除继续发给独生子女“儿童保健费”外，实行“三优三免”（优先入托、优先入学、优先医疗住院，免收医疗费、入托费和小学至高中阶段的学费）。1986年起，“三免”改为每年一次性补助20元，1990年调整为每人年40元包干使用。

施行手术 节育手术包括放节育环、人工流产、引产和绝育。1982年，工程局规定，凡要求施行节育手术者，职工医院给予方便，施行手术后在规定休息期间，工资福利照常享受，并发给节育手术营养补贴费。次年，除继续提倡和鼓励晚婚晚育外，着重落实“一胎放环、二胎节育”措施，控制多胎生育。为严禁生育超计划的二胎和多胎，自1985年起，工程局给各单位的“计生员”发避孕药具箱，做到随要随拿或送药上门。此后至1990年间，着重抓育龄职工的节育措施，实行缴纳保证金制度，生育第一胎的，产后42天放置宫内节育器为主，未落实措施之前缴纳避孕保证金100元；生育第二胎的，产后同时做绝育手术，未落实措施者缴纳绝育保证金400元。1992年，放环由1991年74例增加到383例，人工流产从上年的122例下降到33例，做结扎手术的5例，达到当地政府要求控制的考核指标。自1993年起，计划生育工作实行孕前管理，工程局购置探环仪和作B超检查，查清1060例放环者的节育器是否脱落或移位，及时校正以提高放环有效率。局计生办每年组织一次计划生育三查工作，使查病、查孕、查环三查工作到位率达100%，并且积极稳妥地开展以“知情选择”为重点的避孕节育措施，搞好节育服务工作，有效地控制了人流比，提高了计划生育工作的质量。

截止到2006年，工程局的计划生育工作在上级主管部门和工程局的大力支持下，认真履行计划生育工作的程序和职责，圆满完成各项任务，无一例计划外生育，多次受到当地计生委的表彰。

第八篇　科技、教育

第八篇　科技、教育

第一章　科学技术

大、中型水力发电站的建设，涵盖现代诸多科技领域。工程局科技活动主要围绕着加快建设速度，确保工程质量和安全、节约工程成本这一目的而展开。在施工实践中，探求爆破开挖、水工建筑、基础工程、机电安装等多方位的科技进步和技术革新。1959 年，由工程局党委发动和直接领导的以技术革新和技术革命为中心的增产节约运动，职工群众提出革新课题 5242 项，实现 348 项。其中包括为了确保电站提前发电而自制多种机具和创造一些吊装（运）大型设备的“土”办法。在 20 世纪 50 年代末和 60 年代初，工程局高效率、高质量、低成本、低消耗成功地建成新中国第一座大型水力发电站——新安江水电站，集中代表和反映了当时中国建设大型水电站的科学技术综合水平。该电站在运行 18 年之后，得到全国科技界的认可，作为科学技术成果的整体获得 1978 年全国科学大会奖的殊荣。

工程局建局迄今，科学技术研究工作长年不辍。在爆破开挖方面，有定向爆破、预裂爆破、水底爆破；在基础工程方面，有化学灌浆及其他工艺；在水工建筑方面，有高块浇筑、滑模浇筑，并在使用多种混凝土添加剂和新型钢模板方面获得成功。20 世纪 80 年代中期开始，数十次承建国际坝工界流行的混凝土面板堆石坝，积累了建造此种大坝的经验，并成为国内承建这种坝体最多、质量最好的水电施工单位，数度得到国内专家的肯定并获得上级颁发的各种科技奖。承建的各项工程均按合同工期保质保量完成，工程一次验收合格率 99%以上，工程优良率 93%以上。宁波北仑港 20 万吨矿石中转码头工程，获中国建筑工程“鲁班奖”和中国土木工程“詹天佑奖”；安徽港口湾水库工程，获中国建筑工程“鲁班奖”；浙江白溪水库、珊溪水利枢纽工程，被评为“全国用户满意工程”和“中国电力优质工程”、“中国水利优质工程”。进入新千年后，工程局介入到抽水蓄能电站新领域的施工中，又屡创佳绩，先后荣获“同类工程工艺最高新纪录”、“中国企业新纪录”等殊荣。

从 1970 年开始，工程局涉足机械制造和金属结构的制造。1970～1972 年，依靠自身技术力量，制造了 6 万千瓦低水头水轮发电机组。在此同时，工程局和华东水利学院、浙江大学、同济大学组成 3 校 1 局科研协作小组，设计并制造了湖南镇水电站引水系统的月牙形内加强肋高压岔管，其成果及经验引起兄弟单位的重视，并获 1978 年全国科学大会设计奖。在改革开放以后的 1988 年，工程局和浙江大学合作，试制成功 ZXST2 型蒸汽两效溴化锂吸收式制冷机，为浙江省填补了空白。

科技进步工作是一项系统工程，完善的决策体制是科技进步工作的重要保证。为了加强对科技工作的领导，1998 年 5 月工程局成立以局长为组长，工程局局总工程师为副组长的局科技领导小组和技术专家委员会，局科技领导小组成员包括人事、生产、经营、设备、科研、财务等部门负责人。技术专家委员会成员由教授级高工和具有专业特长的技术人员组成。技术专家委员作为工程局技术决策的咨询和支持机构，在制定科技发展规划，科技项目的立项、评审、评奖、考核与解决局重大技术问题上发挥重要作用。工程局致力于科技投入与创新，2006年召开第二届科学技术大会，明确从制定发展规划、完善体系创新、提高自主创新能力、健全工作责任体系、加大投入、加强人才队伍建设六个方面，努力建设成为有特色的科技领先型企业。

第一节 机　构

一、局技术领导人更迭

1956年11月2日，徐洽时被任命为工程局首任总工程师。1958年夏，徐奉命调到瓯江水力发电工程局任职后，全局技术工作由副总工程师潘圭绥主持。1962年7月26日，潘圭绥任总工程师。1964年5月，中共浙江省委组织部函复水利电力部水利水电建设总局党组，函称："省委同意潘圭绥调上海勘测设计院工作，工程局总工程师由副局长刘震南兼任"。1974年7月刘震南退休，工程局总工程师一职空缺。1978年4月18日，周恒寿被任命为工程局总工程师。以后，工程局总工程师一职由郭文敏、董润生先后于1984年12月5日、1994年5月7日继任。1997～2004年工程局总工程师为马如骐，2005～2006年11月总工程师为沈益源，2006年12月李秋生任总工程师。

二、工程局技术管理机构

1997～2002年有局总工办、技术部（浙江中水勘测设计研究院）、施工科学研究所。2002年工程局撤销局总工办，根据工程局的科技管理组织架构，设置了以工程局、分局、项目技术职能部室为主体的三级科技管理机构，并建立健全了以总工程师为首的技术责任制，各级科技管理机构密切结合自身专业特色开展科技创新工作。这样既发挥下属单位的技术优势和创新积极性，又形成了工程局的公共技术平台和核心技术，形成了工程局上下结合、资源共享、各有侧重、优势互补的科技创新体系。

局技术部（浙江中水勘测设计研究院）

工程局技术部（勘测设计院）系国家乙级勘测设计单位，具有工程测绘甲级资格证书，电力行业（水力发电）设计乙级，建筑行业建筑工程设计乙级，工程勘察专业类岩土工程（勘察）乙级资质，设有水工、机电、工民建、信息室、测量队、勘测队等队室。技术部除承担工程局日益增多的科技管理任务外，还完成了大量大中型电力工程的施工组织设计和工业与民用建筑工程的勘测设计任务，为工程局提供技术支持和服务。

技术部初名设计室，成立于1956年底，主要负责新安江水电站施工设计。1957年11月23日，根据精简机构的精神撤销设计室，将业务并入施工技术处。1973年初，成立工程局勘测设计院。该院先后完成瓯江流域规划、紧水滩水电站初步设计、湖南镇水电站设计修改和优化以及温岭县江厦潮汐试验电站的勘测设计等。1978年5月，水利电力部通知，撤销工程局勘测设计院，人员调到水利电力部新组建的华东勘测设计院。随着改革开放的深入，工程局于1984年成立技术设计处（设计室），1992年6月改名勘测设计研究院，有职工206人，其中具有高级职称的28人。该院拥有齐全而先进的勘测设计手段，各专业设计计算和绘图由计算机辅助设计完成。现持有1993年7月1日建设部颁发的“工程设计证书”，能源部、水利部水利水电规划设计总院颁发的“工程总承包资格证书”，1996年10月国家测绘局颁发的“甲级测绘资格证”。

勘测设计研究院所属的测量队组建于新安江水电站建设时期，作业高峰时设3个测量分队，人员达121人。20世纪50年代，为满足测量高水平的要求，从瑞士进口当时最先进的测量仪器50多台（件），在测绘技术上亦有多项改革：1959年在新安江水电站左坝头塌方处理中采用安全高效的悬标交会测量法；1962年试用地面立体摄影测量解决大坝溢流曲线浇筑、变形测量中的难题，此属水电施工中的首创。除完成工程局承建的所有大中型水电站施工测量任务外，先后撰写并在各种技术杂志发表论文40多篇，获省、部级学会奖励的7篇，其中高级工程师朱顺全撰写的《变形观测的时间、方法探讨》一文获1988年华东六省一市优秀论文一等奖。

施工科学研究所（浙江电力建设土建工程质量检测中心）

工程局施工科学研究所（简称工程局科研所）位于浙江省建德市，毗邻新安江水电站和风景秀丽的千岛湖。截至2006年，有职工110人，其中中级以上职称的专业人员有35人（教授级高工2人，高工11人，工程师22人），初级职称人员有33人，学科涉及水工建筑、工业民用建筑、工程地质、建筑材料、化工、电子仪器、工程机械、焊接、工业自动化控制等专业。工程局科研所是一家集科研、材料试验与检测、结构缺陷与修补、工程监理、混凝土外加剂产品研制与生产等综合性的科研单位。

工程局科研所下设实验室，具有电力部颁发的一级土建试验室、浙江省建设厅颁发的建筑工程一级建筑材料室、国家认证认可监督管理委员会颁发的计量认证资质证书，可承接水利水电系统土建工程的原材料试验检测和工程质量检测项目。

工程局科研所下设的浙江电力建设土建工程质量检测中心有限公司，具有国家实验室认可委员会颁发的实验室认可证书、浙江省质量技术监督局颁发的计量认证合格证书、电力建设工程质量监督总站颁发的中心型一级试验室资质等级证书，可承接电力建设土建工程项目的现场试验室检测任务。

该所成立于新安江水电站施工初期的1957年1月，建所之初名为“施工科学试验所”。建所之初，人员和设备以上海勘测设计院勘测总队为基础，后陆续从丰满、官厅、上犹等工程处（局），以及大专院校毕业生和城市知识青年调到工程局的人员中调配。新安江水电站施工高峰时，人员从71人增加到100多人，分混凝土、水泥、砂石、力学、水工、化验、现场质控等组室。1960年4月新安江水电站投产发电，工程局科研所人员于6月以后大批外调，留少数人员组成试验室，先归属工程局基建办公室，后归属新安江工程指挥部质量安全科。1962年“四江”合并，由“四江”科学试验人员组成施工科学研究所。1965年下半年，改名科学试验所。以后，该所所址随工程局承建富春江、湖南镇、紧水滩等水电站转移。1971年初，除保留湖南镇水电站工地的科学试验所建制外，抽调人员和上海勘测设计院撤销后调到工程局的部分人员在建德县新安江镇组建科学研究所（为勘测设计作科学试验）。1978年6月，科学研究所撤销，上海勘测设计院人员调离工程局，留下人员并入科学试验所，成立施工科学研究所。1985年初，紧水滩水电站工程进入后期施工，除常规材料试验组外，其余人员和设备全部迁到建德县白沙镇新建的办公、试验大楼。改革开放以来，该所派出试验人员分赴工程局承建的各工地，在工程局承建的大、中型水电站中，承担各种建筑材料的检验、混凝土质量的监控、混凝土级配设计和掺合料的试验和应用、施工工艺的试验，为导流工程作模型试验，作砂石料料场的质量、蕴量的验勘，桥梁荷载能力的测定等。其间，在新安江水电站木笼围堰施工中采用水下混凝土防渗材料，采用环氧树脂砂浆修补新安江大坝溢流面和厂房顶的大面积混凝土缺陷，在湖南镇、紧水滩、石塘等水电站的混凝土浇筑中按比例掺合粉煤灰和糖蜜减水剂。1987年又参加了筹建福建省水口水电站的试验室并负责开展工作。1985年起，该所面向市场，以科学技术和设备能力服务于社会，开展技术咨询，先后承接贵州省东风水电站“七五”攻关课题——自升模板与悬臂模板的研究与应用，水口水电站的钢筋铝热锁定连接及机械连接工艺的研究，长江三峡水电站钢筋连接快速施工课题的研究等。以上研究均取得在全国水电建设界具有影响的技术效果和经济效益。

浙江省城市建设厅于1990年4月核定该所建材室为一级建筑工程试验室；浙江省电力工业局质量监督中心站于1992年2月12日审定该所为浙江省电力建设土建工程质量检测中心；能源部电力建设工程质量监督中心总站审核，定该所为公司型一级电力建设工程土建试验室；浙江省标准计量管理局于1994年11月对该所检定测试能力及其可靠性进行评审，认证合格，发给“认证合格证书”。1994年11月3日，该所与浙江省广厦建筑集团股份有限公司联合在该所建立广厦建筑科学研究所。

在科学研究方面，1991～2006年共完成了15项科研项目。其中，VF防裂剂研制与堆石坝面板混凝土防裂技术成功应用于宁波梅溪水库堆石坝、浙江义乌八都水库堆石坝、温州珊溪水库堆石坝、安徽港口湾水库堆石坝、河南鹤壁盘石头水库堆石坝等20多座面板混凝土中，特别是在温州珊溪水库堆石坝面板混凝土应用中，一次性连续浇筑最大长度142.63米，面板总面积为7万米^2，经业主、监理施工单位多次检查未发现任何裂缝，取得了很好的防裂成果。2000年该项研究成果通过了浙江省科技厅组织的专家鉴定，认为该项技术达到国际先进水平。该成果于2001年10月获中国企业联合会、中国企业家协会颁发的中国企业新纪录，分别荣获中国水利水电集团总公司科技进步二等奖、水电十二局科技进步一等奖。主要产品开发研制有VF防裂剂、VF膨胀剂、NMR－Ⅰ高效减水剂、NMR－Ⅱ缓凝高效减水剂、NMR－Ⅲ保塑型高效缓凝减水剂、NMR光亮型高效减水剂、BLY引气剂、BLY引气减水剂、PT糖蜜减水剂、PT－Ⅱ高效减水剂、PT转化糖蜜减水剂、ZT－Ⅱ高效减水剂、MN早强减水剂、MS早强剂、FK防水剂、NS养护剂、MB防水嵌缝油膏、FMD防冻剂等。

工程局科研所研究的机口外掺氧化镁均匀性及其检测技术成功应用于龙滩水电站碾压混凝土和广东惠州抽水蓄能电站引水管氧化镁混凝土工程，获得了工程局科技进步二等奖。目前工程局科研所在国内拥有该项技术的独立知识产权。

近几年，工程局科研所还开发了第三方现场土建试验室计算机管理软件，并将此应用于国内大中型的火电和水电工程的第三方现场土建试验室。通过该系统的运行，工程局科研所总部可直接对各现场试验室的取样、收费及出具的检测报告和所有业务数据实现即时查询、汇总、分析，实现了总部对各现场试验室业务的网上即时监督控制。该管理软件在水利水电系统是首次获得应用，它的应用更加体现了第三方土建试验室检测工作的科学性和公开、公正、公平性，也进一步提高了工程局科研所的管理水平和市场竞争力。此外，工程局科研所还完成了 VF 防裂剂改性研究、NMR-6 泵送剂产品的开发研究、NMR（光亮型）高效减水剂产品开发研究等科研课题的研究。

工程局科研所近几年参与了多种国家标准、规程、规范的编写工作，有《镦粗直螺纹钢筋接头》、《钢筋焊接及验收标准》、《钢筋机械连接通用技术规程》、《电力建设施工质量验收及评定规程》、《100kV～1000kV 变电所工程质量验收评定规程》、《机械连接技术规程》、《面板堆石坝施工规范》等。

第二节　科　技　发　展

从科技兴局的角度出发，根据工程局的总体发展规划，工程局于 1998 年 10 月制定了 1998～2000 年工程局科学技术发展规划。2001 年制定了 2001～2005 年工程局科技发展规划。2006 年，围绕工程局做大水电主业，增强自主创新能力，推进产业结构调整，扩大非水电市场，经工程局第二次科技大会讨论和广泛征求意见，制定了 2006～2010 年工程局五年科技发展规划。

为充分发挥科技进步和技术创新在工程局发展中的重要作用，工程局每年召开科技工作会议及科技进步奖评审会议，研究审查工程局科技发展规划、年度技术进步计划，落实科技进步项目，表彰科技进步先进单位、科技进步奖、先进科技工作者，交流施工技术经验等。

为加强科技工作的制度化建设，工程局先后制定或修订了《科学技术管理办法》、《科技项目管理办法》、《科学技术进步奖励办法》、《科技进步工作考核办法》、《技术管理机构技术职责》、《科技人员技术职责》、《科技工作先进单位和优秀科技工作者评选办法》、《工程建设工法管理办法》、《科学技术经费管理办法》等管理制度，建立健全了工程局科技工作的规范化管理机制。

第三节　施　工　科　研

一、滑模施工

竖井衬砌　湖南镇水电站引水工程中的小调压井、闸门井、大调压井的混凝土衬砌于 1977 年首次采用滑模施工新技术。

小调压井深 80.1 米，其中 177.9～246.75 米高程段计 68.85 米，采用液压滑模施工，其余部位仍用常规立模施工。闸门井深 64.60 米，设有检修、事故闸门槽两道，通气孔 1 个。其中上部自 233～245.50 米高程为闸门检修室，173.10～185.60 米高程为与隧洞相接的三通段，因断面尺寸不一，结构复杂，采用常规立模施工；185.60～232.40米高程井身段计46.80米，采用液压滑模施工。大调压井底板高程为178.2米，井深78.0米，均采用液压滑模施工。

根据3个竖井的特点，施工技术人员设计出滑模结构的组成及其结构形式、操作平台的孔口尺寸和位置，同时对整个施工期中结构的最不利荷载、结构的强度和刚度均进行了计算，确定各组成部分在不同施工期的安全顺序，对施工现场的布置作了合理安排。

滑模结构包括承重大梁、操作平台系统（包括操作平台和支承杆）、模板系统（包括提升架、钢模、吊脚承架等）等，对其中的承重结构作出荷载设计，对大井的承重桁架梁、大井操作平台、液压系统均在现场作了荷载试验。对属于液压系统的安全卡经多次试验均因失效而被取消使用；对管路接头和液压控制台在试验中出现不足之处采取相应补偿措施，使之达到设计要求。

为取得经验，按先易后难，即小调压井、闸门井、大调压井的顺序进行。小调压井于1977年12月16日开始浇筑，到1978年3月8日完工，滑模施工浇混凝土1986.2米^3，实用工日37天计111个班次；闸门井于1978年9月29日开始浇筑，1978年10月29日完工，滑模施工浇混凝土2933.4米^3，实用工日29天计87个班次；大调压井于1979年3月27日开始浇筑，同年7月3日完工，滑模施工浇混凝土4868.8米^3，实用工日85个班次。建成后，3个竖井每平方厘米承受6～8千克力的内水压力，外形轮廓尺寸完全达到设计要求，工程质量均为良好以上等级，整个施工期未发生严重的安全事故，实现了快速施工。该项新技术与常规立模施工比较，钢材多用33%或46%，木材节约68%或90%，毛竹节约90%或97%，劳动力节约16%或45%。施工工期，小井2.4个月，闸门井2个月，大井2.5个月。如以常规立模衬砌，按照国家定额并结合工程局实际施工条件推算，分别提前工期4.6个月、4个月和7.5个月，经济效益显著。

烟囱浇筑 温州发电厂一期工程主烟囱净高210米，下口（0米层）外径21.5米、内径20.1米，上口外径7.2米、内径6.44米，由钢筋混凝土浇筑而成。烟囱基础深4.1米、直径30米，于1988年12月11日至12月16日浇筑，计浇筑混凝土2400米^3；筒壁混凝土总量3158米^3，21米以下为常规浇筑，以上部分采用滑模施工。

滑模平台由工程局自行设计，采用辐射状拉杆空间结构，直径21米，中间安1个3孔随升井架，井架平面尺寸3.5米×1.4米，高9.5米。平台鼓圈直径3.7米、高3米。辐射梁42根，其上布置GYD-30型液压千斤顶84只，平台上安装8根硬支撑与井架相连，门架（开字架）里外分别设有双层脚手架，平台上安装1个起重0.5吨扒杆。1988年11月25日，工程局机械制造总厂制作完成烟囱滑模装置，随即运抵工地。次年1月27日至4月6日，0～21米筒身浇筑完成，共浇筑混凝土802米^3。5月1日开始组装滑模平台，至6月5日完成。6月10日至8月20日进行滑模平台静、动荷载试验并达到设计要求，同时，卷扬系统（卷扬机房设在离烟囱中心80米处，内设SSJ-5/3双筒双速卷扬机2台、0.5吨单筒卷扬机1台）安装调试完毕，施工人员安全、技术培训结束。8月21日开始滑模浇筑，至9月7日滑升至60米；在对滑模平台随升井架和辐射梁作加固改进后于9月12日再次起滑，26日升至104米，滑模第一阶段结束。10月12日第三次起滑，11月2日升至165米高程；3～8日再次修正改装滑模平台，9日又一次起滑，11月26日21时10分到达210米顶端，共浇筑混凝土2356米^3。这是工程局自行设计滑模装置、自行完成滑模施工的首座高烟囱，整个滑模施工历时98天，实际浇筑时间68天，平均每日滑升2.78米，达到国内先进水平。烟囱滑模队成为浙江省内第三支能够独力承担高烟囱滑模施工的建筑队伍。经测定，各项数值均优于设计要求控制值，质量被评定为优良。

二、拱围堰快速施工

紧水滩水电站采用隧洞导流，混凝土单曲拱围堰截流。围堰高23米、拱顶弧长242.7米，最大底阔8.1米，拱顶厚3.6米，最大圆心角为114.94度，其貌如小型拱坝。

拱围堰施工分9个堰段。两端6个堰段位近岸坡，枯水期可以作业。中间3个堰段在河床中，位于正常水位下。按常规施工方法应先做临时围堰，排去堰内江水，然后分段浇筑，待混凝土冷却到稳定温度后，再灌浆、拼缝、封拱。这样的施工方法，在一个枯水期内无法完成。此时，水利水电建设总公司为了寻找混凝土工程快速施工的途径，选择紧水滩水电站工程的拱围堰作新技术施工的试验工程。工程局科研所经反复实验，研制成功并自行生产一种具有绝热温升低（14～17摄氏度）、体积膨胀慢（90天膨胀量0.075%）、膨胀持续时间长（28天）、体积收缩小（21～28天不收缩或略有膨胀）等特殊性能的低热微膨胀筑坝水泥。在施工方法上，9个堰段中的1、3、7、9段用普通混凝土先行浇筑（称“先浇块”），其余5段采用低热微膨胀水泥混凝土浇筑（称“嵌块”）。由于嵌块混凝土的膨胀性产生预压应力，能与相邻的先浇块横缝闭合，还能抵消一部分由于混凝土温降收缩而产生的拉力，从而提高混凝土的抗裂性能，避免出现裂缝。河床中的3个共81米长的堰段全部用低热微膨胀水泥混凝土，并采用液压滑升模板新工艺进行整体浇筑，连续浇筑到顶，省略了分缝、冷却、灌浆等工序。围堰河床段从1984年1月19日开工，到3月5日完工，围堰整体亦在上旬全部完工。共浇筑混凝土23234.5米^3，其中低热微膨胀混凝土10380.4米^3。3月底开始挡水进行基坑开挖，未发现有渗漏现象，4月下旬浇捣大坝基础混凝土。5月堰顶第一次泄洪，围堰安全无恙。

拱围堰快速施工的成功既完成了总公司下达的科研任务，又为紧水滩水电站提前1年发电创造了条件。其81米长通仓高块连续浇筑工艺在国内更属首次，1984年11月，获水利水电科技进步一等奖。

三、混凝土面板堆石坝

20世纪80年代工程局与有关设计单位紧密配合，大胆创新，承建浙江省遂昌县境内的成屏一级电站和福建省龙岩市境内的万安溪水电站，其拦河大坝采用就地取材试验成功，至今工程局已兴建面板堆石坝36座，节约大量钢筋、水泥等建筑材料，取得了明显的经济效益。

成屏一级电站　装机容量8000千瓦的成屏一级电站的拦河大坝采用国际坝工界流行的混凝土面板堆石坝，是我国首批3座面板堆石坝之一。该工程的设计和施工被水利电力部列入“七五”期间科技攻关项目。电站由浙江省丽水地区水电设计院设计，工程局以第一工程处为主组建成屏一级电站项目经理室于1986年11月进点施工。

成屏面板堆石坝最大坝高74.6米，坝长238米，坝顶宽两端为5米，中间为5.5米，上游坝坡1∶1.3，混凝土面板总面积1.58万米^2，下游坝坡亦为1∶1.3，干砌块石护面，并设两条马路、3座观测房，坝内设灌浆、观测、交通廊道，坝址下设1道观测渗流量的量水堰。

该电站面板堆石坝的施工依据，初期有丽水地区水电设计院的设计图纸、技术要求文件和国家颁布的《碾压式土石坝施工规范》等。直至1989年才有中国水利学会施工专业委员会面板学组于1989年4月编制的《混凝土面板堆石坝施工技术暂行规定》（征求意见稿）可供参考。

该电站面板堆石坝的主体堆石量为82.6万米^3，下游护坡砌石为8272米^3，两者之和约占工程总量的96.7%，而混凝土工程量仅3.15万米^3，占工程总量3.3%。

在面板堆石坝中起着传力结构又具有半透水性能的垫层料，系采用破碎机加工成3种不同粒径的粗、细石料再和经过人工筛选的河沙按比例搅拌而成。拦河坝堆石体部分，设计共分为7个区域，即G、A、B、C、D、E、F。其中G、A区为垫层，B区为过渡层，C区为主堆石区，D区为下游堆石区，E区为下游块石护坡，F区为坝顶L墙及坝顶公路下堆石区。对各区填筑石料的粒径、填筑厚度、碾压工艺均有不同的施工设计和技术要求。其中主堆石C区和下游堆石D区的填筑量最大，其施工程序为，在料场由挖掘机将石料装上T20自卸汽车，汽车运料上坝，卸下后由推土机平整，铺层厚度实际为1米（局部填筑中亦有超厚至1.2米）。后由推土机牵引12吨振动碾进行碾压，一般要碾压6～8遍可达到严实。碾压前先洒水，碾压进行中边洒边压。在每层填筑碾压完后即挖掘试坑，进行干密度测试。此项测试采用灌水法进行。先采用直径为150厘米套环进行测试，后采纳水利学会建议改用直径250厘米套环进行测试。主堆石C区和下游堆石D区经测试44个试坑，其干密度均在每立方米2吨以上，100%达到设计要求。主堆石C、D区堆石总量为668635米^3，占大坝全部堆石的81%。

该大坝上游面挡水防渗结构由混凝土头墙（趾板）和混凝土面板组成。头墙设计分为28条块，面板设计分为23条块。头墙混凝土浇筑施工按照常规进行，浇筑量为16558米^3。面板混凝土施工采用工程局自己设计制作的翻模和滑模，滑模有12米和6米两种。一期面板（高程320米以下部分面板）因滑模未到场，相当部分面板采用翻模浇筑，仅河床中间4条块采用滑模。二期面板周边几块采用翻模，其他均使用滑模浇筑。面板浇筑时采用工程车运送混凝土卸入溜槽入仓的方法。由于混凝土采用三级配，又掺入适量的粉煤灰和外加剂，坍落度控制在4～5厘米，滑模沿面板钢筋铺设，坡度较缓，入仓时混凝土基本上无分离状况。面板混凝土浇筑总量为7222米^3。除趾板和面板的混凝土工程外，尚有交通廊道、L墙和坝顶路面等共浇筑混凝土2902米^3。

成屏一级电站面板堆石坝施工经历两个阶段，第一阶段为工程开工（1986年11月）至1988年底下闸蓄水阶段，大坝填筑高程为325米，面板混凝土浇筑高程为320米；第二阶段为1989年5月，大坝填筑到顶，同年11月面板混凝土浇筑到顶，高程为348.10米，1989年汛期已挡水发电（其时高程320米以上部分仅用砂浆护面），汛期水位超过320米，最高水位达338.52米，超高水位延续至同年9月，致使320米高程以上部分施工受到影响，同年10月水位下降后才继续施工，再加上溢洪道施工的干扰，大坝工程延至1991年10月全部竣工。

1992年3月20日成屏混凝土面板堆石坝质量检定会专家组鉴定认为：大坝施工质量良好，符合设计要求，达到国内先进水平。该电站施工中的垫层砂浆保护、垫层掺河砂、坝体临时断面挡水等经验均被编入我国混凝土面板堆石坝的设计与施工规范中。山西太原工业大学水利系受水利电力部委托，派专人来成屏工地和工程局录像中心摄制、翻录该电站施工实况，出版作为大学教材。

万安溪水电站　工程局于1990年6月中标承建装机容量4.5万千瓦的万安溪水电站除溢洪道项目以外的全部枢纽工程。其拦河大坝坝型为混凝土面板堆石坝。最大坝高93.8米，是其时国内同类坝型的第二高坝。在完成趾板开挖、浇捣之后，1992年3月5日开始坝体施工。

根据万安溪水电站坝体不同部位受力特征、作用和对堆石料不同要求，坝体自面板后依次分为垫层区、过渡层区、主堆石区、次堆石区及护砌区。为了减少周边缝的不均匀变形，在周边缝下部设一垫层细料小区。在两岸坡和堆石之间设置垫层料区和外包过渡料区，以提高两岸较陡岸坡接触部位的压实度和变形模量。垫层区和过渡层区水平宽度均为3米，与边缝接触部位设垫层小区，坝前高程312米以下设风化花岗岩细砂防渗铺盖，铺盖外侧用块石保护，顶部水平宽度细砂土由3米改为2米，块石宽度3米，前者边坡1∶2。

在坝体填筑前的1991年9月至次年1月，包括工程局万安溪项目经理部在内的5个单位联合组成爆破碾压小组进行爆破碾压试验。制定大纲后，在主料场348米高程先后进行堆石区、过渡料区、垫料区的爆破试验。在已碾压14遍以后的导流洞弃渣料上铺筑主料场开挖料进行碾压试验。爆破采用深孔梯段方式，炸药采用福建生产的新2号岩石硝铵炸药。碾压试验成果表明，过渡料铺层厚度0.4米、加水量25%、碾压6遍，主次堆石区铺层厚度0.8米、加水量25%、碾压4遍即可达到设计要求。工程施工过程中沿碾压方向第一条带压4～6遍后以行车方向错距0.2米往返碾压即达设计要求。

在施工实践中除掌握上述的厚度、碾压遍数和从严掌握洒水工艺外，还控制不同部位对填筑石料粒径的不同要求，尽量达到良好石料级配。在主次堆石区，石料粒径控制在0.6～0.8米，过渡层料粒径为0.3～0.4米，垫层料粒径0.06～0.1米，小区料最大粒径不得超过0.04米。爆破后的超径石料，均作爆破解小处理。在垫层料场安装破碎机，该机每小时生产0.06～0.1米石料17吨，24小时生产可满足垫层填筑要求。在垫层料料源不足的情况下，掺用风化花岗岩粗砂垫层料获得成功。通过现场测试，物理力学性能良好，满足作为传力结构、防渗等二道防线的垫层料的要求。坝址附近风化花岗岩粗粒砂分布广泛，储量丰富，用以代替河砂，缓解河砂不足的困难，经济效益亦十分显著。

坝体堆筑堆石始于1992年3月，1994年10月完成，共堆石105.52万米^3，其中堆石料96.22万米^3。主次堆石区填筑除按照施工工艺控制质量外，并按规定作挖坑试验，以设计要求为标准，校核干密度和孔隙率。至1993年底，做试坑14个，几项指标均满足设计要求。过渡层、垫层堆石亦均挖坑作干密度、孔隙率测试，试坑成果表明，填筑质量较好。

万安溪水电站钢筋混凝土面板分两期浇筑，第一期浇筑时间在1994年2月1日至3月31日，第二期浇筑时间在同年11月20日至12月29日。两期共浇筑38个条块，浇筑混凝土8973.4米^3。混凝土面板双向配筋，配筋率0.3%～0.5%，除少量边角、特形块外，均以滑模施工。钢筋混凝土面板厚薄根据不同部位而定，其厚度为0.3～0.6米不等，总面积有1.93万米^2。工程局万安溪项目经理部根据面板应具有抗渗、抗裂、耐久性和一定柔性等设计要求，严格按照设计结构尺寸施工。混凝土级配坚持采用北京水利水电科学研究院耗时3年多专为万安溪水电站研制的优良级配（共研究出30多个级配，再由福建省水利水电研究院根据天然砂和机制砂选出两个级配），在实际操作时随时抽查配料的正确性，建立质量保证体系，对骨料、水泥等原材料、混凝土搅拌时间、混凝土入仓布料及混凝土脱膜以后的养护等工序和工艺均有明确的规定和施工措施，逐项落实，专人负责。一期面板浇筑用28天作试块强度试验，用河砂拌制的共做18组试件，偏差系数为0.14，机制砂拌制的共做13组试件，偏差系数0.11，均达到优良标准。1994年4月，邀请国内部分面板坝专家来工地作鉴定，经检查未发现任何裂缝。1995年8月25日，面板防裂技术获水利部科学技术进步二等奖（1996年3月25日颁发荣誉证书）。

四、预裂爆破

紧水滩水电站大坝坝基开挖量约为16.61万米^3，采用预裂爆破技术，预裂面积1.46万米^2。首先开挖左右两岸岸坡（110～194米高程）、坝坡基础，然后开挖大坝水下（92～110米高程）基础。两岸岸坡采用全径向、三向预裂梯段爆破法施工。由194米高程自上而下分层开挖，每10～15米的垂直高度为1个梯段（最小试验段为6米），两岸L坡各分8个梯段，每个梯段开挖量为2000～4000米^3，多数梯段为3500米^3，开挖量最大的6000米^3。每梯段上、下游面和建基面，钻孔孔径90毫米或100毫米，预裂孔孔距0.8～1米，爆破孔孔距2～3米，共计钻预裂孔840只、7459.74米，爆破孔865只、6697.31米，爆破3.28万米^3，消耗炸药19吨。1982年12月，开始在右岸岸坡第一梯段作预裂爆破试验。翌年4月开挖正式动工，10月13日，右岸坝坡开挖结束。11月18日，右岸坝坡最后的120～110米高程梯段钻孔完成。岸坡开挖后实测，5个梯段1116个点，不平整度多数为2.7～5.3厘米，超过15厘米的仅占2.15%；预裂孔平台平均超设计线25.8厘米，平均未达到设计线22.44厘米。预裂梯段爆破开挖质量优良。

大坝基坑开挖采用水平三向预裂、分块爆破法施工，共分10块开挖。1983年10月中旬开始动工至翌年3月结束，大坝基坑共钻预裂孔714只、3654.34米，钻爆破孔1128只、6905米，爆破3.27万米^3，炸药单耗0.46～0.53千克/米^3。开挖面平均超设计线38.35厘米，平均未达设计线26.4厘米，建基面基本平整，几何轮廓清晰、整齐美观，边坡稳定。

厂房、溢洪道、筏道、9开关站等基础开挖的爆破方法与大坝基坑开挖相同。

黄坛口水电站扩机工程三向预裂控制爆破黄坛口水电站扩建工程中的开挖高差达51米，开挖量约6万米^3。开挖爆破面的周边系大坝、厂房、调压井、开关站，顶上为高压线路。为控制爆破飞石，工程局水电二公司采用毫秒微差法进行三向预裂控制爆破，以确保开挖边坡的稳定，减小爆破振动速度。根据实践经验采用三向预裂，可使梯段爆破振速减弱30%左右。又根据梯段岩性，确定钻孔直径为100毫米，孔间距取钻孔直径的8倍即800毫米，孔深18～22米，耦合系数3.1，线装药密度为0.27～0.30千克/米，底部500毫米范围装药量取线装药密度的3倍，且连续装药，中间按400毫米间隔，将药卷与导爆索用胶布绑扎在毛竹片上，并让竹片靠边坡的一面，使药串在孔内居中，半孔残留率达90%以上。因预裂孔群多，各预裂孔之间将爆索与非电毫秒雷管组成顺序微差控爆网络，控制单响起爆药量，分段容量大，使飞石之间产生相互碰撞、挤压，起爆延时安全性较好。经8次大爆破，均未发生飞石伤物事件，建筑物安然无恙。

第四节　施　工　技　术

一、温州电厂三期循泵房进水口岩塞爆破技术

温州电厂三期循环水泵房进水口位于瓯江入海口水位以下13米左右，进水口采用岩塞爆破。岩塞开口尺寸，里端直径为520厘米，外端直径不小于520厘米。岩塞厚度的选取与地质条件、岩塞尺寸、上复水深度等因素有关，由于该工程采用排孔爆破，加之水头不深（小于13米），岩塞平均厚度为4.2米。

1. 设计要求

(1) 岩塞一次性爆通进水，过流断面满足使用要求。

(2) 取水口不发生较大坍塌，取水口上部略成喇叭状。

(3) 有效保护一、二期循环泵房的正常运行及其水工建筑物安全。

(4) 爆破岩渣85%进入岩塞后面的积渣坑。

2. 爆破方案设计

由于本期工程周边环境复杂，质点振动速度控制要求高，加之预留岩塞厚度较小，爆破方量不大，确定采用钻孔排炮，水力冲渣爆破方案。

根据洞身段开挖所揭露的岩石地质状况看，岩石属水工分类Ⅱ～Ⅲ类围岩，岩塞爆破使用防水性能好，适合水下爆破工程的非电雷管和防水导爆索以及ML-1型岩石乳化炸药。经计算各爆破参数见表8-1-1。

表8-1-1　　各爆破参数

序号	名　称	孔数（个）	孔径（毫米）	平均孔深（米）	平均装药长度（米）	平均单孔药量（千克）	总装药（千克）	雷管段位	间隔时间（毫秒）
1	导向孔中心	1	110	3.25	0	0	0	无	无
2	掏槽孔	6	90	3.22	2.42	7.46	44.76	4	50
3	预裂孔	41	40	3.43	3.03	1.05	43.05	2	0
4	主爆孔								
4.1	第一圈	12	40	3.32	2.82	3.89	46.68	5	25

续表

序号	名称	孔数（个）	孔径（毫米）	平均孔深（米）	平均装药长度（米）	平均单孔药量（千克）	总装药（千克）	雷管段位	间隔时间（毫秒）
4.2	第二圈	10	40	3.37	2.87	3.96	39.60	6	50
		10	40	3.20	2.70	3.73	37.30	7	50
4.3	第三圈	14	40	3.59	3.09	4.26	59.64	8	50
		14	40	2.71	2.21	3.05	42.70	9	60
合计		108					313.73		

3. 爆破网络形式选择

岩塞爆破采用双复式非电起爆网络起爆，由两组电雷管引爆，41 个预裂孔使用导爆索作为起爆体，主导爆索端部使用复式双发非电雷管联网。其余 66 个爆破孔，使用复式双发非电雷管和导爆索作为起爆体，组成双回路分别与击发电雷管连接，最后与起爆器电源连接。网路除预裂孔使用孔外延时首先起爆外，其他孔均采用孔内延时。毫秒爆破时间间隔选择在不大于 60 毫秒，结合工程的施工特点，起爆次序设计为 7 段。各段起爆药量及间隔时间详见表 8－1－1。

经有序施工，本岩塞控制爆破得到了较好控制，经爆破振动监测结果表明，各测点的地面质点振动速度均控制在设计的安全范围内。从检查情况看，进水口断面与设计轮廓线吻合，边坡稳定，引水洞衬砌段无岩渣，整个施工过程均未影响温州电厂的正常运转。

二、富春江水电厂厂房内部拆除爆破技术

富春江水电厂建成于 20 世纪 70 年代。电厂原设计安装机组 6 台，施工后期改为安装 5 台机组，并将 6 号机组的位置改建成右装配场。白云源水电工程拟利用现右装配场位置增设一台 60 兆瓦水轮发电机机组。

为此，需对原结构混凝土拆除，拆除结构混凝土为 5550 米^3，工期要求为 5 个月，而且不能影响现有机组发电。由于开挖的部位位于电厂厂房内，左侧有 5 号机及油压装置，右侧有空压机房，下游有副厂房等需要保护，开挖施工面四周受到严重的制约，且开挖处还有需要保留的结构，设计对开挖顺序有很高的要求。本项目属于拆除爆破领域，但又区别与一般的拆除爆破。

经对人工拆除、镐头机拆除、静态爆破等比较最终选择以控制爆破法拆除为主。为保证电厂安全运行，本项目爆破质点振动速率必须小于 2.5 厘米/秒。

爆破设计施工的总原则：

（1）为加快施工进度，降低劳动强度，对整体拆除或大部拆除的柱、梁、墙、楼面等，尽量采用粉碎性爆破法予以拆除。

（2）对于墙、层板等部位，采用先分离后爆破拆除，以确保保留部分的稳定与安全。

（3）对于拆一部分、留一部分的结构，采用先切割钢筋，预留保护层，爆破后人工修整的拆除施工方案。

（4）在爆破施工过程中，采取有效的措施对爆破时产生的爆破震动、冲击波、飞石等进行控制，防止其对厂房主体结构、发电机组及周边环境产生不良影响。

（5）拆除施工，按先难后易、先上后下的原则进行拆除施工。

自开始爆破到完成共计进行了49次，均没有发生爆破损坏发电设备、保留结构与人身安全问题，粉尘、烟尘控制在有限范围内，经过3次爆破震动测试，最大质点振动速度控制在2.5厘米/秒以内，电厂能正常发电。

三、滑框倒模技术

2×500吨升船机是水口水电站重要通航建筑物之一，其塔楼高度73.5米，提升段、平衡重段共8个塔楼，EL 43.5米以下为薄壁钢筋混凝土箱型结构，EL 43.5米以上为薄壁E型结构，施工难度大。①形体误差精度要求高，允许偏差仅12毫米；②结构形体复杂单薄，塔楼内布设有若干道暗梁及联系梁；③工期紧；④混凝土内在质量及外观要求高；⑤单个塔楼的左侧或右侧分别紧贴于已建的船闸或岩石边坡上。

经研究分析，对提升段及平衡重段采用导轨式滑框倒模工艺技术，该工艺技术的特点为：

（1）采用导轨，克服混凝土不平衡侧压力引起的平台漂移，使滑模平台沿轨道上升，确保形体精度。

（2）平台滑升，具有施工速度快的优势。

（3）模板采用倒模技术，改变了滑模模板与混凝土面摩擦上升的传统，模板与混凝土无相对运动，具备常规立模施工的特点，混凝土出面光滑，同时倒模技术允许在施工过程的任何时刻任意高程停滑，从而方便了塔楼内暗梁施工。

该项技术首次用于水口水电站2×500吨垂直升船机工程塔楼取得了较好的社会效益和经济效益。1998年电力部科技司组织技术鉴定，专家一致认为该项技术总体达到国际先进水平。

四、分层取水进水塔快速施工技术

光照水电站引水系统采用两洞四机分组供水方式，引水隧洞进水口采用岸塔式分层取水结构，分层取水采用叠梁门方式。进水塔高度80.5米、顺水流方向长度34米、前沿总宽度75.5米。共布置12个拦污栅墩、4个叠梁门墩、4个边墩、2个检修闸门井及2个叠梁门库。拦污栅墩、叠梁门墩及检修井胸墙之间共布置8层、152根系梁进行连接，进水塔混凝土总量为79842米^3、钢筋4689吨。

在进水塔结构混凝土施工中采用大型液压滑动模板施工技术，工程共投入5套液压滑动模板，最大一套滑模浇筑仓面面积235.48米^2，滑模平台面积836.5米^2，质量92吨，布置千斤顶134只，滑升浇筑高度75米。五套滑模总重量255.22吨，千斤顶共使用380只。

工程仅有一条道路通到进水口顶部，混凝土主要采用溜管进行垂直运输，共布置6条溜管，垂直运输混凝土约8万米^3，垂直输送混凝土高度达80米，混凝土入仓速度快、成本低、无离析现象。

工程系梁众多，施工安全隐患大、滑模施工影响大。施工中采用预埋钢牛腿、架设钢支承梁支模的方案，并结合滑模施工采取了空滑浇梁的方法，解决了高空浇梁难及系梁与滑模施工的矛盾。

进水塔顶板为整体梁板结构，进水塔顶板面积达 1754 米^2，距离底板高度约 80 米，高空支模、拆模难度大。工程采用了架设贝雷桁架反吊支模的方案。

以上施工技术在光照水电站进水塔施工中的应用，有力地保证了施工安全、加快了施工进度，施工质量良好，为类似分层取水进水塔施工起到良好的借鉴作用。

五、可调曲率钢模板技术

浇筑曲面形体的混凝土时，一般采用特制专用钢模板或小块标准模板组合进行立模施工。但由于是专用钢模的准备周期长，且通用性差，成本高；而小块标准模板组合形体误差比较大，外观成形差，且立、拆模烦琐。

针对以上情况设计开发出了可调曲率钢模板，其具有操作简单，通用性好，形体误差小，表面成形美观等特点，较好地解决了以上问题。

可调曲率钢模板的设计思路是，在允许范围内以折线代替曲线，通过模板桁架或竖围令上的调节装置，使钢面板设定的刚性相对较差部位产生弹性变形，从而将大模板工作面形成几个连续的折面，产生一个近似的曲面，达到改变模板工作面曲率的目的。

收缩调节装置，模板工作面形成一个外凸的近似曲面，反之，伸长调节装置，模板工作面形成一个内凹的近似曲面，这样模板能够在一定范围内实现从正弧到平面、反弧之间的无级调节，具有很好的通用性。另外，由于采用大模板的面板设计（面板由整块的钢板制成），且面板中的折点是由钢板弹性变形而形成的圆角，各折面之间圆滑过渡，因此混凝土表面成形美观，形体误差小。

利用该技术，可以根据需要设计成不同类型的可调曲率钢模板，如翻升钢模板、悬臂钢模板、自升式钢模板、普通大模板等；既可在固定曲率、变曲率混凝土表面立模中使用，也可以当平面模板使用；既可应用于常态混凝土的分层浇筑，也可应用于碾压混凝土的连续浇筑；且凹凸曲面均能使用，应用范围非常广。

根据此技术设计制造的 3 米×1.8 米可调曲率翻升钢模板、3 米×2 米可调曲率悬臂钢模板，已分别成功应用于多座混凝土拱坝，效果理想。

六、隧洞钢模台车法全断面混凝土衬砌施工技术

桐柏抽水蓄能电站尾水系统布置有四条平行走向的尾水隧洞，每条尾水隧洞由下平洞、下弯段、斜井和上弯段、上平洞组成。其中下平洞、下弯段、斜井和上弯段衬砌后为直径 7 米的圆形断面，斜井的倾角为 50 度。

考虑到尾水系统任务重，工期紧，同时确保衬砌混凝土成型质量，经研究尾水下平洞和斜井采用钢模台车全断面一次性衬砌施工。其重点研究内容为：隧洞全断面衬砌模板设计原理及方法；隧洞全断面衬砌施工程序及工艺；钢模台车牵引系统布置和行走轨道的安装；钢模台车的转移方法；下部反弧段消除气孔施工工艺。

通过尾水系统运用，表明采用该钢模台车进行全断面一次性衬砌施工既安全、高效，又能保证混凝土成型效果。

七、渠道混凝土衬砌施工技术

南水北调京石段渠道 S11 标段工程，全长 4900 米，渠底宽 20～21.5 米，渠上口宽度为 61.7 米，渠深 6.95 米。总干渠过水断面采用梯形断面，过水断面渠底纵坡为1/25000、边坡系数为1∶2.5～1∶3.0。渠道过水断面采用现浇混凝土衬砌，渠道衬砌混凝土厚度边坡为10厘米，底板为8厘米，下铺复合土工膜加强防渗。渠道衬砌混凝土建基面为砂壤土、壤土、细砂等。由于渠道宽、坡面长，对混凝土衬砌表面质量要求高，必须能承受一定的水压，靠人工用简单设备很难完成。

该项目采用了洛阳丽铭机器设备有限公司生产的PMCQ650型渠道坡面衬砌机，在施工过程中成功地解决了以下问题：

(1) 研究形成了一套从土方开挖削坡，保温板及土工膜的铺设，模板支设，混凝土摊铺、振捣、抹面、压光、养护、切缝及渠道薄壁混凝土裂缝处理的施工工艺流程。

(2) 掌握了渠道削坡控制要点及土工膜的焊接性能参数。

(3) 确定了渠道衬砌混凝土的各种性能参数。

(4) 掌握了PMCQ650型坡面衬砌机操作要点，确定了衬砌机工作速度、混凝土抹面参数及切缝时间等的工作参数，并进行局部技术改进，使其性能更加符合实际施工的需要。

(5) 掌握了薄壁混凝土裂缝的处理技术。

该项技术具有一定的先进性，实现了提高工效、改善施工条件、保证施工安全和提高工程质量的目的，在以后类似的工程施工中可供借鉴。

八、珊溪水库工程混凝土面板堆石坝施工技术

珊溪水库大坝为混凝土面板堆石坝，最大坝高132.5米，坝顶宽10米，坝顶长为448米，坝体分成7个主要填筑区，即垫层区、过渡层区、上游堆石区、下游堆石区、沙砾料区、面板上游粉土及石渣回填区、下游超径石回填区。坝基河床部位覆盖层较厚，最深达24米，坝体直接填筑在经局部开挖处理的河床覆盖层上。大坝混凝土面板总面积7.0万米^2，混凝土3.2万米^3。

施工中，通过对混凝土面板堆石坝施工技术研究和新技术、新工艺的应用，大坝填筑从优化料场选择、道路网络、设备配套、填体填筑分期等各方面，作出科学合理的安排，做到有计划全断面均匀上升，且连续8个月保持30万米^{3}以上的高强度填筑，坝料直接上坝率达到90%以上。混凝土面板通过优选混凝土施工配合比，采用掺VF防裂剂、高效减水剂、引气剂及优质粉煤灰等综合措施，采用科学的施工工艺，严格的施工管理，增强了面板混凝土防裂能力，经对面板不同龄期混凝土10次检查均未发现任何裂缝。

珊溪水库混凝土面板堆石坝工程通过对全断面均匀填筑施工技术和混凝土面板防裂施工技术的研究和实践，填补了当时国内外在该领域中的空白，达到国际先进水平。

九、高面板坝快速施工技术

三板溪面板坝主坝高185.5米，为当时国内已建最高面板坝。该工程于2003年11月15日开始填筑施工，大规模填筑2005年8月完成，历时21个月。

主要成果如下：

(1) 该工程进行了细致的总体规划，在施工道路布置、坝料开采、软硬坝料掺配、坝体分期填筑、施工设备配套等方面作出了科学合理的安排，整个工程施工组织严密。

(2) 工程施工建立了完整的质量保证体系。各分区坝料级配、坝体填筑参数、坝体各区填筑料干密度及孔隙率均满足设计和规范要求。坝体均匀性良好、坝体填筑质量优良。

(3) 研究提出了一套针对超高面板坝施工的关键技术和措施。

采取了加大前期填筑强度、加大面板顶部与面板浇筑平台之间高差、预留6～7个月预沉降期等措施；以浇筑前面板顶部沉降速率不大于5毫米/月控制面板浇筑，最大限度地使坝体的沉降与变形发生在面板浇筑之前，尽量减少后期沉降变形；通过大坝填筑均匀上升、加强对下游堆石区（软硬坝料掺配区）的填筑碾压质量控制，使上下游堆石区变形协调，坝体沉降和不均匀变形得到有效控制，使面板结构性裂缝、脱空得到有效控制。

大坝施工第一个枯水期内完成截流、基坑开挖，5个月大坝填筑240万米^3，4个月坝体上升93米，达到抵御超过100年一遇设计洪水标准。最高月填筑强度达72万米^3，面板浇筑前坝体挡水高度达63米，创造了国内同类型、同规模工程“一枯拦洪”新纪录。

该研究成果成功地应用于三板溪超高面板堆石坝的施工，其施工管理和施工技术达到了国际同类工程先进水平。

十、面板堆石坝坝身溢洪道施工（过流面板堆石坝）技术

钢筋混凝土面板堆石坝，往往采用岸边式泄水建筑物，可在一岸或两岸布置一处或几处溢洪道或泄洪隧洞。而将溢洪道直接布置在堆石坝坝顶和下游坡面上，不仅可以避免下游水流流态差及由于岸边地形陡深开挖造成高边坡等问题，可使枢纽布置简化、水流顺畅、施工方便，并大幅度地节约工程造价，从而极大地拓宽了堆石坝坝型的适应条件。

课题以桐柏抽水蓄能电站下水库面板堆石坝坝身溢洪道工程为依托，通过科学研究，总结出面板堆石坝坝身溢洪道施工工艺技术，填补我国在这方面的空白。

针对以下特点开展研究：坝身溢洪道位于面板堆石坝河床部位最大坝高处，下部堆石体最大高度为60.57米，堆石体必须满足控制变形要求；坝身溢洪道施工与面板堆石坝施工相互干扰大；坝身溢洪道基础结构复杂，堰首底板通过锚入在堆石体中的垂直锚筋与大坝坝体连接在一起，堆石体中的垂直锚筋钻孔困难；溢洪道泄槽底板通过15层锚固筋和4层锚固板与大坝坝体锚固在一起，施工时，既要保证大坝堆石体具有高密实度、低孔隙率、强透水性等特点，又要保证锚固筋和锚固板不会因堆石体振动碾压而受到破坏；溢洪道泄槽高差大，坡度陡，为1∶1.5，对混凝土平整度及抗气蚀、耐磨等性能要求高；对溢流面抗裂防渗要求高等。主要完成了以下研究：① 研究坝身溢洪道合理的施工程序；② 完成坝身溢洪道与坝体的锚固技术研究；③ 完成坝身溢洪道部位坝体施工程序、工艺和方法研究；④ 堰首垂直锚筋施工工艺研究；⑤ 坝身溢洪道混凝土施工程序、工艺和方法研究；⑥ 研究坝身溢洪道混凝土施工的最佳时间及与大坝面板混凝土施工之间的关系。

该项研究的成功实施促进了过流面板坝技术的发展，拓宽了面板堆石坝工程泄流方案的选择，进一步丰富了面板堆石坝的筑坝技术和工程经验。

十一、复杂地质条件下高面板坝高强度施工技术

紫坪铺水利枢纽工程大坝为混凝土面板堆石坝，最大坝高156米，坝体填筑总量为1200万米^3。

1. 工程主要难点

(1) 填筑强度高。填筑工期27.5个月，平均填筑强度达42.8万米^3/月，最高填筑强度达 86 万米^3/月。

（2）坝体填筑料填筑密实度要求高。特别是垫层料及过渡料，填筑压实孔隙率分别是 15.4%、17.3%，为设计规范的下限，过渡区料、次堆石区料及下游堆石区料的孔隙率小于设计规范的下限。

（3）填筑料场地形陡峻、开采面小、雾天的影响大及运输距离远。

（4）坝基地质条件复杂。坝基、趾板地基岩石由 T33xj13t、T33xj14 两大层的含煤含砾中细砂岩、粉砂岩、泥质粉砂岩、煤质页岩等组成。坝基及两岸坝肩有由煤质页岩形成的层间剪切破碎带 L10～L14 五条出现，破碎带宽 5～20 米不等。泥质粉砂岩和煤质页岩暴露地表后失水易崩解，遇水易软化。断层、裂隙发育，并含有瓦斯。由于地基含有煤层，在过去几百年间，遗留下许多采煤的废旧煤洞，废旧煤洞主要沿着层间剪切破碎带分布，有些有支洞或探洞，并随高度不同有多个通道相通或不相通，无规律性。这些废旧煤洞有的形成较为连续的集中开采，有的穿越趾板及防渗线，对边坡、地基、洞室的稳定带来不利影响，特别是对防渗极为不利。废旧煤洞处理难度大，费工、费时，安全问题突出，直接影响到大坝填筑及趾板混凝土浇筑的施工进度。

（5）帷幕防渗灌浆设计工程量达 28 万余米，工程量大，工期紧；大坝趾板河床段灌浆深度达 102 米，两岸帷幕最大深度达 220 米，灌浆深度大。

2. 针对难点完成的研究

（1）50 年一遇高土石围堰的设计和施工。

（2）大坝高强度、高压实标准的填筑施工技术。

（3）高面板坝混凝土面板裂缝控制技术。

（4）针对掉钻地层或煤洞，特大吸浆量孔段及涌水孔段的帷幕灌浆技术。

（5）废旧煤洞处理和防止坍塌、瓦斯、渗水的安全技术。

（6）3000 千牛、孔深 50 米的自由式拉压复合型预应力锚索施工技术。

大坝从 2003 年 3 月 1 日开始填筑，2005 年 6 月 16 日填筑至坝顶防浪墙底，坝体各填筑控制节点工期均达到或提前完成。施工期坝体最大沉降量 88.6 厘米，是最大坝高的 5.7‰。大坝蓄水后，量水堰测得渗流量为 23 升/秒。

工程的成功实践，为工程局在复杂地质条件下高面板堆石坝的大方量、高强度填筑施工、超大孔深灌浆及复杂煤洞群的处理积累了施工经验。特别是 2008 年紫坪铺大坝经受了“5·12”大地震的严峻考验，充分说明工程局这项科技成果的成功。

十二、地下厂房开挖及岩壁吊车梁施工技术

桐柏抽水蓄能电站地下厂房位于下水库左岸山体内，全长 182.70 米，宽 24.50 米（岩壁吊车梁以上宽 25.90 米），最大开挖高度 57.25 米。其上下游侧墙 75.2～78.1 米高程之间布置有岩壁吊车梁，全长 162.7 米。开挖工期 20.5 个月，开挖方量 19.89 万米^3，为工程局施工的首座地下厂房。

1. 地下厂房开挖施工

根据分布在不同高程、不同部位的施工通道，地下厂房自上而下分 7 层开挖。第 1 层开挖采用先挖中导洞，再两侧扩挖的方法施工。第 1 层开挖结束以后，为防止屋顶小牛腿及岩壁吊车梁因第2、3层开挖爆破而引起震动破坏和减小对岩壁吊车梁处围岩产生的影响，先对第2、3层上、下游边墙进行预裂爆破。预裂爆破参数为孔径ϕ89毫米，孔距80厘米，线装药密度500克/米。第2层中部开挖采用AtlasROCD7液压钻造孔进行梯段爆破。第3层采用先中部槽挖，后两侧扩挖跟进。为进一步减小第3层开挖对岩壁吊车梁的震动影响，第3层开挖前，在中部与两侧之间增加了一道施工预裂。第4～7层开挖分中部主体开挖和两侧、底板保护层开挖，中部开挖采用AtlasROC7液压钻造孔，梯段爆破。保护层开挖采用手风钻造孔，光面爆破。

洞室交叉口部位的施工原则上遵循“先洞后墙”的原则。对于有条件的洞室，尽可能先向地下厂房设计开挖线以内掘进3米以上；对于地下厂房开挖后，再进行施工的洞室（如母线洞），须先进行锁口锚杆的施工后再开挖作业；交叉口部位，所有洞室均采用先挖小导洞，后进行扩挖的施工方法。

桐柏抽水蓄能电站地下厂房顶拱等岩石爆破面平整，一次成型，相应简化了支护，减少装饰。

2. 岩壁吊车梁施工

岩壁吊车梁部位的开挖，其侧墙垂直面采用手风钻造垂直孔，岩台斜面自下向上采用手风钻造斜孔，均采用光面爆破，且岩台斜孔与侧墙垂直孔同时起爆。钻爆参数为垂直孔孔距40厘米，孔径ϕ42毫米，线装药密度小于150克/米，岩台斜孔孔距25厘米，孔径ϕ42毫米，隔孔装药，线装药密度小于100克/米，同时空孔内采用导爆索辅助爆破；壁座角角度控制，在岩台开挖造孔时，利用样架控制钻孔方向。根据爆破试验成果，将岩台的钻孔倾角定为58度（设计为60度），并且低于设计高程5～10厘米开孔。开挖后经检测，岩台成型完整，无欠挖，上游岩台平均超挖6.7厘米，下游岩台平均超挖7.7厘米，光爆孔残孔率达98.61%。

岩壁吊车梁锚杆孔位放样利用定做的直角三角板，依据测量队放出的基准点，采用投影法放出各锚杆孔孔位。钻孔采用三臂台车。锚杆杆体的加工以测量检测的锚杆孔成孔资料为依据，根据超挖量大小和锚杆倾角，计算出各个锚杆所需的实际长度。锚杆采用先注浆后插杆方法施工。

岩壁吊车梁混凝土施工，岩台斜面底部承重模板采用竹胶板，梁侧面采用大模板并把拉条设于岩壁吊车梁形体以外。一期混凝土顶部预埋了一道L110厘米×80厘米×10毫米的不等边角钢，保证了一期混凝土顶面的平整，同时也为岩壁吊车梁二期混凝土的立模美观创造条件，在侧面与底部模板交接处，增设一止浆装饰条。混凝土施工按设计要求实施温控和养护。混凝土表面光洁亮泽，形体优良。

十三、地下厂房开挖支护快速施工技术

黑麋峰抽水蓄能电站主厂房位于花岗岩山体内，围岩以Ⅱ2类围岩为主，Ⅳ2～Ⅴ1类围岩约占10%，Ⅲ类围岩约占10%。主厂房总开挖长度136.00米，岩壁吊车梁以上开挖跨度27.00米，以下为25.50米，尾水管底板至厂房顶拱开挖高度为52.70米，母线洞内净空尺寸7.50米×9.50米（宽×高），水平长度35.00米。

主要研究内容如下：

（1）研究并实施“平面多工序、立体多层次”的施工方式。通过特种设备的配套、配置，提高机械化施工效率；确定合理高效的施工工序安排及优化的劳动力组织形成了大跨度地下洞室快速施工技术。

（2）研究软弱岩层快速掘进及应用新奥法确保洞体围岩稳定的施工技术。

（3）研究并实施了大型地下洞室及辅助洞群通风技术。在施工通风排烟系统设计时，充分考虑和利用施工通风排烟的动态性特点，对通风排烟系统进行阶段性调整。及时或提前将通往地面的各类竖井、斜井施工完成，尽早形成局部的自然通风，有效提高作业场所的空气质量，改善了洞室施工环境。

该课题在黑麋峰抽水蓄能电站地下厂房施工中全面应用，用14.5个月快速完成了地下厂房开挖及支护施工，取得良好的效果，达到预期的目标。通过研究使工程局在地下工程、抽水蓄能电站方面的施工技术水平达到了国内先进水平。

十四、大直径陡倾角长斜井开挖及混凝土衬砌滑模施工技术

黑麋峰抽水蓄能电站输水系统共有2条斜井，斜井开挖内径为9.5～10.1米，斜井全长449.054米，直线段长392.427米，垂直高度325.664米，斜井倾角50度，是国内中间无施工支洞开挖施工的第一长度斜井。斜井衬砌后洞径均为8.5米。以黑麋峰抽水蓄能电站为依托，施工技术其研究内容如下：

1. 斜井开挖

（1）导井开挖。长斜井开挖采取先进行正/反导井开挖、贯通，后扩挖的方法进行斜井开挖。正导井开挖断面尺寸分别为2.4米×2.4米、2.7米×2.7米。开挖钻孔采用YTP26型手风钻，周边光面爆破，用电阻丝井内引爆火雷管，火雷管再引爆非电雷管联网起爆方式。清渣时由人工装渣至小车内，通过轨道将石渣运至井口倒入小型自卸车运走，正导井开挖单条长度160米。反导井开挖采用爬罐，钻爆方式同正导井。石渣由WA380装载机装入15吨自卸车运至渣场。正/反导井相距5米时，停止反导井作业，采取自上而下的贯通方式进行导井开挖贯通。导井贯通井道平顺，贯通断面误差在20厘米之内。

（2）斜井扩挖。在导井贯通后自上而下进行斜井扩挖支护。扩挖深度30米范围内，施工人员利用锚杆爬梯下至井内进行扩挖爆破作业，人工提渣；扩挖进尺大于30米后，安装扩挖台车、送料小车及卷扬机提升系统进行开挖支护施工。该工程创造了月度扩挖进尺96米的全国纪录。

2. 斜井滑模

斜井混凝土衬砌采用连续拉伸式液压千斤顶—钢绞线斜井滑模系统。

（1）滑模安装采取在进行斜井滑模轨道安装时在下平洞同步安装滑模台车，然后用牵引系统把台车整体拉升到斜井就位。这比同类工程分期安装缩短近1个月的工期。

（2）环向钢筋采用直螺纹套筒连接技术。

（3）合理设计混凝土配合比，采用原浆抹面等提高滑模速度，确保外观质量优良的施工技术。滑模速度日平均滑升5.43米/天，日最大滑升8.95米/天，月最大滑升速度203.5米/月。

（4）研究解决上下同步作业的安全问题，斜井滑模与斜井灌浆同步进行（上下交叉作业）为国内首创。

（5）滑模拆除采用分期拆除、主体转移至上平洞拆除的方案，拆除简便、快速、安全。

该项研究成果应用于黑麋峰抽水蓄能电站大直径陡倾角长斜井施工，其施工管理和施工技术总体达到了国际先进水平。

十五、引水斜井混凝土衬砌滑模施工安全保护技术

斜井采用不间断连续滑升模板进行斜井直线段混凝土衬砌施工，运输小车是斜井滑模中最大的危险源，为确保运输小车安全运行，一分局开发、设计、安装了一整套安全保护装置，其技术领域涉及机械、电器、无线控制、传感检测等方面，通过各种功能不同的安全保护装置使运输小车达到正常运行。同时建立了一整套安全保障制度，加强日常检查、维护、保养，确保运输小车运行安全。具体研发项目如下：

（1）优化牵引吊点设计方案。选用同轴双筒卷扬机，将2根钢丝绳头分别固定在运输小车的2个平衡油缸（用于解决2根钢丝绳松紧之差）吊点上，这样即使遇到意外情况一根钢丝绳断损，另外一根还起作用，达到双保险的目的。

（2）无线遥控急停装置。由于采用的是超快速卷扬机牵引，为防止牵引运输小车在斜井轨道运行过程中发生意外情况，运输小车上的指挥人员除配备手持对讲机外，还专门配置了一套YK1000－4型无线遥控器及相配套的JD220－3PC型智能控制器，在运行途中的任意位置，指挥人员通过操作无线遥控器上的停机按键，智能控制器即可控制卷扬机立刻停机，以防止意外事故的发生。

（3）激光测距报警器。为防止运输小车往下运行时碰到滑模台车的模体，在混凝土滑模台车的模体上专门针对运输小车安装了一台LDM－S－0090型激光测距报警器，该仪器可随模体的爬升而上行，探测头对准安装在运输小车上的一块400毫米×400毫米的激光反射板，并将测距范围调整到15～6米，当运输车运行到距滑模体15米时，上平洞卷扬机操作台上的报警器响起，提醒操作员注意查看监控屏，做好停机准备。

（4）闭路电视监控系统。为有效监管运输小车的安全运行，安装了闭路电视监控系统，对运输的运行过程、到位放料情况等进行实时监控。

（5）测力超载安全保护装置。为防止运输小车超载或在运行过程中出轨、卡住轨道时，钢丝绳被拉断而造成运输小车坠落的重大安全事故，设计开发了XSB－1/A型测力超载安全保护装置，该装置由两部分组成：

1）在一套（两只）滑轮组件的基础上安装了4只5吨压力传感器。

2）研发配置了一台电子数显报警控制仪。它的主要作用是当运载重量达到设定的额定值，或在运行途中卡轨导致牵引力瞬间提高到设定值的90%时，数字报警控制仪开始报警，达到100%时将自动控制卷扬机停机，同时还能即时显示运行状态下的实际拉力值，额定载重量可根据需要设定。

（6）行程限位器。在斜井轨道的上止点和滑模体的前部约2米处各安装了2只行程限位器，以防止运输小车运行超过上止点和下止点时造成安全事故。

(7) 运输车断绳安全保护装置。在运输小车底盘下靠两条轨道位置各安装了1套抱轨刹车装置，利用牵引小车钢丝绳的拉力将抱轨制动臂张开，使小车正常运行，当牵引钢丝绳突然断损时，牵引杆在弹簧作用下，推动脱绳器使它打开，这时制动臂在抱轨装置回位弹簧的作用下抱紧轨道。因考虑到单靠弹簧力不足以将小车彻底制动，所以将抱轨装置总成同小车底盘设计成可相对滑动30～40厘米距离。一旦抱轨装置抱紧不动后，小车还在继续往前（下）滑动，这时焊接在小车底盘下的靠臂前移约25厘米左右，仅0.3秒时进一步挤压制动臂（在制动臂的外侧焊有楔块），使制动块更紧的抱住轨道，从而使小车停止下滑。

(8) 建立了一整套安全保障制度。针对引水斜井施工中存在着的重大危险点（源），分局成立了斜井滑模牵引系统安全保障小组，制定安全生产管理制度、操作规程，建立了日检、周检、旬检制度，对卷扬机提升系统、滑模台车等设备进行强制性检查、整改和维护保养，并对所有操作、指挥、施工人员进行上岗培训，提高全员的安全意识。

由于每道工序细致、严谨、到位，安全保护设施齐全、有效，确保了整个混凝土滑模施工周期的安全，实现了零事故目标。

十六、大直径调压井施工技术

光照水电站调压井工程，由1、2号两个调压井组成。两井净间距20.38米，开挖深度115.1米，其中井身深度106.4米，开挖直径24米，衬砌后直径21米。

在开挖过程中采用反井钻钻取直径为1400毫米的施工导井。导井扩挖采用吊篮法自下而上钻辐射孔施工，每循环进尺4米，将导井扩挖成4米直径。竖井全断面扩挖采用门机将液压钻、0.5米挖机吊入掌子面，液压钻钻主爆孔，手风钻钻周边孔，爆后反铲翻渣，循环进尺6米。液压钻钻孔、挖机翻渣全断面扩挖技术加快了施工进度，改善了作业环境，降低了劳动强度。

调压井下游接两条压力管道，下游侧有两个检修闸门和四个竖向通气孔，混凝土结构复杂，最大钢筋直径ϕ36毫米，平均每米井身钢筋24.5吨，其中下部达35吨/米。

混凝土施工采用直径21米的液压滑模，滑模为上下游不对称刚性结构，滑模自重加施工荷载达60吨。

混凝土入仓每米井身约156米，最大输送高度达106米。研究采用了由受料斗、溜管、缓冲器及串桶组成的6条混凝土垂直溜送系统，该系统具有成本低、入仓强度高、性能可靠、安装、拆卸方便等特点。

调压井正常滑升速度达1.89米/天，最大滑升速度3.0米/天。混凝土施工质量良好。整个调压井施工过程达到优质、快速、安全的预期效果。

十七、4×600兆瓦补给水泵房引水钢管顶管施工技术

引水钢管顶管施工技术研究是以淮浙煤电凤台电厂补给水泵房及引水管道工程项目为依托。该钢管为两根ϕ1448×24毫米钢管，设计坡度0.08976%，两管水平中心距为7.5米，平均埋深约11.0米，1号引水管设计总长度为1228.981米；2号引水管设计总长度为1223.634米。顶管施工以补给水泵房作为顶进工作井，顶管穿越淮河大堤及永幸河，顶管穿越的土层主要为粉质黏土层，粉细砂层。其研究内容与成果如下：

(1) 该项施工技术研究首先对地质情况和特点进行全面的勘探，根据地质特点选择顶管设备和施工方法。其次进行顶力计算，选定相应的油缸类型、数量和确定中继间的数量和分布。最后对顶进过程中的轴线位置、标高进行严格复核和观测，并把实际施工中的技术数据随时记录以备修正。

(2) 根据土层主要为粉质黏土层，选用大刀盘泥水加压机械平衡顶管机，顶管机有4只双作用油缸编组进行纠偏，纠偏角度α为±2度。浮动的大刀盘由1台22千瓦的电动机驱动。同时，确定了相应的中继间、给水系统、排泥系统、供电系统、照明系统、通信系统、监控系统和地面沉降观测点的布置。

(3) 掌握了顶进设备安装、调试技术，顶管机出洞技术和顶管机分离打捞技术。

(4) 掌握了顶进施工顶管轴线控制、定向测量方法，防偏斜技术、精度保证技术和减阻技术。

(5) 掌握了长距离管内通风与气体监测，确保管内施工人员安全的技术和供电、照明技术。

以上成果形成了一套完整的顶管施工技术和工艺。

十八、中主跨120米单承载面系杆钢管拱桥施工技术

琴桥（大沙泥桥）及连接线工程位于宁波市中心，全桥长293米，其中主跨120米，为单承载面系杆钢管拱桥，拱截面为2.0米×3.3米的扁圆形钢拱。系杆为6根纵梁组成的5个箱室的预应力箱梁体系。共设91束预应力纵向束，总张拉纵向预应力为168350千牛，为大桥箱形梁的纵向受力体系，同时，承担平衡主拱的推力。

主要施工技术：

(1) 主跨承台、墩身大体积混凝土采用温控技术和确保外观要求的先进施工工艺。

(2) 主箱梁为双向预应力结构，分为9大块。为保证主箱梁及边箱施工质量，主要采用以下施工措施：

1) 主跨箱梁施工采用了河中钢管桩支架施工技术，河中支架质量直接关系着主跨箱梁的正常施工质量，为此对支架进行了精心设计和安全验算，并进行了贯入度测试，钢管桩预压试验及支架平台的荷载预压等措施，尽可能消除支架可能产生沉降对箱梁的不利影响，使主跨箱梁没有由于支架不均匀沉降产生裂缝。

2) 适时进行预应力张拉，采用浇一块张拉一块的方法，使浇筑块及时处于相对刚度较大的安全状态。

3) 由于边箱施工一端支承在中跨箱梁上，另一端支承在河中支架上，浇筑过程中底模的变形因素较多，为防止边箱和中箱接缝开裂，采用了局部加强，同步浇筑技术，解决了带有普遍性的边箱与中箱接缝开裂的问题。主箱梁施工从现场质量检查，预应力张拉及吊杆张拉，主箱两次落架的前后沉降观测成果分析，主箱施工质量优良，完全满足设计要求。

(3) 主桥钢拱肋共重365吨，采用固定式龙门架群自拱脚向拱顶分5段吊装，最大吊装高度24米，单件质量65吨。吊装共搭设门式吊装门架6榀，拱座门架2榀，门架最大高度为30米。主桥钢拱肋全桥合龙后，进行轴线复核满足要求后，焊接接缝成拱。

（4）主跨钢管拱截面 2.0 米×3.3 米，高 24 米，弧长 104.33 米，分三仓室，仓内灌注 C40 微膨胀混凝土。拱肋混凝土灌注采用顶升法施工，即混凝土从拱脚段压入，连续进行，直至拱顶。为确保混凝土灌注质量，连续一次性压注，在施工过程中，对混凝土的初凝时间，每小时混凝土压注方量强度控制，接力口的设置以及浇筑过程中的线性测量控制都进行了专门研究，同时为确保密实性，进行了二次压浆处理。经冶金部宁波勘察研究设计院对拱脚段混凝土密实性进行超声波检测，混凝土饱满、密实，符合设计要求。

十九、抽水蓄能电站库盆 HDPE 膜防渗系统施工技术

泰安抽水蓄能电站上水库采用 1.5 毫米厚 HDPE 膜作为库盆水平防渗，面积达 16 万米^2，其结构形式新颖、规模巨大，在国内大型抽水蓄能电站工程中属首次应用。

其研究成果如下：为土工膜水平防渗系统的结构设计、材料选择提供了依据；采用了先进的焊接和检测设备，确定了不同气候条件下的焊接工艺参数、深入研究了 HDPE 厚膜的连接技术、HDPE 膜低温焊接技术、主辅材相容性技术、T 型接头连接技术和缺陷处理技术等，独创了一套完整的施工技术、工艺和方法，有效地解决了大面积 HDPE 膜铺设的关键技术难题；针对 HDPE 膜结构特点，制定了一套 HDPE 膜焊缝无损检测技术和方法；与设计共同试验研究确定了新型的 HDPE 膜周边锚固形式及其施工工艺；形成了一整套防渗系统施工现场管理制度和技术保障措施。

HDPE 膜应用在蓄能电站库底防渗系统中，不但解决了土石方挖填平衡问题、减少了弃渣量，还减少了水土流失，大大降低工程造价，且可以实现快速施工，技术经济效益显著。

山东泰安抽水蓄能电站上水库于 2005 年 5 月 31 日正式蓄水，目前运行情况正常，在水位达到 EL391.00 米（膜上承压水头 16.80 米）时，上水库库盆总渗漏量为 4.65 升/秒（坝后量水堰），综合检测结果均表明 HDPE 膜防渗效果良好。经过 4 年运行，目前上水库达到设计水位 EL410.00 米时，全库渗漏量为 26.9 升/秒（坝后量水堰），没有发现 HDPE 膜渗水现象。HDPE 膜在山东泰安抽水蓄能电站水库库底防渗系统中的成功应用，为今后类似工程的防渗结构设计、施工拓展了新思路，值得大力推广应用和借鉴。

第五节　制作与安装技术

一、超大型充压式止水深孔弧形闸门制造技术

潍坑水电站泄洪洞工作闸门为潜孔式弧形闸门，门叶面积（米^2）×水头（米）＝89916（米^3），属超大型弧形闸门，弧门的总水压力 89000 千牛，当时在国内属最大。该闸门的主要制造技术特点有：总水压力大，主要受力构件的钢板厚度在 40 毫米以上，对焊接工艺要求高。弧门面板横向分 3 节，要求数控加工，尺寸控制难度大。门槽转铰式水封铰座的同轴度要求不大于 0.5 毫米，对镗孔工艺提出了较高要求。闸门采用突扩门槽充压止水，充压水封在厂内进行水压试验，对试验方案提出了较高要求。充压水封座也要求数控加工，侧水封座与顶水封座为空间曲面过渡，加工难度大。

针对潍坑水电站泄洪洞弧形工作闸门的结构特点，对关键工艺进行了全面研究，形成了一整套深孔弧形闸门制造技术，主要研究成果如下：合理确定弧门下料曲率半径和面板加工余量，优化焊接工艺，有效控制了门叶的形位尺寸。采用数控加工技术，通过优化编程、选用合适的刀具、精确定位与测量，保证了门叶和门槽的加工精度；合理采用消除焊接残余应力工艺，研究并实施了振动时效消除应力工艺；研制了一套专用工装夹具，以镗杆支撑座的同轴度保证了超长转铰式顶水封铰座轴孔的同轴度；设计制造了简便可靠的专用充压水封压力试验工装设备，保证了水压试验效果。

课题研究成果是超大型深孔弧形闸门制造技术的集成创新，保证了滩坑水电站泄洪洞弧形闸门的制造质量。通过该产品制造，使工程局在同类水工金属结构产品制造方面，达到国内领先水平。

二、610 兆帕级高强钢压力钢管制造安装技术

桐柏抽水蓄能电站输水系统由 4 条引水高压支管和 4 条尾水管组成。钢管制造安装工程量 3600 多吨。引水压力钢管直径 ϕ3.1 米～ϕ5.5 米，壁厚 26～46 毫米，其中 44 毫米和 46 毫米钢管的材质为日本产 NK—HITEN610U2 高强度调质钢，尾水钢管直径 ϕ7.0 米，壁厚 24 米，钢管材质为 16MnR。

压力钢管既是水轮机的输水管又是水泵的出水管，交替使用，在水力机械加速和制动过程中，会多次承受不稳定工况引起的荷载，其引水部分采用厚壁高强钢板制造。本项目解决的主要技术问题有：高强钢的焊接（包括异种钢的焊接）；高强钢管的卷制、矫形；直角锥管的制造；γ 射线的焊缝检测工艺；大径管的洞内安装技术。

低碳高强度调质钢压力钢管的制造安装在工程局金属结构史上尚属首次，尤其是采用国产焊接材料焊接日本产 NK—HITEN610U2 钢（600 兆帕级别）高强度钢的焊接工艺。

三、300 兆瓦可逆式抽水蓄能机组安装技术

桐柏抽水蓄能电站是一座日调节纯抽水蓄能电站，共安装 4 台立轴单级混流可逆式水泵水轮机组，机组单机容量 300 兆瓦，总装机容量为 1200 兆瓦。主机设备由奥地利 VA TECH 公司供货，国内分包制造。

该课题研究内容如下：

（1）通过对桐柏抽水蓄能电站机组蜗壳水压试验、保压浇筑混凝土的成功实践以及所进行有效的检测工作，掌握了蜗壳/座环的变形规律。而采用的蜗壳水压试验方法和试验曲线，可成为高水头抽水蓄能机组和常规机组借鉴的经验。

（2）根据安装现场的实际座环平面加工底环及调整环的尺寸，通过对座环平面水平的仔细研磨调整，将准确的座环水平数据提交给制造厂家，在工厂内进行导水机构的预装，实现安装现场免预装的工艺。

（3）桐柏电站导叶拐臂取消了剪断销，更新以拐臂连接螺栓，其拐臂与导叶的连接采用摩擦连接，单号拐臂为安全拐臂，其摩擦力矩较双号拐臂要小，一旦发生导叶卡阻现象，其单号拐臂与导叶间滑动，起到剪断销的作用。

（4）掌握了主轴密封装置安装技术。

（5）螺栓紧固采用液压拉伸工具。

（6）推力头热套加热源采用了 4 台 10 千瓦的加热风机，使推力头温升平缓，热胀冷缩均匀，保证了结合部位的过盈量。

（7）接力器与铰座和拐臂的连接销轴的装配采用液氮冷却销轴的装配工艺。

（8）根据设计提供的原理图在现场自行设计机组调速系统和球阀操作系统的小管径液压控制管路和管件布置图。

（9）会同 VA TECH 公司通过对转动油盆和水导瓦架的改造，使水导轴承油循环安全可靠运行。通过对控制环轴承的改造，割除焊接在顶盖上的轴承支撑，使控制环轴承检修便捷。

（10）机组总装采用先吊转子后吊定子的方案，使机组总装找中心变得简捷而准确。

（11）通过对大通径多工况进水球阀的安装调试技术的探索总结，满足了高水头大容量机组安全稳定运行和检修。

（12）通过定子机座组装、定子叠片和定子现场工厂模式下线等工序特点、施工工艺的总结和探索，有效解决了所发现的一系列问题，满足了机组稳定运行要求。

（13）抽水蓄能电站电气设备均安装在潮湿和湿度大的地下洞室内，通过封闭母线的安装调试，在提高电气设备绝缘电阻方面积累了经验。

（14）提高机组轴线安装精度，严格调整标准，保证了机组适应运行工况多、工况转换频繁特点的高效能安全运行。

（15）在外方督导的指导下，完成了水泵/水轮机—发电/电动机组的各种运行工况下的调试。掌握了可逆式机组的试验资料和技能。

单机容量 300 兆瓦抽水蓄能机组是目前国内已建最大单机容量的抽水蓄能机组。通过对桐柏电站机组的安装调试，对典型的高水头、大容量抽水蓄能机组的结构、安装、调试、运行特点及技术领先性、创新性方面开展了比较系统的总结和有益的探索，为工程局培养了一支有良好抽水蓄能电站机电安装、调试技术的队伍。

四、24.0 兆瓦灯泡贯流式水轮发电机组安装技术

浙江外雄水电站安装 2 台单机容量 24.0 兆瓦灯泡贯流式水轮发电机组。水轮机型号 GZ（LLT01）-WP-650，额定水头 8.2 米，额定流量 345.5 米^3/秒，额定转速 83.3 转/分；发电机型号 SFWG25-72/6950，额定容量 27.778 兆伏·安，额定功率 25 兆瓦，额定电压 10.5 千伏，转轮直径达 6.5 米。

本工程灯泡贯流式水轮发电机组安装的主要技术要点：质量达 130 吨的管形座须在厂房桥机形成前安装，为之，在管形座安装位置顶部自行设计、制造和布置临时起吊设施，进行管形座的吊装、就位、调整，并确保管形座整体安装质量及浇筑中的变形都控制在规范要求以内；机组大轴的组装包括正、反推力轴承组及水导轴承组装吊装等是本机型，机组轴承是在安装间与大轴组装后随大轴一起吊入机坑，对轴承安装要求较高，经安装人员精心组织施工，保证了安装质量；机组大型部件（导水机构、转子、定子）翻身竖立是安全安装的另一难点。为此，对大型设备吊装均编写详细的作业指导书，并实施。

通过外雄水电站机组的安装，掌握了大型灯泡贯流式机组的安装工艺。

五、桐柏抽水蓄能电站机电设备安装工程

桐柏抽水蓄能电站是一座日调节纯抽水蓄能电站，共安装 4 台立轴单级混流可逆式水泵水轮机组，机组单机容量300兆瓦，总装机容量为1200兆瓦，机组主设备为进口设备。

工程局和水电五局联营，组成五·一二联营体，联合投标中标，合同造价为12502.002万元，其中工程局合同价划分为1052.7626万元，工程内容为安装1台300兆瓦机组（3号机）的水泵水轮机及附属设备、发电电动机及附属设备、电工一次回路及装置、电站计算机监控系统、电气二次回路设备及装置，是工程局单独承装的单机容量最大的水电站机组，施工工期为2003年6月31日～2007年6月30日。

六、滩坑水电站机电设备安装工程

滩坑水电站按无人值班要求设计，装机3台200兆瓦混流式水轮发电机组，总装机容量600兆瓦，为压缩厂房空间，机组主阀采用筒形阀，电站年利用小时数1705小时，年发电量10.23亿千瓦·时，水库具有多年调节性能。

工程局2005年12月中标，合同价格2604万元，施工工期为2005年12月至2009年6月，是工程局单独承接的单机容量最大的常规电站机组，工作内容包括：3台200兆瓦混流式水轮发电机组及全场辅助系统机电设备安装调试；500吨厂内双小车桥式起重机、220千伏开关站、6300千牛启闭机等机电设备安装调试。第一台机组已于2008年8月16日投产运行，第2台机组于2009年1月投产，第三台机组于2009年6月投产。

七、滩坑电站金属结构制造

滩坑电站金属结构制造，2005年7月中标，工程内容包括：引水洞进水口拦污栅（栅槽）174吨/6扇；进口事故闸门228吨/3扇，门槽96吨/3套；尾水闸门180吨/6扇，门槽69吨/6套；溢洪道检修闸门84吨/扇，门槽93吨/6套；弧形工作闸门660吨/6扇，门槽39吨/6套；泄洪洞事故闸门109吨/扇，门槽68吨/套；弧形工作闸门366吨/扇，门槽155吨/套；导流洞封堵闸门173吨/扇，制造总质量2751吨。合同价格5158.32万元，于2006年6月至2008年1月陆续交货。

泄洪洞弧形工作闸门，为潜孔式闸门，孔口尺寸7米×7米，设计水头102米，采用充压式水封，总水压力89000千牛，铰链中的轴承为进口关节轴承，工艺要求门叶整体退火，全弧面精加工，设计具有国内先进水平，技术含量高，总水压力为全国之最，被立项为中国水利水电集团公司和浙江省科技进步项目，于2006年顺利交货，并获奖。

第六节　基础处理技术

一、大坝基础断层处理的结构措施

富春江水电站大坝基础处理工程中勘明大坝4坝段右上角至6坝段左下角有F24断层穿过。断层宽1～2米，充填有1～3厘米黏土，倾向左岸偏下游。断层右侧岩石较完整，左侧较破碎。此外，在4、5坝段下游还有1条与F24相交的F6断层。该2条断层影响带横跨4、5坝段。

施工中采取的结构措施：开挖30米左右的深槽，槽内设钢筋混凝土防沉板（即基础梁）。梁高6米，下部3米嵌入断层槽内、上部3米突入坝体，断层槽下增设加强固结灌浆。基础梁按“转化荷载法”理论进行分析，坝基荷载在梁内的应力为9.45千克力/厘米^2（拉），中点挠度1.859毫米。温度应力按温差10摄氏度计5.85千克力/厘米^2（拉），梁内总应力15.3千克力/厘米^2。施工时，在上游块底层配置1层直径25毫米、间距25厘米的钢筋，在4、5坝段伸缩缝下按一般要求布置直径25毫米、间距25厘米、长度3米的骑缝钢筋。在梁的钢筋上布置2只钢筋测力计，在紧靠伸缩缝的防沉板上部布置6只钢筋测力计，以观测梁内应力状态。

运行后观测资料分析如下：

在自重、水荷载增加时，梁内应力无太大变化，说明自重应力在梁内不大。

从温度变化与应力变化对照比较可知，基础梁的受力以温度应力为主。温升梁受压，温降受拉。梁底最高温23～24摄氏度，年平均温度17摄氏度，温差6～7摄氏度，混凝土内钢筋应力稳定在60～80千克力/厘米^2（不考虑徐变）。转换为混凝土拉应力，约在60～80千克力/厘米^2，与设计计算考虑的温度应力基本一致。

4、5坝段伸缩缝下的测点应力，在坝体上、下游较大，中间较小。其中上下游端测点拉力最大达500千克力/厘米^2。冬天受拉，夏天受压。坝段刚浇完时，温度较高，基础梁受压，随着坝体内部温度下降，基础梁出现拉应力。

此外，大坝1～6坝段沿裂隙风化岩埋藏较深。设计开挖高程定在沿裂隙风化岩上表面，而4～5坝段受F24、F25、F13、F6四条断层影响，岩石严重风化、破碎。施工时除局部加深开挖至负11米高程外，并采取结构措施，作钢筋混凝土防沉板。对防沉板底板下岩石及支承段岩石，加布固结灌浆孔，孔深亦相应加深。

二、机场跑道整修中的浅层灌浆

始建于1935年的杭州笕桥机场，经半个多世纪的运作，跑道局部下沉、脱空、断裂和破损，危及飞行安全。1989年9月，国家计划委员会等有关部门决定突击整修机场。翌年4月，工程局中标承建其中的基础加固和排水工程。

基础加固工程主要对原跑道的块石基础和碎石基础进行深孔灌浆加固，对原跑道两层道面板之间脱空层进行浅孔灌浆加固，以及对穿越跑道的两条排水暗管基础进行钻孔灌浆加固处理。

深孔灌浆加固范围：一是在跑道0+400～1+800段长1400米、宽度为跑道中心线两侧30米范围内的块石基础进行灌浆加固，简称灌浆西区；二是在跑道2+200～3+200段长1000米、宽度为30米范围内的碎石基础进行灌浆加固，简称灌浆东区。深孔灌浆采用1板1孔布置，钻孔深度西区0.45～0.5米、东区0.4～0.45米。浅孔灌浆加固范围主要集中在跑道0+400～1+800段长1400米、宽度为跑道中心线两侧20米范围内，浅孔灌浆布置由设计人员在现场检查后确定，孔深0.28米。施工承包合同要求1990年5月1日开工，6月9日完成（不包括灌浆后的检查时间），计40个日历天数。

基础加固中的浅层灌浆当时在国内尚属首次，缺乏施工经验。对跑道基础进行大面积的灌浆加固，在工程局施工史上亦属首次。基础加固施工包括造孔和灌浆。造孔孔径为5.5厘米，用10台Y30手风钻造孔。由于基础碎石坍孔和部分锥粉残留孔内，灌浆前利用带锥头灌浆管钻至设计孔深。灌浆施工主要机械为10台立式双缸灌浆机和6台砂浆泵、6台泥浆泵，选用长兴水泥厂生产的525号普通硅酸盐水泥，细度模数0.8、含泥量

8.5%的特细砂，并掺铝粉为外加剂，在正式灌浆前，针对块石基础和碎石基础的不同特征，选定跑道2+200～2+230段和0+400～0+430段长各长30米、宽度为跑道中心线两侧30米范围作为东、西试灌小区，以设计要求的技术参数为依据进行试灌。试灌中的灌浆压力控制，以混凝土道面板不抬动为原则，并采取分区分序和先灌周边孔后灌中间孔即“围、挤、压”的方式进行，不断观察摸索，及时调整灌浆参数。通过3天试灌和数据分析，5月4日确定东、西区灌浆技术参数，随后正式灌浆。灌浆施工采用分区段作业、孔口循环式灌注的方式进行，在基础垫层加固灌浆结束的区段随即进行道面脱空层灌浆，灌浆结束后选用0.5∶1的浓水泥浆封孔，并清除和清理道面残留水泥（砂）浆。因东区碎石基础可灌性差（每孔灌入量在0.01米^{3}以下），故其灌浆方式改变为不分序、从跑道中心线向两侧赶；而西区块石基础可灌量大（一般每孔灌入量0.4米^{3}左右，个别地段单孔灌入时高达12.7吨水泥和6.34吨细砂），故对其采取加强外围内包、限量灌浆和控制串浆范围等措施，防止浆液流失和板块抬动。

整个基础加固工程共完成钻孔灌浆22431孔，其中块石基础深孔灌浆11638孔，碎石基础深孔灌浆8669孔，道面板脱空层浅孔灌浆1758孔，排水暗管基础灌浆366孔，共耗用水泥1790吨、细砂615吨。深孔灌浆平均每孔用水泥85.4千克，浅孔灌浆平均每孔用水泥1.4千克。工程质量经260孔复灌浆检查，充填密实效果良好，质量合格率99.6%，区段优良率100%，被评为优良工程。

三、北仑港基础处理强夯施工

1990年12月开始，工程局北仑港二期工程项目经理室在承担北仑港陆域填筑的施工中，对该区域的23、33号仓库及其管理用房。前沿成组工具库、3号分变电所、1号泊位堆场的基础，均进行强夯处理。最大夯能2400千牛·米；21、31、32号块石堆场和纬一路2、3号泊位段混凝土道路基础作普夯加固处理，夯能1600千牛·米。主体施工机械前期为由W200A挖掘机改装的1台起重机，起重量50吨，夯锤16吨，后期1号泊位施工时增加1台相同型号施工机械。

强夯作业于1990年12月3日首先在33、23号库房地基进行（次年3月12日、4月3日完成），随后对两个工具库和块石堆场地基进行强、普夯。23、33号库和两个工具库地基均作两遍强夯加1遍普夯。每遍单坑7击以上，最终贯入度10厘米以下，地面总沉降量93.61厘米，其中强夯沉降量67.61厘米，普夯沉降量26厘米。21、31、32号块石堆场及道路地基为1遍普夯，单坑3～4击，最终沉降压缩量30厘米以下，贯入度10厘米以下。竣工验收认定强、普夯均满足设计要求，符合标准。

四、深淤泥软基处理土工布、碎石垫层施工技术

软土地基基础处理是围垦工程施工的关键，海洋深水软土地基基础处理通常采用爆破挤淤法及塑料排水板排水固结法。排水板排水固结法主要工序有土工布和碎石垫层铺设、塑料排水板打插，其中碎石垫层作为滤水层，对基础处理效果有较大的影响，本项目以吊梁促围工程为依托，对退潮后不能露滩海域的土工布、碎石垫层的施工方法进行改进和研究。

一般土工布与碎石垫层施工都采用先将土工布铺设完成一段，然后用皮带机船向布上抛撒碎石的施工方法，这种方法有以下缺点：土工布铺设后碎石不能及时压上，可能造成布被潮水冲刷产生卷边、折叠、漂移的质量事故；碎石抛撒不匀且不易整平；增加潜水工水下检查、处理工作量。

本工程采用的施工方法，是将土工布铺设与碎石垫层铺设同时进行，使铺设的土工布及时压上碎石，能够确保布的摊铺质量，同时由于碎石摊铺基本上做到均匀下料，因此碎石铺设厚度较匀。

其施工步骤和技术如下：

土工布铺设采用专用铺布船，船上配备有GPS卫星定位系统；船头、船尾各安装2台卷扬机抛锚固定船舶，并可调整船的位置及小范围行走；船的一侧装有卷布滚筒，用于土工布铺设，滚筒长度21米，一次铺设宽度可达20米。

碎石垫层运输、铺设采用开底驳船，载重量350吨。

工程土工布为30千牛/米的有纺布，生产厂家根据铺设需要将单幅宽4米拼接成20米幅宽。

碎石为混合级配，最大粒径8厘米。

施工前的准备工作：检查卫星定位系统，确保船舶位置精确；船上准备部分袋装碎石包，用于临时压布；其他辅助材料、工具准备。

船舶在GPS引导下自行至施工部位后抛锚，然后开动卷扬机牵引微调，将船舶精确定位。

人工将布摊开，启动滚筒电动机，将布卷入滚筒上，然后将滚筒与变速箱的联轴节脱开，滚筒两端轴上换上轴承，卷扬机吊住沉入水中。

在土工布一端套上一根一寸钢管，以保证土工布平整，钢管两端及中部绑上小铁锚，锚绳10米长左右。滚筒沉入水底后将小锚抛入水中，使土工布一端被铁锚牵引固定（锚上装有浮标，施工结束可将锚起出）。随后开动船头及船尾的卷扬机，船舶缓缓平移，滚筒在水中倒转，土工布随之摊开。

由于土工布较碎石垫层长2米，故为防止该部分布卷曲、折叠，土工布摊开后用预先准备的碎石包抛投压住固定。

土工布的铺设一般在潮水涨退水位平稳时进行，因此施工时间较短，故装好碎石的开底驳船在铺布前必须驶入作业区待命，船数视设计碎石用量定。

当布摊开2米时，碎石船靠上铺布船，两船用缆绳捆绑一体，碎石船开口位置与土工布对齐，下料仓门打开一定宽度，再次开动铺布船上的卷扬机，带动碎石船一起平移，将碎石均匀摊铺至土工布上，一船碎石铺完后，解开缆绳换船继续铺设，直至土工布铺设完成。

施工中安排潜水员水下质量检测，在铺设完成一段后，采用测深仪进行检测，确保碎石铺设的平整度满足设计标准。一般铺设3～4块布检查一次。

经检查，土工布与碎石垫层同步铺设的施工方法的施工质量较其他同类工程有明显提高，土工布搭接情况较好，碎石垫层铺设比较均匀。

五、玉环漩门三期围垦工程爆破挤淤技术

玉环县漩门三期围垦工程海堤总长5314米。海堤沿线均为淤泥，淤泥最深至EL－30

米高程以下。海堤基础处理采用控制加载悬浮式爆炸挤淤处理软基技术。最大置换深度28.5米。

控制加载爆破挤淤技术是在抛石体外缘一定距离和深度的淤泥质软基中埋放药包群，起爆瞬间在淤泥中形成空腔，抛石体随即坍塌形成石舌滑向爆坑充填空腔，达到置换淤泥的目的。同时，利用淤泥的物理力学性质和抛填石料的加载作用，使填筑断面符合设计要求。

“控制加载爆破挤淤”设计要点：根据土工计算原理和堤身设计高度，确定堤身抛填高度；根据抛填高度和堤身设计断面，计算堤身抛填宽度。由抛填高度和宽度计算堤身自重加载挤淤深度。根据以上参数值由爆炸作用原理、海堤基础地质条件和经验确定爆炸参数，并在施工中再根据测值统计分析调整。

本项目挤淤药包布置间距在3米左右，药包埋设深度8～15米，炸药单耗0.35千克/米^{3}左右，单个药包40～60千克。在重要建筑物附近，药包采用微差毫秒雷管起爆；其他部位采用群药包同时起爆，以提高爆破效果。根据现场地质情况及设计断面单次进尺在4～7米内变化。

海堤堤心石填筑采用陆上推进、爆填块石的施工工艺。抛填采用“堤身先宽后窄”的方法，其施工顺序：当堤身抛填至满足爆炸挤淤条件后，按爆破设计参数要求的数量和重量制作药包，在堤头正面及侧面用改制的装药器布设群药包，实施堤头爆炸。在堤头爆填推进长度大于50米后，开始进行侧爆处理。侧向爆填一次处理长度一般为30～100米。侧爆处理完成后，即进行外侧坡脚平台爆夯，确保填筑断面符合设计要求。

六、地基基础和防渗工程中的高压灌浆施工技术

桐柏抽水蓄能电站枢纽引水系统由上平洞、斜井、下平洞、岔管组成。斜井、下平洞、岔管及高压支管段设计有压力高达5.2兆帕的固结灌浆和帷幕灌浆，工程局以引水系统岔管及高压支管段的固结和帷幕高压灌浆为依托，通过工艺性试验及实际施工，总结出高压灌浆施工的方法、程序和施工工艺，填补工程局在这方面的空白。

研究内容：高压灌浆的孔距、孔深、孔径、浆液配比等相关参数；高压灌浆程序和方法；高压灌浆施工工艺；灌浆自动记录仪的应用。

研究成果：Ⅰ序孔采用普通硅酸盐水泥浆液灌注，Ⅱ序孔采用改性水泥浆液灌注，节约工程投资，但灌浆效果不变；课题所采用的综合灌浆方式，有效地避免了高压灌浆对衬砌混凝土的破坏；所采用的灌浆自动记录仪采用小循环灌浆回路，在灌浆自动记录仪与灌浆泵间增设一注浆桶，解决了纯压式灌浆回路产生的压力不稳，大循环灌浆回路方式因进出浆不同步，而产生的吸浆量为负值，达不到灌浆结束标准等问题。

课题所采用的预埋孔内循环管，利用封孔器进行朝上灌浆孔的封孔工艺，解决了朝上灌浆孔因水泥浆收缩而产生的脱空现象，杜绝了灌浆孔封孔后出现析钙的现象，具有极大推广应用价值。

研究成果在桐柏电站引水系统岔管及高压支管段高压灌浆施工中的全面应用，通过1号引水系统充排水试验检验，达到预期的目标。

第七节　机 械 设 备 研 制

一、6万千瓦低水头水轮发电机组

富春江水电站3号6万千瓦低水头水轮发电机组由工程局以原修配厂为基础扩建成的水工机械制造厂自行制造。

1970年6月，在北京召开的全国电力工作会议传达了周恩来总理对电力系统的指示："你们能不能自己制造水轮发电机组?"参加该会的工程局负责人接受了制造富春江水电站3号机——6万千瓦低水头水轮发电机组的任务。

该机组的水轮机转轮直径8米，发电机定子铁芯外径13.5米，由近10万个零部件组成，全机质量达1550吨。1970年7月6日选定铸造车间地址，次日，有关设计人员、土建工人、测量人员齐集现场开始边设计、边施工。车间选用钢排架和小钢梁的综合结构，上盖石棉瓦，砌砖为墙。职工家属、学校师生及部分干部参加搬砖挖土。至27日，1座高度20米、跨度22米、桁车行程80米的简易厂房竣工交用。在此同时，修配厂技术员虞晃用4个昼夜交出30吨桁车设计图。仅历时14天18个小时，30吨桁车制成并试运转结束。修配厂和水利电力部安装三处职工均在10天内分别完成桁车部件制作和电气配套项目。5吨电炉制作与铸造车间建筑同步进行。7月29日，5吨电炉安装完毕。8月1日，5吨炉开炉浇铸机组第一个大部件座环成功。

修配厂的设备不能加工机组的大部件，技术人员。工人自制成直径5.6米×12米卧式车床、直径12.5米的立式车床、Z35横模臂钻、13千瓦动力头和C650、C620简易车床等59台（套）设备。自制镗床镗出转轮1米左右的8只大孔；自制硬靠模加工成功转轮体球面外圆；电渣焊成功焊接转轮体和发电机大轴。发电机大轴长5米多，质量63吨，其推力头直径3米多，技术要求大轴端面与中心线的垂直度误差在1根头发丝的1/4以内，光洁度在"3花7"以上。"三结合"攻关小组利用车头、车身、车尾各成一体的简易卧车床进行加工，在加工场地设立测量标杆，经过6天6夜调整，找正车头、大轴和车尾的中心线，以蚂蚁啃骨头的办法，按技术要求完成大轴加工任务。

工程局制造的3号机组在设计技术上比由苏联制造的1号机组、上海电机厂制造的2号机组均有较大改进。水轮机叶片设计定名为F721型转轮，比1号机组的轮叶气蚀性能、过水面积均有改善；水轮机导轴承采用圆筒式巴氏合金轴瓦转动油盆循环润滑结构，比1号机组橡皮轴承水润滑结构减少主轴磨损；采用电气液压式双重调速器，比1号机组的机械液压式双重调速器，有结构简单，制造方便，安装、调试、检修容易，运行灵敏、稳定等优点；发电机定子和上、下部机架整体焊接，比分瓣组合结构节省钢材，减少加工工作量；发电机转子推力头采用无轴式结构，转辐成为主轴的一部分，转子支臂由6个岔型支臂组成，比1号机组12个辐射型支臂简易、方便、实用；发电机励磁装置采用晶闸管励磁方式，与1号机组复式励磁带校正器的励磁方式相比，取消了笨重的励磁机。

1972年12月28日，自制的富春江水电站3号机组安装结束，次年1月4日正式投产并网成功。《浙江日报》发表题为《本省自制第一台低水头6万千瓦水轮发电机组胜利发电》的消息。2月18日，中央人民广播电台在新闻联播节目中报道这一喜讯。20日，《人民日报》刊登水电职工自制机组发电消息。

李先念副总理1973年2月26日批示："这个机械厂现在已搞起，倒不如让他就制造低水头发电机组，不要只制造一台就完"。水利电力部根据此批示，于是年5月批准扩厂。该厂制造的第2台和第3台机组分别于1975年12月、1978年7月安装在广西西津水电站，第4台机组于1980年4月安装在广西恶滩水电站。上述3台机组亦一次启动成功，机组运行正常。

二、大口径预应力混凝土管制管机

水工机械厂于1976～1979年先后制造直径1.8、2.2、2.6、3米4种规格12套制管机及配套用的缠丝机3套。该制管机系科研产品，可供单机容量20万千瓦以上的大型热电厂制作循环供排水大口径预应力钢筋混凝土预制管之用，管模具有国际先进水平（其时国外最大振动式量模直径为2米）。水工机械厂从1975年试制成功直径1.8米管模后，又先后试制成功并生产了直径2.2、2.6、3米管模，并在浙江、安徽、山东及东北等地区部属混凝土管加工厂投产使用。1.8～3米的管道平均每千米可节约钢材300吨到500吨不等。预制管具有防地震性能好、无需涂料防腐，使用寿命长，施工简便、不需维护的特点，管模并可为我国城市、农村以及石油、矿山等工业部门所需的大量地下低压供排水预应力大口径混凝土管的制作，提供优良的设备条件。

三、水泥拆包机

建设大中型水电站耗用水泥以百万吨计，纸装水泥的拆包工作依靠人工，拆包拍袋水泥飞扬污染环境，且影响操作人员健康。1968年，工程局修配厂部分工人自发组织水泥拆包机试制小组，先到水泥拆包现场参观、实践，几次集体讨论拆包机的理想结构，并试制木质模型，经1年多的琢磨、制作和试用，于1969年冬初步制作成功。

水泥拆包机机身分进包、割袋、中心回转、拍灰、提袋、夹袋5个机构，配以皮带运输机、出灰小螺旋机、吸尘器等附属设备，机身质量1500千克，电动控制。可拆线袋长640～700毫米、宽380～400毫米、厚120～150毫米，质量约50千克的水泥包。由皮带机将水泥包送到拆包机内，自动完成拆包、割包、卸倒水泥、出空纸袋等工序。每小时可拆袋装水泥30～36包（1.5～1.8吨）。拆包机完全密封，水泥包在密封机体内自行拆卸，在提袋机构旁边装有通风管，使机体内产生负压，不使水泥飞扬。

该机试制成功后，先后在富春江、安徽陈村等水电站工地应用。

四、电液调速器

工程局机电安装公司及其前身在长期从事水轮发电机组安装和调试中，接触到国内外生产的不同型号的电液调速器，积累起电调结构、性能等方面的丰富知识，遂于1971年开始自行设计和制作电液调速器。

第一台晶体管JDT150型调速器于1972年研制成功，安装在富春江水电站3号机上使用。1974年对该型电调加以改进，加入了微分电路，安装在广西西津水电站3号机上使用。以后，又与上海机电综合研究所合作，于1978年设计、研制成功第一台集成运算放大器电液调速器，于1979年6月安装在广西西津水电站4号机上使用。此后生产4台同类型电液调速器，分别被广西恶滩水电站、新疆西大桥水电站（2台）、福建古田三级水电站采用。

1982年9月，着手研制新型电液调速器。先在湖南镇水电站1台4.25万千瓦水轮发电机组上改装了原有的机械液压柜，拆除了所有杠杆系统，临时加接了液压管路，把传统的机械液压柜结构改装成全液压控制液压柜。经过手动开停机，进行并网操作、负荷运行、增减负荷等一系列短期的工业试验，证明新的设计思想可行。1983年向紧水滩水电站设计审查会介绍新型调速器设计方案，未获采纳。以后，该公司设计研制人员撰写出《目前提高我国调速器质量指标的关键》论文，文中通过对国内外调速器品质指标差距的分析，指出产品差距的关键及其原因，提出全液压控制式液压柜方案，并绘制系统图，阐述动作原理，介绍自动运行和手动运行的方框图及其传递函数，论证其合理性和优越性，最后介绍在湖南镇水电站做中间工业试验情况。该论文于1983年6月20日在四川成都市召开的“全国水力发电中青年科学工程技术干部学术讨论会”上宣读，受到与会代表的关注。水电部富春江水工机械厂对新型调速器的设计给以信任和支持，决定与该厂生产的3号灯泡贯流式双向水轮发电机组配套，使用在浙江省江厦潮汐试验电站。公司设计研制人员针对潮汐电站运行的复杂工况和水头变化大以及每天开停机有8次之多与常规河川电站差异很大的特性，设计出一系列特殊功能电路，其中避波浪水头测量电路能自动将由于波浪引起的假水头识别出来，并加以“过滤”。此台全液控JCST－100－ZJ集成电液调速器在试运行中的测试记录表明，几项技术指标全部达到B627－79技术条件规定的大型甲类电调标准，其中导叶随动系统死区、桨叶随动系统死区技术指标均高于国际水平；调速器的转速死区等技术指标高于部颁标准。至此，实践和理论都证明该电液调速器的科学性和可靠性。以后，江厦潮汐试验电站4、5号机也选用该型装置。另一台在切除潮汐电站所需的特殊功能电路后，于1986年2月安装在福建古田三级电站。

广西大化水电厂有4台10万千瓦水轮发电机组，由于电液调速器运行不稳定，严重影响机组及电网的安全运行。1985年1月，大化水电厂委托工程局对原有的电液调速器进行更换改造，要求更换后的调速器在保证运行稳定可靠的基础上，达到JB 627—1979技术规范指标大型甲类的规定值。工程局机电安装公司在研制中，根据技术原理与特点，对调速器液压部分采用专门研制的DYZ－1电液转换器和可切换的低滤芯双联滤油器；引导阀、主配压阀等所有滑阀的阀芯、阀套采用同等硬度材料；机械反馈系统采取精密轴承组装的滑轮；电气部分根据电厂水头变化大的特点，采用水头控制机组启动开度和机组最大出力回路；电气协联采用单片微型机；设计双电源供电，保证电液调速器可靠运行。

该电液调速器在大化水电厂投入运行后调节灵敏、工作稳定、效果明显。原电调机组开机并网要20～30分，新电调只需1～4分，减少机组空转时间和耗水量，按电站4台10万千瓦机组计算，1年增加直接经济效益100万元以上；220千伏系统解列时机组能保持稳定运行，并保证110千伏系统的送电，社会效益显著。1987年10月由水利水电科学院主持通过鉴定，性能指标达到或优于JB 627—79规定值，达到国内同类产品先进水平，认为是一种有推广使用价值的大型调速器品种。该产品获1988年水电部科技进步三等奖、1990年中国船舶工业总公司科技二等奖。

五、2XSTZ 型蒸汽两效溴化锂吸收式制冷机

工程局机械制造总厂和浙江大学合作于1988年试制成功2XSTZ型蒸汽两效溴化锂吸收式制冷机。该机以蒸汽为能源，用溴化锂溶液为工质，制取低温冷媒水，通过风机盘管或空气洗涤室达到降低车间或办公、生活室内温度的目的。第一台样机在杭州第一棉纺织厂试用，经1500小时实际运行，工况正常。杭州第一棉纺织厂在使用报告中认为，该机设计新颖、整机安装方便，流程管道颜色标志清楚，机组两端封头拆装方便，高真空蝶阀操作灵活，冷媒水出口温度达到10摄氏度，适应纺织厂空调实际使用等优点。工程局施工科学研究所为该机配有数字电路，各温度点有巡回检测仪，操作人员无需巡回进行人工记录而由仪器显示，精确度和工作效率提高。

1988年8月20日，浙江省科技委员会邀集省内外12位专家、教授组成鉴定委员会对该机全套技术文件、样机的主要技术性能进行复查核实，一致认为该机性能稳定、调控方便、密封性好、噪声较小，替代电源制冷可以节电80%，其技术性能达到国内同类产品的水平，可以投入批量生产，建议有关部门组织推广使用。同月22日，《浙江日报》头版发表工程局机械制造总厂研制的蒸汽两效溴化锂吸收式制冷机通过省级鉴定的消息，称此产品“为本省填补了空白”。此后，该机投入批量生产，产品销售浙江、江西、江苏等省的纺织厂、制药厂、宾馆等单位。

第八节　建筑材料研制

一、“双掺”混凝土

在混凝土拌制中掺入混合料和减水剂以节约水泥和改善混凝土技术性能的试验与应用开始于新安江水电站建设时期。初期，在混凝土中掺入磨细的洋溪产石煤和用天津等地纸厂的纸浆废液加工成的塑化剂（减水剂）。

在新安江水电站工程中进行掺加塑化剂的试验表明：塑化剂掺入混凝土后，其所含的表面活化物质，能在水泥颗粒表面形成1层薄膜。这种薄膜的出现，清除了水泥颗粒的集结（网状结构），释放出网状结构中的水分，增加了混凝土的流动性，从而改善混凝土的运输条件和捣实条件，保证混凝土的质量；在保持混凝土的流动性不变的条件下，可以减少混凝土用水量8%～10%，降低混凝土水灰比0.05，提高混凝土强度和抗渗、抗冻性能，节约水泥8%～10%，并改善混凝土的和易性。在大体积混凝土工程中更具有特殊的效果，塑化剂在水泥颗粒表面形成的薄膜，延缓水和水泥的化合作用，推迟水泥的凝结时间，并延缓水化热的温升，可使浇捣混凝土的允许间歇时间延长，而不致影响与上、下层混凝土块的结合；同时也可减少因水化热升温太快而使混凝土发生裂缝的可能。在试验中，采集天津、上海、赣州等纸厂所产的塑化剂成品、半成品或纸浆废液进行化学、物理的成分分析和对水泥或混凝土的性能影响的试验，并定出各种塑化剂、纸浆废液的最优掺量。在新安江水电站拦河坝和厂房的146万米^{3}混凝土中，大部分掺入塑化剂，节约了大量水泥并且获得良好的质量。

在富春江、湖南镇、紧水滩、石塘等大中型水电站建设中，除试验以糖厂的废液—糖蜜作为塑化剂（减水剂）的原料取得理想成果外，着重进行粉煤灰（取代磨细石煤）掺入混凝土的试验和应用。粉煤灰是火电厂的废品，加工简便、成本低廉。先后提取杭州半山电厂二电场、杭州热电厂等粉煤灰进行细度、活性、强度增长率及最优掺量的试验和研究。在混凝土中普遍掺入糖蜜减水剂和粉煤灰，技术、经济效益显著，减水剂的掺入量一般为水泥量的10%～30%，可节约水泥6%～12%；粉煤灰掺入量为水泥量的10%～25%，可替代部分水泥。湖南镇水电站1978年4月～1982年8月共浇筑“双掺”混凝土48.9万米^3，每立方米混凝土水泥平均用量由207千克降到182.9千克，共节约水泥1.15万吨；紧水滩水电站节约水泥3.6万吨。

1978年11月，根据水电部技水字（1978）第331号文件并接受水电部科学技术委员会的委托，由工程局在湖南镇水电站工地主办糖蜜等混凝土外加剂专业会议。水电部水利水电科学研究院，福建、浙江、湖南、云南、四川、江西等省水利电力局，部属水电施工单位，上海建筑研究院等单位代表到会交流经验，对工程局“双掺”混凝土的经验给予较高的评价。

在湖南镇水电站建设中推广应用“双掺”混凝土，于1981年11月获浙江省人民政府授予的“浙江省一九八一年科技成果推广三等奖”；1984年11月，糖蜜外加剂（缓凝型与非缓凝型）获水电部水利水电建设总局“水利水电科技进步四等奖”。

二、氧化镁混凝土

工程局施工科学研究所于1987年接受能源部下达的“外掺氧化镁混凝土试验及其在水工建筑中应用”的研究课题。外掺氧化镁混凝土是一项从材料入手改变传统温控措施，保证混凝土工程质量的新技术，1987年时国内外均尚停留在实验室阶段。是年8月，工程局施工科研所在石塘水电站大坝工程中作两次试验，将来自东北辽镁公司海城菱镁矿的氧化镁经950～1000摄氏度煅烧而成轻烧镁砂成品同混凝土材料一起放入拌和机内在不改变拌和时间的情况下进行拌制。经过反复实验，后以“机口外掺氧化镁”的技术，获得突破性进展而取得成功。实验结果：氧化镁水化时能够产生延迟膨胀特性，利用这一特性为混凝土在降温收缩时提供相应的膨胀，补偿温度应力，可简化大体积混凝土温控措施，降低工程成本，提高混凝土抗裂性。1989年部级鉴定的结论为“具有国际领先水平”。1990年在广东省青溪口和福建省水口水电工程坝体中浇筑外掺氧化镁混凝土14万余米^3。1991年5月，获水利水电规划设计院总院科学技术进步二等奖，翌年7月，获能源部技术进步四等奖。该技术成果被载入1992年出版的《中国水力发电年鉴》。

三、钢纤维混凝土

工程局第二工程公司承建的黄坛口水电站扩建工程引水进水口系拆除大坝弧形闸门改建而成，因受溢流坝及大坝闸墩的限制，进水口底板及门槽端部的厚度很薄，最小厚度仅0.2米，一般厚度0.3米左右。为简化施工，减少大坝溢流面及闸墩老混凝土的开凿工程量，设计在进水口底板及门槽的2期混凝土中，采用钢纤维混凝土。

施工中选用425号普通水泥，拌入含泥量小于3%的中砂（或粗砂）和最大粒径为20毫米的石子，选用杭州东岳钢纤维厂生产的E－1型异形钢纤维（材质为普碳冷轧钢带）。质量标准：抗拉强度不小于380牛/毫米^2；长度偏差不大于正、负5%；重量偏差不大于正、负15%；无油污及其他杂质。

所用钢纤维混凝土的设计强度等级为CF20，用“试验—计算法”确定施工配合比，水灰比0.5；单位用水量为205千克/米^3；含砂率为40%～50%；钢纤维掺量80千克/米^3，即体积率为1.015，仓面坍落度控制在5～7厘米。采用CJ—350型搅拌机搅拌，一次搅拌量不超过搅拌机额定量的50%。经多次试拌，采用先干拌后加水温拌，使钢纤维不结团。混凝土入仓后振捣采用振捣器，不用人工，避免钢纤维露出混凝土表面。

钢纤维混凝土施工时，每个班次取1组试样，由试验室在标准条件下养护。整个工程共浇钢纤维混凝土143.2米^3，共取试样7组，其28天龄期的平均抗压强度为32.1兆帕，比普通混凝土提高20%～50%，取得预期效果。混凝土中掺钢纤维，即使掺量1%，混凝土的成本也要增加1倍，故一般用于抗压强度较高的特殊部位。

四、补偿收缩混凝土

2000年9月，工程局港口湾施工局在承建安徽省宣城地区宁国市境内西津河上的港口湾水库时，为了满足设计和施工对面板混凝土的技术要求，特别是混凝土面板抗裂防渗及抗冻之要求，总结和参考了工程局先后施工的梅溪、八都、珊溪等水库混凝土面板堆石坝的成功经验，由工程局施工科学研究所对港口湾水库大坝面板混凝土防裂技术进行了试验和研究。

该工程是一座以防洪为主，结合发电、灌溉等综合效益的水利枢纽工程。大坝为钢筋混凝土面板堆石坝，设计坝顶长254米，宽7米，最大坝高68米，上游坝坡1∶1.4，下游坝坡1∶1.3，设置为钢筋混凝土防渗面板，其厚度上端30厘米，下端40厘米，从上到下逐渐变厚。面板中部配置双向钢筋，单项配筋率0.4%～0.5%。大坝面板混凝土设计强度等级为C25W10F100。面板采用滑模施工。

混凝土面板堆石坝由于具有良好的抗滑稳定性、抗震性，施工方便、工期短、造价低等优越性，在我国已得到广泛的应用。但国内许多混凝土面板堆石坝存在面板混凝土裂缝问题。

混凝土的裂缝主要是由于干缩、冷缩引起的，而补偿收缩混凝土就是使混凝土适度膨胀，来抵抗其有害的收缩，也就是利用限制膨胀来补偿限制收缩，从而达到避免或大大减轻混凝土开裂之目的。通过模式图分析，明确其最主要的是合理确定混凝土的限制膨胀率和限制收缩率。

混凝土原材料试验如下：

水泥为宁国海螺牌中热525号水泥，依据《中热硅酸盐水泥》（GB 200—1989）作试验检测，其各项指标均满足要求。

料为港口湾水库工程施工用的天然河砂和河卵石（粒径5～20毫米、20～40毫米），依据《水工混凝土试验规程》（SD 105—1982）及《水工混凝土施工规范》（SDJ 207—1982）试验检验其品质均符合规范要求。

粉煤灰为安徽省芜湖发电厂综合利用开发公司出品，依据《水工混凝土掺用粉煤灰技术规范》（DL/T 5055—1996）试验检测其质量指标为Ⅱ级灰。

VF-Ⅱ防裂剂，NMR高效减水剂，BLY引水剂为工程局施工科学研究所外加剂厂生产，分别依据《混凝土外加剂》（GB 8076—1997）、《VF混凝土防裂剂》（Q/JSK

002—2000）试验检测，VF－Ⅱ防裂剂符合规范要求，BLY引水剂和NMR高效减水剂均为一等品。

VF－Ⅱ防裂剂是由高铝熟料、明矾石、石膏及添加剂等按一定比例和工艺加工而成。再进行配合比设计、参数确定，根据分析与试验对比，确定了配合比。在混凝土的配料与拌和中，砂骨料采用电子秤计量，水泥采用袋装，粉煤灰和外加剂采用磅秤和天平称量，并随时根据骨料尤其是砂的含水量调节加水量，每日抽检三次。下料顺序根据操作规程执行。在混凝土浇筑中采取了诸多保证工程质量的有效措施，加上对面板混凝土脱模后的精心养护，以充分发挥补偿收缩混凝土的膨胀效果。实践证明：补偿收缩混凝土技术是一种较有效、较经济的防止混凝土裂缝的手段，取得了很好的防裂效果。面板防裂达到国内先进水平。2002年荣获安徽省建设厅颁发的"黄山杯"、优秀施工奖。2003年12月荣获建设部的"中国建筑工程鲁班奖"。

五、白溪面板混凝土掺改性聚丙烯纤维的研究

白溪混凝土面板堆石坝坝高124米，混凝土面板面积达4.93万米^2，面板分两期施工，二期面板面积达2.63万米^2。二期面板位于水位变动区，冬季受寒流、大风等作用，夏季太阳暴晒，条件比较恶劣，为防止和减少裂缝，提高面板抗变形能力，工程局对二期面板开展了在面板混凝土中掺聚丙烯纤维的国内首次研究。

该研究采取了实验室研究和现场生产性试验相结合的方法。通过对掺与不掺聚丙烯纤维及不同纤维掺量对混凝土主要性能影响的研究，表明混凝土中随机分布的大量纤维形成了纤维网，改变了混凝土的结构，能抑制水泥早期塑性收缩龟裂，提高混凝土的抗变形性能和耐久性。现场生产性试验证明，聚丙烯纤维混凝土和普通混凝土施工方法基本相同，纤维在混凝土中的分散均匀性及纤维混凝土坍落度低等问题可通过调整混凝土配合比，延长拌和时间，合理选择拌和方法和投料顺序等措施解决。

该项研究为面板混凝土防裂技术作出了新的贡献。

六、NMR（光亮型）高效减水剂产品的开发研究

由于混凝土材料本身存在的缺点和施工技术的限制，在混凝土结构表面往往要进行装饰以达美观。近年来，随着绿色建筑的客观需要，人们环保意识的不断提高，一种新的审美理念——清水混凝土逐渐被人们所接受。

工程局科研所从混凝土本身组成的材料出发，开发出了一种新型的混凝土外加剂——NMR（光亮型）高效减水剂。NMR（光亮型）高效减水剂是由水溶性树脂、保塑剂、乳化硅油、稳定剂等材料组成，具有含气量小、减水率高、适应性强等特点。其产品的应用是在普通清水混凝土施工技术的基础上，通过掺有光亮剂的混凝土配合比设计来进行清水混凝土施工，其不但能配制出高性能的混凝土，而且表面光亮如镜，提升了清水混凝土的表面装饰效果。该产品通过浙江省电力土建检测中心检测，其性能指标符合国家混凝土外加剂GB 8076—1997中的有关质量标准。

镜面清水混凝土其表面不需要装饰，不剔凿修补、不抹灰，减少了大量建筑垃圾，符合国家的环保发展目标。同时，这种混凝土避免了抹灰开裂、空鼓甚至脱落的质量隐患，减少了结构施工的漏浆、楼板裂缝等质量通病，减少了维保费用。由于掺用了光亮剂，建筑物表面色泽均匀、密实光亮，外观美感符合现代人的审美要求，也符合现代人对绿色建筑的发展要求，其产生的社会效益是巨大的。2005～2006 年浙江省华能玉环电厂发电机座的清水混凝土按掺用光亮剂的混凝土配合比进行施工，其浇出的混凝土色泽均匀、表面光洁如镜，得到了施工方、监理方、业主的一致认同。

七、机口外掺氧化镁均匀性及其检测技术研究

20 世纪 80 年代，原水利水电规划总院成立了氧化镁混凝土筑坝技术研究课题组，开始了氧化镁筑坝技术的研究，工程局科研所承担了氧化镁混凝土性能和均匀性的研究。与水泥内含氧化镁比较，外掺氧化镁技术可根据坝体不同部位的补偿收缩需要采用不同掺量，提高了防裂效果，且操作简便，便于施工。但机口外掺氧化镁筑坝技术要应用到实际工程中，其在混凝土中的均匀程度是关键问题。因为氧化镁毕竟是水泥中的有害物质，过分集中的氧化镁将造成混凝土体积膨胀难以控制，从而引起混凝土物理力学性能下降，乃至破坏。检验混凝土中氧化镁是否均匀，需要有一整套灵敏、准确、稳定、可靠且简单易行的方法和评定指标。科研所工程技术人员经过大量的室内试验研究和工艺试验，取得了重大突破，提出了机口外掺氧化镁均匀性的检测方法及评定指标。

2001 年起，工程局科研所在总结了已有的常态混凝土外掺氧化镁均匀性检测成果的基础上，又对碾压混凝土中外掺氧化镁的均匀性情况和检测技术，进行了系统的研究试验。针对广西龙滩水电站下游围堰碾压混凝土特殊的原材料以及外掺特性氧化镁情况，对原均匀性检测方法和检测细则进行了改进。在石塘、水口、青溪水电站工程中成功应用了化学法检测外掺氧化镁混凝土均匀性，取得了良好的效果。在此基础上，又进一步深入研究。近年来在龙滩水电站下游围堰碾压混凝土工程、广东惠州抽水蓄能电站中的应用，论证了机口外掺氧化镁混凝土施工工艺是简单可行的，氧化镁混凝土均匀性采用化学分析法是准确可靠的，可以进一步推广应用。

八、碾压贫胶沙砾料筑坝技术

贫胶沙砾料是由普通硅酸盐水泥、粉煤灰、水、小于或等于 150 毫米（或 250 毫米）的粗骨料（级配良好的天然沙砾混合料或开挖石渣）、砂、石粉等材料组成。其介于堆石和碾压混凝土之间。

碾压贫胶沙砾料筑坝技术的主要特点：简化沙石筛分；拌和系统采用土石方机械或无动力拌和系统 MYBOX 专用拌和系统替代，采用体积法计量；对温控及分缝要求较碾压混凝土低；基础处理类同面板堆石坝；贫胶沙砾料可用振动碾压实到设计密度；变态处理基本同碾压混凝土坝，能连续快速施工。

碾压贫胶沙砾筑坝技术应用于福建省宁德洪口水电站拦河坝上游主围堰，堰高 35.5 米，工程量 32000 米^3。经检测，碾压贫胶沙砾料整体性较好，属于具有一定强度的干硬凝聚体。碾压贫胶沙砾筑坝技术在上游主围堰的成功应用，取得一定经济效益，并确保了围堰按期具备度汛能力。

碾压贫胶沙砾筑坝技术具有原材料来源广泛，胶凝材料用量少，温升低，能耗少。此筑坝技术综合了面板堆石坝和碾压混凝土坝两种坝型的优点，具有投资经济、施工快速、绿色环保等优越性，是一种较富潜力的筑坝新技术，应用前景广阔。

九、VF 防裂剂研制及面板混凝土防裂技术研究

工程局科研所自 20 世纪 90 年代以来对 VF 混凝土防裂剂进行了长期研究，经不断改进，VF 的防裂效果明显提高，目前已发展到 VF－Ⅲ型。VF 防裂剂由高铝熟料、天然明矾石、石膏等材料加工而成，属于硫铝酸盐类。其产生膨胀能的原因是生成硫铝酸钙水合物（钙矾石）填充混凝土孔隙，产生膨胀；同时水泥的水化也开始形成 C－S－H 凝胶，一方面钙矾石的形成使膨胀压力逐步增大，有利于混凝土强度的发展；另一方面 C－S－H 凝胶的形成起着塑性铺垫的作用，缓和了膨胀压力对混凝土结构带来的破坏。使得 VF 防裂剂具有较好的膨胀特性。

为研究掺 VF 防裂剂的补偿收缩混凝土的应用效果和安全性，工程局科研所在进行大量试验研究的基础上，提出了补偿收缩混凝土动态控制理论和方法，在混凝土中加入一定量的 VF 防裂剂，能够使混凝土在膨胀时间及膨胀量上和混凝土收缩曲线相吻合，以此来保证混凝土的体积变形过程始终满足其抗拉强度要求，达到混凝土防裂的目的。

该项研究成果于 1997 年 3 月首次应用于宁波梅溪水库面板堆石坝中获得成功，至今已有 10 多座库面板堆石坝中应用了该项技术，均取得了很好的防裂效果。如温州珊溪水库面板堆石坝，坝高为 132.5 米，混凝土面板总面积为 7 万米^2，其中一期面板一次性连续浇筑最大长度为 142.63 米，经多次检查未发现任何裂缝。为国内当时一次性连续浇筑无裂缝的最长混凝土面板，创中国企业新纪录。2002 年 12 月江山白水坑水库面板堆石坝面板混凝土一次性连续浇筑最大长度达到 160.8 米，也未发现任何裂缝。

该成果于 2000 年以 VF 防裂剂企业标准备案。2001 年 10 月荣获中国企业联合会、中国企业家协会颁发的“中国企业新纪录”奖牌，2003 年获中国水利水电集团公司科技进步二等奖，2000 年 9 月通过浙江省科技厅组织的专家鉴定，认为 VF 防裂剂能够有效地提高面板混凝土的抗裂性能，防止混凝土面板开裂，该研究成果达到国际先进水平。

第九节　新工艺、新技术、新材料应用

一、钢筋连接新工艺

1980 年，工程局科研所接受电力工业部水电建设总局下达的粗钢筋接头连接（包括焊接）工艺的科研项目和“七五”国家重点科研攻关项目——三峡工程钢筋连接快速施工技术研究的任务。项目负责人李本端和其他科技人员针对三峡工程及大型水电工程钢筋施工的高强度，探索、研究出钢筋连接的三种新工艺。

(1) 变形钢筋铝热锁锭连接技术。此系钢筋机械连接新工艺，1982 年 9 月开始应用于紧水滩水电站导流洞工程，后又应用于大坝首部阀道、泄洪孔（中孔、浅孔）工程。1984 年 6 月以后，又在龙羊峡水电站工程、厦门国际金融大厦工程中推广应用，均获得满意的效果。该项工艺获 1984 年水利水电科技进步三等奖。

(2) 钢筋气压焊。该工艺为经济型焊接工艺，其成果包括焊头防污罩、焊面活化剂、操作新工艺和新机具。该工艺在水口水电站、成屏一级电站、温州电厂以及建德市农行营业大楼等建筑工程中应用。1987 年获能源部第二届新技术、新产品交流交易会金奖。

(3) 钢筋机械连接法系列接头。其成果主要有（冷、热）挤压套管连接接头、套管螺旋连接接头、等强型锥螺纹接头、组合连接接头。在成屏一级电站工程、万安溪水电站工程、水口水电站工程、厦门国际金融大厦工程、新安江电厂大桥工程、上海金桥大厦工程、台州电厂四期工程、嘉兴电厂工程、贵阳电厂扩机工程等钢筋焊接中推广使用。该成果获电力工业部首届新技术新产品暨科技攻关成果展示交流会金奖。

工程局科研所还参与了国家和行业有关钢筋连接（焊接）技术及产品标准的编制工作，参与修订《钢筋机械连接通用技术规程》(JGJ 107—1996)，参与修订《钢筋焊接及验收规程》(JGJ 18—1996)，修订《镦粗直螺纹钢筋接头》(JG/T 3057—1999) 等钢筋连接标准。

二、新型钢模板

水电部水利水电建设总局在1982年将“悬臂模板研究”课题立项，下达工程局科研经费3万元。工程局施工科研所派出技术人员在1984年3月结合紧水滩水电站混凝土双曲拱坝的施工实际，先后研制成功“新型结构悬臂桁架模板”与“电力螺杆自升式悬臂桁架模板”，并获得工程局第一个实用新型专利权。1986年，工程局承担了国家“七五”科技攻关项目“混凝土高坝快速施工关键技术研究”专题事项——“悬臂模板、自升模板研究与应用”，项目负责人为曹荣发，主要研究人员有廖培林、卢子珍、许其光以及杭州大学徐宗元等。该课题经4年的研究，在悬臂模板、自升模板、计算机辅助双曲拱坝立模(A1) 系统与模板锚固机具研究4个方面取得成果，在贵州省东风水电站施工中应用，加快了施工速度，提高了施工质量，节约工程投资约380万元。经专家鉴定达到国际先进水平，并获得水电部水电规划设计总院二等奖。

三、计算机技术应用

1985年工程局开始购进计算机，多年来运用计算机进行结构计算取得初步成果。20世纪90年代初，勘测设计院在资金紧张、人才缺乏的困难情况下，配备建筑DK、QM系列，结构SP5等软件，建立了计算机设计体系。从1994年下半年起经10个月的努力，实现土建专业结构部分利用计算机CAD辅助计算，操作人员输入数据信息后，各层结构的平面布置及施工详图均可由计算机自行完成。

四、现代企业人力资源管理系统软件开发

工程局开发的“人力资源管理信息系统”软件适用于水电施工企业人力资源管理，辅助管理人员进行人事、薪酬、社保、职称、职工教育、统计分析等业务管理。简化、优化了人力资源管理工作的流程，提高了管理人员的劳动效率。将人力资源管理中的一些琐碎、繁杂的计算、复核、统计、表格打印等工作交由计算机自动处理。目前，各水电施工企业的人力资源管理工作的内涵和外延都不同程度地在扩大，而管理人员却在逐步地被“精减”，且又要更好为工程建设提供更好的服务，更快、更好地盘活、用好现有人力资源，迫切需要先进的工具来辅助管理，为之，实行“人力资源管理电算化”是最好的方式之一。

该课题主要研究现代企业先进的人力资源管理理念、方法和技术，利用现已成熟的计算机网络和软件技术，将二者有机地结合，研发、设计出一套适合水电施工企业管理实际

的、功能较为完善的、跨时间和空间限制的人力资源管理信息系统。其研究内容包括：

(1) 系统规划。包括初步调查、确定系统目标、技术可行性等内容。

(2) 系统分析。包括业务需求分析、数据流程图设计、数据字典设计、系统逻辑模型的确定等内容。

(3) 系统设计。包括总体设计；系统选型、代码设计、系统数据库设计、模块设计等内容。

(4) 源程序的编写。

(5) 系统测试。包括错误测试、单元测试、集成测试、模块的整合等。

(6) 系统软件的应用推广。包括测试版的测试、使用人员培训、系统转换等。

根据研究成果，软件在功能上充分考虑到了“通用性”与“专用性”的有机结合，在系统架构上，采用了B/S与C/S的混合结构，现已成功开发了“人力资源管理信息系统”软件测试版。同时该研究还提出了《人力资源管理电算化管理办法》，使工作制度化、规范化和科学化。

五、局设备管理软件研究

该软件是根据工程局现行固定资产及设备管理的模式，开发出的具有实用性强、适合现今国企设备管理体制的通用设备管理软件。

(1) 该软件主要解决以下问题：

1) 设备管理和财务的资产管理相结合，使设备总账和财务的资产总账相一致，做到全局各单位的自管设备总账和设备物资部管理的局管设备总账通过网络传递经汇总形成全局的设备管理总账。

2) 主管领导和相应的管理部门可以通过软件根据所设立的权限进行即时查询或打印。

3) 有利于提高设备管理人员的素质，进行系统的设备管理工作，使设备管理无纸化。规范管理程序，按照“三合一”一体化的贯标要求，及时上传各项数据，做到资源共享。

(2) 软件特点：导航式的界面；高效强大的查询工具；稳定安全的数据库；完全的网络化操作；开放式的打印设置。

(3) 功能特色：包括设备管、用、养、修，到设备报废的全过程；支持平均年限法、年数总和法、双倍余额递减法及工作量法计提折旧；提供资产增加、减少、变更、维修、折旧、统计等管理；支持对设备、资产进行分类管理、支持按类别计提折旧及报表；支持多用户多权限操作；支持数据导出到多种格式；支持报表自定义设计。

这是一款通用性很强的固定资产及设备管理软件，适用于水电行业、生产制造业等单位。软件同时提供单机版和网络版供用户选择。

六、罗泰克 (ROTEC) 皮带浇筑布料机组

1986年水电部暨水利水电建设总局从美国引进1套罗泰克（ROTEC）回转式皮带浇筑布料机作为样机供施工试验研究，决定由工程局承担试验任务，由杭州机械设计研究院协助，共同进行该机组的应用试验，为三峡等大型工程施工应用该机进行高强度浇筑取得可行性资料。6月，罗泰克皮带浇筑机组经上海港口运抵浙江省石塘水电站工地进行组装。按美方公司技术文件要求设计制作立柱支承机件，组装后立即安装于石塘电站一期围堰内导墙边进行试用。1987 年 2 月水电部科技司王圣培司长带领有关人员来工程局听取该机试验情况汇报，并要求在石塘工程扩大应用试验。同年 8 月至翌年 3 月，试验人员克服各种困难，在 1、2 号机组厂房下部混凝土浇筑中使用该机浇筑了 4 个块子，总方量 5150 米^3。1991 年 11 月至 1992 年 3 月底，又在安徽省妹滩工程使用该机共浇筑混凝土 1 万米^3 以上。

工程局技术人员在使用该机浇筑 1.5 万米^3 混凝土的作业中，比较充分地论证了该机的性能，取得了应用经验，确认该机每小时混凝土输送能力可达到 150 米^3 以上，如加大带宽、带速（最大可达 7 米/秒），其输送能力可以满足我国大型水利水电工程的施工需要。由于该机高速的特性及应用了多种特殊结构与机构，能完全防止混凝土的跑浆与分离，保证混凝土的质量，而且对坍落度没有限制。该机组结构轻巧、设计先进合理，采用插销配备形式，组装及移位方便，操作易学。使用该机浇筑混凝土，仓面操作劳动强度低。

1994 年 4 月，黄坛口水电站扩建工毬浇筑 2 号进水口及 1、2 号引水钢管 C1、C2 填墩上游部分 6215.4 米^3 混凝土，因工作面坐落在大坝溢流面上，最大高差 36.58 米，最大坡度 40 度，混凝土入仓十分困难，如采用人工推车入仓，不仅准备工作量大，投入人力多，而且进度、质量难以保证。后选用普通皮带机加罗泰克（ROTEC）布料机施工，取得了满意效果。实践证明，罗泰克布料机在水电建设工程中有很强的适用性，特别适用于混凝土入仓困难的边角块。当该布料机与普通皮带机联合使用时，可以大大提高该机的适用性，且有降低成本、保证质量、节省劳动力等优点。

在试用中，亦发现该机弱点，如布料范围小，需要经常移位或提升，使用有局限性。

七、环氧树脂等化学材料的应用

新安江水电站厂房浇捣完成后，表面出现大面积不平整的缺陷。1963 年 3 月至 1965 年 9 月，工程局科研所在上海勘测设计院、水利水电科学研究院的协作下，经过反复实验，在国内首次采用高分子材料——环氧树脂砂浆，作该厂房顶整平处理，涂抹面积为 3600 余米^2，取得初步成果。随后又在新安江水电厂 9 号机组尾水管混凝土底板缺陷和 6 号机组进水口闸门槽的补强整平中采用环氧树脂砂浆，取得防渗、防冲刷或加固、整平的效果。1966 年 3 月 23 日，工程局将“环氧树脂施工”作为科研课题填入《全国科学研究成果登记卡片》上报，建议推广使用环氧树脂对混凝土表面不平整处理以及防渗和补漏处理，并可作为建筑材料的黏结剂。以后，又试验成功“水下环氧树脂”和“环氧灌浆”，均取得满意成果。

1967 年研制成功糠酮环氧材料替代贵重金属材料——巴氏合金，用于富春江水电站船闸的弹性止封启闭部位。1979～1981 年，环氧树脂砂浆、环氧糠酮、丙凝等化学材料被广泛应用于湖南镇水电站大坝、引水道的混凝土缺陷处理和固结处理。1981 年，从新安江水电站厂房顶环氧层取样检验证明，虽经 17 年的日晒雨淋，环氧层的物理特性仍比混凝土为好。工程局施工科学研究所 1986 年开发成功新 1 号和新 2 号内墙涂料（新 2 号内墙涂料为新 1 号内墙涂料的改进型）。新 2 号内墙涂料的重要技术性能如耐水性、耐热性、耐碱性、遮盖性、硬度、黏度、固体含量、涂刷性能、贮定稳定性等均较理想，应用于工程局在宁波、杭州、桐庐七里泷、衢州、金华等所建房屋的内墙，并大量供应给各地建筑公司使用，效果良好。

该涂料获浙江省第四届全省青工“五小”科技成果三等奖。

八、MB防水嵌缝油膏

工程局科研所研制的该产品施工简便，止水效果可靠，价格合理。经工程局承建的福建万安溪水电站、宁波梅溪水库及舟山岑港水库等混凝土面板坝工程中用于接缝表面止水，蓄水运行后表明其防渗效果良好。该产品不仅应用于国内各类面板坝工程，而且还适用于其他水电工程（水电站大坝、厂房及溢洪道的伸缩缝）及工业与民用建筑（房屋面伸缩缝）等工程的防渗止水，取得较好的技术和经济效益，深受用户好评。并通过浙江省科技厅组织专家鉴定，取得了科学技术成果鉴定证书，

1998年MB防水嵌缝油膏建德市质量技术监督局企业标准备案。

九、VF膨胀剂

工程局科研所研制的该产品属于硫酸铝酸盐型，掺入混凝土（砂浆）中产生体积膨胀的外加，膨胀性能好，后期强度高，是专用于防渗、抗裂、自防水混凝土的优质膨胀剂。该产品一投产，就有300余吨应用于各类工程。主要使用单位和工程有衢州油库、新安江大桥、杭州钱江工程局、苏州污水处理厂、建德莘建山庄、朱家埠地下水池、杭州市双流水泥厂、梅城建筑公司、金华双龙大厦地下室、农行大楼等工程使用该产品后，不仅可节约部分水泥、提高强度，而且建筑物不裂、不渗漏，使用效果良好。

1994年该产品已通过专家鉴定，1997年获中国混凝土外加剂协会重点推荐新产品项目奖。

第十节 勘测设计

一、瓯江流域规划

瓯江位于浙江省东南部，发源于浙闽交界的仙霞岭洞宫山，干流全长376千米，为浙江省第二大水系，落差600米，水力资源极为丰富，主要支流有大溪、小溪等。

对瓯江流域的查勘和规划始于1956年。形成报告和文件主要有9次。前6次(1957～1965年）由水利电力部上海勘测设计院（以下简称上海院）完成。后3次因上海院撤销，部分人员调进工程局，由工程局所属的勘测设计院完成。

1972年工程局根据水利电力部的通知精神，以上海院调入人员为主组成浙南选点小组对紧水滩、半阳、田阜等坝址进行复勘，6月提出浙南地区水电选点复勘报告，再次提出：紧水滩水力枢纽工程量少、投资低、收效快，选作瓯江第一期工程是合适的。同年10月，水利电力部下发的基本建设设计前期工作暂行规定的附件1《电网规划和大型骨干电源选厂选点项目表》列入瓯江流域的规划，指定由十二工程局完成。工程局据此组织由17名专业人员组成的瓯江规划查勘组，依次查勘了龙泉溪18个坝址和水库。同时调查了石塘坑、大白岸、鹭鸶、南坑下4个小型水电站和丽水、云和、龙泉、景宁、碧湖、松阳6个平原盆地。听取了所在县的领导对流域开发的意见，于3月11日复勘完毕，6月，工

程局勘测设计院在瓯江流域历次规划的基础上，结合此次对坝址、水库的查勘成果以及吸取地区、县领导的意见，写出《瓯江流域规划查勘报告》。报告明确否定青田高坝方案，建议首先开发支流。

水利电力部1973年7月21日发出（73）水电计字200号《关于布置部分水电勘测设计任务的通知》，要求工程局及早提出瓯江流域规划的开发点以解决浙南地区急需解决的缺电问题。1975年6月，局勘测设计院再次提出《浙江省瓯江流域规划报告》。拟订了瓯江干流上建黄浦低坝，大溪上建紧水滩、石塘两级，小溪上建滩坑、大赤两级。选定的5个电站，总装机容量90万千瓦，年发电量30亿千瓦·时以上。在选定的5个电站中，因黄浦、石塘两个电站水库无调节能力，只有依附上一级电站开发后才能充分体现出水电效益，故不能作第一期工程开发。大赤电站除淹没较少外，其他条件均较差；滩坑电站供电位置适中，装机量大、淹没亦少，但地质岩性较复杂、工程量大、投资多、施工期长，以上两处皆不宜作第一期工程开发。唯紧水滩水电站的地质条件、工程条件和各项经济指标都均优越，水库淹没损失和综合利用亦最理想，故推荐作为开发瓯江流域第一期工程。并建议及早修筑金华—温州铁路，为建设电站运输大量原材料提供方便。

二、重做紧水滩水电站初步设计

紧水滩水电站位于浙南云和县境内局村乡的峡谷中，在瓯江支流龙泉溪上。上海勘测设计院在20世纪50年代编制瓯江流域开发方案中，把紧水滩与青田水电站作为瓯江的一、二级电站开发。1960年2月编制完成并上报的《紧水滩水电站初步设计》，系按照青田高坝正常高水位同紧水滩尾水位置重叠17米而编制。此后，瓯江流域经过几次查勘。1973年7月21日，水利电力部要求工程局编制瓯江紧水滩水电站初步设计。在接受任务后，因“文化大革命”干扰以及局勘测设计院刚刚组建，人员分散，机构不健全，前两年工作进度缓慢。1977年下半年以后，工作趋于正规。经3年多补充勘测，并对设计方案进行比较分析，于1978年1月编制完成该工程的初步设计。

初步设计分综述、气象与水文、工程地质、动能经济、水力枢纽及建筑物布置、施工、闸门和启闭机、水力机械和电站厂房通风、电气工程、工程概算10个方面共47节，绘有图表91幅（张）。设计正常高水位（188米）以不淹没龙泉县县城为原则，装机15万千瓦，年发电5.04亿千瓦·时，年利用小时3360小时，总投资11400万元，淹没农田1.75万亩，迁移人口1.7万人。水力枢纽由拦河坝、溢流坝、电厂所组成，拦河坝、溢流坝为双曲率混凝土拱坝，最大中心角130度，最大坝高100米，厂房设于河床中为坝后式厂房顶溢流，主厂房尺寸为66米×16米，装3台5万千瓦机组。由3根直径3.5米钢管从坝内引入厂内，坝顶设有7孔13米（宽）×5.5米（高）的溢洪道，以鼻坎挑动消能，泄洪流量为5500米^3/秒。电站施工期限包括准备工程为3年。施工场地布置离坝区4千米的石富村和坝下金水坑村。根据施工进度，混凝土浇筑量最高月强度为3.1万米^3，最高月劳动力为6500人。1977年12月，在工程局所在地湖南镇水电站工地召开“三结合”审查会，对初设中的主要技术问题，如工程规模、坝型、枢纽布置、施工导流、工期安排等基本取得一致意见以后向省建设委员会、浙江省电力工业局汇报。1978年3月，水电部水电规划设计管理局组织人员深入现场查勘，对《浙江紧水滩水电站初步设计》进行讨论和审查。6月，水电部以（78）水电规字第88号文批复工程局，审定紧水滩水电站工程列为一等工程，装机容量为20万千瓦，水库正常水位定为184米，库区居民按20年一遇洪水回水位（坝前188.2米）迁移。

以后，在施工实践中，华东勘测设计院对该工程设计作多项优化，特别由于下游兴建石塘水电站，紧水滩水电站装机容量可从20万千瓦扩大到30万千瓦，后经水电部批准实施。

三、湖南镇水电站设计的修改和优化

湖南镇水电站的勘测设计工作一直由水利电力部上海勘测设计院承担，该电站1958年动工至1962年初停工缓建期间，设计变动多次。停缓建以后，浙江省计划经济委员会和水利电力部就电站的坝型、规模等亦作几次磋商。1970年初，电站复工续建。湖南镇水电站的设计事宜亦由工程局负责。1971年9月，工程局编制上报《湖南镇水电站复工设计报告》，提出采用混凝土梯形支墩坝。经水利电力部审查批准作为选定坝型，并以此设计坝型施工。后经浙江大学和南京水利水电科学研究所试验论证，设计图形与试验成果基本相符，与原来重力坝设计规模规定的扬压力图形比较，节约混凝土5万多米^3。

1971年10月，工程局又根据浙江省革委会生产指挥组召开的一次专业会决定的精神编制了《浙江省乌溪江湖南镇水电站复工报告》，水利电力部审查批准电站的高坝开发方案，地面厂房，装机容量为4.25×3（万千瓦），即12.75万千瓦。1974年工程局为适应系统调峰的需要，要求水利电力部恢复电站1958年初设计时装机3×6.5（万千瓦），即19.5万千瓦的规模。后因HL009—250型机的制造厂家已下料制造，水电部遂同意增加1台4.25千瓦机组。工程局勘测设计院因机组改型和增加1台机组，将原设计机组安装高程由118米降到113.7米，支管布置亦采取下降方案，即将支管出口从117.6米下降到113.7米与机组相接，并首次采用月牙形内加强肋岔管。

1974年10月，工程局根据湖南镇水电站具体情况，向水利电力部报告增建蓄能电站的可行性，认为该项工程投资省、见效快、无淹没损失、综合效益显著。水利电力部同意在大坝5坝段埋设1根直径5.4米的钢管（1994年利用此钢管，由工程局承建10万千瓦扩容工程）。1977年在保坝加固复核中，设计人员再次调查历史水文记载和查阅历年水文资料实录，经多种方案比较和计算，提出相应的保坝措施，增加坝高1米，大坝右岸增加1孔溢洪道。此方案经水电部规划设计院审查批准。

此外，工程局勘测设计人员在厂房设计中采用跨缝结构形式，既节省一定数量的工程量，又节省模板，尤其是厂内有规律的构架柱布置，立面较为美观。还为水电站进水口事故闸门，研制35F—3A型支承滑道；又为大坝溢洪道弧形闸门，研制成功SF—2C型支铰轴套，均在工程上实际采用。这是我国在大型水电站金属结构闸门上采用复合材料制作支承构件的第一次探索，取得预期效果。

该电站的设计在1984年获水电部一级优秀设计奖，同年8月又获国家优秀设计奖。

四、江厦潮汐试验电站勘测设计

江厦潮汐试验电站位于浙江省温岭县江厦港，距县城19千米。江厦港系我国东海乐清湾北端一个狭长封闭式浅海半日港，在一个太阳日中出现两次涨落潮。港长9千米，坝址宽686米，当低潮位时湾内海涂出露、过水宽度仅350米左右，堤坝两端为高约20～

30米的屿山与低点，是筑堤围海的理想位置。江厦港最大涨潮潮差8.39米，最大落潮潮差7.8米，平均潮差5.08米，属我国高潮差区之一，蕴藏着丰富的潮汐能源。1970年7月30日水利电力部指示工程局尽快组织三结合设计小组，在浙江省革命委员会领导下，对乐清湾潮汐资源进行查勘。8月6日，工程局派出勘测设计队进入玉环县楚门镇，9月初赴乐清湾现场，翌年6月底，勘测设计人员逐渐增至300人左右。1972年5月～1973年5月，在电站北岸乌沙门布设潮流测验站，并编制完成《乐清湾江厦港乌沙门站关于代表潮选测问题的初步研究》，成为电站工程设计的重要资料。重要数据有：大潮涨潮最大流速1.14米/秒，平均流速0.41米/秒，落潮最大流速0.63米/秒，平均流速0.23米/秒，全年1次涨潮流的平均流速最大为0.41米/秒，最小为0.034米/秒，1次涨潮流时流程最大为8.56千米，最小为0.68千米，涨潮流年平均潮流量591米^3/秒，最大平均潮流量1170米^3/秒，最小平均潮流量79.4米^3/秒，全年各月最大涨潮量变化为2281万～1507万米^3，最小涨潮量变化为159.6万～966.7万米^3。在约3年间，先后由工程局和温岭县革命委员会联名写出《关于选择江厦为潮汐发电试点工作的报告》、《乐清湾地区地质报告》、《关于建造潮汐发电试点工程——江厦电站的报告》、《乐清湾综合开发技术经济报告》等。1972年3月10日，国家计划委员会下达的《一九七二年科学技术发展计划》内列入江厦潮汐试验电站。翌年3月，水利电力部科技司审定江厦潮汐试验电站建设规模为6台500千瓦的机组，总装机容量3000千瓦，机组设计水头3米，水轮机直径2.5米。工程局勘测设计队据此进行扩大初步设计。浙江省电力局于同年7月4日召开会议审查同意江厦潮汐试验电站厂址设在左岸。

工程局勘测设计队于1974年3月编制完成《江厦潮汐发电工程扩大初步设计书》。该电站按4级建筑物标准，采用20年一遇高潮位标准设计，200年一遇高潮位标准校核。电站枢纽工程有水库、堤坝、厂房、泄水闸、渠道。水库随潮汐降落。坝址以上集流面积29.1米^2，设计发电控制水位1.2米，总库容493万米^3，发电有效库容278万米^3，设计水头3米，发电最大水头5.55米，最小水头1.5米，平均水头2.29米；厂房采用钢筋混凝土结构，4层建筑，2层在地面以下，建于山石挖成的45米宽的渠道中，有6个机坑，装机500千瓦1台、600千瓦1台、700千瓦3台，总容量3200千瓦（年平均发电量1053千瓦·时，年发电小时5392小时），泄水孔5孔，安装液压启闭机5台，最大泄水能力为290米^3/秒。此外，还建有半跨45米双曲拱型交通桥1座和内装自动记录潮位仪器的水位台1座。设计总工程量：土方明挖6.95万米^3、石方明挖16.9万米^3，混凝土和钢筋混凝土浇筑8800米^3，金属结构制作安装91吨（不含机组成套设备），消耗木材450米^3、水泥2580吨、金属230吨（其中土建钢筋钢板200吨、施工用钢材30吨），投入劳动力最多时1800人，总工日41万个。浙江省电力局于1974年9月5～11日组织28个单位、92人审查通过扩大初步设计，并于10月17日报水利电力部科技公司。

在设计过程中，局勘测设计队于1973年3月和华东水利学院联合开展双向水轮机转轮模型试验。最后选出两个性能较好的“S”形断面潮汐水轮机转轮。通过转动叶片角度－5度～＋40度，能实现正反向发电和正反向泄水4种运行工况，并具有单位转速高、过流能力大的特点，有较好的能量指标，能满足江厦电站机组运行的要求。根据水头变化，调节浆液导叶的协联关系，使水轮机运行在高效区，并能自动切换至相应工况。

该电站于1970年10月开始施工，1973年10月堤坝合龙。1978年6月由工程局安装队开始安装设备。1980年5月4日1号机正式发电。1985年12月电站全部建成。

该电站工程于1986年获国家“六五”科技攻关先进项目奖，“江厦潮汐试验电站设计与研究”课题于1987年4月获第二届国家科技进步二等奖。

五、月牙形内加强肋高压岔管的设计

湖南镇水电站引水系统330米长的压力钢管，由主管、3只岔管共4条管路通往4台机组，水力推动水轮发电机。此种大直径的高压分岔管，国内通常采用三梁式岔管。工程局鉴于三梁式岔管尺寸大，外形尺寸为9米×8米，质量超过90吨，U梁亦需分段用万吨水压机锻造，再经复杂的焊接工艺，焊后又需专门建造1个10米×10米的大型退火炉整体退火，加工和运输均有困难，遂于1972年底先后与华东水利学院、浙江大学、同济大学签订科研协议，寻求施工简便、结构合理、水力流态好的新管型。1973年底组成3校1局岔管科研协作小组。次年，协作小组吸取水利电力部在浙江省建德县梅城镇召开的全国钢岔管设计经验交流会的成果，决定选择月牙形内加强肋岔管，并与浙江大学力学教研组合作进行此课题的研究。

在两年试验过程中，充分发挥干部、工人、技术人员和科研、设计、施工两个“三结合”的作用，先后进行11个方案水力流态试验，两种结构形式、5个模型结构试验及爆破试验，分析、掌握高压分岔管复杂的应力分布。并在岔管结构理论上也进行一定深度的探讨，建立初步可供工程参考的计算理论和计算公式。

经过科学试验和理论研究，月牙形内加强肋岔管被湖南镇水电站正式采用。

(1) 工艺。月牙形内加强肋岔管由二锥管（或三锥管）和月牙形肋板组成，各部分均为可展曲面。肋板可采用国产厚钢板切割拼焊成形，锥管可用卷板机卷制成形，肋板与各壁的连接焊缝，可采用局部退火的措施来消除焊接热应力，小型岔管可整体组装，大型岔管可分片现场组装。

(2) 流态。经水力流态试验证实，由于月牙形内加强肋岔管在体形上有倒锥、缓变和肋板分流等特点，从而在各台机组全开时有较好的流态和较小的水头损失。单机运行时，由于肋板两侧有不同程度的涡流出现，流态略差，水头损失有所增大，从电站运行的综合效益看，水力流态较好。

(3) 结构：经过3个模型的弹塑性阶段试验及水压爆破试验，此种形式的岔管结构合理，受力明确，基本上能达到完整壳体的承载能力。岔管的主要部位，可取代三梁式岔管的3根大梁。

由于月牙形内加强肋岔管具有水力流态好、结构合理、受力明确、制作便利、量轻、投资省，尤其利于用作埋管（亦可用于明管），因整体变形条件较好、外表面平整使钢板与岩石联合受力、开挖空间较小等优点，其成果及经验引起兄弟单位的重视。

该设计荣获1978年全国科学大会设计奖。

六、无配重式缆机钢栈桥的设计

1988年4月，工程局设计室接受华田工程联营公司的委托，承担无配重式缆机钢栈桥设计。钢栈桥位于水口水电站右岸坝下（0＋76.5～0＋135.0），桥高26.5米，桥面铺设3股每米质量125千克的重轨，承载3台（2台×30吨＋1台×20吨）缆机运行的质量。缆机起吊跨度1073米、高度110米。缆机的水平荷载960吨要由钢栈桥承受。此项设计难度大，工期紧。设计人员在无资料借鉴的情况下，对结构形式、计算简化模型、施工工艺、温度应力的影响等作周详的审议，最后选用双向连续梁和斜拉杆系统的排架结构形式。仅用1个半月，提交钢材订货清单，3个月交付设计图纸和技术资料。栈桥于1990年4月竣工验收投入运行，为水口水电站的施工提供安全可靠的施工设施。钢栈桥从1990年4月运行迄今，安全无恙。

1992年5月，经中国水利水电工程总公司组织的专家委员会评审鉴定，确认钢栈桥“造型合理，设计原则正确，支座结构构思新颖并有所创新，设计和制作安装是成功的，其形式和规模均为国内首创，设计居国内领先地位。”1992年能源部将其列为电力科技成果鉴证予以承认。

七、宁波市高层建筑桩基首次采用中长桩的设计与施工

位于宁波市江东新区环城东路的宁波大厦由工程局设计室设计、工程局自行施工。建筑总高45.5米，面积10027米^2，系13层综合性办公用楼。主楼结构采用框架——剪刀墙体系，裙房采用框架结构体系，主楼与裙房间设沉降缝分隔。大厦工程于1986年10月开工，1989年12月竣工验收。

宁波市属沿海城市，多为软土基，故多层、高层建筑的桩基长期以来惯用45米左右的长桩。宁波大厦地质详勘报告中亦建议选用45米的长桩方案。工程局设计人员对大厦所在地的地质详勘资料进行研究和计算比较，又据大厦的平面布置以及建筑物的结构特点，认为可以改用中长桩桩基。后即用钢筋混凝土预制断面450毫米×450毫米，桩长19.7米的方桩，共用桩330根，其中主楼271根、裙房桩59根。这一改革，不仅节约工程造价，缩短工期，且为施工带来很大方便。大厦建成后5年的沉降跟迹观察表明，大楼沉降均匀、正常，且沉降量小，接近于计算值。至今，整幢大楼未发现结构性的裂缝，表明中长桩桩基设计成功。

八、高土石过水围堰保护设计与施工

滩坑水电站工程拦河坝为钢筋混凝土面板堆石坝，最大坝高162米，采用过水围堰断流、隧洞导流的导流方式。

该工程围堰采用土石过水围堰的结构形式，上、下游围堰挡水设计标准为枯水期10～4月时段P＝10%洪水。过流设计标准为全年20年一遇设计洪水，设计流量为10400米^3/秒，堰后最大流速18.2米/秒，上游围堰拦蓄的库容达到1亿米^3，下游有青田县县城等重要城镇，围堰的上述运行特点和指标，对围堰的过流保护和稳定及围堰的闭气时间都提出了高要求。因此，确立了“高土石过水围堰保护设计与施工技术”和“‘先闭气、后截流’新型导截流施工技术”两个研究课题。

1. 围堰结构选择

为充分利用当地材料，上、下游围堰均采用土石围堰，围堰基础置于河床覆盖层上。上游围堰堰体的上游边坡为1∶2.0，下游边坡为1∶3.5；下游围堰的上游边坡为1∶2.5，下游边坡为 1∶2.5；下游面设 21m 宽的消力防护区。围堰边坡利用理正岩土边坡稳定分析软件，经对计算成果分析，确定围堰断面是稳定的。

2. 围堰防渗体设计

工程河床覆盖层厚度约 20 米，根据围堰挡水要求及围堰施工特点，上、下游 8 米，为防止土料的沉陷造成心墙与堰顶面板之间脱接而漏水，或由于心墙沉陷造成溢流堰和坡面保护面板的位移和开裂，本工程上游围堰堰体防渗采用心墙土工膜防渗，根据其所承受的最大静水压力，选用膜厚 0.5 毫米的夹网聚氯乙烯复合土工膜，并采用由砂砾石层保护的折叠式布置形式。

下游围堰堰体的防渗体采用混凝土墙把防渗墙体接高，并与堰面过水保护面板连成整体。

3. 围堰过流保护设计

围堰过流保护设计标准为全年 $P=5\%$洪水，相应的洪峰流量为 10400 米^3/秒，由导流洞与堰顶联合泄洪，堰顶过流 7901 米^3/秒。

(1) 上游围堰过流保护设计。上游围堰堰顶单宽流量 33.19 米^3/秒，堰面下游侧的最大流速为 18.2 米/秒。

1) 堰头的构造和计算。上游围堰施工期有通车要求，采用折线形的宽顶堰，堰顶宽 8 米，整个堰头为刚性体，堰头混凝土板厚 150 厘米，底部设置 80 厘米厚的干砌石过渡层，沿围堰轴线方向每 10 米设置沉陷、温度缝，堰头与下游溢流面板的连接设缝分开，避免互相影响，堰头的上游侧设置齿槽，齿槽深 150 厘米，以增强堰头的抗滑稳定性，土工布防渗心墙埋入堰头混凝土面板中不少于 40 厘米。

堰头的稳定分析按重力式围堰计算，其可能的滑动面为齿槽与堰头底板的连线，经计算堰头稳定满足要求。

2) 溢流面板的构造与计算。溢流面板的构造根据以往类似的经验及规范要求设置，溢流面板要求有足够的强度和稳定性，当堆石体或地基发生沉陷时，要求面板能适应变形而不被折断，溢流面板厚 80 厘米，37 米（水跃）平台的护面厚度为 1.0 米。采用 C15 混凝土，面板的分块为 12 米宽条状整体连续浇筑，水平向不设结构缝，考虑到水跃区脉动压力较大、面板整体浇筑后受沉降的影响可能会造成面板裂缝等不利因素，板内的钢筋网规格 EL48 米高程以下为 ϕ18@20 厘米，以上部位为 ϕ16@20 厘米，钢筋网布置于面板中下部，钢筋的接头采用焊接，保证即使面板开裂后，板内钢筋仍可使面板连接成整体，防止面板局部破损被掀开而造成堰体破坏。面板结构缝之间的连接钢筋规格为 ϕ25@150 厘米。围堰面板板下设置 30 厘米厚的过渡料（洞渣开挖料）采用斜坡碾碾压密实，为加强面板的稳定性，板底设置间距、排距 2 米，ϕ25 的水平拉结筋，锚入堆石体内，拉结筋长 9 米，埋入端采用 0.5 米×0.5 米的混凝土预制块固定，呈梅花形布置，由于水跃区、水流对面板的脉动压力较大，面板稳定性相对较差，48 米高程以下的布置间距为 1.5 米梅花形布置。为减少作用于面板的扬压力，面板在浸润线以下设置排水孔，排水孔间距 2～3 米，呈梅花形布置，孔径 8～10 厘米。

围堰防护面板与岸的接触带要求清挖到弱风化下限基岩面，47 米高程以上至堰顶部位清除面板以上 7 米高度，并开挖平顺，布置 2.5 米间距的梅花形 ϕ25 锚筋，孔深不小于 3.5 米，浇筑 3 米高、20 厘米厚贴坡钢筋混凝土，贴坡混凝土以外保护区域，改用挂网喷 15 厘米厚混凝土，钢筋网规格为 ϕ6.5@20 厘米，保证侧向卷流和水跃区两侧岸坡稳定。ϕ25 插筋的另一端与面板内的钢筋网片焊接，由于两岸岸坡处水流非常复杂，斜向卷流作用对面板破坏性较大，两侧 48 米高程以下各有 3 块面板采用双层配筋，配筋网规格为 ϕ18@20 厘米。

经计算、分析，面板的抗滑稳定、抗浮稳定能够满足设计要求。

3) 37 米（水跃）平台以下至趾板区的坡面采用的 80 厘米钢筋笼护坡结构为 60 厘米钢筋笼，面层浇 20 厘米的混凝土，并设孔径 100 毫米、间距 2 米的排水孔，排水孔的内侧采用土工布碎石包封口（所有的排水孔），防止细砂被水流带走。

（2）下游围堰的过流保护设计。下游围堰堰体高 8.2 米，围堰过流后基本上都处在淹没出流状态，堰面的近底流速不大，在设计工况洪水标准下，堰顶平均流速为 4.3 米/秒，实测下游堰脚的最大近底流速为 2.1 米/秒，下游围堰的上游边坡采用 80 厘米厚的干砌石护面，堰顶和下游边坡采用 C15 混凝土面板护面，面板厚 60 厘米，堰头采用折线形的宽顶堰，堰头的上游齿槽与防渗墙连接形成下游围堰的防渗体系，堰顶宽 6 米，沿围堰轴线方向每 8 米设置沉陷、温度缝，堰头与下游斜坡面板之间的连接设缝分开，避免互相影响，缝隙内嵌入 2 厘米厚沥青木板，板内配置 ϕ12@250 厘米钢筋网格的温度筋，分块板之间每边设置 5×ϕ16 毫米的连接钢筋，为减少作用于面板的扬压力，在下游边坡混凝土面板上设置排水孔，排水孔间距 2～3 米，呈梅花形布置，孔径 8～10 厘米；下游 35 米平台及以下至河床的边坡采用 80 厘米厚的钢丝网石笼护面，前 5 米浇筑 20 厘米厚混凝土。

滩坑水电站高土石过水围堰保护设计和施工技术研究及应用，可为类似工程的过水围堰结构设计及施工提供较为成熟的理论基础与实践经验。

九、“先闭气、后截流”新型导截流设计与施工

滩坑电站由于前期施工工程量大，尤其是在截流后。2005 年 10 月～2006 年 3 月 31 日时段，必须完成围堰闭气、基坑排水、坝基河床覆盖层开挖、趾板开挖、趾板混凝土浇筑、大坝 EL37 高程以下填筑、坝面过流保护等工作，施工工期紧、强度高、施工风险大。如何确保上下游围堰保质、保量、按期完工，确保大坝按期达到 2006 年度汛面貌，实现安全度汛是最为至关重要的。

上下游围堰以往施工做法是：截流后进行龙口段下部防渗墙施工和围堰闭气，而滩坑电站“先闭气、后截流”新型导截流施工技术的做法是，设计防渗墙顶高程至截流后上游水位以上，将计划截流后施工的龙口段防渗墙在截流前施工完成，提前闭气，并对防渗墙实施保护，保证截流前防渗墙的安全度汛，从而在截流后可立即进行基坑开挖施工。

滩坑电站 2005 年成功实施“先闭气、后截流”新型导截流施工技术为截流后的围堰施工、基坑开挖、坝体填筑施工争取到了 37 天以上的施工工期，配合因政策处理原因对围堰挡水标准的调整，取得了较好的社会效益和经济效益。

该课题研究成果属于技术创新，达到了国内领先水平。

十、洞室爆破开采面板堆石坝料现场试验研究

坝料开采方法大都采用钻孔梯段爆破法，但随着建坝高度的增加，坝体规模及上坝填筑强度越来越大，尤其在施工场地受到限制，钻孔设备紧缺的情况下，采用单一的钻孔爆破方法开采坝料，已不能满足施工强度的要求。

1998 年工程局参加了国家电力公司《采用洞室爆破方法开采符合级配要求的面板坝坝料现场试验和推广应用》的科研课题的研究。按照课题要求分别在福建省穆阳溪电站，浙江省珊溪电站混凝土面板堆石坝中进行了三场生产性洞室爆破试验。

主要研究内容如下：

1. 洞室爆破开采坝料的前提条件

(1) 料场岩体节理裂隙发育、可爆性好。

(2) 料场地形陡峭，梯断爆破开采条件极差，钻孔设备难以运输。

(3) 开采强度高，而钻孔设备和储备料场受到严重制约。

(4) 确切掌握料场的地形地质资料。

(5) 爆破环境较好，有一定监测手段。

2. 洞室爆破设计

(1) 面板坝坝料的特定设计要求：①控制最大粒径小于坝料设计的最大粒径，减少二次破碎；②设法提高 5mm 以下的细颗粒含量，以提高坝体填筑的压实密度。

(2) 洞室爆破设计要点。坝料大块率的产生主要与岩体的天然块度和爆破参数的选择有关，而要形成新的断裂面主要与最小抵抗线（W）、高抗比（H/W）、单位用药量系数（K）以及前后起爆的时间间隔等爆破参数的选择有关。

1) 采用强松动条形药包洞室爆破方案，条形药包爆破具有能量分布均衡、能量利用率高、岩石破碎均匀、松动，能使爆破石料级配更趋合理。

2) 利用料场的实际地形、地质条件，在合理的抗高比 W/H 比值范围内，尽量采用较小的抵抗线，各部分的最小抵抗线基本相等，药室应与爆区地形线大致平行。条形药包最小抵抗线 W 一般不宜超过 20 米，最好控制在 15～20 米范围内。最小抵抗线 W 的允许误差 ΔW 应控制在±7%。

3) 抗高比 W/H 比值的大小，在一定程度上对控制爆破粒径起着关键的作用，选取时应考虑爆破岩体的破碎程度：岩体破碎，W/H 可相应取较小值，一般为 0.5～0.6；岩体完整，W/H 可相应取较大值，一般为 0.8～1.0。

4) 在合理的 W/H 比值范围内，尽量用单层药室，排数以不超过 3 排为宜。

5) 为改善条形药包端部效应，在端部增加药量外，也可在多面临空的情况下布置集中药室来改善爆破效果。

6) 洞室大爆破大多采用多孔粒铵油炸药。装药量确定后，应根据地形地质条件、最小抵抗线 W 的允许误差以及单响最大起爆药量等因素，把设计药包和药包长度分段间隔形成长条分集药包，以达到可控性高，安全、灵活的装药结构形式。

7) 起爆网络设计中毫秒微差延迟时间，为改善爆破效果和降低爆破振动，药包之间实施微差爆破。各药室起爆顺序和延期时间通过计算，并结合成品电雷管各段别的标称时

间确定。从改善破碎效果着眼，前后排药包间的微差延迟时间应等同或接近可使前排药包承担的受爆体已经移动，后排药包的临空面已经形成的时间，使前排抛体达到最大抛速后，后排药包开始起爆，后排抛体尽可能地尾随撞击前排抛体，改善爆破效果。药包之间的微差时间还应大于或等于可使相邻起爆药包爆炸引起的振动主振频率相互分离的微差时间，使前后爆破地震波到达保护物时不叠加，以达到降低震动的目的。

从洞室爆破试验结果看，起到了削减钻孔爆破开采强度，降低施工成本等作用。该研究成果解决了洞室爆破中的超径块石偏多、爆破料级配不理想等问题，使爆破粒径、压实效果接近常用的深孔梯段爆破。

第十一节　水利水电施工信息网

工程局技术部资料室亦称技术情报资料室。1977 年以后，调入一批专业技术人员，高峰时达 16 人。其主要职能是结合施工实际情况，围绕水电施工及其他建筑技术，展开多方面的搜集、整理、加工、翻译、交流、传递国内外科技资料等工作。近年来，组织编译混凝土施工中的“温控”、“模板”等专集。经过多年的搜集和积累，截至 1996 年，收藏国内外科技文献 4 万余种（册），科技图书分 36 个类目、内部交流资料 27 个类目，有国内外图书、期刊、技术标准、产品样本、参考工具书、检索工具书、中文科技资料等。

工程局技术部资料室 1958 年创办《新安江建设》技术刊物，后停刊。1984 年创办季刊《水电站施工》，1988 年停刊 1 年，1989 年复刊，改名为《华东水电》，每年出版 2～3 期，作为各项目技术总结和技术交流的载体。刊物面向公司所属各单位，并与集团公司所属各子公司交换赠阅。1977 年和 1982 年分别参加了全国水电施工情报网和全国水利水电工程地下建筑物情报网，积极参与行业技术交流，掌握各行业的技术动态和相关前沿技术。提供信息交流平台，不定期举行技术交流会及施工现场交流会，印发集团公司和工程局的技术交流资料等。并为其提供工程局最新施工动态及施工经验等方面的资料。工程局参与的行业学会、协会有中国水利发电工程学会、全国水力水电施工技术信息网、中国爆破工程协会、浙江省工程爆破协会、浙江省水利学会、浙江省水力发电工程学会、土石坝信息网、中国水利学会面板坝专委会、中国水力发电学会面板坝专委会等 15 个协会、学会。每年均安排人员参加各协会、学会举办的交流活动。1987、1991 年两年获全国水利水电施工技术情报先进网员单位称号，4 篇论文获《水利水电施工》优秀论文奖，两篇论文获二等奖。

为使工程局的建设成就、技术成果总结和创新编入规范，引导行业发展轨迹，提高企业发展层次，工程局参与承担编制国家、省、部及行业的规程规范共有 10 余项。完成的有《混凝土面板堆石坝施工规范》（DL/T 5128）、《钢筋机械连接技术规程》（JGJ 107）、《110kV～1000kV 变电（换流）站土建工程施工质量验收及评定规程》、《电力建设工程施工质量验收及评定规程　第一部分　土建工程》（DL/T 5210.1—2005）、《水电水利工程施工测量规范》（DL/T 5173—2003）等。

第十二节 获奖和专利

工程局的科技成果向上级请奖始于1978年，至2006年底，获得国家、部、省（市）和集团公司级各项科技成果奖共61项，其中获全国科学大会奖4项。向国家申请专利权始于1986年9月，到1994年为止共获有专利权13项，其中属于发明的3项，属于实用新型的10项，专利权归单位所有11项，归个人所有2项。

为应对市场竞争出现的新形势，工程局1998年起实行科技进步管理。2000年4月，工程局承建的浙江宁波北仑港区20万吨矿石码头荣获首届中国土木工程（詹天佑）大奖。在2006年集团公司科技工作考核中名列前列，工程局连续两年评为集团公司科技进步先进企业。其中“蓄能电站水库库底HDPE膜防渗系统施工技术研究”、“三板溪水电站高面板坝快速施工技术研究”两项目分别获2006年中国电力科学技术二等奖、三等奖，“福建水口水电站2×500吨级垂直升船机建设和运行”获2007年国家科技进步二等奖，安徽省宣城市港口湾水库工程被国家建设部授予中国建筑工程鲁班奖，温州珊溪水库工程和宁波白溪水库工程分别荣获中国施工企业管理协会及工程建设用户工作委员会授予的全国用户满意工程。2005年三板溪水电站钢筋面板堆石坝主坝工程和桐柏抽水蓄能电站地下厂房岩壁吊梁采用手风钻沿垂面造垂直孔及斜面造斜孔工程被中国企业联合会及中国企业家协会评为创国内同类“一枯拦洪”新纪录和同类工程工艺最高新纪录，2006年山东泰安抽水蓄能电站上水库和华东桐柏抽水蓄能电站下水库面板堆石坝坝身溢洪道工程双双被中国企业联合会及中国企业家协会授予创造了“中国企业新纪录”。

科技进步管理不但要及时解决企业自身发展遇到的重大技术难题，还应面向未来，自觉担负起行业科技引领作用。为此，工程局密切结合经济社会发展趋势，凝练重点科研项目，积极申请承担集团公司科技攻关项目，提升工程局科技创新水平。近年来，工程局先后承担了“采用洞室爆破方法开采符合级配要求的面板坝坝料现场试验和推广应用”、“梯段爆破计算计模拟技术研究”、“高面板堆石坝快速施工技术研究”、“面板堆石坝坝身溢洪道施工技术研究”、“深覆盖层高面板堆石坝快速施工技术研究”、“高寒地区深覆盖层上混凝土面板堆石坝的施工”、“复杂边界环境下的围垦工程施工技术研究”、“淮浙煤电凤台电厂（4×600兆瓦）补给水泵房及引水管道引水钢管顶管施工工艺”等项目，共获原总公司和集团公司科技经费支持160万元，其中“梯段爆破计算计模拟技术研究”、“高面板堆石坝快速施工技术研究”、“堆石坝坝身溢洪道施工技术研究”已完成并获奖，“深覆盖层高面板堆石坝快速施工技术研究”也近完成，两项目子课题也均获集团公司科技进步奖。

工程局获国家或市级科技成果（工程）奖见表8-1-2。

表8-1-2　　工程局获国家或市级科技成果（工程）奖一览表

序号	（工程）名称	获奖时间	颁奖机关	得奖等级
1	新安江水电站	1978	全国科学大会奖	

续表

序号	（工程）名称	获奖时间	颁奖机关	得奖等级
2	化学灌浆材料及工艺	1978	全国科学大会奖	
3	湖南镇水电站引水工程月牙形内加强肋岔管	1978	全国科学大会奖	
4	定向爆破筑坝技术	1978	全国科学大会奖	
5	低频超声波声速衰减仪研制	1980-02	上海市重大科研成果	三等奖
6	湖南镇水电站机电安装工程	1982	水电部机电安装工程	质量优良奖
7	江苏江都抽水站机电安装	1982	国家金质奖审定委员会	国家金质奖
8	应用低热微膨胀水泥混凝土在紧水滩电站拱围堰实现通仓高块连续浇捣工艺	1984-11	水利水电	科技进步一等奖
9	钢筋铝热锁锭连接技术	1984-11	水利水电	科技进步三等奖
10	混凝土糖蜜外加剂（缓凝型与非缓凝型）	1984-11	水利水电	科技进步四等奖
11	特种水泥生产工艺	1984-11	水利水电	科技进步四等奖
12	紧水滩水电站上游拱围堰混凝土工程	1986-06	水利水电建设总局	二级优质工程
13	“两渗”混凝土在湖南镇电站建设中的应用	1987-07	浙江省应用推广	三等奖
14	DST-150-40型电液调速器	1988-12	水利部中国船舶工业总公司	科技进步三等奖
		1990		科技进步二等奖
15	水电部标准《大中型水轮发电机静止整流励磁系统安装技术条件》SD 135—1985（试行）	1988-08	水电部	科技进步三等奖
16	氧化镁微膨胀混凝土的研制与温度应力补偿的研究	1990-05	水利水电规划设计总院	二等奖
17	YJK型延时节能开关	1992-09	全国适用技术展览交易会	银奖
18	钢筋连接快速施工技术	1992-10	能源部科技司	第二届电力新技术产品展示交易会金奖
19	BLY引水减水剂	1994-05	电力部	电力部首届新技术产品展示交易会金奖

续表

序号	（工程）名称	获奖时间	颁奖机关	得奖等级
20	粗钢筋接头机械连接技术	1994-05	电力部	电力部首届新技术产品展示交易会金奖
21	面板堆石坝混凝土面板防裂技术	1996-03	水利部	二等奖
22	福建省水口电站升船机工程	1997-03	共青团中央、国家计委、建设部、电力部	青年文明号
23	浙江省义乌篁园桥工程	1997-07	浙江省建设厅市政工程协会	浙江省市政工程金奖
24	VF膨胀剂	1997-07	中国混凝土外加剂协会	1997年重点推荐新产品项目
25	宁波港北仑港区20万吨矿石码头	1998-12	中华人民共和国建设部、中国建筑业协会	中国建筑工程鲁班奖（国家优质工程）
26	水口滑框倒模技术	1999-02	中国水利电力部总公司	科技进步二等奖
27	宁波港北仑港区20万吨矿石码头	2000-04	中国土木工程学会	首届中国土木工程（詹天佑）大奖
28	电厂循环水处理系统安装技术	2000-12	中国安装协会	中国安装之星
29	舟山市岑山水库工程	2001-01	浙江省建筑协会及工程建设质量管理协会	钱江杯
30	安徽省宣城市港口湾水库工程	2002	安徽省建设厅	黄山杯
31	安徽省宣城市港口湾水库工程	2002-09	安徽省建设厅	优秀施工奖
32	VF防裂剂研制及面板混凝土防裂技术研究	2003	中国水利水电建设集团公司	科技进步二等奖
33	安徽省宣城市港口湾水库工程	2003-12	中华人民共和国建设部、中国建筑业协会	中国建筑工程鲁班奖（国家优质工程）
34	《VF防裂剂研制及面板混凝土防裂技术研究》项目	2004	省职工经济创新活动领导小组	优秀成果奖
35	梯段爆破计算机模拟技术	2005	中国水利水电建设集团公司	科学技术进步一等奖
36	宁波市白溪水库工程	2005-09	中国水利工程协会	水利工程优质奖

续表

序号	（工程）名称	获奖时间	颁奖机关	得奖等级
37	桐柏抽水蓄能电站地下厂房岩壁吊梁采用手风钻沿垂面造垂直孔及斜面造斜孔等	2005-11	中国企业联合会及中国企业家协会	同类工程工艺最高新纪录
38	三板溪水电站钢筋面板堆石坝主坝工程	2005-11	中国企业联合会及中国企业家协会	创国内同类“一枯拦洪”新纪录
39	锅炉补给水处理系统安装技术	2005-12	中国安装协会	中国安装之星
40	温州珊溪水库工程	2006-03	中国施工企业管理协会	全国用户满意工程
41	宁波市白溪水库工程	2006	中国电力建筑企业协会	水利工程优质奖银盘
42	温州珊溪水库工程	2006-06	中国电力建筑企业协会	中国电力优秀工程
43	福建水口水电站2×500吨级湿运全平衡钢丝绳卷扬提升式垂直升船机建设及运行	2006	福建省科学技术奖	一等奖
44	面板堆石坝坝身溢洪道施工技术研究	2006	中国水利水电建设集团公司科学技术进步奖	二等奖
45	蓄能电站水库库底HDPE膜防渗系统施工技术研究	2006	中国水利水电建设集团公司科学技术进步奖	二等奖
46	三板溪水电站高面板坝快速施工技术研究	2006	中国水利水电建设集团公司科学技术进步奖	一等奖
47	三板溪水电站高面板坝快速施工技术研究	2006	中国电力科学技术进步奖	三等奖
48	抽水蓄能电站土工膜防渗技术研究	2006	中国电力科学技术进步奖	二等奖
49	山东泰安抽水蓄能电站上水库	2006-11	中国企业联合会及中国企业家协会	中国企业新纪录
50	华东桐柏抽水蓄能电站下水库面板堆石坝坝身溢洪道工程	2006-11	中国企业联合会及中国企业家协会	中国企业新纪录
51	宁波市白溪水库工程	2006-03	中国施工企业管理协会及工程建设用户工作委员会	全国用户满意工程
52	温州珊溪水库工程	2006-11-02	国家工程建设委员会2006年度质量奖审定	国家优质工程银质奖

续表

序号	（工程）名称	获奖时间	颁奖机关	得奖等级
53	山东泰安抽水蓄能电站	2006	中国企业联合会及中国企业家协会	中国企业新纪录
54	引子渡水电站工程	2007	国家工程建设质量奖审定委员会	国家质量奖（优质）
55	引子渡水电站工程	2007-01	贵州省建设厅	2006年“黄果树杯”优质施工工程
56	滩坑水电站“先闭气、后截流”新型导截流施工技术研究	2007	中国水利水电建设集团公司科学技术进步奖	二等奖
57	超大型充压式止水深孔弧形闸门制造技术	2007	中国水利水电建设集团公司科学技术进步奖	二等奖
58	碾压贫胶砂砾料筑坝技术研究与应用	2007	中国水利水电建设集团公司科学技术进步奖	一等奖
59	碾压贫胶砂砾料筑坝技术研究与应用	2007	中国电力科学技术进步奖	三等奖
60	福建水口水电站2×500吨级垂直升船机建设及运行	2007	国家科学技术进步奖	二等奖
61	光照水电站分层取水进水塔快速施工技术研究	2007	中国水利水电建设集团公司科学技术进步奖	三等奖

工程局专利项目见表8-1-3。

表8-1-3 工程局专利项目一览表

序号	申请日	申请号（专利号）	发明创造名称发明实用新型	发明人或设计人	专利证书号	专利权人
1	1986-09-11	96206848	自升式悬臂桁架钢模板	曹荣发等	7188	工程局施工科学研究所
2	1987-11-23	8721566.1	混凝土工程钢筋焊头防污罩	李本端等	20929	工程局施工科学研究所
3	1989-01-25	89100408.4	热挤压连接变型钢筋的方法	李本端等	14505	工程局施工科学研究所
4	1989-07-06	892113801.7	一种真空热成型装置	虞晃 周金颖	58089	工程局设计室等
5	1989-09-30	89217606.7	钢筋接头连接管	李本端等	44964	工程局施工科学研究所

续表

序号	申请日	申请号（专利号）	发明创造名称发明实用新型	发明人或设计人	专利证书号	专利权人
6	1990-12-30	90226699.3	一种可回收的锥形锚栓	卢子珍等	74561	工程局施工科学研究所
7	1991-06-27	91217500.1	一种薄壁管的圆弧弯曲装置	楼滨伟等	124808	工程局施工科学研究所
8	1992-07-03	92226717.0	自动送锡节能电烙铁	陈怀彤等	22710	工程局设备修理厂
9	1992-12-31	92115035.0	一种钢筋的续接方法	李本端等		工程局施工科学研究所
10	1993-05-26	93214585.x	节能防窃电多功能保护器	寿康德		寿康德
11	1993-06-09	93215336.4	一种钢筋冷弯试验机	卢子珍等	100952	华东建设工程接头技术公司
12	1994-07-22	94224385.4	一种无轮无轨滑模装置	陆春江		陆春江
13	1994-10-21	94116801.8	平椭圆钢管结构桥梁拱肋的制作工艺	金志展 夏家华		工程局金属结构厂

第二章 教　　育

工程局建立以来，坚持工程建设依靠职工教育、教育为工程建设服务的方针。建局初期，16000多名职工熟悉水电站建设的少，80%工人是刚放下锄头的农民。工程党委作出“各级都办红专学校，搞职工业余教育，培养建设水电站的又红又专人才”的决策，职工业余教育在新安江水电站工地兴起。并逐步形成从小学到大学的业余教育工作系统。1958～1961年，共培养约5100名初级技术工人；摘掉文盲帽子的有1600多人，文化程度由初小升到高小的1800多人，从高小升到初中的1000余人，从初中升到高中的700多人。业余学校在1960年被浙江省人民委员会命名为先进集体，并荣获国务院授予的“全国教育系统先进单位”称号。

20世纪70年代以来，办有职工大学、职工中专各1所，电大教学班3个，并开办技工学校和技术培训中心。学习方式有全脱产的、半脱产的、业余（含函授）的，为工程局培养出大、中专毕业生1302名，输送技术工人959名。“文化大革命”期间，职工业余教育处于停顿状态，但以师带徒、岗位练兵以及适应施工急需的短期技术培训仍坚持进行。

1978～1985年，对2800多名青壮年职工进行初中文化和初级技术补课；举办专业培训班，对各类管理干部进行上岗前业务培训；调整、充实职工大学，创办职工中等经济管理学校，遴选青年职工到大、中专院校学习，为企业发展准备人才。1986年以后，企业转轨变型参与市场竞争，职工教育注重岗位技术业务培训，培训出一批施工项目管理人才和施工急需的技术工人。1978～2006年，先后培训干部12174人次，工人培训14631人次，合计达26805人次。工程局职工的文化结构、技能等级结构发生了根本变化。

水电站建设工地大都处于远离城镇的山沟僻壤，工程局在工地创办中、小学，安排职工子女上学读书。20世纪50年代，职工子弟大都是小学适龄儿童，着重发展小学教育。20世纪60年代后期，读初中的日益增多，各工地遂在小学基础上办中、小学合一的职工子弟学校，或单独建立中学。20世纪70年代高中阶段学生猛增，工程局动员相当人力、财力办普通高中。20世纪80年代，各年级学生人数相对减少，工程局逐步调整学校布点，最后集中于金华基地办完全中学、完全小学各1所，同时开始发展职业技术教育。2000年前后，办学达到高峰，仅初、高中就达25个班，1100多名学生。工程局办普通教育一直延续至2006年。随着国家“改革、开放”政策的深入，企业办社会矛盾日益突出，并成为企业发展的沉重负担，分离办社会职能的呼声日益强烈。根据国家的统一安排，2006年9月8日，已有49年办学历史的工程局中小学正式移交地方管理。

第一节　机　构

1956年11月，工程局设教育处，管理职工教育和子弟教育。翌年11月，撤销教育处，在干部处设教育科。1958～1965年，职工业余教育兴起，出现学文化、学技术、学业务热潮，工程党委决定由宣传部负责教育组织领导，工程局工会负责办学业务管理，子弟教育仍由干部处管理。

工程局转移到富春江水电站工地以后，于1966年底设教育处，处长由劳动工资处处长兼任，统筹安排培训规划并组织实施。1977年恢复教育处建制，管理职工大学、中小学和职工教育。20世纪80年代初期，职工教育再度兴起，专业学校由1所增加到3所。1984年下半年撤销教育处设立教育委员会。教委会为工程局的二级单位，下设办公室、干部教育科、技术培训科、普通教育科，统一管理全局教育工作。1987年7月，撤销教育委员会，教育管理分流，设立普通教育处，管理中、小学教育；职工教育的行政职能管理工作并入劳动人事处，职工培训由技工学校负责。1990年1月，设职工教育处，职工教育集中归口。任命技工学校校长兼任职工教育处处长，处、校两块牌子一套班子。1992年1月，职工教育处、普通教育处合并为教育处，下设办公室、职工教育科、普通教育科。次年1月，教育处的科室撤销，人员精简。

工程局在设立教育职能处室的同时，建立由局领导和有关处室负责人组成的教育协调机构，共同协作抓好职工教育。1963年12月，成立业余教育委员会，1位副局长任主任委员。1966年，成立教育委员会，1位副局长任主任委员。1980年7月，建立职工教育委员会，1位副局长任主任委员。此后，由于人事变动，职工教育委员会进行数次调整。

工程局下属二级单位的职工教育一般由工会管理。在组织青壮年职工文化、技术补课期间，部分单位设教育科或教育办公室；未设教育科室的单位，在劳动工资科或办公室设专职或兼职职工教育管理干部，负责教育管理工作。1990年6月5日，工程局规定二级单位职工人数500人以上的设专职职工教育管理干部1名，职工人数500人以下的设专职或兼职职工教育管理干部1名。兼职干部至少应有1/2工作时间用于教育管理工作。

1996年12月16日，工程局下发了《关于印发〈中国水利水电第十二工程局职工教育管理办法〉（局劳〔1996〕213号）的通知》，明确规定，要对全局职工进行思想、道德、法律教育，进行岗位培训（包括资格培训、技术等级培训、适应性培训）、继续教育和学历教育。同时明确职工教育要列入工程局中、长期发展规划和年度计划，职工教育计划要提交职工代表大会审议并列入局长和单位一把手任期目标责任制。劳动工资处为工程局职工教育培训的归口管理职能部门，有10项职责。局培训中心为工程局职工教育的办学实体。局二级单位劳动工资科是工程局职工教育的二级管理部门。教育经费由局财务处按职工工资总额的1.5%提取。每年的职工培训和经费计划根据工程局经济状况控制在上年工资总额的1.5以内进行编制，列入工程局年度财务计划。职工教育的主要方法是局内办学、外出培训和鼓励参加自学考试。

1999年12月2日，工程局又下发了《关于印发〈中国水利水电第十二工程局职工教育培训班实施细则〉的通知》（局人劳〔1999〕259号文），进一步加强了对职工教育培训的有效控制，规范办班程序，保证培训质量，以确保质量体系的有效运行。

2002年3月11日，工程局印发了《职工教育“十五”规划》的通知，明确职工教育“十五”规划已经局九届二次职工代表大会审议通过。该规划对工程局职工队伍从全局职工文化结构、专业结构、技术结构、年龄结构和资格证书等方面进行了分析。进一步明确了工程局职工教育的目标和任务。总体目标是：建立与工程局人力资源开发战略相一致的人才培训体系的机制，培养和造就一支能赢得市场需要的、精干善战的水利水电系统一流施工队伍。工程局“十五”期间职工教育的主要目标是：

（1）管理人员和专业技术人员75%、在岗中层及以上领导干部90%以上达到大专及以上文化程度，关键技能岗位人员100%达到中技或高中及以上文化程度，全局初中及以下文化程度降至部人数的22%以下。

（2）中层及以上领导干部50%接受工商管理知识的培训。专业技术人员占职工总数的50%以上，高级专业技术人员占专业技术人员总数的20%以上。技能人员中生产工人高级工比例达25%，技工达3.5%，高级技师达0.5%，复合型人才及高级经营管理人才占据一定的比例。

（3）重要岗位人员持证上岗率达到100%，国家规定的“资格准入”人员100%取得职业资格证。

（4）全年全员培训率不低于50%，其中主要岗位人员和经营管理人员培训率不低于60%。

对策和措施是：①加强领导，建立健全分级负责的教育培训管理体系；②完善制度，强化管理，实行全面科学的教育培训机制；③建设培训基地，加大教育投入，为培训工作创造良好的物质保障重要条件；④开展职工教育理论研究，提高教育培训质量。工程局的职工教育走上系统化健康发展轨道。

第二节　专　业　教　育

一、新安江水力发电学校

1958年9月，工程局根据中共浙江省委指示，在新安江水电站工地汪家创办新安江水力发电学校。该校为全日制中等专业学校，开设中小型水电站、建筑机械与安装两个专业，为浙江省开发中、小型水电站培养初级技术人才。招生对象为初中毕业生，学制两年半，列入全省统一招生计划，1958年招生125名，10月开学。翌年招生115名。

工程局从自身任务考虑，认为不宜举办这类学校，经与水利电力部水利水电建设总局协商，于1959年冬将该校划归水利水电建设总局领导，改名为“水利电力部水利水电建设总局新安江机电安装技工学校”，由新安江水力发电工程局代管；改变专业设置，设水轮机、发电机、金属结构与焊接3个专业，学制两年，培养2～3级安装技工。此规划中途停止实施。

1960年，中共浙江省委指示，将省水利电力厅水利学校和浙江电力专科学校中专部迁至新安江水电站工地，与新安江水力发电学校合并，定名浙江省水利电力学校。学校规模2500～3000人，开设发供电、农田水利专业。1961年划给浙江省水电厅领导和管理，后因国民经济计划调整，该校于1962年停止招生并被撤销。

二、新安江水电建设职业学校

1963年下半年，工程局根据党中央提出的实行“两种劳动制度”、“两种教育制度”的原则，在新安江水电站工地筹办培养既能体力劳动又能脑力劳动的新型技术工人的学校，定名为新安江水力发电工程局职业学校。1964年初，水利电力部批准建校，并报浙江省教育厅备案。同年8月，根据水利电力部的指示易名为新安江水电建设职业学校。12月24日，水利水电建设总局通知，该校由新安江水力发电工程局直接领导。是年，该校根据水电部下达的招生指标，经全国统一招生考试，招生120名，设施工机械修理、内燃机修理、金属切削3个专业。1965年招生40名，增设电气修理专业，教学计划和课程设置参照技工学校教学大纲、全日制中等专业学校教学大纲及半工半读4年制中专教学大纲自行制定。1965年秋，水电部召开的教育工作会议上介绍，并接受水电建设总局委托，制定4年制施工机械专业教学大纲和教学计划。

1966年，新安江水电建设职业学校迁至富春江水电站工地。1967年秋，该校64级111名学生毕业考试合格。次年秋，65级36名学生毕业考试合格。两届毕业生147名均由水利电力部统一分配给水电系统各局、厂。“文化大革命”期间，该校停止招生，随后停办，教师与校舍移交工程局职工子弟中学。

三、技工学校

1972年，工程局为解决1000多名职工子女就业问题，报水利电力部批准建技工学校，规模为400～600人。

1973年，技工学校利用七里垅工人俱乐部部分用房作教室，把机械大队一个车间改建成实习工场，是年招生200名。学生入学均经农村党组织推荐，浙江省统一招生考试，学校择优录取。开设金属切削、钳工、金属结构与焊接、内燃机修理4个专业。1974年继续招生100名，分钳工、铸造、金属结构3个班。两年招生300名。1975年停止招生。1976年8月，工程局利用技校师资、校舍和设备创办“七·二一”工人大学，技工学校保留建制名义。

20世纪70年代后期，一批工人退休需要补充技术力量，新进厂的青年工人需要技术培训提高素质，1981年12月1日，水利水电建设总局批准恢复技工学校招生。翌年，工程局在衢县项家湖南镇水电站工地利用施工用房重建技工学校，招生80名，开设水工专业钢筋、木工两个班。1983年和1984年分别招生116名和105名，增设电焊、内燃机修理、铆工3个专业。学校注重实习场地建设，建成钳工、电工、内燃机修理3个实习室，校内可进行钳工、电工、木工、内燃机修理、电焊的大部分实习。

1987年上半年，技工学校迁到金华白龙桥华电新村新校址。有教学大楼1座，实习车间2幢，以及学生宿舍楼、食堂等设施，房屋建筑总面积3442米^2，体育场地约900米^2。是年举办汽车驾驶员培训班，到1994年，连续办班16期，为工程局和地方单位培训汽车驾驶员1064名。同年开设电厂汽轮机安装与检修专业，招生39名，翌年增设电厂锅炉安装与检修专业，招生40名。1987年以后，工程局涉足火电建设，技工学校着手为工程局培训施工新领域的技术人才。1990年起，学校拓宽办学路子，面向社会。开设农机班，为农村培养机修人才，并为水电系统兄弟单位培养金属切削技术工人。学校附设电视大学教学班，为金华市城乡建设系统培养工业与民用建筑专业技术人才。截至1999年，技工学校共招生1180名，开设水工、焊接、内燃机修理与运转、铆工、电厂汽轮机安装与检修、电厂锅炉安装与检修、金属切削、农机修理、施工机械修理、电工等专业，输送毕业生891名，并为工程局举办中、初级技术培训班30多个，培训在职职工1000多人次。该校培养的毕业生，不少人已成为工程局技术工人中的骨干。85届电焊专业毕业生钱放华，走上工作岗位以后继续勤奋学习，参加浙江省和全国焊接技术比赛多次获奖，并被授予“全国电弧焊技术能手”荣誉称号。

该校教师队伍全由青年教师组成。22名理论教师中有讲师11人、助理讲师6人、教员5人；实习教师中有一级实习指导教师2人，二级实习指导教师3人，三级实习指导教师7人。1984～1992年，学校组织13名教师外出进修深造，7名教师参加大学本科函授学习，本科毕业教师占理论教师总数的40％。青年教师刘闽桂，1994年获电力工业部授予“优秀教师”荣誉称号。

2000年2月，工程局根据国务院办公厅《转发教育部等部门关于调整国务院部门(单位)所属学校管理体制和布局结构实施意见的通知》(国办发〔2000〕11号)和《关于印发划转地方管理的国务院部门(单位)所属中等专业学校和技工学校名单的通知》(教发〔2000〕15号)的要求，决定撤销技工学校建制，保留培训中心牌子，承担工程局职工培训任务。

四、职工大学

1976年5月，工程局利用停止招生的技工学校的师资和教学设施创办“七·二一”工人大学，校址在桐庐富春江镇。学校设施工机械专业，首批招生40名。学校在办好机械专业班的同时，为工程局举办内燃机修理、铸造、电工、财务等培训班，有校办实验工厂供学员实习车、钳、铆工及内燃机修理技术，培训各类技术工人284名。

1978年，学校增设水电工程建筑专业。经工程局批准，自行命题，在全局范围内组织招生考试，招收新生80名。1979年，学校进行整顿、充实。5月，浙江省基本建设委员会、浙江省教育局根据《国务院批转教育部关于举办职工、农民高等院校审批程序的暂行规定》联合验收合格，学校更名为电力工业部第五水电工程局职工大学，电力工业部于1980年8月11日批准，并于1981年6月23日报送教育部备案，教育部于1982年以(82)教工农字036号文批准备案。

1980年3月，电力工业部水电建设总局教育处召集水电一局、六局机械施工局，00619部队，以及水电五局代表在富春江工地商讨联办职工大学事宜。会议决定从1980年起，工程局职工大学面向参加联办的5个水电施工单位招生，主办单位仍为工程局。联办以后，学校建立测量、建筑材料、土力学和液压传动等实验室。校办实验工厂在完成学生实习任务的同时，面向社会，生产对焊机等产品，增加产业收入，改善办学条件。

1982年4月，工程局职工大学随工程局名称变更，更名为水电第十二工程局职工大学。1983年，职工大学根据水电建设总局制订的《水电系统职工大学专业分工和互相代培的规划》，扩大向全国水电系统27个单位招生。1984年，建立9个实验室。1985年建立教师岗位责任制，实行教师工作量制、部门岗位责任制，并增设工业与民用建筑专业。是年新增实验设备41台，开出实验项目90个，创收产值9万元，被工程局授予“文明单位”荣誉称号。

1986年，学校增设管理工程专业。1987年4月，学校更名水利电力部富春江职工大学。水利电力部委托工程局领导管理。1988年，工程局涉足火电工程以后，学校亦进行教学改革，组成调查组赴全省电力系统有关单位进行人才需求调查，拓宽办学路子，从单一为水电施工服务兼为火电服务；从单一学历教育转向多功能办学。除原有4个专业以外，增设输电工程、火电厂辅助机械与设备2个专业，并开展岗位培训、自学辅导、学历考试辅导、函授教育等多种形式的教育。

职工大学校园面积2.66万米^2，建有教学楼、实验楼、图书馆、学生宿舍、教工宿舍、餐厅以及健身房、浴室、招待所等永久性建筑20821米^2，球场6000米^2；建有物理、材料力学、电工电子、建筑材料、土力学、测量、液压、精密测量、测试技术、机械原理、内燃机、工程材料、机械底盘等13个实验室及机械实验工厂；拥有48台微机的计算机室和电化教学系统；图书馆藏书3.8万余册，中外期刊187种，中外报纸28种；有教职工155名，70名教师中有副教授6名，高级工程师两名，讲师31名，助教23名。1978～1990年，共为工程局输送毕业生247人。

1990年5月，能源部中国电力企业联合会通知将水电第十二工程局职工大学划归浙江省电力工业局领导和管理。

五、职工中等经济管理学校

工程局职工中等经济管理学校创办于1981年。是年3月，工程局根据水力发电建设总局关于在职工大学附设财经学校的意见（6月5日，水电总局下文举办电力工业部第五水电工程局职工大学附属财经学校），确定由1名副局长负责组成建校领导小组，利用新安江朱家埠门诊所旧址作临时校址，从本局选调并向水电一局、七局借调专业课、基础课教师，同年向全国水电系统招生135名，开设财务会计、计划统计两个专业，翌年增设物资管理专业，学制两年。1983年4月，水利电力部和水利水电建设总公司组成检查组，对该校进行检查验收，并征得浙江省教育厅同意，批准该校从水利电力部第十二工程局职工大学分出，单独建制，定名为水利电力部第十二工程局职工中等经济管理学校，批准学校规模为600人，年招生200人，学制3年。1983年，该校举行首届学生毕业考试（试卷由水利电力部教育司委托浙江省教育厅审核），以总平均83分的成绩通过水电部教育司教学质量验收。为了提高教学质量，学校组织14名教师分赴东北、西南各水电站工地调查研究，充实课堂教学内容，并请水电科学研究院和华东水利学校教授来校作计算机程序和物资管理讲学，拓宽学科知识。1984年，学校增设劳动工资专业和相应的专业干部培训班，在校学生和培训生达640人。1986年5月，受水利电力部教育司委托，学校主持部属管理类17校协作组，完成68门课程、128个教学大纲的组编和总纂任务；9月增设卫星地面接收站，受水电总局委托，开办电大审计班。1983～1987年，该校共培养毕业生711名，其中为工程局输送毕业生73人。

1987年12月，该校经浙江省教育委员会审核、水利电力部批准，改为普通中专，定名杭州电力经济管理学校，兼设水电职工中专，同时改由浙江省电力工业局主管。

第三节　职　工　教　育

一、文化教育

建局初期，职工文化程度较低，19.9%是文盲，初小程度的占35.8%，高小程度的有27.1%，初中程度只占11.6%，高中（中专）以上不足5%。1958年初，工程党委决定开展以扫盲和小学教育为主的职工业余教育。4月作出筹办红专学校规划，10月8日工地第一所业余学校——机船队红专学校开学。11月，红专学校遍地开花。到次年4月，创办红专学校46所，有201个班级。其中扫盲班49个，初小班54个，高小班58个，初中班34个，高中班6个，基本上实现队队有学校，7300多名职工参加学习。

1960年2月，工程党委宣传部给工程党委的报告中提出，职工业余教育在工人中除继续扫盲以外，应大力发展小学教育，积极开展初中教育，在干部中以开展中等专业教育为主，同时开办职工业余大学，逐步建立起从小学到大学的业余教育体系。工程党委批准宣传部的报告，任命宣传部部长兼任工程局红专学校校长、工程局职工业余大学校长。2月28日，工程局职工业余大学开学，开设水工建筑、施工机械、机电安装、电厂电网4个专业。4月6日，工程党委批准组织职工业余教育群众性检查评比工作。5月15日，召开职工业余教育检查总结和奖励大会。检查团宣布，全局已扫除文盲1608人，红专学校入学人数（包括学政治、学技术）占职工总数的90%以上。有8个办学认真的基层单位和3所教育成绩显著的红专学校受到奖励。1960年6月，工程局业余学校被浙江省人民委员会命名为先进集体，选派代表出席全国教育和文化、卫生、体育、新闻方面社会主义建设先进单位和先进工作者代表大会，获国务院授予“全国教育系统先进单位”称号。

1963年3月，工程局贯彻全国电力系统职工业余教育座谈会提出的“鼓足干劲，实事求是，积极努力，巩固提高”的办学方针，对2300名职工（约占职工总数47%）的年龄、文化程度进行抽查和分析，制订出《1963～1967年职工业余教育发展规划》，确定在青壮年职工中普及初等教育，逐步发展中等教育。1963年上半年，全局有文化学习班11个，下半年增至28个，到1964年上半年上升到44个。入学人数由1963年上半年的271人上升到1964年上半年的1424人。期末有71%的学员参加考试。期间，工程局工会为职工家属创办文化学习班，365名家属参加文化学习。

1965年末，工程局移师富春江水电站工地，施工队伍调整，职工业余教育虽受到影响仍坚持进行。1966年上半年，举办各类文化学习班36个，有兼职教师45人，1182名职工参加学习。

1978年7月，局工会、教育处制订职工文化教育规划：1980年前完成45岁以下职工扫盲任务；1985年前，使不足初中文化程度的青壮年职工达到初中毕业水平。1980年湖南镇水电站工地举办4个扫盲班，91人脱产学习，69人摘掉文盲帽子。富春江、紧水滩水电站工地也有24人脱盲。同年，全局开办高小和初中班42个，1995名职工参加学习。

1981～1985年，工程局贯彻中共中央、国务院发布《关于加强职工教育工作的决定》，开展对青壮年职工初中文化补课工作。5年中，举办初中文化补课学习班230个（其中脱产班75个），参加学习的有8600人次。到1985年末，初中文化补课合格率为86.4%。

1984～1986年，兴办3期职工脱产高中复习班，学制5个月。高复班招生由职工自愿报名，单位审核推荐，考试择优录取，每期招收40～50名。同时举办成人中专考前复习班（业余）1期。并在紧水滩水电站工地运用电视差转设备播送高中数学电视录像，辅导职工业余学习。

二、岗位（技能）培训

干部教育 工程局创建初期，需要各类管理干部，建立水电干部学校培训管理人才。1956年12月20日开学，有财务会计、计划统计、物资供应、劳动工资4个班，培训刚从社会招收来的322名青年学生。学制4个月，1957年4月19日结业，分配到局机关和二级单位工作。来自地方单位的干部，缺乏水电站建设基础知识，工程局业余学校开设《新安江水电站讲座》，对企业管理干部讲解新安江水电站勘测、设计过程及施工安排，讲解新安江水电站建成后的经济效益，有600多名干部听课。工程党委规定，每周1个晚上（2小时）为业务学习时间。1957～1966年，机关处室干部业务学习比较正常，但缺乏具体规划，也无系统性。开展政治运动期间，业务学习停顿让路。

中共十一届三中全会以后，企业着手整顿，需要补充管理人员。1979年春，财务、计划、安全技术等处室自编教材，自己安排兼职教师，对刚招工的一批知识青年实施上岗前业务培训，共培训财务会计105人，统计人员99人，安全技术人员19人。此后，类似的培训班相继举办。1980年6月，培训统计预算人员33人，财务会计49人；1981年5月，培训劳动工资员30人，举办护士班两期，培训护士39人。期间，多次受水利水电建设总局（总公司）委托，为全国水电建设系统培训概预算专业人员。1985、1986年举办微型电子计算机知识和BASIC语言学习班8期，约200名工程技术人员和管理干部参加学习。1991年，为贯彻技术设计新规范标准，开办两期培训班，83人参加培训。同年，开办混凝土试验方法新标准培训班，学员42人。同年还组织157名干部上机操作，掌握微机使用技能。1992年举办微机应用提高班及劳动人事微机应用培训班，共有60人参加学习。同时举办各种科技讲座、系统工程学讲座，向工程技术人员介绍新知识、新技术。之后这种培训持续不断，特别是工程局培训中心成立后，干部培训更加规范化，系统化。从1994年开始，每年业务培训的干部人数都在四五百人以上，特别是2002年和2003年培训干部人数分别达1030、902人之多。

管理知识的学习始于1982年。是年，对91名科队级干部进行企业管理知识轮训。1983年，举办有73人参加的《统计学原理》电视讲座。1985～1986年，开办《现代管理知识电视讲座》，培训管理干部136人；开办《建筑工程预算电视讲座》，30多人参加学习。2000年的《统计技术应用》培训班，66人参加。2003年又举办了《工商管理知识》培训，38名中层干部参加培训，全部考试合格。2002、2005年又举办干部的《CAD培训》，51人参加，51人合格。后来先后举办过《建造师》、《计算机》、《内审员》、《预算员》、《网络安技》、《安全管理资格》、《考评员》、《技能鉴定考评员》、《职业健康环境管理》、《新闻宣传》、《设备管理》等干部的专门业务培训。

岗位职务正规培训包括资格培训和适应性培训，从1986年开始部署。是年，工程局提出《岗位职务培训试点意见》，成立岗位职务培训考核委员会，1名副局长任主任。按水电建设总局的分工，完成财务会计、劳动工资两个系列“岗位职务规范标准”制订工作。1988年举办工程概预算学习班，培训约40名从事标书编制人才。1991～1993年，完成300人次财务会计人员岗位培训，对44名从事概预算工作的人员进行资格认证培训，同时对50名文秘人员进行培训。之后根据工作需要和人员变动情况，几乎每年工程局都要进行这种岗位职务正规培训。

项目管理干部培训始于1985年，之后每年不断培训、取证和继续教育培训。从2003年开始，又对项目经理们开始了《项目经理适应性》的专门培训。

第一期项目管理干部学习班于1985年9月开学，学员由局干部处从在职科队级干部和后备干部中选送，脱产学习两个半月。局教育委员会聘请各业务处室负责人或业务骨干为兼职教师，教材由兼职教师参照相关的大专教材自行编写，自编教材20多万字，被称之为“乡土教材”。学习方式以教师授课与课后讨论相结合，授课时间与讨论时间大约1∶1，学员结业以写论文（或学习心得）作为成绩考核依据，培训班推荐优秀论文在《水利水电建设教育通讯》期刊上刊登。第一期培训班入学学员35人，26人获结业证书。

第四期培训班是1991年3月与中国施工企业管理干部大连培训中心联合举办。联合培训班重新设计课程，内容有《项目法施工概念及项目法施工管理体制改革》、《施工项目经理负责制》、《施工项目的概算及成本控制》、《项目施工的总体规划与现场准备》、《施工质量控制》等10个单元，教师自编讲义，有理论有实例，受到学员欢迎。30名学员获结业证书。

为解决在职项目经理工作与学习的矛盾，第五期培训班采取函授方式。培训班印发教材与“自学指导”，在期中与期末组织面授，聘请中国人民大学投资经济系教授上课。函授方式很受在职干部欢迎，学员32人，23人结业。

1994年5～11月举办第六、七、八期培训班，课程按建设部规定设置，从全国统一题库中选题考核，合格者获得“全国施工企业项目经理培训合格证书”。3期共培训学员145人。期间，为前5期已培训的学员举办两期换证学习班，项目管理干部培训在全国水利水电系统率先开展，其自编教材被许多水电工程局用作参考教材。

此后，工程局加大干部教育培训和人才绩效考核力度，每年举办各类培训班，最多为1999年，全年培训干部925人。为了促进专业技术人才队伍整体水平提高，2004年工程局又新制定了《专业技术带头人管理办法》，每年评选专业技术带头人，激发专业技术人员学习和工作积极性。

到2006年止，专业技术人员中具有高级职称的207人（其中教授级15人，享受政府特殊津贴的2人），中级职称的414人，初级职称的677人。全局职工人数3218人中，具有大中专文化的占1537人，占48%；具有各种专业技术职称的1298人，占40%。工程局职工队伍的文化层次和专业水平发生了根本变化。

工人技术培训（含初级、中级技术培训）始于1956年冬，50多年中出现4次办学高潮。

第一次办学高潮在1956年冬至1959年，新安江水电站开工时，熟练工人缺口很大，砂石机械队需配备技术工人240人，实有30人，其余均为刚从农村招收的普壮工，其他厂队情况大致相似。1956年冬，工程局要求下属单位采取师带徒、老带新和举办技术培训班方法培训技术工人。道路桥梁工区率先办学，培训炮工163名。1957年春，该工区采取师带徒和短期脱产培训方式，把260名普壮工培训成为风钻工。

1958年，通过举办“学政治、学技术、学文化”三结合的红专学校方式大规模开展技术培训。全工地46所红专学校举办32个工种的技术培训班35个。砂石机械队红专学校组织新工人学习皮带运输机性能、操作规程和维修技术，由技术工人带领上岗训练，培训5个月，300多人掌握二级工基本技术。1957～1959年，全工地培训能独立操作的各类初级技术工人5000多名。

第二次办学高潮在1977～1985年。1977年，工程局辞退1078名临时工，从城镇招收待业知识青年为新工人，同时吸收一批退休职工子弟补员进厂。1978年，混凝土大队、机械大队和富春江工程指挥部举办技术培训班，对236名徒工进行分期分批培训。1979年，各大队相继举办脱产、半脱产培训班，对1091名新工人进行15～60天技术培训。1980年，举办炊事员、司炉工和特种车辆驾驶员培训班，394人接受培训，满足基层单位对此3工种人员的需求。1981年，工程局贯彻中共中央、国务院《关于加强职工教育工作的决定》，部署青壮年职工初中文化、初级技术补课工作。1981～1985年8月，举办初级技术培训班85个，有2458人次参加学习，2360人通过技术补课达到二级工应知应会水平。在此期间，基层单位根据施工需要举办电工、制冷工、铸工、多臂台车操作、起重、钻灌、压风、潜水等培训班，培训紧缺工种技工700多名。

第三次办学高潮在20世纪80年代中期，为适应“一业为主，多种经营”的需要，工程局和基层单位普遍开展工人转岗培训和“一专多能”培训；对新进厂工人，由技工学校和生产单位结合，实行1年期的以二级工为培训目标的一步到位培训。中级技术培训始于1984年。是年5月5日，工程局指定技工学校承担中级工技术培训任务。是年下半年，开办“电工”、“重机修理与运转”两个培训班，招生80名，学员由各单位根据工程局分配的名额输送，脱产学习5个月，年末结业。1985年举办水电施工、施工机械两个专业培训班，招生80人。同年，教育委员会在金华基地举办1期工长培训班，在紧水滩水电站工地开办5期中级工技术理论公共基础课学习班，134人参加学习。

次年，教育委员会制订《工人技术培训自学考试奖励办法》，并举办中级工技术理论自学验收考试。单科考试及格记入学习档案，全科及格后发给中级工技术培训合格证。1986年，第二工程处举办有120余人参加的业余中级工技术培训班。次年，测量队举办测量工中级技术培训班。1986年，举办转岗培训班和“一专多能”培训班13期，培训工人320人。1988年，160多名新工人进技工学校学习半年技术理论知识，然后到厂队在技术工人指导下进行半年技能操作训练，结业时，大部分人基本达到二级工水平。1990年，约100名新工人继续由技工学校和厂队结合培训。在此期间，建筑安装工程处举办房屋建筑装饰工培训，技工学校为水口工地培训机船驾驶和轮机工，劳动工资处在温州发电厂工地组织钢筋坡口焊接培训，均满足施工需要。

20世纪90年代，技术培训着重岗位资格培训。1991年全局318名电工分9期轮训，由浙江省劳动人事厅考核验收，发给上岗资格证书。1992年始，对国家核定的11类特殊工种工人实施上岗资格培训。先后举办起重机械司机、装载机司机、工程车司机和电焊工培训班，同时外送一批工人委托培训，满足施工需要。

1992年，根据国家有关部门关于机械修理岗位应知应会要求的规定，工程局教育处会同金华市劳动局、交通局，对中级修理工进行技术理论考核，然后举办两期培训班，对申报中级修理工资格的40多人进行技术理论培训。

第四个办学高潮是2003年前后，根据企业发展需要，工程局加大了对技术工人的培训力度。每年办班五六十个。培训的范围几乎涵盖了整个工人技术领域，包括材料员，仓管员，安全员，施工员，质检员，保安员，电焊气割，电工作业，起重机械，登高架设，机动车驾驶，金属结构制作安装，变电安装，水工材料试验，钻探灌浆，车、铣工，建筑测量，汽车修理，装载机司机，电器试验，管路工，安装起重，计算机操作员，挖掘机，推土机，水工模板，钢筋工，水工浇筑等，还有班组长培训。2003年全年工人培训1274人次，创建局新高。其中安全员、施工员和质检员培训工程局最重视，每年都要培训。其中2002年中一年就培训3批。2005年，工程局培训中心办各类培训班达87个。教育经费也逐年递增，2005年创建局最高纪录：人均开支教育经费454元。从2006年7月，工程局和局工会联合下文《关于在全局生产经营单位开办民工学校的通知》，年底全局各生产经营单位相续开办起民工学校。同年8月工程局举办了三期外来务工人员基础安全教育、分承包单位责任人和安全管理人员安全教育培训。考试合格的颁发浙江省安监局核发的安全教育培训合格证书。

截至2006年，工人队伍中有高级技师8人，技师30人，高级工836人，中级工624人，初级工及以下的只有147人。工人队伍的文化水平、技术能力大为提高，工程局职工的文化结构、技能等级结构发生了根本变化。

1978～2006年职工培训人数见表8-2-1。

表8-2-1　　1978～2006年职工培训人数　　单位：人次

年　份	干部培训	工人培训	合　计
1978～1990	3231	6595	9826
1991	340	679	1019
1992	320	433	754
1993	476	294	770
1994	640	336	976
1995	501	412	913
1996	780	600	1380
1997	86	176	262
1998	151	75	226
1999	925	389	1314
2000	332	77	409
2001	472	433	905
2002	1030	579	1609
2003	902	1274	2176
2004	765	330	1095
2005	497	1596	2093
2006	726	353	1079
合　计	12174	14631	26805

三、学历教育

1978年开始，学历教育列入工程局教育发展规划，以自办大、中专院校（教学班）为主渠道，自力更生培训企业所需人才。1978年，工程局整顿、充实局“七·二一”工人大学（后改名为职工大学），当年通过文化考试从职工中招收新生80名。1979年始，在湖南镇、富春江、紧水滩水电站工地举办3个电视大学教学班，有全科生52人、单科生49人。以后，委托职工大学举办工业企业管理专业电大教学班，学员24人。1981年，创办工程局职工大学附属财经学校（后改名为工程局职工中等经济管理学校），除招收本局职工外，并为全国水电系统兄弟单位培养人才。

开展函授教育。1982年，工程局设立北京师范学院中文专业函授辅导站，招收在职中学教师入学，有6人从专科学到本科毕业。1985年设立北京师范学院数学专业函授辅导站，有8人专科毕业、5人本科毕业。组织职工参加其他大专院校函授学习获专科毕业证书的7人，获本科毕业证书的11人。1985年设中专政治刊授辅导站，到1988年有70多人毕业。1986年建电视中专函授辅导站，有32人学习管理专业获毕业证书，25人获干部专修班结业证书。1986年设浙江省人民警察学校十二工程局函授辅导站，到1989年有10人毕业。

鼓励职工参加高等教育自学考试。1986年工程局制订《自学成才奖励办法》，凡利用业余时间自学获得国家承认学历的中专以上毕业证书者，均发给奖金以资鼓励。1994年止，全局有102名职工取得了自学考试大专毕业证书。2004～2006年间，又有34名职工大专毕业。

鼓励职工参加社会上的各种开放式教育。如网络办班、网络函授、夜大学、业余大学等，凡利用业余时间获得国家承认学历的中专以上毕业证书者，均发给奖金以资鼓励。仅2004～2006年间，全局就有145名职工经考试合格获大中专毕业证书。

输送在职干部到普通大专院校干部专修科深造。1986～1990年，有64名干部毕业。

四、教育经费

1978年恢复职工教育以来，根据水利电力部规定，职工教育经费按职工工资总额的1.5%提取，由职工教育管理部门掌握使用。1984～2006年按不变价值计算的年人均投入教育经费见表8-2-2。

表8-2-2　1984～2006年职工教育经费年人均投入（按不变价值计算）

年　份	平均职工人数	投入经费（元）	人均（元）
1984	7837	379348.34	48.40
1985	7887	469445.68	59.52
1986	7877	510069.62	64.75
1987	7971	415956.34	52.18
1988	7852	960052.22	122.27
1989	7679	810076.68	105.49
1990	7733	557241.62	72.06
1991	7590	720437.30	94.92
1992	6947	114048.39	164.26
1993	6665	1295184.06	194.33
1994	6323	1100095.70	173.98
1995	7532	480000	63.73
1996	7631	390000	51.10

续表

年　份	平均职工人数	投入经费（元）	人均（元）
1997	5663	380000	67
1998	5217	600000	115
1999	4575	415600	91
2000	4396	568000	129
2001	4268	997300	234
2002	3095	1257000	406
2003	3081	700000	227
2004	3026	1030000	340
2005	3035	1380000	454
2006	3179	1210000	380

注　1. 职工教育经费从 1997 年开始执行。

2. 投入经费包括管理费中支出的职工教育经费和拨付技工学校经费，不含子弟学校经费。

3. 职工人数含合同制长期工人数。

第四节　普　通　教　育

一、义务教育

1957～2005 年的 48 年中，工程局在普通教育中坚持抓好 9 年义务教育，基本上达到随工子女全部入学，兼收少量非城镇户口子女入学。

1957 年 2 月 27 日，工程局第一所职工子弟小学——朱家埠小学开学，接收刚到达工地的 154 名职工子弟入学。3 月 13 日，设在汪家生活区的职工子弟小学开课，学生近百人。至 9 月，新安江水电站工地有朱家埠、铜官、沧滩、汪家 4 所小学，入学职工子女 1500 多名。其中以沧滩小学规模最大。工程局与新安江区公所达成协议，工地 4 所小学除接收工程局职工子女以外，兼收工地范围内地方工商企事业单位职工子女和邻近农村子弟入学。教学管理由区公所教育部门负责，校舍由工程局出资建造，师资和日常教学经费按学生人数比例由工程局和区公所分担。

1958 年，工程局在湖南镇水电站工地开办了乌溪江职工子弟学校。次年，招收初中班，成为中小学合一的学校。学生近 200 人，教师共有 16 人，师资主要由地方教师调入。

1960 年以后，新安江电站土建工程基本结束，职工大批外调，沧滩小学划归新安江镇，校舍和教学设备无偿赠调，更名为新安江镇小学。铜官小学、汪家小学相继停办；朱家埠小学由工程局管理，更名工程局新安江职工子弟小学。

1962 年浙江省水电工程局（富春江水电站前期施工单位）及其乌溪江水电工程处（湖南镇电站前期施工单位）、水电部新安江水力发电工程局和水电部瓯江水电工程局合并为水电部新安江水力发电工程局（当时称“四江”合并）以后，工程局除有新安江职工子弟小学以外，在富春江、湖南镇水电站工地均有小学1所。富春江职工子弟小学初期仅6个班级，电站复工后至随之进入施工高潮，职工子女增多，高峰时发展到24个班级，学生近千人。乌溪江职工子弟小学为完全小学。初创时一、二年级学生人数少，实行复式教学。1970年湖南镇电站复工后，学校规模扩大，学生约600人。以后逐年开设初、高中各年级。至20世纪70年代中期，该校（中小学合一）规模已达30余班级，学生1600余人，教职员工110余人。在湖南镇水电站施工期间，为便利职工子女就近入学，工程局在黄坛口生活区、晚田后生活区均创办学校。黄坛口职工子弟学校创办于1970年，学生260余人，1978年停办。晚田后分校创办于1973年，4个班级有学生150余人，1983年停办。

紧水滩水电站开工以后，1981年创办紧水滩职工子弟小学。初期学生人数少，实行复式教学，以后学生增至200余人，有小学5个班，附设初中一年级1个班。紧水滩水电站和石塘水电站建成后，学校于1990年停办。

义务教育中的初中教育始于1968年。是年下半年，桐庐县教育局应工程局要求，与工程局合办富春江中学，招收初中学生350名，大部分是工程局职工子女，兼收地方工商业职工子女及附近农民子弟。次年，中学由工程局单独承办，更名富春江职工子弟中学，后改称“五·七学校中学部”、“工程局第二中学”。工程局除在富春江水电站工地办富春江职工子弟中学以外，在新安江、湖南镇水电站工地和黄坛口生活区，均在小学基础上扩办中、小学合一的职工子弟学校，完成9年义务教育。子弟中学学生1989年以来，在全国、省（市）举办的中学生学科知识竞赛中多次获奖，其中两人获全国竞赛二等奖。子弟小学于2003年成为中国教育学会数学教育研究发展中心“尝试教学理论研究实验基地”。

二、高中教育

职工子弟进入高中阶段学习的高峰期在20世纪70年代中期。这一时期就业机会少，职业教育尚未起步，初中毕业生都涌向高中。工程局抽调一批技术干部充实高中师资队伍，在湖南镇、富春江、新安江水电站工地和黄坛口的子弟学校增设高中班。规模较大的第一中学、第二中学各有两年制高中班5～7个班级，中小学合一的第三职工子弟学校和黄坛口职工子弟学校也各有2～4个班级。1976年全局高中在校生约700人。

对职工子弟实施高中阶段职业技术教育始于1985年。是年，职工子弟中学开设内燃机修理职业班，招生45名，学制3年。次年下半年，工程局指令技工学校办电工班，计划外招生42名，学制2年。1987年，职工子弟中学又开设护士专业职业班，学制2年。此后，因就业安排有困难，职业技术教育未能持续进行。

1991年，职工子弟中学根据金华市教育体制改革统一部署，在高中阶段实行分流，开展职业教育。是年，招收电工专业两个职业班。到1994年，该校职业班发展到4个专业10个班，每年招生200人左右。普通高中招收3～4个班，每年招生200人左右。初中毕业生升入省重点中学的升学率由1992年前的10％提高到29％，升入高等学校的比率由1991年的18％提高到62.5％和46.6％，参加省、市会考学科已进入金华市的前三名。

随着国家“改革、开放”政策的深入，企业办社会问题矛盾日益突出，并成为企业发展的沉重负担，分离企业办社会职能的呼声日益强烈，引起了党和国家的重视。自2003年开始，工程局多次与地方政府接洽，水电集团公司被国务院列为第二批分离企业办社会单位。2005年，国务院办公厅下发了《关于第二批中央企业分离办社会职能工作有关问题的通知》（国办发〔2005〕4号）。2006年6月25日中国水利水电建设集团公司与浙江省人民政府签订了移交协议，2006年8月16日工程局与浙江省金华市婺城区人民政府就中小学及派出所交接具体问题召开了协商会议，并形成了会议纪要。财政部国资委随后下发了《关于中国水利水电建设集团公司办社会职能机构移交浙江省管理有关资产财务关系划转事项的通知》（财企〔2006〕256号），浙江省财政厅也下发了《关于中国水利水电建设集团公司办社会职能机构移交金华市管理有关资产财务关系划转事项的通知》（浙财企字〔2006〕194号），2006年9月8日，工程局局长、法人代表徐鹿元与金华市婺城区人民政府副区长傅关福在移交补充协议上正式签字，已有49年办学历史的工程局中小学正式移交地方管理。

三、子弟学校

1. 职工子弟中学

职工子弟中学前身为工程局第一中学，位于浙江省衢州市的大山中。1979年从乌溪江职工子弟学校划出中学部单独建校，1983年迁入金华基地改为现校名。

该校1980年前，初、高中均为两年制。高潮期有初一4个班、初二5个班、高一5个班、高二3个班，学生850余人，教职员工73人。1983年，初中部有3个班和高中7个班迁入金华基地。1986年冬初中班转移结束。该校占地2.4公顷，有四层教学楼两幢，建筑面积3700米^2，设有标准教室16个、48座语音室1个，配置各类电脑26台，劳技室有中英文打字机30台，图书室藏书2万余册。

该校重管理抓育人，经多年努力，1990年经金华市考评，高中被列入市教育委员会管理体系。1991年学校被水利水电建设总公司评为全国水电建设系统一类子弟学校，1992年又被授予“全国电力系统先进学校”。1993年9月15日，金华市教育委员会批准该校增挂“金华市第十中学”校牌。

1995年和1997年在金华市区学校教育质量评估中，该校被评为“A级达标学校”。1998年又被评为“AA级达标学校”。同年被金华市教育委员会命名为“金华市文明学校”。2001年1月，又被金华市教委评为教学质量“AAA级学校”。2003年在所在婺城区的初中教学质量评估中，22个指标中有19个名列第一，荣获教学质量一等奖。该校的职高部在1995～2000年间，先后五次荣获“金华市先进职校”和“社会力量办学先进职校”荣誉称号。2005年11月，该校又被婺城区教文体局、市环保局婺城分局评为区级“绿色学校”。

1989年以来，该校学生在参加全国、省、市级以及中国电力企业联合会举办的中学生学科知识竞赛中也多次获奖。1人在全国竞赛中获二等奖；2人在中国电力企业联合会组织的竞赛中分获二等奖和三等奖；在省级竞赛中，获二等奖、三等奖各1人；在市级竞赛中，获二等奖1人、三等奖2人、鼓励奖1人。

拳击，是该校课余体育训练的一项特色运动。1990年以来，该校青少年拳击训练队数次参加浙江省拳击比赛，有6人获冠军、2人获亚军、5人获第三名。1991年1名学生被武汉体育学院特招，同年获得了首届全国青少年拳击锦标赛48公斤级别冠军和湖北拳击比赛成人组48公斤级别冠军，继而被选拔为国家拳击队队员；3人被国家武警总队拳击队录取入队，并获得了1991年全国武警大奖赛的一个第一名、两个第三名的好成绩。其中一名还荣获了同年全国“国手杯”拳击赛48公斤级别亚军。是年11月，金华市体育运动委员会批准该校为“金华市拳击训练点”。1992年，该校被浙江省体育运动委员会命名为“1991年度训练先进集体”，并被推荐参加全国业余训练先进集体表彰大会。1994年该校被金华县体育运动委员会表彰为“参加市三运会作出突出贡献单位”。

该校自1993年开始在教学管理上实行教学部管理模式，成立了普高部、职高部、初中部，有完整的教育制度。61名教师均有专业技术职务任职资格，其中高级3人、中级21人、初级37人。1990年以来，该校教师在省、市级专业刊物和学术研讨会上发表论文20余篇。周戊林老师的论文《学生在理解、掌握教材知识上存在的几个问题》、《利用模糊型习题克服思维定式的尝试》分获1991年全国中学物理教学研究学术讨论会优秀论文三等奖和1992年第五届全国物理教学改革研讨会二等奖。

1992年以来，该校先后9次被工程局命名为年度“双文明单位”，该校党支部连续12年被工程局党委评为“先进党支部”。

该校及其前身乌溪江职工子弟学校在1959～2005年间，输送初中毕业生4000多名，普通高中毕业生3500多名，职业高中毕业生1500多名，1978～2005年，该校学生考上大专院校的500多名（其中飞行学院5名），考上中等专业学校12名，考上技工学校226名，被省一级重点中学录取的有182名。

2. 职工子弟小学

该校创办于1982年上半年，同年9月1日开始上课。初期有3个复式教学班，学生40多人，5名教师，以后逐步发展，到1994年有16个班级（其中学前班2个），学生556人，教职员工39人。34名教师中，有小教高级教师19人、一级教师10人、二级教师5人。学校迁入金华基地以后，校舍总建筑面积3042米^2，拥有标准教室16个、音乐舞蹈教室1个、100米^{2}的健身房1个，以及图书室、阅览室等设施。学校配置钢琴、风琴、音响设备等教学设备，图书室藏书3700多册。1984～1994年，学校多次组织学生参加金华市、县教育研究室举办的各类比赛，获得阅读、速算、元旦文艺会演、卡拉OK大赛和少儿乐器大赛的一等奖，大字比赛、演讲比赛、现场作文赛、普通话录像赛和速算比赛的二等奖，并获各类三等奖多次。学校教师撰写的论文，多次获奖或被选送在学科年会上交流。职工子弟小学于2003年成为中国教育学会数学教育研究发展中心“尝试教学理论研究实验基地”。

2006年9月该校与中学一起移交地方政府管理。

教育人员获省（部）级荣誉称号见表8-2-3。

表 8-2-3　　教育人员获省（部）级荣誉称号一览表

颁 奖 单 位	颁奖文号或时间	荣 誉 称 号	获奖人
水利水电总公司	1984 年 10 月	优秀教师	余高善
浙江省教委	1985 年 9 月	为人师表优秀教师	刘桂芝
中国电力企业联合会	教〔1990〕年 9 号	优秀德育工作者	李华斌
中国电力企业联合会	教〔1990〕年 9 号	优秀老德育工作者	陈崇斌
中国电力企业联合会	教〔1990〕年 9 号	优秀老德育工作者	胡素琴
浙江省电力工业局	1992 年 4 月	先进工作者	王孝龙
电力工业部	电人教〔1994〕年 513 号	优秀教育工作者	郭小伟
电力工业部	电人教〔1994〕年 513 号	优秀教育工作者	傅金秀
电力工业部	电人教〔1994〕年 513 号	优秀教师	刘闽桂
浙江省电力工业局	浙电教〔1996〕0004 号	优秀教师	赵春玉
浙江省电力工业局	2002 年 9 月	优秀教育工作者	金　健
浙江省电力工业局	2003 年 9 月	优秀教育工作者	卜友林

第九篇　后 勤 工 作

第九篇　后　勤　工　作

工程局建局以来，在承建众多的水利电力工程的同时，也投入相当多的人力、物力安排职工及其家属的衣食住行、生老病死之事，工程局内部的后勤设施（包括医、食、住、行、教），带有计划经济时期国有大型企业自我设置、自我服务、自我完善、政府备案的特点，企业成了“小社会”。新安江水电站施工期间，职工家属食住同一工地，生活设施比较简易，管理服务工作繁杂。“四江”合并后，职工家属散居多个工地。新水电站工程开工，职工拖家带口过着“沿江吉普赛人”生活，每个工地都面临着大量的后勤生活服务工作。为改变这种繁杂状况，1974 年工程局设想建立后方基地，经当地政府和上级主管部门批准，于 1976 年开始实施，至 1994 年金华、新安江、富春江、衢州、丽水 5 个后方基地基本建成，之后陆续完善。全局职工和家属从此结束了长期无固定住所的流动生活。工程局所属二级单位，大多集中驻扎于金华基地，金华基地逐步成为工程局政治、经营、文化和教育培训中心。1995 年为了适应市场经济的要求，工程局机关转移杭州办公，在杭州市下城区建设了 187 套住宅，供局机关工作人员居住、生活，但金华基地仍是工程局最大的后方基地。到 2000 年，全局五大生活基地配套完善，环境良好，全局职工的衣食住行问题大为改善。企业的后勤工作大为减轻，从而促进了工程局专心致志地抓好生产经营。

第一章　基　地　建　设

工程局建立后方基地的设想始于 1974 年。是年 3 月 28 日，工程局向水利电力部、浙江省革命委员会呈送《关于建立基地的规划报告》，要求批准建立基地，翌年 11 月再次提出建立基地的请求。1976 年 2 月浙江省革命委员会批复工程局在金华建立基地。工程局遂利用自有资金，首先在新安江工地进行基地建设，将原有场地上的临时性房屋拆建为永久性高层楼房。1978 年 11 月 18 日，水利电力部批准工程局在金华市白龙桥建设基地，并同意基地建设资金列入紧水滩水电站工程投资概算。自此，工程局基地建设在全国水电施工企业中率先全面展开。工程局共投资 8451 万元，基本形成金华、新安江、富春江、衢州、丽水 5 个后方基地。全局基地总占地面积 76.96 万米^2，建成楼房 169 幢。其中家属住宅楼 129 幢，建筑面积 22.08 万米^2，合计 3793 套。金华基地建设永久生活用房 2345 套；新安江基地建设永久生活用房 661 套；富春江基地建设永久生活用房 437 套；衢州基地建设永久生活用房 198 套；丽水基地建设永久生活用房 152 套。住房建筑面积均为50～80 多米^2 不等，按照职务、职称和工龄等，综合平衡后按积分大小分配居住。基地建成后，全局职工和家属结束了长期无固定住所的流动生活，大多安居乐业。尤其是离退休职工有了幸福、安逸的晚年归宿。

第一节 金 华 基 地

金华基地位于金华市区西南郊花果山、万寿山两座黄土丘陵上，地属金华市婺城区白龙桥镇，东与核工业269地质大队相邻，南临婺江支流白沙溪，西近铁路浙赣线古方车站，北靠金汤公路，距金华市区、兰溪市区分别为12千米和17千米。

自1980年动工兴建至1994年底，竣工建筑面积232850米^2，投资4823.74万元（包括征地、屋外工程和房建投资），建成办公用房、厂房、仓库、医院、学校、商业一条街、职工住宅以及相配套的生活福利设施，其中，职工永久住宅2237套，117384米^2，半永久房屋32115米^2；建成供排水系统和供电、通信、道路等配套设施。因工程局一度又名华东水利水电工程公司，基地取名为华电新村。新村楼宇坐北朝南，条块排列，纵横有序；道路宽畅，绿树成荫。1982年，第一批职工迁入新居。1985年，工程局机关迁入新村。随后基地工业企业、养殖业和服务业陆续建成投入运行。至1994年，共迁入2450户。2000年又增建两幢生活用房，金华基地永久住宅达到2345套。2005年3月31日，工程局新成立了房地产开发公司。同年12月25日利用原第三生活区的空余土地开工建设17427米^{2}经济适用房，共计194套，由没享受过福利分房的职工按经济适用房市场价格购买居住。基地管理的日常工作由工程局社会职能管理中心负责。截至2006年，常住户口达8000多人，其中离退休职工有2564人，抚恤户226人。

一、基地建设

1980年4月，工程局组建基地建设工程处（1983年更名第七工程处，1986年改为建筑公司)，负责金华基地建设。局劳动服务公司吸收待业青年150多人，从农村聘用少量竹工、木工、泥工，组成劳动服务队进入基地搭建工棚、开辟道路。工程局抽调土方挖掘、混凝土制作和房建、水电等工种工人，成立机电队、房建队、混凝土预制厂，作为基地建设工程处的基本施工力量，同时确定由第一、第五、第六工程处分别承担基地钻井、水电设计安装、土方运输任务。

一期工程包括第一生活区的住宅、办公、商业、学校、医院等建房施工。1980年8月12日，第一幢职工住宅楼（12号楼）破土动工，紧接着11、6、7、8、10号住宅楼相继动工。1981年冬，东阳第二建筑公司进入基地，承担商业楼、办公大楼、学校、医院、影剧院、俱乐部施工；义乌建筑公司承担部分住宅楼施工；基地四周围墙由当地农村专业队砌筑。施工高峰时有建筑施工人员1760人。第一批9幢职工住宅楼于1982年6月竣工，是年底，164户职工迁入新居。到1984年末，第一生活区基本建成，施工重点转入仓库和生产厂区建设。

二期工程包括厂、库区和第二生活区施工。厂、库区位于基地南端。库区的铁路专用线于1984年春动工，至1984年末已建成路基1.16千米。因国家决定改变对基本建设项目投资的管理体制，浙南几座水电站短期不动工以及金温铁路开始筹建，物资中转方法将发生变化等因素，工程局决定停建铁路专用线，压缩中转仓库建筑面积，开辟第二生活区。

第二生活区建有9幢6层职工住宅楼，幼儿园和14幢半永久性房屋（7幢2层楼房、7幢平房）。1985年9月动工，1987年4月完工，建筑总面积29687.43米^2（不包括办公用房）。厂房、仓库建设始于1984年6月，先后建成大金工、小金工、铆焊、热处理、铸造、锻工、大修、木模、动力、钢管酸洗、总装10多个车间以及水泥（1、2、3号）库、设备库、配件库等仓库，到1992年末，厂、库基本建成，建筑总面积17392米^2。

二、扩建项目

1984年10月，工程局向浙江省计划经济委员会和水利电力部水利水电建设总局报送《金华基地扩建规划报告》，提出：建筑市场管理体制改革后，金华基地将成为工程局经营管理和施工指挥中心，局机关和下属部分公司以及物资设备都要进入基地，职工家属除原住富春江、新安江基地者以外也要进入金华基地，1978年规划的10万米^{2}房建指标不能满足所需，金华基地需要扩建。是月，水利水电建设总局同意扩建10万米^2，批准增加投资2000万元，在紧水滩水电站总概算中，根据包干节余情况逐年安排解决。金华市人民政府根据浙江省计划经济委员会的批复，于1985年6月30日在金华基地召开有市规划办公室、土地管理局、交通局以及当地区、乡、村负责人参加的现场办公会议，确定征地205.9亩（137273.5米^2）。征地费用100.4万元，另付给每亩土地开发费8元，支持古方乡兴办企业10年无息贷款30万元，加上水田造地费、坟墓迁移费，合计支付252.68万元，平均18.4元/米^2。

扩建项目自1987年3月动工，其中仓库、厂房1994年完工，住宅建筑1995年基本结束，建筑面积共计54970.48米^2。2000年在第一生活区原混凝土预制厂位置新建2幢永久性生活住宅，建筑面积6304米^2、108套。2005年12月25日利用原第三生活区的空余土地开工建设17427米^{2}经济适用房，共计194套，2007年1月8日竣工。至2006年底扩建工程基本完成，金华基地建成永久住宅2345套，成为工程局最大的一个生活基地。

第二节　新安江基地

新安江基地坐落在浙江建德市新安江镇城区，辖3个区段沧滩为经营管理和生活区段，朱家埠为临时居住和果园区段，黄泥墩为水泥生产区段，共建造永久房30幢，其中平房两幢（均为商店）、楼房28幢，最低为4层，最高为7层，建筑总面积43390.97米^2，投入资金总额631万元。

新安江基地不仅安置离退休职工，而且集工程施工、施工科研、水泥生产、职工疗养、旅游服务、商业经营、果树种植于一体。基地最先由新安江管理处统一管理，后因管理体制变更，职工疗养方面由新安江矽肺疗养院负责；施工科研方面由施工科学研究所负责；其余由新安江管理处管理。截至2006年，居住离退休职工有717人，抚恤户241人。

一、基地建设

新安江基地建设始于1976年。是年6月，工程局正式确定在新安江建立后方基地，根据建德县城市建设规划要求，组织人员进行基地建设规划设计，拟在原场地将临时房屋拆建为高层楼房，最低为4层，再高不限。基地建设规划设计经县城建局批准，领取《建筑许可证》后，由新安江管理处负责施工管理，当地建筑队伍承建施工。至1992年2月，建成了生活服务、水泥生产、施工科研基地，其规模仅次于金华基地。最早在沧滩望江一区建造1、2号两幢住宅楼，4层砖混结构、双向阳台48套住房，投入资金14.4万元，于1978年5月建成竣工。一批年老或已离退休的职工，告别居住20余年的临建房屋，搬进新的永久楼房居住，无不为之欣慰。此后，为尽快满足年老职工安置需求，加快永久住宅建设速度，每年安排建设2～4幢住宅楼。1992年2月，沧滩菜市二区生活服务区建设竣工。先后共建造永久房30幢，其中平房两幢（均为商店）、楼房28幢（最低为4层，最高为7层），建筑总面积43390.97米^2，投入资金总额631万元，单位建筑面积造价最低为53.6元/米^2，最高为481.3元/米^2。计有住房604套，其中单位办公、商业经营、老年活动和居委会占有19套外，其余均分配（出售）给职工家属安居。另外，在朱家埠区段，大部分土地为橘子种植园，20世纪50年代建造的临时平房尚存20余幢，计124间3000多米^2，主要用于安置户粮关系不在基地又无家可归的职工家属居住。

水泥生产基地　新安江水电站建设期间，工程局曾在朱家埠创办水泥厂，后停办。1980年为安置后方职工和解决待业青年就业，在朱家埠地段（原列车电站），利用原有场地和旧房，创办新安江特种（低温微膨胀）水泥厂。经拆建与修理，拥有厂房、仓库、经营等13幢房屋，建筑面积5921.22米^2，并配置生产设备。特种水泥厂于1981年3月建成投产后，一度水泥畅销，经营效益好。1987年，经建德县人民政府批准，工程局在建德县更楼镇黄泥墩村西一片茶山荒地扩建特种水泥厂，与村民委员会签订征地协议，按照扩建规模年产水泥5万吨设计要求，征用土地71.02亩（计47349米^2），其中茶山39.68亩、荒山15.07亩、旱地5.48亩、水田7.77亩等，1987年8月动工兴建，由新安江管理处自行组织施工，先后建成厂房、库房、住房和综合楼，安装生产设备250台（套），1989年4月建成投产，次年12月4日通过竣工验收。厂区内建有各类房屋设施31座（幢），总建筑面积8800米^2，投入资金1420余万元。厂区四周砌筑土围墙，水泥厂处于偏僻幽静地段，与市区相距约8千米，对旅游环境和城市风貌没有影响。

施工科研基地　1978年6月，工程局的科研机构定点建德县新安江镇（原安装处住地），但房建工作未跟上，人员和设备仍分布在新安江、湖南镇两工地。20世纪80年代初，紧水滩水电站进入主体工程施工，又将湖南镇水电站工地科研人员和设备调入紧水滩水电站工地。1983年按照建德县城市规划要求，建筑1幢4层科研综合大楼，建筑面积3060米^2，投入资金35.53万元，12月底竣工。次年又建1幢5层职工家属户住宅楼（称北楼），年底建成。1985年试验人员大部分搬迁至建德县新建路19号。1987～1992年，又建造5层住宅楼（称南楼）1幢，平房4幢（其中有综合库、食堂、混凝土外加剂厂的仓库和磨机房）。至此，施工科研基地建有永久楼房3幢、平房4幢，建筑面积7511米^2，总造价为102.77万元。混凝土外加剂厂建在朱家埠，除两幢永久平房外，还有临时生产用房2幢计706米^2（原旧房）。

二、基地管理

1966年1月，工程局机关迁出新安江水电站工地，在新安江设留守处（后改为管理组）。1976年6月，工程局确定在此建立后方基地，于1978年8月26日，将管理机构定名为“新安江管理处”，配有处长、书记等管理人员，统一管理新安江基地建设、生活服务以及对外联系归口管理。自1981年起，因工程局管理体制变化，新安江基地管理不再统一，由该基地内各单位自行负责管理。1991年3月1日，管理处创办的新安江特种水泥厂又名为“浙江电力水泥厂”，厂长由管理处负责人兼任。1993年1月13日，工程局同意成立新安江实业公司，隶属局企业部，公司经理由管理处处长兼任。同年8月17日，实业公司改称“新安江实业总公司”，直属工程局领导管理。至此，基地管理机构为新安江管理处，实为4块牌子一套班子管理（即管理处、工程处、水泥厂、实业总公司），处长、厂长和总经理同为1人。其管理职能主要是，管理基地房地产及其他固定资产，主营建材生产、机械制造加工、建筑施工安装、物资经销，兼营旅游服务、汽车修理等，并为定居在该基地的离退休职工搞好生活服务。因经营不善，1998年实业总公司撤销，2005年水泥厂因国家调整产业政策而停产。

第三节　富春江基地

富春江位于浙江省桐庐县富春江镇东南角子陵路左侧，南北平均宽300米，东西长1000米，土地使用面积95544.2米^2，共建职工住宅楼16幢计428套，52398米^2，是工程局的后方基地之一，由富春江管理处（工程处）负责管理。截至2006年，居住离退休职工有310人，抚恤户136人。

一、基地建设

富春江基地建设由富春江管理处组织实施，委托桐庐县第二建筑工程公司承担施工任务。1982年8月6号住宅楼动工建造，因发生建房用地矛盾和工程局离退休职工回该基地安置增多等影响，房建计划一改再改，直至1984年8月该基地房建计划得以确定，基地建设方得顺利进行。1987年9月，规划中的全部建筑施工完毕，至此，富春江基地共建职工住宅楼14幢计348套，招待所1幢（贷款建设），办公楼1幢（自筹资金建造），商业楼1幢（自筹资金建造），俱乐部1幢，澡堂1座，供享受厅局级待遇的离休干部居住的小平房两幢3套，合计投资547.89万元，总建筑面积23795.1米^2。在建职工住宅楼的同时，将宅前片的12幢平房进行大修，室内布置厨房间、接通上水管，住宅旁修建厕所等，经过大修的平房供随工家属为农村户口的长住户居住。并与当地政府共同投资修建横穿基地的子陵路。1990年4月富春江管理处与工程局第二工程处合并后，增建3单元单阳台职工住宅楼（22号楼）1幢计30套、5单元单阳台职工住宅楼（23号楼）1幢计50套。1994年设立为离退休职工服务的常青园经营部。至此，富春江基地共建职工住宅楼16幢、计437套，该基地符合工程局分房条件的职工家属户全部分到住房。

二、基地管理

富春江管理处成立于1982年，是集后方基地管理、工程施工、多种经营于一体的局属二级单位。1981年12月，电力工业部水力发电建设总局决定将工程局富春江工程指挥部一分为二，机械制造部分及医院、学校等成建制划出工程局，成立电力工业部富春江水工机械厂；0～1期以上矽肺职工和已离退休职工及其家属留给工程局管理。工程局遂于

1982年1月成立富春江管理处。建处时，管理处职工总数205人（含矽肺职工100人、离休干部15人），退休职工和抚恤家属444人，管理费用由工程局拨给，主要负责定居该基地的离退休职工、矽肺职工、抚恤家属的管理和服务及电站初期施工时6000余名下放职工的信访管理、职工家属住宅建设和已建住房的修缮等任务。1985年起，管理处多种经营开始起步，先后创办养鸡场、招待所、商店、机电厂、水泥预制厂等，结束单纯靠工程局拨管理费维护管理处的历史。1989年3月，富春江工程处成立，与管理处为一套班子两块牌子，开始承揽工程施工任务。1990年3月，工程局第二工程处并入，实行一套班子3块牌子；次年5月，第二工程处与管理处（工程处）分离，管理处（工程处）建制恢复。2006年底，管理处在职职工8人（其中生产工人3人、管理人员5人），离退休职工342人，抚恤户99人。

第四节　衢　州　基　地

衢州基地实有使用土地面积为6472.67米^2，地分3处为4宗：原劳动路20号（后称劳动路167号）1974.21米^2；原劳动路38号（后改称蝴蝶路1号）1716.72米^2；南禅寺生活小区土地为两宗，分别为1944.34米^{2}和837.40米^2。

工程局为安置部分年老职工和继续开展承揽工程施工任务，1975年在办事处仓库边建成1幢住宅楼。1982年又将在衢州市、黄坛口建筑职工住宅的计划，列入湖南镇水电站尾工项目。翌年，水利水电建设总局批复黄坛口房建投资70万元，并同意在衢州市内建造120～150套职工住宅，计划投资100万元。至1985年12月，黄坛口6幢3层永久住宅楼，建筑面积4758米^2，总投资为35万元；城内4幢住宅楼，建筑面积7412.78米^2，总造价105万元先后竣工。1987年底，又在城区建成华电饭店大楼。至此，衢州基地具有一定规模。因黄坛口6幢房产按工程局分房规定符合条件的仅15户，大部分房屋闲置。为了盘活资产，2004年10月工程局决定该房产连同土地出让。截至2006年，衢州基地居住离退休职工有212人，抚恤户40人。

一、基地建设

20世纪50年代初，黄坛口水电站动工兴建，在衢州城内劳动路设立办事处，紧靠铁路北侧搭建简易木结构仓库4幢，计872.18米^2。1966年5月6日，工程局明确此地房屋及设施归属湖南镇工程处使用。1970年，湖南镇水电站复工续建，大批物资设备在此转运，又在原仓库西边搭建临时库房3幢，以满足大宗物资的储运。1975年，为安置年老退休职工和加强物资储运，在劳动路20号沿街面建造1幢3层永久住宅楼，计住房18套，建筑面积为732.12米^2，投资约5万元。此永久楼未安置住户前，作为办事处办公及招待所之用。

基地建设于1983年正式定点，初时只考虑建造离退休职工住宅楼。是年4月21日，工程局湖南镇管理处与衢州市城市建设局签订调换土地协议书，衢州市将已征用的南禅寺生活小区（又称双港口）7.46亩（计4973.58米^2）土地调给工程局建造住宅。自此，城内基地进行建设，由衢州市建筑公司承建施工，湖南镇管理处负责管理，先后建有4幢住宅楼，于1985年12月全部建成。建造的住宅楼为砖混结构，5层，总建筑面积7412.78米^2，总造价105万元，每平方米造价141.64元。120套住房除办公、老年活动室和医务室各占1套（底层房）外，其余全部安排职工家属户居住。

为利用市区原有场地，开展承揽施工任务和多种经营，衢州办事处于1985年11月18日向衢州市政府申请在劳动路38号建造1幢经营性商业大楼。次日衢州市基本建设委员会批准发给《建筑许可证》，是年底拆除旧房，翌年3月新楼由工程局建筑公司兴建，办事处负责施工管理，1987年12月10日建成并通过竣工验收。楼房系砖混框架结构，门厅前主楼为6层，副楼为5层，建筑面积6529米^2，同时建有配套的127米^{2}锅炉房和洗衣间，建筑总面积6656米^2，总投资为247.25万元，每平方米造价371.47元。此楼以住宿、饮食服务为主，定名华电饭店。

二、基地管理

衢州基地由衢州办事处负责管理，办事处与华电饭店实行两块牌子一套人员，主任由华电饭店经理兼任，配有5名管理人员，费用由局核定在管理费中列支。办事处的主要职责是管理基地房地产及其他固定资产，负责房屋等设施维护修理，代局收取房租及水电费，协助退休职工管理处管理离退休职工，完成局委托代办有关事项等。

第五节　丽　水　基　地

丽水基地分生产区与生活区两部分，共占地面积21049米^2。生产区建有金属结构厂、电气厂、机电安装分局机关综合楼，位于丽水市丽阳路，东临浙南制药厂，南侧为处州针织厂，西与丽水运输公司加油站为邻，北有丽（水）金（华）公路从门前通过，建筑面积11498米^2。生活区建在丽水市解放街文昌路口两侧，建筑面积9551米^2。两者合计21049米^2，共投入建设资金（含征地费）545万元。1997～1998年，在丽水紫金路参与集资建房（工程局补贴）65～75米^{2}各10套。截至2006年，居住离退休职工有329人，抚恤户163人。

一、生产区建设

1982年，紧水滩水电站需制作引水压力钢管和一批大型金属构件，因紧水滩水电站施工场地狭窄，同时考虑浙南另几座水电站将相继动工，为避免重复建厂浪费资金，工程局于1982年4月9日向水利水电建设总局提出《关于在丽水征地建立金属结构厂的请示》。同年5月11日，水利水电建设总局批复同意在丽水市城区建厂，征地25亩（计16667.5米^2），按1万米^{2}建房（其中厂区4000米^2，生活区6000米^2）。后为厂区生产设施配套，工程局批准机电安装公司关于增加生产辅助设施和完善生活设施的申请，同意增加建筑面积。

生产区于1982年开始动工兴建。1984年，机关综合楼、金属结构主厂房、副厂房以及职工食堂建造竣工，1985年开始兴建电气厂、修配车间、成品库、职工宿舍，到1988年末，生产区配套建筑全部竣工。

二、生活区建设

生活区建造职工家属户住宅楼始于1982年，由丽水市房屋建筑开发公司组织施工。1984年建成每套61米^{2}的3单元5层楼房1幢，每套57米^{2}的5层楼房两幢（5个单元），与地方单位合建每套61米^{2}楼房分得12套，1985年建成每套38米^{2}的过渡房1幢，楼房底层均归地方商业部门作店面使用。1988年由丽水市建筑公司承建每套50米^{2}的6层4单元住宅楼1幢；建成2层小楼1幢，用作开办托儿所和商店。同年在丽水大洋路59幢369号购置店面房3间，另建5间简易平房，用作职工业余文娱活动场所和老年活动室。1992年，在丽水市白云小区购买6层住宅楼1个单元12套住房，每套50米^2。

第二章　职　工　生　活

水电职工长年工作在众山峻岭环抱之中，或大江大河之畔。工作条件艰苦，体力消耗很大。其家属、孩子也跟随职工转战各工地，受尽颠簸，生活艰苦。工程局想尽办法、千方百计地改善职工生活。尤其是在计划经济年代，工程局在干好工程主业的同时，还担负着职工衣食住行教，柴米油盐茶等生活服务的重任。建局以来，工程局投入大量人力、物力和资金，设置职工生活服务管理机构，负责开办食堂、安排住房、配备家具、组织食品供应，以及解决工地交通、通信、住宿、燃料、水电、洗理、幼儿入托和环卫绿化等众多职工生活问题。20世纪60年代末，工程局还组织职工子女中的知识青年上山下乡工作。工程局还吸引金融、通信、邮政、百货超市等部门在各基地和职工营区设立便民服务网点。随着国家进步、工程局内部改革和经济增长，职工生活逐步得到改善。

第一节　食　　堂

新安江水电站施工期间，职工一日三餐主要由职工食堂提供。1958年，工程局办食堂35个，为万余职工和部分家属供应饭菜。

1972年初，工程局在湖南镇水电站工地开办食堂14个，供6500余名职工用膳。1977～1980年间，建立健全采购保管、票证管理、成本核算、烹调工作、职工用餐等制度，纠正制度不严、管理混乱现象，做到粮食不超支、菜金有节余。同时，加强责任制和采取奖励措施，调动炊管人员的积极性，做到粗粮细作、素菜荤作，饭热菜香。1981～1989年间，职工就餐仍以食堂为主。1984年全局开办食堂34个，在食堂就餐职工达7554人。是年，全局配备食堂管理干部32名、炊工420名、司炉工71名，共计523人，占全部职工总数6.9%。同时，在食堂内部推行经济责任制，增强炊管人员的责任心，各食堂的膳食花色品种繁多，主食有米饭、面食3～4种，菜肴有荤有素10～12个不等，职工用膳较为满意。为提高烹调技术水平，1985年12月，在普遍培训炊工烹调技术的基础上，工程局首次开展厨师技术职称考评工作，经理论与实际考试，有10名炊工考上四级厨师。此后，又陆续对炊工进行培训，有的组织保送到杭州、金华高级餐厅进修，至

1990 年止，全局有厨师 26 人，其中特级厨师 1 人，一、二级厨师 3 人。

20 世纪 90 年代后，双职工和随工家属绝大部分已定居在各后方基地，住进永久楼房，职工家庭内炊事设施齐备，日常膳食逐步形成以家庭为主、食堂为辅的格局，并延续至今。

进入 2000 年后，工程项目或施工工地上的职工食堂发生了很大变化，大多购置了冰柜、电烤箱、压面机、和面机及吹风机等，很多工地都是大小食堂互补，为长年累月在野外的水电施工职工提供了坚强的后勤保障。

前方工程项目或施工工地上的食堂管理大同小异。以下简介一个施工局的职工食堂情况。

滩坑电站施工局职工食堂位于范村营地。食堂建设面积 600 多米^2，按照一次性可容纳 1000 人就餐标准设计。职工食堂为钢结构，又分为大食堂与小餐厅，大食堂主要承担职工日常就餐，包括一日三餐、现场中晚、夜餐送饭，以及节假日职工加餐等职能。职工大食堂就餐厅面积大，同时兼有会场、卡拉 OK 厅等职能，同时还作为防汛人员转移场所。小餐厅主要承担日常来宾接待客饭职能。

职工食堂环境卫生条件　职工食堂加工经营场所有完善的上下水设施，内外环境整洁，设置独立的粗加工间、切配烹调间、贮藏间、备餐间；就餐厅宽畅、明亮、通风，旁边有开水房以及洗漱池；污水排放按环保要求经沉淀池沉淀后排放，垃圾和废弃物集中存放运至湖云垃圾站统一焚烧处理。

建立健全食品卫生管理制度，明确责任人　按照建筑施工企业必须建立健全工地食堂卫生管理制度的规定，滩坑施工局职工食堂隶属办公室管制，办公室主任为食堂管理负责人，具体负责建立食品卫生责任制和有关食品卫生安全的管理制度。

职工食堂必须取得卫生许可证　滩坑施工局职工食堂向青田县卫生局申请办理食堂食品卫生许可证，并按期接受年检，严格按照法律规定取得卫生许可证进行营业。

职工食堂从业人员条件　职工食堂从业人员持有有效的健康证明和卫生知识培训合格证明后方才上岗，每年都进行体检和换证。从业人员工作时穿戴清洁的工作衣帽。并作出确保食品卫生安全的承诺，并签订《食品卫生安全承诺书》，张贴上墙。

职工食堂管理　因青田物价消费水平高，施工局实行了伙食补贴制度，每月给每位职工补贴 150 元伙食费。同时加强食堂管理，确保职工吃上放心可口的饭菜。

为了不断提高职工食堂伙食质量，使广大职工放心用餐，还制定了食堂管理制度：

（一）承包人必须严格遵守《食品卫生法》和工程局《食堂卫生管理办法》，确保就餐人员的饮食卫生和身体健康。

（二）食堂工作人员必须持个人身体健康上岗证，并每年至少进行一次健康检查，患有碍食品卫生病症的人员，应立即脱离工作岗位。

（三）食堂工作人员应当着装整洁，不得留长指甲、涂指甲油、戴戒指。

（四）保持食堂内外环境整洁，采取有效措施，消除老鼠、蟑螂、苍蝇和其他有害昆虫及其孳生条件。

（五）采购食品必须符合国家有关卫生标准和规定。采购时应索取发票等购货凭据，并做好采购记录，便于溯源；向食品生产单位、批发市场批量采购食品时，还应索取食品卫生许可证、检验（检疫）合格证等。

（六）严禁采购有毒、有害、变质、超期、污秽不洁等食品，严禁出售变质食品。

（七）餐具、饮具和盛放直接入口食品的容器，使用前必须洗净、消毒，生熟食品必须严格分开存放。

（八）经常变换菜式花样，早餐主食不少于四种，中、晚餐不少于三荤两素，剩菜不超过一种（价格减半）。

（九）承包人和食堂工作人员，自觉树立为生产、为职工服务的思想，做到文明、热情、周到，并自觉接受伙食监督管理小组的监督和管理。违反以上制度，给予批评教育、经济处罚直至解除承包合同。

（十）伙食监督管理小组由何元哲、童国军、赵红玉、沈金龙、陈立新5名工会干部、纪检干部、职工代表同志组成，何元哲任组长，定期检查食堂情况。

第二节　住　房

一、公房

工程局建局初期，数以万计职工和家属陆续汇集新安江水电站工地，在工地附近搭建工棚草房居住。由于建房跟不上人员猛增的需要，有1200户职工家属寄居在公路沿线农民家中。1956年8月至1957年，共建造简易宿舍147170米²，多为草木结构或竹泥结构。随后，又建一批砖木瓦结构半永久房，仅沧滩二区新建半永久房6845米²，安置从丰满等水电站调来的职工和家属。1957年7月10日，工程局制定、实施《关于家属房屋家具分配的暂行规定》，规定按家庭人口分房，4口以下分给12～24米²，5～8口分给18～27米²；并对住房实行收费，每户每月最低为0.32元，最高为0.67元。至1958年底，住房面积分别达到：单身职工每人2.4米²，临时工每人1.25米²，家属住房每户21.3米²。

1962年，职工、家属大量调出，又执行精减下放政策，工程局人数由4万多人减到6418人，新安江水电站工地住房较前宽裕。工程局原则规定，集体宿舍每间27米²的住5人，18米²的住4人，免收房费；家属住房继续收费，标准改为每户按月收取，18米²以下的0.56元，19～25米²的0.9元，27米²以上的0.94元。工程局移至富春江水电站工地后，为节约房建材料，1965～1966年间，先后将新安江水电站工地3万米²的临时房屋拆建于富春江水电站工地。工地住房管理规定：集体宿舍以单位划定区域居住，由所属单位分配管理；家属住房由行政处统一分配管理，收费改为按面积收取，楼房每月0.06元/米²，砖墙到顶每月0.04元/米²，简易房每月0.02元/米²。

20世纪70年代湖南镇水电站续建初期，职工家属住宿条件仍然简陋，多为简易房和茅草棚。1976年后，部分茅草棚改建为砖瓦房，并将为电厂建造的永久住宅暂分给职工家属户居住，居住条件有所改善。期间，湖南镇水电站工地建住房7.66万米²，满足职工、家属居住要求。1979年4月13日，工程局针对乱占住房情况，作出房屋管理规定，实行局和二级单位两级分工负责管理和维修。1980年5月，工程局在新安江地区陆续建成1.3万米^{2}永久住宅楼，分给首批263户离退休职工居住。此时，住房收费标准（仍以面积计）提高为楼房中层0.08元/米^2，高、底层0.06元/米^2，永久平房0.04元/米^2，简易篷顶房0.03元/米^2，半砖墙临时房0.02元/米^2。在紧水滩水电站工地，职工、家属住房几乎全是永久或半永久房，工棚少见，草房绝迹。为搞好房屋分配和管理，1981年4月20日，工程局作出《关于紧水滩工地房屋分配管理的暂行规定》，仍实行局、处两级管理，并统一实行按实用面积计收房费。

金华基地形成一定规模后，1982年7月22日工程局分房委员会在金华办事处召开第一次会议，确定分房原则、对象、标准、方法，以及金华基地第一批分配永久住宅对象。1983、1984年金华基地分配第二、三批住房。截至1989年6月21日，全局已建和已购永久住宅3080套，其中一、二类房2343套，三类房713套，四类房24套；全局职工分到永久住房的有2848户，占职工家属总户数78%。1995年为了适应市场经济要求，工程局机关转移杭州办公，在杭州建设了建筑面积为13681.94米^{2}的4幢、187套的住宅楼，供局机关工作人员居住、生活。2000年金华基地又增建两幢，建筑面积6304米^{2}等。至2006年全局永久住宅分布在金华基地2345套，新安江基地661套，富春江基地437套，丽水基地152套，衢州基地（包括黄坛口）198套，杭州6套，上海4套，共计3803套；基本解决了全局职工的生活、居住问题。

2000年9月29日，工程局下发了《房屋管理办法（修订稿）》（局办〔2000〕56号），针对工程局公房一律实行有偿使用，并实行“一级所有、二级管理”的办法。房屋租用金标准按房屋的结构、地段、用途等因素确定：砖混结构永久性用房，每平方米建筑面积月租金1元；砖瓦结构半永久用房，每平方米建筑面积月租金0.8元；砖木结构生产用房，每平方米建筑面积月租金0.5元；商业用的沿街店面房，每平方米建筑面积月租金1.20元；简易家属房，由各基地管理单位在确保房屋正常维修所需的前提下，自行确定租用金标准；集体宿舍租用金按房间计费，由使用单位交纳。

2002年4月24日，工程局又下发了局办〔2002〕77号文，通知从自7月1日起，住房租用金标准调整为：①简易房、过渡房的月租金标准按属地房改办公布的本季度砖混二等成套房租金的50%执行，按地段、层次增减系数计租，如属地房改政策住房租金有简易房租金标准的，按属地租金标准计租。②对于租住简易房的抚恤户，仍按局房改〔1997〕1号文的规定，住房使用面积在30米^{2}以内的净增租金全免，超出部分面积，按新调整租金收取。③成套永久住宅的租金，一律执行属地标准。

二、房改

工程局住房制度改革分两次进行。

1992年4月14日，工程局第七届职工代表大会第二次全体会议审议通过《水电部十二局首次房改实施细则》。首次房改的主要内容是，征收住房租赁保证金，提高租金和实行住房建设集资。租赁保证金由已分到住房的住户，按建筑面积每10元/米^{2}缴纳。住房租金依使用面积按月计收，标准为永久楼顶层、底层0.18元/米^2，中层0.22元/米^2，沪、杭、温三城市楼房（产权属局）顶、底层0.25元/米^2，中层0.30元/米^2，独门独户的永久平房0.22元/米^2，砖墙到顶的平房0.1～0.14元/米^{2}不等。住房建设集资款，由局分房委员会认可的住户，按建筑面积每50元/米²，在分房时一次交清，期限5年，年利率3.6%不计复息，到期本息一次归还。

1993年，工程局实施第二次住房制度改革，改革实施方案经局七届三次职代会团(组)长扩大会议审议通过，并经金华市住房制度改革领导小组批准后，于12月11日制定《金华基地公用住房出售暂行办法》，对出售公有住房范围、对象、方法、价格、产权、管理及维修等作出规定。此次售房标准价为220元/米²，扣除折旧、地段、层次和优惠后，为各类住房的标准价。产权比例核定按金华市1993年公布的价格，依照标准价与综合价（即原价）计算的比例，购房者拥有2/3的房产权。自同年12月15日开始，新安江、富春江、衢州、丽水基地也相继出台出售公有住房实施办法，经当地市（县）房改办批准后，纳入1993年住房制度改革。除杭州、上海、温州等城市因房产证未办不纳入售房外，局属金华等5个基地的售房工作于1994年1月底基本结束，全局共出售公有住房3032套（计建筑面积173855米²），扣除住房租赁保证金、建房集资款及房修等，实际收回售房款1097.622万元。在此次售（购）房中，实际购房户占符合购房总户数的96.5%，尚有109户符合购房条件的住户继续租房。根据国家的房改政策，之后分比例、分阶段地解决了房屋产权问题，个人所购房屋的房产权证和房屋共有权证陆续办妥发给购房户，全局各基地职工的住房现全部实行了职工购买和私人所有。

1994年6月23日，工程局下发了《公有住宅售后维修管理暂行办法》(局行〔1994〕117号)，明确公有住宅出售后，住宅自用设备设施维修，由购房户负责，费用自理；住宅共用部分和共用设备设施维修，由局房管部门负责；住宅共用部分和共用设备设施维修费，采用统筹的方法，购房户按年度筹集，其标准暂定按建筑面积0.6元/米²。

三、住房公积金和补贴

为了提高职工解决自住住房的能力，2001年6月13日，工程局开始在职工职工中建立住房公积金制度（局办〔2001〕95号文）。职工个人和所在单位的住房公积金缴交率，全局统一定为5%。随着工程局经济效益的提高，职工住房公积金的缴交率也相应提高。职工个人缴提的部分由职工个人支付，按月在职缴工应发工资中扣缴。

与此文件同时，工程局还建立了住房公积金补贴制度，专门针对在工程局没有享受福利分房（包括过渡房）的大中专院校毕业生。补贴标准按上年度全局平均工资的25%，按月计提缴存，由职工所在单位缴交，统一存入局房改办公室账户，限用于本人自购住房或自建住房，在规定的期限内不准作他用。

四、施工现场职工住宿

工程局各施工工地职工住宿大多根据工地情况，或建活动板房、租用当地民居，也有集中建造的职工公寓楼，职工生活营地内大多配备了电视网络系统，建设了厨房和洗浴设施、厕所，统一了床铺、窗帘等生活设施，植树、种草，美化生活环境。有夫妻房，也有集体宿舍，集体宿舍内平均2～4人一间房。职工宿舍内有电视、电扇、桌椅等生活设施。职工营地的建设为职工营造一个温馨的家。

施工单位制定了一系列管理制度，如滩坑施工局营区共建有5幢半永久性宿舍楼，工地一进点就制定了《员工文明守则》，每幢宿舍楼都有负责人。与责任人签订了《文明管理责任书》；组成文明督察队对责任书和文明守则执行情况进行督察。每幢宿舍楼周围植树种草，绿化除尘。职工宿舍有专职清洁员每天清扫，楼幢清洁整齐，定期进行文明宿舍检查评比。生活区设置了职工淋浴室。施工现场、生活区设置有冲洗设备的厕所，并有专人打扫消毒。为丰富职工的业余文化生活，施工局工会建立了乒乓球室、篮球场、阅览室、卡拉OK厅等文娱活动场所。每逢重大节假日都要举办丰富多彩的文化娱乐活动，基本满足了职工的文化生活需求。

第三节　休　假

工程局认真执行国家规定的各项职工休假制度。1994年3月，实行全国统一工作时间。从1995年1月1日起，工程局又认真执行国家《劳动法》的规定，工程局职工日工作时间不超过8小时，平均每周工作时间不超过40小时。工程局职工连续工作一年以上的，享受带薪年休假。

工程局员工休假制度如下：

一、探亲假

工程局探亲假制度1959年是按照国务院颁布的办法及浙江省人民委员会的实施细则办理，探亲假1年给假一次，假期一般在家可住12天，另加旅途所需时间，探亲假期包括公休假日在内，如假期内遇有法定假日时，可相应延长，假期内工资照发。符合探亲条件的学校教职员工利用寒暑假探亲不另给假期。1978年7月，工程局决定给水库移民职工另给移民假10天。1981年根据《国务院关于职工探亲待遇的规定》和省劳动局浙劳薪(81）127号规定，职工探亲假分别为：探望配偶的每年给一方探亲一次，假期30天；未婚职工探望父母，每年给假一次，假期20天；已婚职工探望父母的，每4年给假一次，假期20天。

工程局在2004年人劳〔2004〕60号文（关于《职工休假制度》补充规定的通知）对原局人劳〔2002〕102号文件做了修改：每年给予一方探亲假一次，双方均可前往另一方所在地探亲，但假期核给和往返路费报销由在职一方单位负责。

二、季度假

1973年，根据因工地分散、家属房暂时无法解决等实际情况，对随工家属和双职工不能同居一个工地、又不能利用公休假日回家团聚的，工程局试行季度补休，不再享受探亲假。每季补休均为6天，另加路程时间，如合并补休的路程天数只给一次，补休来回车旅费向财务报销，1年内不得超过4次。1981年7月1日起，对在工地的职工分居两地实行季度假（只限于一方），假期为每季在家休息5天，另加路程假。1983年4月起，家居金华基地在紧水滩工地工作的职工取消季度假改为每月由局派车接送回金华基地，集中补休星期天上班（存工补休），每次给路程假1天，在其他工地工作的仍按原规定享受季度假。

随着外营工程不断增多，1986年8月，工程局对季度假期进行了调整和补充。1991年6月，工程局对于万安溪工地的季度假方式，由现行的1年休4次为1年休2次、车旅费包干。20世纪90年代后，因外营工地日益分散、小型和工期缩短，点多线长，这项制度被取消。

三、年休假

根据能源部、省电力局《关于职工年休假问题的通知》精神，工程局从1991年起，对全局在册职工中的固定职工、合同制长期工，实行年休假，假期按参加工作时间长短时间确定，参加工作满3年不满10年、满10年不满20年、20年以上，假期分别为6天、10天、14天。

1993年元月起，工程局决定对以上休假实行费用包干管理，包干内容包括未婚探望父母假、探望配偶假、已婚探望父母假、季度假、年休假期工资（剔除周日工资）、车船费和住宿费等。

四、女职工生育假

1964年执行标准为，大产者产前产后共给假56天，小产者（怀孕不满7个月）根据医师意见，在30天内给假，但最少应为20天，双生或难产时给加假14天，产假期间工资照发。同年12月1日，工程局对干部的绝育假期规定，女职员在3个月以内人工流产，术后给假15天，如兼做绝育手术给假25天，假期工资照发，男职工施行绝育手术的，可休息3～5天，按公休假处理，工资照发。

1978年7月，对施行节育手术的假期作出新规定：放环1～3天；取环1天；结扎输精管3～7天；人工流产15天；中期终止妊娠者1个月；结扎输卵管25天；人工流产同时结扎者30天；中期引产同时结扎者30～40天；产后结扎60天。

1984年4月，工程局决定女职工因怀孕或有哺乳婴儿，自愿请长假，时间不超过2年（包括产假在内），除产假外，继续发原标准工资，请假期间按本人标准工资60%发给生活费，粮贴、副贴照发。

1984年实行工资含量包干以后，工程局对怀孕、生孩子的女职工实行休息2年（含产假）制度，休息期间发100%基本工资、粮贴和副食品补贴，同时不再发给独生子女费。对于能坚持正常岗位工作的女职工，也可以按产假56天（晚育另加15天）的规定执行。女方实行绝育手术期间，可给男方10天假期照顾，中期妊娠引产术期间可给男方5天假期照顾，照顾期间工资照发。

根据浙江省劳动局规定，从1985年1月1日起，工程局女职工生育假从56天延长至90天，产假期间工资照发。工程局过去已办了独生子女证批准休两年产假的女职工其生育假期及经济待遇仍按局（84）劳字第211号文规定，对于执行正常产假56天的女职工，截至1985年1月1日尚未期满的，其生育期改按新规定执行，已满56天发职工不再改办。

1990年3月，工程局规定女职工分娩后，一律休2年产假（包括国家规定的假期）。

工程局1992年9月发文，女职工请长假的，期间发100%标准工资及各类生活补贴。停发各类奖金、知浮工资、教（护）龄津贴及独生子女费。中途因工作需要，经组织批准提前上班的，其独生子女费的发放按已休息时间段办理。

1995年10月1日实行岗位工资后，女职工生育息工（政府规定产假除外）期间，执行下岗工资。

五、病假

1959年2月，工程局对患病职工执行病假1个月以内工资照发、1个月以上按劳保条例办理的制度。同年7月，工程局对正式职工因患疾病或非因工负伤停止工作，医疗连续在6个月之内者，按企业工龄长短，发给病假工资，即对本企业工龄不满两年、满两年不满4年、满4年不满6年、满6年不满8年、满8年及其8年以上者分别按本人工资的60%、70%、80%、90%、100%发给病假工资。临时工因疾病或非因工负伤停止工作，连续在3个月之内者，按本人工资50%发给病假工资。

1964年12月1日，工程局对干部的病假工资作了暂行规定，因病或非因工负伤停止工作超过6个月时，从第7个月起，病假期工资停发，改由局工会按月付给疾病或非因工负伤救济费，对本企业工龄不满1年、已满1年不满3年、已满3年及3年以上者，分别发给本工工资40%、50%、60%救济费。

1964年，工程局职工生病，执行国家劳动保险待遇的规定，但对未加入工会者，疾病或非因工负伤医疗期间的工资与救济费，供养直系亲属救济费、养老补助费，领取规定额的半数。1965年11月，工程局对因病停工6个月以上的长病职工拟订管理办法（草案），规定长病职工病愈复工时，应取得职工医院可以恢复工作的证明，经单位领导批准，方可恢复工作。工作前有试工期，试工期一般为3个月，如在试工期内旧病复发，需要停工治疗的，期病假时间应当和试工前的时间合并计算。试工期内的工资待遇，能坚持原工作的可发给原工资，不能坚持原来工作的，发给本人工资的60%。试工期间如系半天工作的，按试工期待遇50%发给，其余部分按规定发给疾病救济费。加强对6个月以上长期病假职工管理，有关部门指定专人负责日常事务工作，对有关试工、复工、退职、退休等问题，及时进行研究和鉴定。自1965年12月1日起，凡连续脱产休养已满1年的矽肺病人，其生活补助费均按90%发给。对于脱产休养的，在1年内，由企业行政按原标准工资发给，1年后，按原标准工资的90%发给生活补助费。

1978年7月在考勤制度上，工程局规定职工连续病假停止工作6个月以上者，需要恢复工作时，必须经局医务劳动鉴定小组批准同意后，才可分配工作，工作前应有试工期，一般为3个月，试工期满后，应作出鉴定，能坚持工作的，按正式恢复工作办理。

1984年4月工程局规定，精神病患者有3年以上病史，不能坚持正常工作并妨碍他人工作的，经局医务劳动鉴定委员会鉴定，经批准，可以在家养病，由亲人照顾，在家养病期间按本人标准工资60%发给生活费（粮贴、副贴照发）。

1985年3月，工程局职代会审议通过《关于局部改变职工病伤假工资待遇的暂行规定》，对于职工因补休、各种假期等原因离开工地的，在假期内的病伤休息时间仍按各种假期处理，假期满后从职工工作地以外医疗机构开给的门诊病、伤假条，不再按劳保条例规定计发病伤假工资，改按以下标准发给病伤假生活费：连续工龄不满10年的每天发给1元；连续工龄满10年不满20年的按本人标准工资的80%计发；连续工龄已满20年的按本人标准工资的100%计发。工程局于1995年9月9日通知，临时合同（农民合同工）在合同期内，因病或非因工负伤的待遇，给予不超3个月的医疗期，在医疗期内其医疗待遇与合同制工人同等对待，并由用人单位发给本人月平均实得工资60%的生活补助费，对使用期限在半年以上的，医疗期满尚未痊愈被解除劳动合同的，由用人单位发给相当于1个月的本人平均工资。

1995年10月1日，工程局实行岗位工资后，因病或非因工负伤连续休息两个月以上的人员，执行下岗工资。

1996年4月11日工程局转发浙江省劳动厅《关于转发劳动部企业职工患病或非因工负伤医疗期间规定的通知》精神，从1996年1月1日起，职工因病或非因工负伤，病假在6个月以内的，按其连续工龄的长短发给病假工资。其标准为：连续工龄不满10年的，为本人工资的50%；连续工龄满10年不满20年的，为本人工资的60%；连续工龄满20年不满30年的，为本人工资的70%；连续工龄满30年以上的，为本人工资的80%（本人工资中，均不包括加班加点工资、奖金、津贴、物价生活补贴）。职工因病或非因工负伤，连续病假在6个月以上的，按其连续工龄长短改发疾病救济费，其标准为：连续工龄不满10年的，为本人工资的40%；连续工龄满10年不满20年的，为本人工资的50%；连续工龄满20年不满30年的，为本人工资的60%；连续工龄满30年以上的，为本人工资的70%；职工因病或非因工负伤病假期间，物价补贴照发。

六、婚假

1959年，工程局所属职工（包括临时工），因本人结婚，给3天内假，工资照发。1964年规定，婚假期间正式职工工资照发，临时工工资不发。1985年，确定男女双方符合晚婚的，增加婚假12天。

工程局在2004年人劳〔2004〕60号文（关于《职工休假制度》补充规定的通知）对原局人劳〔2002〕102号文件做了修改，职工晚婚的，享受晚婚假12天，工资奖金和其他福利待遇照发；晚育的，男方可享受护理假7天，工资、奖金和其他福利待遇照发。

七、丧假

1959年，工程局所属职工（包括临时工），因直系供养亲属死亡，给3天以内假，工资照发。1987年11月起，根据浙劳人险（87）257号、（87）财工515号文通知，岳父母或公婆死亡后，需职工料理丧事时，也可给予1～3天丧假，另根据路程远近给路程假，丧假和路程假期间工资照发。

八、事假

1959年生产工人请事假期内不发工资，干部及其他非生产人员，在一个季度内事假累计不超过3天者工资照发，其超过天数不发工资。1978年7月起，规定职工因私事请假，一律不发工资。1984年4月工程局规定，青年职工要求请假复习功课，须领导批准：请假在半年以内的，工程处一级批准；请假在半年以上的，经局有关部门批准；请假期间按事假处理。1992年国家规定凡归侨、侨眷职工在国家规定的探亲假待遇之外，申请短期出境均按私事出境对待。假期内工资和副食品价格补贴等，均按照职工所在单位处理事假的办法处理。

九、工伤假

1964年工程局规定，职工因工负伤在医疗期间，不分固定工、临时工，工资一律照发。

从1995年5月起，临时合同工在企业工作期间患职业病或因工负伤的待遇规定是：其在医疗期间的待遇与合同制工人相同，医疗终结，由用人单位报请局劳动鉴定委员会确定其伤残程度，并根据其伤残程度进行经济待遇处理。被认定一～四级伤残的，属完全丧失劳动能力，按月定期支付伤残生活费。饮食起居能自理的，支付本人标准的80%，并计发国家规定的津贴；饮食起居需要他人护理的，按本人标准工资的90%支付，并计发国家规定的津贴和护理费；被认定五～十级伤残的合同期内，用人单位应当安排其力所能及的工作，劳动合同终止后，按本人月平均实得工资支付一次性伤残补助费，最高不超过12个月，最低不少于6个月。

十、职工调动工作假

1978年7月工程局规定，单身职工调动办理手续时间一般给予1～4天（不包括路途），即工地内部调动为1天，外部调动为4天，工资照发，双职工（包括随工家属）调动一般为7天（不包括路途），工资照发。

十一、轮休、存工、大星期制度

1966年6月，工程局实行周日轮休和存工制度。家属住新安江的职工实行大星期轮休制、每月回家2次，每次休2天。家属住黄坛口、湖南镇（包括在梅城工作的职工），实行大星期轮休制，每季回家休息1次，每次休息6天；家属住在七里垅工地（包括双职工）和享受探亲假的职工，原则上实行星期天休息，也可采取值班或大星期存工轮休，存工全年不超过12天。

1970年10月1日起，全局职工统一试行大星期制度，即星期日隔周休息和工作，全年由周日工作的存工共计26天，可与探亲假、法定假日合并或分开补休，“五·七”学校不实行大星期制。合同工、临时工、家属工实行大星期制，但不补休，发给基本工资。

1978年1月，工程局通知取消大星期制，实行轮休制，星期日上班人员，原则上当月补休，全年星期日工作，累计存工不得超过24天；1977年底前存工在24天以上，休息至24天以下再继续存工。随工家属实际分居在乌溪江、黄坛口、新安江、富春江等地的职工，仍实行季度假，每季存假不得超过6天。1982年1月，为了改进存工制度，局对各单位、各部门一年核定一次存工指标，分季发放存工票，由各单位根据生产（工作）需要在核定的存工指标内掌握使用，1981年底累计存工数给予结存并发给存工卡，逐步安排补休，自1982年起，当年存工次年3月底前补休完不能累计，局核定的存工指标，按单位工作性质全年每人存工分24、16、12、6天4种。

1982年3月工程局下文“立即取消大星期制”。1983年1月1日起，对职工存工和补休问题作了具体规定，当年存工在次年5月底前补休完，不得累计，职工调出本局或离休、退休、退职、死亡，存工一律作废。

1984年，工程局决定1984年存工到次年5月底休完，仍补休不完的，由本单位在包干的工资总额内，以每个存工1元结清，不再保留。

从1985年1月1日起，全局取消存工，凡1984年底以前的老存工，最多允许保留50天，超过51天至100天的，按每天1.5元发放，101天以上的，按每天1元发放，对允许保留50天存工，今后逐步补休抵冲。如对外调动工作，离退休、死亡时作自然失效处理。

以上两次共处理存工171000个，支付存工折算工资为451300元。

十二、缩短工作时间

根据国务院、浙江省电力局规定，工程局自1992年9月1日起，实行由现行的每周6天工作缩短为每周5.5天工作制，即每周六下午休息。自1994年3月1日起，全局职工全年平均月工作日23天为全勤天数。1994年5月3日，工程局又执行每月法定工作天数23.5天。根据《国务院关于职工工作时间的规定》和电力部电人教（95）335号文精神，1995年8月22日，工程局发文通知局机关实行统一定时的大小星期日；职工子弟学校、技工学校从当年秋季新学年起开始实行每周5天工作制，其他各二级单位仍按每日8小时，每周44小时工作制度执行。

根据施工生产（经营）的特点，工程局实行综合计算工时工作制和不定时工作制度，局机关的工作人员超过标准工作时间（每周44小时）不发加班加点工资，可安排补休。对实行集中工作、集中休息或轮换调休的综合计算工时工作制，并以季或年为周期综合计算工作时间加班加点的单位，原则上不发加班加点工资，事后在保证安全施工生产的前提下，给予同等时间补休。对因生产特点、工作特殊需要或职责范围关系，难以按标准工作时间衡量需机动作业的岗位，实行不定时工作制，如小车司机、供销、采购等，其超过标准工作时间的部分，不计加班加点，也不发加班加点工资。

十三、公共假日

工程局职工享受国家规定的法定公共假日。法定公共假日按国家有关规定休假，如国家政策有调整，则遵循国家政策。

第四节　劳　动　保　护

工程局建局50年来，始终注意抓好职工的劳动保护工作。期间主管机构尽管有些变动，但劳动保护工作始终没有停顿。目前工程局机关的人力资源部、质量安全部和局工会分头把关，具体主管此项工作，具体内容是：

招聘人员先加强培训　工程局根据新招聘人员的定岗情况和用工特点，对招聘人员首先开展集中培训和上岗培训，提高全员的安全意识，并提高培训的针对性和实用性，培训合格的工作人员。

明确职工工资福利待遇　工程局根据当地劳动保障部门发布的劳动力市场工资指导价位、周边地区职工收入水平以及当地居民实际生活消费水平，合理确定职工工资标准。同时结合企业自身经济效益，逐步提高职工收入水平。

规范企业工资支付行为　工程局依法与职工签订劳动合同，对工作内容和工作时间、劳动报酬和工资支付办法等作出明确规定。同时严格规范企业工资支付行为，对延长工时和利用休息日、法定节假日加班的，工程局依法给予补休或支付加班工资。

营造安全用工生产环境　工程局认真贯彻落实《劳动法》、《劳动合同法》等法律法规，“以人为本”，采取切实措施加大在生产安全和劳动保护上的投入，严格执行国家职业安全和劳动保护规程及标准，对从事可能产生职业危害作业的人员定期进行健康检查；对从事高危行业和特种作业的职工进行经专门培训、持证上岗；对新招用的职工告知劳动安全、职业危害事项，并及时发放符合要求的劳动防护用品。制定安全生产管理制度、设备操作规程，建立检查制度，施工现场有安全、警示标志，以确保职工安全生产、文明施工。

建立和完善社会保障机制　工程局在与职工签订的劳动合同中，明确双方的社会保险责任和缴费义务，同时为职工建立工伤、失业、计划生育等保险，并依法为职工缴纳各种社会保险费。

实行医疗等基本社会保障　企业职工参加杭州市的医疗保险，保证企业职工患病时得到基本医疗保障。

维护企业职工合法权益　工程局建立为企业职工服务的劳动监察、劳动仲裁、工伤认定等处理通道，强化用工的监督管理，有效防止和减少企业超时加班、拖欠克扣工资、不按规定为职工交纳社会保险费等违法行为的发生。对侵犯职工合法权益的举报投诉案件，工会部门及时按照劳动监察、劳动仲裁的有关规定，及时受理，尽快依法处理，积极维护企业职工合法权益。

第五节　生　活　服　务

一、食品供应

1989 年 9 月以前，全局职工和家属均按当地定量凭票到各地定点的粮油供应点购买粮油食品。1985 年 11 月，经金华市粮食局批准，工程局在金华基地筹办代销粮站，按照国家牌价向职工家属出售粮油。粮站有职工 8 人，1 年经销粮食 960 吨、食油 2.16 吨，并经销其他食品。1992 年 12 月，浙江省人民政府取消粮油定量和停止使用粮油票后，各生活基地附近出现私人粮店，并有个体农户来各基地出售粮油，由职工家属自由选购，并延续至今。

二、洗理卫生

1957 年，工程局在新安江水电站工地朱家埠建造洗澡堂 1 座，内设洗澡池、理发室，可容纳 100 余人，4 月 19 日起接纳职工家属洗理。同年 10 月 29 日，组织家属开展缝纫、洗衣及其他服务，并与地方联系在朱家埠开设洗染店。在沧滩增设 1 座洗澡堂，职工洗理免费。20 世纪 60 年代初，工程局除风钻、混凝土、立模、钻灌、钢筋、架子等特殊工种职工给予免费保健洗理外，其他职工凭工作证购票洗理，票价 0.05 元。富春江水电站施工期间，仍采取此办法。

1980 年第四季度起，向职工发放理发费，每人每季 1 元。1982 年 1 月起，固定职工每人每季增发洗澡费 3 元、草纸费 1 元，女职工原定每人月发草纸 1 刀改为每季发卫生费 1 元，合计男职工每人季发洗理费 5 元、女职工 6 元。定点设浴室，紧水滩水电站工地设 3 个，湖南镇水电站工地设 2 个，金华基地设 1 个，浴室售成人票每张 0.1 元，未成年人票每张0.05元。对享受保健澡的职工，由单位加发保健洗澡卡，凭卡到指定浴室免费洗澡。

1985年1月1日起提高固定职工洗理费标准，男职工每人每季18元，女职工19元。1988年4月1日起，全部职工（包括临时合同工）均享受此待遇，洗理费标准男女均为每人月8元。浴室开办的费用，其收费不足部分，工程局每年给予一次性补贴。

自1998年10月1日起，在职职工洗理费提高到每人每月30元，由各单位在成本中列支，并沿用至今。

三、幼儿入托

1956年冬，工程局在新安江水电站工地朱家埠生活区办第一所幼儿园，开设两个班，配备两名保健员和7名保育员，专设幼儿食堂，实行“全托制”。至1961年12月，工地托儿所和哺乳室有8处，就托儿童190多名，入哺乳室婴儿50多名。1966年，富春江水电站工地幼儿园设施有所改善，入托幼儿近260人，分设大、中、小8个班，仍实行“全托制”管理。1971年，湖南镇水电站工地幼儿园总部设在项家，大楼、晚田后设两个点，改“全托制”为“日托制”，设12个班，其中教学班6个、托儿班6个，就托幼儿360多名。1981年初，在紧水滩水电站工地下村开办幼儿园，设1个混合班。1983年，幼儿园扩大，由平房改建为四合院，有4个班，并分设门子岗两个班、三望潭1个混合班，受托幼儿共计220人，配备幼教、保育人员31名。

1982年7月，在金华基地筹办幼儿园。初期分设在9、10、14、17号住宅一楼，1987年4月，专为幼儿园建造1幢两层楼，建筑面积为1403米^2，竣工后投入使用。1990年10月，又建造1幢863米^{2}的两层楼，另有室外活动场地1000余米^2，园四周拥有花边栏杆，内设草坪、花坛，装有中、小型游戏玩具，教学设备有钢琴、风琴、电视机、录像机、扩音设备等。幼儿园布局合理，实行“日托制”，经费包干，按入托幼儿每人月30元计，由局福利费列支。1994年，入园就托幼儿410人，分设10个班级，大班1个、中班3个、小班2个、幼托班4个。幼儿园配备管理、保教、服务人员32人；设正副主任，其中具有专业技术职务任职资格的8人（幼教高级2人、一级1人、二级5人）。幼教活动按国家教委颁发的幼儿教学大纲进行，多次受到当地政府和上级主管部门的好评。1994年，在浙江省举办的幼儿基本体操比赛中，金华基地幼儿园荣获一等奖。在1995年北京举办的六一儿童节95武钢杯“全国幼儿基本体操表演”大会上，该园荣获甲组二等奖。

四、交通、邮电

交通 在新安江水电站工程施工初期，职工住地离工地远的6千米以上，上下班全靠步行。为解决工地内部交通，工程局拨给运输公司3辆斯可达载重车，改装为交通车，于1957年5月27日开始接送职工上下班。自早晨5时起至次日凌晨零时，在沧滩至紫金滩4千米间，全天往返40余次，接送2000余人次，但仍不能满足需要。同年10月25日，利用叶家至朱家埠新建的铁路线，自备专用火车（6节车厢）每天早晚各往返4次，每次可载500人左右。1959年4月2日起，自汪家至滩头坞间，又增开火车交通车5对。此后，沧滩、叶家、汪家等住地的职工，可凭乘车证乘坐汽车、火车。工程局搬至富春江水电站工地后，职工居住集中，离工地较近，工地内部不配置交通车。节假日职工每两周一次回新安江水电站工地与家人团聚，工程局用两辆交通车接送。

湖南镇水电站复工续建时，职工居住较为分散，散住在梧桐口、小湖南、晚田后、迪青等地，到工地十分不便。工程局仍用自行改装的两辆代客车接送职工上下班。同时，衢县交通运输部门专设衢县至项家客运线，每天有4对（单程8趟）客车往返，改善了衢县至工地的交通状况。1979年春节期间，因地方客运拥挤，为方便职工回家探亲，工程局临时增开代客车往返于各工地之间。

紧水滩水电站施工期间，随工家属少，居住地近，工地内部交通只开1对代客车，接送门子岗至三望潭上下班人员。为便利分居两地的职工与家属团聚，及各工地间往来工作联系，除地方汽车客运公司开设客车班次外，自1981年4月10日起，局内增开紧水滩至金华客车班次，每周二、五两日发车，职工家属购票乘车每票4元，按规定报销。1981年9月11日，工程局购进黄海大型客车3辆，单车60个座位。1982年春节放假，后勤生活管理部门组织客运，紧水滩水电站工地外送约3000人回家过节，8辆大客车连续10天运完，节后又接回工地上班。嗣后，每年组织1次，延续至工程局迁入金华基地止。

1985年9月，工程局迁至距金华市区12千米的金华基地，每天有公交车通行，约半小时一趟。该基地距浙赣线古方火车站仅1.5千米，去市区搭乘火车也较方便。随着该基地建设扩大，居住人数增多，金华市公交公司开辟了301直达工程局基地的专线。自1990年起，通往杭州、桐庐、建德、丽水等地的长途客运汽车，每天有两趟来此招揽乘客，并沿袭至今，交通更为便利。

邮电　新安江水电站工程施工期间，建德县邮电部门于1957年在沧滩设立新安江邮电局，在朱家埠、铜官、罗桐埠各设邮电支局，开展邮电业务服务。随后，工程局几经搬迁，均由当地邮电部门设立邮电支局或邮电所，为工程局提供方便。

1956～1993年间，工程局内部通信主要采用有线电话，沟通与所属单位及单位之间的联系。各电站工地在施工期内均设置电话总机，总机容量50、100、300门不等，并配备机务、话务人员。1984年后施工点增多，为便于通信联系，工程局于1986年购置一套无线电话设备，开始使用无线电通信，主机设在紧水滩，分机设上海、温州、金华等工地。使用不到3年，因性能差搁置不用。紧水滩水电站工地于1980年使用步话机（对讲机）通信，配发给现场指挥人员使用。此后，在一些施工项目工地，施工指挥人员亦配备步话机。

1985年在金华基地工程局自行安装了400门纵横制自动总机，架设基地内部各单位、各部门间通信电缆。初期对外通信为100门供电式交换机。电话总机设置两台，JLB型供电交换机（100门）和HJ905纵横制交换机（400门）。通信服务实行昼夜三班制作业，满足用户需要。1991年金华基地通信线路改用市话通信电缆，但对外通信6条电话中继线，因线路紧张，时而不畅。1994年第三季度，金华市在白龙桥镇开通程控电话，装机费用为，公有每门5000元，私人装机每门3500元。至年底，金华基地装有程控电话454门，其中职工自费安装的381门，占总数的83.92%。1995年5月始，白龙桥镇邮电分局开通“2211”、“2210”3000门程控直拨电话，基地各单位及600多户住宅装上程控电话，通信条件得到改善。到2006年，几乎家家都装上了程控电话，大多还配置了手机。

五、燃料及供水供电

燃料 1961年以前，职工、家属用膳以食堂为主，燃料问题不突出。1962～1965年，职工、家属自开炉灶所需燃料大部分自行上山砍柴解决。富春江水电站复工期间，由于当地山林禁止砍柴，行政部门组织人员采购柴火，按原价供应给职工、家属；也有一些职工自行进山购买。工程局进驻湖南镇水电站工地后，燃料仍由行政部门统一采购供应，少量由职工自行解决。1973～1980年间，柴、煤供应紧张，各食堂均烧石煤，工程局配备2～4辆汽车专运石煤。自1981年开始，工程局从丽水、金华等地购运煤饼（球），销售给紧水滩水电站工地的职工、家属。1987年10月，金华基地创办煤饼加工厂，购置煤块粉碎机和煤饼机1套，日产煤饼10吨，职工、家属结束以柴作燃料的历史。1988年7月20日，金华基地68户住户用上液化气。1990年4月，金华基地创办液化气供应站，设有气瓶储存库，配备管理和服务人员8人，专为职工供销液化气。工程局采取用户集资加补贴的办法，每户集资500元，并得到浙江省电力工业局支持，解决了资金和气源供应问题。至1994年底，金华基地液化气供应已达2500户，其他基地也已大部分用上液化气。2002年液化气市场进一步放开，供应渠道实行多元化后，液化气站供应量逐渐萎缩，运输设备和装罐设备退库。

供水 20世纪80年代前，职工家属生活用水不计量不收费，长期满足需求。工程局搬至紧水滩水电站工地后，生活用水与施工供水逐步分开，并开始实行按表计量计价供水。1984年5月1日工程局规定，自8月1日起一律按水表计量收费，水费为0.15元/米^3。生活供水规定限量免费供应：家属住户每户每月、单身职工每人每月10米^3，超过部分按价缴费。金华基地自1981年起，先后打建3口深水井、1座水塔，沿江边设置供水站，建成以生活用水为主的供水设施。生活用水经沙滤、净化、消毒后流入蓄水池，用12英寸管分送各生活区，每天供水3000米^3。住宅楼每单元屋顶设混凝土水箱一个，容量4米^3。高25米、100米^{3}的伞式水塔和容量400米^{3}的水池分别对第一、第二生活区住宅楼屋顶水箱的存水起调剂补充作用。生产用水采用白沙溪地表水，用6英寸管直供厂区，日供水1500～2000米^3。1985年1月20日，工程局制定实施《金华基地水电管理办法》。1988年7月26日，工程局与金华县金兰渠道工程管理所签订《十二局基地泵房从白沙溪引水协议书》，1990年4月11日签订《补充协议书》，协议规定，金兰渠道工程管理所保证供水，工程局每年向金兰渠道工程管理所支付水费1.6万元。1985年1月20日，工程局制定实施《金华基地水电管理办法》，生活用水统由机电设备公司负责管理。1989年7月起，由行政处负责管理并收取水费，生活用水价格进行调整，为0.19元/米^3。1993年5月21日后调整为0.30元，取消职工家属户每户每月免费供水10米^{3}的优惠，按实际用水量计收水费；住集体宿舍单身职工，每人每月免费5米^3，超出部分由职工所在单位负担。自1994年4月1日起，生活用水收费标准提高为0.38元/米^3。2005年1月1日起职工用水提高到0.80元/米^3，工商业提高到2.15元/米^3，并沿用至今。

用电 生活用电自1956年起实行限电收费制，此办法一直沿用至1984年6月底止。1984年6月21日，工程局制定实施《关于生产生活用电管理的规定》，规定用户配置电能表，自7月1日起计量收费。家属区按户装表，按月抄表收费，标准为0.16元/千瓦·时。

为控制和节约用电，工程局于1987年6月4日作出规定，集体宿舍用电，每人每月限制用电10千瓦·时(包括局补贴5千瓦·时)，按0.15元/(千瓦·时)收费，超过限额的按0.50元/(千瓦·时)计费；家属住房用电，每户每月限制用电60千瓦·时，按0.15元/(千瓦·时)收费，超过限额的按0.80元/(千瓦·时)计费；不论集体宿舍或家属住房，一律禁止使用电炉。自1989年7月起，限额内生活用电收费价提高为0.22元/(千瓦·时)。

自1993年4月1日起，工程局给职工发放煤电补贴后，取消单身职工每人月5千瓦·时用电补贴，生活用电电价调整为0.30元/(千瓦·时)。用电量仍实行最高限额：家属住宅每户每月平时为70千瓦·时，7～9月每月为100千瓦·时；集体宿舍每人月平时为25千瓦·时，7～9月为35千瓦·时。超额用电量仍按0.80元/(千瓦·时)收费。根据金华市有关电价规定，自1994年4月1日起，生活用电的价格调整为0.34元/(千瓦·时)，以后电价屡有调整。2003年根据地方政府的统一安排，从同年10月起，全部用电移交地方管理。并沿袭至今。

六、环卫绿化

环境卫生　新安江、富春江、湖南镇等工地的环境卫生，在1981年以前，由工程局卫生管理部门部署和安排，逢年过节时，局卫生部门组织职工、家属开展卫生大扫除。1982年2月17日局行政工作会议决定，在全局范围内开展爱国卫生运动，建立周六卫生活动日制度，组织清除垃圾和检查饮食卫生。

1985年3月16日，工程局制定《关于金华基地卫生安全和绿化管理的几项规定》，禁止饲养家禽家畜，禁止人行通道设置障碍、楼台过道堆放杂物，并建立卫生安全监督员制度。为改变集体宿舍脏乱差状况，自10月起，工程局配备专人清扫室外通道、楼梯、厕所和洗脸间，清扫人员由卫生防疫站管理。1990年8月11日，工程局制发《金华基地环境卫生　园林绿化管理办法》，规定由基地管理处、居民委员会组织清除垃圾、粪便和打扫主要公共道路，并及时疏通排污、排水管道；除卫生包干区仍实行包干、每周六进行一次大扫除不变外，每逢法定节日前组织职工、家属大扫除，以消灭卫生死角。

基地环境卫生费用负担，实行住户出一点、单位补一块的原则。1985年开始收取清理垃圾费（环卫费）：永久住宅的住户每月收费0.4元；过渡房住户每月0.2元；集体宿舍职工每床位每月0.2元；商业街经营单位每间每月0.4元，环卫费由基地管理处统一收取和管理使用，并沿用至今。

绿化造林　1980年以前，工程局所处各工地的生活设施，大多系临时建筑，环境绿化造林未作长期规划，仅是每逢清明节前后为房前屋后植树造荫。自1981年全国人代会作出《关于开展全民义务植树的决议》后，工程局对绿化造林开始重视并付诸行动。1982年2月17日，工程局就开展绿化造林作出统一部署，随即于3月上、中旬发动职工投入义务植树活动，利用生活区空地植树种花。

1985年3月5日，工程局作出《关于紧水滩工地开展植树活动的决定》，除老弱病残者外，因地制宜每人每年义务植树3～5棵，每户栽花卉两盆以上。经3年努力，该工地植树3万余棵，建花坛50多处，栽种的花草达200多个品种，取得优良成绩，受到浙江省云和县人民政府的嘉奖。随着各生活基地的建设，绿化植树工作也紧随进行。同年3月16日，工程局对金华基地绿化管理作出规定，规定住宅之间的花坛，限于种植树木和花草，树木由绿化组种植，花草由住户自栽；按划定的绿化带、绿化区，由各单位、居民区配合绿化组种好、管好花木。工程局先后共投入资金50多万元，植树约15万棵，以种植观赏木、经济林为主，主要有香樟、广玉兰、雪松、大叶含笑、桂花树等，铺草坪2万米^2。在规划绿化造林区域内，建造花坛40多处，其中立体花坛1个，山水花坛4个，钢制栏杆花坛3个，小花园、桂花园4座。

1990年8月11日，工程局制定实施《园林绿化管理办法》，采取“加强领导、动员群众、措施得力、持之以恒”的方针，由基地管理处全面负责实施。1991年2月27日，工程局制定实施《关于义务植树实行分片包干的办法》，并利用全国植树节10周年和金华基地（华电新村）绿化造林第10年的东风，再次大规模开展植树造林活动。工程局为金华基地绿化造林投入大量资金和劳力，取得良好成效，1994年金华基地绿化造林覆盖面已达90%以上。2000年11月6日，工程局下发了金华基地绿化管理办法（局办〔2000〕172号文，进一步强化了管理，明确了保护、奖励与处罚措施。昔日的荒丘“火焰山”，如今的金华基地已是绿树成荫、樟桂花飘、蝉鸣蝶舞、鸟语花香，变成附近社区人人称赞的一道风景线。

第三章 医 疗 卫 生

建局之初，工程局就设立了卫生处。在新安江电站建设期间，浙江省、上海市先后派遣医疗、防疫队进驻工地，开展医疗服务和卫生防疫工作。1957年三季度工程局建立职工医院。之后随着电站建设，几经搬迁，几度分合，直至1983年工程局职工医院进驻金华基地才稳定下来。从1984年开始，职工医院摆脱单纯公益性服务型福利事业管理模式，向社会开放，参与社会医疗大循环，向福利经营型转变。在随后的几年中，医院的医疗环境、医疗设备、医疗技术、学科建设、人才队伍等都发生了很大的变化。医院提炼出“以人为本，关爱生命，崇尚健康”的办院宗旨，认真做好全局职工、家属的医疗、保健工作，为全局职工及离休、退休老同志提供了优质、温馨的服务，为工程局后方的稳定作出了很大贡献。

第一节 医 疗 机 构

1956年7月26日，浙江省卫生厅向浙江省人民委员会呈报《关于配合新安江水力发电工程建设的卫生工作计划》，提出在1956年第三季度组织1支16人的医疗队和1支10人的防疫队进驻新安江水电站工地，开展职工门诊和防疫工作。同时建议工程局设卫生处，负责筹建职工医院和防疫站。8月，浙江省医疗队、防疫队到达工地，由浙江省人民委员会安排，来自上海、杭州、宁波、温州等地大、中专医学院校的毕业生和从浙江省各地医疗机构抽调的医护人员 90 余人亦于是年四季度和次年陆续到工地报到。

1956 年底，工程局设立卫生处，先后在罗桐埠、朱家埠、坝区成立 3 个卫生所。1957 年 2 月设立妇幼保健站，5 月设卫生防疫站，第三季度建立职工医院。上海市首批 28 人医疗队（1 年更换 1 次共有 6 批），于 8 月 17 日到达工地支援电站建设，全局医护人员增加到 300 人左右。卫生处下辖职工医院、卫生防疫站、妇幼保健站和 3 个卫生所，医疗服务覆盖全工地。职工医院占地约 3 万米^2，建筑面积约 6000 米^2，其中医疗用房约 4000 米^2。住院处有 300 张床位（内科 80 张、外科 120 张、儿科 50 张、妇产科 30 张、传染科 20 张），临床科室有外科、内科、儿科、妇产科、传染病科、眼科、五官科、口腔科，医技功能科室有放射科、检验科、药剂科，全院职工 220 余人，其中医护人员 150 余人，具有高、中级职称的 9 人，能开展全腹部手术，能进行颅内血肿清除和各种骨折开放复位。

1957 年 11 月，工程局调整机构，卫生处和职工医院实行两块牌子一套班子；撤销卫生防疫站，在职工医院设卫生防疫科；撤销妇幼保健站，其业务并入职工医院妇产科；3 个卫生所均改为职工医院的门诊部。

1962 年“四江”合并后，在七里垅、湖南镇、青田 3 个工地设门诊所，并在七里垅工地设疗养所，接收“四江”职工疗养。新安江水电站工地的坝区门诊部、汪家门诊部先后撤销。

1966 年春，职工医院迁至复工后的富春江水电站工地，七里垅门诊所并入。院址初在祝家岭，1968 年搬到黄坡岭，占地 2 万余米^2，建筑面积约 3000 米^2。住院部缩编为内儿科、外妇科两个病区，各有 50 张床位，以后增加肝炎病区 20 张床位。

1970 年 8 月，湖南镇水电站复工，职工医院医护人员一分为二，成立富春江职工医院和乌溪江职工医院。湖南镇门诊所并入乌溪江职工医院，该院占地 2 万余米^2，建筑面积 3000 余米^2，住院部初期仅设有 50 张病床的综合病房，后分为各有 50 张病床的内儿、外妇病房。工程局革命委员会于 1972 年设文卫办公室管理医疗单位，并先后建立朱家埠矽肺（结核）疗养院和沧滩矽肺疗养院。

1978 年，工程局撤销文卫办公室，设卫生处管理医疗卫生工作。20 世纪 70 年代末，紧水滩水电站动工兴建，卫生处从乌溪江职工医院调出一批医务人员，加上当年分配的大、中专毕业生 20 余人，建立紧水滩职工医院。1982 年初，富春江职工医院划归水工机械厂管理，乌溪江职工医院改称第一职工医院，紧水滩职工医院改称第二职工医院。1983 年，第一职工医院从湖南镇水电站工地迁至金华基地，改称工程局职工医院，第二职工医院改称工程局职工医院紧水滩分院；卫生处再度与职工医院合并，实行一套班子两块牌子。1984 年始，职工医院摆脱单纯公益性服务型福利事业管理模式，向社会开放。1989 年，紧水滩分院撤销，除留下少数医务人员建立紧水滩、石塘医务室以外，其余并入工程局职工医院。职工医院在金华基地占地约 2 万米^2，建筑面积 7900 米^2，建有综合门诊楼、住院楼、工业卫生检验楼，设内科、儿科、外科、妇产科、疗休和传染科 5 个病区，床位 210 张，置有遥控 X 线电视系统、B 超、心电监护仪、体外反搏机、光束纤维胃镜、结肠镜、纤维软性膀胱镜、放射免疫计数仪、半自动生化分析仪等大型医疗器械，又添置了非利浦 MX6000Dual 型双排螺旋 CT（亚秒机）、岛津 500mA 遥控 X 光机、日立 EUB6000 型彩色多普勒影像系统、日立 7020 型全自动生化分析仪、血球计数仪、迈瑞 BC－2200 尿分仪、心电图和大型 C02 激光机等医疗设备。临床科室有外科、内科、儿科、妇产科、眼五官科、口腔科、皮肤科、中医科，医技功能科室有放射科、检验科、药剂科、特检科、病理室，并设立神经内科、泌尿科、骨科、肿瘤科等专科门诊。截至 2006 年底，有医护人员 108 人，其中具有专业技术职务任职资格高级的 10 人、中级的 33 人、初级的 39 人。

第二节 医 疗 成 果

职工医院建院初期，骨干力量是上海医疗队。该队系由上海各市级医院主治医师组成。上海医疗队的加入，使职工医院医疗水平高于同时期县级医院，能开展的手术有颅脑手术，肺切除术，胆、胃、脾、肠等器官各类手术，创伤骨科手术，肝叶切除、巨脾切除后脾肾静脉吻合术，对时为罕见的流行性出血热病例能作出正确的诊断。

1959 年，医院有 3 项医疗成果参加浙江省技术革新展览。1963 年，医院为 1 名患胃癌的职工做肝左外叶和全胃联合切除、食道空肠吻合术。1965 年，医院为 1 例手外伤病人做拇指再造术成功。1966 年底，医院在富春江水电站工地为 1 名患者切除左大腿重达 5 千克的巨大脂肪瘤。1968 年，为 1 名 60 岁农妇切除腹部约 26.5 千克的肿瘤。同年 6 月，成功地为一患肝癌职工做左半肝切除术。1969 年，职工医院派赴陈村水电站工地的医疗小分队，为患先天性膀胱外翻伴尿道上裂的农民儿子，做膀胱修补尿道上裂整形手术成功，使这位 13 年来不论严冬酷暑只围一条围裙的患者治愈了罕见的疾病，解除了痛苦。1976 年，湖南镇水电站工地 1 名工人左肩被卷扬机轧断，乌溪江职工医院做断肢再植手术成功。

20 世纪 70 年代，在收治地方农民中发现恙虫病例。浙江省和衢州市防疫站复查确认系浙西地区首次发现，诊断正确。用北五味子粉治疗无黄疸型肝类取得较好疗效，被选在浙江省肝炎学术会议上介绍。

20 世纪 80 年代中期，在抢救金华基地周边农民农药中毒方面积累了经验，较早地采用胃切开洗胃、换血疗法等措施。1984 年以来，医院各临床、医技拓宽业务范围，进一步提高专业技术水平，开展了一些有较大影响的新技术、新项目，如内外科联合开展的农药中毒切开洗胃术，胰十二指肠切除术，断指再植，食道中段癌根治术，乳腺癌扩大根治术，乳房成形术，肝内胆管，肝门胆管空肠吻合术，肺叶切除术，巨大褥疮修复术，尤其对微创手术（横型皮纹小切口胆囊切除术）独辟蹊径，技术领先，深受社会各界及同行专家的赞许。

20 世纪 90 年代及以后，职工医院先后开展全胃切除术、胃癌根除术、经胸食管下段胃底部肿瘤切除术、脾修补和切除术、肝叶切除术、胆囊切除及胆道内引流术、全子宫切除术、颅内血肿清除、径皮肝穿刺胆道造影，胆总管十二指肠空肠间置，全胃切除后胃十二指肠空肠间置，肝切除肝内胆管空肠吻合，贲门、食道癌切除，全膀胱切除、回肠代膀胱，人工股骨头替置术等项新手术。口腔科的金属烤瓷全冠（烤瓷牙）技术投资少、效益好；内科对心血管、呼吸、消化系统及老年性疾病的治疗经验丰富，享有盛誉，抢救各类中毒更是独树一帜；妇产科产科业务名列金华市第三。2000 年后该院腰突症治疗中心运用三维正脊仪及经皮腰椎间盘摘除术在金华居领先地位，在周边地区享有较高的知名度，取得较好的社会效益和经济效益。

第三节 职业病防护

一、防尘

20 世纪 50 年代，凿岩普遍采用干式作业，水泥装卸、拆包均由人力手工操作，在洞挖或多台钻机集中施工场所和水泥拆包场地，粉尘弥漫，1959 年由安全技术、劳动工资、卫生等部门组成防尘小组，对粉尘浓度进行测定，发现游离二氧化硅浓度超过国家允许浓度的 20～40 余倍，接尘职工矽肺发生率从 1958 年的 11.2%，上升到 1963 年的 23%。

1963 年，工程局成立有局领导参加的防尘领导小组，规定凿岩禁止干式作业，限期实行湿式作业；制订湿式作业运作制度，落实钻机改装、劳保用品发放等相应措施，湿式凿岩作业在全局开始实行。此后，隧洞凿岩空间粉尘浓度由数百毫克每立方米下降到 9.33～31.76 毫克/米^3。在水泥装卸和拆包作业中，强化穿戴防尘帽、防尘口罩，并投入力量研制水泥拆包机。1980～1989 年紧水滩、石塘水电站施工期间，工程局用于钻机改装、购置吸尘设施等防尘支出，计 14 余万元。卫生处对紧水滩水电站工地粉尘浓度进行测定，凿岩施工现场平均 2～3 毫克/米^3，拌和楼 0.6～3.3 毫克/米^3。1964 年以后入厂的接尘工人，未发现矽肺病患者。

二、现场救护

新安江水电站工地狭窄，施工布置立体交叉作业，职工医院于施工现场左、右岸及 130 米高程地段设 4 个急救站，派医务人员三班制 24 小时值班。1959 年施工高峰期，医院从各科室抽调人员组成巡回医疗队，身背药箱巡回各工作面，从事现场医疗和急救工作。以后在富春江、湖南镇、紧水滩 3 个水电站施工时，职工医院除在现场设急救站以外，施工高峰期间均组织医疗队下现场巡回医疗。

20 世纪 80 年代中期起，施工项目分散，职工医院与项目经理部协商，在施工人员较多的大项目设门诊部并配置观察病床，或设保健站，并坚持至今。其余小型项目不设现场医疗机构，发生疾病到当地医疗机构就诊。

三、监测

1965 年，职工医院设职业病防治科，开始职业病监测工作。1991 年初，中国电力企业联合会拨款 15 万元，在金华基地职工医院建预防监测楼 551.14 米^2。翌年 7 月，防疫站工业卫生实验室易名工业卫生监测站，隶属卫生处，与防疫站一套班子两块牌子。监测站置有气相色谱仪、微量元素溶析仪、分光光度计、粉尘和大气采样器、声级计、肺功能计等理化检验设备，具有水质、尘、噪、铅、苯、锰、汞等常见有机、无机有害生产因素的检测和健康监护条件。浙江省卫生厅批准该站为尘肺诊断组织。2006 年 7 月，经中国电力企业联合会批准，原工程局卫生防站更名疾病预防控制中心，同时设立劳动环境检测监督中心站，两个机构合署办公，一套班子，两块牌子，其主要职责是在工程局卫生处领导下负责工程局的职业健康和环境保护工作。

检测 在工程局的支持下，疾控中心站添置了相关设备，每年派出技术人员，对工程局主要项目的职业卫生有害因素和环境因素进行检测，项目包括粉尘、噪声、水质、有毒有害气体等。

职业健康监护 由医院和疾控中心组建精干的医务人员，深入到项目工地现场，为接触有毒有害因素的员工进行健康体检，并建立了健康档案，实施职业健康追踪。

防护措施 工程局采取了综合性的防护措施，尤其在曾造成严重危害的粉尘作业，坚持湿式作业，坚决杜绝打干钻，隧道开挖作业时加强通风排毒。建立并加强网络建设，局属单位和主要项目部均有分管领导、责任科室，设立了职业健康、环境管理联络员，并全部经过培训，持证上岗。加强职业健康教育，提高作业员工的自我防护意识。发放合格的防护用品，并监督其使用，道路尽量硬化、洒水，减少扬尘。生活区设立垃圾桶，食堂设立滤油池，减少环境污染。综合性、多层次的防护措施取得了良好的效果，1964 年以后参加工作的员工中，未发现职业病病例，未接到过大的环境投诉，未受地方政府任何处罚。

一体化管理体系 2006 年 3 月 1 日，工程局正式实施质量、环境、职业健康安全一体化管理体系，于同年 11 月通过了第三方认证。职业健康、环境保护工作也纳入了一体化管理体系中，严格根据体系的要求，发现问题，持续改进。

第四节 矽 肺 治 疗

1964 年，工程局邀请上海市及浙江省职业病防治部门对瓯江、湖南镇、新安江 3 个水电站施工时的接尘职工进行拍片检查，受检 646 人，确诊Ⅰ～Ⅲ期矽肺 96 人，占 20.69%，0～Ⅰ期（疑似）矽肺 100 人，占 21.55%，两者共占 42.24%。其中，84.25%系风钻工。

1965 年 12 月，工程局合并朱家埠门诊部、焦山街疗养部和富春江职工休养所，建朱家埠疗养所，收治矽肺结核病人。初期利用修配厂旧房，有床位 40 张，以后新建半永久性病房，床位增至 100 张。1978 年，该所改称矽肺结核病医院。

1970 年 4 月，工程局在沧滩建 100 张床位的矽肺疗养所，接收单纯矽肺病人短期疗养。1982 年，水利电力部和水利水电建设总局拨款对沧滩矽肺疗养所进行扩建，至 1985 年全部建成，建筑总面积 9000 米^2，床位增至 200 张。

1984 年 11 月，矽肺结核病医院和矽肺疗养所统一改称水利电力部第十二工程局矽肺疗养院，床位 300 张，分朱家埠、沧滩两个病区，院部在沧滩。1985 年 5 月，该院由水利水电建设总局管辖，委托十二工程局代管。尘肺治疗、疗养范围扩大到全国水利电力系统。1987 年 4 月，水电部将该院改名为水利电力部新安江疗养院，归属水利电力部，仍由十二工程局代管。1990 年 11 月，能源部命名该院为能源部电力系统尘肺防治中心，与水利电力部新安江疗养院两块牌子一套班子。1994年4月，电力工业部决定改院名为电力工业部新安江疗养院、电力工业部全国尘肺防治中心。

沧滩矽肺疗养病区自1972年以来对短期疗养病员实施药物治疗，先后应用克矽平、汉甲素、磷酸哌喹、磷酸羟基哌喹、合68、柠檬酸铝等药物治疗5800多人次，其中长期应用（2～12年）规则观察的有314人。1977～1988年，疗养院参加全国矽肺药物治疗协作组，该院临床验证的磷酸羟基哌喹治疗矽肺课题获1986年国家科技进步二等奖，磷酸哌喹、汉甲素分别获1984、1989年国家科技进步三等奖。长期规则治疗病人的胸片病变好转率为2.5%～20%，稳定率为50%～70%，进展率为10%～25%。

1993年10月至1994年末，该院推行大容量全肺灌洗治疗尘肺新技术，35例（58侧肺）病人灌洗后气急、胸闷好转者占91.4%，肺通气功能较疗前改善者占66.6%，平均每侧洗出固体物1233.5毫克，粉尘量386.2毫克，二氧化矽107.6毫克，排出细胞数7.2×10^{8}，其中巨噬细胞占94%。

截至2006年底，工程局共发现矽肺病例1188例，其中Ⅰ期181例，Ⅱ期570例，Ⅲ期437例，死亡850例。所有病例的接尘时间均在20世纪70年代前。工程局医院对矽肺病人的治疗非常重视，专门开辟了矽肺病区，配置经验丰富的医护人员，改善矽肺病人的治疗条件，每年组织Ⅰ～Ⅳ期矽肺病人疗养。

第五节　公　共　卫　生

1957年2月，浙江省卫生厅抽调省防疫站、浙江医学院、浙江省防疫大队的教授、流行病专业医师、检验员共10人，组成工作组，于2月14～23日对新安江水电站工地朱家埠、汪家、沧滩3个居民区进行环境调查，对1278名职工和家属作血片、粪便检验，同时调阅了卫生所的门诊记录，确认新安江水电站工地是高疟区，痢疾亦多发。工作组建议工程局尽快成立群众性的爱国卫生组织，开展以消灭蚊、蝇，预防疟疾、痢疾病流行为中心的爱国卫生运动。

1957年3月4日，工程局成立爱国卫生运动委员会，确定是年3月为爱国卫生运动月，开展群众性大扫除。月底统计，处理垃圾3万多担，喷撒灭蚊、灭蝇药物室外面积33万米^{2}、室内面积10万米^{2}。二季度，爱国卫生运动继续深入，清除垃圾3万多担，填平洼地1100米^{2}，疏通阴沟4000多米，填平厕坑100多个，室内外继续喷撒灭蚊、灭蝇药物。三季度对40个食堂添置防蝇设备，饮水实行消毒。工地疟疾发病率从3月的3‰下降到6月的0.8‰。

1966年7月，富春江水电站工地疟疾发病200多人，高峰时1天20多人，混凝土大队占半数。8月28日，全工地开展卫生大扫除，职工医院亦积极配合治疗，疟疾发病迅速得到控制。

1971年1月，工程局爱国卫生运动委员会发出在每年元旦、春节、清明、“五一”、“七一”、“十一”等节日开展以除四害（苍蝇、蚊子、臭虫、老鼠）为重点的卫生大扫除的通知。是年5月，要求户户行动，人人动手，开展“打早、打少、打了”的灭蝇、灭蚊活动。此后，在节日前均开展爱国卫生运动。工程局搬到金华基地，此活动得到居民委员会配合，加强检查评比，成效尤为显著。

由于坚持预防为主的方针，使多种疾病在工程局范围内得到控制以至消灭。

1967年起，消灭白喉、脊髓灰白质炎。

1971年起，消灭流行性脑膜炎、乙型脑炎。

1980年以来，无麻疹、儿童原发型肺结核发现。

1984年以来，控制住痢疾流行。

20世纪90年代以后，传染病防治计划免疫覆盖率达到100%，“四苗全程接种率”达到100%，远远超过国家要求和金华市平均水平。无甲类传染病发生，传染病发病率持续下降。设立了儿童保健门诊，对新生儿进行家庭访视，提供保健咨询服务，每年“六一儿童节”前组织儿童健康体检，建立了儿童健康档案。

2003年“非典”肆虐时，和局基地管理局、居委会、保卫处等统一行动，及时获取信息，组织群众健康教育，设立发烧门诊，严密监控外来人员，并对局属单位进行技术指导，全局无一例疑似病例，未造成群体性恐慌情绪，保障了职工家属的身心健康，保障了后方基地和局属单位的平安。

第六节　医 药 费 管 理

建局以来，医药费管理几度改革，由企业统包逐步改为企业、二级单位、职工个人三者分担。

1984年前，工程局按职工工资总额的5.5%提取医药费交职工医院统一管理，超支向局实报实销。1985年进行医药费管理首次改革，按工资总额5.5%提取的医药费由职工医院包干使用，工程局给予定额补助，超支不补，节余由局、院分成。此办法实行6年后，为工程局在1991年制定的《职工劳保医疗管理办法（试行）》所代替。该办法实行以企业和二级单位负担为主、个人负担少量药费的原则，规定职工医院分别向二级单位按职工人数和定额标准核收医药费；在职职工按工龄发药费补贴，医药费企业负担80%、个人负担20%，个人负担全年总额超过本人1个月标准工资，其超额部分由企业负担；退休职工人均每月补贴医药费4元，药费企业负担90%，个人负担10%，全年个人负担药费总额超过本人1个月退休费时，其超过部分由企业负担；离休干部不发药费补贴，药费全由企业负担；固定职工供养的直系亲属，在局医疗单位就医，继续享受半费待遇。

1993年1月，工程局制定《医疗费管理暂行办法（试行）》，进行医疗制度的第三次改革。该办法规定，二级单位负责管理本单位在职职工医疗费开支，职工医院不再参与管理；职工药费补助由二级单位按月发给，个人负担部分不变，重病医疗费超过2万元者，由工程局补贴二级单位；离退休职工医疗待遇不变。1997年根据工程局的主管单位浙江省电力局的布置，工程局开始建立新医保制度，同时建立全体职工（包括退休职工）的个人医疗账户。每年工程局按职工的年龄段向个人医疗账户中划入医药费，其中退休职工按上年退休费总额的7%作为记账基数划入个人账户，每年初一次性记入；在职职工按年龄分段，35周岁及以下的按上年工资总额的2%，36～50周岁的按3%，51周岁以上按4%划入个人账户。个人账户上的资金支付完后，其再发生的医药费用5000元以下部分个人按5%承担、5000～10000元的部分个人承担4%，10000元以上的部分个人承担1%。一年中当个人承担的医药费用总额达到上年个人退休费总额的5%（在职职工为10%）时，其超过部分仍由单位报销。离休干部和建国前老工人不建立个人账户，但建立个人医疗台账，基本上仍是实报实销。

1998年12月，国务院下发了《关于建立城镇职工基本医疗保险制度的决定》（国发〔1998〕44号），根据2001年12月，劳动和社会保障部、国家电力公司联合下文《关于国家电力公司所属单位职工参加基本医疗保险有关问题的通知》（劳社部函〔2001〕208号）和浙江省劳动和社会保障厅《关于在杭省部属企业参加杭州市基本医疗养老保险有关问题的通知》（浙劳社医〔2002〕69号），2002年9月1日，工程局职工整体参加了公司所在地杭州市的基本医疗保险统筹。在职职工以上年度本人月工资总额为基数，每月按2%的比例由单位代扣医疗保险金，并全部计入个人医疗账户，工程局按上年度职工工资总额的8%向杭州市医保中心缴纳基本医疗保险金。统筹基金年度限额4万元，新中国成立前老工人负担比例按退休人员减半执行；离休干部、职工供养的直系亲属不纳入基本医疗保险范围，继续按工程局的规定享受医疗待遇。这次医疗保险体制改革是从福利型向保险型的转换，从企业保障向社会共济的转换，具体保障是：①住院治疗和规定病种起付线以上4万元以下的医药费用按一定比例由统筹基金和个人分担；②4万元以上的医药费用按一定比例由重大疾病医疗补助基金和个人分担；③起付线以下和普通门诊的医疗费用按一定比例由企业和个人分担；④上述三项费用中个人负担的费用超过当年家庭收入的特困人员还可在工程局建立的“医疗困难补助基金”中解决80%以上的费用。为了进一步减轻职工医疗负担，工程局还同时下发了《参保职工非统筹医疗费用管理办法》（局人劳〔2002〕138号）文件，继续建立职工个人医疗账户，每年按职工年龄段由工程局将医疗金划入个人账户：35岁以下的，企业划入上年度本人月平均工资的0.4%，个人缴纳2%；35周岁～44周岁的，企业划入0.7%，个人缴纳2%；45周岁～退休、退职的，企业划入1%，个人缴纳2%；退休、退职人员不缴纳基本医疗保险金。其中70周岁以上的划入个人上年退休金总额的6.8%，70岁以下的划入5.8%，用于解决工程局职工普通门诊及住院、规定病种门诊起付标准以下的、基本医疗保险统筹以外的医疗开支。

从此，工程局职工凭“西湖医保卡”在杭州市内100多家大医院都可以刷卡、记账，住院看病。居住在杭州市区以外的退休职工，先由个人垫付医药费，交到局退管处到杭州市医保报销后再还给退休职工。从2004年1月1日起，工程局退休职工普通门诊也进入杭州市医保统筹。之后工程局离退休职工居住比较集中的各基地所在的地方医院纷纷实行了“模拟刷卡”业务，大多数医院都可以让工程局职工进行刷卡、记账，住院看病。同时退休职工的个人医疗账户也转移至杭州市医保中心管理，一年中退休职工个人可进入医保基金支付的医药费金额也增至8万元。

至此，工程局职工的医疗问题和离退休职工的老有所医问题基本解决。

医护人员获省、部级单位授予荣誉称号见表9-3-1。

表9-3-1　　医护人员获省、部级单位授予荣誉称号一览表

颁奖单位	颁奖时间	荣誉称号	获奖人
浙江省人民委员会	1960-02	浙江省1959年度文教方面社会主义建设先进工作者	贾元波
浙江省卫生厅等7单位	1982-05	浙江省优秀护士	许九华
水利电力部	1985-03-11	新长征突击手	李笑飞
中国电力企业联合会	1990-10-26	国家电力系统优秀护士	许九华
浙江省总工会	1995-08	浙江省先进女职工	周惠芬

职工医院荣获的集体先进称号有：

1996年在"浙江省首次固体废物申报登记"工作中，被评为金华县先进单位。

2000年7月，被评为"全国电力行业职业卫生先进集体"。

2000年12月，郭大勇的论文《尘肺诊断中的问题与对策》被评为中国水利水电医学科技委员会2000年度优秀论文。

第四章　安　全　保　卫

工程局建局初期，安全保卫工作的重点是保卫新安江水电站工程建设和做好外宾及来工地视察的国家和省、部级领导人的安全保卫工作，因此省公安厅和地方公安机关调来许多专业人员加强工程局的公安保卫机构。之后在承建众多的国家、省重点工程过程中，工程局的公安保卫机构不断充实和加强。长期以来，工程局的公安保卫机构坚持"以防为主、防治结合"的方针，以"为生产经营服务、为职工生活服务"为宗旨，狠抓了各工地治安保卫工作，确保了企业稳定，保证了正常的生产、生活秩序和人员、财产的安全。2000年11月经浙江省公安厅批准，工程局公安处转制为地方公安机构。

第一节　管　理　机　构

1956年8月10日，工程局设保卫科，10月撤科设保卫处，归属工程党委领导。1957年，全局有保卫干部50余人。1961年1月，工程局成立新安江工程指挥部，设保卫科，局保卫处保留建制，保卫干部减至4～5人。"四江"合并后，局保卫处恢复正常，有干部13人。"文化大革命"期间，保卫处受到冲击。1968年9月，工程局革委会建人民保卫组。1973年4月，撤销人民保卫组，重建保卫处。紧水滩水电站开工以后，1984年4月，经浙江省公安厅批准，成立云和县公安局紧水滩电站公安分局，公安分局与保卫处实行两块牌子一套班子。1986年9月，保卫处由隶属党委改由局长直接领导。1987年4月，经

浙江省公安厅批准，撤销紧水滩电站公安分局，建立金华市公安局水电部十二局公安处，对内仍称保卫处，公安业务受金华市公安局领导，负责工程局内部治安保卫工作。1996年随工程局经营中心转移，保卫处机关转移至杭州办公。2000年11月经浙江省公安厅批准，十二局公安处转制为地方公安机构，仍负责十二局的治安保卫工作。工程局内部的保卫处，负责全局驾驶员年审、车辆管理、消防管理和人民武装等工作。

1956年，局保卫处组建经济民警中队，编制115人，设5个分队、1个机动小组。1963年3月，“四江”合并后，经济民警中队和消防队合并为局经济民警消防队，定员85人，下设5个分队，分驻新安江、富春江、湖南镇等工地执勤。1966年6月，撤销经济民警队，保留消防队，经济民警的任务由民兵接替。1981年7月，重建经济民警中队，定员95人，实配48人，1984年8月撤销。1992年5月，经浙江省公安厅批准，再建经济民警中队，设3个分队，分驻主要外营工地。

新安江水电站施工期间，地方公安部门在工地设公安派出所，不属工程局编制。1971年1月，经浙江省公安机关批准，建立桐庐县公安机关水电部十二局派出所，归属工程局保卫部门；1972年1月，随局迁到湖南镇水电站工地，更名衢县公安机关水电部十二局派出所。1985年1月，金华基地建立金华市公安局水电部十二局基地派出所（后改名华电派出所）；同年9月，石塘电站工地成立紧水滩公安分局第一派出所，1987年4月更名为“云和县公安局石塘电站派出所”。根据《国务院办公厅关于第二批中央企业分离社会职能工作有关问题的通知》（国办发〔2005〕4号）和2006年6月25日中国水利水电建设集团与浙江省人民政府签订的移交协议，2006年9月8日，工程局与金华市婺城区人民政府正式签订协议，工程局金华基地的华电派出所正式移交给地方，资产、房地产同时无偿划出。

第二节　治　安　管　理

一、生产保卫

1957～1958年，对职工进行政治审查，纯洁生产要害部位，调整不合适人员，加强值班巡逻，发动治保人员带动职工群众遵守安全保卫制度，防止不法分子破坏。1959年，发动全局职工开展以查安全思想，查事故原因，查可能发生事故的空隙和漏洞，查安全、质量措施和制度是否健全，查消防设备，查工程有无隐患为内容的“六查”活动，并将对已发生的质量、安全事故绘制图表，举办展览，教育职工。贯彻“预防为主”方针，落实要害部位防范措施，以点带面，全面推进防范工作。每逢法定假日和事故多发季节，开展全局性安全大检查，加强保卫工作，及时消除工作中的隐患。是年，来新安江水电站工地参观的外宾和视察工作的领导人达3600多人次，未发生安全差错。1961年1～8月，全局开展以防火、防盗、防破坏为内容的“三防”安全检查运动，整顿组织，建立制度，堵塞漏洞，做好群众性防火、防盗、防破坏工作。

“文化大革命”后，为加强紧水滩水电站的安全保卫工作，制定重要工程部位安全保卫工作制度，增派公安保卫干警加强重点要害部位的保卫，做好大型变压器等重要设备运输、看护工作，坚持每天都有公安干警、消防人员现场值班，加强防范。1984年8月，《民用爆炸物品管理条例》颁布后，组织对爆炸物品清查、整顿历时1个多月，清查21个局属单位和民工队，收缴散失在职工、民工手中的雷管351发、炸药893节、导火线1147米；并由第一工程处举办爆破技术培训班3期，培训爆破员，领取“爆破员作业证”，凭证上岗；爆破作业实行“六有”、“六定”、“六不准”制度：“六有”是安全有措施、操作有规程、进库有登记、领料有手续、使用有账目、仓库有守卫；“六定”是爆破器材定人管、定人取、定人用、定点放、定量存、定量用；“六不准”是不准无关人员进入炸药库、不准超量储存、不准炸药雷管混放、不准违章作业、不准私拿保存、不准转借。1988年，紧水滩、石塘水电站工地试行安全保卫工作承包，对重要生产部位建立保卫档卡，健全安全保卫制度，配备、更新消防器材。1990年在杭州笕桥机场基础加固、宁波北仑港二期回填和安徽妹滩枢纽等工程施工队伍进点前，保卫处选派干警到项目工地实地调查，了解情况，与当地公安机关挂钩联系，结合实际制定保卫工作方案及制度，并配备干警。1994年5月，工程局中标承建杭州绕城汽车专用公路祥符桥至留下段02标段工程。该工程地跨6个村庄，治安状况复杂，工程开工几度受阻，工地公安保卫干警配合单位领导向村民开展思想教育工作，取得村民理解和支持，保证了该工程于是年8月开工。1995年由工程局承建的义乌市八都水库开工，当地村民严重阻挠，公安处紧密配合当地公安机关及时赶赴现场，通过沟通消除了群众的误解，确保了当地重点工程的顺利建设。从1996年开始，依照公安部门有关规定，根据工程局领导指示归口管理全局爆破工程技术人员的培训取证工作。到2006年止，先后培训了高、中、初级爆破作业人员67名，确保了施工生产的安全运行。

二、综合治理

为推进社会治安的综合治理，1985年工程局党委建立综合治理工作联席会议制度；局属基层单位成立综合治理领导小组，党政工团劳（工）教（育）保（卫）各司其职，运用墙报、板报、专栏、广播、水电工人报等宣传工具和上法制课、组织图片展览，向职工群众宣传法制，增强法制意识，同时做好劳改、劳教人员的安置，落实管理和帮教，防止重新犯罪。是年，建立帮教小组，对24名后进青年开展谈心活动，做好帮教工作，其中20名帮教对象明显转好。1987年3月，保卫处对全局重点人口进行调查、考察，达到底数清、情况明，并将重点人口基本情况向所在单位党政领导交底。是年，重新确定73名工作对象，分别落实监控、帮教、疏导等措施，全局29名帮教对象90%明显转好。1988～1994年，帮教对象转好率均在95%以上，重新犯罪率为零。多年来，先后确定归正人员53名，分别落实工作，与工程局有关部门商议到各项目工作，转好率100%、控制率为100%，法轮功控制率为100%。

三、户籍管理

1972年12月，湖南镇水电站工地建立企业派出所，代替地方公安机关管理职工、家属户口。1985年1月，金华基地建立企业派出所，管理华电新村居住人口户籍。1987年8～12月，进行颁发居民身份证工作。其时，金华基地有家庭户1708户、集体户1047户，总人口6008人，其中16周岁以上常住人口4884人、16周岁以下人口1124人，发证率达到90.7%。1996年全局先后迁往杭州300多户，人口约500多人，2006年止金华基地有1890户，总人口6959人。

四、创建治安安全单位

为加强治安保卫制度建设，中共十一届三中全会后，对原有治安保卫规章制度结合工程局的新情况、新特点进行整理修订。1987年，汇编《企业保卫手册》和《公安干警须知》两本小册子，发给公安干警人手1册。1990年11月，制定《治安保卫工作条例实施办法》。1991年6月，制定《公安保卫系统化管理实施办法》。1992年9月，修订《治安保卫管理制度汇编》。1994年1月，制定《治安保卫工作年度考核标准》，推进治安保卫工作制度化、规范化。

1989年7月，工程局开展“创建治安安全单位”（简称“创安”）活动，制定工程局“创安”目标与奖罚办法。8月，基地派出所和温州发电厂工地保卫科试点保卫工作规范化管理。历经5个多月调查研究、整理资料、绘制图表，保卫工作基础得到加强。1991年，工程局被评为金华市“治安保卫工作优秀单位”。1994年1月始，“创安”活动纳入治安保卫工作年度考核范围；3月，明确“搞好综合治理，维护内部治安持续稳定，确保一方平安”作为各级党政领导干部的政治责任，列入任期目标。1992～1994年，工程局连续3年被浙江省公安厅授予省级“治安安全单位”称号。1995年5月，浙江省公安厅授予工程局“治安安全优秀单位”荣誉。自1992年起开展的创安活动，工程局连续10年被授予省、市级“治安安全单位”。

工程局公安保卫干警受上级公安机关表彰奖励的主要有：1985年，紧水滩电站公安分局被丽水地区公安处记集体三等功。1989年10月，杨相久荣获公安部“全国经文保系统先进个人”称号；1995年6月，工程局公安处被金华市公安局记集体三等功。

第三节　消　防　管　理

1956年10月，工程局配置消防设备，组建消防队，有消防民警15名。1957年，组建义务消防队8支，义务消防员274人，居民区组织家属防火检查小组97个。1958年，新安江水电站工地各厂队、车间、生活区普遍建立义务消防队，添置消防器材，制订《爆炸易燃品管理规则》、《工地消防工作暂行办法》等规章制度，加强防火管理。1959年，全局有专职消防队员17人，义务消防队7支，义务消防员676人。1962年9月，工程局重组专职消防队，有消防民警15人。1966年，制定《火工产品安全管理制度》，依靠职工群众，分片包干，落实防火管理制度，经常组织防火安全大检查，及时消除火险隐患。

1972年，在湖南镇水电站工地配置大型消防车两辆，组建专职消防队，有消防民警12名。1978年4月，专职消防队增至25人。局属基层普遍建立职工义务消防队，有义务消防员367人，并开展消防知识学习和训练。1992年，贯彻“以防为主，防消结合”方针，宣传消防法规、消防知识，增强职工群众消防意识；强调“谁主管，谁负责”原则，逐级落实防火责任制，加强义务消防组织建设，加强防火安全检查，及时消除隐患。1994年10月，全局举办消防安全知识竞赛，健全消防管理规章制度。自1994～2006年，全局无火灾事故。

第四节 交 通 管 理

1987年6月，工程局将交通管理工作划归保卫处，成立交通警察队。为及时处理交通事故，是年9月工程局交通管理划分为紧水滩、金华基地两片，对外业务统一由交通警察队办理，制定《工程局交通管理暂行实施细则》，配合地方公安交通部门开展道路交通秩序大整顿。1988年，工程局发生交通事故121起，死亡数比上年下降12.5%，特大事故下降62.5%。1989年，组织驾驶员、车辆的审验、换证工作，金华基地片被评为金华市“安全行车先进单位”。为保障金华基地第三生活区职工、家属横穿金汤公路的安全，经地方公安交警部门批准，1990年基地2号门外设置交通指挥岗亭。是年，查处交通事故65起，比上年下降32%，被金华县交警部门评为“安全行车先进单位”。1991年，发生交通事故50起，比1990年下降23%。1992年，工程局驾驶员、车辆划分为20个安全活动小组，定期组织驾驶员学习《道路交通管理条例》及浙江省实施办法、《道路交通事故处理办法》等法律法规，并进行严格考试，按期检查车辆。是年，发生交通事故37起，比1991年下降26%；特大交通事故得到遏制，下降幅度为88.8%。

为加强机动车业务管理，1993年10月建立工程局机动车辆管理所，与保卫处交通警察队两块牌子一套班子，统一管理工程局金华籍、云和籍机动车辆，协助地方办理车辆年检、年审、综合性能检测、保险、养路费等业务，为工程局机动车辆办理落户、过户、退库、出库、租赁等内部登记业务。有机动车辆的局属单位均设专兼职车管干部，形成交通安全管理网络。1994年，金华基地设置临时停车场，划分车辆行驶路线，制作交通路标、栏栅近百块。是年，发生交通事故17起，其中特大事故4起，分别比上年下降26.1%和33.3%。

第五节 人 武 工 作

1958年10月1日，工程局建立新安江民兵师，王醒任师长兼政治委员，张先辰任副师长兼参谋长，李旭任副师长兼后勤部长，陈赞任副政治委员兼政治部主任。全局17000多名职工组成5个团4个直属营。

1961年11月20日，工程局成立人民武装部，并对民兵进行整组。全局民兵建制为1个团两个营17个连，民兵3856人。其中1个武装民兵连5个排，武装基干民兵237人。是年，根据金华专署防空会议精神，建立新安江防空委员会，下设治安保卫组、宣传教育组、救护组和抢修组。

1963年5月31日，工程党委成立由9人组成的人民武装委员会，刘志高任主任委员。6月25日，民兵经整组，全局建制1个团4个营20个连，民兵3373人。其中武装民兵连1个，武装基干民兵112人。武装民兵连成立后，实弹射击总评成绩良好，无1人不及格。1964年12月8日，工程党委决定将工程局人民武装部划归政治部领导。武装民兵训练坚持“少而精”的方针，“学以致用”的原则，小型就地分散的方法，把武装民兵连建成一支“招之即来，来之能战，战之能胜”的连队。

1965年7月20日，工程党委重新调整组建人民武装委员会（防空指挥小组），由9名委员组成，王英清任主任委员。

1966年3月29日，工程局成立防空指挥部和武装民兵营，刘绍文任防空指挥部指挥，下设对空观察组、政治动员组、通信联络组、物资供应组、医务抢救组、治安保卫组、消防灭火组、人员物资疏散组等8个组和4个对空射击阵地。

1972年4月30日，湖南镇水电站工地民兵整组后，有基干民兵4个连17个排，民兵975人。1973年11月12日，在湖南镇水电站工地建立武装基干民兵营，筑坝大队、厂房大队、混凝土大队各扩建1个武装基干民兵连，修建队、修配厂、职工医院各扩建1个武装基干民兵直属排，共有基干民兵1173名，其中武装基干民兵573名，民兵担负水电站施工值勤保卫工作，并担负该地区反空降的战备任务。1974年7月24日，工程局成立民兵指挥部，因受派性干扰，1975年1月24日，工程局党的核心小组根据中共浙江省委指示，暂停工程局民兵指挥部及其分部的活动。3月4日，根据中共浙江省委指示，撤销民兵指挥部及其下属各民兵指挥分部，人员回生产（工作）岗位。1977年11月，工程局恢复人民武装部。1983年5月，因工程局转移云和县紧水滩水电站工地，封存的武器弹药全部上交衢县人民武装部。

1984年8月，工程局机构改革，人民武装部牌子保留，设1名专职武装干事，与保卫处合署办公，并由保卫处处长兼任人民武装部部长。1989年8月2日，经金华市婺城区人民武装部批准，工程局在金华基地成立人民武装部。1991年8月12日，工程局在金华基地召开民兵工作要做到组织落实、政治落实、军事落实“三落实”达标活动工作会议，成立由工程局党委书记赵铭身任组长的民兵工作“三落实”达标活动领导小组，制定了《水电部十二局（基地）民兵工作“三落实”达标活动实施意见》。1993年，经整组，金华基地建制1个民兵营，下设两个基干民兵连、5个普通民兵连、1个应急分队、两个直属排，民兵608名，工程局副局长曾士敏兼任营长，工程局党委书记赵铭身兼任教导员。

1995～2006年，工程局人武部配合金华预备役师，在工程局金华基地组建了预备役工兵连，工程局设备物资公司熊俊伟担任营长并沿袭至今。

第十篇　党群工作

第十篇　党　群　工　作

第一章　中　国　共　产　党

第一节　组　织　机　构

中共新安江水力发电工程局委员会（以下简称“工程局党委”）组建于1956年12月，王醒、刘显辉、陈赞、刘桂等主持工作。1957年5月11日，经中共浙江省委批准，由9名委员组成工程局党委会，王醒任书记，刘显辉、陈赞为副书记，常委4人。后又分别增补常委1人、委员7人。1959年11月，选举产生首届工程局党委，王醒任第一书记，陈赞任第二书记，黄全祯为副书记，常委7人，委员21人。后增补委员3人。1962年9月中共浙江省委批准重组工程局党委会，陈赞主持工作，常委6人，委员18人。1963年4月13日经中共中央批准，陈赞任书记。同年5月6日，中共浙江省委批准，李同彬任副书记。后又增补委员3名。1965年4月，党的第三次代表大会选举产生新的工程局党委会，陈赞任书记、李同彬任副书记，常委6人，委员21人。后又增补常委、委员各2名。“文化大革命”期间，党的工作一度陷于瘫痪。1969年3月24日，经浙江省革命委员会批准，工程局革命委员会建立党的核心领导小组（以下简称“党的核心小组”），刘绍文任组长，刘玉珍、朱保任副组长，成员4人。1972年10月21日，陈赞任工程局党的核心小组组长。1972～1977年先后增补党的核心小组成员10人。1977年5月12日，增补肖杰为党的核心小组副组长。1978年10月26日，经中共浙江省委批准，建立中共水利电力部第十二工程局委员会（以下简称“工程局党委”），陈赞任书记，黄振轩任副书记，委员10人，不再实行常委制。1979～1982年先后增补王兆泰、王度滋、宋其仲为副书记。1980年2月～1982年2月，因国务院部委调整，工程局党委更名为中共电力工业部第五水电工程局委员会。1982年11月，工程局党委由王度滋任代理书记。翌年2月17日，经中共中央组织部批准，王度滋任书记。1983年6月，选举产生工程局第四届党委会，王度滋任书记，宋其仲、黄振轩为副书记，委员7人。后又增补张介中、赵铭身为副书记，增补委员3人。1992年7月，选举产生工程局第五届党委会，赵铭身任书记，张介中、徐鹿元任副书记，委员9人。同年8月3日，工程局党委改名为中共中国水利水电第十二工程局委员会。1997年11月，工程局党委班子调整，徐鹿元任书记，江章贵任副书记，马如骐为党委委员。1998年12月选举产生工程局第六届党委会，徐鹿元任书记，张介中、江章贵任副书记，委员9人。后又增补委员4人。2004年2月，佘其年任工程局党委书记。2006年12月，工程局党委班子调整，杨永祥任书记，孙阳任副书记。

工程局党委组建初期，设组织部、宣传部、办公室和新安江水电报社等工作部门。1964年10月20日，工程局党委撤销组织部、宣传部，建立政治部，下设组织处、干部处、宣传处，党委办公室和政治部办公室合署。政治部辖管监委、工会和共青团工作。

“文化大革命”期间，政治部被封，党的工作机构被取消，政治工作由工程局革命委员会政工组统管。1977年6月22日，党的核心小组决定撤销工程局革命委员会政工组，重新成立政治部。政治部设组织处、宣传处、办公室，辖管工会筹备小组、团委、人民武装部、保卫处。1977年10月建立工程局党校。1979年5月18日，工程局党委决定撤销政治部，改设党委办公室、组织部、宣传部、党校等工作部门。1982年8月，水电工人报社从宣传部划出单独建制。1988年2月25日工程局党委系统机构变动，撤销办公室、组织部、宣传部，建立党委工作部；纪委、党校牌子保留，人员集中统一使用；宣传处、干部处、水电工人报社划归行政。赵铭身兼党委工作部部长。1989年12月26日，工程局党委撤销党委工作部，恢复党委办公室、组织部、宣传部，组织部与干部处两块牌子一套班子。水电工人报社仍由党委管理。另设纪委，与监察处合署办公。1992年12月20日，工程局机关行政职能处室调整，设立11个行政职能处室，其中：干部处与局党委组织部两块牌子一套班子；审计处与局纪委、监察处合署办公。1993年8月31日，工程局进行局机关机构设置调整和机关定员定编，其中局机关职能处室党群处室设置6个，即党办、组织部（干部处）、宣传部（党校）、纪委监察审计以及工会、团委。另外，报社、机关党委作为费用包干单位及挂靠机关职能部门单位，广播录像中心作为费用自立或逐步自立单位。1997年12月2日，工程局机关进行机构改革，明确设立10个部门，其中局办公室（含报社、信访、接待、后勤生活）、党委工作部（组、宣、办、纪委、监察处、机关党委、党校、工程局团委，牌子保留，人员合署办公）、录像中心从机关剥离（行政上由基地管理局代局管理，业务上由宣传部指导管理，实行定员费用包干）。2004年12月31日，《局机关职能部门机构设置方案》明确：工程局机关设立局办公室等17个职能部门，其中党委工作部［含组织部（干部处）、宣传部，局团委合署办公］；监察处改名为监察部，与局纪委合署办公。

历任党委书记、副书记、常委更迭见表10-1-1。

表10-1-1　　历任党委书记、副书记、常委更迭一览表

届次	职务	姓名	籍贯	任职时间	常委（委员）
组建期间	书记	王醒	山东莱芜	1957-05-11～1959-11-22	王醒、刘显辉、陈赞、刘桂、梁东初
	副书记	刘显辉	山东莱芜	1957-05-11～1958-06-03	
		陈赞	河北徐水	1957-05-11～1959-11-22	
第一届	第一书记	王醒	山东莱芜	1959-11-23～1963-04-12	王醒、陈赞、黄全桢、张先辰、徐百铮、孙华锋、肖杰
	第二书记	陈赞	河北徐水	1959-11-23～1963-04-12	
	副书记	黄全桢	山东垦利	1959-11-23～1960-02-25	
“四江”合并重组建	书记	陈赞	河北徐水	1963-04-13～1965-05-12	陈赞、王英清、李同彬、钱振东、孙华锋、肖杰
	副书记	李同彬	山东肥城	1963-05-06～1965-05-12	
第三届	书记	陈赞	河北徐水	1965-05-13～1967-02-26	陈赞、李同彬、王英清、祁策、孙华锋、肖杰、刘玉珍、刘绍文
	副书记	李同彬	山东肥城	1965-05-13～1967-01-29	

续表

届　次	职　务	姓　名	籍　贯	任职时间	常委（委员）
党的核心小组时期	组　长	刘绍文	山东泰安	1969-03-24～1972-10-20	
		陈　赞	河北徐水	1972-10-21～1978-10-25	
	副组长	刘玉珍	河北吴桥	1969-03-24～1972-10-02	
		朱　保	—	1969-03-24～1971	
		肖　杰	河北大城	1977-05-12～1978	
“文革”后重组工程局党委	书　记	陈　赞	河北徐水	1978-10-26～1982-11-28	
		王度滋	山东齐河	1982-11-29～1983-06-11（其中1982-11-29～1983-02-16为代理书记）	
	副书记	黄振轩	浙江德清	1978-10-26～1983-06-11	
		王兆泰	山东沂南	1979-06-12～1982-11-28	
		王度滋	山东齐河	1980-03-04～1982-11-28	
		宋其仲	山东泗水	1982-11-29～1983-06-11	
第四届	书　记 副书记	王度滋	山东齐河	1983-06-12～1987	
		宋其仲	山东泗水	1983-06-12～1987-11-28	
		黄振轩	浙江德清	1983-06-12～1986-07-23	
		张介中	山西繁峙	1985-08-15～1992-07-09	
		赵铭身	吉林德惠	1987-11-28～1992-07-09	
第五届	书　记	赵铭身	吉林德惠	1992-07-10～1997-11-07	赵铭身、徐鹿元、张介中、洪启白、赵龙海、洪竹良、黄振轩、曾士敏、吴琨、江章贵、马如骐
		徐鹿元	江苏丹徒	1997-11-07～1998-12	
	副书记	张介中	山西繁峙	1992-07-10～1998-12	
		徐鹿元	江苏丹徒	1992-07-10～1997-11-07	
		江章贵	浙江淳安	1997-11～1998-12	
第六届	书记	徐鹿元	江苏丹徒	1998-12～2004-02	徐鹿元、张介中、江章贵、洪启白、赵龙海、马如骐、杨永祥、孙阳、王竹如、陈泽鑫、吴海平、佘其年、潘承东、郦平
		佘其年	江苏江都	2004-02～2006-12	
		杨永祥	浙江黄岩	2006-12～	
	副书记	张介中	山西繁峙	1998-12～2001-09	
		江章贵	浙江淳安	1998-12～	
		孙　阳	江苏扬州	2006-12～	

第二节　代　表　大　会

一、首次党代会

1959年11月11～14日，新安江水力发电工程局首次党的代表大会在新安江水电站工地召开。正式代表345名、列席代表4名，邀请15名非党积极分子参加。大会听取、审议陈赞代表工程局党委所作《关于三年来的工作总结和今后任务的报告》，确认新安江水电站工程开工以来取得的成绩和经验，确定今后党的中心任务是确保施工任务提前一个月跨进1960年，力争1960年第一季度基本结束土建工程。

工程局工会代表在会上作《坚持政治挂帅，大搞群众运动，广泛深入开展社会主义竞赛，为提前一个月跨进1960年而奋斗》的发言。

大会选举产生第一届工程局党委会，选举产生党的监察委员会，选举王醒、黄全桢为出席中共浙江省第三次代表大会代表，并通过大会决议。

二、第二次党代会

1963年1月19～20日，新安江水力发电工程局第二次党的代表大会在新安江水电站工地召开。实到代表65名。

大会听取并审议李同彬代表工程局党委所作的报告，学习党的八届十中全会公报，讨论对职工进行阶级教育的问题。

因“四江”合并，工程局党委会于1962年9月由中共浙江省委批准组建，书记正等待中央审批任命，此次大会未进行换届选举。

大会选举陈赞和王英清为出席中共浙江省第四次代表大会代表和候补代表。

三、第三次党代会

1965年4月19～21日，新安江水力发电工程局第三次党的代表大会在新安江水电站工地召开。正式代表158名、候补代表25名。

会议贯彻全国电力工作会议和水利电力政治工作会议精神，讨论1965年政治思想工作和生产建设任务，为富春江水电站复工作思想上、组织上的准备。陈赞代表工程局党委作工作报告，大会批准该报告，并通过决议。

大会选举21人组成第三届工程局党委会。选举产生党的监察委员会。

“文化大革命”期间，工程局革命委员会于1969年6月6～12日召开党员代表大会，有党员代表113名，群众代表61名。听取出席中共“九大”代表刘有祥传达“九大”会议精神。

四、第四次党代会

1983年6月8～12日，工程局第四次党的代表大会在紧水滩水电站工地召开。代表277名，列席代表11名，邀请代表2名。

大会听取、审议王度滋代表工程局党委作的题为《深入贯彻“十二大”精神，开创水电建设新局面》的工作报告。听取党的纪委筹备组的报告，并通过相应的决议。

大会选举由7人组成的工程局第四届党委会和党的纪律检查委员会。推举王度滋、寻明为中共浙江省第七届代表大会代表。

五、第五次党代会

1992年7月1～3日，工程局第五次党的代表大会在金华基地召开。正式代表200名，邀请代表27名。

中共浙江省企业工作委员会副书记程达，省电力工业局党组成员、副局长黄惠源等领导参加大会并讲话。中国水利水电工程总公司发来贺电。

大会听取、审议赵铭身代表工程局党委作的题为《坚定不移地贯彻执行党的路线，充分发挥党组织的核心作用，为振兴我局而努力奋斗》的工作报告。报告回顾9年来的工作，号召全体共产党员和广大职工进一步认清形势，振作精神，抓住机遇，加快改革，奋起竞争，为振兴工程局，确保实现七届二次职代会通过的3年奋斗目标，全面推进"两个文明"建设而奋斗。洪竹良代表纪委作纪检工作报告。大会同意该两个报告，通过相应决议。

大会选举由9人组成的工程局第五届党委会，选举产生党的纪律检查委员会。

六、第六次党代会

1998年12月1～3日，工程局第六次党的代表大会在杭州召开。正式代表135名，邀请代表10名。

浙江省电力工业局党组成员、纪检组组长柯毓柱等领导参加大会并讲话。中国水利水电工程总公司发来贺电。

大会听取、审议徐鹿元代表工程局党委作的题为《全面加强党的建设，充分发挥政治核心作用，努力开创我局改革发展新局面》的工作报告。报告回顾6年来的工作，号召全局各级党组织、全体共产党员和广大干部职工，在新一届党委的领导下，高举邓小平理论伟大旗帜，深入贯彻党的十五大精神，同心同德、励精图治、开拓进取、艰苦创业，为全面完成大会确定的各项任务，开创工程局改革发展新局面而努力奋斗。江章贵代表局纪委作纪检工作报告。大会同意该报告，通过相应决议。

大会选举由9人组成的工程局第六届党委会，选举产生党的纪律检查委员会。

第三节　纪律检查工作

工程局党的监察委员会（简称"局监委"）于1958年2月4日经中共浙江省委批准建立，刘显辉任书记，委员5人。各基层党委均成立监察委员会，党的支部设监察委员。1958年12月，经调整，陈赞任书记，委员7人。翌年11月，党的首次代表大会选举7名委员组成局监委，陈赞任书记。1962年"四江"合并，局监委配备专职副书记、干事各1名。翌年12月，经中共浙江省委批准，李同彬任监委书记，委员7人，专职干部增至3人，有4个基层单位建立监察委员会。1965年4月，党的第三次代表大会选举产生新的监委会，李同彬继续任书记，委员7人。

"文化大革命"期间，党的（监察）纪检组织瘫痪。1979年5月，工程局纪律检查委员会（以下简称"局纪委"）筹备小组成立，王兆泰任组长。1983年6月，党的第四次代表大会选举产生局纪委，宋其仲任书记，委员7人。1984年12月，根据水利电力部纪委（84）153号文件和纪检工作会议精神，局纪委专职干部由4人增至5人。党员人数较多的10个基层党委，设立基层纪委，配备兼职纪委书记1名。为加强反腐败斗争和廉政建设，1989年8月26日工程局成立监察处，与局纪委合署办公，配备监察处长、监察员各1名。局属生产经营单位也相应配备兼职（科级）监察员1名。

1992年7月，党的第五次代表大会选举产生局纪委，洪竹良任书记，委员7人。配备专职纪检、监察干部6人。各基层党委、党总支、直属党支部配设兼职纪检监察委员共33人。1998年12月，党的第六次代表大会选举产生局纪委，江章贵任书记，委员5人，配备专职纪检、监察干部3人。各基层党委、党总支、直属党支部配设兼职纪检监察员21人。

工程局纪、监委领导人更迭见表10-1-2。

表10-1-2　　工程局纪、监委领导人更迭一览表

姓　名	籍　贯	职　务	任职时间
刘显辉	山东莱芜	监委书记	1958-02-04～1958-12
陈　赞	河北徐水	监委书记	1958-12～1963-12
李同彬	山东肥城	监委书记	1963-12～1967-01
王兆泰	山东沂南	纪委筹备组长	1979-05～1983-06
宋其仲	山东泗水	纪委书记	1983-06～1987-11
洪竹良	浙江淳安	纪委书记	1992-07～1997-11
江章贵	浙江淳安	纪委书记	1997-11～

局监委的主要任务是根据各个时期党的中心任务，监督查处党员违纪违法行为和党员申诉控告案件，保证党的方针政策的贯彻执行和各项任务的完成。1958年，受理案件69起，处理61起。1959年，查处新安江水电站工地70栈桥钢梁倾覆和16坝段混凝土质量等重大事故。是年共查处案件31起，处分党员26人。1959年7月～1960年8月，工程局党委错误地开展反右倾整风运动，错误地处分了一些人。1961年10月，对1958～1960年3年内，受批判处理的人进行甄别复查。复查工作于1962年8月结束。1964年1月，工程局开展反贪污盗窃、反投机倒把、反官僚主义、反分散主义、反铺张浪费“五反”运动。监委对17起党员、干部违纪案件立案调查，对7名党员、干部作了组织处理。

1978年4月，工程局成立落实政策领导小组，建立落实政策办公室，对1957年以来历次政治运动中受错误处理的，按照“有错必纠，全错全纠，部分错部分纠”的原则进行复查。工程局共有错划右派45人（含上海勘测设计院调来3人），因“右派”言论被错误处理的21人，经复查于1988年全部改正。

1979年5月，重建的工程局纪律检查机构，根据中共十一届三中全会精神，对党员历史案件进行复查。重点是受开除党籍处分的，建国前参加革命工作的，知识分子受党纪处分的。复查后为20名党员平反，恢复党籍。

1981年5月《关于党的政治生活若干准则》公布后，举办《准则》学习班，培训党总支、支部书记66人。翌年6月6日，制订贯彻《准则》实施6条规定。8月，制订局、处两级党委民主生活会制度，规定基层党委每季召开一次民主生活会，由工程局纪委派员参加。工程局党委半年召开一次民主生活会，邀请上级纪委派人参加。12月，中纪委发表关于《必须坚决刹住制止党员建房分房中的歪风》的公开信，工程局纪委会同工程局分房委员会对金华、新安江、富春江等基地职工住宅分配情况进行检查。

1982年，根据中共中央关于批转《第五次全国“两案”审理工作座谈会议纪要》的通知精神，对“揭批查”运动中已作定性处理的人进行复议。

1982年3月，根据国务院《关于打击经济领域中严重犯罪活动的决定》，工程局全面开展打击经济领域犯罪活动。根据群众举报，发现紧水滩水电站工地外包工程内外勾结行贿受贿重大案件，牵涉30余人，其中处、科级干部10人，受贿总额36000元，国家蒙受损失40多万元。1984年1月8日，《浙江日报》报道此案件。局纪委以此为突破口，发动群众提线索、摆疑点，清查外包项目账目。至1984年，发现和查清各类经济案件47件，收缴赃款和追回现金214.84万元。

1988年11月，工程局党委制订严禁公费旅游等一系列措施，要求全局共产党员保持清正廉洁，模范执行国家关于社会集团控购的有关规定。1989年查办经济案件25件，其中万元案件5起，退回赃款18100元。

1990年6月，工程局下文推行《监察建议书》制度。对一些够不上纪律处分的违纪问题，通过下达《监察建议书》促其纠正。1992年3月26日，工程局颁布《行政监察工作暂行规定》，对监察机构及人员、监察任务和职权、监察的方式与程序、监察部门与有关部门的关系都作出明确规定。为维护政治稳定，促进经济发展，监察处会同纪委联合制定廉政规定，开展廉政监察、执法监察。为提高纪检、监察干部业务素质，加强自身建设，4月举办纪检、监察干部培训班，33人参加培训。为认真抓好党风和廉政建设，把党纪教育列为党课和民主生活会的一项重要内容。

1993年9月，为加强党风廉政建设，局、处两级领导班子都制定廉洁自律的规定。翌年3月，将工程局党委和局属二级单位所制定的廉政规定汇编成册，发给全局科队以上干部，人手一册。

1994年6月，印发了领导干部对照廉洁自律规定开好民主生活会的通知，开展了廉洁自律检查。发现案件线索10件，其中已查清结案8件，2件正在深入调查核实中，已查清结案的案件中，主要有私设小金库、乱发钱物、经营活动中收受“回扣”、“好处费”不交公入账等行为，挽回经济损失2.98万元。6月，开展了小轿车自查清理，对机械制造总厂在生产资金短缺的情况下，擅自购买小轿车事件进行了处理。7月，开展了企业在外资金清理。

1995年工程局为充分发挥监督部门的合力，局纪委、监察处与审计处合署办公。5月，开展了领导干部廉洁自律自查自纠登记，149人填交了自查登记表。7月，转发了关于国有企业实行业务招待费使用情况向职代会报告制度的规定。10月，印发了《关于我局副处级以上领导干部收入申报的实施意见》，按要求172人申报了当年的收入，工程局这一年开始执行业务招待费使用情况向职代会报告制度和领导干部收入申报这两项制度。收到来信举报24件，初核案件线索15件，4件查清结案，2人受党内处分，1人受行政撤职处分。

1996年5月，组织清理公费配置的通信工具，共登记清理公费配置移动电话49只、BP机172只、安装住宅电话58台，纳入了正常的固定资产管理。收到来信来访23件，初核案件9件，多数是经济方面的违法违纪和失职渎职类的案件，追回资金10.2万元。

重视党风党纪教育，开展了案例篇《警钟长鸣》的学习，订购500本，发至全工程局科队以上领导干部；组织《正风之剑》等电化教育片，巡回播放27场次，观看人数1023人次；开展了党纪政纪条规学习教育活动，订购350本，同时组织了党纪政纪条规学习知识竞赛，2258人参加竞赛活动；组织纪检监察干部理论学习考试，26名专兼职纪检监察干部参加了学习考试。

1997年12月，局机关迁址杭州办公，审计处与局纪委、监察处分离，局纪委、监察处合并至新成立的党委工作部合署办公。5月，局纪委组织学习《中国共产党纪律处分条例》，翻印条例650本，发至党小组以上组织和副处级以上领导干部人手一册。购买《反腐败警示录》等3部电教片，播放21场次，980人次观看。9月进行了5个条规知识竞赛，参赛1172人，评选了竞赛组织奖单位5个，局纪委同时获得水电总公司优秀组织奖。收到来信来访17件，加强与地方检察机关的协助配合，查处了7人违法违纪案件，4人被人民法院判刑，2人被检察机关作出不起诉决定，其中处级干部1人、科队干部3人、业务员3人，违纪涉案金额30余万元。为加强纪检监察队伍建设，党总支以上的二级单位配备了兼职监察员20名，选送了3名纪检监察干部参加电力部、省纪委的培训。

1998年5月，局纪委在调查摸底和二级单位自查的基础上，发出了《关于进一步加强业务招待费管理和监督的规定》、《关于进一步加强移动电话和公费安装住宅电话管理的通知》，10月，在全局开展了清理通信工具专项工作，全局清理出不符合规定公费配置移动电话75部，其中上交移动电话13部，按规定折价处理给个人的39部；清理公费安装住宅电话45部，按原初装费或现装费的50%处理给个人。加大查办案件工作力度，收到来信来访22件，初查核实线索14件，转立案5件，当年查结4件，受党、政纪处分3人，被司法机关判刑2人，挽回经济损失30余万元，违法违纪案件呈现经济类案件发案率高、党员领导干部比例增大、违法违纪金额大等特点。6月，举办了纪检监察干部培训班，学习《行政法》、《纪律检查工作概论》及法律法规知识，提高了基层纪检监察干部的业务水平和政策水平。

1999年根据中央关于党风廉政建设责任制的规定，工程局从这一年开始贯彻执行党风廉政建设责任制，制定了《水电十二局党风廉政建设责任制实施细则》和《水电十二局党风廉政建设责任书考核标准》，局党政领导与二级单位党政领导签订了责任书。制定了《科队给以上领导干部廉洁自律的若干规定》。收到来信来访10件，初查立案2件，受党政纪处分3人，其中涉及处级干部2人，科队干部1人，挽回直接经济损失30万元，案件发生在资金管理、物资材料采购、设备租赁和业务招待费开支过程中的情况较为突出。加强领导干部廉洁自建教育，开展了“三讲”教育活动，订购了《廉洁从政行为规范》，印发了《纪检监察法律法规选编》、《领导干部腐败实案100例》等，提高领导干部自律自觉性。加强了纪检监察组织建设，做好5个单位的纪委换届工作，调整充实23个单位兼职监察员。

2000年修订了党风廉政建设责任制实施细则和考核标准，制定党风廉政建设责任追究实施办法，11月，局党委对28个二级单位进行了考核。开展警示教育，征订了《警示教育读本》、《警钟》等学习资料发至全局中层以上领导干部人手一册，播放《胡长清案件警示录》等电教片37场次，1600人次观看。建立了局管中层干部廉政档案。收到来信来访11件，初查核实后立案3件，受党纪处分1人，政纪处分1人，挽回直接经济损失18.09万元，重视和加强对二级单位办案工作的领导和指导。抓好纪检监察干部队伍建设，4月举办一期纪检监察干部研讨班，34人参加了案件检查、案件审理、效能监察等业务知识的学习培训。

2001年修订了党风廉政建设责任书，层层签订。抓好教育防范，在工程局工作会议、工作管理会议上强调领导干部廉洁自律，工作中听到对领导干部的反映，及时找本人谈话。收到来信来访10件，初查核实线索9件，立案7件，受党纪处分3人，政纪处分3人，查办案件涉及违纪金额86.46万元，挽回直接经济损失53.82万元。开展教育活动，征订各类学习资料，播放电视教育片27场次，1500人次观看，组织参观反腐倡廉成果展。参加二级单位党政领导班子民主生活会，督促会前准备、提高会议质量，加强对二级单位民主生活的指导和监督。

2002年签订党风廉政建设责任书90份，并强化了责任制考核。强调企业“三重一大”事项要严格执行民主决策程序。收到来信来访14件，初查案件线索10件，立案6件，受党纪处分3人，政纪处分3人，涉案违纪金额147.82万元，挽回直接经济损失87.69万元，查办案件的重点对近年来出现亏损的单位和项目，在设备物资采购、业务费开支报销、备用金管理等环节深入调查，取得突破。继续开展谈话教育，打招呼敲警钟，播放学习教育片21场次，1250人次观看。抓好一年一度的领导班子民主生活会，做好会前征求意见和个别谈话工作，加强对二级单位民主生活会的指导和监督。强化责任制的考核，年中分两组对局属单位进行检查，发放调查问卷162份，满意率91.8%。选送4名纪检监察干部参加省经贸委、省电力公司的业务培训班。

2003年党风廉政建设责任制正式纳入中国水电建设集团公司考核。局党委建立了党风廉政建设领导小组，修订了党风廉政建设考核办法和评分标准，制定了局《“三重一大”民主决策程序暂行规定》，下发了《党风廉政建设和反腐败工作的组织领导和责任分工》，召开了一年两次的党风廉政分析会，对二级单位进行了半年和年终工作检查考核，坚持干部谈话制度，局纪委负责人对11名中层干部进行任前廉洁谈话，对21人次局管中层干部进行谈话。加大查办案件工作力度，收到来信来访11件，件件有登记有核实，立案4件，受党纪处分4人，政纪处分3人，挽回直接经济损失57.05万元。开展了党员干部“艰苦奋斗、廉洁从政”主题教育，组织知识测试422人参加，参试率99%；开展警示教育，购买刻录《警示录》等电教片13套，播放42场次，1875人次观看。2003年被浙江省纪委、浙江省监察厅授予“全省纪检监察系统查办大案要案先进集体”称号。

2004年，局纪委、监察处从党委工作部分离，独立办公，后监察处更名为监察部。当年签订党风廉政建设责任书54份，制定了《水电十二局反腐倡廉防范体系实施意见(试行)》和《水电十二局反腐倡廉防范体系工作任务分解》，制定了《水电十二局保廉合同管理暂行办法》。严肃查处违法违纪案件，收到来信来访3件，主动发掘案件线索，立案4件，受党纪处分5人，政纪处分2人，挽回直接经济损失5.34万元。开展了学习

《中国共产党党纪处分条例》和《中国共产党党内监督条例》的学习活动，组织法规知识竞赛，1853人参加，组织播放电教片39场次，2150人次观看。执行领导干部谈话制度和述职述廉制度，局和二级单位147人在两级职代会上述职述廉，局纪委负责人对二级单位党政负责人谈话29人次，对新提拔的18名中层干部和31名后备干部进行了廉政谈话，诫勉谈话1人。5月，举办了一期全局纪委书记培训班，35人参加，选送4名纪检监察干部参加集团公司培训班。收集、充实、完善了中层干部廉政档案资料。

2005年2月，签订了党风廉政建设责任书106份，8月和12月召开两次党风廉政建设分析会，查找不足，提出了改进措施，11月，分4个组对局属28个二级单位进行了年度党风廉政建设责任制考核。制定了《水电十二局领导人员廉洁从业谈话制度》和《党风廉政建设责任追究实施办法》，修订了《水电十二局党风廉政建设责任制考核评分办法》和《水电十二局党风廉政建设责任制考核评分标准》。严格执行各项廉洁制度，按照领导人员谈话制度规定，局党政主要领导、局纪委领导与59名干部进行了任前谈话，局纪委和二级单位纪委负责人谈话131人次。收到来信来访6件，认真排查案件线索，二级单位纪委处理违纪党员1人。开展了反腐倡廉教育，组织了《建立健全教育、制度、监督并重的惩治与预防体系实施纲要》和《“三个代表”重要思想反腐倡廉理论学习纲要》的学习，购买180册学习用书发至领导人员人手一册，购买刻录《实施纲要》辅导报告20套，组织播放71场次，2556人次观看；组织两个纲要学习知识竞赛，966人参加；组织领导人员廉洁从业若干规定知识答题，556人参加；廉政教育延伸至分包队伍，利用办学习班、开工程分包管理会等机会，安排党风廉政建设专题内容，起到了较好的教育效果。调整充实了局党风廉政建设领导小组成员，充实了局纪委班子，重新选配、调整了二级单位兼职监察员21名。

2006年2月，签订了党风廉政建设责任书104份，8月和12月召开两次党风廉政建设分析会，11月，分两个组对二级单位进行了年度党风廉政建设责任制考核。制定了《水电十二局领导人员廉洁从业实施细则》、《水电十二局贯彻落实建立健全教育、制度、监督并重的惩治与预防腐败体系实施纲要》和《构建惩治与预防腐败体系任务分解》。落实了领导人员谈话制度，局纪委领导与37名干部进行了任前谈话。组织开展了《党章》和《领导人员廉洁从业实施意见（试行）》的学习教育，购买刻录《从政警示录》等电教片36套，组织播放65场次，2200人次观看。全年收到群众来信6件，无立案案件。对宜兴施工局工程款支付混乱负有责任的财务负责人提出调离会计岗位的处理建议并得到落实；对原建达公司经理1996年擅自对外担保造成损失等遗留问题进行了赔偿处理。3月，局设备物资部采用计算机管理软件对设备物资采购进行管理控制的经验，在浙江省“科技促建”现场会上交流。5月工程局以《完善工程分包内控体系、促进党风廉政建设》为题，在浙江省国有企业党风廉政建设和反腐倡廉工作会议上代表省（部）属企业交流。开展了治理商业贿赂专项工作，制订治理商业贿赂实施方案和自查自纠安排计划，明确检查的重点和主要环节，开展督导检查和“回头看”，建立了治理商业贿赂长效机制。

第四节　组　织　工　作

一、组织建设

1957年5月，工程局党委建立机械修配厂、第二工区、直属机关、土建公司、机械化站、第一工区7个基层党委，40个支部。10月撤销土建公司党委，建立混凝土厂党委。翌年，工程局体制变化，党的基层组织作相应调整和组建，撤销机械化站、第一工区、第二工区、直属机关、运输公司5个基层党委，新组建开挖大队、浇捣第一、二、三、四大队、浇捣服务大队、风水电队、重型机械大队、汽车大队、直属机关等10个党总支部，党的基层支部也有很大变化。期间，工程局党委不仅负责主管工程局党的基层组织，并管理参与新安江水电工程建设的电力系统其他单位的党组织。1960年12月5日，经中共浙江省委批准，由工程局党委配备干部组建新安江电业局电厂党委。1961年5月浙江省电力安装公司、浙江省水利水电学校等党的组织也隶属工程局党委。1963年，隶属工程局党委管理的非工程局基层单位的党组织尚有：上海水电勘测设计院第二勘测队党委、浙江省水电厅水泥制品厂党总支部、水利电力部机电安装局第三安装处党委等。

1958年3月工程局党委组织部制定实施《关于生产队（车间）党支部的具体任务》，规定党支部的党员大会每月召开1次，支委会、小组会半月召开1次。次月，工程党委印发《关于加强支部工作的决定》，要求党支部在生产运动中发挥核心作用，加强思想工作，提高领导水平，保证生产任务的完成。1959年6月，明确生产队思想政治工作由支部书记负责，取消生产队“教导员”称谓，党的支部建在生产队（车间），配备专职支部书记。8月，有25个党支部由党员选举产生，并建立党课制度。1960年2月，为提高基层党支部领导水平，举办党支部书记培训班，分3期轮训，每期12天。1961年6月，工程局党委组织部制订实施《加强党的基层组织建设的几个问题（初稿）》，坚持党委集体领导，厂长要将生产行政工作主要情况和问题，向党委报告，提交党委会讨论决定。中共十一届三中全会后，为健全党委领导下的处长负责制，工程局党委全套调整充实各基层党组织的领导班子。

1962年9月，“四江”合并后，调整体制减少层次，工程局直接领导生产队。此时工程局党委下属的工程局基层党组织有新安江水电站工地的第一工程队、第二工程队、土建工程队、灌浆工程队、重型机械队、风水电队、砂石料场等8个直属党支部，机械修配厂、直属机关两个党总支部及七里垅、青田、湖南镇3个工程处党委。1963年10月，又组建黄坛口工程处党委。1965年10月后，富春江水电站复工，工程局恢复大队建制，建立风水电大队、机械大队、混凝土大队、围堰大队、浇捣大队、开挖大队6个党总支部以及新安江留守处、梅城御水工程指挥部两个基层党委。

“文化大革命”开始后，党的基层组织处于瘫痪状态。1970年8月，工程局在湖南镇水电站工地试行军事化建制，建立一、二、三、四工程团和机电营。工程团（营）建立基层党委，设政治委员（教导员）。团以下按连队编制，大队建立党总支部。1972年9月，湖南镇水电站工地改为大队编制，大队建立党总支部。1981年1月，工程局体制改革，按专业分工，依序编号，建立8个工程处，工程处建立党委。1985年以后，工程局实行项目法施工，项目经理部建撤频繁，基层党组织机构也多次变化。

1981年，工程局各级党组织贯彻执行《关于党内政治生活的若干准则》，建立并健全半年一次党委民主生活会制度，坚持每月一次党小组会、支委会、支部大会以及一次党课的“三会一课”制度。1984年9月，工程局实行局长负责制，各级党的基层组织依靠工人阶级，加强党的自身建设，发挥党组织的政治核心和保证监督作用。

1992～1993年，开展党支部建设达标活动，规定党支部建设达标测评的五项内容（即领导班子建设、严格组织生活、发展党员工作、党员目标管理、支部工作规范）21个小项，要求各基层党委、党总支真正把党建工作重点放在基层支部，一级抓一级，层层抓落实，使全局大多数支部走上党员教育管理制度化、党内活动经常化的轨道。

1996年8月1日，工程局党委组织部发文（96.4号）在全局领导干部中开展“奉献于事业、服务于人民”主题活动，活动从1996年8月到1997年底集中抓一年半时间，主题活动的实质是要引导领导干部树立正确的世界观、人生观和价值观，不断增强党性。整个活动从抓思想政治教育入手，实行正面教育、自我教育、典型示范和制度规范相结合，引领各级领导干部提高自身思想政治素质与实践党的理论、宗旨和做好实际工作紧密结合起来，全面提高领导水平，在贯彻党的基本路线中作出成绩，为推进工程局两个文明建设多作贡献。

1998年5月，根据浙江省委〔1998〕18号文件精神，工程局党委决定，在1997年认真开展“三讲”教育活动的基础上，全局各级党组织和广大党员继续深入开展以“讲学习、讲政治、讲正气”为主要内容的党性党风教育活动。旨在结合工程局实际，通过开展改革开放实践和丰富经验的教育、开展树立正确的群众观、权力观教育、开展民主集中制教育等取得五方面实效：一是推动兴起学习邓小平理论新高潮，并在弘扬理论联系实际的学风上有新进展；二是增强贯彻执行党的基本路线的自觉性和坚定性；三是推动解决改革和发展的突出问题；四是反腐败斗争取得新进展，在反腐倡廉中起表率作用；五是更加自觉地执行民主集中制的各项制度，增强班子团结，真正在班子中形成相互信任、相互谅解、相互支持、相互帮助的良好氛围。

1998年11月，工程局党委印发《局和所属单位两级职工代表大会民主评议领导干部实施细则》，规定从1999年开始，工程局和所属单位要建立一年职代会民主评议领导干部的制度，并列为党建工作目标管理的一项内容，作为评选先进基层党组织和双文明单位的必备条件之一，把民主评议领导干部的结果作为领导干部考核的重要依据。

为进一步深化工程局干部人事制度改革，推动干部能上能下和岗位交流，逐步建立比较规范的激励机制，工程局党委于1998年11月发文，进一步完善初级领导干部任期制并逐步实行聘任制。2000年8月，工程局党委下发《关于进一步深化干部制度改革积极推进干部能上能下和岗位交流的实施意见（试行）》，对干部“上下”和干部交流作了一些具体规定。

1999年6月21日，根据浙江省委组织部《关于做好全省国有企业党的建设“四个有”目标考核工作的意见》精神，工程局党委发出通知对全局党建工作进行“四个有”目标考核，对基层党组织的党建工作，从领导班子建设、党员队伍建设、党建工作机制、党内活动制度4个方面的16个子项进行目标考核，考核实行各基层党组织自评和工程局党委考评相结合，采取百分制，其中，经工程局党委考核认定得分在85分以上且四个大项考核分别得分在80%以上的单位党组织为工程局“四个有”基层党组织，并作评选为工程局先进基层党组织的必要条件之一。党建工作“四个有”目标考核工作的实行，进一步推动了工程局党建工作的规范化、制度化建设。

2000年5月25日，工程局党委发出通知，认真学习贯彻江泽民同志“三个代表”重要思想。通知要求：全局各级党组织，要深入学习领会和贯彻落实江泽民同志“三个代表”的重要思想，紧密联系党员、干部队伍的实际情况，紧密结合党的思想、组织和作风建设方面存在的突出问题，大力加强党的建设，努力增强党组织的凝聚力和战斗力。全局各级领导干部，要用“三个代表”的要求来指导自己的思想和行动，充分发挥党组织的政治核心作用。自觉坚持讲学习、讲政治、讲正气，加强各级领导班子建设，不断增强班子团结，形成整体合力。全局每个共产党员要按照“三个代表”和党章的要求，进一步坚定信念，牢记宗旨，增强党性，始终站在改革和发展的前列，以昂扬的精神状态，出色地做好本职工作，争创一流业绩，为工程局的振兴发展多作贡献。

2001年2月28日，局党委组织部为确保新发展党员的质量，发出通知要求基层党组织实行发展党员工作“公示制”，即基层党委在审批接收预备党员和预备党员转正前，要求党支部将支部大会通过接受或转正的预备党员的基本情况、党组织培养教育情况等，以张榜形式向群众公布，接收群众举报监督。2003年5月，局党委组织部为了切实保证新发展党员的质量，明确发展党员工作职责，保持党组织的先进性和纯洁性，提高党组织的凝聚力和战斗力，下文建立发展党员工作失察责任追究制（试行），就发展党员工作失察责任追究的对象、发展党员工作失察责任追究的内容等进行明确的规定。2004年9月，工程局党委下发《关于进一步做好新形势下发展党员工作的指导意见》，提出“把人才培养成党员，把党员培养成人才”，为工程局改革发展提供强有力的组织保证，重点做好生产经营一线工人、专业技术人员和35岁以下青年中的发展党员工作。坚持党员标准，严格工作程序；坚持发展党员公示制、发展党员责任追究制；并提出在召开党支部大会接收新党员时，可以实行无记名票决制。

2001年3月，为了进一步加强党员教育的实效性，充分发挥党员的先锋模范作用，结合年度民主评议党员和评选先进党支部、优秀共产党员工作，局党委组织部发出通知，在全体党员中开展“学习党章、重温誓言、完善自我、争创一流”系列教育活动。整个活动从4月10日开始至5月30日结束，以支部为单位，分学习教育、自我评价、民主评议和测评、组织讲评、制定整改措施5个阶段，以系列教育活动为载体，切实抓好先进党支部、优秀共产党员的评比工作。

2003年1月，工程局党委发出通知，1～5月份在全局开展党的十六大精神主题教育活动，活动分宣传发动、专题学习、巩固提高3个阶段，主要任务：一是深入学习，完整准确地理解党的十六大精神实质；二是用“三个代表”重要思想指导实践，推动我局持续稳定发展，重点是联系奋斗目标，进一步增强凝聚力和向心力；联系企业发展，努力营造与时俱进、开拓创新的良好局面；联系企业文化建设，大力弘扬企业精神；联系党的作风和干部作风建设，进一步改善党群、干群关系；联系加强和改进党的建设，进一步提高各级党组织的战斗力。

2003年11月，工程局党政联合下发《中国水利水电第十二工程局局管干部管理办法》，就工程局管干部的选拔、聘（任）免，干部的教育培训，干部的监督管理，干部交流调动，干部的辞职、降职，干部的任期、待遇，干部的离岗、退休，干部的奖励、惩处，干部工作的检查监督，后备干部的选拔、培养和管理等方面做了具体规定，以适应企业深化改革、加快发展的需要。

2004年7月，工程局党委发文，开展“创建学习型组织，争做知识型职工”活动的实施意见。2004年是“创争”活动的启动年，重点是大力宣传发动，制定“创争”活动规划，积极推动实施，营造学习氛围。9月底前制定“创争”活动的长期目标和阶段性计划，四季度在全局全面开展。从2005年开始，力争每年有20%的二级单位、班子、科室、班组达到学习型单位、学习型班子、学习型科室、学习型班组，每年有20%的职工达到知识型职工，全局在5年内成为学习型组织。同年9月工程局党委制定《创建学习型领导班子实施办法（试行）》、《创建学习型组织实施办法（试行）》、《关于开展“争做知识型职工”活动的实施办法（试行）》，就创建学习型领导班子、学习型组织、学习型职工提出具体措施、计划，推动活动深入开展。

2005年6月，工程局党委提出以“政治素质好、经营业绩好、团结协作好、作风形象好”为主要内容的“四好”领导班子创建活动实施意见，在工程局和二级单位广泛开展“四好”领导班子创建活动。

2005年6月14日，工程局党委为落实中央决定，实践“三个代表”重要思想，切实抓好党的基层组织建设，以全局基层党支部为单位，开展争创以“支部班子好、党员队伍好、活动开展好、制度建设好、作用发挥好”为主要内容的“五好”党支部创建活动，努力把党支部建设成为政治坚定、组织健全、作风过硬、保障有力的，更加富有创造力、凝聚力和战斗力的坚强堡垒，真正成为贯彻落实“三个代表”重要思想强有力的组织者、推动者和实践者，以此推动广大党员为企业做强做大做优贡献聪明才智。

2005年7月19日，根据中央《关于在全党开展以实践“三个代表”重要思想为主要内容的保持共产党员先进性教育活动的意见》、浙江省委关于《第二批保持共产党员先进性教育活动实施意见》文件精神，在浙江省直属机关工委以及集团公司党组统一部署下，工程局党委下发《保持共产党员先进性教育活动实施方案》，标志着工程局保持共产党员先进性教育活动全面启动。整个教育活动分学习动员、分析评议、整改提高3个阶段，全局1750名党员参加了教育活动。通过近3个半月全面系统的教育活动，取得了较好的效果：进一步增强了广大党员的政治意识和责任意识，进一步增强了党组织的凝聚力、创造力和战斗力，发挥了党组织的战斗堡垒作用和广大党员的先锋模范作用，推动了工程局改革发展。

2006年4月，根据中共中央关于保持共产党员先进性教育活动“要搞好建章立制，建立健全党员教育管理常抓不懈的工作机制”的精神，为进一步巩固和扩大共产党员先进性教育活动工作成果，推动党员教育管理的制度化、规范化和经常化，工程局党委从“以提高领导能力为目标，构建科学民主的决策机制；以增强党性为目标，构建基层党组织理论学习机制；以提高党员素质为目标，构建党员学习教育培训机制；以端正党风为目标，构建党员联系群众机制；以强化党员意识为目标，构建民主评议党员机制；以促进各项工作为目标，构建党员干部管理监督机制；以加强党组织的自身建设为目标，构建规范基层党组织建设机制；以激发党员活力为目标，构建党员争先创优激励机制”8个方面提出建立了保持共产党员先进性教育长效机制的指导意见，并要求各基层党组织切实加强和改进基层党建工作，努力完善各项措施，强化制度措施落地，并做到一手抓制度建设、一手抓制度执行，形成“责任在领导，基础在支部，落实靠党员”的机制，确保党员“长期受教育，永葆先进性”。

2006年5月，为进一步推动和深化“四好”领导班子创建活动，根据集团公司临时党委对“四好”领导班子创建活动的总体要求和统一部署，工程局党委成立“四好”领导班子创建活动领导小组及办公室，制定工程局“四好”领导班子创建活动考核评价办法及考评细则（试行），建立局领导班子成员负责指导和督促所分管单位“四好”班子创建活动的联系点制度，形成党委统一领导、班子成员积极行动、相关职能部门具体组织实施、广大党员、群众参与监督的“四好”班子创建活动工作机制。在“四好”领导班子创建活动开展过程中，工程局党委注意抓好以下几点：一是重视抓好两级领导班子的思想政治建设、能力建设、作风建设和制度建设，以理论建设为根本、能力建设为重点、作风建设为基础、制度建设为保证，扎实开展“四好”领导班子创建。二是抓重点，确定“四好”班子创建活动试点单位，编辑《组工信息》，刊登局属单位和兄弟单位在“四好”班子创建中的先进经验与做法，建立“四好”班子创建活动的信息沟通平台，同时通过召开阶段性总结会、到二级单位检查、指导、考核等方式不断推动工程局和二级单位“四好”领导班子创建活动的深入开展。三是努力做到三结合，即“四好”领导班子创建活动与党风廉政宣传教育相结合，强化班子廉政意识，确保实现领导班子行为安全和工程局的经营安全；“四好”领导班子创建活动与巩固扩大共产党员先进性教育成果相结合，不断转变工作作风，充分发挥共产党员的先锋模范作用，多为职工群众办实事、办好事；“四好”领导班子创建活动与安全生产相结合，以人为本，关爱生命，加大投入，加强管控，认真落实安全生产责任制。“四好”领导班子创建活动取得的效果：一是领导班子整体素质明显提高，领导干部的政治意识、大局意识、责任意识和纪律意识不断增强。二是领导班子的能力明显增强，领导班子科学、准确判断形势的能力，安全生产和经营管理的能力，应对复杂问题的能力，总揽全局的能力和水平进一步提高。三是领导班子的团结协调意识明显加强，班子成员科学民主决策，清正廉明做事，做到步调一致。四是进一步坚定了搞好企业的信心。五是进一步增强了领导班子成员的群众观念，切实解决了一些关系职工群众切身利益的实际问题，保持了企业的和谐稳定。

二、党员管理

1956年末，全局有共产党员905名，1958年1月，首批发展新党员21名，78名预备党员转为正式党员，培养建党积极分子191名，建立对预备党员的考察制度。是年，全局781个生产班组，仅88个班组建有党小组，占班组总数的11.27%。全局2054名党员，专业技术人员党员仅43名，占党员总数的2.09%。为加强生产第一线党的建设，工程局党委把发展党员的重点放在老工人、高级知识分子和技术人员方面。1959～1960年，共发展新党员962名。全局2140名共产党员中，工人1161名，占54.25%；有专业技术职务的党员占4.86%。全局多数生产班组建立党小组或有共产党员。

“文化大革命”期间，党的发展工作受到干扰，正值1974年发生“突击发展”的错误。1977年冬，为加强党的思想和组织建设，训练培养党的干部，分期分批举办党员干部读书班，并对1974年“突击发展”的107名甄别处理，1978年处理结束。1980年对“文化大革命”期间发展的284名党员举办轮训班，进行“怎样做一个合格共产党员”的教育。

1984年3～4月，举办处以上党员干部轮训班4期，每期10天，轮训112人。各基层党委普遍举办5～7天党员轮训班，学习马克思主义建党理论，为贯彻《中共中央关于整党的决定》奠定思想基础。是年9月，工程局党委成立整党领导小组，开展整党工作。全局1571名共产党员92个党支部16个基层党委，分两批进行整党。局、处两级党委，55个党支部1058名党员参加第一批整党，其中，局级干部9名，处级干部138名，第二批参加整党的有37个党支部513名党员。整党中，有4名党员暂缓登记、未登记1人。全局整党工作于1986年结束。

中共十一届三中全会后，贯彻“坚持标准，保证质量，改善结构，积极慎重”的建党方针，加强对积极分子的培养教育和考察。1986年3月，统一印刷《入党积极分子培养考察登记表》，建立每季一次的考察登记制度，由所在党支部或党小组确定两名党员作为培养对象联系人。建立积极分子《党章》学习小组，举办积极分子短期培训班，定期组织学习党章和党的基本知识。组织发展工作的重点在生产第一线全局培养建党积极分子674名，从生产第一线发展党员72名。生产第一线党员少、青年党员少的局面有所改变。1979～1994年，全局发展新党员1460名，其中具有大中专文化水平528名、35岁以下青年839名、生产工人748名。1994年与1978年相比，党员队伍的年龄结构、文化结构有明显改善：高中以上文化程度由11.88%提高到52.97%，小学文化程度由63.28%降至22.71%。

1999～2006年，全局发展新党员283名，其中具有大中专文化水平191名、35岁以下青年170名、生产一线的有210名（含工人75名）。2006年末，工程局党员总数1527名，其中在职党员996名、离退休职工党员531名。在职党员中：35周岁以下青年246名（占24.7%），中专及以上学历党员650名（占65.3%），管理和专业技术人员737名（占74%），工人249名（占25%），与1994年相比，党员队伍的年龄结构、文化结构、层次结构等有明显改善。

三、表彰先进

自1982年起，工程局党委全面开展争创先进党支部、争当优秀共产党员（以下简称“双争”）活动。坚持围绕党的中心任务和企业生产经营来进行，并与党建工作管理目标及民主评议党员相结合。年初抓目标制订，每季抓自查，半年抓考核，年终抓评比，结合纪念“七一”活动表彰先进党支部和优秀共产党员。1987 年 4 月，19 个先进党支部在党委组织部召开的先进党支部座谈会上向全局党支部发起倡议：以反对资产阶级自由化、增产节约、党支部自身建设为主要内容，开展比党支部班子自身建设、比发挥共产党员先锋模范作用、比健全党内生活、比第一线建党工作、比抓“双争”活动的“五比”竞赛活动，使全局“双争”活动进一步趋向深入。

1982～1994 年受工程局党委表彰先进党支部 196 个/次、优秀共产党员 964 人/次、优秀党支部书记 2 人、优秀政工干部 8 人。受中央和省、总公司党组织表彰的先进党支部 7 个/次、优秀共产党员 18 人/次。

1997～2006 年受工程局党委表彰先进基层党组织 44 个/次、先进党支部 237 个/次、优秀共产党员 350 人/次、优秀党务工作者 8 人。受浙江省、国家电力公司以及浙江省直属机关工委表彰的先进基层党组织 2 个/次、优秀共产党员 4 人/次、优秀党务工作者 2 人/次。

1956～2006 年组织状况见表 10-1-3。

表 10-1-3　　1956～2006 年组织状况一览表

年　份	基层组织（个）			
	党　委	党总支部	党支部	党小组
1956			17	
1957	7		59	271
1958	2	10	64	272
1959	6	4	63	362
1960	6	4	58	356
1961	4	4	41	
1962	5	3	37	
1963	7	2	39	
1964	6	2	41	273
1972		2	51	
1973	1	6	58	
1974	3	10	75	
1975	3	9	69	
1976	3	11	69	
1977	3	11	67	
1978	3	10	62	
1979	3	10	73	
1980	3	11	79	

续表

年　份	基层组织（个）			
	党　委	党总支部	党支部	党小组
1981	12	2	92	
1982	12	2	83	
1983	13	1	79	
1984	16		92	
1985	17	2	105	
1986	17	2	111	
1987	20	2	114	
1988	19	4	120	318
1989	19	6	126	339
1990	16	8	132	331
1991	15	7	120	293
1992	15	5	128	311
1993	12	11	141	318
1994	12	13	142	296
1999	15	10	120	206
2000	17	6	121	188
2001	15	8	113	201
2002	15	8	113	207
2003	13	12	111	
2004	13	12	111	
2005	13	10	109	
2006	14	9	100	

注　1965～1971 年、1995～1998 年统计资料缺。

1956～2006 年党员结构状况见表 10-1-4。

表 10-1-4　　　　1956～2006 年党员结构状况一览表　　　　单位：人

年份	党员总数	女党员	正式党员	预备党员	发展人数	工人	干　部			离休干部（工人）	退休职工	其他	文化程度				
							小计	专业技术人员	管理人员				大专以上	中专高中	初中	小学	初小以下
1956	905	15	791	114		341	540	39	501			24					
1957	1919	75	1676	234		1112	770	51	719			28	22	79	511	1210	88

续表

年份	党员总数	女党员	正式党员	预备党员	发展人数	工人	干部			离休干部（工人）	退休职工	其他	文化程度				
							小计	专业技术人员	管理人员				大专以上	中专高中	初中	小学	初小以下
1958	2054	66	1805	249	21	1496	540	43	497			18	22	79	482	1366	105
1959	2150	70	1791	359	344	1544	576	68	508			30	28	111	484	1445	82
1960	2140	79	1466	674	618	1161	827	104	723			152	23	152	557	1378	30
1961	1414	63	1301	113	10	742	473	45	428			199	20	88	418	880	8
1962	1298	78	1290	8		848	435	41	394			15	27	87	393	783	8
1963	1491	82	1477	14		1008	460	70	390			23	35	96	413	934	13
1964	1580	80	1568	12		1116	447	55	392			17	35	108	410	1020	7
1972	1931	103			17	1380	539	131	408			12	81	151	443	1239	17
1973	1978	111			11	1399	542	149	393			37	84	160	477	1243	14
1974	2069	125			117	1300	710					59					
1975	2051	122				1477	521					53					
1976	2072	124				1412	586					74					
1977	1899	126				1272	557	162	395			70					
1978	1743	99	1710	33	32	1046	644	109	535			53	44	163	427	1103	6
1979	1746	113	1654	92	79	1185	477	142	335		70	14	54	198	439	1049	6
1980	1750	118	1658	92	85	1121	475	156	319	4	135	15	79	266	459	932	14
1981	1776	139	1666	110	90	1094	482	149	333	15	140	45	79	307	457	924	9
1982	1448	115	1359	89	74	745	498	154	344	32	142	31	89	283	453	615	8
1983	1479	139	1391	88	91	677	585	176	409	54	146	17	92	301	388	651	47
1984	1571	151	1440	131	127	651	701	256	445	75	137	7	136	364	441	617	13
1985	1711	180	1542	169	165	696	799	276	523	77	131	8	159	448	452	641	11
1986	1844	216	1695	149	132	685	850	276	574	83	177	49	195	496	476	668	9
1987	1961	232	1838	123	141	767	885	343	542	83	178	48	236	539	482	697	7
1988	1951	232	1856	95	82	767	883	354	529	96	183	22	254	541	496	653	7
1989	1965	240	1910	55	53	719	910	361	549	104	208	24	283	568	477	631	6
1990	1875	239	1820	55	53	835	862	320	542	112	251	15	277	596	469	526	7
1991	1816	244	1729	87	77	591	827	335	492	115	272	11	259	609	453	487	8
1992	1846	256	1760	86	85	592	820	375	445	112	312	10	283	614	468	474	7
1993	1842	266	1770	72	60	487	839	351	488	128	380	8	291	647	443	454	7

续表

年份	党员总数	女党员	正式党员	预备党员	发展人数	工人	干部			离休干部（工人）	退休职工	其他	文化程度				
							小计	专业技术人员	管理人员				大专以上	中专高中	初中	小学	初小以下
1994	1845	280	1768	77	66	465	823	662	161	126	424	7	305	669	445	419	7
1999	1898	300	1851	47	43	245	671	526	145	94	873	12	416	685	430	356	10
2000	1918	309	1870	48	45	258	675	538	137	90	883	12	451	680	427	350	9
2001	1933	319	1877	56	48	271	697	569	128	87	867	11	481	677	426	341	7
2002	1899	309	1866	33	27	262	707	579	128	80	938	11	490	662	408	331	7
2003	1869	298	1832	37	30	259	725					10	515	648			
2004	1820	290	1775	45	30	265	725					10	533	616			
2005	1600	259	1543	57	30	262	752					8	550	551			
2006	1527	241	1472	55	30	251	737					8	553	506			

注 1965～1971年、1995～1998年统计资料缺。

受中央、省和总公司党组表彰的先进党支部见表10－1－5。

表10－1－5　　受中央、省和总公司党组表彰的先进党支部一览表

单位名称	荣誉称号	授予机关	授予时间
第二工程处门机队党支部	先进党支部	中共浙江省委	1985－06
建筑公司杭州工地党支部	先进党支部	中共浙江省委	1986
富春江管理处离休干部党支部	先进党支部	中共浙江省委	1986
机械制造总厂水电二队党支部	先进党支部	中共浙江省委企工委	1990
新安江疗养院第一党支部	先进党支部	中共浙江省委企工委	1991
劳动服务公司仪表厂党支部	先进党支部	水利水电工程总公司党组	1991
富春江管理处离休干部党支部	老干部先进集体	中共中央组织部	1991
富春江管理处离休干部党支部	先进党支部	国家电力公司	1999－07
第二分局党委	先进基层党组织	中共浙江省直属机关工委	2006－02

受省委和总公司党组表彰的优秀共产党员见表10－1－6。

表10－1－6　　受省委和总公司党组表彰的优秀共产党员一览表

姓名	授予时间	荣誉称号	授予机关	所在单位
孙长清	1985	1984年度优秀共产党员	中共浙江省委	第二工程处
陈顺来	1985	1984年度优秀共产党员	中共浙江省委	第一工程处
杨家湖	1986	1985年度优秀共产党员	中共浙江省委企工委	行政处

续表

姓　名	授予时间	荣誉称号	授予机关	所在单位
周世荣	1990	1989年度优秀共产党员	中共浙江省委企工委	施工科研所
徐华昌	1990	1989年度优秀共产党员	中共浙江省委企工委	第二工程处
陈华明	1990	1989年度优秀共产党员	中共浙江省委企工委	浙江省电力联合公司
夏春达	1990	1989年度优秀共产党员	中共浙江省委企工委	第一工程处
王炳祥	1990	1989年度优秀共产党员	中共浙江省委企工委	建筑安装工程处
黄步善	1990	1989年度优秀共产党员	中共浙江省委企工委	机械化施工处
吴光兴	1990	1989年度优秀共产党员	中共浙江省委企工委	职工大学
刘金胜	1990	1989年度优秀共产党员	中共浙江省委企工委	富春江管理处
吴海洋	1991	1990年度优秀共产党员	中共浙江省委企工委	局设计院
陈祥友	1991	1990年度优秀共产党员	中共浙江省委企工委	机械厂
周世荣	1991	1990年度优秀共产党员	中共浙江省委企工委	施工科研所
张如千	1991	1990年度优秀共产党员	中共浙江省委企工委	机电安装公司
蒋木根	1991	优秀党支部书记	水利水电建设总公司党组	新安江疗养院第一党支部
周世荣	1993	优秀共产党员	中共浙江省委企工委	施工科研所
陈兴生	1993	优秀共产党员	中共浙江省委企工委	机械制造总厂
陈国良	1999	优秀共产党员	中共浙江省委	珊溪施工局
方旭光	2001	优秀共产党员	中共浙江省委	机电安装分局
李月平	2006	优秀共产党员	中共浙江省直属机关工委	第一分局
谢作华	2006	优秀共产党员	中共浙江省直属机关工委	机电安装分局
汪祖武	2006	优秀共产党员	中共浙江省直属机关工委	局机关
余　江	2006	优秀党务工作者	中共浙江省直属机关工委	第三分局
余汝炎	2006	优秀党务工作者	中共浙江省直属机关工委	退休职工管理处

1998年11月4日党员大会选举产生徐鹿元、孙阳为省第十次党代会代表。

2002年3月29日党员大会选举徐鹿元、方旭光为省第十一次党代会代表。

第五节　宣　传　工　作

一、宣传教育

1956年12月，工程局建立宣传报道网，生产班组设兼职宣传报道员。

1957年4月，邀请抗美援朝志愿军战斗英雄郭世藩来新安江水电站工地作上甘岭战役事迹报告两场，2500多名职工受教育。5月，举办“反对浪费、增产节约”展览会，全局万余名职工、家属参观展览。是年，向职工进行增产节约教育，宣传建设新安江水电站的意义，教育职工艰苦奋斗、勤俭建国。1958年2月，开展反浪费、反保守“双反”活动，举办“双反”展览会14处，展出实物1200多件，8～12月，开展社会主义、共产主义教育，举办各种报告会、座谈会500多场次，组织报告员宣传国内外形势和党的社会主义建设总路线；工程局在朱家埠举办技术革新展览会等活动，受教育职工、家属达到29800多人次。1959年春，采取召开座谈会、辩论会，举办训练班、文艺演唱等多种形式，向职工进行以提高工程质量为内容的爱国爱电站、敬业爱业教育。9月，开展新旧社会回忆对比（比政治地位、比生产建设、比劳动条件、比生活福利、比精神面貌、比社会风气、比学徒生活）“七比”教育。1960年，对职工进行自力更生、艰苦奋斗教育。1961年2月，开展以阶级教育为中心内容的社会主义教育运动，普遍进行“忆苦挖根谈甜思源”活动。组织老工人报告团，5名老工人作21场报告，听众达5000余人次。1962年，开展形势任务教育，宣传国民经济实行“调整、巩固、充实、提高”的方针和战备形势。1963年，向职工进行社会主义阶级教育，举办阶级教育展览馆，组织职工开展“忆苦思甜”活动。据新安江水电站工地统计，全工地2526名工人中，参加活动的有2399人，占94.97%；1829人在各种会议上控诉在旧社会遭受剥削压迫的痛苦。1964～1966年，开展“工业学大庆”、学习人民解放军、学习毛泽东著作等活动，教育职工发扬工人阶级优良传统，自力更生、艰苦奋斗，发扬大庆人做老实人、讲老实话、办老实事，严格的要求、严密的组织、严肃的态度、严明的纪律的“三老四严”作风。

1978年12月，发动全局职工学习中共十一届三中全会公报精神，宣传“全党工作着重点转移到社会主义现代化建设上来”这一战略决策。翌年，组织职工开展“真理标准”的大讨论。1979年，开展社会主义法制宣传教育，培训骨干450人，组织“法制宣传月”活动。1981年3月，工程局工会、团委、教育处、卫生处4单位联合向全局职工、师生、家属发出开展讲文明、讲礼貌、讲卫生、讲秩序、讲道德；心灵美、语言美、行为美、环境美；热爱祖国、热爱社会主义、热爱党的“五讲四美三热爱”文明礼貌活动的倡议。1984年2月，工程局党委成立“五讲四美三热爱”活动委员会。

1985年5月，组织职工学习中共中央《关于经济体制改革的决定》，教育职工以主人翁态度对待改革。

1991年3～4月，在全局职工中开展以贯彻中共十三届七中全会精神为主要内容的形势任务教育。8月，工程局成立“二五”普法教育领导小组。12月，制定开展法制宣传教育第二个5年规划。是月23日，首期骨干培训班开课，为基层培训师资31人。翌年1月8日，举办处以上干部参加的“二五”普法教育讲座，学习《中华人民共和国宪法讲话》和《社会主义法制建设若干问题讲话》两本书。1～6月，聘请浙江省、金华市有关领导和专家来局作《企业法》、《全民所有制工业企业转换经营机制条例》、《公司法》和有关社会主义市场经济法律法规的专题讲座11次。至1994年，据不完全统计，全局参加学习的职工2915人，参加考试的职工2774人，参考率95.16%，考试合格率100%。工程局法制宣传教育第二个5年规划确定的任务胜利完成。1995年12月，中共浙江省委、省人民政府授予工程局“二五”普法先进单位称号。

1998年12月，工程局党委召开第六次党代会，大会通过《全面加强党的建设，充分发挥政治核心作用，努力开创我局改革发展新局面》报告，总结了十二局改革发展的经验，规划了工程局跨世纪的奋斗目标，也对推进工程局党的工程提出了新的、更高的要求，《水电工人报》进行宣传。

2001年工程局党委以纪念大会、表彰会、党的知识竞赛、歌咏比赛、征文活动等各种方式庆祝建党80周年。全局党组织掀起学习江泽民“七一”讲话热潮。9月党的十五届六中全会通过《关于加强和改进党的作风建设决定》，局党委发出学习贯彻通知，要求党员干部按照“八个坚持，八个反对”对照检查工作，转变党组织作风。

2002年，工程局党委要求各基层党组织深化江泽民“七一”重要讲话和“三个代表”重要思想的学习，深入宣传贯彻中共中央《关于加强和改进党的作风建设的决定》。局党委宣传部发出通知，要求各基层党组织、工会、团组织开展弘扬爱国主义精神，以优异成绩迎接党的十六大召开为主题的宣传教育活动。12月27日召开全局宣传报道工作会议，提出了坚持稳定鼓劲、正面宣传为主的方针，牢牢把握正确的舆论导向，努力营造昂扬向上、团结奋进、开拓创新的良好氛围，不断扩大宣传报道范围，让更多的人了解企业。制定实施工程局“四五”普法规划，对全体职工进行“四五”普法宣传教育。

2003年2月，工程局党委发出通知，在全局开展十六大精神主题教育活动。8月，根据中央、省委和集团公司的统一部署，为进一步深入学习贯彻党的十六大精神，工程局党委发出通知，在全局兴起学习贯彻“三个代表”重要思想新高潮。

2004年9月19日，工程局党委召开全局宣传工作会议，确定了宣传工作的指导思想是：以邓小平理论、“三个代表”重要思想为指导，深入贯彻党的十六大和十六届三中、四中全会精神，树立科学发展观，紧紧围绕工程局做强做大这个中心任务，与时俱进，开拓创新，扎实推进企业宣传思想工作和文明建设，把全局党员、干部、职工的积极性、创造性凝聚到实现工程局加快发展的任务目标上来，为工程局改革、发展、稳定提供思想保证和强大精神动力，创造良好的舆论和文化环境。

2005年，根据中共浙江省委和集团公司党组的部署和要求，工程局从7月份起，开展保持共产党员先进性教育活动。教育活动宣传先行，利用《水电工人报》等各种宣传工具，及时地进行宣传。工程局质量安全环境一体化管理体系认证工作全面启动后，《水电工人报》等配合做好宣贯工作。

2006年，组织学习宣传贯彻十六届五中全会、十六届六中全会精神、中央经济工作会议精神和胡锦涛关于社会主义荣辱观的论述、集团公司党建工作会议精神。各单位充分利用局网站、水电工人报、宣传栏、标语牌、工地广播、黑板报等宣传阵地，大力营造知荣辱、善修身的浓厚氛围。

二、党校工作

1961年5月，工程局党委创办业余党校，组织新党员学习党章和《论共产党员修养》。1963年3月～1964年4月，业余党校办班6期，轮训新党员487名，占党员总数的48.4%。

1977年10月，工程局党的核心小组成立党校，校址在富春江水电站工地，培训中层以上领导干部、中青年干部、后备干部、党支部书记和工会、共青团干部。

1980年前后，举办为期4个月的青年干部培训班5期，参加培训200多人。1985～1988年，开设浙江省中等刊授政治专业学校辅导站，150人取得中专毕业证书。1990年起，举办处级干部哲学学习班、党支部书记轮训班和共青团干部培训班。学员既学马克思主义基本理论，又学企业管理知识。

1991年，按中宣部、中组部和省委的规定，举办在职领导干部社会主义理论轮训班，轮训中层以上领导干部451人。

1992年初，党校迁至金华基地。是年，举办党史党建轮训班4期，轮训科队长以上干部205人。9月至翌年4月，举办为期2个月的中青年干部培训班2期，培训58人。1994年，举办处级领导干部理论培训班3期，学习《邓小平文选》第三卷和建设有中国特色的社会主义理论以及市场经济理论，培训处级干部116人。党校从1977年至1994年末，共举办各种培训班70期，4000多人次接受培训。

1995年举办2期党支部书记培训班，1996年举办2期由副处级以上领导干部、直属单位党支部书记和行政负责人参加的领导干部“双学”培训班，1996年和1997年各举办了1期党支部书记研讨班，1998年举办2期处级领导干部培训班，1998年和1999年各举办了1期党支部书记培训班，2001年举办1期中青年干部培训班，2002年举办1期离退休支部书记培训班，2003年举办首期中层干部工商管理培训班，2004年举办第二期中层干部工商管理培训班，2005年举办第三期中层干部工商管理培训班，2006年举办1期中青年干部培训班。

1995～2006年共举办各类培训班20期，1000多人次接受培训；共举办入党积极分子培训班11期，共有400多人参加培训。

第六节　统一战线工作

1994年底，工程局有九三学社、中国国民党革命委员会和中国民主同盟3个民主党派的成员20人；有归侨职工3名，港、澳、台胞亲属32户、侨眷19户。1990年5月14日，九三学社在金华基地成立支社，有成员17人。

到2006年，九三学社共有成员20人，无党派人士16人。

1990年，工程局党委决定宣传部负责统战工作。对民主党派人士在政治上给予关怀，学习、工作上给予支持，生活上给予照顾。工程局每逢召开党代会、职代会都邀请民主党派代表参加；遇讨论工程局重大决策和传达中共中央重要会议精神，都及时通报情况。1991年，先后3次召开工程局民主党派人士和非党高级知识分子座谈会，并为九三学社十二局支社调整办公室、安装外线电话，在机关办公经费比较紧张的情况下，落实统战工作经费，为民主党派人士统一订阅有关报刊。

此后，工程局每年召开民主党派人士和非党知识分子座谈会，向他们通报工程局的生产经营情况和工作思路，听取他们的意见和建议，以发挥他们参政议政的积极性。

工程局党委重视加强对民主党派的领导，在工作上给予支持和指导，关心关爱无党派人士的学习、工作和生活，尤其是在评选各类先进中给予重视。开展主题活动，紧扣企业实际、着眼创新创效、立足岗位奉献，充分发挥广大统战成员人才智力密集的独特优势。注重畅通统战成员建言献策的渠道，及时组织统战成员学习党的方针政策，紧紧围绕工程局改革发展大局，充分发挥统战成员参政议政的作用，经常听取他们的意见和建议，调动他们在生产工作岗位上的积极性，为实现工程局各项工作目标作出应有的贡献。

第七节　领导班子思想作风建设

工程局始终把加强领导班子建设作为搞好企业的关键，积极开展了“四好”领导班子创建活动。建立了党委统一领导，党政主要领导共同负责，两级班子成员积极参与，机关相关部门具体组织实施，广大党员和职工群众实施监督的领导机制和工作机制，一级带一级，一级促一级，以理论建设为根本、能力建设为重点、作风建设为基础、制度建设为保证，切实抓好两级领导班子的思想政治建设、能力建设、作风建设和制度建设。局党政主要领导切实担负起第一责任人的职责，不断加强对二级单位“创建”活动的指导，增强了活动的实效性。

认真抓好两级领导班子理论学习，促进领导干部思想观念更新

工程局理论学习中心组，作为一项制度，坚持每月学习一次，每次半天，学习有计划、有内容、有考勤、有记录。2005年，在保持共产党员先进性教育活动后，工程局党委把“以增强党性为目标，构建基层党组织理论学习机制”作为先进性教育活动长效机制固定下来，并制定《关于完善党委理论中心组学习制度的意见》，进一步健全各级党委中心组理论学习制度，按照“学理论、转观念、出思路、建班子”的基本要求，结合本单位改革发展中的重要战略问题为课题，以学习促工作、推发展，为工程局和本单位实现做强做优、和谐发展奠定强大的思想基础。

以“一把手”培养选拔为核心，大力加强领导班子能力建设

按照“德才兼备”的原则，把那些政治思想素质好、作风正派、业绩突出、忠诚企业、群众公认的优秀干部推上领导岗位，加强领导干部特别是一把手的选拔和培养。通过工程局党校举办中层干部培训班、参加集团公司和省内外知名大专院校举办的有关专业培训班等的学习，开拓视野，提高能力。同时通过提供事业平台和实践锻炼，切实提高领导干部的执行能力、管控能力、经营管理能力、解决实际问题的能力等，为工程局的发展奠定坚实的基础。

以作风建设为基础，搞好各级领导班子廉政建设

认真总结开展“作风建设年”活动的经验，坚持把加强领导班子作风建设作为各级党组织常抓不懈的一项重要工作，树立正确的思想理念，扎实推进思想作风、学风、工作作风、领导作风、生活作风建设，使各级领导干部始终坚持为民、务实、清廉。工程局党委、工程局每年和各二级单位签订党风廉政建设责任书，制定了《党风廉政建设责任制实施细则》、《领导人员廉洁从业实施意见》等一整套防腐倡廉的规章制度，坚持领导干部述职述廉、廉政谈话和诫勉谈话制度，建立和健全重要情况通报和报告制度，自觉接受广大职工群众的监督。同时建立领导班子成员联系二级单位制度，班子成员坚持深入基层，倾听职工的意见，切实帮助解决实际问题，树立领导班子新形象。

完善制度建设，为领导班子和谐建设提供保障

制定《关于加强和改进我局党建思想政治工作的指导性意见》，修订《工程局党委议事规则》，下发《局属单位党组织参与重大问题决策的暂行规定》等，进一步健全和完善了有关规章制度、议事规则，规范了民主决策程序，加大了党组织对企业“三重一大”民主决策程序的参与和监督。认真落实企业“三重一大”民主决策程序，严格按制度、按规定、按程序办事，确保决策的科学、民主，用集体的智慧规避市场风险，避免决策失误，通过党委会、党政联席会、职代会等积极参与企业重大问题的决策，围绕中心、服务大局，为班子的和谐建设以及工程局改革发展稳定提供了保障。

第二章　工会、职工代表大会

第一节　组　织　机　构

1956年冬，工程局组建工会筹备机构，配备工会专职干部28人，张先辰主持工作。1957年7月16日，工程局工会筹备委员会成立，张先辰任主席。1958年9月，中国电业工会新安江水力发电工程局工会（简称“工程局工会”）第一届执行委员会选举产生，郭宗彦任主席，常委8人，委员23人；经费审查委员会（简称“经审会”）成员7人。1959年12月，王占一任工会主席，增补委员5名，由原来23人增至25人；增选常委4人，由原来8人增至9人。1962年9月，顾绪明任工会主席。1963年4月，选举产生工程局第三届工会委员会，顾绪明任主席，常委7人，委员23人，候补委员4人，经审会5人。1965年6月，选举产生工程局第四届工会委员会，顾绪明续任主席，常委7人，委员23人，经审会成员5人。1966年1月，石曰光主持工会日常工作。1967年1月，“造反派”夺权，工会被迫停止活动。1969年6月，经工程局革命委员会批准，“工代会”成立，取代工会组织，常委13人，委员37人。1977年4月5日，工程局党的核心小组决定撤销“工代会”，成立工程局工会筹备小组，杨荣贵、李铭负责。1979年6月，经工程局第五届职工代表大会选举，第五届工会委员会由黄振轩兼任主席，常委9人，委员25人，杨荣贵主持工会日常工作。12月，工会五届二次全委（扩大）会议选举产生由5人组成的经审会。1987年2月，工会日常工作由刘佩超主持。1990年3月，赵龙海任工会负责人，主持工会工作。同年7月24～26日，工程局工会第六次会员代表大会在金华基地召开，代表280名，浙江省总工会主席赵景棠到会致辞，选举产生第六届工会委员会，赵龙海任主席，常委7人，委员23人，经审会5人。1994年，全局工会专职干部22人。

1999年10月，工程局工会第七次会员代表大会在杭州召开，代表165人。浙江省总工会副主席陶君毅、中国水电工会全委副主席刘建民、浙江省电力工会主席朱长荣莅临大会，陶君毅、刘建民在会上致辞。大会选举产生第七届工会委员会和经费审查委员会。赵龙海任主席，工会委员会委员17人，常委7人；经费审查委员会由5人组成，王竹如任主任。2006年3月，工程局工会八届一次会员代表大会与十届一次职工代表大会（两会）一起召开。浙江省总工会副主席姚炳甫、浙江省直属企业工委主任吴育杭莅临大会，姚炳甫在会上致辞。大会选举产生第八届工会委员会和经费审查委员会。王竹如任主席，工会委员会委员17人，常委9人；经费审查委员会5人。

工会主要负责人更迭见表10-2-1。

表10-2-1　　工会主要负责人更迭一览表

姓　名	籍　贯	职　务	任职时间
张先辰	山东齐河	主席（筹）	1957-07-16～1958-08-23
郭宗彦	黑龙江哈尔滨	主席（筹）主席	1958-09-01～1958-09-21 1958-09-22～1959-08-29
王占一	山东苍山	主席	1959-12-01～1962-08-22
顾绪明	山东肥城	主席	1962-09-08～1969-06
杨荣贵	浙江遂昌	筹备组长	1977-04-04～1979-07
黄振轩	浙江德清	主席（兼）	1979-07～1990-07
赵龙海	黑龙江龙江	主席	1990-07～2004-12
王竹如	浙江兰溪	主席	2004-12～

工程局工会筹建初期设组织部、宣传部、生产部、劳保部等工作部门。宣传部下辖文化宫、广播站、电影队等单位。首届工会执行委员会诞生后，不设工作部门，另设俱乐部、广播站、电影队。第二～四届工会委员会沿袭该组织建制，直至第五届工会委员会建立。1979年12月，建立劳动保护、女工、劳动保险、财务工作委员会。1981年3月7日，建立组宣部、劳保部、生产部、广播站、俱乐部、电影队属组宣部。翌年10月9日，增建工会办公室、生活女工部等工作部门。1990年7月，工程局第六届工会委员会建立女职工、劳动保险、职工技术协作、劳动保护监督检查、宣传教育等5个工作委员会，设办公室、组宣部、生产保护部、生活女工部、俱乐部等工作部门。

1956～1958年6月，工程局工会发展会员近3000人，全局会员达到6568人。建立基层工会8个，队（车间）分工会48个，工会小组757个。1958年后，随着工程局机构变更，工会及时调整、健全基层组织，加强工会建设。"文化大革命"期间，工会活动被迫停顿。1977～1979年，工会组织恢复壮大，发展新会员2000多人，会员达到8543名，恢复建立基层工会63个。1984年后，为适应新体制、新情况，不断探索工会建设新途径，1992年制定《工程局项目经理室（部）工会委员会组织建设办法（试行）》，发挥工会组织在生产经营活动中的积极作用。1994年，工程局工会有基层工会49个，队（车间）分工会112个，工会小组735个，工会会员7266人。

1998年初，工程局机关整体迁至杭州，局工会职能部门为"三部一室"，即组织宣传部、生产保护部、生活女工部和办公室。1999年10月，工程局工会召开七届一次工会会员代表大会，其时基层工会35个，工会会员4678人。2001年，根据工作需要，局工会职能部门生产保护部改为生产生活部，生活女工部改为财务女工部。2005年初，局工会生产生活部职能归办公室；2006年5月，局工会组织宣传部职能归办公室。2006年，工程局工会有基层工会28个，工会会员3216人。

第二节 职工代表大会

工程局试行党委领导下的职工代表大会（以下简称“职代会”）制始于1957年。是年3月，机械化站为召开职代会成立筹备委员会，选举产生职工代表250名。会前，组织99名代表分组检查全站工作。该站首届职代会于8月20～24日召开。1961年6月，工程局工会研究部署基层单位召开职代会的工作。此后，局属各基层单位相继召开职代会。

1957年5月10～16日，工程局在新安江朱家埠召开职工代表会议。职工代表623人、家属列席代表31名。会议听取工程局党委副书记陈赞关于《发扬艰苦奋斗的光荣传统，团结一致，广泛开展增产节约运动，为胜利实现1957年的增产节约计划而奋斗》的报告，局长王醒关于《八个月来的工作总结与今后任务》的报告，以及副总工程师步以锷的技术报告和工程局工会筹备委员会主席张先辰关于《积极响应党的增产节约号召，全面、深入、持久地开展社会主义竞赛》的报告。

“文化大革命”期间，工程局职代会制度中断。1982年3月，工程局党委召开民主管理工作会议，学习中共中央、国务院转发的《国营工业企业职工代表大会暂行条例》，要求普遍建立职代会制度。工程局工会举办企业民主管理工作学习班，基层工会负责人34人参加学习。第八工程处率先于是年7月召开首届职代会。接着，全局20多个基层单位相继恢复并建立职代会制度。1992年2月，工程局七届二次职代会制定《关于加强企业民主管理若干问题的暂行规定》，规定局属工程处（公司、厂）的民主管理基本形式仍是职代会，每届任期两年，每年召开1次会议；项目项理室（部）建立民主管理委员会（小组），加强对生产经营过程的民主管理，民主管理委员会一般每季召开1次，定期听取项目经理的工作报告。

工程局自1958年9月召开首届职代会到2006年，共召开十届职代会。

一、首届职代会

工程局首届职代会于1958年9月19～22日在新安江水电站工地沧滩召开，职工代表600多人。王醒代表工程局党委作《关于目前政治形势和新安江电站建设任务》的报告。大会审议通过潘圭绥作的《关于力争1959年国庆节发电和工程造价降低为两亿五千万元的组织措施报告》以及郭宗彦代表工会筹委会所作的工作报告；选举产生工程局工会第一届执行委员会和经审会。

二、第二届职代会

工程局第二届职代会于1960年1月3～6日在新安江水电站工地紫金滩召开，职工代表657名，家属代表18名。陈赞代表工程局党委作《高举总路线红旗，为加速实现祖国电气化而奋斗》的报告。审议通过徐百铮代表工程局作《关于后期施工总进度和1960年增产节约计划》的工作报告和王占一代表工程局工会作的工作报告。大会通过决议，决心为早发电、早竣工立功，为实现祖国电气化而战。

3个月后，新安江水电站拦河大坝浇筑到顶，土建工程基本完工，两台机组提前安装完毕。是年4月13～14日，在新安江水电站工地紫金滩召开工程局第二届职代会第二次全体会议。职工代表563人，列席代表150人。工程局党委副书记黄全祯作形势和任务报告，会议同意潘圭绥代表工程局作的后期施工任务的工作报告。

三、第三届职代会

工程局第三届职代会于1963年4月24～29日在新安江水电站工地召开，职工代表401人，家属代表11人，退休工人代表1人。

会议听取陈赞代表工程局党委所作的政治报告，审议并通过刘震南代表工程局所作的工作报告和顾绪明代表工程局工会所作的《“四江”合并以来工会工作和财务工作报告》，选举产生工程局工会第三届委员会和经审会。

四、第四届职代会

工程局第四届职代会于1965年6月8～12日在新安江水电站工地召开，职工代表274名。

大会审议通过肖杰代表工程局作的工作报告，听取并批准顾绪明代表工程局工会作的工会工作和经费收支情况的报告，选举产生工程局第四届工会委员会和经审会。

大会号召全局职工大学毛主席著作，学习解放军与大庆油田建设经验，把职工队伍建设成为一支又红又专的水电建设野战军，尽快结束新安江水电站尾工建设，迎接新的战斗任务。

半年后，新安江水电站尾工基本结束，富春江水电站工程复工。1965年12月20～23日在新安江水电站工地召开工程局第四届职工代表大会第二次全体会议，通过关于健全职代会制度的决议和动员全局职工为完成和超额完成1966年各项工程建设任务而奋斗的决议。

五、第五届职代会

工程局第五届职代会于1979年6月26～29日在湖南镇水电站工地召开，职工代表561名。

大会听取陈赞代表工程局党委的讲话，审议并通过姚新根代表工程局作《跟上伟大转变，加快电站建设步伐，为实现四个现代化而奋斗》的工作报告，审议通过工程局工会筹备工作报告和《工程局职工代表大会暂行组织条例》，选举产生工程局第五届工会委员会。浙江省总工会副主席李世范出席大会并讲话。

第五届职代会共开3次全体代表大会和1次主席团、代表团（组）长扩大会议，审议通过1980年工程局调资升级工作等10项工作部署和重要规章制度，讨论通过1983年工程局呈报水利水电建设总公司的企业整顿验收报告和审议确定工程局分房委员会关于金华基地第二批住房分配方案等。

六、第六届职代会

工程局第六届职代会于1983年11月17～21日在紧水滩水电站工地召开，职工代表456名、列席代表20名、邀请代表9名。

工程局党委书记王度滋作《发扬工人阶级主人翁精神，努力开创电站建设新局面》的讲话，局长黄惠源代表工程局作《加强队伍建设，提高经济效益，为争创“六好”企业作出新贡献》的工作报告。审议通过1984年汛前紧水滩水电站施工安排、财务工作报告以及1983年调改结合调整职工工资试点方案，选举产生工程局六届职代会分房委员会。

第六届职代会共召开两次全体代表大会、7次主席团和代表团（组）长会议，先后审议通过1984年《水电部十二局改革试点方案》、1985年工程局工资改革方案等17项重要方案、规定和制度。

七、第七届职代会

工程局第七届职代会于1989年7月18～20日在金华基地召开，职工代表270名，特邀、列席代表51名。

大会听取赵铭身代表工程局党委的讲话，听取并审议局长张介中所作《齐心协力，深化改革，开创工作新局面》的工作报告，审议通过《工程局修改劳动规则》的报告、《工程局职工代表大会条例实施细则》，选举产生新的分房委员会、福利委员会，通过参加工程局管理委员会、劳动争议调解委员会中的职工代表人选。浙江省电力工业局副局长黄惠源出席大会并讲话。

此届大会强调工程局要适应社会主义市场经济，深化内部改革，全心全意依靠职工群众办好企业。1992年2月，工程局召开第七届职工代表大会第二次全体会议，制定3年（1992～1994）奋斗目标，即1年打基础，基本完善经营机制，当年实现成本不亏；2年见成效，即1993年实现企业不亏；3年变面貌，使工程局摆脱困境，走出低谷，迎来振兴发展新局面，做到企业综合经济效益有盈余。为了建立起生产者和经营者相互依靠、利益共享、风险同担的合理机制，1993年2月，召开七届职代会第三次全体会议。局长代表工程局，工会主席代表全局职工，工程局党委书记代表党组织共同签订“工程局1993年度共保合同”。

第七届职代会共召开4次全体代表大会和4次代表团（组）长扩大会议。先后审议或审议通过《关于推广鲁布革工程管理经验试点深化改革方案》等多项重要改革方案、调资意见和规章制度。

七届职代会第一次代表团（组）长扩大会议1989年12月18～19日在金华基地召开。会议审议了《推广鲁布革工程管理经验试点深化改革方案》、《关于调整施工机械设备管理体制的意见》，审议通过了《关于一九八九年效益工资升级的实施意见》、《关于试行效益工龄工资的实施办法》、《关于离退休人员实行效益工龄补贴的暂行办法》。

七届职代会第二次代表团（组）长扩大会议1990年7月28～29日在金华基地召开。会议审议通过了《水电第十二工程局一九九八年工资工作的实施意见》、《水电第十二工程局关于一九九〇年效益工资安排实施意见》，审议了《关于清核固定标准工资问题的通知》。

七届二次职代会1992年2月26～28日在金华基地召开。大会审议通过了《关于加强基础管理工作的几点意见》、《水电部十二局首次住房改革实施方案（草案）》、《水电部十二局多种经营发展三年规划（草案）》、《水电部十二局多种经营管理暂行规定》、《关于加强企业民主管理若干问题的暂行规定》；听取了《水电部十二局劳保医疗管理办法》试行情况的说明和《水电部十二局项目经理承包责任制试行办法》的说明，同意修改后试行，大会暂不作正式通过。大会通过了《关于动员全局职工广泛开展"我为十二局作贡献"活动意见》。

同年9月10～11日，在金华基地召开七届二次职代会于代表团（组）长扩大会议。会议审议了《中国水利水电第十二工程局企业内部深化改革总体方案（试行）》，同意作必要修改后实施；审议了《关于干部人事制度改革的试行办法》、《中国水利水电第十二工程局社会化服务系统转换经营机制的规定（试行）》。审议通过了《中国水利水电第十二工程局劳动用工、内部分配制度改革方案（试行）》，建议在修改后组织实施。审议通过了《中国水利水电第十二工程局职工离岗退养实施办法（草案）》、《中国水利水电第十二工程局职工局内部待业管理办法（草案）》。

七届三次职代会1993年2月20～21日在金华基地召开。大会审议通过了《中国水利水电第十二工程局一九九三年度共保合同》。大会要求局属各单位在1993年度经营承包责任制签订之后，也应结合本单位实际，签订多种形式共保合同，做到千斤重担大家挑，人人肩上扛指标。审议还通过了《局七届三次职代会关于一九九二年度工程局实现成本不亏后对局级领导的考核奖励意见》。

七届三次职代会代表团长（扩大）会议1993年12月7～8日在金华基地召开。会议审议通过了《中国水利水电第十二工程局住房制度改革第二次实施方案（草案）》。审议了《中国水利水电第十二工程局金华基地公有住房出售暂行办法》、《中国水利水电公有住房提租和补贴实施办法》、《中国水利水电第十二工程局实行公积金暂行办法》。

七届四次职代会1994年3月4～5日在金华基地召开。大会审议并原则通过《中国水利水电第十二工程局转换经营机制实施办法》，待修改后试行。

八、第八届职代会

工程局八届一次职代会于1995年2月21～22日在金华基地召开，职工代表278名，特邀、列席代表59人。

大会听取赵铭身代表工程局党委的讲话，听取并审议局长张介中所作《转机建制，再展宏图，把我局建设成现代化的企业集团》的工作报告。

此届大会的中心议题是：以邓小平建设有中国特色社会主义理论为指导，总结自七届职代会以来工程局改革发展的经验，制定工程局三年发展规划。

大会审议了《中国水利水电第十二工程局1995～1997年发展规划（草案）》。

第八届职代会共召开6次全体代表大会。

八届二次职代会1996年1月25～26日在金华基地召开。大会审议通过了《中国水利水电第十二工程局全员劳动合同制实施方案（草案）》、《中国水利水电第十二工程局岗位工资实施办法（草案）》，听取了《职工离岗退养问题》的说明。

八届三次职代会1997年2月25～26日在金华基地召开。大会听取了《水电十二局职工医疗保险制度改革试行办法（草案）》和《水电十二局企业补充和个人储蓄性养老保险实施办法（草案）》的说明，并结合工程局实际，提出了一些具体修改意见，待修改后实施；《水电十二局企业补充和个人储蓄性养老保险实施办法（草案）》获得原则通过。

八届四次职代会1998年2月24～25日在金华基地召开。大会审议通过了《中国水利水电第十二工程局1998～2000年发展规划（草案）》。

八届五次职代会1999年3月8～9日在杭州召开。大会审议通过了《中国水利水电第十二工程局集体合同（草案）》，局长张介中代表工程局行政、局工会主席赵龙海代表全体职工在集体合同上签字。

八届六次职代会2000年2月26～27日在杭州召开。大会审议通过了《中国水电十二局关于厂务公开制度的实施意见（草案）》。

九、第九届职代会

工程局九届一次职代会于2001年2月16～17日在杭州召开，职工代表148名，特邀、列席代表54人。

浙江省电力局副局长孙同杰莅临大会并讲话。

大会听取徐鹿元代表工程局党委的讲话，听取并审议局长张介中所作《把握机遇，乘势前进，共创企业新辉煌》的工作报告。

此届大会的中心议题是：以邓小平理论和党的十五大，以及十五届四中、五中全会精神为指导，传达贯彻国家电力公司2001年工作座谈会和省电力公司2001年工作会议精神；回顾总结局第三个3年发展规划暨2000年度的工作，履行职代会民主程序。

大会审议通过了《中国水利水电第十二工程局2001～2005年发展规划（草案）》，审议并原则通过了《关于劳动合同期满职工续订、终止劳动合同的有关规定（草案）》。

第九届职代会共召开5次全体代表大会。

九届二次职代会2002年2月28日～3月1日在杭州召开。大会首次将年度审计工作情况和审计工作计划报告列入向职代会报告范围。大会审议通过了《中国水利水电第十二工程局职工教育“十五”规划（草案）》；审议通过了工程局第二轮《集体合同（草案）》，局长徐鹿元代表工程局行政方、局工会主席赵龙海代表职工方在集体合同上签字。

九届三次职代会2003年2月18～19日在杭州召开。大会审议通过了《2003年岗位工资调整方案（草案）》、《补充医疗保险管理暂行办法（草案）》，审议了《基本医疗保险实施办法》、《关于加强劳动合同管理的补充规定》。

十、第十届职代会

工程局十届一次职代会2006年3月29～30日在杭州召开。职工代表138人，列席代表48人。

浙江省总工会副主席姚炳甫、省直属企业工委主任吴育杭莅临大会。姚炳甫副主席代表浙江省总工会和省直属企业工委致辞。

大会听取余其年代表工程局党委的讲话，听取并审议局长徐鹿元所作的《深化改革，精细管理，提高效益，和谐发展》的工作报告。

此届大会的中心议题是以邓小平理论和“三个代表”重要思想为指导，学习贯彻党的十六大和十六届三中、四中、五中全会精神，传达贯彻集团公司2006年工作会议精神；回顾总结分析存在的问题，确定工程局今后3年发展目标暨2006年工作任务。

大会审议通过了《中国水利水电第十二工程局2006～2008三年发展规划（草案）》、

《中国水利水电第十二工程局职工代表大会实施细则（草案）》、《中国水利水电第十二工程局2006年岗位工资调整方案（草案）》、《中国水利水电第十二工程局职工互助帮困基金会章程（草案）》；审议通过了工程局第三轮《集体合同（草案）》，局长徐鹿元代表工程局行政方、局工会主席王竹如代表职工方在集体合同上签字。

第三节　组　织　活　动

维护职工合法权益

工程局自建立工会组织以来，一直坚持维护职工的合法权益。主要包括以下6个方面：

一是建立健全两级职代会制度和厂务公开制度，确保职工的民主参与与民主监督权利。工程局每年年初召开职代会，有关企业发展的重大决策、重要规章制度，都提交职代会审议通过；对涉及职工切身利益方案的制定，局工会做到全程参与，再提交局职代会审议通过，做到源头维护。在坚持和完善局职代会的同时，局工会十分重视二级单位的职代会制度建设，不断提高职代会建制率。为适应局实施项目法施工后局内体制、人员变动频繁的特点，局工会突出了对新组建专业公司的职代会建设。对一些暂还没有条件马上建立职代会制度的单位，要求先成立“民工管理委员会（或小组）”行使职代会职权。1999年底，15个二级单位建立了职代会，建制率90%；7个单位建立“民主管理委员会（或小组）”。2006年，全局二级单位职代会建制已达98%。2000年3月，局八届六次职代会审议通过了《中国水利水电第十二工程局厂务公开实施意见（草案）》，标志着工程局在民主管理进程向前迈出了一步。同年7月，工程局厂务公开办公室召开专门会议，制定了《厂务公开实施细则》。到2006年底，全局建立职代会制度的单位都建立了厂务公开制度，确保了职工群众的知情权与民主监督权。2005年3月，工程局荣获浙江省推行厂务公开工作办公室表彰的“厂务公开工作先进单位”称号。

二是推行共保合同制度和建立集体合同制度。1993年，工程局七届三次职代会审议通过了工程局1993年度《共保合同》，局长代表行政、局工会主席代表全局职工、局党委书记代表党组织签字。同时成立合同监督检查领导小组，每半年检查一次合同履行情况，次年向职代会报告合同履行情况。1995年，局工会抓住贯彻实施《劳动法》和《浙江省集体合同条例》契机，着手准备工程局第一个《集体合同》。经过大量细致的准备工作，在工程局党委的领导、工程局行政的支持和有关部门的配合下，经工程局八届五次职代会审议通过，工程局第一个《集体合同》正式签订，并于1999年3月31日起生效。集体合同制度的建立，对建立企业内部稳定和谐的劳动关系迈出了重要一步。此后每3年根据国家新政策和企业新情况，对集体合同进行修改增删，最后提交职代会审议通过并续签。2006年，工程局第二轮集体合同到期，工程局工会抓住修订集体合同这一时机，在广泛征求职工群众意见的基础上，通过召开行政方和职工代表方协商会，对原合同中涉及职工切身利益的条款，本着能细化尽量细化的原则，充实和调整了部分内容，经工程局职代会审议通过后，形成新一轮《集体合同》，在协调好企业和职工劳动关系方面又推进了一步。

为切实维护女职工的合法权益，工程局工会在充分调查研究基础上，形成了《中国水利水电第十二工程局女职工权益保护专项集体合同（草案）》，2006年底，通过平等协商，与行政达成共识。

三是建立职代会职工代表提案制度。工程局在20世纪80年代职代会征集过几次职工代表提案，由于反映的一些问题难以解决而中断。为不断加大民主管理力度，协调好劳动关系，工程局工会决定建立职代会职工代表提案制度。2005年8月，工程局工会印发了《中国水利水电第十二工程局职工代表大会提案实施办法》。在2006年职代会期间，全局55名职工代表提出了47个提案。工程局党政领导与机关部门对提案的处理都很重视，对于涉及职工切身利益的问题，做到能解决的尽量解决，一时难以解决的，把情况说明清楚，取得职工的理解，对构建和谐劳动关系起了较好的作用。

四是积极参与两个辅业单位改制工作，维护职工的合法权益。2004年10月，为贯彻落实国家经贸委等八部委下发的《关于国有大中型企业主辅分离辅业分流安置富余人员的实施办法》（国经贸企改〔2002〕859号）和中国水利水电建设集团公司《转发国资委〈关于中国水利水电建设集团公司主辅分离辅业改制分流安置富余人员实施方案的批复〉的通知》（中水电企〔2004〕24号）等文件精神，工程局对华电防护设备厂和机械制造总厂进行改制分流。工程局工会参与了整个过程，严格按照民主监督程序，召开厂职工代表座谈会、充分听取职工群众对改制方案的意见，改制方案提交厂职工代表大会审议通过。2005年12月，华电防护设备厂改制方案经工程局九届五次职代会主席团、代表团长会议审议通过；2006年6月，机械制造总厂改制方案经工程局十届一次职代会主席团、代表团长会议审议通过。

五是积极参与劳动关系矛盾纠纷的处理。工程局工会积极配合职能部门做好职工群众的来信来访，符合政策规定、工程局有能力解决的，尽力督促帮助解决；一时难以解决的，做好说服工作；对不符合政策规定的，做好解释疏导工作。工程局和二级单位建立了“劳动争议调解委员会”，分级处理各类劳动关系矛盾纠纷。对二级单位在劳动关系处理中遇到的难题，工程局工会积极参与协调，帮助化解矛盾纠纷。在因工、非因公死亡的纠纷处理中，工程局工会按照政策规定做到两个维护，确保职工及亲属的合法权益得到保障。

六是关心爱护职工，做好特困职工的扶贫济困工作，维护职工群众的具体利益。1994年，中断两年之久的职工疗休养工作经过努力重新组织进行。是年，本着少花钱多办事的原则，工程局工会挤出有限有工会经费与华电旅行社联合举办了“新安江建设者故地重游”活动，组织离退休职工和在职职工分3批共120人重游新安江水电站。以后，在局行政的支持下，每年按局行政、局工会、所在单位各承担三分之一的比例，于10月份组织两批先进职工和临近退休未参加过疗休养的老职工到黄山、普陀山、张家界、青岛、西安、云南、三峡等地进行疗休养。截至2006年底，已有1162名职工参加了疗休养。为维护女职工的合法权益，关心女职工的身心健康，工程局工会每两年组织一次全局女职工和家属进行妇科体检。

一直以来，工程局工会以实施“送温暖”活动为主线，时刻关心困难职工、下岗职工的生活疾苦。每年元旦春节前后，主动访贫问苦，多方筹措资金对他们进行慰问。建立了

“六必访”制度：职工生病必访，职工遇天灾人祸必访，生孩子必访，家庭出现纠纷必访，家庭生活困难必访，家中发生特殊情况必访。2005年，工程局工会在调查研究基础上，制定了《职工互助帮困基金会章程》；次年3月，经局十届一次职代会审议通过后施行。基金会基金由工程局行政拨款、工程局工会筹款和发动职工入会捐款组成，并建立相应的组织机构和特困职工帮困申报、审批程序，使扶贫济困工作形成经常化、制度化、规范化。2006年，工程局工会通过元旦春节“送温暖”、金秋助学和平时困难补助，共给240多名职工及家庭（人/次）发放帮困金20多万元，其中给7名特困农民工补助1.7万元。

此外，工程局工会一直负责职工供养直系亲属劳动保险待遇证办理工作，并负责发放非因公死亡职工供养直系亲属生活困难补助费、在职职工供养直系亲属医疗费报销与死亡有关费用的报销。

2006年，工程局被中国企业联合会、中国企业家协会评为“2006年度全国和谐劳动关系优秀企业”。

劳动保护

工程局工会按照《工会法》、《劳动法》、《安全生产法》、《职业病防治法》授予的在劳动保护工作中的代表权、参与权和监督权，关心职工劳动卫生条件的改善情况，监督国家有关劳动保护、安全技术、工业卫生等法律、法规、条例在企业的贯彻执行情况。在组织机构上，工程局工会先后设立了劳动保护部、生产生活部，参与工程局劳动保护规章制度的制定、进行劳动保护监督检查。在工作机制与内容上，重点做好以下几方面工作：

一是利用平等协商机制、集体合同制度、职工代表大会制度，从源头上维护职工安全健康。二是2003年起，按照《工会劳动保护监督检查员工作条例》、《基层工会劳动保护监督检查委员会工作条例》、《工会小组劳动保护检察员工作条例》等三个条例要求，建立了工会小组劳动保护监督检查员制度。到2006年，工程局有工会小组劳动保护检查员178人，并实行持证上岗。三是每年参与行政组织的“安全月”安全生产大检查，主动协助并督促行政有关职能部门，针对季节性特点，做好防台、防雷、防汛和防暑降温工作。每年7月，工程局工会通过深入工地慰问与下拨专款等形式，给高温作业的职工送去关爱与清凉，确保职工身体健康与安全生产。四是从2002年起，通过开展“安康杯”竞赛活动，提高企业和职工的安全生产意识和自我保护意识。2002年，第一分局荣获浙江省“安康杯”竞赛优胜企业称号；2003年，第一分局荣获全国“安康杯”优胜企业称号，第六分局荣获浙江省“安康杯”优胜企业称号；2004年第六分局再次荣获浙江省“安康杯”优胜企业称号，2004年，工程局工会主席赵龙海荣获全国“安康杯”竞赛活动优秀组织者称号。五是通过工程局质量、环境、职业健康安全“三合一”管理体系认证，明确了员工代表在“三合一”体系中担负的责任，使工会组织在职业健康安全中更好地发挥作用。六是抓好生产班组员工的安全教育，广泛开展以如何保护自己为主题的安全教育活动，充分发动班组每个员工查找身边的安全事故隐患、提合理化建议，建立班组安全管理台账。七是积极推动在工程局生产经营单位开办民工学校。2006年，工程局11个生产经营单位开办了民工学校，参加学习的民工达2500多人次，年底通过考试评选出16名优秀学员，由工程局工会予以表彰奖励。八是配合行政提高分承包单位安全生产管理水平，加强农民工的安全意识。2006年7月，牵头组织了70家分承包单位的76名安全管理人员举办首期分承包队伍安全管理人员培训班。

劳动、技能竞赛活动

一、劳动竞赛

1957年5月，工程局工会动员工程局职工响应党的增产节约号召，全面开展社会主义劳动竞赛。以一工区开挖五队工人倡议开展生产、质量、节约、安全好，团结互助好，遵守劳动纪律好，学习生产技术好，参加社会活动好“五好”竞赛活动为契机，组织全局职工响应。据统计，1957年定额水平提高41.35%，节约资金117.9万元。

1958年，“五好”竞赛发展为班组与班组、队与队、车间与车间、个人与个人的对口赛、对手赛等多种形式。1～8月份创造施工纪录445项，其中全国纪录13项。职工提合理化建议727件，总结推广先进经验76项，采用新技术23项。

1959年，根据新安江水电站工程机械化施工联合作业协作性、连续性强等特点，右岸浇捣系统在4月率先组织混凝土拌和、运输、浇筑“一条龙”竞赛。11月，工程局在大坝混凝土浇筑、砂石生产、砂石运输、水泥运输、钻孔灌浆等5条联合作业线上开展“一条龙”竞赛，参赛的单位有一工区、二工区、机械化站、混凝土厂、开挖大队、汽车大队等施工单位。各单位内部又根据实际情况开展各自的“一条龙”竞赛，如机电安装大队的变配电“一条龙”、一工区的准备工作“一条龙”、二工区的制冰冷却“一条龙”竞赛等，新安江水电站工地掀起“大龙”套“小龙”、“小龙”促“大龙”的“群龙闹海”生产新高潮。据不完全统计，全局参加劳动竞赛的职工达12700多人，占职工总数的90%以上。参加竞赛的队（车间）52个、科室50个、班组776个，占全局班组（科室）的99%。

1961年，根据新安江水电站后期工程特点，“五好”竞赛内容发展成为“五比五好”：比思想红、干劲足，完成任务好；比定额、速度，技术革新巧干好；比优质、安全，执行规章制度好；比勤俭节约，降低成本好；比大搞副业，生产管理好。

1978年，在湖南镇水电站大坝混凝土浇筑中，也组织职工开展混凝土浇筑“一条龙”竞赛，是年大坝浇筑混凝土方量比1977年翻一番。1979年1月，封孔蓄水告捷，为1979年三季度电站投产发电打下基础。此后，在紧水滩、石塘水电站施工中，均组织混凝土浇筑“一条龙”竞赛，加速施工进度。

工程局开展立功竞赛始于1979年。是年7月，工程局工会发动湖南镇水电站工地职工开展“保发电”立功竞赛。9月30日，第一台机组投产发电，竞赛目标如期实现。翌年6月，动员全局职工开展为“四化”建功立业竞赛活动，促使湖南镇水电站最后两台机组于1980年下半年投产发电，为工程局施工力量及时向紧水滩水电站工地转移创造条件。

1986年3月，组织紧水滩水电站工地4700多名职工开展“大干4个月，实现6月下闸蓄水”立功竞赛，紧水滩水电站大坝、厂房、溢洪道混凝土浇筑由赛前平均班产67米^{3}上升到184米^3，日产方量由208米^{3}上升到551米^3。3月11～25日，完成混凝土浇筑8267米^3，为赛前效率的1.7倍。1986年6月26日，紧水滩水电站顺利实现下闸蓄水。立功竞赛共评出一等功集体40个、二等功集体58个，一等功个人95名、二等功个人

170名。

工程局六届工会会员代表大会至1999年七届工会会员代表大会召开的9年里，全局各级工会组织紧紧围绕工程局各个时期的生产经营任务，在全局范围内广泛地、多层次地组织开展各类劳动竞赛活动。各施工单位结合工程施工特点，开展以“保质量、保工期、保安全、增效益”为中心内容、形式多样的劳动竞赛活动；后方单位和工程局机关职能部门，也相应开展了“创文明窗口、创优质服务”为主要内容的各类系统性竞赛，促进了工作效率和工作质量的提高。在劳动竞赛中，工程局工会坚持“突出重点、全面兼顾”原则，对急、难、重、险项目，专门派人到工地进行帮助指导，保证了竞赛活动的健康发展和竞赛目标的实现。如1990年下半年，为确保温州发电厂年内具备发电条件，确保石塘电站年内竣工目标，工程局工会分别制定了立功竞赛意见并深入工地切实抓好组织发动工作，建立了竞赛领导班子，做好竞赛中的宣传鼓劲、考核评比和奖励表彰。石塘水电站比原工期提前20天投产发电，温州电厂一号锅炉大板梁提前吊装就位。1991年，重点在福建万安溪电站工地组织开展“大干60天，确保截流目标如期实现”立功竞赛，攻克了导流洞开挖中因设备、地质条件不利等难关，在11月13日全线贯通长达313米的导流隧洞，为如期截流赢得了时间，创下了当年施工、当年截流的新纪录。1992年，立功竞赛活动呈现多样化，展开了“工期目标”、“优质服务”、“技术比武”、“巾帼奉献”等劳动竞赛活动，针对生产施工中的难点、重点项目制订计划，建立领导小组，指定专人负责，协调行动，落实好奖励办法，及时总结和表彰，促进了竞赛活动健康发展。1993年，围绕工程局“企业不亏”目标，组织劳动竞赛。工程局3年目标中，1993年实现“企业不亏”是关键。为此，工程局工会积极配合行政，发动职工群策群力，制订措施，落实办法，运用有效激励手段，引发职工的积极性和劳动热情，使全局上下形成了“千斤重担大家挑，人人肩上扛指标”的局面。全年共有15个单位组织了21次劳动竞赛，参赛人数达5460人次，超过年初预定的5000人次指标的9%，创造了较好的经济效益。

1994年，工程局工会组织全局职工以“创信誉、增效益”为主要内容的劳动竞赛活动。各基层工会组织各种形式的劳动竞赛60次，参赛职工7000余人。1995年，局工会对《“我为十二局多作贡献”立功奖励暂行条例（试行）》作修改完善。

1996年，工程局工会专题研究如何抓好重点工程劳动竞赛，明确义乌八都、鄞县梅溪水库、福建水口升船机、湖南镇水电站扩机、杭州绕城公路等工程项目作为重点工程开展劳动竞赛。1997年，继续在重点工程开展劳动竞赛外，在珊溪施工局开展了“我为珊溪工程作贡献，我为工程局创信誉”的立功竞赛活动，提出“苦战10个月，攻下导流洞，创国内先进水平，争企业信誉”的竞赛目标，创下了60天完成长达537米、宽11.4米、高6.2米的上导流洞全断面掘进的先进水平。下半年又进行了以“大干60天，确保大江截流”为目标的劳动竞赛，工期提前33天，施工局被授予温州市重点工程立功竞赛先进集体。同年，白溪水库上导流洞提前34天全线贯通，穆阳溪芹山水电站实现当年进点、当年截流，八都水库提前半年封孔蓄水。1998年，珊溪水库工程经受住4次特大洪水袭击，通过组织开展了“大干四季度，确保大坝填筑60万方”劳动竞赛，实现了竞赛目标。白溪施工局从3月下旬开始，组织开展“大干150天，确保截流目标实现”的劳动竞赛，导流洞提前6天全线贯通。9月28日，白溪水库工程成功截流，提前实现合同进度要求。是年，全局参加各类劳动竞赛达6000余人。

1999年，珊溪水库、白溪水库、穆阳溪芹山水电站（简称“三大溪”）工程相继进入施工高峰，作为工程局重中之重，工程局工会对“三大溪”劳动竞赛作重点指导督促，全部实现竞赛目标。

2000～2004年，先后以华东桐柏抽水蓄能电站、贵州引子渡水电站、安徽港口湾水电站、温州莲花山引水项目、华光潭水电站、思安江水库、紫坪埔水利库、三板溪水库等重点工程为主，结合施工过程中的急、难、重、险等关键节点，适时开展劳动竞赛活动。全局参赛人数达12428人次。

随着工程局承揽国家和省等重点工程项目不断增多，为了积极探索新形势下劳动竞赛的新思路和新方法，赋予新内容和新形式，推动强化管理、均衡生产、降低成本、提高效益，促进转变增长方式，把企业做强做大做优，工程局工会在调查研究基础上，制定了《在国家和省等重点工程项目开展劳动竞赛的实施意见》。2005年6月，《实施意见》由工程局、工程局工会联合下文施行。竞赛范围为国家和省重点工程，以及合同额5000万元以上工程项目。竞赛内容包括施工质量、安全生产、工期目标、成本控制、技术管理与创新、文明施工、形象宣传等7个方面。根据上述7个方面内容，工程局有关部门对目标进行分解细化，编制《在国家和省等重点工程项目开展劳动竞赛目标考核表》，作为考核的依据。采取自查考核、部门考核和综合考核等方法进行，每年7月上旬进行半年考核、次年1月上旬进行年度考核。每年评选1～2个劳动竞赛功勋单位、2～3个劳动竞赛优胜单位，由工程局、工程局工会联合表彰奖励。2005年，第一分局桐柏抽水蓄能电站项目、第五分局街面水电站项目为评为劳动竞赛功勋单位；第二分局滩坑水电站项目、第三分局紫坪埔水电站项目、第六分局三板溪水电站项目评为竞赛优胜单位。2006年，第二分局滩坑项目评为劳动竞赛功勋单位，第三分局巴山项目、第四分局界竹口项目、第五分局洪口项目、第六工程公司外雄项目评为竞赛优胜单位。国家和省等重点工程劳动竞赛的开展，对推进工程项目提高施工质量、安全生产、工期目标、成本控制、技术管理与创新、队伍素质、文明施工和形象宣传水平起到了积极的促进作用。凡未被列入国家和省等重点工程局劳动竞赛项目的其他项目，由二级单位参照《实施意见》自行组织竞赛活动，并报局工会备案。实现竞赛目标的，经工程局工会考核酌情予以奖励。

二、技术比武

1959年，新安江水电站工地开展以增产节约为中心的技术革新和技术革命运动，开始出现各种形式的技术表演赛。12月，工程局工会在修配厂金工车间召开技术革新操作表演现场会议，局属各基层工会负责人、技术人员、老工人、青年工人和徒工100多人参加，金工车间206与215机床的车工、218与219机床的女车工、211与213机床的徒工表演对手赛。其中，206机床车工徐根发创造49分钟加工7分螺钉29只，工效提高14倍；车工郑祥熙采用先进刀具和革新车头平面菊花顶针，上下装夹不停车，进行高速切削操作表演。1959年9～11月，职工提合理化建议2216条，被采纳1513条，共创新纪录2488项。

1985年6月，水利水电建设总局在长江葛洲坝工程局举办手工电弧焊接技术比赛，全国各水电工程局、水工机械厂的55名优秀电焊工参加比赛，由电焊工唐景夏、庄建鸿、张跃文3人组成的工程局代表队以优异成绩获得全系统团体第一名。唐景夏、庄建鸿、张跃文分别获得个人第二名、第五名和第八名。

1992年初，浙江省劳动竞赛委员会发出《关于开展百万职工操作技术比武的通知》，工程局以各基层工会为主体，针对各自生产经营中的重点、难点、薄弱环节开展各种形式操作技术比武活动。主要有：建筑安装工程处的室内贴瓷砖操作比赛，富春江管理处的电能表绕线圈技术练兵，施工科学研究所的混凝土测试技术比武，新安江疗养院的静脉注射操作比赛，新安江工程处的优质服务练兵活动等。技术比武活动推动职工学技术、学业务活动，促进职工提合理化建议和开展技术协作活动。据不完全统计，是年职工提合理化建议152条，被采纳实施78条，创经济效益12万元。

在工程局六届工会会员代表大会至1999年七届工会会员代表大会召开的9年里，工程局工会通过开展岗位练兵、技术比武、提合理化建议活动，引导职工学文化、学技术、钻业务，提高操作技能。据不完全统计，全局6000多名职工提合理化建议9800余条，采纳率720条，创造经济效益上千万元；全局开展各种技术比武、岗位练兵75次，参加人数600余人。机电安装公司青年职工钱放华获得了“全国电弧焊技术操作能手”称号。

2000年，继续在全局开展技术练兵活动。6名职工先后参加了浙江省总工会、水电总公司组织焊工技术比武，机电安装公司青年职工江舸在水电总工会水电系统焊工比武中获得第一名，水电十二局队获得团体第二名。2001年在全局开展技术创新、岗位练兵、合理化建议活动。4月，江舸在“全国工程建设系统第五届焊工比赛”中，获得第7名。2002年，各级工会收到职工合理化建议63条，其中生产经营一块创造经济效益251.61万元。2003、2004年，重点结合工程施工质量进度，开展技术比武和岗位练兵。机电安装公司在桐柏抽水蓄能电站压力钢管制、安装开展的岗位练兵活动，机械制造总厂积极参与，活动搞得有声有色，提高了职工学业务、学技术的积极性。

为了推进工程局高技能人才队伍建设，鼓励广大职工学习新技术、掌握新本领，为工程局做强做大做优作出新贡献，2005年5月，工程局工会下发了《关于在全局广泛开展岗位练兵、技术比武活动的通知》（局工发〔2005〕22号）。由工程局工会主办、人力资源部（教育培训中心）协办、相关二级单位承办，每年举行5～6个主要工种和岗位的技术比武。技能比武突出新技术、新工艺，在局属单位技术比武基础上，推选优秀选手参加全局技能大赛。2005年6月，率先在机电安装公司举办了首届焊工技术比武；9月中旬，在滩坑水电站工地举办了首届重型机械（装截机、挖掘机、推土机）操作技术比武；9月下旬，在机械制造总厂举办了金属切削、桥机司机技术比武；10月，在施工科学研究所举办了首届水工材料试验工技术比武。

2005年9月，在中国水利水电建设集团公司焊工技能大赛中，工程局派出的3名参赛选手全部获奖：机电安装公司钱放华获一等奖、伊益财获二等奖，电建公司叶明燕获三等奖；十二局队获优秀组织奖。

2006年5月，在职工医院举办了首届护理人员技能大赛；7月，在教育培训中心、设备物资公司举办了首届工程机械修理、普通电工技能大赛；9月，在滩坑水电站工地举办了首届测量技能大赛；12月，在外雄水电站工地举办了水工钢筋工、水工模板模型工技能大赛。两年共评出技术能手34名，其中农民工3人，由工程局、工程局工会联合下文表彰，每人一次性奖励3000元。技术能手未享受过疗休养的可以享受一次由局工会组织的疗休养，16名技术能手破格晋升为高级工，1名农民工技术能手转为正式工。此后，凡能进行技能大赛的工种和岗位，都开展技能大赛。

为了建设创新型企业，促进转换经济增长方式，提高经济效益，充分调动广大职工的积极性和创造性，鼓励广大职工积极投身技术创新与合理化建议活动，工程局工会制定了《开展群众性技术创新和合理化建议活动的实施办法》，2006年4月由工程局、工程局工会联合印发（局办〔2006〕82号）。技术创新的内容主要包括：在工程施工中自行组织或为主组织的改造、革新改进、研制开发、发明创造、引进吸收创新和新产品、新技术、新工艺、新材料、新设计的研究等技术成果，以及职工在经济技术创新活动中的发明和研制的技术成果；合理化建议主要以加强企业管理、提高质量、增进效益、降低消耗、节约成本为目的，在改进和完善生产技术、安全生产、劳动卫生和经营管理方面的办法和措施，在本职岗位和职责范围内提出具有改进、革新因素、并取得经济和社会效益的建议。技术创新和合理化建议成果的申报，由个人提出申请、所在单位（部门）初审，报工程局技术创新和合理化建议成果评审办公室。由工程局技术创新和合理化建议成果评审委员会对技术创新成果进行鉴定和评价，并作出相应的结论。技术创新和合理化建议成果三个等级的奖励标准为一等奖5000元、二等奖3000元、三等奖1000元，并发给相应的证书。2006年，第一分局的“国产喷头替代进口喷头”、第二分局的“改进碾压堆石坝洒水施工工艺”获二等奖；第一分局的“滚轧直螺纹钢筋接头”、“细磨矿渣微粉在水工混凝土中的应用”，机电安装分局的“在压力钢管制安中使用〈湘江牌〉焊材的建议”、“带舌瓣工作闸门制作新工艺”、“液压拉伸工具在螺栓紧固中的使用”、“弧门支臂振动消除应力新工艺”等6项获三等奖。

三、先进评选

1957年以后，工程局工会组织职工每年（1958～1959年按季度、年度）开展民主评选先进工作。工程局和局属基层单位成立两级评比委员会（小组），评比和审定相应等级的先进集体和个人。全国和省、部级先进的评选，根据要求，由工程局评比委员会推荐，工会整理材料上报。工程局和工区（工程处、厂、站、大队）每年分别召开授奖大会，奖励先进，表彰典型。被评为工程局“五好”职工标兵、劳动模范的职工，通常由工会给其戴大红花、拍荣誉照，其先进事迹在宣传窗展示，并在工程局报纸、广播上组织专题报道。20世纪60年代，被评为工程局先进生产（工作）者的职工，工会给予邮寄荣誉奖状，向家属报喜，并被列为组织疗、休养的优先对象。“文化大革命”期间，评选先进工作被迫中断。

为弘扬工人阶级优良品质，1987年5月，工程局工会组织“劳模事迹报告团”，分别到紧水滩、石塘水电站工地和金华、新安江、富春江基地作巡回演讲，共8场，2000多名职工听取报告。

1992年，工程局工会改革先进生产（工作）者年终总结评比的传统办法，制定《“我为十二局多作贡献”立功奖励暂行条例（草案）》，建立经常性的立功申报制度，及时鼓励职工。1994年下半年，广泛征求群众意见，将暂行条例（草案）修订完善为《立功奖励条例》，使工程局树先进、学先进、比先进、赶先进的工作趋向规范化、制度化。

2000年11月，工程局党委印发《双文明单位建设管理办法（试行）》（局党〔2000〕34号）并实施。此前由工程局、工程局工会联合表彰的“双文明单位”改为工程局党委、工程局联合表彰，为工程局集体最高荣誉。2001年8月、2002年7月，局党委对《双文明单位建设管理办法（试行）》进行了两次修改（局党〔2001〕22号、局党〔2002〕18号）。2000年起，工程局工会停止“立功”申报评选。

为适应新形势，进一步做好工程局劳模、先进评选工作，工程局工会在调查研究基础上，起草了《中国水利水电第十二工程局劳模、先进评选办法》，并于2005年11月由工程局、工程局工会联合下文实施。本着少而精的原则，每年评选工程局劳动模范5名、业务标兵10名、模范集体10个。其中劳动模范第一线人员不少于3人。10名业务标兵分别为安全管理标兵、质量管理标兵、市场开发标兵、经营管理标兵、财务管理标兵、人力资源管理标兵、设备管理标兵、行政管理标兵、科技工作标兵、党群工作标兵；业务标兵由工程局主管部门推荐产生。10个模范集体（包括项目部、施工队、分厂、车间、科室和班组），其中项目部评选4个，施工队、分厂、车间、科室评选3个，班组评选3个。

工程局历年评选的局级先进集体、个人数目见表10-2-2。

表10-2-2　工程局历年评选的局级先进集体、个人数目一览表

年　份	先进集体		先进个人	
	名　称	个数	名　称	人数
1957	先进集体	7	先进生产（工作）者	116
1958	先进集体	46	先进生产（工作）者	233
1959	先进集体	64	先进生产（工作）者	236
1961～1964	先进集体	37	“五好”职工	194
			先进生产（工作）者	187
1965	“五好”集体	7	“五好”职工	29
	先进集体	9	先进生产（工作）者	283
1977	标杆集体	5	标兵	9
	先进集体	60	先进生产（工作）者	441
1978	先进集体	76	标兵	46
			先进生产（工作）者	855
1979	先进集体	89	先进生产（工作）者	812
1980	先进集体	89	先进生产（工作）者	786
1981	先进集体	112	先进生产（工作）者	472

续表

年份	先进集体		先进个人	
	名称	个数	名称	人数
1982	先进集体	208	“五好”标兵	21
			“五好”职工	353
1983	先进集体	195	“五好”标兵	19
			“五好”职工	253
1984	先进集体	99	标兵	22
			先进生产（工作）者	362
1985	文明集体	29	标兵	15
	先进集体	110	先进生产（工作）者	423
1986	先进集体	82	工程局劳模	10
			先进生产（工作）者	399
1987	“双文明”集体	73	工程局劳模	12
			先进生产（工作）者	290
1988	“双文明”集体	22	工程局劳模	7
			先进生产（工作）者	232
1989	“双文明”集体	33	工程局劳模	5
			先进生产（工作）者	267
1990	“双文明”集体	41	工程局劳模	6
			先进生产（工作）者	136
1991	“双文明”集体	59	先进生产（工作）者	7 143
1992	“双文明”集体	47	工程局劳模	10
	一等功集体	2	一等功	18
	二等功集体	4	二等功	44
1993	“双文明”集体	15	工程局劳模	7
	一等功集体	11	一等功	64
	二等功集体	17	二等功	116
1994	“双文明”集体	16	工程局劳模	5
	特等功集体	1	特等功	7
	一等功集体	23	一等功	98
	二等功集体	33	二等功	183
1995	“双文明”单位	19	工程局劳模	10
	一等功集体	15	特等功	11
	二等功集体	23	一等功	146
	放心班组	28	二等功	275
			优秀班组长	27
1996	“双文明”单位	16	工程局劳模	8
	一等功集体	15	特等功	12
	二等功集体	25	一等功	140
	放心班组	26	二等功	228
1997	“双文明”单位	16	工程局劳模	8
	一等功集体	16	特等功	12

续表

<table>
<tr><th rowspan="2">年　份</th><th colspan="2">先进集体</th><th colspan="2">先进个人</th></tr>
<tr><th>名　　称</th><th>个数</th><th>名　　称</th><th>人数</th></tr>
<tr><td rowspan="2">1997</td><td>二等功集体</td><td>25</td><td>一等功</td><td>140</td></tr>
<tr><td>放心班组</td><td>26</td><td>二等功</td><td>228</td></tr>
<tr><td rowspan="5">1998</td><td>“双文明”单位先进处室</td><td>10</td><td>工程局劳模</td><td>7</td></tr>
<tr><td>先进施工队</td><td>5</td><td>先进生产工作者</td><td>152</td></tr>
<tr><td>先进科室</td><td>19</td><td>二等功</td><td>11</td></tr>
<tr><td>集体二等功</td><td>17</td><td rowspan="2">三等功</td><td rowspan="2">15</td></tr>
<tr><td>先进班组</td><td>39</td></tr>
<tr><td rowspan="7">1999</td><td>“双文明”单位</td><td>12</td><td>工程局劳模</td><td>6</td></tr>
<tr><td>先进处室</td><td>4</td><td>先进生产工作者</td><td>156</td></tr>
<tr><td>先进施工队</td><td>25</td><td>二等功</td><td>4</td></tr>
<tr><td>先进科室</td><td>23</td><td rowspan="4">三等功</td><td rowspan="4">8</td></tr>
<tr><td>先进班组</td><td>43</td></tr>
<tr><td>集体二等功</td><td>2</td></tr>
<tr><td>集体三等功</td><td>3</td></tr>
<tr><td rowspan="4">2000</td><td>“双文明”单位</td><td>6</td><td>工程局劳模</td><td>3</td></tr>
<tr><td>先进处室</td><td>3</td><td rowspan="3">先进生产工作者</td><td rowspan="3">56</td></tr>
<tr><td>先进施工队</td><td>25</td></tr>
<tr><td>先进班组</td><td>32</td></tr>
<tr><td rowspan="4">2001</td><td>“双文明”单位</td><td>10</td><td>工程局劳模</td><td>2</td></tr>
<tr><td>先进处室</td><td>3</td><td rowspan="3">先进生产工作者</td><td rowspan="3">43</td></tr>
<tr><td>先进施工队</td><td>18</td></tr>
<tr><td>先进班组</td><td>34</td></tr>
<tr><td rowspan="4">2002</td><td>文明单位</td><td>9</td><td>工程局劳模</td><td>2</td></tr>
<tr><td>先进处室</td><td>3</td><td rowspan="3">先进生产工作者</td><td rowspan="3">58</td></tr>
<tr><td>先进施工队</td><td>24</td></tr>
<tr><td>先进班组</td><td>34</td></tr>
<tr><td rowspan="4">2003</td><td>文明单位</td><td>12</td><td>工程局劳模</td><td>2</td></tr>
<tr><td>先进处室</td><td>3</td><td rowspan="3">先进生产工作者</td><td rowspan="3">63</td></tr>
<tr><td>先进施工队</td><td>21</td></tr>
<tr><td>先进班组</td><td>41</td></tr>
<tr><td rowspan="4">2004</td><td>文明单位</td><td>9</td><td>工程局劳模</td><td>3</td></tr>
<tr><td>先进处室</td><td>3</td><td rowspan="3">先进生产工作者</td><td rowspan="3">66</td></tr>
<tr><td>先进施工队</td><td>22</td></tr>
<tr><td>先进班组</td><td>42</td></tr>
<tr><td rowspan="5">2005</td><td>文明单位</td><td>12</td><td>工程局劳模</td><td>5</td></tr>
<tr><td>模范集体</td><td>10</td><td rowspan="4">业务标兵</td><td rowspan="4">10</td></tr>
<tr><td>国家和省等重点工程
劳动竞赛功勋单位</td><td>2</td></tr>
<tr><td>国家和省等重点工程
劳动竞赛优胜单位</td><td>3</td></tr>
<tr><td>“安康杯”竞赛优胜单位</td><td>4</td></tr>
</table>

续表

年 份	先进集体		先进个人	
	名 称	个数	名 称	人数
2006	文明单位	8	工程局劳模	5
	模范集体	10	业务标兵	10
	国家和省等重点工程劳动竞赛功勋单位	1		
	国家和省等重点工程劳动竞赛优胜单位	4		
	“安康杯”竞赛优胜单位	2		

历年获全国和省、部级先进集体见表10-2-3。

表10-2-3　　历年获全国和省、部级先进集体一览表

表彰时间	授奖单位	荣誉称号	获 奖 单 位
1958	浙江省人民政府	先进集体	第一工区修钎厂、塘坞车间、第一队高世怀风钻组、重机队九号挖土机组、第二工区潜水工组、黄坛口水电工程处开挖工区孙康风钻组
1959-03	浙江省人民政府	先进集体	开挖大队修纤厂、混凝土厂砂石机械队村埠食堂、汽车大队行车第九小组、浇捣服务大队管子班、第一浇捣大队架子班、张耀福振捣班
1959-10	浙江省人民政府	先进集体	一工区准备一队架子班、准备三队木工班、二工区灌浆队7机组、开挖大队一分队风钻第一组、机械化站7号挖土机组、汽车大队交通车组、汽车保养声修理3组、机电安装大队金属结构队钢管焊接组、机械化站列车电站
1959-11	国务院	先进集体	机械化站列车电站
1960-05	全国“群英会”	先进基层单位	新安江水力发电工程局
1960-06	国务院	全国教育系统先进单位	新安江水力发电工程局业余学校
1962-05	浙江省人民政府	先进集体	电力安装公司砂石料木工组、新安江工程指挥部机械队、土建工程队
1963	浙江省人民政府	先进集体	水利电力部机电安装局第三安装处结构班、黄坛口水电工程处潜水工组、土建队石工组
1979-06	电力工业部	全国电力工业学大庆先进集体	机械大队重机队5号挖土机组、富春江工程指挥部金工车间、筑坝大队开挖队女子风钻组

续表

表彰时间	授奖单位	荣誉称号	获奖单位
1979-07	浙江省革命委员会	省劳动模范集体	机械大队重机队5号挖土机组
1985-02	水利电力部	全国水利电力系统先进集体	第三工程处风水电队
1986-10	浙江省总工会省计划经济委员会	省先进班组	第二工程处准备队木工班
1989	能源部	全国电力系统先进集体	机械厂水电二队管路班
2002	浙江省总工会、浙江省安全生产监督管理局	浙江省"安康杯"优胜企业	第一分局
2003	全国总工会、国家安全生产监督管理局	全国"安康杯"竞赛优胜企业	第一分局
	浙江省总工会、浙江省安全生产监督管理局	浙江省"安康杯"优胜企业	第六分局
2004	浙江省总工会、浙江省安全生产监督管理局、浙江省卫生厅	浙江省"安康杯"优胜企业	第六分局
2005	浙江省总工会、浙江省安全生产监督管理局、浙江省卫生厅	浙江省"安康杯"竞赛优胜企业	第六分局
2006	国务院国资委	中央企业学习型红旗班组	第三分局质检科
	浙江省总工会、浙江省发展和改革委员会	2006年度省重点建设立功竞赛	第二分局滩坑水电站项目部，第四分局温州浅滩一期围涂东围堤工程项目部

女工工作

工程局工会筹建初期，配备专职干部负责女职工工作，对女职工进行社会主义教育，关心她们的生活，提高她们的地位。1958年，工程局有女职工1700多人，其中88人被评为先进生产（工作）者。女车工李慧芳创造“双刀套料”先进工作法，提高工作效率，节约原材料，被评为工程局先进生产者，出席浙江省工业、基建、交通社会主义建设积极分子大会；修钎厂风动工具女修理工罗秀兰，先后革新成功风动钻床、斗车刹车器、磨钻机、电动制弹簧机等机具，成倍提高工效，1960年2月荣获全国“三八”红旗手称号。1963年4月28日，工程局、工程局工会联合制定并组织实施《女职工劳动保护暂行办法》。

1978年，工会组织女职工进行自尊、自爱、自立、自强“四自”教育，发动女职工开展“三八”红旗竞赛活动，全局评选“三八”红旗集体10个，“三八”红旗手127名。1979年，筑坝大队女子风钻班荣获浙江省“三八”红旗集体、电力工业部“工业学大庆先进集体”称号。

1980年，开展全局女职工调查，对不宜在风钻、竹架、灌浆等岗位工作的女工给予重新安排工作；从事野外、廊道、高空等较重体力劳动的女工，每月给予2～3天例假。

1984年3月，发动紧水滩水电站工地女职工发挥“半边天”作用，为加快电站建设作贡献。是年，紧水滩水电站工地2名女职工被评为先进生产者标兵，27名女职工被评为先进生产（工作）者。

1985年以后，“精兵强将”上前线，后方单位的女职工日益增多，工会发动女职工开展“当好贤内助”活动，全局女职工经民主推荐，共评选“贤内助”12人。

1987年，工会对全局2521名女职工的年龄结构、岗位分布以及“四自”等状况进行调查。1988年3月，以“为四化建设作贡献”为主题，在金华基地组织女职工演讲会。全局13名女性工人、教师、医务工作者、服务人员以亲身经历，从不同角度抒发“工作在平凡岗位上”的豪情壮志。是年4月，水利电力部第三届女焊工技术比赛在西安举行，工程局女焊工汪小娟以总分383.1分的成绩名列水电系统第一名，获“优秀女焊工”称号。1989年3月，金华基地举办“三八”妇女节巧手工艺品展览，136件工艺品参展。

1989年，工程局工会组织各基层女职工委员会开展女职工工作竞赛。是年蒋秀华被评为浙江省工会先进女职工工作者。工程局评出女职工先进集体2个，优秀女职工工作者6名。

1991年初，工会组织女职工开展“巾帼奉献”活动，为完成第八个5年计划建功立业。是年，评出“巾帼奉献”活动积极分子54名，许永红被评为浙江省工会“巾帼奉献”活动积极分子。翌年，全局评选“巾帼奉献”活动积极分子51名，曹君香被评为浙江省“巾帼奉献”活动先进个人。1993年，全局评选“巾帼奉献”活动积极分子27名，陶凤珍被评为浙江省巾帼建功标兵。1994年，由12名“富余”女工组成的建筑安装工程处综合厂钢模板维修班自强不息，创利3.8万元，获得工程局“特等功集体”称号。同年，工程局工会女职工委员会被评为浙江省工会女职工工作先进集体，周惠芬被评为浙江省先进女职工，余桂芳被评为浙江省工会优秀女职工工作者。

1994年底，全局女职工2530人，女职工小组232个，基层工会女职工委员会24个，另有27个基层工会仅有少量女职工，只设女职工委员或小组。

1996年底，全局有女职工2024人。1997年后随着职工大批退休，到1999年底，全局女职工减为980人。工程局六届工会会员代表大会至七届工会会员代表大会之间的9年里，女工委在工程局工会的领导下，在全局职工中广泛开展“巾帼奉献”立功竞赛活动，推动了女职工工作迈上新台阶。9年里，共评出局级女职工工作先进集体35个；“巾帼奉献”先进个人208名；优秀女职工工作者69人次，其中6人次荣获浙江省“巾帼奉献”活动积极分子、先进个人、标兵、先进女职工、优秀女职工工作者等光荣称号。工程局工会女工委1995～1997年被浙江省总工会评为女职工先进集体。1996年，于小平被评为中国能源化学工会先进女职工。1997年刘月霞被评为1995年以来全国电力系统生活保障工作先进个人。

2000年以来，在工程局工会的领导下，坚持建立工会委员会的同时建立工会女工组织：按照浙江省总工会规定并结合工程局实际，女职工15人（含）以上单位工会设立女职工委员会；女职工15人以下单位工会设局女工委委员1名，为女职工工作的正常开展提供组织保证。女工委按照局工会年度全委（扩大）会议确定的工作目标，制定女工工作目标任务，以开展“女职工双文明立功竞赛”活动为主线，紧紧围绕生产经营中心开展各项适合女职工的活动。同时，通过向浙江省总工会干校送培、聘请省总干校老师上课等形式，组织局属单位工会女工委主任（负责人）学习《劳动法》、《工会法》、《妇女权益保障法》、《女职工劳动保护法》等法律法规；在全局女职工中开展开展“姐妹献爱心”活动，维护女职工合法权益，关心、帮助困难女职工，特别是单亲带孩子的女职工和下岗、生活困难的女职工。各级女职工组织还积极协助所在单位做了大量的计划生育工作。

2005年4月，在工程局工会“创建学习型班组，争做知识型职工”活动推动下，女工委在施工科学研究所、医院开展巾帼奉献示范岗活动。活动从5月1日启动，到12月20日结束。是年，施工科学研究所建材室被评2005年度巾帼示范岗优胜集体。国庆前夕，女工委在金华基地举办了全局“巧手女工”作品比赛，参赛作品达100余件，种类有刺绣、针织、编织、绘画、剪纸、摄影、书法等。

2006年底，全局有女职工721人，工程局工会女工委下属女职工委员会（小组）30个。

文化和体育工作

一、设施

工会工人俱乐部组建于1957年初，始称“朱家埠工人文化宫”。初期在新安江水电站工地朱家埠设有图书阅览室、乒乓球室、棋室、娱乐室、展览室等简易活动用房300多米²，1600座位临时建筑大会堂1座，灯光球场1个。后分别在西铜官、汪家、沧滩、紫金滩修建临时性900座位大会堂4座；分别在西铜官、汪家增设图书阅览室、乒乓球室、娱乐室等俱乐部2个，简易活动用房增至600多米²。1985年，工程局迁至金华基地，工人俱乐部始有图书阅览室、棋室、电子游戏室、乒乓球室等永久活动房200多米²，另有“青年乐园”（旱冰、游乐兼灯光球场）1座占地1200多米²、永久性1184座位影剧院1

座。1990年12月，浙江省总工会拨款15万元资助，工程局工会在金华基地动工兴建“华电游泳池”，按国家标准设计，有长50米、宽21米、8条泳道的大池和中池、幼儿戏水池各1个以及管理用房等配套设施，占地面积4266.62米^2，耗资106万元，1993年5月竣工验收，6月8日落成。

俱乐部阅览室筹建于1956年冬，浙江省图书馆为支援新安江水电站建设，借给图书4600册作为俱乐部图书室的基础，并派人帮助筹建图书室。1958年，朱家埠、西铜官、汪家3个俱乐部有图书17500册，订阅报刊杂志90多种。各基层单位建立小型俱乐部书报阅览室11个。1960年1月，全局工会俱乐部图书阅览室图书增到8万余册。经“文化大革命”冲击，俱乐部图书阅览室根基全毁。1977年，工会图书阅览室白手起家。到1986年，全局有大小俱乐部图书阅览室24个，订阅报刊1280份、杂志110份，有图书13348册。1994年，全局工会系统有俱乐部图书阅览室7个，图书约15800册。

1998年，工程局工会随工程局机关整体搬迁至杭州以后，金华基地图书阅览室由基地管理局代为管理；2005年起，全部移交基地管理局管理。工程局工会每年拨款1万元。2006年底有各类图书3000余册。随着工程局工程项目越来越远离浙江，点多面广，职工远在四川、云南、贵州、广西、湖南、河北等地，工程局工会通过项目工地“建家”形式，加大项目工地业余文化建设，二级单位所在项目工地都建起了工地阅览室。2006年底，全局工会系统有大小阅览室28个，平均订阅报刊杂志15份。

二、体育活动

工程局职工群众的传统体育项目是篮球、排球、乒乓球、中国象棋等。1957年9月，工程局职工乒乓球队赴南京参加全国动力体育协会举办的分区乒乓球联赛。1960年6月，工程局职工男女篮、排球队参加浙江省水利水电系统体育运动大会，男子排球队夺得冠军，女子篮球队取得季军，男子篮球队获得第四名。1978年10月，工程局职工中国象棋队应邀参加衢州化工厂举办的有衢州化工厂、长广煤矿、水电第十二工程局和衢县参加的“3厂1县”中国象棋友谊赛，获得团体冠军。1979年10月，工程局职工男、女篮球队参加浙江省直属厂矿职工篮球比赛。1983年7月，工程局在紧水滩水电站工地承办全国水利水电建设系统中南、华东赛区篮球比赛，葛洲坝工程局、第八工程局、第十二工程局、中南勘测设计院、华东勘测设计院、富春江水工机械厂6单位男、女篮球队参加角逐，工程局男子篮球队获得并列第二名。1984年9月，全国水利水电建设系统乒乓球比赛在湖北宜昌举行，工程局职工男子乒乓球队获得团体亚军。1989年3月，浙江省省直企业“团结杯”棋类比赛，工程局职工男子代表队获中国象棋、围棋赛团体亚军，职工杜军获围棋个人赛冠军，陆春江获中国象棋个人赛第三名。1991年11月，工程局职工男、女乒乓球队参加浙江省省直企业第二届乒乓球比赛，男子队夺得团体冠军，并获男子单打冠军、女子单打亚军和男子单打第四名。1993年8月，工程局在金华基地承办浙江省省直企业职工中国象棋比赛。

20世纪80年代后，工程局职工群众兴起散手、拳击、气功、集邮、钓鱼、健美操、健身操、长跑等活动。尤以散手、拳击十分活跃，倍受职工群众关注。1983年5月，工程局职工组建散手运动队，参加浙江省散打推手比赛，获金牌1枚，被评为精神文明队。

翌年6月，工程局职工散手运动员参加在山西太原举行的全国散打推手比赛，韩国平获81公斤级铜牌。1986年9月，代表浙江省参加在山东潍坊举行的全国散打推手比赛，韩国平获75公斤级银牌，傅秋生、仇建明分获65、56公斤第四名。同月，上海举行全国"卫星杯"散手比赛，韩国平夺得75公斤级桂冠。1987年5月，南京举行全国首届拳击大赛，工程局职工韩国平获75公斤级铜牌。1988年3月，工程局职工拳击队代表省电力队参加浙江省首届"西冷杯"拳击赛，夺得金牌4枚、银牌1枚、铜牌3枚。是年4月，在湖北黄石举行全国拳击锦标赛，工程局职工韩国平、吴金余分获75、67公斤级铜牌。1989年3月，受浙江省体育运动委员会委托，工程局在金华基地承办"兰江·电力杯"浙江省拳击锦标赛，来自全省各地市及前卫、电力、省集训队12支拳击队，101名运动员参加，举行10个级别比赛，工程局拳击队摘取团体桂冠，获金牌4枚、银牌2枚、铜牌3枚。是年5月，代表浙江省赴山东济南参加1989年全国拳击锦标赛，徐慧龙夺得48公斤级冠军，入选国家拳击队。同年7月，浙江省"金沙杯"散打擂台赛在舟山沈家门举行，工程局代表队夺得团体冠军，获金牌2枚、银牌3枚、铜牌1枚。1990年3月，工程局在金华市开办业余拳击训练馆，举办4期拳击培训班，培养业余拳击手100多名。是年6月，代表全国水电体协赴京参加全国拳击锦标赛，是众多参赛队伍中唯一的业余拳击队。是年8月，浙江省第九届运动会拳击比赛，工程局20多名队员分别代表省电力体协队和金华市青少年队参加比赛，成年组获团体冠军、金牌6枚、银牌2枚，青少年组获金牌4枚、银牌2枚。1992年9月，全国青年拳击锦标赛在四川丰都举行，工程局拳击运动员代表中国水电体协参赛，获1项第四名、2项第五名。自1991年以来，经过工程局拳击队培训的业余拳击选手，已入选国家拳击集训队的2名，入选全国武警部队拳击队的4名。

2000年9月8～10日，工程局工会受浙江省省属企业体协委托，在文成县珊溪水库工地举办"珊溪杯"省属厂（矿）职工乒乓球赛。来自全省的14支代表队的160名运动员参加比赛。巨化集团公司、宁波港务局、中国水电十二局、省丝绸集团公司、三狮水泥集团公司和中国磁记录设备公司等6支代表队分别获团体比赛前6名。

2002年11月12～13日，工程局第二届职工田径运动会在金华基地举行，来自局属28个单位的代表队的423名运动员，分青年、中年、老年3个组参加12个项目角逐。局老年体协、子弟中学、局机关、工业设备安装公司、医院、市政工程公司代表队获团体总前6名。

2005年11月5～6日，工程局第三届职工田径运动会在金华基地举行，来自全局26支代表队的419名运动员参加49个项目角逐。经过两天激烈竞争，泰安项目部代表队获团体总分第一，子弟中学、市政工程公司、电建工程公司代表队获团体总分第二～四名，第二分、第四工程公司代表队并列第五名。

2005年7月，工程局派队参加在富春江举办的浙江省直属企业体协羽毛球赛，获得道德风尚奖。

2006年9月，浙江省第十三届体育运动会"顺帆杯"行业系统部比赛中，工程局选手牛春瑞获男子标枪第6名，并获体育道德风尚奖；何海澎获参加男子4×100、4×400

米接力赛，与队友奋力比拼，获团体第4名。同年9月，由工程局组队的桥牌代表队在浙江省第十三届运动会行业系统部桥版比赛公开组四人队式赛中，荣获第三名。

历年获全国和电力系统体育先进集体和个人见表10－2－4。

表10－2－4 历年获全国和电力系统体育先进集体和个人一览表

年份	单位（个人）	荣誉称号	授予单位
1985	第一工程处	职工体育先进集体	中国水利水电体育协会
1985	韩国平	职工体育先进个人	中国水利水电体育协会
1985	韩玉麟	职工体育先进个人	中国水利水电体育协会
1994	韩国平	全国体育先进个人	国家体育运动委员会

三、文艺活动

1958～1959年，新安江水电站工地各种文艺演出、群众诗画创作活跃，各基层工会组织的文艺宣传队活跃在工地、饭厅、会场。两年内，职工自编自演节目500多个，举办文艺会演40多次。工程局于1959年1月和10月两次举办全局性大型文艺会演，参加会演的节目100多个，内容多数就地取材，自编自演，反映工程局职工在电站建设中的新人新事。5月，工程局文艺会演优秀节目——表演唱《我们战斗在新安江上》参加浙江省第三届音乐、舞蹈会演大会，获得表演奖。1960年1月，浙江省举行职工业余文艺会演大会，工程局代表队演出的跃进莲花《新安江上的战歌》和话剧《新安江上凯歌》被评为优秀节目。6月，全国职工文艺会演，工程局职工创作的跃进莲花《新安江凯歌旋》（由《新安江上的战歌》改编）被评为优秀节目。通过文艺会演，形成全局600多名业余文艺活动积极分子队伍。1962年10月，工程局成立职工业余文工团，配合社会主义教育运动，排练、演出越剧《雷锋》、话剧《年青一代》等大型剧目，受到观众欢迎。1980年5月，在湖南镇水电站工地举行全局职工业余文艺会演，历时3天，15个单位演出48个节目。7月，举行职工业余美术、摄影、书法、篆刻展览，206件作品参展，评出优秀作品30件。翌年8月，紧水滩水电站工地举办职工业余美术、书法、摄影展览，展出作品120幅，从不同角度反映电站建设新貌。是月下旬，浙江省开展全省职工业余音乐创作录音比赛活动，工程局组织17名业余音乐爱好者进行创作、排练，6首作品入选，其中《手捧明珠献给党》、《如果你想我，妈妈》被评为优秀作品；胡滨艳、李建蓉被评为业余优秀歌手，男声小合唱《手捧明珠献给党》演唱组被评为集体优秀演唱组。1981年11月，工程局组建职工业余文工团。1982年，杨长沙的山水画《明珠颂》获浙江省首届工农画展二等奖。1984年9月10～19日，工程局文艺代表队参加在富春江水工机械厂举行的全国水利水电建设系统华东、中南地区职工业余文艺调演，获优秀节目奖2个、演出奖2个、创作奖2个。10月，全国职工《建设者之歌》创作歌曲征集调演，姚春荣创作的《畲家阿妹放木排》获二等奖。11月，谢玉霞的剪纸《新安江水电站》、《富春江水电站》和罗杭西的1组《工地速写》入选浙江省第二届职工美术、书法、摄影展览，获三等奖。1986年7月，在水电文协举办的“龙羊水电之声”职工歌手比赛会上，胡滨艳获得一等奖。

1989年10月，第一工程处在金华基地举办为期1周的“金秋艺术节”。1990年6月，姚春荣赴京参加全国未来词曲作家、演唱家决赛，获银奖，参赛作品为歌曲《倔强的纤夫》。10月，工程局文艺代表队参加浙江省总工会、浙江电视台联合举办的省直企业首届职工文艺调演，获得调演最高奖—优秀组织奖，以及优秀创作奖3个、优秀节目奖2个、优秀表演奖2个，获奖成绩在9个文艺代表队中名列第二。11月6日，工程局局歌《电力建设者的心声》在中央人民广播电台等单位举办的首届“红塔杯”全国企业厂歌赛中荣获大奖。12月18～30日，工程局举办职工文化艺术观摩交流活动，14支表演队192名“模特”参加服装表演，564件作品参加书法、美术、摄影、花卉、盆景、根雕、手工艺等综合展览，数百名职工登台参加职工文艺会演。1991年7月，赵秀春参加浙江省“党在我心中”职工演讲比赛，获二等奖。11月，姚春荣硬笔书法入选首届全国现代硬笔书法艺术大展。1992年4月，抽调各单位文艺骨干30多人，工程局筹建职工业余艺术团，为庆祝水口水电站开工5周年和安全度汛，赴福建慰问演出。

历年来，工程局职工业余文工团（演出队）多次参加当地市、县举办的文艺调演、会演、联欢会，为加强横向联系、丰富文化生活发挥积极作用。

1997年7月，参与工程局在金华基地“迎回归，庆七一”活动，参加活动职工600多人，观看职工、家属与周边群众达上万人。

1999年9月，为庆祝新中国成立50周年和喜迎澳门回归，工程局工会组织了“双迎活动”。会同工程局党委宣传部、工程局团委在金华基地举办了全局文艺汇演、全局摄影和书法比赛，还组织了“文艺踩街”活动。

2006年10月，为隆重庆祝工程局建局50周年，由工程局工会牵头组织了局庆50周年系列活动：10月18日，在金华基地举行庆祝大会和文艺演出、大型烟花燃放，建设美好家园（金华基地绿地改造），工程局50年历程展览，书法摄影展，编印工程局50年来功勋光荣册等。

根据工程局项目点多、面广、战线长的特点，工程局工会每年通过“建家”活动，加强工会文化建设，指导局属工会结合项目工地特点，在重大节日和平时，组织开展群众喜闻乐见、丰富多彩的文娱体育活动。每年春节期间，工程局工会还下拨专款，组织春节游园活动。

四、电影放映

1956年11月，浙江省总工会为支援新安江水电站建设，派电影放映第四小队来新安江水电站工地。翌年3月，浙江省总工会正式将第四小队（放映员2名、德国产蔡司35毫米提包式电影放映机1套）调给工程局工会，工程局工会电影放映队自此建立。随后，分别从官厅、丰满调入设备和人员，放映点也逐步增加。初期，电影队需雇用民工挑运放映设备去放映点，放映员则需自带行李晚上睡于放映点。1958年，工程局给电影队配置1辆日产马自达三轮卡，放映条件改善。电影队自建队始，为配合工程局党委的中心任务，利用幻灯片开展宣传活动。1963年9月，自编幻灯片《王正庭卖儿与公费医疗》，改编宣传稿《阿毛娘思前想后》等反映工人阶级在新、旧两个社会不同遭遇的典型事例，引导职工和家属忆苦思甜。1966年，电影队两名放映员携带1套放映设备随工程局机关转移到富春江水电站工地（1982年1月划归富春江水工机械厂），新安江留守处留下1个放映小分队。1972年，工程局转移湖南镇水电站工地，新购置1套“解放”103型放映机，从新安江水电站等工地抽调放映员，组建电影队，放映员初为3人，后增至10人。1972年以后，电影队长期分两个组在两个工地放映。1982年11月12日，电影队绘制的幻灯片《加快能源开发开创水电建设新局面》获得浙江省电影公司在绍兴举办的1982年度幻灯节目美术奖。1990年起，电影队定点在金华基地华电影剧院，实行经济承包责任制，由金华市电影公司排片，每年放映电影150场左右。1994年末，电影队有放映员3名，“松花江”5505型电影放映座机1套。

1997年底，工程局工会随工程局整体搬迁至杭州办公后，电影院由基地管理局代管；2005年起，电影院由基地管理局管理。

第四节　工　会　建　设

1965年9月16日～10月16日，在新安江水电站工地举办脱产培训班两期，培训基层工会主席12人、委员35人、工会小组长150人。1984年，通过工程局党校培训基层工会干部近百名。1987年6月，分别在紧水滩水电站工地、金华基地举办生产队（车间）分工会主席培训班，40人参加培训。1988年分别在紧水滩水电站工地、金华基地和新安江基地办工会干部培训班，培训基层工会主席57名。1990年6月，委托浙江省总工会干部学校举办工会干部培训班，选派45名工会干部进行岗位培训，41名获得工会干部岗位培训合格证书。11月，举办女职工（工作）干部培训班，全局41名专兼职女职工（工作）干部参加培训。1991年，对全局各类工会积极分子现状进行调查摸底，并以各基层工会为主，组织学习工会业务，提高素质。1993年4月，工程局工会在金华基地举办社会主义市场经济理论培训班，基层工会主席和工会专职干部30多人参加培训。6月，委托浙江省总工会干部学校举办女职工（工作）干部培训班，全局各基层女职工委员会负责人32人参加培训。1994年末，全局工会系统规范化岗位培训累计获得合格证书47人。在职局、处两级54名专、兼职工会干部中，获得上岗合格证书35人，上岗达标率64.81%。工会干部整体素质有较大提高。1994年1月，浙江省总工会授予工程局工会“浙江省工会干部规范化岗位培训先进集体”荣誉。

1984年6月，工程局工会响应全国总工会关于整顿工会基层组织、建设“职工之家”（简称“建家”）的号召，根据水电施工企业的特点，要求各基层工会发动群众广泛开展“建家”活动。是年11月12～13日，第一工程处、物资处两个基层工会被验收为合格“职工之家”。至1994年末，全局开展“建家”活动的15个基层工会全部建成“职工之家”，其中，机械制造总厂、富春江管理处、机械化处、工业设备安装公司4个基层工会建成先进“职工之家”。开展“建家”活动的基层工会共272个工会小组，其中建成合格、先进模范“职工小家”的工会小组222个。

工程局全面推行项目法施工后，根据项目工地临时、流动、变化多等特点，工会工作以组织劳动竞赛、民主管理和关心职工生活为重点，从1990年起，组织各项目经理室

（部）工会开展工作竞赛；在工会工作部门推行目标管理和个人岗位责任制，促进工会整体工作水平的提高。

1992年，全国水利电力工会组织开展“争先创优”活动，工程局工会制定规划，组织实施，连年获得荣誉：1992、1994年为优秀单位，1993、1995年为先进单位。

1995年，工程局工会进一步完善“争先创优”活动规划（工作目标）。主要内容为：学习、宣传、贯彻《劳动法》；动员和组织广大职工为完成年度工作任务建功立业；加强企业民主管理工作，不断探索现代企业制度中的民主管理新形式；关心职工生活，稳定职工队伍；不断加强工会自身建设。是年，工程局工会主席赵龙海被全国总工会授予优秀工会干部称号。

1996年，结合工程局工会工作实际，对局属基层工会“建家”工作与工会工作竞赛进行调研，形成了《局属基层工会建设职工之家考核验收细则（修改稿）》、《局属基层工会工作竞赛考核办法（修改稿）》。

1997年，《局属基层工会建设职工之家考核验收细则（修改稿）》、《局属基层工会工作竞赛考核办法（修改稿）》正式施行。同时，根据水电工会全委《关于加强水利电力系统工会女职工工作的意见》精神，进一步推进基层工会女职工组织的建立健全工作。

1998年，由于工程局机关精简、转移，局属机构作了相应的调整。工程局工会主动协助基层党组织和局干部部门，及时做好基层工会的换届改选的新建工会班子的建设，从组织上保证工会工作各项活动的顺利开展。同年，委托浙江省总工会干校专门为工程局举办了一期女工干部培训班，26名基层女工干部参加学习培训。

1999年，工程局第七届一次工会会员代表大会在杭州召开，选举产生了新一届工会委员会和经费审查委员会。

2000年，按照浙江省总工会“组织建设活动年”活动要求，结合工程局实际，重点抓工会组织建设，努力做到“哪里有职工队伍，就把工会组织建到哪里”。是年，调整二级单位工会5个，新建二级单位工会2个，到期换届改选10个。同时，按照协管干部的要求，及时协助党委组织部门做好工会干部和班子的考察、配备和审批工作；选送了5名基层工会主席到浙江省总工会干校参加岗位培训。

2001年，工程局工会推行工会工作目标管理，局属各工会和工程局工会机关各部门按照工程局工会七届二次全委（扩大）会议提出的工作任务，在年初都制订了工作目标或计划，并认真组织实施；工程局工会机关各部门人员的岗位职责全部进行了修订，实行“职责上墙，接受监督”。

2002年，重点组织工会干部学习江泽民同志“三个代表”重要思想，学习修改后的《工会法》。通过多种形式组织工会干部学习座谈，结合工会工作实际，写出经验体会并交流。工会基础工作进一步加强，局属各工会全部建立了工作台账，近一半基层工会实行了计算机管理。是年，工程局工会荣获“全国能源化学系统先进工会”称号与浙江省总工会重点工作考核一等奖；工程局工会主席赵龙海被评为全国能源化学系统优秀工会干部。

2003年，工程局工会重点抓规范化建设，主要包括以下几方面：一是工程局工会首先对自身规范化作了全面审视。由主席主持，工程局工会机关三部一室认真制定了全年工作计划，并分月、季进行考核。二是要求局属单位工会在职代会、厂务公开、工会工作计划与总结、工会日常基础工作等都按规范操作。三是按照全国总工会劳动保护监督检查三个条例和浙江省实施办法，结合工程局实际，对全局工会小组劳动保护检查员进行了重新登记并实行持证上岗；四是继续通过“建家”活动，凝聚职工队伍，团结和带领职工群众为实现工程局九届三次职代会提出的奋斗目标建功立业。是年，工程局工会被认定为“合格职工”之家。工程局工会主席赵龙海当选为中国工会十四大代表。

2004年，认真贯彻“组织起来，切实维权”的工会工作方针，紧紧围绕工程局生产经营中心开展工会工作，深入开展“建家”活动。根据工程局项目点多面广的特点，对7个局属工会组织作了调整。是年，工程局工会荣获浙江省委组织部、省总工会“党建带工建‘模范职工之家’”称号。

2005年，工程局工会根据工会工作新形势新情况，制定了《2005年度局属工会重点工作目标考核办法》、《局工会常委2005年重点工作分解表》和《局属工会财务会计工作竞赛评比办法（试行）》并施行。是年，工程局工会在浙江省直属企业工委“三项工作”竞赛考核中，获“创争”活动、“安康杯”竞赛荣获一等奖，获工会重点工作二等奖。

2006年，改变延续多年的基层工会评比办法，学习借鉴浙江省电力公司工会经验，制定了《2006年度工会工作考核目标》，把年度重点工作都列入其中。通过严格考核，评选一、二、三等奖，并规定连续两年评为一等奖的基层工会，授予先进基层工会称号；建立工会干部学习制度，根据基层单位点多、面广、战线长的特点，采取以会代训方法，坚持每半年组织工会干部学习一次，每季度召开一次工会常委会议，研究分析工会阶段性重要工作，促使每个工会常委工作突出重点、带头创新，不断形成新亮点。是年，工程局工会主席王竹如被评为中国能源化学工会“全国能源化学系统优秀工会干部”。

1996～2001年，工程局工会连续被中国水利电力工会全国委员会表彰为“全国水利电力系统工会工作优秀单位”。

1990～2003年，浙江省总工会表彰局工会财务工作先进单位。

2004～2006年，浙江省直属企业工委财务工作竞赛二等奖。

工程局1982～2006年荣获浙江省工会系统先进集体见表10-2-5。

表10-2-5　　工程局1982～2006年荣获浙江省工会系统先进集体一览表

单位名称	荣誉称号	授予单位	授予时间
修配厂刨工组工会小组	工会先进集体	浙江省总工会	1982-05
第一工程处工会	工会先进集体	浙江省总工会	1985-05
第二工程处预制厂钢筋加工班工会小组	工会先进集体	浙江省总工会	1985-05
机械厂水电一队分工会	工会先进集体	浙江省总工会	1987-03
工程局工会女职工委员会	女职工工作先进集体	浙江省总工会	1995-08
工程局工会女职工委员会	女职工工作先进集体	浙江省总工会	1995～1997

工程局1980～1995年荣获全国和浙江省工会系统先进个人见表10-2-6。

表 10－2－6　工程局 1980～1995 年荣获全国和浙江省工会系统先进个人一览表

姓 名	荣 誉 称 号	授予单位	授予时间
蒋秀华	优秀工会积极分子	浙江省总工会	1980－06
周文清	优秀工会积极分子	浙江省总工会	1980－06
金理堂	优秀工会积极分子	浙江省总工会	1980－06
杨有霖	优秀工会积极分子	浙江省总工会	1980－06
陈少玉	优秀工会积极分子	浙江省总工会	1982－05
徐益丰	优秀工会工作者	浙江省总工会	1982－05
蔡启敖	全国优秀工会积极分子	全国总工会	1983－11
袁章永	全国优秀工会积极分子	全国总工会	1983－11
宋宝珍	优秀工会积极分子	浙江省总工会	1985－05
周耀宗	优秀工会工作者	浙江省总工会	1985－05
华锦荣	优秀工会积极分子	浙江省总工会	1987－03
黄庆元	优秀职工之友	浙江省总工会	1987－03
廖荣珍	先进工会财务工作者	浙江省总工会	1990－11
魏健康	优秀工会积极分子	浙江省总工会	1991－04
周 健	优秀工会工作者	浙江省总工会	1991－04
周永芳	优秀工会积极分子	浙江省总工会	1992－04
周永芳	全国优秀工会积极分子	全国总工会	1993－11
赵龙海	全国优秀工会干部	全国总工会	1995－05
刘月霞	1995 年以来全国电力系统生活保障工作先进个人	中国能源化学工会	1997－03
梁国春	1995 年以来全国电力系统生活保障工作先进个人	中国能源化学工会	1997－03
赵龙海	全国能源化学系统优秀工会干部	中国能源化学工会	2003－02
赵龙海	全国“安康杯”竞赛活动优秀组织者	全国总工会、国家安全生产监督管理总局	2005－03
于小平	中国能源化学系统先进女职工	中国能源化学工会	2006－04

第五节　经　费　管　理

工程局工会一直严格按照全国总工会有关工会经费管理的规定，坚持经费独立管理原则：独立建立银行账户，实行单位核算。工程局工会财务设会计、出纳各 1 人。工会经费开支由主席“一支笔”审批。1999 年 1 月，根据全国总工会颁发的《工会预算管理办法》、《工会会计管理制度》、《基层工会经费使用管理办法》（总工发〔1998〕22号），工程局工会制定了《中国水利水电第十二工程局工会会计制度》（局工〔1999〕办字第03号）并印发实施。工会经费管理使用进一步规范化、制度化。全部经费纳入预算，做到统筹兼顾、保证重点、量入为出、收支平衡；重大开支提交常委会研究决定：回拨基层工会的经费用于维护职工权益、开展职工教育和职工群众活动；坚持勤俭节约，做到少花钱，多办事，办好事，节约开支，提高经费使用效益；坚持民主管理原则，每年接受工会经费审查委员会年度审查，并定期向工会全委（扩大）会议和会员代表大会报告，接受会员监督。二级单位工会接受单位工会经费审查委员会（小组）审查，向所在单位会员公布。工程局工会主席离任，接受离任审计。

工程局工会收入的主要来源为：按《工会法》规定的以职工工资总额为基数计提的2%；按规定由行政专用开支和按规定由工程局行政负担的拨入款；上级工会拨入的补助款；其他收入等。经费具体支出主要有：职工工资总额基数计提的2%中的20%上交浙江省总工会；40%下拨给局属工会；40%留工程局工会，用于开展包括职工之家建设等各项工会活动和职工疗休养、各类竞赛（岗位练兵、技能大赛等）、先进表彰和职工困难补助，以及工会行政性专用开支等。工程局工会经费审查委员会每年审查后出具审查报告，提出审查意见和建议。

工程局工会财务坚持“三服务”方针，认真为职工群众服务，为工会工作服务，为工运事业服务，在浙江省总工会、省直属企业工委财务工作竞赛中多次获奖。

第六节　职工技术协会

为加强职工队伍技术素质，加强技术交流，促进企业经济效益的提高，工程局工会1988年7月成立职工技术协作委员会。（原称“华东水利水电工程公司职工技术协作委员会”）（局工〔1988〕第24号）。主要内容为开展职工群众性合理化建议、技术练兵、技术比武、技术革新、技术交流、技术协作、发明创造等活动，参与企业技术管理，推动企业技术进步。同时配合行政职能部门开展技术培训、职业技能培训、职工技术成果展示和科普教育活动；维护会员的知识产权等合法权益。凡积极参加群众性科技活动的职工，承认并遵守章程，经本人申请，经所在单位职工技协组织批准，即成为职工技协的个人会员。1991年，组织开展了炊事员技术操作比武、合理化建议和“双增双节”活动。1992年，机电安装公司充分发挥技协作用，在丽水地区开辟多种协作途径，先后为地方开办了两期焊工技术培训班，并在地方小水电机组维修、大型设备吊装、长途运输等项目上进行协作，创造了较好的经济效益。建筑安装工程处工会抓住房建中室内装饰技术薄弱环节，5月在石塘电厂组织全处内装修工进行了一次室内瓷砖操作比赛，推动了职工学技术、钻业务的良好风气的形成。1993年，机械制造厂、工业设备安装公司、设备修理厂、劳务处、机电设备处等单位成立了职工技协并开始组织活动。1994年，在全局开展“创信誉、增效益”与合理化建议活动，帮助行政扭亏增盈。1995年，在全局开展“献一计、创收一百元”活动，全局职工提合理化建议720条，创造经济效益78万余元。组织岗位练兵、技术比武50次，参加职工近2000人。1996年，职工提出合理化建议400条，创造经济效益60万元；举办各类岗位练兵和技术比武25次，参加人数300人。机电安装公司青年职工钱放华荣获“96中国、日本及香港地区焊工邀请赛第三名”。1997年，在继续开展职工合理化建议的同时，配合工程局有关职能部门抓安全生产，参加全局锅炉安全检查，举办安全知识电视讲座。

1998年后，随着工程局项目点多面广地域相距长，职工合理化建议、技术比武、技能大赛等活动与劳动竞赛一起，统称群众性生产活动，在工程局工会指导下由局属单位工会组织开展。

2006年，工程局施工科学研究所“VF防裂剂研制及面板混凝土防裂技术研究”项目获得浙江省职工经济技术创新活动领导小组颁发的“优秀成果奖”。

第三章　共产主义青年团

第一节　组织机构

1956年12月，工程局有中国新民主主义青年团员1213人，配备专职团干部两名，虞寿铭主持工程局团组织筹建工作。翌年1月10日，中国新民主主义青年团新安江水力发电工程工作委员会成立。下设秘书室、组织部、宣传部等工作部门。5月，更名为中国共产主义青年团新安江水力发电工程委员会（简称“工程局团委”）。6月，建立一工区、二工区、土建公司、运输公司、机械化站、机械修配厂、直属机关等7个团的工作委员会和职工学校团总支部共8个团的基层组织，有65个团支部，共青团员2185名。7月16日，中共浙江省委批准虞寿铭任工程团委书记。8月15日，工程局党委决定由12人组成工程团委会，常委4人。1958年11月，工程局精简机构以后，工程团委不设工作部门，专职干部由11人减至6人。1959年3月31日，李文彪任工程团委书记。4月，工程局党委批准调整工程团委，增补委员9人，委员增至13人；增补常委3人，常委增至5人。

1959年12月，选举产生共青团新安江水力发电工程第一届委员会，委员17人，常委5人，李文彪任书记。是年，工程局团委有基层团委6个，团总支部5个，团支部79个，团员3052名。

1963年9月5日工程局党委决定由7人组成工程团委会，巴洪浩任书记。1965年5月，选举产生第二届工程局团委会，巴洪浩当选为书记，常委7人，委员19人。1966年1月，团委工作由华志明主持。

“文化大革命”期间，共青团组织一度瘫痪。1972年，工程局革命委员会政工组主持“整顿”团的组织，发展团员341名，1462名团员恢复组织生活，建立起58个团支部。1974年10月，张绳武负责共青团工作，任工程局共青团委筹备小组组长。是年，湖南镇水电站工地共组建机械大队、筑坝大队、汽车大队、风水电大队、混凝土大队、厂房大队、技工学校、局机关8个团总支部。粉碎“四人帮”以后，工程局共青团工作由梅桂友主持。1978年4月，中共浙江省委批准，张介中任共青团水利电力部第十二工程局委员会（以下简称“工程局团委”）书记。

1980年5月，选举产生工程局第四届团委会，张介中当选为书记，常委9人，委员23人。团委有专职干部5人。

1982年8月，选举产生第五届委员会，周渊当选为书记，常委7人，委员17人。1986年3月，团委工作由副书记潘刚主持。

1988年9月，工程局第六次团代会选出12名委员组成第六届团委会，周岳凌任代理团委书记，常委4人。1989年4月在第三次全委会上周岳凌被选为团委书记。1990年11月5日，增选董建平为副书记，主持团委日常工作。

1994年9月，选举产生由15人组成的工程局第七届团委会，常委5人，童英豪任书记。

1999年8月，选举产生由15人组成的工程局第八届团委会，常委5人，张利任书记。

2004年9月，选举产生由15人组成的工程局第九届团委会，常委5人，卢军任书记。

工程局共青团主要负责人更迭见表10-3-1。

表10-3-1　　工程局共青团主要负责人更迭一览表

姓　名	职　务	任职时间
虞寿铭	团委书记	1957-07-17～1958-12-12
李文彪	团委书记	1959-03-31～1963-09-04
巴洪浩	团委书记	1963-09-05～1968-08
张绳武	共青团筹备小组长	1974-10～1974-11
	临时负责人	1974-11～1976-12
梅桂友	负责人	1977-01～1978-04
张介中	团委书记	1978-04～1982-08
周　渊	团委书记	1982-08～1988-09
周岳凌	代理书记	1988-09～1989-04
	团委书记	1989-04～1992-07
董建平	团委副书记	1992-07～1994-09
童英豪	团委书记	1994-09～1999-04
张　利	团委书记	1999-04～2004-09
卢　军	团委书记	2004-09～2006-07

第二节　团　代　会

首次团代会

1959年12月16～19日在新安江水电站工地紫金滩召开，正式代表292名、列席代

表41名。

此次大会根据新安江水力发电工程首次党代会决议和共青团浙江省第三次代表大会精神，总结工作，确定今后任务。黄全祯代表工程局党委讲话，李文彪代表工程团委作题为《高举总路线的红旗，在高速度地建设新安江水电站的斗争中充当党的得力助手》的工作报告，选举产生共青团新安江水力发电工程第一届委员会。

第二次团代会

1965年5月20～23日在新安江水电站工地召开，正式代表140人、候补代表34人。巴洪浩代表工程团委作工作报告，大会选举产生第二届工程团委会。

第三次团代会

1974年11月7～10日在湖南镇水电站工地召开，正式代表237名，红卫兵、红小兵及青年代表23人列席。

工程局革命委员会主任、党的核心小组组长陈赞作政治报告，工程局团委筹备小组组长张绳武作工作报告，选举产生23人组成的工程局第三届团委会（共青团浙江省委未予批复）。粉碎“四人帮”后，1977年1月25～31日，工程局团委在湖南镇水电站工地召开三届五次全委扩大会议。工程局党的核心小组组长陈赞和核心小组成员肖杰到会讲话。会议清算了极“左”路线对工程局共青团工作的干扰和破坏。

第四次团代会

1980年5月3～6日在湖南镇水电站工地召开，正式代表288名、列席代表68名。

黄振轩代表工程局党委讲话，张介中代表工程局团委作《从我做起，从现在做起，做无愧新长征中奋发向上的新一代》的工作报告。大会通过《青年职工守则》倡议，选举产生工程局第四届团委会。共青团浙江省委青工部负责人张建武到会讲话。

第五次团代会

1982年8月20～24日在紧水滩水电站工地召开，正式代表306名、列席代表29名。

陈赞代表工程局党委讲话，周渊代表工程局团委作题为《加强团的建设，当好党的助手，为实现党的中心任务而奋斗》的工作报告。会议选举产生工程局第五届团委会；通过《给全局共青团员、青年的倡议书》，倡议全局团员、青年振奋精神，争做建设社会主义物质文明和精神文明的先锋，为紧水滩水电站1983年截流、1986年发电多作贡献。共青团浙江省委青工部副部长张建武到会讲话。虞寿铭应邀参加大会。

第六次团代会

1988年9月27～28日在金华基地召开，正式代表201名、列席代表25名。

赵铭身代表工程局党委讲话，潘刚代表工程局团委作《为把我局共青团组织建设成为团员自豪、青年向往的先进群众团体而奋斗》的工作报告。大会选出工程局第六届团委会委员12人。共青团浙江省委青工部部长单美娟到会讲话。

第七次团代会

1994年9月22～23日在金华基地召开，正式代表152名、列席代表2名、邀请代表25名。工程局党委书记赵铭身、共青团浙江省委副书记马以在会上讲话；董建平代表工程局团委作题为《肩负起跨世纪的历史责任，为推进工程局两个文明建设再立新功》的工作报告。大会选举产生工程局第七届团委会，童英豪任书记，大会号召全局广大团员、青年和各级团组织，在工程局党委、团省委的领导下，进一步抓好建设有中国特色的社会主义理论，包括社会主义市场经济理论的学习与教育，适应工程局的特点，改进和调整青年突击队（手）的组织形式和活动方式，突出岗位建功成才，抓住机遇拼搏进取，为企业的发展作出更大的贡献。

第八次团代会

1999年8月11～13日在中达饭店召开，这次大会应到代表101人，实到代表88人，请假13人。工程局局长张介中、共青团浙江省委副书记史济锡在会上讲话；张利代表局七届团委向大会作题为《高举旗帜，求实创新，努力构筑面向二十一世纪的水电十二局共青团工作新格局》的工作报告。大会选出工程局第八届团委委员15人。

第九次团代会

2004年11月8～10日在杭州召开，这次大会应到代表79名，请假3人，实到代表76人。工程局局长徐鹿元到会作热情洋溢的讲话；工程局党委副书记江章贵代表工程局党委到会讲话；张利代表工程局八届团委向大会作题为《认真实践“三个代表”重要思想，团结带领广大青年为推进工程局跨越式发展而努力奋斗》的工作报告。大会选出工程局第八届团委委员15人。共青团浙江省委常委青工部部长俞慧敏到会祝贺并发表讲话。

第三节　组　织　活　动

一、增产节约运动

1957年，新安江水电站工地建立青年节约队7支，队员488人；青年突击队2支，队员106人；青年监督岗2个，岗员21人。据土建公司、二工区两个基层团委统计，收集被遗弃的钢材、木材、砖瓦等物资，价值5330元。6～12月，工程局团委先后7次授予34位青年“青年优秀生产者”等荣誉。1979年6月，发动全局团员青年开展“为四化立功，增产节约60万元”竞赛活动。至8月末，全局团员青年增产节约价值达90.1万元，为实现湖南镇水电站9月30日投产发电作出贡献。10月，表彰增产节约能手49名、先进集体24个。

1993年6月，发动团员青年战高温、夺高产、创高效、作贡献，以一流成绩向中共第十四次全国代表大会献礼，开展“迎接‘十四大’百日劳动竞赛”活动。10月，表彰“迎接‘十四大’百日劳动竞赛”优胜集体（团支部）11个、优胜个人45名。是年7月，在工程局力争实现企业不亏目标的关键时刻，发动团员青年开展为期6个月的“振兴杯”劳动竞赛。翌年初，宁波北仑工地强夯1号机荣获“振兴杯”，全局20个共青团岗位荣获“优胜共青团岗位”称号。

二、青年突击队活动

1958年初，工程局团委号召全工地团员青年“人人争当青年社会主义建设积极分子”，得到热烈响应。列车电站蔡亚光青年班从改进燃烧方法入手，逐日降低煤耗，自2月19日每千瓦·时电耗煤0.677千克，25日降至0.598千克，后又降至0.576千克，远优于全站每千瓦·时电平均耗煤0.714千克的指标。据估算，当年可节煤1336吨，价值32665元。二工区青年木工突击班班长陈阿兴在木笼围堰加高加宽施工中，改进工具，提高电钻钻孔效率11倍多，并组织全班青工改进操作方法，创造日搭建木笼13.7米^{3}纪录，超过定额（4.69米^3）192.11%。4月5日，陈阿兴赴上海出席全国青工代表大会，受到刘少奇等党和国家领导人的接见。一工区修钎厂青年突击班在1958年1月21日台班修钎4417根，超过全国最高纪录（3160根）39.78%；3月27日，半个台班修钎3137根，质量符合国家标准，再创新纪录。是年，机械化站青年促进号柴油挖土机在安全运转前提下，多次创造台班出渣最高纪录，带动兄弟机组开展比学赶帮超劳动竞赛成绩突出。是年5月4日，修钎厂青年突出班和青年促进号挖土机组受到共青团中央通报表扬，被授予"全国工矿企业青年先进集体"称号。同年7月31日，工程团委召开青年社会主义建设积极分子大会，表彰800多名青年积极分子，49个青年先进集体。1958年，工程团委表彰青年跃进突击手126名、青年先进集体18个。

1959年3月，发动团员青年开展"青年红旗突击手"活动。5月4日，命名"青年红旗突击手"54名。8月24日，工程局团委授予14个青年班组为"青年红旗突击队"，23名青工为"青年红旗突击手"。12月，授予25个青年班组为"青年红旗突击队"，97名青年为"青年红旗突击手"。修钎厂青年红旗突击班因提前47天完成全年生产任务，12月31日获得共青团中央"提前跨进1960年"荣誉奖状。1960年5月，工程局团委召开青年突击队大会时，全局有青年突击队（班组）111支，队员近2000人。

1978年9月，工程局团委发动团员青年开展争当新长征突击队、争当新长征突击手"双争当"活动。是年，全局团员青年义务劳动3700个工日，回收废钢铁200多吨，参加岗位练兵、技术操作表演400多人次。翌年3月，组织突击性义务劳动10次，800多人参加清理和回收废料。5月4日，表彰命名风水电大队团总支部、厂房大队团总支部为"新长征突击队"。1982年初夏，洪水过后，紧水滩水电站导流隧洞被污泥淤塞，工程局团委发动第一、二、四、五、六工程处、修配厂、局机关团组织建立青年突击队，6月29日～7月1日，连续突击7个班次，清除污泥1000多米^3，为导流隧洞大干快上创造条件。

1984年，工程局团委参加全国水利电力系统"为重点建设献青春，争当新长征突击手"竞赛活动。翌年3月，工程局团委荣获全国水利电力系统"为重点建设献青春竞赛活动优胜单位"称号。是年6月，继续发动基层团组织开展"为重点建设献青春"竞赛活动。是年，表彰"先进团支部"7个，"新长征突击手"81名，第一工程处团委获"优胜团委"荣誉。1985年11月7日，第二工程处17名青工组成青年突击队，主动请缨上10月30日发生伤亡事故的紧水滩水电站大坝10坝段工作面，10天干完20天的活，高质量地完成10坝段153米高程的立模准备工作。1993年5月4日，工程局成立青年突击大队，工程局局长、党委书记任顾问，工程局工会主席、党委副书记任正、副指导员，工程局团委书记、副书记分任正、副大队长；全局23个基层单位建立青年突击队。

三、技术革新

1960年初，工程局开展以机械化、半机械化、自动化、半自动化为中心的技术革新和技术革命运动。2月，一工区机械队徒工钱祥跃、姜守庚奋战36小时，制成电动锯床，提高工效5倍；房建队和二工区准备队工人在紫金滩护坡砌石中，土法上马，先后制成土卷扬机、土吊机、溜槽、天桥等工具，提高工效50%。1～4月，据不完全统计，机械化、半机械化程度分别由29%和28%提高到31.3%和41.9%，笨重体力劳动与手工操作由43%下降到18.5%，273台单机实现自动化和半自动化。是年7～9月，发动团员青年开展“条条革新结满果，人人力争一顶儿”竞赛活动。7月25日，修配厂“巧姑娘”机床车工黄丽英加工螺栓，1个台班完成102个小时的工作量，工效等于1顶13；8月16日，预制厂黄根芳木工组，接受从火车上卸运水泥突击任务，500包水泥提前3小时卸运完成，效率达到1顶6。第三季度，全局评出“一顶儿”青年红旗手281名、青年先进集体13个。

1989年3～5月，为倡导青年学技术、练本领，岗位成才，工程局团委、工会、劳动工资处3部门联合举办“青工手工焊接技术比武”活动，9个基层单位、21名选手参加角逐。同年8月，工程局团委、计划财务处、劳动工资处3部门举办工程局首届青年珠算比赛，10多个基层单位、21名青年管理人员参加珠算加减乘除、传票、账表等项目计算比赛。

1981年3月开展“文明礼貌月”活动，各级团组织围绕解决“脏、乱、差”，开展清垃圾、治阴沟、修路、植树等活动。据不完全统计，做好事1万余人次，植树1.2万余棵，栽花800多盆。工程局团委表彰“五讲四美”积极分子25名。

1987年7月通过《水电工人报》开展评选“青年之星”活动。10月，韩国平、王会满、金水林、杨永祥、赵丰5人当选“青年之星”。

1990年元旦，各基层团组织开展“树90年代新风尚，共青团在您身边”的“为您服务”活动。2月，全面部署开展“学雷锋、创新风”活动，利用节假日经常持久地开展“为您服务”活动。

1995年3月4日至6日，局团委在宁波召开推优工作现场会，来自局属各单位的团组织负责人近30人参加了会议，推优工作的开展，加强了团员队伍的建设，为党组织输送了后备力量，实现了党团的有机衔接。1986～1994年，我局共发展青年党员749人，其中青年党员459人，占61.3%。

1996年5月，局青年志愿者协会5日下午在金华基地组织开展了以“真诚奉献，服务社会”为主题的青年志愿者活动。

2004年8月，工程局团委在全体团员青年中开展我为重点工程作贡献活动。

历年荣获共青团系统全国和省、部级先进集体见表10-3-2。

表10-3-2　　历年荣获共青团系统全国和省、部级先进集体一览表

单　　位	荣誉称号	授予单位	时　间
一工区修钎班塘坞车间青年突击班、机械化站青年促进号柴油挖土机组	全国工矿企业青年先进集体	共青团中央	1958-05

续表

单　位	荣誉称号	授予单位	时　间
开挖大队修钎厂青年突击班、第一浇捣大队青年木工突击组、青年沥青跃进组、拌和楼安装青年红旗突击班、汽车大队青年号汽车	先进青年集体	共青团浙江省委	1959-01
修钎厂青年红旗突击班	“提前跨进1960年”	共青团中央	1959-12
修钎厂青年红旗突击班、安装队风铲青年红旗突击队、一工区机械队青年红旗电修突击组、混凝土厂大拌和楼青年红旗优质小组	先进青年集体	共青团浙江省委	1960-02
风水电大队团总支青年突击队	全国新长征突击队	共青团中央	1979-05
工程局团委	“为重点工程建设献青春”优胜单位	水利电力部“为重点工程建设献青春”竞赛领导小组	1985-04
电力建设联合公司团委 第二工程处团委	浙江省企业青年先进集体	共青团浙江省委	1990-03
工程局团委	浙江省先进团委	共青团浙江省委	1996-05
宁波公司舟山岑港水库	浙江省青年文明号称号	共青团浙江省委	1998-06
机电安装公司北仑项目部	浙江省青年文明号称号	共青团浙江省委	1999-06
工程局青年志愿者协会	省青年志愿者服务杰出集体	省青年志愿者协会	2000-01
珊溪施工局青年突击总队	浙江省青年文明号称号	共青团浙江省委	2000-06
工程局团委	浙江省先进团委	共青团浙江省委	2001-01
第一分局开挖队	浙江省青年文明号称号	共青团浙江省委	2003-07

历年荣获共青团系统全国和省（部）级先进个人见表10-3-3。

表10-3-3　历年荣获共青团系统全国和省（部）级先进个人一览表

姓　名	荣誉称号	授予单位	时　间
陶永安　王永来	全国青年社会主义建设积极分子	共青团中央	1958-11
王永来　杜伟吉 余祖扬　李德奎 张　珍　洪贤权 陈应才　林树清 陶建安	浙江省青年社会主义建设积极分子	共青团浙江省委	1959-01
廖信伟　黄宗都	浙江省青年社会主义建设积极分子	共青团浙江省委	1960-02
陶建安	全国青年社会主义建设积极分子	共青团中央	1960
张仁荣　夏芳根 张吉柱　李秀珍 张新英　胡忠义	新长征突击手	共青团浙江省委	1979-05
周　渊　杨　海 魏富定	全国新长征突击手	共青团中央	1985-03
周岳凌　陈新民 胡敏飞　陆伟林 刘绍信	浙江省新长征突击手	共青团浙江省委	1985-05
楼祥忠	优秀少先队辅导员	共青团浙江省委	1985-06
	共青团优秀干部		1990-05
张　冰	优秀少先队员	共青团浙江省委	1985-06
陈华明	80年代全国电力优秀青年	中国电力企业联合会	1990-07
许　晖	共青团优秀干部	共青团浙江省委	1992-05
王文伟	浙江省优秀团员	共青团浙江省委	1993-04
郑　斌	浙江省优秀团员	共青团浙江省委	1994-05
陈立新	浙江省优秀团员	共青团浙江省委	1995-05
钱放华	浙江省优秀青年岗位能手	共青团浙江省委	1996-08
童杰忠	浙江省优秀青年岗位能手	共青团浙江省委	1997-06
倪春友	浙江省优秀青年岗位能手	共青团浙江省委	1999-05
徐立强	省青年志愿者服务杰出个人	省青年志愿者协会	2001-01
沈益源	浙江省优秀青年岗位能手	共青团浙江省委	2002-08

第四节　团　的　建　设

一、支部建设

1958年12月，开展支部领导核心好、思想工作好、参加生产好、民主生活好、团结青年好“五好团支部”竞赛。翌年8月，浇捣大队第五分队等6个团支部被评为“五好团支部”。1961年初，开展“红旗团支部、红旗团小组、红旗青年班组”和“优秀共青团员”竞赛活动。6月，新安江水电站工地7个基层生产单位评出“红旗团支部”5个、“红旗团小组”33个、“红旗青年班组”2个、“优秀共青团员”214名。

1980年初，湖南镇水电站大坝系统施工单位的10个团支部开展比宣传发动工作好、比出勤率高、比贡献大“三比”竞赛活动，动员团员青年出满勤，干满点，主动承担急、难、新任务，为大坝安全度汛作贡献。5月，风水电队等3个团支部被评为“大坝安全度汛竞赛优胜单位”。1980～1982年，全局开展“创建先进团支部”活动，先后有9个团支部获得“先进团支部”荣誉，13个团支部受到表扬。

1991年3月，工程局团委试行《团支部工作标准》，发动基层团组织开展团支部升级达标活动。翌年3个，各基层团组织开展“双合格（合格团委、合格团支部）建设”活动。1992～1994年，“双合格”率均在90%以上，超过规划指标。

二、团员培训

1958年8月，工程局团委在新安江水电学校举办团干训练班，学习团的基础知识，交流团支部工作经验，参加培训基层团干97名。1961年1月5日～2月3日，在新安江水电学校举办第二期团的基层干部训练班，学习党、团基础知识和工作方法，培训团支部书记36人、组宣委员40人、团的专职干部5人，共81人。1965年8月，以学习共青团九届二中全会和新安江水力发电工程第三次党的代表大会精神为主要内容，对128名团小组长以上骨干进行脱产培训。

1986年4月，在金华基地举办团干培训班，基层团委负责人和团支部书记44人参加培训。1987年7～9月，工程局团委与党校联合举办“团干理论研讨班”，以函授和面授相结合形式，讲授国内外形势、思想政治工作方法、青年心理学和团的工作等专业知识，举办美学、演讲、艺术欣赏等专题讲座，全局19个单位近200名基层团干参加研讨班。1991年11月，举办基层团干培训班，学习马列主义理论、党团工作基本知识、青年工作理论、国防知识、宣传报道、公关、摄影、美术等，并进行军事训练，参加培训的基层团干55人。1988～1994年，全局选送团干部20多人次去中央团校和浙江省团校培训，推荐5名团干部上大学进修，培训团支部委员150名。

三、团员教育

1957年5月，在新安江水电站工地组织3次大型报告会，共青团浙江省委书记于光礼传达新民主主义青年团第三次全国代表大会精神，受教育团员1994人，占团员总数91.5%。

1958年4月12日，二工区青年女工许菊兰为抢救国家财产和人民生命英勇献身。根据其生前志愿，二工区团委追认其为共青团员。许菊兰的事迹在新安江水电站工地传播，全局团员青年掀起学习许菊兰热潮。

1960年3月，全局团员青年开展学习毛主席著作活动，破学理论神秘论、条件论、怀疑论的“三论”，除怕理论水平低学不了、怕文化水平低学不了、怕没有时间学不了的“三怕”，全局建立传播站28个、讲师团7个、以团支部为单位的学习核心小组43个、以团小组为单位的学习小组317个。至4月25日，参加学习的团员青年有3636人。1961年5月，工程局团委就超龄团员离团问题进行调查研究，依靠基层党组织对超龄团员加强思想教育，试建“共产主义小组”活动，使519名超龄团员（占团员总数22.4%）办理离团手续。1963年，对团员青年进行忆苦思甜教育，请58位老工人作忆苦思甜报告，团员青年访问老工人61人，写出家史、厂史、个人成长史“三史”89篇。是年3月，开展学雷锋活动，举办雷锋事迹报告会25场，2426人次收听雷锋战友回忆雷锋事迹录音报告和雷锋生前讲话录音。全局团员青年提出“学雷锋、看行动，增产节约打先锋”的行动口号。翌年，开展“学雷锋，争当政治思想好、完成任务好、努力学习好、道德品质好、团结协作好‘五好’青年”竞赛活动。5月，50名团员青年获“五好青年”荣誉。

1980年10～12月，进行“合格团员”教育，并在全局团员青年中开展“关于人生观”问题讨论，在《水电工人报》开辟“青年园地”专栏。1988年3月，在团员青年中开展“如何树立正确的恋爱婚姻观，加强法制观念”讨论活动。4月，开展“中国革命史知识竞赛”活动，全局11个基层团委，33名选手参加预赛。1989年5月4日，工程局团委、工会、保卫处、宣传处、水电工人报社等5部门联合评选19位团员青年为“弘扬正气、见义勇为好青年”。翌年4月7日，邀请雷锋生前所在连连长虞仁昌到金华基地作雷锋事迹报告，工程局团委等5部门联合发起评选“学雷锋，弘扬正气，见义勇为好青年”活动，7人入选。1992年3月，工程局团委与党委组织部联合发文，建立推荐优秀团员作党的发展对象的工作制度。自此至1994年末，全局193名团员青年加入中国共产党。

第四章　学会、协会、研究会

第一节　企业管理协会

1984年9月8日工程局企业管理协会成立，由从事企业管理、热心学习和研究企业管理科学的领导干部、工程技术人员、离退休和退居二线的老干部自愿参加组成，会员154人。第一届理事会理事32人，顾问姚新根，黄惠源任理事长，傅万英、金洪生任副理事长。1990年3月进行换届选举，张介中任理事长，傅万英、金洪生任副理事长，金洪生兼任秘书长。

工程局企业管理协会在调查研究、组织交流企业管理经验、介绍国内外有关企业管理经验和方法、组织开展企业科学管理和现代化科学普及工作等方面做了许多工作，并对全局参加部、省、地等各种协会、学会、研究会、情报网等实行规范化统一管理，编印出版

《企业管理简讯》180期；与技术情报室合编出版《水电站施工》1985年第3期企业管理专辑，翻译出刊《专利信息》和《信息动态》等不定期刊物30余期。

第二节　思想政治工作研究会

工程局职工思想政治工作研究会成立于1985年6月8日，第一届理事会有团体成员11个，会员155人，理事40多人，常务理事6人，王度滋任会长。撰写论文32篇，在省、部级政工刊物上发表论文5篇。该研究会于1986年11月成为浙江省职工思想政治工作研究会团体会员。1987年3月，成为水利电力部职工思想政治工作研究会团体会员。同年12月成为全国水电学组职工思想政治工作研究会团体会员。

1989年5月2日换届改选，第二届理事会由张介中任会长，常务理事9人，理事63人；团体成员12个，会员177人。主办工程局《政工研究》，编辑出版13期，共收到论文44篇，在省、部级政工刊物上发表论文6篇。1991年6月15日，参加中国水利水电工程总公司职工思想政治工作研究会为团体会员。是年9月16日，成为中国电力企业联合会职工思想政治工作研究会为团体会员。

1992年7月4日召开第三次会员大会，协商产生第三届理事会。张介中连任会长，常务理事10人，理事69人；团体成员10个，会员123人。编辑出版工程局《政工研究》10期，收到论文24篇，在省、部级政工刊物上发表论文4篇。

第三节　会　计　学　会

工程局会计学会成立于1987年5月。第一届理事会会长倪宏量。次月，成为浙江省会计学会团体会员，随后参加中国电力会计学会、中国水利水电工程会计学会，并成为浙江省总会计师工作研究会团体会员。至1994年底，有会员175人。

为提高会员业务素质，工程局会计学会多次组织出纳工作培训和税务知识讲座。1989年，组织财会人员参加首届全国会计知识大赛，推荐代表参加金华市本级和金华地区知识大赛，陈杰先后获工程局、金华市本级、金华市3轮竞赛第一名，并于翌年代表金华市参加浙江省会计知识大赛获第三名，翌年作为浙江省代表参加全国比赛。

1990年6月1日召开第二次代表大会，选举产生19人组成的第二届理事会，常务理事9人，倪宏量连任会长。第二届理事会建立组织组、教育培训组、学术研究组。1991年，在金华基地举办《会计法》实施研讨会；4～6月会计学会与财务处举办珠算科技知识竞赛，选拔3人参加金华市本级竞赛，1人获得金华市本级珠算科技知识竞赛第五名。1992年，在宁波北仑工地召开“项目法施工会计学术研讨会”，并制定《项目施工目标成本管理办法》。1993年，与财务处联合举办外营工地项目会计上岗培训班1期，举办新会计制度培训班3期、新税制培训班1期，350人次参加培训，全局财会人员培训率96%以上。1994年，为参加浙江省会计知识大赛，成立竞赛小组，212人参加第一赛程竞赛，占在职会计的88%；第二赛程推荐2人参加，均获金华本级优秀奖。1991～1994年，学会共收到论文 40 多篇，被推荐省、市采用的 20 多篇。

1994 年 6 月，召开第三届会员代表大会，选举产生 19 人组成的第二届理事会，常务理事 9 人，章银先任会长。

2000 年，根据财政部《关于举办第二届全国会计知识大赛的通知》要求，积极组织全局会计人员参加竞赛，参赛率达到 100%。

2004 年，组织全局会计人员参加国务院国有资产管理委员会组织的“国有资产管理知识大赛”第一赛程比赛，参赛率达到 99%。同时，选派卢健美、查裕计、赵志新、支晓宏等 4 位会计人员代表工程局参加集团范围内竞赛，获得评委的好评。

学会秘书长吕秀姣荣获集团公司会计学会 2002～2006 年优秀秘书长荣誉。

2005 年 4 月，召开第六届会计学会会员代表大会。学会组织机构的健全，为顺利开展学会工作奠定了基础。

学会多次参加省会计学会、省总会计协会举办的一系列学术交流和专业培训班，如上市公司贯彻实施新企业会计准则研讨会、新企业会计准则高级培训班、财政部企业司的《企业财务通则》专题讲座、全国知名税务专家黄董良教授的《新企业所得税法及其影响》、企业所得税与会计准则的专题报告会、国有企业财务创新、财会人员创造价值、资本市场融资及各类税务筹划研讨会等。丰富了会员的学术交流内容，开拓了会员的视野，提高了广大会员的学术兴趣。

《水电十二局财务与审计》是公司会计学会主办的内部刊物，是宣传党和国家财政方针、政策、法规和制度的窗口，是会计学会为广大会员和公司财会人员搭建的学术交流、经验交流和信息交流的平台，是对外宣传的窗口。为了保证会刊的编辑质量，从 2006 年起实施《水电十二局财务与审计》编委主任（会长）总审制，以及会刊第 28 期起每篇论文实行学会会刊编委分审制，初见成效，会刊的质量好于往年。为办好会刊，提高会刊学术交流质量，会计学会推行会刊稿件责任制度。

（1）学会理事必须完成 1 年 1 篇稿件，带头撰写论文，并鼓励学会会员踊跃投稿。

（2）单位在职财务人员在 3 人以上的学术小组，每年必须完成学术文章 1 篇（理事除外）。

（3）继续实行对学术论文稿件的审核制度，保证文章的质量。推荐给上级学会的文章必须经学会会刊编辑委审核。

会刊的编辑及发行工作，是在学会领导的直接关心、支持下进行的，每年出刊 2～3 期，每期发行 230 多册，除会计学会会员及财会人员人手 1 册，还发至论文写作人员公司领导、单位领导、机关有关部门。为便于上级学会了解本会动态，及时寄送至集团公司总会、财务部、资金结算中心、审计部、集团公司会计学会、浙江省会计学会、浙江省电力会计学会等单位进行了交流。

2005 年，会计学会搜集、整理了近期党和国家领导人关于清理拖欠工程款的重要讲话、指示和一系列政策法规等，编印成册，以会刊法规专刊形式发至全局财会人员、二级单位领导、公司领导及机关有关部门，为各单位在清理拖欠工程款中提供政策法规依据，推进各单位做好清理拖欠工程款的工作，取得了显著成果。

第四节　统 计 学 会

工程局统计学会1988年9月2日成立，第一届理事会理事15人，汪敏洁当选为会长，金海圻应聘为顾问。工程局统计学会是浙江省建筑业统计协会团体会员，1995年成为中国建筑业协会统计委员会团体会员，会员104人。

为开展学术交流，1990年8月邀请杭州电子学院邱德三副教授到工程局作“同力协力，发挥企业统计应有作用”学术报告。1991年1月起，不定期出刊《统计工作简报》26期。第一届理事会组织撰写统计专业论文41篇，推荐15篇参加学术交流。学会协助业务部门组织会员举办统计基础知识竞赛和钢笔书法竞赛活动，协同金华市统计局两次对从事统计工作30年的11位老统计工作者进行表彰和颁发荣誉证书。

1991年8月27日，召开第二次会员代表大会，选举产生第二届理事会，理事17人，常务理事9人，朱柏民当选为会长，凌鼎钫应聘为顾问。

1992年3月，举办经济专业英语学习班。1992～1995年，两次协助工程局经营处汇编《十二局统计资料手册》。1994年10月，组织全局统计人员进行统计普法学习。

1988、1992、1999年汇编了《统计资料手册》，2002年后每2年组织一次《统计资料汇编》。

2006年以后每年组织一次统计继续教育工作。

第五节　劳动科学研究会

工程局劳动科学研究会成立于1989年12月19日。第一届理事会由19人组成，常务理事9人，会长姜贤生，会员96人。工程局劳动科学研究会为金华市科学联合会团体会员。研究会会刊《劳动经济研究》共出5期，发表论文57篇。许晖的《浅析企业青工学习业务技术滑坡现象原因及对策》获第四届浙江省企业共青团工作研究会优秀论文奖。1990年7月6～7日，举办“劳动人事管理微机应用现场会”，9月，与工程局工会、劳动工资处、安全监察处、水电工人报社联合举办劳动管理（普及）知识竞赛。1991年8月，根据浙江省劳动人事厅有关规定，研究会为从事劳动人事工作30年以上的11位同志颁发荣誉证书。

1991年11月13日，工程局劳动科学研究会召开第二次会员代表大会。60多名代表选举产生第二届理事会，理事19人，常务理事9人，姜贤生连任会长。1992年，评出1991年度优秀研究会工作者10人，推荐钟光华为金华市社会科学联合会优秀学会工作者。4月15～16日，与劳动工资处联合举办工人岗位测评研讨会。是年5月8～11日，为配合工程局职称考核评定工作，在基地举办经济专业英语学习班，37人参加学习。7月12～18日，在教育处、劳动工资处、三总师办公室、计算机站的密切配合下，举办劳动人事微机运用培训班，参加学习30人，全部取得合格证书。

劳动科学研究会第三届会员大会于1997年3月13日在金华基地召开，会员77人，到会65人，大会采用无记名投票方式选举产生了第三届理事会成员19人，经理事会推选郦平为会长，尹桂荣为副会长，章钦铄为秘书长。

1996年由劳动工资处变更为劳动人事处，1998年变更为人事劳动部。2004年变更为人力资源管理部。局属二级单位部门管理也相应变更。

中国水利水电第十二工程局劳动科学研究会第四届会员大会于2005年10月14日在杭州市干部培训中心召开。会员69人，到会64人。会议对第四届理事会候选人名单进行了认真酝酿，成员由无记名投票方式选举产生，新一届理事会由21名组成，并推选产生了由11人组成的常务理事会。

第四届理事会并于2005年10月14日召开了第一次理事会，会议以推选方式产生常务理事会，由章钦铄、鞠章伟、杨斌、王朝日、何建国、刘丹东、刘晨华、朱锡良、洪渭海、黄建珊、赖建峰等11人组成，并作了分工。聘请工程局副局长兼总经济师郦平为名誉会长，章钦铄为会长，鞠章伟为副会长，杨斌为秘书长，王朝日、何建国为副秘书长。

2001年7月份学会积极组织策划了我局企业形象宣传，并被《劳动与保障》刊物采用，刊登在第八期封一、封二上；并在2002年和2008年度系统评比中获省劳动和社会保障学会系统先进个人。

学会还积极参加省劳动和社会保障学会举办的高技能人才、社会保险、合同管理和工伤保险的研讨会及答疑会，并及时将企业难点重点问题提交有专家学者咨询，为企业发展、职工困惑排忧解难。

第六节　职工文学艺术协会

1987年1月12日，工程局文艺爱好者协会筹备委员会成立。1988年3月，工程局召开职工文学艺术协会（简称“文协”）首届代表大会，选举产生理事会，黄振轩任主席，常务理事7名，理事21名；下设美术、书法、文学、文艺、摄影等小组。

1989年4月21日，文协与《水电工人报》联合发起工程局局歌歌词征集评选活动。成立歌词修改审定小组，于1990年1月13日确定歌词，由珊卡作曲，工程局局歌于3月24日在《水电工人报》刊出。

1990年9月，文协在衢州华电饭店召开第三次理事会，增选赵龙海为副主席、常务理事，增选理事3名。

2000年初，工程局工会筹建成立文体协会。是年4月28日，文体协会首届理事会在金华基地召开。会议通过了《中国水利水电第十二工程局文化体育协会章程》，推选通过张介中、徐鹿元、孙阳任名誉会长；赵龙海任会长。协会设常务理事18人，理事45人。

第七节　职工体育协会

1962年7月，工程局动力体育协会（简称“体协”）成立，徐百铮任主任。一工区等6基层单位建立体协分会。1966年5月，工程局体协由刘玉珍等14人组成，下设办公室。

1978年5月3日，工程局重新组建体协，宋其仲任主任，理事11人。1990年11月26日，体协换届改选，宋其仲任第四届体协名誉主任，黄振轩任主任，常务理事18人，理事30人。工程局体协建立气功、集邮、拳击、乒乓球、老年、桥牌、钓鱼、棋类等8个单项性体育协会。

集邮协会成立于1986年5月25日，全国集邮联合会副会长张包子俊和理事居洽群到会祝贺，是金华市集邮协会的团体委员，首批会员72人。1987年7月，工程局集邮协会被评为金华市集邮活动先进集体。1991年3月29日召开第二次会员代表大会，理事会换届改选，第二届理事会理事11人，会员110人。集邮协会多次举办邮评、邮展等群众活动。

气功协会1986年12月7日成立首届理事会，理事12人。初始会员42人，是浙江省气功科学研究会的团体会员。1989年4月换届改选，第二届气功协会理事会理事14人，会员增至72人。1991年2月，气功协会在“老年之家”开设气功健身活动室。6月，周伯荣被中国气功科学研究会评为中国禅密功研究员。1992年11月，气功协会换届改选，第三届气功协会理事会理事16人，会员增至166人，编成15个小组，并建立智能气功、中功、元极功3个辅导站。9月25日，工程局元极学研究会成立，有会员360多人。

乒乓球协会成立于1990年7月17日，首届理事会理事18人。

棋类协会成立于1991年3月15日，首届理事会理事17人。

老年体育协会1991年8月成立，理事15人，会员176人。金华基地老年人口1490人，经常参加象棋、乒乓球、门球、钓鱼、元极舞、气功、秧歌、腰鼓、迪斯科及拳、扇、剑等活动的有920人。1991年6月，15位离退休职工组成老年门球队。

钓鱼协会成立于1991年12月12日，理事会理事24人，下设10个分会，会员261名。1993年7月组织“三环杯”钓鱼比赛，17个队、51名选手参加比赛。

拳击协会成立于1992年6月1日，首届理事会理事21人。

2000年4月，局工会成立文体协会后，职工体育协会与职工文学艺术协会由文体协会组织各类活动，直到目前。

荣获中国水利水电建设集团公司2002～2004年优秀论文和2005年财会论文写作竞赛优秀论文及荣获浙江省会计学会2005年有奖征文优秀论文获奖者表彰名单如下：

(1) 荣获集团公司2005年财会论文写作竞赛单位组织奖。

(2) 章银先荣获集团公司2002～2004年优秀论文三等奖。

(3) 楼英汉荣获集团公司2005年财会论文写作竞赛优秀论文三等奖。

(4) 章银先、刘卫忠荣获集团公司2005年财会论文写作竞赛优秀论文鼓励奖。

(5) 张波荣获浙江省会计学会2005年有奖征文优秀论文三等奖。

第十一篇　精神文明与企业文化建设

第十一篇　精神文明与企业文化建设

第一章　企　业　精　神

50年来，水电十二局从无到有，从小到大，从弱到强，经历了由计划经济体制向市场经济体制转轨变型的过程，完成了新旧体制碰撞过程中企业领导体制、经营机制、管理制度的重大变革，实现了传统型企业与国际惯例接轨的突破、跨越和发展。

长期以来，十二局人饱尝开拓者的艰辛，特别是在建局初期，生产手段极为落后，工程局承受了工期、安全和质量的巨大压力；从20世纪80年代后期开始，由于项目分散，广大职工承受了远离亲人的孤独，就是在这种艰辛的环境中培育了顽强拼搏、不畏艰难的优良品质。十二局人攻克一个个技术难关，拼抢施工进度，确保工程质量，在水电建设史上树立了一座座丰碑，创下了一项项纪录，展示了一支富有活力、充满战斗力的水电建设专业队伍。50年来，十二局人风雨同舟、生死与共、情同手足、迎难而上，历经千锤百炼，造就出了一代又一代具有“特别能吃苦、特别能战斗、特别能忍耐、特别能团结”的水电人品格，培养了一批又一批优秀的技术、管理干部队伍。

十二局人的这种精神和品格是十二局宝贵的精神财富，是十二局创业和发展的巨大精神动力。十二局始终以这种精神教育、激励广大干部职工，将优良传统薪火相传。

水电十二局结合自身实际，根据精神文明和企业文化的发展规律和要求，有意识、有计划、有组织、有目标地创建起具有自身特色的企业文化。局党委先后制定、完善了《关于进一步加强和改进党建工作的实施意见》、《水电十二局2001～2003年精神文明建设三年规划》、《水电十二局2004～2006年精神文明建设三年规划》、《水电十二局2004～2006年企业文化建设三年规划》、《关于深入开展树立社会主义荣辱观学习教育活动的通知》、《关于开展“创建学习型组织，争做知识型职工”活动的通知》、《关于开展创建文明工程、文明单位、文明机关活动的实施意见》等一系列行之有效的制度性文件。所有管理制度的主题十分明确，就是把先进的管理理念潜移默化地渗透到企业发展和干部职工的日常工作生活中，积极培育企业核心价值观，引导干部职工把自我价值的追求与企业的价值观统一起来。水电十二局经过不断探索实践，20世纪60年代凝结成“艰苦创业，团结拼搏，求实创新”的新安江精神；90年代，在新安江精神的基础上提炼成“以人为本，科学管理，开拓创新，争创一流”的企业精神，形成了独具特色的十二局企业文化，树立了良好的企业形象，得到了社会各界的广泛认可。

第二章　企　业　文　化

第一节　文明单位创建活动

水电十二局文明单位创建工作大体可以分为两个阶段。2000 年之前为第一阶段，当时就已连续多年进行一年一度的“双文明单位”评选，此阶段是由工程局和局工会组织评选、表彰，实行评比制；2000 年起，工程局党政领导进一步重视工程局文明创建工作，建立了工程局文明创建工作领导小组，2000 年 11 月制定下发了《中国水利水电第十二工程局双文明单位建设管理办法》及考评标准，工程局文明单位作为工程局的最高荣誉称号，由局党委和工程局组织评选、表彰，实行申报考评制。2001 年 8 月、2002 年 7 月工程局党委对《双文明单位建设管理办法》进行了两次修改。

一直以来，工程局始终坚持文明单位评选标准和文明单位创建工作“升、降、撤”的动态管理制度，认真开展文明单位的创建和评比工作。1995～1999 年，全局共有 73 个（次）二级单位评为年度“双文明单位”；2000～2006 年，全局 66 个（次）二级单位获得局“文明单位”称号。

2002 年起，工程局列入集团公司文明单位评比，首次有 3 个二级单位获得集团公司“文明单位”称号；2003 年，有 5 个二级单位获得局“文明单位”称号；2004 年有 4 个二级单位获得集团公司“文明单位”称号。

第二节　文　化　载　体

报刊

1956 年 11 月，工程局党委筹建办报。12 月 11 日，出版《新安江水电报》试刊第一期。至翌年 4 月，试刊号共出版 27 期。1957 年 5 月 1 日，《新安江报》创刊发行，为工程局党委机关报。刊名最初由南京军区副司令员郭化若题写，后由郭沫若重新题写。初期设编辑组、采通组，工作人员 18 人。1958 年，编辑部调整为 5 人，1959 年增加至 10 人，实行采编合一。

《新安江报》为浙江省最早创办的企业报。5 号活字体排版，4 开 4 版，初为周二报，后改周三报。为适应工程建设需要，1959 年 9 月至 1960 年 10 月改为日报。开始每期印量 1000 多份，随着施工进入高峰，职工增加，每期印量增至 5000 多份。《新安江报》于 1961 年 8 月 31 日出版第 807 期报纸后停刊。

1962～1965 年曾出版《新安江工人》。始由 1 人编辑，为 8 开不定期刊物。1964 年下半年改为 4 开周报，办报人员扩充到 4 人，隶属工程局党委政治部。

1966 年元旦，工程局移师富春江水电站工地，工程党委决定报纸改名为《富春江报》，每周出 1 期，工作人员 3 名。1967 年 1 月 13 日，“造反派”强行封闭报社，《富春江报》只出版60期即被迫停刊。

1978年10月，工程局党的核心小组决定继续出版报纸，定名《工程战报》，由政治部宣传处筹办。是月20日，第一期《工程战报》出版，为4开4版周报。报纸印发量2000份，发到生产班组和机关科室。1980年7月，从第154期更名为《水电工人报》，刊名由著名书法家沙孟海题写。1982年8月，《水电工人报》作为新闻部门单独建制，实行工程局党委领导下的总编辑负责制。报社编辑部工作人员保持6～8人。

1981年10月，紧水滩水电站进入施工高峰，报社部分人员随工程局机关转到紧水滩工地采访、组稿，编校、印刷先后在乌溪江工地和金华基地进行。1985年10月，报社人员集中在金华基地办公。在这期间，办报人手紧张，曾两次面向工程局内部招聘采编人员，先后录用6人。1998年1月，报社随工程局机关迁入杭州办公，办报人员3人，报纸改为半月刊。2005年3月，报社办报人员定编两人，归属党委工作部。

1983年9月，《水电工人报》经浙江省出版总社审查同意登记。1987年12月，经浙江省新闻出版局审核，发给内部报纸准印证。2003年5月，《水电工人报》纳入浙江省级企业报管理，经浙江省新闻出版局年检审核，发给新准印证号。

《水电工人报》社作为浙江省企业报协会成立发起单位之一，从1989年5月起系副会长单位。《水电工人报》在1998年2月和2003年1月分别被评为浙江省双十佳企业报，其中一人评为十佳新闻工作者。浙江金华市新闻工作者协会1986年7月成立，《水电工人报》当选常务理事。中国水利水电工程总公司1994年4月创办《水利水电工程报》，当年在工程局设立记者站，从1995年起，《水电工人报》每年有人被该报社评为优秀记者。《水电工人报》在1984～2006年有128篇新闻作品、文学作品在全国、行业、系统和省市的好新闻、副刊好作品评选中，分别获得一、二、三等奖。1993年参加由中国企业文化编辑部举办的全国企业报大展中，《水电工人报》获展评一等奖。《水电工人报》2006年获得浙江省建筑业企业报展评一等奖。

《水电工人报》从1995年10月告别铅与火的印刷，实行激光照排、胶版印刷，从2002年1月，报纸版面改为大4开加长型版式，并全部实行彩色印刷。至2006年底，《水电工人报》共出版1148期。

华东水电

《华东水电》创办于1989年。创刊的目的是使广大工程技术人员及时掌握工程局各项目施工技术动态，推广应用新技术、新工艺、新设备、新材料，促进广大技术人员业务素质的提高和工程局施工技术发展的有效途径。该刊物面向局属各基层单位并与各水电施工局单位交换赠阅。

为了建立健全《华东水电》刊物编辑发行的各项制度，促进《华东水电》刊物健康稳定的发展，提高《华东水电》刊物的质量，在2005年11月开始正式改版，重新成立了《华东水电》编委会和编辑部，明确了编委会和编辑部的职责、投稿办法以及经费和奖励办法。

《华东水电》是工程局技术总结和技术交流的平台，也是记载各工程项目施工技术与管理过程的载体。《华东水电》包括四大部分的内容，施工技术、施工研究、施工管理和施工信息。从2005年改版后共出版了3期，刊登了75篇论文，其中4篇论文在《土石坝技术》论文集刊登。

广播站

工程局广播站在浙江人民广播电台的支援下建立于1956年秋。初期工作人员近10人。省台支援钢丝录音机1台，工程局购置1000瓦容量扩音机1台、钟牌录音机两台。1957年初，又从丰满、官厅调来500瓦容量扩音机各1台。广播线路有朱家埠—西铜官、朱家埠—汪家—江村埠、朱家埠—紫金滩3条，长达10余千米。是年10月，为加强右岸坝基开挖现场宣传鼓动工作，在塘坞口建立现场广播站。

广播站隶属工程局工会，主要任务是每天3次转播中央和省台的新闻、评论，每天定时播出“工地消息”，报道新安江水电站建设者的劳动热情，表扬职工群众中的好人好事，激励士气，鼓舞斗志。

1985年2月，广播站和电视录像摄影中心合并，归属工程局办公室。1988年3月，因工程局体制变更，广播站随电视录像摄影中心由局办公室划归工程局党委宣传处。1997年12月2日，《关于局机关机构改革的实施方案》（局办〔1997〕216号）关于机关机构设置中明确设立10个部门。电视录像中心从机关剥离（行政由金华基地管理局代局管理，业务上由宣传部指导管理，实行定员费用包干）。1998年5月6日，有线电视台撤销，闭路电视交付地方。到2006年止广播站仍隶属于金华基地管理局管理。

有线电视台

1976年9月24日，经浙江省革命委员会、省军区批准，在衢县项家海拔260米山顶上建立电视转播站，隶属局广播站。有10瓦彩色差转机两台、1瓦彩色差转机1台，转播中央1台和浙江台电视节目。1985年2月，工程局在紧水滩水电站工地成立电视录像摄影中心，由广播站电视组与技术处工程摄影组合并而成，隶属工程局办公室。摄录像设备有大1/2摄像机1套、M3P3/4摄像机1套、VO-5850 3/4编辑机1套、20英寸彩色监视器3台、10瓦彩色电视差转机4台。电视录像摄影中心的主要任务，负责紧水滩水电站工地和金华基地的电视差转、播放，电视机、录音机维修，承担工程建设和全局性重要活动的电视录像和摄影任务。1990年，经地方广电管理机关同意，工程局有线电视台成立。有线电视台下属的摄像组、摄影组、电视播放组、家电及闭路电视修理组、广播站并入有线电视台为广播站组。金华基地安装直径6米卫星接收天线、1套直径3米卫星接收天线，2300户接收闭路电视。有线电视台除转播电视节目外，还播放自制新闻。1992年，有线电视台添置3/4摄像机1套、VO-9850编辑机1套、E-450型特技机1台。有线电视台从1990年成立后，制作、播放新闻400余篇，完成专题片制作50余部。其中，获中国水利水电声像“江河奖”和获浙江省电力系统声像奖13部。收集工程资料约4000分钟。

1993年8月31日，有线电视台隶属工程局党委宣传部。闭路电视转播节目已增加到28个频道，工作人员为17人。

1998年5月6日，中宣部广电总局下达文件，要求企业单位有线电视台交付地方有线电视台管理的精神。工程局响应国家号召将局有线电视台与金华有线电视台进行移交。转交后原有线电视台工作人员安排其他工作岗位，部分人员随工程局转移杭州市，成立工程局“声像中心”，由工程局党委工作部管理。

1997～2006年底，“声像中心”随工程局机关迁至杭州市，主要工作内容为：工程局投标标书专题片光盘制作；收集工程科技视频资料；工程局重大会议活动录像素材拍摄；工程局网站视频新闻制作。同时，还负责“中国电力优质工程奖”、中国水利水电建设集团公司科技奖等专题片的制作，制作完成了7部申报“鲁班奖”、“詹天佑”、“国家优质工程银质奖”、“大禹杯”电视专题片，9部“中国企业新纪录”申报电视专题片，数十部“中国电力优质工程奖”、中国水利水电建设集团公司科技奖等专题片。

中央电视台“神州风采”、“科技博览”两栏目先后播放过3部介绍工程局业绩的专题片《新中国第一——新安江水电站》、《土石坝的变迁》、《泄洪与消能》，为工程局走向市场起到了重要的宣传作用。

第三节　局　　歌

工程局局歌是集体作词、珊卡作曲的《电力建设者的心声》。

1989年3月31日，工程局职工文学艺术协会和水电工人报社在《水电工人报》上刊登启事，代表工程局向全体职工征集局歌歌词，并将收集到的作品选登于《水电工人报》副刊，至6月24日止，共选登20首歌词作品。随后发出选票，组织全局职工评选歌词，截至7月15日收回选票121张。由于评选结果不够集中，遂组织人员反复修改，于1990年4月8日正式确定局歌歌词。局歌歌曲谱成后，也广泛征求意见和建议，再予确定。

电力建设者的心声

——中国水利水电第十二工程局局歌

集体　词

珊卡　曲

1=F $\frac{2}{4}$

雄壮地　自豪地

(555 ‖: 1 — | 1 555 | 1 — | 1 555 | 10 50 | 60 30 |

5 2 3 | 1 555 | 10) 5 5 | 5 — | 3 · 1 | 2 5 | 06 66 |

肩负 时 代的 重托，我们在

6·6 66 | 5 2 | 3 — | 3 1 | 4 · 5 | 6 54 | 3 5 |

东海之滨会 合，热 汗 在 旷 野里 挥

2 6 | 5 · 5 | 5 43 | 2 3 | 1 — | 1 0 | 1 · 7 |

洒，青 春 在 深 山中 度 过。创 业

66 0 | 1·1 12 | 3 3 5 | 666 52 | 3 — | 5· 5 | 62 0 |

创业，新安江水 流 传 着 辉煌的颂 歌；拼 搏 拼搏，

4·4 45 | 6 5 3 | 2·2 34 | 5 5 | 1 — | 1 55 | 1 · 5 |

江南 大地 树起了 丰碑 座 座。嗨 嗨！为了 开 发

6 33 | 5 6 | 2 56 | 1.1 12 | 4.4 45 | 6 · 6 | 53 0 |

祖 国的 能 源，我们 同心 同德，自强 不息，求 实 创新，

1. 2 · 3 | 5 6 | 1 — | 1 (555 :‖ 2. 6 · 3 | 5 6 | 1 — | 1 0 ‖

奋 发 开 拓！　奋 发 开 拓！

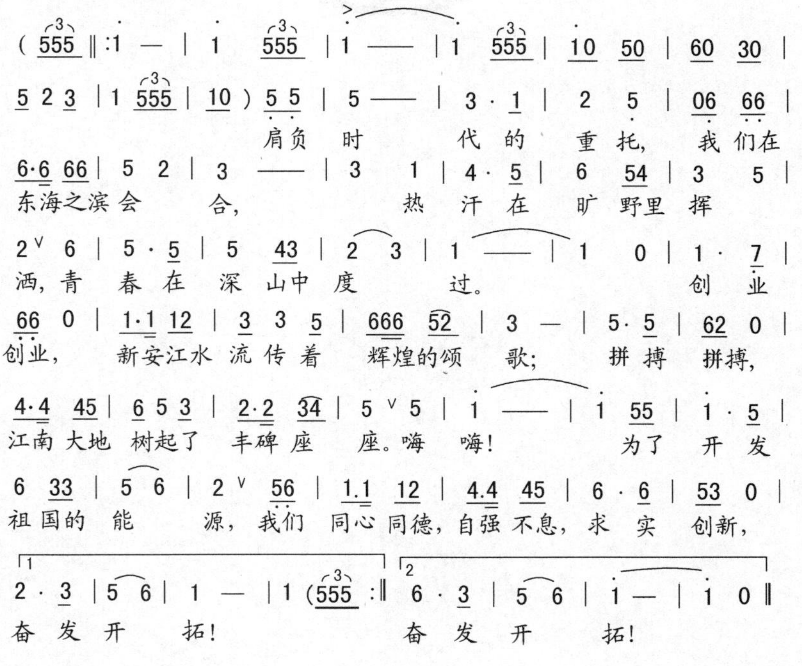

第四节 局　　徽

工程局局徽图案为圆形，由英文字母 CHINA 和闪电、轮船、水波浪图案构成，其中：英文字母“CHINA”为“中国”的英译文，表示工程局的归属；“闪电”图案为“电力”标志，表明工程局的行业性质；轮船图案由“十二”两字拟形而成，与其下方的水波浪图案相结合，寓意工程局在社会主义市场经济的海洋里乘风破浪、勇往直前。局徽图案设计者为工程局劳动服务公司服装厂职工高国良。

借更名为“中国水利水电第十二工程局”之机，工程局办公室、工程局党委办公室于 1992 年 11 月 21 日，在《水电工人报》上公开征集局徽设计图案，要求设计图案能反映工程局特征和企业精神，有高度概括力和象征性。历时 9 个月，共收到设计图案 12 幅，经向专家咨询和工程局领导审定，11 号作品选作局徽图案，1993 年 8 月 28 日在《水电工人报》上刊出。

局徽图案如下：

第十二篇　人　　物

第十二篇　人　　物

第一章　传　　略

王　醒（1917－11～1994－10）

山东莱芜人，1937年7月参加革命，负责莱芜县八区抗日宣传，并加入中国共产党。以后担任八路军四支队莱芜独立营连指导员，中共莱芜县委书记兼县长。1949年南下到浙江，任绍兴行政公署副专员，中共绍兴地委副书记兼专员。1951年转入电业部门工作，历任黄坛口水力发电工程党委书记兼管理委员会主任，华东水力发电工程局局长，上海水力发电勘测设计局局长（1956年该局更名为上海水力发电勘测设计院）。1956年奉命组建新安江水力发电工程局，任局长。翌年5月，任中共新安江水力发电工程委员会书记兼工程局局长。1959年11月，任中共新安江水力发电工程委员会第一书记兼局长。

在新安江水电站建设期间，深入施工现场，调查研究，倾听基层领导干部和职工群众的意见，汇聚大家的愿望和智慧，作出争取提前发电的施工安排。电站建设初期，大型施工设备未到货，他主张不等、不靠，土法上马，“小、土、群”开路，使大坝混凝土浇筑提前进行。电站施工中因受洪水过坝和左岸大坍方影响，提前发电计划受阻。他发现不少工作面出现前后环节相互支持、相互促进的协作活动，因势利导，推动开展“一条龙”竞赛，掀起施工高潮，确保提前发电的施工进度。

尊重科学，重视施工质量。1957年8月，电力工业部上海水力发电勘测设计院驻工地代表组提出改混凝土实体重力坝为宽缝重力坝的设计方案，他组织专家研究，广泛听取意见，采纳建议，既省又快地完成拦河坝浇筑任务。1959年2月，大坝浇筑中发生混凝土质量事故，立即向上级报告，并组织力量凿除不合格的混凝土，不留后患。

工作勤奋，长期住在办公室，清晨即起，阅读文件批阅报告，上午主持会议或听取工作汇报，下午、晚上巡视施工现场，同干部、工人研讨施工中的问题，工作到深夜。遇到专业技术上的问题，不耻下问，向智者请教。他认为，不熟悉、不掌握专业技术是不能领导好电站建设的。他不管工作多忙，总是挤出时间学习，还带头参加函授大学学习，到职工业余学校“水电建设特别班”听课。

生活俭朴，以身作则。他家住在离办公室约5千米的沧滩，有时回家住宿，不让小车接送，同职工一起乘交通车往返。国家经济困难时期副食品供应紧张，他让秘书把地方商业部门特供给他的营养品送到幼儿园，给体弱的儿童增加营养。日常饮食，到局机关大食堂排队，不让特殊照顾。他严于律己，给领导干部树立了榜样。

1959年，王醒兼任浙江省水利电力厅厅长、党组书记，1962年起任浙江省副省长，不再担任工程局局长、工程局党委书记职务。粉碎“江青反革命集团”后，调水利电力部中南电业管理局工作，1984年7月离休回山东省济南市安度晚年，1994年10月4日在济南逝世。

陈　赞（1919－09—1986－09）

原名赵永堂，河北徐水人。1939年春参加抗日救亡活动，同年9月加入中国共产党。历任徐水县政府秘书、公安局局长，河北省保定专署公安处副处长等职。1952年转入电业部门工作，任河北官厅水库工程局民工指挥部主任、工程处党委副书记。1956年冬调浙江，先后任新安江水力发电工程党委副书记、第二书记、书记。“文化大革命”期间下班组劳动，后调任杭州钢铁厂党委副书记。1972年10月调回十二工程局，任革命委员会主任、党的核心领导小组组长。1978年10月任工程局党委书记，后调任华东勘测设计院党委顾问，1984年12月离休。

在新安江水电站建设期间，参与新安江水力发电工程建设的重大决策，经常深入现场倾听职工意见，组织开展劳动竞赛和技术革新活动。1958～1960年初，在“人人为大坝升高立功”和“为提前发电立功”的竞赛活动中，他多次召开现场会交流经验，评述引导，为水电站提前发电作出贡献。

1966年春，为开辟在洪水期进行围堰施工的新途径，力争富春江水电站提前两年在1968年发电，陈赞在潜水班蹲点期间，写下“莫道江水猛如虎，潜水工人胆如天”的诗句，创造出在洪水期建成二期围堰的奇迹。

中共十一届三中全会以后，陈赞组织力量复查历史上的冤假错案，实事求是予以平反，并组织和领导全局职工投入发电立功的竞赛，使湖南镇水电站于1979年9月并网发电。

陈赞忠诚党的事业，艰苦朴素，严于律己，把毕生精力贡献给水电建设事业。1986年9月3日病逝于建德白沙，依照个人意愿，骨灰撒在新安江水库。

潘圭绥（1911－09～1986－07）

浙江诸暨人，高级工程师。1933年6月毕业于浙江大学土木系。先后任浙江省公路工程局工程员，福建省公路工程局工程师，福建省建设所技正，上海私营国华工程公司工程师。1951年后，历任黄坛口水力发电工程处工程师，江西上犹江水力发电工程局总工程师，新安江水力发电工程局副总工程师、总工程师，水利电力部第十二工程局总工程师，浙江省宁波港建港指挥部总工程师，水利电力部华东勘测设计院副院长兼总工程师等职。1956年获“全国电业先进生产者”称号。1958年被推荐为浙江省第五届政协委员，1964、1978年先后当选第三届、第五届全国人民代表大会代表。

20世纪50年代初期，在研究黄坛口水电站施工导流及围堰型式时，提出采用木笼围堰分期导流的方案，为提前浇筑混凝土坝体创造了条件。在新安江水电站大坝灌浆施工中，他对增加1万米钻孔灌浆的技术措施提出否定意见，被水利电力部水利水电建设总局采纳，为国家节约了资金。在新安江水电站主体工程施工中，他身患疾病，仍不顾劳累，深入现场商讨技术问题，改进和完善施工方案，保证工程质量和施工进度。潘圭绥于1986年7月13日因病在杭州逝世。

陈　斌（1929－03～1993－03）

吉林省吉林市人，中共党员，工程师。1949年参加水电建设，在丰满水力发电工程局当采砂船工人，后转为丰满安装公司工人，参加丰满水电站、官厅水库的水轮发电机组安装。1956～1957年前往苏联学习，1957年8月调入新安江水力发电工程局，历任砂石队副队长，安装队副队长、队长，工区副主任，水电大队队长，机电处代处长、处长，第八工程处处长等职。

新安江水电站安装第一台水轮发电机组时，他担任工程局机电处代理处长，坚持在现场指挥安装，与工人、技术人员一起研究解决大型起吊设备未到货给安装工作带来的困难。利用小型设备将轮辐吊到空中加温以后套入大轴。轮辐加温时他身裹石棉布，钻进280摄氏度高温的加温箱，测量轮辐下孔孔径，保证顺利套嵌。采用定子套转子的施工措施吊装机组，加快安装进度。富春江水电站安装5号机组要作油管试验，因缺油试验受阻。他带领工人改用压力为500牛的压风进行试验并取得成功，节约了人力、物力，为5号机组按期发电作出贡献。

1972年奉命支援阿尔巴尼亚水电建设，主持伐乌一代耶水电站、菲尔泽水电站机组安装工作，并为阿方培养安装技术队伍，为祖国争得了荣誉。

陈斌一生兢兢业业，为祖国电力建设事业作出贡献，1956年被授予“全国电业系统劳动模范”称号，浙江省人民委员会于1958年命名他为“浙江省第一个五年计划劳动模范”，1959年3月授予他“浙江省工业、基建、交通社会主义建设积极分子”称号。1979年经电力工业部批准，出席全国工业学大庆代表会议。1989年退休，1993年3月30日病逝。

史荣福（1909－07～1992－01）

江苏溧阳人，中共党员，高级工程师。从1929年起，从事起重安装工作。中华人民共和国成立后，参加水电工程建设，历任黄坛口水力发电工程处起重运输队队长、江西上犹江水力发电工程局机械化站副主任、新安江水力发电工程局重型机械大队队长。1960年调浙江省电力安装公司任副经理，1975年退休，1992年1月因病逝世。

他在长期生产实践中积累了丰富的起重经验，为水电站建设解决了许多起重、运输、吊装方面的技术难题。工作中言传身教，培养了一大批起重技术人才。20世纪50年代初，他在黄坛口、上犹江水电建设工地，采用整体起重法和部件预组装法，安装高39米的桅杆式起重机和质量为146吨的门式起重机，分别提前10天和7天完成任务，成绩显著，被评为1955年度全国先进生产者和全国电业先进生产者。1957年调新安江水力发电工程局工作，在负责安装两台起重量为20吨的缆索起重机时，凭借两台3吨塔式起重机，加上木板、撬棍、手摇绞车等简单工具，用23天时间将总重3000吨的缆机部件，沿着陡峭山坡从38米高程运上140米和175米高程的山脊，提前160天完成缆机安装任务，在场的民主德国专家赞叹不已。1959年4月，提出在现场就地整体制作质量达321吨的导流孔钢筋混凝土闸门及沉放方案，之后采用4台5吨手摇卷扬机和自制的6组滑轮等简单设备将闸门沉放到底，使新安江水电站工程按计划下闸蓄水，为提前发电创造了条件。1959年10月，获“浙江省工业、交通运输、基本建设、财贸方面社会主义建设先进生产（工作）者”称号，1960年2月被新安江水力发电工程局评为特等功臣。

孙炳麟（1927－12～1970－03）

河北武清人。1949年8月毕业于天津北洋大学水利系，同年9月参加工作，先后任丰满水力发电工程局技术员，东北水力发电工程公司土建队副队长。1957年调新安江水力发电工程局，历任第二工区施工科科长，工程局施工技术处主任工程师、副处长，后调新安江水力发电厂任副总工程师。1959 年加入中国共产党。

在新安江水电站工程建设中，深入现场解决生产技术上的关键问题。1959 年 4 月沉放导流底孔闸门时，他根据施工实际情况，提出先沉放 10 号坝段导流底孔闸门的建议，改变了先沉放 8 号坝段导流底孔闸门的原定计划。按照他的建议施工，保证了工程进度。在洪水冲垮二期围堰上游横向段时，他提出采用木板挡墙支撑的处理措施，节约大笔资金。为解决大坝 3 号断层防渗井基础质量问题，他和老工人一起商量，确定灌浆的水灰比例，改变灌浆管埋设位置，回填质量优良，获得苏联专家和职工的好评。他多次建议挖掘 3 号集水井内的废弃物，工程局领导采纳他的建议，组织力量挖出土箕、箩筐、坑木和废渣，消除了新安江水电站大坝一大隐患。1959 年他被评为全国先进生产（工作）者，出席全国工业、交通运输、基本建设、财贸方面社会主义建设先进集体和先进生产（工作）者代表大会。1970 年 3 月，因公殉职。

周世荣（1947－02～1994－06）

江苏泗水人。1970 年 2 月毕业于扬州水利学校，同年分配到水利电力部第十二工程局，在施工科学研究所工作。1984 年任科研所建材室副主任、混凝土外加剂厂副厂长。在他带领下，混凝土外加剂厂从建厂时的 7000 资金发展到初具规模的工厂，1993 年创利税 30 万元；研制成功 10 多个新产品，使外加剂系列化。其中 BLY 引气减水剂荣获电力工业部首届新技术、新产品暨科技攻关成果展示交易会金奖，BLY 引气减水剂和 VF 混凝土膨胀剂同获建设部科技成果重点推广项目证书。

生活节俭，捐赠灾区人民却慷慨解囊。在经济活动中，不收礼、不拿回扣，推辞不掉的上交财务。某个体经营者以高薪聘他去工作，被其婉言谢绝。

1992 年荣获全国“五一”劳动奖章，是浙江省第八届人民代表大会代表。先后被工程局党委、中国水利水电建设总公司党组、中共浙江省委企业工作委员会命名为优秀共产党员。

1994 年 6 月 3 日因车祸逝世，终年 47 岁。

第二章　工程局主要领导人简历

王英清　甘肃宁县人，1911 年出生，1931 年参加中国工农红军，1933 年 6 月加入中国共产党，参加过二万五千里长征，历任班长、排长、连长、营长、团长、旅长、副师长、师长，军衔大校。1958 年转业到电业部门工作，任乌溪江水力发电工程局局长，浙江省水力发电工程局党委第二书记、局长。1962 年“四江”合并后，任新安江水力发电工程局代理局长、局长，1966 年 1 月调离工程局去陕西工作。

孙华锋　1956～1970 年在新安江水利发电工程局工作。任局党委常委、组织部副部长、部长。后任水利部淮河水利委员会副主任、武警水电指挥部副政委，少将军衔。

柴松岳　1958 年 10 月～1961 年 8 月在新安江水利发电工程局工作。后任浙江省副省长、省长，中共第十四届中央候补委员，第十五届、十六届中央委员；国家电力监管委员会主席，第十一届全国政协常委。

葛洪升 1956～1965年任新安江水利发电工程局党委办公室副主任，宣传部副部长、部长。后任浙江省省长，国务院特区办主任。

刘绍文 原名刘绍祥，化名刘芳、刘化文、刘少文，山东泰安人，1920年出生，1939年初参加革命工作，同年6月加入中国共产党。历任区青救会干事、区各界同胞救国会主任、区委书记、县委组织部长。1949年南下后，历任长兴煤矿副军事代表、军事代表，浙江建筑公司经理，黄坛口水力发电工程处处长，电力工业部水力发电建设总局工程处副处长，上犹江水力发电工程局副局长，新安江水力发电工程局副局长，富春江水力发电工程局局长，浙江省水电厅副厅长等职。1966年1月任新安江水力发电工程局局长。“文化大革命”期间，被结合进工程局革命委员会任主任、党的核心领导小组组长。

王度滋 山东齐河人，生于1930年11月，1949年2月参加革命工作，同年6月加入中国共产党。转入水电建设部门工作以后，参加过官厅水库和新安江、富春江、湖南镇、紧水滩、石塘等水电站建设，历任工程局党委宣传部组长、工程指挥部党委副书记、工程局政治部宣传处负责人。1974年调宁波港建港指挥部，任指挥部工程处负责人、指挥部副指挥。1980年调回工程局，8月任副局长、局党委副书记，翌年11月任局长，1982年11月任局党委代理书记，1983年2月任局党委书记。1987年调华东勘测设计院任党委书记，1990年离休。

黄惠源 浙江绍兴人，生于1932年11月，高级工程师。1954年10月加入中国共产党，次年毕业于华东水利学院水工结构系，分配到丰满水力发电厂任技术员。调新安江水力发电工程局以后，历任队长、计划处副处长、代理处长、处长。1979年6月任水利电力部第十二工程局副局长。1982年11月任代理局长，1983年2月任局长，1985年获水电部“优秀企业管理者”称号，1985年9月出任华联工程公司董事长，翌年7月出任华田联营工程公司董事长。1987年调浙江省电力工业局任副局长、党组成员，是浙江省电力企业管理协会第二届理事会会长。

张介中 山西繁峙人，生于1946年3月，高级经济师。1968年11月毕业于闽江水电工程局技工学校，同年被分配到新安江水电工程局工作，1971年6月加入中国共产党。参加过富春江、湖南镇、紧水滩、石塘等水电站建设。1978年4月，任工程局团委书记。1981年被选送到武汉水电学院水工建筑及施工专业学习，1983年毕业回局，调任第六工程处处长。1984年9月任物资运输公司党委书记、经理。1985年8月任工程局党委副书记，1987年起主持局党委工作。1989年2月任局长。2001年9月调离工程局。

赵铭身 吉林德惠人，生于1936年10月，高级政工师。1955年3月参加水电建设事业，1959年12月加入中国共产党。参加过丰满、新安江、富春江、湖南镇、紧水滩、石塘等水电站建设。1959年5月任新安江水力发电工程局团委干事，被共青团新安江水电工程第二次代表大会选为工程局团委常委。1965年调任开挖大队党总支部副书记。1970～1978年，任湖南镇工程指挥部工程一团政工组长、筑坝大队党总支部副书记。

1978年12月调任工程局办公室，历任副主任、主任。1985年3月任工程局副局长。1987年12月任工程局党委副书记。1992年7月任工程局党委书记。1997年12月退休。

徐鹿元 江苏丹徒人，生于1948年8月，高级经济师。1970年2月毕业于扬州水利学校，分配到水利电力部第十二工程局修配厂当工人，后任修配厂生产调度、厂工会主席。1981年7月加入中国共产党。1984年调任工程局党委组织部干事。1986年7月任组织部副部长，1992年1月任组织部部长，同年7月任局党委副书记。1994年5月兼任工程局副局长。1997年11月任局党委书记。2001年9月兼任工程局局长。2004年2月不再兼任党委书记。2006年12月改任工程局咨询。

孙 阳 江苏扬州人，生于1958年7月，教授级高级工程师。1977年10月参加水利电力部第十二工程局工作，在第六工程处当工人、调度员。1984年8月任第四工程处副队长。1985年8月加入中国共产党，1985年9月考入武汉水电学院读书。1988年7月毕业后任局调度室调度员、工程部调度室主任。1991年后历任万安溪项目经理部副经理、经理、第一工程公司经理兼党委书记。1997年1月任局长助理兼白溪施工局局长、党委书记。1998年12月起任水电十二局党委委员，1999年5月任工程局副局长兼白溪施工局局长、党委书记。2000年11月起任工程局副局长兼第一分局局长、党委书记。2004年5月不再兼任第一分局局长、党委书记。2006年12月任工程局局长、党委副书记。

佘其年 江苏江都人，高级政工师。生于1947年1月，1977年2月加入中国共产党，1968年9月在水电八局厂房队参加工作，任二处团委副书记。1981年9月被选送到武汉水利电力大学水工专业学习。1983年7月毕业后任水电八局政治部科长。1985年3月任水电八局二处党委副书记。1988年6月任水电八局党办、局办副主任。1993年3月任水电八局办公室主任。1994年9月任水电八局纪委书记。1998年10月任水电八局党委副书记、纪委书记。2004年2月调水电十二局任党委书记。2007年1月退休。

杨永祥 浙江黄岩人，生于1954年9月，高级工程师。1970年12月～1975年9月作为知青下放务农。1975年9月～1977年9月在浙江燃化工业学校读书。毕业后分配到水利电力部第十二工程局工作，任厂房大队机械队技术员。1980年6月任第二工程处三队队长。1980年7月加入中国共产党。1983年9月被工程局送往葛洲坝水电工程学院读书，毕业后于1986年7月任第二工程处处长助理。1987年8月任第二工程处副处长、妹滩项目副经理。1991年6月后历任设备管理处处长、工程部副部长、部长。1995年3月任局长助理、珊溪施工局局长、党委书记。1997年11月任工程局副局长兼珊溪施工局局长、党委书记。2000年1月任工程局副局长兼第二分局局长、党委书记。同年8月不再兼任第二分局局长、党委书记。2006年12月任工程局党委书记、副局长。

徐洽时 江苏吴县人，中共党员，1910年出生。1934年6月毕业于国立浙江大学。同年到上海市工务局任技佐。1936年6月到美国康乃耳大学研究院深造，次年10月学成回国，在浙江大学任土木系讲师。1938年转入江西省立工业专科学校任教授。1939年以后，历任国民政府资源委员会龙溪河水力发电工程处工程师兼主任科长、资源委员会全国水力发电工程处工程师、钱塘江水力发电勘测处主任等职。中华人民共和国成立后，历任华东军政委员会工业部钱塘江水力发电勘测处主任、浙江水力发电工程处处长、电力工业部华东水力发电工程局副局长、电力工业部上海水力发电勘测设计院总工程师等职，1956年调任新安江水力发电工程局总工程师，1958年8月调任瓯江水力发电工程局总工程师。嗣后，任浙江省水利电力厅副厅长、浙江省水利厅厅长、顾问。

李 旭 原名李鳌鱼，江西吉水人，1916年11月出生，1930年8月参加革命工作，1932年8月加入中国共产党。1934～1935年参加长征。曾任红一团电台报务员、军委三局通讯处股长、东满军区三科副科长、第四野战军第十纵队三科科长等职。中华人民共和国成立后，历任东北电业总局锦州电业管理局副局长，东北电业总局基建局副局长，长春电业局局长，丰满水电厂厂长。1956年调任新安江水力发电工程局副局长，1960年7月调浙江省电业管理局，历任副局长、顾问等职。1983年离休。

梁东初 山西武乡人，1919年7月出生，1934年从山西师范毕业后在北上黑村学校任教，1936年10月参加革命工作，在牺盟会游击队当指导员。1939年加入中国共产党。历任山西沁源县政府科长，霍县、孟县县长，岳北专署检查员主任、副专员。1949年随军南下，8月9日任古田溪水力发电工程处军事代表，后任该工程处主任。1953年2月5日任华东水力发电工程局副局长兼华东101工程处处长。1955年受电力工业部指派到苏联实习考察，翌年12月回国被任命为新安江水力发电工程局副局长。1958年8月调任瓯江水力发电工程局局长。1963年6月～1974年任水利电力部东北勘测设计院院长。1974年9月任山西省水利厅负责人，同年10月18日逝世。

刘显辉 山东莱芜人，生于1917年7月，1939年2月加入中国共产党，同年参加革命工作，历任区委文书、鲁南区党委组织部干事、分区党委书记、县委书记等职。南下后，任中共绍兴地委组织部长、浙江省民政厅副厅长、中共浙江省委组织部副部长。1957年1月转入电业部门工作，任新安江水力发电工程局党委副书记，1958年9月调任瓯江水力发电工程局党委书记。1985年4月在水利电力部成都勘测设计院离休。

刘 桂 河南伊川人，1919年12月出生，中共党员，1938年参加革命工作。历任区民兵大队大队长、区委书记、地委组织部科长、专署干部科科长、地委组织部副部长、江苏省委组织部干部处长、松江地委副书记等职。1954年转入电业部门工作，历任华东水力发电工程局副局长、党委书记，上海勘测设计院党委书记、院长，1957年2月被任命为新安江水力发电工程局副局长，是中共新安江水力发电工程局委员会常委。1958年6月调任富春江水力发电工程局党委书记，后调任浙江省水电厅副厅长、中共浙江省委组织部副部长、中共嘉兴地委副书记、水利电力部华东勘测设计院党委书记兼院长。1987年离休。

张先辰 1924年5月出生于山东齐河，1944年8月加入中国共产党，1945年7月参加革命工作，历任区工作队长、区委副书记、区长。1949年南下以后，历任杭州力余铁工厂军代表、杭州市机器制造业工会主席、杭州新闻出版印刷厂工会主席、杭州市总工会副主席等职。1956年转入电业部门工作，翌年任新安江水力发电工程局工会筹备委员会主席。1958年8月，被任命为新安江水力发电工程局副局长，后调任钱塘江治理工程局党委副书记兼局长、浙江省交通厅副厅长。1984年7月离休。

徐百铮 山东苍山人，1921年3月出生，1938年10月参加革命工作，1939年8月加入中国共产党。历任山东临沂地委文书，鲁南三军分区敌工科干事、科长，苍山、兰陵县敌工部长，临沂地委秘书科科长。1949年南下至浙江，任浙江省军管会文教部人事科科长。1952年转入电业部门工作，历任黄坛口水力发电工程处工会主席、处长，江西上犹江水力发电工程局筑坝工区主任，新安江水力发电工程局机械化站主任、二工区主任等职。1958年8月任工程局副局长，1959年7月14日兼任新安江水力发电厂厂长。1962年调离工程局，任新安江水力发电厂厂长，1965年7月兼任厂党委代理书记。1983年11月离休。

李志刚 原名杜允吉，山东肥城人，1923年2月出生，1938年5月参加革命工作，1939年1月加入中国共产党。曾任山东泰西地委油印科副科长，东平县三区区委副书记。1949年南下后任建德地委秘书科副科长，金华地委秘书科科长、浙江省委办公厅农村办公室副主任等职。1956年转入电业部门工作，任新安江水力发电工程局党委宣传部部长。1959年5月，任工程局副局长，后调任钱塘江治理工程局副局长，镇海发电厂工程指挥部副总指挥、党委副书记、书记，浙江省电力工业局副局长。1988年8月离休。

黄全祯 山东垦利人，1926年7月出生，1945年5月参加革命工作，同年12月加入中国共产党。历任垦利县集贤乡政府干事，区委宣传干事。1949年南下任中共龙泉县委组织部干事，城关区委副书记、书记，县委宣传部副部长、部长，县委副书记等职。1956年转入电业部门工作，任新安江水力发电工程局修配厂党委书记。1959年11月，任新安江水力发电工程局党委副书记，后调任新安江水力发电厂党委书记。1965年5月调以礼河水力发电厂任党委书记。1985年离休。

李同彬 山东肥城人，1916年8月出生，1940年加入中国共产党，任村农会主任、区委宣传委员、区委副书记。1949年南下后，任浙江遂安县农民协会主任、中共遂安县委副书记。1958年7月转入电业部门工作，任中共浙江省水力发电工程局委员会副书记。1962年"四江"合并后，任中共新安江水力发电工程局委员会副书记。"文化大革命"初期，不堪凌辱，于1967年1月投江身亡。

刘志高 宁夏中宁人，1916年出生，1934年10月参加工农红军，历任班长、排长、连长、营长、团长、副师长。1958年9月转业，任浙江省水力发电工程局副局长。1962年"四江"合并后任新安江水力发电工程局副局长，"文化大革命"期间受到批判，未被安排工作。1976年11月28日在广州逝世。

刘震南 江苏南通人，教授级高级工程师。1908年8月出生，1931年7月毕业于国立浙江大学，同年在华北水利委员会工作，后在安徽省五河县救济水灾委员会、扬子公司、杭州市政府工务科、浙江省公路局、昆明扬子公司西南运输处、杭州竞成建筑公司等单位任工程员、副工程师、工程师、经理等职。1949年7月任浙江省建筑公司工程师。1951年9月转入电业部门工作，先后参加黄坛口、新安江、富春江、湖南镇等水电站建设，历任工程师、副处长、处长、总工程师、副局长等职。"四江"合并后，于1963年2

月任新安江水力发电工程局副局长兼总工程师。1972年10月～1975年7月任工程局革命委员会副主任。

1955年在电力工业部上海水电勘测设计局工作时被评为电力工业部先进工作者。1958年7月加入中国共产党。1979年离休，1991年11月因病逝世。

肖 杰 河北大城人，1927年3月出生，1943年10月加入中国共产党，同月参加革命工作，历任区委干事、区委书记、县委宣传部副部长、地委组织员、镇委副书记等职。转入电业部门工作后，参加过官厅水库和新安江、富春江、湖南镇等水电站建设，历任新安江水力发电工程局机电处处长、安装公司党委书记。1965年12月任新安江水力发电工程局副局长，1977年5月12日起任局革命委员会党的核心领导小组副组长。1978年调任水利电力部第四工程局局长、党委副书记，第十三工程局党委书记。1986年12月离休。2005年10月3日因病逝世。

姚新根 上海市人，中共党员，1922年4月出生。中华人民共和国成立前，在上海造船厂当潜水员。1951年转入电业部门工作，先后参加黄坛口、上犹江、新安江、富春江、湖南镇等水电站建设。历任新安江水力发电工程局围堰队队长、调度室主任。1958年4月，浙江省人民委员会命名他为浙江省第一个五年计划劳动模范。1959年被评为全国先进生产（工作）者，出席全国“群英会”。1966年5月任水利电力部新安江水力发电工程局副局长，1972年10月任水利电力部第十二工程局革命委员会副主任，1978年10月任工程局副局长。1978年被选为全国总工会第九届委员会候补执委，并被选为浙江省总工会副主任。1982年调华东电业管理局工作。1984年退休。

刘玉珍 河北吴桥人，1921年11月出生，1945年11月加入中国共产党，1946年2月参加革命工作。历任民兵队长、支前指导员、区人民武装部副主任、区长、区委书记。南下以后，任黄坛口水力发电工程处干部科长、监察室副主任，水力发电建设总局杭州工农干部速成中学党总支部书记，黄坛口水力发电工程处土坝工区主任，乌溪江水力发电工程局隧洞工区党总支部书记、工区主任、工程处党委书记兼处长，新安江水力发电工程局政治部负责人。1968年9月任水利电力部第十二工程局革命委员会副主任，翌年3月任工程局革命委员会党的核心领导小组副组长。粉碎江青反革命集团以后，不再担任领导职务。1980年8月离休，享受处级干部政治待遇。

王耐诚 山东莱芜人，1910年11月出生，1938年2月加入中国共产党，同年参加革命工作，历任战士、班长、司务长、军分区股长、县财政科长等职。1949年南下以后，任中共新登县委副书记兼县长。1954年转入电业部门工作，历任华东水力发电工程局浙江勘测处副处长、上海水力发电勘测设计院副院长。1972年10月任水利电力部第十二工程局革命委员会副主任，后调水利电力部华东勘测设计院工作。1976年离休，1983年8月因病逝世。

周恒寿 江苏江阴人，九三学社社员，享受政府特殊津贴的教授级高级工程师。生于1916年4月，1939年7月毕业于上海交通大学土木工程系，同年参加工作。1949年3月转入水电建设行列，参加过黄坛口、上犹江、富春江、湖南镇、紧水滩等水电站建设，历任湖南镇水电工程处主任工程师、电站技术负责人等职，1978年4月任水利电力部第十二工程局总工程师，是全国五届、六届政协委员。1984年9月退休。1996年11月病逝。

宋其仲 山东泗水人，1933年10月出生，高级政工师。1947年1月参加革命队伍，在区委当通讯员，参加支前工作。1949年随军南下，在浙江省军管会和团省委工作，1955年2月加入中国共产党。1956年10月调入水电系统，参加过新安江、富春江、陈村、湖南镇、紧水滩、石塘等水电站建设，历任工程局团委干事、新安江水力发电厂党委组织部副部长、工程局团委副书记、围堰大队党总支书记、筑坝大队党委书记等职。1977年7月任水利电力部第十二工程局革命委员会副主任，1978年10月任工程局副局长，1982年11月任局党委副书记，1987年11月改任局级巡视员。1993年11月离休。

黄振轩 浙江德清人，1935年6月出生，高级政工师。1949年7月参加革命工作，1957年加入中国共产党。1957年3月从浙江省军区所属干校调入新安江水力发电工程局，任干部处组长，先后参加新安江、富春江、湖南镇、紧水滩等水电站建设。“文化大革命”期间在班组劳动，后调任人民保卫组干事。粉碎江青反革命集团后任工程局政治部副主任。1978年10月任水利电力部第十二工程局党委副书记，翌年兼任工程局工会主席。1984年进入河海大学管理工程专业学习，1986年毕业后改任工程局副局长，1993年兼任中水模板技术工程公司总经理。1996年2月离休。

张希贡 浙江兰溪人，1926年6月出生，1949年10月参加工作，1950年5月加入中国共产党，1951年7月调入水电系统，参加过黄坛口、上犹江、新安江、以礼河、富春江、湖南镇、紧水滩等水电站建设，历任上犹江水力发电工程局党委办公室副主任、局工会副主席，新安江水力发电工程局安全技术处副处长，质量安全处副处长、代理处长，劳动工资处处长。1978年10月任工程局副局长。1986年3月退休。1998年5月病逝。

王兆泰 山东沂南人，1924年10月出生，1942年2月参加革命，1945年10月加入中国共产党。历任区民兵连副连长、区武装干事。1949年南下后历任余杭县黄湖区副区长、余杭县公安局股长、临安专署公安处副科长、浙江省人民银行副处长等职务。1958年转入电业部门工作，任富春江水力发电工程局浇捣大队副大队长、保卫处副处长、处长，1963年1月任新安江水力发电工程局保卫处处长，1979年6月任水利电力部第十二工程局党委副书记，1982年11月改任副局级顾问。1984年12月离休。2003年11月因病逝世。

郭文敏 福建厦门人，享受政府特殊津贴的教授级高级工程师。1929年6月出生，1955年毕业于浙江大学土木系，同年参加水电建设事业，1980年1月加入中国共产党。先后参加官厅、新安江、富春江、湖南镇、紧水滩、石塘、水口等水电站建设，任技术员、工程师、负责工程师、副总工程师。1982年11月任水利电力部第十二工程局副局长，1984年12月任工程局总工程师，是浙江省第五届人大代表。1987～1988年先后兼任华田联营工程公司副总经理，工程局水口水电站工地项目经理室经理，华联工程公司副董事长、副总经理、党委书记等职。他在新安江和紧水滩水电站施工中提出的技术措施，获国家科学大会技术进步奖和国家新技术一等奖。1993 年 12 月退休。

傅万英 辽宁沈阳人，教授级高级工程师。生于 1932 年 5 月，1955 年 9 月毕业于清华大学河川水工结构专业，同年参加水电建设事业。1979 年 6 月加入中国共产党。先后参加丰满、新安江、富春江、陈村、湖南镇、紧水滩、石塘、水口等水电站和温州发电厂一期工程建设，历任技术组长、工程师、副大队长、紧水滩水电站工程指挥部副指挥、局调度室主任等职务。1982 年 11 月任水利电力部第十二工程局副局长，1989 年 8 月兼任浙江省电力建设联合公司经理。1991 年 12 月调离工程局。

刘 瑞 山东陵县人，1928 年 11 月出生，1948 年 4 月参加革命工作，同年 9 月参加中国共产党。历任山东德县第六区区委宣传干事，黄坛口水力发电工程处干部科长、党总支部书记、党委副书记，水利电力部第九工程局二处党委书记、局党委副书记、副局长。1983 年 2 月调任水利电力部第十二工程局副局长。1988 年离休，1992 年 1 月因病逝世。

曾士敏 湖南凤凰人，教授级高级工程师。1938 年 11 月出生，1962 年毕业于陕西工业大学水工专业，分配到新安江水力发电工程局工作，先后参加新安江、富春江、陈村、湖南镇、紧水滩、石塘等水电站和温州发电厂一期工程建设，历任技术员、工程师、局调度室副主任、施工管理处处长等职。1984 年 7 月加入中国共产党。1984 年 12 月任水利电力部第十二工程局副局长。翌年 4 月兼任石塘工程项目经理室经理。1988 年 5 月～1989 年 8 月，兼任浙江省电力建设联合公司经理。1994 年 6 月，改任工程局技术顾问。1998 年 11 月退休。

金洪生 江苏吴江人，高级经济师。1936 年 1 月出生，1959 年毕业于清华大学河川结构及水电站水工建筑专业，同年分配到新安江水力发电工程局，参加过新安江、富春江、紧水滩、水口电站建设。历任技术员、工程师、副总会计师等职。1985 年 8 月任工程局总经济师，1988 年 2 月兼任工程局水口水电站工地项目经理室副经理。是中国水电工程学会工程经济定额预算专业委员会副主任，被水电部聘任为长江三峡工程论证投资估算专家组专家。1991 年 4 月调离工程局。

凌鼎钫 江苏吴江人，高级经济师。1932 年 8 月出生，1952 年 3 月毕业于长春会计统计专门学校统计专业，同年参加水电建设，1984 年 10 月加入中国共产党。参加过新安江、富春江、湖南镇、紧水滩等水电站建设，历任计划组组长、计划处副处长、处长，计划财务处处长，副总经济师等职。1989 年 2 月任工程局副局长，1991 年 10 月改任工程局总经济师，1995 年 5 月退休。

赵龙海 黑龙江龙江人，高级政工师。1950 年 8 月出生，1974 年 6 月加入中国共产党，1977 年 7 月毕业于在杭州大学，分配到水利电力部第十二工程局政治部宣传处工作。1984～1987 年任第四工程处党委副书记、书记。1987 年 10 月任金华热电厂项目经理室经理，翌年兼任项目经理室党委书记。1990 年 7 月被工程局第六次工会会员代表大会选为局工会主席。中共浙江省委组织部于 1991 年 10 月 19 日下文明确按水电十二局行政副职级别对待。2004年12月改任工程局副局长。

洪启白 福建闽侯人，高级经济师。生于1946年11月，1968年毕业于闽江水电工程局技工学校，同年分配到新安江水力发电工程局工作，1982年加入中国共产党。参加过富春江、湖南镇等水电站建设，历任工程局安装处电焊工、富春江工程指挥部团委干事、第七工程处团委书记。1985年7月，任第七工程处党委副书记。1987年8月改任建筑公司代经理，1989年3月任经理，翌年2月任建筑安装处处长。1991年3月兼任工程局工程建设部副部长。同年10月任工程局副局长。2004年12月改任工程局咨询。2006年11月退休。

孔繁森 浙江桐乡人，高级工程师。生于1949年10月，1969年毕业于扬州水利学校，同年分配到水利电力部第十二工程局工作。1976年进工程局“七·二一”工人大学读书，1978年毕业后历任工程局施工管理处副处长、处长，温州火电工程项目经理室第一副经理，浙江省电力建设联合公司副经理等职。1989年任局长助理，1991年10月任副局长（兼任工程建设部部长），1994年调离工程局。

盛定国 上海市人，高级工程师。1939年11月出生，1966年毕业于同济大学，次年参加水电建设事业，1980年12月加入中国共产党。历任工程局汽车队技术员，上海办事处副主任、主任，供应处副处长，物资运输公司副经理、经理等职，1991年10月任水利电力部第十二工程局副局长（兼任工程局企业部部长）。1999年11月退休。

洪竹良 浙江淳安人，高级政工师。1936年8月出生，1956年9月加入中国共产党，同年10月参加工作，参加过新安江、湖南镇、紧水滩等水电站建设，历任统计员、组宣干事、局团委干事、新安江留守处团委书记、留守处革命委员会副主任、湖南镇工程指挥部政工组副组长等职。粉碎江青反革命集团以后，历任工程局政治部宣传处副处长、局纪委筹备小组副组长、局纪委副书记、物资运输公司党委书记、局党委工作部副部长。1989年12月任局纪委副书记，1992年7月任局纪律检查委员会书记。1996年10月退休。

董润生 陕西长安人，教授级高级工程师。生于1936年2月，1957年7月毕业于西安动力学院水工结构专业，同年分配到新安江水力发电工程局，1959年12月加入中国共产党。参加过新安江、富春江、紧水滩、石塘等水电站建设，历任技术员、工程师、主任工程师、技术处副处长、处长、工程局副总工程师，1994年5月起任工程局总工程师。1997年12月退休。

马如骐 江苏沙洲人，教授级高级工程师。1944年10月出生，1967年7月毕业于华东水利学院，同年参加水电建设，1982年7月加入中国共产党。参加过富春江、湖南镇、紧水滩、石塘、万安溪等水电站建设，历任技术员、技术科副科长、科长、副经理、副处长、处长、经理、工程部副部长、局长助理，1994年6月任工程局副局长兼总经济师，1997年11月任副局长兼总工程师。2005年1月退休。

江章贵 浙江淳安人，大学本科学历，高级经济师。生于1951年10月，1968年12月参军，1970年2月加入中国共产党。1973年3月复员后在淳安夏峰林场工作，1973

年9月～1975年7月在水利电力部第十二工程局技工学校读书，毕业后留校任教。1977年9月～1979年1月在中共浙江省委党校读书，毕业后回工程局，在富春江水电职工大学任教。1984年4月调到工程局富春江管理处，历任办公室主任、党委副书记、妹滩项目经理部党委书记，1994年11月任工程局党委组织部副部长、干部处处长，1997年11月任局党委副书记、纪委书记兼组织部部长、干部处处长。1998年6月起不再兼任组织部部长、干部处处长。

陈泽鑫　浙江义乌人，教授级高级工程师。生于1956年11月，1977年10月参加水利电力部第十二工程局工作，厂房大队开挖队工人、统计员。1980年7月加入中国共产党，1980年1月任第一工程处开挖队副队长、党支部副书记。1986年8月被选送到河海大学读书。1988年7月毕业后任局第一工程处温州项目部副队长、党支部书记。1989年后历任遂昌成屏电站项目、黄坛口扩容工程项目经理、书记。1995年12月任局第二工程公司经理。1997年6月任珊溪施工局副局长、常务副局长。2000年8月任局长助理兼第二分局局长。2002年9月任工程局副局长兼第二分局局长。

郦　平　浙江诸暨人，高级经济师。生于1959年9月，1977年11月参加水利电力部第十二工程局工作，在筑坝大队开挖队当工人，1980年12月为局第一工程处开挖队综合员、劳动人事科科员。1985年4月加入中国共产党。1985年10月任局第一工程处劳人科副科长、科长兼机关党支部书记。1990年2月任局劳动工资处副处长兼党支部书记。1995年5月任局劳动工资处处长、人事劳动部部长。2000年1月任局副总经济师、人事劳动部部长。2004年12月任工程局副局长、总经济师。

潘承东　浙江浦江人，教授级高级工程师。生于1962年11月，1983年8月在水电部富春江水工机械厂参加工作，任发电机室技术干部。1987年4月加入中国共产党，1992年6月任水电部富春江水工机械厂发电机室副主任、主任。1997年10月任富春江水电设备总厂厂长助理、副总工程师。1998年12月任富春江水电设备总厂厂长。1999年12月任富春江水电设备总厂党委副书记、富春江富士水电设备有限公司总经理、董事。2002年4月任富春江水电设备总厂厂长。2005年5月调工程局任副局长。

沈益源　浙江仙居人，工学硕士，教授级高级工程师。生于1966年7月。1989年7月毕业于清华大学水利水电工程系水利水电工程建筑专业，分配到水电十二局，同年8月在浙江省电力建设联合公司参加工作，为技术员。1990年12月加入中国共产党，1991年9月为二局技术设计处助理工程师。1992年7月任局第二工程公司技术科长、副总工程师。1996年8月起任局珊溪工程指挥部副指挥、副总工程师，珊溪施工局、第二分局副局长兼副总工程师等职。2000年8月任局第一分局副局长、副总工程师。2001年1月任局第一分局总工程师、副局长。2003年8月任局副总工程师兼第一分局总工程师、副局长。2004年12月任工程局总工程师。2006年6月获浙江大学工学硕士学位。2006年12月改任工程局副局长。

章银先　浙江诸暨人，高级会计师。生于1952年5月。1975年8月在局湖南镇电站财务处参加工作，1983年12月任局紧水滩电站财务处（计划处）副科长、科长。1985

年7月加入中国共产党，1987年3月任局经营管理处副处长。1989年12月任局财务处处长。1994年4月任局副总会计师兼财务处处长、财务部部长。2004年12月任工程局总会计师。

李秋生 安徽怀宁人，教授级高级工程师。生于1959年9月，1982年8月参加工作，历任局第一工程处开挖二队副队长、打桩队副队长、灌浆队副队长等职。1983年12月加入中国共产党，1987年6月任局第一工程处技术科科长。1990年12月任局劳务处培训科科长。1991年8月在局经营处工作。1992年5月起任局天荒坪公路项目经理部、总工程师兼副经理。1993年5月任局宁波工程公司总工程师兼副经理。1996年8月被选送到清华大学进修。1997年8月任局副总工兼白溪施工局、第一分局总工程师。2001年1月任局副总工兼泰安抽水蓄能电站联营体总工、副总经理。2006年5月任局副总工程师兼第七工程公司副经理。2006年12月任工程局总工程师。

王竹如 浙江兰溪人，高级政工师。生于1958年7月，1975年10月兰溪金湖公社知青。1977年11月水电十二局参加工作，为厂房大队灌浆工、统计员。1979年6月加入中国共产党，1980年1月为局党办秘书、副科级秘书。1990年10月任局党委办公室副主任、主任。1997年12月兼任组织部副部长、纪委副书记。1998年6月任局组织部（干部处）部长（处长）。2004年12月任工程局工会主席。2005年2月不再兼任党委办公室主任、纪委副书记。2006年3月不再兼任组织部（干部处）部长（处长）。

吴海平 浙江东阳人，高级工程师。生于1956年3月，1974年2月在东阳上村乡中小学教书，1975年9月到河北水电学院水工机械专业读书。1978年8月毕业分配到十二局机械大队、第五工程处任技术员、副队长。1982年12月加入中国共产党，1984年9月任局第一工程处机械队队长、温州项目部经理等职。1990年1月任局机械化处处长。1992年1月任局万安溪电站项目部经理。1993年7月任工程建设部副部长。1995年1月任局第三工程公司经理。1997年7月任珊溪施工局副局长。1998年10月任工程局局长助理、第六分局局长等职。2002年9月任工程局副局长兼第六分局局长等职。2005年4月不再兼任第六分局局长。2005年11月调离工程局。

第三章 省部级以上劳动模范简历

王保清 安徽省凤台县人，生于1927年，中共党员。曾担任浙江省乌溪江水电工程局开挖一大队副大队长。多年来，他革新了多项工具，提高工效，节省了人力和资金。如1958年革新成功了多台架钻机钻车，一天就可节省72名工人，提高工效3倍半，被誉为“风钻大王”。1959年研制成功简易防尘器、风钻降温器等，对改善风钻工人的劳动条件，防暑降温，防止风钻工人的职业病矽肺，有重大作用。他不仅是一名革新能手，对安全生产过程、培养徒工、节约原材料等工作，也作出了成绩。王保清于1959年11月荣获全国劳模、全国工交基财系统先进生产者称号。

王招才　浙江江山人，生于1935年，中共党员，技师。1958年参加工作后，先后参加过黄坛口、新安江、富春江、湖南镇、紧水滩、石塘等大中型水电站建设。1978年湖南镇水电站90米深的引水斜井施工，他提出搭建由卷扬机牵引可上下滑行的活动平台的施工措施，操作灵活，施工安全，节省人力和材料，加快施工进度。

在紧水滩水电站拦河大坝迎水面、门槽、电梯井等8个工作面施工中，他改进脚手架搭建方法，提高材料利用率，节约毛竹8万多根，价值16万元。紧水滩水电站水库蓄水以后，船道施工要浇20跨大梁，按常规搭“满堂架”每跨需10名竹架工工作10天，他提出利用土缆机搭“拱形跳空架”，每跨费时2天，使船道施工提前76天完成。

1984年被评为全国电力系统劳动模范，1989年被评为全国劳动模范。

胡鸿雁　浙江淳安人，生于1936年12月，1960年全国文、卫、新、体社会主义建设先进工作者。时为职工医院检验师，他乐于助人，勇挑重担；积极钻研技术，不断提出革新建议，如采用“凡登白氏点滴法”、“玻片标准血清保本”检验、“康氏振荡器”进行自动筛分等，大大提高了工效，减少了病人的痛苦。1960年被评为“全国教育和文化、卫生、体育、新闻方面社会主义建设先进工作者”。

高世怀　河北平谷（现北京市平谷区）人，生于1929年，中共党员，新安江水力发电工程局开挖二分队副队长。在新安江水电站大坝基础开挖中，他用OM－506型手风钻代替回旋钻打灌浆孔获得成功，孔深达到32米，施工费用从70～80元/米降到10元/米左右。为加快坝基开挖进度，他和风钻工们以4米深的“天门眼”代替台炮，基坑开挖日推进23米。3号防渗井施工是截流前的关键项目，他以身作则带领工人奋战20个昼夜，完成基础清理、开挖、出渣等一系列任务，左岸滑坡处理时，他率领全分队职工战高温、夺高产，8月份超额20%完成出渣任务，9月份超产率上升到50%。

1959年，高世怀被评为出席全国工业、交通运输、基本建设先进集体和先进工作者代表大会代表，后调浙江省水力发电工程局工作，1979年退休。

吴广山　江苏如皋人，生于1923年7月，1944年8月参加新四军，1946年6月加入中国共产党。历任战士、饲养班班长、警卫员、事务长、管理排长、军械库保管员等职。1956年转业到新安江水力发电工程局，历任材料员、食堂管理员，在平凡岗位上数十年如一日，勤勤恳恳忘我工作。湖南镇水电站施工时，他在厂房大队任食堂管理员，年已50多岁，经常从小湖南、项家把五六十千克副食品挑回迪青食堂。他带领食堂一班人养猪、种菜，降低伙食成本，改善职工生活。他廉洁奉公，严于律己，不占食堂一点便宜，被职工群众誉为“老黄牛”，多次被评为工程局先进生产（工作）者、优秀共产党员。1978年3月，获“浙江省劳动模范”荣誉称号。1980年11月退休（1982年8月改为离休）。

张文玉　河北易县人，生于1934年11月，1952年10月参加工作，1959年11月加入中国共产党。先在模式口水电站、官厅水库当架子工，以后参加新安江、富春江水电站建设。1977年10月任水利电力部第十二工程局富春江工程指挥部航道队党支部书记，翌年10月任富春江工程指挥部副指挥。

他严于律己，不谋私利；以身作则，带领大家同困难搏斗。1978年10月，工程指挥部承担富春江水电站下游修建码头任务。风大水冷，他带头下水清基，带动职工提前完成修建任务，并提前一个季度完成全年航道疏浚任务，使电站下游水位降低0.5米，提高发电机组出力7500千瓦。1977年当选浙江省工会“七大”代表。1979年5月获“全国电力工业系统先进生产（工作）者”称号。同年7月获“浙江省劳动模范”称号。

张金才 浙江衢县人，生于1940年11月，1957年10月参加工作，1960年8月加入中国共产党。参加过黄坛口、新安江、富春江、陈村、湖南镇等水电站建设，当过电焊工、食堂管理员、仓库管理员，后任大队党总支部组织干事，1981年调乌溪江水力发电厂工作。

工作中以身作则，多次组织群众完成突击任务，为水电站建设作出贡献。1978年转到干部工作岗位，在湖南镇水电站砂石料系统抢修时，自带电焊工具，坚持顶班劳动，带动职工提前完成任务，保证砂石料供应。1979年5月，获“全国电力工业先进生产（工作）者”称号。

王建青 浙江江山人，生于1936年10月，1953年参加黄坛口水电站建设，同年被保送到上海技工学校焊接专业学习。1955年分配到水电建设总局安装公司当电焊工，后随建制调入新安江水力发电工程局，参加过新安江、富春江、湖南镇、紧水滩等大中型水电站机组安装。

工作勤勤恳恳、任劳任怨、苦干实干。钻研焊接技术，理论联系实际，热心培养人才，为工程局培训了一批焊接工人。1982年被评为浙江省劳动模范。

王重德 浙江诸暨人，生于1938年6月，1958年12月参加水电建设，参加过新安江、富春江、陈村、湖南镇、紧水滩、石塘等大、中型水电站施工，干外线电工工作，担任班长多年，1980年12月加入中国共产党。

任班长后，以身作则，率领人员翻山越岭，顶风冒雨，按时完成高压输电线架设任务。钻研技术、注重质量和安全，对年轻工人既教技术又传作风，使班组正气上扬，作风过硬。

1979年以来，多次被评为工程局先进生产（工作）者、五好标兵、优秀共产党员。1982年获“浙江省劳动模范”荣誉称号。

吴舒敏 江西南昌人，女，生于1931年7月，1951年结业于南昌信城会计学习班，在江西省民政厅等单位任出纳、会计。1954年转入电业部门工业，历任上犹江水电工程局会计、新安江水电工程局会计。工作中坚持原则，被职工誉为“红管家”。1983年主持费用包干工作，制订措施为国家节约大笔资金。1980～1987年连续被评为局级先进工作者、五好职工和“三八红旗手”。1984年被评为全国水利电力系统劳动模范。

夏春达 浙江温岭人，生于1951年5月，1975年参加水电建设队伍，参加过富春江、湖南镇、紧水滩、石塘等大、中型水电站建设，当过重型机械修理工、修理班长、修理队副队长。1982年加入中国共产党，曾任修理队党支部书记。

工作中虚心学习，刻苦钻研技术，自制部分重机配件，缓解配件缺乏的困难。担任领导职务后，脏活、累活仍抢着干；不论烈日、严寒均坚持在现场抢修机械，保证施工需要。1981～1994年，多次被评为工程局先进生产（工作）者、五好职工、劳动模范。1985年，获“浙江省劳动模范”称号。

熊水林　浙江龙游人，生于1950年2月，1970年参加工作，1988年加入中国共产党。参加过湖南镇、紧水滩、石塘等水电站和温州发电厂一期工程建设，当过木工，后任班长、准备队副队长。

刻苦钻研技术，多次改进立模、搭平台方法，节省施工费用。艰苦的工作身先士卒，工作第一，个人事情服从工作需要，职工群众誉之为“心系现场的队长”。工作中注重质量，发现问题及时纠正。在石塘电站施工中，发现钢筋焊接不合格，立即组织力量重焊。甲方几次检查都很满意，获得“免检”信誉。熊多次被评为工程局先进生产（工作）者，立一等功两次，1986年被评为工程局劳动模范。1987年10月获浙江省电力工业局“最佳岗位职工”称号。同年11月被评为浙江省劳动模范。

刘艳芳　浙江江山人，生于1959年5月，1979年参加紧水滩水电站建设，当过炊事员、行政处房管科干事，后任生活服务公司团委副书记、养鸡场副场长等职。1986年加入中国共产党。1989年获高等教育自学考试专科毕业证书，1992年获助理经济师职称。

1987年3月奉命筹建养鸡场，因岗位变动基本工资从87元减到59元。他不计个人得失，带领职工在黄土丘陵上建起鸡舍，认真学习养鸡技术。奋斗2年，一个中型现代化养鸡场初具规模，年产肉鸡约8万千克，产蛋6万千克，产值约50万元。

1988年承包养鸡场，革新管理，抓经济责任制落实，完成产值指标、利润指标分别为111.4%和155.9%，全员劳动生产率为全局人均的2倍以上，全场职工人均年收入比上年增加600多元，并为解决金华基地职工菜篮子问题作出贡献。

1988年被评为工程局优秀共产党员，同年获“能源部劳动模范”称号。

张逸萍　浙江鄞县人，生于1948年8月，1968年8月毕业于杭州水电学校，同年分配到新安江水力发电工程局机电安装工程处工作，历任水轮机班班长、火电队队长、妹滩项目安装队队长、工程部施工办公室主任等职。1981年率队支援葛洲坝水电工程建设，担负坝顶弧形闸门和启闭机安装，重活、脏活抢着干，质量优良进度快，受到葛洲坝工程局的赞扬。1987年在确保紧水滩水电站4台机组投产发电的战斗中，带领全队职工努力拼搏，攻克难关，创造1年安装4台水轮发电机组的工程局纪录，是年全队人均劳动生产率超万元。1988年9月2日获“浙江省劳动模范”称号。

孟广生　江苏泗阳人，生于1938年11月，1956年参加工作，参加过上犹江、新安江、刘家峡、富春江、陈村、湖南镇、紧水滩等大、中型水电站建设，担任风水电队机修班班长、管路班班长多年。1988年加入中国共产党，1993年任工程局工业设备安装公司副科长。

他身在班组，时时处处想着企业的前途和命运，多次向基层领导提出开发新产品和改进管理的建议。1988年1月带领管路班职工承担上海沪东造船厂动力车间管路安装，白天爬在6～12米高的排架上干活，晚上看图纸安排第二天工作，分工明确，安排合理，施工质量层层把关，工期提前完成，甲方检验后评为优良工程。他从多年实践中积累了合理安排劳动力、充分利用工时、人人学技术当多面手，以及抓节约、降低成本等一套班组管理经验，1979～1994年16年中，6次被评为工程局先进生产（工作）者，记一等功1次。1989年5月，获1988年度“浙江省劳动模范”称号。

黄步善 上海川沙人，生于1934年9月，1952年参加电力工业建设，参加过黄坛口、上犹江、新安江、富春江、湖南镇、紧水滩等水电站施工。长期当重机修理工，20世纪80年代任重机队副队长、队长、设备修理厂副厂长等职，积累了重机检修经验。有些配件一时买不到，想方设法自制解决，修复多台被损设备投入施工，被誉为重机修理的“良医”。1993年设备修理厂人少任务重，他带领职工完成10余台施工设备大修或保养任务，还支援外营工地抢修设备。是年，获“全国水利电力系统劳动模范”称号。

方胜亮 浙江诸暨人，生于1940年6月，1958年参加工作，在浙江省地矿局当工人，1970年调入水利电力部第十二工程局机械厂铸造车间任热处理班班长。他虚心好学，熟练掌握热处理技术，还学会电焊、气焊、钳工等工种的初步技术，是个多面手。热处理工件难度大，技术要求高的，总是亲自动手，一丝不苟。千方百计节约电、油、水，每年都节电数千千瓦·时。1993年获“全国电力工业劳动模范”称号。

刘作贤 浙江龙游人，生于1945年12月，工程局第二工程公司竹架班班长。1970年参加水电建设队伍，参加过湖南镇、紧水滩等水电站建设和黄坛口扩机项目施工。在紧水滩水电站“保蓄水”、“保发电”立功竞赛活动中荣立二等功。黄坛口水电站扩机工程拆除1、2号旧启门机，他提出搭“单拼架”代替“满堂架”的合理化建议，省工省料完成任务。他建议将进水钢管立模架由“双拼架”改为“单拼架”，节约毛竹约700根。在开关站扩建搭双排防护架时，带领一班人起早工作，比甲方要求提前1天完成搭建任务，受到甲方赞扬。装配间砌砖搭竹架节约毛竹500根，价值近万元。1994年获“浙江省劳动模范”称号。

张成华 浙江金华人，出生于1951年，1970年10月参加工作，珊溪施工局架子工。他工作任劳任怨，严格遵守安全操作规程；对新工人言传身教，深得大家好评。工作中，他还经常结合生产实践提出合理化建议。如在导流洞施工中，他发现钢模台车模板采用临时架既不经济，又费工时，就细心琢磨，提出了采用固定模板架的办法。实施后，就人工和材料费就节约了10万多元，并缩短了工期。

在厂房后边坡塔架施工中，他采用新办法，又为项目部节约了人工 、材料费1万多元。1999年获“浙江省劳动模范”称号。

李月平 浙江龙游人，1956年出生，1976年12月参加工作。天台桐柏抽水蓄能电站第一分局基础处理队队长，直接工作在第一线。在工作中，他以高度的责任心和丰富的工作经验，带领全队职工积极开展技术、工艺攻关和革新，注重安全生产，不但安全、优质地完成施工任务，而且大大提高了劳动效率，降低了劳动成本，年年超额完成生产任务。

李月平带领施工的桐柏电站地下洞群开挖部分，被国家电力公司列为全国同类工程科技示范项目。工程监理多次表示，他所在的基础处理队的施工项目被誉为“免检产品”。

他改造成功的锚杆钻机，提高工效近10倍。由李月平队为主施工的电厂厂房岩锚获工程局科技进步一等奖，达到国内先进水平。

他创造的“孔口封闭式灌浆法”工艺，使整个施工进度提高40%，同时大大降低了劳动强度。

他十分注重安全生产，每年结合工程施工，在队里开展“安康杯”竞赛活动，连续10年没有出现一起安全质量事故。施工现场文明有序。

2003年全队共完成60多个单元工程，合格率为100%，优良率98%，劳动生产率人均为29.8万元。2004年他被评为浙江省劳动模范。2005年度被评为浙江省直属工委优秀共产党员。

第四章　省部级先进生产（工作）者及社会主义建设积极分子名录

工程局省部级先进生产（工作）者及社会主义建设积极分子见表12-4-1。

表12-4-1　工程局省部级先进生产（工作）者及社会主义建设积极分子

姓名	荣誉称号	授予机关	授予时间
高连升 刘开祥 范润卿 由维范 赵景云 孟庆田	浙江省1958年度先进生产（工作）者	浙江省人民委员会	1958年
唐有土 施根法 郝金宝 原福金 周阿牛 焦基庆 费胜祖 蒋振嫩 由维范 任家训 吴德范 吴宏斌 李慧芳 张宝树 张化元	浙江省工业、基建、交通社会主义建设积极分子	浙江省人民委员会	1959年3月

续表

姓名	荣誉称号	授予机关	授予时间
吴金宝 张化元 邵景泰 张登奎 郝金宝 孟阿三 秦宝进 黄东明 原福金 燕传玺	浙江省工业、交通运输、基本建设、财贸方面社会主义建设先进生产（工作）者	浙江省人民委员会	1959年10月
越满红 陈文和 王士成 杜炳林 陈小牛	浙江省工、交、建、财贸系统先进生产（工作）者	浙江省人民委员会	1962年5月
郑炎林 徐庆堂 徐马海 姜国喜 王登义 曹关祥 匡晏生 杨绍贵 徐香林 范义兴 惠从礼 王长清 毛正旺	浙江省1963年度工业、交通运输、基本建设、手工业方面先进生产（工作）者	浙江省人民委员会	1963年
郭文敏	水利电力部科学先进生产（工作）者	水利电力部	1978年
韩慕英	水利电力部工业学大庆先进生产（工作）者	水利电力部	1979年

第五章　知　名　人　士

姚春荣　笔名珊卡，四川重庆人，生于1940年5月30日，初中毕业后即于1956年3月参加水电建设，先后参加狮子滩、黄坛口、新安江、富春江、陈村、湖南镇、紧水滩等水电站施工，打过风钻，开过吊机、压风机、发电机、水泵，1981年6月起任工会干事。姚春荣从小喜爱音乐，1958 年开始学习歌曲创作，工作之余，常忘情于旋律之中。从 1961 年在《上海歌声》发表处女作至今，已创作歌曲上千首。作品在全国各种音乐刊物上发表，在电台、电视台播出；由专业、业余文艺团体演唱的作品就有 200 余首。《青春之歌》、《我家住在运河边》、《电力建设者的心声》等 28 首歌曲在全国性比赛中获奖；在省级比赛中获奖的作品有 48 首。此外，为 4 部电视片编配音乐，组织市、局级文艺活动 20 余次，发表音乐论文 4 篇。1993 年 3 月中国音乐家协会浙江分会编辑出版《珊卡歌曲选集》，收入他的 53 首获奖歌曲。姚春荣于音乐创作之外，孜孜不倦于书法艺术学习，并有所成就。他的硬笔书法作品入选全国第一届硬笔书法大展，获成年组优秀奖，后在中国美术馆展出，并被编入《现代硬笔书法艺术》一书。另一幅作品于 1993 年获全国电力职工硬笔书法大赛二等奖，1994 年入选国际硬笔书法家精品展，并获银奖。他的软笔书法作品在 1993 年参加全国中华杯、希望杯书画大赛，获优秀创作奖。

姚春荣于 1994 年获“浙江省职工自学成才奖”，翌年获“全国职工自学成才奖”。他是中国音乐家协会会员，中国社会音乐研究会副秘书长，浙江省音乐家协会理事，金华市音乐家协会副秘书长，工程局文协理事，并获副研究馆员职称。

钱放华 工程局机电安装公司电焊工，浙江萧山人，生于 1965 年 6 月，1985 年毕业于工程局技工学校焊接专业，同年 8 月被分配到机电安装公司。钱放华在校学习期间专业成绩突出，校方推荐他到工程局施工科学研究所工作，他婉言辞谢，决心当一名电焊工。参加工作后虚心好学，刻苦钻研，技术更加熟练、全面。他焊接速度快，焊缝内部质量好、外观美。经劳动部门考核，认定具有多钢种和多种焊接方法的施焊资质。1987 年获浙江省技术协会授予的“省优秀焊工”称号。1989 年荣获“工程局青年锅炉压力容器焊接技术比赛”一等奖。1992 年 6 月被工程局选送参加浙江省百万职工技术大比武，获手工电弧焊组第一名。同年 9 月，代表浙江省参加在上海举行的第二届全国焊工技能大赛，获手工电弧组第三名。1993 年浙江省劳动竞赛委员会授予他“省操作技术能手”称号。1995 年 6 月参加浙江省焊接选拔赛，又获手工电弧组第一名。同年 10 月再次代表浙江省参加在成都举行的第三届全国焊工技能大赛，再次夺得手工电弧焊组第三名，被授予“全国电弧焊技术能手”荣誉称号。

钱放华现为浙江省丽水地区职工技术协会焊接分会和工程局机电安装公司焊接培训中心的教练。他创造了一套理论与实际相结合的教学方法，决心把自己多年摸索和积累的操作经验传授给学员，为工程局和社会培养一批合格电焊工。

韩国平 祖籍山东梁山，1958 年 7 月 3 日出生于新安江水电站工地，高中毕业后到农村插队务农，后被招工到工程局。干过木工、汽车驾驶员和警卫，1992 年 5 月起从事工会工作。韩国平从小喜爱拳击运动，1973 年拜师厉志伟、熊涤非，并接受古巴拳击名家奥列瓦的指点，日夜苦练，技艺日益精进。1984 年 5 月韩初试锋芒，参加在临海举行的浙江省散打推手比赛，获 81 公斤级第一名。翌年 4 月，代表丽水地区参加在温州举行的全省散打推手比赛，在 81 公斤级散打中卫冕成功。6 月，作为浙江代表队成员赴太原参加全国散打推手比赛，获 81 公斤级散打第三名。1986 年在上海参加全国“卫星杯”散打比赛，获 75 公斤级冠军。

韩国平自1987年起涉足拳击比赛。3月，在杭州参加全省拳击赛，获75公斤级第一名。6月，参加全国拳击赛，获75公斤级季军。此后几年，在75公斤级的拳击、散打比赛中多次获奖。

韩国平为发展体育运动，1984年以后注重培养有潜力的学生。经他培训的学生，有4人8次夺得全国锦标赛、杯赛的冠军，有20多人40多次夺得省级比赛的冠军。1989年3月，协同工程局工会在金华白龙桥基地成功地承办了“浙江省1989年拳击锦标赛”。1993年5月，主持由工程局特种水泥厂承办的有32个省、市、行业体协队参赛的第七届全国运动会拳击预赛组织工作，被国家体育运动委员会评为“最佳赛区”。为表彰韩国平在武术散打和拳击运动中的贡献，全国水电体育运动协会在1996年授予他“全国水电系统体育先进个人”奖章；1994年，国家体育运动委员会授予他“全国体育先进个人”奖章。1999年7月调离工程局到浙江省体委工作。

谢玉霞 安徽阜阳人，女，生于1942年2月，1962年毕业于合肥卫生学校。1965年从安徽调入水电部机电安装局第三安装工程处，参加过新安江、富春江水电站建设，1994年底时为工程局富春江管理处门诊所医生。

谢玉霞受家庭和民间美术熏陶，从小喜爱画画，尤喜剪纸，业余时间临摹剪裁不已。她不拘一格，广泛吸取南北方剪纸艺术的精粹，技艺不断提高。她的作品《新安江水电站》，倾注了她对水电工人劳动成果的爱。作品中的巍峨大坝，体现北方剪纸粗犷、凝重的特点，坝后的水花，融进了江南剪纸秀丽、柔和的风格。1984年，她的作品参加浙江省职工业余美术展获得奖励，以后又多次在省、市、县举办的书画美术展中获奖。1993年，她的名字被收入全国政协编辑出版的《中国民间名人录》。浙江电视台拍摄了她的剪纸实况，在《只要你过得好》的专题中播出。

第六章　获高级专业技术职务任职资格人员名录

一、享受政府特殊津贴人员

周恒寿　郭文敏　寿康德

二、教授级高级工程师

马如骐　方旭光　方飞来　历朝龙　王绍钗　孙　阳　刘震南　寻　明　应宁坚
李中方　李本端　李吉顺　李秋生　吴成根　杜贤民　陈掀天　陈泽鑫　岳　强
费伟国　胡永富　侯传明　施荣跃　倪克明　徐庆伟　徐素琴　傅万英　曾士敏
谢鼎新　鲁　电　虞积荣　董润生　沈益源　杨有霖　全楚姗　曾金柱　章亦耘
潘承东

三、高级工程师

刁江平　于小平　万关银　马中能　马丽卿　马建平　王士元　王心敏　王土松
王志源　王新国　牛如麒　韦庆智　韦良萍　方静康　邓俊坚　毛淑明　毛石根
毛井明　孔繁森　叶定进　叶谦宏　叶建洪　田　野　白少雄　刘　琦　刘建中

刘绍祖 刘振义 刘淑媛 刘仙玉 刘壮飞 刘艳成 刘青忠 刘江平 刘晓东
边炳良 边财松 卢子珍 卢文强 龙伯瑞 包晓春 厉生荣 李中勋 李友贵
李玉华 李世法 李成璇 李志林 李怀宏 李其俊 李恒述 李贵春 李 桦
李雪琴 李仙芬 李志军 寿文荣 寿文元 邢克俭 孙以兰 许业俊 许成虎
许其光 许 正 阮孟明 仲俊杰 吕炳元 朱柏民 朱顺全 朱鉴秋 朱麟生
朱 琪 朱孝生 余勇军 任 琴 华绪罴 吴光兴 吴海平 吴海洋 吴荣耀
吴皋章 吴高新 吴裕庆 吴寿祥 吴建忠 吴新强 吴正茂 吴 辉 岑从定
严大顺 陈子元 陈可青 陈俊丰 陈春法 陈振华 陈桂莲 陈新华 陈国建
陈怀彤 陈志刚 陈国林 陈兆云 陈光裕 陈荣泉 陈和峰 陈 强 陈善贵
陈忠伟 陆春江 邱国祯 邱顺富 邱惠和 邱丽芬 邹立柱 邹纪元 沈光国
沈志全 沈宝棠 沈仲涛 苏寿林 苏振卿 汪五三 汪成义 汪祖武 汪清生
何 采 何眷良 何士霭 何东升 杜承恩 杜金堂 季成畏 应景良 应懂平
肖景忠 宋维汉 孟永六 张伟祥 张纯良 张国年 张洪育 张雅云 张继钧
张逸萍 张太木 张长贵 张 勇 张利永 张燕芳 张桔盐 张先雷 邵勇荣
邵日强 劳俭翁 林咸志 周乃棣 周正校 周永新 周锡波 周春耕 周一峰
周爱民 周江伶 周新天 周挺志 周 渊 周仲刚 杨 磊 杨仲焕 杨德生
杨霞如 杨永祥 杨全峰 郑云祥 郑建国 居和福 金兆明 金 强 金红伟
金丽军 欧阳伦 罗加群 茅健生 胡长云 胡顺泉 胡景星 胡美琴 赵习和
赵志才 赵佩佩 赵焕昌 赵仕泰 赵 茜 赵礼宗 赵余红 查全保 钟立荣
昂金城 费晋兴 俞维山 施至清 郭荣卿 徐 钜 徐 鄂 徐日升 徐贵进
徐创新 凌 飞 高达勇 唐木海 唐惠钧 唐敷滨 唐国庆 唐夏景 翁玉光
翁世俭 郭玉霞 郭钟麟 郭家良 郭玉文 袁东山 殷国元 钱根才 钱庆云
顾荣彪 夏家骅 黄 勇 黄士丰 黄文理 黄东生 黄正平 黄关寿 黄光诚
黄明坚 黄贵瑞 黄尉宗 黄敏畴 黄德平 曹邦琦 曹怀先 曹荣发 梅兴发
梅法柱 梅桂友 龚启盛 韩玉麟 盛定国 梁绥康 梁利明 曾栋梁 曾道元
童成月 童巧芳 童海根 傅国茂 蒋祥林 谢俊雄 谢振嵩 葛国平 程 英
程 钢 虞 晃 楼滨伟 楼高峰 詹绍泉 廖培林 谭 元 谭国胜 熊予翔
颜华昌 颜茂法 黎 杰 潘 伟 薛明坚 戴发达 戴昆玲 魏永昌 魏江勇
瞿国希

四、高级经济师

王世清 王朝日 王学伟 尹桂荣 江章贵 汪敏洁 汪东红 张介中 张伟华
张原子 张 利 许贺龙 李东新 陈国平 陈 峰 陈安娜 陈烈明 陈小平
陈柏英 竺国祥 金洪生 金海圻 金红辉 金水林 吴 莹 沈观海 林锦和
周菊燕 钟光华 杨伟能 胡三山 洪昭庚 罗慧珠 郭 敏 郦 平 洪启白
徐 豪 徐通烈 徐家骥 徐鹿元 徐柏春 姜伟鑫 曹君平 施 敏 凌鼎钫
黄月芳 黄献新 黄锡朋 翁以凯 夏守龙 梁福仁 殷茂芳 赖建华 蒋巨新
傅爱玲 储有基 魏安江

五、高级会计师

尹华刚 方高均 吕秀姣 汤荣金 朱道义 李芬明 吴琳梅 郑崇先 郑 军
倪宏量 聂修儒 梅 芳 章银先 薛 萍 董永铨 戴湘媛

六、高级政工师

厉文济 王才军 王 剑 王竹如 方万林 方 华 石 华 来新明 孙久康
朱世伟 朱长龙 江伟军 吕长富 刘关球 刘月霞 刘利兴 向正保 吴 琨
李 铭 应文鸿 许汉清 陈荣祥 陈新建 宋其仲 邵志英 张赞仁 余 江
何云凤 肖建闽 杨荣贵 杨蕴华 林美钦 周岳凌 周雪谭 周 蓉 孟 勇
孟发营 郭顺新 项全均 洪竹良 赵龙海 赵铭身 施宝清 徐华水 徐建荣
黄振轩 黄庆元 董建平 童英豪 潘之播 戴明明 佘其年

七、高级讲师（教师）

卜友林 王永庆 冯光耀 朱 军 刘闽桂 刘云武 张建芳 张亚珍 余高善
陈如意 李启敬 池 敏 苏文珍 吴国敏 金 健 金君恒 金新伟 林荣新
周戊林 赵春玉 郭小伟 顾大可 徐云华 徐海毅 唐宗亮 章雅娟 韩 毅
谢飞飞 童茂进 颜士山 潘寅忠 廖土法

八、教授级主任医师

许肇勋 沈礼华 孙 英 周勤学 金培华 夏禹弼

九、副主任医师、副主任药师、副主任护师

马健菁 王春荼 朱永言 朱建成 米京平 孙秀英 宋华羽 汪 浩 沈亚兰
应先球 邵长荣 陈华华 陈章度 步兴中 余秀俊 何津生 何慧中 佘新镛
杨惠文 杨汉中 金 珅 周惠芬 周雪生 武 东 郑永足 郑锦玉 郑卸泽
张培鑫 胡华珠 钟定福 郭美玲 赵树德 徐鹤樵 倪 群 龚莲英 黄 莺
韩人俊 章式梦 程月清 鲁一奇 楼彩银

十、高级统计师

姜增水 赵淑冰

十一、主任编辑

吕槐阳 乔建平

十二、主任记者

戴 军

十三、群众文化专业副研究馆员

姚春荣

附 录

重要文献选辑

1. 中华人民共和国电力工业部批复组织机构问题

中华人民共和国电力工业部批复组织机构问题

（56）电劳组字第123号

水力发电建设总局：

水（56）干计沈字第54、56号两报告及附件均悉。为作好即将大规模施工的准备工作，同意：成立新安江水力发电工程局及流溪河水力发电工程局，直属你局领导；成立黄坛口水力发电工程处，属新安江水力发电工程局领导；回龙寨水力发电工程处，属狮子滩水力发电工程局领导；南盘江水力发电工程处，由云南水力发电工程局领导。

上述各局、处之组织机构形式除流溪河水力发电工程局按水（56）干计沈字第54号报告附件中之机构形式建立外，其他均按水（56）干计沈字第56号报告附件中之机构形式建立。

各局、处之人员问题，按各工程之实际需要，在“精简节约”并不超过56年劳动计划的原则下，由你局自行确定，报部备案。

中华人民共和国电力工业部
一九五六年三月十二日

2. 中华人民共和国电力工业部水力发电建设总局为成立“电力工业部新安江水力发电工程局”及“黄坛口水力发电工程处”的通知

中华人民共和国电力工业部水力发电建设总局为成立“电力工业部新安江水力发电工程局”及“黄坛口水力发电工程处”的通知

水（56）干计李字第112号

上海水电勘设局、黄坛口工程办事处：

新安江工程及黄坛口复建工程机构已经电力部（56）电劳组字第123号批复同意成立，故决定成立“电力工业部新安江水力发电工程局”直属总局领导；成立“新安江水力发电工程局黄坛口工程处”直属新安江工程局领导。希即着手按组织机构形式（见附件）建立。新安江工程局56年定员250人，黄坛口工程处56年定员370人，人员及科室应按工程进度逐步配备建立。

又新安江工程局的印章，电力部正刊发中，兹先颁发黄坛口工程处铜质印章一颗，文曰："新安江水力发电工程局黄坛口工程处"，希查收启用，并将启用日期连同印模分别报新安江工程局及总局备查，原黄坛口工程办事处自刊之印章，俟工程处印章启用后自行销毁。

附件（略）

电力工业部水力发电建设总局
一九五六年三月二十一日

3. 中国共产党浙江省委员会关于新安江水力发电工程党委和新安江水力发电厂党委领导关系的通知

中国共产党浙江省委员会关于新安江水力发电工程党委和新安江水力发电厂党委领导关系的通知

（一九六二年九月十二日）

省委发文（62）335号

一九六二年九月四日省委常委会议讨论，新安江、瓯江、富春江、乌溪江等四个水力发电工程局（处）合并为新安江水力发电工程局以后，这个工程局的党委直属省委领导。原属新安江水力发电工程党委领导的新安江水力发电厂党委，也改为省委直接领导。

4. 中国人民解放军水利电力部军事管制委员会关于将机电安装局第三、五、七安装工程处分别划归新安江水电工程局、福建省闽江水电工程局、"五一六"工程指挥部和云南省水电建设公司实行一元化领导的通知（节选）

中国人民解放军水利电力部军事管制委员会关于将机电安装局第三、五、七安装工程处分别划归新安江水电工程局、福建省闽江水电工程局、"五一六"工程指挥部和云南省水电建设公司实行一元化领导的通知（节选）

（69）水电军事基字第507号

新安江水电工程局革委会，福建省闽江水电工程局革委会，"五一六"工程指挥部革委会，云南省水电建设公司革委会，第三、五、七安装工程处革委会：

……

为此，经研究并征得有关单位的同意，现决定将机电安装局第三、五、七安装工程处及所属各安装工程队，从文到达之日起分别划归下列有关单位革委会领导。

一、第三安装处机关及所属第一、二安装队成建制划归新安江水电工程局革委会领导。

二、(略)

三、(略)

四、(略)

移交单位的固定资产、流动资金（包括材料、债权债务）和其他专用基金，根据体制归属全部移交给接收单位，并由接收单位负责清理。

为了把此项工作做好，交接双方必须高举毛泽东思想伟大红旗，突出无产阶级政治，发扬共产主义风格，认真地做好交接工作。新安江水电局和第三安装工程处除做好本身的交接工作外，还须共同派人去福建办理第三安装工程队交接工作。各单位应按财务决算表式（另加固定资产清册）和职工人数表（见附表），尽快办理交接手续，并报部。

……

中国人民解放军水利电力部军事管制委员会
一九六九年十一月五日

5. 中国人民解放军水利电力部军事管制委员会关于改变水利电力部直属水利水电工程单位名称的通知（节选）

中国人民解放军水利电力部军事管制委员会关于改变水利电力部直属水利水电工程单位名称的通知（节选）

［急］(69) 水电军生办字第154号

浑江、永定河、刘家峡、新安江、陈村水电工程局，青铜峡、三门峡水利工程局，白龙江、乌江、丹江口工程局，马颊河疏浚工程局，五一五、五一六工程指挥部，贵州水力发电建设公司：

……

新安江水力发电工程局改名为水利电力部第十二工程局；

……

各单位接到文后，请按上述新的工程单位名称自行刻制印章。并请把新章的样式和启用日期，报送我部和所在省、市、自治区革命委员会及地方有关单位备案。

中国人民解放军水利电力部军事管制委员会
一九六九年十二月十八日

6. 中国人民解放军水利电力部军事管制委员会关于撤销上海勘测设计院的通知（节选）

中国人民解放军水利电力部军事管制委员会
关于撤销上海勘测设计院的通知（节选）

（70）水电军生综字第58号

上海勘测设计院革命委员会：

……决定：撤销上海勘测设计院，按承担任务情况进行人员、器材、设备的分配。经和有关方面协商，人员分配如下：

……

第十二工程局：七百五十人左右

……

方案人数有多有少，但必须按能独立承担水电站的勘测设计任务及各类人员的比例进行分配。

……

具体工作安排，希直接与有关省（局）革命委员会联系。

中国人民解放军水利电力部军事管制委员会
一九七〇年六月二十七日

7. 中华人民共和国水利电力部关于十二局和十四局施工力量安排的意见

中华人民共和国水利电力部
关于十二局和十四局施工力量安排的意见

［急件］（70）水电电字第69号

第十二工程局革委会，第十四工程局革委会：

……

取得了今年国庆节第一台机组发电的巨大成绩。为了加速陈村水电站的建成和积极准备湖南镇水电站的施工，我们邀集第十二工程局和第十四工程局的负责同志，对两局施工力量的安排做了研究，意见如下：

一、两局的体制，原则上已明确分别下放给浙江、安徽两省。因此，在陈村工程完工后，两局按下放体制分别由两省管理。

二、当前第十二工程局的力量安排，应以陈村工程为重点，同时，积极进行对湖南镇工程的施工准备。具体要求：希望陈村水电站在1971年三季末除第三台机组外，全部竣工。同时做到今冬明春枯水季节湖南镇水电站下基坑的要求。

三、根据上述体制管理和力量安排的原则意见，两局可依据陈村、湖南镇两工程的进度，对第十二工程局力量的逐步转移作出具体安排。

希望两局在省、地区革命委员会的领导下，更高地举起毛泽东思想伟大红旗，突出无产阶级政治，大力协同、统筹规划，为陈村、湖南镇两工程取得更大的成绩而努力。

中华人民共和国水利电力部
一九七〇年十二月十三日

8. 中华人民共和国水利电力部关于改变第十二工程局、杭州钻探机械厂领导体制的函

中华人民共和国水利电力部 关于改变第十二工程局、杭州钻探机械厂领导体制的函

(72) 水电综字第 114 号

浙江省革委会：

根据计委（72）计生字第 152 号文件，关于十二工程局、杭州钻探机械厂领导体制问题，我部于今年四月派人去你省办理交接，经与你省协商一致意见如下：

一、第十二工程局实行以省为主的双重领导，由省生产指挥组负责领导和管理；杭州钻探机械厂由省水电局负责领导和管理。

二、十二局下放省革委会领导后仍保留建制，以利队伍建设。支援省内或省外工程，由省和部共同协商安排。杭州钻探机械厂继续承担部安排的任务，对外协作关系不变。

三、继续承担国家的援外任务。

四、一九七二年的基建、生产计划、物资供应、设备和财务，仍由我部负责，一九七三年管理办法按国家规定办理。

中华人民共和国水利电力部
一九七二年五月十五日

9. 中华人民共和国水利电力部关于正式成立华东勘测设计院和同时撤销十二、十四局、福建省水力发电工程局所属设计院（处）的通知（节选）

中华人民共和国水利电力部 关于正式成立华东勘测设计院和同时撤销 十二、十四局、福建省水力发电工程局 所属设计院（处）的通知（节选）

[急件]（78）水电规字第 55 号

华东勘测设计院筹备处，福建省水力发电工程局，水电部十二局、十四局：

自去年十一月，我部宣布筹建水利电力部华东勘测设计院以来，华东勘测设计院筹备处在上级党委的领导下和有关各工程局的大力支持协助下做了不少工作。生产、技术、计划、财务、供应以及力量的组织调动等管理工作，已从今年初起由筹备处统一归口，重点项目的水口电站选坝工作胜利完成；特别是院的临时党委业经中共浙江省委批准成立，院级党政和技术领导干部也已任命，正式成立华东勘测设计院的条件已经具备。为了适应新时期的总任务的需要，加快华东水利电力勘测设计工作的速度，兹决定：

一、自一九七八年五月一日起，撤销水利电力部华东勘测设计院筹备处，撤销十二局、十四局和建议福建省革委会同时撤销福建省水力发电工程局各所属勘测设计院（处），合并成立水利电力部华东勘测设计院。院的公章五月一日开始启用。撤销的原机构的公章，由华东院负责收回注销。

二、我部（77）水电规字第72号文附发的《关于重建华东勘测设计院的会议纪要》第3条提到的人员去留问题，仍按纪要精神，由华东院和有关工程局双方商定的原则，共同协商抓紧处理。

三、三个院、处（包括十二局援外组）的清查工作尚未结束的单位，清查专案工作，仍由各该工程局党委负责直到清查结案为止，华东院临时党委亦应积极配合。

……

中华人民共和国水利电力部
一九七八年四月二十四日

10. 中华人民共和国电力工业部关于颁发印章的通知

中华人民共和国电力工业部
关于颁发印章的通知

（80）电办字第19号

电力工业部第五水电工程局：

经研究，原水电部第十二工程局改为“电力工业部第五水电工程局”。现颁发“电力工业部第五水电工程局”印章一枚，望接本通知后即启用。原用印章同时作废并退部。

中华人民共和国电力工业部
一九八〇年二月二十六日

11. 中华人民共和国电力工业部关于转发国家建委（80）建发施字410号文件的通知

中华人民共和国电力工业部
关于转发国家建委（80）建发施字410号文件的通知

（80）电劳字第94号

第五水电工程局：

现将国家建委（80）建发施字410号《关于印发国务院领导同志对我委“关于调整第五水电工程局管理体制的请示”报告批示影印件的通知》转发给你们，希按照执行。现将有关事项通知如下：

一、你局改为以部领导为主的管理体制后，仍为地师级单位，归水力发电建设总局领导。

二、你局职工人数，请浙江省按一九八〇年十二月三十一日统计数划转我部。具体交接事宜，由水力发电建设总局和浙江省建委抓紧办理。

附件：（略）

中华人民共和国电力工业部
一九八〇年十月十七日

12. 电力工业部水力发电建设总局关于成立“电力工业部富春江水工机械厂”的通知（节选）

电力工业部水力发电建设总局
关于成立“电力工业部富春江水工机械厂”的通知（节选）

（81）电水劳字第620号

电力部第五水电工程局、电力部富春江水工机械厂：

为适应水电建设的需要，经研究，决定将电力工业部第五水电工程局富春江水工机械厂从第五水电工程局划出，成立“电力工业部富春江水工机械厂”。该厂由我局领导管理。为县团级单位。印章由我局刻制颁发。电力工业部第五水电工程局富春江工程指挥部随即撤销。

……

有关交接事宜按两单位协议办理。

电力工业部水力发电建设总局
一九八一年十二月二日

13. 中华人民共和国水利电力部关于更改部直属单位名称的通知（节选）

中华人民共和国水利电力部
关于更改部直属单位名称的通知（节选）

（82）水电劳字第12号

部直属各单位：

水利、电力两部合并后，部直属单位的名称相应作了更改（详见附件），现通知你们，以便工作联系。

新印章待部刻制后颁发，未发前暂用原印章代。

附件：水利电力部直属单位名称

中华人民共和国水利电力部
一九八二年四月三十日

附件：水利电力部直属单位名称

……

三、水利水电施工企业：

……

原电力部第五水电工程局改称水利电力部第十二工程局；

……

14. 中华人民共和国水利电力部关于参加鲁布革工程国际招标对外名称的批复（节选）

中华人民共和国水利电力部
关于参加鲁布革工程国际招标对外名称的批复（节选）

[急件]（82）水电水建字第58号

基建工程兵水电指挥部，第九工程局，第十二工程局：

关于参加鲁布革工程国际招标对外名称的文、电收悉。现批复如下：

1.（略）

2.（略）

3. 同意第十二工程局以“华东水利水电工程公司”名义组织公司参加对外投标，其英译名为“East China Water Resources and Hydropower Construction Corporation”。

4. 公司印章由各单位自行刻制，启用时报水电建设总公司备案。

5. 关于公司主要人员的安排，请你们提出名单，报水电建设总公司审批。

中华人民共和国水利电力部
一九八二年八月十八日

15. 水利电力部水利水电建设总公司关于第十二水电工程局试行万元产值工资含量包干的批复

水利电力部水利水电建设总公司
关于你局试行万元产值工资含量包干的批复

（84）水建劳字第 52 号

第十二水电工程局：

你局（84）财字第 188 号文，关于“试行水利水电施工企业万元产值工资含量包干的报告”收悉。经研究批复如下：

一、同意你局试行万元产值工资含量包干。按总局下达你局的建安工作量为依据，1984 年工资含量按每万元产值 24%执行（包括由营业外支出的子弟学校等在内）。

试行万元产值工资含量包干办法后，可按工资含量（原列入预算部分）计入工程成本。根据“按劳分配”、“多劳多得”的原则，实行奖勤罚懒，上不封顶，下不保底。具体办法由你局制定。

二、试行中应按总局（84）水建劳字第 35 号通知进行严格考核结算。在确保今年全面完成国家下达你局的计划任务与各项技术经济指标的前提下，不断提高经营管理水平，节约挖潜、找米下锅、广开门路，提高经济效益，加快工程建设。

在考核结算中除未计入建安工作量的自制设备产值、设备大修理产值及承揽外活等可计入工作量外，凡已进入建安工作量的，不再重复计算。

工资含量系数中，不包括矽肺疗养院、新安江经济管理学校、职工大学等三个单位。

三、考虑十二局为部试点单位，为便于开展经营管理工作，在试行过程中如无新的规定，1985 年可仍按本办法执行。在试行过程中，望你们认真积累资料及时总结经验，并将总结报总局。

水利电力部水利水电建设总公司
一九八四年七月三十一日

16. 水利电力部水利水电建设总公司关于《水电部十二局改革试点方案》的批复

水利电力部水利水电建设总公司
关于《水电部十二局改革试点方案》的批复

（84）水建计字第117号

水电部十二局：

你局（84）办字第203号文报送的《水电部十二局改革试点方案》经总局和部研究，方案中提出的改革方向是对头的，措施是积极的，原则同意所报方案。

一、改革必须着眼于解放和发展生产力，促进技术进步，提高队伍素质，充分调动广大职工的积极性；改善经营管理，真正把企业办活，彻底解决企业不吃国家大锅饭、职工不吃企业大锅饭问题，达到缩短建设工期、降低工程造价、提高工程质量和投资效益、开创水电建设新局面的目的。

二、实行局长负责制，是企业领导体制的一项重大改革。企业的生产经营和行政管理工作由局长全面负责，企业党委起保证监督作用。党组织在思想政治方面负领导责任，对党群工作和思想政治工作实行统一领导，保证党和国家路线、政策、法律、法规贯彻执行，坚持企业的社会主义方向。领导职工代表大会的工作，坚持职代会制度，体现工人当家作主的地位。要正确处理党委、局长和职工代表大会三者之间的关系，并注意总结这方面的经验。

三、改革试点期间，必然涉及一些政策性问题，你局要勇于、善于总结经验，目前有些政策问题上级正在调查研究。因此有关基本折旧的上交、投资包干节余和施工利润的分成，机电产品报废处理，物资供应管理的办法等，在上级没有新的办法前，仍应按现行办法执行。

四、为了促进改革，对方案中提出需要解决的几个问题，经请示部同意，作如下处理：

1. 关于基地建设：金华基地扩建按批准的建设规划进行，所需投资在批准的紧水滩工程总概算内，根据包干节余情况，由部在年底计划中逐年安排解决。基地建设要注意经济适用，按国家规定标准执行。

2. 关于开办集体企业的资金问题：开办集体企业要讲求经济效益，适应市场需要，请即提出规划报批。所需资金由部无息贷款700万元，总局无息贷款300万元解决。

3. 关于增添1000万元施工设备问题，为了适应你局今后发展的需要，部同意贷款500万元（无息、三年归还），其余由总局适当安排。

4. 关于劳保基金问题，同意统筹解决，由总局拟订方案，报部审批。

五、改革本身就是一场革命。十二局改革试点是水电部党组确定的一项重要试点，为水电基本建设改革探索道路。因此希望你局要解放思想，大胆探索、勇于创新、积极试验。在改革过程中，必将出现各种各样的思想和问题，要及时研究，认真加强党的工作和思想政治工作，鼓励先进，激发改革的积极性。要注意总结经验，使改革工作健康进行，促进生产力的发展，开创水电建设的新局面。

改革工作进展情况，请定期向部和总局报告。

水利电力部水利水电建设总公司
一九八四年九月八日

17. 中国共产党水利电力部党组关于改变第十二工程局管理体制的通知

中国共产党水利电力部党组
关于改变第十二工程局管理体制的通知

［急件］（87）水电党字第16号

浙江省电力局、第十二工程局：

根据中共中央“关于经济体制改革的决定”精神，为适应基本建设管理体制改革的需要，进一步简政放权，搞活企业，逐步实行政企分开，我部在听取华东电管局、浙江省电力局、第十二工程局的意见后，经研究决定，第十二工程局由部直接管理改变为委托浙江省电力局领导管理。现将十二局管理体制改变后的有关问题作如下通知：

一、第十二工程局仍为部属地师级施工企业，任务以水电建设为主，发展多种经营。为此，水利电力部第十二工程局、华东水利水电工程公司的名称不变，十二局在浙江省的党的领导关系、阅读文件和参加会议等仍维持现状不变。

二、关于干部管理。十二局的局级领导干部的任免由浙江省电力局考核并提出意见，报水电部党组和浙江省委，由部与省委协商后办理手续。处级及其以下干部的任免仍由十二局负责管理，报省电力局备案。

三、有关计划、财务、劳动工资及物资等管理。

1. 凡属指令性计划，由部戴帽下达给省电力局。凡属工程局自己投标中标的项目计划，按照承发包双方签订的合同关系执行。但十二局须将每年的计划安排和各项统计报表在报送省电力局的同时，抄送部计划司和水利水电建设局。

2. 关于财务问题。从一九八七年一月一日起，十二局的财务划归省电力局管理。先以十二局一九八六年决算数划转，再按部批准数调整。一九八六年及以前年度各项应缴款项，仍由十二局于一九八七年一月末前缴部。至于十二局向部和原水电建设总局的借款，原则上按签订的协议期限归还。如因确有困难，可从一九八七年开始归还，至一九九三年还清。从一九八七年起省电力局对十二局的财务管理，按照权利与义务相一致的原则，由省电力局与十二局商定。

3. 劳动工资问题，以十二局一九八六年劳动工资年报数为准，划给省电力局。从一九八七年起，由省电力局管理。关于十二局的百元产值工资含量包干系数问题，省电力局可按照部核定水电施工企业的综合含量系数执行。

关于离、退休人员劳保费用的统筹问题，由省电力局按部的统筹暂行办法处理。

4. 关于材料、设备等物资的供应管理，从一九八七年一月一日起，由省电力局归口，指令性工程任务所需的部统管物资，由部戴帽下达给省电力局。

5. 关于基地建设费用问题。十二局的基地建设已初具规模，但还需要继续完善和配套。今后的基地建设费用，原则上由省电力局和十二局统筹安排，属于部里补助的一部分基地建设费用，视今后十二局的基地建设情况和部里关于水电施工企业基地建设费用的安排情况，予以适当补助。

四、关于由十二局领导管理的职工大学、职工中等经济管理学校、矽肺疗养院等问题。

1. 职工大学，改名为水利电力部富春江职工大学，我部委托第十二工程局领导管理。面向全国水利水电系统招生，实行有偿代培。小型基建投资由部戴帽下达，教学经费不足部分由部给予适当补助。

2. 职工中等经济管理学校，原部以（86）水电教字 42 号文划归水利水电规划设计院管理。现考虑到省电力局和十二局再次提出的意见和学校目前的具体情况，经研究决定，职工中等经济管理学校仍由十二局领导管理，面向全国水利电力系统招生，小型基建费用由部适当补助一部分，教学经费按年度由部下达给十二局。

3. 关于新安江矽肺疗养院，改名为“水利电力部新安江疗养院”，床位由部统一分配，委托十二局直接领导管理。疗养院的小型基建及事业经费由部戴帽下达给十二局。

十二局委托省电力局管理后，省电力局对十二局应加强领导管理，部内各有关司局仍应加强对十二局的行业管理。水电施工企业归省电力局领导管理，我们的经验还不多，因此，要不断总结经验，推进水电施工企业管理体制的改革，进一步理顺生产关系，加快水电建设步伐。

中国共产党水利电力部党组
一九八七年四月八日

18. 国家计划委员会　国家体改委　劳动人事部　中国人民建设银行　国家工商行政管理局　关于批准第一批推广鲁布革工程管理经验试点企业有关问题的通知（节选）

国家计划委员会
国家体改委
劳动人事部
中国人民建设银行
国家工商行政管理局
关于批准第一批推广鲁布革工程管理经验试点企业有关问题的通知（节选）

计施〔1987〕2002 号

国务院各有关部门，各省、自治区、直辖市计委（计经委）、建委（建设厅）、体改委

(办)、劳动人事厅（劳动局)、建设银行分行、工商行政管理局，计划单列省辖市建委：

……

一九八七年六月初全国施工会议结束之后，各地区、各部门认真传达贯彻会议精神，结合各自的实际情况，研究部署了深化改革的工作，迈出了学习鲁布革经验的步伐，取得初步成效。在此基础上，通过企业申报和主管地区、部门推荐，经八月五日至八日召开的“推广鲁布革工程管理经验试点工作座谈会”讨论，研究了第一批试点企业，并原则同意各试点企业的试点方案。现将有关问题通知如下：

……

中华人民共和国国家计划委员会
中华人民共和国国家经济体制改革委员会
中华人民共和国劳动人事部
中国人民建设银行
中华人民共和国国家工商行政管理局
一九八七年十月二十八日

附：第一批试点企业单位

(1～5 略)

6. 水电部第十二工程局

(7～18 略)

19. 中华人民共和国能源部关于进一步明确水电第十二工程局管理体制若干问题的通知

中华人民共和国能源部
关于进一步明确水电第十二工程局
管理体制若干问题的通知

能源人〔1991〕136 号

浙江省电力局、水电总公司：

为适应基本建设体制改革的需要，针对水电第十二工程局委托浙江省电力局管理后出现的一些新问题，现就该局现行管理体制中若干问题进一步明确如下：

一、鉴于水电第十二工程局以水电建设为主，为加强行业管理，明确水电第十二工程局为中国水利水电工程总公司的成员企业，其单位冠以名称与其他水电工程局一致。

二、水电第十二工程局由部委托浙江省电力局管理的体制不变。浙江省电力局要切实履行职责，加强对该局的领导和管理，并积极帮助其克服困难，渡过难关。

三、水电工程总公司要在工程管理、基地建设、队伍建设以及行业管理方面，一如既往地对水电第十二工程局给予指导、帮助和服务，并应视同其他成员企业一样，请其参加有关专业、业务会议。

四、关于人事、劳动工资的有关问题。

1. 水电第十二工程局的干部管理仍按原水电部党组（87）水电党字第16号文确定的原则办理。即局级领导干部的任免由浙江省电力局考核并提出意见报部，由部与省委协商后办理手续。

2. 水电第十二工程局局级领导干部调资晋级，部授权浙江省电力局按水电施工企业的有关规定审批，报部备案。高级知识分子提高待遇问题，由浙江省电力局审核同意后报部审批。

3. 工程技术系列高级职称评审工作，同意由水电第十二工程局建立高级工程师评审委员会。有关高级工程师评委会的组成人选由十二局提出意见，报浙江省电力局审核同意后报部批准。

4. 经济、会计、统计等系列高级职称由浙江省电力局按照评审权限，上报评审。

5. 水电第十二工程局职工工资标准、津贴标准、工人技术等级标准，按部颁发的有关水电施工企业标准执行。

请你们按上述明确的原则，分别履行对水电第十二工程局的管理职责，并紧密配合，在各方面对水电第十二工程局工作中遇到的困难给予支持解决。

中华人民共和国能源部
一九九一年二月二十二日

20. 中国水利水电工程总公司关于变更水利水电企业名称的通知（节选）

中国水利水电工程总公司
关于变更水利水电企业名称的通知（节选）

中水电劳〔1992〕60号

各工程局、公司、厂：

中国水利水电工程总公司经全国清理整顿公司领导小组同意予以保留，其所属的十九个企业名称经部同意，报请国家工商行政管理局核定如下：

原登记名称　现核定名称

……

水利电力部第十二工程局　中国水利水电第十二工程局

……

请各直属企业持国家工商行政管理局关于全国性公司所属分支机构清理整顿核转通知函（见附件），到企业所在省工商行政管理局办理重新登记注册手续。

附件：全国性公司所属分支机构清理整顿核转通知函（略）

中国水利水电工程总公司
一九九二年八月三日

21. 关于将中国水利水电第十二工程局划归中国水利水电工程总公司管理的批复

关于将中国水利水电第十二工程局划归中国水利水电工程总公司管理的批复

国电人资〔2002〕806 号

浙江省电力公司：

你公司《关于请示将中国水利水电第十二工程局纳入中国水利水电工程总公司改组范围的报告》（浙电财〔2002〕1032 号）及中国水利水电第十二工程局《关于请示解决我局管理体制问题的请示》（局办〔2002〕161 号）收悉。

按照电力体制改革的有关精神，根据中国水利水电第十二工程局的请求，为有利于公平参与市场竞争，有利于中国水利水电第十二工程局今后的生存和发展，经征得中国水利水电工程总公司的同意，决定将中国水利水电第十二工程局成建制划归中国水利水电工程总公司管理，并统一纳入中国水利水电工程总公司的重组范围。

国家电力公司

二〇〇二年十一月十二日

编后记

根据水电集团公司《编修中国水利水电集团公司志实施方案》的精神，按照水电集团公司史志办公室的具体要求，在公司史志编辑委员会的领导下，在全体编辑人员的精心编写和工作人员的勤奋努力下，经过编纂初稿和修改完善两个阶段，中国水利水电建设集团公司志《中国水利水电第十二工程局卷》(1956～2006)(简称《水电十二局分志卷》)终于编纂完成。

以史为鉴，可知兴衰。系统地记述一个企业从计划经济时代成功转型，成为市场竞争中的佼佼者的历史，对于企业的可持续发展和对中国特色社会主义建设事业的发展都有深刻的意义。我们这一代人难以对工程局前50年的事作客观、公正的评论，但有责任把工程局50年留下的足迹忠实地记载下来，使史料不致泯灭，并起到资治和教化的作用。于是，决定改编纂简史为修志，工程局成立中国水电十二局志编纂委员会，局长孙阳和党委书记杨永祥为主任委员。

中国水利水电第十二工程局建局50年来，在祖国的水电建设进程中，开拓进取，不断创新，在巩固混凝土重力坝传统施工品牌的基础上，又创出混凝土面板堆石坝、抽水蓄能电站工程等施工品牌。同时积极探索和开发非水电市场，在港航、码头围垦、围涂、围海造地及火电、核电、国外工程取得较大突破。企业的快速发展，倾注着几代水电人的心血汗水，谨以此书献给曾经在水电十二局工作和生活过的人们，以及为水电十二局的发展与成长给予帮助和关心的领导和社会各界的朋友们。

本卷在搜集、编纂、审稿过程中，得到了水电集团公司史志办公室，水电十二局各级领导、机关各部门、下属各二级单位和同事们的大力支持和帮助，同时也得到了许多在水电十二局工作过的离退休老同志和部分员工的支持，他们对本卷的编写提出了很多很好的意见和建议。党委副书记江章贵同志审定了全部书稿。在此，向所有关心、帮助本卷编写，为本卷提供收集资料和对本卷编写提出宝贵意见及建议的领导和同志们表示衷心的感谢和崇高的敬意！

《水电十二局分志卷》和大家见面了，了却了前人和今人的一桩心愿，给后人留下一份宝贵的史料。编辑人员虽已呕心沥血，但由于工程局50年来，经过几次大的搬迁，致使许多宝贵的历史资料遗失，这些资料已经无法找回，给本卷的编写带来了极大的困难。又由于编写的时间太紧，跨度太大，人员较少，经验不足，水平有限等诸多原因，编者虽尽全力也难免有遗漏、错误和不足之处，敬请各级领导、广大员工和读者们给予谅解、批评和指正。

中国水电十二局修志办公室
二〇一〇年六月

图书在版编目(CIP)数据

中国水利水电建设集团公司志．中国水利水电第十二工程局卷:1956～2006/《中国水利水电建设集团公司史志》编辑委员会编. —北京:中国电力出版社,2011.6
ISBN 978-7-5123-1842-7

Ⅰ.①中… Ⅱ.①中… Ⅲ.①水电企业-概况-中国-1956～2006 Ⅳ.①F426.9

中国版本图书馆 CIP 数据核字(2011)第 125834 号

中国电力出版社出版、发行
(北京市东城区北京站西街 19 号 100005 http://www.cepp.sgcc.com.cn)
北京盛通印刷股份有限公司印刷
各地新华书店经售
*
2011 年 10 月第一版 2011 年 10 月北京第一次印刷
787 毫米×1092 毫米 16 开本 45.375 印张 1032 千字 22 插页
定价 **178.00** 元

敬 告 读 者

本书封面贴有防伪标签，加热后中心图案消失

本书如有印装质量问题，我社发行部负责退换

版 权 专 有 翻 印 必 究